Quellen zur lothringischen Geschichte
Herausgegeben von der Gesellschaft für lothringische Geschichte
und Altertumskunde

Band XII

WÖRTERBUCH
DER
DEUTSCH-LOTHRINGISCHEN MUNDARTEN

BEARBEITET VON

MICHAEL FERDINAND FOLLMANN

1909
VERLAG VON QUELLE & MEYER IN LEIPZIG

QUELLEN
ZUR LOTHRINGISCHEN GESCHICHTE

HERAUSGEGEBEN VON DER
GESELLSCHAFT FÜR LOTHRINGISCHE
GESCHICHTE UND ALTERTUMSKUNDE

BAND XII

DOCUMENTS
DE L'HISTOIRE DE LA LORRAINE

PUBLIÉS PAR LA
SOCIÉTÉ D'HISTOIRE ET D'ARCHÉOLOGIE LORRAINE

TOME DOUZIÈME

1909
VERLAG VON QUELLE & MEYER IN LEIPZIG

QUELLEN
ZUR LOTHRINGISCHEN GESCHICHTE

HERAUSGEGEBEN VON DER
GESELLSCHAFT FÜR LOTHRINGISCHE GESCHICHTE UND ALTERTUMSKUNDE
BAND XII

DOCUMENTS
DE L'HISTOIRE DE LA LORRAINE

PUBLIÉS PAR LA
SOCIÉTÉ D'HISTOIRE ET D'ARCHÉOLOGIE LORRAINE
TOME DOUZIÈME

1909

VERLAG VON QUELLE & MEYER IN LEIPZIG

WÖRTERBUCH
DER DEUTSCH-LOTHRINGISCHEN
MUNDARTEN

BEARBEITET VON

MICHAEL FERDINAND FOLLMANN

1909
VERLAG VON QUELLE & MEYER IN LEIPZIG

M. DuMont Schauberg, Strassburg.

Vorwort.

Die Anregung zur Herstellung der vorliegenden Arbeit gab der im November 1897 von einem Mitglied der Gesellschaft für lothringische Geschichte und Altertumskunde gestellte Antrag, ein Wörterbuch der deutsch-lothringischen Mundarten herauszugeben, dem ähnlich, welches E. Martin und H. Lienhart für den elsässischen Dialekt veröffentlichen. Der Vorsitzende der genannten Gesellschaft beantragte hierauf die Ernennung einer Kommission, die den Entwurf eines Arbeitsprogrammes dem Vorstande vorlegen sollte. Diese Kommission fasste dann am 15. Januar 1898 ihre die Stoffsammlung und Herausgabe des Werkes betreffenden Beschlüsse, die in der allgemeinen Sitzung des Vereins vom 20. Januar desselben Jahres angenommen wurden. Die eigentliche Tätigkeit am Wörterbuch konnte aber erst 1900 beginnen.

Das Wörterbuch sollte den Wortschatz der heutigen Volkssprache in den deutsch redenden Teilen des Bezirks Lothringen wissenschaftlich bearbeitet zusammenfassen und dabei besonders die von der Schriftsprache abweichenden Wörter und Wendungen verzeichnen und, wo es nötig wäre, auch erklären.

Die Sprache, die auf diesem Gebiete gesprochen wird, ist eine fränkisch-alemannische Mischsprache mit überwiegend fränkischen Elementen im Nordwesten, die allmählich stärkeren alemannischen Bestandteilen Platz machen, je weiter man nach Südosten vorrückt. Es kommen folglich von deutschen Mundarten in Betracht: das Mittelfränkische oder die Sprache der Ripuarier und Moselfranken, das Südfränkische oder die Sprache der Oberfranken und das Alemannische. Zum Verständnis dieser Mischverhältnisse bedarf es eines kurzen geschichtlichen Rückblicks.

Die Römer hatten bekanntlich in den Jahren 58—50 v. Chr. wie das übrige Gallien, so auch unser Gebiet erobert und sich mit der einheimischen Bevölkerung, den keltischen Galliern, in der Weise vermischt, dass die lateinische Volkssprache überall eindrang: sie bildete die Grundlage der heutigen französischen Sprache. Römische Niederlassungen verbreiten sich nun allmählich über das ganze eroberte Gebiet. Aber schon im Laufe des dritten Jahrhunderts n. Chr. werden diese Siedlungen von rechtsrheinischen Völkern angegriffen, die man mit dem Gesamtnamen Alemannen bezeichnet. Ein Jahrhundert später, im Jahre 356, berichtet der Cäsar Julian an den Kaiser Constantius, dass die Barbaren, unter ihnen die Alemannen, das ganze linke Rheinufer besetzt und in einem Gürtel von 300 Stadien (8 deutsche Meilen) Breite vom Rhein ab sich angesiedelt hätten. Von 407 ab drangen die Alemannen von neuem aus ihrem Stammland gegen Westen und umspannten mit neuen Ansiedlungen ein Gebiet, grösser als ihr früherer Besitz und zwar das Elsass, die Pfalz, Rheinhessen, Luxemburg und Deutsch-Lothringen. Nachdem die Entwickelung dieser Niederlassungen zeitweilig eine Störung durch den Zug Attilas erlitten hatte, lebten die Alemannen von da ab in gesicherten Zuständen in dem westrheinischen Gallien, und vom Elsass und der Pfalz aus besetzten sie mehr kolonisierend als wandernd das grosse zusammenhängende Gebiet, das sich an beiden Seiten der Mosel von Metz bis Trier, im Saar- und Sauertal hinzieht. Wie weit sie gekommen sind, lässt sich nicht genau feststellen, da uns auch die Ortsnamen keine sichere Handhabe bieten, um die gleichzeitigen alemannischen und fränkischen Siedlungen zu unterscheiden.*) Nur im Westen, gegen das frühere Neustrien und Burgund, zeigt die Richtung der französisch-deutschen Sprachgrenze, die im Laufe der Geschichte verhältnismässig nur geringen Schwankungen unterworfen war, wie weit die Alemannen nicht bloss erobernd vorgedrungen sind, sondern sich in dauernder Niederlassung zu behaupten vermocht haben.

Das Ende dieses kolonisierenden Vordringens der Alemannen in Gallien trat um die Wende des 5. und 6. Jahrhunderts ein. Sie stiessen im Norden mit den ripuarischen, im Südosten mit den salischen Franken zusammen. Dort wurden sie von dem Frankenkönig Siegbert von Köln bei Zülpich, hier von Chlodwig zwischen Worms und Speier (496) besiegt. Ihr ganzes Gebiet machte dieser zum Frankenlande, aber die Alemannen haben gleich wie die römischen Provinzialen ihre Wohnsitze und ihr Eigentum behalten dürfen. Seit 536 gehören alle Alemannen dem Frankenreiche an, nicht nur die linksrheinischen, sondern auch die im Stammlande, am Main und am Neckar. Dieses letztere Gebiet (in welches auch das Land der Chatten oder Hessen gezogen wurde) heisst seitdem Oberfranken im Gegensatz zu den am Niederrhein wohnenden Niederfranken. Die Sprache dieser Oberfranken ist neben der der Alemannen zur herrschenden in Deutsch-Lothringen geworden. Das gesamte Deutsch-Lothringen dem fränkischen Sprachstamme zuzuweisen, wie das noch in der Landes- und Ortsbeschreibung des Reichslandes geschehen ist, beruht auf unzureichender Kenntnis des Lautbestandes der Mundarten, auf den wir jetzt etwas näher eingehen wollen.

Betrachten wir zunächst die äussersten Ecken des Sprachgebietes, so haben wir im Westen, im heutigen Kreise Diedenhofen die luxemburgische Mundart, eine Mischung von mittel- und oberfränkisch. Dass hier luxemburger Deutsch gesprochen wird, ist um so weniger auffällig, als das Amt Diedenhofen bis 1659 zum Herzogtum Luxemburg gehörte, dessen Besitz sich fast bis an die Tore von Metz erstreckte. Diese Mundart greift auch hinüber in den Bezirk Sierck, der 1661 von Lothringen an Frankreich abgetreten wurde, und reicht bis etwa Ebersweiler, 10 km westlich von Busendorf. Im äussersten Südosten des Sprachgebiets weisen rein elsässische Eigentümlichkeiten auf zunächst die Gebiete der alten Reichsgrafschaft Dagsburg, die bis 1790 zum Elsass gehörte, und des Reichsfürstentums Pfalzburg; alle Orte haben hier das charakteristische *zischdi* für Dienstag. Nur im alten Walscheid scheint man noch auf *brunem Perd* zu reiten, während sonst das Elsass *brünes Ross* vorzieht. Dieses rein elsässische Idiom reicht

---

*) Die Endungen der ältesten und häufigsten deutschen Ortsnamen, die man früher auf die einzelnen Stämme zurückzuführen suchte, die — ingen, heim, dorf, fels, haus, bach, berg, burg, sind urdeutsch und allen deutschen Stämmen eigentümlich.

von der elsässischen Grenze bis etwa Schneckenbusch, 3 $^1/_2$ km südöstlich von Saarburg.

In der Mitte nun zwischen diesen völlig von einander abweichenden äussersten Enden, deren Bewohner sich kaum untereinander verstehen, liegt eine Reihe Übergangsmundarten vom Fränkischen zum Alemannischen, die unser Sprachgebiet, wenn man vom völkerdurchwirbelten Thüringen absieht, zu einem der interessantesten Deutschlands machen. Es sind von Westen nach Osten gehend: die Bolchener Mundart mit der Falkenberger Untermundart, die Forbacher und die Saargemünder Mundart. Der Konsonantenstand ist fränkisch und zwar überwiegend mittelfränkisch bis zu einer Linie, die von Falkenberg über St. Avold bis Spittel läuft, südfränkisch von da ab bis zum elsässischen Sprachgebiet. Westlich von dieser Linie heisst es *dat, wat, et*, östlich *das, was, es*. Der Vokalismus dieser Übergangsmundarten hingegen weist eine Menge Merkzeichen des Alemannischen auf. So hat schon die Bolchner Mundart die Auseinanderziehung von *î, û, iu* in *ei, au, eu* nicht mitgemacht und wie im Alemannischen die alten Laute beibehalten: es heisst *blîwen, Isen, Hûs, Mûs, Lüt (Lit)*. Auch die Neigung, *a* zu *o* zu verschieben, ist alemannisch; überhaupt wird das *a* selten rein gesprochen, es ist meist ein zwischen *a* und *o* in der Mitte schwebender Laut. — Ferner ist alemannisch die Entrundung des *ö* zu *ĕ*: *bĕs, schĕn, erlĕsen* (büs, schön, erlösen). Ebenso geht der Abfall des auslautenden *e* und *en* bei männlichen und weiblichen Hauptwörtern auf alemannischen Vorgang zurück: *Gass, Schul, Kirch, Gard(e)*. Ja vielfach wird die ganze Endsilbe abgestossen: *Bo^u* Bube, *Stu* (Stube), *bli* (geblieben), *Pär* (Pferde). — Echt alemannisch ist auch die Flexion des Hilfsverbums sein: *ich ben* (bin), *du besch* (bisch), *er es, mir ben* (bin), *ir ben* (biu), *se ben* (bin), — *gewæn* gewesen. Eine andere alemannische Eigentümlichkeit ist die Trübung des in- und auslautenden *st* in *scht* auch in Verbalformen: *Fuscht, Geischt, Nescht, hasch de? gĕsch de?* Diese Eigentümlichkeit hat sogar die Diedenhofener Mundart erfasst. — Alemannischer Einfluss zeigt sich auch darin, dass diese Übergangsmundarten kein Imperfekt haben; sie wenden dafür die zusammengesetzte Vergangenheitsform an: *ich han gesat* = ich sagte. Es würde zu weit führen, auf alle alemannischen Merkzeichen aufmerksam zu machen. Das Angeführte genügt wohl schon, um die Ansicht zu entkräftigen, dass Deutsch-Lothringen ausschliesslich dem fränkischen Sprachgebiet angehöre.

Der Bolchener Mundart, die sich im ganzen auf den deutsch redenden Teil des gleichnamigen Kantons beschränkt, d. h. auf den Landstrich östlich der Nied, sind noch eigentümlich die hinweisenden Partikel *leï, la, lört* für hier, da, dort. Sie gelten als sprachliches Kennzeichen:

> *Leï, la, lört — dat isch der Bolcher Wu^{a}t;*
> *un wer dat Bolcher Wu^{a}t nit kann,*
> *der het kän Däl am Bolcher Bann.*

An das Bolchener Idiom schliesst sich als Untermundart die Falkenberger Sprache an. Sie wird von den Bewohnern der mittleren deutschen Nied gesprochen. Falkenberg ist der Mittelpunkt. Im Süden und Westen stösst sie an die französische Sprachgrenze, im Osten berührt sie das Forbacher, im Norden das Bolchner Mundartgebiet. Nur einige Unterscheidungsmerkmale seien hier angeführt: *dat* und *wat* mit unverschobenem *t* heisst es noch in Lubeln, *das* und *was* in dem bloss eine Stunde entfernten St. Avold; dort wird *Kind, Wind* gesagt, hier *Kend, Wend* (in Diedenhofen *Kand, Wand*). Die Verdumpfung des *a* zu *o* macht immer grössere Fortschritte, bis sie in der Saargemünder Mundart zur Regel wird. Die Vorliebe für den Diphthong *oï* ist kennzeichnend, und mit folgendem Spruch macht man sich z. B. über die Lubeler lustig:

Jir Lubler Froïwen, bit den blôen Oïwen, knuiwen oïwich: (Ihr Lubler Frauen mit den blauen Augen, kniet Euch!)

Die Forbacher Mundart beschränkt sich auf Forbach selbst und ungefähr das Gebiet, welches die frühere Herrschaft, spätere Grafschaft Forbach bildete. Die unmittelbare Nähe der preussischen Grenze und der Städte St. Johann und Saarbrücken hat bewirkt, dass die Mundart sich mehr als jede andere deutschlothringische dem Gemeindeutschen nähert und weniger der Fremdwortherrschaft unterlegen ist wie beispielsweise die Fabrikorte Saargemünd, Püttlingen, Oberhomburg und St. Avold durch ihre früheren engen Beziehungen zu Frankreich. Alemannische Einflüsse sind deshalb auch nicht so zahlreich auf diesem beschränkten Gebiet, und der oberfränkische Charakter der Sprache überwiegt. Nichtsdestoweniger herrschen auch hier, was den Wortschatz anbelangt, die alemannischen Namen *Hirz, Gais, Imme* vor, wofür die Franken *Hirsch, Ziege, Biene* sagen. Alemannisch ist auch die Bildung der Koseform auf — *lē*, die meist an französische Eigennamen angefügt wird, wie: *Pierre-lē, Schambaddis-lē, Schorsch-lē, Marie-lē.* Sonst wird die fränkische Koseform *-chen* gebraucht: *Bifche, Bifcher* (Bübchen).

Die Saargemünder Mundart endlich, die den grössten Teil unseres Sprachgebiets einnimmt, reicht von Schneckenbusch (östlich Saarburg) bis an die vorhin erwähnte Linie Falkenberg, St. Avold, Spittel, umspannt also, wenn wir von der Pfalzburger Ecke absehen, das ganze sog. krumme Elsass.

Zwar hat auch die Saargemünder Sprache im Gegensatz zum Elsässischen durchweg anlautend *p* für *pf* — die Grenze zwischen *pf* und *p* zieht sich im grossen und ganzen auf der Wasserscheide zwischen Rhein und Mosel hin — im übrigen besitzt sie aber nicht nur im Vokalbestand, sondern auch im Konsonantismus, im Wortschatz, in der Wortbildung und Flexion fast alle Merkmale des Unterelsässischen. Ausser den alemannischen Eigentümlichkeiten, die wir schon bei der Besprechung der Bolchner, Falkenberger und Forbacher Mundarten erwähnt haben, kommt hier noch folgendes in Betracht: *a* verdumpft vollständig zu *o: Orm, Hond, schlofe, fore.* Ursprünglich langes *i, u, iu* wird verkürzt: *Zitt, schliffe, risse, Litt, bruche.* Schwaches *e* der Endung, sowie *n* im Infinitiv wird abgeworfen: *ich esse, spille.* — *s, ss* fallen aus in *gewæn* gewesen, *mun* müssen, *lon* lassen. Die Flexion des Verbums ist wie im Unterelsässischen. Der Konjunktiv des Präsens ist selten; Imperfekt wird überall vertreten durch Perfekt; in der zweiten Person Plural wird *n* angefügt: *wellen 'r?* wollt ihr? *moienen 'r?* meint ihr? Bei der Deklination des Adjektivs tritt besonders das Femininum Singular und der Plural aller Geschlechter auf *i* (mhd. *iu*) hervor: *e scheni Froiw, scheni Sache.* Von Wortbildungen sind die kollektiven Abstrakta auf *s* zu erwähnen mit der untrennbaren Partikel *ge: Gebrels, Gebabbels, Gelaifs, Gebembels, Gepips, Gesefs* und zahllose andere. Ganz besonders tritt wie im Elsässischen der Zusammenhang mit dem Mittelhochdeutschen im Geschlecht der Hauptwörter hervor. Männlich sind u. a.: *Angel, Fandel (Fanen), Luft, Blindschlicher* auch *Bier, Dach, Botter,*

Bendel, Backen; weiblich: *Bach, Feischster* (Fenster), *Fräsch* (Frosch), *Kribs* (Krebs), *Lad, Mescht* (Mist); sächlich: *Plätz, Deil, Ort. Schmutz* bedeutet Fett, aber auch Kuß. Die echt unterelsässischen Wörter *Atzel* (Elster), *Grumbir* (Kartoffel), *Wakelter* (Wachholder), *Kilb* und *Kirw* (Kirchweih), *Hochzitter* (Bräutigam) werden in der Saargemünder Mundart überall gehört.

Was nun den Bestand unserer deutsch-lothringischen Mundart anbelangt, so ist derselbe noch lange nicht so gefährdet, als gewöhnlich angenommen wird. Da es bei uns an grössern Städten fehlt — Metz gehörte stets dem romanischen Sprachgebiete an —, die einen zerstörenden Einfluss auf die Mundart hätten ausüben können, so ist nur in den Industriebezirken vieles Stammheitliche in Laut und Wortschatz überwuchert worden; auf dem Lande ist davon kaum die Rede. Und vergessen wir nicht: unter Mundart verstehen wir insgemein nur die Sprachformen der Gesellschaft der kleinen Leute auf dem platten Lande. „Sie sind den Einflüssen der Fremde wenig ausgesetzt und eben darum als einheitliche, reine Bildungen vom grössten Interesse und der wissenschaftlichen Forschung ebenso würdig als bedürftig".

Mit Recht sagt Dr. Tarral in seiner Abhandlung: Die Laut- und Formenlehre der Mundart des Kantons Falkenberg, dass kaum eine andere Gegend der Dialektentwicklung so günstig ist als gerade Lothringen. „Lothringen hat sich früher als sein Nachbarland Elsass aus der geistigen Gemeinschaft mit dem übrigen Deutschland gelöst; seine Mundart war den Einflüssen des Hochdeutschen weniger ausgesetzt und zeigt deshalb eine viel einheitlichere Entwicklung und reinere Bildungen. Diese eigenartige, ganz naturgemässe von aussen nicht gestörte Entwicklung ist noch dadurch gefördert worden, dass die französische Verwaltung den Unterricht im Deutschen allgemein vernachlässigte. So konnte die lothringische Mundart ihre Eigentümlichkeiten festhalten und eine Menge Altertümlichkeiten bewahren, die der Schriftsprache unbekannt sind".

Wir kommen nun auf die französischen Bestandteile der Mundart zu sprechen. Der Einfluss des Französischen zeigt sich nicht nur darin, dass ein beträchtlicher Bruchteil des Wortschatzes in französischen Entlehnungen besteht, sondern auch in der Aussprache verschiedener Laute. Was den ersten Punkt anbetrifft, so wimmelt die Sprache geradezu von romanischen Wörtern und Wendungen. So umfasst die Forbacher Mundart, von der doch oben gesagt wurde, dass sie dem Gemeindeutschen am nächsten stünde, nach M. Beslers Angabe*) über 1100 Lehnwörter, die Falkenberger und Saargemünder bedeutend mehr. Es kann das nicht wundernehmen. Zunächst musste ihre Lage an der Sprachgrenze auf den Wortschatz einwirken und dies um so mehr, als diese Gebiete mit dem anstossenden französischen lange Zeit eine politische Zusammengehörigkeit bildeten. — Diese französischen Entlehnungen sind zu verschiedenen Zeiten in die Sprache aufgenommen worden. Einen Anhaltspunkt für die Zeit ihres Eindringens geben die Lautveränderungen, welche solche Worte erfahren haben. Je mehr ein Wort deutschen Lautgesetzen unterworfen worden ist, um so länger ist es Sprachgut der Mundart.

Unter den französischen Bestandteilen befinden sich zunächst solche Wörter, die auch in vielen andern deutschen Mundarten vertreten sind und heute noch

---

*) Die Forbacher Mundart und ihre französischen Bestandteile. Forbach 1900 (Programmabhandlung).

fortleben. „Diese Allerweltsfremdwörter sind Erinnerungen aus der Zeit der Hohenstaufen, wo die Sprache der höfischen Dichter reich an französischen Wortformen war, aus der Zeit des 30jährigen Krieges und der Eroberungskriege Ludwigs XIV., Erinnerungen ferner aus der Mitte des 18. Jahrhunderts, wo man in Deutschland französisches Wesen nachäffte; sie sind endlich Anklänge an die Zeit der Franzosenherrschaft von 1806—1813." Zu dieser Gruppe kommt aber bei uns noch eine stattliche Reihe von französischen Entlehnungen, die unsern Grenzmundarten allein eigentümlich sind.

Auch die Aussprache einzelner Laute ist durch die Nähe des romanischen Sprachgebiets beeinflusst worden. So wird anlautendes *z* nach französischem Vorgang durchweg wie scharfes *s* gesprochen: *Sòr = Zorn, Sibel = Zwiebel, Saïw = Zehe, Soïmen = Zaum*.

Ebenso beruht eine ganze Anzahl deutsch mundartlicher Redensarten und Wendungen auf französischen Mustern (s. darüber Besler S. 28).

Was die heutige Sprachgrenze anbelangt, so ist sie gegen die frühere erheblich nach Nordosten zurückgewichen. Nach Constant This (Die deutsch-französische Sprachgrenze in Lothringen, Strassburg 1887. S. 23 ff.), dessen Angaben auf Beobachtungen und Erkundigungen beruhen, die an Ort und Stelle gesammelt wurden, läuft sie zwischen folgenden zwei Linien. Die deutsche Linie ist, im Nordwesten beginnend: Redingen, Rüssingen, etwa von Esch bis Ober-Tetingen der luxemburgischen Grenze entlang, Wollmeringen, Nonkeil, Ruxweiler, Arsweiler, Algringen, Volkringen mit Weimeringen, durch Susingen und Schremingen nach Flörchingen, Ebingen, durch Ückingen nach Bertringen, Niedergeningen, Obergeningen, Gelingen, Schell, Kirsch bei Lüttingen, Lüttingen, Bidingen, durch den Bann Ebersweiler nach Pieblingen, Drechingen, Buchingen, Rederchen, Mengen, Gehnkirchen, Brechlingen, Volmeringen, Lautermingen, Helsdorf, Bruchen, Bizingen, Morlingen, Zondringen, Füllingen, Gänglingen, Elwingen, Kriechingen, Maiweiler, über Falkenberger Bann nach Edelingen, Einschweiler, Weiler, Beningen, Harprich, Mörchingen, Rakringen, Rodalben, Bermeringen, Virmingen, Neufvillage, Leiningen, durch Albesdorf nach Givrycourt, Münster, Lohr, Lauterfingen mit Mittersheim, Berthelmingen, St. Johann von Bassel, Gosselmingen, Langd mit Stockhaus, Saarburg mit Gehöften, Bühl, Schneckenbusch, Bruderdorf, Plaine de Walsch, Harzweiler, Biberkirch mit Dreibrunnen, Walscheid, Eigenthal, Nonnenberg, Thomasthal, Soldatenthal, von da eine Linie durch das Quirintal nach dem Donon. — Die französische Linie ist: Deutsch-Oth, Öttingen, Bure, Tressingen, Havingen, Fentsch, Nilvingen, Marspich, über Susingen und Schremingen nach Ober-Remelingen, Nieder-Remelingen, Fameck, durch Ückingen nach Reichersberg, Buss, Rörchingen, Monterchen, Mancy, Altdorf, Endorf, St. Bernard, Villers-Bettnach, Brittendorf, Niedingen, Epingen, Heinkingen, Northen, Contchen, Waibelskirchen, Wieblingen, Bingen, Rollingen, Silbernachen, Hemilly, Argenchen, Niederum, Chemery, Thonville, Nieder- und Obersülzen, Landorf, Baronweiler, Rode, Pewingen, Metzing, Zarbeling mit Liedersingen, Bensdorf, Vahl, Montdidier, durch Albesdorf nach Dorsweiler, Geinslingen, Losdorf, Kuttingen, Rohrbach, Angweiler, Bisping, Disselingen, Freiburg, Rodt, Kirchberg a. Wald, über Bebinger Bann nach Imlingen, Hessen, Nitting, Weiher, Alberschweiler, Lettenbach, St. Quirin, Türkstein.

Schliesslich noch einige Worte bezüglich der Quellen. Der Dialektforscher darf sich gewiss nicht nur auf die Formen der heutigen Mundart beschränken, sondern muss diese an die älteren Entwickelungsstufen der Sprachen anzuknüpfen suchen. Nun aber gibt es keine Denkmäler der früheren deutsch-lothringischen Sprache, so dass der ältere Lautbestand und der Wortschatz derselben schwer nachzuweisen ist. — Nur ein merkwürdiges, wenn auch dürftiges Stück ist uns erhalten. Es sind die sogenannten altdeutschen Gespräche aus dem 9. oder 10. Jahrhundert, eine Aufzeichnung von Redensarten, die ein Reisender, der sich aus dem romanischen in das germanische Sprachgebiet Lothringens begibt, sollte verstehen und sprechen können (herausgegeben von Prof. Martin im 39. Band der Zeitschrift für deutsches Altertum, S. 9 ff.). — Für später ist das lothringische Deutsch wesentlich aus Urkunden zu schöpfen, die sich der offiziellen Sprache zu bedienen pflegen, wie sie von den benachbarten fürstlichen und kurfürstlichen Kanzeleien im amtlichen Verkehr gebraucht wurde. Eine poetische Literatur gibt es nicht. Benutzt wurden Urkunden abgedruckt im Jahrbuch für lothringische Geschichte und Altertumskunde: Das Bannbuch der Gemeinde Maxstadt (1689), das Stadtrecht von St. Avold, die herrschaftlichen Rechte der Herrschaft Forbach (1709) u. a. m., aus welchen Aktenstücken die spärlich vorkommenden mundartlichen Ausdrücke sowie diejenigen Wörter, deren Schreibung durch die Aussprache des Volkes beeinflusst worden ist, als ältere Grundlage der heutigen Mundart ausgezogen wurden.

So war denn der Herausgeber fast ausschliesslich auf die Beiträge angewiesen, die ihm auf Grund einer Aufforderung und Anleitung zur Stoffsammlung aus allen Teilen des Sprachgebiets eingeliefert wurden.

Zu besonderm Danke fühlt er sich folgenden Herren verpflichtet: Lerond, Lehrer in St. Julien bei Metz, Kuntzelmann, früher Lehrer in Bolchen, Joh. Müller, Lehrer in Diedenhofen-Beauregard, Direktor Besler in Saargemünd, Notar Fick in Grosstänchen, Prof. Dr. Bour in Metz, die bereitwilligst ihre reichen und wertvollen Sammlungen mundartlicher Wörter und Redensarten ihm zur Verfügung stellten; ebenso dem Seminardirektor Dr. Kahl, früher in Pfalzburg, und dem Seminaroberlehrer Birkenmeier in Metz, die ihre Zöglinge zu fleissiger Stoffsammlung anhielten und sie in der vorgeschriebenen Lautfixierung unterwiesen. — Als emsige Sammler taten sich ausserdem hervor die Lehrer: Edelblut (Iplingen), Linel (Bolchen), Jung und Herz (Metz), Streiff (Münster), Arlt (Mittersheim), Kochly (Saargemünd), Privé (Varsberg), Klein (Kattenhofen), Hensel (Zeiringen), Wagner (Reiningen). Ferner Oberlehrer Dr. Tarral (Zillisheim), Seminaroberlehrer Willmuth (Metz), Kreisschulinspektor Büzon, früher in Château-Salins, die Gymnasiasten August und Heinrich Puls (Pfalzburg).

Auch war es dem Herausgeber vergönnt, die Fragebogen einzusehen, welche die deutsche Regierung in Elsass-Lothringen 1874 auf Antrag des Pfarrers Liebich von den Lehrern an den Volksschulen des Reichslandes beantworten liess, um Laute, Formbildung und Wortwahl der Mundarten in allen deutsch redenden Gemeinden zu ermitteln. Die Ausbeute aus diesen Fragebogen war jedoch nur eine geringe; erstens, weil diese Ermittelungen zum Zweck der Herstellung einer Grammatik und nicht eines Wörterbuches angestellt wurden; zweitens, weil die damaligen Lehrer, die meist noch zu französischer Zeit angestellt und absichtlich zum Zweck der Französierung aus den französisch redenden in die deutsch redenden Teile Lothringens versetzt worden waren, die deutsche Sprache zu wenig beherrschten, um die an sie gestellten Fragen in ausreichender Weise beantworten zu können.

Bei der Bearbeitung und Zusammenstellung der einzelnen Artikel leisteten dem Herausgeber hervorragende Dienste: Oberlehrer Dr. Graf für die aus dem Kreise Forbach stammenden Ausdrücke; Abbé Dr. Karl Hoffmann für Diedenhofen-Sierck, Oberlehrer Bendel für St. Avold, Abbé Dr. Meyer für Bitsch, Prof. Dr. Bour für Saarburg. Ausserdem unterzog sich Dr. Hoffmann der Mühe, aus dem Wörterbuch der luxemburgischen Mundarten diejenigen Wörter und Wendungen auszuziehen, die sich mit solchen aus dem Kreise Diedenhofen decken.

Was die Reihenfolge der einzelnen Artikel anbelangt, so haben wir uns für die streng alphabetische Ordnung derselben entschieden. Das Wörterbuch soll nämlich nicht ausschliesslich für Sprachvergleicher und Sprachforscher bestimmt sein: auch der Laie, der sich für seine Mundart, für Sitten und Gebräuche seines Volksstammes interessiert, soll sich leicht in dieser Wortsammlung zurecht finden können.

Die alphabetische Anordnung musste sich einige Abänderungen gefallen lassen. Denn auch in unsern Mundarten haben sich, wie im Oberdeutschen überhaupt, zunächst die weichen Verschluss- und Reibelaute g, d, b, s den harten angenähert. So wird mitunter k neben g, noch öfter p neben b und t neben d gesprochen. Wir haben deshalb p und b, t und d und auch f und v, sowie k und q ungetrennt gelassen. Das gilt aber nur für den Anlaut; inlautendes p und b, d und t sind etymologisch verschieden und also getrennt geblieben; ebenso inlautendes f und v, k und q.

Jeder Artikel beginnt mit dem fettgedruckten Stichwort, hinter welchem die phonetische Bezeichnung eingeklammert ist. — Hierbei ist, ähnlich wie im elsässischen Wörterbuch die Lautschrift des Sprachforschers J. F. Kräuter*) im wesentlichen zur Anwendung gebracht worden. Zum besseren und schnelleren Verständnisse möge auf folgende Hauptpunkte seines phonetischen Systems aufmerksam gemacht werden: Für einen Laut gibt es nur ein Zeichen; alle Lautfolgen werden in ihre Bestandteile aufgelöst. Man schreibt daher nicht x, sondern ks, nicht z sondern ts, auch nicht ng sondern $ŋ$, nicht ch sondern $χ$, nicht sch sondern $š$. Da ferner in einigen Mundarten hartes s neben weichem vorkommt, so soll z für das weiche, s für das harte s oder ss stehen. Zur Bezeichnung des j in den zahlreich vorkommenden französischen Wörtern wird $ž$ dienen. Doppelkonsonanten werden in den Mundarten nicht als solche ausgesprochen und daher auch nicht geschrieben. Wo velares ch zu bezeichnen war, wird $χ̇$ gebraucht. In der Diedenhofener Mundart verweilt manchmal die Zunge auf der Liquida; dieser Schwebelaut wird durch untergesetztes ‿ bezeichnet $ḷ$, $ṃ$, $ṇ$. Mit kh bezeichnen wir den aspirierten Laut, den im hd. nur das anlautende k vor Vokalen hat.

Bei Vokalen wird die Länge durch den Akut angedeutet: $hóχ$; der Gravis dient zum Zeichen der offenen, nach a zu geneigten Aussprache. Dadurch wird die Zahl der unterschiedenen Vokale verdoppelt:

$$e\ è,\ i\ ì,\ æ\ a\ à,\ u\ ù$$

wobei $æ$ ein breiteres $è$, $à$ ein dunkleres a bezeichnet. Der eigentlich nur in der Pfalzburger und Saarburger Mundart vorkommende Umlaut von o und u wird

---

*) J. F. Kräuter: „Über mundartl. Orthographie" in Fromanns Zeitschrift Die deutschen Mundarten Bd. VII S. 305—332.

— XIII —

durch ø und *y* bezeichnet. Das breitere *ö* wird durch *œ* bezeichnet. Der Gravis verbindet sich mit dem Akut zum Zirkumflex, zur Bezeichnung eines langen, offenen Vokals. ə (umgekehrtes *e*) ist der kurzgesprochene dumpfe Laut des nhd. *e* in unbetonten Silben: *Botə, machən.* Nasalierung, wie sie besonders in der Bolchener und Falkenberger Mundart vorkommt, wird durch untergesetztes, polnisches *c* bezeichnet. Silben mit untergesetztem Punkt tragen den Hauptton. Ausserdem hat die Mundart folgende Diphthonge: *aï, äï, au, áu, eï, éï, èï, ia, iè, oï, óï, ou, ua, uè, uï, üï* (*ia* und *ua* kommen nur in Sierck vor). Es sind dies eigentliche Doppellaute, d. h. jeder einzelne Vokal, aus denen der Diphthong zusammengesetzt ist, wird für sich artikuliert. — Der phonetischen Bezeichnung ist überall die Örtlichkeit beigefügt, für welche sie bezeugt ist. Die Ortsnamen oder Namen ganzer Bezirke sind meist in verkürzter Form wiedergegeben. So bedeutet:

Av. = St. Avold; *Berl.* = Berlingen bei Pfalzburg; *Bi.* = Bitsch; *Bo.* = Bolchen; *Br.* = Brettnach, Kreis Bolchen; *Busd.* = Busendorf; *D.* = Diedenhofen; *Ett.* = Ettingen bei Saargemünd; *Elw.* = Elwingen, Kreis Bolchen; *Fa.* = Farschweiler, Kr. Forbach; *Falk.* = Falkenberg; *Fi.* = Finstingen, Kr. Saarburg; *Fletr.* = Fletringen, Kreis Bolchen; *Flh.* = Fleisheim, Kr. Saarburg; *Fo.* = Forbach; *Gelm.* = Gelmingen, Kr. Bolchen; *Go.* = Gosselmingen, Kr. Saarburg; *Grt.* = Grosstänchen, Kr. Forbach; *Ha.* = Haspelscheid, Kr. Saarburg; *Hd.* = Hessdorf, Kr. Bolchen; *Ho.* = Homburg-Kedingen, Kr. Diedenhofen; *Hom.* = Hommarting bei Saarburg; *Hw.* = Hochwalsch, Kr. Saarburg; *Ka.* = Kattenhofen und *Km.* = Königsmachern, Kreis Diedenhofen; *Kr.* = Kriechingen, Kreis Bolchen; *La.* = Laningen, Kr. Forbach; *Lix.* = Lixingen bei Saargemünd; *Ltf.* = Lauterfingen, Kr. Château-Salins; *Msbr.* = Memersbronn, Kr. Bolchen; *Merl.* = Merlenbach, Kr. Forbach, *Mett.* = Mettingen, Kr. Pfalzburg; *Mtbr.* = Mittelbronn, Kr. Saarburg; *Mtsh.* = Mittersheim, Kr. Saarburg; *Mü.* = Münster, Kr. Château-Salins; *Mw.* = Metzerwiese und *Nj.* = Niederjeutz, Kr. Diedenhofen; *Obd.* = Oberdorf, Kr. Bolchen; *Obh.* = Oberhomburg, Kr. Forbach; *Pfb.* = Pfalzburg; *Pü.* = Püttlingen, Kr. Forbach; *Rein.* = Reiningen, Kr. Château-Salins; *Rlf.* = Remelfingen, Kr. Saargemünd; *Rem.* = Remeringen, Kr. Forbach; *Ri.* = Rieding bei Saarburg; *Rg.* = Rosselgau; *Ro.* = Rossbrücken, Kr. Forbach; *Rom.* = Rommelfingen, Kr. Saarburg; *Rü.* = Rüttgen, Kr. Diedenhofen; *Schm.* = Schmittweiler, Kr. Saargemünd, *Sgd.* = Saargemünd: *Si.* = Sierck; *Sp.* = Spittel, Kr. Forbach; *St. R. A.* = Stadtrecht von St. Avold; *Schw.* = Schweyen, Kr. Saargemünd; *Va.* = Vahlen, Kr. Bolchen; *Vbg.* = Varsberg; *Wa.* = Wallerchen, Kr. Bolchen; *Walm.* = Walmen und *Wl.* = Weiler, Kr. Forbach; *Wb.* = Wiebersweiler, Kr. Château-Salins; *Wolm.* = Wolmünster, Kr. Saargemünd; *Zeir.* = Zeiringen, Kr. Diedenhofen.

Andere Abkürzungen sind: *ags.* = angelsächsisch; *ahd.* = althochdeutsch; *altn.* = altnordisch; *frz.* = französisch; *got.* = gothisch; *hd.* = hochdeutsch; *Ma.* = Mundart; *mhd.* = mittelhochdeutsch; *ndd.* = niederdeutsch; *ndl.* = niederländisch; *nhd.* = neuhochdeutsch; *ss.* = siebenbürgisch-sächsisch. — *Zs.* = Zusammensetzung; *Rda.* = Redensart; *Pl.* = Plural; *s. d.* = sieh das!; *u. s.* = und sonstwo; < bedeutet: entstanden aus.

Die Komposita aller Art sind durchweg unter ihren ersten Teil, das Bestimmungswort, gestellt. Bieten sie jedoch etwas Besonderes oder bedürfen sie einer Erläuterung, so sind sie alphabetisch eingeordnet.

In den Wort- und Textproben, die vielfach innerhalb des Artikels gegeben sind, ist die Wiedergabe der mundartlichen Formen natürlich nur eine annähernde; nur bei solcher sind die Sätze rasch lesbar; eine genaue phonetische Wiedergabe wäre hier nicht angebracht gewesen.

Auf absolute Vollständigkeit macht unser Werk ebensowenig Anspruch wie alle andern mundartlichen Wörterbücher. Wer sich darauf versteifte, würde nie zum Abschluss gelangen. „Wie Sprachen nicht fest und unwandelbar verharren, sagt H. v. Pfister, so finden aus ähnlichen und noch mannigfachen andern Gründen Wörterbucharbeiten selten ihren völligen Abschluss; hatte doch schon der alte Scaliger die Aufgabe etwaiger Vollständigkeit mit einer Verdamnis in einem Bergwerke für gleich erachtet". Gar manches wird noch fehlen, was Aufzeichnung verdient, sogar gefordert hätte. Aber selbst dem unvergleichlichen Schmeller ist es nicht anders ergangen: die Nachträge zu seinem vorbildlichen baierischen Wörterbuch kommen an Umfang dem Wörterbuch gleich. Er meint mit Recht im Vorwort zum 1. Bande: „Sammlungen solcher Art wird man wohl nie als geschlossen ansehen dürfen; viel ist für sie schon gewonnen, wenn sie nur einmal angelegt sind und nie ganz aufgegeben werden". Und so erfüllt auch unsere Sammlung ihren Zweck, wenn sie die künftigen Besitzer veranlasst, sich dasjenige, was sie beim Nachschlagen vermissen oder mangelhaft oder unrichtig finden, für eine dereinstige vollkommene Sammlung oder doch für einen Nachtrag vorzumerken.

Strassburg, Ostern 1909.

Michael Ferdinand Follmann.

Quellen und Hilfsmittel.

Alem. = Alemannia, Zeitschrift für Sprache, Litteratur und Volkskunde des Elsasses und Oberrheins; herausgegeben von Berlinger. Bd. 17 S. 161 ff.: Ortsneckereien aus Lothringen.
baier. = Bayerisches Wörterbuch von J. A. Schmeller, 2. Ausgabe, bearbeitet von G. K. Fromann, München 1872.
Ballas = Beiträge zur Kenntnis der Trierischen Volkssprache von Joh. Georg Ballas, Trier 1903.
Besler = Die Ortsnamen des lothringischen Kreises Forbach I und II. Abhandlung zum Jahresbericht des Progymnasiums zu Forbach i. Lothr. von M. Besler. Forbach 1888 und 1891. — Die Forbacher Mundart und ihre französischen Bestandteile. Beilage zum Jahresbericht der Realschule in Forbach 1900 von demselben.
Bü. = Über den Eifeldialekt. Ein Beitrag zur Kenntnis des Mittelfränkischen von Th. Büsch. Beilage zum Programm des Progymnasiums zu Malmedy, Ostern 1888.
Cr. = Die Geschichte der Alemannen als Gaugeschichte von Julius Cramer. Breslau 1899.
els. = Wörterbuch der elsässischen Mundarten, bearbeitet von E. Martin und H. Lienhart. Strassburg 1899 ff.
From. = Die deutschen Mundarten. Monatsschrift für Dichtung, Forschung und Kritik, begründet von J. A. Pangkofer, fortgesetzt von K. Fromann. Bd. I—VII. Nürnberg 1854 ff.
Ga. = Lexikon der Luxemburgischen Umgangssprache von J. F. Gangler. Luxemburg 1847.
Gr. Wtb. = Deutsches Wörterbuch von Jac. und Wilh. Grimm, fortgesetzt von H. Heyne, R. Hildebrand, M. Lexer, K. Weigand, E. Wülker usw. Leipzig 1854 ff.
hess. = Idiotikon von Kurhessen, zusammengestellt von A. F. C. Vilmar. Marburg und Leipzig 1868.
hess. N. = Nachträge zu Vilmars Idiotikon, gesammelt und herausgegeben von Herm. v. Pfister. Marburg 1886.
Hoffm. = Laut- und Flexionslehre der Mundart der Moselgegend von Oberham bis zur Rheinprovinz von Karl Hoffmann. Inauguraldissertation zur Erlangung der phil. Doktorwürde an der Universität Strassburg. Metz, Verlag der Lothr. Ztg. 1900.

Jb. =	Jahrbuch für Geschichte, Sprache und Litteratur Elsass-Lothringens, herausgegeben von dem historisch-litterarischen Zweigverein des Vogesenklubs. Strassburg 1885 ff.
Keip. =	Französisches im Pfälzer Volksmund von Ph. Keiper. Programm der Königl. Studienanstalt Zweibrücken 1890/91.
Kisch W. W.	Wörter und Wendungen. Ein Beitrag zum siebenbürgisch-sächsischen Wörterbuch von Gust. Kisch. Bistritz 1900.
Kisch vgl. W.	Vergleichendes Wörterbuch der Nösner und moselfränkisch-luxemburgischen Mundart von demselben. Hermanstadt 1905.
Kr. =	Idiotismen des Bistritzer Dialekts. Beitrag zu einem siebenbürgisch-sächsischen Idiotikon von Fr. Kramer. Bistritz 1876/77.
Ku. =	Mundart, Schriftsprache und Volksschule in dem deutschredenden Teile des Kantons Bolchen von I. C. Kuntzelmann, veröffentlicht im Schulfreund, pädagog. Zeitschr. für Elsass-Lothringen, Jg. 29 u. 30.
Lerond =	Lothringische Sammelmappe von H. Lerond, Lehrer. Teil I—X. Metz 1890 ff.
lux. =	Wörterbuch der luxemburgischen Mundart. Luxemburg 1906.
Reichsl. =	Das Reichsland Elsass-Lothringen. Landes- und Ortsbeschreibung, herausgegeben vom statistischen Bureau des Ministeriums für Elsass-Lothringen. Strassburg 1900 ff.
Sch. =	Gedichte in der Bolchen-Diedenhofener Mundart von H. Schehmreger, veröffentlicht in „Haus und Welt", Beilage zur elsass-lothringischen Gemeindezeitung. Jg. 1883.
Schub. =	Die Unterwerfung der Alemannen unter die Franken von Hans von Schubert, Strassburg 1884.
schwäb. =	Schwäbisches Wörterbuch, bearbeitet von Hermann Fischer. Bd. I (ABP) Tübingen 1904.
Schwalb. =	Sammlung und Erklärung der landschaftlichen zum Teil eigentümlichen Wörter an der Ober- und Mittelsaar von Schwalb. Programm des Gymnasiums zu Saarbrücken 1833 und 1848.
Tarral =	Laut- und Flexionslehre der Mundart des Kantons Falkenberg i. Lothr. von Nic. Tarral. Inauguraldissertation zur Erlangung der phil. Doktorwürde an der Universität Strassburg 1903.
Weinh. =	Über deutsche Dialektforschung von K. Weinhold 1853.
Weller =	Die Besiedlung des Alemannenlandes von K. Weller. (Sonderabdruck aus den württembergischen Vierteljahrsheften für Landesgeschichte. Neue Folge VII 1898. Stuttgart 1898.)
Witte =	Deutsche und Keltoromanen in Lothringen nach der Völkerwanderung. Die Entstehung des deutschen Sprachgebiets von Hans Witte (in den Beiträgen zur Landes- und Völkerkunde von Elsass-Lothringen. Heft 15). — Das deutsche Sprachgebiet Lothringens und seine Wandlungen von demselben (in den Forschungen zur deutschen Landes- und Volkskunde, Bd. VIII 1894). — Zur Geschichte des Deutschtums im Elsass und im Vogesengebiet von demselben (Forschungen usw. Bd. X 1897).

A (s. a. O u. U).

A *Der erste Buchstabe im Alphabet.* (Substantivisch gebraucht sind die Buchstaben meist männlich, seltner sächlich.): Vun a bis z. *D. Si.* Wa a sât, muss a b sân *Bo.* Weder a noch b kenne oder sawe *(sagen) Ri.*

A [á *D. Si.*] *n. Auge* s. Au.

A [à *Ett. Lix.* u. s.; Demin. âlə *Lix.*] *m. Kuß kleiner Kinder:* gimmer e A! *Ett.* Kumm, gemmer en Ale! *Lix.* — els. 1, 1. A 2.

a [á *allg.*] *Ausruf der Verwunderung und Freude:* a, lu mol do! *Lix.* Heit hammer Kräpple — A!

a' [á *Fo. Mtsh. Mü.* u. s.] conj. *auch:* das isch a nit wohr! Bisch a da? — baier. 1, 24 á'.

a' [á *fast allg.*] interj. *ach!* a jo! ach ja!

a- *Vorsilbe ein-,* s. an.

ä [ɟ (nasaliert gespr.) *Lix.* u. s.] *Ausdruck des Abscheus:* das isch ä! — els. 1, 1.

ab [àp *fast allg.*; à *Bo.*; ôf *D. Si.*] adv. *ab, hinab, hinunter:* es isch ab met m'r *es ist aus Ri.* Er isch sehr â *er ist sehr heruntergekommen Bo.* M'r gehn ab *wir machen einen Umweg.* „Ab" geht dieselben Verbindungen ein wie hd. ab. Nur der Ma. eigene Formen finden in folgendem Erwähnung.

abä, abeng [àbè, àbeŋ *D. Si.*; àbà *Ri.*; èbè *Fo.*; iŋbiŋ *Lix.*; ambé *Fa.*] interj. *also, nun denn:* abeng! gehscht de mat? Abeng jo! — els. 1, 5 abä, ebä, abeng; frz. eh bien! s. a. ebbe.

ab-bosse^n [àbosə *Ett.* u. s.] tr. v. *die unaufgelösten Fruchtgarben mit einem Stock oder Dreschflegel an der Ährenseite ausklopfen.* s. bosse^n. — schwäb. 6: abbose^n; hess. N. 30: anbôszen *vordreschen, um aus den noch geknebelten Garben die besten Körner zu gewinnen.*

Abc *n. das Alphabet.* Abc, de Katz lâft em Schnee; der Hund lâft noh, de Katz krîscht mio *Rg.* — Abc, d' Kâtz hot de Fo^{u}s weïh *Si. D.*

ab-drabbe^n [àbdràbə *Ri.*] intr. v. *sich fortmachen:* er isch abgedrabbt.

ab-dricke^n [àbdrikə *Ri.* u. s.] tr. v. *abdrücken:* 's hat em 's Herz abgedrickt.

ab-dun [-dûn *fast allg.*; ôfdoun *D. Si.*] tr. v. *absetzen:* du musch de Hut abdûn *Lix.*

a-beïzen [àbéïtsən *D. Si.*] tr. v. *einnähen.* — s. beïzen.

a-berden [àbèrden *D.*; àbiərdən *Si.*] tr. v. *einborden, einfassen:* e Rack *(Rock)* a. -Agebïrt Scho^{u}n *Si.* s. Bort. — lux. abiéren *Ga.* 12.

Aber-zol [abərtsól, -tsuèl, -tsual *Si.*] *f. weitschweifiges Gerede, Wortkram:* mâch keng A.! — lux. Aberzu^{e}l *Ga.* 12. — vgl. mhd. aber in der Bedeutung *wiederholt* und zeln.

a-bestoden [àbəštu^{o}dən *D. Si.*] tr. v. *einverheiraten, einen Sohn od. eine Tochter durch Heirat in das väterl. Haus einsetzen.* s. bestoden.

A-bestietnes [àbəštiətnes *D. Si.*] *n. Einverheiratung.* — lux. 1 ebenso.

Ab-gascht [abgàšt *Bo.*] *m. garstiger Mensch.* s. Gascht.

ab-gaschtich [abgàštix *Bo.*; abgouštex *lux. Grenze*] adj. 1. *garstig.* — 2. *neidisch:* en abgaschtiche Kerl.

ab-gehn [abgén, Ptc. abgaŋ *Ri. Lix. Sgd.*] 1. intr. a) *vor Wut außer sich geraten:* un isch sôn *(sage)* der'sch nit, un wonn de abgescht *Lix.* b) *hingehen, sterben im verächtl. Sinn.* — 2. tr. *abnutzen z. B. Schuhe.*

ab-gen [ab-gèn *Ri. Sgd. Lix.* abgivə *Ha.*] 1. tr. a) *abgeben* wie nhd. b) *die*

Entlassung geben: unser Burgemeister hat abgên. — 2. refl. sich abgen *mit jd. verkehren.* — els. 1, 195 abgë *seine Stelle niederlegen.*

a-billen [ábilən (sech), Ptc. ágəbiḷt *D. Si.*; enbèlən *Bo.*] refl. v. *sich einbilden, vorstellen:* Wat billtsch de·d'r an? En agebillte Geck. — lux. 3 ebenso.

a-birjeren [ábirjərən *D. Si.*] tr. u. refl. v. *einbürgern:* en hot sech hurtech agebirjert. — lux. 2 ebenso.

ab-gawleⁿ [àbgàwlə *Ri.*] tr. v. *mit der Gabel wegnehmen, z. B. Heu, Garben etc.*

ab-jaweⁿ [-jáwə. *Ri.* u. s.] tr. v. *abjagen, abtreiben, vertreiben.*

ab-kratzeⁿ [-kràtsə *fast allg.*;—gràdsə *Ri.*] intr. v. *sich davon machen; (scherzh.) sterben:* er werd wohl bal a. — els. 1, 534; schwäb. 36.

Ab-kunterfej [àbkundərfej *Ri.*] f. *Photographie; davon:* abkunterfeje *abphotographieren.*

ab-lêdereⁿ [lèdərə *Ri.* u. s.] tr. v. *gehörig bestrafen, durchprügeln.* s. lëdereⁿ.

ab-leitereⁿ [-laitərə *Lix. Sgd.* u. s.; àblêdərə *Ri.*] tr. v. *die Leitern vom Wagen abnehmen:* de Wôn abl. Das Gegenteil: ufleitere.

Ablek [áblek, áblak; Pl. -ər *D. Si.*] m. *Augenblick:* all A. *jeden Augenblick*; — lux. 2 Ablack. s. a *Auge.*

Ablett [áblèt, Pl. -ən *Si.*] f. *kleiner Weißfisch, Blicke* (albulus) — frz. ablette.

ab-macheⁿ [àbmaχə *Ri. Lix.* u. s.] tr. v. 1. *abmachen (im Sinne der Vollendung):* en Sach a. — 2. *abnehmen, abernten:* Äppel, Niss a. — Dagegen: Mach Dich ab! *Geh fort!* — els. 1, 642 abmache 1.

ab-märkeⁿ [— mærkə *Lix. Ett.* u. s.] tr. v. *feilschen, handlen, einen niedrigeren Preis bieten:* Hasch de kinne a.? — Er losst sich nix a, — els. 1, 712 abmär(k)te.

ab-moleⁿ [àpmôlə *Fo. Lix. Pü.* u. s.] tr. v. *photographieren:* M'r gehn uns a. lôn *Lix.* — els. 1, 664 abmale.

Ab-nĕmen n. *Kr. Schwindsucht.* — els. 1, 772 Abnëme; schwäb 49 Abnemen b. *Abnahme der Körperkräfte.*

a-boken [ábókən, Ptc. ágəbókt *D.*] tr. v. *einhüllen, einwickeln, einmummen:* eweï hoten sêch agebokt! s.Bok.—lux.2 ábôken.

ab-rahmeⁿ [ábrâme *fast allg.*] 1. tr. *Rahm von der Milch wegnehmen.* — 2. intr. *Rahm erzeugen:* de Kuh rahmt gut ab *ihre Milch enthält viel Rahm.*

a-brätzen [ábrètsən*Si.*] tr.v.*einzwängen, hineinpressen.* — vgl. hess. 52 Bratze *große,·starke Hand.* s. a. Gr. Wtb. 2. 313.

Ab-reitel [abreïtəl *Ett.*] n. *Lineal.* Häufiger Regel.

Abrel [abrél *D. Si.* sonst Abril] m. *der Monat April.* Bauernregel: 't ass kän Abrel esoᵘ goᵘt, e schneit dem Schefer op den Hoᵘt. Wat den Abrel mat de Hôren kreït, dat schläft en durch de Gôrden *was der April bei den Haaren erwischt, das reißt er durch die Gärten Si.* Was der März net wel, holt der Kuckuck em April *Flh.* — Zss. Abrelsgeck *Aprilsnarr;* Abrels-wêder *Aprilwetter;* Abrile-ränge *kalter Regen Ri.*

a-brengen [ábreŋən, Ptc. ábruoχt *D. Si.*] tr. v. 1. *einbringen, einheimsen:* Fruht a. — 2. *Gewinn bringen:* dat Geschäft hot em vil abruocht.

Abriko [ábrikò, abrikuər *Si.*; uəbərkur Oberkontz, Pl. -ən] m. *Aprikose.* — schwäb. 54 Abriko; frz. abricot. Zs. Abrikoe-bâm *Si.*

A-bro [ábró *D.*] f. *Augenbraue* s. A. *Auge.*

ab-scheilech [abs̆ailex̆ *D. Si.*] adj. *abscheulich.* Davon: Abscheilechkät.

ab-scheppeⁿ *Fo.* u. *fast allg.* tr. v. *abschöpfen:* de Rahm a. s. scheppe.

ab-schiddeⁿ [— šidə *Ri.*] tr. v. *(eigentl. abschütten) den bessern Teil von der Milch (den Rahm) abnehmen.*

ab-schriweⁿ *fast allg. abschreiben.* e Brief a. s. schriweⁿ.

ab-schwengeⁿ [àbs̆wèŋə *Ri.*] tr. v. *abspülen, z. B. das Geschirr.*

abselut [àbzəlut *fast allg.*] adv. *durchaus, unbedingt.* — lat. absolute.

absenat s. obsenat.

Absent [àbz̧ènt *Ri.*] m. *Absinth.*

ab-serwedleⁿ [àbz̧èrwédlə *Ri.* u. s.] tr. v. 1. *einem die Leviten lesen.* — 2. *mit einer Rute durchprügeln.*

ab-strangeⁿ [àbs̆draŋə *Ri.*] *dasselbe wie* ableitereⁿ.

ab-sunnerlich [àpʒúnərliχ *Fa. Ha.*; àpʒonərleχ *D. Si.*] adj. u. adv. *absonderlich, wunderlich.* — els. 3, 364 absunderli.
ab-wendi [àbwèndi *Ri.*] adj. *in der Verbindung* a. mache *abwendig machen.*
Abzälreime s. Anhang.
ab-zwackeⁿ tr. v. *Bi.* u. s. *feilschen, abhandeln.* — baier. 2, 1171 wegzwacke; s. a. Gr. Wtb. 1, 160; mhd. abezwacken.
Ächel [èχəl *Fo. Si.* u. s.] *f. Eichel:* er isch gesund wie en Ä. *er ist kerngesund Fo.* — lux. 79 Èchel.
-acheldich [-aχəldiχ] *Nachsilbe, die Adjektiven, die eine Farbe bezeichnen, in der Bolchener Ma. angefügt wird:* brunacheldich *bräunlich;* geïlacheldich *gelblich;* greïnacheldich *grünlich;* rotacheldich usw. — hess. 82 -ochtig.
Achen [áχən, Pl. áχər, Demin. èχəltχən *D. Si. Busd.*; aχə *Fo.*] *m. Nachen:* im Ache fahre. — els. 1, 11 Ache; schwäb. 89 Achen, Nebenform für Nachen; lux. Acher Ga 13; rhein. Achen, Kluge etym. Wtb. 3.
Acher [aχər, Pl. -ə *Hd.*; ackər *Pü.*; àgər *Fa.* áχer *Si.*] *f. Ähre:* de Achere ufhewe. — lux. 513 u. els. 1, 11 Acher, Ar; schwäb. 119 Acher; kärtn. Acher u. Ècher From. 2, 241; ahd. ahir; ältere Sprache: äher.
achern s. achleⁿ.
Achert [aχat *Rein. Grt.*; æχərt, Demin. æχərtχən *Si.*] *m. Eichhörnchen:* flink wie en A. s. a. Eichert.
achleⁿ [aχlə *Fo.* u. s.; áχəren *D.*] tr. v. *gierig essen (aus der Juden- u. Gaunersprache entnommen):* Do hammer awer gut geachelt! *Fo.* — hess. 3 acheln; schwäb. 89 achle. s. a. Gr. Wtb 1, 162.
Ächt s. Eich. — Zss. Äch-bâm *Eichbaum Fo.* Äche-kill *m. Eichstamm.* s. Kill *junge Eiche.*
Achting [aχtiŋ *Sgd. Lix.*; átiŋ *Bo.*] *Acht, Achtung!* en Ahting gen *in Achtnehmen Bo.*]
Acker [àkər, Pl. àkərn u. èkər *fast allg.*; àgər *Ri.*] *m.* 1. *ein Feldstück.* — 2. *ein Flächenmaß* = 20,5 ar: En A. Grumbire setze. En A. zur Gewänd *je ein Acker auf der Weizen-, Hafer- und Brachgewann Lix.* — *Flurbezeichnungęn:* Fouracker (ahd. fuora *Weide*); Gravenacker *(bei Mörchingen, wo die Rheingrafen früher Besitz hatten)*; Kais-Kaisenacker (Geis *Ziege*); Kolbenacker (Kolben- *Moosrohr*); Moutzeracker (Mutz, Motz *Sumpfland*); Rod Hecker *(Rodung)*; Schemel Ecker (Schämmel schwäb. = *Schilf*); Schmalzacker *(bester Weideplatz)*; Segelacker (Segel *kleine feuchte Stelle*); Süssacker *(im Gegensatz zu „sauern" Wiesen)*; Heuertacker (heuert = 100); Zehanacker (zehan = 10); Achtacker. Besl. II, 33. — Dimmelacker, Clausacker, Posacker *Lix.* Buracker, Langacker, Odenacker, Schelmenacker, Wolfsacker, Zehnacker *Ri.*
ackereⁿ gewöhnl. s'ackere *Lix.* u. s. *ackern, pflügen.* — els. 1, 25 zackere.
Acker-mann *m. Falk. nur in dem Reimspruch:* Ackermann, spitz den Plug! gieb den Pär *(Pferden)* Hawer genug!
Ädde [èdə *Sbg.*] *m. Vater (fast nur von Juden u. für Juden gebräuchlich, gleich* Memme *Mutter).* — els. 1, 81 Ätte, Ette; hess. 95 Ette; s. a. Gr. Wtb. 1, 595; 3, 1180.
adelich [ad(ə)liχ *Lix.*] adj. *sonderbar, eigenartig.*
Adem s. Odem.
adje [adjè *fast allg.*; èdé *Fa.*; ètjes *Si.*] interj. *lebe wohl!* a. sawe *(sagen) sich verabschieden* Jetz gen ich noch den Adje mache *jetzt gehe ich mich verabschieden Lix.* Wann es jetz gefriert, noh adje Kwetsche! *Lix.* — els. 1, 14 adje, adjes.
Adjunk [adjuŋk *fast allg.*; daneben adjwẹ *Pfb.*] *m. Beigeordneter des Bürgermeisters.* — els. 1, 14 Adjunt; frz. adjoint.
adrett [adrèt *fast allg.*] adj. *niedlich, sauber:* er ist immer so a. — frz. adroit.
A'e-mos [àəmòs *D. Si.*] *n. Augenmaß.*
A'en-deckel *m. D. Si. Augenlid.*
A'endokter *m. D. Si. Augenarzt.*
A'en-hillecht *f. D. Si. Augenhöhle.* s. Hillecht.
A'en-neischt [àənaišt *Si. Rü.*] *n. Heilwasser für kranke Augen, Zinkweiß* (nihilum album) *auch Galmeiflug* (onochytis) *genannt. Wortspiel:* Neischt ass gutt fir d'Äen *das Nichts ist gut für die Augen D.* — lux. Neischt Ga. 305; els. 1, 797 Augenix; baier. 1, 1720 der Nichts; hd. der od. das Nicht. Das Wortspiel: „Nicht ist in die Augen gut" kennt schon Luther. s. Gr. Wtb. 7, 712.

1*

A'e-schein [-šëïn *D. Si.*] *m. Augenschein*.
a-fällen [ȧfèlən, Ptc. ȧgefal̬ *Bo.*] intr. v. *abfallen, abmagern*. — els. 1, 106 abfalle *abmagern*.
a-fällich adj. *Bo. mager werdend*.
Afang [ȧfȧŋ, *Fa.* ufȧŋ *D. Si.*] *m. Anfang;* anfangs adv. *anfangs*.
Afe-kapp [ȧfəkap, Pl. -kep *D.*] *m.* eigentl. *Affenkopf, dummer Kerl*.
Afel [afəl *Fa.*] *m. ein Armvoll*. Afel < Arm voll. s. a. Arbel.
Aff [ȧf *fast allg.* Pl. ȧfə; ȧf *D. Si.*; ȧof *Av.*; Demin. èfəl, èfχe, èfχin] *m.* 1. *Affe*. Du bisch en usgesputzter A. *Rom.* Kahl wie'n A. am Hintere *Rom. Rda.:* er sitzt uf'm Pärd, wie e Aof uf'm Schlifstein *Av.* Gescheit wie 'n alter A. = *dumm Pfb.* Du machscht e Gesicht, wie e rasierter A. *Flh.* Er micht 'n Gesicht bi'n A., wu uf'n Schlifstein sputzt *Wl.* Er macht wie e A., wu Zwirn wickelt *Sgd.* 'S Kleid steht em wie ume A. a Par Iwerstrimp *Altlixh.* Dat Kläd elo geht him, wie engem A. e Streïhut *D.* Den Äffchin em Bo^usen han *den Teufel im Busen tragen Bo.* Wenn m'r den A. gefiddert *(gefüttert)* hat, bisst er enen *Mü.* De muss en alten A. nit wille lehre Grimasse mache *Lix.* Affe-kini *großer Aff Ri.* — 2. *Gerät zum Mörteltragen*.

Affär(e) [afèr(ə) *fast allg.*] *f.* 1. *Sache, Geschäft*: das wären eso min Affäre *das wäre meine Sache Lix.* — 'S isch en A. von drissich Mark *die Sache dürfte an 30 Mark zu stehen kommen Lix.* — 'S isch en A. von zwei Stunnen *zwei Stunden Entfernung*. — 2. *Klagesache:* en hot eng A. um Gerïcht *D. Si.* Affäre mache *fast allg.* 1. *Schwierigkeiten verursachen.* 2. *Aufhebens machen.*

Affekat [afəkát, Pl. -əⁿ *fast allg.* ȧfəgȧot *Av.*; ȧwekat *Schw.*; ȧfəgȧd *Ri.*; ȧfəgót *Si.*] *m. Advocat, Rechtsanwalt*. — *Rda.:* E Mundstick wie en A. *Lix.* — Hinger de Affegade sin *verloren sein Ri.* — E Maul eweï en A. *Si.* — 'S Geld muss m'r von de Litt hole, sêt der A., von de Bäm schittle kommer's nit *Schw.* — lux. 3 Affekot.

affen [áfən *D. Si.*] intr. v. *gaffen*. — lux. 513 âfen; baier. 1, 42 affen.

affen [afən *D. Si.*] adv. *offen, kommt nur in der Verbindung mit „weit" vor:* Diren a Fenschteren weit affen stò' lossen *Türen und Fenster sperrweit offen stehen lassen.*

Affer [àfər *D. Si.*] *m.* 1. *Opfergang.* — 2. *Opfergabe.* Zs. Affer-stack *m. Opferstock.*

afferen tr. v. *D. Si. opfern*. — lux. 3 ebenso.

Affe-zaps [àfətsaps *Lembg. Sucht*] *m. einfältiger Mensch:* Du bisch e richtiger A.

Affisch [àfiš *fast allg.*] *f. öffentlicher Anschlag, Anschlag von Gerichtswegen.* — els. 1, 17; frz. affiche. Davon:

affischieren *öffentlich anschlagen.* — lux. 413 ebenso.

Affrunt [àfrùnt *Fo. Sgd. Lix. Ett.* u. s. àfro̬nt *D. Si. Bo.* — Pl. àfrundə, àfruntən, àfro̬ntən] *n. Schimpf, Kränkung, Grobheit:* Se hon uns en Affrunde gestellt *sie haben uns öffentlich beleidigt Lix.* — Änem Affrunten ontun. Von de Affrunte lebt er: *er macht sich nichts aus Beleidigungen Fo.* — els. 1, 20; pfälz. Affrunt, Affrunn Keip. 49; frz. affront.

affruntierlich [àfruntirliχ *Ett.* u. s.; àfrontèïərt *D. Si.*; àfrontirš *Bo.*] adj. u. adv. *frech, unverschämt.* — schwäb. 110 affrontierlich; pfälz. ebenso Keip. 49.

Affruntirscher [àfrontiršər *Bo.*] *m. unverschämter Mensch.*

Affruntirthät [àfrontèïerthêt *D. Si.*] *f. Unverschämtheit.*

affzich [àftsiχ *Teterch.* áfeχ *D. Si.*] adj. u. adv. *affenmäßig:* er setzt affzich da *er schaut überall hin.* — Afech schwätzen *unvernünftig sprechen Si.*

Afus [áfus, Pl. áfïs *Fa. Falk.*; áfos *Gelm.*; afous, Pl. afèïs *Bo.*] *m. Ambos. Rda.:* er schläft alles weg, nur de A. nit *Falk.* — Afus < mhd. âne fuos, Umdeutung von anebôz s. Lexer, mhd. Wtb. 1, 66.

Agat I [àgàt *Ri.* u. s.] *weibl. Vorname* Agatha. Zs. A g a d e - d a *Fest der hl. Agatha.*

Agat II [àgàt *Bo.*] *f.* 1. *Achat.* — 2. *bunter Spielstein aus Glas gefertigt.* — schwäb. 114 Agat, Agät; lux. 3 Âgat.

Agebärs [ágəbèrs *D.*; agəbiərts *Si.*] *n. Verbrämung.* s. aberden. — lux. ágebiérts Ga. 15.

a-gehn [áɡéᵘn, Ptc. àgaŋ *Bo.*] intr. v. *(eigentl. abgehen).* 1. *abmagern.* — 2. *abfärben:* d'es agang. Davon:

a-gengich [àɡèŋiχ *Bo.*] adj. *seinem Ende entgegen sehend, dem Verderben entgegen gehend.* — els. 1, 188 abgëndig, abgängig.

Äges [êɡès *Kr.*] *f. Elster.* — schwäb. 115 Ägerst; mhd. agelster. s. a. Atzel.

A-geschlon [àɡəŝloən *D.*] *n. (eigentl. Eingeschlagenes) Leinen, dessen Einschlag Kattun ist.* — lux. Ga. 16.

a-gesin [áɡəӡin *D. Si.*] tr. v. 1. *einsehen.* — 2. *hineinsehen:* ech gesin dat net an. s. gesin.

a-gin [ágin *D. Si.*] tr. v. *eingeben:* en hot em Geft agin. — lux. 3.

a-gon [àgoən, Ptc. àgaŋ *D. Si.*] 1. intr. *eingehen, sich verengen:* de Stoff geht ân. — 2. impers. *ahnen:* et geht mech ân es ahnt mir. — 3. *bereuen:* d'as mech agang *ich habe es bereut.* — lux. agoᵉn Ga. 16.

a-gut-serwis *Falk.* (komische Zwitterbildung, aus französ. u. deutschen Bestandteilen zusammengesetzt) *zu Ihrem guten Dienst, zu Diensten.* — frz. à votre (bon) service.

Ähre-da' [ǽrədá *Schw.* u. s.] *m. (eigentl. Ährentag). Mariä Himmelfahrt.*

Ahs [ás *Bo. Sp.*; æs *Falk. Obh. Kr.*; oïŝ *Va.*; ós, uès *Si.*; èks *Pfb. Ri.* – Pl. -ən] *f. Wagenachse.* — lux. 453 Uᵉss; mhd. ahse. — Zs. Schiss-äks *scherzh.* für *Rücken Ri.*

Aht [át *Av. Bo. Falk.*; àət *Obd.*; áχt *Sgd. Lix.*; ót *Km.*; uèt, uat *Si.*] *f. Acht, Aufmerksamkeit:* nehm dich en Aht! *Av.* — En Aht gen *in Acht nehmen Bo.* — Ich hon nix Ach(t) geton *ich habe nichts bemerkt Lix. Reimspruch:* Anna, meï' Maᵉd — ich han da gesaᵉt: Geh net met da Naᵉt *(Nacht)* — hol dich foⁿ den Boᵘwen en Aht. *Obd.*

ahten [átən, Ptc. gəətət, gátət, gát *Bo. Falk. Av.*; ótən, uatən, uètən *Si.*] tr. v. *achten auf etwas, bemerken:* ich han en nit gât. — mhd. ahten.

Ail [áil, Pl. -ən *Demin.* áiltχən *D. Si. Rlf.*] *f. Eule Rda.*: a macht en Gesicht, wie en A., die Knobloch schält *Rlf.* — En hot A'en eweï eng A. *er hat scharfe Augen.* — Zs. Aile-gesiht *n. Si. Eulengesicht (Schimpfwort)* s. a. ll.

Aiw *Auge* s. Au.

Ak [ák, Pl. -ən *D.*] *m. Nacken, Genick.* — lux. Åk Ga. 16; baier. 1, 31 Ack. — Zs. Ak-kaul und Ak-kol *f. D. Nackengrube.*

A-keiken (nur im Pl.) *D. Augen.* — vgl. ndd. kîken (káik, kiken) *gucken From.* 3, 260; 5, 72; 5, 141; ndl. kiken.

Aker s. Acher.

akereⁿ [ákərə *Grt.*] tr. v. *Ähren lesen.* — schwäb. 119 ähere. (Die frühere Schriftsprache hatte noch „ähern" Gr. Wtb. 1, 191). ahd. acharôn, ehirôn.

Akes [ákəs, Pl. -ən *D. Lix. Falk.*; áks *Si.*; àks *Bo. Ri.*; akst *Fo.*] *f. Axt, Beil:* Mer mänt, de hätscht 's Brot met der A. geschnitt *Lix.* Ich zerschlaw d'r de A. uf em Kopp *Drohung Ri.* — baier. 1, 32 Ackes; mhd. ackes. — Zs. Akse-stil *D. Si.*

A-kommes [ákoməs *D. Si.*; enkoms *Bo.*] *n. das Einkommen, die Renten:* e kann vun sengem A. lêwen *er kann von seinen Renten leben.* — lux. A'kommes Ga. 16.

Akont [akont *D. Si.*; àgùnd *Ri.*] *m. Abschlagszahlung.* — frz. à compte.

Akord [akórt *D. Si.*; àgòrt *Ri.*] *m.* 1. *Vergleich zur Vermeidung eines Prozesses.* — 2. *Vereinbarung:* im A. schaffe *arbeiten nach Vereinbarung des Preises für die ganze Arbeit' im Gegensatz zur Arbeit mit täglichem, ein für allemal festgesetztem Lohn.*

akordiereⁿ refl. v. *fast allg. sich friedlich vereinbaren:* er hat sich g'agordiert *Ri.*

Åks *Wagenachse* s. Ahs.

äks [èks *fast allg.*] interj. *Spottwort begleitet von einem Streichen des Zeigefingers der rechten Hand auf den der linken:* äks, äks, usgelacht! — els 1, 85 äx; schwäb. 2 ä gäks.

Äl [ǽl *Bo. Falk. Va. Av. Wb.*; él *Si.*; òl *Mtsh.*; ól *Hw.*, Pl. -ən] *m. Aal:* der escht glatt we Äl *Wb.* — els. 1, 28 Al,

Ol; Gr. Wtb. 1, 5 : Äl als Sing. bei B.Waldis. s. a. baier. 1, 55; ags. ael; engl. eel.
Äl *Elle* s. El.
Äl *Öl* s. Olich.
Aleⁿ [àlə *Lix. Vbg.* u. s.] Pl. *Hanfstengelteilchen, die beim Brechen zu Boden fallen.* (Das Wort ist wohl zusammengezogen aus Agele Gr. Wtb. 1, 189; ags. egle statt des gewöhnl. Agen) s. a. hess. 10 u. hess. N. 8; schwäb. 115.
a-le'en [aléən, Ptc. agəlúət *D. Si.*] tr. v. *einlegen*, bes. *das geschnittene Getreide zum Binden einlegen:* en hot ageluet *das Getreide ist zum Binden fertig.*
Alis [àlís *Hw.;* àlíʒi *Ri.*] *männlicher Varname Alois.*
all(e)-dach [-dáχ *Ri. D. Si.* u. s. adv. *täglich.* — Zss. Alleda-jud *Jude, der jeden Tag durchs Dorf geht.* Alleda-kleid *Kleid, das man täglich anzieht Ri.*
alle-bed [- bêd *D. Si. Ri.*] *alle beide.*
alleblack [aləblak, alablak *D.*] adv. *jeden Augenblick.* s. Ablek.
alle-falls [-faḷs *D. Si. Bo.* u. s.] adv. *jedenfalls.* — lux. 513.
alle-gebot [aləgəbòt *Fo. Pü. Sgd. Lix. Ri.* u. s.; algəbòt *Bo.*] adv. *alle Augenblicke, immer wieder, oftmals:* er läft a. nus. — Allgebot un glich wider *Ri. Lix.* — A < alle bot d. h. alle Aufgebote, so oft das „Bot" auf dem Rathause stattfindet. — els. 2, 119; baier. 1, 309; schwäb. 135. s. a. From. 4, 208 u. Gr. Wtb. 1, 215; 2, 271, 4.
alle-gemählich [àləgəmèliχ *Ri.* u. s.] adv. *allgemach, langsam weiter.*
alle-ger [àləgêr *Fo. Pü. Av.;* àləngêr *Bo. Falk.;* aləgúər *D. Si.*] pron. ind. *allzusammen, alle insgesamt:* gut Nacht a.! s. gar, ger.
alle-mal [àləmâl *Bi. Bo.* u. s.] adv. 1. *natürlich, selbstverständlich:* kummsch de mit? a.! — 2. *Verneinung einer Behauptung, abschlagender Bescheid auf ein Begehren:* gef mir dat Bouch! A., ich wären Dir dat gen. *Bo.* — Et get *(es giebt)* noch Hexen — A., 't werd noch Hexen gen. *Bo.* — schwäb. 137.
alle-mensch *Si.* pron. ind. *jedermann:* A. hot et gesòt *jedermann hat es gesagt.* — schwäb. 138 allermänniglich (veraltet).

allen-ennen [alənènən *D. Si.*] adv. *überall, an allen Enden:* a. heïert än dât *überall hört man das.* s. Enn.
allen-zwe [- tswé *D. Si.*] num. *alle beide.* — lux. 513.
alle-rant [àlərànt *Ri.*] *jedesmal* s. Rant. — els. 2, 273.
aller-escht [-eïst *D. Si.*] adv. 1. *allererst.* — 2. *jetzt eben:* en as a. komm. — lux. 513.
Aller-heljen-dach [-hèljən dáχ *D. Si.* u. s.] *m. Allerheiligentag.*
alle-ritt [àlərit *Av. Lix. Sgd.;* aləmret *Bo.;* àlret *Si.*] adv. *jedesmal, so oft sich die Gelegenheit bietet:* a. do sin jedesmal da sein *Si.* — els. 2, 302; baier. 2, 181; hess. 329 allen ritt, auf einem Ritt; ss. aw äne rät Kisch W. W. 123.
aller-lä [àlərlê *D. Si.*] adj. *allerlei:* a. Gesendel. — lux. 5 allerlê.
aller-mauscht [- manšt *D. Si.*] adv. *mindest;* op 't a. *zum mindesten.*
aller-mäscht [- mešt *D. Si.;* - megšd *Ri.*] adv. *allermeist.*
Aller-selen [alərʒélən *fast allg.* -ʒeïlən *D. Si.*] *m. Allerseelentag.*
aller-welt-letscht-liderlich adj. *Fi. höchster Grad von Faulheit.* — schwäb. 139 allerwelts - *steigernder Vorsatz vor Substant. meist mit tadelndem Charakter* z. B. Allerweltsstoffel.
alle-wä [aləwè *Fo. D.;* aləwéïχ *Bo.;* àləweχ *Falk.;* aləwé, aləwés *Si.*] adv. 1. *natürlich, freilich:* du hasch a. *(natürlich)* de Dir ufgelost? *Bo.* — Gescht de met? Ei a. *(freilich).* — 2. *wahrscheinlich:* Er hêrt a. de Guguck en anner Johr nimme krische *Hw.* — 3. *immer:* Sin er gut häm kumm? Mä a! — schwäb. 145 allweg; lux. 5 allewé; s. a. baier. 1, 57.
alle-wil [aləwíl *fast allg.;* aləwail *D. Si.*] adj. 1. *jetzt, eben:* a. kumm ich. — 2. *natürlich, selbstverständlich:* War er das? A.! — schwäb. 139 alleweil.
all-gescheit [àlgəšèït *Bi.*] adj. *überklug.* Auch substantivisch gebraucht: 's isch der A., der vorij Johr ibrich geblib isch.
all-kehr [àlkéïər *D.*] adv. *jedesmal,* eigentl. *bei jeder Kehre, Wendung:* a., wann ech en gesinn, as e betronk *jedesmal wenn ich ihn sehe, ist er betrunken.* s. Kehr, Këer.

all-schit [àlżit *Si.*] *jedesmal:* e fällt a. (schit < frz. gîte *Etappe, Lager,* also eigentl. *bei jeder Etappe).*

all-zit [àltsit *fast allg.;* altsait *Si.;* altséït *D.*] adv. *allezeit, immer:* er isch a. besuff. En as a. do *er ist immer da Si.*

Almas s. Almoseⁿ.

Almert [álmərt *Lix.* u. s.] *n. Gemeindeland, das unter die Bürger verlost wird.* s. a. Alming. Flurnamen: Almat, Almet, Almette, Almetz, Allmert, Ellmertienne (Koseform), Almut, Borren-(*Born-*)almet Besl. II. 33.

Alming [álminŋ *Schm. Ri. Hom.* u.s.] *m. u. n. Teil des Bannes, welcher der ganzen Gemeinde gehört, Gemeindetrift.* A. < Allgemeinde. — els. I, 33 Alménd, Alming; schwäb. 142 Allmend. s. a. Gr. Wtb. I, 237: Allmende.

Almoseⁿ [àlmoʒə *fast allg.;* àlmàs *Falk.*] *n. Almosen:* vum A. läwe *seinen Unterhalt durch A. fristen. Ri.* s. a. Armes.

allert [àlèrt *allg.*] adj. *lebhaft, flink, geweckt.* Begrüssung: gude Marje, sin 'r schun a.? *Sucht* — Er isch wider a. *er ist wieder auf der Besserung Lix.* — A. wie e Gartegräbelche *geschäftig wie eine Gartenharke Lix.* — Was macht de N. N.? Er esch allewil a. *Pfb.* — En allerter Bengel *Sgd.* — schwäb. 129 alert; frz. alerte.

a-lotzen [àlòtsən *Bo.*] tr. v. 1. *ablecken.* — 2. *abbetteln.* a < ab-lotzen s. lotzen.

als, alt [àls *fast allg.;* àlt *D. Si. Bo.*] adv. *als, manchmal, zuweilen, einstweilen, immer:* Als witersch! *immer weiter! Fo.* Er kummt a. *er kommt zuweilen.* Ich sin alt dô gewês *ich bin zuweilen da gewesen Si.* D ge^at alt eso^u *es geht als so Bo.* — els. 1, 28 alles, als, as; schwäb. 148 als; lux. 514 alt.

Alsch [àlš *Av.* èlšt *Fo.* u. s.] *m. Wermut-Thee* (Artemisia absinthium): Trink e mol Älscht, do werd's d'r schon annerscht *Fo.* — hd. Alse, Alsem Gr. Wtb. I, 260, auch Else, Els ibid. 3, 416.

als-furt [àlsfurt *fast allg.* àlfort *Falk.*] adv. *immerfort, beständig:* du hasch a. eppes se gnatsche *du hast beständig was dreinzureden Lix.* — Hascht de a. ufgepasst? Lin (*lügen*) isch a. e Sind *Sgd.*

— schwäb. 152 alsofort; els. 1, 145 allsfort.

alt [alt *fast allg.;* ál *D. Si.* Comp. èltər, èlštə; élər, élšt. (Statt élšt hat *D. Si.* auch die Form áleχ *sehr alt)*] adj. *alt.* No bisch de awer a. genung! *(Drohung) Lix. Ri.* — 'S a. Brot muss s'erscht gess gin *erst muß die ältere Tochter an den Mann. Rda.:* Wo mer a. wird wie e Kuh — mer lehrt alle Da' dersu *Lix. Ri.* — Âl Eisen, âle Goss *(Gußeisen)* — âl Frâen, âle Verdross d. h. *das Alter hat seine Eigenheiten Si.* — Zss. âl-mo^udesch *altmodisch Si.* — alt-melkich adj. *von der Kuh gesagt, der die Milch bald abgeht. Ri.*

Altar [àltâr *Flh.;* èltər *Fo. Falk.* Sgd. *Lix. D. Si.*] *m. Altar.* Zs. Altars-kopp *m. Flh. gewöhnliches Gesicht, wie die früher roh gearbeiteten Gesichter der Heiligen am Altar:* e Gesicht wie'n A.

Älter [èltər *Fo. Falk. Lix.;* alər *Bo.;* èlt *Si.*] *n. u. f. (Bo.m) Alter:* Älter geht vor *Fo.* Er isch in meïnre Ä. — baier. 1, 70 Älte, Elten f.; schwäb. 159 Aelte; mhd. elte.

Alterdum [àltərdùm *fast allg.* altərtom *D. Si.*] *n. Gegenstand aus älterer Zeit,* seltener *Altertum.* Das isch noch en A.

alterdimlich, altertemlech adj. *altertümlich.*

ältzen [èltsən *Fo. Fi.* u. s.] intr. v. *nach Alter riechen, übel riechen.* Alte Betten u. Kleider, auch ranzige Butter „ältzen". — els. 1, 34 ältze; lux. élzen.

Alun [alún *fast allg.*] *m. Alaun.* — els. 1, 29 Alun; mhd. alûn.

Alwe nom. pr. *Saaralben.*

Am [ạm *Bo.*] *m. Lähmung eines Körperteils.* — vgl. baier. 1, 78 der Ohm (erysipelus). s. a. Gr. Wtb. 7, 1200: Ohm.

a-machen [amáχən *D. Si. Busd.*] tr. v. 1. *Früchte u. Gemüse für den Winter einlegen, Obst zu Konserven einkochen:* Bo^unen, Sauerkraut, Kischen a. — 2. *einzäunen, einhegen:* de Go^ert mat Droht a. — 3. *einrahmen:* e Bild a. — 4. *anmachen d. h. aufhängen, befestigen:* e Spijel a. — els. 1, 643 inmache.

Amacht [àmàχt *Falk.*] *f. Ohnmacht.* — schwäb. 163 Amacht neben Onmacht; els. 1, 38 Omacht; mhd. âmaht.

Amal [âmâl, Pl. -ə *Bi.*; âmol *Ri.*] *f.*
Mal, Narbe, Muttermal. — schwäb. 163
Amal *Muttermal*; els. 1, 664 Amal, Ômôl;
baier. 1, 1582 Aumal.

Ambarra *m. D. Si. Verlegenheit, Schwierigkeit:* äm A. mâchen *einem Schwierigkeiten bereiten.* Den A. elo hätt ech net gebraucht. — els. 1, 39 Ambarra; schwäb. 163 Ambara; lux. Ambra; frz. embarras. — Zs. **Ambarras-krëmer** *Mẹnsch, der viele Umstände macht.* s. a. Embaring.

Ambarre [àmbàrə *Ett.* u. s.] *m. Seitenraum in einer Scheune.* — frz. rempart.

ambedieren [ambēdírə *Fo.* u. s.] tr. v. *lästig sein, langweilen, stören:* der ambediert äm awer doch a! ich men mich ambediert. — els. 1, 40 ambetiere; frz. embêter. Davon:

ambedierlich adj. *ärgerlich, lästig:* isch das a.! — els. 1, 40 ambetierlig.

Ambel [àmbəl *fast allg.*] *f. Ampel, bes. die A. vor dem Altare; Kronleuchter.*

Amber [àmbər *Ri.*] *m.* gewöhnl. Suramber s. d. — els. 1, 40 Ampfer.

Amblader [âmbládər *Bi.* u. s.] *m. Mensch, der jedem zur Last fällt, sich jedem aufdrängt.* — frz. emplâtre.

Amblock [amblòk *Fa. Ri. Rom. Hom.*] *f. Briefumschlag.* — frz. enveloppe.

Amelett [aməlèt *D. Si.* u. s.; èməlèt *Rein.*] *f. Eierkuchen.* — frz. omelette.

Am-ennel [âmènel *Ri.*] *n. Tölpel; Mensch, der nichts weiß, der stets „am Ende" ist.*

Åmer [ǽmər *fast allg.* Pl. -ə; æma *Vbg. Kr.* Pl. -n] *m.* 1. *Eimer.* — 2. *Kolben einer Pumpe Vbg.*

amesieren [aməzírə *fast allg.*; aməzéïərən *D. Si.*] tr. u. refl. v. *unterhalten, die Zeit vertreiben.* — lux. 6; els. 1, 37; frz. amuser. Davon:

amesierlich, **ameseïerlech** adj. *belustigend.*

ames-lang s. omes.

Åmetz [èmets, Pl. -ən *fast allg.*; èmetsəl *Falk.*; èimets *Bo.*; èms *Schw.*; èmeïs *Berl.*; ómas *Si.*; ómas *D.*] *f. Ameise.* Er hot so wenich Ruh wie'n Ä., *Vbg.* Geratzten *(rüstig)* sen weïn Eimetz *Bo.* Es wuwelt voll. Ä. — De Ä. hon mich verseicht *(gestochen) Lix.* — schwäb. 164

Èmez. — Zss. **Ämetze-hufe** *fast allg.* [Omas-klap *Si.*] *Ameisenhaufen;* Ämetzen-eier.

ami [àmi *Fo.* u. s.; èmi *Si.*] adj. *freund, bekannt:* er isch gut a. mit em. — els. 1, 36 ami; vgl. schwäb. 164 Amei (veraltet) *Geliebte.*

ämich s. emich.

amisant [amizạnt *fast allg.*] adj. *unterhaltend:* das war ganz a. — frz. amusant.

Ammei [améï *Sgd. Vbg.*; òméï *Lix.*; òme *Ersd.*; amé *Pü. Fo.* (Demin. améïχen); àmrai *Si.*; amərè *Av. Bo.*] *weibl. Vorname* Anna Maria. Spottvers:

Anne Marei!
Koch din Brei!
Schur din Pann!
Da kummt der Mann,
Der will dich han,
Mitsämmt der Pann. *Vbg.*

Ammer s. Goldammer.

Amo(r)**s** f. *Ri. Fi. Zündpapierblättchen für Kinderspielrevolver.* — frz. capsule d'amorce.

ämpern [èmpərn *fast allg.*] tr. v. *ein Wortgefecht führen, widersprechen, erzählen, antworten.* — els. 1, 40 embere; hess. 9 ambern, embern; henneb. -fränk. ambern From. 7, 134. s. a. änfern.

Amplojierter [àmplojírtər, Pl. -tən *fast allg.*; emplojírtər *Bo.*] *m. Angestellter.* — els. 1, 40 Amplochierte(r); pfälz. Amplochierder Keip. 50; frz. employé.

Amschel [àmšəl *Ri. Mtsh.*] *f. Amsel.*

Amt [àmt *Ri.* u. s. Pl. àmdərə] *n. Hochamt, gesungene Messe.* — Zss. Seelen-amt *Requiemsmesse;* Leviden-amt *Messe mit Diakon u. Subdiakon.*

an [àn *Bo. Fo.*; òn *Sgd. Lix.*; im Moselgebiet un, apokopiert u'] 1. präp. mit dat. u. acc. *an:* es isch an ihm. Er isch an mich kumm. An enander kumme. *in Streit geraten.* Mit „dem" zsgez. am. — 2. adv. *an:* an sin *angezogen sein Bo.* Wer werft on?

an- [an, apocopiert a-] entspricht in der Diedenhofener Ma. der hd. Vorsilbe *ein-*; an- steht vor Vokalen u. vor d, t, z, h. Vor allen übrigen Konsonanten steht a-. Diese Vorsilbe wird, wie hd. *ein-* mit Substantiven, Adjektiven u. bes.

mit Verben zusammengesetzt. Auch die Bedeutung dieser Verbindungen stimmt meist mit dem nhd. überein. Nur der Ma. eigene Formen finden deshalb Erwähnung.
an *D. Si.* Präpos. mit dat. u. acc. *in, während, innerhalb:* an der Ståt; an der Zeït *während der Zeit;* an drei Mênt *innerhalb 3 Monaten.*
an *D. Si.* conj. *und* („an" vor Vokalen und d, t, h, sonst a-): dat an dat *das u. das.* En hot gés a getronk *er hat gegessen u. getrunken.*
an-brenneⁿ [ånbrɛnə *Ri.* u. s.] intr. v. 1. *wie hd. anbrennen:* 's Fläsch isch angebrennt. — 2. *sehr angestrengt sein:* er isch angebrennt *in der Hitze der Arbeit.*
Andacht [åndaχt *fast allg.*] *f. Andacht. Rda.:* er isch in der A. *er schläft Ri.*
Andebock [andɔbok *Bi.* u. s.] *m. Widerspänstiger:* er isch en A. — vgl. baier. I, 98 And *Eifer;* gemeind. Ahnd, And Gr. Wtb. I, 192, 203; s. a. From. 6, 170; mhd. ande, ant *Zorn;* der ande *der Feind.*
Ander, Andres s. Änres.
Andiwich [åndiwiχ *fast allg.*; andíwən *D. Si.*; åndifi *Ri.*; antwiχ *Fa.*] *m. u. f. Endivie als Salat. Eine besondere Art mit eingeschnittenen Blättern heißt:* gezinselter A. — els. I, 50 Andivi; schwäb. 189 Andive; lux. 6 Andeïf. — Zs. A n d i w e n - s a l a t.
Andrach [andráχ *D.*] *m. (eigentl. Eintrag) Schaden, Nachteil:* en hot m'r vil A. gedun. — lux. 6 ebenso.
an-dran [ándràn *Bo.*; ándrawə *Ri.*] I. refl. *sich antragen, sich bewerben:* sich fer e Plätz a. *Bo.* — 2. intr. *sich belaufen auf, ausmachen:* das het finf Mark angedra *Ri.*
Andrich *m. Lix. Enterich.* — schwäb. 276 Antrech; ahd. antrehho. s. a. Untchert.
an-duckelen (sech) refl. v. Ptc. a'geduckelt *D. sich in die Bettdecke einhüllen.* — lux. ebenso Ga. 19. s. duckelen.
Andudel [åndudəl *fast allg.* Pl. -n; ånduəl *Lix.*; ånduliə *Ri. Hom.*; åndilχ *Si.*] *f.* I. *Darmwurst, geräucherte Fleischwurst:* Erbsesupp mit A. — 2. *dicke, unbeholfene Person* (Schimpfname): du dicke A.! — els. I, 51 Andülli; pfälz. Andudl Keip. 50; eifl. Anduljen; frz. andouille.

an-dun I [andún *fast allg.*] *antun, anziehen;* ich gehn mich ondûn *Lix.* — Ich han nix anzedûn *Fo.* s. dun.
an-dun II [aṇdun *D.*; aṇdóun *Si.* Ptc. agədón; en-doun *Bo.*] tr. v. I. *einen Streich spielen:* engem änt a. — 2. *einheimsen:* Krombiren a. — lux. ebenso Ga. 19.
aner-halef [anərhåləf *D. Si.*] *anderthalb:* a. Pont Fläsch.
an-ernän [anərnên *D. Si.*; enənènər *Bo.*] adv. *ineinander:* de zwê Reder greifen net a. — lux. 7 anenên.
Änes [ènəs *Ri. Pfb.*] *n.* I. *Anis* (anisum). — 2. *Anisbranntwein:* Ä. ansetze. — els. I, 42 Änez, Änes; bei Fischart: enis, änis Gr. Wtb. I, 377. — Zss. Änesbrötle *Anisbrötchen Pfb.* A.-kerne.
anescht *anders* s. anner.
änferen [ènfərən *D. Si.*; èntwərn *Hom.*] tr. v. *antworten.* s. a. ämpern.
Anfert [ånfərt *D. Si.*] *f. Antwort.* — lux. 7 Ännfert.
an-gehn [åṇgén, Ptc. åṇgaṇ *Falk.* u. s.] intr. v. *anfangen, beginnen:* die Schul geht an. Et isch nisch bit'm ansegehn. — schwäb. 203 u. els. I, 89 aⁿgehⁿ.
Angel [åṇəl *fast allg.*] *m. u. f.* I. *Stachel, bes. der Biene:* ich han en A. kreït *ich bin gestochen worden.* — 2. *Angelhaken.* — els. I, 52; schwäb. 206; baier. I, 05 ebenso.
angleⁿ [åṇglə *Sgd. Lix. Ri.* u. s.] tr. v. I. *stechen:* de Imme angle. — 2. *mit der Angel fischen.*
Angläs åṇlès, Pl. -ə *Ett. Sgd. Lix.* u. s.; åṇglès flèš *Si.*] I. *f. weiße Weinflasche, drei Viertel Liter enthaltend.* — els. I, 54; pfälz. Keip. 50 ebenso; frz. bouteille anglaise. — 2. *m. Gehrock aus schwarzem Tuch mit langen Schößen, Festkleid Alllixh.* — els. I, 54.
Angscht [åṇšt *fast allg.* Pl. èṇštər *Fo. Falk.* èṇštən *Bo. D. Si.*] *f. Angst:* Ich hon ken Angschter for dir *Fo.* Ven lutter Ä. *Falk.* Ich han Ä. usgestan. In den Angschde lewe mit em *in großer Angst leben wegen jd. Ri.* — els. I, 55 ebenso. — Zs. A n g s c h t - s c h w ä s s *Angstschweiß.*
ängschterlech adj. *D. Si. ängstlich.* **Ängschterlechkät** *f. Ängstlickeit.*

ängschtijen tr. v. *D. Si. ängstigen.*
an-hällich [ąnhèlix *Bo. Fo.* u. s.; anhèldi *Ri.*] adj. u. adv. *anhaltend, fortwährend, beständig:* es isch a. Wedder. — Er isch a. am krangle s. d. — els. 1, 330 ahaltig.
an-hängeⁿ [ånhèŋə *Ri.* u. s.] tr. v. *in der Rda.:* enem 's Mul a. *einem frech antworten.*
Aning [àniŋ *Lix., Ett.* u. s.] *f. Grenzlinie, wo 2 aufeinanderfolgende Bannteile (Äckerlagen) einanderstoßen; auch die Stelle, wo 2 Ackerlängen zusammentreffen.* Vgl. eifl. Anert *Stelle, wo das Feld anfängt.* From. 6, 12.
äninge in den Verbindgn.: gen ä., zen ä., sen eïnge s. zenäning.
Anjles-käs [anjləskés *Si.*] *m. Engetskäse.* — frz. angelot.
Ank [ąŋk *D.*] *f. Genick, Nacken.* — schwäb. 232; hess. 12; bayer. 1, 110; Anken; henneb.-fränk. Anke, From. 7, 135. s. a. Gr. Wtb. 1, 378; ahd. ancha.
an-kareⁿ [ànkarə *Pü.*] tr. v. (eigentl. *ankehren) anfangen, unternehmen:* der hat si' Geschicht dumm angekart *der hat sein Geschäft ungeschickt angefangen.* — vgl. mhd. kåren für kèren.
an-karteⁿ [-kårde *Ri.* u. s.] tr. v. *anfangen, einrichten:* er weiss es schu' anzekarde; ebbes gut a.
Anke [ànkə *Ri.* u.s.] *m. gekochte Butter.* — Zs. A.-schum *Schaum der gek. B.*
anleieⁿ [ànlaiə *Fo.*; ànlèiə *Ri.*] *unpers.* v. *angelegen sein:* 's leit m'r an! *das sollte mir einfallen!* — els. 1, 575: 's ligt m'r an!
Anlejes [anlèiəs *Ri.* u. s.] *n. Anliegen:* en A. han; en A. klawe *mitteilen.*
A(n)lo' [aⁿló *Rü.*; aⁿtló *Si.*] *f.* (eigentl. *Einlage). Ein vom Hauptstock in den Boden eingesenkter Rebzweig, der Wurzel schlagen u. einen neuen Stock bilden soll.* Im Elsass heisst ein solcher Zweig „Grueber" els. 1, 269.
an-lun [an-lún *Fo.* u. s.; anloiwə *Ri.*] tr. v. 1. *anschauen, einen vorwurfsvollen Blick auf jd. werfen:* de Katz darf jo der Kaiser anlun. Mer luwt en alt Schirdor an, werd m'r aw derfe dich a.

Ri. — schwäb. 237 aluge; els. 1, 578 anluege. s. lun.
an-macheⁿ [ànmaχə *Sgd. Lix.* u. s.] tr. v. 1. *anzünden:* mach's Fir on! — 2. *zubereiten:* mach de Salat on! — 3. refl. *sich einschmeicheln:* er kennt's far sich on se mache *Lix.* — schwäb. 238 aⁿmache. — els. 1,642 anmache 2, 3.
Anna [ànəl; æn; æni; ån, ænχən] *der weibl. Taufname Anna.* In zahlreichen Verbindungen mit andern Taufnamen, meist an erster Stelle: Ann-eb *Anna Eva*; Anne-grêt, Âne-greït *Anna Margarethe*; Anne-kätt *Anna Kathrina*; Anneleis *Anna Elisabeth*; Anne-mari, Annemerei *Anna Maria.*
Annels-bireⁿ Pl. *Pü. eine Sorte Birnen, die etwa um Annatag (26. Juli) reif werden.*
ànner (der), anneri (de), annert (det) [ànər, ànəri, ànert *Lix.* Pl. de anərən, ánərər, ánəri, ánəres *Bi.*; ánər, ánəșt *D. Si.*; anərș *Falk. Fo.*; ąnərštən *Bo.*] pron. ind. *ander, der andere* usw.: D'es annerschten gang *Bo.* Das isch mol ebbes annersch *Falk.* Dat moᵘss än anescht od. anescher måchen *Si.* — Anescht [ånəșt] bedeutet in der Diedenhofener Ma. auch *schwanger:* Seng Frå as anescht.
ännern [ènərn *fast allg.*] tr. v. *ändern:* das losst sich jetz nimmeh ä. *Fo.*
Ännerung [ènəruŋ *fast allg.*; ènereŋən *Si.*] *f. wie hd. Änderung.*
Ànres [ènrəs *Sgd. Si.*; ènərès *Bo.*; àndər *Obd.*] *männl. Vorname Andreas.* Spruch: Andreas Butterfass: schiss ins Häwel, mach danewe! *Ri.*
äns, änt s. ens.
an-schaffeⁿ [ånșåfe *fast allg.*; ușáfən *D. Si.*] tr..v. *anschaffen. Bauernregel:* Wenn's am erschte September ränt, so muss der Bur e Perd meh a. *Wendungen:* enem eni a. *eine Frau verschaffen.* Ebbes a. *den Hausstand begründen bzw. vergrößern Ri.*
An-schin [ąnșin *Bo.*] *m. Schein, Anschein, äußeres Gepräge:* deï Sach hat keïn A.
an-schlan [ånșlán *fast allg.*;-șlawə *Sbg. Ri.* u. s.] tr. v. 1. *anstoßen:* de Kopp a. — 2. *einen Ton anschlagen:* er hat e grower

Don angeschla. — 3. *etwas dem Preis od. Wert nach bestimmen*: ebbes a. fur sovil Mark, zum Pris vun sovil Mark *erster Ansatz bei einer Versteigerung Ri.* — 4. *durch Anschlag veröffentlichen: ein Heiratsaufgebot im Gemeindekasten anschlagen*: se sin angeschla.

an-schmereⁿ [ånšmérən *fast allg.*] tr. v. *betrügen*.

an-schuhn [ånšûn *Bi.* u. s.] tr. v. *das Vorderleder des Schuhes ersetzen*.

an-schwilleⁿ [-šwĭlə *Bi.*] tr. v. *die Wäsche mit der Wäscheklammer (Schwille s. d.) an der Leine befestigen*.

an-setzeⁿ [ån̥ʒedsə *Ri.* u. s.] tr. v. 1. *an eine Stelle setzen z. B. einen Knopf*. — 2. *einen Ansatz nehmen*. — 3. *anstellen*; *Brombeeren, Mirabellen, Chinawurzel usw. in Alkohol einweichen, um ein besonders hygienisches Likör herzustellen*: Schnaps, Essich a. — els. 2, 382.

an-sohleⁿ [-ʒólə *Ri.* u. s.] tr. v. *belügen, betrügen*: er hat mich schên angesohlt.

An-spruch [ånšbrux̌ *Ri.*] m. *Anliegen*: ich hett ne A. an eich.

an-ständich [ånšteniχ *fast allg.*; ånštèndi *Ri.*; uštèneχ *D. Si.*] adj. u. adv. 1. *angemessen, schicklich*. — 2. *passend, angenehm*: es ich m'r ebbs a. *es gefällt mir Ri*.

an-stelleⁿ [ånštèlən, Ptc. aɲeštält *fast allg.*] 1. tr. a) *etwas tun, meist in tadelndem Sinne*: do hasch de was Schênes angestalt! — b) *lärmend Widerspruch erheben*: den Deïbel a.; den Donner a. — 2. refl. *sich benehmen*: er weiss sich anzestelle *Ri*.

an-stricheⁿ [ånštriχən *fast allg.*; uštraiχən *D. Si.*] tr. v. 1. *mit Farbe anstreichen*. — 2. *einem Ohnmächtigen das Gesicht mit einer Flüssigkeit besprengen um ihn zum Bewußtsein zurückzurufen. Ri.*

an-swo [antswou *D. Si.*] adv. *irgendwo*: en as a. higång *er ist irgendwo hingegangen*. — a. ånescht *anderswo*. A. < mhd. in-swå, in-swô.

Antät [åntêt, Pl. -ən *Rü. Si.* u. s.] f. *Stelle, wo zwei Äcker mit der Stirnseite aneinanderstoßen*. — lux. 7 Antêt. vgl. schwäb. 274 Anthaupt *Kopfende*; els. 1, 56; frz. entête.

an-teimeren *D. Si.* tr. v. *übermäßig essen* (eigentl. *eine ganze Wagenladung* „Teimer" s. d. *zu sich nehmen*).

Antekrescht [antəkrešt *D. Si.*; èndəgrĭšt *Ri.*] m. 1. *Antichrist*. — 2. *schlechter Kerl, als Schimpfwort*.

anter [ånta, onta *Av.*; ą̊ntərš *Bo.*] num. *vor, zuerst, der erste* (wird ohne Artikel gebraucht, ebenso wie zweïtersch, dretersch): ich bin anta *ich komme zuerst dran*, bin der erste. — vgl. rheinfr. ant, ånt, an *der erste beim Abzählen* From. 6, 280, 3; eifl. anert *der erste beim Spiel* From. 6, 12; els. 1, 42 Änert.

Anterprenär [antərprenèr *D. Si.*] m. *Unternehmer*. — lux. 7 Anterprener; frz. entrepreneur.

Anterpris [antərprís *D. Si.*] f. *Unternehmung*; eng A. u'gohn. — lux. 514; frz. entreprise.

Änsch [ènš *fast allg.*] f. *der Hahn am Faß, der Krahnen*. — frz. anche.

an-wachseⁿ *fast allg.* 1. *wie hd. anwachsen, wieder festwachsen*. — 2. (*von Kindern*) *im Atmen behindert sein. Ri.* „Wenn ein Kind heftig schreit, so zieht es beim Einatmen die Gegend zwischen Rippenbogen u. Bauch stark ein, was zum Glauben veranlaßt, daß die Rippen an die Lunge angewachsen sind. Es ist pleuritische Adhäsion". els. 2, 785. Der Bu isch angewachse. *Um das Übel zu heben, bestreicht man des öftern die Brust des Kindes mit Fett*.

an-winscheⁿ [ånwĭnšə *Ri.* u. s.] tr. v. *in den Wendungen*: 's Neijohr a., der Namesda a. *die Glückwünsche zum neuen Jahr, zum Namenstag darbringen*. — els. 2, 841 anwünsche.

anzeijeⁿ [åntsaię *Ri.* u. s.] tr. v. 1. *wie hd. anzeigen*. — 2. *nachtragen*: enem nix a. *ihm äußerlich nichts nachtragen*.

anzen [åntsə *Bi.*; æntsən *Bo. Vbg.*] intr. v. *ächzen, schluchzen, jammern*. — hess. N. 7: ånzern. Davon:

Anzer, Änzert m. *Bi. Bo.* 1. *schmerzhafter Ausstoß, Schrei*. — 2. *Ächzer; Mensch, der sich fortwährend beklagt*. — vgl. hess. N. 7 Eenze *jemand, der gern stöhnt*. „Reiminger Änzerte" sog. *weil sie nach jedem Satze innehalten u.* ånzen.

an-zetteln [ònsètlə *Lix. Ri.* u. s.] tr. v. *einen Streit anstiften:* mecht wisse, wer das wider ongesettelt hat. — els. 2, 916.

apardonk adv. *Si. ungefähr* (nur bei Zahlenangaben): 't Zuᵉl a. ugên *die ungefähre Zahl angeben. Et kenen* a. dreissech Bäm sin *es können ungefähr 30 Bäume sein.* — frz. à part donc.

apart, apartich [apart *fast allg.;* epart *Fo.;* àbàrt *Ri.;* apátiχ *Bo. Falk.;* apóərt *Si.*] adj. u. adv. *sonderlich, besonders.* Eppes Apatiches; apatich klug *klüger als andere Bo.* Spass abart! *Ri.* Dir wird en apart Wurscht gebròt *Pü.* Dat elô as Spås apoᵉrt *das ist sonderbarer Spaß Si.* Apoᵉrt dat nach *besonders das noch Si.* — els. 1, 57 u. schwäb. 291 apart.; pfälz. apartig Keip. 49; frz. à part.

Apdek [apdék *fast allg.;* apdekt *D. Si.;* àbədég *Ri.;* abətêk *Sgd. Lix.*] f. 1. *Apotheke.* — 2. *teueres Geschäft. Rda.:* wo me Geld se vil hat, käft m'r Sucker en der A. *Lix.* — 3. *Abort Ri.* — els. 1, 58 Apethek.

Apdeker [apdékər *Fo.;* abətéktər *Sgd. Lix.;* apdekter *D. Si.*] m. *Apotheker:* Das isch m'r e dierer *(teurer)* A. *Lix.* — els. 1, 58 Apetheker.

Apel-hor *Augenbraue* s. Abro.

aperen [àpərən *D. Si.*] tr. v. *handlangen (den Maurern Kalk u. Steine mit der Hand langen).* — lat. operari; altfrz. ovrer. lux. apperen Ga. 21.

Apers-mann m. *D. Si. Handlanger.* s. d. vorige.

aplatz [apláts *D. Si.*] präp. *anstatt:* a. ze lâchen, kreïscht en *statt zu lachen weint er.* — lux. a'pltaz Ga. 20; frz. à la place.

Aposchtel [àpoštəl, àpošdəl *allg.*] *Apostel. Rda.:* er steht la weïn helzerner A. *wie ein Dummkopf Bo. Auf die Frage:* was hon die zwelf A. gemacht? *antwortet man:* en Dutzend *Lix. Auch adjektivisch:* aposchdel Meerreddi *Spottname,* aposchdel Dreckedi *größter Schmutzfink Ri.*

Appel [àpəl *fast allg.* Pl. èpəl; ebəl *Ri.;* àbəl, èbəl *Pü.;* ápəl *D. Si.;* Demin. èpəltχən] m. *Apfel.* Den A. fällt net weit vum Bâm *Si.* An e saueren A. beïssen *Si.* M'r muss sich en A. spare for de Durscht *Fo.* Deᵘ kann uf'm Birbam Äppel hole *Ro.* D' as kän A. csoᵘ roᵘseroᵘt, en hot e falsche Kär *(Kern) der Schein trügt D. Si.* — Welscht en A.? *wird diese Frage bejaht, so bläst das andere Kind die Backen auf u. schlägt mit beiden Händen drauf, daß es klatscht.* — Äpfelarten: Auschtappel, Bachappel, Fassappel, Groᵉnappel, Holzappel, Muttergottesappel, Rabaunenappel (frz. rambour), Schliffappel, Seïsappel u. a. m. (s. d.) — Zss. A.-bâm *m. Apfelbaum.* Äppelbrecher *m. Lix.* u. s. *Obstpflücker.* A.-brei *m. Pü. Apfelmus.* A.-datsch *m. Bo. Apfelbrei, Schmarren.* — schwäb. 293; baier. 1, 555. A.-frau *Obstverkäuferin, schwatzhaftes Weib. Rda.:* 's geht nit wie bei der A. *nicht wer zuerst kommt, erhält den besten Teil Lix.* A.-gebäscht *n. Si. Apfelmus.* A.-klatz f. *Si. D. Backwerk für Kinder. Der Teig wird um einen dicken Apfel gewälzt und gebacken.* — schwäb. 194 u. els. 1, 542 Äpfellaib. A.-mitsch *m. Av. Bo.* u. s. *ein in Brotteig eingebackener Apfel.* s. Mitsch. A.-tort *f. D. Si. Apfeltorte, Apfelkuchen.* A.-vitz *m. D. Si. Apfelwein.* s. Vitz. Äbbel-win *Ri.* dasselbe.

äppel-dänzich [-dèntsiχ *Bo. Fo. Lix.* u. s.] adj. u. adv. (eigentl. *auf Äpfeln tanzend) ungeduldig, überdrüssig, toll:* Des fer ä. se werre *Bo.* Do kinnt m'r ä. werre *da könnte man aus der Haut fahren Lix.* Ich ben ganz ä. von lutter Schriwe *Fo.*

Appetit [àpətit *fast allg.;* àbədid *Ri.*] m. *Eßlust. Wunsch vorm Essen:* guden A.! *Antwort:* Mersi! wenn er aw wille mit halde. *Ri. Rda.:* ich han den A. an em verlor *will nichts mehr mit ihm zu tun haben Ri.*

April s. Abrel.

a-raumen [àraumən *D.*] tr. v. (eigentl. *einräumen)* 1. *wegräumen:* raum deng Sachen an! — 2. *seine Absicht aufgeben, unterliegen:* je, raum an! *erkläre dich für besiegt!* — lux. 9 ebenso.

Arbel [árbəl, Pl. èrbəl *D. Si.;* àbəl *Hd.;* árməl *Lix.* aʳfəl *Fa.*] m. *ein Arm voll:* en A. Streïh. — eifl. Arbel *Bü.* 11; els. 1, 66 Arfel. s. a. Afel.

Arbet s. Ärwet.

a-reiwen [àraiwən, Ptc. ágəríwən *D.*] tr. v. 1. *einreiben:* de Fanger a. — 2. *büßen lassen:* dat wers de m'r a.! s. reiwen.

a-rennen, Ptc. agerant *D. Si.* 1. *einrennen, hineinrennen.* — 2. *Verluste erleiden:* en as agerant. — lux. 9 ebenso.

arich [áriχ *fast allg.;* uèrχ *Si.*] adj. u. adv. 1. Adj. a) *gescheit, schlau, geweckt, witzig.* — b) *böse, heimtückisch:* das isch e arich Ripp (von einer Frau gesagt) *Fo.* — 2. Adverb *arg, sehr:* er isch arich dreckich. — els. 1, 66 u. baier. 1, 141 ebenso. Davon:

Arichkeït, Pl. -en *f. fast allg. Hinterlist, Tücke, böse Eigenschaft überh.* er hat alle A. en sich *er ist voller Tücke Bo.*

Ärjer [èrjər *allg.*] *m. wie hd. Ärger:* er lebt im Ä. va z'morjeds frih bitz z'oweds spot *Ri.* — els. 1, 66. Davon: ärjerlich.

ärjern *allg.* 1. tr. *jem. ärgern.* — 2. refl. *sich ärgern.*

Ärjernis [èrjərnis u. -nus. *Ri.* u. s.] *n.* 1. abstr. *Ärgernis.* — 2. konkr. *ärgerniserregender Mensch od. Gegenstand.*

Arm [àrm *fast allg.;* árma *Lix. Ri.* u. s.; árəm *D. Si.;* ámən *Falk.* — Pl. árma, ármən, čamən; *Demin.* èrməlχəⁿ] *m.* 1. *Arm. Rdaa.:* wenn m'r em de Finger langt, will er glich de ganzen A. D'Arme iwer dem Kopp zusammeschlawe. *Ri.* Do felle *(fallen)* em d'Arme *da ist er machtlos Ri.* Do streckt unser Herrgott den A. us *da ist ein Wirtshaus.* Wemmer de Beddellit de Hand git, noh mechte se de ganze A. han *Pü.* — Zs. armesdick *dick wie ein Arm.* — 2. *Ärmel:* d'Arme n'ufstecke *die Ärmel zurückschieben (bei der Arbeit) Ri.*

arm [àrm *fast allg.;* árəm *D. Si.* — Kompar. èrmər, èrmšt] adj. *arm:* a. wie e Kirchemus, wie Lazerus, wie Job. Armer Dunder *(Donner)*, armer Dropp, armer Schlucker! — Zss. a.-selich; A. -selichkät.

Armel *ein Arm voll.* s. Arbel.

Ärmel [èrməl u. érməl *fast allg.*] *m. Ärmel:* ebbes im A. han *Stoff haben.* De Nas uf em A. abbutze. Leck mich im Ä.: *weniger trivial u. daher oft gebraucht statt:* L. m. i. Arsch'! — Zs. En ärme: *Mensch mit nur einem Arm.*

Armeⁿ-hus [àrməhús *fast allg.*] *n.* 1. *Armenhaus.* — 2. *Krankenhaus, Spital.*

Armeⁿ-recht [àrmərèχt *Ri.* u. s.] *n. in der Rda.:* uff em A. studiere, läwe *auf Kosten des Staates, der Gemeinde studieren, leben.*

Armeⁿ-schein *m. Si. Armutszeugnis, Bettelschein.*

Armes [árməs *D. Si.*] *f. Almosen (mit Anlehnung an „arm"):* e lêft vun A. er lebt von Almosen. A. gên A. geben. — lux. 10 ebenso.

arm-gottselich adj. *Falk. ärmlich, elend:* das isch en a. Budik!

Armut [ármut *Fo.* u. s.; ármout *Si.;* árməχt *D.;* ámiχt *Falk.*] *f. (Si. m.) Armut:* en as ganz am Armo^ut *Si.*

a-rompeln intr. v. *Si. lux. Grenze büßen lassen:* dat wärsch te m'r nach a. *dafür wirst du mir noch büßen.* Hier wie in md. Maa. hat „rumpeln" die Bedeutung von „reiben" s. Gr. Wtb. 8, 1491, 4 b.

a-scheieren *D. Si. in die Scheune bringen* s. Scheier = *Scheune.* — lux. 10 ebenso.

arr [àr *Bo.*] adj. u. adv. *irre:* ich ben a. — Er es arr gang. s. a. err.

arretiereⁿ [arətíra *fast allg.:* arètéïərən *Si. D.*] tr. v. *verhaften:* der Schandarm hat ne arretiert. — frz. arrêter.

Arrtom, Pl. Arrtemer *m. Bo. Irrtum.* S. Errtum.

Arsch [àrš u. ærš, Pl. gleich *fast allg.;* áš u. óš, Pl. éš *D. Si.*] *m.* 1. *Arsch, Hinterer:* den A. vertrede *vertreten;* den A. feje *Fußtritte versetzen Ri.* E Schmetter uf den A. gen *mit der flachen Hand auf den Hinteren schlagen Ri.* Sich mem A. gen de Älter *(Altar)* stelle *sich verkehrt hinstellen Lix.* Hal's Mul sum A.! *sei still! (wie ein ruhender Hund) Lix. Ri.* Sich mit dem A. in de Dreck sitze *daneben hauen, einen Fehltritt tun Ri.* Sich den A. nit verrisse *sich nicht anstrengen bei der Arbeit.* Er kommt mit dem A. nit ins Bett *er geht nicht zeitig zu Bett.* Geh zum Hond in den A.! *pack dich! Ri.* — Zss. A.-back *m. Hinterbacke;* A.-grot *(-Kröte)* Schimpfname. Arschgrätzerteⁿ, pl. *Lix. Sgd.* u. s. *die Früchte* *der Hagebutte (weil ihre Samenkörner rauh sind).* — els. 1, 69 Krätzärschel. Arschgrätzerteheck *f.* Schw. *Weißdornhecke.* A.-kalfakter *m. Bi. Schmeichler, Angeber.* s. Kalfakter. Ärsch-kitzel u. A.-kitzen *Kr. Falk. Hagebutte.*— schwäb. 329 Arschkützlein. A.-lakei *m. Fi. Schmeichler, Kriecher.* A.-loch wie hd. *auch als Schimpfwort:* du A. du! *Fo.* A.-tut [áštút *Si.*] *f. dasselbe wie* Arschloch. s. Tut. — 2. *der untere Teil der Garbe Lix. Ri.* u. s. — els. 1, 68 Arsch 2 *der untere Teil des Hopfens;* schwäb. 328 Arsch 2 d *der den Ähren entgegengesetzte Teil der Garbe.*

Ärschwiler nom. pr. *Arzweiler (Dorf im Kreise Saarburg).*

Art I [àrt *fast allg.;* òrt *D. Si.* — Pl. -ə(n)] *f. (m. Si.)* 1. *Art, Sorte, Gattung:* de Sowe *(Säue)* sin vun ere gude A. *Ri.* Was isch das fir ne A. Bire? *Fo.* Speck un Schwart sin vun ener A. *Ri.* — 2. *Aussehen:* mach, daß es ne A. hat! — 3. *Anstand:* isch das e A., wie m'r de Leffel hält? — 4. *Abkunft:* er isch vun der A. *er gehört zu der bestimmten Familie Ri.* En as vu' käm guden Ort *er ist nicht von guter Abkunft Si.* — *Redewendungen:* Schelde, dass es ene A. hat *tüchtig schelten Ri.* Uf ken A. *keineswegs.* Ech kennen en der Ort noh *dem Aussehen nach.* En hot kä' rechten Ort *er ist nicht recht bei der Arbeit. Si.* — els. 1, 69.

Art II [àrt, Pl. gleich *Grt.* u. s.] *m. ein Viertel Acker* = 5 ar, 11 □. — vgl. mhd. art *Ackerland u. dessen Ertrag;* arten *das Land bebauen;* hess. 16 artbar *angebaut, fruchttragend* (dem „Triesch" entgegengesetzt). s. a. schwäb. 330.

artlich [àrtlix *fast allg.;* árdlix *Ri.;* artlex *D.;* atlix *Lix.*; órtələx *Si.*] adj. 1. *niedlich.* — 2. *sonderbar, eigentümlich, empfindlich:* der isch gar a. *Lix.* Das isch en a. Muschter *Fo.* Dat wär emol ortelech *das wäre doch sonderbar Si.* 'S isch m'r wider gons a. *es geht mir wieder leidlich Lix.* — In der Bedeutung *empfindlich* ist artlich in ganz Hessen wie in Baiern u. anderwärts gebräuchlich. — baier. 1, 149 ff.; hess. 16; schwäb. 333; els. 1, 70.

arwar [arwár *fast allg.;* arwa *Falk.*] *Gruß beim Abschied: auf Wiedersehen!* — a. machen *mit der Hand zum Abschied winken Si.* — lux. 10 arwuᵉr; frz. à (au) revoir.

Ärwet [èrwət *fast allg.;* árwət *Bi.;* árbət *D. Si.*] *f. Arbeit:* de Henn voll Ä. *Rda.:* Weïn Schouschter oſm Dach krubelt, dann get et schlecht Ä. *Schuster bleib bei deinem Leisten Bo.* Gut Ä. machen *etwas tatkräftig durchführen.* Of d' Ä. geᵃn *Bo.* (op d' Arbet gon *Si.*) *ans Tagewerk gehen.* D' A. geht em us de Heng *(Händen) er arbeitet flott, geschickt Ri.* Suweri A. mache. 1. *sauber arbeiten.* 2. *alles sauber aufessen Ri. Bi.* u. s. A hole, bringe, erumdrawe. — els. 1, 64 Arwet. — Zs. Arbets-mann *Si. Arbeiter.*

Äs [ès. *Obh. D. Si.;* èsə *Ro.; Ha.;* aise *Rg. Ett. Ri. Hom.;* aisəm *Lix.;* áis *Bo. Falk.;* èsəm *Fo.;* éïs *Vbg.;* ísə *Pfb.*] *f. (n. Vbg.) Geschwür, Eiterbeule, Finne, Blatter:* er hat en Äsem am Hals *Fo.* — lux. Äss Ga. 24; els. 1, 75 Eise; baier. 1, 157 Aisz; mhd. eiʒ. s. a. Gr. Wtb. 3, 382.

Äsche [æsə *Sgd. Lix.;* æšən *Falk.;* æš, Pl. -ən *Ri. Bo. Si. Wb.*] *f. Asche:* dem gehört ungepranti Ä. ufgeleït *Wb.* — Er behalt kän Ä. hinerm Fîr *er verschwendet alles u. behält nichts für seine alten Tage. Fo.* — schwäb. 337 Aesche; els. 1, 80 Äsche. Schon mhd. esche neben asche. — Zss. Äsche-kudder *m. Ri. jd. der immer in der Äsche herumwühlt;* Äsche-loch *Aushöhlung unter dem Backofen zur Aufnahme der Kohlen und Asche beim Backen.*

Äscher [æšər *fast allg.*] *m.* 1. *leinenes Tuch, das bei. der Wäsche über die Waschbütte gebreitet u. mit Asche belegt wird.* — 2. *großes Tuch, womit man grünes Futter heimträgt* (Äschtuch *Lix.*) s. a. Gr. Wtb. 1, 584. — 3. *Rebenkrankheit* (Oïdium). — 4. *Asche, die beim Waschen gedient hat u. weggeworfen oder auf die Wiesen als Dünger getragen wird.*

Äscher-brudel *n. Falk.* (Äsche-piddelchen *D. Si.*) *Aschenbrödel.*

Äscher-mittwuch *m. fast allg.* (Äschemetwochen *D. Si.*) *Aschermittwoch.*

äsch-gro [æšgrô *D. Si.*; æšgrow *Ri.*] adj. *aschgrau.* — lux. 10 äschegrô.

Äsch-kaul *f. D. Si.* (Äschen-kaul *Brettn.*; Äsch-kul, Pl. -kiler *Sgd. Lix. Bo.*) *Vertiefung unter dem Backofen, wo die Asche aufbewahrt wird.*

Ascht I [åšt *D. Si.*; aušt *Sgd. Lix. Bo.*; auš *Av. Falk.* aguští *Fo.*] *m. der Monat August.* — Zss. A.-appel; A.-drauf; A.-noss. — lux. 514 ebenso.

Ascht II [åšt, Pl. èšt *fast allg.*; åšt *D. Si.*] *m. Ast:* en kent op kä' grengen A. *D. Si.* Er isch wie de Vowel uf'm A. *Ri.* — lux. 11 Åscht.

äschtlech äschterlech [èštleχ, èštərleχ *D. Si.*] adj. u. adv. *besonders, außergewöhnlich, schrecklich.* Dient auch zur Bildung des absoluten Superlativs: ä. reich *ungeheuer reich.* — lux. 95 éschlech, échtlech; vgl. hess. 6 aisch, eischt; mhd. eislich < egislich. s. a. eischlich.

ase [àsə *Pfb. Ri.*] adv. 1. *ohne weiteres, von selbst:* 's isch von ase komme, 's geht von ase fort. — 2. *so ... auch:* ase rich er isch *so reich er auch ist Ri.* ase < mhd. alse = also. — els. 1, 72 ase; schwäb. 341 ase neben also.

Asingen [àsiŋən *Ett. Rg.*; ósekən *Si.*] Pl. *die holzigen, ausgeschwungenen Teile des Hanfstengels, wie sie aus der Hanfbreche herausfallen.* — baier. 2, 639 Äschwingen; mhd. åswinc. s. a. Osengen, Oseken.

Aspersch [àspèrš, Pl. -ən *D. Si.*] *f. Spargel.* — frz. asperge.

Ass [às, Pl. -ə *fast allg.*; ès, Pl. èsən *Bo. Falk. Si.*] *n. u. m. das Aß der Spielkarte:* 's A. isch Mäschter *Fo.* — Den Äss as deï heksoht Tromp *Si.*

ass [as *Fo. Ltf. Fi. Ri.* u. s.; ès *Bo.*] conj. 1. *als, wie:* en Pund Gunscht isch besser, ass e Pund Guld *Ltf.* Der isch, so witt ass er hohl isch, nix wert *Fi.* — 2. *daß:* du bisch nit wert, ass d'r Erdboden dich draht *Fi.* Der macht e Gesicht, ass m'r sich färcht *Wb.* — els. 1, 72 as, ass; tirol. ass From. 3. 104. 321. 324.

ässich [æsiχ *Falk. Kr. Va.* u. s.] adj. 1. *habgierig.* — 2. *guten Appetit habend, gern fressend (vom Vieh):* en ässich Kuh. — 3. *appetitlich:* ässiches Brot. — schwäb. 344 ässig 2.; hd. äsig, äszig Gr. Wtb. 1, 587, 590; ahd. åʒig; mhd. aeʒec, eʒʒec.

At [át, Pl. -ən *Bo. Kr.* u. s.] *f. Abzugskanal, gemauerter Wassergraben.* — vgl. hess. 4 Aduch, Adich, Adig ⟨ aquae ductus; baier. 1, 606 Au'de. — Zs. Atloch *Bo. Öffnung des Abzugskanals.*

ät [èt *D. Bo. Falk.*; aχt *Fo.*] *die Zahl 8.*

Ätscht, Ätschter *m. Bo. Achter, eine 8.*

Atter, Attert *f. D. Si. Fischotter:* fett eweï en A. — lux. 11 Atter; vgl. schwäb. 347 Ater *Otter u. Natter.*

Attich [àtiχ *Sgd. Lix.* u. s.] *m. Holunder* (Sambucus ebulus). — els. 1, 82, Attig; baier. 1, 172 Attich, Adech; hess. N. 3 Addich, Atch; schwäb. 349 Attich; mhd. atech.

attrapieren *fast allg.* tr. v. *erwischen:* er isch dobi attrapiert wor *Fo.* — frz. attrapper.

Atzel [àtsəl, Pl. -n *fast allg.*; òtsel *Ersd.*; àdsəl *Ri.*; ètsəl *Rom.*; ègès *Kr.*] *f.* 1. *Elster* (In Lubeln auch *Krähe*): stehle wie'n A. 'S isch e scheli A. E Schnawel hat das Minsch wie en A. *Lix.* Luschti wie'n A. *Ri.* — 2. *kleine Perücke des Vorderschädels, auch Perücke überh., aber meist im Scherz* (in diesem Falle steht A. für Hatzel) wie baier. 1, 180; hess. 18, schwäb. 350; els. 1, 86.

ätzen [ètsən *Si.*] tr. v. *ködern.* — els. 1, 86 ätzen; lux. 325 ozen; vgl. baier. 1, 180 ätzen *einem Menschen od. Tiere zu essen geben.*

Atzeng [atseŋ *D.*] *f. die Äßung, der eingeschlossene Weideplatz.* — schwäb. 352 u. hd. Atzung Gr. Wtb. 1, 597; lux. Azeng Ga. 27; baier. 1, 157 Ässen, Ässten. — vgl. mhd. aeʒe, åʒ.

Au [au, Pl. -ə *Fo.* u. s.; áu, áuwən (aiwχər) *Bo.*; aw, awə *Ri.*; oïw, oïwən *Falk. Av.*; aïw, aïwən *Obh.*; á, áən *D. Si.*] *n.* 1. *Auge:* 's Au en de Fuscht nemme *(um besser zu sehen) Fo.* Er hett m'r kän Au voll gehulf *nicht im mindesten Lix.* D' Aue sin grësser wie's Mul (sini Awe sin greser as der Mawe *Ri.*) *Lix.* Oiwe (Awe) wie e Salzbicksel *Av. Ri.* Awe wie e Katz *graue u. scharfe Augen*

Ri. Ken Aw voll schlofe, ken Aw zudun *gar nicht schlafen Ri.* Das sticht 'm em Au, wie 'm Beddelmann de Lus *Fo.* Auwen machen weï en Kalw am Schranen *Bo.* Es passt wie e Fuscht uff en Aw. Er gesiht bal nimmeh zu den Awe erus van Fett *Ri.* M'r soll Awe hinge un vorne han *Sbg.* Sich d' Awe us em Kopp erus luwe *Ri.* (Sich d' Auwen us'm Kopp erus gucken *Bo.*). D' Aen op oder de Beidel op *durch Schaden wird man klug Si.* Eso^u vil, ass äm an em A. weïh dät *gar nichts D. Si.* En A. gin, fir dat den annere känt hett *höchst mißgünstig sein Si.* — 2. *Nadelöhr.* — Zss. Awe-blick *Augenblick* s. a. Ablek. Auen-broden *m. Vbg. Augenbraue.* Aue-deckel *m. fast allg. Augenlid:* ich hau dir eini uf de A. *Pfb.* Aue-(Awe-)schin *Augenschein.* Aue-(Awe-)spijel *m. Augenspiegel:* sich an ebbes n' A. neme *sich etwas zum Muster nehmen Ri.* Au-zant (Azant *Si.*) *Augenzahn, Eckzahn.* Awetroscht s. d.

Auder [audər, Pl. aidər, Demin. aidərχen *D. Si. Ebersw.*] *m. Euter.* — lux. 11 Auder; baier. 1, 173 Auter neben Euter; Gr. Wtb. 1, 1044 Auter; mhd. ûter und iuter. s. a. Iter.

Auer s. Uhr.

auer [auər, auəri, auər *Sgd. Lix.*; auwər, auwərt *Bo.*; oïwər *Falk.*; æran, ær, ært, *Si.*] pr. poss. *euer, ihr; das eurige, ihrige:* unser Lit un auer Lit *unsere u. euere Familie Lix.*

aus präp. s. us.

Auscht s. Ascht I.

aus-denkech adj. *D. Si. nicht mehr erinnerlich:* deï Sâch as m'r a. — lux. 12 ebenso.

aus-gededengt [-gədédeŋkt *Si.*] adj.: se hun a. *sie sind fertig mit ihrem Prozeß.* s. dedengen.

aus-geilen [-gailən *D. Si.*] tr. v. *verspotten (mit Mundverzerrungen od. Herausstrecken der Zunge).* s. gilen. Dieselbe Bedeutung hat:

aus-greinen *D. Si. verhöhnen.* — schwäb. 474 ausgränne; mhd. ûʒ-grînen.

aus-gressen [-grèsən *Brettn.*] tr. v. 1. *auspressen.* — 2. *das Fett auslassen.* — vgl. frz. graisse *Fett.*

Aus-läfer [-lêfər *D.*] *m. Erdbeerranke* (eigentl. *Ausläufer).*

aus-schnęwelen [-šnéwələn *D.*; -šniəwələn *Si.*] tr. v. *ausschnüffeln.* s. Schnéwel *Schnabel.* — lux. auschniäwelen Ga. 26.

Aus-so' [-sô *D. Si.*] *m. Aussage.*

aus-wuessen [-wúəsən *Si.*] intr. v. 1. *auswachsen.* — 2. *herauswachsen* z. B. *aus seinen Kleidern.* — 3. *ausarten:* 't Fruht wiest aus d. h. *die Ähren keimen infolge der Feuchtigkeit.*

Aus-zirengen *f. Si. Auszehrung, Schwindsucht.*

Aus-zock [-tsòk, Pl. -tsek *D. Si.*] *m. Schublade.* — lux. ebenso Ga. 26.

Awa [àwą *Vbg.*] *m. Vorteil.* — frz. avant u. avantage.

a-wächen [áwèχən *D. Si.*] tr. v. *einweichen, einbrocken (eigentl. u. übertr.):* ech werd em dat a. — lux. 15 âwêchen.

Awas [àwąs, Pl. -ən *Vbg.* u. s.] *m. Vorsprung.* — frz. avance.

awasiere^n [àwàsírə *Ri.* u. s.] intr. v. *vorwärts kommen.* — frz. avancer.

Awed [àwət *Fo. Bi.*; òwət *Pü. Sgd. Lix. Ri. Sbg. Schw.*; áwənt *Bo. Falk.*; òwənt *D. Si.* Pl. àwədə, òwədə, ówəndən] *m. Abend. Gruß:* gun Awed! gun Owed! gude n'Owed! golən Owed (Schw.)! n' Owend (lux. Grenze). *Antwort:* Gott dank och! Gott dank i! — z'Oweds *Ri.* Awets *Fo. Bi.* Awens *Bo. Falk. Fi.* owents *D. Si. abends.* Allen awens *Bo.* olle n'owed *Ri. allabendlich.* Z'Owen esse *Ri.* Z'Awed esse *Fo. Bi. Abendbrot. Bauernregel:* Marie Geburt drat *(trägt)* z'Owenesse furt; Marie Verkindichung bringt's z'Owenesse widerum. *Wetterregel:* Owed rot — de n'andere Da' gut Wetter gerôt *Ri.* — Zs. Awed-gebet.

awede^n [àwədə *Bi.*] unpers. v. *Abend werden:* es fangt an se a.; es hett grad g'awed. — els. 1, 6 äbele; hd. abenden Gr. Wtb. 1, 23.

a-wennich [awéniχ *Bo.*] adj. *abwendig:* der là hat se m'r all a. gemacht. — schwäb. 83 awendig.

A-wenner [áwènər *Lix. Bo. Bi. Ett.* u. s.; âwènər *Ri.*; áwèna *Hanw. Kr.*; uwènər *lux. Grenze*] *m.* urspr. *die Schmal-*

seite des Ackers, die zum Wenden des Pflugs benutzt wird. Schmaler Streifen Land, der entweder Teile einer Gemarkung oder auch einzelne Äcker von einander trennt. Auch ein Ackerstreifen, der nicht in gerader Linie mit den übrigen gepflügt werden kann, sondern quer, um nicht den Nachbarn zu schädigen. — schwäb. 282 A' wand; lux. Uwènner Ga. 461; henneb.-fränk. Awanning From. 7, 131; ss. Uwan Kisch W. u. W. 169; hess. 15 Anwand, Anwender; hd. Anwand Gr. Wtb. 1, 513 mhd. anewande, anewant. — Flurnamen: Anwender u. Abwender *Ackerstreifen, die an den Nachbar stoßen u. öde bleiben.* Besl. II 37. Zs. Awenner-speck *m. Ri. Ett. die geräucherten Ränder von Speckseiten.*

awer [àwər *fat allg.* (selten awərštən *Bo.*); òwər u. èwəl *Si.*] conj. *aber.* a. ja! a. nä *Verstärkung des einfachen ja, nein.* — Awer! awer! *Drohung u. Mahnruf.* Es isch noch en A. dabi *es geht nicht so ganz glatt.* (die Form ewel ist das ndl. evel < evenwel *doch;* eifl. äewel Bü. 24).

awer-gewich [awərgêwiχ *Bi.*] adv. *vergebens* (Aber auch: vergèwes).

Awer-glawen [-gláwən *fast allg.*; -kláwə *Bi.*; ábərgláwən *D. Si.*] *m. Aberglauben.* Davon:

awer-glawich *fast allg.* (awərglei̊biš *Bo.*; -glaiwi, -glaiwiχ *Ri.*; -glćweχ *D. Si.*) adj. *abergläubisch.*

Awe-troscht [awədrošd *Ri.*] *m. (eigentl. Augentrost)* 1. *Vergißmeinnicht* (Myosotis palustris). — 2. Euphrasia officinalis *homöopath. Heilmittel.*

Awis [awis, Pl. -ə *Fo. Ri.* u. s.; awís *Si.*] *m. Benachrichtigung, Anzeige:* ich han noch kän A. krit *Fo.* — Awis scheken *Si.* Schreiben heiratslustiger Mädchen an ihre Eltern, um sie zu zwingen, in ihre Heirat einzuwilligen. — Zs. Awise-brief: en Awisebreïf kreïen, *einen Zahlungsbefehl erhalten Si.*

Azinte *f. Flh. Hyazinthe.* — schwäb. 351 Atzinke; els. 1, 71 Arzint.

B. P.

Ba, Bä, [bá, bǽ *D. Si.* u. s]. *m. (eigentl. Empfindungswort des Abscheus), Kot, Dreck in der Kindersprache:* Ba, Bä machen = cacare. Sech Bä machen *sich beschmutzen.* — els. 2, 1 u. schwäb. 1, 548 ebenso.

Bäb (Bäbi, Bebchen, Bäwəl, Bärbel, Bärwel, Babli, Bib, Bibi, Biwi). *Koseform des weibl. Vornamens Barbara.*

Babbel-mul [bàbəlmul *Ri.* u. s.] *n. Schwadronierer.*

Babbel-wasser *n. Ri. Schnaps.*

babbleⁿ [bablə ⁿ *fast allg.;* babəl(ə)n *Pü. D. Si.;* bapəln *Schm.*) tr. u. intr. *schwätzen:* dummes Dings b. Das Kind babbelt so nett. — els. 2, 68 bapple; schwäb. 1, 7 und lux. 14 babbeln.

Babbler *m. fast allg.* (Boᵃbla *Kr.*) *Schwätzer; einer, der alles ausplaudert.* Das Femin. dazu: Babblesch, Babblersche. — els. 2, 68 Bappler.

Babblerei f. *D. Si. Ri. harmloses Geplauder.* — lux. 14 ebenso.

Babe [bàbə, bàpə *Fo. Sgd. Sbg. Lix.;* pàp *D. Si.*] *m.* Vater. — Zs. B.-biwəl *Vaters Liebling Ri.* — els. 2, 66 Bappe.

Bäbe, Bäbeding *n. Bi. (eigentl. zusammengeleimtes Zeug) Spielzeug.* S. Bäp.

bäbeⁿ *pappen* s. päppen.

bäbich [bæbiχ *Bi.*; pəpsiχ *Bo.*; pápeχ *D. Si.*] *adj. kleberig, schmierig:* e bäbiches Mul. — els. 2, 67 bäppig.

Babier s. Papier.

bäbsen [bêbsə *Rg.*]? *ärgern.* — vgl. schwäb. 1, 574 bäffzen *belfern, keifen.*

Pabscht [pábšt *fast allg.;* bâbš *Falk.;* pápšt *Bo.;* bàbšd *Ri.;* pópšt *D. Si.* — Pl. pêbšt] *m. Papst.*

Babusch [bàbuš *Ri.*] *m. Pantoffel.* — baier. 1, 399 Papotschen; türk. paputschi.

Bach [baχ *fast allg.;* báχ *D. Si.* — Pl. baχən, báχən, bèχ. *Demin.* bèχəl, bèχəltχən] *f.* 1. *Bach. Rda.:* das wär ja Wasser in de B. getrâ *dem gegeben, der schon viel hat. D'* Kâtz durch d' Bach schläfen *den Sündenbock machen. Si.* — 2. *Wasserlache:* e Bächel mache *pissen Bi.* Ins Bächel kotze *sich erbrechen Ri.* — 3. *(scherzh.) Meer:* er esch 's Bächel eniwer *er ist fort nach Amerika.* — schwäb. 1, 551 u. els. 2, 6 ebenso. Zahlreich sind die Ortsnamen und Flurbezeichnungen auf -bach (Nebenformen -beich, -beck) z. B. Crombach, Heckersbeck, Metzelbach (Metzel *kleiner Morast*), Vauschbach (Vausch = *Wasch*). s. Besl. I 8ff. u. II 33.

Bach-bummel f. *Ri. Lix.* u. s. *Bachbunge* (Veronica beccabunga). — els. 2, 49 Bachbumbel.

bacheⁿ I. [bàχə *Pfb. Ri.* u. s.] tr. v. *mit der flachen Hand schlagen, ohrfeigen:* ich han em eini bacht, ass er d'Engel em Himmel hêrt pfiffe. — els. 2, 7 bache 2.

bachen II. s. backen.

Bacher-stein [bàχərstain *Pfb.*; bàχəštèn *Ri.*] *m. Backstein.* — els. 2, 598 ebenso.

Pack [pàk *fast allg.*; pák *D. Si.* — Pl. pæk; Demin. pækχən] *m. u. n. Pack, Packet, Bündel:* Sin Pack mache *einpacken.* Er isch furt mit Sack u. P.

Backe [bakə *fast allg.;* bâk *D. Si.* — Pl. bâkə, bâkən. Demin. bèkəlχin, bèkəlχər] *m. u. f. Rda.:* er hat e Par Backe wie e Trumpeter. — An de B. schlan, dass mer es Fier im Schwitzerland gesiht. — Zs. B a c k e -bart (Bâke-bôet).

Backe-schmalz *n. Ri. Speichel.*

Bäckelchen [bèkəlχin, Pl. bèkəlχər *Bo.*] *n. Teig od. kleines Gebäck, das die Kinder auf dem Ofen backen.*

Bäckele [bègələ] *n. Sbg. Ri. Kuß*: gimmer e B.]

bäckeln tr. v. *Bo. kleine Kuchen backen zum Gaumenkitzel, überh. sich mit Backen beschäftigen, aber mehr zum Vergnügen.* — schwäb. 1, 555 bächele.

päckeln [pèkəln *Bo. D. Si.;* 'pèklə *Ri.*] tr. v. 1. *beim Spielen die Karten so mischen, daß die Trümpfe beieinander, gleichsam in einem Päckchen bleiben; also moglen.* — lux. ebenso; els. 2, 33 's Päckl mache, päckle. — 2. *verhaften:* er isch gepäckelt worre *Ri.*

backe[n] [bakə[n] *fast allg.;* bákən *D. Si.;* bàχə *Sbg.* — Ptc. gəbak, gəbákt] tr. v. *backen. Rda.:* 's geht im, wie 's backe *es geht um, wie's Backen d. h. heute mir, morgen dir Lix.* Die Redensart geht zurück auf die Zeit, wo in jedem Ort ein gemeinschaftlicher Backofen war.

packen [pakə[n] *fast allg.;* pákən *D. Si.*] tr. v. 1. *packen, einpacken:* hascht de schon gepackt? Morje fahre mer. — 2. *verstehen, fertig bringen:* er packt die Ärwet nit. — Wann de das packscht, kriescht de ebbes *Fo.* — 3. *einen im Ringen überwältigen, meistern:* er isch vil grösser als ich; hän ne awer doch gepackt. — 4. refl. *sich fortscheren:* 's isch Zitt, dass de dich packscht! — els. 2, 23 ebenso.

Bäcker s. Beck. — Zs. **Bäcker-bro**[u]**t** *n. D. Si. Brot, wie es die Bäcker backen im Gegensatz zu Hausbrot.*

Bäckersch [bèkərš *Bo. Sgd. Lix* u. s.; bèχəršə *Sbg.;* báкeχt *D.;* bèkət *Si.* Pl. -ən.] *f. soviel Brot man auf einmal backt, ein Backofen voll.* — schwäb. 1, 558 Bachet; els. 2, 7 Bachet; mittelfr. Becket From. 6, 162.

Bäcklersch [bèklərš *Bo.*] *f. Weib, das gern bäckelt* (s. d.).

Back-holz *n.* (Bachholz) *Ri. D. Si. Holz zum Einheizen des Backofens.*

Back-owen [bàkúwən *fast allg.;* bàχowə *Sbg.;* bákuèwən *Si.*] *m. Backofen. Rda.:* Nit meh Frawen, ess Backiwen *d. h. es gehört nur eine Frau in ein Haus. Vbg.* In de B. schiesse *Kinderspiel. Ein auf dem Boden ausgestreckter Junge läßt einen anderen die Füße auf seine Hände stellen,* streckt ihm dann seine eigenen Füße empor *u. entgegen, damit letzterer sich darauf stützen kann. So wird dieser von dem am Boden liegenden Kameraden weit vorwärts geschleudert infolge einer Bewegung, die dem Einschieben des Brotes in den Backofen ähnlich sieht.* Zss. Backowe-lus (Bachowe-) *f. Backofenkratze.* — Backowe-ritscher *m. Schw. (Backofenrutscher) Zuname des Kirschpirols (Oriolus galbula) sog. wegen der Form seines Nestes.* Ähnlich heißt der Zaunkönig im Hessischen Backofenkröffer *Backofenkriecher* Idiot. 23. Backowe-schiess(er) *m. Ett. Ri.* u. s. *Brotschieber.* Backowe-zins *m. Ett.* u. s. *urspr. Gebühr für Benutzung des Gemeindebackofens. Rda.:* Der muss Backowezins ufhewe gehn *muß betteln gehn.* Ebenso schwäb. 1, 561 Bachofezins einziehn = *betteln.*

Back-stän [bàkštá[i]n *fast allg.*] *m. Backstein,* s. a. Bacher-stein.

päcksen [pèksən *Lix. Fo. Bi.* u. s.] intr. v. *(lautmalend) schnarrend reden wie die Püttlinger od. Saargemünder.*

Päckser(t) [pèksərt *Pü.;* pèksər *Ri. Bi. Fo.* — Pl. pèksərtən] *m.* 1. *einer, der die Püttlinger od. Saargemünder Mundart spricht.* — 2. *Spottname der Elsässer auf die Lothringer überhaupt.* s. päcksen. — Zs. P.-land *Gegend von Püttlingen.*

Back-zahn [baktsán *Obd.* u. s.; báktsant *D. Si.* Pl. -tsæ[n]n] *m. Backenzahn. Rda.:* Komm, ich will da mol de Backzähn rewidiere! *(Herausforderung Obd.).*

Bad [bad *fast allg.;* bát *D. Si.* — Pl. badən, bédər] *n. wie hd. Bad.* — Zss. Badbitt *f. fast allg. Badewanne.* — lux. 14 *Badbidden.* Bad-buchs *f. fast allg. Badehose.*

Badalie [badaliə *Ro.,* batáljə *Fa.,* badaljə *Fo.;* batáiljə *Av.*] *f. Streit, Lärm:* mach mer kän blinne B.! *Ro. Av.* — els. 2, 111 Batalli (Bataljə); eifl. Batallich Bü. 18.

padang, padingtich! interj. *Bo. padauz!*

bade[n] [bádə[n] *fast allg.;* buədən *D. Si.* — Ptc. gəbát, gəbúɔt] intr. v. *baden.*

badle[n] [bádlə *Sbg.*] intr. v. *waten:* im Dreck b.

2*

Paff [pàf *fast allg.*; páf *D. Si.* — Pl. -ən] *m. Pfaffe.* — Zss. **Pa fe-schengchen** [páfəšeŋχən *Rü.* -šéïnχən *Si.*] *m. Pfaffenschuh* (Cypripedium calceolus). schwäb. I, 1003 Pfaffenschuh. Pfaffensack (s. d.)

Bäffchen [bèfχen *D. Si.* u. s.; bèwèt *Falk.*] *n.* 1. *runder Halskragen.* — 2. *die Läppchen der kathol. Geistlichen unter dem Kinn.* — baier. 1, 212 ebenso; Gr. Wtb. I, 1250 Befchen; frz. bavette.

Paffen-sack [pàfənsàk *Bo.*; pàfəsàk *Av. Sbg.*; pàfəsák *D. Si.*] *m. Pfaffensack d. h. eine grosse, kaum zu füllende Tasche.* Der P. hat nach der boshaften Ansicht der Bauern in der Umgegend von St. Avold ein Loch, das nur gestopft werden kann durch „e Stick Schwart van e Millerssoïw, wu noch kän gestohlene Kleie gefresst hat" oder „e Stick van e Dreschabuchs (*Drescherhose*), wu noch kän Furz n'in gelasst woren isch".

Bagadell [bàgədèl *Sbg.*] *f. Kleinigkeit.* — frz. bagatelle.

Bagasch [bàgáš *fast allg.*; pàgáš *Si.*] *f.* 1. *Gepäck.* — 2. *liederliches Gesindel, Pack.* — Haidebagasch hat Lumpe 'n im Arsch *heißt es von Zigeunern u. Kesselflickern Ri.* — els. 2, 18 Bagasch 2; frz. bagage.

bähen [bǽən *Bo. Ltf. Si.* u. s.; bèïe *Ri.*] *tr. v.* 1. *rösten (Brot, Kartoffelscheibchen an der heißen Ofenplatte oder in den Ofenröhren selbst): gebähtes Brot.* — 2. *einen zu einem Spazierstock bestimmten Stab samt der Rinde über das Feuer halten, um ihn zu biegen u. braunfleckig zu machen: e Bengel am Feier bähen Si.* — els. 2, 22 bäje 2, 3; baier. 1, 183 bæen; schwäb. 1, 576 bêe, bêje. s. a. Gr. Wb. 1, 1076 u. From. 7, 144.

Bahn [bân *Sbg.*] *f. Reibfläche an der Säge.* **bahnen** [bânə *Sbg.*] *tr. v. Bahn machen z. B. im Schnee.* — els. 2, 50 ebenso.

Pai [pái, Pl. páiən *D. Si.*] *f. Ablöhnung, Auszahlung:* an d' Pai gồn *seine Löhnung in Empfang nehmen können.* — Eng goᵘt Pai kreïen *hohen Lohn bekommen.* — lux. 326 ebenso; frz. paye.

Baien [baîen *Fo.* u. s.] *m. lockerer Wollstoff, etwa Crepp, Flanell.* — els. 2, 2 Bei; schwäb. 1, 577 Bai, Boi, Bǫe; frz. boie. „Das Wort eignet den nördl. germanischen Sprachen, dänisch, schwedisch, niederländisch, englisch. Aber eine Erklärung wird nirgends versucht". schwäb. Wtb. 1, 577.

baien [baîəⁿ *Fo.* u. s.] ist das Adjektiv zu dem vorigen: e baie Deck *Bettdecke aus bestimmtem Wollstoff.*

paien [páiən *D. Si.*; peïjén *Fo.* — Flexion: ich peïjén, du peïjéšt, er peïjét, mir peïjén. Ptc. (ich han) gəpeïjét] *tr. v. bezahlen, zum besten geben, berappen:* peijeschte nix? — lux. 326 paien; els. 2, 22 päje; schwäb. 1, 578 paieⁿ *scherzh. für bezahlen.*

Baier-knedel [baiərknedəl] *f. Baierknödel, scherzhafte Bezeichnung für Bayer.*

Baijass [báijas, Pl. -ə *Fo. Ett. Lix. Sgd.*; baiàs *Sbg.* u. s.] *m.* 1. *Hanswurst, Possenreißer:* mach doch nit so de B.! Der B. isch kä' Narr *heißt es von jd., der den Narren spielt, dabei aber nicht zu kurz kommt.* — 2. *Seiltänzer, Akrobat.* — 3. *Sprungfedermatratze:* de Schriner macht neie Fedre in de B. — els. 2, 21 Bäjass; schwäb. 1, 581 Bajass; vgl. frz. paillasse, ital. bajazzo.

Paipampel, Paipolter [páipaṃpəl *Mw.*; páipoltər *Si. Metzeresch*; peïpleχ, peïpəl *D.*] *m. Schmetterling.* — hess. 294 Papolter; lux. Peiplenk Ga. 336; lat. papilio.

Paiw [páiw *Falk.*; pow *Vbg.*; páiwən *Av.*] *m. Pfau:* er dut stolz wie e P. — s. a. Pohahn und Pau.

Bakecht s. Bäckersch.

Bal [bál, Pl. bèl *D. Si. Ri.* u. s.] *m.* 1. *Ball, Tanzvergnügen:* op de B. gồn. — 2. *Vertrag:* e B. op dreï, sechs Johr machen. — frz. bail. — 3. *Schmaus:* e B. mache *Ri.*

bal [bàl, *fast allg.*; bál *D. Si.*] *adv.* 1. *bald, gleich:* jetz gehn m'r bal häm. — 2. *fast:* bal isch der Has noch nit in der Fall *Falk.* Bal as kän Hues am Stall *Si.* — 3. *frühzeitig:* ze bal kommen *zu früh kommen S*. *D.* — cifl. bál *Bü.* 17; els. 2, 38 bal, bol.

Pal [pâl *Fo.* u. s. — Pl. pǽl] *m. Pfahl:* e P. in de Hof schla'n. — s. a. Pol.

Bäl [bèl *Rü.*] *f. Bremse.* — vgl. baier. 1, 229 beilen *quälen, plagen.*

Balech I [balex *D. Si.;* bàlix *Falk.* u. s.] *m. Obstbalg, zum Branntweinbrennen eingeweichtes Obst.* — lux. 15 Balech. Zs. Balech-koᵘch *Ölkuchen.*

Balech II [balex *D. Si.*]*m.* 1. *Blasbalg.* — 2. (seltener) *Spielball.* — Zs. Balech-treder (Balech-trepler) *m. D. Si. Balgtreter.* — lux. 15 ebenso.

Pales [pàləs *Sgd.*] *männlicher Vorname Paulus.* — els. 2, 33 ebenso. s. a. Pol.

Palisade [palisádə *Fo. Ett.* u. s.; palisát *D. Si.*] *f. Pfahlzaun, Lattenzaun.* — lux. 326 Palissât; frz. palissade.

Päljas [pèljas *Si.*] *f. Strohsack.* — frz. paillasse. vgl. Baijass 3.

Balkeⁿ [balkəⁿ *fast allg.;* bəligə *Pfb.* — Pl. gleich] *m. Balken:* 's Wasser het kän Balige *Pfb.* — Zs. Balke-wà' *f. Bi. römische Schnellwage.*

Ball(e) [bàlə *Fo. Schw. Sbg.* u. s.; bàl *Kr.;* bal *D. Si.;* bol *Falk.*] *m.* 1. *Spielball:* se Boll spile *Falk.* — 2. *Warenkasten der Hausierer; zusammengeballte Masse irgend eines Stoffes:* e Balle Duch *Fo.* — 3. *Ballen an den Händen und Füßen.* — mhd. balle. — Zs. Balle-blum(e)*Schw. Schneeball* (Viburnum opulus), *Blüten am* Sambuco rosea.

balle [balè *Bo.* boalè *Va.*] adv. *wohl, voraussichtlich, wahrscheinlich:* er werd balle kommen *Bo.* balle < mhd. balde.

ballen sich [balə *Sbg.*] refl. v. *wie hd. sich zu einem Ball formen:* de Schnee ballt sich.

Bällerten [bèlərtəⁿ *Fo.* u. s.; bèlərxən *Ko.;* baləṛən *D. Si.*] pl. 1. *Zahnfleisch.* — els. 2, 34 Bilere; baier. 1, 230 Bilern, Zahnbilern; lux. 15 Baller; mhd. biler, bilern. — 2. *Hinterbacken Fo.*

Pälmen [pèlmən *Falk. Bo. Kr. Vbg. Grt.* u. s.; pèlmə *Fo. Sgd. Lix.;* pèləm *D. Si.*] *m.* 1. *Buxbaumstrauch.* — 2. *Palmen, bes. die am Palmsonntag geweihten Zweige.* — Zs. Pälmen-boïmen *Falk.,* Pälme-bôm *Schw.* 1. *Palme.* 2. *Buxbaum.*

Palm-sunda [palm-ʒundá *fast allg.;* pèləmʒondex *D. Si.*] *m. Palmsonntag.*

Balsä [bàlsè *Bo.;* bàldsər *Ri.*] 1. *männlicher Vorname Balthasar.* — 2. *Geizhals Ri.*

Balsamin *f. fast allg. Gartenbalsamine.*

Palsire [palsirè *Etw.*] *f. Wachstuch* (*Verstümmelung von* toile cirée).

bals-weis [báls wais *D.*] adv. *gemäß Vertrag.* s. Bal 2.

Palto [palto *Si.;* paltoṇ *Wal.;* balto *Lix.;* baldo *Schw. Hw.*] *m. Jacke, Jacket.* — els. 2, 41 Bälto; frz. paletot.

balwiereⁿ [bàlwírə *Ri.* u. s.] tr. v. *rasieren.*

Balwierer *m. Ri.* u. s. *Bartmacher, Rasierer, Friseur.* — vgl. els. 1, 720 Balwier(messer).

Bam [bám *fast allg.;* báum *Pfb. Bo.;* bóm *Fi. Mtsh. Lix. IIa.;* pòm *Sgd.;* boïm *Av. Lan. Ersd. Grt.;* bóimən *Falk.* — Pl. bêm, baim, bèm, bém, bèïm, bèïmən. Demin. bèmxən, bêməl, baiməl] *m. Baum.* — Zss. B.-kratz *eisernes Instrument zum Abkratzen der Bäume.* Bam-olich (Boïm-òlich, Bam-uelech)*m. Baumöl.* Bam-schul (Bam-schoᵘl) *f. Baumschule.*

Bämbelcher [bèmbəlxər *Fo.* u. s.] pl. 1. *Judenkirsche* (Physalis). — 2. *Fuchsie.* s. bampleⁿ *baumeln.*

Bämbel-schuldeⁿ pl. *Ett.* u. s. *kleine, zersplitterte Schulden bei vielen Gläubigern.* — els. 2, 411 Klutterschulde; s. bampleⁿ.

Bambosch [bàmbòs *Sbg.*] *f. Luderleben.* — frz. bamboche.

Bämmel, Bämbel [bèməl, bèmbəl *Fo.* u. s.] *f. Schelle:* es hängt de ganze Da' äner an der Bämbel. s. bämpeln *läuten.*

Bamp [bąmp, Pl. -ən *Bo.*] *f. Aufschneiderei, Witz.* — vgl. els. 2, 48 Bempe *Narr,* Schautenbempes *Hanswurst;* baier. 1, 391 Pampel *Hanswurst.*

Bampel [bàmpəl *Fo. Sp. La.* u. s.; bàmbəl *Ett. Ri.;* bòmbəl *Lix.;* bàmpəl-(rok) *Mü.;* bòndəl *Alst.*] *m.* 1. *Gehrock, Frack:* worum hat dann der de Bambel an? *Fo.* — 2. *schlotternder Überzieher Lix.* — 3. *schlampiges, lodderiges Frauenzimmer:* du aldi Bambel! *Ri.* Für letzteres *auch* Bamblersche.

bampleⁿ [bàmpleⁿ *Fo. Bo.;* bàmblə *Pfb. Sbg.;* bòmblə *Sgd. Lix.;* bèmplə *Flh. Mett.*] intr. v. 1. *baumeln, frei* *schweben, schwanken. Rda.*: wer's lang hat, losst lang bample. Es bambelt wie e Kuhschwanz. — 2. *schlaff herabhängen:* er losst alles bamble. — els. 2, 47 ebenso; hess. 24 bambeln.

bämpleⁿ [bèmpəln *Kr. Gelm.* u. s.; bèmblə *Lix.*] intr. v. 1. *langsam u. schlecht läuten von Glocken, bimmeln.* — 2. *mit dem Läuten beginnen:* es bämpelt erscht. Es bämpelt z'samme *Flh.* — els. 2, 48 bämple.

bamplich [bàmpliχ *Fo.* u. s.] adj. *baumelnd, schlecht sitzend von Kleidern.* — vgl. els. 2, 48 bämpelig.

Bän [bên, Pl. gleich *fast allg.;* bǫ̈in, Pl. beïn *Bo.;* Demin. bêntchen, beïnχin] *n. Bein. Rda.*: er läft em Tag nin Bän us *er läuft sehr schnell Ersd.* Er hat e kurz B. *er ist lahm Fo.* De Kett hat Bän grit *die Kette ist gestohlen worden Lix.* En hot eng um Bän *er ist betrunken D. Si.* E weïh Bän hun *(ein wehes Bein haben) d. h. hochschwanger sein Si.* Er hat's am B. *er hat (beim Spiel) verloren.* Enem B. mache *zum Schnellgehen antreiben allg.* — eifl. Bên Bü 14; lux. 24 Bên. — Zs. Bän-hisel [-hisəl *Ri.;* bênərhìsəl *Bi. Saaralb. Rohrb.;* bênhisχən *Sp. Ruhl.* u. s.] *n. Beinhaus auf dem Friedhof.* s. a. Schenkelhus u. Kermeter.

Panat [panát *D. Si.*; panátsup (panapsup) *Av.*] *f. Brotsuppe.* — frz. panade.

Band I [bànt *fast allg.;* Pl. bènər.; Demin. bèndχəⁿ] *n.* 1. *Band, Tuchstreifen z. B. an den Frauenhauben.* — 2. *Band an Türen u. Fenstern.* — Zss. Bandgras *n. Riedgras Si.* — Bandrieme *m. Gürtel Fo.* u. s. *Rda.*: es geht em an de B. *sie rücken ihm auf den Leib.* Bandweid *f. weiße Weide, Weidenrute zum Korbbinden Si.* — Band-wurem *m. Bandwurm D. Si.*

Band II [bànt, Pl. bàn *Ri.*] *n. Strohseil:* Bann mache *Strohseile herstellen.*

Band-ax(t) [bondaks *Bo.*] *f. Handbeil, womit das Bauholz behauen wird. Rda.*: der es met d'r B. gehau *das ist ein grober, ungehobelter Kerl.* — baier. 1, 247 Bandhack; vgl. hd. Bohnaxt *breites Beil zum Glatthauen, Bohnen des Holzes* Gr. Wtb. 2, 226.

Pandur [pandouər *Si.*] *m. eine Art Kartenspiel.* — lux. 327 Pandouer.

Bangert [bàŋərt *Fi. Pfb. Lix. Ltf.;* pàŋərt *Ra. Sbg.;* poŋərt *Mü.*] 1. *Feldhüter, Bannwart, Flurschütz.* — 2. *Pfahl mit Strohwisch, der andeutet, daß das Betreten eines Feldes nicht erlaubt ist.* — B. < Bann-gard (frz. garde). — els. 2, 61 Bangert, Pangert.

Bank [bàŋk *fast allg.;* bæŋk *lux.* Grenze; bàŋ *Ri.* — Pl. bæŋk, bàŋkən; Demin. bèŋkəl] *f.* 1. *Bank im allg.*: kumm, m'r setze uns uf de B. *Rda.*: Uf de lang B. hänge *Fo.* Uf d' langi B. schiwele *Sbg. auf unbestimmte Zeit vertagen.* Durch d' B. *durchweg.* — 2. *Bank als Geldinstitut.* Er hat de B. *er gewinnt beim Spiel.* — 3. *Wasserbank Ri.* — 4. Benkel *Schemel, worauf der Wassereimer steht. fast allg.* — 5. *Lage der Steine im Steinbruch.*

Bankert [bàŋkərt *fast allg.*] *m.* 1. *uneheliches Kind (auch als Schimpfwort).* — 2. *Krüppel. Fo.* — els. 2, 64 u. henneb. From. 7, 146 ebenso. s. a. baier. 1, 250 u. Gr. Wtb. 1, 1111 Bankert, eigentl. *von der Bank gefallen.*

Bankett [bàŋkèt *fast allg.*] *n.* 1. *schmaler Rasenstreifen zu beiden Seiten eines Weges, gewöhnlich mit Bäumen bepflanzt.* — 2. *schmales Blumenbeet, das die Gartenwege einfaßt.* — 3. *Gartenbeet überhaupt.* — frz. banquette.

Bankrottjer [bàŋkrotjər *Fo.* u. s.; bàŋkrutjən *D. Si.*] *m. Bankrottier.* — lux. 16 Bankrutjen; frz. banqueroutier.

Bann [bàn *fast allg.*] *m. Gemarkung eines Dorfes.* — els. 2, 50.

Pann [pàn *fast allg.;* pan *Bo.*; pán *D. Si.*; paⁿ *Mtsh.* — Pl. -ən. Demin. pènχin, pèntχən, pènəl] *f.* 1. *Pfanne:* Eier in de P. schla'n. *Rda.*: En hot meïh ze dun, eweï d' P. an der Fosent *(Fastnacht) d. h. er weiß vor Geschäften weder aus noch ein D. Si.* — 2. Demin. Pännchen a) *Zündpfanne;* b) *Gelenkpfanne bes. des Hüftbeins D. Si.* — Pännel *in der Wendung:* e P. mache *den Mund zum Weinen verziehen Ri.* — els. 2, 136 ebenso.

Bannelier [bànəlĭr *Fa.* u. s.] *f. Amtsschärpe der Bürgermeister.* — els. 2, 57 Band'lier; frz. bandoulière.

Bannen [bànən *Obh. Brettu.* u. s.; bàn *Elw.*; bant *Si.*] *f. Eisenband an der Türe, welches die Angeln trägt.* — vgl. Gr. Wtb. 1, 1078, 13 Bahn, Bane *Streifen* u. schwäb. 1, 602 Band 2.

bannen *binden* s. binne^n.

bannen [banən *D. Si.*] adv. *binnen, drinnen:* bannen an der Scheier *drinnen in der Scheune.* — Zss. do-bannen *da drinnen.* bannen-dran *binnen drin.*

pännen [pènən, Ptc. gəpant *D. Si.*] tr. v. *pfänden, protokollieren, beim Feldfrevel abfassen u. anzeigen.* — lux. 327 ebenso.

Panne-stielche^n [panəštilχə *fast allg.*; pànəštil *Ett.*; ponəštilχə *Lix.*; pánəštèrχen *Si. Mw.*; pànəštesərt *Hd.*; pànəštesərχen *Nj.*] *n.u.f.* 1. *Bachstelze.* Der Name Pannestielche rührt wohl von dem langen, geraden, stets auf und abgehenden Schwanz her. Legende: die Juden suchten den Heiland mit Wein zu vergiften, der mit Myrrhe vermischt war, da flog ein Vögelchen herbei u. stieß die Pfanne mit dem Gift um; daher sein schöner Schwanz u. sein Name. — 2. *eine Art Meise, braungefärbt und langgeschwänzt Ri.*

Pann-kuche^n [pànkúχə u. pànkûχe *fast allg.*; poŋkúχ *Lix.*; pànkeχ, paŋkiχ *D. Si.*; paŋkouχən *Bo.* — Pl. -ər *Si.*] *m. Pfannkuchen.* Rda.: mer sott *(soll)* nit se vil metenonner P. backe *allzugroße Freundschaft kommt zum Krachen Lix.* Se schiesse nit met P. uf käner Sit *es ist ihnen beiderseits Ernst Lix.* D' ass alles ä P. *sie sind alle von derselben (schlechten) Art Si.* — Rätsel: Wo^u backt ma den P. uf äner Seit? *zu Beaumarais bei Saarlouis, das nur aus einer Häuserreihe besteht Ltf.* — Gehafener P. *mit Hefe gebackener Pf.*; ungehafener P. *ohne Hefe gebacken Ltf.* Deni *(dünner)* P. *Eierpfannkuchen Pfb.*

Pann-schär [pànšèr *Lix.* u. s.] *f. der angebrannte Rückstand von Brei u. dgl. am Boden der Pfanne, den die Kinder losscharren u. verzehren.* — schwäb. 1, 1013 Pfännles-schärret.

bann-stössich [bànštéªsìχ *Bo.*; banštéiseχ *Si.*] adj. *an einen andern Gemeindebann anstoßend, angrenzend.* — els. 2, 618.

Bantel [bàntəl *Av. Grt. Schw.*; bàndəl *Ri.*] *m. (urspr. der Vorname Pantaleon) schmutziger Kerl, Strolch, Bandit:* do hot der Schandarm mol e rechte B. verwitscht! *Schw.* — schwäb. 1, 622 Bantle; els. 2, 57 Bandel.

Panz [pants *allg.* — Pl. pènts. Demin. pènsχin] *m. Bauch (verächtl.), Wanst, Schmerbauch:* e Grumbèrpanz *Av.* — lux. 317 ebenso; els. 2, 64 Pans; hess. 294 Panse, Banse; hd. Panze Gr. Wtb. 7, 1427; frz. panse. — Zss. Pans-bruder [-broudər *Si.*] *m. einer, der nur für seinen Bauch sorgt, der immer essen u. trinken möchte.*

Panz-gurt [-gurt *D. Si.*] *f. Leibgurt.*

Pänzer *m. fast allg.* 1. *Vielfraß.* — 2. *Dickwanst.* Die Bewohner von Rolwingen (Kr. Saargemünd) heissen Pänzer. — lux. 328 ebenso.

pänzich [pèntsiχ *Bo.* u. s.; pèntseχ *D. Si.*] adj. *dickwanstig.* — els. 2, 64 pänsig.

Bäp [bèp *Bi. Fi. Pfb.* u. s.] *m. Kleister, Klebestoff.* — 2. *Schmutz:* es isch B. uf der Strôs. In de B. felle *Ri.* — els. 2, 66 Bapp, Bäpp. — Zs. Bäp-schuk *m. Bi. leichter Schuh, der schlecht gearbeitet ist.*

Papi *m. Falk. Fletr. Mw.* u. s. *Großvater in der Kindersprache.*

Papier [papír *fast allg.*; babír *Pfb. Sbg. Bi.*; papéïər *Obk.*; papaiər *D. Si.*; papéa *Av.*] *n. (D. Si. m.) Papier:* Babier amache tapezieren *Sbg.* De Papaier as gedellech *das P. ist geduldig D. Si.* De Papaier leïscht sech schreiwen, eweï ä' welt *das P. läßt sich beschreiben, wie man will Si.* — Zs. Babier-dalehner *m. Pfb. Schimpfname für die Schreiber.* — els. 1, 593 Papirtaglöner.

Papijole [pàpijolə *Falk.*] *f. Haarwickel.* — els. 2, 67 bapeljot; frz. papillote.

Papisserie [papisəri *Fa. Falk.* u. s.; papisaré *Vbg.*; papisəreï *Gelm.*] meist *f. Vbg. m. Tapeten.*

Papp [pap, Pl. -ən *D. Si.*] *m. Vater.* — lux. 328 ebenso. s. a. Babe. — Zs. Pappe-kand *n. D. Si. Liebling des Vaters.* — lux. 328.

Pappe-danne-knatscher *m. Fi.* (lautmalend) *Schwätzer.* — vgl. hess. 210 pappeln, pappern *schwätzen;* schwäb. 1, 629

päppern *schnattern,* Päpperer *Schwätzer,* und knatschen *hörbar kauen.*

Pappel-boïmen, Päppel-b., Päppelwid-b., *m. Falk. Pappcl.* s. a. Päpelter.

päppeln [pèpəln *Bo.*] tr. v. *ohne Lust, ohne Appetit essen.* — vgl. hd. päppeln; mhd. pepeln *einem Kinde oder wie einem Kinde zu essen geben.* Gr. Wtb. 7, 1445; baier. 1, 398. s. a. peken.

Päppelter [pèpəltər *Falk. Bo. Fletr. Rg. Si.*] *m. Pappelbaum.* (Endung -ter = ahd. -terá, ags. treov, engl. tree *Baum*).

päppen [pèpən *Bo.* u. s.; bæbe *Pfb.*; pápɔn *D. Si.*] tr. v. *kleben, kleistern.* — els. 2, 67 bappen, bäppen. s. Bäp.

päppsich *klebrig* s. bäbich.

Bar [bár *D. Bo.*; bóər *Si.*; boᵃr *Rü.*; bòr *Lix.* u. s. — Pl. -ən Demin. bèrχən] *f.* 1. *Tragbahre Lix.* — 2. *Totenbahre Bo. D. Si.*: op der B. leien *als Leiche aufgebahrt sein.* — 3. *irdene Schüssel, Napf*: eng B. Keïs, Melech u. dgl. — lux. 17, Bar, Bòr; hess. 26 Bare *Milchtopf*; schwäb. 1, 649 Barn 1. *Freßtrog*; mhd. barn *Trog.* — Zs. Bar-keïs *m. D. Topfkäse.*

Par *Pfarrei* s. Parrei.

Par [pár *fast allg.*; púər *D. Si.* — Demin. pærχeⁿ] *n. Paar*: e P. Schuh. E P. isch zwei *noch eins heraus, wenn jemand nicht genug geben will Ri.*

Bär I [bǽr *fast allg.*; bír *Si.*; bér *D.*] *n. Bär.* — Zs. Bäre-danz *m. Sbg. plumper, nubeholfner Tanz.* Bäre-dreck s. d.

Bär II [bêr *Bo. Busd. Sbg.* — Pl. -ən; biər *D. Si.*; béa, Pl. béarn *Vbg.*] *f. Tragbahre.* — els. 2, 76 Bär *Traggestell*; henneb. Bärre, Bërn From. 7, 146; baier. 1, 261 Beren. s. a. Gr. Wtb. 1, 1079. vgl. ob. Bar I.

Parad [parát *fast allg.*] *f. Parade.* Davon:
paradech adj. *D. Si. stolzierend*: en hot e paradeche Gank.

Paradeis [paradais *D. Si.*] *m. Paradies.* — lux. 328 u. baier. 1, 401 ebenso.

paradieren [paradeïərən *D. Si.*] intr. v. *einherstolzieren.* — lux. 328 ebenso.

Barack [bàrą̊k *Pfb. Sbg.* u. s.; brák *D. Si.* — Pl. ən] *f. baufälliges, altes Haus; armselige Hütte*: du kommsch m'r nimmeh in d'B. *ins Haus Ri.* — els. 2, 74 ebenso; frz. baraque.

Paraple [paraplǻ *Fo. Pü. Vbg.* u. s.; parapli *Bo. D. Si.* — Pl. -n] *m.* 1. *Regenschirm*: es geht räne, hol de P. mit! — lux. 328 u. 343 Parapli, Prapli; frz. parapluie. — 2. *eine Pilzart, die schirmartig aussieht, auch* Drischel (s. d.) *genannt Si.*

Bärbel s. Bäb.

barbes [bárbəs *D.*; borbəs *Si.*; barfùs *Fo.*] adj. u. adv. *barfuß*: b. lâfen, b. gòn. — schles. barbs Weinh. dial. 8; ss. barbes, buᵉrbes From. 5, 364, Kr. 16; henneb. barwes From. 7, 147; eifl. barbes *Bü.* 11.

Parch [parⁱχ, Pl. -ən *Bo.*] *m. Park.* s. a. Perch.

Bardasu [bàdarsú *Rom.*] *m. Gehrock.* — frz. pardessus.

Bäre-dreck *m. Fo. Sbg.* u. s. *Süßholzsaft* (succus liquiritiae), *Süßpech*: for e Su B. kåfe. (der Ausdruck ist im Oberdeutschen allgemein üblich). — els. 2, 748 ebenso.

Baref [bárəf *D. Si.*] *m. Barbe (Fisch).*

Barek *Perücke* s. Perik.

Bareⁿ [bárə *Pü.* u. s.] *f.* (urspr. *Heuoder Fruchtstock) Garbenschichte, Heubarn, Fruchtbarn.* — schwäb. 1, 650 Barn; els. 2, 74 Barre; mhd. barn.

bäreⁿ [bêrəⁿ *Pü. Ett.* u. s. — Ptc. gəbêrt] tr. v. *aufschichten. Die Garben werden* em Wischter (s. d.) ufgebärt. — schwäb. 1, 651 barneⁿ. s. Bareⁿ.

Bar-fisser *m. Lix. Schreckobjekt für Kinder; man droht ihnen*: de B. kimmt wenn sie sich nicht wollen die Schuhe anziehen lassen.

bar-fissich [báfisiχ *Falk.*; bàrfîsi, bárfisi *Ri.*] adj. *barfüßig. Verstärkt*: b. un barbäni *Ri.*

parfors [pàrfors *D. Si.*; profořs *Ett.*; profařšt *Bi.*] adj. u. adv. *durchaus, rücksichtslos*: der isch proforsch *Ett.* E welt parfors matgòn *er will durchaus mitgehn Si.* — frz. par force. s. a. profarscht.

Pär-hidertchin [pêrhidərtχin *Va.*] *n. Bachstelze* (eigentl. *Pferdehüterin, weil die Bachstelze sich beim Pflügen zeigt; ebendeshalb heißt sie in Tirol* Bauvog'l From. 4, 54).

Barich [bariχ *fast allg.*; báriχ *Pü.*; boreχ *Si.*; bèrk *Rom.*; bèrkəl *Ha.*; búərχ *Rü.* — Pl. báriχər, báriχən] *m.* 1. *männl. verschnittenes Schwein.* — 2. *Eber, der*

nichts mehr leistet. — ndl. barg; ahd. paruc; mhd. barg (barch).
Barikje s. Perikje.
Baris [barís *Pfb.;* parais *D. Si.*] *n.* pr. *Paris. Rda.:* der esch sicher net in B. g'sin *der hat keinen Anstand Pfb.* — Bariser (Paraiser) *Pariser.*
barluckech [barlukeχ *D.;* berlukeχ *Rü.*] adj. *schielend, blödsichtig.* — lux. ebenso; vgl. tirol. barleggisch *schlaff, abgespannt* From. 4, 5; s. a. baier. 1, 278. Vielleicht aus griech.-latein. paralyticus entstanden.
Parmang [pàrmaṇ *Si.*] *m. mit dem Hammer behauener Stein.* — frz. parement; lux. 320 ebenso.
Barmeⁿ [bàrmə *Ri.* u. s.] *m. Scheunenbarren, Abteilung im Scheunenraum.* — els. 2, 88 ebenso; baier. 1, 278 Barn, Barm; mhd. barn.
Barnes [bàrnəs *Berl.* u. s.] *m. Protz, stolzer Mensch:* der macht de B. *spielt den Protzen.* — els. 2, 89. B. < chald. parnâs Jb. 12, 132.
Parol [paroəl *Bo. Fa.;* paroul *D. Si.;* baról *Ri.*] *f. Wort, Ehrenwort:* P. hâlen *sein Wort halten Si.* — Es isch P. wahr *es verhält sich in der Tat so Fa.* — lux. 330 Paroᵘl. s. a. weierol.
parolen [parólən *Fa.*] tr. v. *den Einsatz beim Spiel verdoppeln, um noch einmal die Berechtigung zum Spiel zu erwerben.* — frz. faire un paroli.
Baroli [baróli *Ri.* u. s.] *m. Paroli, Pharaospiel.* — Zs. B.-spiel *Spiel mit 8 Kugeln, die im Kreise herumlaufen, bis sie auf einer der numerierten Aushöhlungen des Spieltisches festsitzen.*
Bärre [bèrə *Ri.*] *m. sackartiges Fischnetz.* — els. 2, 74 Barre 3; vgl. mhd. barn.
Parrei [pareï *Fo. Pü.* u. s.; pár *Falk.;* par *Bo.;* pór, púər *D. Si.* — Pl. pareïən, pórən]·*f. Pfarrei:* der vertritt sin P. od. er predicht for sin P. *er verteidigt seine Gesinnungsgenossen (bes. im üblen Sinne).* — lux. 328 Par, Por.
Barrier [bàrir *Ri.*] *f. Sperre, Sperrbalken.* — els. 1, 382 Barrier (hüsle); frz. barrière.
Parr-kirch *f. fast allg.;* Por-kirech *D. Si. Pfarrkirche.*

Parrner [parnər *Fo. Falk. Grt.* u. s.; parər *Ett.;* pàrə *Ri.;* farnər *Si.*] *m. protestantischer Pfarrer.* — hess. 296 Perrner.
Bart [bârt *fast allg.;* bât *Falk.;* bóərt *Si.* — Pl. bǽrt; Demin. bǽrtχeⁿ] *m.* — 1. *Bart (am Kinn, an der Feder, am Hafer, am Schlüssel)* änem de B. mache *jemandem zeigen, daß man etwas besser versteht als er; einem etwas vormachen.* — Reimspruch: du mänscht, de wersch̄t e Soldatche — un hascht noch kän Schnussbartche! — 2. *Kinn:* er hat en dobbelter B. *ein Doppelkinn Falk.* — Zss. Bart-mächer *D.* u. s. (Boᵉrtmächer *Si.*) *Barbier.* Bart-messer (Boᵉrt-) *Rasiermesser.* Bart-schossel *Bartschüssel.* Bart-säf *Bartseife.* Bart-stoppel *f. rauhes Barthaar.*
Part [pârt *fast allg.;* póərt *Si.*] *m. Teil, Anteil:* for min P. leït ma nix dran *was mich anbetrifft . . . Fa.* De mäschte Pòrt *meistenteils Si.* Sin P. annehme *jd. verteidigen Ri.* — els. 2, 92 ebenso; gemeind. Parte, Part Gr. Wtb. 7, 1465. frz. la part.
Partajier-leffel [partajéiər-*Si.*]*m. großer Schöpflöffel, womit die Suppe verteilt wird.* — vgl. frz. partager.
partekerlech [partekərleχ *Umgegend von Si.;* patekərleχ*Si.*] adj.*großsprecherisch in der Rda.;* e mecht sesch esu p. *er macht sich so dick, protzig (als ob er* Partecken *d. i. Almosen an Geld u. Speisen verteilen könnte).* — baier. 1, 406: Partecken < lat. particum = partitum.
Parti [pàrti *D. Si.*] 1. *m.* a) *Partei:* engem sei' P. hâlen *für jemanden Partei ergreifen.* b) *Heirat:* e goᵘde P. mâchen. — 2. *f.* a) *Spiel, bes. Kartenspiel:* eng P. mâchen *ein Spielchen machen;* b) *Teil, Portion:* eng P. Äppel. — lux. 330 ebenso.
Bartoleme [Bardolemé *Sbg.;* Bartləmés *D. Si.*]. *Name des Kalenderheiligen Bartolomäus (24. Aug.). Bauernregel:* An B. ghèrt der Grund in de Hèh *soll geflügt werden Rom.*
Bärwel s. Bäb.
Barwier (Balwier) *m. Fo.* u. s. *Barbier.*
Bas I [bás *Av. Sbg. Ri.* u. s.] *f. die Frau des Hauses, die Herrin, Meisterin (dem Gesinde gegenüber).* — els. 2, 94 ebenso;

hess. 26 Bâs; rheinfr. Bâs *m. Herr, Meister*
From. 5, 522, 27; 6, 280, 5. ndl. baas.
Bas II [bâs *D.*] *f. schreihälsiges Frauenzimmer.* — els. 2, 94 Bas, Fraubas; schwäb. 1, 663 Bas^e 3; vgl. schwäb. base *plaudern, wie Basen miteinander tun u.* hd. basen = delirare Gr. Wtb. 1, 1148.
Bäs [bès, Pl. -ən *Bo. D.*; bés *Si. Rü.*; bèse *Bi.*] *m. u. f. Kuß*: e Bäse sche¦ken einen Kuß mit der Hand zuschicken *Bo.* — lux. Bês; frz. baiser.
Basch [báš *Vbg.*] *f. Wagendecke aus Segelleinen.* — els. 2, 105 Basch, Batsch; frz. bâche. s. a. Bätsch.
Basche [bàsə *Ri.* u. s.] *(gemeine Form des männl. Vornamens Sebastian) unsauberer Mensch, Schmierfink.* — els. 2, 106 Basche 2.
Paschdet [pàsdét *fast allg.*; bàšdét *Pfb.*; paštéit *D. Si.*] *f. Pastete.* Wenn die Kinder Maikäfer sehen oder fliegen lassen, singen sie: Han er des min Lebda g'hért — Zuckerbrot esch kän Baschdet, hahaha! *Pfb.* — Zs. Baschdete-beck *Pastetenbäcker Ri.*
bäschle^n [bèslə *Fo.* u. s.] tr. v. *Stümperarbeit od. kleine Arbeit verrichten*: er hat immer eppes ze b. — De ganze Da bäschelt er an dem Holzstick. — els. 2, 106 ebenso; schwäb. bästle; baier. 1, 297 bäscheln. s. a. beschble^n.
Päschle-fruht [pèslèfrút *Bo.*] *f. Mischkorn, Hafer u. Gerste gemengt.* Die beiden Getreidearten werden oft schon bei der Saat gemischt; sie sind ein gutes Mastfutter für Schweine, auch wird eine gute Kleie daraus bereitet.
Bäschler [bèšlər *Ri.* u. s.] *m. jd. der Liebhaberarbeit treibt.* — els. 2, 107. s. bäschle^n.
Bascht [bašt, Pl. -ən *D. Si.*] *f. Barst, Riß, Sprung, Spalt*: den Desch *(Tisch)* hot eng B. — lux. ebenso Ga. 33. ndl. barst. s. baschten *bersten.*
Paschtem [paštém *Bo. Ha. Falk. Pü. Kr.* u. s.; poaštémə *Va.*; pastem *Hd.* — Pl. paštéəmən *Bo.*] *f.* 1. *Lungenentzündung.* — 2. *Schwindsucht*: er hat de kalt P. *Bo.* Paschtem < frz. apostème.
baschten [baštən *D. Si. Hd. Falk.*; bo^{n}šdən *Kr.*; batšən *Homb.*; bèršten *Fo.*] intr. v. *bersten, platzen*: e bascht bâl fun Eïfer *er platzt fast vor Zorn.* — lux. baschten Ga. 33.
Paschter [paštər *Rü.*] *m. Brustkranker, Asthmatiker.* Das Femin. dazu lautet Paschtesch [paštəš]. s. Paschtem.
Baschtert [báštərt *fast allg.*] *m.* 1. *Bastard, uneheliches Kind.* — 2. *Zwitter*; *Huhn, das die Eigenschaften des Hahns u. des Huhns zugleich besitzt.* s. a. Bankert. Halbbaschtert *eine Schweinerasse Lix.*
Paschtor [paštór *fast allg.*; bàšdór *Sbg. Ri.*; paštouər *D. Si.* — Pl. paštér, paštéïər] *m. kathol. Geistlicher. Rda.*: D'es m'r drem, weï'm P. am Oaschtermindag es ist mir sehr wohl ums Herz *Bo. Kinderreim*: Globs Jes Kristes, Herr Baschdor — I ha mi Zippelkapp verlor — U han se wider gfung — U han se häm gebrung (angebung) *Ri.* — Zs. Paschtore-kechin *Pastorsköchin. Rda.* Fett wie e P.
Bäsel *f. Go. Gelm. Ri.* u. s. 1. *Bezeichnung irgend einer entfernten weiblichen Verwandten, Base, Tante.* — 2. *Alte Frau*: s'Bäsel *die älteste Frau im Hause.* — els. 2, 95 ebenso.
Bask s. Bass III.
Baskil [bàskil *fast allg.*; bàsgyl *Pfb.*; bàskul *Ri. Bi.*] *f. Dezimalwage.* — frz. bascule.
Bass I [bàs *fast allg.*] *m.* 1. *Baß in der Musik, Baßstimme*: de B. mache *die 2. Stimme singen*; de B. blôse *farzen.* — 2. *Baßgeige.* — els. 2, 95 ebenso. Zs. B.-gij *Ri.* Baßgeige.
Bass II [bàs, Pl. bes *D. Si.*] *m. das Jucken, auch der solches veranlassende Ausschlag.* — lux. Bass Ga. 33; schwäb. 1, 811 der Beiss.
Bass III [bàs *Grt. Si.* u. s.; bàsk *Fo.* — Pl. -ən] *f. Kleidertaille, Frauenjacke.* — els. 2, 105 Bäsk; frz. basque.
Bäss [bès *Si. Rü.*; Pl. -ən] *f. Beize, bes. die Flüssigkeit, womit man Fässer beizt.*
Passasch [pasàš, Pl. -ən *D. Si.*] *m. Durchgang*: en hot sei' stete P. dô *er geht stets da durch.* — els. 2, 96 u. lux. 331 ebenso.
passen [pasən *fast allg.*; bàsə *Ri.*] intr. v. 1. wie hd. *passen*: dat passt eweï 't Fauscht op en Â. *D. Si.* — 2. *nicht mit-*

spielen: wer basst, der hat nix. — 3. trans.
pfropfen (s. possen). — lux. 331; els. 2,95;
schwäb. 1,668 ebenso. s. a. Gr. Wtb. 7,
1484 Iѕ. frz. passer.
bässen [bêsen, Ptc. gəbêst *Si.*] tr. v.
beizen s. Bäss.
Passion [pasjón *Fo.* u. s.] *f.* 1. *Leidenschaft:* Grumbereknedel das isch min P.
— 2. *Leidensgeschichte des Heilands:* de
P. singe *am Palmsonntag od. Karfreitag.*—
Zs. Passions-Sunda (*heißt auch* truricher Sunda).
passiren [pasirə *Fo.u.fast allg.*; pasérən
D.; paséiərən *Si.*] intr. v. 1. *vorübergehen
et sin vil Leit* passeïert. frz. passer. —
2. *zustoßen, sich ereigenen:* do isch em
ebbes Gespassiches passiert *Fo.* Et ass
em en Ongleck passeïert *Si.* — 3. *bestehen
(eine Prüfung):* er hat sin Examen passiert.
— 4. *seihen:* de Kaffeï passeïeren *D. Si.*
— els. 2, 96 passiere; lux. 331 passeïeren
Pass-partu *m. D. Si. Hauptschlüssel.*
— frz. passe-partout.
Pass-rut, Pass-roᵘt *f. D. Si. Pfropfreis.* s. passen 3.
Pat I [pât *Bo.*; pót *Mw.*; pèt *Fa. Ri.*] *f.
Firstbalken, Hauptträger des Dachstuhls.*
Meist in der Zs. Hohpat *Speicher über
der Scheune.* — hess. 299 u. baier. 1, 445
Pfetten; schwäb. Pfette; gemeind. Pfette
Gr. Wtb. 7, 1694.
Pat II [pât *D. Si.*] *f. Kleister.* — frz.
pâte.
Pat III [pát *D. Si.*; bât *Sbg.*] *m. Fußpfad.* Demin. Pädel *Ri.*
Bataklang [bataklą̊ *D. Si.*] *m.* 1. *Singbude.* — 2. *unnützes Zeug, Habe, Siebensachen:* en hot sei' ganze B. verkâft. —
lux. ebenso; els. 2, 111 Battaklaff; frz.
bataclan.
Batalje s. Badalie.
pataufdich! *Av.* (patoᵘftech! *Si.*) interj.
plumps! p. da isch er hingeplumpst!
patekerlech s. partekerlech.
baten *nützen* s. batten.
Patrener [patrénər *Bo. Falk.* u. s.; patréïnər *D. Si.*] *m.* 1. *Namenspatron.* — 2.
schlechter Geselle: en suberer P. *Bo.* —
Das Femin. lautet Patreïnesch.
Batsch I [batš *Bo. Falk. Fo. Si.* u. s.;
Pl. -ən] *m. (Si. f.) Schlag mit der flachen
Hand, Ohrfeige:* er hot em e B. in's
Gesicht gen. — Zs. Ohrbatsch. — els.
2, 122; schwäb. 1, 678 u. baier. 1, 415
ebenso.
Batsch II [batš *Fo.* u. s.] *m. Straßenkot, Matsch:* e firchterlicher B. is druss. —
ss. Patsch *Kot* From. 5, 329, 247; vgl.
hess. 27 Batsch *kotiges, nasses Wetter* und
patschen *im Kot herumgehen.*
Batsch III [batš, Pl. -ən *D. Si. Rü.*]
f. Peitsche, deren Stock aus Weiden geflochten ist. s. batschen *schlagen.* — Zss.
Batsche-boᵘf *m. Si. kleiner Kerl, der die
Peitsche verdient.* Batsche-stil *m. D.
Si. Peitschenstil.* — lux. 18 ebenso.
Patsch [pátš *D. Si.*] *f. Verlegenheit,
Patsche:* än aus der P. zeïhen. — lux.
331 u. ss. Patsch From. 5, 329, 247.
Bätsch I [bêtš *Fo. Obh. Vbg. Bo.* u. s.;
bátš *Va.*; béts *Si.*] *f.* 1. *Kruste an den gebratenen Kartoffeln.* — 2. *Stelle, wo das
Brot im Ofen an ein anderes angebacken
ist.* — 3. *das erste Stück am Brot.* — 4.
dummes Weib Bo. — lux. Bòtsch *Anstoß
am Brot* Ga. 54; els. 2, 123 Batschi *dummer
Mensch.*
Bätsch II [bêtš *Fo. Falk. Fi. Ett. Schw.*
u. s.] *f.* 1. *Blahe, große wasserdichte Wagendecke aus Segeltuch, gewöhnlich von grüner
Farbe.* — 2. *Tuch, das beim Getreideeinfahren zwischen die Leitern des Wagens
gelegt wird.* — els. 2, 123 Beetsch I; frz.
bâche. s. a. Basch. Zs. bätsch-nass adj.
Ri. u. s. *durch u. durch naß, naß wie eine
Bätsch, auf die aller Regen heruntergießt.*
batschdech! patschdech! interj. *D. Si.
badautz! plumps!*
batschen [batšən *fast allg.*] tr. v. 1. *schlagen mit der flachen Hand, ohrfeigen.* —
2. *platzen Ho. Ersd.* — els. 2, 122 batsche,
bätsche 1, 5.
patschen [patšən *D. Si.* u. s.] intr. v.
waten, schwerfällig gehen: durch den
Dreck p. — lux. 331 ebenso; els. 2, 122
batsche 4.
pätschen [pètšən *Bo.*] intr. v. *platschend die Pfeife rauchen.* — lux. 331
patschen 2.
Patschert [patšərt *Si.*] *m. Patscherschuß, Ungeschicklichkeit:* e P. doᵘn. —
lux. 331 u. baier. 1, 415 Patscher.

Bätschert I [bètšərt, Pl. -ən *Vbg.*] *m.*
Grasmücke (sonst nicht belegt).
Bätschert II [bèdšat *Busd.*] *m. Korb
aus Strohgeflecht od. aus schmalen, langen
Holzspänen mit Henkel.* Daneben auch
Bätschkuaf *(-korb)*. — vgl. lux. Bôtsch
Ga. 54 *Wagenkorb* u. engl. basket.
Batsch-händel *n. Ri. Handschlag der
Kinder:* gib mir e B.! s. a. Batzhand.
bätschleⁿ [bǽtšlə *Fo.* u. s.] tr. v. *Kartoffeln in feine Scheiben zerschneiden und
auf dem Ofen zum Braten ausbreiten.* —
vgl. baier. 1. 315 Bätzlein, Bätzel *Klöschen*.
baschtisch! interj. *fast allg. plumps!
(beim Fallen ins Wasser oder in den
Schlamm).*
Batschuschu *f. Fi.* u. s. *brauner Zucker
aus Brustbeersaft.* — franz. pâte jujube.
Patt I [pat, pàt *fast allg.*; patè *Bo.*;
pètər *D. Si.* — Pl. patèn *Bo.*] *m. Pate.*
— Zs. Stroh-patt (Streïh-petter *D. Si.*)
Pate, der bei der Kindtaufe keine Zuckererbsen wirft. Kinderspruch: Strohpatt,
hat nix im Sack — als e bissele Schupftawak. Bohne-patt, Grumbire-patt
in derselben Bedeutung. s. a. Petter.
Patt II [pat, Demin. pètχən *D. Si.*] *m.
Topf, Krug, Trinkgefäß*; e P. iwer den
Duscht *ein Glas über den Durst.* En
as froᵘ mam P. *er liebt den Trunk.* —
lux. 331 ebenso; nd. Pott; frz. pot.
Patt III [pàt, Pl. -ən, Demin. pètχən
D.Si.] *f.* 1. *Pfote:* gew m'r deng Pätchen!
reich mir dein Händchen! — 2. *Knospe:*
de Bâm hot vil Patten. — 3. *eiserne
Klammer.* — 4. *Sperrholz, das sich auf
das Radband legt.* — franz. patte.
Patte-got [patəgòt *Lix.* u. s.] *f. die
Frau des Taufpaten.* S. Patt I u. Got.
batteⁿ [batə *Rg.*; bátən *Bo.*; bàdə *Sbg.
Fo.*] intr. v. *helfen, nützen, förderlich sein:*
dat kann em nischt baten; et helft on
bat alles nischt *Bo. Rda.:* Wenn's a nix
dut bade, so kann's m'r a nix schade *Fo.*
— els. 2, 111 u. schwäb. 1, 681 batte;
hess. 22. bâden, batten; baier. 1, 300
batten. s. a. From. 7. 147.
batter, better [batər, betər *D. Si.* Steig.
batəršt] adj. *bitter. Rda.:* wat dem Maul
batter, dat as dem Hèrz gesond *was dem
Mund bitter, ist dem Herzen gesund.* Die
Nebenform better kommt nur vor in:
betteren Doᵘt *bitterer Tod*; better Leiden
bitteres Leiden. — Zs. batter-siss adj.
bittersüß: battersiss Äppel. — lux. ebenso
Ga. 34; baier. 1, 306 bittersüesz.
Batter-alsem [batəralsəm *Si. D.*] *m.
Wermut* (Artemisia absinthium). — lux.
Batteralzem Ga. 34; ndl. alsem.
Batteri [bàtri *Lix. Sp.* u. s.] *m. scherzweise für Schädel:* ich hau da äni an de
B., dass de ganz Armee wackelt *Ausdruck
für eine kräftige Ohrfeige Sp.*
batterzech adj. *D.Si. bitter schmeckend.*
Davon Batterzechkät *f. Bitterkeit.* —
lux. 18 ebenso. s. batter.
Battis [batis *fast allg.*; bati *Si.*] *männl.
Vorname Johann Baptist.* — Zs. Schambattis (s. d.).
Battling [batliŋ *Fo.*; badliŋ *Rg.*] *Geschlecht? gutartiges Fieber, leicht vorüberziehende Krankheit.* — vgl. mhd. baten
dulden, leiden Lex. mhd. Wtb. 1, 135.
Batz [bàts, Pl. bèts *D. Si.*] *m. das
abgenagte Kernhaus des Obstes, der Griebs:*
zu B. opèssen *ganz aufessen.* En as kä'
B. wert *er ist nichts wert.* — lux. 19
Baz; hess. N. 40 Butze; schles. Butzen
From. 4, 165; gemeind. Butz, Butze Gr.
Wtb. 2, 590.
Bätz [bèts *Lix.*u.s.] *m.* 1. *Brüllochs:* er
grischt *(schreit)* wie e B. — 2. *dicker,
fester Kerl Ri.* — baier. 1, 1781 ebenso.
s. a. Gr. Wtb. 1, 1159 u. 1741; From.
4, 258, 7.
Batzen [bàtsə *fast allg.*] pl. *Geld:* er
hat B. *er ist reich.* — els. 2. 126.
batzen [bàtsən *Bo.*] intr. v. *prahlen,
wichtig tun.* — schwäb. 1, 686 bätzeⁿ
groß tun, sich rühmen; baier. 1, 314 u.
schwäb. 1, 688 sich batzet machen *prahlen.*
Bätzen [bètsən, Pl. bètsərχər *Si.*) *m.*
1. *leichter Schlag mit der Hand, Klaps.*
— 2. *das patschende Händchen selbst:* e
B. gèn *ein Patschhändchen geben.* — vgl.
baier. 1, 314 Batzen pl. *Schläge auf die
Hand;* Gr. Wtb. 7, 1507 Pätschchen.
Batzer *m. Bo. Prahlhans.* s. batzen.
Batz-hand, Demin. Batzhändchin *f. Bo.
Handschlag.* — schwäb. 1, 680 Patschhand *zum Gruß gebotene Hand, dann die
Hand selbst.*

bätzich [bĕtsiχ *Fo. Sbg.* u. s.] adj. (eigentl. *klumpig, plump*) von Menschen: *mürrisch, übelgelaunt.* — schwäb. 1,688 batzig *barsch;* hess. 27 batzig *trotzig;* ss. pazich *aufgeblasen* Kr. 99; henneb. patzig *grob* From. 7. 147; gemeind. batzig Gr. Wtb. 1, 1160. vgl. baier. 1, 314 bätzig *vom unfreundlichen, schmutzigen Wetter.*
Batz-mechel *m. Bo. dasselbe wie* Batzer.
Bau *Bube* s. Bu, Bub.
Pau, Pauhahn [páu *Pü.;* pow. *Vbg.;* paᶜhán *Merl.;* pohán *Fo.;* pohún *D. Si.*] *m. Pfau.* s. a. Païw.
baubel [baubəl, baubəldiχ *Bo.;* bóuwəliχ *Rü.*] adj. (eigentl. *baumwollenartig*) von Früchten: *hohl, schwammig, pelzig:* de Rädischen *(Radieschen)* ben b. *Bo.*
Bauch s. Buch. — Zss. Bauch-rĕïm *m. D. Si. Bauchriemen.* Bauch-wĕïh *n. Bauchgrimmen;* roᵘt Bauchweïh *n. rote Ruhr.*
Bauchecht [bauχeχt *D.;* bauχət *Si.*] *f. Soviel als einmal mit Lauge gewaschen wird.* s. buchen.
bauen s. buïwen.
pauen (sich) refl. v. *Pü.* u. s. *sich brüsten, hoffärtig tun:* wie das Mädel sich paut! — s. Pau.
Bauer s. Bur. — Zs. Bauern-druᵉt *f. Landtracht.* Die übrigen Zss. unter Bur.
pauf! pauftich! *Bo.* [bauftech! *D.;* pouf, pouftech! *Si.*] Interj. *plumps!* — lux. 19 bauff, baufdech!; els. 2, 17 baüfl!
Pauls-bir *f. Ri. Paulusbirne, wird leicht teigig, reift im August.* — els. 2, 80.
baupseⁿ [báupsəⁿ *Bo. Fo. Kr. D. Si.;* baubsə *Sgd. Lix. Gelm.;* baudsə *Ri.*] intr. v. 1. *schreiend sprechen, krakehlen, bellen.* — 2. *jem. anschnauzen:* der kann enem anbaupsen, dass es äm Angscht werd *Fo.* — lux. 19 ebenso.
Baupsert *m. Bo. D. Si. Ri. Krakehler, Lärmmacher, Maulheld.* Das Femin. dazu lautet Baupsesch [baupʒəš] *laute Schwätzerin.* — lux. 17 Bâpsert, Bâpsesch.
baupsich, baupsech adj. *Bo. D. Si. schreihälsig.* — lux. 17 bâpsech. s. baupseⁿ.
Paure-wein *m. Si. ungekelteter Wein.* (Es ist der Wein, den man von den zerstampften od. gemahlenen Trauben zuerst abzieht; er gilt als der lauterste Wein.) Pauer, Paur < mhd. pûr *lauter* — lux. 332 Pauerwein.
Bausch [báuš, Pl. béïš u. báušən *D. Si. Mw. Busd.*] *f. Bund Stroh.* — lux. 18 und hess. 29 ebenso; vgl. gemeind. Bausch Gr. Wtb. 1, 1198. s. a. Busch.
baussen(t) [bausən(t) *D. Si.*] *draußen, außerhalb.* 1. Adv.: loss den Hond baussen! — 2. Präpos. m. dat.: baussent dem Haus. — lux. ebenso Ga. 35; niederrhein. bussen From. 3, 272, 18; 5, 414, 4; mhd. bûʒen; nhd. bauszen < beauszen Gr. Wtb. 1, 1201. — Zs. bauss-wennich adv. *D. Si. auswendig.* — ndd. buttewennig From. 2, 195.
Paut, pautech s. Putt, puttich.
Bauz [bàuts, Pl. -ən, Demin. baitsχən, baitsən *D. Si.*] *f. junges Rind, Kalb:* e Baizen mà'en *sich übergeben, „ein Kalb anbinden"* Si. — lux. Bautz Ga. 35; vgl. baier. 1, 315 Bauzen, Batzen *Klumpen.*
Bäwe [bĕwə *Pü.*] weibl. Vorname Barbara. — els. 2, 84 Bäwi, Bawi. s. Bäb.
Pawei [pawai *Bi.;* pawèi *Falk. Ett. Obh.;* powèi *Fo. Hd. Vbg.;* powè *Si.;* bawai *Berl.*] *m. u. f. Steinpflaster.* — els. 2, 125 Pawei; eifl. Puwai; frz. pavé. — Zss. Pawei-stän (Powei-, powè-) *m. Pflasterstein.* — pfälz. Powei-steen Keip. 68. Poweien-schisser *m. Spottname der St. Avolder:* Säntäforer P.
paweien [poweien, powĕen, baweien *fast allg.*] tr. v. *pflastern.* — els. 2, 125 paweie; pfälz. poweie, paweie Keip. 68.
Bawettel [bàwètəl *Hw.;* bàwèdəl *Ri.*] *n.* 1. *Halstüchlein.* — vgl. baier. 1,213 Bafettlein; frz. bavette. — 2. *Bäffchen der Geistlichen u. Advokaten.*
Pawo [pàwò *D. Si.*] *m. Gartenmohn.* — lux. 332 ebenso; frz. pavot.
Ba'woll [báwol u. bauwol *Fo. D.;* báwəl *Ri. Si.;* baïwəl *m. Kr.;* bóuwəl *Rü.;* baubəl *Bo.;* boïbəl *Grt.*] *f. Baumwolle.* — lux. Ba'woll Ga. 35; eifl. Bouwel *Bü.* 11.
ba'wolleⁿ [báwoləⁿ *Fo. D. Si. Sbg.* (bauwolə); báwəleχ *Rü.*] adj. *baumwollen.* — lux. 19 báwöllen; schwäb. 1, 720 ba'wileg.
be-änferen [bəænfərən *D. Si.*] tr. v. *beantworten:* en hot meï' Breïf noch net beänfert. — lux. 19 ebenso.

Beber [bebərHw.] männl. VornameAlbert.
Pech [pèχ fast allg.; bèχ Pfb. Ri. Egelsh.] m. u. n. 1. Pech. Rda.: er hat Bech kâft = er läuft schnell fort (damit das Pech nicht durch langes Tragen weich wird). Et geht em grad vun Hännen, eweï em Schouschter de Pech vum Hener es geht ihm von Händen, wie dem Schuster das Pech vom Hintern d. h. es geht nicht voran Si. — 2. Unglück: Pech han. — Zss. **Pech-käppel** [bèχkèbəl Ri.] n. kleine Kopfbedeckung der Geistlichen (frz. calotte). — schwäb. 1, 739 Pechkapp. **P.-kniweler** m. D. Si. Spitzname für Schuster. **P.-krämer** schmutziger Kerl Ri. **pech-schwârz** adj. wie hd.
pechen [pèχen D. Si.] 1. trans. verpichen: Fässer p. — 2. intr. ankleben, haften. — lux. 332 ebenso.
pechich [pèχiχ fast allg.; bèχiχ Ri.; pèχeχD.Si.; pèχtsiχBo.] adj. pechig, kleberig.
Beck s. Becker.
Pecke [pèkć Obh.] f. pl. Frösche. — vgl. hess. 305 u. ndd. Pogge, Pock From. 2, 211, 11; 4, 131, 68; 6, 212.
Becker, Beck [bèkər fast allg.; bèk, Pl. -ən Pfb. Ri. Mtsh.] m. Bäcker: 't as besser zum B. gâng, eweï zum Dokter Si. — els. 2, 25; schwäb. 1, 739 u. baier. 1, 201 Beck. (In Oberdeutschland ist dies die einzige Wortform); mhd. becke. s. a. Gr. Wtb. 1, 1215. — Zs. **Becker-holz** Pü. Birkenholz zum Heizen des Backofens.
beckich s. bickich.
becksen s. petzen 1.
Beckser [béksər Ri. u. s.] Spottname der Püttlinger, weil sie die Mädchen pfetzen.
bed [béd Fo. u. s.; bêt D. Si.] num. beide: se han alle bed gestohl Fo.
be-dämpen [bədèmpən D. Si.] tr. v. 1. beräuchern. — 2. betrügen: den as emôl bedämpt gin! — lux. 20 ebenso. s. Damp.
Bedel [bédəl D. Si.; bèdəl fast allg.; bètəl Pü. Flh. béïdəl Bo.] m. Bettel, Habe, Kleinigkeit: den ganzen B. versuffen Bo. Et hoant sin goanzen Beddel koscht er hat alle seine Habe eingebüßt Kr. A' Bedel mam (mit dem) âner alles zusammen D. Si. — Zss. **Bedel-breïf** m. Bettelbrief D. Si. **Bedel-frâ** fast allg. Bettelweib. **Bedel-mann** (s. d.) **Bedel-**lit (s. d.). **Bedel-pack. Bedel-sack** m. 1. Bettelsack. 2. Bettler. **Bedel volek** n. D. Si. Bettelvolk.
Bedeler m., **Bedelersch** (Bedelesch) f. dasselbe wie Bedelmann, Bedelfrâ.
bedeldich [béïdəldiχ Bo.] adj. bettelhaft, elend.
Bedel-mann m. fast allg. Bettler. Rda.: wann der B. ufs Perd kummt, rit er's dot. Reimspruch: Hinner de Stadt un vor der Stadt — Wo der Bedelmann Hochzeit hat — Do geht die Mus, do danzt die Lus — Do springt der Floh zum Fenschter 'nus Fo.
Bedel-lit [bèdəllít Fo.; bètəllit Flh.; bédəllait D. Si.] pl. Bettelleute. In Fleisheim läßt man die „Bedellit" singen: „Mer B., mer B. habens gut; kreïe mer vil — treiwe mer schwer; kreïe mer wenig — treiwe mer leer. Mer B., mer B. habens gut." Oder: Uns fresst kä' Korn, uns brecht kän Ochs kä' Horn. Mer B., mer B. habens gut.
Bedel-vogt m. fast allg. einer der nicht nachläßt mit Betteln.
Bedeng [bədeŋ Bo.] m. Bedingung. — schwäb. 1, 750 Beding (in Urkunden).
Bedengter [bədeŋktər D.; bədeïntər Si.] m. Bedienter: ech sin äre B. net Sie haben mir nichts zu befehlen. — lux. 20 ebenso. s. bedengen bedienen.
bedient [bədint Sbg.; bədeŋt D. Si.] adj. nützlich, wertvoll, passend, dienlich, tauglich: es isch m'r bedient Ri. De Kanner as neischt bedengt die Kinder legen auf nichts Wert. — lux. 20 bedengt.
bediten [bədítən, Ptc. bədít Falk. Sbg.; bədaitən D. Si.] intr. v. bedeuten: Rätsel: Ihr liwi Litt! was dadit das bedit? Hat siwi Hit (7 Häute); bisst alli Litt. (Zwiebel) Ri.
bedlen [bèdlə fast allg.; bédlən D. Si.; béïdəln Bo.] tr. v. betteln: der isch's Bedle a nit gewehnt Fo.
Bedo [bedo Fo. D. Pü. u. s.] m. Kirchendiener, Pedell. — frz. bedeau.
be-doren [bədórə Bi.] tr. v. betören, zum Toren machen: de bisch bedort
Bedrawen [bədráwə Sbg.; bədróən D. Si.] n. Betragen.
bedrawen [bədráwə Sbg.; bədróən D. Si.] 1. refl. sich aufführen: er bedrat sich

schlecht *Ri.* Du hescht dech net gudd bedro'n *D. Si.* — 2. intr. *betragen, ausmachen, kosten):* 's bedrat 10 Mark. — els. 2,744; lux. 22.

be-dreïen [bedréïən, Ptc. bedrun, bədrú *D. Si.*] tr. v. *betrügen.* Davon:

Be-dreïer *m.* Bedreïesch *f. D. Si. Betrüger, Betrügerin.* Bedreïerei *f. Betrügerei.* — lux. 20 ebenso.

Be-driff [bədrif *D. Si.*] *m. Betrieb.* — lux. 20 ebenso.

Bedroch [bədroχ *D. Si.*] *m. Betrug:* et as op de B. geriht *es ist auf den Betrug gerichtet.* Nemmen op de B. aus sin *nur auf den B. aus sein.* — lux. 20 ebenso; mhd. betroc.

Be-dro'n s. Bedraweⁿ.

Bedur [bədúr, ohne Pl. *Bo.;* bedúrəs *Sbg.*] *m. u. n. Mitleid, Bedauern.*

bedureⁿ tr. v. *Sbg. bedauern, beklagen.*

be-duselt [bədúsəlt *D. Si.*] adj. *angetrunken.* s. Dusel.

Befelech [bəféleχ, Pl. -ər *Si.*] *m. Befehl.* — mhd. bevëlch.

befielen [bəfièlen, Prc. bəfól *D. Si.*] tr. v. *befehlen.*

Peffer [pèfər *allg.*] *m. Pfeffer:* P. in de Sös dun. — *Rda.:* Er isch der P. uf der Supp *er ist immer an erster Stelle Ri.* Geh! wo der P. wachst. Do leït der Has im P. *das also war der Grund.* — Zss. P.-kêr *Pfefferkorn;* Peffer-mihl *Pfeffermühle;* Peffer-minz *allg. f. Pfefferminz;* Peffer-neijohrschdach (s. d.); Peffer-tee.

peffern [pefərən *fast allg.*] 1. tr. v. *pfeffern:* 't Fläsch as gesalzt a gepeffert. — 2. intr. *schmerzen:* deï Wonn peffert *die Wunde schmerzt.*

Peffer-neijohrsch-dâch *m. Si.* (eigentl. *Pfefferneujahrstag)* calendae graecae. *Ausdruck, den man gebraucht, wenn man den Tag nicht bestimmen kann oder will, an dem etwas geschehen soll, oder wenn man andeuten will, es werde nie geschehen.* — lux. 333 Peifenneijoschdâch; baier. 1, 1744 Nimmerl's Tag.

begäneⁿ [bəgênə *fast allg.;* bəgéïnən *Bo. Si.;* bəgeïə *Ri.;* begénən *D.*] *begegnen.* Das Perf. Ind. wird mit „sein", öfters aber nach Analogie des Französischen mit „haben" konstruiert: mir han 'ne begänt. In der 3. Pers. Sing. jedoch fast nur: er ischt em begänt.

Begänknes [bəgèŋknəs *D. Si.*] *n. Beerdigung, Begräbnis, Leichenfeier.* — schwäb. 1,757 Begängnus; hd. Begängnis Gr. Wtb. 1, 1278.

begannen (sech) *D. Si.* intr. v. *Hand aus Werk legen, sich bemühen:* et as Zeit, sech ze begannen. — lux. ebenso Ga. 36; vgl. hd. beginnen.

Begehreⁿ [bəgêrə *Fo.* u. s.] 1. *n. Wunsch, Bitte an jemanden:* er hat e B. an dich — 2. *Frage im Kartenspiel.*

begehreⁿ [bəgêrən *fast allg.;* bəgiərən *Si.*] tr. v. *begehren, fragen:* ich begehre *(im Kartenspiel).* Furt b. *eine andere Stelle verlangen Lix.* Er begehrt nit ze schaffe *er will nicht arbeiten Ri.*

Beggen [bègən *D.*] *f.* 1. *verschnittenes Mutterschwein.* — 2. *Begine (Nonne).* „Die Religiosen haben sich öfter gefallen lassen müssen, dass der Volkswitz sie mit Tieren verglich; so ist Begine ein verschnittenes weibl. Schwein, Kwissel *(Betschwester)* = Kusse, Kuese eine alte Schafmutter, Münch ein kastrierter Ziegenbock u. Nunne eine Stute". F. Woeste in From. 4, 226. — baier. 1, 215 Beghine; hd. Begein, Begine Gr. Wtb. 1, 1290; schwäb. 1, 760 Begein^e; lux. 21 Bèggen. s. a. els. 2, 18.

begirlech [bəgiərleχ *D. Si.;* bəgúriχ *Lix. Bo.*] adj. u. adv. 1. *mit Begier:* b. èssen. — 2. *Begierde empfindend nach etwas:* eweï kann än eso^u b. noh Fläsch sin? — 3. *geizig:* e begirliche Mensch. — lux. 21 u. schwäb. 1, 763 ebenso.

Begirlechkät *f. D. Si. Begehrlichkeit.*

be-graweⁿ [bəgrâwə *fast allg.* Ptc. bəgrâ *Bo.,* bəgrab *Fo.;* bəgruowən *D. Si.*] tr. v. *begraben:* wer werd denn begrab? *Rda.:* De Wochehansel b. *die Woche zu Ende führen Ri.*

Begriefnes [bəgriəfnəs, bəgréfnes *D. Si.*] *n. Begräbnis:* ze B. gòn *einem B. beiwohnen.*

Begriff [bəgrif *Sbg.* u. s.] *m.* wie hd. *Begriff:* e guter B. von ebbes han *guter Anfang Ri.*

be-griffeⁿ [bəgrifə, Ptc. bəgrif *fast allg.;* bəgraifən *D.;* bəgréïfən *Si.* Ptc. bəgraf]

tr. v. *begreifen:* er begrifft gut *er faßt leicht auf Fo.*
begurich s. begirlech.
be-hallen [bəhalə *fast allg.*; bəhálən *D. Si.*; Ptc. bəhál] tr. v. *behalten.* s. hallen.
be-hapten [beháptən, Ptc. bəhápt *fast allg.*; bəhábdə *Sbg.*] tr. v. *behaupten:* der behapt ebbes, un wann es grad nit wohr isch *Fo.* Er b'habt un b'habt druff *er geht von einer Behauptung nicht ab Sbg.*
Behausung [p'hauʒùŋ, pauʒùŋ *Ri.*] *f. Behausung (in tadelndem Sinne); schmutziges, unordentliches Innere einer Wohnung.* — schwäb. 1, 774.
behenn [bəhèn *D. Si. Falk.* u. s.] adj. u. adv. *behende, gescheidt.* — lux. 21, ebenso.
Behennichkät *f. D. Si.* wie hd. *Behendigkeit:* B. as keng Hexerei.
be-hilflich [-hilfliχ *Ri.* u. s.; -hølfleχ *D. Si.*] adj. wie hd. *behilflich.*
Be-holf, Beholef *m. D. Si. Bo. Behelf, Notbehelf, vorläufiges Hilfsmittel:* der Mann isch nummeh zum B. *Bo.* — lux. 21 Behollef; els. 1, 326 u. schwäb. 1, 783 Behulf.
be-hölflech s. behilflich.
Bei [bai *Bo. D. Si. Vbg.*; bëï *Teterch.*; bíə *Fo.*; bínə *Mürzt;* Pl. -ən; Demin. baiχən, baiχin] 1. *f. Biene.* — 2. *m. Bienenschwarm u. Bienenstaat:* de Bei afassen den Bienenschwarm einfangen *Bo.* — lux. ebenso Ga. 37; rheinfränk. Beie From. 6, 45; eifl. Baien Bü. 22; ndl. bij. — Zss. Beie-kaup *f. D. Si. Schutzmaske der Imker.* — lux. 22 Beiekâp. Beie-kuºrf *D.*, Beiekůer *Si. f. Bienenkorb.* Beie-schwârm *m. D. Si. Bienenschwarm.* Beie-stock *m. D. Si. Bienenstock.*
bei präpos s. bi.
Beibes [béïbəs *Si.*] *m. Beifuß* (Artemisia vulgaris). — baier. 1, 399 Peipes; 1, 226 Beyposz; mhd. bíbòʒ. s. a. Gr. Wtb. 1, 1370.
Beïch *Buche* s. Bich.
beïchen [béïχən *Bo. D. Si.*; biχən *Kö.*] adj. *vom Holz der Buche:* beïchen Holz.
Beicht, beichten s. Bicht, bichten.
Beidel [baidəl, Pl. -n *D. Si.*; beïdəl *Sbg.*] *m. Beutel:* der B. hats Uszehre *es ist kein Geld mehr da.* — Zss. Beidel-schnidder *D. Si. Beutelschneider, Taschendieb.* Beidel-stâf *m. D. Beutelwelle, eine Welle, die den Mühlenbeutel schüttelt.*
beïden [béïdən, Ptc. gəbout, gəbuət *Bo. D. Si.*] tr. v. 1. *bieten, bei Steigerungen:* wieviel as gebuᵉt? — 2. *darreichen, darbieten. Rda.:* e kann em d'Wâsser net beïden *er kann sich nicht mit ihm messen.* — 3. *grüßen:* äm d'Zeit b. oder gebeïden.
bei-dun [-dun *D.* -doun *Si.*; bídùn *Sbg.*] tr. v. *eine Speise aufs Feuer setzen:* hoschde 't Gromperen beigedoᵘn? — lux. 20 ebenso; els. 2, 640 bítun *zum Feuer setzen.*
beïen [béïən, Ptc. gəbéït *D.*; gəbú *Si.*; gəbou *Bo.* biə, gəbó *Fo.*] 1. tr. v. *biegen, beugen:* de Kapp b. *den Kopf beugen.* — 2. refl. *biegsam sein:* 't Holz beït sech net = *es zerbricht.* — 3. *gefügig sein:* was nit bi'e will muss breche *Fo.*
bei-enän [baiənên *D. Si.*] adv. *beieinander.* — rheinfränk. beienên From. 6, 280 II. 14: ndrhein. beinên From. 5, 414, 16.
Beier [baiər *Kreis D.*] *m.* urspr. *das Geläute durch bloßes Anschlagen mit dem Klöppel an die Glocke.* — ndd. beier From. 5, 287, 17; vgl. ahd. perian, mhd. bern (lat. ferire) *schlagen, klopfen;* els. 2, 79 u. baier. 1, 258 beren. — Zs. Beiersondech *m. D. Si. der erste Fastensonntag* (Invocavit). An diesem Tage wird abends an manchen Orten ein grosses Feuer angezündet, das „Beier" heisst. Jeder junge Mann des Dorfes wird dann mit seiner Geliebten ausgerufen, gleichsam an die Glocke gehängt. Daher der Name Beiersondech.
bei-falen [baifâlən *D. Si.*; baifèlən *Bo.*, Ptc. -gəfal] intr. v. 1. *einfallen, sich erinnern:* d'es mer grad beigefal *Bo.* — 2. *abfallen, mager werden:* en as noh senger Krankhät dichtech beigefal *D. Si.*
Peif [pèïf *D. Si.*] *f.* 1. *Pfeife zum Rauchen u. Pfeifen* s. Piff. — 2. *Ofenröhre.* — Zs. Peife-kneï *n. Ofenröhrenknie.* Peife-lach *n. Kaminloch.* Peifenèrd *f. Ton, woraus die Tabakspfeifen verfertigt werden.* Peife-stil: kä' P. wert sin *keinen Pfifferling wert sein.*
peifen s. piffen.

Peifert *m. D. Si. Pfeifer.* — lux. 333 ebenso.

peihen [péïən *Si.*] tr. v. *den Stengel einer Pflanze an der Spitze kürzen, damit er an Umfang u. Stärke zunehme. Eine solche Pflanze heißt* Peih *m.* — vgl. baier. 1, 418 pfächten *prüfen, abmessen, eichen;* tirol. pfäten ibid.; mhd. phehten. s. a. Gr. Wtb. 3, 1226, 1390.

peijen *bezahlen* s. paien.

Beilen [bailən, Pl. gleich; Demin. bailχən. *Si.*] *n. Beil.* — lux. 22 ebenso. s. a. Bejel.

Peiler *Pfeiler* s. Piler.

Pein, Peng s. Pin.

bei-noh [bainô *D. Si.*] adv. *beinahe.*

peiplech [pèipleχ *D.;* paipleχ *Si.* Daneben gəpéïpəlt] adj. *vielfarbig getupft wie ein Schmetterlingsflügel.* s. d. folgende.

Peipleng [péïpleŋ *D.*] *m. Schmetterling.* — vgl. lat. papilio. s. a. Paipampel, Paipolter, Pewerlenk.

Beïs *Binse* s. Bies.

Beïscht [bèïšt *D. Si.*] *n. Tier, Bestie als Schimpfwort für Tiere u. Menschen.* — schwäb. 1, 935 Beste, Bescht; lat. bestia.

Peischten *Pfingsten* s. Pingschten.

bei-setzen [baizètsən *D. Si.;* bizetsə *Sbg.*] tr. v. *hinzusetzen, Geld beischießen z. B. beim Spiel.* — lux. 23 u. schwäb. 1, 808 ebenso.

bei-sihtech [baizítex *D. Si.*] adj. *kurzsichtig.* — lux. 23 beisichtech; schwäb. 1, 808 beisichtig.

beissen s. bissen.

beïssen *büßen* s. biessen.

Peit [péït, Pl. -ən *Bo. Falk. Vbg.* u. s.; pèt *Grt.*] *f. u. n. Ballen Tuch (wie er beim Händler liegt):* fresch ven der Peit era = *ganz frisch Bo.* — vgl. got. paida; mhd. pfeit; baier. 1, 443 u. schwäb. 1, 1004 Pfaid, Pfait; s. a. Gr. Wtb. 7, 1640.

Peïtersilech s. Peterling.

Peïtesch-dach [péïtəšdáχ *D. Si.*] *m. Peter- u. Paulstag.* — lux. 335 ebenso.

beïtzen *nähen* s. bitzen.

Beïtzersch *f. Umgegend v. D. Näherin.* s. das vorige.

bei-wennich [baiwènix *Bo.*] adj. *hilfreich, zuvorkommend, immer dabei.* — vgl. baier. 2, 945 u. hess. 449 wendig.

be-jeitzen [bəjaitzen, Ptc. bəjaut *D.*] tr. v. *schimpfen, ausschelten:* en hot mech bejaut. — lux. 23 ebenso. s. jeitzen.

Bejel [béjəl, Pl. -e *Mtsh.;* bèijdəl *Marient.;* beïl *Ri.*] *n. Beil, kleine Axt:* mim (*mit dem*) B. Holz mache. — els. 2, 22 Beijel. s. a. Beilen.

bejele[n] s. bijeln.

be-jemeren [bəjéïmərən *Si.*] tr. v. *bejammern, beklagen.* — lux. 23 ebenso.

be-jotze[n] [bəjôtsən *fast allg.*] tr. v. *bejahen.* — lux. 23 ebenso; mhd. bejâzen.

Pek I [pek *Si.* u. s.] *m. saurer Wein, aus Trestern hergestellt, indem man Wasser zusetzt u. das Gemisch einige Tage in einem Fasse stehen läßt.* s. peken *den Gaumen unangenehm reizen.*

Pek II *f. böse Absicht* s. Pik.

be-käfen [bəkâfən *Si.*] tr. v. *verkaufen* s. käfen.

be-karme[n] intr. v. *Fo. Rg. bedauern, beklagen:* er bekarmt, dass er das Hus nit gekâft hat. — ahd. kara *Klage, Sorge, Kummer.*

be-käschten [bəkèštən *Bo. D.;* bəkèštəjən *Si.;* bəkešdiə *Sbg.*] tr. v. *beköstigen.* — lux. 23 bekäschtejen. s. Koscht, Kascht.

be-katzen *D. Si.* 1. tr. v. *besudeln (mit Erbrochenem).* — 2. refl. *sich erbrechen, kotzen.*

bekel [bekəl *Si.*] adj. *bitter,* nur in der Zs. Bekel-salz *Bittersalz.* — lux. 25 ebenso; vgl. hd. bicken *beißen, stechen* Gr. Wtb. 1, 1809.

Pekel [pekəl, Pl. -n *Bo. Si.*] *f. Picke, Hacke.* — lux. 23 Bekel; vgl. schwäb. 1, 743 Beckel (haube). Davon:

pekelen tr. v. *Bo. mit der Picke aufhacken.*

beken I [békən *Si.*] tr. v. *abstechen, schlachten in der Kindersprache:* e Schweïn b. — vgl. schwäb. 1, 743 bècken *klein machen, zerhauen* u. hd. picken.

beken II *bücken* s. bicken.

peken s. picken.

be-kimmere[n], sich [bəkimərə *fast allg.;* bəkemərən *D. Si.*] refl. v. *sorgen, sich abgeben; beschäftigen:* bekimmere dich doch nit um ungelète Eier! *Fo.*

bekla'e[n] (sich) [bəkláə *fast allg.;* beklóen *D. Si.*] refl. v. *sich beklagen* s. kla'en.

be-klecken [bəklèkən *D. Si.*] tr. v. 1. (im eigentl. Sinne) *beschmutzen, mit Kot bespritzen*: Se hot hir Kläd bis owen hin bekleckt. — 2. (figürl.) *verleumden*: m'r sin dichtech bekleckt gin. — lux. 23 beklecken; ss. beklecken u. beklåken Kr. 64; hd. beklecken Gr. Wtb. 1, 1419.

beksen [beksən *Si.*] intr. v. *nach dem Bock riechen*. — lux. 29 bexen; ss. bäksen Kirsch W. u. W. 14; schwäb. 1, 1252 böcksen; mhd. bückesen.

be-kucken tr. v. *Si. besehen, durch u. durch beschauen*. — lux. 23 ebenso.

Pel [pel, Pl. -ən *D. Si. Obd.*] *f.* 1. *Hühnchen, junge Henne* s. Pill I. — 2. *Pille*: den Dokter hot em Pelen verschriwen. s. a. Pill II.

be-lädejen [bəlèdəjən *D. Si.*] tr. v. *beleidigen*. Belädejong *f. Beleidigung*.

pelen [pélən *Si.*; péïlən *D.*] tr. v. *anpfählen, festlegen*. — lux. 333 peïlen.

be-lien [bəlíən, Ptc. bəlú *Si.*; bəlije *Sbg.*] tr. v. *belügen*: m'r sin belú gin.

be-lihten [bəlítən *Si.* u. s.] tr. v. 1. *beleuchten*. — 2. *frech ansehen*: den hot mech awer emol beliht! — lux. 24 belichten.

be-liwern [bəlíwərn *Bo.*] intr. v. *gerinnen*: det Fett beliwert sich. s. liwern.

Peljer [peljər, Pl. gleich (peljərn *Bo.*) *D. Si. Bo.*; pìljər *Sbg.*] *m. Pilger.* Davon: **peljern** intr. v. *Bo. D. Si.* u. s. *pilgern.*

Bell I [bèl *D. Si.*] *f. Kinderspiel, zu welchem ein an beiden Enden zugespitztes Hölzchen u. ein Stock gehören*: mit der B. spillen. — lux. 33 Belchen; frz. beuil. s. a. Bing u. Gine.

Bell II, Belle-bam [bèl, Pl. -ə *Saaralb.*; bèlə-bám *Fo.*; bêle-bêm *Schw.*; biləbám *Ett.*] *Pappelbaum* (Bell gekürzt aus Albele, Abele populus alba s. Gr. Wtb. 1, 1451). — baier. 1, 228 Bellenbaum; ebenso schwäb. 1, 837; els, 2, 33 Bêl, Beld, Bellebaum.

Pell [pèl *D. Si.*] *f. Hülse verschiedener Früchte*, bes. *grüne Nußschale*. — lux. 334 ebenso; lat. pellis. Davon:

pellen [pèlən *D. Si.*] tr. v. *auspalen, die Hülse entfernen*: Nissp. — lux. 334 und ndl. pellen; ndd. pellen, afpellen From. 5, 158.

beluchsen [bəluksən *fast allg.*] tr. v. *hintergehen, betrügen, übervorteilen*: han se den awer mol beluchst! — els. 1, 554, schwäb. 1, 838, baier. 1, 1428 ebenso. (Gr. Wtb. 1, 1455 leitet das Wort ab von belugen und schreibt deshalb belugsen; Schmeller richtiger von Luchs.)

Pelz [pèlts *fast allg.*; bels *Falk. Lix. Sbg.*] *m.* 1. *Tierpelz*. — 2. *Haut des Menschen*: einem de Belz kloppe *Falk*. De Belz wasche *durchprügeln Sbg*. — els. 2, 42 Belz. — Zss. Belze-bock *m. Si. scherzh. für Teufel (Belzebub)*. Pelze-kapp (Belze-kap, Pelze-kaup, Pelz-kapp) *f. Pelzkappe*. Rda.: er esch geschosse en der Pelzkapp *er ist verrückt Pfb.*; hess. 295 mit der Pelzkappe geschossen sein *sich närrisch anstellen*. Pelz-matt *f. D. Si. Pelzmotte.*

belzen [bèltsən *Vbg. Sbg.* u. s.] tr. v. 1. *den Pelz od. die Haut abziehen, balgen*. — 2. *jd. arm machen*. — els. 2, 42.

pelzen adj. *D. Si. aus Pelz*: e pelzen Muff. — lux. 334 ebenso.

belzich, pelzech [bèltsix *fast allg.*; pèltsex *D. Si.*] adj. *pelzig, schwammig (von Gemüsen u. Früchten)*: die Rettije sin p. — els. 2, 43 belzig; lux. 334 pélzech.

be-mäschteren [bəmèštərən *D.Si.*] tr. v. *überwältigen, bemeistern*: ech kan en net b.

Pemm [pem *Nj.*] *f. Pfeife zum Rauchen*. Davon:

pemmen [pemən] intr. *rauchen*. vgl. frz. fumer.

Pemmert [pèmərt *Grt. Lix. Hom. Rom. Ri.* u. s.; poïmat *Kr.*] *n. Flurmaß für Wiesen* = 15 ar. (P. aus Pfennwert entstanden; eigentl. *einen Pfennig wert, also geringwertiges, kleines Grundstück*). Flurbezeichnung: in die viertzig Pemmert Besl. II 45. s. a. Penwert.

Pen *Holzstift*. s. Pinne.

Bendel s. Bennel.

Benedik *männl. Vorname Benedikt.* — Bauernregel: Benedik-Siweldick *B. macht die Zwiebeln dick (am St. Benediktustag, 21. März, sollen Zwiebeln gesteckt werden)*. —Zs.Garde-benedik(cardo)*Benediktenkraut* (Cnicus benedictus) *Ri.*

penen *mit Holzstiften befestigen*. s. pinnen.

be-newelt [bənèwelt *fast allg.*; -niwəlt *D. Si.*] adj. *leicht betrunken, benebelt*.

Bengel I [bèŋəl *fast allg.*] m. 1. *Knüttel, Knüppel, Prügel*: er esch der B. am Sack net wert *er taugt gar nichts Flh.* — Wemmer Spatze fange will, derf m'r nit met Bengle werfe *mit Grobheiten gewinnt man nichts (fast allg.)* Wo Niss sin, do sin a Bengle *Fo.* — 2. *flegelhafter, roher Mensch*: du bisch e richtijer B. — lux. 24 u. els. 2, 61 ebenso. Zs. Bengelholz *n. Knüppelholz.*

Bengel II s. Bennel.

bengleⁿ [bèŋlən *fast allg.*] tr. v. *Obst mit Knüppeln vom Baume schlagen od. werfen*: Niss bengle. — els. 2, 62 u. schwäb. 1, 848 ebenso.

be-niwelt s. benewelt.

Penk [peŋk *D. Si.*] f. *Schnür- und Packnadel.* — lux. 34 ebenso; hess. N. 204 Pinke (pinken *durchstechen)*; engl. pinkneedle. P. scheint Fortbildnug von Pinne (s. d.) zu sein.

Benkel [bèŋkəl *Obh. Sgd.* u. s.] n. 1. *Geschirrbrett.* — 2. *Fußschemel.* — els. 2, 63 Bänkle *Schemel.*

Bennel [bènəl *fast allg.*; bèndəl *Bo. D. Si.*; bèŋəl *Ri.* — Pl. bènlə, bèndəln; Demin. bèndəlχin] *m. u. n. Band, bes. Strumpfband, Streifen, Schnur zum Zuschnüren.* Rda.: die Kuh meïtsam dem B. weïle *alles haben wollen Schw.* Enen am Bengel han *Macht über ihn haben Ri.* — els. 2, 57 Bëndel; eifl. Bännel Bü. 24; henneb. Bändel, Bännel *From.* 7, 145; gemeind. Bendel *Gr. Wtb.* 1, 1466. — Zs. Bendel-schoᵘn pl. *D. Si. Bandschuhe.*

bennen *binden* s. binneⁿ.

bennicheⁿ [bèniχə *Schw.*] tr. v. *bändigen*: er isch nit se b.

Penning [pèniŋ *fast allg.*; pèneŋk *Si.* —Pl. gleich]*m. Pfennig.*—Zs. Penningsfuchser *m. Lix. Geizhals, kleinlicher Knauser.* — els. 2, 92 ebenso.

Pensel [penzəl *D.*; bènzəl *Bo. Pfb.* u. s. — Demin. bènzəlχin] *m.* 1. *Pinsel.* — 2. *dummer Mensch.* — els. 2, 64 Bënsel.

benschen, binschen [bènsən, binsən *Bo. Av.*; bènsəln *Vbg.*; bène *Ri.*] tr. v. *durch Zaubersprüche heilen.* Benschen ist nach Schmeller 1, 251 das gewöhnliche, tägliche Beten der Juden, Segen sprechen (lat. benedicere). — els. 2, 65 bënsche.

Benscher, Binscher. Pl. -ten *Bo. Jude, der benschen kann.*

Pent [pent, Pl. -ən *Si.*] f. *Maß für Hülsenfrüchte.* — mhd. pinte, pint *Flüssigkeitsmaß;* engl. pint *Nößel.* s. Weig. Wtb. 2, 385.

benter, benterlech [bèntər *Si.*] adv. *bitterlich, heftig* (nur in Verbindung mit kreischen, jeitzen): b.kraischen, b.jeitzen. — vgl. lux. 24 benter (b. ist wohl Fortbildung zu better, Nebenform von batter *bitter*).

Penwert, Phenwert m. *St. R. A.* 61 eigentl. *pfennigwert)* was überhaupt Geld wert ist, vollwichtig, ohne Tadel. Der Ausdruck kommt häufig in lothr. Urkunden vor.— hess. 298 u. schwäb. 1, 1035 pfennigwert. s. a. Pemmert.

Benz, n. pr. *Hw.* u. s. 1. *trauliche Kürzung des Namens Bernhard od. Benedikt.* — 2. *Bezeichnung für irgend welche Person*: Kunz un Benz. Ich sin zoᵘm Kunz oᵘn zoᵘm B. gang *Hw.* — els. 266 u. schwäb. 1, 853 ebenso.

benzech [bèntseχ *D. Si.*] adj. *rasend, toll.* — lux. 24 ebenso; vgl. baier. 1, 252 benzen *durch unaufhörliche Bitten od. Schelten beschwerlich fallen;* tirol. penzen *From.* 4, 485; 5, 124, 10: 6, 510, 101 : ags. bensjan *flehen;* schwäb. 1, 854 Benz *eigensinniger Mensch.*

Benz inge, Benz owe *Ri.* adv. *kopfunter, kopfüber.*

Penzion [pentsioun *Si.*] f. *Kapitalzinsen.* P. vu' P. Zinseszinsen.

Ber [bér *fast allg.*; bèr *Av.*; bëér *Grt.*; beïr *D. Si.*; béar *Falk. Schw.* — Pl. -ən] m. *Eber.*: fihr de Soïw zum B. — els. 2, 76 u. schwäb. 1, 854 Ber; ahd. bêr; ags. bâr; engl. boar.

be-rachen [beráχən *D. Si.*] tr. v. *durch Tabakrauch schwärzen.* s. rachen.

be-rawen [bəráwen *fast allg.*] tr. v. *berauben.* s. rawen.

Perch [pèrχ *fast allg.*; pariχ, Pl. -en *Bo.*] f. *Pferch, Umzäunung.* — lux. 34 ebenso; ndl. perk. — Zss. Perch-karre f. *Lix.* u. s. (P. -karrich *Ri.*) *zweirädriger Karren mit einer Art von Kasten, worin der Schäfer übernachtet, wenn er die in dem Pferch ruhenden Schafe zu überwachen*

hat. — schwäb. 1, 1037 Pferchkarre. Perch-pol *m. Alst.* u. s. *Pferchpfahl*: er isch strack *(steif)* wie e P. — schwäb. 1, 1038 Pferchpfahl.
perche[n] tr. v. *allg.* 1. *pferchen, einpferchen.* — 2. *den Acker dadurch düngen, daß man den Pferch für die Schafe darauf setzt u. sie darin ausruhen läßt.* — els. 2, 138 pferche; lux. 334 pérechen.
Perd [pèrd *fast allg.*; pèad *Vbg. Ko.*; pèard *Marienth.* — Pl. pêr, péa; Demin. pèrtχə, pèrdχin] *n.* 1. *Pferd:* stark wie e Perd. Domm weïn P. *Bo.* Der isch vom P. uf de Esel kumm *er ist in seinen Vermögensverhältnissen zurückgegangen.* Der, wo d'Perd hat, kann oich den Zaum holen *Av.* Schaukelliéd: Ji Perdchen — mo¹ *(morgen)* gehn ma uf den Märkchen — keïfen 's Keïnd 'n Rickelchen *(Röckchen)* — Mama krit en Dreckelchen Weiler. — Der Plural „Perdercher" gewöhnl. d'helze Perdercher bedeutet Karussel. — 2. *gefühlloser Mensch.* — Zss. Perds-arbet *f. schwere Arbeit D. Si.* Perds-bir *f. eine Art großer Birnen.* Perds-bope *m. fast allg.* 1. *Mistkäfer;* 2. *Dummerian, unsauberer Mensch:* 's isch e rechter P. *Fo.* Perds-deïf *m. D. Si. Pferdedieb* (galt bei den Bauern als einer der grössten Verbrecher). Perdsdokter *m. Tierarzt.* Perds-dreck *m. fast allg. Roßäpfel.* Perds-dreckelcher Pl. *eine Art Zuckerzeug.* Perds-fiderchen [pèatsfidaχin *Kr.*] *n. Herbstzeitlose.* Perds-geck *m. D. Si. leidenschaftlicher Pferdeliebhaber.* Perds-kamp *m. D. Si.* 1. *Striegel.* 2. *Pferdemähne.* Perdskniddel *f. D. Si. Dasselbe wie Perdsdreck.* Perds-kråft *f. D. Si.* 1. *Pferdekraft.* 2. *außergewöhnliche Kraft.* Perdskrecher *m. D. Si. Dasselbe wie* Perds-bope. Perds-mek *f. Bo. D. Si. Bremse, Pferdemücke.* Perds-mischt (-mascht) *f. Pferdemist.* Perds-nuss (-noss) *f. Walnuß.* Perds-säckel *m. Fo. eine Art schwarzen Gummis zum Radieren.* Perds-tråp *f. Si. Hufspur.*
Perdche[n] [pèrdχə, Pl. -ər *Lix.*; pèrχer *Av.*] *n.* Aronsstab (Arum maculatum).
perdsen [pèrdsən *D. Si.*] intr. v. *nach dem Pferde riechen.* — lux. 329 ebenso.

Bere [bèrə, Pl. -n *Lix. Ri.* u. s.] *f. sackod. haubenförmiges Fischnetz an einem Stiel od. einer Stange befestigt, um Fische aus einem Behälter zu heben od. auch überhaupt zu fangen.* (Das Wort ist in allen übrigen Mdtn. mascul.) — baier. 1, 261 Bêr, Bêrn.; schwäb. 1, 859 Bere, Fischbere; els. 2, 78 Bëre, Bërre, Bërne; mhd. bère < lat. pera *Beutel.*
be-reden [bərédən *Av.*; bəriédən *Si.*] tr. v. 1. *bereden, überreden:* en hot mech derzoᵘ beredt *Si.* — 2. *bestreiten, tadeln:* er muss alles beredeⁿ. — baier. 2, 55 bereden 2 *tadeln;* schwäb. 1, 862 bereden 3 *verweisen.*
Bernd [bêrənt *Si.*] *männl. Vorname* Bernhard. — lux. 25 ebenso.
be-repsen [bərèpsən, Ptc. bərèpst, bərapst *D. Bo.*] tr. v. *bereuen, büßen:* e werd et berepsen *er wird es bereuen d. h. es wird ihm noch aufstoßen wie eine schlechte Speise.* s. repsen, *rülpsen, aufstoßen.* — Schwalb 9 berèpsen.
Berfang [bèrfaŋ *Pü.*; bèrfoŋ *Lix.* u. s.] *m. Singrün* (Vinca minor). B. entstellt aus frz. pervenche.
Berg [bèrχ *Fo.* u. s.; bèrəχ *D. Si.*; berix *Av.*; bèrix *Bo. Falk. Weiler*; bèri *Sbg. Pfb.* — Pl. bèrjə, bèrjən] *m. Berg:* er steht do, wie 'n Ochs am B. *Fo.* De Berje kumme nit zesamme, awer de Lit *Fo.* M'r fahre dreïmol hinger de Beri *wir fahren durch drei Tunnels Pfb.* Sich e B. us ebbs mache *sich etwas sehr schwer vorstellen Ri.* B. dient wie überall zur Bildung zahlreicher Ortsnamen u. Flurbezeichnungen. s. Besler II 34: Birgen; Bilsberg (mhd. bülz boletus); Bitzberg (bitze *eingefriedigtes Grundstück*); Feyberg (ahd. fehn *Vich*); Hauspelterberg (Spelter *Holzklotz*); Hilsterberg (hulister *Stachelpalme*); Inerberg *Hühnerberg*; Kachelberg (Kachel *Krähe*); Lohberg (loh *Gehölz*); Martelberg (martel *Martyrbild*); Raaterberg (Rad *Rodung*) u. a. m.
Pergement [pèrgəmènt *fast allg.*] *m. u. n. Pergament.* — lux. 334; els. 2, 86.
berich [bèriχ *Bo. Av. Lix. Ri.* u. s.; bèïreχ *Si.*] adj. *brünstig (von der Sau):* di Suiw isch b. *Lix.* — els. 2, 76 berig. s. Bêr *Eber.*

berihten [bərítən *Bo. D. Si.*] tr. v. *hinters Licht führen, weis machen, falsch berichten:* ich ben beriht woᵃrd *Bo.* Et kann än dèn elò berihten schwòrz fir weiss *dem kann man schwarz für weiß vormachen Si.* — lux. 45 brĭchten; mhd. berihten.

Perik [perĭk *fast allg.;* barçk *Pfb.;* pèrk *Si.*] *f. Perücke.* Neujahrswunsch: Ich wensch eïch e gleckseliches neïes Johr! — E Barek met Gaisehor — Un e Laiselein *(Laus)* — Des soll eier Neijohr sein! *Lix.* — els. 2, 75 Barück.

Perikie [perįkjé *fast allg.;* barikjé *Schm.;* bàriges *Pfb.;* bàritjé *Go.*] *m. Friseur, Barbier.* — els. 2, 76 Barückes.

berjech [bèrjeχ *Si.;* bˡerjeχ *D.*] adj. *bergig, uneben.* — lux. 25 bierjech.

perjen [pèrjən, sich *Umgegend von Av.*] refl. v. *sich stolz aufrichten.* — frz. se percher.

Bernus [bèrnus *Fa.* u. s.] *m. weiter Mantel* (urspr. *arabischer Mantel, Burnus).* — frz. bournous.

be-rotschlon [bərótŝlòn *D. Si.*] intr. v. *beratschlagen.* — lux. 45 ehenso.

Pers [pèrs *fast allg.;* bèrs *Sbg.*] *m. feiner gedruckter Kattun; leichter, dünner Baumwollenstoff.* — els. 2, 90 Pers; frz. perse < lat. persicus.

pers [pèrs *fast allg.;* bèrs *Sbg.;* pèrds *Fa.*] adj. *aus Pers verfertigt.*

Persch I [pèrš *Grt.* u. s.; pérš *Falk. Lix. Sgd.;* piš *Ho. D. Si.;* pèirš *Av.* — Pl. pèrsə, péršən, píšən, pèiršən] *f. Pfirsich:* m'r han Persche im Garte. — lux. 336 Pisch; ss. Piᵃrsch Kisch vgl. W. 114; mittellat. persica.

Persch II [pèrš *Av.;* pérš *Pü. Go.;* biəš *Si.;* péaš *Va.* — Pl. -ən] *m. u. f. Flußbarsch.* — els. 2, 90 Bersch.

Perschpektif [pèršpèktíf *Fo.* u. s. špektif *Ri. Rom.;* špiktif *Fa.*] *m. Fernrohr:* lu mol durch's P.!

berschteⁿ s. baschten.

Perse-laden m. pl. *Falk. Fensterladen.* Das Wort ist zusammengesetzt aus frz. persienne u. hd. Laden.

persenlich [pèrsénliχ] adj. *persönlich* (selten). Davon Persenlichkät *f. Persönlichkeit.*

Person [pèrsón, pèrsouⁿ *D. Si.* u. s.] *f. Person* (wird selten und dann nur für Weibsleute gebraucht. Synonym: dat Mensch).

Pertner [pèrtnər *Ri. D. Si.*] *m. Pförtner.* Das Femininum lautet Pertenesch. — lux. 335 Pⁱertner.

Pertschel *Petersilie* s. Peterling.

Bertrawen [bertráwən *Sgd.;* bètrafən *Bo.*] pl. *Runkelrüben.* — frz. betterave.

Berwolf [bérwolf *Falk.*] *m. Werwolf.* — schwäb. 1, 885 Berwolf neben Werwolf.

berzen [bǽrtsə *Ri.* u. s.] intr. v. *ächzen, stöhnen.* — els. 2, 93 bërze.

Berzer m. 1. *jd. der ächzt od. stöhnt. Das Femin. lautet* Berzersch(e). — 2. *Husten.* s. d. vorige.

Bes [bés, Pl. -ən *D. Si.*] *f. Kuß:* gemmer eng B.! — lux. 26 Bés; frz. baiser; lat. basium.

bës [bés *fast allg.;* béïs *D. Si.* — Comp. béʒər, béïʒər] adj. 1. *böse, schlimm:* e bèsi Frau isch e Zun *(Zaun)* um's Hus *Mü.* E bèïse Fanger *ein schlimmer, kranker Finger D. Si.* E bese Geschicht *eine verdrießliche Geschichte.* — 2. *schwierig, übel:* es ich bès, der Krott Har usroppen; es isch bès, der Katz Speck abkäfen.

Pes [pés, pèïs *D. Si.;* pos, posən *Ro.*] *m. Sterbegeläute. Es ist das unmittelbar nach dem Tode eintretende, meist durch nur eine Glocke ausgeführte Geläute. Der Ausdruck kommt an der Saar, an der ganzen lothring. und preuß. Mosel vor:* Es lut Pos *Ro.* Pèïs landen *Si.* Pes < lat. pacem. — lux. Pós, Pés Ga. 354; baier. 1, 378 Pacem; schwäb. 1, 735 Paze; altköln. peetze From. 2, 449; mhd. pácem, páce, paece, petz. s. a. From. 7, 487.

be-sabbelen *D. Si.* (besawle *Ri.*) *besudeln.* Meist refl. sich b. *sich beim Essen verunreinigen.* — lux. 26 ebenso. Schwalb 9 besabeln.

be-säss [bəʒès *Bo.;* bəʒés *D. Si.*] adj. *besessen, wütend:* er es rasend on besäss *Bo.* — lux. 27 besiess.

be-sawelt adj. *Ri. Hom. betrunken.*

Beschäd [bəšèd *D. Si.*] *m. Bescheid:* kä' B. gen *nicht antworten.* — lux. 26.

be-schäden intr. v. *D. Si. antworten, Bescheid geben.*

Be-schass [bəšas *D. Si.*] *m.* 1. *üble Nachrede, Verleumdung:* m'r hot neischt eweï B. dervun. — 2. *Betrug:* e geht mat B. em *er geht mit Betrug um.* — lux. 26 ebenso; schwäb. 1, 898 u. baier. 2, 475 Beschiss. s. beschisseⁿ.

beschbleⁿ [bešblə *Ett.* u. s.] tr. v. *allerlei zusammenflicken, Stümperarbeit verrichten.* s. a. beschleⁿ u. bossleⁿ.

Beschbler [bešblər *Ett.*] *m. Pfuscher.* s. a. Beschler u. Bossler.

be-scheissen s. beschisseⁿ.

be-schellejen [bəšelejən *D. Si.*] tr. v. *beschuldigen.* — lux. 26.

be-schidden, Ptc. beschott tr. v. *D. Si. beschütten, beschottern.* -— ss. beschiddre Kisch Wtb. 40. s. schidden.

beschimmen u. **beschummen** tr. v. *D. Si. beschämen.* — lux. 26.

bes-chin [besχin *Bo.*; besχən *D. Si.*] adv. *bißchen, wenig:* e b. krank. Eppes guddes, awer e besche(n) vil!

be-schipsen [bəžipsən *D.*] 1. tr. *betrügen:* en hot mech beschipst. — 2. refl. *sich betrinken:* en as beschipst.

be-schisseⁿ bəšisə *fast allg.*; bešaisən *D. Si.* — Ptc. bəšis, bəšas] tr. v. 1. *durch Scheißen verunreinigen.* — 2. *betrügen beim Spiel* (vulgär. Ausdruck): mit dir spiel ich nimmeh, du beschisst jo de ganz Zit *Fo.* B., dass em d'Auwe Wasser gen das Stärkste leisten im Betrügen *Ri.* — els. 2, 436 ebenso; schwäb. 1, 894 bescheissen 2 b.

Beschisser, Beschesser *Bo. D. Si. m. Betrüger.* s. beschisseⁿ 2.

be-schla'n [-šlán *fast allg.*; b'šláwə *Ri. Hom.*; -šlóən *D. Si.*] tr. v. 1. *beschlagen:* e Pärd b., e Rad b. — 2. Ptc. als Adjekt. *gründlich erfahren, unterrichtet:* er isch in siner Sach gut beschlâ *Ri.*

beschleⁿ [bèšlə *Fo. Lix.* u. s.] tr. v. *allerlei kleine, kunstvolle Arbeiten verrichten.* — baier. 1, 410 pöscheln, pösseln (Wurzel: Poss *Mühlknecht, der geringere Arbeiten verrichtet).* s. a. beschbleⁿ, posseln.

Beschler [bèšlər *Fo. Lix.* u. s.] *m. ein kleiner Tausendkünstler.* s. das vorige.

be-schlón s. beschlán.

be-schnakseⁿ [bəšnaksə *Pü.*] tr. v. *vorwitzig besehen, untersuchen, die Nase hineinstecken.* — vgl. els. 2, 499 beschneike; schwäb. 1, 903 beschnarchle.

be-schneïeren [bəšnéïərən *Si.*] tr. v. *beschnüren.*

be-schneppelen tr. v. *D. Si. durch Schneiden kürzen.* s. schneppeln.

be-schnoffeln tr. v. *D. Si. beschnüffeln.*

be-schriwəⁿ [-šriwə *fast allg.*; -šraiwən *D. Si.*] tr. v. 1. *beschreiben.* — 2. *verschreiben, vermachen:* en hot m'r sei' ganz Vermeÿen beschriw.

Pescht [pèšt *allg.*] *f.* 1. *Pest, Seuche, Gestank;* er stinkt wie en P. — 2. *widerliche Person:* du eklech P.! *D. Si.*

Pescht(e)lenz *f. D. Si. Pestilenz.* — lux. 335.

Beschtem [beštəm, beštom *Si.*] *n. Bistum.*

be-schummeln tr. v. *fast allg. übervorteilen, betrügen, hintergehen im Handel, beim Spiel:* do werd nit beschummelt! *hier gehts ehrlich zu.* — els. 2, 415, baier. 2, 420; schwäb. 1, 908; From. 7, 150; Gr. Wtb. 9, 1997; Schwalb 9.

be-schwätzen [bəšwètsən, Ptc. bəšwát *D. Si.*] tr. v. 1. *verraten.* — 2. *verleiten:* m'r sin derzoᵘ beschwât gin.

be-seichen [bəzaiχə *Sbg.* bəzéχən *Mg.*; bəžéχən *Si.*] tr. v. *bepissen.*

Besel [bəžəl, Pl. -n, Demin. -χin *Bo.*] *f. unruhiges Kind od. Weib.* s. beseln.

beselich [bəžəliχ, bežələχ *D. Si.*; bəžəldiχ *Bo.*] adj. *unruhig, rastlos.* — lux. 26 beselech. s. beseln.

beseln [bežəln *fast allg.*] intr. v. *(vom Rindvieh) wie toll hin und her laufen mit aufgestelltem Schwanz, bes. bei großer Hitze infolge von Bremsenstichen; (vom Menschen) sich lebhaft hin u. her bewegen, lustige Sprünge machen:* d'Koᵘh as gebeselt. — lux. 26 beselen; els. 2, 101 bise; baier. 1, 291 u. schwäb. 1, 1138 bisen, bisern; mhd. bisen.

Beseler *m. Rü.* u. s. *unruhiger, lebhafter Mensch.* s. das vorige.

Besem [béžem *D.* u. s.; biəžəm *Si.*; béïžən *Bo.*; bèžə(m) *Fo.*; bèžə *Ri. Pü.* — Pl. bežə, bèžəmən; Demin. bčïžəmχin, biəžəmtχən] *m.* Besen: neie Bese kehren all gut. — Zss. Besems-binner, Besebenner *Besenbinder.* So heißen die

Bewohner von Sierschel Kr. Forbach. Besen-knipper *Sbg.* eigentl. *Besenknüpfer, Besenbinder. So werden spottweise die Homartinger bei Saarburg genannt.* Bese-krämer *heißen die Bewohner von Merten (Kr. Bolchen).* Besems-reis. Besem-stil: Em de B. anmesse *jd. durchhauen.*

Pesem [pèʒəm, Pl. pèʒəmə *Sgd. Lix.* u. s.] *m. aufgelöster, gezupfter Faden:* mer siht de Peseme *wenn das Tuch fadenscheinig geworden.* — lux. 336 Písemen *Charpie;* ndl. u. eifl. pitem From. 6, 17. vgl. hd. pfetzen.

be-sinneⁿ (sich) [bəʒinə *fast allg.*; bəʒenən *D. Si.* — Ptc. bəʒùn, bəʒònən] refl. v. *sich besinnen:* wart, ich muss mich erscht mol besinne *Fo.*

Besirk [bəʒirk *fast allg.*] *m. Bezirk.*

be-sonnesch [bəʒònəš *D.*; bəʒònəšt *Si.*; bəʒunərš *Falk.*] adv. *besonders.*

pespern *flüstern* s. pischpeleⁿ.

pesprech [pęsprex *Si.*] adj. *zierlich.* — lux. 342 ebenso. s. a. pusperich.

Bessert [bèsərt, Pl. -ən *Bo.*] *m. Bissen:* e B. Broᵘt.

be-stechen [bəštéxən *D. Si.*; bəštèxən *Bo. Sbg.* — Ptc. bəštàx̣, bəštox̣] tr. v. 1. *bestechen.* — 2. *bewerfen mit Mörtel Bo.*

Be-stellengen *f. Si. Bestellung.*

be-stepsen [bəštepsən *D. Si.*] tr. v. 1. *bestäuben* s. Steps *Staub.* — 2. *hintergehen:* en hot mech gehirech bestepst.

Bestietnes [bəštiətnəs, Pl. -ər *D. Si.*] *n.* 1. *Heirat, Ehe:* se sin net glecklech an ihrem B. *sie sind nicht glücklich in ihrer Ehe.* — 2. *die Verheirateten selbst:* dat jong B. *die Neuvermählten.* s. bestueden.

bestieterlech [bəštiétərlex *D. Si.*] adj. *heiratslustig:* s. das vorige.

bestueden [bəštuədən; Imperf. ech bəštiət; Ptc. bəštùət *D. Si.*] refl. v. *sich verheiraten:* et as nach kän ärem bestuet gen *es ist noch niemand arm verheiratet worden.* Get än bestuet, da get än veruet; sterft än, da get än gelueft *wird man verheiratet, so wird man verachtet (so wird Böses von einem gesagt); stirbt man, so wird man gelobt.* — hess. 396 sich bestatten; schwäb. 1, 935 bestatte 2 b.; s. a. Gr. Wtb. 1, 1658. Wurzel: Stätte (locus).

bet [bét *D. Si.*] adj. 1. *matt, müde, ausgesogen, mittellos.* — 2. bet sein, bet gin in dem Kartenspiel „à la bête" *verlieren, keinen Stich bekommen.* Bet spillen. — els. 2, 112 bët; schwäb. 1, 945 bet sein, bet werden.

bet, bit [bet, bit *Bo. Falk. Wb.*] conj. *mit (Nebenform von* met): Do mänt mer doch, mer messt bet Stiwle un Spòre, bet Schuh un Stremp, bet de Fes dren sprenge *Wb.* — Schon in den altd. Gesprächen bit neben met. Auch mhd. bit, bët, statt mit; hess. Nr. 23 bit. — Zs. dobit *damit Falk.*

beten [bétən *Si.* u. s.] intr. v. *das Kartenspiel* Labeten *spielen* (selten gebraucht). Dafür bet spillen.— schwäb. 1,948 beten; els. 2, 112 bëtle. s. bet.

Peter [pétər *Fo.*; pit, pér, pét, péïtər *D. Si.*; pét, pétrè *Bo.*; pièr *Ma.* — Demin. pétərlə, pétərxə, piti, pitxən, péïtxən, pièrlè, pièrxin, pitxin, péətərlè, pièrlè] *männl. Vorname Peter.* Peterle ful *kleiner Faulenzer Fo.* 'S Peterche mache *Fo.*; de Peterle met sich mache lôn *Lix. jemanden zum besten halten:* du muscht nit's Peterche mache met mir!

Peterle-laf [-láf *Lix.*] *m.* (scherzhaft) *Durchfall.*

Peterling [pétərlin *Av. Fo. Lix. Pü. Ri.* u. s.; pétərlə *Pfb.*; pèrtšəl *Gelm.*; petalin *Ma.*; pétəršilix *Vbg. Elw.*; péətəršelix *Bo.*; pétərʒiljə, péïtərʒelex *D. Si.*] *m. Petersilie:* Peterling for in de Supp. — Zs.Honspeterschelich *Hundspetersilie.* — els. 2, 115 Peterling, Peterle; mhd. pëterlin neben pëtersil.

Bet-gang [betgaŋk *Bo.*; bitgaŋk *D. Si.*] *m. Bittfahrt, Wallfahrt.* — lux. 31 Bittgank.

be-trinkeⁿ, sich [bədriŋkə *fast allg.*; bətreŋken *D. Si.*; bətraŋkən *Sufftgen.* — Ptc. bədruŋk, bədroŋk] refl. v. *sich betrinken.*

Petrol [pętròl *fast allg.*; betròl *Pfb. Ri.*] *n. Petroleum.* — els. 2, 116 Petrol.

bets [bets *Lix. Schw.* u, s.; bits *Ri.*; bes *Si.*] conj. *bis:* des hält von elef betz Mida *heißt es von einem zerbrechlichen Ding.* — Zs. bets-dohêr adv. *Lix. bisher.*

Betsch [béts̆, Pl. -ən *Si.* bets *Ri.*] *f.*
Anstoß am Brode, die Stelle, wo es im Ofen an ein anderes angestoßen u. angebacken ist. — lux. Bôtsch Ga. 54; vgl. engl. badge *Eindruck*.

Betschel [betšəl *D. Si.*] *n.* 1. *Zicklein* (Demin. zu Butsch II). — 2. *junges, unerfahrenes Mädchen:* du domm B.! Du geckech B.! *sagt man zu einem ausgelassenen Mädchen*. — lux. 41 Bötschel; vgl. frz. biche.

betschelen tr. v. *D. Si. (von Ziegen) Junge werfen:* eis Gäs hu^ot gebetschelt. s. das vorige. — lux. 41 bötschelen.

Bett [bèt *fast allg.;* bet *Fo.* — Pl. -en; Demin. bètχən, betχən] *n.* 1. *Bett:* m'r muss sich net ender usziehe, als bis m'r ins B. geht *man soll sein Vermögen nicht eher unter die Kinder verteilen,. als bis man stirbt.* — 2. *Nachgeburt:* D' Ko^uh hot hir B. noch net. — 3. *Lager Getreide auf der Tenne:* dat zwät B. dreschen. Zss. Bett-brunzer *Bettpisser*. Bett-lad *f. fast allg. Bettstelle:* de B. kracht. Hotz Himmel an de B.! *Ausruf der Verwunderung Pfb.* Reimspruch: Lisbeth, Gret, zei' mer, wo dim B. steht! Hingerm Ofe an de Wand; Kechle bache esch kän Schand *Pfb.* — henneb. Bettlade From. 7, 151; s. a. Gr. Wtb. I, 1735. Bett-fläsch *f. D. Si. Wärmflasche.* Bett-gezei' *n. D. Si. Bettzeug.* Bett-pann [-pán *D. Si.* u. s.] *f.* 1. *Bettpfanne (Bedürfnispfanne).* 2. *derjenige der gern im Bett liegt.* Bett-pisser *m.* Bett-pissesch *f.* Bett-sächer [-ʒèχər *D. Si. Ha. Fi. Bo.* u. s.] *m.* Bett-sächesch [-ʒèχeš *D. Si.*] *f.* 1. *der od. die gern ins Bett pißt.* 2. *Kuhblume od. Löwenzahn* (frz. pissenlit). — Zs. Bett-seïcher-salat *f. Bo. Salat aus den Blättern des Löwenzahns.* Bett-schisser *m. Lix. Vbg. Va.* u. s. *dasselbe wie* Bettsächer 2.: Bettschisser isch gesund *Löwenzahnsalat i. g.* Bett-stat [-stát *D. Si.*] *f. Bettstelle.* — mhd. bettestat. Bett-zich [betsíχ *Lix.;* ‑ʒeïχ *Si. Bo.*] *f. Bettüberzug, Bettlaken.* — henneb. Bettziche From. 7, 151.

Petter [pètər *D. Si.*] *m.* 1. *Taufpate.* — 2. *Patenkind.* Das Demin. Petter-chen *dient zur Bezeichnung eines alten Männchens. Auswärtige Männer u. Knaben werden ebenfalls mit* Petter *angeredet.* — lux. 335 ebenso; hess. 296; schwäb. I, 1040 Pfetterich; Gr. Wtb. 7, 1694 Pfetter *Taufpate.* s. a. Patt. — Zss. Petter-schâft *f. Patenschaft.* Petter-stek *n. Patengeschenk* (s. Stek *Stück*).

Betz [bèts *Fi. Mtsh. Mü.* u. s.] *m. Eber.* — els. 2, 126 Bëtz; schweiz. u. schwäb. Betze *f.* Stalder I, 159. s. a. Gr. Wtb. I, 1741, wo Betze, Butzel als zu Bache gehörig nachgewiesen wird. — Zs. Betze-zant *m. Fi. Eberzahn (als Schimpfwort).* Auch Ewer-zant.

Petz I [pèts *Bo. Hsd. Busd. D. Si.* u. s.; pits *Falk. Ha. Ri.*] *m.* 1. *Tief- od. Ziehbrunnen:* wann 't Kand am P. leit, get en Deckel drop gemaht. — 2. *Pfütze Ri.* — lux. 343 Pötz; eifl. Pëtz Bü. 7; ss. Pätz Kisch vgl. Wtb. 171; frz. puits; provenz. potz; span. pozo, alle aus lat. puteus *Pfütze*.

Petz II [péïts *D.;* pèïts *Si.;* péts-šaŋk *Rü.*] *f. Bein am Schweineschinken.* — lux. 335 Peïz. — vgl. lat. petium *Stück.*

Petz III [pèts *Bi.*] *f. die schwierige Lage:* in der P. sin od. stecke. s. petzen I.

petzen I [pètsən *fast allg.* beksən *Ri.*] tr. v. 1. *pfetzen, kneifen.* Rda.: Petz du .. en Ochs ins Horn *sagt man zu einem, der auf keine Mahnungen hört.* — 2. *erwischen u. bestrafen:* er isch geherich gepetzt gen *ordentlich hereingefallen.* — hess. 297 petzen, Petzgaul; hd. petzen neben pfetzen Gr. Wtb. 7, 1580.

petzen II [pétsən *D. Si.*] tr. v. *aus dem Ziehbrunnen* (Petz) *Wasser heraufziehen:* Wåsser p. — vgl. mhd. bützen; eifl. pétzen *Bü.* 7.

betzich [betsiχ *Bo.*] adj. u. adv. *bissig (nur bildlich gebr.):* betzich kalt. — hess. N. 23 bitzeln *jucken bei Frost in den Fußzehen u. Fingerspitzen;* henneb. Bitzelkälte (Beisskälte) *strenge Kälte* From. 7, 149.

betz-inne—betz-owe adv. *Lix. von unten bis oben, auf den Kopf gestellt.* — vgl. baier. I, 1781 Betz *Kappe, Spitze* u. Gr. Wtb. I, 741 Betz *Spitze;* hess. 35 Betzel.

Petz-zang [pḕtstsàṇ̥ *fast allg.*] *f. Kneipzange*: de Nagel mit der P. rusholle. — schwäb. 1, 1041 Pfetzzang; lux. Petzzång Ga. 340. s. petzen I.
beweⁿ [bȇwe, Ptc. gəbȅbt *fast allg.*; bíwən, gəbiwt *D. Si.*] intr. v. *beben*: gezittert un gebebt.
Pewerlenk [péwərlȅŋk *Mw.*] *m. Maikäfer*. s. a. Peipleng, Paipampel, Paipolter.
be-wiesen [-wízən, Ptc. -wís *Bo*. u. s.] tr. v. *beweisen*.
Be-worf *m. D. Si. Bewurf*.
be-zahleⁿ [bətsálə *fast allg.*; -sálə *Lix.*; -tsuələn, -tsolən *D. Si.*] tr. v. *bezahlen*: 's isch gut besahlt *es ist teuer*; 's isch ni besahlt *es ist billig Lix*. Das bezahlsch du m'r *das wird sich finden (Drohung) allg*.
Bezahling [bətsáliŋ *Sbg. Ri*. u. s.; bətsoleŋ *D.*; bətsuələŋən *Si.*] *f*. wie hd. *Zahlung, Bezahlung*. — lux. Bezouleng Ga. 41.
Be-ziller [bətsilər *D. Si.*] *m. Bezahler*: d' as e gudde B. — lux. 29.
Be-zoch [bətsòχ *D. Si.*] *m. Bezug, Unterfutter*. — mhd. bezoc.
bezweien sich, refl. v. *Ri. Alttixh. sich wiederholen. Rda.*: was sich bezweit, bedrit sich *was sich wiederholt, kommt auch dreimal vor d. h. ein Unglück kommt selten allein*.
bi conj. s. wie.
bi [bĭ *fast allg.*; bai *D. Si.*; beïj *Falk.*] präpos. m. dat. u. acc. *bei*: bi dem Hus steht e Bam. *Mit dem Acc. bezeichnet „bei" die Richtung, das Ziel der Bewegung*: komm bei mech! *zu mir*. Ich gehn bei den Nòper *zum Nachbarn*. So auch in den fränk. Maa. From. 7, 148.
Bibele [bibələ *Flh*. u. s.; biwəl, biwəle *Ri.*] *n. Bübchen, Kindchen*. Wiegenlied: Schlôf, Bibele, schlôf? — Der Pape isch e Schôf; die Mame isch e Trampeldîr — Was kann des liebe Kind dafìr? od. De Mama es uf Litzelstein — Se bringt dem Kind e Weck mit heim. — els. 2, 69 Bippel; 2, 70 Bippele.
Bibera [bibərȧ *Bi.*] *m. Kinderflasche*. — frz. biberon.
Bibi, Biwi *fast allg*. — Demin. Biwile, *Koseform der weibl. Vornamen Barbara u. Bibiana*. s. a. Bäb. — schwäb. 1, 104 Biber *Kurzform f. Bibiana*.
Bible [biblə *Ri*. u. s.] pl. 1. *Küchlein*. — 2. *Huhn in der Kindersprache*: kumm B.!
Bible-käs *m. Flh. weißer Käse, Quark*. — els. 1, 473 Bibeleskäs.
Biboppert [bipòpərt, Pl. -ən *Bo.*] *m. Schmetterling*. s. Paipampel, Paipolter.
bibsen sich, [bibsən, gəbibst *Bo.*; pipsə *Ri.*] refl. v. *sich rühren*: er hat nit gepipst. — vgl. baier. 1, 190 biben, bibenen *beben*.
Bich [biχ *Kö.*; biχ *Falk.*; bḗïχ *Bo.*; bḗïχt *Si.*] *f. Buche*. — Zss. Bich-boïm (Beïch-baum, Beïche-bâm). Beïchenholz.
Bichs *Büchse* s. Bihs.
Bicht [biχt *Bo. Fo. Falk*. u. *fast allg.*; baiχt *D. Si.*] *f. Beichte*. — els. 2, 13 ebenso. — Zs. Bicht-voter *fast allg. Beichtvater*. Beichts-här *Si. Dasselbe*.
bichteⁿ [biχte *fast allg.*; baiχtən *D. Si.*] 1. intr. a) *beichten*; b) *Beicht sitzen* — 2. tr. *ausforschen*; *jd. dazu bringen, ein Eingeständnis zu machen*: enen bichte *Ri*. — els. 2, 13.
bickeⁿ, sich [bíkə *fast allg.*; bugə *Pfb.*; bekən *D. Si.*] refl. v. *sich bücken. Rda.*: wann er sich vor(n) bickt, do isch hinne Mitta *d. h. er ist ein Faulenzer u. braucht viele Zeit zur Arbeit Fo*. — lux. 23 beken.
Pickel [pìgəl *Ri*. u. s.] *n. Spitzhacke*. els. 2, 27 Bickel.
picken [píken *fast allg.*; peken *D. Si.*] tr. v. 1. *mit dem Schnabel hacken, anpicken*: — 2. *stechen, bes. den Gaumen unangenehmen reizen, auf der Zunge beißen*. — 3. *verdrießen*: es hat se doch gepickt. — els. 2, 26 bicke; hess. 295 pecken. Das Ptc. gepickt (s. d.) bedeutet *verrückt*.
Pickert [píkərt, Pl. -ən, Demin. -χin *Bo.*] *m. Stachel*. — vgl. mhd. bicker.
bickich [bikiχ *Sgd. Lix*. u. s.; bekiχ *Bo.*; bekeχ *D. Si.*] adj. 1. *brünstig, vom Kaninchen und der Ziege*. — 2. *mürrisch, starrköpfig*. — els. 2, 29 bockig; 2, 30 böckig.
Biddel [bidəl *Bo. Fo. Wa*. u. s.; bitəl *Ett.*] *m*. 1. *Büttel, Knecht*. — 2. *Pedell, Gemeindediener*: ich bin nit din B.! Den groben B. anhenken *grob sein Wa*. Enem

de B. schike *jd. protokollieren lassen durch den Feldhüter Ri.* — els. 2, 121 Büttel, Bittel.

biddeⁿ [bidə *fast allg.*; bédən *D.*; bièdən *Si.* — Ptc. gəbid, gəbét] tr. v. 1. *bitten.* Häufig in der Verbindung mit beten: Ich han 'ne gebid un gebët *ich habe ihn flehentlich gebeten.* Do hilft alles B. un Bëte nix. — 2. *beten Si.*

Bidden *Bütte* s. Bitt.

Bidde-stopp *m. D. Si.* (eigentl. *Büttenstöpsel*) *Bezeichnung für eine kurze, dicke Person; Knirps.* — lux. 29.

Bide [bidé *D. Si.*; bidè *Bo.*] *m.* 1. *kleines Pferd D.* — 2. *starkes Pferd Bo.* — 3. *korpulenter Mensch Bo.* — 4. *die Nummer 1 beim Losziehen der französ. Militärpflichtigen.* — frz. bidet.

Bidong [bidoŋ *D. Si.*; bidọ́ *Fa.*] *m. Kanne, Milchbehälter, Blechflasche.* — lux. 29; frz. bidon.

Bidsche [bidše *Fo.* u. s.] *m. Budget; Haushaltungsgeld*: das steckt nit im B. — frz. budget.

bi-dun s. beidun.

Bie *Bütte* s. Bitt.

Bie *Biene* s. Bei.

Bie, Boie *f. Umgegend von D. Dasselbe wie* Bell I. — frz. beuil.

bi'eⁿ *biegen* s. beïen.

piepsen [pípsən *Bo. D. Si.* u. s.] intr. v. *piepen, einen pfeifenden Laut von sich geben wie ein Vogel od. eine Maus.* — els. 2, 73 pipse. s. a. Gr. Wtb. 7, 1844.

Piepsert [píbsərt, Pl. -en *Bo.*] *m. schwächlicher, armseliger Mensch.* — hd. Piepser. Gr. Wtb. 7, 1844.

Bier I [bíər, Pl. -ən *Si.*] *m. Bär*: e geht esoᵘ steif eweï e B. *Von einem korpulenten Menschen heißt es:* en as eweï e B. — En hot e Bockel (*Rücken*) eweï e B. — Zs. Bieren-danz *m. Bärentanz.*

Bier II [bîr *Fo. Pü. Bo.*; biər *Falk. Mü.*; béïər *D. Si.*] *n. u. m. Bier.* — Zss. wie im nhd.

Bier III [bíər, Pl. bérə *Lix. D. Si.*] *m. allgemeine Bezeichnung für Erdbeere, Brombeere u. sonst wild wachsende Beeren.* — schwäb. 1, 859 der Bere.

Bies I [bís, Pl. -ən *Av. Busd.*; béïs *Bo.*; die Plurale: bimzən *Mtsh.*, bismən *Mw.*, bizempən *Nh.*] *f. Binse*: riht weïn Beïs *aufrecht wie eine Binse Bo.* — mhd. biese.

Bies II [bís *Lix. Obh. Pü.*; bis *Fo.*] *f. Anschwellung am Kopfe infolge Anstoßes, Beule:* er hat sich e dicke B. in de Kopp gefall *Fo.* — mhd. biuz, bûz *Stoß.*

Piesch *Pfirsich* s. Persch.

biesseⁿ [bísə *fast allg.*; béïsən *D. Si.*] tr. v. 1. *büßen*: wart, das wirsch de m'r b.! *dafür werde ich dich bestrafen!* — 2. *fröhnen, befriedigen*: Wer sin Luscht will immer biesse, dem wackle glich Kopp un Fiesse *Fo.*

Bietsche [bídšə *Ri.*] *f. verächtliches Frauenzimmer*: du B.! *du Zottel!*

biezen [bítsən, gəbítst *Si.*] intr. v. *die Augen halb schließen, um besser zu sehen.*

Piff [pìf *fast allg.*; pèïf *D. Si.* Pl. -ən] *f.* 1. *Pfeife (zum Pfeifen u. zum Rauchen)*: schmeckt's gut us der P.? — 2. *Kehle Av.*: ich drick da (*dir*) de P. zu, dass de bloïw wirsch! *Das Demin.* Piffel *auch von Personen*: du dummes P.! *du d. Mädchen! Ri.*

piff! jo piff! interj. *Fo. nein, sicher nicht!* Ich werd dich mithole, jo piff!

Biffe [bife *Fo.* u. s.] *n. Schenktisch, Büffett.* — frz. buffet.

piff-dreck! [pifdrèk *Fo.* u. s.] interj. *daraus wird nichts! nein, sicher nicht! Der Ausdruck ist gebildet nach*: Schissdreck. s. a. das folgende.

Piffe-deckel! interj. *Lix.*: ja Piffedeckel! *daraus wird nichts!* — schwäb. 1, 1029 ja Pfeifedeckel!

piffeⁿ [pìfə *fast allg.*; pifə *Lix.*; pèïfən *D. Si.* – Ptc. gəpíf, gəpaf *D. Si.*, gəpef *Bo. Lix.*: Ich han em gepiff, awer er hats net gehêrt. E Maidel, wo pifft un e Hinel, wo kräït, dene here allibed der Halsch erumgedreït *Ri.*

Biggel-ise s. Bijelise.

Bigot [bigòt, Pl.-ə *fast allg.*] *m. Frömmler, scheinheilige Person.* — frz. bigot. Davon: **Bigoterie** *f. Scheinheiligkeit.*

bigott, bigosch! *Ri. Rom.* u. s. *Fluch- und Beteuerungsformel*: es isch b. wohr. — els. 1, 244 bi Gott.

bigotzich adj. *Bo. frömmelnd.* s. Bigot.
Bihel [bîəl *Av.*] *m. kleiner, sanft anschwellender Hügel, Anhöhe, Buckel.* — ahd. buhil. Kommt in Flurnamen vor: henam Bihel *hinterm Bühl Av.* Brimenpill *(mit Bremm bewachsene Anhöhe).* Am Hommel *am hohen Bühl.* Ritters-pill (Ritter, Pl. von Reut *gerodetes Land).* Auch der Ortsname Bollchen ist fränkische Verkleinerungsform von Bühl. Besl. II 35.
Bihs [bîs *D. Si.;* bigs *Ri.*] *f. Dose, Büchse z. B.* Schnauf-bihs *Schnupftabaksdose.* — mhd. bühse.
Bijel [bîjəl *Falk.*] *n. Beil.* — mhd. bîhel.
bijelen [bîjələn *fast allg.;* beïlə *Sbg.*] tr. v. *bügeln.* — *Rda.:* er isch gewäsch un gebijelt *er ist immer reinlich gekleidet Fo.;* er hat, was er braucht *Ri.*
Bijelersch [bij(ə)lərš *Fo.* u. s.] *f. Büglerin.*
Bijel-ise [bijəlîzə, beïlîzə, *Ri. Rom.;* bîgəlîzə *Fo. Ha.;* bijəlaizən *D. Si*] *n. Bügeleisen.*
pijen *Av. zischen* s. pisen.
Pik [pik *fast allg.;* pek *Lix.*] *m. Zorn, feindselige Gesinnung, heimlicher Groll:* er hat en Pek of mich *Lix.* — Der Ausdruck ist in ober- und niederdeutschen Maa. verbreitet From. 4, 488. — baier. 1, 381 Pick; els. 2, 26 Bick, Bicke; hess. 301 Pike (eine P. auf jemanden haben); schwäb. 1, 1110 Pik, Pike. Auch nhd. eine Pike, einen Pik auf einen haben.
bi-läfich [bîlêfix *Fo.* u. s.; bilaifix *Ri.*] adv. *beiläufig:* er hat es nur so b. gesa't.
Bild [bilt *allg.;* — Pl. bilər, bildrə; Demin. biltxə, biltxən, Pl. bilərxər] *n. Bild. Rda.:* Kinner wie de Biller *bildschöne Kinder.* — Zs. Bild-hâer *Bildhauer D. Si.*
Bile-bam *Pappel* s. Bell, Bellebam.
Piler [pîlər *Falk.* u. s.; pailər *D. Si.*] *m. Pfeiler.* — mhd. pîler neben philaere.
pilgen tr. v. *Av. beim Kartengeben zwei od. mehrere Karten ablegen.* — vgl. frz. pile *Häufchen,* mettre en pile.
Piljer s. Peljer.
Bill [bil; Pl. bilə *Ri.* u. s.] *f.* 1. *Beule:* enem e B. schlawe. — 2. *eingedrückte Stelle (am Obst, am Hut, an blechernen Gefäßen).* — els. 2, 37 Bül. s. a. Biller.

Pill I [pil *Av. Grt. Lix. Zeir.;* pel *D. Si.;* — Pl. pilən *Fa.;* pilè *Sgd.*; pelən *D. Si.;* Demin. pilxən, pelxən] *f. Hühnchen.* En âl Pel *D. Si. eine putzsüchtige Alte.* -- lux. 341 Pöll, Pöllchen; hess. N. 205 Pillchen; ndl. poelje; frz. poulet.
— Zs. Pillen-ei *Ei, das die Hühner im 1. Jahr legen.*
Pill II [pil *fast allg.;* bil *Ri.*] *f.* wie hd. *Pille:* das isch e harti Bill *ein schwerer Schlag, etwas schwer zu Ertragendes.*
Pillchen, Peïlchen [pilxən, peïlxən *Si.*] *m.* (eigentl. Demin. von Pull *Pfuhl).* 1. *kleine Pfütze.* — 2. *wässeriger Schleim, der von chronischem Magenkatarrh herrührt.* — lux. 336.
billen [bilən, gəbilt *allg.*] intr. v. *bellen:* Honn, woᵃ vil billen, bissen net *Bo.* — lux. 29.
Biller [bilər *Fi. Pfb.*; bil, bilən *Bo.*] *f. Beule, Geschwulst, auch Anschwellung an Früchten.* — schwäb. 1, 1114 Bill; mhd. bilern. s. a. Bölls.
billich [bilix *fast allg.;* belex *D. Si.*] adj. *billig, recht:* das isch a nit b. — Das isch nit mehr wie b.
Billjet [biljét *fast allg.*; biljé *D. Si.;* biléd *Ri.*] *n.* 1. *Briefchen.* — 2. *Fahrkarte:* haschte din B. schon? — frz. billet.
Pilsch [pilš *Av. Fa.*] *f.* (eigentl. *Pelle) Kopfhaut in der Rda.:* ich hau d'r ens uf de P. *Fa.* — Ich schlä (ich schlê) d'r uf de P. *Av.*
bi-lun [bilùn *Lix.* u. s.] tr. v. *herbeischauen, durch Schauen herbeiführen:* ich män, ich misst 'ne bilun *Lix.* s. lun.
Bi-mombre [bimòmbrə *Grt.*] *m. Beivormund.* s. Momber *Vormund.*
Bimpel [bìmpəl *fast allg.*] *f.* (lautmalend) *Schelle.* — els. 2, 48. s. bimpelⁿ.
Bimper-nissche [bìmpərnišxə *Fo.* u. s.] *n. ganz kleines Ding:* ich han luter so B. grit (z. B. von Obst). — hd. Pimpernüsse *kleine, viereckige Pfeffernüsse von schlechtem Teig gebacken.* Gr. Wtb. 7, 1859.
bimplen [bìmplə *fast allg.*] (lautmalend) *läuten, klingeln, bimmeln.* — els. 2, 48.
Bimsen *Binsen* s. Bies I.
Bin [bin *Ha. Sp. Pü. Vbg.*; beïn *Fa. Fletr.*; bin (gewöhnl. keï-bin) *Si.* — Pl. -ən] *f.* (eigentl. *Binde) Kuhkette, die aus*

einer Halskette u. einer stärkeren Kette zum Anbinden zusammengesetzt ist. Rda.: Wann da Deïfel de Kuh hat, kann a oïch de Bin holen *Sp*. — els. 2, 58 Kammbind.
bin *Hilfsverb. sein* s. sin.
Pin [pin *fast allg.;* peŋ *D.;* páin *Si.*] *f. Pein, Schmerz.* — els. 2, 52 Pin.
Pinätsch [pinètš *Bo. Fi.* u. s.] *m. Spinat.* — baier. 1. 245 u. els. 2, 53 Binetsch. s. a. Gr. Wtb. 2, 35.
Bindel [bindəl *Av. Fo. Ri.* u. s.; bintəl *Schw. Sgd.;* bentəl *D. Si.;* bendəl *Bo.* — Demin. bendəlχin *Bo.*] *m. Bündel.* Reimspr.: Hopsa, heisa, Riewesalat! Un wann mi Mutter mich noch mal schlaht — Dann hol ich min Bindel un werre Soldat *Fo.* — Mat em Bentel kommen *(von einem Mädchen gesagt, das schwanger aus der Fremde nach Hause kommt) Si.* — Zs. **Bindels-da'** *m. Av.* eigentl. *Bündelstag d. h. der zweite Weihnachtstag*, *an dem früher die Dienstboten ihr Bündel schnürten u. aus dem Dienst traten, um eine neue Stelle anzunehmen.* — schwäb. 1, 1523 Bündelestag.
bindleⁿ *Sbg. Ri.* u. s. intr. v. *die Wohnung, den Dienst wechseln.* Auch substantiv. das **Bindle** *der Wohnungswechsel.*
Bing [biŋ *Fo.* u. s.] *n. Spielholz mit zugespitzten Enden, auf welches geklopft wird u. das infolge des Schlages in die Höhe springt, von einem Spieler aufgefangen u. weiter geschleudert wird.* — els. 2, 62 Binges *ein ähnliches Knabenspiel.* s. a. Bell I.
bingen *binden* s. binnen.
Pingschteⁿ [piŋštə *fast allg.*; peŋštən *D. Si.;* pëïštən *Ho.*] pl. *Pfingsten.* — lux. 334 Pengchten, Peischten. Zs. **Pingschtmärk** *m. Ri. Pfingstmarkt.*
pinigeⁿ [pinijə *fast allg.*; pinjə *Ri.;* pĭnjən *Bo.;* painəjən *D. Si.* — Ptc. gəpiniχt, gəpinjit *Bo.* gəpaineχt *D. Si.*] tr. v. *peinigen.* — els. 2, 52 pinige.
Pinne [pĭnə *Merl.;* pen *D. Si.*] *f. Holzstift, Zwecke.* — hess. 302 Schuhpinne; lux. 334 Pen; engl. pin; Gr. Wtb. 7, 1861 Pinne; vgl. auch ndd. Pin *Pflock From.* 3, 488.
binneⁿ [bínə *fast allg.;* benən *Bo.;* banən *D. Si.;* biŋən *Fi. Ri.* — Ptc. gəbùn,

gəbóun, gəbòn, gəbuŋ, gəbunə] tr. v. *binden. Rdaa.*: das bint, hat der Spatz gesa't, un do hat er dem Kiefer ufs Fass geschiss *Fo.* Er bent sin Honn *(Hunde)* oïch net met Saºsis *er gibt nichts unnötigerweise aus. Bo.* — lux. 16 u. eifl. bannen *Bü.* 17.
pinnen, penen tr. v. *Merl. D. Si. die Schuhe mit Pinnen beschlagen.* — hess. 302; lux. 334 penen.
Binnes-chen binəsχən *Busd.*] *n. Bübchen:* guck de wensche *(bösen)* B.! — vgl. hess. N. 23 Binnes.
Pino *m. Si.* 1. *blauer Arbst* (Vitis generosa). — 2. *aus Trauben der* Vitis generosa *gekelteter Wein.* — lux. 336.
Pinsch s. Pinz.
binschen s. benschen.
pinschen s. pinzen.
Pinschert [pinšərt *D. Si.*] *m. Greiner, empfindlicher Mensch.* s. pinzen, pinschen.
Binz [biŋts *Si.*] *f. Kanne.* — lux. 34 Bîz (wozu Binz wohl Erweiterung ist); tirol. Bitsch *hölzerne Kanne;* baier. 1, 312 Bütschen. — Zs. **Kaffis-binz** *Kaffeekanne.*
Pinz [piŋts *Lix.* u. s.; piŋš *D. Si.*] *f. weinerliches Frauenzimmer.* — lux. 336 Pinsch. s. pinzen u. pinzich.
pinzen [píntsən *fast allg.*; pinšən *D. Si.*] intr. v. *sich weinerlich gebahren.* — lux. 336 pinschen; hess. N. 205 pinzen. s. a. Gr. Wtb. 7, 1865.
pinzich [píntsiχ *fast allg.*; piŋšeχ *D. Si.*] adj. *empfindlich, weinerlich, verdrießlich (von kranken Kindern).* — lux. 336 pinschech; hess. N. 205 pinzig.
Pips [pips *fast allg.;* peps *Lix.*] *f. Verstopfung der Nase mit verhärteter Zungenspitze beim Federvieh, der Pips.* (Der P. wird entfernt, indem man das Häutchen an der Zungenspitze wegschneidet u. eine Feder durch die Nasenlöcher steckt). — els. 2, 73; ss. Pips, Pipts Kisch vgl. Wtb. 115; mhd. pfipfiȥ.
Pipsele [pipsələ *Schw.* u. s.] *m.* (lautmalend) *Darmwind:* der muss fa' alle helle Pipsele doktere *der läuft für jede Kleinigkeit zum Arzt.*
pipsen I [pipsən *fast allg.*] intr. v. 1. *leise sprechen, flüstern, zirpen.* — 2. *sich nicht rühren.* — lux. 336; hess. 303 pis-

peln; schwäb. 1, 1126 u. henneb. pipsen From. 3, 134; els. 1, 73.
pipseⁿ **II** [pípsən *Ri.* u. s.] intr. v. *unwohl sein.*
Bir I [bír *fast allg.;* biər *D. Si.;* bìrə *Pü.;* bér *Rein.* — Pl. -ən] *f. Birne. Rda.:* de Fuchs hat kä' Bire gemont *(verlangt),* wie's Lâb gefall isch *Lix.* Der werd on sine Bire wisse, wonn onnere ihre sitich *(reif)* sin *er hat an sich erfahren, wie es anderen zu Mute ist Lix.* Wo Bire sin, da sin a Bengle *Fo.* — Bir ⟨ altrom. pira; unser Wort bewahrt die alte Form ohne n. — els. 2, 79 Bir; lux. u. ss. Bir Kisch vgl. Wtb. 42. *Birnensorten:* Pundebire, Herrebire, Kinichsbire (s. d.) u. a. m. — Zss. Bire-bâm *fast allg. Birnbaum.* Bîre-vîtz *m. D. Si. Birnmost* (s. Vitz). Bire-fluᵒt *m. D. Birnentorte.* Bêrwin *Rein. dasselbe wie* Birevîtz. — els. 2, 829 Birewin.
Bir II *Tragbahre* s. Bär II.
Bird [bìrt *fast allg.;* bíət *Falk.;* bíət, bíərt *D. Si.*] *f.* 1. *Bürde, Traglast:* ich han e B. Holz geholt. — 2. *Bund Stroh.*
Birje [bìrjə *Fo.* u. s.; biriχ *Falk.;* bireχ *D. Si.*] *m. Bürge:* er isch B. gewän for sin Frind *Fo.*
birjen [birjən *D. Si.*] tr. v. *bürgen.* — lux. 30.
Birjer [bìrjər *fast allg.;* bírjər *D. Si.*] — Pl. gleich. Das Femin. lautet bírjəš *D. Si.*] *m. Bürger:* e Furbacher B. — Zs. Birjers-lit *Bürgersleute.*
birjesch [birjəš *D. Si.*] adj. *bürgerlich:* Birjesch Leit *Bürgersleute.* — lux. 30.
Birk [bìrk *Fo.* u. s.; birək *D. Si.*;] *f. Birke.* — Zss. Birke-bâm, Birke-holz; *letzteres heißt in Pü.* Becker-holz.
Biro [biró *fast allg.*] *m. Büreau.* — lux. 30.
Pirpleⁿ [pìrple *Fo. Va. Lix. Grt.;* piərpəl *Bo.;* púrpəl *Si.*] Pl. 1. *Ausschlag, Masern.* — 2. *Impfpusteln, Schutzpocken:* de P. posse *impfen Fo.* D' Purpele setzen *Si.* „Das Wort kommt von Purpur u. meint den roten Ausschlag, ähnlich wie Scharlach von Farbe u. Krankheit gilt" Vilm. 208. — els. 2, 89 Barpel, Borpel, Burpel; hess. 208 Porpel; schwäb. 1, 1545

Purpel. — Zs. Pirple-posser *m. Lix. Impfarzt.*
pirpeln [pìrpəln *Va. Lix.;* piərpəln *Bo.*] tr. v. *impfen.* s. a. possen.
Pirsch [pìrš *Fo.* u. s.] *f. Reinigungsmittel:* e P. hole. — frz. purge.
Birscht [bìršt *Fo.* u. s.; biašt *Vbg.;* birš, bíaš *Falk.;* bíšt *D. Si.*] *f.* 1. *Bürste.* — 2. *Borste.* — Zs. Birschte-binner (Bischtebenner, Buschte-bener) *m. Bürstenbinder. Rda.:* er hat Hunger wie e B. *Fo.* En geseit aus wie en B. *er sieht aus wie ein B. Nj.* Saufen eweï e Bischtebener *Si.*
birschteⁿ [bìrštə *fast allg.;* biašten *Vbg.;* bíštən *D. Si.*] tr. v. 1. *bürsten.* — 2. *einem den Text lesen Ri.*
Birtellen Pl. *Neufvill. Hosenträger.* — frz. bretteles. s. a. Predell.
birzle [bìrdslə *Ri.*] intr. v. *stürzen, fallen in der Kindersprache.* (b. *ist Glimpfform von* burzeln, purzeln).
Pis [pís, Pl. -ə, Demin. pízel *Sbg. Ri.*] *f.* 1. *leicht erregbare, jähzornige Person.* — 2. *kränkliches Frauenzimmer.* — hess. N. 206 Pisse; els. 2, 140 Pfis 3; vgl. baier. 1, 442 pfiesig. s. pisen.
Pisch *Pfirsich* s. Persch I.
bi-schläfeⁿ tr. v. *Fo. beischleifen:* freiwillich bi de Hôr bigeschläft (scherzh.) *gezwungen.* s. schläfe.
Pisch-loch *n. Av.* für Piss-loch *Schimpfname für jemand, der oft das Wasser läßt.* Auch gèl Pischlochl — vgl. els. 1, 552 Seichloch.
pischpeleⁿ pišpələ *Fo.;* píšblə *Ri.;* pišpərə *Fa. Vbg. Bo.;* pespərən *D.;* pešpərən *Si.*] tr. v. 1. *flüstern:* er pischpelt ihm ins Ohr. — 2. *Krankheiten besprechen.* — els. 2, 109 bisple; schwäb. 1, 1139 bispere; schles. u. henneb. pischpern Weinh. 70; From. 3, 133; lux. 342 pesperen; hess. 303 pischpeln. s. Gr. Wtb. 2,47.
Bischt *Bürste* bischten *bürsten* s. Birscht, birschteⁿ. .
Pischtol [pištól *fast allg.;* bišdól *Ri.;* pištoul *D. Si.*] *f. Pistole.*
Bischuf [bìšuf *Falk.* u. s.; bešof *D. Si.*] *m. Bischof.* — Zss. Beschofs-kaup *f. Si. Mitra.* Beschofs-stâf *m. Bischofsstab.*
Bisdong *Klapphorn* s. Pistong.

Pisel [pízəl *Bo.*] *m. Vogelwinke* (vitia Cracca).

pisen [píze *Bi.*; pijen *Av.*] intr. v. 1. *aufbrausen.* — 2. *zischen vom Wasser, wenn es auf einen heißen Gegenstand fällt.* — els. 2, 139 pfise; baier. 1, 442 u. schwäb. 1, 1031 pfeisen (pfisen); tirol. pfésern From. 4, 218.

bi-setze[n] s. beisetzen.

pisich [pízix *Bi.*] adj. *jähzornig, mißmutig, verstimmt.* — els. 2, 140 pfisig; hess. N. 206 pissig. s. das vorige.

Bismen, Bisempen *Binsen* s. Bies.

Biss [bis *fast allg.*; bes. *D. Si.*] *m. Biß.* — 2. *Hautreiz, der zum Kratzen veranlaßt.* — Zss. Biss-blättcher Pl. *Pfeffermünzplättchen (wegen des beißenden Geschmacks).* — schwäb. 1, 1141 Bissminze. Biss-zang (s. d.).

bisselchin [bízəlxin *Falk.*] adv. *bißchen.*

bisse[n] [bisə *fast allg.*; baisən *D.*; béïsən *Si.* — Ptc. gəbis, gəbàs] tr. v. 1. *beißen. Rda.*: der isch so dumm, dass 'ne de Gäns bisse *Fo.* Der *(den)* bisst kän Hund in de Wadel *der ist harmlos Pfb.* Er hot nix ze bisse un nix ze knabbere *nichts zu essen (allg.)* — 2. *jucken, bitzeln*: es bisst mich uf der Hut. — els. 2, 100 bisse 1, 4.

pissen intr. v. *D. Si.* wie hd. *harnen.*

pisserech [písərex *D. Si.*] adj. *den Drang zum Harnen verspürend.* — lux. 337.

Bissert [bisərt *Falk.*] *m. Cigarrenspitze.* s. bisse[n].

Pissert [pisərt *D. Si.*] *m.* 1. *männl. Glied.* — 2. *Pisser.* — lux. 337.

Biss-zang [bìsaŋ *Fo. Pü.* u. s.] *f. Zange, um Nägel auszuziehen, Kneipzange.* — schwäb. 1, 814 Beisszang.

Pistasch *f. D. Si. Knallbonbon.* — vgl. frz. pistache *Frucht des Pistazienbaumes.*

Pistong [pistoŋ *D. Si.*; bisdǫ *Pfb.*] *m. u. n.* 1. *Blasinstrument, Klapphorn.* — 2. *Kolben.* — frz. piston.

Pit n. pr. *Si. männl. Vorname Peter.*

Biti *n. Fo. Pü. Ri. Huhn, Hühnchen in der Kindersprache.* Demin. Bitile. *Wiegenlied*: Haio, Bobaio! schla's Bitele dod — Es le't m'r kän Eier un fresst m'r min Brot *Fo.* — Biti < frz. petit. — els. 2, 116 Bittele.

Pitong [pitoŋ *D. Si.*] *m. Ringnagel.* — frz. piton.

Bits *Zopf* s. Bitsch.

Bitsch I [bìtš *Grt. Falk. Kr.*; bìtšč pl. *Fi.*; bits *Gelm.*; bíts *Bo. Vbg.*] *m.* 1. *Zopf, Haarbüschel.* — 2. *Rausch Bo.* — els. 2, 124 u. schwäb. 1, 1559 Butsch; lux. Putsch.

Bitsch II [bìtš *Fa. Hom.*; butš *lux. Grenze.* Demin. bìtšəl, betšəl] *f. Ziege.* — els. 2, 125 Bütsch; eifl. Butsch From. 6, 13; lux. 51 u. schwäb. 1, 1560 Butsch! *Lockruf für Ziegen u. Schafe.*

bitschen I [bitšən *Grt.*] tr. v. *kämmen* s. Bitsch I.

bitschen II [bitšən *Bo.*] tr. v. *gelinde schlagen*: Kener werre gebitscht. — els. 2, 124 butschen *schlagen, hauen*; mhd. binschen, bûschen.

bitschiere[n] [bìtšírə *Ri. Sbg.* u. s.] tr. v. 1. *siegeln, einen Brief.* — 2. *Flaschen mit Lack versiegeln*: bitschierter Win.

Bitt I [bìt *fast allg.*; bidən *D.*; bídən, bít, bí *Bo.* — Pl. bit, bidən. Demin. bítxən, bidəl, bídənxin] *f. Bütte, Kübel, Bottich*: das Kind in de Bitt stecke. — ss. Bit, Kisch vgl. Wtb. 20; lux. 29 Bidden.

Bitt II [bìt *Si.*] *f. Gebet.* — mhd. bit.

bitter adj. *nur in den Zss.*: Bittersalz, Bitterwasser *Ri.* u. s.

Bitt-gank s. Betgang.

Bitt-wusch *m. Mü. Handbürste zum Reinigen des Tisches nach dem Essen, Kehrwisch.* s. Wusch.

Pitz s. Petz.

bitzen I [bitsən *D.*; béïtsən *Si.*; Ptc. gəbut, gəbout] tr. v. *nähen, flicken.* — lux. 31 bizen; eifl. bissen, bitzen, gebut Bü. 8; mhd. büezen *ausbessern.*

bitzen II [bítsən *Si.*] tr. v. *zielen, um den Faden ins Nadelöhr zu bringen.* — vgl. mhd. bizen *stechen.*

Bitz-koref, Beïtz-k. [bitskuərəf, béïtskorəf *D. Si.*] *m. Nähkorb.* — lux. 31.

Biwel I s. Bibele.

Biwel II [bìwəl *fast allg.*; bíwəl *D. Si.*] *f. Bibel*: in der B. lese.

Piwiken [p]wìkən *Av.*] *m. Gimpel od. Dompfaff.* Sonst ist Pïwik Nebenform von Pīwit u. Kīwit, engl. pewit *Kibitz* Gr. Wtb. 5, 658. Der Name drückt wohl die Stimme des Vogels aus. — eifl. Piwik.

Bix [biks *Gelm.* u. s.; beks *D. Si.*] *f. Büchse.* Er hat en B. *er ist betrunken.* vgl. baier. 1, 200 büchsen *viel trinken.* Gr. Wtb. 2, 477. s. a. Bihs.

Pla' *Plage* s. Plo.

Blab-ros [blàp-ròs *Pfb.*] *f. Klatschrose.* — vgl. mhd. blappern, erblappen *zusammenfallen.*

Plach *Block* s. Bloch.

blăch [blèχ *fast allg.*; blaiχ *Ri.*] adj. *bleich:* bleich va Zorn *Ri.* Er isch ganz b. wor, als er das gehêrt hat *Fo.* — Blăch eweï en Duch *Si.* — lux. 31. — Zss. blăch-sihtech *D. Si. bleichsüchtig.* Blăch-sûcht *D. Si. Bleichsucht.*

Blăch [blèχ *fast allg.*] *f. Bleiche:* de Wăsch uf de B. dun. — lux. 31.

blăchen [blèχən *fast allg.*] tr. v. *bleichen:* de Wăsch bl.

Plack [plàk *D. Si.*] *f.* 1. *Metallplatte.* — 2. *Aushängeschild.* — frz. plaque.

Blăckelcher [blèkəlχər *Rg.*] pl. *Kartoffelstücke, die auf den heißen Ofen gelegt werden.* s. das folgende.

Placke[n] [plàkən *Fo. Lix. Bo.* u. s.; blàgə *Ri.*; plàkən *Falk. Schm.*; blàkən *Bi.*] *m. u. f.* 1. *Flecken:* es isch e grosser P. um Dischduch. *Rda.:* mer sät *(sagt)* nit zu ere Kuh Blum, wonn se kän Blacken hat *d. h. es wird doch wohl etwas dran sein Lix.* — 2. *Flicklappen, Flicken:* Näh e P. drufl — els. 2, 156 u. baier. 1, 455 Placke[n]; mhd. placke. — 3. *Platte, kahle Stelle:* uf dem P. wächst nix. — vgl. ndd. Plagge *spärlich mit Pflanzenwuchs bedeckte Scholle* Gr. Wtb. 7, 1881; blackbleich ibid. 2, 59.

placken [plàkən *Bo. Fo.* u. s.; plàkən *Si.*; blàkən *Lix. Rg.*] tr. v. 1. *hinwerfen, daß es kleben bleibt:* ich han ne dehin geblackt. — Wie der de Biller an de Wand geblackt hat! *Lix.* — 2. *einen Lappen, Flicken auf eine zerrissene Stelle aufnähen.* Sprüchw.: Wer nit flickt un nit blackt, der vernackt *(wird nackt u. bloß) Lix.* — baier. 1, 455 placken; hess. 39 blacken: mhd. placken. s. a. Gr. Wtb. 2, 59.

plackich [plàkiχ, blàkiχ *fast allg.*; blagiχ *Ri.*] adj. *fleckig, gefleckt:* er hat e ganz plackiches Gesicht *Fo.* — els. 2, 156 plackig.

Black-kopp [blakop *Bi.*; plakop *Bo.*; plákap *D. Si.* — Pl. blakep; Demin. blakepəl] 1. subst. *m. Kahlkopf, Glatze:* ich hau der äni ut de B. *Bi.* Lâf e¹m nah un schelt'ne B. *lauf ihm nach, den bekommst du doch nicht mehr!* — 2. adj. *barhäuptig:* b. gŏn. s. Placke[n] 3.

Black-säf [-zêf *Bi.*] *f. Fleckseife.* s. Placke[n] 1.

plackzich [plàktsiχ *Bo.*; blàgiχ *Ri.*; plákeχ *D. Si.*] adj. 1. *nackt:* plàkech u nåkech *splitternackt Si.* — 2. *kahlköpfig.* — 3. *mittellos.* — 4. *fleckig.* — vgl. tirol. blăkfues *barfuß.* s. Placke[n] 3.

Blader [blàdər *fast allg.*; blátər *Rg.*; blàoda *Aa.*; blòdər *D. Si. Vbg.* — Pl. blàdərən, blòdərən. Demin. blédərχən] *f. Hitz-, Hautblase, Schwiele.* Blater, Bloter, ss. Blòder Kisch vgl. Wtb. 21; eifl. Blôder Bü. 7; mhd. blâtere. *Rda.:* De Sunn brennt Bladere *es ist sehr heiß.* — els. 2, 170.

plädiere[n] [plèdirə *fast allg.*; bledirə *Ri.*] intr. v. *eigentl. reden vom Advokaten; aufgeregt hin- u. hersprechen.* — els. 2, 154.

pla'en *plagen.* s. plo'en.

Plafoneer [plafonéər *D. Si.*] *m. Deckenmacher.* — frz. plafonneur.

Plafong [plafoŋ *fast allg.*; blafòŋ *Ri.*; blafą *Pfb.*] *m. Zimmerdecke.* — els. 2. 154 u. lux. 337; frz. plafond.

plafoniere[n] [blafonírə *Sbg. Ri.* u. s.] tr. v. *mit einer Gipsdecke versehen.* — lux. plafone¹eren; frz. plafonner.

Blah [blá *Rg.*] *n. Wagendecke aus grober Leinwand.* — els. 2, 149 Bla, Blache; baier. 1, 326 u. schwäb. 1, 1151 Blahe[n]; mhd. blahe < blajen *blähen, dehnen;* vgl. Blachfeld.

Plakasch [plakáš *D. Si.*; blagáš *Fa. Ri.*] *f.* 1. *eingelegte Arbeit.* — 2. *dünne Holzschicht, die bei Möbeln auf minderwertiges Holz geleimt wird.* — els. 2, 156; frz. placage.

Plak-asch [plákáš *D.*; -ŏš *Si.*] *m.* (eigentl. *nackter Hinterer) Habenichts, Lump.*

plakech *nackt* s. plackzich.

Plakert [plákərt *Si.*] *m.* Dasselbe wie Blackkopp.

plakiereⁿ [blagírə *Sbg.*; plakéïərən *D. Si.*] tr. v. *belegen, furnieren.* — els. 2, 156 plakiere; frz. plaquer.

bläksen [blèksən *Bo.*] intr. v. *kreischen, kreischend singen.* — lux. 36 blexen; vgl. baier. 1, 323 bläcken; schwäb. 1, 1152 bläke u. hd. blöken.

Bläksert *m.* Bläksersch *f. Bo. einer der od. eine die* bläkst. s. das vorige.

Plan [plân *fast allg.*; plaŋ *D. Si.* — Pl. plǽn, planən] *m. Plan, Entwurf. Rda.*: Plän mache *faseln, schwadronieren*: mach ke Plän! *Ri.* — els. 2, 160 ebenso.

Planet, Planeït *f. D. Si.* u. s. 1. *Planet.* — 2. *Wahrsagezettel, wie sie auf Jahrmärkten angeboten werden.* — els. 2, 160.

plangen tr. v. *D. Si. planen, vorhaben.*

Plank [plàŋk *fast allg.*; Pl. plaŋkən] *f. Planke*: Der Garte isch mit Planke ingefasst. Der Plural bedeutet *Bretterzaun.* — baier. 1, 458 u. Gr. Wtb. 7, 1892.

blänken [blènkən *Bo. Falk.* u. s.; blenkən *D. Si.*] intr. v. *blinken, glänzen.* — rheinfr. blänken From. 4, 262, 8; ss. blànkern Kisch vgl. Wtb. 20.

blann s. blind.

Blanne-männchen *n. D. Si. Blindekuh (ein Spiel)*; blanne-männches adv. *D. Si. blindlings, ohne Licht:* eppes b. fannen *etwas blindlings finden.* — lux. 31.

Blannhät [-hèt *D. Si.*] *f. Blindheit.* — lux. 31.

Blann-schlecher s. Blind-schlicht.

Planz [plants *D. Si.* u. s.] *f. Setzling.* — frz. plante, lat. planta *Setzling.* Die alte Bedeutung u. altes p. ist erhalten.

planzeⁿ [plàntsə ⁿ *fast allg.*; blàndsə *Ri.*] tr. v. *pflanzen*: es isch jetzt Zit zum Planze.

Plärr [plèr *Fo.*; blèr *Ri.*; plèro *Bi.*] *m. Schreihals*: du B. du! — els. 2, 165 Blèrrer. s. plärren.

Blarre [blàrə *Ri.*] *m. Kuhmist.* — hess. 303 Plärje *Kuhfladen.*

plärren [plèrə *fast allg.*; plèərtsən *D.*] intr. v. 1. *weinen, namentl. von ungezogenen Kindern*: er plärrt de ganze Da. — 2. *schlecht singen.* — els. 2, 164 blèrre; baier. 1, 460 plärren, plèren.

Pläsä [blèzè *Bo.*; blés *Si.*] *männl. Vorname Blasius.* — schwäb. 1, 1161 Bläse.

Blas-ärsch *m. Av. Blasarsch. Auf die neugierige Frage:* wer isch da? *antwortet man ungeduldig:* der Blasärsch.

plaschtern [plàstərn, plèstərn *fast allg.*; blàsdərə *Ri.*; plòstərən *D. Si.*] intr. v. 1. *salben, gegen eine Krankheit ankämpfen.* — 2. *ein Pflaster auflegen.* s. Plaster 1.

pläseïeren, sech, refl. v. *Si. sich gefallen:* en hot sech gutt zu Pareis pläseïrt. — frz. se plaiser.

blasen [blâzən *Av. Falk.* u. s.; blózən *fast allg.* — Flexion: blâzən, blèst, blèst (blózə ⁿ, blest, blést); Ptc. gəblás, gəblós] intr. v. 1. *blasen*: der Wind blost. — *Scherzausdruck:* Hascht du schun gehèrt, dass der Souhirt nimmeh därf durch Lixinge blose? — Jo, er bläst durch de Tût. Einem ens blose *derbe Abfertigung.* Do blos ich druf! *dasselbe.* — 2. *farzen.*

pläsierlich adj. *Bo.* u. s. 1. *angenehm, vergnügt:* es isch pl. gewän. — 2. *freundlich, zuvorkommend:* es isch e pläsierlicher Mann. — els. 2, 166.

Bläss [blès *allg.*] *m.* 1. *weißer Fleck od. Streif an der Stirne der Zugtiere.* (Davon heissen Pferd, Kuh, Ochse selbst Bläss). *Rda.*: Än Schemel *(Schimmel)* a Bläss vernennen *einen arg beschimpfen D. Si.* — 2. *Stirne.* ich schlôn der äne on de Bläss. De B. loslosse *sich gehen lassen Ri.* — lux. 32; els. 2, 165; baier. 1, 330; schwäb. 1, 1162; Gr. Wtb. 2, 67.

blässich [blèsix *Bo.*] adj. *gefleckt auf der Stirn.* — els. 2, 165 blessècht.

Plaster [plàstər, plàsta *allg.*; plàstər *fast allg.*; plôstər *D. Si.*] *m. u. f.* 1. *Heilpflaster, Salbe.* — 2. *Quälgeist Av.* vgl. frz. emplâtre. — 3. *Dummkompf Bo.* — 4. *Gegenstand, der die Aussicht versperrt z. B. der Hut einer Dame in der Kirche, im Theater*: das isch mer wieder e Blaschter uf der Nas *Ri.* — Zss. Kuh-plaschter *Falk. Kuhfladen.* Zeïhplaschter *Ziehpflaster.*

platen [plátən *D. Si.*] tr. v. *mit Steinplatten belegen.* s. Platt. — lux. 338.

Platsch [plátš *Si.*] *f. Klecks, bes. Kotfleck.* — schwäb. 1, 1057 Pflatsch 2.

Plätsch *in der Vbdg.* Karto-plätsch s. d.

platschech [platšeχ *Si.*] adj. *bekleckst.* s. d. vorige.

platschen intr. v. *fast allg.* 1. *plätschern im Wasser, in einer Flüssigkeit herumarbeiten.* — 2. *in den Kot fallen.* — els. 2, 173 platsche. s. Platsch.

plätscheⁿ [plètšə *Fo. Fa. Mtsh.* u. s.; blètšə *Ri.*] 1. tr. *schallende Schläge geben*: er hat de Hinnere geplätscht kreït. Ich han ne geplätscht *Fo.* — 2. unpers. *plätschern, stark regnen*: et plätscht. — 3. *geräuschvoll aufschlagen.* — 4. *platt schlagen*:Schuhnägelmitgeplätschte Köpp *Fa.* — 5. *plätschern im Wasser.* — els. 2, 173 plätschen; hess. 304 pletschen; gemeind. platschen Gr. Wtb. 7, 1901.

Platschert *m. Si. Dasselbe wie* Platsch.

Plätschert [plètšərt *Bo. Sgd. Lix.* u. s.; plètšrèn *Av.*] *m. starker, aber nicht anhaltender Regen, Platzregen.* — els. 2, 173 Platscher. s. plätschen.

platsch-nass, plätsch-nass adj. *Bo. D. Si. ganz durchnäßt.* — lux. 331. patschnâss; els. 1, 785 bätschnass. From. 2, 236: patschenâss. s. platschen, plätschen.

Blatt [blat *fast allg.*; blát *D. Si.*; bled *Ri.* — Pl. blèdər, blièdər] *m. Blatt.* (In Püttlingen nur für das Blatt Papier. Das Baumblatt heisst Blett s. d.): Ich han noch drei Bläder in mim Heft. De Bläder an de Bäm fange schun an gäl ze werre *Fo.* Bläder machen *Laub sammeln.*

Platt [plat *fast allg.*; blad *Ri.*; plát *D. Si.* — Pl. platə, bladə, plátən; Demin. plétəl] *f.* 1. *Steinplatte.* — 2. *Schüssel, Gericht*: uf der P. serwiere. Siss P. *süße Speise Fo.* — 3. Das Demin. Plättel *bedeutet*: a) *kleine Steinplatte (Mettlacher Waren)*; b) *Zuckertabletten*; c) *Glas- und Porzellanscherben.* — els. 2, 170 Platt; baier. 1, 642 Platten; frz. plat.

platt-deitsch adj. *D. Si. plattdeutsch.* — lux. 338.

Plättel [plètəl *D. Si.*; blèdəl *Ri.*] *m.* 1. *Platte.* — 2. *Gericht, Speise*: zu Rettel (*im Kr. Diedenhofen*) kreït än en Dreck op de P. *(sprichwörtl. Rda.).* — 3. *Medaille Ri.* — eifl. Blátel Bü. 24 mhd. bletel, pletel.

platten [blàdə, blèdlə *Ri.* u. s.] tr. *mit Platten belegen.* — els. 2, 170 plättle.

blättereⁿ [blètərə *fast allg.*; bledrə *Ri.*; blédərən, blièdərən *D. Si.*] 1. tr. *die unteren Blätter beim Gemüse abnehmen*: de Kapes b. *den Kohl entblättern.* — 2. intr. *Seiten wenden im Buch.* — schwäb. 1, 1174 blättere.

Platt-fisser [-fisər *fast allg.*; — feïsər *D. Si.*] *m. plattfüßiger Mensch.*

Platt-fuss (-fous) wie hd. *Plattfuß*: Die, wu Blattfiss hon, kumme nit su de Preisse *Lix*. Dazu das Adj. plattfissich.

Blatz [blats *D. Si.*; blots *Sgd. Ett.*; blets *Bo.*] *m. Augenbutter (gelbe Substanz, die sich in den Augenwinkeln ansammelt).* — lux. 31 Blaz; vgl. hess. 40 Blatz, Bletz. — Zs. Blatz-koder *(-kater) m. D. Si. triefäugiger Mensch.* s. a. Blotzert.

Plätz [plèts, Pl. plètser, Demin. plètsχe, plètsχin *fast allg.*; blàts u. blèts *Ri.*] 1. *m. u. n. Platz, Raum*: es isch kä' P. meh uf der Bank *Fo.* Rätsel: Was micht ma, *(was macht man)* we' ma ufsteht? 'ne Plätz leer *Ersd.* Das isch nit an sin P. *das paßt nicht Ri.* — 2. *f. Amt, Dienststellung*: er hat e gute P. krit. — lux. 338 u. els. 2, 174 Plätz. — Zs. insplätz (ensplätz, im plätz äss) präp. *anstatt (daß)*: er hat em (*ihm*) gude Werder *(Wörter)* gen ensplätz ze schelle *(schelten) Bo.*

blatzech [blatseχ *D. Si.*; bletzich *Bo.*] adj. 1. *triefäugig.* — 2. *verschlafene Augen machen.* Dat es net bletzich *das ist nicht unangenehm Bo.* s. Blatz.

Blaul *Waschbläuel* s. Bloïwel.

Plaum [plaum *D. Si.*; sonst plum; Pl. -ən, Demin. plaimχən, plimtχin] *f. Flaumod. Vogelfeder.* — lux. 338 u. ss. vgl. Wtb. 116 Plaum; mhd. pflûme < lat. pluma. — Zss. Plaume-bett *n. Federbett.* Plaumepillem *n. Federkissen* (s. Pillem). Plaume-stäf *junge Flaumfedern.*

Blauwel *Waschbläuel* s. Bloïwel.

Blë [blé *D. Si.*; blow *Ri.*] *f. blauer Farbstoff zum Bläuen der Wäsche.*

Blech [blèχ *allg.*] *n. u. m.* 1. *Blech.* — 2. *dummes Geschwätz*: horch e mol, was der wider e B. schwätzt. — Zss. Blech-schmid (-schmed) *m. Klempner.* Blech-zang *f. Zange, die zum Schneiden des Blechs dient.*

blechen [blèχən *fast allg.*] tr. v. *bezahlen (meist in der Verbindung* blechen misse bes. beim Bezahlen der Zeche od. für andere*)*. — lux. 32; schwäb. 1, 1187.
bled [bleəd *Bo. Falk.*; blid *D.;* bléït *Si.*] adj. *blöde.*
blederech [blédərex, blièdərex *D. Si.*] adj. *blätterig:* blederechen Däch *(Teig).*
blederen s. blätterеn.
bleen [bléən *D. Si.;* bliuwen *Falk.*] tr. v. *die Wäsche mit* Blë *bläulich färben.*
pledieren (pledeïeren) *fast allg.* 1. *plädieren vor Gericht.* — 2. *laut und aufgeregt sprechen.* — lux. 339; frz. plaider.
Blei [blai *fast allg.;* bléï *Ett. Grt. Pfb. Ha. Ri.*] *n. Blei: im* B. *senkrecht.* Es isch m'r grad wie B. in de Glidere. — Zss. Blei-loch *n. Bleibergwerk bei St. Avold.* Blei-wis *Bleistift* (s. d.).
Bleï s. Blit.
bleïden [bléïdən *Si.*] tr. v. 1. *zur Ader lassen.* — 2. *abstechen (ein Tier).* — lux. 36 blidden. s. Blut.
bleïdech adj. *Si. blutig (nur in der Verbindung:* bl. Threnen kreischen *blutige Tränen weinen*).
. **bleien** [blaiən *D. Si.*] adj. *bleiern:* e bleie Gewiht. — lux. 5, 16.
Bleil *Waschbläuel.* s. Bloïwel.
pleimen [plaimən *D. Si.*] tr. v. *rupfen, die Federn ausrupfen:* en Gäns pl. — lux. 339; ndl. pluimen; frz. plumer. s. Plaum u. plummen.
Bleïmer [bleïmər *Si.;* blïməl *Ri.*] *f. u. n. scheckige Kuh, gewöhnl. weiß mit roten Flecken geblümt.* — lux. 32 Bleïmel. s. bleïmlich.
bleïmelen intr. v. *Si. schön tun, falsch sein.* — lux. 32; schwäb. 1, 1224 blümle; baier. 1, 327 blüemeln.
bleïmlich adj. *Si. scheckig, geblümt (mit blumenartigen Flecken od. Zeichnungen versehen)*: eng bl. Koᵘh. — schwäb. 1, 1223 blumet.
pleite [plèitə *Pfb.* u. s.] adj. u. adv. *auf u. davon, fort:* dü kannsch p. gehn. — els. 2, 271; baier. 1, 463. Zu hebr. peletah *Flucht.*
b'leiwen [blaiwən *Bo.;* balaiwən *Si.*] adv. *beileibe:* b'leiwen net! *ja nicht!*

b'leïwen [bléïwən *Bo.*] adv. aus „beileben" zusammengez. *Rda.:* B'leiwen on b'leïwen net *durchaus nicht.*
bleiwen *bleiben* s. bliweⁿ.
Bleiwes s. Bliwes.
Blei-wis [blèiwis *Pü.;* bleïwis *Grt. Ett. Pfb. Ha.* — Pl. -ə(r)] *n. Bleistift.*
Blek [blek *D. Si. Bo.*] *m. Blick.* s. Ablek *Augenblick.* — lux. 32.
pleken [plekən *Bo. D. Si.;* blïgə *Ri.*] 1. tr. v. *pflücken.* — 2. intr. *ohne Lust u. wenig essen:* um Fläsch p. -ss. pläckn Kisch vgl. Wtb. 116.
plendern [plendərn *Bo.;* blïndrə *Ri.;* plenərən *D. Si.*] 1. tr. v. *plündern.* — 2. intr. *den Hausrat mitnehmen bei einem Umzug.* — baier. 1, 458 plündern = *ausziehen.* s. a. Gr. Wtb. 2, 169.
blenken [blenkən *Bo. D. Si.*] intr. v. *blinken:* owe blenken, enne stenken = owe hui, unne fui (s. d.). — lux. 32.
blennen [blènən *Bo.*] tr. v. *blenden.*
pleschtern [pléštərn *D. Si.*] tr. v. *eine Mauer mit Mörtel bewerfen, tünchen, verputzen.* — mhd. pflastern, pflestern; lux. pléschtern Ga. 347; ndl. pleistern, engl. plester.
Bleser [blésər *D. Si.* u. s.] *m.* 1. *Bläser.* — 2. *Blaserohr.* — lux. 32 Bleⁱser.
Bless [blès *Si.*] *f. Hautschramme.* — frz. blessure.
blessiereⁿ [blèsïrə *fast allg.;* blèséïərən *D. Si.*] tr. v. *verwunden:* er isch am Arm blessiert wor *Fo.*
Blett [blèt, blèdər *Pü.*] *n. Baumblatt. Das Papierblatt heißt* Blatt. — els. 2, 169 Blett.
Bletz *Augenbutter* u. bletzich *triefäugig* s. Blatz u. blatzich.
Pletz [plèts *fast allg.*] *m. Flecken, Flicklappen:* de P. ufs Loch setze. — els. 2, 174 Blètz; From. 6, 43 Bletz *Fleck;* mhd. blez.
pletzech [plètsex, plètsərex *Si.*] adj. *fleckig, gefleckt, scheckig.* Erbsen, Bohnen, Linsen, die blaue od. schwarze Flecken haben, sind pl. — lux. 338. s. Pletz.
pletzen [plètsən *Bo.;* pletsən *Si.*] intr. v. *ohne Appetit essen, nur kleine Teilchen vom Teller wegnehmen.* — vgl. hd. Pletz *dünnes Ding od. Stück von einem Ding*

Gr. Wtb. 7, 1933; baier. I, 464 Pletz, Pletzen *ein Schnittchen*.

blicken [blikən *Pfb. Falk.* u. s.] intr. v. I. *zwinkern, jemandem ein Zeichen mit den Augen geben:* er hat ihm hählings (s. d.) geblickt. — 2. *glänzen von der Sonne, wenn sie kurze Zeit zwischen Wolken sichtbar wird.* — els. 2, 156.

plickeⁿ [plĭkə *fast allg.;* plekən *D. Si.*] tr. v. I. *pflücken.* Ausdr.: von der Heck geplickt = *unehliches Kind.* — 2. *plündern.* — 3. *rupfen beim Spiel.* s. pleken.

bliden s. bliehe**ⁿ**.

Blickert [blĭkərt *Falk.* u. s.] *m. zwischen Wolken hindurchblickender Sonnenstrahl.* — els. 2, 156 Sunneblicker. s. blicken 2.

blieheⁿ [blĭə *Fo.* u. s.; blīdən *Falk.;* blë́ïdən *D. Bo.;* blë́ïən *Si.;* blījə *Ri.* — Ptc. gəblīt, gəblë́ït] intr. v. *blühen:* der Bu blieht wie e Ros *hat rote Wangen Fo.*

Blimel s. Bleïmel.

blimerdich adj. *Falk. blumig.* s. a. bleïmlech.

Plimi *m. Si. Federbusch.* — lux. 339 Plime¹; frz. plumet.

blind [blĭnt *fast allg.;* blīn u. blīnt *Ri.;* blent in Zss. blen *Bo.;* blen *Wa.;* blàn, prädik. blant *D. Si.*] adj. *blind:* enem de blinn Sit zeije *die verkehrte Seite Ri.*

Blinde-miesel *n. Ri. Blindekuh (Kinderspiel).*

Blinde-walsch [blindəwålš *Ri.* u. s.] n. pr. Plaine de Walsch, *Hochwalsch bei Saarburg.*

Blind-schlicht [blĭnt-šlĭχt *Sgd. Lix.;* blinəšlīχər *Ri.;* blen-šleχər *Bo.;* blanšleχər *D.;* blant-šleχər *Si.;* blī-šlan *Falk.*] *m. u. f. Blindschleiche.* — lux. 34 Blannschlecher; els. 2, 449 Blindschlich.

Blinner [blinər *fast allg.;* blĭn *Ri.;* blenər *Bo. Wa.;* blanən *D. Si.*] *m.* I. *Blinder:* das kann ja e B. sihn *Fo.* Er hats gedroff wie der Blinn 's Dorf *er ist zufällig drauf gestoßen Ri.* De Blennen am Stecken spiln *sich verstellen Wa.* — 2. *Strohmann beim Kartenspiel.* — Zs. Blinner-mus (Blenner-mus) *Blindemaus (ein Kinderspiel).* — els. I, 724 Blindemus.

blinzleⁿ [blintslə *Ri.* u. s.; blĭntsən *Si.*] intr. v. *blinzeln, mit den Augen zwinkern:*

en hot mat den Aen geblintscht. — els. 2, 163 blinze, blinzle.

Plisch [plĭš *Fo.* u. s.; blĭš *D. Si.*] *m. Wollsamt, Plüsch.* -- frz. peluche.

plischeⁿ, **blischen** adj. *Fo. D. Si. aus Plüsch:* e plischener Rock.

Bli-schlang *Blindschleiche* s. Blindschlicht. Blischlang < Blinnschlang.

Blit [blīt *Falk.;* blë́ït *Bo. D.;* blë́ï *Si.* - Pl. blīdən, blë́ïdən, blë́ïən] *f. Blüte.* d' Bäm sin an der Blẽï *Si.*

Blitz [blĭts, *fast allg.;* blets *Bo. D. Si.*] *m. Blitz:* en as eweï e B. *er ist blitzgeschwind.* Hotz B.! *Potz Tausend Ri.* — Zs. B.-maidel *lebhaftes Mädchen.*

blitzeⁿ, **bletzen** intr. v. I. *blitzen:* es hat geblitzt. — 2. *ausschlagen, in die Höhe springen Lix. Ri.* 'S Pärd blitzt. Hat's dich geblitzt? *getroffen beim Ausschlagen?* Da hat er awer geblitzt *da hat er aber um sich gehauen.* — els. 2, 175; baier. I, 334; schwäb. I, 1208. s. a. Gr. Wtb. 2, 133.

blitzich adj. *Falk. mit den Augen blinzelnd.* — vgl. els. 2, 175 blitzig.

bliuwen *bläuen* s. blëen.

bliweⁿ [blīwə *fast allg.;* blíbən *Pü.;* plíwən *Bo. Falk.;* blaiwən *D. Si.* — Flexion: blíwə, blĭbšt, blĭbt — blīwə, gəblīb, gəblĭw (gəplíw u. plí *Bo.*)] intr. v. *bleiben:* Mach, dass die Kirch im Dorf blibt! Spruch: Wer nit do isch sur rechte Sit *(Zeit),* der muss esse, was iwrich blit *Schw.* Er isch debi geblib *er hat sein Leben dabei lassen müssen Ri.*

Bliwes [blíwəs *fast allg.;* blaiwəs *D. Si.*] *n. das Verbleiben in der Rda.:* 's isch min B. nit (et as menges Bleiwes net) *es ist meines Bleibens nicht.* — lux. 32.

blo [blô *fast allg.;* bló *Pü.;* blóə *Bo.;* bloï *Av.;* blou *Ri.*] adj. *blau:* Bloï fa Kält *Av.* Brun on blo hauwen *Bo.* Blöwe Backe *B. blau vor Kälte Ri.* Loss dich blo färbe! *(sagt man zu jemandem, der behauptet, er hätte nichts anzuziehen).* Blo Monda (bloe Mëndech *Si.*) *blauer Montag.* Blo mãchen *blauen Montag feiern D. Si.* Blo Kutsch *der Wagen, mit welchem die Irrsinnigen nach Steinbach befördert werden Fo.* — Zs. Blo-holz *n. Si. Blau-*

4*

holz, *Blutholz* (Haematoxylon Campechianum).
Plo' [plò *fast allg.*; plå *Falk.*; bløw, bløu *Ri.*; pláo *Av.*] *f. Plage:* das isch e grosse P. — lux. 339 Plô. — Zs. Blöwgeischt *Ri. Plagegeist.*
Bloch [bloχ *Fo. Sgd. Lix. Kr. Ri.* u. s.; ploχ *Falk. Vbg.*; plok *Bo.*; plaχ *Si.* — Pl. pleχ, plek] *m.* 1. *grober, ungeschickt eingesetzter Lappen*: Besser e Bloch als e Loch. — 2. *Klotz, worauf man Holz spaltet; kurzes, dickes Stück Holz.* — 3. *Steinsitz vor dem Hause Vbg.* — els. 2, 153 u. baier. 1, 323; Gr. Wtb. 2, 135; ahd. ploch.
Block [blok *D. Si.*] *f. Schnalle.* — lux. 36; frz. boucle.
Plock Nebenform zu Bloch (s. d.)
Bloder *Hautblase* s. Blader.
bloderech [blôdərex, blëdərex *D. Si.*] adj. *mit Blattern behaftet.* — lux. 36 blôderech; els. 2, 171 bloterig; schwäb. 1, 1168 blaterig. s. Blader.
bloeldich [blóəldiχ *Falk.*; blóətseχ *Si.*] adj. *bläulich.*
blo-êmich [blóémiχ *Bo.*] adj. u. adv. 1. *ganz ermattet:* er hat sich b. geschafft er hat so gearbeitet, daß er nicht mehr kann. — 2. *mit blauen Schwielen versehen, blutunterlaufen.* s. Am u. êmich.
plo'en, sich [plòə*n *fast allg.*; plåen *Falk.* bløwe *Ri.* — Ptc. gəplôt, gəplå] refl. v. 1. *sich plagen:* sich schinge un blöwe sich schinden u. plagen *Ri.* De ganze Da' muss m'r sich plo'e. — 2. *vorlieb nehmen, sich begnügen:* jir mun oïwich dabit pla'en *Falk.* Pla' dich! *hab Geduld! Falk.* Ei du plåscht dich doch *(ironisch) du machst es dir bequem Falk.*
Plo'erei *f. Plackerei.* s. das vorige.
Bloïwel [bloïwəl *Av. Grt.*; bluibel *Falk.* blaul *Si.*; blúbəl *Bo.*; blauwəl *Busd.*; blail *Nj.* u. *lux. Grenze*] *m.* 1. *Waschbläuel:* e Mul wie e Bloïwel *ein breites Maul Av.* — 2. *Schulterblatt des Schweines (wegen seiner Form) Nj.* — els. 2, 151 Blöuel; baier. 1, 321 Bleuel; mhd. bliuwel.
Blokasch [blokáš *Si.*] *m. eine Art kleine Pflastersteine.* — frz. blocage.
Blo-mal [blômål *Pü.*; blåmål *Bi.*; bløwmól *Ri.*; bloïmál *Av.*] *n. blauer Fleck, Bläue im Gesicht, Blutbeule unter der Haut*

(entstanden durch Stoß od. Hieb). — els. 1, 664 Blaümal; schwäb. 1, 1185 Blaumal.
plomp adj. *Bo. D. Si. plump.*
plompen intr. v. *Si.* 1. *schwer hinfallen, plumpen* s. plumpse*n. — 2. *bezeichnet den Austausch zwischen zwei Gläubigern, die gegenseitig ihre Schuld auf eine ungefähre Rechnung für getilgt erklären, also sich vergleichen u. zwar urspr. mit Handschlag.* — lux. 339.
plompsch! *Bo. schallnachmahmende Interjektion, einen schweren Fall u. den entsprechenden dumpfen Ton bezichnend:* p. do ligt er! — schwäb. 1, 1072 pflumpf.
plompsen s. plumpse*n.
Plompsert *m. D. Si. Bo. schwerer, dumpfer Fall.* — lux. 339 Plompert.
Plonner s. Plunder.
Blos [blôs *fast allg.*; blås *Av.* — Pl. -ən] *f.* 1. *Blase (Harnblase).* — 2. *Blasinstrument.* — 3. *Arsch.*
blos [blôs *fast allg.*; blóus *D. Si.*] adj. *nackt, bloß.* s. a. blott. — Zs. Blosarsch (Blo*s-ôsch) *m. zerlumpter Kerl.* — lux. 36 Blôsâsch.
Ploschter s. Plaster.
blose*n s. blasen.
Blos-balech [blôs-bàleχ *D. Si.*; blósbàlg *Ri.*] *m. Blasebalg.*
Bloser [blóʒər *Ri.*] *m. Blasrohr zum Feueranblasen.*
blott [blòt *Bi. Ett. Sgd. Lix.* u. s.; blùt *Ri.*; plòt *Fo.*] adj. *kahl, nackt, federlos, haarlos, gewöhnl. von kleinen Vögeln gebraucht.* Aber auch: ich sin ganz b. *ich bin ganz mittellos Ett.* De bisch ja noch b. ums Mul *du bist ja noch zu jung Lix.* Blutt un blinn *ganz kahl Ri.* — els. 2, 171 blutt; hess. 45 blott, blutt = implumis: blotte Vögel, blutte Mäuse; schwäb. 1, 1236 blutt. s. a. Gr. Wtb. 2, 194. — Zs. Blott-kopp *Bi.* (Plotte-kopp *Fo.*) *Glatze, Kahlkopf.* — els. 1, 459 u. schwäb. 1, 1237 Bluttkopf. blott-koppich adj. *kahlköpfig.* Blott verwandt mit blöd.
Plott [plòt *D. Si.*] *f. Knäuel.* — frz. pelote.
Blotz *Augenbutter* s. Blatz.
Blotzert *m. Sgd. Triefäugiger. Schimpfname der Ettinger:* Ettinger Blotzerte.

blotzen [blòtsən *Av. Bi. Rg.* u. s.; blodsə *Ri.*; plòtsən *Fo.*] 1. intr. *hart u. schwer auffallen.* — 2. tr. a) *durchprügeln;* b) *einen Gegenstand auf etwas Hartes werfen:* Butter blotzen *B. auf einer Platte in die Höhe werfen u. sie wieder auffangen, um den Rest Milch od. Wasser herauszubringen Bi.* Obst blotzen, *Obst durch Werfen od. Hinfallenlassen beschädigen.* — els. 2, 176 u. baier. 1, 466 blotzen; hess. 45 blutzen, blotzen; schwäb. 1, 1217 plotze. s. a. Gr. Wtb. 2, 153.

Blotzer *m. Bi. dickes, französisches Geldstück, das alte Zweisustück.* — els. 2, 176 Plotzer. s. blotzen 1.

Blotz-milch *f. Ri. Buttermilch, die durch* Butter blotze *entsteht.*

Blubel *Waschbläuel* s. Bloïwel.

blubeln [blúbəl *Bo.*] 1. intr. *mit dem Bläuel schlagen.* — 2. refl. *sich prügeln.* — els. 2, 151 blöuele.

bluden I [blûdə *fast allg.*; blo^{u}dən *Si.*; blúdən *D.*] intr. v. *bluten:* us der Nas b.

bluden II [bluedən *Nj. lux. Grenze*] tr. v. *abblatten, die unteren Blätter an Runkelrüben u. Kohl abbrechen.* — lux. blo^{u}den Ga. 48; ss. blu^{u}dn Kisch vgl. Wtb. 44; hess. 40 blâten; mhd. blaten *entlauben.*

bludich [blûdix *fast allg.*; bludix *D.* bloudex *Si.*] adj. *blutig:* sin Gesicht isch ganz b., so isch er gistirzt.

pluffe^n [plufən *Bo. Fa.* u. s.; plóufən *D. Si.*] intr. v. *(lautmalend) mit dumpfem Schall hinfallen.* — lux. 339 plo^{u}fen; vgl. ndd. bluffen; ndl. ploffen From. 6, 286; vgl. engl. bluff *derb, plump;* hd. verplüffen.

Pluffert, Plo^{u}fert *m. Bo. D. Si. dumpfer Fall:* e P. machen. — lux. 339 Plo^{u}fert. s. pluffe^n.

Plug [pluk *Ltf. Schw.*; bluk *Mü., Ri.*; plûx *Fo. Pü. Berl.*; plux *Rein.*; plú *Mw. Wa.*; plóu *Bo. D. Si.*; pfloəx *Pfb.* — Pl. plukən, pléï, blij] *m. Pflug.* Man unterscheidet: Drehpluk u. Schufelpluk (s. d.). Rätsel: Was isch das? vu^{a}r Fläsch un henen Fläsch, un en der Mitt Holz un Isen? En Bu^{a}r, wu am Pluch isch (*Marienth.*). — Zss.: Plo^u-hinchen *m. Si.* (eigentl. *Pflughähnchen*) *Vorstecknagel am Pflug.* Plo^u-klepel *m. Si. Pflugrute.*

Plo^u-kolter *m. D. Si. Pflugeisen.* Plo^u-kramp *m. D. Si. Haken, woran die Koppel eingehängt wird.* Pluk-rad *n. fast allg.* 1. *Pflugrad.* 2. *Bezeichnung einer übermäßigen Größe:* e Brot wie e P. — Plo^u-schlitt *m. Schlitten, auf welchem der Pflug geschleppt wird.* Pluk-schlissel *m. Schraubenschlüssel am Pflug.* Plo^u-schuer *f. D. Si. Pflugschar.*

Bluibel *Bläuel* s. Bloïwel.

Bluk s. Plug.

Blum [blûm *fast allg.*; blo^{u}m *Bo. D. Si.*; Pl. blûmə^n, Demin. blimxə, blé'imxen] *f. Blume.* — Zss. Blo^{u}men-depen *n. D. Si.* Blume-hawe *Pü. Blumentopf.* Blume-kehl *m. Fo.* u. s. *Blumenkohl.*

Plum *Flaum* s. Plaum.

blumich [blûmix *fast allg.*; bloumtsix *Bo.*] adj. *blumig, geblümt:* e blumicher Stuff (*Stoff*) *Fo.*; blo^{u}mzicher Klee *Bo.*

plummen [plumən *Bo.*; plaimən *Si.*] tr. v. 1. *die Federn, den Flaum ausrupfen.* — 2. *plündern, ausbeuten:* den hammer e mol geplummt!

plumpse^n [plumpsə *Av. Fo.* u. s.; plompsən *D. Si.*] intr. v. *mit Geräusch schwer fallen:* uf änmol isch er dahin geplumpst. — els. 2, 160; henneb. plumpsen From. 3, 134; baier. 1, 457 plumpfen.

Plump-sack [blumpsàk *Ri.*] *m. das bekannte Kinderspiel.*

Plumpser [blumpsər *Ri.*] *m. Furz.*

blund [blùnt *Fo. Falk.*; sonst blònt] adj. *blond:* das Kind hat blundi Hor *Fo.*; mhd. blunt.

Plunder [plùndər *Fo.* u. s.; blunder *Ri.*; plùnda *Kr.*; plònər *D. Si.*] *m.* u. *n.* 1. *Plunder, altes Zeug:* do hammer de ganze P.! — 2. *Bündel:* sei Plonner máchen sich zum Weggehen fertig machen *Si.*

Blus [blùs *fast allg.*] *f.* 1. *Bluse für Frauen.* — 2. *Kittel, Arbeitskittel für Männer.* — els. 2, 167; frz. blouse.

pluschtern [plǔštərn *Av.* u. s.] intr. v. *scharren (von Hühnern), durchwühlen (von Menschen).* — Gr. Wtb. 7, 1950 plustern als ndd. Wort.

Blut [blút *fast allg.*; blóut *Bo. D. Si.*] *n. wie hd. Blut:* Enen B. schwitze mache einen arg bedrängen. Ke gudde Troppe B. meh han *total blutarm sein Ri.* — Zss.

B.-arm; B.-äse (-aise) *Blutgeschwür*; B.-fleck; b.-rinstich [-rinšdi *Ri.*; bloutreštex *D. Si.*] adj. *blutrünstig*; B.-schwier *m. Blutgeschwür*; B.-siffer (-suffer,-sefer) *Blutegel*; B.-stirzeng(en) *f. Blutsturz Si.*; B.-wurscht: das isch e Kerl wie e Pund B. *ein schwacher Kerl Fo.*

plutschen [plùtšən *Vbg.*] intr. v. (lautmalend) *sich ungeschickt niedersetzen.* — vgl. els. 2, 173 plotscheⁿ *hart auffallen*.
blutt s. blott.
Boballe [bobàlə *Ri.*] *m. Spielball*: B.-spiele.
bobbelich [bòbəlix *Ett. Ri.*; bopəlix *Ersd.*; bobəldix *Lix.*] adj. *ängstlich*: 's isch me b. ums Herz *Ersd*. 'S Herz werd em b. *Ett*. Do isch 's mer doch bal b. wôr. — vgl. els. 2, 70 verboppelt *zaghaft*. s. d. folgende.
bobbeln [bòbəln *Ett. Ersd. Lix. Ri.* u. s.] intr. v. 1. *beben, pochen bes. vom Herzen*: das Herz bobbelt m'r vor Angscht. — 2. *fallen, herunterfallen*: ich bin gebobbelt *(in der Kindersprache)*. — els. 2, 70 bopple; baier. 1, 190 bobern.
Bobel [bóbəl *Si.*] *f. Bohrkäfer, bes. das Insekt, das die Hülsenfrüchte aushöhlt*. s. Boben.
Bobele [bòbələ *Pfb.*] *n. Kosename für Bübchen*. Wiegenlied:
  Nina, Bobele, schlôf!
  Mama esch en Letzenstein
  Brengt em Kend en Wegge *(Brötchen)* heim.
Bobeⁿ [bóbə *Bi. Ett. Lix. Ri.*; bóbən *Vbg.*; bópən *Obh. Ersd.*; boəpən *Bo.*; pópə *Wb.* — Pl. gleich; Demin. bépxe, bébəl.] *m.* 1. *Bezeichnung für alle Arten Käfer*: e Bobe em Kopp han *verrückt sein Lix.* — 2. *kleiner, schwächlicher Mensch*: es isch nur e B. *Av.* — 3. *Larve, maskierter Mensch Bo.* — 4. *Kosename für kleine Kinder*: du min goldîcher Bope! *Fo.* — els. 23 Bobe. — Zs. Helle-bèbche *Johanniswürmchen* (s. d.).
Bobert [bobərt *Si.*] *m. Waldohreule* (otus ferus). — lux. 48 Bubert.
Bobo [bòbo, bòwo *fast allg.*] *n.* 1. *kleine Verletzung, Schmerz in der Kindersprache*: wo hasch de dann Bobo? — 2. *Brot in der Kindersprache Ri. Ro. Hom.* — lux. 37; els. 2, 4; frz. bobo.
pocheln [poxəln *Bo.*] intr. v. *stümpern, ohne Ernst arbeiten*. — vgl. Gr. Wtb. 2, 1, 99 u. 7, 1963 : bocheln, bochseln, pocheln.
Pochler [poxlər, Pl. -tən *Bo.*] *m. Stümper*. s. pocheln.
Bochs *Hose* s. Buchs.
Bock I [bòk *allg.* Pl. bek] *m.* 1. *Männchen der Ziege, des Schafes; auch für andere Tiere gebraucht*: en alder B. *ein altes Pferd Ri.* — 2. *Kutschersitz, Kutschbock*. — 3. *Steg am Saiteninstrument*. — 4. *bockähnliches Gestell mit Längsbalken u. gespreizten Beinen: Sägebock, Holzbock*: enen in de B. spanne *jd. die Knie nach dem Körper od. Kopf zurückziehen u. sie anbinden, so daß er den freien Gebrauch der Beine nicht mehr besitzt Ri.* — 5. *Tellerbrett*. — 6. *Fehler, Verstoß*: e B. schiesse. — Zss. Bocks-horn: ins B. jawe *Ri.*; Bock-sprung: e B. mache *Dummheiten machen*.
Bock II [bog, bogə *Ri.*] *n. Kartenspiel. Die Karten werden in Häuflein eingeteilt, aufeinandergelegt, abgehoben usw.*
Pock [pòk *D.*; póuk *Si.*; gewöhnl. im Pl. pòkən, póukən] *f. Blatter, Blase, Geschwür*: t' Po^uke kreïen *die Blattern bekommen*; d' P. setzen *impfen*. — Gr. Wtb. 2, 204. — Zs. Pocke-lach *n. Blatternnarbe*.
pockech, po^ukech adj. *Si. blatternarbig*.
Bockel s. Buckel.
bockeln intr. v. *Si. purzeln*. — lux. 38; schwäb. 1, 1251 bockle.
bocken [bòkən *Bo.*] intr. v. *störrisch, böse sein, trotzen*: wer werd denn so bocken? — hess. 47; schwäb. 1, 1248 bocke 3.; henneb. bocken *trotzen From*. 7, 154; Gr. Wtb. 2, 204.
Bock-schanz, Bockel-schanz *m. Si. Purzelbaum*: de B. scheïssen *einen P. schießen od. schlagen*. — schwäb. 1, 1248 Bockelscheiss. Bockel-schanz < Bockel = *Buckel* u. mhd. schanz, schänze = *Fall*.
Bockse-bart, Bocke-bôrt *m. fast allg. Benennung mehrerer Pflanzen, sowohl des Wiesenbockskrauts* (Tragopogon pratensis), *als auch des Hartheus* (Hypericum

perforatum). — schwäb. 1,1252 Bocksbart lux. 38.
Podasch *m. Si.* u. s. *Potasche.*
Bodell *Flasche* s. Butell.
Podent [podènt *Si.*] *f. Patent.* — lux. 343 Potént; frz. patente.
Po-hahn *Pfau* s. Pau.
Bohn [bón *fast allg.;* boun *D. Si.* — ᴴ. bónə, bounən; Demin. bénχə, béïntχən] *f. Bohne. Rda.*: das geht in de Bohne *die Sache nimmt eine schiefe Richtung Fo.* Änem d'Bouⁿne fehen *jemanden derb zurechtweisen Si.* E jeder Bênche git sin Tênche *jedes Böhnchen gibt sein Tönchen d. h. der Genuß von weißen Bohnen verursacht das Abgehen von Winden Lix.* Bohne dun mich krone (krönen); Win un Wissbrot sin min sicherer Tod (*der schlaue Ehemann bezeichnet als ihm schädlich, was ihm am besten mundet, u. hintergeht so das Weib, das ihm zu schaden sucht, ihm aber in Wirklichkeit dasjenige gibt, was er wünscht*) *Ri.* Bohne insetze s. bohneⁿ. — Zss. Bohne-brit *Bohnenbrühe;* B.-kritche (B.-krittel) *Bohnenkraut* (Satureja hortensis), *Gewürz für eingemachte Bohnen, Gurken usw.* B.-lied: ebbs geht iwers B. B.-nas *starkgewölbte Nase Av.;* B.-stecke (Bouⁿne-stach): 1. *Bohnenstange:* me mänt, er hat B. im Buckel *er ist steif. Mett.* — 2. *langer Mensch:* die isch so durr, wie e B. Bohne-stroh (Bouⁿne-streïh): er isch grob wie B. — Aberglaube: An de dreï Da' vor Chrischti-Himmelfahrt soll mer de Bohne setze, noh steie se met Chrischtus en de Heh *Lix.*
bohneⁿ [bónə *Ri.* u. s.] tr. v. *jd. beim Kopf fassen u. ihm die Daumen fest in die Grube hinter dem Ohrläppchen eindrücken (wie man Bohnen in den Boden setzt), so daß er vor Schmerz aufschreien muß Ri.*
Boïbel *Baumwolle* s. Bawoll.
Boïm *Baum* s. Bam.
Boin *Bein* s. Bän.
Boïs [boïs *Av.*] *m. häßlicher Kerl, Kobold.* Urspr. wohl *Teufel* wie els. 2, 102 Bös; schwäb. 1, 1308 der Bös *Teufel.*
Pojier [pòjír, Pl. -ən *Bo.*] *n. Laxier-Blutreinigungsmittel.* — frz. purge.

pojieren s. porjieren.
Bok [bòk *Mw. D. Si.;* bòks *Obh.* — Pl. bek] *m. Faschingsmaske.* — 2. *böses, geisterhaftes Wesen.* — 3. *Weibermütze.* — vgl. lux. Bòk Ga. 50; baier. 1, 205 Fasnachtböck, Bökenantlitz. — Zs. Bokegesiht *n. D. Si.; Gesichtsmaske.* s. a. Botsche u. Botze.
Pokes [pòkəs *Kö. Ka. Mw. lux. Grenze*] *m. Tasche.* — engl. pocket; frz. poche.
Pol [pól *fast allg.;* ból *Pfb. Hochw.*] *männl. Vorname* 1. *Paul.* — 2. *Leopold.* lux. 340; els. 2, 36 Pol.
Pol [pòl *Pü. Hd. Vbg.;* póul *D. Si.;* pâl *Fo.* — Pl. pêl, péïl; Demin. péïltχən, péïlχin] *m.* 1. *Pfahl.* — 2. *Welle am Seidenwebstuhl, die zum Aufwinden dient.* — eifl. Pòl Bü. 6; lux. 340 Poul.
Polak *m. fast allg. Pole, Polack. Rda.:* voll wie e P. *Pü.*
poliereⁿ [políərə *fast allg.;*] bolírə *Sbg. Ri.;* poléïərən *D. Si.*] tr. v. *polieren, glätten, glänzend machen.*
Polett [polèt *Fo. Falk. D. Si.;* bolèt *Ri.* Pl. -ən] *f.* 1. *Achseltroddel, Epaulette.* — 2. *Ärmelpuffe Ri.* — frz. épaulette.
Polfer *Pulver* s. Pulwer, Polwer.
Polin [pólin *fast allg.;* bólin *Ri. Pfb.* — Demin. póle] *weibl. Vorname Pauline.*
Boll [bòl *fast allg.* — Pl. -ən; Demin. belχə] *f.* 1. *Schöpflöffel, großer Suppenlöffel.* — 2. *große Kaffeetasse.* — 3. *Trinkbecher mit Stiel.* — els. 2, 34; hess. 47 u. schwäb. 1275 Bolle; engl. bowl. s. a. Gr. Wtb. 2, 231. Das Wort scheint keltischen Ursprungs zu sein: bol = uter. *An der Mosel heißt das mit einem langen Stiel versehene Trinkgefäß, womit aus dem Eimer geschöpft wird, durchweg* Boll *From.* 7, 487.
Boll-äsch [bolèš *Ett.* u. s.] *f. Pottasche, Soda.* — vgl. hd. Polle, Poll u. Pollmehl Gr. Wtb. 7, 1985. s. Äsche *Asche.*
Bollech [boleχ *D.* u. s.] *m. Bolch, ein Fisch* (asellus piscis), *meist gedörrter oder gesalzener Stockfisch u. Kabliau.* — baier. 1, 233 Bolch; els. 2, 38 Bolche; Gr. Wtb. 2, 229 Bolch.
Bollen [bolən *Av.* u. s.; bòlə *Ri. Ett.*] *m.* 1. *Kotklumpen, rundliche Exkremente bes. von Schafen od. Pferden:* Perdsbollen,

Schafbollen. — 2. *Schmutzansatz am unteren Teile der Kleidung.* — Zs. Bollhammel *(Schmutzkittel)*. — Gr. Wtb. 2, 231 Bolle; baier. 1, 232 Bollen, Rossbollen; els. 2, 35; schwäb. 1, 1274; mhd. bolle.
Boller-loch *n. Lix.* u. s. 1. *ein Kind, das viel poltert* s. bollern. — 2. *beschmutzter Hinterer.* Spottvers: Gretle, Gretle, Bollerloch! Hats Hemd verschess, bets *(bis)* inners Loch. — schwäb. 1, 1277 Bolle-loch.
Boller-matz *m. Bo.* (eigentl. *Klopfmathias) ungeschlachter Mensch, Lärmmacher.* — vgl. Bollerloch u. hess. 47 Bollrian; schwäb. 1, 1277 Bolle-michel, Bolle-mann.
bollern [bòlərn *fast allg.*] 1. intr. v. *poltern, laut klopfen:* horch, wie das bollert! — 2. trans. *übereinander werfen, anstoßen. Rda.:* a had de Kamin gebollert *er ist betrunken Sp.* — hess. 47 u. Gr. Wtb. 2, 233.
Bölles [bøləs, Pl. -ən *D.*] *m. Tölpel, ungeschlachter Mensch.* — lux. 38; vgl. schwäb. 1, 1276 Bolle *roher, plumper Mensch.* — B. gehört wohl zu mhd. bolle *Klumpen.*
böllesech [bøləseχ *D.*] adj. *tölpelhaft, grob, plump.* Davon: Böllesechkät *Tölpelei.*
Boll-mehl, Bolle-mehl, *n. Grt. Lix.* u. s. *Pollmehl, eine geringere Sorte Weißmehl fürs Vieh.* — moselfränk. u. els. 2, 34 Bollmëhl; s. a. baier. 1, 386 u. Gr. Wtb. 2, 233.
Polmer [polmər *Falk. Pü.*; polma *Vbg.*] *m.* u. *n. Pulver.* s. a. Pulwer.
pol-rihtich [pólritiχ *Hd.*; pólrít *Si.*; pulriχt *Fo.*; púritiχ *Bo.*] 1. adj. u. adv. *in die Höhe stehend, senkrecht:* p. do stön; sech p. hålen. Als adv. hat es auch die Bedeutung *sofort, auf der Stelle.* — B. < Bol *Pfahl* u. riht *gerade.*
Bols [bòls *fast allg.*; bùls *Ri.*; bolts *D. Si.*] *m. Puls:* engem de B. freden *(fühlen) D.* — lux. 38. — Zs. Bols-ôder *f.* Pulsader.
Böls [bøls *D. Si. Busd.*] *f. Beule, Geschwulst.* — lux. 38 Bölls; schwäb. 1, 1515 Bülsel; vgl. baier. 1, 237 u. schweiz. bülsen *stoßen,* lat. pulsare.

polterech [poltəreχ *D. Si.*] adj. *dick, steif, unbeholfen.* — lux. 341; vgl. schwäb. 1, 1280 Polter *Bodensatz.*
bolzen [bòltsən *Si.*] intr. v. *hervorquellen, hervorstehen.* — lux. 38 bölzen; baier. 1, 238 u. schwäb. 1, 1282 bolzen.
Bom *Baum* s. Bam.
Pomat s. Bumat.
Bommel [bòməl, Demin. beməlχən *Si.*] 1. *m.* a) *kleiner Hund.* b) *dicker Junge.* — 2. *f.* a) *Quaste.* b) *Laus in der Kindersprache.* — lux. 38 u. 516; vgl. schwäb. 1, 1517 Bummel u. hd. bummeln; eifl. Bömmelcher *zitzenähnliches Gebilde am Halse mancher Ziegen.*
Bom-neigelcher [bòmnaigəlχər *Schw.*] Pl. *Flieder* (eigentl. Baumnägelcher).
Bomp [bomp *fast allg.*] *f. Bombe.*
Pomp, pompen s. Pump, pumpeⁿ.
bompeln *D. Si. Bo.* u. s. 1. intr. *baumeln.* — 2. tr. (scherzh.) *für schlagen Bo.* schwäb. 1, 1517 bomple.
Bompel-nekel [-nekəl *Bo.*] *m. Spiel der Kinder, wobei Zahlen geraten werden müssen; beim Falschraten wird gebompelt. Der Reim zu diesem Spiel lautet:* Bompel, Bompelnekel! Schemel, Schemel, steken — Rat, wat steᵃt! (1—5) — *Beim Falschraten:* Hätsch de vier gerat — Dann wärsch de net gebompelt woᵃd — Bompel, Bompel u. s. w.
Pomper-nekel s. Pumpernickel.
Bompes s. Bumpes.
Bom-stratzer [bòmštratsər *Schw.*] *m.* (eigentl. *Baumscheißer) Wiedehopf.*
bon-ärscheleⁿ [bonèrslən *Kr. Ri. Ro.*] intr. v. *sich überschlagen (Kinderbelustigung).*
Bong [boŋ *D. Si.*; bùŋ *Ri.*] *m. Anweisung, Gutschein.* — els. 2, 26 u. lux. 39; frz. bon.
Bongert [boŋərt, Pl. -ən *D. Si. Bo.*; buŋərt *Sgd. Go. Lix.* u. s.] *m.* 1. *Baumgarten.* — 2. *eingehegter Weideplatz.* — els. 2, 62 Bungert; mhd. erscheint schon bûngart.
Bonifaz n. pr. *fast allg. Bonifazius.* Bauernregel: Bonifaz, Bohne fass *am Bonifaziustag* (5. *Juni)* steckt man Bohnen. Wenns rängt am B., so rist der Driwel bitz ins Fass *so gibt es einen schlechten*

Herbst. Ähnlich els. 2, 287. s. rise[n]. — els. 254 Bonefazi.

Ponjar *m. D. Si. Dolch.* — lux. 342; frz. poignard.

Ponje [ponjé *Fi.*] *f. eine am Hemdärmel angenähte Manschette.* — frz. poigné.

Ponsch [pǫš, Pl. -ən *Vbg.;* puṇš *Va.*] *m. Schwamm.* --- frz. éponge.

Bont [bon̩t *D. Si.*] *m. Napfkuchen, Formkuchen in Gestalt eines Turbans od. Türkenbundes.* — lux. Bont Ga. 53.

Pont I [pon̩t *D. Si.*] *f. Brückenschiff; Fähre, vermittels welcher Wagen, Pferde u. Vieh übers Wasser geführt werden.* — lux. 342; frz. ponton.

Pont II pon̩t *D. Si.;* pon̩tən *Brettn.*] *m. u. f. hölzerner Pfropfen, womit das Spundloch eines Fasses verstopft wird.* — lux. 342; frz. bondon. s. a. Bunte. — Zs. Ponte-lach *n. Spundloch.*

Bonzel [bontsəl *D. Si.*] *f. Exkremente der Ziege u. des Schafes.* — vgl. tirol. bunzet *bauchig, rund* From. 3, 523, 83 u. 4, 213; schwäb. 1, 1529 Bunz, Bonz u. baier. 1, 397 Ponz, Punz *Faß, etwas Bauchiges (wozu unser Wort das Deminutiv bildet);* eifl. Bonzel *Bündel* Bü. 7.

bonzeln intr. v. *Si. purzeln* (eigentl. *rollen wie ein Faß*). s. das vorige. — lux. ebenso Ga. 53.

bonz-enen, bonz-owen adv. *D. Si. kopfunter, kopfüber, Hals über Kopf, alles durcheinander.* — els. 2, 66 Benz ünge, Benz owe. Über die Entstehung dieser Redensart vgl. Alsatia 1856, 139; lux. 40.

Popp [pòp *Bo. D. Si. Gelm.* – Pl. -ən. Demin. pipəl *Mtsh.*, pepχin *Bo.*] *f.* 1. *Puppe.* — 2. *Briefmarke Gelm.* — els. 2, 71 Bupp; lux. Popp. — Zss. Poppe-spil *n. Puppentheater.* Poppe-stek *n. D. Si. wertloser Tuchabfall, der den Kindern überlassen wird zum Bekleiden ihrer Puppen.*

Poppeli [pòpəli *Geinsl.;* pòpli *Si.;* pòpəlin *Umgegend von D.*] *f. Pappel.*

Boppes [bòpəs, Pl. -ən; bubəs *Ri.;* Demin. bèpəsχin *Bo.*] *m. Knirps.* — vgl. hd. Bub.

Bor I *Bahre, Tragbahre* s. Bar.

Bor II [búr *Bo. Falk.;* bórə *Ri.;* búər *Si.*] *f. u. n. Bohrer.* Man unterscheidet: Drille-bor *Bohrer mit Bogen;* Lâfe-bor *B. ohne Spitze;* Nagel-bor *Handbohrer;* Nawe-bor *B. mit Querbalken;* Stän-bor *Steinbohrer.* — els. 2, 82.

bor [búər *fast allg.*] adj. *baar:* kä' bore Su *keinen roten Heller.*

Bor-bihn s. Borkirch.

Bordůgal n̩. pr. *Pfb. Portugal.* o Bordůgal! *Ausdruck der Verwunderung.*

bore[n] **I** [bórə[n] *fast allg.*] tr. v. *bohren:* in e Loch b. *immer wieder auf denselben Punkt kommen. Ri.*

boren II [bòrən *D. Si.*] tr. v. *einen Leichnam aufbahren.* — lux. 40.

Porette *Lauch* s. Purette.

Borj [borj *Si.;* boriχ *Falk.* u. s.; bori *Ri.*] *m. Kredit, Borg:* uf B. hole *Falk.* Op B. gên *Si.*

borjen tr. v. *fast allg. borgen, leihen.* Borje macht Sorje.

porjieren [porjírən *fast allg.;* pojírən *Bo.;* porjéiərən *D. Si.*] intr. v. *Durchfall haben, laxieren.* — frz. purger.

Porjier-kraut *n. kreuzblättriger Wolfsmilchsamen.*

Borkirch [bòrkirχ *Fo. Sgd. Lix.* u. s.; borkirχ *Obh.;* bârkirχ *Falk.;* borbin *Ri.*] *f. Emporkirche, Orgelbühne:* er geht immer uf de B., wann er in de Mess geht. — tirol. Boarkirch From. 4, 208. vgl. mhd. bôr *der obere Raum;* els. 2, 81 Bor. s. a. Bor-spicher.

borniert [bornírt *fast allg.*] adj. *eigensinnig:* das isch e bornierter Mensch *Fo.* — frz. borné.

Borscht [bòršt *D. Si.*] *m. Bursche.* — lux. 40; hess. 62 Burst.

Porsion [porsjón *Fa.*] *f. Gemeindeloos, Anteil.*

Bor-spicher [boᵘršpiχər *Merl.*] *m. Emporkirche* s. Borkirch.

Port [pórt *fast allg.;* purt *Busd.;* púərt, párt, puᵃrt *D. Si.*] *f.* 1. *Pforte.* — 2. *Scheunentor.* — 3. *Tor überh.* — Zs. Porte-(Puerte-)geld *n. Stadtzoll, der an den Stadttoren erhobene Zoll.*

Bortmonne [bordmone *Ri.*] *n. Portemonnai.*

Porträ [portré *fast allg.* bordre *Ri.;*] *m. u. n. Photographie, Bildnis:* 's isch sin P. *er gleicht ihm.* — frz. portrait.

Pos *Sterbegeläute* s. Pes.

Bösch [bøš *D. Si.* — Pl. -ər, ən] *m. Busch, Wald, Gehölz.* — moselfr. Bösch; ss. Bäsch Kisch vgl. Wtb. 16; els. 2, 107 Bösch *mit Gestrüpp u. Unterholz bewachsene Fläche.* — Zss. Bösch-bu^{e}t *m. Waldhüter* (Bu^{e}t *Bote).* Bösch-grond *m. Walderde.*

Poscht [pošt *fast allg.;* bošt *Pfb. Ri.*] *f. Post, Postamt, Postwagen.* — Zs. Poscht-kart (Poschkârt). Poschtkutsch. Poscht-pärd *n. Postpferd.*

poschtelieren [pošteléïərən *Si.* u. s.] 1. intr. *hin- u. herlaufen wie ein Postulant, flanieren.* — 2. tr. *sich bewerben um eine Anstellung.* — lux. 342 posteleïeren; lat. postulare.

Poschte^n [pošte^n *fast allg.;* pošt *Si.*] *m.* 1. *Pfosten:* e P. in de Bode schlan. Reimspruch: Es geht e Männel iwer d'Brick — Hat e Säckel uf'm Rick — Stosst wider de Poschte — Poschte kracht — Männel. lacht *Fo.* — 2. *eine große, starke Person.*

Boschur [bòžúr *D. Si.;* bažúr *Sbg. Ri.*] *guten Tag!* B. sawe *(sagen).* — frz. bonjour!

Boss [bòs *fast allg.*] *f. Beule, Anschwellung, Höcker:* e B. im Hut. E. B. an der Stier. — lux. 40; frz. bosse.

Poss [pòs *Bi. Pü. Lix.* u. s. Pl. -ən; pàs, pàsrou^t *Si.*] *m.* 1. *Edelreis.* — 2. *gepfropfter Baum.* — 3. *Impfungsnarbe.* s. posse^n.

Bosse I [bòsə *Ett.* u. s.; bósə *Ri.;* bosè *Fi.* — Pl. gleich] *m.* 1. *Bund abgedroschenes Stroh.* — 2. *Heubüschel.* — els. 2, 102 Bose; hess. 48 Bòszə *großes Bündel Flachs;* baier. 1, 294 Bòszən *Büschel geriffelten Flachses;* hd. Bosze Gr. Wtb. 2, 268, vgl. baier. 1, 294 bòszən *schlagen, bläuen;* ss. Búsen Kr. 16; frz. botte (de foin).

Bosse II [bòsə *Ri. Sbg.*] f. pl. *Possen, schlechte Streiche, Schabernack. Gewöhnlich* Narrebosse. — els. 2, 103.

Bossecht [bouseχt *Si.;* bósit *Falk.*] *f. Bosheit.* — lux. 41 Bo^{u}ssecht.

posse^n [pòsə^n *fast allg.;* pàsən *Si.* — Ptc. gəpòst, gəpast] tr. v. 1. *okulieren:* de Rose posse. — 2. *impfen:* de Pirple posse *Pocken impfen.* — hess. 305 potten; nassauisch possen ibid.; moselfr. pòsten; ndl. poten; lat. putare *beschneiden.* vgl. engl. to put.

bossich [bòsiχ *Fo. Bo.* u. s.; bòseχ *D. Si.*] adj. 1. *mit Beulen versehen* s. Boss. — 2. *hügelig, uneben.* — 3. *spaßig, wunderlich:* das ich b. *Fo.* D' as eng bossech Geschicht *Si.* —. lux. 41 bossech; els. 2, 103 bossig *possierlich;* schwäb. 1, 1315 possig *scherzhaft.*

bossle^n [boslə *Fo.* u. s.] intr. v. 1. *Kleinigkeiten machen, die nicht zur gewöhnlichen Arbeit gehören.* — 2. *niedrige Dienste im Hause verrichten:* er bosselt de ganze Da' im Hus herum. — els. 2, 103; schwäb. 1, 1316; hess. 49 posseln, posteln; henneb. bösseln From. 7, 155. s. a. Gr. Wtb. 2, 265.

Bossler [boslər *Fo.* u. s.; bosəl *Ri. Fi.*] *m.* 1. *einer, der kleine ungewöhnliche Arbeiten verrichtet.* — 2. *Dienstbote, den man zu allen Arbeiten gebraucht:* de Bossel mache *sich zu allen Arbeiten hergeben müssen.* s. d. vorige. — els. 2, 104; schwäb. 1, 1317; baier. 1, 410 Possler, Possel; hess. 49 Bössler; gemeind. Bossler Gr. Wtb. 2, 264.

Poss-rut [posrút *Fa. Pü.;* pasrout *Si.* — Pl. rùdə, -roudən; Demin. -réïtχən] *f. Edelreis zum Pfropfen.* s. Poss.

Bossung [bosuŋ *Fa.;* boso *Obh. Bo.;* bosoŋ *Pü.*] *m.* 1. *hölzernes Getreidemaß* = *1 Sester.* — 2. *Cylinderhut.* — frz. boisseau.

Bot [bót *fast allg.;* buət *Si.*] *m.* 1. *Polizeidiener.* — 2. *Briefbote.* — els. 2, 117; lux. 51 Bu^{e}t.

Pot I [pót *Pü. Kr. Merl.* u. s.; póət *Fo.;* pout *D. Si.* — Pl. pótə, póətən, poutən; Demin. péətχən] 1. *m. Tischbein, Fuß am Pult usw.* — 2. *f. Pfote.* — 3. *Schlag auf die Hand als Strafe der Schulkinder D. Si.* — 4. *soviel man mit den Fingerspitzen fassen kann:* en Po^{u}t Bo^{u}nen *Si.* — lux. 343 Po^{u}t; pfälz. Patt u. Poot Keip. 69; eifl. Putt Bü. 11 Anm.

Pot II [pot *allg.* Pl. pet; Demin. pètχin *Vbg.*] *m. Topf.* — hess. 305 Pot *ausschließliche Benennung für Topf;* frz. pot. — Zs. Pote-giesser *Kesselflicker.*

Pote [pótə *Sgd. Lix.;* potə *Pü.;* pòtən *Fa.;* pòt *Bo.;* pat *Si.* — Pl. pótə, pótə, patən, pətən; Demin. pètχin *Bo.*] *f. Sprößling, Trieb:* de Gaise fresse gèr Pote *Lix. Rda.:* D'Zit bringt Rose, awer z'erscht Pote.

poten-grawich [pòtəngráwiχ *Bv.*] adj. *mit dem Schreibkrampf behaftet.* — els. 2, 15 bodekrämmisch; vgl. hess. N. 208 Podekramp u. hd. Pfotenkrampf Gr. Wtb. 7, 1792. s. Pot I.

Poter [pútər, Pl. -ən *D. Si.;* pàdər *Ri.*] *m. Pater, Ordensgeistlicher:* e war bei d'Poteren beichten. — lux. 343.

potern [pótərən *D. Si.*] intr. v. *wie ein Ordensgeistlicher herumpilgern, schlendern.* — lux. 343 pôteren.

Pot-sack [pootʒak *Bo. Si.* u. s. — Pl. -ʒèk] *m.* (eigentl. *Pfotentasche) Westenod. Rocktasche.* s. Pot. I.

Potsch *Büschel, Strauß* s. Putsch.

Pot-chambre [potšambrə *Fo. Sbg.;* potšamp *D. Si.*] *m. Nachttopf.* — els. 2, 124 u. schwäb. 1, 1326 Potschamber; lux. 343 Potschamp; frz. pot de chambre.

Botsche *Maskierter* s. Botze.

Potsch-hafen [potšhafen *Falk.;* -hawən *Vbg.* — Pl. potšhæ̀fən] *f. Nachtgeschirr.* Das Wort ist entstanden aus der Verschmelzung von pot de chambre und Nachthafen. s. d. vorige.

Bottel [botəl, Pl. -n *Bo. Si. Hd.*] *f. Hagebutte.* Gr. Wtb. 2, 580 Butte, Buttel. — Zs. bottel-rot adj. *Si. blutrot.*

Bottelter [botəlta, potəlta *Obd.*] *f. Hagebuttenstrauch.* s. Bottel.

Botter s. Butter.

Potto *m. D. Si.* 1. *Pfosten.* — 2. *Wegweiser.* — frz. poteau.

Bot-trawer [bótráwər *Ri. Berl.*] *m. Botschaftenträger:* hit dich vor dem, 's isch e B. *er erzählt alles weiter.*

Botze [bótsə *Bi. Sgd. Lix. Merl.* u. s.; botšè *Fi. Ri.* — Pl. gleich; Demin. bétsəl] *m.* 1. *Vogelscheuche, Schreckbild.* — 2. *geckig gekleidetes Frauenzimmer.* — 3. *Maskierter.* — els. 2, 124 Botsche; 2, 128 Butz II: hess. 50 Bôzemann; baier. 1, 316 Butz, Butzmann; hd. Butz, Butze Gr. Wtb. 2, 588. — Zs. Hanf-botschä *Fi. Vogelscheuche im Hanf.*

botzen, bo^utzen *els.* *putzen* s. butzen. — 2. *anbrüllen Fi.* — vgl. els. 2, 128 bozen *einen Schlag versetzen;* baier. 1, 317 butzen.

Botzerei *f. D. Si. große Reinigung.* — lux. 42.

Potz-pudel-nakech adj. *D. Si. splitternackt* (wie ein geschorener Pudel?); potz entstellt aus Gott(e)s. — lux. 343 potzpuddelplåkech; schwäb. 1. 1506 pudelnackig.

Bou [bóu, Pl. beï *D. Si.*] *m.* 1. *Bug.* 2. *Bogen.* 3. *Rebschößling, in der Winzersprache ein längerer, gebogener Rebzweig, der an einen zweiten Pfahl angebunden wird.* — els. Boge 1. 5.

Bouf *Bube* s. Bu.

pouftech! [póuftex *Si.*] interj. *plumps!* — lux. 38.

Boustof *Buchstabe* s. Bustaw.

Bow *Pfau* s. Pau.

Bowatz *m. Lix. Schreckbild, Scheuche.* s. a. Botze.

Powei *Pflaster* s. Pawei.

Brach *dicke Milch* s. BrockeL

brächeⁿ [brèχə *Fo.*] intr. v. *schwitzen, durch Wasserdampf in Schweiß kommen.* — vgl. mhd. u. nhd. bracken *aussondern.*

Brach-käfer [braχkêfər *Schw.*] *m. Gartenlaufkäfer* (Scarabacus solstitialis). *Käfer, der im Brachmonat fliegt.* — mhd. brâchkëver.

Brach-monat [bráχmonat *Fo. Grt.;* braχmont *Bo.;* broχmónt *D. Si.*] *m. der Monat Juni:* er es lank weï der B. *er ist sehr lang. Bo.* — mhd. brâche *das Umbrechen des Bodens nach der Ernte.* — bair. 1. 337 Brâchman.

Bräcke [brèkə *Busd. Obd.;* brák *Si.* — Pl. -ən] *f.* 1. *Brombeere Obd.* — 2. *die langen, dornigen Ausläufer der Brombeere Busd.* — 3. *das Reis, das man im Frühjahr beim Beschneiden der Reben verschont, um junges Holz zu ziehen Si.* — vgl. Brack *Ausschuß* Gr. Wtb. 2, 289.

bräcken [brèken *Bo.*] 1. trans. *vermittels eines Astes stemmen.* — 2. *sich durchdrängen* (urspr. *durch Gebüsch*). vgl. ndd. Brâke *Ast mit Zweigen,* brâkən, brâskərn, *sich hindurcharbeiten* From.6,54.

braddelen [bradələn *D. Si.*] intr. v. (lautmalend) 1. *brodeln.* — 2. *unverständlich sprechen.* — lux. 42; vgl. schwäb. 1, 1340 Bradel *breites Geschwätz;* engl. prattle; frz. bredouiller.

Bradeler [bradələr *D. Si.;* brêdslər *Ri. Sbg.*] *m. langweiliger Schwätzer.* —

lux. 43; schwäb. 1. 1340 Bradeler *langweiliger Mensch.* s. d. vorige.

Brädemer [brèdema *Kr.*; bréadər *Bo.*] *m. altes Fruchtmaß, ungefähr ein Viertel Sester (4 Liter).*

braf [bráf *fast allg.*; bráw *Av.*; brá *Bo.*] adj. u. adv. (bräfer, bräfscht). 1. brav: e brawer Mann. — 2. *tüchtig, viel, gehörig, groß:* er hat bra'Affären gemach *Bo.* Es git braw Biren *es gibt viel Birnen Av.* — els. 2. 182 braf als Verstärkung; henneb. brav *sehr, gehörig* From. 7, 157; s. a. Gr. Wtb. 2, 340 u. From. 6, 114, 8.

Praff [praf, Pl. -ən *D. Si.*] *f. Pfropfreis.* — Zss. Praff-messer. Praff-ro^{u}t *Pfropfrute.*

praffen [pràfən *D. Si.* Ptc. gəpräft] tr. v. *pfropfen, impfen:* an't Holz pr. *in den Spalt pfropfen;* an't Schêl pr. *in die Rinde pfr.* — lux. 343.

Praffert *m. derjenige, der pfropft.* s. d. vorige.

Prahler *m. Lix.* wie hd. *Prahler.* Ruhlinger Prahler, *Spottname der Bewohner von Ruhlingen.*

brajern [brájərn *Bo.*; braiərə *Ri.*] intr. v. (lautmalend) *in breitem, krächzendem Tone sprechen.* — vgl. baier. 1, 345 brácht'n, ahd. prahtan *lärmen;* frz. braire.

Brak [brâk, Pl. -ən, Dem. brêkəlχən *D. Si.*] *elende Hütte.* — lux. 43 Brâk; frz. baraque.

Brakunie [brakunié *fast allgem.*] *m.* 1. *Wilddieb.* — 2. *einer, der alles schießt, was ihm vor die Flinte kommt.* — els. 2, 185 Brakonnie(r); frz. braconnier.

Bräm [brêm *Ett. Gelm. Mw. Rü.*; brêmə *Ho. Ri. Ro.*; prêm *Falk.*; brêmən *Bo. Hd.*[*f. Brombeere, Brombeerstrauch.* — els. 2, 189 Bram, Bräm; mhd. brâme.

Brämer [brémər, bréïmər *Si.*] *m. Brombeerstrauch.* — els. 2, 189 Brämer; mhd. brâmber.

Brand [brànt *fast allg.*; bròant *Kr.*] *m.* 1. *Brand, Feuersbrunst.* — 2. *Entzündung als Krankheit.* — 3. *Brand im Getreide.* — 4. Steg (?) *Kr.* — Zss. B.-fass *geschwefelter Pappstreifen zum Gebrauch der Küfer* s. a. Fassbrand. — B.-kass *f. Ri. Lix. Feuerversicherung:* mer hon unser Hus en de Br. gedon. B.-sohl *f. die innere Sohle des Schuhs.*

brangen [braŋən *Falk. Si.*; praŋən *Bo.*] intr. v. *prahlen, prangen.*

Brangert [braŋərt *Si.*; praŋərt *Bo.*; bràŋat *Falk.* — Pl. -ən] *m. Prahler. Rda.:* De Prangerten han keïn Bro^{e}t, on de Änzerten (s. d.) han keïn No^{e}t *Bo.*

Bränkel [breŋkəl, brèŋəl *Ri.* u. s.] *n. Waschzuber.* — baier. 1, 362 Brenk; Gr. Wtb. 2, 304 Branke, Brenke, Bränklein, 364 Brenkel.

Brannte-win [bràntəwín *fast allg.*; — wain *D. Si.*; brentəwín *Mü.*] *m. Branntwein.* — els. 2, 829.

Bransel [bransəl *Si.*] *m. schwarzgeflecktes Schwein.* (Das Wort hängt wohl mit Brand zs., weil die Flecken wie verbrannt aussehen.)

branselech adj. *Si. schwarzgefleckt.* s. d. vorige.

Brasche^n [brášən *Obh.*; brašə *Fo. Sgd. Lix.* u. s.] f. pl. *in kleine Brocken zerfallene Kohlen; Kohlenasche, die noch zum Brennen gebraucht werden kann; Koks.* Brasche suchen *aus den Schlacken heraus.* — lux. Braschen Ga. 60; schwäb. 1, 1361 Bratsche: baier. 1, 366 Bräschen, Braschten; vgl.frz.braise; ital.brace.—Zs.Braschenêwe Pl. *Braschenöfen, ein Ort bei Forbach, wo früher Koks gebrannt wurde.*

Brasett [braẓèt, Pl. -ən *Nj.*] *f. Holzkohle.* — frz. braise.

Brät [brèt *fast allg.*; breïdən *Falk.*] *f.* 1.*Breite.* Vier Meter in der Br. —*2. größere Feldfläche, Ebene.* Flurnamen: Breden, Preidt, Bredling, Breitling, Britling, Bretel, Predel. Besl. II. 34.—baier. 1, 370 Braiten *Ebne.*

brät [brèt *fast allg.*; brait *Ri.*; breït *Falk.*] adj. *breit:* vier Meter brät. — Zs. brät-spurech *breitspurig.*

Brät-arsch [brèdarš *Pü.*] *m. breitgedrückte Karpfenart.* — vgl. baier. 1, 370 u. schwäb. 1, 1391 Breitarsch *eine Apfelsorte.*

brate^n *trotzen, schmollen* s. brotte^n.

Brat-ecke [brátěkə *Lix.*] *f. Schmollwinkel.* s. brotte^n.

Präter [prêtər *Bo.*; prétər *Si.* — Pl. -n] *m.* 1. *Feldhüter.* — 2. *Stock mit Stroh-*

wisch, der andeutet, daß man ein Grundstück od. eine Wiese nicht betreten darf. — lux. 345 Prei̯ter. Präter < practor (rusticus)? oder ist es Verstümmelung von frz. garde-champêtre?
brätich [brètiχ *Bo.*] adj. *breittragend, selbstgefällig, stolz.* s. brät.
Pratik [pràtĭk *fast allg.*; bràdĭg *Ri.*] f. *Kundschaft, Kunde, Käufer:* er hat e gudi P. — els. 2, 201.
Bratsch I [bràtš *Hom.*] f. *Schalmei.* — vgl. tirol. Brâtschen pl. *Hülse; grobe Abfälle beim Behauen der Bäume* From. 4, 209.
Bratsch II [bratš *D. Si.*] f. *plumpes Frauenzimmer.* — lux. 43; schwäb. 1 1360 Bratsch *etwas Dickes, Plumpes;* tirol. Brätsch From. 6, 28.
bratschech adj. *D. Si. dickwanstig, breit, plump, unbeholfen.* — lux. 43; baier. 1,375 u.schwäb.1,1361 bratschig,bratschet.
Brät-schof [brètšof *D. Si.*] f. *Schwefelschnitt, ein in Schwefel getauchter Leinwandstreifen zum Schwefeln der Weinfässer.* — lux. 45 Brètscheft. — B. < bereit = *eigens zubereitet* u. Schaft?
bratzeln [bratsələn *Si.*] intr. v. *prasseln* (lautmalend): D'Deppe bratzelt. *Es wird damit das eigentümliche Geräusch bezeichnet, welches das kochende Wasser oder Fett verursacht. Der Ausdruck ist in ober- u. niederdeutschen Dialekten verbreitet:* henneb. bratzeln From. 7, 156; baier. 1, 366 brasteln, brazzeln; ss. pràzeln Kr. 103; eifl. bratzeln Bü. 7; mhd. brâzeln.
pratzeⁿ [pràtsəⁿ *Schm. Fi. Ri.* u. s.] intr. v. *prahlen:* der bruch nit ze pr. — els. 2, 208 protze, pratze.
Brätzer, Pratzer m. *Ri. Fi. Schm.* u. s. *Prahler.* — els. 2, 208 Pratzer; vgl. hd. Protze. s. d. vorige.
brauchen s. brucheⁿ.
braukes [bráukəs *Bo.*] adj. *uneins, verdrossen, aufgebracht (jüdisch-deutsch).* — baier. 1, 352 bróges; hebr. be, b'„in" u. rôges „Zorn".
Braulent, Braulet [braulənt, braulət, Pl. -ən *Si. Mw. Nh. Rg.*] f. *Hochzeit, Vermählungsfeier.* (Broulet zsgz. aus Brautlauft, weil urspr. ein Lauf, ein Wettrennen um die Braut gehalten wurde). — lux. 43 Braulecht; baier. 1, 371 u.

schwäb. 1, 1373 Bräutlauf(t), Brautlauf; ndrh. Brûtlaht; mhd. brûtlouft. s. a. Gr. Wtb. 2, 237.
Praum *Pflaume* s. Prum.
braun s. brun. **braunelzech** adj. *Si. bräunlich.* s. a. brunacheldich.
Braut s. Brut.
Braut-jong [Brautjoŋ *Si.*] m. *Brautführer. Das Femin. lautet* Braut-mêdchen.
Braut-stuhl s. Britstuhl.
Pre [pré *Si.*] m. *Löhnung der französ. Soldaten:* Pre kreïen. — els. 2, 177; frz. prêt.
Brech [bréχ *D. Si.;* brèχ *Ri.. Hom. Rom.;* brèiχ *Rü.*] f. *Hanf- und Flachsbreche.* — lux. 44 Brˡech; baier. 1, 339 Brèchen; mhd. brëche.
brechen [brèχə *fast allg.;* bréχən *D.;* brèiχən *Si.* Ptc. gəbròχ̣, gəbraχ̣] tr. v. 1. *wie hd. brechen:* Er isch gebroch *er hat einen Leibschaden.* E gebrochener Mann *kraftloser Mensch. Der Stecke brecht nit.* — 2. *abpflücken (Blumen, Obst):* morje gehn mer de Kirsche breche. Äppel, Bire br. — 3. *Hanf od. Flachs brechen.* — lux. 44; baier. 1, 339.
Predell [prèdil, Pl. -ən *Bi.*] m. *Hosenträger.* — frz. bretelles. s. a. Birdellen.
predicheⁿ [prediχəⁿ *fast allg.;* brédiə *Ri.;* prlədejən *Si.;* pré̍idijən *Bo.*] intr. v. *predigen, Standreden halten.*
Predicht [prediχt *fast allg.;* pré̍idiχ *Bo.;* priədeχ *Si.* — Pl. -ən] f. *Predigt:* der Paschtor hat de P. gedôn *Fo.*
Predijer (Brediᵉer) m. *D. Si. Ri. Prediger.* — lux. 344. *Das Femin. lautet* Brediᵉersche *Ri.*
Brei [breï *fast allg.;* brái *Si.;* brèï *Lix.* — Demin. bráiχən] m. *Brei. Rdaa.: der geht drum rum, wie de Katz um de heisse Brei Fo.* Brei im's Mul schmere *schmeicheln.* — Zss. Brei-dijel m. *Breitopf.* Brei-sack, Pl. -säck Breifresser. *(So heißen die Bewohner von Ham unter Varsberg).* Breï-bich *Breibäuche werden die Mettinger (Kr. Saarburg) genannt.*
preibich [pré̍ibiχ *Msbr.;* pré̍iwiχ *Bo.*] adj. *voller Gesundheit, munter. Das Wort ist Adjektiv zu* Pro^uw *Probe, bedeutet also urspr. die Probe bestehend.*

breïdich [bréïdiχ *Bo.*; breïeχ *Si.*] adj. *brüten wollend; angebrütet:* en breïdich Ei *Bo.* E breïech Hong *(Huhn) Si.* — ss. brâidich, Kisch vgl. Wtb. 24; mhd. bruotec.
Breiding, Breidung *f. Ri.* u. s. *Breite.*
breiech [bráieχ, breïeχ *D. Si.*] adj. *breiig.* — lux. 44 s. Brei.
breïen *brüten* s. briden.
Preier [praiər, Pl. -ən *D. Si.*] *m. Vorstcher eines Klosters, Prior.* — lux. 344.
Breïf s. Brief.
preïfen, Preïfong *D.Si.prüfen,Prüfung.*
Breïl [breïl *Bo. D. Si.* — Pl. -ən] *m.* 1. *Brühl.* — 2. *sumpfiges, nasses Land; feuchte Niederung.* — lux. 46 Bril; mhd. brüel.
Preiss [práis *D. Si.*; préis *Fo. Sbg. Ri.* u. s.] *m. Preuße:* de Preisse kumme. So schnell schiesse de Preisse nit *Weil.* Zu de Preisse gen *zum Militär gehen.* Bi de Preisse sin *seine Militärjahre abdienen. Spottvers:* Preiss, Preiss! de Buckel voll Leis, der Arsch voll Fleh bis iwer de Knie *Mw. u. Umgegend.*
Preisseⁿ [práizən *D. Si.*; préizə *fast allg.*] *n. Preußen, das Land.*
preïwich s. preïbich.
Brek I [brek, Pl. -ən *Hd.* u. s.] *f. Ziegelstein.* — frz. brique.
Brek II *Brücke* s. Brick.
Brel *Brille* s. Brill.
Brellen-gickser [brelənglksər, Pl. -tən *Bo.*] *m. Brillenträger, kurzsichtiger Mensch.* — els. 1, 208 Brillegückler. s. gicksen.
Bremm [brèm *Fo.*] *f. Landgut u. Wirtshaus bei Forbach.* s. Brimme, Bremme *Ginster.* „Dem früher an Ort und Stelle nur alleinstehenden Hofe nebst Wirtschaft wurde der Name „Goldene Bremm" beigelegt von der Prinzessin Helene Luise von Mecklenburg, welche im Jahre 1837 sich mit dem Herzoge Ferdinand von Orléans vermählte. Als sie auf ihrer Fahrt nach Frankreich die preussisch-französ. Grenze überschritt, wo heute eben das Haus steht, wurde sie von den Bewohnern der Umgegend empfangen und es wurden ihr die goldgelben Blüten des Bremmstrauches gestreut, wonach die Prinzessin die Häusergruppe Goldene Bremm genannt haben soll." Besl. I 17.

Bremme *Ginster* s. Brimme.
Brems [brèms *fast allg. f.* 1. *Bremse, Schmeißfliege.* — 2. *Hemmvorrichtung am Wagen.* — 3. *Verlegenheit, Bedrängnis:* durch de B. gehn *durchgehechelt werden Fo.* — els. 2, 190: in d'r Brems stecke.
bremseⁿ tr. v. *Ri. bestrafen.*
Brenn [brèn ohne Pl. *Bo. Si.* u. s] *f. Bedrängnis, große Verlegenheit. (Urspr. Feuerstätte mit dem darauf brennenden Feuer; auch Haufe glühender Kohlen):* Durch d'Brenn gohn *Si.* Er hat mon *(müssen)* durch de Br. geᵃⁿ *er ist durchgehechelt worden. Die Leute auf beiden Seiten der Straße haben böse Bemerkungen über ihn gemacht Bo.* — els. 2, 191; hess. 53 Brenne; hd. Bränne Gr. Wtb. 2, 304, 364.
brenneⁿ [brènəⁿ, Ptc. gəbrènt, gəbrant *allg.*] intr. v. *brennen:* Firjo 's brennt!
Brenner [brènər *fast allg.*] *m.* 1. *Brenner der Lampe.* — 2. *Sodbrennen:* er hat de B. — els. 2, 191.
Brennetzel [brènètsəl, Pl. -n *Bo. Falk. Bi.* u. s.; brèndešṭəl *D.*; brènèsel *Si.*] *f. Brennessel.* — Rätsel: 'S steht eppes ums Hus erum un brennt, un 's Hus brennt doch nit ab. — Zs. Brennessels-tee *weiße Taubnessel.*
Brenn-olich *m. fast allg. Lampenöl.* — lux. 45.
Brenz [brènts *Fo.* u. s.] *m. der angebrannte Teil des Breies auf dem Boden der Pfanne.* — vgl. els. 2, 194 Brenz 3 *etwas Gebranntes.*
brenzeldich adj. *Bo. bräunlich. Nur in der Rda.:* brun on brenzeldich hauwen. s. a. brunacheldich.
brenzen [brèntsəⁿ *Bo. Merl. Vbg. Lix. Si.* u. s.] intr. v. 1. *anbrennen:* de Mehlsupp brenzt. — 2. *nach Angebranntem riechen:* 's brenzt in der Kich. — els. 2, 194 brènzle; lux. 45 brènnzen; baier. 1, 264 brinzeln, brenzeln.
Brenzerte [brèntsərtə *Pü.*] pl. *Pfeffermünzpastillen (wegen ihres Brennens auf der Zunge).*
brenzich [brèntsiχ *Fo.* u. s.; brèntseχ *D. Si.*; brèntsliχ *Ri.*] adj. 1. *brandig, angebrannt.* — 2. *nach Brand riechend, schmeckend.* — lux. 45; ss. bränzich, Kisch vgl. Wtb. 24; els. 2, 195 brènzlig.

breseln [bréaʒəln *Bo.*] tr. v. *Brot zerbröckeln, krümeln.* — hess. 57 bröseln, verbröseln; eifl. brieseln From. 6, 13, s. Bresem.

Bresem, Bresen [bréʒəm *Fo. Saaralb.* u. s.; bréʒən (als Pl.) *Va. Vbg.*; breïʒəm *D. Si.*; bréʒəl *Falk.*; bréaʒən *Bo.*; bréslə, brésle *Ri. Hom. Rom.* bréslà *Ltf.*] *m.* 1. *Krume, Brosame.* — 2. *das Weiche des Brodes.* Heb de B. uf! Er esst d' Kurscht u losst d' Bresla lei'n *Ltf.* Dat brengt kä' Breïsem an't Kuscht *(Kruste) das bringt keinen materiellen Gewinn.* — mhd. brosem.

Present [preʒènt *Fo.* u. s.; breʒènt *Ri.*] *m.* u. *n. Geschenk:* er hat mir e schener P. gemacht. — els. 2, 196 Presènt.

presentieren [preʒèntîrən *fast allg.*; preʒènteïərən *D. Si.*] tr. v. *anbieten, darreichen:* was derf ich eich denn presentiere? — els, 2, 196.

Bresla, Bresel < Brösamlein. s. Bresem. — els. 2, 198 Brösele.

Press [près *fast allg.*] *f.* 1. *Presse des Buchbinders.* — 2. *Kelter.* — 3. *Gedränge, Arbeitsüberhäufung.*

pressieren [presîrə *fast allg.*; preséron, preseïrən *D. Si.*] intr. v. *eilen, drängen:* Pressiert 's dann eso? Das isch e Brief, der pressiert. — els. 2, 196; lux. 345.

Press-kammer [prèskàmər *fast allg.*] *f. Sakristei:* der Wikär isch in der Pr. *Fo.* — P. mit presbyter zusammenhängend?

Prester-duttler pl. *Spitzname der Einwohner von Obergailbach (Kr. Saargemünd); sie tragen häufig eine eigentümliche selbstgefertigte Pelzmütze, die Ähnlichkeit haben soll mit der Kopfbedeckung der Geistlichen.* P. < Prester, Priester u. Duttle, Demin. von Düte?

Bretsch [brèts *Bo. Si.* u. s.; breïts *Bi.*; brits *Fo. Obh. Ri.*] *f.* 1. *trauriges Gesicht, Mundverzerrung:* E Bretsch mache wie dreï Da' Ränewetter *Bo.* — 2. *kurzer Schwanz der Hasen, Kaninchen:* Lâf em nah us lê' eïm Salz uf die B. *Bi.* — 3. *Prügel:* Bretsche kreïen *Si.* — 4. *Pritsche Si.* s. a. Pritsch.

bretschen, breïtschen tr. v. *Bo. Si. Bi.* 1. *schlagen* s. Bretsch 3. — 2. *wegnehmen, beseitigen.* — vgl. schwäb. 1, 1408 bretschen *aushülsen (Nüsse, Erbsen).* — 3. *einem Hund den Schwanz kürzen.* s. Bretsch 2.

Brett [brèt *fast allg.*; brïet *D. Si.* — Pl. -ər] *n.* wie hd. *Brett:* dumm wie e B. Am B. sin *(beim Spiel) zahlen müssen.* Ans B. kumme *bei der Arbeit an die Reihe kommen. fast allg.*

Bretzel [bretsəl *m. Si.* u. s.; brètstəl *f. Pfb.*] *Bretzel.*—Zs. Bretzel-sondech *D. Si. erster Fastensonntag.* An dem Tag pflegen die Mädchen ihren Anbetern Bretzeln zu schenken, wofür sie am Ostertag gefärbte Eier erhalten. — lux. 45 ebenso.

bretzen [brètsən *D. Si.*] tr. v *einzwängen, klemmen:* En hot sech de Fanger gebretzt. E Rank an de Fanger bretzen. — lux. 45. vgl. hd. pressen.

prewenieren [prewəneïərən *D. Si.*] tr. v. *benachrichtigen.* — els. 2, 208; lux. 345; frz. prévenir.

prezis [pretsís *fast allg.*] adv. 1. *genau (bei Zeitbestimmungen):* pr. em zwei Uhr. — 2. *pünktlich.* — els. 2, 208: lux. 345.

Brick [brik *fast allg.*; brek *D. Si.*; bruck *Pfb.* — Demin. briklə] *f. Brücke:* unner der B. durch. — Kinderspiel: Brickle, Brickle, Gänsche — Das Brickle isch geschlosse — Wer z'letzt kimmt, muss bezahle *Lix. Zwei Kinder bilden mit verschlungenen Händen u. Armen einen versperrten Durchlaß „Brickle". Die Mitspielenden werden nacheinander durchgelassen bis auf den letzten. Diesem wird ein Rätsel aufgegeben und je nachdem er es löst oder nicht, erhält er einen besonderen Platz, Ehrenplatz od. Schandplatz.*

Brid [brîd, Pl. brídən, brítən; Demin. brídəl *Bo. Ri.* u. s.] *f.* 1. *Zaum:* oinen en der B. han *jemanden in seiner Gewalt haben Bo.* — 2. *Schlaufe auf der elsässischen Frauenhaube; daher wird* Bridel *für Elsässerin überh. gebraucht.* — els. 2, 181 Brid, Bridle; frz. bride *in beiden Bedeutungen.*

briden [brédən *fast allg.*; breïdən *D.*; breïən *Si. Bo.*] 1. *brüten.* — 2. *ausbrüten (im eigent. und übertr. Sinne):* Er breït en Krankheit us *es entwickelt sich eine Krankheit bei ihm Bo.* — lux. 44. s. a. britlen.

briderlich [brídərliχ *fast allg.*; breïdərleχ *Si.*] adj. u. adv. *brüderlich:* Se hun br. gedält *(geteilt).* — lux. 45 bridderlech.
Briderlichkät *f. D. Si. Brüderlichkeit.*
Bridersch [brídərš *Pü. Busd. Gelm. Brettn.* u. s.; britərš *Lix.*; brídaš *Kr.*] *f. Bretterscheidewand im Stalle.* — vgl. hess. 53 brideln; Gr. Wtb. 2, 355 breideln.
Pridie [pridié *Bi.*] *m. Betstuhl:* frz. prie-dieu.
Bridigam [bridigam *Bo.*; breïtəgam *Si.*; britjam, Pl. britjèma *Av.*] *m. Bräutigam.* Daneben Hochzitter.
Brief [brîf *fast allg.*; brif *Nj.*; breïf *Bo. D. Si.* — Pl. brîfə, brîfər, brif, breïwer. — Demin. brîfχə, brifjən, breïfχin] *m. Brief. Rda.:* er hat 'n B. in da Poscht *das Hemd hängt ihm aus der zerrissenen Hose Obd.* — Zss. Brief-däschel *n. Pfb. Briefumschlag.* Briefer-kopp (Brief-kebche *Lix.*; Brief-kepfel *Pfb.*; Breïf-kapp *D. Si.*) *Briefmarke.* Briefsäckel *n. Pfb. Briefumschlag.*
Brigardje [brigardjé *D. Si.*] *m. Brigadier der Gendarmerie.* — lux. 517.
prigleⁿ [priglə, prijələ *Ri. Fo.* u. s.; brigəln *Bo.*; brijələn *D. Si.*] tr. v. *prügeln.*
Brih [brî *Fo. Falk.* u. s.; brie *Fi.*; briət *Busd.*; brit, breït *D. Si.*; breï *Bo.*; bry *Lix.*; bré *Wb.*] *f. Brühe.* Rdaa.: Enem wise, was drei Erbse for e Brih gin *einem zeigen, was aus einer geringen Sache für ein Lärm gemacht werden kann. Fo.* Nit on der erscht B. warm werre *es sich nicht bange werden lassen Lix.* — eifl. Brit Bü. 15.
brihen [brîə *Fo.* u. s.; brijə *Ri.*; breïən *D. Si.*] intr. v. *brühen:* de Souw b. *das getötete Schwein abbrühen.*
Briling [briliŋ *Kr. Vbg.*; brileŋk *D.*; breïleŋk *Si.*; breïliŋ *Bo.*] *m. Frischling, junges Schwein, das nur mit heißem Wasser abgebrüht wird im Gegensatz zu dem mit Stroh gesengten Speckschwein.* — eifl. Brüling From. 6, 13; ss. Brå'länk *Kr.* 13.
Brill [brĭl *fast allg.*; brel *Bo. D. Si.* — Pl. brĭlə, brelən] *m.* u. *f. Brille:* du de B. uf *mach die Augen ordentlich auf.*
Brill-ärsch [brilèrš *Lix.*] *m.* (eigentl. *Brüllarsch) kleiner Schreihals.* s. brilleⁿ.

brilleⁿ [brĭlə *fast allg.*; breïlə *Bi.*; brelən *Bo. D. Si. Pfb.* Ptc. gəbrĭlt, gəbrelt (gəbrol), gəbreïlt, gəbràlt] intr. v. *weinen, brüllen.* E brelt eweï e Leïw, eweï e Fòr *(Stier) Si.* — Er brelt wie e Merder *Ri. Pfb.*
Briller [brîlər *Ri. Sbg.* u. s.] *m. Schreihals. Das Fem. lautet* Brillersche.
brillseⁿ [brĭlsə *Fo. Falk. Kr. Vbg.*; breltsən *Si.*] intr. v. *weinen, heulen, jammern:* er isch awer doch a immer am brillse!
Brimber [brimbér, Pl. -ən *Bo.*] *f. Brombeere.* s. a. Bräm u. Brombier.
Brimchen [brim̱χən *Merl.*] *f. Portion Kautabak.* — hess. 306 Premchen; ndd. Prömmel. Nach Weigand ist der Ausdruck einfach das holländische Pruimpje *Pfläumchen.*
Brime [brĭmə *Ri.*] *m. Pfriem, Ahle des Schusters.* — Zs. B.-messer *Messer mit Pfriem versehen.*
Brimmeⁿ [brimə *Rom. Sp. Ham.*; primən *Vbg.*; brèm *Bi.*; brèmə, brimə *Fo. Ri.*; brèmən *Schm.*] *m.* u. *f. Ginster.* mhd. brimme. — Zss. Bremme-bese *Bi. Besen aus Ginster.* Bremmele-same *m. Fo.* Bremmsamen (fructus genistae).
bringeⁿ [briŋə *fast allg.*; breŋən *Av. Bo. D. Si.* — Imp. Konj. brænt *Fo.*; brèt *Bo.*; brièt *D. Si.* — Ptc. gəbrát u. gəbrŭŋ *Fo.*; broun *Hw.*; brát, (gə)brát *Av. Bo.*; bruèt *Si.*] tr. v. 1. *bringen*: das Kind hat de Korb gebrung. Der hat's min sechs fertich broᵘng. — 2. *geben, reichen*: ich bring der's glich.
Brinnel, Brinnett [brinəl, brinèt *Ri.*] *n.* u. *f. Bezeichnung einer bräunlich gefärbten Kuh.*
Pris I [prĭs *fast allg.*; práis *D. Si.*] *m. Preis*: er hat e guder P. verlangt. Um kaꞌ P. *um keinen Preis.*
Pris II [prís *allg.*] *f. Prise Schnupftabak*: holen er käꞌ P.? Enem e P. gen *jd. einen moralischen Nasenstüber versetzen Ri.*
Pris-dudel *m. Fi. Gefängnis.* Pris < frz. prison?
Brisel [brízəl, Pl. briẑle *Ri.* u. s.] *n. Einfassung der Hemdärmel; Manschette.* — baier. 1, 471 Breis, Preis: mhd. brise.

briseleⁿ [brisələ *Schw.* u. s.] intr. v. *Iterativform von* brusen *brausen*: er hat eppes em rechse Ohr oder em linkse brisele hèrt *(je nachdem etwas Gutes od. Böses von ihm gesagt wurde)*.
priseⁿ [prízəⁿ *fast allg.*] tr. v. *schnupfen*. — els. 2, 197.
Prisong [príson̩ *D. Si.*; brízón *Ri.*] *m. Gefängnis, Haftlokal*. — lux. 345; els. 2, 198; frz. prison.
Brit-knaw [brítknaw *Lix.* u. s.] *m. (Brautknabe) Brautführer*. — els. 1, 501. Brutknab. s. a. Brautjong.
britlen [brìtlən *Mtsh.* brìdle *Ri.*] intr. v. *brüten*: er bridelt ebbs *er trägt den Keim einer Krankheit in sich Ri*.
britlich [brìdli(χ) *Ri.*] adj. *angebrütet, vom Ei*. — els. 2, 206 brüetlig.
Brit-maidel *n. Lix.* u. s. *Brautjungfer, Begleiterin des* Britknaws.
Brit-rose [brítrozə *Lix.*] *f. Braut- od. Pfingstrose* (paeonia).
Britsch I [brìtš *Rom.*] *weibl. Vorname Brigitte*. — els. 2, 181 Brid.
Britsch II [brìtš *fast allg.*; prìtš *Sgd. Lix. Schw.*; breïtš *Bi.*] *f*. 1. *Pritsche, hölzernes Lager*: de Soldate mun uf ere P. schlôfe. Er macht e B., ass er sich kann druff sitze. — 2. *das breite Bodenbrett des Frachtwagens* (Britschwan). — 3. *kurzes Schwänzchen bes. der Ziegen u. Hasen*: de muscht dem Has Salz auf de B. leïe, noh konnscht de ne fonge *Schw.* — 4. *verzogener Mund, Schmollmäulchen*: was machscht de wider for e B.? Lu! was es e B. micht! *Lix.* — 5. *die Fläche, auf der im Felde gearbeitet wird, den Strich Arbeit*. Wer Gaise macht, muss Britsche lecke *wer beim Arbeiten im Felde mit einem schmalen Streifen den anderen vorarbeitet, muß das, was er zurückgelassen hat, nachholen Ri.* s. d. folgende. — els. 2, 206; baier. 1,375 Britschen. s. a. Bretsch.
Britsche-lecker *m. Ett. Ha. derjenige, der beim Getreideabschneiden od. Kartoffelausmachen nicht mit den anderen vorankommt, also gleichsam am Schwanz bleibt*. s. Britsch 3 u. 5.
Britsch-wan [-wán *Pü.* u. s.; -wawə *Ri.*; prìtšwòn *Schw.*] *m. breiter Frachtwagen ohne Seitenbretter*. — els. 2, 798 Pritschewage.

britsich [brìtziχ *Lix.*] adj. *von Eiern gesagt, die schon mehrere Tage bebrütet worden sind, angebrütet*. — els. 2, 206 brüetlig 2.
Brit-stuhl [brìtštoᵘl *Gelm.*; brautštul *Zeir. Si.*] *m. Brautstuhl d. h. die Zeit zwischen der Verlobung u. der Heirat*: se sen em B. *sie sind verlobt Gelm*. Am B. seïn *Zeir*.
Broch I [broχ, Pl. breχ *D. Si. Falk.* u. s.] *m. Bruch, Leibschaden*.
Broch II [bróχ *fast allg.*] *f. Brache, nicht angepflanztes Feld*. — Zss. Brochenn *f. Si. kleine Zwiebel, die man zum Anpflanzen im Brachfeld braucht*. vgl. mhd. brâchlouch (emicedo). s. Enn (frz. oignon). Broch-mont *Monat Juni*. Broch-stelzchen *f. Erd. Bachstelze*.
broch [bróχ *fast allg.*] adj. *unbebaut, brach liegend*: b. leje *brach liegen Ri*.
brochen [bròχəⁿ *fast allg.* — Ptc. gəbróχ, gəbróχt] tr. v. *pflügen, insbesondere einen Acker umpflügen, der brach gelegen hat u. zum Getreidebau dienen soll*. — mhd. brâchen.
Brockel [bròkəl *fast allg.*; bròkəlt *Pü.*; braχ *D. Si. Hom.*; brèχ *Umgegend von D.*] *m.* u. *f*. 1. *geronnene Milch*. — 2. *Eingebrocktes*: Brockel mit Grumbere *Fo*. Matten Brockele *Bo*. vgl. baier. 1, 1685: Matte, Käsmatte (episerum). *Rda.*: kalt Brockel blase *etwas Unnützes tun Ko*. — els. 2, 180 Brocke, Kalbrock; hd. Brocket Gr. Wtb. 2, 395. — Zs. Brockelfresser, *so heißen die Bewohner von Wallerchen* (Kr. Bolchen).
Brockeⁿ [brokə *Ri. Sbg.* u. s.] *m*. 1. wie hd. *Brocken*. — 2. *dicke Person*: das isch e dicker B. *Ri.* — els. 2, 186.
brocksen [bròksən *Bo.*; brogsə *Sbg. Ri.*] intr. v. *sich mürrisch zeigen (bes. von dicken Personen gesagt), maulen, murren*: der brockst de ganze Da'. — els. 2, 208 broxe. s. a. brotten.
Brocksert [bròksərt, Pl. -ən *Bo.*; broksər *Sbg. Ri.*] *m. Zänker, zum Schmollen Geneigter; dicker, mürrischer Mensch*. — els. 2, 208 Broxer. s. d. vorige.
broddeln intr. v. *Bo. brodeln, Geräusch des Wassers beim Kochen*. — hd. brudeln, brodeln Gr. Wtb. 2, 417. s. a. braddeln.

Brode [brȍdə *fast allg.*; brót *D. Si.*] *m. Braten:* e guder B. — lux. 47 Bròt.
broden [brȍdə^n *fast allg.*; bródən *D. Si.* — Ptc. gəbròd, gəbródən] tr. v. *braten:* dir flien a de gebrodene Duwe ins Mul *Fo.* — lux. 46 brȍden.
brodiere^n [brodírə *fast allg.*; brodrirə *Ri.*; brodeïərən *D. Si.*] tr. v. *einfassen.* — frz. broder.
profarscht [profȁršt *Fo. Bi.*] 1. adj. *gewalttätig, eigensinnig:* e profarschter Kerl. E profarschtes Kebel (*Köpfchen*) *Bi.* — 2. adv. a) *mit Gewalt, unter allen Umständen:* er will's p. han. b) *zuleide:* enem eppe p. dun. — frz. par force. s. a. parfors.
Profarschthät *f. Bi. (selten) Eigensinn.* s. d. vorige.
Professer [profèsər *allg.*] *m. Professor, Lehrer einer höheren Lehranstalt.* — els. 1, 183; lux. 345.
Profit [profȉt *allg.*] *m. Nutzen, Vorteil:* er hat e guder P. gemacht. — Es isch ken Schade so gross, es isch e P. debi Mü. Das Deminutiv Profitchen *Si.* bedeutet 1. *kleiner Vorteil;* 2. *Leuchterknecht* (*weil in ihm die Kerze bis zum letzten Endchen ausgenutzt wird*).
profiterlech adj. *D. Si. vorteilhaft.*
profitiere^n (profiteïeren) intr. v. *fast allg.Gewinnziehen:* von der Gelechenhät pr.
prolchern [proəlχərn *Bo.*] intr. v. (lautmalend) *unverständlich od. knurrend reden.* — vgl. ss. prureln Kr. 104.
Brole^n [brolə *Ha.*] *m. Braten.*
Brombier [brombér ohne Pl. *Si.*] *m. Brombeere.* — mhd. brâmber.
Brome [bromé *Si. Rü.*] *m. Rauhreif.* — lux. 46; frz. brume.
bromeen [broméən *Si.*] imp. v. *rauhreifen.*
brommen [brȍmən *D. Si.*] intr. v. 1. *brummen.* — 2. *eine Strafe absitzen:* en hot sechs Wochen gebrommt. — lux. 47.
Broms *Pferdebremse* s. Brums.
Bronk *Morast* s. Brunken.
bronkich [broŋkiχ *Bo. D. Si. Mw.*; pruŋkiχ *Fa.* Nebenform broŋktsiχ *Bo.*] adj. *trübe, schwül, dunkel, wolkig (als ob es regnen wollte):* 't as bronkich Weder. — lux. bronkig Ga. 64; moselfr. brunkich

Ztschr. f. d. d. Unterricht, 15. Jahrg. 6, 357; ital. broncio. s. a. Schwalb 11: brunkig.
Bronsch [broš *Bo.*] *m. übler Geruch im Munde.* — vgl. hess. N. 31 Bransch *Sudelkocherei.* Zu brennen gehörig od. mit Brunz zshgd.?
bronschen [broš̬ən *Bo.*] intr. v. *übel aus dem Munde riechen.* s. d. vorige.
Bronz-döpen [-depən *Si.*] *n. Nachttopf.* — lux. 48.
bronzen s. brunzen.
Bronzert *m. Si. Bettpisser.* — lux 48. s. bronzen, brunzen.
proper [pròpər *fast allg.*; proupər *Si.*] adj. *sauber, reinlich:* proper wie e Su. — lux. 345 u. els. 2, 196 propper; frz. propre.
Propertet [propərtét *fast allg.*; proupərkèt *Si.*] *f. Reinlichkeit.* — els. 2, 196.
Brosch [broš *D. Si.*] *f. Brosche, Vorstecknadel.* — lux. 47; els. 2, 199; frz. broche.
Broscht s. Bruscht.
Prosse-werbal [pròssəwèrbal *fast allg.*; pròswèrba *Si.*; pròswèrwa *Falk.*] *m. Protokoll, Strafmandat:* er hat e P. krit. — els. 2, 199 Prosewèrbal; lux. 346 Prossewélba; pfälz. Brossewerbel Keip. 70; frz. procès-verbal.
Brot [brót *fast allg.*; brut *D.*; bróut *Si.* — Pl. brót, brétər *Falk.*; Demin. brétχə, breïtχən] *n. Brot:* Sin B. verdiene. Schaffe ums dägli B. *Ri. Rdaa.:* Er hat B. genunk *er ist gestorben.* 'S isch iwerall gut B. esse, wann mer es hat *Fo.* 'S alt B. soll mer z'erscht esse *die ältere Schwester soll vor der jüngeren heiraten Lix.* Wo mer dich nit hett un's lieb B., do kinnt mer grad verhungere *heißt es von einem, der entbehrlich ist Lix.* Dem siht mer's B. em Leïb *der ist sehr mager Lix.* Wammer sterwe, simmer dot — un derno hammer B. *Ri.* En hot sei' Weissbro^{u}t gès (*gegessen*) = *seine guten Tage sind vorüber Si.* Wann ä' bestuet as, dann hot än d'halef B. *wenn man verheiratet ist, hat man nur mehr das halbe Brot (die Frau bekommt die andere Hälfte) Si.* — Zss. B.-deich *Brotteig.* Bro^{u}t-deïer (eigentl. *Brottier*) *Si. Brotkäfer* (Annobium paniceum). Bro^{u}t-gewenner *D. Si. Hausvater, überh. derjenige, der durch seine*

Arbeit für die Familie sorgt. B.-herr *Arbeitgeber.* B.-kurwel (B.-kurbel) *Korb, in dem der Brotteig geformt wird.* B.-schâf u. B.-schank *Brotschrank. Rda.:* krank sin iwer'm B. *guten Appetit haben Ri.* B.-schaft *m. Ri. Brotgestell.* B.-schiess *n. fast allg. Brotschieber.*
Brot-imm *f. Va. Hummel.* s. Imm *Biene.*
brotscheⁿ [bròtsə, bròtslə *Fo. Lix.*] intr. v. *beratschlagen, schwätzen:* was hon se do erum se br.? — vgl. els. 2, 207 protsche.
Brott-eck [bràtèk *Lix.* u. s.] *f. Schmollwinkel.* — ss. Pròtwänkel *Kr.* 104. s. brotteⁿ.
brotteⁿ [bròtə *Fo.* u. s.; bràtə *Lix.*] intr. v. *unfreundlich werden, schmollen, zanken, trotzen.* (Das Wort ist in dieser Form niederdeutsch, vgl. ndl. pratten; eifl. bròten Gr. Wtb. 2, 407; From. 6, 13.) — baier. 1, 378 brozeln; hd. brotzeln, hess. 57 brotzen; ss. pròten *trotzen,* pròtich *eigensinnig Kr.* 104.
Brott-sack [bràtsack *Lix.*] *m. Zänker, Schmoller.* s. a. Brocksert.
Prow [próf *fast allg.;* bróp *Ri.;* prouf *D. Si.*] *f. Probe:* enem ebbs Brop mache beweisen.
prowat [prowåt *Fa.* u. s.] adj. *bewährt, geprüft, erprobt:* das isch e prowat Middel. — els. 2, 177 prowåtem; lat. probatum.
Prowenz *f. D. Si. Provinz.*
prowiereⁿ [prowìrə *fast allg.;* probeïərən *D. Si.*] 1. tr. v. *probieren, kosten, versuchen:* mer kann jo mol prowiere. — 2. *prüfen.* — els. 2, 177; lux. 345 probeïeren.
Prozess [protsès *allg.*] *m.* wie hd. *Prozeß:* am P. werd m'r nit rich *Ri.*
prozesseⁿ intr. v. *D. Si. prozessieren.* — els. 2, 208.
Prozession *f.* wie hd. *Prozession..*
Bruch [bruχ *fast allg.;* brúχ *Ri.*] *m.* 1. *Bruch.* s. Broch. — 2. *Sumpf, Moorboden, feuchte Wiese.* — els. 2, 180 Bruech; schwäb. 1. 1456 Bruch II; hess. 56 Bròk; gemeind. Bruch Gr. Wtb. 2, 410. *Flurbezeichnungen bei Forbach:* in der Bruck; Hirschenbrock; am Prichbruch *(Bruch am Berge).* Besl. II, 34.

brucheⁿ [bruχe *fast allg.;* brúχə *Sgd. Lix.;* brouχən *D.;* brauχən *Si.* — Flexion: bruχ, bruχ̌st, bruχ; bruχe (brauχ, brauχst, brauχ; brauχən). Imperf. Konj.: brlχt, braiχt, Ptc. gəbruχt, gəbriχt, briχə (gəbrauχt, brauχən od. braiχən)] *brauchen:* ich hon nit briche se helfe *Lix.* Mer hat mich nit gebricht. Er hat sin bês Mul gebrucht iwer mich *Lix. Ri.* Ech hun ed gebraucht *Si.* Ech hun net gebraucht (od. brauchen od. braichen) et ze mâ'en *Si.* — els. 2, 179 bruche.
brucken [brukən *Si.*] intr. v. *nicht vom Fleck, nicht vorwärts kommen, liegen bleiben:* 't Feier bruckt *das Feuer will nicht brennen, es glimmt nur.* — lux. 48; baier. 1, 347 (herum)brocken. Davon:
Bruckert *m. Si. Faulpelz.* — lux. 48.
Bruder [brúdər *fast allg.;* brudər *D. Si.* — Pl. brídər, brìdrə, brider, Demin. bridərχən, bridərlə, breïdərχen] *m. Bruder.* —Zs.Bruders-bu*Falk.Bruderssohn,Neffe.*
bruddeleⁿ [brùdlən *Bi. Falk. Fi.* u. s.] intr. v. 1. *Bezeichnung des Lautes, den das Wasser hervorbringt, wenn es aus einem Gefäß mit engem Hals herausfließt, brodeln, wallen.* — 2. *mit Geräusch Wasser schlürfen (vom Vieh).* — hess. N. 36 bruddeln *wallen.* — 3. *im Wasser herumplätschern Fi.*
Bruddel-krug *m. Bi. Krug mit engem Halse.* s. das vorige.
Prum [prum *Av. Bo. Falk.* u. s.; brùm *Fo. Mü. Ri.;* prumə *Ett. Pü. Vbg.;* brumən *Obh. Grt.;* brymə *Mett.;* praum *D. Si.* — Pl. brùmə, prumən, praumən. Demin. primχin *Bo.;* briməl *Ri.;* praimtχən *Si.*] *f. Pflaume.* — els. 2, 189 Prum neben Pflum; lux. 344 Praum; ss. u. ndrhein. Prom Kisch u. Müll. Wtb. 176; mndl. prume; frz. prune < lat. pruna (pl. zu prunum). Dieser Plural pruna wurde später als Sing. f. gefasst. — *Von den Herrchweilern (Kr. Forbach) heißt es:* Herrichweiler Mod: iss Brumen un Brot! *Pflaumenarten:* Frihbrum *Pflaume, die früh reif wird.* Haubrum *Heupfl.* Hawer-brum, Ross-brum Eierpfl. Souw-brum od. Schissbrum *kleine, blaue Pfl., deren Fleisch sich schwer vom Stein löst.* Wiss-brum. — Zss. Brummebâm, Praume-bâm *m. Pflaumenbaum.*

5*

Praume-gebäscht *n. Pflaumenmus Si.*
Praume-schuedi *m. Pflaumenkuchen Si.*
brum-brenzeldich [-brèntseldiχ *Lix.;* -brèntsliχ *Rü.*] adj. *Bezeichnung einer nicht leicht bestimmbaren Farbe:* b. wie en Ochsenfurz *Lix.;* b. weï en Ochsenâsch *Rü.*
Brumm-breien [broumbraien *Obd.*] *f. Hummel.* s. d. folgende.
Brummel [brùmǝl *allg.*] *nur in* Zss. B.-bär u. B.-sack *einer, der immer zu murren u. zu brummen hat.* B.-supp *Verweis, Scheltworte, bes. Gardinenpredigt:* es git B.
brummeleⁿ intr. v. *Flh. Falk.* u. s. (Frequentativ von brummen) *summen:* er brummelt wie e Maikäfer, wu fliht *Flh.* — hess. 56 brommeln, brömmeln; gemeind. brömmeln Gr. Wtb. 2, 397.
Brums [brums, brumsǝ *Fo. Lix. Va.;* bróms *Sgd.;* brùmǝs *Falk. Elw.*] *f. Bremse, Stechfliege:* de Brumse sin widich. — els. 2, 190 Brums; ss. Brimes, Kisch vgl. Wtb. 25. (Das Wort gehört zu brummen) — Zs. Brumse-kepp Pl. *Pü. kleine, nur halb entwickelte Ähren des Roggens u. Weizens (Bremsenköpfe).*
brun [brun *Bo. Pü. Sgd.;* brún *Fo.* u. s.]; brýn *Pfb.;* bryn *Mtsh.;* broŋ *Oberk.;* braun *D. Si.*] adj. *braun.* Brüni Winachde, wissi Oschtere *Pfb.* Brun un bloᵉ hauwen *Bo.*
brun-acheldich [brunaχǝldiχ *Bo.;* brúnlèdi *Ri.;* braunǝltseχ *D. Si.*] adj. *bräunlich.*
Brunken [brunkǝn *Ha.;* broŋkǝn *Si.;* broŋk *Mw.*] *m.* u. *f. Morast, Sumpf, lockere schlüpfrige Stelle im Feld.* — els. 2, 194 Brunkel; hess. 58 Brunkenacker. s. a. Gr. Wtb. 2, 431. vgl. ndd. Brink *grüner Anger* From. 6, 54.
Brunneⁿ [brùnǝ *Ri.*] *m. Brunnen.* s. a. Bure. — Zss. B.-kressB.; -rehr; B.-trog; B.-wasser.
Brunz [brùnts *Ri.* u. s.] *n. Urin.* — els. 2, 195. — Zss. B.-kiwel *(-kübel),* B.-loch *Schimpfnamen.*
brunzeⁿ [brùntsǝ *fast allg.;* brontsǝn *Bo. D. Si.*] intr. v. *brunzen, Wasser abschlagen. Das Glimpfwort lautet* brinzle *pissen, von Kindern.* — els. 2, 195; baier. 1, 360; schwäb. 1, 102; Gr. Wtb. 2, 441.

Brunzer *fast allg., dasselbe wie* Bronzert.
Brus I [brús *Fo.* u. s.] *f.* 1. *Laune, Periode heftiger Aufregung:* er hat mol wieder sin B. — 2. *Leidenschaft, Stadium des Verliebtseins:* er isch in der letscht B. — baier. 1, 470 Praus; schwäb. 1, 1370 Braus; mhd. brûs; vgl. hd. in Saus und Braus.
Brus II [brús, Pl. -ǝn *Hd.* u. s.] *f.* 1. *Kanne (Brause):* Kaffeebrus. — 2. *flatterhaftes, geschwätziges Weib.* — hess. 51 Brause, Brûse; ndd. bruse *Gießkanne* From. 5, 52.
brusch [brùš *Bo.*] adj. *barsch.* — frz. brusque.
Bruscht [brùšt *fast allg.;* brošt *Bo. D. Si.* — Pl. brešt; Demin. breštχǝn, breštǝlχin] *f.* 1. *Brust:* er isch ze eng uf der B. — 2. *Art Mieder oder Schnürleibchen, Corsett.* — Zss. B.-duch (s. d.) Broschtkär *m. D. Si. Brustkern.* B.-kaschten *m. Brustkorb.* B.-lappen (s. d.) B.-mur *Brustmauer.* B.-zucker.
Bruscht-duch [brùštdûχ *fast allg.;* bruštúχ *Pfb. La. Grt.;* bruštǝl *Va.;* brošt *Rü. Obk.;* brošdeχ *Si.* — Pl. bruštdíχǝr] *n.* 1. *Umschlagetuch.* — 2. *Weste:* hinner's B. dun = essen. — 3. *Bruststück der Schürze.* Dorfwitz: golen Owet *(guten Abend),* Schnider! do hon ich e Bruschduch, mach mer's morje, dass ich's heit ondun konn *Schw.*
Bruscht-lappen [brušlapǝn *fast allg.;* brušlap *m. Fehm.;* broštlapǝn *Bo.;* broš(t)lap *D. Si.;* brošt *Rü.*] *m.* u. *n. Weste. Rda.:* ich bin wackeldich inner'm B. *ich habe großen Hunger. Lix.* Ich muss m'r eppes unner de B. schaffe. *Ro.*
brusen [brúʒǝn *Av. Fo. Lix. Sbg.* u. s.] 1. *brausen, aufbrausen:* bruchscht nit halwer so ze br.! — 2. *großen Aufwand treiben, den Geldprotz zeigen.* — baier. 1, 363 brausen *prassen;* vgl. hd.: in Saus und Braus.
Bruser [brúʒǝr *Av. Lix. Ersd.* u. s.] *m.* 1. *Verschwender, Prasser. Rda.:* Noh'm Huser *(Sparer)* kimmt de B. *Ri. Ersd.* — 2. *Prahler, Großtuer Hom. Ri.*
Brusersch(e) [brúʒǝrš *Hd.* u. s.] *f. flatterhaftes, geschwätziges Frauenzimmer.* s. a. Brus 2.

Brusert [brúʒərt, Pl. -ən *Bo.*] *m. aufbrausender Mensch.* s. brusen 1.
Brus-knocheⁿ s. Brusschenkel.
Brus-kopp *m. Bo. Lix. Ri.* u. s. *dasselbe wie* Brusert.
Brus-schenkel *m. Bo. Ri. durchlöcherter u. in eine Schnur gezogener Unterschenkel eines Schweins, den die Kinder durch drehende Bewegungen zum Brausen bringen.*
Brut I [brút *Ri.* u. s.] *f. Nachkommenschaft, Brut.* — els. 2, 206. Bruet.
Brut II [brut *fast allg.*; braut *D. Si.* — Pl. brít, brait [brauten] *f. Braut, Hochzeiterin.* — Zss. B.-fi hrer. B.-stick *n. Brautgeschenk.*
brutlich [brut(ə)liχ *Fo.* u. s.] adj. 1. *trüb (vom Wasser).* — 2. *abgebrüht (vom mehrfach aufgekochten Kaffee).* — vgl. baier. 1, 374 brütten *kochen, abbrühen*; hd. brüteln, brudeln Gr. Wtb. 2, 454.
prutzeⁿ [prùtsə *Fo.*; brùtsə *Bi.*] intr. v. *trotzen, die Lippen aufwerfen.* Reim: Prutz nit so, prutz nit so! 's kummt e Zit, bischt wiedrum froh! — baier. 1, 376 brozen; hess. 57 brotzen. s.a. Gr. Wtb. 2, 407.
prutzich [prùtsiχ *Fo.* u. s.; brùtsiχ *Bi.*] adj. *trotzig, übel gelaunt.* — baier. 1. 376 brotzig *aufgebläht, prahlerisch.*
Prutz-kopp (Brutzkopp) *Fo. Bi. Trotzkopf:* du kläner P.!
Bu [bú *Fo. Fi. Vbg. Ri.*; bou *Falk.*; bouf *D. Si.*; byə *Sbg.*; bóə *Pfb.*; bau *Mengen*; buə *Bo.* — Pl. bûwə, bouwən, bauwən: Demin. bibχə, bífχə, beïfχin, beïfjən, biəwəl, béwələ, bibχən] *m. Bube. Rda.:* den Bouͧ machen *flott leben wie ein Junggeselle Bo. Ri.* Des esch e Boe, wie en de Schoel geht *das ist ein Schuljunge. Pfb.* — els. 2,4 Bue.— Zss. Buwe-glock s. Bubenglock. Buwe-narr *Mädchen, das in die Buben vernarrt ist; das Adjektiv dazu:* buwenarredi(ch). Buwe-recht *n. fast allg. in der Rda.:* dreimol isch B. *aller guten Dinge sind drei.* Buwe-streich. buwe-tortich adj. *Av.* u. s. *mannstoll, von Mädchen.* s. dortich.
Bubel-hahn [bubəlhán *fast allg.*; bupəlhàn *Kr. Ko.*; bubəlhòn *Lix.* Pl. -hên] *m.* 1. *Wiedehopf.* — 2. *Truthahn:* e Kopp so rot wie e B.

Bubel-kapp *f. Lix. breite, weiße Haube, wie sie früher die Bäuerinnen getragen haben*: Grossmomen ihr B.
Bubeller [bubèlər *Bi. Ett. Spi.* u. s.; bùpèla *Br. Obd.*; pupeltər *Ha.*; bupoltər *Fletr.*; buboltər *Falk.*; bupoltərt *Msbr.*; bubolda *Vbg.* — Pl. bubèlərə. Demin. bubèlərlə *Bi.*] *m. Schmetterling, Falter.* — pfälz. Bubeller Keip 53; frz. papillon.
Buben-glock *St. Av.* 67 *Feierabendglocke (das noch in vielen Orten übliche Geläute bei Anbruch der Nacht).* — els. 1, 257.
Bubetz [bubèts, Pl. -ən *Msbr.*] *m. Brunnen- und Höhlengespenst, womit die Kinder geängstigt werden.* B. ⟨ Bube u. betzen = *in Furcht jagen.* — vgl. baier. 1, 316 betzen, bötzen; Stamm: Butz, mhd. butze *Larve, Unhold.*
bubleⁿ [bùblə *Pfb.*] intr. v. *zittern, beben.* — vgl. els. 2, 70. 71. bipple, bupple.
Buch I [bùχ *fast allg.*; buχ *D.*; bouχ *Ha. Si.* — Pl. biχər, biχər, beïχər. Demin. biχel, bíχəlχə, biχəlχən, beïχelχən] *m. Buch:* er isch im schwarze B. *er ist nicht gut angeschrieben.* Geleïert sin am B. *viel gelesen haben, viele Kenntnisse aus Büchern besitzen Si.* — Zs. Buch-binner (Bouͧchbener. B.-binger) *Buchbinder.*
Buch II [buχ *fast allg.*; byχ *Pfb.*; bauχ, bóuχ *D. Si.* — Pl. biχ, béïχər. Demin. biχerχən, béïχelχən] *m. Bauch, Leib*: er hat em uf de B. getret. *Rda.:* der hot e B. wie en Suamusfass *(Sauermusfaß) Va.* E. B. wie e Sester *Ri.* Was denkt denn din Büch von mir? *Pfb.* — Zss. Buch-grimme (Büch-) *Leibschmerzen:* ich hen B. zöm fregge *Pfb.* Buch-weh (Bauchweïh) *n. Leibschmerzen;* roᵉt B. *Darmverschlingung Bo. Rda.:* Koppweh, Au'eweh, Buchweh! Wo isch min grosser Leffel? *d. h. du sagst, du wärst krank, aber dein guter Appetit straft dich Lügen.*
Buch III [buχ, Pl. buχen *Bo. Bi. Falk. Lix.* u. s.; buχwèš *Fo. Kr.*; bauχ, bauχet *D. Si.*] *f. große Wäsche:* Wäsch eïn der B. han *Bi.* — vgl. hd. Bauche Gr. Wtb. 1, 1166; schwäb. 1, 692 Bauche; els. 2, 10 Buche. — Zss. Buch-bit (buχbit *Fo. Pü. Falk.* u. s.; — bídən *Bo.*; bauχbidən *D.*;

bauχbit *Si.*] *f.Waschbütte:* s' Kind in de B. stecke. Buch-keche (Bauchkechen, Büchkeche) *f. Waschküche.* Buch-stuhl *m. Vbg.* u. s. *Dreifuß, worauf die Waschbütte gestellt wird.* Buch-wäschersch *f. Bo. Bi.* u. s. 1. *Wäscherin.* 2. *schwatzhaftes Weib.* — Zss. Buchwäschers-gespräch *Bo. Waschweibergerede.* Buschwäschers-klabber *f. Bo. Mundwerk eines Waschweibs.*

Buch IV [búχ *Fo.* u. s.; búχ *Pü.;* biχ, beïχt *Si.* — Pl. bûχə. bûχən] *f. Buche.* — els. 2, 11 Buech, Buch. — Zs. Buchfink, Bo^ufank s. Buffing.

Buch V [buχ *Ko.* bouχ; *Bo. Si.;* béχlə *Ri. Pfb.*] *f.* u. *n. Bucheichel, Buchecker.* —. els. 2, 11 Büchele; baier. 1, 197 Büechel.

buchen [búχən *fast allg.;* bauχən *D. Si.*] tr. v. *große Wäsche halten, mit Lauge waschen. Rda.:* oll Buchen un Backen isch an dem verlor *Wa.* — Mihmel, buchscht de mal? *Mühmchen hälst du mal Wäsche?* ruft die schwer zu vertilgende Kleiderlaus der Wäscherin zu *Lix.* — els. 2, 10 buche; baier. 1. 195 bäuchen; lux. 20 bauchen; SS. beichen Kr. 10; hd. bauchen Gr. Wtb. 1. 1166. — vgl. frz. buer, ital. bucare, die aus dem Germanischen entlehnt sind.

Buchs [buks *fast allg.;* boks *D. Si.;* buksə *Mett.*] *f. Hose. Rdaa.:* Sie hat de Buchsen an *sie führt das Regiment in der Ehe.* Dem isch's Herz in de B. gefall *er hat Angst bekommen Fo.* Kän Herz in de B. hon *keinen Mut haben Ersd.* Das muss de enem verzähle, wu kän Knepp on de B. hat. *such dir einen, der's glauben mag Lix.* Er hat fünf Mark on de B. kreït = *5 Mark Strafe.* — els. 2, 126 Buxe; baier. 1, 200 Buchsen; schwäb. 1, 1495 Buchs; s. a. From. 6, 285. 647. Buchs ist ndd. Lehnwort. — Zss. Buchse-sack *m. fast allg.* (Bochsentäsch *D. Si.*) *Hosentasche:* ich loss mich nit en de B. stecke *ich laß mir nicht bange machen Lix.* Buchsen-knöpp pl. *Hosenknöpfe (so heißen die Bewohner von Eppingen, Kr. Forbach, wegen ihrer kleinen Gestalt).* Buchsen-schisser (Bochse-schesser) *fast allg. Hosenscheißer, Feigling, furcht-*

samer Mensch. Buchse-kirw *f. Av.* (eigentl. *Hosenkirmeß) scherzh. für Prügel.* **Buchs-bam** [bùgsbàm *Ri.*] *m. Buchsbaum.*

Buch-weh s. Buch II.

Buck [buk *fast allg.;* bok *D. Si.* — Pl. bik, bek] *m. Bock:* ze B. gehn. *Rda.:* wenn de Ilen (*Eulen*) ze B. gehn *Ersd.* (*um eine unbestimmte Zeit zu bezeichnen*). *Reimspruch:*

Gredele wehr! Gredele wehr!
Der Buck isch in dem Garte.
Er fresst de grine Blädder ab
Un losst de durre warte. *Fo.*

Buckel [bùkəl *fast allg.;* bokəl *D. Si.* bùgəl *Pfb. Ri. Sbg.* — Pl. bukəl, bekəl, bykəl] *m.* 1. *Buckel:* das macht der Katz kän B. *Rda.:* Er hat nin Bickel uf der glatt Sit *heißt es von einem mißgestalteten Menschen Lix.* E. Bockel machen eweï eng Kätz op engem Schleifstän *Si.* — 2. *Beule.* — 3. *Hügel, in Flurnamen z. B.* Galjebuckel *wo früher der Galgen stand Ri.* — Zs. B.-schmêr f. *Tracht Prügel auf den Buckel Ri.* s. Schmer.

buckeldich [bukəldiχ *Lix. Falk.* u. s.; boklex *D. Si.;* bùgliχ *Ri.*] adj. u. adv. 1. *bucklig:* sich b. lache. — 2. *uneben.* — 3. *gebückt:* die alt Frau geht schun b. Krumm un. b. *ganz mißgestaltet.*

bucken [bukən *Av.*] intr. v. *schmollen, trotzen.* — baier. 1, 204 bocken *schmollen (von Kindern),* bockich *schmollend*; Mda. d. Stadt Salzungen: bukken, bocken From. 2, 285, 28.

Buck-hofeⁿ Pl. *Pü. ein Knabenspiel.* — *Vier Knaben stellen sich gebückt hintereinander; vier andere springen darauf, dürfen aber den Halt nicht verlieren, sonst haben sie verloren u. müssen dann gebückt sich aufstellen.*

Pucket [pùkət *Ri.* u. s.] *m. Bündel, Anhäufung von Baumfrüchten.* — els. 2, 31 ebenso; frz. bouquet.

Puddel [pùdəl *fast allg.*] *m.* 1. *Pfütze, Lache, Jauchgrube:* Mischtepuddel. — 2. *Weibsbild, das entweder körperlich oder moralisch schmutzig ist Bi.* — lux. Pudel *Gassenmensch* Ga. 359; vgl. hess. N. 212 puddeln *mit Jauche berieseln;* engl. puddle, puddlewater. P. < lat. palus (paludis)?

Pudder *m. D. Si. Haarpuder.* — lux. 346; frz. poudre.
pudderen tr. v. *D. Si. Ri. mit Puder bestreuen.*
puddleⁿ sich [pùdlən *Bo. Bi. Fo. Falk.* u. s.; pudələn *D. Si.*] refl. v. 1. *im Wasser plätschern.* — 2. *sich gründlich waschen.* — 3. *sich im schmutzigen Wasser, im Kot wälzen. Reimspruch:*
Bonjour, madame Henz!
Was machen eire Gäns?
Sie puddle sich un wäsche sich
Un wäsche ihre Schwänz.
— lux. 346 puddelen.
Budell s. Butell.
pudel-nackich [pudəlnákeχ u. potspudəlnákeχ *D. Si.*; pudəlfásənàkədiχ *Av.*] adj. *ganz nackt.* — els. 2,958 pudelfasennackend.
pudel-nass adj. *fast allg. bis auf die Haut durchnäßt.*
bude'n [budén, Ptc. gəbudét *Fo.*] intr. v. *trotzen, schmollen, maulen:* der budęt schon de ganze Da'. — frz. bouder.
Budik [budik *fast allg.*; butek *Si.*; botik *Bo.*; bydik *Pfb.* - Pl. budikəŋ, butikər] *f.* 1. *Laden, Kaufladen:* geh in de B. un kaf mer Tuwak! — 2. *Werkstätte.* — 3. *schmutzige, unordentliche Wohnung, Haushaltung od. Gesellschaft:* das isch mer e B.! — els. 2, 119; frz. boutique. — Zs. Butiks-frå *f. D. Si. Ladenfrau.*
Budsche [budše *Ri.* u. s.] *n. Budget.*
Puff [puf, Pl. -ən *D. Si.*] *m. Bausch, Ausbauschung am Ärmel od. sonst am Kleid:* e Kläd a' Puffe' leen *ein Kleid in weite Falten legen.* — schwäb. 1, 1508.
puff! interj. *fast allg.:* se schiesse p. dass es kracht.
puffech adj. *D. Si.* 1. *bauschig.* — 2. *aufgedunsen im Gesicht.* — lux. 346; frz. bouffi.
buffeⁿ [bufə *Fo.* u. s.] intr. v. *gefräßig essen, geräuschvoll herunterschlingen:* jetzt gehn mer awer buffe! — els. 2, 18; vgl. hess. 59 Buffe, Buffen *Brocken Brot, soviel man auf einmal in den Mund steckt;* frz. bouffer. s. a. Gr. Wtb. 2, 492 buffen, puffen.
puffen I [poufən *D. Si.*] intr. v. 1. *gewaltigen Lärm machen.* vgl. die Inter-jektion puff! *Nachahmung eines Knalles.* — 2. *bauschen, aufbauschen:* hiere Rack (*Rock*) as gepouft. — baier. 1, 213 u. hd. buffen; schwäb. 1, 509 püffen *(das Haar) künstlich aufbauschen;* frz. bouffer.
puffen II [pufən *D.*] tr. v. *auf Borg kaufen u. verkaufen:* e krit neischt me'ih gepufft. — els. 2, 17; baier. 1, 213 u. schwäb. 1, 1508 auf Buff (Puff) nehmen od. geben *d. h. auf Borg.* vgl. lux. Puff; ndl. pof.
Puffer [pùfər *fast allg.*] *m.* 1. *Puffer am Eisenbahnwagen.* — 2. *Taschenpistole (gewöhnl.* Sackpuffer). — 3. faux-cul. — els. 2, 18 Buffer.
Puffert [pufərt *D. Bo.*; poufərt *Si.* - Pl. -ən] *m.* 1. *Puff, Stoß.* — 2. *lärmender Fall.* — gemeind. Puffer Gr. Wtb. 7, 2210; els. 2, 18 u. schwäb. 1, 104 Buffer.
Buffing [bùfiŋ *Sgd. Fo. Lix.* u. s.; pùfiŋ *Busd.*; póufeŋk *Bo.*; bóufaŋk *Si.*] *m. Buchfink. Rda.:* der Minsch es ke'in Pufink *der Mensch muß auch Erholung haben Bo.*
buge *Pfb.* bücken s. bickeⁿ.
Bugel [bugəl *Bi.*] *f. Haarlocke.* — frz. boucle. — Zs. Bugel-íse *n. Zange, um das Haar zu locken.*
Buger [búgər *fast allg.*; búgərt *Ha.*] 1. *Nichtsnutz.* — 2. *Ausruf des Erstaunens:* ah B.! — els. 2, 21 Büger, Biger; baier. 1, 217 Bugger; frz. bougre 〈 Bulgarus (boulgre).
bugleⁿ [buglə *Bi.*] tr. v. *(die Haare) locken.* frz. boucler.
buglich adj. *Bi. gelockt:* b. Hôr. s. Bugel u. bugle.
Buï *m. Falk. Bau.*
buïwen [buïwən, Ptc. gəbuït *Falk. Grt.*; bauə *Fo.*; bauən *D. Si.*; boə *Pü.*] tr. v. *bauen.* — els. 2, 1 baüe, böue.
buja! *Falk. Begrüßung* (hie u. da gebraucht für bonjour!).
Bukenum [bùgənùm *Sbg. Ri.* u. s.] *Saarunion (Bockenheim,* frz. Bouquenom).
Pul [pul u. púl *Fo. Obh. Falk. Sgd. Lix.*; pul *D.*; poul *Si.* — Pl. pil] *m.* 1. *Pfuhl, Teich, Wasserlache:* 's Kind isch in de P. gefall *Fo.* — 2. *Mistjauche Si.* lux. 347 Pull; engl. pool; hess. N. 212 Puel, Pòl, Poul.

Bull [bul *Fo.*] *f. Blase, die sich auf dem Wasser bildet.* — frz. bulle.

Pull *f. Nj. Einsatzstelle beim Kegelspiel.* — frz. poule.

Bull-dock *m. D. Si. Bullenbeißer.* — frz. bouledogue.

Pulwer [pùlwər *Fo.* u. s.; pòlfər *D. Si.*] *n. Pulver:* der hat's P. nit erfunn *Fo.* s. a. Polmer.

Bum [bùm *Falk.;* bomp *Si.*] *f. Bombe.*

Pumat [pumát *Falk.* u. s.; bomát *Ri.*; pomát *D. Si.*] *f. n. Ri. Pommade.*

Bumbes-kruk *m. Ett. großer, bauchiger Steinkrug.* — vgl. schwäb. 1, 1520 Bumpes 3, *kleiner, dicker Kerl;* baier. 1, 393 pumsen *dumpf tönen..*

Bummel-dorⁿ [bumǝldór *Alst.*] *m. dornige Hauhechel* (Ononis arvensis).

Bummer [bùmǝr*Flh.Bi.*u. s.]*m.Pǫmmer (eine Art Hund); dicker, runder Gegenstand; dicker Mensch; dickes rundes Mädchen. Scherzfrage:* hasch Hunger? schluf in de Bummer! — Hasch Durscht? schluf in de Wurscht! *Flh.* — els. 2, 46; baier. 1, 391.

Pump pump *fast allg.;* pomp *D. Bo.;* bomp *Si.* — Pl. -ǝn Demin. pempχin] *f. Pumpe.*

pumpeⁿ [pumpǝ *fast allg.;* pompǝn *Bo. D.;* bompǝn *Si.*] tr. v. *pumpen.*

Pumper-nickel [pumbǝrnikǝl *fast allg.;* bimbǝrnigǝl *Ri.;* pompǝrnekel *D. Si.*] *m. Kommisbrot der Soldaten.* — els. 1, 767.

Bumpes [bumpǝs *fast allg.;* bumbǝs *Ri. Ett. Fa.* bompǝs *Bo. D. Si.* pl. *Hiebe, Schläge (bes. für Kinder):* wart, du werscht die B. schon grin *Fo.* D' hat Bompes gen *Bo. Reimspruch:* Pass uf! du kläne Stumpes, sunscht krischt de dichtich Bumbes. — 2. *Gefängnis:* de kummsch in de Bumbes *Ett.* — els. 2, 49; baier. 1, 392; schwäb. 1, 1519; henneb. bombes From. 7, 155; s. a. Gr. Wtb. 2, 515.

Bumpesin [bùmpǝsín *Fo.* u. s.; bùmǝsin *Fa.*] *n. atlasartiger Stoff* (urspr. *baumwollenes Zeug, das zu Satteldecken u. zu Unterfutter gebraucht wurde*). — els. 2, 46 Bomesin; hess. 48 Bomsen abgekürzt für Bombasin; baier. 1, 239 Bammesi; schwäb. 1, 1283 Bombasin; s. a. Gr. Wtb.

2, 236; frz. bombasin; ndl. bombazijn, alle < lat.-gr. bombyx *Seide, Baumwolle.*

Pumpje [pùmpje *fast allg.;* bumbić *Lix. Ri.;* pompje *D. Si.*] *m. Feuerwehrmann:* de Pumpje han gelescht — els. 2, 49 Bumpje; frz. pompier.

Pund [pùnt *fast allg.;* pont *Bo. D. Si.* — Pl. pùnt, pon, ponǝr] *n. Pfund.* — Zss. Punde-bire *f. Fo.* (eigentl. *eine pfündige d. h. ein Pfund wiegende Birne*) *sehr große, meist am Spalier reifende Birne.* — els. 2, 80 u. schwäb. 1, 1086 Pfundbir. Pundwis (pond-weis) adj. *pfundweise.*

bunfa adv. *Falk. aufrichtig.* — frz. (de) bonne foi.

Bungert *Baumgarten* s. Bongert.

Bungsch(t) bunš *Fi. Mü.* u. s.; bunšt *Ett.*] *m. f. n. Bienenkorb aus Stroh; bauchiger Strohkorb:* Immebungscht *Fi.* — els. 2, 62 Bungst; vgl. baier. 1, 397. 398 Ponz, Punz, Punzen *Faß.*

Pungsch *Schwamm* s. Ponsch.

Bunn [bùn, Pl. -ǝn *D. Si.*] *f. Bahn, z. B. Eisebunn.* — lux. 49.

Punt [puǝnt *Si.*] *f. Nagel, Stift.* — lux. 347 Puᵉnt; frz. pointe.

Bunte [buntǝ *Fo. Rg.* u. s.; pont *D. Si.*] *m. Spund am Faß.* — els. 2, 60 Bunde; frz. bonde.

Bunzel [bùntsǝl *Ett.* u. s.] *n. Ferkel; Lockruf:* kumm B.! — els. 2, 66; vgl. schwäb. 1, 1530 Bunz, Bunzl *Stück Vieh* (gehört vielleicht zu Bunz *Fäßchen*).

Pup [púp; Demin. pípχǝn *D. Si.;* bup *Sbg. Ri.*] *m. Furz in der Kindersprache, oder auch um sich höflicher auszudrücken:* P. máchen. — els. 2, 72 Bupp; lux. 347 Pûp; ndl. poep; vgl. schwäb. 1, 1530 Pup Blashorn. — Zss. Pup-lach *n. Hinterer.* Pup-sack *m. einer, der oft* pupt.

Pupeller *Schmetterling* s. Bubeller.

pupen [púpǝn *D. Si.*] intr. v. *furzen.* — lux. 347; schwäb. 1, 1530 bube, pupe; els. 2, 73 buppere. s. Pup.

Pupert [púpǝrt *D. Si.*] *m. unreinlicher Mensch; dasselbe wie* Pup-sack.

Buppes s. Boppes.

bup-satt [bupzát *D. Si. Rü.*] adj. u. adv. *ganz satt, übersatt:* en hot sech b. gês (*gegessen*). — lux. pupsát *Ga.* 359; vgl. hd. bis in die Puppen, über die

Puppen = *übertrieben* Gr. Wtb. 7, 2244, 1, 63.

Bur [búr *fast allg.*; bua *Vbg.*; bauər *D. Si.* — Pl. búre, bauərən. Demin. birχin] *m. Landmann, Bauer (auch im Kartenspiel).* — els. 2, 82. — Zss. Bure-brot, Bure-bub (Pl. Burebuwe) Bauere-jong *Bauernbub.* Bure-koscht (Bauere-kascht) *f. grobe Kost, wie bei den Bauern.* Bure-mädel (Bauere-médchen) *Bauernmädchen.* Bure-mod *f. Bauernmode.* Bure-gredel *Ri. Bauernweib.*

pur [púr *fast allg.*] 1. adj. *rein, echt, unverfälscht:* er duts us purem Trutz. — 2. adv. *nur, lauter:* das isch pur Lumpezeïch. — lux. 347; els. 2, 83 pur, pür.

Bur(e)ch *verschnittenes männl. Schwein* s. Barich.

Bure [búrə *Fo. Pü. Lix. Merl.*; búr *Hom. D.*; burən *Av. Falk.*; born *Grt.*; bòrən *Bo.*; búer *Si.*; búrè *Sgd.*; burn *Vbg.* — Pl. búrən, birən, berən, byrn. Demin. biərχən] *m. Brunnen, Quell. Rda.:* mer deckt de B. nit zu, bets 's Kend enängefall isch *Lix.* Der Kro^u geht op de B., bes dat e brecht *Si.* Of den rechten Borren ge^an *sich an den Richtigen wenden Bo.* — Zss. Bure-kress [bùrəkrès *fast allg.*; bùrkrèš *Vbg.*; borkrèš *Bo.*; burəkèšt *Si.*] *f. Brunnenkresse* (Nasturtium). — lux. 50 Burekascht. Bure-kròp *m. Si. Brunnenhaken.* Bur-wasser *Brunnenwasser.* — In der Sylvesternacht von 11—12 Uhr werden die Brunnen mit Tannengrün u. Bändern geziert *Mü.*

buren [búrən *fast allg.*] intr. v. *Bauerngeschäft bez. Ackerbau treiben.* — els. 2, 83 bure; schwäb. 1, 721 baure.

Purett [purèt *fast allg.*; pòrètè *Sgd.*; burèdš *Ri.* — Pl. purète] *f. gemeiner Lauch* (allium Porre), mer han vil Purette im Garte. — els. 2, 81 Porrat, Porrete.

Purgatz [búrgats *Ri.* u. s.] *f. Purganz; Brechmittel:* 's isch mer e P. *ich kann es nicht zu mir nehmen.* — els. 2. 87.

Burich [búriχ *D.*; búreχ *Si.*; bùri *Ri.*] *f. Burg.*

puritich s. polrihtich.

Burjer-mäschter [burjermèštər *D. Si.*] *m. Bürgermeister.* — lux. 50.

Purpel s. Pirpleⁿ.

Burrasch [buraš *fast allg.*] *m. Boretsch, Zutat zum Salat.* — frz. bourrache.

burren [bùrən *Bo. Si.*; pùrə *Ri.* tr. v. 1. *vollstopfen.* — 2. *stoßen mit den Hörnern.* — frz. bourrer.

bursch [búrš *Lix.* u. s.; búriš *Ri.*] adj. u. adv. 1. *bäurisch, ländlich, einfach:* er isch b. ongedôn. Er lut b. drin. — 2. *grob, ungeschlacht.* — els. 2, 83 burisch. s. Bur.

Bursch-mann (Burs-kerl) pl. Burschlit [búršlit *fast allg.*; baurešlait *Si.*] *Bauersmann, Bauersleute:* es sin bravi Buerschlit *Fo.*

Burscht [bùršt *Sbg. Ri.* u. s.] *m. Bursche, Jüngling* (in lobendem Sinne): e rechten B. E suwrer B. Deminut.: Birschdel.

Burzel-buck *m. Lix.* u. s. *Purzelbaum:* en B. schlon. — schwäb. 1, 1550.

Burzelin [bùrdsəlín *Ri.* u. s.] *n. Porzellan.* — Zs. B.-fawrik.

burzelineⁿ adj. *Ri. porzellanen:* b. Gescherr.

Burzels-da [bùrdsəlsdá *Ri.*] *m. scherzhafte Bezeichnung für Geburtstag.*

Bus I [bús *fast allg.*; bóus *D. Si.*] *f. Buße.* — Zs. Bus-predicht.

Bus II [bús, Pl. búʒən, Demin. biʒχən *Bo. Vbg.* u. s.; pús *Ri.*] *f. Beule am Kopf.* — lux. Baus; mhd. bûs u. bûsch *Schlag, der Beule gibt* (zu biuschen, büschen *schlagen, klopfen*); vgl. schwäb. 1, 732 bauschen bosen *schlagen u. dadurch anschwellen machen.* — Zs. Pus-backe *dicke, aufgeblasene Backen Ri.*

Pus [pús *Ri.*] *f. unhöfliches Frauenzimmer.* — vgl. els. 2, 104 Bus; schweiz. Busi.

Busch [buš *Va.* u. s.] *f. Bund Roggenstroh.* — baier. 1, 299 Buschen; hess. 29 Bausch. s. a. From. 4, 214: buschen *Büschel.* s. Bausch.

Buschem [bušəm *Bi.*; bušùmə *Ri.*] *m.* 1. *Busen.* — 2. *Brustteil einer Knabenbluse:* ebbes eⁱn de B. stecke. — 3. *Leib, Magen* (selten): de B. voll han *satt sein.* s. a. Busen.

puschen intr. v. *Si. pfuschen, schlecht arbeiten.* Davon:

Puschert *m. Si. Pfuscher.*

Buschi [buši *Bo. Pfb. Bi.*; buži *Fo. D. Si.*] *f. u. n. Wachs- oder Talgkerze.*

Rda.: es geht mer e B. uf *(scherzh.) es geht mir ein Licht auf.* — els. 2, 108; frz. bougie.

buschiereⁿ [bušírəⁿ *Av. Fa. Ri.* u. s.] intr. v. *sich rühren:* mer kann em sân, was m'r will, er buschiert nit. — frz. bouger.

Buschong [bušoṇ *D. Si. Ri.*; bušǫ *Falk.*; bušą̊ *Bi. Pfb.*; bušuṇə *Ett.*] *m. Korkstöpsel, Propfen.* — els. 2, 108; frz. bouchon.

Buscht [búšt, Pl. -ən *D. Si.*] *m. Borste, Haarbüschel* (meist in der Zs. Widerbuscht *steil gekämmtes Haar).* — lux. 51. Zss. Buschte-benner *m. Si. Nj. Bürstenbinder.* Buschte-krëmer *m. Si. ungekämmter Mensch.*

Puschtur [pùštúr *Fa.*] *f. Haltung, Stellung, Positur:* er hat kän P. — frz. posture.

Busem [búʒəm *D.*; bouʒəm *Si.*] *m. Busen.* — lux. 51. — s. a. Buschem.

pusperlich [pùspərliχ, pušpərliχ *Sbg. Ri.* u. s.] adj. *zierlich, gefällig, behende:* er isch gar p. — els. 2, 109 ebenso; vgl. baier. 1, 1682 busper, buschper; ostfränk. busper From. 2, 285, 18.

Bu'staw [bûštaw *Falk* u. s.; bóuštof *Si.*] *m. Buchstabe.* — lux. 51.

bu'stawiereⁿ [buštawîrə *fast allg.*; bóustoweïərən *D. Si.*] intr. v. *buchstabieren.*

Butek s. Budik.

Butell [butèl *fast allg.*; bùdèl *Ri. Bi.* butəl *Si.*; bodèl *Pfb.*; botèl *Bo.* — Pl. -əⁿ] *f. Flasche:* lang mer mol die B. riwer! E. B. de Hals breche *eine Flasche trinken.* — els. 2, 119; lux. 51; frz. bouteille.

Butsch I [butš *Fa. Rg.*] *f.* 1. *Behälter zum Aufbewahren der Kleie.* — 2. *alter Bienenkorb außer Gebrauch.* (Das Wort gehört zu Butten, Bottich.) — schwäb. 1, 1560 Bütsch *Gefäß*; baier. 1, 312 Butschen, Bütschen.

Butsch II [butš *lux. Grenze*] *f.* 1. *Ziege* s. Bitsch. — 2. *Sprung.* — lux. 51.

Putsch [putš *D. Si. Vbg. Fi.*; putšə *Fo. Obh. Ri.*; potš *Hd.*; potšən *Bo.*; bóutš *Kr.*; póutšən *Brettn.* — Pl. pitš, petš. Dem. petšən] *m.* u. *f.* 1. *Bund, Bündel, Büschel, Strauß, eine Handvoll, Haufen:* e ganzer P. Nägelcher *(Flieder).* En P. Hei *(Heu).* E Potsch Blumen. E scheïne P. Geld *ein schöner Haufen Geld Si.* — 2. *aufgetürmtes Haar der Mädchen, Haarwulst Vbg.* — lux. 347 Putsch; els. 2, 124 u. schwäb. 1, 1559 Butsch. — Zss. Putsch-blume (Putschblouᵐ) *f. Schw. Ri. Nelke* (caryophylla barbata). Putschlerche *Pü. Haubenlerche.*

butschen [bùtšən *Geinsl. Si.* u. s.] intr. v. 1. *hüpfen.* — 2. *fallen, straucheln:* en as iwer e Stä' gebutscht. — els. 2, 124 butsche 3; schwäb. 1, 1560 putschen; mhd. biuschen, bûschen.

putschen [putšən *Bo.*; pušən *Si.*] tr. v. *stümpern, verpfuschen.* — vgl. Gr. Wtb. 7, 1814 pfutschen *etwas in aller Hast verrichten.*

Putscher, Puscher *m. Bo. Si. Stümper, nicht ausgebildeter Handwerker.*

Putt [put *fast allg.*; putə *Obh.*; paut *D. Si.* — Pl. putəⁿ, pautən; *Demin.* pitχin] *f.* 1. *Pustel, Finne, Pickel (Hautkrankheit):* er hats Gesicht voll Putte. — 2. *Fruchtknoten, Fruchtknospe Ri.* — lux. 332 Paut; vgl. ndd. put *Säckchen* u. frz. bouton.

Butteln [butəln, butəlχər *Bv. Vbg.* u. s.] *f.* pl. *Hagebutte* (Das Wort ist Demin. von Butte).

Butter [bùtər *fast allg.*; budər *Pfb.*; botər *D. Si.*] *meist m. selten f. Butter:* der B. isch nit schlecht. Was gelt der B.? *was kostet die B.?* — Zss. B.-blum *fast allg.* Hahnenfuß (Ranunculus acer) B.-fass. B.-frâ (Botter-) *Butterverkäuferin.* B.-grumbir (Botter-gromper) *in B. zubereitete Kartoffel.* B.-milich. B.-schärr [-šèr] *f. Buttersatz (bei ausgelassener Butter).* B.-schmêr [-šmér *fast allg.*; bottəršmiər *D. Si.*] *f. Butterbrod. Rda.:* ich man *(mag)* ken abgeleckte B.! *sagen die Mädchen von einem Heiratskandidaten, der schon anderen Mädchen den Hof gemacht.*

puttich [putiχ *Fo. Obh. Fi.* u. s.; pautéχ *D. Si.*] adj. *voller Geschwürchen:* e p. Gesicht. — lux. 332 pautech. s. Putt. — Putticher *Fi. Mensch mit Hautausschlag.*

Butze [bùtsə *Bi.* u. s.] *m.* 1. *Eiterpfropf; Rest des Eiters, der in der Wunde zu-*

rückbleibt. — 2. *der verkohlte, wegzuputzende Teil am Dochte.* — 3. *Kernhaus des Obstes Ri.* — 4. *Unkraut im Weizen Ri.* — els. 2,4 Butze; schwäb. 1,1569 Butz; baier. 1,317 u. hess. 64 Butzen. s. a. Gr. Wtb. 2. 589, 2 u. From. 4,214. 499,

Butzel [bùtsəl Metzeresch u. s.] *f. Dirne, Buhlerin.* — schwäb. 1, 1571 Butzel 2; vgl. hess. N. 18 Bitze *Hündin*; schles. Butze = res impura From. 4,165; henneb. bêzel *unanständige Person* From. 7, 151.

butzen I [bùtšə *fast allg.*; botsən *Bo. D. Si.*] tr. v. 1. *reinigen, scheuern:* Vor der Kirb wird's ganze Hus gebutzt. De Bart butze = *rasieren Lix. Rda.:* dem es de Lanter gebotzt woⁿd *der hat tüchtig Hiebe bekommen Bo.* — 2. *putzen, schmücken* -— 3. refl. sich butze *sich schaden, sich verwunden Ri.* — els. 2, 129; lux. 42 botzen.

butzen II [butšən *Falk. Va.* u. s.] tr. v. *küssen.* — baier. 1, 295 bussen; ndd. bützen. vgl. mlat. basiare, frz. baiser.

Butzert [butsərt *Falk.* u. s.] *m. Kuß.* s. d. vorige.

Butz-frau (Botz-fra) *f. Putzfrau.*

Butz-lump (-lumbe, Botzlomp) *f. Putzlappen.*

Butz(e)mummel [bùdsəmùməl *Ri.*] *f. Frauenzimmer mit schlecht sitzenden Kleidern.* — els. 1, 680 ebenso.

Butz-pulver *n. Ri.* wie hd. *Putzpulver.*

Butz-woll *f. Ri. Wolle zum Reinigen.*

Buwe- *in* Zss. s. Bu.

D. T.

da [dá *Bo.*; dó *D. Si.*] *nur in der Rda.*: er es net eso da *Bo.*; en as net eso^u do *D. Si.* *er ist nicht so dumm, so einfältig.* — lux. 63 do.

Da *der Tau* s. Dau.

dab [dáp *Fa. Ha.* u. s.; dáf *D. Si.*; dauf *Bo.*; doï *Grt.*; doïw *Falk.*; daub *Pfb. Ri. Hom. Rom.* — Steigerung: dáwer, dauwər, doïwər] adj. 1. *taub*: er isch dawer als wie e Stick Holz *Fo.* Dauwer Hess *Ri.* En dawe Su *ein tauber Kerl Si.* Dawer Ochs, dawer Esel *Ha.* Er isch an änem Ohr d., un am anneren hèrt er nit *er stellt sich taub.* — 2. *hohl, leer von Gewächsen u. Früchten:* en dåf Noss *eine taube Nuß Si.* — lux. 52 dåf.

däbbeleⁿ s. teppelen.

dabbern [dàbərən *Si.*] intr. v. *eilig trippeln, von kleinen Kindern gesagt:* d. eweï e Man. — lux. 51; mnd. davern.

tabeldich [tábəldiχ *Bo.*; towəldiχ *Vbg.*] adj. *lauwarm.* — lux. téweg *Ga.* 447; lat. tepidus.

dabeⁿ *treten, tappen* s. tappen.

Dabo [dábo, Pl. -ən *D. Si.*; dàbi *Ri. Hom.*] m. *dummer Kerl, Tölpel.* Fussdabbi *jd., der einem auf die Füße tritt.* — lux. 51; vgl. baier. 1, 612 Tapp, Tapper, Tapps; gemeind. Daps u. Taps.

Dach I [Dàχ *fast allg.*; dàχ *D. Si.*; dà *Ri.*; dá *Fo. Pfb.* (im *Gruß* dàχ) — Pl. dá, déχ, dó] m. *Tag:* Gu'n D.! Alle Da *jeden Tag.* Am Da *bei Tage.* 'S isch Da *es ist Tag, hell geworden.* Hut's Da's (hidjes Das *Rom.*; hit ze da *Hom.*; heït ze da *Ha.*) *heutzutage.* Des Dò *dieser Tage D. Si.* Iwer de n'andre Da *jeden dritten Tag.* Zwische Da un Licht *in der Dämmerung Ri.* O du liwer alle Da un noch emol am Sunda! *Ausruf der Verwunderung Pfb.* 'T as sein Dach es ist sein Namenstag *Si.* Er isch de gud Da *er ist die Güte selber Ri.* Rdaa.: Fir sein ålen Dach sorgen *sparen, damit man im Alter was hat Si.* Den Dach noh'm Mârt kommen *zu spät kommen Si.* Mu^er as nach en Dach *morgen ist noch ein Tag d. h. es eilt nicht.* Et as net all Dach Kirmes *es ist nicht jeden Tag Kirchweih.* Wat den Dach meïh hellech, wat der Deiwel meïh rösen as *je heiliger der Tag, um so rasender der Teufel d. h. an Sonn- u. Feiertagen geschehen am meisten Ausschreitungen.* — Du frescht mich armes Da's *du frißt mich arm Fi.* vgl. els. 2,658 Min Mann frisst mich ze arme Tage. — Zss. dach-dächlich adv. *fast allg. tagtäglich.* Dach-glock *f. Lix. Ri. Morgenod. Aveglocke.* Da-lohn s. d.

Dach II [dàχ *fast allg.*; dáχ *D. Si.* — Pl. dæχər] m. u. n. *Dach.* Rdaa.: Jedem sin Handwerk, da fallt kän Schnider vom D. runner *Schuster bleib bei deinem Leisten Fo.* Äm a' de Dach schlauwe, ass der Gäwel *(Giebel)* loddelt *daß einem schwindelig wird Ri. Rom. Ha.* E no^ua *(neues)* D. isch fa uf en alt Hus *(Marienth.)* — Wann ich'm dat get sån, nah wär Fier uf em D. *dann wäre der Teufel los Falk.* En hot den D. op der fischt Dïr leien *er hat das Dach auf der Vordertüre liegen d. h. er ist ohne Vermögen. Si.* — Zss. Dach-pätt [-pèt *Fa.*] n. *First- oder Dachbalken.* s. Pat I. Dach-traf (s. d.) Dach-stuhl (Dâchsto^ul) m. wie hd. Dach-zeïl *f. Dachziegel.*

dach conj. s. doch.

dacheⁿ I [dáχəⁿ, gədáχt *Fo. D.* u. s.] intr. v. *tauchen.* z. B. unner dache *Fo.*

dachen II [dáχən u. dáχtən *D. Si.*; dauən *Bo.*] intr. v. *taugen.* — lux. dâchen *Ga.* 96.

Dachs [daks *allg.*] *m.* wie hd. *Dachs: er schläft wie e* D. — Zs. Dachs-hond.
dächseⁿ [dègsə *Ri.*] tr. v. *derb abfertigen* (häufiger abdächse). — els. 2, 651 dachse 3 *prügeln*; vgl. baier. 1, 483 u. mhd. dehsen.
Dachtel [dàχtel *fast allg.*] *f. Schlag mit flacher Hand an den Kopf, Ohrfeige.* — els. 2, 651; baier. 1, 486; Gr. Wtb. 2, 669: Dachtel; ss. Tochtel, Kisch vgl. Wtb. 163; mhd. tahtel.
dachteleⁿ *fast allg. ohrfeigen, durchhauen.* — els. 2, 651; baier. 1, 486. s. d. vorige.
Dach-traf [dáχtráſ *D. Si.*; dàχtràwə *Ett.*; dàχtrap *Fi.*; dàχtrab *Bi.*; daχtroïf *Falk.*; daχtraiſ *Hom. Ri.*] *m.* 1. *Dachtraufe:* der D. geht *das Wasser tropft vom Dache.* — mhd. der dachtrouf. — *Aberglaube: Hühneraugen u. Warzen werden vertrieben dadurch, daß man einen mit einem Knoten versehenen Faden unter die Dachtraufe legt. Zergeht der Faden in der Nässe od. verfault er, so sind auch die Warzen weg Ett.* — 2. *Dachtropfen.* Rätsel: 'S geht ebbs ums Hus erum u. macht dipp dapp, dipp dapp.
dack, dacks oft s. deck.
dackeⁿ [dàgə *Ri. Rom.*] tr. v. 1. *einen Stoß mit der Hand, einen Klaps mit dem Mittelfinger versetzen.* — 2. *anstoßen:* Eier d. — 3. *jd. zurechtweisen.* — frz. taquer.
Dacker [dàgər *Ri. Rom.*] *m. Stoß mit der Hand; übertr. Vergeltung, Zurechtweisung.*
Dada I [dada *Fo. D. Si.*] 1. *f. Wiege, in der Kindersprache:* 't Kendchen as an d'r D. *Si.* — 2. *spazieren, in der Kindersprache:* kumm, m'r gehn dada! *Fo.* — ndd. dada ghoan From. 3, 261, 44; lux. 52; els. 1, 189 dada gen.
Dada II *u. Ri. Ha. Pferd in der Kindersprache.*
Dadang [dadaŋ *Ri. Fi. Rom.*] *f. Großmutter, Tante in der Kindersprache.*
dadereⁿ [dadərə *Ri. Bi.*] intr. v. (lautmalend) *viel u. albern schwätzen.* — hess. 67 dattern, daddern; baier. 1, 631 dadern, tattern; gemeind. dadern *schnattern wie die Gänse, hastig schwätzen* Gr. Wtb. 2, 671.
Daddel [dàdəl *Falk.*] *m. Apfelmus.* s. d. folgende.

daddeldich [dàdəldiχ *Bo. Vbg.*; dàdəriχ *Bi.*; dàdəreχ *Si.*] adj. 1. *weich, mürbe;* wird in Varsberg bes. von sumpfigem Boden gebraucht. — vgl. hess. 27 dattelicht, dattericht. — 2. *runzelig, Falten werfend, verbogen:* den Hutt as dadderech *der Hut ist verbogen Si.*
taddelen [tàdələn *D. Si.*] intr. v. *schwätzen (mit dem Nebenbegriff des Undeutlichen).* — lux. 434; els. 2, 725 dattle *stottern;* vgl. hess. 67 datteln *taumeln.*
Taddeler *m.* **Taddelesch** *f. D. Si. Schwätzer, Schwätzerin.* — els. 2, 725 Dattler, Datter.
taddelich adj. *D. Si.* 1. *schwatzhaft.* — 2. *undeutlich sprechend, stotternd.* s. taddelen.
Dadder I [dadər, Pl. -ən *Si.*] *m. Runzel, Falte an einem Kleidungsstück, bes. an Frauenhüten u. Strümpfen:* 't Hauf mecht en D. od. hot en D. *die Haube hat eine Falte.* — lux. 52. s. daddeldich, dadderich.
Dadder II [dadər *Bi. auch* dadərada] *m. Kot, tiefer Schlamm.* Es ist wie das vorige Hauptwort zu dem Adj. dadderich *weich, mürbe, sumpfig.*
Dadder III [dàdər *Ri.*] *f. geschwätziges Weib.* s. dadereⁿ.
dädichen [dèdiχən *fast allg.*; dédenən *D. Si.*] intr. v. 1. *gestikulieren.* — 2. *mit Worten streiten, prozessieren.* — els. 2, 725 tätige; baier. 1, 585 taidingen; lux. 56 dédechen; ss. tèdijen Kr. 131; mhd. tagedingen, teidingen, taedingen.
daen *tauen* s. dauen II.
Daf [dåf *D. Si. Rom.* u. s.; dóïf *Falk. Bo.*; dauf *Ri. Hom. Ha.*] *f. Taufe.* Masculinum in der Verbindung: den hellejen Dåf *die hl. Taufe Si.* — Zss. Dåf-breïſ; *m. Taufschein Si.* D.-buch. Dåf-gòt (-guət) *Taufpatin.* Dauf-reckl *Taufröckchen.* Dåf-stän *Taufstein.* Dåfpätter *Taufpate D. Si.*
daf *taub, leer* s. dab.
Tafel [táfəl *fast allg.*; tòfəl *Si.*] *f. Tafel:* de T. abbutze.
dafen *dürfen* s. derfen.
däfeⁿ [dǽfən *fast allg.*; daïfə *Ri. Lix. Hom. Fletr.*; déïfən *Bo. Falk.*; tæſè *Mtsh.* — Ptc. gədǽft, gədaïft] tr. v. 1. *taufen:* Wenn's Kind gedäft ischt, will e Jeder

Pat sin *nachträglich rühmt jeder seine Bereitwilligkeit Lix.* — 2. *Wein mit Wasser durchsetzen allg.* — lux. 52 däfen.

Taffet [tàfət *fast allg.;* dàfəd *Ri.*] *m. Taft, Taffet.* — els. 2,654.

Dafhät [dáfhêt *D. Si.*] *f. Taubheit.* — lux. 52.

dafor [dafór *fast allg.;* dəfòr, dərfòr *Ri.*; dorfír *D. Si.*] adv. *dafür, deshalb:* Nix dafor kannen *an etwas unschuldig sein, etwas nicht verhindern können Falk.* Ich bin d'r gut defor, *ich verbürge mich dafür Ri.* Defor sin *der Meinung sein, daß* . . . *Ri.* M'r kene morje nit kumme, dafor sån m'rs glich heit. *Fo.*

daheim, dehäm *daheim* s. häm.

Daifer [daifər *Lix.* u. s.] *m.* 1. *Wiedertäufer, Mitglied der Baptistengemeinde.* — 2. *jemand, der den Bart trägt wie die Wiedertäufer (Backenbart u. Bart unterm Kinn).* — els. 2,655 Taifer; schwäb. 2, 110 Täufer 2 (Däfer, Daifer).

däjlich [dèjəliχ *fast allg.;* déjleχ *D.Si.*] adj. u. adv. *täglich:* d. Brot. En hot seng dejlech Arbet od. en hot dejlech seng Arbet *Si.*

Tak [ták *Bo. D. Si. Hd. Elw.* u. s. — Pl. -ən; Demin. tékəlχən] *m.* 1. *Raum in der Stubenwand hinter dem Feuerherd der Küche.* — 2. *Kaminplatte zum Schutze der Wand.* — 3. *Wandschrank.* — 4. *Gesimsähnlicher Vorsprung am Ofen.* — 5. *Keilförmiges Eisenstück, das heiß gemacht u. in das Bügeleisen geschoben wird zum Plätten (Plättbolzen, Bügelstahl).* — lux. 434 Tåk; eifl. Taken From. 6,19; frz. taque. — Zss. Tåke-schåf *m. D. Si. Mauerschrank über dem* Tak. Tåkeschesser *Ofenhocker Si.*

däkich *teigig, mürbe* s. dei.

Dal [dal, Pl. dèlər (dèla *Av.*) *fast allg. n. Tal:* iwer Berch an Dal.

Däl, dälen *Teil, teilen* s. Deil, deilen.

dälber [dǽlbər *D. Si.*] adj. *teilbar.*

Talch [talχ, Pl. taljən *D. Si.;* taĩ *Fo.*] *f.* 1. *Taille, Gürtelweite:* se hat 60 Centimeter in der T. — 2. *das Leibchen am Frauenkleid.* — frz. taille.

Da'lehner [dálénər *Sgd. Lix. Ri. Ha. Rom.* u. s.; dólénər, dóléïnər *D. Si.*] *m. Tagelöhner:* heit ze Da's hon's de D. besser wie de Burschlit *Lix. Das Femin. lautet:* Da'lehnersch *Lix.*, Da'lehnasch *Falk.* Do'leïnesch *D. Si.*

dälen s. deilen.

Daler [dálər *allg.* — Pl. gleich] *m. Taler:* wer's nit glabt, bezahlt e D. *Ri.*

Tali [tali *Fa.*; dàlu *Ri. Hom. Rom.*] *m. Böschung, Abdachung, kleiner Abhang.* — els. 2,674 Talu; frz. talus.

Dalkes [dalkəs *Bo. Fa.* u. s.; dalkert *Vbg.*; dalkət *Obd.* — Pl. -ən] *m. einfältiger Mensch, Tölpel.* — baier. 1,505 Dalk, Dalken *ungeschickte Person;* Ma. der Stadt Iglau: Talk *dummer Mensch* From. 5, 465; Egermdt.: Talg *dummer Kerl* From. 6, 174.

dalkich [dalkiχ *Bo. Fo. Vbg.* u. s. adj. 1. *nicht ganz ausgebacken, vom Brot.* — baier. 1, 505 dalket, dalkig. — 2. *nicht anstellig, einfältig, tölpelhaft Fa.* — vgl. Gr. Wtb. 2,699 dalken u. dalket.

Talleng *Schuhabsatz* s. Talon.

dälmals [dèlmâls *Bi.*; dèləmól *Si.*] adv. *oftmals, manchmal:* der Bu isch d. wie dortich. — els. 1,666 teilmol(s).

Da'lohn [dálón *Sgd. Lix. Falk.*; dóloᵘn *D. Si.*] *m. Tagelohn:* en de D. gehn *Lix.* E. D. verdiene *etwas verdienen Ri.*

Talon [talò *fast allg.*; talon *D.*; taleŋ *Si.*] *m. u. n. Absatz am Schuhwerk:* hohi Talon *Fo.* — lux. 432 Tallek; frz. talon.

däls, dälen [dǽls, dǽlən *Av*] conj. 1. *teils.* — 2. *einige, die einen:* dälen sån die einen sagen ... — baier. 1, 599 tails *einige.*

Dälung [dǽluŋ *fast allg.*; dailiŋ *Hom.*; dǽloŋ *D. Si.*] *f. Teilung:* Däling mache *teilen Ri.* — lux. 60 Dèlong.

dälwen [dèlwən *Ri. Rom. Hom.*] tr. v. *graben, mit dem Spaten ein Loch auswerfen:* E Loch d. — els. 2, 678, dèlben; mhd. tëlben.

Dam [dąm *Bo.*; dam *D. Si.*; damə *Fo.*; damən *Av.* (Nebenform dǽm *Bo.*) — Pl. damən, dèmən] *f.* 1. *Dame, bes. im Kartenspiel:* im Solo isch de Kritzdam Mäschter. De D. krije od. uf D. gehn *im Damenspiel Ri.* — 2. *Wasserjungfer Av.* — els. 2, 682.

dambi [dàmbi *Ri.*] interj. *um so schlimmer!* — frz. tant pis.

Tambur [tàmbúr *fast allg.*; dàmbur *Ri.*; tàmbýr *Pfb.*] *m.* 1. *Trommelschläger:* — 2. *Vorhalle der Kirche.* — 3. *Cylinder der Dreschmaschine Ri. Rom.* — frz. tambour, *in den beiden ersten Bedeutungen.* — Zs. Tambur-major (-mojouer).

damidech [dámideχ *D.*; dámëïdeχ *Si.*] adj. *niedergeschlagen, mutlos, gebeugt:* e werd schon d. gin. — lux. 53; vgl. hd. demütig.

Damaschten pl. *Si.*; Tamaschten *Obd. Damascenerpflaume, eine dunkelblaue Pflaumenart.* — lux. 53. Zs. Damaschtepraume-bâm *Si.*

Damellereⁿ [damèlərə *Pü. Wolm.*; dàmèle *Ri. Go. Hom.*] pl. *dasselbe wie* Damaschten. — els. 2, 682 Dammëll.

Damm [dàm *Vbg.* u. s.] *m. Rain, Ackergrenze.*

dammeⁿ [dàmə *Ri.*] tr. v. *einrammen, mit der Handramme feststoßen.* — els. 2, 682 dämme.

dämmern [dèmərən *Si.*] tr. v. *zertreten.* — hess. 69 demmeln, verdemmeln; els. 2, 682 dëmmere, verdëmmere; schwäb. 2, 45 dammere; vgl. baier. 1, 506 dammern *klopfen*; tirol. dämmern From. 4, 338, 445. Gr. Wtb. 2, 710 dämmern; mhd. temern.

dämmerich [dæmərix *Fo.* u. s.] adj. *dämmernd, von der Zeit:* es isch schon d. die *Nacht beginnt od. der Tag bricht an.* — Gr. Wtb. 2, 710 dämmerig.

Damp [damp *fast allg.* Pl. dèmp *Av.*] *m.* 1. *Rauch, Dampf:* der D. kimmt us'm Schorschten *Falk.* D. mache a) *protzen*; b) *Wind von sich geben Ha. Ri. Rom.* Es geht mit D. *es geht schnell.* ibid. — 2. *verächtl. für Atem:* den D. geht em aus *Si.* hess. 66 Damp *Asthma, Engbrüstigkeit.* — 3. *Rausch, Betäubung durch geistige Getränke D. Si.:* er hat D. *Ri.*; en as am D. *D. Si. er ist angetrunken.* — 4. *Gestank Ri.* — lux. 53. Zss. D.-maschin, D.-nudle, D.-schef.

dämpeⁿ [dèmpə *fast allg.*; dèmpən u. dimpən *Bo.*; dempən *D. Si.*] 1. intr. v. *dampfen, rauchen:* de Schorschten dämpt *Falk.* Was das dämpt, es werd doch kän Fier sin! *Fo.* De Pif dimpen *Bo.* — 2. tr. *durchprügeln:* oinen dimpen *Bo.* — 3. *in* *Dampf kochen, schmoren:* Grompiren dämpen *D. Si.*

Dämpert *m. D. Si.* 1. *starker Raucher* s. dämpen 1. — 2. *kurzatmiger Mensch* s. Damp 2. — lux. 53 ebenso.

dämpich [dèmpix *fast allg.*; dèmbi(x) *Ri.*; dèmpix u. dimpix *Bo.*; dempex *D. Si.*; dèmpš *Bi.*] adj. 1. *dumpfig Fa.:* d. Weder. — 2. *engbrüstig, asthmatisch:* en as d. eweïeng Kouh. — hess. 66 daempsch; lux. 53 dämpech; els. 2, 685 dämpfig *lungensüchtig.*

Dämpsch-huschte [dèmpšhúštə *Bi.*] *m. Husten engbrüstiger Leute od. lungensüchtiger Pferde.* s. das vorige.

Dank *m. allg.* wie hd. *Dank:* das isch de D. defor *Ri.* De Gestank fir den D. kreïen *Undank ernten D.* — Zs. Dankeswert adj. *D. Si. dankenswert.*

dankber [daŋkbər *Si.*] adj. *dankbar.* Davon: Dankberkät *Dankbarkeit.*

dankeⁿ [dàŋkən *fast allg.*] intr. v. *danken.* Gebräuchlicher ist „merci sân".

Dann [dàn *fast allg.*; dèn *D. Si.* – Pl. dànə, dènen] *f. Tanne, Nadelholz.* — Zss. Danne-bâm (Dänne-bâm). Dännebösch *m. D. Si. Tannenwald.* Danneholz (Dännenholz). Dannen-fink *m. Schm.* Danne-strauss *Tannenzweig als Aushängeschild eines Wirtshauses.* Dännen-zäp *m. D. Si. Tannenzapfen.*

dann [dàn *allg.*] adv. 1. zeitl. *dann:* wann er sât, ich will nit, dann isch's fertich. Dann a wann emôl hie u. da *D. Si.* Dann et wann *Ri. Rom.* — 2. *denn:* wo hascht de dann das her? Bisch de dann ganz des Deiwels? *Fo.*

dannen I dànən *fast allg.*; dènən *Bo. D. Si.*] adj. *aus Tannenholz:* en dännen Desch *ein Tisch aus T. D. Si.* — els. 2, 686 tanne.

danneⁿ **II** [dànə *Fo.* u. s.] adv. *fort, von dannen:* geh danne!

Tant [tàṇt *Fo.* u. s.; matan̨t *D. Si.* – Pl. -tàṇte, matantən] *f.* 1. *Tante.* — 2. *alte, ledige Weibsperson.*

Danz [dàṇts *allg.*] *m.* 1. *Tanz.* — 2. *Musikstück zum Tanz:* was fir e D. spile se jetz? — Zss. D.-bär D.-knopp *Tanzknopf: durch das mittlere Loch eines Knopfes wird ein dünnes Hölzchen hindurchgezogen* *u. dann dem Knopf durch Umdrehen mit Daumen u. Zeigefinger eine kreiselnde Bewegung mitgeteilt.* D.-mäschter, D.-musik, D.-peter *dasselbe wie* Danzbär, D.-sal.

Danz-dere-männche[n] *m. Av. Schlüsselblume. Die Kinder ziehen den Stempel aus der Blüte und stellen ihn mit dem Fruchtknoten auf stilles Wasser: er tanzt alsdann.* — els. 2, 697 Tanzer 2.

Dänze [dèntsè, Pl. -n; Demin. -χin *Bo. Vbg.*] *f. eingebildetes Frauenzimmer.* — vgl. baier. 1, 612 teinze, teinzig, *spröde, abweisend (von Frauenzimmern gesagt).*

danze[n] [dàntsə *fast allg.*; daṇtsən *D. Si.* — Ptc. gədantšt] intr. v. *tanzen*: d. wie äner pifft *fast allg.*

Dänzer [dèntsər *allg.* — Pl. gleich] *m. Tänzer.* Das Femininum lautet: Dänzersch *fast allg.*; Dänzesch *D. Si.*

dänzerech [dèntsəreχ *D. Si.*] adj. *tanzbedürftig, tanzlustig.* — lux. 54.

Dänzler, Dänzlersch *Ri. Hom. Ha. Person, die tänzelnd einhergeht.*

Tapasch [tapáš *D. Si.*] *m. Spektakel, Geräusch.* — frz. tapage.

Tapert [tåpərt *Bo. Vbg.*; tòpərt *Lix. Fo. D. Si. Klein-Ro.*; tòbərt, tòwərt *Sgd.*; — Pl. -ən] *m. Tölpel, ungeschickte Person.* — lux. Topert Ga. 450; baier. 1, 612 u. els. 2, 700 Tapper; Heanzen Mdt.: Taopert From. 6, 29. s. a. Tappes.

Tapet [tapét *fast allg.*; tapéït *D. Si.*; dàbét *Ri.* - Pl. -ɔ[n]] *f. Tapete:* äbbs uffs Dabet bringe *zum Gegenstand des Gesprächs mache.*

tapich [tàpiχ *Bi. Vbg.*; tòpiχ *Fo. Lix. Sgd.*; tópiχ, topeχ *D. Si.*] adj, *dumm, albern, ungeschickt, plump*: er stellt sich awer t. dran! *Fo. Spruch*: zu Opich (Apach Kr. Diedenhofen) sin d' Leit tópich. — lux. tòpeg Ga. 450; els. 2, 699 topig; 2, 700 tappig; baier. 1, 612 täppig; spät mhd. tæpich; schwäb. 2, 62 tapig.

Dapp *Kreisel* s. Dopp.

Tapp [tàp, Pl. -ən *D. Si.*] *f. leichter Schlag, Stoß:* en T. kreïen *einen Schlag erhalten.* — lux. 435; *Ri.* — frz. tape.

täppele s. teppele.

Tappe[n] [tàpə *Sgd. Lix. Fa.* u. s.] *f.* (gewöhnl. im Plural) *Fußstapfen:* ich gehn als sine Tappe noh. — els. 2, 700; baier. 1, 613; schwäb. 2, 60 Tap; mhd. tâpe.

tappen I [tàpən *Bi. Falk. Fo.* u. s.; dàbə *Ri. Pfb.*] intr. v. 1. *tappen, unsicher gehen:* er tappt wie e Blinner. Durch de Dreck t. Ich hêr dich dabbe *ich errate, was du vorhast Ri.* — 2. *derb auftreten:* dab of dini Fês, un loss mini wachse *Pfb.* — 3. (figürl.) *plump dreinfahren:* da hascht awer wieder getappt; — els. 2, 699; baier. 1, 612; schwäb. 2, 63; lux. 435; hess. 409 tappchen; Gr. Wtb. 2, 750 dappen, tappen.

tappen II [tapən *D. Si.*] intr. v. *klopfen, anklopfen:* tapp emòl! *klopf mal an!* Mat dem Fo[u]ss tappen. — frz. taper.

dapper [dàpər *fast allg.*; dàbər *Ett. Ri.*; dàpa *Merl. Falk.*; dopər *Fletr.*] adj. u. adv. *tüchtig, schnell, flink:* d. druf los schaffe. Dapper trinke. *Rda.*: Er hat de Laf dapper *er hat Diarrhöe Fo.* De Dummel di(ch) dabber han *Ri.* — els. 2, 702 tapfer 2; engl. dapper *flink, munter, gewandt.*

Tappes [tàpəs *Pü. Hw.* u. s.; tàpsə *Bi.*; tàpfo[u]s *Si.*] *m. Tölpel; plumper, ungeschickter Mensch.* — els. 2, 700; schwäb. 2, 64; baier. 1, 612 Tapp[e]s; ndd. Taps From. 5, 298.

Dar *Dorn* s. Dor.

Dar [dár *Rü.*] *f. Hornisse.* — vgl. ags. dora, berg.-märk. tàrre *Drohne* From. 6, 47 (Wurzel tara *Schaden*; mhd. tarn, taren *schädigen, verletzen*).

darahter [darátər *Bo. Falk.*; dorotər *Si.*] adv. 1. *örtlich: hin u. her, ringsherum:* d' es nisch d. *es ist nichts ringsherum (sichtbar) Bo.* — 2. zeitlich: ven d. an *von dem Augenblick an Falk.* — els. 1, 20 dar affter, dor affter; ndl. daarachter; mhd. darafter.

darfen, dërfen s. derfen.

Darm [dár(ə)m *D. Si.*] *m. Darm.*

tarrelsich [tarələχ *Mw.*] adj. *betäubt:* en as t. am Kapp. (Der Ausdruck ist sonst nicht belegt.)

Darschtech *Dienstag* s. Dienschda.

Tart [tart *fast allg.*; tárt *Bo. D. Si.*; dárd *Pfb. Ri.*; türt *Fa.*; türtə *Grt.*] *f. Torte, Obstkuchen* z. B. Groscheltart *Stachelbeertorte.* — Zss. Tarte-plättel *m. D.*

Si. Tortenteller. Turte-schiene *f. Grt. Kuchendeckel.* — els. 2, 717.

darweⁿ [dàrwə *Ha. Ri. Rom.*] intr. v. *darben.*

Täsch [tèš *D. Si. Falk. Mtsh. Vbg.* u. s. — Pl. tèšən; Demin. tèšəltχən] *f. Tasche:* et as nemmen eng T. voll *es ist ein kleiner Kerl Si.* Den Abrël hot d' Kreischen an d' Lâchen an enger T. *heißt es vom Monat April wegen seines unbeständigen Wetters Si.* — els. 2, 722; schwäb. 2, 89; lux. Ga. 447; hess. N. 295 Täsche. Schon mhd. tesche neben tasche. Das Demin. Täschele, Däschele bedeutet *gewöhnliches, schwaches Frauenzimmer Ri.* — vgl. els. Täsch 2.

Täschel-krut *n. Lix.* u. s. *Hirtentäschel* (Capsella bursa pastoris). — els. 1, 532 Täschlekrut; schwäb. 2, 90 Täschelkraut.

dass [dàs *östl. der Linie Falkenberg-St. Avold-Spittel*] conj. *daß, damit:* Mach, dass de Kirch im Dorf blibt! *Fo.* s. a. dat.

Tass [tàs *fast allg.;* tás *D. Si. Bo.;* Demin. tæsχe, tæsən] *f. Tasse mit Henkel:* e T. Kaffee. — els. 2, 718.

dässemen *Sauerteig anmachen.* s. deisemen.

dat [dàt *westl. der Linie Falkenberg-St. Avold-Spittel*] 1. *Geschlechtswort das:* dat Mul hale. — 2. conj. *daß:* Mach, dat d' Kirch am Doref bleift! — 3. pron. *dieses:* dat la *dieses hier Falk.* Dat mol *dasmal, damals D. Si.* Dat jeïnecht, dat selwecht *dasjenige, dasselbe D. Si.*

Dat [dàt *fast allg.;* dòt *D. Si.*] *f. Tat:* en der D. (an d'r Dòt) *in der Tat.* Gewess an der Dòt! *kräftige Beteuerungsformel.* — lux. 8 Dòt.

Tata *f. Av. Tante (in der Kindersprache).*

däter [dètər, dèdər *Fa. Lix. Rg.*; dæterš *Av. Mü.;* dedərš *Grt.*] adv. *irgendwo:* das isch gar nimmi däder *Klein-Rosseln.* Er isch nit därersch *er ist nirgends zu finden Av.* Ich hon'ne iwerall gesucht, er ischt nit däter *er ist nirgendwo Lix.* Der Luft zieht därersch woher *Mü.* — els. 2, 726 därersch ⟨ do-echters?

dato [dâto, dâdo *fast allg.*] adv. *jetzt, augenblicklich:* biz d. *bis zur Stunde.* — els. 2, 726; baier. 1, 551.

Datsch I *Eierkuchen* s. Dotsch.

Datsch II [dàtš, Pl. -ən *Bo.;* tâtš *Falk.*] *m. Dorngrasmücke.* — Dâtsche *f. gibt Kehrein (Volksspr. in Nassau 107) als Namen der Grasmücke, mit zusätzlichem Vermerke: nach dem Laute ihres Gesanges.*

Datsch III, Tatsch [dàtš *Sgd. Lix. Obd.* u. s.; dàtšè *Fi.*; tàtš *Bo. Ett.*; dàtši *Hom. Rom. Ri.*; toᵃtš *Grt.*] *f.* 1. *breiter, plumper Fuß.* — 2. *verächtliche Bezeichnung der Hand;* vgl. hd. Tatze. Letzer Datschi *jd. der sich der linken statt der rechten Hand bedient Ri.* — 3. *täppisches, langsames Frauenzimmer, Trulle.* — 4. *Ohrfeige.* — els. 2, 733 Dotsch II. 3 *plumpes Frauenzimmer;* baier. 1, 557 Dotsch, Dotsche *plumper Mensch;* lux. Tòtz, Tòtsch Ga. 451; schwäb. 2, 95 Datsche *dummer Mensch.* s. a. Gr. Wtb. 2, 1313 u. From. 4, 342. 344.

datschen [dàtšən *fast allg.*; dètšə *Fo.*] tr. v. 1. *mit der flachen Hand schlagen, um etwas auszubreiten:* eppes breit d. — 2. *ohrfeigen:* ich han ne awer gedätscht *Fo.* — els. 2, 731; baier. 1, 555; Gr. Wtb. 2, 825.

tatschen [tàtšən *Si.*] intr. v. *patschen, im Schlamm waten.* — lux. 436; schwäb. 2,95.

dätscheln [dètšələ *Fo. Fa.* u. s.] 1. *streicheln, liebkosen, leicht auf die Backen schlagen:* das Kind dätschele *Fo.* — 2. *leichte Arbeit verrichten Fa.* — baier. 1, 555 datscheln, dätscheln; els. 2, 732; henneberg. tätscheln From. 3, 132.

Datschert [dàtšərt *Alst.*; tàtšərt *D. Si.*] *m.* 1. *furchtsamer Kerl.* — 2. *alter gebrechlicher Mensch Si.* — lux. 436 Tatschert; els. 2, 726 Datteri.

datschich [dàtšiχ *fast allg.*; tàtšeχ *D. Si.*] adj. 1. *weich, weichlich, mürbe:* de Brume *(Pflaumen)* sin schon ganz d.; die man *(mag)* nit *Fo.* — 2. *regnerisch schmutzig (auf der Straße).* — hess. 67 datschig; els. 2, 732 dätschig in Zss.

Datterich *m. Lix.* u. s. *das Zittern vor Angst:* er hat de D. — baier. 1, 631 Tatterer (verbum tattern *zittern*); vgl. els. 2, 726 datterig *zitternd, furchtsam;* Gr. Wtb. 2, 827; From. 3, 327; schwäb. 2, 98 Datterich.

tattern, tättern intr. v. *Wb. schwätzen* (lautmalend). — baier. 1, 631 tadern, tattern; Gr. Wtb. 2, 828 dattern; schwäb.

2,98 u. els. 2,725 dattere 2.; hess. 67 daddern, dådern.

Dau I [dáu *fast allg.*; doï *Falk.*; dáf *Busd.*; dá *D. Si.*] *m. der Tau:* zwische D. un Naht *in der Dämmerung Ri.* — lux. 51 Dâ.

Dau II [dau, Pl. dauən; Demin. daiχən *D. Si.*; dúb, Pl. dúwə *Ri.*; dúw *Falk. Fi. Vbg.*; dóuə *Pü.*] *f. Faßdaube.*

Daudel [doudəl, *Hom. Ha. Ri.*] *m. dummer Mensch.*

taudelen [taudələ *Fa.*] intr. v. *einfältig reden; etwas sagen, was aller Wahrheit entbehrt.* — vgl. eifl. tautlen *tändeln*. From. 6, 19; els. 2,727 Dottel 2 *dummer Mensch*, duttle; baier. 1,632 tottelt *dumm, einfältig*; frz. douter?

daudern intr. v. *(Metzeresch) viel u. heftig sprechen.* — hess. 67 daddern; Gr.Wtb. 2,671 dadern, dodern. s. a. tattern.

Dau-deschtel *Saudistel* s. Dudischel.

dauen I [dáuən *D. Si.*] tr. v. *drücken, bes. durch Ansetzen der Schiffsstange oder des Ruders auf Flößen.* — lux. 55 dauen; baier. 1,494 dauhen; Gr. Wtb. 2,1037 deuhen, dauhen; eifl. daien Bü. 18 u. From. 6, 13; ndl. douwen; mhd. diuhen.

dauen II [dáuə, dawə *Hom. Ri. Rom.*] intr. v. 1. *verdauen.* — 2. *wiederkäuen:* de Kuh daut. — els. 2,637 ebenso.

dauen III [dauən *fast allg.*; dáən *D. Si.*] intr. v. *tauen.* — lux. 52 dåen.

dauen IV *taugen* s. dachen, dachten.

Dauer s. Dur.

dauer-häftich adj. *D. Si. dauerhaft.*

Dauf *Taube* s. Dub.

dauf *taub* s. dab.

Daum *Daumen* s. Dumme.

daums-dek adj. *Si. daumendick.* — lux. 55; schwäb. 1, 115: Daumes-dick.

dauschen [daušən *D. Si.*] intr. v. *tosen, rauschen (wie stürzende Wasserbäche od. dichter Regen).* — lux. 55; baier. 1,547 dôssen, tirol. dôszen From. 4,344; zu mhd. dieʒen, dôʒ, duʒ.

tauschen, Tausch s. tuschen, Tusch.

dausend [dauʒənd *fast allg.*; daneben dauʒiχ, dùʒiχ, tauʒiχ, døuʒiχ *Ri.*] num. *tausend, sehr viel:* voll wie d. Mann. Er hat eni wie döusiχh *kanonenvoll Ri.* E Par Dausich Mann. — *Es dient auch als leichtes Fluchwort:* D'r D..och! Potz dausich! — Zs. hunert dusich 100000.

Dausend-gulle-krut *n. Fo.* u. s. *Tausendguldenkraut* (Gentiana centaurium).

Tauwen-stesser [tauwənštésa *Obd.*] *m. Falke.* — lux. 56 Dauwestesser.

dauzen [dáutsən u. dútsən *D. Si.*] intr. v. *duzen, mit Du anreden:* se dauzen sech. — schwäb. 2, 121; els. 2,735 duze; lux. 78 dûzen.

Tax [tàks *fast allg.*] *f.* 1. *Taxe.* — 2. *gebührende Zahlung.* — els. 2,734.

debelen [débələn *D. Si.*] tr. v. *falten, doppeln:* e Stek Duch d. — lux. 56 diebelen; els. 2,701 dopple; frz. doubler.

Debo [debó *Sbg.*] *m. Depot, Lagerraum.* — frz. dépôt.

Dechen [dèχən, Pl. gleich *D. Si.*] *m. Dechant, Erzpriester.* — lux. 56 Dèchen; mhd. tëchan, Dëchan(t).

Deck [dèk *fast allg.*; dèkən *D. Si.*] *f.* 1. *Tischdecke:* Le' de D. uf de Disch! — 2. *Zimmerdecke:* An der D. isch e Spinn. — els. 2,669. — Zs. D.-bett: sich noh 'm D. strecke *nur soviel verausgaben, als die Mittel erlauben Ri. Hom.*

deck [dèk *fast allg.*; dik *Pü.*; dàk, dàks *D.*] adv. *oft:* Ich han der's jetz d. genunk gesât. Der isch decker im Wirtshus, wie in der Kirch. — els. 2,672, baier. 1,487, hess. 71 dick; lux. dacks Ga. 96; mhd. dicke. — Zs. deck-mol (deckmals, dackmols) adv. *oftmals, zuweilen:* Geht er als in de Kirch? Jo, deckmol! — els. 2,672 deckmol; hess. 71 dickmal.

Deckel [dèkəl *fast allg.*; dekəl *Fo.* Demin. degələ *Ri.*] *m.* 1. *Deckel (auf dem Topf od. auf einem Gefäß):* der D. am Korb. — 2. *scherzh. für Hut:* was hascht dann for e D. uf? — 3. *Kopf:* Hau em eini uf de D.! — Zss. Deckel-koref *m. D. Si.* Deckelkorb. Deckel-schneck *f. Fo. Pü.* große Weinbergschnecke.

decken [dèkən *fast allg.*; dekə *Fo.*] tr. v. *decken:* geh, deck de Disch! *Rda.:* En deckt (zou), wann d' Kalef am Buer leit *Si.*

decklen [deklə *Fo.* u. s.] tr. v. 1. *hauen, schlagen:* er isch gedeckelt word. — 2. *gründlich die Meinung sagen, mit einer Rede den Nagel auf den Kopf treffen:* Den han ich awer mol gedeckelt *Fo.* —

els. 2, 670 deckle 2, 3; schwäb. 2, 127 deckle 2a. s. a. deffle.
Dede [dede *Ri. Hom. Rom.*] *n. Patin, in der Kindersprache.*
dedengen *mit Worten streiten* s. dädichen.
dedersch *irgendwo* s. däter.
Dedor [dedor *Ri. Rom. Ha.*] *männl. Vorname Theodor.*
defīleⁿ [dèflə *Lix. Sp.* u. s.] tr. v. *schlagen, züchtigen:* dene mu(n) m'r emol d., er wird sunscht se frech. Er isch gedeffelt word. — baier. 1, 491 deffeln. s. a. Gr. Wtb. 2, 894.
dehäm *daheim* s. häm.
Dei [dai *Bo.*] *m. Krume.* s. d. folgende.
dei [dái *fast allg.;* dègiχ *Ha. Rom.*] dê, déχeχ *D. Si.;* daigiχ *Ri. Hom.;* dêkiχ *Bi.*] adj. *überreif, weich, klebrig durch innerliche Auflösung, die der faulen Gärung vorangeht:* de Bire sin dei *Fo.* Deie Bire sin nit gesunn. — els. 2, 671 teik; baier. 1, 595 taigig; lux. 56 dê; mhd. telc.
deibelhaftich, Deiblerei s. deiwelhaftig, Deiwelerei.
Deich I [dáiχ *Lix. Pü.* u. s.; daig *Ri. Hom.;* dai *Bo. Vbg. Marienth.;* dáï *Kr.;* dèχ *D. Si.;* dǽk *Bi. Fi.;* dêg *Ha. Rom.;* deèk *Ltf.*] *m. u. n. Teig:* 's Deäk isch stif *Ltf.* M'r mänt, er het D. im Mul. D. wirke *Teig verarbeiten.* Er isch im D. macht *T. zum Backen Ri.* — lux. 56 Dêch; els. 2, 670 Teik.
Deich II [daiχ *Si.;* déiχ *D.*] *m. Teich.* — lux. 57 Deich.
deïdeln *teilen* s. deilen.
deïden [déïdən *D. Si.*] tr. v. *töten.* — lux. 57 deïden.
deïdlech adj. *D. Si. tödlich.* — lux. 57.
Deïdrech [déïdreχ *D. Si.*] *männl. Vorname Diedrich.*
deien [daïən *Si.*] 1. intr. *gedeihen:* et deit an et deit net *es will durchaus nicht gedeihen.* — 2. tr. *bedeuten:* dat deit neischt Goᵘts *das bedeutet nichts Gutes.* — schwäb. 2, 133 deihen *gedeihen.*
deier *teuer* s. dier.
Deierecht [daiərextχ *D. Si.*] *f. Teuerung.* — lux. 57; engl. dearth.
Deier-johr [daierjór *D. Si.*] *n.* (eigentl. *teueres Jahr, Hungerjahr*) 1. *Teuerung.*

— 2. *Bezeichnung für eine lange, magere Person.*
deierlech [daiərleχ *D. Si.*] adj. u. adv. *armselig, Mitleid erregend:* en deierleche Kerel. — lux. 57.
Deierlechkät *f. D. Si. Armseligkeit.* s. das vorige.
Deïf s. Dieb. — Zs. Deïf-stal *m. D. Si. Diebstahl.*
Deifhenker [daifeŋkər, daiweŋkər *Bo. Brettn. D. Si.;* déïwèŋkər *Falk.;* deïhiŋer *Ri. Hom.;* déïwiŋker, déïhiŋkər *Bi.;* dæweŋkər *Fo.;* déikheŋər *Pfb.*] *m. absichtliche Entstellung, beschönigender Name für Teufel:* z'm D.! *Falk.* D'r D. nohmal! *Bo.* Wat den hellen D.! *Ausruf der Verwunderung Brettn.* Dummer Deïwinker! *Bi.* — lux. 59 Deiwenker; els. 2, 356 N. Deühänker; hess. 68 Deiphenker (*Vilmar hält es für eine Entstellung aus* Diebhenker).
Deïft [déïft *D. Si.*] *f. Tiefe, Bodensenkung.* — lux. 57 Deïft; engl. depth; ndd. depde.
Deih [dáï *Si.*] *m. das Gedeihen:* 'T Sonndesarbet hot kän D.
Deiker [dáikər, ohne Pl. *Bo.;* deïgsəl *Ri.*] *m. Umschreibung für Teufel:* Deiker nohmal! *Ausdruck der Überraschung.* Geˋ zom D.! *pack dich! Bi.* — vgl. baier. 1, 589 Deigl, Deixl; els. Deixel, Deichert From. 2, 504; schles. der Teuker, Toiker ibid. 3, 252, 243. Alles euphemistische Ausdrucksweisen.
Deiksel [dáikʒəl *Schw.;* dekʒəl *Bo.*] *n. u. f. Beil für Küfer, Wagner u. ähnliche Handwerker.* — schwäb. 2, 124 u. baier. 1, 483 Dechsel; mhd. dehsel; s. a. Gr. Wtb. 2, 881.
Deil [dáïl *Bo. Falk. Lix.* u. s.; dǽl *Fo. Bi. Ri. Rom. D. Si.*] — Pl. dáïlər, dǽlər. Demin. dáïlχən, dáïdəl, dǽlχən] 1. *m. u. n. Teil, Anteil:* ich han min D. *ich habe genug.* Jedem sin D. Er hat 's am digge Däl *er hat etwas verkehrt angefangen od. er hat immer Pech Ri.* — lux. 59 Däl. — 2. *f. Erbteil.*
deilen [dáïlən *Bo. Falk. Lix.;* dǽlən *Fo. Bi. Ri. Ha. D. Si.*] tr. v. *teilen:* je, mir zwei däle! — lux. 59 dälen.

6*

Teimer [táimər *D. Si.* — Pl. -n] *m. zweirädriger Karren.* — lux. 436; frz. tombereau.

teimeren [táimərən *Si.*] 1. *in den* Teimer *laden.* — 2. *mit dem* Teimer *fahren.* — lux. 436.

Deimerlenk, Deimelenk *m. D. Si. Däumling.* — lux. 58.

deïnen, Deïnscht s. dienen, Dienscht.

teïnen [téïnən *D. Si.*; téənen *Bo.*; dónə, dénə *Ha. Hom. Ri.*] intr. v. *tönen.* — lux. 60.

Deïner [déïnər *Si.*; dindər *Sbg.*] *m. Diener.*

deïnescht [déïnəšt, déïnəštər *Si.*] adv. *kurz vorher:* en as d. do gewês. — Deinescht < der eïnescht *dereinst.* — lux. 61 dereinescht.

Deïpert [deïpərt, Pl. -ən *Bo.*] *m. Gelegenheitsdieb.*

Deïschta s. Dienschda.

deischter [daištər *D. Si.*] adj. u. adv. *dunkel, düster, finster:* deischter Nuᵉt *finstere Nacht.* En d. Gesiht. E kuckt d. er *schaut finster drein.* Verstärkung: deischter stach Nuᵉt, deischter stêre Nuᵉt *stockfinstere Nacht.*—lux. 58. s. a. duschter.

Deischtert *f. D. Si. Dunkelheit, Finsternis.* s. d. vorige.

deïseit [déïʒait *D. Si.*] präp. *jenseit* (entgegengesetzt dem desseit): d. vum Doref *jenseit des Dorfes.*

Deisem [daiʒəm *Sgd. Lix. Grt.*; daiʒən *Falk. Bo. Pfb.*; daiʒùmə, daiʒòmə *Ri. Hom.*; déïʒən *Vbg.*; dæʒə *Fo. Fa.*; dêʒən *Obh.*; dèʒum *Fi. Ltf.*; dèʒəm *Busd. Ett. D. Si. Schm.*] *m. Sauerteig:* en D. amachen. — els. 2, 719 Deisem; lux. 61 Dêssem; mhd. deisme. s. a. Gr. Wtb. 2, 914.

deisemen, däsemen tr. v. *den Vorteig mit Sauerteig anmachen.* — ss. dèssemen, Kisch vgl. Wtb. 57. s. d. vorige.

Teiss [tais *D. Si.*] *männl. Vorname Mathias.* — baier. 1, 547, 627, 1685 Deiss, Teiss; lux. 436 Teis; schwäb. Deiss From. 4, 110, 47.

Teissel *Deichsel* s. Tissel.

deiten [daitən *D. Si.*; déïtə *Ha.*] intr. v. *deuten, mit dem Finger zeigen:* en hot op mech gedeit. — lux. 58. s. a. diten.

deitlich déïtliχ *Fo.* u. s.; daitleχ *D. Si.*] adj. *deutlich.* — lux. 58 deitlech.

Deitlichkät *f. fast allg. Deutlichkeit.* deitsch s. ditsch.

deïwech [déïweχ *Si.*] adj. 1. *diebisch.* s. Dieb (Deïf). — 2. *sehr tief.* s. dief (deïf). — lux. 62.

Deiwel [daiwəl, daibəl *D. Si.*; dáïbəl *Bo.*; déïwəl *Fo. Ri. Hom. Ha.*; teïwəl *Wb.*; dèwəl *Oberk.*; deïbəl *Bi. Falk.*; dcïfəl *Mtbr. Pfb.* — Pl. daibəln, daiwəln; Demin. daibelχin, daiwəlχən] *m.* 1. *Teufel. Rdaa.:* Wann der D. 's Perd holt, do kann er a de Sattel holle *Fo.* Was des Deiwels gewehnt isch, hat gut in der Hell sin *Fo.* Er koᵘmt, wann der D. vreckt, un der esch noch net krank *Bi. d. h. er kommt überhaupt nicht.* D' es en Steck vem D. sin Schwanz *Bo.* A (*er*) gewinnt, wie da D. an de Riben *Wa. d. h. er macht schlechte Geschäfte.* Wenn m'r der D. an d' Wand môlt, kummt er *Mtbr.* Dos isch n Stick von D. *ein sehr böser Kerl. Ersd.* 'S isch e goᵉter D. *ein guter Kerl Pfb.* Den D. em Lei han boshaft sein *Bo.* Des Deibels machen *ärgern Bo.* Der escht dem Teiwel vom Schwanz geschawt (*geschabt*) *Wb.* Der hot der D. gesin *der ist zu allem fähig Kr.* Er isch 's Deïwels *nicht zu bändigen.* Er hat e Mul vom D. *böses Maul Hom. Ri. Rom. Ha.* Ich weiss der D. nit, was er gemacht hat *Ri.* Er kummt in Deïwels Kiche *er bringt sich in schlechten Ruf Ri. Rom. Nachahmung des Lerchengesangs:* Herrgott, sieh, sieh, sieh! Vejele will nimmeh fluche: Deïwelsketzer! Deïwelsketzer! *Ri.* — 2. *zweirädriger Karren:* e ganze D. voll *Ri.* s. Tumbero.—Zss. Deïwels-bänner *m. Si. Teufelsbeschwörer.* Deiwelsdreck *m. Fo. D. Si.* u. s. *Stinkasant* (Asa foetida). Deiwels-stark [-štárk *Si. Rü. lux. Grenze, Vbg.*] *n. eine Art dicker Leinwand, die im Hause hergestellt wurde, Barchent; (in Varsberg) Biberstoff, eine Art Baumwollenzeug, sog. wegen seiner Haltbarkeit.* — lux. 59.

Deiwelerei, Deibelerei *f. fast allg.* 1. *nichtswürdige Handlung, Teufelei.* — 2. *unentwirrbares Durcheinander.* — lux.59.

deiwelhaftig (deibelhaftig) adj. *D. Si. Bo. teuflisch.*

Deiwenker s. Deifhenker.

Deïwerei [déïwərai *D. Si.*] *f. Dieberei:* D. dreiwen. — lux. 62.
Teje [téjə *Marienth.*] *männl. Vorname Theodor.*
dek s. dick.
teken [tekən *D. Si.;* digə *Ri.*] intr. v. 1. *ticken (von der Uhr).* — 2. *anstoßen (mit dem Trinkgefäß):* Et as besser ämol gedronk, as weï zwämol getekt *besser einmal getrunken als zweimal angestoßen.*—lux.436.
Deksel *Beil* s. Deiksel.
Dekt *dicke* s. Dickhet.
Dell I [del *D. Si.*] *m. Dill, Dillfenchel* (Anethum graveolens). — lux. 60.
Dell II [dèl *fast allg.;* dèlt *Bo. D. Si.* — Pl. dèlə, dèltən] *f.* 1. *Vertiefung jeder Art, Beule:* e D. im Hut. Der Ämer isch voll Delle *Fo.* E D. in ebbes schlân *Bi.* — 2. *Einsenkung im Boden, Hohlweg.* — els. 2,674; baier. 1,498 u. hess. 69 Delle; schwäb. 2, 40 Dalle, Dälle; vgl. Gr. Wtb. 2,699 Dalle, Telle; lux. 59 Dellt; schles. Telle, Tielke Weinh. 107. *Flurbezeichnungen:* Dell, Delgen, Daelgen, Defertelen (*Tiefental*) Besl. II. 43.
Teller [tèlər *allg.;* dèlər *Sbg.* — Pl. tèlərə, dèlərə, tèlərən] *m. Teller:* er hat sin T. leer gess. *Sprechübung:* Käthel im Deller, im Keller isch Käs. *Ri.*
tellern [tèlərn *Bo.*] tr. v. *auf das Gesäß hauen, schlagen überh.* — vgl. schwäb. 2, 141 tellere *rädern.*
Dellt *Niederung* s. Dell II.
de-mal, [déᵃmal *Bo.;* démól, démóls *D. Si.*] adv. *damals.* — lux. 60 démols.
Demant [démànt *Sbg.*] *m. Diamant.*
Tember [tembər *Si.;* tèŋbər *Fo.*] *m. Briefmarke.* — frz. timbre. Zs. T e m ber-papeier *n. Stempelpapier.*
dem-noh [dèmnô *Fo.* u. s.; démnò *D. Si.*] adv. *demnach, dementsprechend:* es geht em schlecht, awer er schickt sich d. *Fo.* — Et as d. *das hängt davon ab Si.* — lux. 60 démno.
Dempel [dempəl, Pl. -ən *Si.*] *m. Tümpel, tiefe Stelle im Wasser.*
Tempel [tèmpəl *Si.;* dèmbəl *Ri.*] *m. protestantische Kirche:* zum D. enus jawe. — Zs. T e m p e l - h ä r *m. Tempelritter. Rda.:* e ràcht eweï'n T. er raucht wie ein T. d. h. *leidenschaftlich.*

Demut [démut *Falk.*] 1. *m. Demant.* 2. *f. Demut.*
den *dünn* s. dinn.
dene in Abzählreimen: ene, dene ... s. Anhang.
denen [denen *Bo.*] tr. v. *dünn machen d. h. durch Wegnehmen verringern:* der Hufen es gedent *der Haufe ist verringert.*
Dengel-gescherr *n. Sbg. alles was zum Dengeln gehört, bes. Hammer u. Stock.*
Dengel-stock *m. fast allg. kleiner Amboß, auf wrlchem die Sense geschärft wird.* — els. 2, 584.
dengen s. dingen.
denget-we'n [deŋetwèən *D. Si.*] adv. *deinetwegen.* — lux. 60.
dengelⁿ [dèŋlə *fast allg.*] tr. v. 1. *die Sense schärfen (durch Klopfen).* — 2. *schlagen, verhauen:* den hammer awer mol gedengelt! — els. 2, 689.
denken [dèŋkəⁿ *fast allg.;* dèŋgə *Ha. Ri. Rom.* — Ptc. gədáx̣t *Fo.;* gədèŋkt *Falk. Ri.;* gəduèt *D. Si.*] intr. v. *denken:* denk dr emol! *Hinweis auf eine wichtige Mitteilung.* Er denkt nit wittersch *er überlegt nicht weiter. Ri.* Wo denkscht de hin? Ich kann m'rs denke; ich han m'rs gedenkt. Denk! *sieh da, wirklich!* Was denkt din Herz? din Buch *(Bauch)?*
Denn [dèn *allg.*] *m. f. n.* 1. *Tenne:* heit werd im D. gedrescht. — 2. *Hausgang, Hausflur. Rda.:* En as durch en franzeseschen D. gelâf = *er spricht schlecht französisch Nj.* — 3. *soviel Getreide, als in der Tenne auf einmal gedroschen werden kann:* m'r han e D. gedrescht *eine Lage Getreide. Fo.* — lux. 60 Dénn; els. 2, 687 Tènn. — Zss. Denn-dir *f. Scheunentor Av.* Denn-rês *Getreideabfälle in der Scheune. Si.* s. Res. — hess. N. 2, 25 Tenne-reis.
denohter [dənôtər u. nôtər *Fo.* u. s.] adv. *nachher, darauf:* Was hat er dann d. gemacht? — lux. 61 dernochert; henneberg. dernᵃchet From. 2, 404, 11. vgl. schles. hernochert Weinh. 77. s. a. From. 6, 351. d. < darnachher.
Tensch [tènš, Pl. ən *Mtsh.*] *m. Damm eines Teiches, Bodenerhöhung zum Stauen des Wassers. Urk.:* Das Wasser, so es findet einen Widerstand oder Tensch

und nit fuir mag flieszen, so wirbelt es hinder sich. Ga. 446. — lux. Ténsch; els. 2, 694 Dënsche.

Denschda s. Dienschda.

Den-schesser [denšesər *D. Si.*] *m. furchtsamer Mensch (Dünnschisser).* — schwäb. 2, 471 Dünnscheisser.

Dent [dent *D. Si.*] *f. Dünnheit.* — lux. 67 Dönnt; mhd. dünnede.

Deppches-moss [depχəsmôs *D. Si.*] *f. knappes Maß* eigentl. *mit dem Töpfchen gemessen).* — lux. 67. s. Dippeⁿ, Deppen.

Teppel *Tüpfel, Punkt* s. Tippel.

teppelech *getüpfelt.* s. tiplich.

teppeleⁿ [tépələ *Lix.* u. s., auch tébələ gespr.] intr. v. *unsicher wie mit Kinderfüßchen auftreten:* lu mol, wie's teppelt so herrsch! — schwäb. 2, 63 täppele. s. tappen.

Deppen *Topf* s. Dippeⁿ.

Teppi [tèpi *Si.*] *m. Teppich.*

der I [dèr *fast allg.;* da (dər) *Falk.;* dən də *D. Si.* — Flexion: Sing. dèr, fon dêm, dèm dèn(də) *Fo.;* da (dər),ˌfèn dəm, (dəm) əm, dən (də) *Falk.;* dən də, fun dəm, dəm əm, dən də *D. Si.* — Pl. dî, fon dèn(ə), dèn(ə), dî *Fo.;* di (də), fèn dən, dən də, di (də) *Falk.;* t(də), fun dən, dən də, t(də) *D. Si.*] Artikel *der:* der Mann (da Mann, de Maṉ). Der Disch (da Disch, den Desch). Das isch e Kind von dem Mann. *Abweichend vom hd. Sprachgebrauch steht der best. Artikel auch vor Vornamen:* der Schang, der Schakob.

der II [dèr *fast allg.;* dén *D. Si.*] pron. demonstr. u. determin. *der, dieser:* der, wo nit schafft, braucht a nit z'esse. *Gewöhnlich wird das Pronomen verstärkt:* der do *Fo.;* der la, der lala *Falk.;* den elei *D. Si.:* der Mann la, de' Maṉ elei *dieser Mann.*

der III [dèr *Fo.* u. s.; dén *D. Si.*] pron. relat. *der, welcher:* das isch der Mann, der's gesat hat *Fo.* Ech hun de Maṉ gesin, den doᵘt geschlon gên as... *der tot geschlagen wurde. Um das relative Verhältnis auszudrücken, bedient sich die Ma. viel häufiger des Lokaladverbiums* wo, wu: der Mann, wu gestorw isch *Falk.*

Der *Dorn* s. Dor.

der- [dər- *(unbetont) D. Si. Bo.* u. s.] *nhd. Vorsilbe* da-, mhd. dâr-. *Altes* r *hat sich in diesem Präfix in zahlreichen Zss. erhalten, die auch in anderen fränkischen Maa. vorkommen.* s. From. 3, 128: der-bei, der-durch, der-matt, der-widder u. s. w.

der-bant [dèrbant *Si.*] 1. conj. *während:* d. at ech do wor *während ich da war.* — 2. adv. *unterdessen, mittlerweile:* ech gin alt d. *ich gehe (als) mittlerweile.* — lux. 61; mhd. darbinnen *inzwischen.*

der-bei [dərbai *D. Si.*] adv. *dabei.* — lux. 61 u. ss. derbei, Kisch, vgl. Wtb. 56; ndl. daarbij. s. a. From. 6, 130, 6.

der-durech [dərdureχ *D. Si.*] adv. 1. *durch, fort:* en as d. gâng *er ist durch gegangen, hat sich fort gemacht.* — 2. *dadurch, hindurch.* — lux. 61; ss. derdurich, Kisch vgl. Wtb. 56; ndl. daardoor.

derent-we'en [dérəntwéən *Si.*] adv. *deswegen.* — lux. 61.

der-erscht [dəréršt *Fo.* u. s.; dəréïšt *D. Si.*] adv. *zuerst, vorerst:* d. gehn m'r mol Kaffe drinke. — baier. 1, 22 in der erst; s. a. From. 2, 287, 88.

Deres [dèrès, Demin. dèrèsəl, durusəl *Ri.;* tèrès *Ha. Rom.*] *weibl. Vorname Therese.*

derfeⁿ [dèrfə *Fo. Lix.* u. s.; dúrfən *Bo.;* dáfən *Falk.;* dirfən *Si.*] *Hilfsztw. dürfen.* [Flexion: Präs. Ind.: dèrfə, dèrfšt, dèrft, dèrfə. Imp. Konj.: dirft, dirfšt, dirft, dirftə; Ptc. gədèrft (gədirft) *Fo. Lix. In der Bolchener Mundart lautet das Präs. Ind.:* durf, durfšt, durf neben dáf, dáfšt, dárf; Pl. mer durfən. Imp. Konj.: dirfšt; Ptc. gədurft, gədarft. *In der Falkenberger:* dáf, dafšt, dáf Pl. mer dáfən; Konj. dírft; Ptc. gədâf(t). *In der Siercker:* dirəf, direfšt, dirəf; Pl. mer dirfən. Konj. direft; Ptc. gədirəft].

der-gent [dərgént *D.;* dərgéïnt *Si.;* dəgejə *Ri. Rom.*] adv. *dagegen:* d. as neischt ze sôn. *Si.* Do degeje *hiergegen Ri.*

der-hanner [dərhànər *D. Si.;* dərhiṉər *Ha. Ri. Rom.*] adv. *dahinter.* — lux. 61; ss. derhänder, Kisch vgl. Wtb. 56.

der-hoïn [dərhoïn *Bo.*] adv. *daheim.* — ss. derhêm, Kisch vgl. Wtb. 56; ahd. dârheime.

Derk [dèrk, Pl. dèrgə *Berl.*] *m. Türke.* Derge *heißen die Pfalzweierer (bei Pfalz-*

burg) wegen ihrer wenig hervortretenden Frömmigkeit s. a. Tirk.

der-lanscht [dərlánšt *D. Si. Rü.*] adv. *daran vorbei, entlang:* d. scheïssen *vorbei schießen;* d. gòn *entlang od. vorbei gehen.* — lux. 61; ss. derlangst, Kisch. vgl. Wtb. 56; ndl. daarlangs.

der-lescht [dərlèšt *D. Si.*] adv. *letzthin, kürzlich, jüngst:* d. hun ech geheïert *...kürzlich habe ich gehört.* — lux. 61; ndl. terlest From. 3, 552, 44.

der-mat [dərmat *D. Si.*] adv. *damit, mit dem:* wat soll ech d. ufenken *(anfangen)?* — lux. 61; ss. dermät, Kisch vgl.Wtb. 56; ndl. daarmede.

Termen [tèrmə *Fa.* u. s.; tèrmən *D. Si.*] pl. *sonderbare Gedanken eines hochfahrenden Geistes, eines überspannten Menschen:* was hat der Terme im Kopp! Was hascht de wieder für Terme? — els. 2, 714; lux. 437; vgl. ss. Tirm *Eigensinn, Starrsinn* Kisch vgl. Wtb. 224. s. tirmen.

Termin [tèrmi̯n *fast allg.;* dèrmin *Ri.;* tèrmeïn *D. Si.*] m. 1. *Termin, Zahltag:* am Martini fallt e T. — 2. *Geldrate:* de Termine bezahle. — els. 2, 714.

der-newen [dərnéwən *fast allg.;* dərnéïwən *Bo.;* dənewə *Ri.*] 1. adv. *daneben:* er wohnt d. Er isch d. gang. — 2. adj. *verrückt, irrsinnig:* d. sin; d. kumme *Ri.* Er isch gons d. *Lix.* — lux. 61 u. ss. derniewen, Kisch vgl. Wtb. 56; tirol. dernebet From. 3, 213, 3; ndl. daarnevens.

der-nieden [dərnídən *Bo.;* dənìdə *Hom. Ri.*] adv. *drunten, da unten.*

der-noh [dərnò *fast allg.;* dənó *Ri. Ha.; Fo.* hat auch dərnŏtər, *Ri.* denoχədə] adv. *darnach, nachher:* Un dernoh? was hat er dann gesat? *Fo.* Dernoh hun ech geschlôf *Si.* Un denoh *u. was dann? u. wenn auch? Ri.* — lux. 61 u. ss. dernó; ndl. daarna.

der-ohter [dərotər, drotər *Si.*] adv. 1. *unzusammenhängend:* d. schwätzen. — 2. *wirr durcheinander, zerstreut:* et leït alles d. *es liegt alles, das eine hier, das andere dort.* — lux. 61 deruechter; vgl. mhd. darafter; ndl. daarachter.

Terpetin [tèrpetín *fast allg.;* dèrbədin *Ri. Hom. Rom. Ha.;* tèrpətain *D. Si.*] m. *Terpentin.* — Zs. T.-olich (Derbedinoli) *Terpentinöl.*

Derre [dèrə *Schw.*] n. *Bezeichnung für ein mageres Pferd:* dem D. kommer de Rippe zähle. D. < derr *dürr.* vgl. pfälz. gederrt *mager.*

Terro m. *Si. Düngererde.* — lux. 437; frz. terreau.

der-selwich [dərzèlwiχ *Fo.* u. s.; dərzèl *Falk. Ri.;* dèźèlwejən *D. Si.*] pr. demonstr. u. determ. *ebenderselbe, jener:* das isch d., wo geschter schon do gewän isch *Fo.* Wen isch et gewän? Dersell *(jener dort) Falk.*

der-sonner [dərzonər *Bo. D. Si.*] präp. *sonder, ohne:* et geht oich d., *es geht auch ohne.*

der-teschen [dərtešon *D. Si.;* dətìšə *Ri. Hom.*] adv. *dazwischen.* — lux. 61 dertöschen; ss. dertäschen, Kisch vgl. Wtb. 56; ndl. daartusschen.

der-vir [dərfír *D. Si.*] adv. *dafür, davor, vorher:* ech kann neischt d. *ich kann nicht(s) dafür.* En Stonn d. *eine Stunde vorher.* — lux. 61.

der-vun [dərfůn *D. Si.;* dəfån *Ri. Ha.* u. s.] adv. *davon.* — lux. 61 u. ss. dervun, Kisch vgl. Wtb. 56; ndl. daarvan.

der-wert [dərwèrt *fast allg.*] adv. *der Mühe wert:* et as net d. dovun ze schwätzen. — *Wenn für etwas gedankt wird, so erhält man gewöhnlich zur Antwort:* Et as net d. (nämlich zu danken). — lux. 61 derwiert.

der-widder [dərwidər *fast allg.*] adv. 1. *dagegen:* sech d. wieren *sich dagegen wehren.* — 2. *hart daneben:* 't Haus as d.

der-zu [dərtsóu *D. Si.;* dətsů *Ri.*] adv. *dazu, hinzu, hierzu.* — lux. 61; ss. derzá, Kisch vgl. Wtb. 56; ndl. daartoe.

d'es [d'ès *Bo.*] interj. „*es ist". Der Ruf* d'es *beim Versteckspiel zeigt an, daß die Verstecke aufgesucht sind.*

Desch *Tisch* s. Disch.

Deschtel *Distel* s. Dischtel.

Deschtel-douch s. Dischduch.

Deschtel-veilchen, -fenkeltchen m. *Si. Rü. Nj. Distelfink.* s. a. Dischtelzwig.

Teschtement [tèštəmènt *fast allg.;* desdəmènt *Ri. Rom.*] n. *Testament:* si' T. mache *Fo.* Änen ins T. dun *zum Erben einsetzen Ri.*

desseit [desait *D. Si.*] präp. *diesseit:* d. vum Wåsser.

Tessel [tèsəl *Bo. Busd. Rü. lux. Grenze.* — Pl. -ən] *m.* 1. *Getreideboden.* — 2. *Garben- u. Holzhaufen.* — lux. 437 ; ndl. tas.

tesseln [tèsəln *Bo. D. Si.* u. s.] tr. v. *aufschichten, ordnen:* Garwen, Holz t. — lux. 437; frz. tasser, entasser.

Desser [dezær, dezêr *fast allg.*] *m. Dessert, Nachtisch.* — els. 2, 719; frz. dessert.

de-von [dəfòn *Ri. Hom.*] adv. *davon*: uff un d. gehn. Devon misse *wegmüssen.*

devorde [dəfordə *Fo.*] adv. *vordem, eben:* er isch d. noch da gewän. s. vorde.

dewere[n] [dèwərə *Sgd. Sbg. Lix. Ri.*] intr. v. *(Judendeutsch) schelten, schimpfen*: der Babe hat gedewert, noh hat's Ruh gen *Lix.* — märk. dâwern *schwätzen* From. 3, 365 ; els. diwere Jb. XIII, 174; schwäb. 2, 186 dibere. Dewere < hebr. dabar *er sprach*, dibbêr *sprechen.*

Dewi [dewi *Hom. Ri.*] *m. Kostenan- schlag.* — frz. devis.

Dezember [dətsèmbər *allg.*] *m. der Monat Dezember, bekannt durch seine Los- tage d. s. die 12 Tage nach Weihnachten, von deren Witterung man auf das Wetter der 12 Monate des künftigen Jahres schließen zu können glaubt.*

Tibi *m. D. Si. Rausch:* en as am T. er hat einen R. Auch adjektivisch: tibi sin *betrunken sein.* — lux. 438 engl. tipsy *berauscht, benebelt.*

Dich [díχ, Pl. -ən *Bo.*; daiχ *Si.*] *m. Teich.*

Dichel [diχəl *Sgd. Lix. Pü.* u. s.; diχtəl *Kr. Obh.* — Pl. diχələ, diχtlə] *f. Entwässe- rungsröhre aus Zement, gebranntem Ton od. Holz.* — els. 2, 647 Düchel; baier. 1, 582 Teuchel; Gr. Wtb. 2, 1036 Deuchel, Düchel, Deichel. vgl. auch frz. tuyau.
— Zs. D.-dole *Röhrendrain.*

Dicht [diχt, Pl. -ə, Demin. diχtəl *Ett. Bi. Kr. Ri. Hom. Rom. Ha.*] *f. Vertiefung, Tal, Bodeneinsenkung.* (Dicht für Dift, Tieft.) — vgl. baier. 1, 590 tieft, tèift *tief.*

dick [dìk *fast allg.*; dek *D. Si.*] adj. u. adv. *dick, stark:* d. wie e Mehlsack. 'S Dick *das dicke*: 's D. vam Bän *Pü. der Oberschenkel.* Dick dun *den großen Herrn spielen.* Änem dek do[u]n *D. Si. einem das Leben sauer machen.* — lux. 59 dek. — Zss. Dick-kopp (Dek-kapp); Dick-milch (Dek-melech) *f. sauer Milch* (ge- wöhnlicher Brockel s. d.); Dick-panz; Dick-ribe (Dick-riwen) *Runkelrüben* (aber auch Dorlips u. Rommel); Dick- schädel; Dick-wangst; Dick-wur- zele *Pü. dasselbe wie* Dickribe.

Dickchet [dikjət *Fo.;* dekt, dekeχt *D. Si.*] *f.* 1. *bestimmte Dicke als Maß.* — 2. *Dickicht D. Si.* — lux. 59 Dekecht, Dekt; eifl. Déckt Bü. 15 ; els. 2, 672 Dickete.

Diddel s. Titt.

die [di *fast allg.*; t(də) *D. Si.*] Art. Sing. Femin. u. Plural aller 3 Geschlechter [Flexion: dî, dèr, di *Fo.* u. s.; di (də), da (dər), di (də) *Falk.*; t(də), dər, t(də) *D. Si.*]

Dieb [dìb *Fo.* u. s.; déïp *Bo.*; déïf *D. Si.*] *m. Dieb.* Auch Stähler s. d.

dief dìf *fast allg.*; déïf *Bo. D. Si.*] adj. u. adv. *tief.*

Diele [dílə *fast allg.*; dìl̲ *Falk. D. Si.* - Pl. dílə, dìl̲] *f. Diele, Fußbodenbrett.*
— Zs. Diele-bode (Dile-bodem) *m. Bret- terfußboden.* Dile-wand *f. Ri. Scheide- wand aus Dielen.* — els. 2, 676.

dielen [dílə u. dìlə *Ri. Rom. Ha.*] tr. v. *dielen, mit Brettern belegen.*

diene[n] [díne *fast allg.*; déïnən *D. Si.*] intr. v. 1. *dienen, Dienstbote sein*: er dient bi dem Bur. — 2. *ministrieren am Altare*.

dienlich [dìnlíχ *Lix.*] adj. *zweckdienlich*: ich wensche och alles, was nitzlich un d. isch.

Dienschda [dìnšda *fast allg.*; déïšta *Bo.*; dènšta *Av.*; denšteχ *Si.*; daštiχ *Um- gegend von D.*; dišta *Falk.*; dáršteχ *Rü.*] *m. Dienstag. Spruch*: Heit isch Kirb, morje isch Kirb bis zem Dienschda's n'Awend! *Fo.* — lux. 55 Dâschtech, Denschtech.

Dienscht [dìnšt *fast allg.*; déïnšt *D. Si.*] *m.* 1. *Dienst, Gefallen*: en D. erwise *einen Gefallen erweisen.* — 2. *Dienstver- hältnis*: er hat acht Stunne D. — 3. *Gottes- dienst*: Weller Wikär hat dann de D. ge- don? *Fo.* Den D. versehen *eine Pfarrei stellvertretend verwalten Ri.* Dienschte m. Pl. *Requiemsmesse Ri.*

Dier [dìr *fast allg.*; déər *Nj.*; déïər *D. Si.* - Pl. dìrə, dírər *Bo.*, déïər. Demin. dîrχə, dirχin] *n. Tier.* — lux. 57 deïer. — Zss. Dier-besch *m. Obh.* (eigent. *Tier-*

gehölz) wildreiches Waldgebiet bei Oberhomburg. **Dier-gard** (Deïer-gòrt) *m. Tiergarten.*

dier [dír, díər *fast allg.;* dúr *Ersd.;* daiər *D. Si.*] adj. u. adv. *teuer:* et isch e dierer Patrêner *Falk.* Bi dem Beck isch 's Brot am dirschsten. Dat git diere Bire *wenn jd. beim Birnendiebstahl erwischt wird.* 'S git em e dieri Brih, dieres Gemîs, en dieri Sauce *das wird er teuer bezahlen Ri. Hom. Rom.*

dieschten [dĭštən *D. Si.*] intr. v. *dursten.* s. Durscht, Duscht.

diffisil [dif(i)sîl *Fo. Ett.* u. s.] adj. u. adv. 1. *heikel:* das isch e diffisile Sach. — 2. *schwer zu befriedigen, anspruchsvoll:* de Diffisile mache *anspruchsvoll sein Ri.* E diffisiles Frauminsch. — 3. *wählerisch im Essen:* der isch gar sehr d. im Esse, er will nix als Fläsch *Fo.* — els. 2, 657; lux. Ga. 109.

Diger [dígər *Hom. Ri. Ha.*] *m.* 1. *Tiger.* — 2. *wilder, unbändiger Kerl.*

dihten [dítən, Ptc. gədít *Bo. Falk. D. Si.*] intr. v. *zielen, deuten:* d' es of mich gediht *es ist auf mich abgesehen Bo.* De hoscht net goᵘt gediht *du hast nicht gut gezielt Si.* — vgl. lux. gedîcht *geschickt im Treffen* Ga. 167.

dijelech [díjeleχ *Si. Rü.* u. s.] adj. *tauglich:* En as zu neischt d. *er taugt zu nichts.* — lux. diglech Ga. 109.

Diks [diks *Fa. Si.* u. s.] *m. Signalscheibe auf der Eisenbahn.* — frz. disque.

Dikt [dikt, Pl. -ən *D. Si.*] *f. Damm zur Stauung od. Einengung des Wassers.* — frz. digue.

Dilpe-datsch *m. Lix. Tölpel.* D. fange ein Spiel: Einer, der als Tölpel bekannt, wird angehalten, einen Sack offen zu halten u. still zu warten, bis die anderen durch lautes Schreien die Dilpe-datsche aufgescheucht u. ihm zugetrieben haben. Indess verlaufen sich die Fopper. Der Gefoppte wartet, bis er endlich die Absicht merkt. — schwäb. 2, 209 Dilpe *dummer, ungeschickter Mensch;* els. 1, 121 Dilldappefanger *recht dummer Mensch.*

Tilpel [tilpəl, Pl. -n *Falk.*] *m. Tölpel.* s. a. Tupel.

Timel-wan [timəlwán *Pü.*] *m. Frachtod. Bauernwagen. Die vier Seitenbretter, die den Wagenkasten bilden, heißen „Timele".*

dimmeleⁿ [diməla *fast allg.;* dimərn *Falk.*] intr. v. *donnern, gewittern:* es hat gedimmelt. Wanns dimmelt iwer de kahle Wald — Muss verhungere Jung un Alt *(od.* gits Unglick iwer Jung un Alt) *Ett.* — els. 2, 684 tümmle; baier. 1, 506 dimmeln, dümmeln *schlagen, lärmen.* s. a. dunnereⁿ.

Dimmel-wetter *n. fast allg.* (dimmerweder *Falk.) Gewitter:* das isch e firchterliches D. gewän *Fo.* — els. 2, 684 Tummelwëtter.

Dimmer-stein *m. Falk. Blitz. (Man glaubte und glaubt noch, der Blitz sei ein glühender Stein).* s. dimmeln, dimmern.

dimpen s. dämpen.

din [attrib.: Nom. Acc. dĭn, dĭ; Dat. dĭnəm (dĭm), dĭnər (dĭn). Pl. Nom. Acc. dĭn, dĭ; Dat. dĭn. — Substant.: dĭnər, dĭni, dĭn *Fo.;* dĭn, dĭni, dint *Bo.*] pron. poss. 2. Pers. *dein, deine, der deinige:* din Bruder. Von dim Schwohr. Din Kinner.

Dindle [dindḷè *Bo.*] *f.* u. *n. zimperliches Frauenzimmer.* Das Deminut. lautet Dindlächin. — vgl. els. 2, 688 Dundel; schwäb. 2, 464 Dundel *Schimpf- od. Schmeichelwort für Weibspersonen;* baier. 1, 513 Dein'l, Daindl.

Dinel [dinəl *Pfb.;* dinələ *Ri.*] *Kurzform für Albertine u. Justine.* — schwäb. 2, 210 Tine, Tinel.

Ding [dĭŋ *fast allg.;* deŋ *Bo.;* deŋən *D. Si.* — Pl. dĭŋər, dĭŋrə, deŋər. Demin. deŋəlχin] *n.* 1. *Ding, Sache.* — 2. *Schimpfname für ein Kind, Mädchen:* wischtes D.! Du dortich D.! — 3. *allgemeine Bezeichnung einer Person od. Sache, auf deren richtigen Namen man sich nicht gerade besinnt:* isch der D. schon do? — E Ding isch en Enteloch *d. h. man weiß nicht, was man mit der Bezeichnung* Ding *anfangen soll. Ri. Rom. Hom.* — **Dings** *n. Sammelname für Gegenstände, Dinge, Zeug:* sîss Dings *Zuckerzeug.* Wîss Dings *Wäsche.* Grin Dings *Suppengrünes.*

dingen [dĭŋe *fast allg.;* deŋən *Bo. D. Si.*] tr. v. *dingen, in Dienst nehmen:* der Bur hat en gedingt. — els. 2, 691.

dinkeⁿ [dɪŋkə *Fo.* u. s. *(selten)*] intr. v. *dünken:* de Grumbire dinke mich versalze. Es hat mich gedinkt. — els. 2, 693 dunke.

dinn [dīn *fast allg.*; den *Bo. D. Si.*] adj. *dünn:* der Weize steht d., isch d. gesäit. *Ri.* — Zss. dinn-heidich (denheidech) adj. *dünnhäutig.* Dinn-schisser (Den-schesser).

Tinnes [tĭnəs *Geinsl.* u. s.] *m. irdner, mittels eines Pfropfens verschließbarer, dickbauchiger Krug.* — vgl. ndd. Tīn, Tīne, Tintje *Fäßchen mit Deckel* From. 5, 528, 620; mhd. tunne, tünne *Tonne.*

Tint [tint *fast allg.*; tĭntə *Fo.*; tüntə *Pü.*; dīnt *Pfb.*; dində *Ri.*; tent *Bo. D. Si.*] *f. Tinte:* in der T. sitze *in Verlegenheit sein.* — Zss. Tinte-beer *Strauch mit schwarzen Beeren*; Tinte-beerheck *f. Schw. Ligusterstrauch* (Ligustrum vulgare). Dinde-budell *Ri.* Tinte-fass (Tentefâs, Dinde-fass). *Anzählvers:*

Ene, dene, Dindefass
Geh in d'Schöl un lerne was!
Wann de was gelernet has,
Kommsch mer heim u. sâ's mer das. *Pfb.*
Tunte-pabier *Pü. Löschpapier.* Tinteschisser *m. Sgd. Lix.* u. s. *Spottname für Schreiber, Schulmeister u. dgl.* — els. 2, 695 u. schwäb. 2, 221 Tinteschlecker.

tiplich [tiplɪχ *Fo.* u. s.; teplɛχ, gətepəlt *D. Si.*; gədibəlt *Ri.*] adj. *getüpft, punktiert, gefleckt:* Der Stuff, das Papier isch t. — baier. 1, 615 tüpfelt; els. 2, 704 tupfig.

Tippel [tĭpəl *fast allg.*; tepəl *D. Si.*; dibəl *Ri. Rom.* — Pl. -n. Demin. tĭpelχə, tipəlχīn, tepəlχən] *m. Tüpfel:* den T. of d'i setzen. Bi dem derf 's Dibbel uff'm i nit fehle *der ist die Genauigkeit selber Ri.* Do fehlt noch kä' Tippelchen dran *Fo.* s. a. Tuppeⁿ.

Dippeⁿ [dīpə *fast allg.*; dibə *Bi. Ett.*; dypən *Sgd.*; depən *Bo. D. Si.* — Pl. dīpə, depən *D. Si.*; depər *Bo. Nj.* Demin. dīpχə, depχīn] *m. u. n.* 1. *Topf, Kochtopf:* in em alte D. kocht mer de bescht Rindfläschsupp *Fo.* Kleïn Depper en de groᵉssen stellen *große Zurüstungen zu einem Festmahl machen Bo.* Mer soll de alte Dippe nit verschlón, bets mer e noᵘe hat. *Ett.* Klän Deppen hun och Oᵘhren *kleine Kinder horchen gern Si.* — 2. *Fruchtmaß:* en grosser Dibbe = 20 *Liter Bi. Ett.* En kleiner Dibbe = 10 *Liter.* — Zss. Deppe(n)-fescht *n. Bo. D. Si. Festmahl.* Deppe-fläsch *n. Si. frisches Fleisch, das weder eingepökelt noch geräuchert ist.* Dippe-giesser (Deppe-geïsser) *Kesselflicker (so heißen die Bewohner von Heiningen u. Girlingen im Kreis Bolchen).* Sich verschlehn weï de D. *Bo.* Leïwen weï de D. *uneinig leben Bo.* Deppe-krämer *Topfhändler.*

Dir [dīr *fast allg.*; dīr (dīa) *Falk.*; dīa *Vbg.*; dĭaʳ *Marienth.* — Pl. dírən, dīrər (dīra) *Falk.* — Demin. dírəl, dīrχən.] *f.* 1. *Tür:* Mit der D. ins Hus falle. Wenn man in Lix. jemand die Tür weisen will, so bedient man sich der Rda.: Do jen *(hier drin)* isch min, un vor on der D. isch din. — Vor der D. isch drusse! *draußen bleiben!* Hom. *Ri.* Fei *(fege)* fur diner D.! *kümmere dich um deine Angelegenheiten!* Ri. — 2. *Platz vor dem Hause:* de D. feije *Ri.* — Zs. Dir-lumpe *f. Ett Schm. Wo. Handtuch.*

dir *dürr* s. durr.

dir [dīr, unbetont dər, d'r *Bo. D. Si.*] pron. pers. 2. Pers. *Sie (in der Höflichkeitsform):* Wat sót dīr derzoᵘ? *was sagen Sie dazu?* D'r hot gemänt, ər wär krank *Sie haben gemeint, er wäre k. Si.*

Tirang [tīraŋ *D. Si.*; tiroŋ *Bo. Falk. Vbg.*; teraŋ *Bnsd.*] *m. Schublade.* — lux. 338 Tirang; frz. tiroir.

Dirann [dīràn *Ri. Hom. Rom. Ha.*] *m. grausamer Mensch, Tyrann.*

Tir-buschong [tírbušoŋ *fast allg.*; dīrbušuŋ *Ri.*] *m. Pfropfenzieher.* — lux. 438; frz. tirebouchon.

diren *dörren* s. dorreⁿ u. durreⁿ.

dirängelen [dīrɛŋələn *D. Si.*] tr. v. *in die Enge treiben, quälen, plagen, gleichsam zwischen Tür u. Angel bringen:* hal emol op, mech ze d.! En hot mech an em fort gedirängelt. — schwäb. 2, 478; els. 2, 711; hess. 412 türängleⁿ; baier. 1, 620 türangeln. Dagegen Gr. Wtb. 2, 1567 dürangeln = durrängeln *durchprügeln.*

dirfen s. derfen.

Tirk [tĭrk *fast allg.*; tirək *D. Si.*; dĭrk *Ri.*; dèrk *Berl.*] *m.* 1. *Türke:* stark wie e Dirk. Er flucht wie e D. — 2. *Hundsname.* Tirkisch adj. *türkisch:* tirkesche' Wäs *türkischer Weizen, Mais*.

tirkelen [tírkələn, turkələn *Si.*] intr. v. *taumeln, schwanken wie ein Betrunkener.* — lux. 438; baier. 1, 620 u. nord-böhm. torkeln From. 2, 239; schles. turkeln ibid. 4, 188; mhd. torkeln. s. a. stirkelen.

tirkelich, tirkelech adj. *Si. taumelnd, schwindelig:* ech sin ganz t. am Kapp.

Tirken-kor [tirkənkór *Obh. Bo. Falk.*; tiakənkoa *Vbg.*; téakənkór *Av.*] *n.* u. *m. Wälschkorn. Spruchreim:*

M'r gähn bäden uf Sant Avor
dass de Muᵒten *(Möhren)* geroden und
Tirkenkor   *Obh.*

— vgl. baier. 1, 621 der Türken, Türkel Mais; els. 1, 469 Türkekorn.

Dirmel [dirməl, dirmlé *Fo. Obh. Wo. Kr.* u. s.; dyrməl *Lix.*] *m.* 1. *Taumel Schwindel:* er hot den D. im Kopp. — 2. *Getümmel, Hast, kreisende Bewegung:* er dräht sich in eim D. erum. — 3. *Tölpel, Narr, Dummkopf:* du D.! De bisch e rechter D.! — els. 2, 715 Türmel; baier. 1, 621 Turmel *Wirbel, Schwindel*; Gr.Wtb. 2, 1733 Dürmel, Dürmelkopf; s. a. From. 3, 100. 284, 110; 4, 457; 5, 478.

dirmeltich [dirmǝldiχ *fast allg.*; dĭrmlèdi *Ri.*; dyrməldiχ *Lix.*; tirmǝldiχ *Bo.*; tirmǝlʒeχ *D. Si.*; tirmǝlʒeχ *Mw.*] adj. *schwindelig, herumwankend im Taumel,* es war m'r ganz d., als ich owe um Tur *(Turm)* war. — els. 2, 715 türmelig, türmelicht; baier. 1, 622 türmlich, tormlich; lux. tirlech Ga. 449; s. a. Gr. Wtb. 2, 1733; From. 3, 100; 4, 268, 11; 5, 478; mhd. turmelëht.

dirmələⁿ [dirmələ *Fo. Pü. Grt. Ri.* u. s.; dèrmǝln *Av.*; tírmǝln *Bo. D. Si.*] intr. v. *taumeln, schwanken:* er isch so voll, dass er dirmelt *Fo*. De dirmelscht do erum u' wèscht nit, was de schaffe sollscht *Pü*. — els. 2, 715 türmle; baier. 1, 621 u. mhd. türmeln; Gr. Wtb 2, 1733 dürmeln. s. a. tirmen.

Dirmeler *m. Pü. Fi. Ri. Hom.* u. s. 1. *Herumschlenderer:* verflemmter D.! —

2. *Dummkopf. Das Femin. lautet* Dirmlersche. — els. 2, 715 Türmler *dummer Mensch.*

tirmen [tĭərmən *D. Si.*] intr. v. *Gedanken nachhängen, träumen, grübeln, sich etwas ausdenken:* Wat tirmschte esoⁿ lang? — lux. 438 u. baier. 1,621 tirmen; schwäb. 2, 160 terme; mhd. termen, tirmen < lat. terminare *in der Bedeutung* ermessen. s. a. Gr. Wtb. 2, 1184.

Tirmer *m. Si. Träumer.* s. d. vorige.

Tirschle, Tirscher pl. *Lix.* u. s. *die angebratenen Seiten der Kartoffeln, Mehlklöße u. dgl.* s. d. folgende.

tirschleⁿ [tirŝlə *Lix.*] intr. v. *anbraten:* de Krumbire sin getirschelt.

Tirteng [tírteŋ *Rü.*; tĭrteχ *D. Si.*] *m. grobes, halb wollenes, halb leinenes Zeug, Petermann.* — lux. 438 Tîrtech; eifl. Tirtich; schwäb. 2, 222 u. baier. 1, 537 Direndey; frz. tiretaine.

dirzen [díərtsən auch dǽrtsən] tr. v. *Ihr-sagen (im Gegensatz zu duzen):* deï grouᵘss Leit muss m'r dirzen. — lux. 438. s. dir.

Tisann [tiʒan *Fo. Fa.*; tiʒan *Ro.*; tiʒeŋ *Vbg. Sp.*] *m.* u. *f. Aufguß, Thee für Kranke:* er isch ganz verkält, mach em T.! — frz. tisane.

Disch [dĭŝ *fast allg.*; deŝ *Bo. D. Si. Hd.* — Pl. dĭŝə, dĭŝər, deŝən, deŝər. Demin. dĭŝəl, dĭŝəlχə, deŝəljən, deŝəlχin] *m. Tisch:* den Disch decke. Um Desch sin *bei Tisch sein Si*. Un den Desch gon *zu Tische gehen D. Si*. Enen hinger de D. schriwe *vom Essen ausschließen Ri*. — Zss. Disch-deck. Disch-duch (Dechtel - douᵘch) *Si*. Disch - messer. Disch - nåper *Tischnachbar*. Dischplatt. Disch-pot *Falk.* (Desch - pot *Hd.*) *m. Tischbein* (Pot = *Pfote*).

Dischel *Distel* s. dischtel. Dischelfink s. Dischtelzwi'.

dischen [dĭŝə *Sgd. Lix.*; dĭŝtən *Fa. Kr.*] tr. v. 1. *beschwichtigen, dämpfen:* M'r mun d. gehn, sunsch kumme se onenonner *wir müssen beschwichtigen gehen, sonst kommen sie aneinander Lix*. — 2. *unterdrücken z. B. das Feuer durch draufgeworfenen Mist.* — els. 2, 724 tüschen *zum Schweigen bringen;* baier. 1, 629 tuschen; hess. 74

dischpen; hess. N. 52 dieschen, dischen; gemeind. tuschen, vertuschen. s. a. From. 4, 457.

tischen [tišən, tišə *fast allg.;* tešən *Bo. D. Si.*] 1. präp. *zwischen:* er isch so ronlich *(mager),* dass er e Gais kinnt tische de Hêr *(Hörner)* kisse. *Lix.* — 2. conj. *während* (frz. pendant que): tischen äs mer gess han *während wir aßen Falk. Diese auf der 2. Verschiebungsstufe stehende Form findet sich außerdem im Luxemburgischen:* teschent Ga. 447, *in Rheinfranken, am Niederrhein* From. 2,433 u. 4, 262, II, 7 *und siebenbürg.-sächs.:* täschen Kr. 130. — Zs. derteschen, datischen *dazwischen.*

dischleⁿ sich *Ri. sich an einer Distel stechen:* er hat sich gedischelt *es ist ihm ein Splitter ins Fleisch gedrungen.*

Dischta s. Dienschda.

Dischtel I *Deichsel* s. Tissel.

Dischtel II [dištel *Flh.* u. s.; dišel *Sgd. Lix. Ri. Pü. Pfb.;* disəl *Hw.;* deštəl *D. Si.*] *f. Distel:* Äm e Dischel us um Fuss zije *jd. aus einer schwierigen Lage heraushelfen Ri.* — els. 2, 722 Dischel; lux. 68 Deschtel. — Zs. Dischtel-zwi(g) Dischel-fink [dištəltswï *Flh.;* dišəltsweï *Pfb.;* dišəltswai *Hw.;* dišəlfiŋk *Lix.;* deštəl-feïlxən, -feŋkəltxən *D. Si.*] *m.* 1. *Distelfink.* 2. *Stiglitz Pfb.* — els. 2, 923 Distelzwig; 1, 122 Dischelfink.

diskrieren [diskrírəⁿ *Fa.* u. s.] intr. v. *lebhaft sprechen, unterhandeln, mit Worten streiten:* Was soll m'r lang d.? Ma kunnt nur de Zitt verliere. — baier. 1, 549 diskerieren, dischkrie'n; els. 2, 724 diskuriere, diskleriere; frz. discourir *im Sinne von* discuter.

disperich [dispəriχ *D.*] adj. u. adv. *ungeduldig.* — vgl. hess. N. 52 dispern *trippeln (vor Ungeduld):* ndd. tispeln *sich zwisten* From. 6, 488.

dis-reis [dīsrais *Ri.*] adv. (eigentl. *diese Reise) diesmal.*

Tissel [tisəl *fast allg.;* disəl *Pfb. Ri. Ha.;* dīsəl *Schw.;* dištəl *Schm.;* teïsəl *Busd.;* taisəl *D. Si.;* tésəl *Nj.* — Pl. -n. Demin. tisəlχin, taisəltχən] *m.* u. *f. Deichsel.* — els. 2,719 Dissel; lux. Teissel Ga. 446; hess. 74 Distel. — Zss. Dissel-kett *Kette am vorderen Ende der Deichsel zum Befestigen am Hals der Tiere.* Dissel-hoke *Haken an der Deichsel Ri.* Dissel-nagel (Teissel-nòl) *m. Nagel, der die Deichsel an den Querbalken fest macht.* — els. 2, 761 Dislnagel.

diteⁿ [didə *Ha. Hom. Rom. Ri.*] intr. v. *deuten:* er hat uff ne gedit. s. a. deiten.

Titi *m. Si. Gesäß der Kinder.* s. Tut 5.

Titjes-wuer *f. Si. Ware, die in Düten verkauft wird.* — lux. 438.

titliereⁿ [tītlírə *fast allg.;* didlírə *Ri.* — Ptc. gətitlïrt] tr. v. *betiteln, mit dem Titel anreden.* — els. 2. 726 ebenso.

ditsch [ditš *fast allg.;* dèitš *Lix.;* daits *D. Si.*] adj. u. adv. *deutsch:* schwätz d.! — Met der muss mer deïtš rede *dir muß man die Wahrheit ohne Umschweife heraussagen Lix. Wohl die einzige Redensart, in der das Verbum reden gebraucht wird.* — els. 2, 733 dütsch; lux. 58 deitsch.

Ditscher [ditšər *fast allg.;* daitšən *D. Si.* — Pl. ditšə, daitšər] *m. Deutscher:* es isch e Ditscher. *Fo.* Em Deitschen an em Franseïschen schelech sin *Deutschen u. Franzosen schuldig sein d. h. ganz verschuldet sein. Si.*

Ditsch-land, Deitsch-land *n. Deutschland.*

Titt [tìt *fast allg.;* titè *Fi.;* tet *D. Si.* — Pl. tìtə, tetən; Demin. dìdəl *Brustwarze Ri.*] *f. Mutterbrust, Zitze, Euter. Spruch:*
Ich han dir schon so deck gesa't:
Geht m'r nit ze Hemmer'sch Ma'd,
Hemmer'sch Ma'd isch nit gesund,
Hat e Titt von hunnert Pund *Fo.*
— els. 2,728 Dutte, Düttle; hess. 74 Dit.; baier. 1, 554 Dutten; schwäb. 2,519 Dutt; lux. Tett Ga. 447; ndd. titte; ndl. tet; mhd. tutte.

titteln [tītəln *Bo.* u. s.] intr. v. *schöppeln, bechern.* — baier. 1, 554 dutteln, dütteln *saugen;* schwäb. 2, 520 dutte *an der Mutterbrust trinken;* lux. tûten Ga. 460.

Tiwel [tīwəl *Lix.* u. s.] *männl. Vorname Theobald.*

do [dô *allg.*] adv. 1. *da, dort:* er isch do gewän. — 2. *dann:* do hat er gesat... Do *wird auch als Imperativ gebraucht:* do da! = *da hast du! Ist die Aufforde-*

rung an eine Mehrheit gerichtet, so sagt man: do't! *da habt ihr! Ähnlich im Eifeldialekt Bü.* 16. — Do *geht dieselben Verbindungen ein wie im hd.:* do-beï *dabei D. Si.;* do-enen *da unten;* do-ener *darunter;* do-eran *dahinein;* do-erdurch *dahindurch;* do-eręm *da herum, dort in der Nähe;* do-erfort *von daher;* do-erohter *hin u. her;* do-hannen *dort, dahinten;* do-her *von da her;* do-inge *da unten;* do-iwer *drüben;* do-newen *daneben;* do-niden *da drunten, drunten;* do-nîn *da hinein;* do-riwer *da hinüber;* do-rumer *da umher.*

Toalzireï [toaltsireï *D. Si.*] *m. Wachstuch.* — frz. toile cirée.

do-bannen [dòbanən *D. Si.;* dəbanən *Ho.*] adv. *dadrinnen.* — mhd. dâbinnen.

do-baussen [dòbausən *D. Si.;* dəbausən *Ho.*] adv. *draußen* — Gr. Wtb. 2,658 dabaussen.

Dobe s. Tope.

dobel [dóbəl *D. Si. Falk.* u. s.; dobəlt *Ri.*] num. *doppelt:* d. Arbet. E dobbelde Bart han *ein Doppelkinn haben* Ri. Im dobbelde Gescherr ebbs mache *etwas zweimal machen* Ri. Dreïdobbelt *dreifach* Ri. En dobel Ken *ein Doppelkinn Si.;* en d. Dir *eine Flügeltüre.* — lux. 74 du^ebel.

Dobelt [dóbəlt *D. Si.*] *n. das Doppelte:* dat as 't D. wert *das ist das D. wert.* — lux. 74 Du^ebelt.

dobeⁿ [dóbə *Hom. Pü. Ri.*] intr. v. *toben, sich austoben, Lärm machen:* dob nit eso!

Tobias *m. Si. dummer Mensch, mit Anlehnung an* Topert, Tapert s. d.

doblieren [doblïrə *Ri.;* dobleïərən *D. Si.*] tr. v. *doppelt nehmen, verdoppeln.* — lux. 74 du^ebleïren; frz. doubler.

Doblun [dobloun *Si.* u. s.; dublón *Ri.*] *f. Geldstück. Dublone, Goldmünze verschiedener französischer, spanischer oder italienischer Staaten, ursprüngl.* = 7 *Gulden, heutiger Wert 20 Franken.* — lux. 74 Dublo^un; schwäb. 2,435 Dubel 1.

doch [dòχ *fast allg.;* daχ *D. Si.*] conj. *doch, dennoch:* er isch gefall, doch er hat sich nit weh gedon *Fo.* 'S isch doch wohr! Es isch doch en Elend! — lux. 51 dach.

Dochter [dóχtər *Fo.;* dótər *D. Falk. Msb.;* doutər *Bo.;* dótər, duatər, duètər *Si.* — Pl. déχtər. Demin. déχtərχəⁿ] *f.* 1. *Tochter:* Min Unkel hat drei Dechter. — 2. *Mädchen, Jungfrau. In letzterm Falle sagt man häufiger* Mädel. — Zs. Dochter-mann *Fo. Ri.* u. s. *Schwiegersohn.* — els. 2,651.

Tock-hond, Pl. -honn *Bo. Bulldogge.* T. < Dogghund.

Tockle-belle [toklèbèlè *Bo.*] *n.* T.-B. machen (*in der Kindersprache*) *mit dem Körper anstoßen.* T.<tucken, tocken *stoßen* u. mhd. bellen, erbellen, verbellen *verstauchen;* baier. 1, 228 verbellen *Hand od. Fuß durch einen Stoß taub machen.*

Dod [dód *fast allg.;* dout *D. Si.*] *m. Tod:* Umesunscht isch den T., un der koscht 's Lewe. Sich ze D. lache. Geïnt der Do^ut as kä' Kraut gwues *Si.* Dem ä' sein Do^ut as dem anere' seï' Bro^ut *des einen Tod ist des andern Brot Si.* — Zss. Dods(s)-angscht, Dode-baum s. d., Dod(s)-bett, Dodsind (Do^udsend) *Todsünde,* Dode-zäche *Todzeichen* (s. d.), Dode-geschmack *Verwesungsgeruch Ri.,* Dode-kleidre *Totenkleider Ri.* Dode-vowel s. d., Dode-wan s. d., Dode-farb.

Dode-baum [dódəbaum *Pfb.;* dódəbám *Hom. Ri. Rom.*] *m.* Sarg. *Der Name D. für Sarg hat sich aus der Zeit erhalten, wo der Sarg noch aus dem in der Mitte zerspaltenen u. ausgehöhlten Stamm einer Eiche bestand.* — schwäb. 2,292; els. 2, 44; baier. 1, 240 Tote-baum. s. a. Dodelad.

Dode-fall *in der Vbdg.* den D. zahle *Erbschaftssteuer zahlen Ri. Hom. Rom. Ha.*

Dode-glock [dódəglòk *fast allg.;* doudəkläk *D. Si.*] *f. Totenglocke, Totengeläute. Kinderspruch beim Totengeläute:*
Bim, bam, Dodewa'n!
Es leit e doder Mann im Schank
Wer will 'ne begrawe?
De schwärzschte unner de Rawe. *Fo.*

Dode-gräber [-græbər *fast allg.;* doudəbəgriəwər *Si.*] *m. Totengräber.*

Dode-klädesch [doudəklèdəš *D. Si.*] *f. Frau, welche die Toilette des Toten besorgt.*

Dode-kohleⁿ pl. *Pü. Holzkohlen.*

Dodel [dodəl *Fo.* u. s.] *m. einfältiger Mensch:* das isch e D.! *Der Ausdruck wird nur als Schimpfname gebraucht wie im* baier. 1,631 Totel, Todl; els. 2,727 Dottel; tirol. Tottl From. 4, 157. — vgl. baier. 1, 632 tottelt *dumm, einfältig;* schwäb. 2, 298 Dottel *dumme Weibsperson.*

Dode-lad [dódəlat *Fo. Vbg. Mü.* u. s.; doudəluət *D. Si.*] *f. Totenlade, Sarg.* s. a. Dodebaum.

Dode-mess [-mès *fast allg.*; doudəmes *D. Si.*] *f. Seelenamt.*

Doder I [dódər, Pl. dódə *Fo. Falk.* u. s.; douden *D. Si.*] *m. Toter, Leiche:* se han en D. im Wasser funn. — els. 2, 727 Totener.

Doder II [dòdər *Rom.*; dóder *D. Si.* doutər *Bo.*; dùdər *Ri. Ha. Rom.*] *m.* 1. *Eidotter.* — 2. *Haarwulst der Frauen Ri.*

Dode-vesper (doude-) *f. die vor einer feierlichen Totenmesse gesungenen Laudes.*

Dode-vogel [-fokəl *Lix.* u. s.; dódəvowəl *Ri.*; doutfoul *Si.*] *m. Zwergeule, Käuzchen* (strix noctua), *wird abergläubig sogenannt. Wenn sie in der Nähe des Hauses schreit, wird bald ein Toter herausgetragen werden.* — els. 1, 101; schwäb. 2, 296 Totevogel; ss. Dûdenvogel Kr. 19.

Dode-wa'n [-wán *fast allg.*; doudəwòn *D. Si.*] *m. Leichenwagen:* de Leich isch im D. gefahr wor *Fo.*

Dode-zäche[n] [-tsèjə *Fo. Hw. Egelsh. Bi.* u. s.] *n. dreimaliges Glockengeläute hintereinander zum Zeichen, daß jemand aus der Gemeinde gestorben ist:* es lit *(läutet)* D. — els. 2, 892 Tote-(Scheid-)zeiche; schwäb. 2, 246 Todzeichen; mhd. tôtzeichen.

Todi [tòdi *D. Si.*] *m. unordentlich zusammengeworfene Sachen.* — frz. taudis.

Dodo [dòdó *fast allg.*; dòdo *D. Si.*; Demin. dodələ *Ri.*] *m. (Kinderspr.)* 1. *Schlaf:* D. mache. — 2. *Bettchen:* ins D. gehn. — els. 2, 653; lux. 64. D. < frz. dors dors. s. a. Dada.

Tods-amen *m. Metzeresch* (eigentl. *die letzten Worte des Vaterunser) armseliger Tropf, bemitleidenswerter Kerl.*

dofor [dôfòr *Fo.* u. s.; dəfür *Ri.*; dərfiər, durfier *D. Si.*] 1. conj. *deshalb:* er isch krank, dofor isch er dehäm blieb. — 2. adv. *darum, dazu:* wofor? dofor! De krijsch nix d.

Doggele *n. Kr. Sbg. Erdmännchen.* — vgl. baier. 1,488 Docken, Dockelein *Klotz, Spielpuppe.* Gr. Wtb. 2, 212 Docke; mhd. tocke. S. darüber Jb. 3, 142 u. 4, 116 ff.

Dogg-nas *f. Ri. Nase wie eine Dogge.*

Doï *Tau* s. Dau.

doï, doïw *taub* s. dab..

Doïf *Taufe* s. Daf.

Dokes [dòkəs *Ka.*; tòkəs *Bo.*; dógəs *Ri.*] *m. Gesäß, Hintere (Judendeutsch):* setz dech op deïn D.! — lux. 65 u. hess. 75 Dôkes; baier. 1, 493 Dogges, Douckes; els. 2, 646 u. schwäb. 2, 237 Doches; ss. Tuches, Kisch vgl. Wtb. 166. D. durch Missverständnis aus der hebr. Präpos. táchath *unter* entstanden. s. Jb. 12, 141 u. From. 7, 166.

Dokter [dòktər *fast allg.*; dògdər *Ri. Pfb.*] *m. Arzt:* das Kind isch sehr krank, mer musse de D. hole *Fo.* Do helft ke D. *verloren sein.* Dokter Fuscht *einer, der überall die Finger hat, sich an allem versuchen muß Ri.*

Dokterei *f. D. Si. Heilkunde, ärztlicher Beruf.* — lux. 65; els. 2, 673.

dokteren [dòktərən *D. Si.* u. s.] intr. v. 1. *den Arzt gebrauchen:* wann et ze speït as, fänkt en an ze d. — 2. *die ärztliche Praxis ausüben:* en doktert seit veïer Johr. — 3. *seine Kunst an etwas versuchen Ri.* — lux. 65; els. 2, 673.

dokterieren [dòktəreïərən *Si.*] intr. v. *den Klugen spielen wollen im Gespräch.*

Dol [dol *Si.*] *m. Runge, eiserne Stammleiste am Wagen.* — vgl. mhd. doln *tragen, dulden;* schwäb. 2, 250 u. baier. 1, 501 dolen.

Tol [tól *D. Si.*] *m. Eisenblech.* — frz. tôle.

Dole [dólə *fast allg.*; dólən *Obh.*; doalən *Kr.*] *m.* 1. *steingemauerter Abzugskanal:* es sin Ratte in D. Der D. isch verstoppt. — 2. *brückenähnlicher Durchgang.* — 3. *Rinne, Kloake* überh. — els. 2, 677 u. schwäb. 2, 249 Dol, Dole; baier. 1, 494 Dähel; gemeind. Dole Gr. Wtb. 2, 1226; ahd. dola. — Zss. Dole-macher *Arbeiter, der Drainanlagen herstellt.* Dole-moller *m. Berl.* u. s. *Molch.* els. 1, 670 Moller(t) *Kaulquappe.* Dole-schluffer pl. *heißen*

die Bewohner von Wiebersweiler seit Herstellung des Saarkohlenkanals, unter welchem die vom Dorf ausgehenden Straßen durchziehen.
Dolen [dóulən *Kr.*] pl. *Bretter, welche die Wölbung einer Brücke bilden.* — Gr. Wtb. 2, 1227 Dolen *Gewölbe.*
dolen [dólən *Ett.* u. s.] imp. v. *dröhnen, wie wenn man auf einen Dolen tritt:* es dolt.
Dolepane *f. Schw. Ringelblume* (Calendula officinalis). vgl. älteres hd. Tulipan < ital. tulipano. — schwäb. 2, 447 u. els. 2, 678 Tulipaⁿ. s. a. Tulepant.
doll [dòl *fast allg.;* dol *D. Si.*] adj. u. adv. 1. *toll, nur in der Rda.:* besser doll als voll. Doll un daub *des Verstandes u. der Sinne beraubt (auch* dumm un daub) *Ri. Ha.* — 2. *schön, stattlich:* die Madam isch d. angedon *Ri.* Das isch e doller Bu. Er hat dolle Kläder. — 3. *hochmütig, stolz:* er isch doll angedon. — lux. dol Ga. 113; els. 2, 677 u. baier. 1, 602 toll *in denselben Bedeutungen.*
toll de moll adv. *Av. kopfüber, kugelüberholz:* da sin se t. herunnergerollt.
Tolle [tòlə *Grt.* u. s.; dolə, Demin. dolələ *Hom. Ri. Rom.*] *m. (Schimpfwort) Tölpel, Dummkopf:* mach dich furt, du T.! — els. 2, 677.
Tölpes *m. Si. Dasselbe wie* Tolle.
Dolze [doltsə *Obh.*] *m. hoffärtiger Kerl.* (zu ahd. tulisc *töricht?*) vgl. dölsch *geschwollen, aufgeblasen* Gr. Wtb. 2, 1233.
Tombero [tombərə *Pfb.*; dùmbərə *Bi. Ri. Sbg.*; tùmbro *Lix. Sgd. Fa.*] *m. zweirädeiger, von einem Pferd gezogener Karren zu Schutt- od. Düngerfuhren.* — els. 2, 685; frz. tombereau. — Zs. Dumbero-pärd *n. Bi. Karrengaul.*
Domino *n. allg. Dominospiel.* — els. 2, 682.
domm s. **dumm.**
Dommel-dor [doməldúər *Si.*] *m. dornige Hauhechel* (Ononis spinosa). — lux. 66 Dommeldâr.
Dommerei *f. D. Si. Torheit, Neckerei.* s. domm, dumm.
Dommes u. **Dommesdick** *m. Si. Dummkopf (gelindes Scheltwort).* — hess. 75 Dömmes.

Domp [domp *Si.*] *m. Napf, Topf.* — vgl. baier. 1, 512 Dumpf; els. 2, 686 Tumpf *Vertiefung, Tümpel;* tirol. Dumpf *Grube* From. 4, 441; engl. dimple *Grübchen.*
Tomp [tomp, Demin. tömpχən *D. Si.*] *m. Schlummer, Schläfchen.* s. tompen 2.
dompech [dompex *D. Si.*; dùmbı *Ri.*] adj. *dumpfig, schwül:* et as d. Weder. — lux. 66.
Dompechkät *f. D. Si. dumpfe Luft, Schwüle.* — lux. 66.
Dömpel *m. D. Si. Tümpel, tiefe Stelle in einem Gewässer.* — lux. 66.
dömpen *schmoren* s. dämpen 3.
tompen [tompən *D. Si. Bo.*] 1. tr. *tunken, tauchen:* Broᵘt en de Kaffee t. *Bo.* — 2. *schlummern, nippen:* en as gewehnt, no dem Èssen ze t. *Si.* — lux. tompen *ein wenig schlafen* Ga. 450.
Dompscht *m. Si. Dunst;* dompschten *ausdunsten.*
Ton I [tún *fast allg.*; tóən *Bo.*; toun *D. Si.* - Pl. tén, téən, téin. Demin. ténχə, téənχin, téinχən] *m. Ton, Laut:* der kann sich e T. gen! — E jeder Benche sin Tènche *jedes Röhnchen gibt sein Tönchen* Lix.
Ton II [tón *Bo. Ro.*; tun, tóni *D. Si.*; dóni *Pfb. Hw. Ri.*; dónə *Sp.*; deni *Ri.* — Demin. donəl *Pü. Hw.*; tinχən *Obk.*; tóənè *Bo.*] *männl. Vorname* Anton.
do-niden adv. *D. Si. da unten, drunten:* bleiw d.! — els. 1, 759 do nide; lux. 66 donidden; baier. 1, 1727 daniden; vgl. mhd. nidene, niden.
Donk [donk *Mw.*] *f. das Zusammenkommen an Winterabenden im gewärmten Gemach:* ant' D. gôn. — mhd. tunc *unterirdisches (mit Dünger bedecktes) Gemach zur Winterwohnung, zum Weben, zum Aufbewahren der Feldfrüchte* Lexer 2, 1568. *Daß die Germanen, selbst noch der historischen Zeit, in holzarmen Gegenden namentlich während des Winters in solchen unterirdischen Höhlenhäusern gewohnt haben, bezeugt* Tacitus Germ. 16: solent et supterraneos specus aperire eosque multo insuper fimo onerant, suffugium hiemi et receptaculum frugibus, quia rigorem frigorum eius modi molliunt...

donken intr. v. *Mw. an Winterabenden zusammenkommen.* s. das vorige.

donker-forwech [doŋkərfórweχ *Si.*] adj. *dunkelfarbig.* — lux. 66 donkelfûrwech.

Tonkert [toŋkərt, Pl. -ən *Bo.*] *m. ein Bissen eingetunktes Brot.* — els. 2,694 Tunker.

Tonn [ton *fast allg.;* dùn *Lix.*] *f.* 1. *Tonne, großes Faß.* — 2. *tausend kg.*

Donner, donnern s. Dunner, dunnern. *Fluchworte und Ausrufe der Verwunderung:* Donnerkeil; -kédel (-keidel); -knidel; -knippchen; -lewech; -wetzech.

Donneschtech *Donnerstag* s. Dunnerschda.

Tontsch [tónš *Av.*] *m. Kopfring zum Tragen von Körben auf dem Lande. Diese Unterlage sieht wie ein Kuchen aus, daher der Name.* schwäb. 2, 56 Tantsch *das Geknetene, Gebackene. Es ist nasalierte Nebenform zu* Totsch s. d.

Tope [tópə *Fo. Fa. Lix.* u. s.; tobə *Schw.;* tópən (m.) *Vbg.;* dóbə *Pfb. Ri. Hom. Rom.;* tóbə *Bi.* — Demin. tépχə, tépχər, débəl, tébəl] *f.* 1. *Pfote, Tatze, bes. Pfote der Katze.* — 2. *Hand u. Fuß, bes. wenn sie breit u. plump sind:* Do loss de Tope dervon! Gemmer's Tepche! Do isch Salz, hol der e Tepche *Lix.* Das hat der Deiwel en de Tobe *wenn man etwas Naheliegendes sucht u. nicht findet Schw. Rda.:* de Tope strecke *die Pfoten strecken d. h. einen Schuldschein unterschreiben:* er hat de Tope strecke misse *Lix.* — els. 2,697 Tape, Tope; mhd.tâpe; Tappe bei Luther 3. Mos. 14,27.

topen [tópən *D. Si.*] intr. v. 1. *tappen, im Dunkeln um sich her greifen.* — 2. *zufällig auf etwas stoßen:* op eppes t. — lux. 532 tôpen.

Topert *einfältiger Mensch* s. Tapert.

topich *ungeschickt* s. tapich.

Dopp [dòp *Bo.;* dap *D. Si.* — Pl. dèp, Demin. dèpχin] *m.* u. *f. Kreisel:* den D. lâfe machen. *Rda.:* E Mädchen weï en D. *flinkes, geschicktes M.* Er geat weï'n Däppchin *er arbeitet flott Bo.* Lâfen eweï en Dapp *Si.* Dopp ist ein gemeinrom. Wort (vgl. kelt. top *Stöpsel,* altfrz. toupon, neufrz. toupie, span. tope), das ins Germanische drang (ags. u. engl. top mhd. topf). — els. 2, 703 u. schwäb. 2,265 Topf; lux. 54 Dapp.

dopp-wäckleⁿ [dobwègle *Ri.*] intr. v. *Knabenspiel: man wirft Kieselsteinchen* (Wacken) *in die Höhe, fängt sie auf u. rafft zugleich andere, die auf Häufchen sich befinden, auf, um sie ihrerseits in die Höhe zu werfen. Also ein beständiges Werfen, Auffangen u. Auffraßen.* Zu Dobb. vgl. hd. toben.

Top-schwanz *m. Si. Dasselbe wie* Tapert.

Dor I [dòr *fast allg.;* dér *Pü. Obh.;* dúər *Si.;* dár *Nh.* — Pl. dérə, dèr, diər, dér] *m. Dorn:* Ich bin em allzitt en D. em Au gewän *Lix.* Er hat sich de Rock verriss an de Dère *Fo.* — lux. 54 Dâr. — Zss. Dère-heck *Dornenhecke.* Dèreholz *n. Pü.* Schwarz- u. Weißdorn.

Dor II [dór *Ri.*] *n. Tor. Rda.:* Ich han e Ohr un D. *das geht bei mir zum einen Ohr herein, zum anderen heraus.*

dor-erscht [dórèršt *Li.* u. s.] adv. *vor einem Augenblick:* er isch d. fortgang.

Dorf [dòrf *fast allg.;* dòrəf *D. Si.;* doaf *Ro.;* darf *Mtsh.* — Pl. derfər, derfrə Demin. dèrfχən, derfələ] *n. Dorf. Rda.:* Ma muss immer mache, dass de Kirch im D. blibt *man soll nicht gar zu dick auftragen.* Dorf *besondere Bezeichnung für Altlixheim, das bald* Lixhumer Dorf *(im Gegensatz zu Neu-Lixheim, das ein Städtchen ist) oder kurzweg* Dorf *genannt wird.* — Zss. Dorf-bëse *m. Ro.* u. s. 1. *Klatschbase, Dorfzeitung.* 2. *Person, die im ganzen Dorfe bekannt ist.* els. 2,98; schwäb. 2, 273. Dorf-fôer *m. Si. Dorfstier, Gemeindefarren.* s. Far. Dorfgasett *f. Si. Person, die alle Ortsneuigkeiten weiß u. herumträgt.* Dorf-tier *n. Av. Unhold, fabelhaftes Ungeheuer, das nachts die Leute auf der Straße ängstigt.* — els. 2, 706.

Dorlips [dòrlips *Fi. Flh.;* dòrleps *Go.;* dùrlips *Ri. Hom.;* turlips *Falk. Mtsh.;* turnips *Rü. Sentzich*] *f.* 1. *Runkelrübe* (Beta campestris). D. < engl. turnip, frz. turneps. *Mit dem Anbau dieser aus England stammenden Wurzel begann man in Lothringen zu Anfang des 19. Jahrh.* —

DoR — DoT — 97 — DoTS — ToTZ

els. 2, 714 Durlips. s. a. Dickribe u. Rommel. — 2. *mageres Frauenzimmer.*
Torneschter [torneštər *D. Si.*] *m. Tornister.* — lux. 440 Tornöschter.
dorr *dürr* s. durr.
dorren [dòrən *Bo. Obd. Tet.*; dirən *D.Si.*] tr. v. 1. *dörren, austrocknen:* gedorrte Kwetsche. — 2. *ärgern:* oinen d. machen *einen über alle Maßen ärgern Bo.* — els. 2, 707; lux. 61 dieren. s. a. durre^n.
Torschong [toršoη *D. Si.*] *m. Scheuerlappen.* — frz. torchon.
dort [dòrt, dòrtə, dèrt *Fo.* u. s.] adv. *dort:* ganz dort unne gesit mer 'ne. — els. 2, 718 dort, dörte.
dortich [dórtiχ *fast allg.*; doatiχ *Falk. Vbg.*; doatiχ *Bo.*; durteχ *D.*] adj. *verdreht, töricht, kindisch, verrückt:* was der for d. Dings schwätzt! *Fo.* Du bisch em dortiche Monn iwer der Hott gewän *du bischt halb verrückt Lix.* De d. Oder *eine gegen Kitzeln sehr empfindliche Stelle hinter dem Ellenbogengelenk.* — els. 1, 707 tortig; mhd. tŏrëhtic; pfälz. dordig. — Zs. Dortichbeeren [doatiχbearən *Vbg.*] pl. *Tollkirsche.*
Dortichkeit [dórtiχkhèt *Av.*; doetiχkhait *Bo.*] *f. Verrücktheit, närrische Gedanken, zweckloses Tun:* er isch voll D.
dose^n [dózə, gədóst *Bi.*] intr. v. *schlummern, leicht schlafen.* — baier. 1, 548 u. schwäb. 2, 286 dosen, dusen; els. 2, 720 dusle. s. a. Gr. Wtb. 2, 1310 dusen, duseln; From. 3, 228, 14: mhd. tûzen.
Dosen *Dutzend.* s. Dutzen(d).
Dôt *Tat* s. Dat.
dot [dót *fast allg.*; dóət *Bo.*; dout *D. Si.*] adj. *tot:* d. ich d. *da ist nichts mehr zu ändern. Spruch:* Wann m'r backe, han m'r Brot; wann m'r sterwe, sin m'r dot. — Zs. Dot-feind, dot-krank, dot-meïd *totmüde,* Dot-schlach, Dot-schle'er *Totschläger.*
do't! *da habt ihr!* s. do.
Dotsch I [dòtš *Obh. Wal. Gelm.*; dàtš *Falk. Bo. Grt.*; da^{o}tš *Sp.*; dutš *Fa.*] *m.* 1. *Eier- u. Fruchtkuchen:*
„Lei es Ko^{u}chen, la es Ta^{e}rt,
Lo^{e}rt es Scho^{e}dä, oh weï za^{e}rt!
Äppeldatsch on Ki^{a}rschenbrei,
Kesselko^{u}chen ste^{a}t dabei."
(Leïdchen von der Bolchner Ki^{ä}wi.)

— 2. *Haarwulst, aufgebundene Haare der Frauen Gelm.* — els. 2, 732 ff. Dotsch, Dötsch; baier. 1, 555 Datsch, Detsch, Dotsch; schwäb. 2, 296 Totsch; lux. Tötsch Ga. 451; ss. Tòtsn *falscher Haarknoten* Kisch vgl. Wtb. 156.
Dotsch II [dotš *Obh.*] *f. Rotschwänzchen.* — vgl. hess. N. 49 Dâtsche *Grasmücke.*
Totsch I [tòtš, Pl. tòtšə; Demin. tòtšəl *Ltf. Grt.* u. s.] *f.* 1. *Kopfring, um Lasten darauf zu tragen.* s. a. Tontsch. — 2. *Kuchen, in geschlossener Pfanne gebacken.* — els. 2, 733 Dötsch.
Totsch II [totš *Umgegend von D.*; toutš *Si.*] *f. die durch Schlag oder Stoß entstandene Höhlung in einem weichen Gegenstand, Beule:* den Hutt huot eng T. — schwäb. 2, 296 Totsch *etwas Breitgedrücktes;* baier. 1, 558 der Dütsch *der (eingedrückte) Hut;* lux. 337 Te^{i}tsch; engl. touch.
totschen, toutschen *D. Si.* tr. v. *eindrücken, Beulen in etwas schlagen.* — baier. 1, 555 datschen, detschen, dotschen *drücken, niederdrücken (etwas Weiches);* lux. 337 te^{i}tschen: engl. touch. s. Totsch II.
tottelen *stottern, stammeln* s. tudd(e)le.
Totteler [totələr *Bo. D. Si.*; tutələr *Vbg.*] *m. Stotterer, Stammler. Das Femin.* lautet Tottelesch. — lux. 440. s. tuddle.
Dotz [dots *Fo.* u. s.] *f. (scherzh.) Angst, Furcht:* er isch in de D.! Der hat mich in de D. getriew. — baier. 1, 558 Dotz, Dutz *Stoß, Beule;* verdutzt *außer Fassung gebracht, erschrocken, wie betäubt von einem Stoß;* vgl. schwäb. 2, 521 dutze^n *stoßen;* hess. N. Ergänzgsh. 1, 2 dotzen *taumeln;* ein dotzeliger Kerl = *Schwächling.* D. $<$ mhd. tuzzen *pressen, drücken.* s. a. Dotzer.
Totz [tóts, Pl. -ən *D. Si.*] *f. langsames, dummes Frauenzimmer, Schlafhaube. Rda.:* Et as user Hergott eng T. schellech, a' wann et kän aner fendt, da muss et selwer derfier gohn (*Sie ist unserm H. eine Schlafhaube schuldig, u. wenn sie keine andere findet, muß sie selber an ihrer Statt gehn*). — lux. Tòtz, Tötsch Ga. 451; hess. 414 Tötz *Dummkopf;* kärntn. Toust; tirol. Detsch *ungeschickte*

Person From. 4, 342. s. a. From. 6, 30 Tâost. — T. hängt mit dem vorigen zusammen.

totzech adj. *D. Si. langsam, verschlafen, einfältig.* — lux. 440. s. Totz.

totzen [tótsən, gətótšt *D. Si.*] intr. v. *dummes Zeug schwätzen.* s. Totz.

Totzerei *f. D. Si. albernes Geschwätz.* — lux. 440.

Dotzert [dòtsərt, Pl. -ən *Bo.*] *Regenschauer.* — vgl. Gr. Wtb. 2, 1773 Dutz *Stoß;* baier. 1, 558 dutzen, dòszen.

Totzert [tótsərt, Pl. -ən *D. Si.*] *m. Dummkopf, einer der unbeholfen u. langweilig im Reden u. Tun ist.* s. Totz, totzen.

Totz-klos [-klòs *D. Si.*] *m. Dasselbe wie* Totzert. (Klòs = *Klaus*). — lux. 440.

toweldich *lauwarm* s. tabeldich.

towen [tówən *Av.*] intr. v. *toben, schelten:* tow nit eso! — els. 2, 643 tobe. s. a. doben.

Tra' [trá, Pl. trê *Bo.*] *m. Tragbalken.* — els. 2, 745 Trag, Trâ *Querholz auf dem Langbaum des Wagens.* s. a. Dro.

Drach [dráχ *D. Si.;* draχ *Ha. Ri.* ohne Pl.] *m.* 1. *Drache (nur als Schimpfwort):* âlen D.! *dummer Kerl!* — 2. *böses Frauenzimmer.*

Trach s. Trog.

dräch [dræχ, dráiχ *Ha.;* drèiχ *Hom. Ri. Rom.*] adj. *trächtig:* de Kuh blibt nimmeh d., s' isch stierisch.

trachten [tráχtən *Si.*] intr. v. *trachten.*

tracken [tråkən *Bo.;* dràgə *Hom. Ri. Rom.*] tr. v. 1. *treiben, eine Treibjagd veranstalten.* — 2. *auf die Treibjagd gehen.* — 3. *verfolgen.* — frz. traquer.

traddelen intr. v. *Rü. trödeln, zögern, tränteln.* — els. 742 trodle 3; schwäb. 2, 408 trottle; lux. tratschen Ga. 454.

Traddeler *m. Rü. Zauderer, Träntler, Trödler. Das Femin. lautet* Traddelesch. — els. 2, 742 Trudler; schwäb. 2, 408 Troddler.

Draf [dráf *D. Si.*] *m. Traufe.* — Zs. Dach-draf. — lux. 68 Dráf.

Draguner [dragunər *D. Si.;* dragúnər *Sbg.*] *m. Dragoner.* — lux. 68.

Dräh [drè *Lix.* u. s.] *f. Drehung, Verdrehung, Umdrehung, Verwickelung. Rda.:* e Dräh on e Sach mache *einer Sache*

viel Wichtigkeit beilegen, urspr. sie so verwickeln, damit ein anderer nicht daraus kommen könne. — hess. 78 einen Draewes an etwas machen; lux. Dré Ga. 117; schwäb. 2, 347 Dree *was man auf eine Spindel spinnt.* — Zss. Dräh-bank *f. Bo. D. Si. Drechslerbank.* Dräh-orjel. Dräh-stuhl [dréštoul *Si.*] *m. Drehstuhl.* s. a. Dreh.

drähdich [drædiχ *Bo. Brettn.;* drédeχ *D. Si.*] adj. 1. *verdreht, durchtrieben, schlau:* et es en drähdicher Kerl *Bo.* — 2. *träge, schlecht gelaunt, unlustig, unbeholfen D. Si.* — lux. 70 dreïdech.

Drähdichkeit [drædiχkait *Bo. Brettn.;* drédeχkèt *Si.*] *f.* 1. *Schlauheit, durchtriebene Gesinnung.* — 2. *Niedergeschlagenheit, Mattigkeit Si.* — lux. 70.

drähen I [drǽən *Bo. Fo.* u. s.; drájən *Mtsh.;* dræiə *Pü. Ri.*] tr. v. 1. *drehen, in drehende Bewegung versetzen:* de Schliffstän d. — 2. *drechseln.* — 3. *schwänzeln im Gehen Ri.* — els. 2, 746 dräje; baier. 1, 559 dräen; mhd. dræjen.

drähen II *drohen* s. drauwen.

Dräher [drǽər *Bo. Fo.;* drǽiər *Ri. Hom. Rom. Ha.;* drájər *Mtsh.;* dréər *D. Si.* — Pl. dræərtən *Bo.*] *m.* 1. *Drechsler.* — 2. *Kurbel zum drehen* — 3. *Träger, bes. Sargträger Hom. Ri. Ha.* — 4. *walzerähnlicher Rundtanz Fo.* — els. 2, 747 Dräjer; schwäb. 2, 348 Dreer; lux. 70 Dreïer. *(Die Begriffe von drehen u. tragen sind hier miteinander verwoben).*

Draht s. Droht.

Traht [trát, drát *Lix. Sgd. Bo. Pü. Hd. Falk.* u. s.; druèt *Si.*] *f.* 1. *Tracht, Kleidung:* uf den Derfer sin vielerlei Trachte. — 2. *Last, Traglast, Ladung:* e D. Holz, Klee. — 3. *(iron.)* e D. Schlä. — 4. *soviel Junge ein trächtiges Tier auf einmal trägt Si.* — 5. *Rausch:* er hat sin D., en gut T. *er ist betrunken Lix. Falk.* — els. 2, 741 Tracht; lux. 72 Drôecht.

dräjen *drohen* s. drauwen.

Drajer *Drechsler* s. Dräher.

traktieren [tràktîrə *fast allg.;* dragdíre *Ri. Ha. Rom. Hom.*] tr. v. *traktieren, schlagen, mißhandeln:* traktier's Vieh nit so! Se han mich gedragdiert wie e Hund *Ri.* — els. 2, 753 ebenso.

dra'kucken intr. v. *D. Si. dreinschauen:* e kuckt draṅ, eweï wann 't Heïhner em 't Bro^{u}t gehol hätten.

Trallje [tràlje *Bi. Ett. Pü.;* troljĉ *Si.;* truoljən *Rü.*] *f. Gitterstange, Eisenstab. Der Plural bedeutet Eisengitter vorm Fenster, seltner Gitterwerk überh.* — els. 2, 753 Tralli, Tralje; hess. N. 297 Trallje; lux. 444 Trueljen; eifl. Trailjen; frz. treille, treillis, treillage.

Tram [trâm, drâm *fast allg.;* draum *Bo.;* drám *D. Si.;* droïm, troïm *Av. Falk.* — Pl. trǽm, draim, droïm] *m.* 1. *Traum:* ich han e schreckliche T. gehat. — 2. *säumiger, schlafmütziger Mensch:* du âlen D.! *Si.* — lux. Drâm Ga. 116. Zs. Drâm-bouch *n. Traumbuch Si.*

trämeⁿ [trǽmə *Fo.* u. s.; drǽmən *D. Si.;* draimən *Bo.;* drĕïmən *Falk.;* trĕïmən *Av.*] tr. u. intr. v. *träumen:* was haschte dann geträmt? *Fo.* Du treïmscht am helle Mitta' *du bist sehr zerstreut Av.*

Trämerei (Drämerei) *f. D. Si. Träumerei.*
Drämesch [drǽməš *D. Si.*] *f. Träumerin, schlappe Person.*

Trampel [trampəl *Bi.* u. s.] *m. steifer, plumper Mensch.* — els. 2, 758 u. schwäb. 2, 314 Trampel *plumpe Person.* s. trampleⁿ.

Trampel-dier [-déər *Rü.* lux. *Grenze*] *n.* 1. *Dromedar.* — 2. *schwerfällige Person.* — els. 2, 706; schwäb. 2, 314.

trampleⁿ intr. v. *Bi.* u. s. *schwer, plump auftreten.* — els. 2, 758; schwäb. 2, 315. T. ist Erweiterungsform zu trampen From. 2, 555; engl. tramp, trample.

trâ'n [trân *Fo.;* drán *Falk. Fi.* u. s.; dráwə *Ri.;* draṇ *Bo.;* dròn *Lix. Sgd.;* dróən *D. Si.* — Flexion: drán, drĕšt, drĕt — gədrá *Falk.;* trán, trášt, trát — gətrá *Fo.;* drán, drášt, drát — gədrá *Fi. Schw.;* dròn, drést, drét — gədrá *Lix. Sgd.;* dróən, dréšt, drét — gədró *D. Si.* — Imp. Konj. eχ drét *D. Si.*] 1. tr. v. *tragen:* du bisch nít wert, ass d'r Erdbodâ dich drât *Fi.* E fuler Hund, der drât sich am erschte Mol dot *Schw.* Dich soll awer doch de Scheïnder (an)trán *Bi.* — 2. *trächtig sein (von Tieren):* Des Perd trât *Fo.* De Kuh drĕt od. drĕt grosz *die Kuh wird bald kalben Lix.*

Der Bam, das Stick drat vil *bringt viel hervor Ri.*

Trän [trǽn *fast allg.;* drên *Ri.;* trén *D. Si.* — Pl. -ə, -ən] *f. Träne:* keng T. fâle lóssen *keine T. vergießen Si.* Tränen an d'Aen kreïen *gerührt werden.* 'S hat Dräne gen *es ist zum Weinen gekommen. Ri.*

drängliereⁿ [drèŋlírə, Ptc. gədrèŋlírt *Ri. Rom.*] tr. v. *drängen, nötigen.*

Drank, Trank [dràŋk *Falk. D. Si.* u. s.; tràŋk *Busd.;* dràŋ *Bo.* Demin. trèŋkəl] *m.* 1. *Apfelwein D. Si. Busd.* — 2. *Kühltrank für verhitztes Vieh, ein Gebräu aus Käsekraut u. Gerste.* — 3. Tränkel *Mixtur, Elixir, Arznei.* — els. 2, 760; schwäb. 2, 316; lux. 68. Zss. Drankâpel *m. D. Si. Weinapfel.* Drank-bir *f. D. Si. Weinbirne.* Drank-fâs *n. Obstweinfaß.*

Tränk [trèŋk *fast allg.*] *f. Tränke, Ort zum Viehtränken.* — lux. 68 Dränk: els. 2, 760 Tränk 2; mnd. drenke.

tränkeⁿ tr. v. *fast allg. das Vieh auf die Tränke führen, ihm zu trinken geben.*

dranken u. **drenken** s. trinkeⁿ.

Trant [traṇt *lux. Grenze*] *m. langsamer Schritt, Gewohnheit, Schlendrian:* emer den âlen T. *immer die alte Leier, der alte Schlendrian.* — hess. 414 u. lux. Ga. 443 ebenso. s. trendeln.

tränteln, trändeln s. trendeln.

Trap [tráp, Pl. -ən *Si.;* tràpən, Pl. gleich *Bo.*] *m. Fußstapfe, Fußspur.* — lux. 440 Tráp 2; ss. Trap, Kisch vgl. Wtb. 156; schwäb. 2, 318 Trapp; els. 2, 762 Trappe; mhd. trappe.

Tra'pote [trápótə *fast allg.;* drópatən *D. Si.*] pl. *Tragknospe au den Bäumen:* der Appelbam hat vil T. s. Pote.

Trapp *Trupp, Haufen* s. Dropp, Tropp.
Drappeⁿ [dràbə *Hom. Ri. Rom.*] *m. Traubenkamm.* — els. 2, 762; baier. 1, 672 Trapp.

Trappen *Fußspur* s. Trap.

trappen intr. v. *fast allg.* drabben *Ri.* 1. *traben, einhermarschieren:* loss t., wat trappt *laß es gehen, wie's geht (lux. Grenze).* — 2. *eilig, geschäftig laufen:* t. wie e Poschtperd. — lux. 441; els. 2, 761; schwäb. 2, 319.

7*

Trappert [tràpərt *Av.*] *m. Rausch:* er hat e T., dass er goïkelt *(wankt).*

trappiereⁿ [trapîrə, drabírə *Ri.*] tr. v. *erwischen:* er isch gedrabbiert gen. — els. 2, 762; frz. attraper.

trapp-weis adv. *D. Si. truppweise.* — lux. 441 träppweis.

Trasche [trạše *Fa.*] pl. *Erdeinschnitte, Waldwege.* — frz. tranchée.

Draschel *Drossel* s. Droschel.

Tra'schemel [drȧšèməl *Schw.*] *m. Tragachse quer in der Mitte des Wagens;* der Schemelnagel (s. d.) *befestigt diesen an die Längsbalken.*

Tratsch I [tratš *Bi.*; trotš *Fo.*] *f. Fußstapfe.* s. tratschen.

Tratsch II [tratš *Fi.*; dràtš *Ri.*] *f. faules Frauenzimmer, das seine Zeit mit* trätschen (s. d.) *zubringt.* — hess. 415; Trätsche; els. 2,769 Trutsch, Trotsch.

tratschen [trátšən *Bi.*; trotšən *Fo.*] intr. v. 1. *plump auftreten.* 2. *durch Kot od. nassen Schnee waten.* — baier. 1,681 trätschen; tirol. tratschen From. 3, 343. vgl. schwäb. 2, 324 Tratsch *nasser Schnee u. Schmutz.*

trätschen intr. v. *Fi.* u. s. *schwatzen, ausplaudern.* — hess. 415; baier. 1,681; schwäb. 2, 324.

tratschich [tratšix *fast allg.*; dradšix *Ha. Ri. Rom.*] adj. *faul, schwatzhaft (von Weibern)* s. Tratsch II.

Tratscher [trátšər *Bi.*] *m. plumper, unbeholfener Mensch.* s. tratschen 1.

Drau *f. Si. Schaft eines Bohrers.* — lux. 69; eifl. Trau From. 6, 19. vgl. mhd. dræjen, dråben, tråwen. — Zs. Draubuer *m. Si. Trauben- od. Brustbohrer.* — lux. 69.

traueⁿ **I** [trauəⁿ *fast allg.*; truiwen *Av. Falk.*; drowe, droewə *Ri.*] tr. v. *trauen, sich getrauen, wagen*: ich traue nit. Er traut nit emol eniwer ze springe. I drow um Wetter nit. *Ri.* — *Reimspruch:*

Marianele, Susanele, geh mit mer
iwers Holz!
I dröiw jo net, i dröiw jo nit; die
Buwe si gar stolz. *Ri.*

— els. 2, 736 traüe I.

traueⁿ **II** [trauə *Fo.* u. s.] tr. v. *trauen, durch die Kirche ehelich verbinden:* der Paschtor hat se getraut. — els. 2, 736 traüe II; s. a. bestuoden.

Trauer, trauern s. Trur, trurcⁿ.

Trauer-gezei *n. D. Si. Traueranzug.* s. Gezei.

Drauf [drauf; Pl. drauwən; Demin. draiftχən *D. Si.*] *m. Traube.* s. a. Truw. Zss. Drauwe-kranz *m. ein mit Trauben versehener Rebzweig.* Drauwe-mònt *m. der Monat Oktober.* Drauwe-stack *m. Rebstock.* Drauwe-wêder *n. sonniges Wetter.*

Traufel *Kelle* s. Truffel.

Drau-liht, Tröh-liht [drau-(trau-)lít *D. Si.;* trølít *Rü.*] *n.* u. *m.* 1. *Irrlicht, Irrwisch.* — 2. *figürl. einfältiger Mensch.* Drau = mhd. drouwe, dröu, drò *Drohung*; schwäb. 2, 326 Dräu, Drau, Dro. „*Daß die Irrwische drohen, Menschen sogar angreifen, ist sagenhaft u. noch heute volkstümliche Annahme*". — hess. N. 57 Druwelicht, Drüllicht; lux. Traullicht Ga. 454; eifl. Treulicht From. 6, 20.

Draum s. Dram.

Trausch *Busch, Strauch* s. Trusch.

trauschech [tráušex *D. Si.*.] adj. 1. *mit niedrigem Gebüsch bestanden.* — 2. *doldenförmig, buschig:* en trauscheche Bâm. — lux. 441; schwäb. 2, 336 drauschlecht. s. Trusch, Trausch.

Traut *D. Si. Kurzform für Gertrud.* Demin. Trautchen. — schwäb. 2, 329 Traud.

drauwen [drauwən, gədraut *Bo.*; drawə, gədraut *Ri. Hom.*; droïwən, gədroït *Av.*; drœjən, gədrœt *Falk.*; dræən, gədrǽt *D. Si.*] intr. v. *drohen*: Es draut uff Räje *es droht Regen Ri.* — eifl. draien Bü. 18; lux. 70 drêen; mhd. dræjen.

Trawante [trawạntə *Fo.* u. s.; dràwȧndə *Ri. Rom.*] pl. *Anzahl, Haufe:* er hat e ganz T. Kinner. — hd. Trabant.

Trawe [tráwə *Lix.* u. s.; dråwər *Hom. Ri. Rom.*] *f. pl. Treber (Träber).* — Kilian 119 Drabbe = faex.Zs. Drawer-schnaps*Ri.*

Trawers [trawèrs *Ri. Fa. Pü.*] *f. Querbalken.* — els. 2, 769; lux. *Ga.*454; frz. u. engl. traverse.

trawers [trawèrs *Fa. Pü.*] adv. *querfeldein:* t. gehn. — frz. travers.

drechen *trocken* s. drucken.

Drechent [dreχǝnt *D.*] *f. Trockenheit.*
— lux. 69 Dröchent; vgl. mhd. truckende.
Dreck [drɛk *allg.*, Pl. drɛkǝr: Demin. drɛkǝltχǝn *D. Si.*] *m. Dreck:* er isch in de D. gefall. De kreïscht och nach en D. od. Dreckelchen *du bekommst gar nichts. Si. Rdaa.* Wann d'r D. se Mescht werd, lässt er sich fihren. *Bo.* Wat än den D. meïh reïert, wat et meïh stenkt. *Si.* Enen us um D. zije *aus einer schwierigen Lage befreien.* Das isch e D. *eine Kleinigkeit.* Die Wund zicht D. *Eiter Ri. Rom.* — Zss. .D-bandel u. D.-balzer *Sbg. Schmierfink* s. Bandel. D.-bansch *Ri. dreckiges Frauenzimmer;* vgl. els. 2,65 Bansch *Bauch.* D.-bope *Dreckkäfer, Schmierfink (als Schimpfwort).* D.-bur *Dreckbauer (verächtl. Bezeichnung für den B., der immer im Dreck arbeiten muß).* D.-dings *Unkraut Ri.* D.-loch a) *Schlammloch;* b) *schmutziges Weib.* D.-merder (eigentl. *Schmutztümpel) Schmutzkittel* s. Merdel. D.-nescht *schmutziges Dorf.* Drecks-profet *jd. der schlechtes Wetter prophezeit.* D.-sack *wie hd.* D.-souw *dasselbe wie* Dreckbansch. D.-spatz *Schmierfink, bes. schmutziges Kind.* D.-vogel a) *Schmutzfink;* b) *Bezeichnung des Laubfrosches, der durch sein Geschrei das Wetter ankündigt. Ri. Rom. Ha.*

dreckich [drɛkiχ *fast allg.*; drɛkedi *Ri. Hom.*; drɛkeχ *D. Si.*; dreksiχ *Pü.*] adj. *schmutzig:* m'r kann nit usgehn, es isch zu dr. druss *Fo.* Davon Dreckichkät *f. Schmutzigkeit.*

Drecksert [drɛksǝrt *Si.*] *m.* 1. *leichter Regen, der den Boden aufweicht.* — 2. *einer, der bei regnerischem Wetter auf dem Felde arbeitet u. dabei schmutzig wird.* s. Dreck.

treden [trɛdǝn *fast allg.*; trɛdǝ *Fo.*; treïdǝn *Bo.* drɛdǝ *Sbg.* — Ptc. getrót *Falk.*; gǝdrót *Sbg.*; gǝtrout *Bo.*; gǝtræt *Fo.*] intr. v. *treten:* ich bin u. ich han geträt. Er hat m'r uf de Fuss geträt. *Fo.* So geschwind, ass e Gais drett *möglichst schnell Ri. Ha.* Loss numme dredde, *laß es nur gehen! Ri.* Geh mer ens dredde! *Aufforderung zum Tanzen Ri.*

treffeⁿ [trɛfǝⁿ *fast allg.* — Ptc. gǝtrǫf, gǝtrǟf] tr. v. *treffen.*

Treffer [drɛfǝr *Sbg.*] *m. glücklicher Wurf, Gutstrich beim Spiel.*

Dreh-hälsche [drɛjhɛlsχǝ *Pü.* u. s. drɛihɛlšǝl *Sbg.*] *n. Wendehals* (Jynx torquilla). Gr. Wtb. 2,1367 Drehhals; helgol. Dräiervink From. 3, 32; els. 1, 328 Dräjhälsel.

Drähter s. Trichter.

Dreh [drɛ́ *Hd.*; drɛ́ï *Pü.*] *f. Kurbel zum drehen.* — lux. 69 Dreï.

Dreh-pluk *m. Schw.* u. s. *Pflug, an dem die Pflugschar vorgestellt werden kann.*

Dreht-gar [drɛ́tgár *Si.*] *n. grobes Garn* (eigentl. *gedrehtes Garn).* — lux. 71.

Dreh-wan [-wan *D. Si.*] *m. Fruchtreiniger für Handbetrieb.* — lux. 72 Dreïwan.

Drei [drái *D. Si.*; drɛ́i *Fo.* u. s.; drɛ́j *Mtsh.*; drej *Falk.*] num. *drei:* Es isch halwer d. — *Rda.:* Drei Mol isch Buwerecht *aller guten Dinge sind drei Fo.* Der ka ke drei zehle *kann gar nichts Sbg.* — Zss. drei-änich *dreieinig* (Dreiänichkät); Drei-angel *Ri.* Dreïeck; dreibänich *dreibeinig;* drei-dobel; dreierlei (drejerlei); Dreifaltich(kät); dreijährich; drei-spännich; drei-vɛ́rels *D. Si. zu 3 Viertel.* u. a. m.

Trei [trai *D. Si.*] *f. Treue:* op gutt T. *in gutem Glauben. Bei meiner T.* — *Neben* Trei *wird auch* Treihät *gebraucht.*

trei [trai *D. Si.*; gǝtrɛ́i *Falk*] adj. *treu:* t. eweï *Gold.* — Zs. trei-herzech.

Dreiakels [drɛïakǝls *Bo. Si.*; drɛïaks *Rg.*; dreïogǝs *Ri.*] *m. Theriak (Mischung von Kräutern zu Heilzwecken); auf dem Lande ein wichtiges Hausmittel.* Met'm D. kommen, wann de Kouh verreckt es *Bo.* baier. 1, 639 Triakel, Triakes; schwäb. 2, 376 Triak; mhd. drîak, drîakel < lat.-gr. theriacum. — Zs. Dreiakelsbild *Ka. Mensch mit dummem Gesichtsausdruck.*

Drei-duer [-dúǝr *Si.*] *m. Dreidorn, gemeiner Wegedorn.* — lux. 70.

drei-genäht [dreïgǝnɛ̂it *Ha. Ri.*] adj. *schlecht gekleidet:* du stehsch do wie e Dreigenäther.

Drei-Herre-mess *f. fast allg. Messe mit drei Geistlichen.*

Drei-kineks-dåch *m. D. Si.* u. s. *Fest der hl. drei Könige.* — lux. 70; els. 2, 660.
dreimen *träumen* s. trämen.
Treip [traip *D. Si.;* trıp *Bo. Ett. Fo. Vbg.* u. s.; drıp *Obh. Pfb.* — Pl. traipən, tripən, tripə, drıpən. Demin. tripχin *Bo.*] *f.* 1. *Darm.* — 2. *Blutwurst.* Der Plural bedeutet ausserdem: *Eingeweide, Gedärme*: De Trippen em Kopp han *nur aus Essen denken Bo.* — lux. 442; els. 2, 763 Trippe *Gedärme;* frz. u. engl. tripe. — Zss. Treipe-breïht *f. Blutwurstbrühe.* Treipe-fett *n. Fett der Blutwurstfüllung.* Treipe-gefölls *n. Wurstfüllsel.* Treipen-hěrchen *(-hörnchen) n. Wursttrichter.* Treipe-kreitchen *n. Thymian; Würzkraut, das der Blutwurst beigegeben wird.* Treipe-verschlöppong *f. Darmverschlingung D. Si.*
dreïw *trübe* s. trib.
dreïwelzech [dréïwəltseχ *Si.*] adj. u. adv. *trüb:* et as d. Wêder.
Dreïwelzechkät *f. Trübsinn.* — lux. 72.
dreiwen s. triwen.
dreken s. drickeⁿ u. druckeⁿ.
Dreker I s. Dricker.
Dreker II [drekər *D. Si.*] *m. Drucker, Buchsetzer.*
Drekerei *f. D. Si. Druckerei.* — lux. 71.
trelen [trelən, gətrol(t) *D. Si.*] intr. v. *fallen:* en as d' Trâp erof getrol *er ist die Treppe herunter gefallen.* — lux. 443 tröllen; vgl. ndd. trullen, trüllen *rollen* From. 3, 41, 17 u. 5, 299; tirol. trolen, troelen ibid. 4, 450; nhd. trollen; frz. troler.
Tremolt *m. Si. Tumult, Aufruhr.* — lux. 442.
Trendel [trendəl, Pl. -ən *Si.*] *m.* 1. *Wasserstrudel.* — 2. *Wirbelwind.* — lux. 443 Tröndel; eifl. Trindel From. 6, 20; ss. Trändel, Kisch vgl. Wtb. 225; baier. 1, 560 Drâel *Strudel;* mhd. trendel, trindel.
trendeln [trèndəln *fast allg.;* trèntələn *D. Si.*] intr. v. 1. *langsam machen, nicht vorwärts kommen, umherschlendern:* trendel nit so! — 2. *wirbeln:* gedanzt a getrendelt. — els. 2, 759; baier. 1, 666; hess. 414; schwäb. 2, 315; henneberg. trändeln From. 2, 279, 91; mhd. trendeln.
Trendler [trèndlər *fast allg.*] *m. saumseliger Mensch, langweiliger Kerl:* du T.!

els. 2, 759; baier. 1, 665; hess. 414. — Zss. Trendel-meier, Gotts-trendler, Herrgotts-trendler s. d.
Treng [trèŋ *D. Si.*] *m. Aufzug, Staat, Gefolge:* e grouᵘsse T. feïhren. — frz. train.
drenken s. trinkeⁿ.
Trenz [trènts *Rü.* u. s.] *f. rinnende Flüssigkeit.* — vgl. tirol. die Trenzen *Verschüttetes von Getränken* From. 4, 449; baier. 1, 671 u. schwäb. 2, 368 trenzen *tropfenweise fallen.* — T. < mhd. trahen, contr. trân, trehene, trêne. vgl. a. lat. torrens.
Trep(s) [treps *Bi.;* dreps, drep *Bo. D. Si. Hd.;* drıp *Falk. Vbg. Hom. Ri.* - Pl. drepsən, dripən. Demin. trepχin, drepχən, trepχər] *meist f.* (*Vbg.* der Drip.) 1. *fallender Tropfen*: en Drep Wâsser *D. Si.* Keng Dreps Rên *Si.* — 2. *Öffnung, Spalte, durch welche das Wasser sickert.* — 3. *Gläschen Schnaps:* eng Drep *ein Schnäpschen D. Si.* En bäljen Drep = *aus Ballech d. i. eingeweichtem Obst gebrannter Schnaps. Das Deminitiv Drepchen bedeutet durchweg Gläschen Schnaps.* — lux. 73 Dröps, Dröppchen. s. a. Troppe. — Zss. dreps-nås adj. *D. Si. so naß, daß es tropft.* Dreps-nues *f. Si. Tropfnase.*
trepen, drepsen s. dripen, tripsen.
Trepp [trèp *fast allg.;* trâp *D.* — Pl. -ən] *f. Treppe. Will man jemanden abweisen, so heißt es:* Ma leït da *(dir)* eppes uf de Trepp *Weiler.* — els. 2, 762 Trèpp; lux. 440 Trâp. — Zss. Treppe-gelänner *n. Si. Treppengeländer.* Treppen-haus. Treppe-kummer *f. Si. Schlafgelaß auf dem Stiegenabsatz alter Bauernhäuser.* — lux. 441. Treppen-tret *m. Treppenstufe.*
treppeln [trepələn *D. Si.*] intr. v. *trippeln, mit kleinen Schritten gehen.* — lux. 444. s. a. tripple".
Treppeler *m. Si. Mensch, der nicht vom Fleck kommt.* — els. 2, 763; lux. 444 Tröppeler.
Treppling [trèpliŋ *Bo. Falk.;* trèpleŋk *D. Si.* — Pl. -ər] *m. Treppenstufe.* — lux. 444 Treppleng; schwäb. 2, 319 Träppel; ss. Trâplänk, Kisch vgl. Wtb. 225.
Drepsert [drepsərt *D. Si.*] *m. langsamer Mensch.* — lux. 73. s. Dreps.

dreschaglen s. trischaken. Dreschagler *Verbalsubstantiv dazu.*
dreschen [drešə *fast allg.*; drèsən *D. Si.* — Ptc. gədrešt, gədrèš] tr. v. 1. *dreschen*: des Kor d. — 2. *gehörig durchprügeln*: der isch mol gedrescht gen.
Drescher [drešər *fast allg.*; drèšər *D. Si.* — Pl. gleich] *m. Drescher*: Hunger han wie'n D. Er esst wie e D. — Zs. Drescher-lohn.
Drescherleck [drésərlèk — Pl. -ən u. dréšlèkən *Rü.*] *m. eßbarer Pilz, Drischling.* s. a. Drischling.
treschten [tréštə *fast allg.*; tréəštən *Bo.*; drèšdə *Ri.*; tréïštən *D. Si.* — Ptc. gətrèšt] tr. v. *trösten*. Sich tr. kenne *sich vertrösten können*: dismol kannsch di dreschde! *d.h. auf Schläge, die kommen Ri.*
treschterlich, treïschlech adj. *tröstlich.*
Dressi [drèsi, Pl. -ən *Si.*] *m. Schrank für Teller u. Platten.* D. < frz. dressoir. — Zs. Dressi's-schâf *m. Küchenschrank.* — lux. 71.
Tret-bitt *f. Si.* (eigentl. *Tretbütte*) *große, hölzerne Bütte oder auch gemauerter, sargartiger Behälter, in welchem die Trauben zertreten oder gemahlen werden.* — schwäb. 2, 372 Tret-zuber.
Trett (Tratt) s. Tritt.
Tretz *Haarflechte* s. Dritz. tretzen s. dritzen.
trib [trìb *fast allg.*; drìb *Ri.*; drìw *Falk.*; dréiw *D. Si.* — Komp. trìwər, dréiwər] adj. u. adv. *trübe*: das Wetter isch ganz t. 'S macht sich drib *der Himmel bedeckt sich Ri.* — lux. 70 dreif.
triben [trìbə *fast allg.*; drìbə *Ri. Ha.* u. s.; dréiwən *D. Si.*] tr. v. 1. *trüben*: es isch nix so hell, es tribt sich a emol *Fo.* — 2. *triefen Ri.*
Tribenal [tribənál *D. Si.*; triwənal *Fa.* u. s.] *n. Tribunal, Bezirksgericht.* — lux. 443; els. 2, 739; frz. tribunal.
Tribsal [trìbsál *fast allg.*; dréibsal *D. Si.*] *m. u. f. Trübsal*: du armen Dr.! *du armer Kerl! Si.*
tribselich [trìbsélix *fast allg.*; tréibsilex *D. Si.*] adj. *trübselig.*
Trichter [trixtər *Fo.*; trîxtər *D.*; trîtər *Si.*; trita *Vbg.*; tréïtər *Bo.*; trèxtər *Fa.*; trètər *Falk.*; tréxtər *Sgd. Lix.*; trétər *Grt.* — Pl. -n] *m. Trichter.* — mhd. trehter.
Trick [trìk *D. Si.*; tryk *Lix.*] *m. Kniff*: m'r muss den T. kennen. — lux. 443; els. 2, 752 Truk; engl. trick; frz. truc.
Dricke-männche [drìkəmènxe *Lix. Kr.*; drekmènxin *Bo.*; dreík mènxən *Msb.*] *m. u. n. Alpdrücken*: Hint han ich's D. gehat. *(Das Alpdrücken wird einem geheimnisvollen Wesen zugeschrieben. Man beugt dagegen vor, indem man vorm Schlafengehen den linken Schuh auf die rechte Seite neben den rechten stellt, oder indem man über die Schlafzimmertür einen Hexenzirkel, Pentagramm, mit Kreide zeichnet.* s. Jb. IV 116 ff.) — els. 1, 683 Druckermännle. s. a. Erdmännchen u. Doggle.
dricken [drèkən *fast allg.*; dreken *Bo. D. Si. Wb.* — Ptc. gədrìkt, gədrekt] tr. v. *drücken. Rda.*: Der hat de Schom (*Scham*) en de Aue, un de (*die*) drekt er zu *Wb.* — Gedrickte Grumbere *Kartoffelbrei Fo.*
Dricker [drìkər *fast allg.*; drìgər *Ri.*; drekər *D.Si.*] *m. Türgriff.* — lux. 71 Dreker.
Driesch [drìš *fast allg.*; triš *Pü.*; tryš *Lix.*; dréiš *D. Si.*] *m. u. n.* 1. *brachliegendes Land.* — 2. *Trift, Weideland Ett.* — lux. 71 Dreisch; eifl. Drisch From. 6, 13; westf. Dräisk ibid. 1, 115; baier. 1, 570 Driesch; hess. 416 Treis. D. < ahd. drîsk = ternus *inbezug auf die Dreifelderwirtschaft.*
driesch adj. *unbebaut, brach*: e Stick d. leïe losse. — els. 2, 766.
Triko *m. D. Si.* u. s. 1. *Trikot, gestrickter Stoff zu Kleidungsstücken.* — 2. *Knüttel.* — els. 2, 750; frz. tricot.
Drili s. Drüeli.
Drill [drìl *Av. Grt. Kr.* u. s.; tril *Fo. Falk.*] *f. Karussel*: gehn mer uf de T.? — schwäb. 2, 382 Driller 5; vgl. els. 2, 753 Drille *drehbarer Käfig* u. hess. 416 Trillerhäuschen. s. drillen. — Zs. Trill-bobe *m. Lix. Kreisel.*
Drille-bor [-bór *Bo.*] *m. Bohrer, der durch eine Mechanik (Bogen) rasch gedreht wird.* — schwäb. 2, 381 Drill-borer.
drillen, trillen *fast allg. drehen, im Kreise herumdrehen.* — els. 2, 753; baier. 1, 566; schwäb. 2, 382; Gr. Wtb. 2,1410.

Trillert [trìlat *Kr.*] *m. Wasserwirbel.* — schwäb. 2, 382 u. baier. 1, 566. Driller, Triller. s. d. vorige.

Drilles [drìləs *D.*] *m. unbesonnener Mensch.* — schwäb. 2, 383 Driller 10. vgl. baier. 1, 673 Trippsdrill.

drim [drìm *neben* drum *Falk.;* drem *D. Si.*] adv. 1. *darum. Rda.:* et isch em nit d. *er hat keine Lust, ist nicht aufgelegt.* Et isch em hut gut drim *er ist heute in guter Stimmung.* — 2. *abhanden;* drem kommen *einbüßen.* En as drem *er hat es verloren. D. Si.* — lux. 71 drem.

Trim [trìm *D. Si. Rü.*] *f. Mühlentrichter, durch den das Korn auf den Stein fällt.* — lux. 443 Trimm; ss. Trìm, Kisch vgl. Wtb. 157; schwäb. 2, 383 Trimmel; ndl. treem; frz. trémie — alle zu lat. tremere *zittern, weil dieser Trichter stets in zitternder Bewegung ist.*

trimen [trìmən *Bo. D. Si.*] intr. v. 1. *durch den Mühlentrichter* (Trim) *gehen lassen D. Si.* — 2. *eilen Bo.* — 3. *angestrengt arbeiten Bo.* — lux. trimmen Ga. 456.

drimmen [drìmən *Si.*] tr. v. *einen Acker od. Weinberg so teilen, daß jeder ein Endstück* (Drumm s. d.) *davon erhält.* — vgl. lux. 72 drimmen *in der Mitte durchhauen.*

dringer [drìŋər, drìŋə *Ri. Rom. Hom.*] adv. *drunter:* do dringer *hierunter.*

trinkeⁿ [trìnkəⁿ *fast allg.;* dreŋkən, treŋkən *D. Si. Bo. Ma.;* draŋkən *Sufftg.* — Ptc. gətrùŋk, gədrɔŋk] tr. v. *trinken:* ich han drei Schoppe getrunk *Fo.* Da wellen mer noch ent dranken! *Sufftg.* Um Kind ze drinke gen *die Brust reichen Ri.* Er hat gedrunk *ist betrunken Sbg.*

Drip *Tropfen* s. Trep(s).

Trip *Darm* s. Treip.

Tripel [trìpəl *Fo.* u. s.; driboli *Ri.*;] *n. Putzkalk, Putzstein zum Metallreinigen* (terra Tripolitana). — els. 2, 763 Tripoli, Trippel; lux. Triplé Ga. 456; frz. tripoli.

dripen [drìpən *Falk. Vbg.*; trìbə *Lix.*; trìpsə *Fo.*; trepə *Sgd.*; trebə, trebsə (treblə, trebslə) *Bi.*; drepsən *Bo. D. Si.*] intr. v. *tröpfeln, träufeln, anfangen zu regnen, schwach regnen:* es tripst schon.

Spruch:
'S hat emol geränt,
de Hecken trepen noch,
Ich han emol e Schatz gehat,
ich wott, ich hett ä noch
Iplingen.
Se kommen gedrepst *sie kommen langsam, einer nach dem andern D. Si.* — lux. 73 dröpsen; ss. trèpen, tripsen Kr. 133.

Trippen-schleiferten pl. *heißen die Bewohner von Elwingen u. Gänglingen* (Kr. Bolchen). T. schleifen *die Gedärme nachschleppen.* S. Treip.

trippleⁿ [trìple *fast allg.;* drìblə *Hom. Ha. Ri.*] 1. intr. a) *mit dem Fuß auf die Erde stampfen als Zeichen der Ungeduld:* er dribbelt vor Wut. b) *trippeln wie trächtiges Rindvieh eine Zeit vor dem Kalben.* — 2. tr. *feststampfen z. B. Heu, Grummet.* — els. 2, 762 trepple; baier. 1, 672.

trischaken [trìšakən *Fa.* u. s.; trìžakən *D. Si.*; drešáglə *Pfb.*] 1. tr. *durchprügeln.* — 2. refl. *sich raufen. Das Wort kommt fast in allen deutschen Mundarten vor:* baier. 1, 570; els. 2, 765; schwäb. 2, 389; hess. 415; ss. Kisch 157; schles. Weinh. 16; lux. Ga. 456. s. a. From. 3, 190; 4, 44. 25; 5, 459; Gr. Wtb. 2, 1420: drischaken *urspr. jemandem im* Trischackspiel, *einem im 18. Jh. sehr üblichen Hazardspiele* (z. ital. i tre sciacchi) *das Geld abnehmen. Anlehnung an* dreschen *im Sinne von* durchprügeln *ist jedenfalls vorhanden.*

Drischling [drìšliŋ *Lix. Pü.* u. s.; drìšlèn *Busd. Vbg.*; drìšliŋər *Falk. Obh.*; trìəšliŋ *Av.*; drèšərlèk *Rü.*] pl. *Gattungsname für eßbare Pilze. Rda.:* die Kenn (*Kinder*) wachse wie D. *Av.* Er wäst wie'n D. *d. h. rasch Falk.* — els. 2, 766 Drüschling; baier. 1, 942· Trüschling.

trisselieren [trìsəlírən *Fa. Grt. La. Wl. Ersd.* u. s.] intr. v. 1. *rasch läuten durch Anschlagen der Glocke mit Hammer.* — 2. *feierliches Läuten.* — vgl. ndd. Trisel *Wirbel* brem. Wtb. 5, 111.

drissich [drìsiχ *fast allg.*; drìtsiχ *Mtsh.*; dréisεχ *D. Si.*] num. *dreißig:* de drissigste halte den 30. Tag *nach dem Ableben mit Abhaltung eines Seelendienstes feiern Ri.*

dritt [drìt *fast allg.*; drct *D. Si.*; dràt *Rü.*] num. ord. *dritte:* zu dritt (ze drct), zum dritte *zu dreien.* — els. 2, 768; baier. 1, 563.

Tritt [trìt *fast allg.*; drìt Ri.; tret *Bo. D. Si.*; tràt *Rü.*] *m.* 1. *Tritt, Fußtritt:* e T. gin. — 2. *Trittbrett am Wagen.* — els. 2, 768.

dritten, sich [drìtən *Fo.* u. s.] refl. v. *dreimal vorkommen:* Was sich zwêt, dritt sich *was zweimal vorkommt usw.* — els. 2,768.

Dritter [drìtər *fast allg.*: dretər *Bo. D. Si.*] *m.* 1. *die Ziffer drei.* en d. *eine drei.* — 2. *Dreischlag beim Dreschen.*

Dritz [drìts *Vbg.*; trets *D. Si.* Pl. -ən] *f.* 1. *Haarflechte.* — 2. *Zopf.* — 3. *Tresse.* — lux. 444 Trötz; frz. tresse.

dritzen [drìtsən *Vbg.* u. s.; tretsən *D. Si.*] tr. v. *flechten:* e Säl tretzen *ein Seil aus 3 Fäden od. Zweigen zusammendrehen.* — lux. 444.

driw *trübe* s. trib.

Driwel *Traube* s. Truw.

triweliereⁿ [triwəlírə *fast allg.*; drìwəlírə, gədriwəlírt *Sbg.*; triwəléiərən *D. Si. Bi.*] tr. v. *drängen, nötigen, antreiben zu einer Arbeit, zum Aufbruch mahnen:* de ganze Da' hätt er triweliert, un kann selwer nit fertich werde. Mer mun *(müssen)* gehn, se triweliere all, dass m'r so lang nit kumme *Lix.* — els. 2, 739; baier. 1, 642; schwäb. 2, 378; lux. 443; lat. tribulare.

Triwelieres *n. Lix. das Drängeln, die Quälerei:* Was isch das far e T.? — els. 2, 739 Getribeliers.

Driweⁿ [drìwə *Ri. Hom. Ha.*] *n. das Jenseits.*

triwen [trìwə *Sgd. Lix. Bi.*; drìwə *Sbg.*; drìwən *Bo. Falk.*; triəwə *Av.*; draiwən *D. Si.* — Flexion: ix trib (drib), tribšt, trib — drìwən, gədrí (getrib) *fast allg.* draiwən, draiwšt, draiwt — draiwən, gədríwən *D.Si.*] tr. v. 1. *treiben, antreiben, Vieh führen:* 's Vieh uf de Weid t. — 2. *betreiben, arbeiten:* der hat schon alles gedri, äss nur kän Schlacken de Metz *der hat schon alles Mögliche getrieben, nur keine Schnecken nach M. Bo.* Wie m'rs tribt, so geht's. Es gross triewen *großen Aufwand machen Av.* gedrib sin: a) *Stuhlzwang haben;* b) einen innerlichen Drang verspüren, etwas zu sagen od. zu tun Ri.

Triwenal s. Tribenal.

driwer [drìwər *fast allg.*; drìwə *Lix.*] adv. 1. *darüber, drüben:* dringer un driwer *drunter u. drüber Ri.* Es geht nix d. — Er macht alles dr. un dr. *bringt alles in Unordnung.* — 2. *jenseits Lix.*

dri-zehn [dritsén *fast allg.*; dritse *Sbg.*; dréïtsén *D.*; drautséïn *Si.*] num. *die Zahl 13:* drizehn ins Dutzend..

Dro [dró *Si.*] *f.* 1. *soviel man auf einmal tragen kann:* en D. Holz. — 2. *Tragbahre.* — 3. *Tragriemen.* — lux. 72 Drò; schwäb. 2, 303 Trage; els. 2, 765 u. baier. 1, 653 Traget. — Zss. D r ò - b â m *m. Tragbaum.* Drò-band. Drò-bei *f. Arbeitsbiene.* Drò-dunn *f. Tragbalken* s. Dunn. Drò-patt *f. Tragknospe.*

Drock [drok *Bo. D. Si.*] *m.* 1. *Druck, Gedrücktsein:* en D. op der Broscht. — 2. *Buchdruck.* — Zs. D rock-fehler.

Trodel [trodəl *Fo.* u. s; drodəl, drudel, *Ha. Ri. Rom.*] *m.* u. *f. einfältiger Mensch:* du T.! — 2. *faules Weib Ri.* — baier. 1, 681 Trottel; From. 6, 30 Trottl; els. 2, 741 Trodel II; schwäb. 2, 395 Drodel *Langweiligkeit.*

Trof [tròf *Mw. Hd. Kr. Busd. Brettn. Metzeresch*; tráf *Elw.* — Pl. tref, træf] *m.* u. *f. Balken: bes. Deckenbalken, Sparren.* — lux. 442 Trief; ss. Tròf, Kisch vgl. Wtb. 226; engl. trave; altfrz. tref; provenz. trau < lat. trab-s.

Trog [tróg *Bo.*; tró(χ) *Fo.*, drog *Ri. Hom. Rom.*; tràχ *D. Si.* — Pl. tréχ; Demin. dregəl] *m.* 1. *Trog:* de Schwin fresse us dem T. *Fo. Rda.:* Wer dat Schwin gesiht, bruch den T. nit se gesihn *den Vogel erkennt man an den Federn Bo.* — 2. *Teller, Eßgeschirr im verächtl. Sinne.* — els. 2, 746.

Drohne [drónə *Sbg.*] *f. Drohne im Bienenstock.*

Droht [dròt *fast allg.*; drát *Mü.*; dròkt *Nj.*] *m.* u. *n. Draht.* der Zunn isch mit D. fescht gemacht. - Zss. D r o h t-e i s e n *Si. Eisendraht.* Droht-säl *n. 'Pechdraht.* Droht-spitz (-spetz) *f. Pechdraht mit einer Schweinsborste zum Nähen der Schuhe.* Droht-zang.

Droïm *Traum* s. Dram.
droïwen *drohen* s. drauwen.
drolech [dróleχ *D. Si.*] adj. u. adv. *drollig, wunderlich.* — lux. 72; frz. dròle.
Troll *n. Si. etwas Aufgerolltes.* — vgl. mhd. drillen, droll, gedrollen; baier. 1, 566 droll, gedroll *rund (gedreht).*
trollen [drólə *Ri. Rom.*] refl. v. *sich fort-, sich losmachen:* er hat sich furtgedrollt.
Trölles *m. Geinsl. Rolle am Ziehbrunnen, um welche sich die Kette legt.* — lux. 72 Drölles. s. d. vorige.
Tröl-liht s. Drauliht.
Droll-moll [drolmòl *Obh.*] *f. Apfel in Teig gebacken.* Dr-m. < drillen, gedroll (s. Troll) u. moll *weich.*
Tromm *Trommel* s. Drumm.
Tromp s. Trump.
Trompet, trompeten s. Trumpet, trumpeten.
Dron [dron *Ri.* u. s.] *m. Tran.* — els. 2, 759 Tron.
tronen [trounən *Si.*] intr. v. *hoch sitzen:* iwer engem t. *erhaben sein.*
Dronk [droŋk *Bo. D. Si.* — Pl. -ən *Bo.*] *m.* 1. *Trunk:* sech dem D. ergên. Wat än am D. sêt, denkt än aniter *was man im Trunk sagt, denkt man in nüchternem Zustand Si.* — 2. *Trank, heilkräftiges Getränk Bo.*
dronken adj. *Bo. D. Si.* 1. *betrunken.* — 2. *schwindelig.* — lux. 73.
drop *darauf* s. druf.
drop an derwider adv. *D. Si. drauf u. dran; gerade aufs Ziel los:* se schaffen d. a. d. — lux. 73.
Dro-patten s. Tra' pote.
drop-machen [dròpmáχən *D. Si.*] tr. v. 1. *verschwenden:* en hot sei' ganz Vermeïjen dropgemacht. — 2. *zugrunde richten:* Muss dann alles dropgemacht gin? — lux. 73.
Drop-mächer *m. D.Si.* (eigentl. *Draufmacher) Verschwender.* Das Femin. lautet Drop-mächersch. s. d. vorige.
Tropo [tròpò, Pl. -n *Bo.*] *m. Tölpel.* — vgl. baier. 1, 567 Drüppel; s. a. Gr. Wtb. 2, 1456; mhd. tropel.
Dropp [dròp *Falk. Pü.*; tròp *Vbg.*; drùb *Sbg.*; dràp, tràp *D. Si.* – Pl. drèp, trèp]
f. 1. *Trupp, Schar, Anzahl, Haufe von Menschen od. Tieren:* e ganzer D. — 2. *Tropf, einfältiger Mensch Si.*: du ármen D.! — schwäb. 2, 404 Tropp; lux. 441 Trapp.

Troppen [tròpə *Fo.* u. s.; tròbə *Bi.*; dròbə *Sbg.* — Pl. tròpə; Demin. trepχə, trebəl] *m. Tropfen:* die glichen sich wie zwei Troppe Wasser. Ich han noch kä Drobbe gedrunk *gar nichts.* Kä gude Drobbe Blut meh han *körperlich ganz heruntergekommen sein Ri.* s. a. Drep, Dreps.

Droschel I [drošəl *Vbg.*; drostəl *Fletr.*; drošdəl *Pfb.*; dràšel *Bo. Falk.*; dróšəl *Pü.* — Pl. -n.] *f. Singdrossel* (Turdus musicus): hêr, wie de Droscheln piffe! — els. 2, 766 Drostel; schwäb. 2, 405 Drostel, Droschel; mhd. dròschel.

Droschel II [dróšəl, Pl. -ə *Merl. Mü.* u. s.; drêšlə *Fo.*] *f. Stachelbeere.* — baier. 1, 571 Droschel (pfälz.); hess. Nr. 56 Druschel. s. a. Kroschel, Groschel.

Troscht [tròšt *fast allg.*; troušt *D. Si.*] *m. Trost.* — Zs. troscht-midich (troušt-méideχ) adj. *verzagt.*

Tross [tròs *D. Si.*] *f.* 1. *Querfalte am Weiberrock.* — vgl. frz. trousser *aufschürzen u.* Tross bei Weigand Wtb.; eifl. Drost Bü. 14. — 2. *Wulst aus Pferdehaar od. Tuchlappen unten am Mieder um die Röcke zu halten.* — lux. 444; frz. trousse.

trossen, sich [tròsə *Fo.* u. s.] refl. v. *sich beeilen:* ich han mich getrosst. — vgl. hess. 414 trassen *traben;* hess. N. 298 troszen, trostern u. Trosser *Läufer;* schwäb. 2, 404 Trosse, Trosser *Troßknecht. Auch in das französische „trousser" spielt die Vorstellung des Laufens mit:* être aux trousses de quelqu'un *jemandem nachsetzen;* trousser une affaire *eine Sache schnell abmachen.*

Troter [tròtər *D. Si.*] *f.* 1. *Blashorn, Blasinstrument überh.* — 2. *Klatschbase.* — lux. 444 Tròt; altwestfäl. throta, thruta *faules, geschwätziges Weib* From. 6, 46.

troteren [tròtərən *D. Si.*] intr. v. 1. *auf dem Horn blasen.* — 2. *viel schwätzen:* se tròtert äm de Kapp *(Kopf)* voll. — lux. 444; westf. druàteln.

Trotsch, trotschen s. Tratsch, tratschen.

Drott [dròt, tròt *Ett. Ri. Ha. Sbg.* u. s.] *f. Kelter, Obstpresse.* — schwäb. 2, 408 u. els. 2, 768 Trott; mhd. trote, trotte (*urspr. der Ort, wo der Wein durch Treten ausgepreßt wird*; got. trudan *treten*).
Trott [tròt *Si.*] *f. Wegestrecke:* an enger T. — lux. 444; frz. trotte.
drotten [dròtən *Ett.* u. s.; drodə *Sbg.*] tr. v. *keltern, urspr. die Trauben durch Stampfen auspressen.* — els. 2, 768.
Trotz, trotzen s. Trutz, trutzen.
drowe[n] [drowə *Fo.* u. s.; drouwən *Bo.*] adv. *oben, droben.* — els. 1, 7 drobe.
Drub *Traube* s. Truw.
Trubbel [trùbəl *D. Si.*; drúwəl *Sbg.*] *m. Trubel, Verwirrung, Durcheinander.* — lux. 444; schwäb. 2, 409 Trubel; frz. trouble.
trubbelech s. trubel.
Trubbelement *m. Si. Wirrwarr, Durcheinander.* — lux. 444.
trubel [trúbəl *Bo.*; trubələχ *D. Si.*] adj. *trübe bes. vom Wetter.* — frz. trouble.
Truben-hängel *f. Grt. Traube.* — els. 1, 352 Hängel *Zweig mit reifem Obst.*
trublieren tr. v. *Bo.* u. s. 1. *stören*: er isch ganz trubliert *verstört.* — 2. *trüben*: trubliert Wasser.
dru'brengen [drúbreŋən *D. Si.*] tr. v. (*eigentl. dranbringen*) *hinters Licht führen.* — lux. 518.
Druck *f. Pü.* u. s. *Vorrichtung zum Wäschetrocknen*: e D. fa de Wäsch.
trucken [trùkə *Fo. Lix. Sgd.* u. s.; drúkən *Pü. Falk.*; trouğə *Hanw.*; drùgə *Ri. Hom.*; dreχən, treχən *D. Si.*] adj. u. adv. *trocken*: drucken wie Polmer *Falk.* d. wie e Furz *Ri.* Min Kläder sin wider trucke *Fo.* Du bisch noch nit trou[u]ge hinner de Ohre *Hanw.* E druckeni Antwort gen *kurz u. bündig antworten Ri.* E druckeni Läwer han *gern u. viel trinken* ibid. E druckeni Licht (*eine trockene Leiche*) *Leichenbegängnis, bei dem keine Trauer ist, wohl aber das Gegenteil.* ibid. — els. 2, 752; lux. dröchen Ga. 118; mhd. trucken.
drucke[n] [drúkə *fast allg.*; dròkən *Bo.*; drekən *D. Si.*] tr. v. *drucken (Bücher)*. Lieje wie gedruckt. E leït eweï gedrekt *Si.*

trucke[n] [drúkən *Falk. Pü.* u. s.; trúklə *Fo.*; drùglə *Ha.*; drokən *Bo.*; drìglə *Ri. Hom.*; dreχənən *D. Si.*] *trocknen, akt. u. pass.*: e Rock drucken.—Der Wind druckt. Das truckelt wider. — els. 2, 752 trucke.
Drudel s. Trodel.
Drudel-sack *m. Si. Dudelsack.* s. d. folgende.
drudle[n] [drúdlə *Ri. Rom. Ha. Hom.* u. s.] intr. v. *schlechte Musik machen, schlecht auf einem Instrument spielen, ein Lied ableiern.* — els. 2, 742 Trudel *kleine Trompete;* trudle *schlecht spielen.*
Drüeli [dryəli *Pfb.*; drïli *Ri.*] *m. einer, der sich beim Essen beschmutzt, Schmierfink.* — els. 2, 755 Trueli, zu truele *unreinlich essen, geifern;* vgl. baier. 1, 660 Triel *Lippe, Unterlippe, Mund überh.;* mhd. triel. s. a. Gr. Wtb. 2, 1408 u. From. 3, 95; 5, 333.
Drüel-lätschel *n. Pfb. Kinderbrustlatz, Geiferlätzchen. Rda.:* der brücht noch e D. der benimmt sich wie ein Kind.
Druet s. Druet.
druf [drùf *Pü.* u. s.; drop *D. Si.*] 1. adv. *darauf:* hau nur d.! D.! s'isch e Judd! *Ri. Hom.* Druf gehn *zugrunde gehen.* — 2. adj. *neben, ander Pü.*: 's Perd isch uf der drufer Sit agespannt *das P. ist auf der Nebenseite (d. h. rechten Seite) angespannt.* — els. 1, 19.
druf-driwe[n] [-drïwə *Sbg.* u. s.] tr. v. *vergeuden, zugrunde richten:* sin Vermeje d. *Ri. Hom.*
Druff drùf *Rü.*; drouf *Si.*] *m.* 1. *trüber Wein als Faßrest Si.* — 2. *erster Abguß beim Branntweinbrennen Rü.* — lux. 72 Dro[u]f. *Das Wort hängt mit* dreïw *trübe zusammen.*
Truffel [trufəl, Pl. -n *Bo. Brett* u. s.; draufəl *Merl.*; traufəl *D. Si.*; Demin. traifəlχən] *f. Kelle.* — lux. 441 u. eifl. Traufel From. 6, 20; ndl. troffel; engl. trowel; frz. truelle < lat. trulla.
druf-gehn intr. v. *fast allg. verenden, sterben:* De Kuh isch druf gang. 'S isch alles d. gang *zugrunde gegangen.*
Druf-geld [drúfgèld *fast allg.*] *n. Anzahlung bei einem Kauf, z. B. von Vieh; der Käufer verbürgt sich dadurch, den gekauften Gegenstand rechtzeitig abzu-*

nehmen, sonst verfällt das Drufgeld *dem Verkäufer.* — els. 1, 215.

Truite-fisch *m. Av. Forelle.* — frz. truite.

truiwen s. trauen.

dru'kreïen [drúkrḗïən *D. Si.*] tr. v. (eigentl. *drankriegen*) *überführen, überlisten:* den hot mech emol drukreït! — lux. 74.

Trulles *m. Si. dickes Mädchen.* — lux. 444; schwäb. 2, 422 Trull; tirol. Troll From. 2, 569, 73; els. 2, 754 Truller. Alles zu mhd. drillen, gedrollen.

drum [drùm *fast allg.*] adv. 1. *da herum:* drum erum *rings um.* — 2. *darum, deshalb:* du hasch mich belu, d. glaw ich d'r nit. — 3. *um diesen Preis, ohne das:* i däts nit d. nehme. Ich kann d. sin. Drum komme *etwas verlieren.* — els. 1, 39 darum, drum.

Drumm [drùm *Fa. Lix.* u. s.; trum *Si.*] *m. u. n.* 1. *Endstück, bes. Ende eines Tuches od. Webstückes.* — 2. *Abfall des Werges Fa.* — baier. 1, 663 u. schwäb. 2, 422 Trumm; els. 2, 756 Trieme, Trume, Trumme; hess. 78 Dròm. *Das Wort ist Singul. zu* Trümmer. vgl. lat. terminus. — Zs. **Drumm-fasem** [-fásəm, Pl. gleich *Sgd. Lix.*] *m. Endfäden, die beim Weben übrig bleiben u. nicht mehr durchgewebt werden können.*

Trumm [trùm *Sgd. Lix.*; drùm u. trùm *Fo.*; drùm *Falk. Fi.*; drùmel *Pü.*; tròm *Bo. D. Si.*] *f. Trommel:* de T. schlän *Fo.* — Die T. geht *man hört die T. schlagen Lix. Rda.:* die Kih (*Kühe*) sin voll wie'n T. *Falk.* Er hat e Buch wie e D. *Fi.* — Zs. **Tromme-schlä'er** *D. Si. Trommelschläger.*

trummen (drummen, drummeln, trommen) intr. v. *die Trommel schlagen:* 's drummt *es wird etwas öffentlich bei Trommelschlag mitgeteilt Ri.*

Drump [drump *Si.*] *m. das feste Einschlagegarn beim Weben.* s. Drumm.

Trump [trùmp *fast allg.*; drùmb *Ri.*; tromp *D. Si.* — Pl. trimp, drìmb, tremp. — Demin. Drimbələ] *m. der Trumpf, die Stichfarbe im Kartenspiel:* Er hat de Häng voll Drimb *Ri.* Schippen isch T. *Rda.:* Du muscht immer din T. druf gen *du mußt stets eine mißbilligende Einwendung machen Lix.* — Zs. **Trump-ass** (Tromp-äss *D. Si.*) *m. Rda.:* en hot T. an der Hand = er ist Herr der Lage *D. Si.*

trumpen, trompen *allg.* (drimbe *Ri.*) 1. *Trumpf spielen.* — 2. *mit Trumpf stechen.*

Trumpet [trùmpét, drùmpét *fast allg.*; drùmbét *Sbg.*; trompèt *D. Si.*] *f. Trompete:* uf de T. blose. — Zs. **Trumpetepulver** *n. Fo.* u. s. *Kubebenpfeffer* (Piper cubeba), *Mittel gegen Schleimflüsse.*

trumpeten [trùmpétə *fast allg.*; drumbédə *Sbg.*; trompètən *D. Si.*] intr. v. 1. *trompeten.* — 2. *laut farzen.* — 3. *sich geräuschvoll räuspern Ri. Hom.* — els. 2, 758.

Trumpeter [trùmpétər *fast allg.*; trompéïtər *D. Si.*] *m. Trompeter.*

trumpieren [trumpírə *Fo.* u. s.; drumbírə *Sbg. Sgd. Lix.*; trumbéïrə *Bi.*; trompéïərən *D. Si.*] 1. tr. *täuschen:* du bisch nit iwel trumpiert! — 2. refl. *sich irren:* ich han mich getrumpiert. — els. 2, 759; frz. (se) tromper.

trumplen [trùmp(ə)lə *Fa.*] tr. *ein Anerbieten schnöde zurückweisen.* — vgl. els. 2, 758 u. hess. 418 Trumpel *Spottgeld, Kleinigkeit.*

Drum-sä' *f. D. Lix.* u. s. *große Baum- oder Schrotsäge, die nur aus dem Sägeblatt u. zwei Handhaben besteht. Sie heißt auch* Bómsä'. — Drum = mhd. tràm *Balken;* ss. Tròm Kr. 133.

drunnen [drùne *Fo.* u. s.] adv. *unten, drunten.* — els. 1, 52 drunde.

Trunsch [trunš *Ett. Si.* u. s.; drunš *Schm.*] *f.* 1. *Schaukel Ett.* — 2. *langsames, ungeschicktes Frauenzimmer Si.* — lux. 444. — Zs. **Trunsch-bett** *n. Ett. Sprungfederbett.*

trunschen intr. v. 1. *langsam arbeiten, trändeln Si.* — 2. *sich schleppend fortbewegen Si.* — 3. *schaukeln, wiegen Ett. Schm.* — lux. 444; vgl. hess. N. 297 transen, transcheln. s. das vorige.

Trunschert *m. Si. Trändler, Säumer.* — lux. Truntschert. Ga. 458. s. trunschen 1 u. 2.

Drupp s. Dropp.

Trur [trúr *fast allg.*; drúr *Ri. Hom. Ha.*; trauər *D. Si.*] *m.* 1. *Trauer:* se sin im T. — 2. *Trauerzeit*: se han T.: se sin in der Drur.

truren [trúrən *fast allg.*; drúrə *Sbg.*; trauərən *D. Si.*] intr. v. 1. *trauern, Trauerkleider tragen*: M'r han e Johr getrurt. — 2. *heulen wie ein Hund Hom. Ha.* — 3. *krank einhergehen*: das Hinkel trurt. — els. 2, 764.

trurich [trúriχ *fast allg.*; drúri(χ) *Ri.*; trauərεχ *D. Si.*] adj. *traurig*: for was bischte dann so t.? Truriche Sunda *m. Pü. Ri. Passionssonntag*. 'S druri Lidde *das Totengeläute Ri.*

Drus [drùs *Pü. Sbg.*; drous *Bo.*; Pl. -ən u. drizə] *f.* 1. *Narbe, vernarbte Wunde.* — 2. *Drüse am Körper od. an Bäumen*: er hat de Hals voll Druse.

Trusch [truš *Bo.*; druš *Lix. Pü. Sgd.*; trauš *D. Si.* — Pl. driš, triš, gətriš, tréiš] *n. u. m. Busch, Hecke, Strauch, Gesträuch. Rda.*: iwer Hecken un Drisch. — lux. 441 u. ss Trausch, Kisch vgl. Wtb. 225; vgl. hess. 79 Druschel *dichtes Laubwerk* u. druschelig *dicht belaubt*; els. 2, 766 druschlich *gedeihend*.

Drusen [drùʒə *Ett. Ri.* u. s.] *f. pl. Weinhefe*: er isch uf de D. *hat nichts mehr im Vermögen.* — Druse < mhd. drusene, drusine *Bodensatz, was beim Auspressen von Früchten zurückbleibt wie Treber, Trester*. els. 2, 765 Druese. s. a. Gr. Wtb. 2, 1461. — Zs. D.-brantwin *m. fast allg. Branntwein aus Weinhefe gewonnen.* — els. 2, 830.

drusich [drùʒiχ *Pü.*; drouʒiχ *Bo.*] adj. *drüsig, mit Drüsen bedeckt.*

druss [drùs *Fo. Ersd.* u. s.; drùsə *Ri. Hom.*; drysə *Pfb.*] adv. *draußen*: glich oben d. bin, *zornig sein Ersd.* — Vor der Dèr isch drüsse *wenn man einem die Türe weist Pfb.* Drusse schaffe *auf dem Felde arbeiten Ri.*

Trutz [trùts *fast allg.*; drùds *Ri.*; trots *D. Si.*] *m. Trotz, Widerstand*: ze T *zum Trotz, nun erst recht.* — els. 2, 769. Zs. T.-kiwel *m. Ri. Trotzkopf.*

trutz präp. m. Dat. *Falk. Vbg.* u. s.: Der konn prediche trutz eme Paschtor. Das Maidel konn mähe trutz eme Mannskerl *Lix.*

trutzen [trùtsə *fast allg.*; drùdsə *Sbg.*; tròtsən *D. Si.*] intr. v. 1. *trotzen, schmollen*: trutz nit so, trutz nit so! es kummt e Zitt, bischt widrum froh *Fo.* — 2. *zum Trotz handeln*: der Buw hat sim Vader getrutzt. *Lix.* Er isch fort gedrutzt *hat sich trotzend wegbegeben. Ri.*

trutzich, trotzech adj. *trotzig.*

Truw [trúw *Pü. Lix.*; drúw *Lub.*; drùb *Falk.*; drú *Bo. Vbg.*; drauf *D. Si.* — Pl. trúwələ, truwən, drúbən, drúwən, drauwən. Demin. driwχin *Bo.*; driwl *Si. Ri. Rom.*; draiftχən *Si.*] *f. Traube*: de Triwlə werre bal ziddich *Pfb. Flh.* — els. 2, 739 Trübel; hess. N. 299 Druwel, Drauwel. Truwele *bezeichnet auch Johannisbeeren.* Zss. Driwel-drabbe s. Drappe; D.-kerne; D.-kuche.

Tscholi [tšóli, dšóli *Ri.* u. s.] *m. dummer, gutmütiger Mensch; Halbnarr*: du T.! — els. 2, 771.

du [dú *fast allg.*; dáu *Si.*] Pron. pers. 2. Pers. *du*. [Flexion: dú, dír (dər), diχ — nir od. ir, éiχ *Fo.* — dú (də), dir (dər, da), diχ — jir (jia, jər, ja), oïwiχ *Falk.* — dáu (dú), denər, díər (dèr, dər), deχ — díər (dèr, dər), ǽrər, éχ (eχ) *Si.* — du (dy), d'r, di(χ) — ír, éiər (øwər), éiχ, ír *Sbg.*]

Dub [dúb *Fo. Hw. Sgd.*; dúw *Fi. Lix. Pü. Vbg.*; dúwə *Ro. Rom.*; túw *Ha.*; dauw *D. Si. Wal.* — Pl. dúwən, dauwən. Demin. díbχə, diwχə, diwəl, daifχən] *f. Taube. Rda.*: Wo Duwe sin, fliehn Duwe hin *Fo.* Er wårt, bis em gebröden Dauwen an t' Maul fleïen *Si.* Du meng Daifchen! *Kosewort für kleine Mädchen.* — els. 2, 644 Tub.; lux. 55 Dauf. — Zs. Duwe-schlag *m.* 1. *Taubenschlag.* 2. *schlechte Wohnung.*

Tubak s. Tuwak.

Dubbel [dùbəl *D. Si.*] *m. Heller, halber Sol; übertr. geringer Wert*: en as kän D. wert. — (Double, alt französ. Münze = ¹/₆ Sou). els. 2, 645 Double; lux. 74 Dubbel. — Zs. dubbels-noh *bis auf den letzten Heller*: e rechnet alles d.

dubbern [dùbərn *Bo. Si.*; duwərn *Falk.*] 1. intr. *toben, Lärm machen, poltern*: Nu hêr awer uf ze d.! (d. *ist Iterativform zu* toben). — lux. 74. — 2. tr. *aus Unvorsichtigkeit umstoßen Ri.*

Dubəl [dùbəl *Bi.* u. s.] *m. Tölpel, Dummkopf.* — els. 2, 645; baier. 1, 529.

Düpel, Döbel; Gr. Wtb. 2, 1199, 5 Döbel, Dübel; mhd. tübel. *Das Demin.* dubele *Ri. bedeutet ungeschicktes, unbeholfenes Kind.*
Dubi *Kreisel* s. Tupi.
Dubile [dubile *Ri.*] *m. in der Rda.:* e D. han *angetrunken sein, einen sitzen haben* (zu frz. double?).
dubleⁿ [dublə *Bi.*] intr. v. *unsicher, schwankend, ängstlich gehen wie Kinder u. alte Leute.* — schwäb. 2, 475 duppele. s. dublich u. Dubel.
dublich [dubliχ *Bi.*] adj. 1. *dumm, tölpelhaft.* s. Dubel. — 2. *unsicher, schwankend, ungeschickt:* de Hitz macht eïn ganz d. — schwäb. 2, 475 düppelig; baier. 1, 529 düppel *dumm, blöde.*
Dublon s. Doblun.
Dubrich [dubriχ *Pü.* u. s.; dúbəriχ *Sgd.;* dupəriχ *Fi.;* tubri *Flk.*] *m. Täuberich.* — els. 2, 645 Tuberich.
Duch [dûχ *fast allg.;* duχ *D.;* douχ *Hanw. Bo. Si*; dɔχ *Pfb.* — Pl. diχər, déïχər, diχrə. Demin. Diχəl, déïχəlχin] *n.* 1. *Tuch, Stoff für Kleider.* — 2. *selbstgesponnene od. im Haus verarbeitete Leinwand:* D. bleiche. Dichel *bedeutet auch das kleine Handtuch, dessen sich der Priester bei der Händewaschung bedient.* — Zs. Duch-(Douch-)wiewer *m. Tuchweber Si.*
ducheⁿ [dûχə *fast allg.*; douχen *Bo. Hanw. Si.*] adj. *tuchen, von Tuch:* e duche Rock. — els. 2, 650 tüeche; schwäb. 2, 438 tuche.
Duchten [duχtən *Bo.*] pl. *Ärger:* oïnem D. andoůn.
duchteⁿ [dûχtən *Bo. Fa.* u. s.] tr. v. *jemanden belästigen, zu irgend einer Sache drängen:* oïnən zu eppes d. — vgl. mhd. tuht, duht *Andrang;* altköln. duchte From. 2,310; tûch, dûch *niedergeschlagen, gedrückt* ibid. 6, 411, 47.
Duckel-muser [dukəlmúzər *Fi.* u. s.; dygəlmyzər *Pfb.;* dogəlmuzər *Ri.;* dukmaizər *D. Si.;* dupmizər *Fa.*] *m. Duckmäuser; verschlossener, heimtückischer Mensch.* — els. 1, 726; baier. 1, 1666; hess. 277; lux. 74; schwäb. 2, 441. D. < ducken u. mausen = *schleichen.*
duckeⁿ, sich [dukəⁿ *fast allg.*, dùgə *Sbg.*] refl. v. *wie hd. sich ducken, klein beigeben.*

tuckeⁿ [tùkəⁿ *fast allg.;* tòkən *D. Si.*] tr. v. *pochen mit den Ostereiern (Die Eier werden mit der Spitze aufeinander gestossen; wessen Ei springt, der muß es dem andern geben. Das Spiel dauert die Woche vor u. nach Ostern):* Gehn mir mol tucke! — 2. *anstoßen überh.:* haschte de Kopp getuckt? *Rda.:* Wer sich nit kann mucke un hucke, der werd meh als änmol sich tucke *Fa.* — Getuckt (s. d.) *nicht recht gescheit.* — els. 2,673 tocke; hess. 418 tucksen, ducksen; frz. toquer.
duckleⁿ, sich [duklə*ⁿ fast allg.*] refl. v. *(Iterativform zu* ducken). 1. *sich ducken.* — 2. *sich verstecken (in der Kindersprache).* — lux. 74; schwäb. 2, 442 duckle *etwas heimlich tun;* vgl. a. els. 2, 647 sich duchle.
Duck-sal [dùkzal *D. Si.*] *m. Empore in der Kirche, Orgelbühne.* — lux. 78 Duxal; Kilian: Docksael < ndl. t hoog zael.
tuddeleⁿ [tùdəln *Fa. Kr. Obh. Av. Rem.;* tütəln *Vbg.;* tòtəl(ə)n *Bo. D. Si.*] intr. v. 1. *stottern, stammeln.* — 2. *unverständlich, schwerfällig sprechen.* — 3. *Unsinn schwätzen.* — baier. 1, 554, 634 tuttern, duttern; westrich. tottlen Firmen. 2, 9, 69; lux. tottelen Ga. 451; ss. toiteln Kr. 132; ndd. doddeln From. 6, 57.
duddern [dùdərn *Bi.* Brettn. *Vbg. D. Si.* u. s.] intr. v. 1. *knistern, brummen (vom Feuer).* — 2. *schnell laufen Bi.* — baier. 1, 491; schwäb. 2, 443; Gr. Wtb. 2, 1499 dudern; lux. 74 duddern.
Dudel [dúdəl *Bi. Fi. Mtsh. Schm. Sbg.* u. s. — Demin. dúdəlχə, didələ] *m. kleiner Hund:* er lauft em noh wie e D. — 2. *Mensch, der sich feig u. demütig wie ein Hund benimmt.* — els. 2, 730 Tutu; baier. 1, 491 Dudel *kleines, dickes Frauenzimmer;* schwäb. 2, 443 u. Gr. Wtb. 2, 1498.
dudeldich adj. *Bo. langsam, träge.* s. dudeln 2.
dudeln [dudəln *Bo. Si.* u. s.] intr. v. 1. *auf einem Blasinstrument schlechte Musik machen.* — 2. *schwerfällig arbeiten, langsam etwas erledigen.* — baier. 1, 490; els. 2, 653; schwäb. 2, 444; s. a. Gr. Wtb. 2, 1497 f.; From. 3, 132; 4, 441.
Dudel-sack *m. fast allg. Dudelsackpfeife:* Ich get d'r än, äss de den Himmel for 'n D. anguckscht *Weil.* — els. 2, 342.

Duder s. Doder II.
Du-dischel [dudĭšəl *Pü. Sgd. Lix.* u. s.; daudeštəl *D. Si.*] *f. eine Distelart: kohlartige Saudistel* (Endivia); *Gänsedistel* (Sonchus oleraceus). — els. 2, 723; lux. 55 Daudöschtel; mhd. dûdistel; s. a. Gr. Wtb. 2, 838.
Dudler [dudlər(t), Pl. -tən *Bo.*] *m. Mensch, der langsam geht oder schwerfällig arbeitet. Das Femininum lautet:* Dudlersch. — els. 2, 653. s. dudeln 2.
Dudu *Hund* s. Tutu.
duer [duər *Si.*] adv. *dahin.* — lux. 75 duᵉr; mhd. dâr.
tuffech [tùfeχ *D. Si.*] adj. u. adv. *Meist in der Vbdg.* tuffech wârem *drückend warm, schwül.* — lux. 445; baier. 1, 590 toffig, tüffig *heftig, stark;* ndd. düftig; vgl. mhd. tüften *dampfen, dünsten.*
Tuff-stän *m. fast allg. Tuffstein, Kalksinter.*
Duft [dùft ohne Pl. *Bo.*] *m. Reif, Nebel Dunst.* — gemeind. Duft *Reif an Zweigen,* überhaupt der an Pflanzen hangende Dunstniederschlag Gr. Wtb. 2, 1502, 6; els. 2, 658; baier. 1, 491; mhd. tuft.
duftzich adj. *Bo. dunstig, kalt nebelig.* — Gr. Wtb. 2, 1506, 4; duftig: schwäb. 2, 445.
Dügel-mūser s. Duckelmuser.
Tujar [tujár *Go.*] *m. Lebensbaum* (thuia occidentalis).
Dujend [dújənt *Si.*] *f. Tugend.*
dujendhäftich adj. *Si. tugendhaft.*
Tulepant [tuləpaṇt *D. Si.;* tulip *Flk.;* tylipą *Mett.;* duliba *Hom. Ri.* Pl. -ən] *f.* 1. *Tulpe.* — 2. *alte Jungfer:* du âl T.! — lux. 445.
Dulett [dulèt, Pl. -ən *Sp. Vbg.* u. s.] *f. Kartoffelpfannekuchen, gebackene Kartoffelküchelchen.* D. < frz. douillet *weich.*
Tull [tùl *D. Si.* u. s.; dul *Ha. Ri.*] *m. feines Gewebe zu Schleiern, Tüll.* — els. 2, 678; frz. tulle.
Düll-kopp *m. Berl. Kaulquappe.* — els. 1, 460 Düllikop. Düll = *Dole, Dille, Rinne* Gr. Wtb. 2, 1150.
Tumbro s. Tombero.
Tumen [tumən *Vbg.;* duməs *Lix.*] *männl. Vorname Thomas.* — Zs. Dumesmärk *m. Thomas- oder Christmarkt.*

dumm [dùm *fast allg.;* dom *Busd. Bo. D. Si.* — *Steigerung*: dùmər, dùmšt] adj. 1. *dumm. Rdaa.:* Er isch so d., dass mer Mure mit em inrenne kann *Fo.* Der isch so d., dass em Stroh üs de Ohre erüsgückt *Pfb.* So gescheit wie du bisch, so d. bin ich a *Lix.* En as meïh domm, eweï de Gebrauch as *Si.* Esoᵘ domm, dat e jeitscht *(schreit) Si.* Er isch dummer, ass alles *Ri.* Er isch so dumm, dass d' Gäns ne bisse, dass m'r kennt de Mure inrenne *Sbg.* So d., dass mer ne durt *(bedauert) Ri.* Er isch dummer ass dumm *Ri.* Ha. — 2. *unangenehm, widerlich, störend;* dummes Wedder.
Dummeⁿ [dumən *fast allg.;* dúmən *Falk.;* dymə *Pfb. Mtsh.;* daum *D. Si.* — Pl. dumən, daumən. Demin. dimχin *Bo.,* daimχən *Si.*] *m. Daumen. Rdaa.:* Enem de D. leje *sich unterwerfen Fo.* Den D. hâlen *behilflich sein:* ich han em den D. gehâl. *Von den 5 Fingern heißt es:*

Das isch der Dumme,
Der schüttelt de Prumme,
Der hebt se 'n uf,
Der traht se häm
Un der fresst se elän. *Ett.*

Das isch der Dumme,
Der fréscht gär Brume,
Der sad: wo hole?
Der sad: in Häre, Häre Garde;
Der sad: wart! wart!
I wers um Häre sawe. *Ri.*

— Zss. Dummen-noler *m. Lix.* u. s. *Daumenlutscher* s. noleⁿ. Dummes-dick *m. Bi. Lix.* 1. *Knirps.* 2. *Der Däumling des Märchens. Als Adjektiv dick wie ein Daumen.* els. 2, 683 dumme-dick. Dumme-nekel 1. *Daumen in der Kindersprache;* 2. *Knirps.*
Dummheit [dumhéït *fast allg.;* domhæt *D. Si.*] *f. wie hd. Dummheit;* er isch de D. selwer *Ri.*
dummeⁿ, sich [dùmələ *fast allg.;* domələn *Busd. D. Si.*] refl. v. *sich eilen:* dummel dich dapper! *Fo.* Dummel dich e bessel langsom! *Pfb.* — vgl. hd. sich tummeln; lux. 439 sechtommeln; Koburg. Mdt. sich tumm'ln From. 6, 528, 12.

dumpsich [dumpziχ *Falk.;* dompeχ *D. Si.*] adj. *dumpf, dumpfig.*

tun [tûn *Av.;* dùn *Fo. Falk. Lix. Sgd. Bi.* u. s.; dùn *Ri. Hom. Ha.;* doun *Bo. D. Si.* — Flexion: Präs.: tû(n), tŭšt (tiəšt), tût (tiət), tûn *Av.* — dùn, dŭšt, dĭt, dûn *Falk.* — dûn, dŭšt, dût, dûn *Fo. Sgd.* — doun, dêšt, dêt, doun, deït, din *D. Si.* — dû, dušt, dût, dûn *Bi.* — Imp. Konj. tǽt, tǽtšt, tǽt, tǽtən *Av.* — dǽt, dǽtšt, dǽt, dǽtə *Fo. Sgd. Bi. Bo.* — dit, ditšt, dit, ditən *D. Si.* — Ptc. gə- dôn, gədân, gədoun. — Imperat.: dû, dûn; dou, dout] *tun, auch als Hilfs- zeitwort gebraucht bes. zur Umschreibung des Imp.* Konj.: *ich dät das schon ger mache. De gliche dun sich verstellen Hom. Ri.*

Dunder s. Dunner.

dunkel [dùŋkəl *fast allg.*; doŋkel *D.Si.*] adj. u. adv. *dunkel. Rda.:* es isch d. wic in er Kuh *Ro.* — Zs. Dunkel-mann [-mòn *Lix.*] *Gespenst, um Kinder zu ängstigen.*

Dunkelhät (Donkelhät) *f. Dunkelheit.*

dunkeⁿ [dùŋkə, dùŋə *Ri. Rom. Hom. Ha.*] 1. intr. *dünken, scheinen*: 's Esse dunkt m'r versalze. — 2. *unpers.:* es dungt mi *es däucht mir* (es dingt mich *Ha.*). — els. 2, 693 denke.

tunkeⁿ [tùŋkən *fast allg.;* toŋkən *Bo. D. Si.;* dùŋə *Ri. Hom.*] 1. tr. *untertauchen, eintauchen (Brot in die Milch, in den Kaffee):* ins Wasser t. *ins Wasser stoßen.* — 2. intr. od. refl. *sich tauchen:* tunk unner's Wasser!

Dunkeⁿ-brot *n. Ri. eingetunktes Brot.*

Dunn I *Tonne* s. Tonn.

Dunn II [dùn *D. Si. Rü.* n. s.; Pl. -en. Demin. dinjən.] *f.* 1. *Balken.* — 2. *Holzdecke eines Zimmers.* — 3. *Cylinder- hut.* — hess. 75 Dòne *Hauptträger, Trag- balken in den Gebäuden;* hess. N. 58 Ge- düne *Zimmerdecke;* gemeind. Dohne *Zim- merdecke; Balken, der die Decke trägt* Gr. Wtb. 2, 1220; lux. 75. — Dunn < ahd. donên, mhd. donen *gespannt, ausgedehnt sein.*

Dünnel *m. Pfb. Tunnel.*

dunnen [dùnən *Rü.;* duəntən *Umge- gend von D.*] tr. v. *den Hut eintreiben.* s. Dunn 3. *in der Bedeutung Cylinderhut.*

Dunner [dùnər *fast allg.;* dùndər *in Verwünschungen;* donər *Bo. D. Si.*] *m. Donner. Wird vorzugsweise in Ausrufen gebraucht:* zum D. zu! Dunner un Doria! — Zss.: Dunner-jis [-jis *Lix.;* donərjes *Si.*] interj. *Ausdruck der Verwunderung:* D. noch emol! (Jis=*Jesus*). Dunner- leder [-ledər *Fo.;* donərliədeχ *Si.*] *scherz- hafter Fluch.* Dunner-steck interj. *Lix. Dasselbe wie Dunnerjis.* Dunner-wetter [-wètər *Fo.;* donərwèdər *Si.;* dunder- wedder *Ri.*). Dunder-weschbel *das- selbe wie Dunnerwetter.*

dunnereⁿ [dùnərə *Fo.* u. s.; dònərən *D. Si.*] imp. v. *donnern. Gebräuchlicher ist* dimmeleⁿ (s. d.).

Dunnersch-da [dùnəršdá *fast allg.;* duštá *Falk.;* donəšteχ *D. Si.;* dùŋəršda *Ha. Ri.*] *m. Donnerstag. Auch als Ausruf der Entrüstung:* Herrgott Dunnerschda! Schmutziger D. *Donnerstag vor Fastnacht Sbg.* — els. 2, 660; lux. 67 Donneschtech.

Tunte s. Tint.

Tupel [tùpəl, Pl. tipəl *Mtsh.* u. s.] *m. dummer Mensch, der zu nichts zu brauchen ist, Tölpel.* — els 2, 702 Tupel, Tüppel; baier. 1, 529 Düpel; schwäb. 2, 474 Düp- pel 4.; vgl. mhd. tübel *Pflock.*

Tupi I [tupi *D. Si.;* dubi *Pfb.*] *m. Kreisel:* Dubi spille. — frz. toupie.

Tupi II [tupi, tupeï *D. Si.;* dube *Ri.*] *m.* 1. *dreistes Auftreten, Unverfrorenheit;* wat en T. get en sech! Der hat awer e Dube! *Ri.* lux. 445 Tupeⁱ. — 2. *Haar- schopf, in die Höhe gestelltes Stirnhaar.* — els. 2, 702 Tupe; frz. toupet.

Tupp [tup, Pl. -en *Si.*] *f. Schlag, Stoß:* eng T. kreïen *einen Stoß erhalten.* s. tuppen.

tuppelsdich adj. *Go. wackelig, wie alte Leute.* — schwäb. 2, 475 düppelig *schwindelig.* s. Tupel.

Tuppeⁿ [tupə, Pl. gleich. Demin. ti- pəlχə. *fast allg.*] *m. Tupfen, Fleckchen:* e schwarzer T. uf der Nas; e T. im Rock. — els. 2, 703; baier. 1, 615; schwäb. 2, 472. s. a. Tippel.

tuppen [tupⁿ *fast allg.*] tr. v. 1. *klopfen, pochen:* an's Fenschter t. — 2. *mit dem Finger stoßen, tupfen:* for was haschte mich getuppt? — 3. *gehörig die Meinung*

sagen: dem han ich's awer mol gctuppt!
— 4. refl. *mit dem Kopf anstoßen:* en hot sech getuppt *Si.* — lux. 445 tuppen; els. 2, 704; baier. 1, 615; schwäb. 2, 472 tupfen; ahd. tupfan.

Duppes *m. Zeir. Hündchen.*

Duppmieser s. Duckelmuser.

Dur [dúr *Bo.* u. s.; dauər *D. Si.*] *f.*
1. *Dauer:* of die D. *für die Dauer.* —
2. *Bedauern, Mitleid:* D. met änem han. — els. 2, 708 Dur *Dauer*; Dure *Bedauern.* dur *teuer* s. dier.

Tur I [túr *fast allg.*; túər *Si.*; túa *Vbg.*; durm u. durn *Ha. Hom. Ri.*; durn *Pfb.* — Pl. tíər, túərən, túan] *m.* 1. *Turm.*
— 2. *Gefängnis, Gefängnisstrafe:* er isch im T. gewän, er hat T. gemacht *er war im G. Fo. Pü.* Er hat T. kreït *er ist mit G. bestraft worden Lix.* — lux. 445 Tûr; els. 2, 716 Turn. Zss. Tur-eil *f. Si. Schleiereule.* lux. 446. Turmäschter *m. Grt. Gefängniswärter.* Durn-schliesser *m. Pfb. dasselbe.* Turschisser *m. derjenige, der im Gefängnis gesessen hat.*

Tur II [túr, Pl. túrən, Demin. tírχən *fast allg.*; dur u. dúr *Sbg.*] *f.* 1. *Spaziergang, Ausflug:* mer han en T. gemacht. — 2. *Runde:* e T. uf der Trill. Noch e Dur mache *im Kartenspiel.* — 3. *Reihe:* jetzt isch de T. an dir. 'S isch an din Dur. Dis Dur *dieses Mal Ri.* — lux. 445. els. 2, 709.

Durang [duràŋ *Rom.*] *f. Schweizerkuh mit langem Hals u. kleinem Kopf.*

durch [dùrχ *fast allg.*; dúrχ *Bo.*; durəχ *D. Si.*; dúriχ *Falk.*; dúərχ *Ka.*] 1. präp. *durch* mit dem Acc.; durch de Bän durch schluffe. Der Wind blost durch's Fenschter. — 2. adv. *hindurch:* de Stän isch d. u. d. gang. — 3. *durchlöchert, zerbrochen, entzwei:* dat Finschter isch d. „Durch" *geht alle Verbindungen ein wie im hd.*

Durch-gänger *m. Bo. Tragbalken des Dachgerüstes (in der Zimmermannssprache).* s. a. Durchzug.

Durch-laf [durχláf *D. Si.*] *m. Durchbruch, Diarrhöe.* — lux. 76; els. 1, 564.

durch-macheⁿ tr. v. *Lix.* 1. *zerbrechen:* hascht de de Finschter durchgcmacht?

— 2. *erleben:* ich hon schon eppes misse durchmache.

durch-us on durch-än adv. *Bo. unbedingt.*

durch-witscheⁿ intr. v. *Ri. Rom.* u. s. *entwischen.*

Durch-zuck *m. Schw. Balken unter der Decke, der gewöhnlich heraustritt u. bloß übertüncht ist.* — els. 2, 895 Durchzug 2; schwäb. 2, 492 Durchzug 3.

Durdel-dub [dúrdəldúb *Sbg.*] *f. Turteltaube.* s. a. Durkeldauf.

dureⁿ I [dúrəⁿ *fast allg.*; dauərən *D. Si.*] tr. v. *bedauern, bemitleiden:* er mecht ger (*gern*) gedurt sin. Dur ne doch e bissel! Ich däd diçh dure, wenn ich Zitt hätt *Ri.*— els. 2, 708.

dureⁿ II [dúrəⁿ *fast allg.*; dauərən *D. Si.*] intr. v. *dauern, währen. Rda.:* das Gespräch durt e so lang, bis es vor jeder Dir gewän isch, *d. h. wenn eine üble Nachrede entstanden ist, dann sagt sie sich solange herum, bis jedermann sie erfahren hat; dann hört sie von selber auf Pü.* Es durt e Ewigkeit *Ri.*

durfen s. derfen.

dur-fier [durfiər *D. Si.*] adv. *dafür, deshalb, darum:* d. as keng Ursâch *dafür, ist keine Begründung.* — lux. 77 duᵉrfir.

Durich-zug [dùriχdsùg *Ri. Hom. Ha.*] *m. Zugluft.*

durjenän [durjənên *Si.*] adv. *durcheinander:* et leit alles d. — lux. 77. durjenâner.

Durkel-dauf [durkəldáuf *Rü.*] *f. Turteltaube.* s. a. Durteldauf.

turkeln *taumeln* s. tirkeln.

Dürledü [dyrlədý *Pfb.*] *m. Brummschädel:* ech hen de D. im Schädel. — vgl. baier. 1, 537 Dirledey *Gemisch, lärmendes Umhertoben.* s. a. Gr. Wtb. 2, 1184.

Turlips s. Dorlips.

Turletein [turlətéïn *Rü.* u. s.] *f. kleine Drehorgel zum Abrichten der Singvögel, Vogelorgel.* — lux. 446; frz. turlutaine.

Durm [tùrm, Pl. tìrm *Fo.*] *m. Turm.* s. a. Tur.

turmentieren [turmèntéïərən *D. Si.*] tr. v. *quälen.* — frz. tourmenter.

Turne [turné *fast allg.*; durne *Ri. Hom.*] *f.* 1. *Runde, für jeden am Tisch ein Glas:*

e T. bezahle. — 2. *Rundreise, Amtsreise:* er isch von siner T. zrick. — lux. 446; els. 2, 717; frz. tournée.

Turnips s. Dorlips.

dur-noh [durnó *D. Si.*] adv. *darnach.* — lux. 78.

Durr [dùr, Pl. -ə *Hom. Ri.*] *f. Werre, Maulwurfsgrille* (Gryllotalpa vulgaris). s. d. folgende. — Zs. **Durren-oli** *geschätztes Heilmittel auf dem Lande, bestehend aus Alkohol oder Öl, in welches die Werren eingetaucht werden.*

durr [dùr *Fo. Falk.* u. s.; dòr *Bo. Obd. Tet.*; dir *D. Si. Weil.*] adj. 1. *dürr, mager:* er isch d. wie e Hemermus *Weil.* D. wie e Stick Holz *Tet.* D. wie e Klewat *(Maikäfer) Obd.* E durrer Giger *(Bockkäfer) von Menschen u. Pferden gesagt.* E durrer Stecher *ein magerer Gaul Ri. Hom.* Durr wie e Holzbock *ibid.* So durr, äss er brennt *Falk.* D., dass er angeht *Ri.* — 2. *dürr, ausgetrocknet, vertrocknet:* dorr Gemeïs *trocknes Gemüse.* De Ros isch schon durr. Dïr Lâf *dürres Laub. D. Si. Rda.:* Oïnem den dorren Doᵘt andoᵘn *einen langsam zu Tode ärgern. Bo.* — 3. *geräuchert vom Fleisch.* — els. 2, 710.

Durr-bir(e) *f. Ri. Fi. Hom. Rom.* 1. *gedörrte Birne:* rumblich wie e D. — 2. *mageres Frauenzimmer.* — els. 2, 79.

durreⁿ [dureⁿ *Fo. Falk.* u. s.; dorən *Bo. Tet. Obd.*; dīərən *D. Si.*] tr. v. *dörren:* gedurrte Quetsche. s. a. dorren.

turreⁿ [tùrə *Fo.* u. s.] tr. v. *zerren, stoßen:* turr mich nit, wan ich schriw! Geturrt un gezoppt *gezerrt u. gezupft.* Muschte dann immer an em turre un renne? — els. 2, 710. Zu baier. 1, 620 u. mhd. turren *taumeln, stürzen?*

Durr-hengscht *m. Fi. magerer Kerl.*

Durr-lips *f. Fi. Dasselbe wie* Durrbir. — vgl. hess. 81 Dürrlitz *schmächtiges Persönchen.*

Durschel-stoin *m. Bo. Türschwelle. Rda.:* Den D. halen = *faulenzen.* s. a. Duschtel.

Durscht [dùršt *fast allg.*; durš *Falk.*; dúšt *D. Si.*] *m. Durst:* ich han D. *ich bin durstig. Rda.:* Den Appel sparen fer den D. *einen Sparpfennig für die Zeit der Not aufbewahren.*

Tursch(t) [turšt *Bi. Fa. Fi. Ha.*; turš *Sgd. Lix. Falk. Vahl-Eb. Obh. Brettn.*; duršt, Pl. duršdə *Ri.*; tuaš *Kr.*; tuš *Si.*; tulš *Nj.* — Pl. tirš, tušə, tïš] *m.* u. *f.* 1. *Kohlstrunk, Stengel des Krautkopfs.* — 2. *Stengel vom Kopfsalat, der von den Kindern geschält u. als Leckerbissen verspeist wird.* — 3. *der im Kopf versteckte Teil des Salats, der herausgebohrt wird.* — 4. *Krautstock, der sich nicht zu einem Kopf ausbildet.* els. 2, 723. — 5. *strammer Kerl:* et as en dichtejen Tusch *Si.* — els. 2, 717 Dorse, Dorsche; baier. 1, 544 Dorsen, Dorschen; hess. 81 Durste, Dûrschte; mhd. torse; s. a. Gr. Wtb. 2, 1304. — Zs. **Tuscht-messer** *n. Bi. Messer in halbzylindrischer Form, das dazu dient, die Krautköpfe auszubohren.*

turschteⁿ [tùrštə *Fa.* u. s.] tr. v. *durchprügeln.* — henneberg. durschten, turschen From. 3, 137, 138. s. d. vorige.

durschtisch [dùrštiχ *fast allg.*; dúštreχ *D. Si.*; duaštriχ *Obd.*] adj. *durstig.*

Turt *Torte, Obstkuchen* s. Tart. — Zss. **Durde-blech** *Tartenblech;* **Durdekärwel** *Tortenkörbchen Ri.*

Durtel-dauf s. Durkeldauf.

Dus [dûs *Fo.* u. s., Pl. -ə.] *f. Dose, Tabaksdose.* — els. 2, 720 Tûs.

dus [dús *fast allg.*] adj. u. adv. *still, sanft, ruhig, friedlich, lieb:* er halt sich ja so d. heit. Er isch brav un d. Es isch e duses Dier. — els. 2, 720; baier. 1, 548; hess. 81; schwäb. 2, 513; frz. doux, douce.

Dus. [Dûs] *Ortsname Dieuze.*

Tus [tuəs *Si.*] *f. Klafter:* en T. Holz. — luχ. 446 Tuᵉs; frz. toise.

Tusch I *Strunk* s. Tursch(t).

Tusch II [tuš *fast allg.*; táuš *D., Si.*] *m. Tausch:* m'r han e schlechte T. gemacht. — els. 2, 723. *Kinderspruch beim Tauschen:* Tusch, Tusch — Giht nimmeh nus, oder springscht iwer drei Hieser nus.

Tusch III *f.* 1. *Tusche, Zeichentusche.* — 2. *Anstrich, Farbenauftrag des Malers.* — els. 2, 723; frz. touche.

tuscheⁿ [tušə *fast allg.*; tuštən *Falk.*; dušdə *Ri.*; taušən *D. Si.* — Ptc. gətušt, gətoš] tr. v. *tauschen:* manschte t. mit

mer? Ich mecht nit mit em t. *nicht an seiner Stelle, in seiner Lage sein.* — els. 2, 723.
duschper s. duschter.
Duscht s. Durscht.
Duschtel [dúštəl *Hd.;* dúštəl u. dústəlštèn *Si.*] *m. Tür- u. Fensterschwelle.* — lux. 78 Dúschtel. — D. < Durstel, ndd. dorstel, Tür + Stel für Steil *Pfosten.*
duschter [duštər *fast allg.;* dušta *Av.;* dušpər *Ri. Mtsh. Rom.;* dćïštər *D. Si.*] adj. *düster, dunkel, finster:* 's isch duschta dunkel *Av.* Es fangt an duschper ze werre. D'es en Duschterer *es ist ein gefährlicher Mensch Bo.* — els. 2, 725 duschter u. dusper.
Duschterchit [duštərχit *Bo.* (neben Donkelchit); dćïštərhêt *Si.*] *f. Dunkelheit.*
duschtreⁿ [duš́drə *Ri. Rom.;* tušdrə *Ha.*] intr. v. *leise mit einander reden:* was han er dä widder zu d.? — vgl. els. 2, 724 (ver)dustere *verheimlichen.*
Dusel [duʒəl *fast allg.;* dúʒəl *D.;* dúʒəl u. duʒəl *Si.*] *m.* 1. *Dusel, schlaftrunkner Zustand, Taumel, Schwindel.* — 2. *Rausch:* am D. sin *leicht berauscht sein.* — els. 2, 720; schwäb. 2, 515; hess. 81; Gr. Wtb. 2, 1756.
duselich, duschelech adj. 1. *schwindelig.* — 2. *leicht berauscht.* — els. 2, 721; schwäb. 2, 516; lux. 74 dujelech.
duseln, duscheln intr. v. *Si.* u. s. *duseln, taumeln.* — 2. *leicht schlafen.* — els. 2, 720.
dusemang [duʒəmàṇ *Ri.;* dysmą *Pfb.*] adv. *still, ruhig, gelinde:* ich hab em einigen, noh esch er awer ganz d. wore. *Pfb. In Rieding heißt die Kopflaus* Grawel di dusemang (tout doucement). — els. 2, 720 dusmang; schwäb. 2, 517 dusma; frz. doucement.
tusen [tuəʒən *Si.*] tr. v. *klafterweise messen* s. Tus.
dusich s. tausend.
dusseleⁿ [dusələ *Ri. Hom. Rom. Ha.*] intr. v. *leise schleichen, gebückt einhergəhen (vor Alter).* — els. 2, 721 ebenso.
Dussele(r) *m. Ri.* u. s. *einer, der gebückt einhergeht.* — els. 2, 721 Dussler. s. d. vorige.

Tut [tût *fast allg.,* Pl. tûtən; Demin. títχən, títχin, títi] *f.* 1. *Papierdüte. Rda.:* käf da *(dir)* for'n Su neinerlei in zehn Titcher *Obd.* — 2. *Trompete, Tuthorn, gewöhnl. aus röhrenartig zusammengebogener Baumrinde;* mhd. tûthorn. — 3. *steife Falte an der Frauenhaube.* — 4. *Schimpfname für ein altes Klatschweib.* — 5. (euphemist.) *Gesäß der Kinder. Das Demin.* Titi *bedeutet ausschließl. Kinderarsch.* — lux. 446 Tût; ss. Tutt, Kisch vgl. Wtb. 227; els. 2, 727 Dutte; schwäb. 2, 518 Tute; moselfr. Tût. — Zs. T u t e f a b r e k *f. D. Si. Dütenfabrik.*
tuten I [tûtən *fast allg.;* tutò *Mtsh.*] intr. v. 1. *das Tuthorn blasen.* — 2. *heulen:* d'Wöllef tûten. — lux. 446; baier. 1, 634 tüten *ins Horn stoßen;* ndd. tûten From. 3, 543, 6; 5, 525, 627; Gr. Wtb. 2, 1767; got. thiutan.
tuten II [tûtən *D. Si.*] intr. v. *tüchtig trinken.* — lux. 446; schwäb. 2, 520 dutten *an der Mutterbrust trinken;* ndd. tutteln dudeln *saugen* From. 2, 210. vgl. mhd. tute, tutte *weibl. Brust.*
Dutsch *Eierkuchen* s. Dotsch.
tutschereⁿ [tutšərə *Fa.*] tr. v. *ins Ohr sprechen, raunen.* — vgl. els. 2, 733 dutschle *tuscheln;* hess. 81 dutschle *heimlich etwas tun.* s. a. duschtreⁿ.
duttleⁿ [dúdlə, gədudəlt *Rom. Ri. Ho. Hom.*] intr. v. *trinken, saugen.* — baier. 1, 554 duttel, dütteln (*gehört zu* Duttən, Düttel *weibl. Brust*).
Tutu [tutu *fast allg.;* dùdù *Bi.*; Demin. dùdùχən] *m. Hund in der Kindersprache:* komm T.! Du beser T.! — els. 2, 730; frz. toutou.
Dutzend [dùtsənt *fast allg.;* dùtsərt *Ett.;* dùdsət *Hom. Ri.;* doʒən *D. Si.*] *n. (m. Ett.). Dutzend:* än Schwitzer D. = *13 Stück.* Eng Siercker Dosen, 'S Lörchinger Dutzet *ebensoviel. In Ettingen singen die Kinder am Vorabend von Ostern:*
  Kwick, Kwack, kwick, kwak,
  Morje frih isch Oschtersunda,
  E Dutzert Eier oder zwèn
  oder e Stick Speck
  oder geh mer heit de Da'
  nit von der Dür eweck.

8*

Rätsel: Was hon die zwelf Aposchtel gemacht? en dutzend *Ersd.* — lux. 68. Dosen. Zs. dutze-wis *zu Dutzenden Ri.*

Duw *Faßdaube* s. Dau.

Duw *Taube* s. Dub.

Tuwak [tuwàk *fast allg.*; tubàk *D. Si.*; dywàk *Pfb.*] *m. Tabak. Rda.:* de bisch keïn Piff T. wert. Zs. D u w a k s - p i f *f. Ett. kleiner Ofen bestehend aus der breiten Platte, die auf einer Seite gestützt ist, und dem Feuerkessel.*

tuwake^n *tr. v. Fo.* u. s. *verhauen:* den solle mer getuwakt han!

Duwe [duwe *Ri. Hom. Ha.*] *n. Federbettchen.* — frz. duvet.

duwern *toben* s. dubbern.

duzen s. dauzen.

Twisel *m. Kr. Frömmler.* s. Kwisel.

E.

eb [èp *Sgd. Lix. Flh.*; eb *Ri.*; éw *Wb.*; ė *D. Si.*] conj. 1. *ehe, bevor*: es ränt, eb dreï Da' vergehn *Lix.* Eb an dreï Da in kurzer Frist *Ri.* Du musch nit hile, eb dc geschla' besch *Flh.* Der werd gehenkt, ew er zwonzich Johr alt escht *Wb.* Geh, eh e kempt *(bevor er kommt) Si.* — 2. ob: i weiss nit, eb er kummt *Ri.* — els. 1, 6 eb; oberalem. öb, eb From. 5, 258, 9.

ebbe [èbè *fast allg.*] 1. bejahende Partikel: *das versteht sich, das glaub' ich!* Gescht de bit? Ebbe! *Mü.* — 2. Interj. *nun!* Ebbe! was sân er dozu? *Fo.* Ebbe ja! *Nun ja!* — frz. eh bien! s. a. abä, abeng.

ebber [èbər *Ri. Hom. Ha. Hw. u. s.*] unbest. Fürw.: *irgend wer, jemand.* (Es ist das Mascul. zum Neutr. ebbes, eppes *etwas*): Ebber um si' Sach bringe. 'S isch ebber do. E. in de Grunderdsbode verfluche *Ri.* — els. 1, 83 epper; baier. 1, 174 épper, etwer. s. a. From. 5, 407, 6 u. Gr. Wtb. 3, 1180; mhd. eteswer, etewer.

ebbes s. eppes.

ebbe-se-meh [èbəsəmé *Fo.*; -mèr *Grt.*; èwətsəmèr *Sgd. Lix.*; éwətsəmèr *Hom. Ri.*; eïnsəmèr *Av.*] adv. *dann auch noch, im nämlichen, vollends, meinetwegen, eben so gut od. schlecht*: Bisch de so long usbliw, do häscht de e. kunn bliwe bets Naht *Lix.* Bischt de bis Stieringe gang? Dann hättscht a e. kenne gehn bis Saarbricke *Fo.* Wonn de nuren e Par Minute wilscht meie (s. d.), do hascht de e. kinne gons darhäm bliwe *Lix.* De Kaninche sin all verreckt bets uf ens, do soll das e. verrecke *Lix.* — Ebbesemeh < mhd. eben sô maere. — els. 1, 700 ewezemär; baier. 1, 1635 ebeschmer; hess. 19 ausemèr. s. a. Gr. Wtb. 3, 13: eben so mehr.

-ech [-eχ] *in der Ma. von D. Si. Augmentativsuffix an Adjektive angefügt, um die Bedeutung zu verstärken* (ahd. -icho, -icha): al-ech *sehr alt*; gud-ech, lang-ech, grouss-ech u. s. w.

Eck, Ecke [èk *D. Si.*; èkə *Fo. Sgd. Lix.*; eg *Ri.*; èkən *Bo.* Demin. èkəlχin *Bo.*] m. u. f. *Ecke*: em Ecke *Lix.* In dem E. hammer gesess *Fo.* Am en E. irgendwo *Ri.* De Ecken abbreche *in einem Buche*. In den E. stelle *Strafe der Kinder in Haus u. Schule.* — Zss. Eckhus. E.-stän s. d.

Eckerling [egərliŋ *Ri.*] m. *Erdnuß.* — vgl. baier. 1, 32 Ecker *Frucht der Buche od. Eiche, Frucht überh.*

eckich [èkiχ *fast allg.*; èkeχ *D. Si.*] adj. *eckig.* Spruch:
Schlof gesund
Kugelrund,
Dass de morje frih nit eckich
bischt. *Fo.*

Eck-stän [-štæn *fast allg.*] m. *Eckstein im Kartenspiel*: E. isch Trump. *Scherzreim beim Ausspielen*: Eckstän, streck's Bän! *Lix.* Häufiger wird dafür Karo (s. d.) *gebraucht.*

-eddi [-èdi *Ri. Sbg.*] *Nachsilbe statt des hd. -ich, -ig s. B.* dirmel-eddi, söueddi u. s. w.

Edel-frau f. *Ri. adelige Dame.*

edjes [ètjəs *D. Si.*] interj. *leb wohl!* — frz. adieu.

Edwa, Edwar *männl. Vorname Eduard.*

Efalt [èfalt *D. Si.*] m. *Dummkopf*: Wann än en E. fortschekt, da kreït än en E. erẹm *wenn man einen D. wegschickt, so bekommt man einen D. wieder zurück.*

Effekt [éfèkt *fast allg.*] m. *Erfolg, Wirkung*: 's hat kän E. gemacht. — els. 1, 17; lat. effectus.

effentlich [èfəntliχ *fast allg.*; efədli(χ) *Hom. Ri. Ha.*] adv. *öffentlich*.

eflech [èflex *D. Si.*] adj. *einfältig, dumm*: du èfleche Kerel!

Eflech-kät *f. D. Si. Einfältigkeit, Dummheit*.

e-gangs [ègaŋs *D. Si.*] adv. *sofort, plötzlich*: en as e. fortgelâf. — els. 1, 222 eins Gangs.

Egg [é *Sgd. Fo.*; ëï *Pü. Lix. Rein. Ko.*; ëï *Berl.*; ëÿ, éj *Falk. Sp.*; èij, Pl. èiən *Bo.*; ëïχ *Oberk.*; èə *Wa.*; èïχt *Si.*; ê u. êgt *D.*] *f. Egge*. — Zs. E.-zant *Zahn einer Egge*.

eh *ehe* s. eb.

Eh [é *fast allg.*; ëï *D. Si.*] *f. Ehe*. — lux. 78 Eⁱ. — Zs. Eh-stand (Eï-stand) *f. Ehestand*: Ehstand, Wehstand! wenn d'Frau de Mann schla't. *Ri.*

eh-dach [èïdáχ *D. Si.*] adv. *ehe es Tag ward, vor Tagesanbruch*. — vgl. baier. 1, 4 ëzeit, ê der Zeit *vor der Zeit, vorher*; ahd. êtages.

ehnder [éndər *Fo.* u. s.] adv. *eher, früher*: wärschte e. kumm, dann hetscht de'ne noch gesin. (E. *ist eigent. Steigerung von* „ehe"). — hess. N. 63 êhnder; baier. 1, 4 êender; schwäb. 2, 525 ehn(d)er.

Ehr [ér *fast allg.*; èiər *D. Si.*] *f. Ehre*: änem de E. andun *ehren*. 'S isch im ken E. *es gereicht ihm nicht zur Ehre Ri.* 'S isch aller Ehre wert *das ist das Mindeste, was zu tun ist Fo.* Eng E. as der anner wert. Et as senger E. kä grousse Koup *das gereicht ihm nicht sehr zur Ehre D. Si.* D' Schand fur en E. nemme *jeden Begriff von Ehre verloren haben Ri. Hom.* (Dazu kommt die Ergänsung): un de Dreck fur e Schmêr). — Zss. ehr-bar; Ehrbarkät; ehr-bidich; Ehrbidichkät; ehrlich s. d.

Ehre-preis [érəprais *Lix.* u. s.] *m. Ehrenkerze (Veronica)*. Sie wird geschätzt als Gegenmittel gegen Hexereien: Ehrepreis micht dem Deiwel de Ohre heiss. *Lix.*

ehr-gizi(ch) [érgitsi *Ri. Ha.*] adj. *ehrgeizig*.

ehr-lich [érliχ *fast allg.*] adj. wie hd. *ehrlich*: e ehrlicher Name *ein guter Ruf*. Do; wo der Kicke sin ehrlicher Name verliert am Gesäß *Ri.* Kän ehrlich Kleid han *kein anständiges Kleid besitzen*.

ehrwirdi(ch) [érwirdi *Ri. Hom. Ha.*] adj. *ehrwürdig. Rda.*: ir sin schun ganz e. *ihr seid noch jung u. habt doch schon die Abzeichen des ehrfurchtgebietenden Alters z. B. graue Haare*.

Ei [ai *Lix. Hom. Ri. Ha.*; ëï *Falk.*; è *D. Si.* — Pl. aiər (airə), éjər (eijər), èər] *n. Ei*: Eier uf der Blatt *Spiegeleier* (frz. des oeufs sur le plat) *Ri*. Bekimmere dich nit im ungelête Eier *Lix.* Mer mänt grad, e wird uf Eier gehn *heißt es von einem Hochmütigen Lix.* Enem d'Eire im Arsch verdredde *jd. einen derben Fußtritt versetzen Ha. Hom. Ri*. Die Eier sammelnden Kinder singen:
Gemmer en Ei oder zwei,
    oder e dick Stick Speck
Oder ich gehn nit von der
        Dir eweck *Lix*.
— Zss. Eier-blum s. d.; Eier-dippche *Eiertöpfchen*; Ei-doder; Eier-dotsch *m. Sgd. Lix. Eierkuchen*; Eier-kärwel *n. Eierkörbchen*; Eier-kuche, Eier-misel *n. Eiermus Ri. Ha. Hom.*; Eier-wisel s. d.

Eich [aiχ *fast allg.*; aiχə *Ri. Hom. Ha.*; èχ *D.*; èχt *Si.*] *f. Eiche*. — Zss. E.-bâm; E.-kill *Eichstamm* s. Kill. Eiche-laub; Eich-häsel *dasselbe wie* Eichert.

Eichert [aiχərt *Bo. Sgd. Lix.*; aiχat *Ersd. Schw.*; aχat *Grt.*; æχərχən *Si.*; aiχhèʒəl *Ri. Hom. Ha. Pfb. Go. Hw.*; èχhèʒəl *Mü.* - Pl. aiχərtən; Demin. aiχərtχin *Bo.*; èχərtχən *Hom.*] *n.* 1. *Eichhörnchen*: Er springt wie'n E. *Ri. Hom.* Du konnst hupse wie en E. *Lix. Rda.*: Geratzten weï'n E. *munter wie ein E. Bo.* Die Reimeringer werden spottweise „Eichterten" (Eichaten) *genannt*. — 2. *Weberhaspel Lix.* — els. 1, 11 Eicher, Eichert; eifl. Aecher; schwäb. 2, 559 Eicher.

Eichel [aiχəl, Pl. aiχlə *Hom. Ri.*; èχəl, Pl. èχlə *Ha. D. Si.*] *f. Eichel, Frucht des Eichbaumes*. — Zs. E.-kaffee.

Eid [ait *fast allg.*; èt *D. Si.*] *m. Eid*: en E. läschten *(leisten)*. Enen uf den E. driwe *jd. zwingen zu schwören Ri. Hom. Ha.*

Eidechs [édèks *Sgd. Fo.*; eïdəneš *Grt.*; èdames *Volkr.*; èdres *Tromborn*; aidlès *Si.*; édələs *Mw.*; églès *Rü.*; églaiʒəl

Berl.; aidègsəl *Ri.*; édèksəl *Schw.*; erdeksel *Ha.*; ëïts *Rein.*; élèks *Lix.*; ébənés *Rü.*; éwitsəl *Mtsh.*; ébitsəl *Wb.*; épisəl *Sbg. Fi.*; ëïks *Av.*; ékis *Falk.*; èkəls *Evringen*; feïərfisər *Öttringen*; kwadərtrep *Enschwlr.*] *f. Eidechse*: hurtich wie'n Elecks *Lix.* — *Die Ausdrücke u. Formen für* Eidechse *sind in allen Maa. ungemein häufig.* s. els. 1, 22; From. 6, 471; Gr. Wtb. 3, 83 ff.; schwäb. 2, 562.

eidel [aidəl *D. Si. Ho.* u. s.] adj. *leer:* en eidel Tesch *eine leere Tasche.* Du eidele Bock *heißt es von jemand, der seine Gedanken nicht beisammen hat u. das Aufgetragene vergißt Si.* — lux. 80 eidel; mhd. ltel.

Eidem [áidəm *fast allg.*; èdəm *D. Si.*] *m. Eidam.* — lux. 79 Édem. Zss. **Eidems-kammer** (Édems-kummer *Si.*) *f. Zimmer, das dem einverheirateten Schwiegersohn eigens überlassen wird.* **Edemsplätz** *f. Gelegenheit für einen jungen Mann zum Einverheiraten Si.*

eideren [aidərən *(häufiger* naidərən) *D. Si.*; idərə *Ri. Hom. Ha.*] intr. v. *ein Euter bekommen.* — lux. 80 ebenso; ss. eidern, neidern, Kisch vgl. Wtb. 64. s. a. nidern.

eieⁿ [éïəⁿ *Pü. Bo.*; éijən, Ptc. gəéit *Falk.*; éïχtən *Si.*] tr. v. *eggen.*

Eier [aiər, gewöhul. im Pl. aiərən *Si.*] *f. 'Lust, Neigung:* Keng E. zur Arbet hun *keine Lust zur Arbeit haben.* — lux. 80 Eier; vgl. westfäl. èiren, áren *freundl. Aufnahme.* From. 6, 78.

eier [éïər *fast allg.*; èr *D. Si.*] pron. poss. d. 2. Pers. Pl. *euer, eurig*: eier Hus. Das sin mîn Bîcher, das sin eiri *Fo.*

E'er [éïər, Pl. -ən *D. Si.*] *m. Niere (anlautendes* n *ist abgefallen, wie* u. a. *in* Achen *Nachen*, Ascht *Nest).* — lux. 89 E'rchen. Zs. E'ere-fett *Nierenfett.*

Eier-blum [Aiərblum *Lix.*; éïərbloum *Bo.*; èərblum *D. Si.*] *f.* 1. *goldgelber Hahnenfuß, auch Kuhblume genannt* (Ranunculus). — 2. *gehörnter Schotenklee* (Tetragonolobus).

eierech adj. *Si. eigensinnig, nicht aufgelegt zu etwas.* s. Eier u. irich.

Eier-misel [aiərmízəl *Hw. Schm.*; èjərmízəl *Mü.*; aiərmízəlχə *Pü.*; éïərwizəlχin *Falk.*] *n.* 1. *Marder.* — 2. *Wiesel.* (Misel ist Demin. von „Mis" *Lockwort für Katze.* From. 5, 288, 28; baier. 1,1619.)

Eifer, eifrech s. Iffer, iffrich.

eijen [aije *fast allg.*; aiə *Pü.*; aïe *Ri. Hom. Ha.*; èjən *D. Si.*] adj. *eigen:* 'S isch sini eieni Schuld *Ri.* Grîf dich an diner eijene Nas, noh hascht de grad genunk *Fo.*

Eijert [eïjat *Falk.*; aiərt *Fa.*] *m. weibl. Häring, Häring mit Eiern.*

Eije-schätzeng *f. Si. Abgabe, Steuer vom Eigentum.*

Eije-tum [aïjədum *Ha. Hom. Ri.*; èjəntom *D. Si.*] *n. Eigentum.*

Eije-wille [aïəwile *Ha. Hom. Ri.*] *m. Eigenwille:* der E. losst s'em nit zu gestattet ihm nicht.

Eil 1. *Eile.* — 2. *Eule.* s. Il.

Eimetz *Ameise* s. Ämetz.

ein, eine, ein [aïn, éïn *(mit Umlaut)*, aïn; *flektiert*: aïnər, éïn, aïnt *Falk.* -oïn, oïni, oïn (oïnər, oïni, oïnt) *Bo.* -æn, èn, æn (æn, èn, ænt) *D. Si.* — èn, èni, èn *Sbg.*] *Zahlw. u. unbest. Artikel ein, eine, ein. Rda.:* En Kopp un en Loch sin *ganz u. gar übereinstimmen. Ri.* — els. 1, 43 ainer, aini, ain.

ein-dun [aindún *Falk.*; èndún *Fo.*; èntun *Sgd. Lix.*; èndoṇ *Rü.*; èndin, èndoun *Si.*; oïndoun *Bo.*] adv. *einerlei, gleichviel (Infinitiv als Substantiv):* es isch m'r alles endun *Fo.* D'es oïndouⁿ *es ist einerlei Bo.* — els. 641 ein Tuen; hess. 412 einthun; lux. èndun; gemeind. einthun Gr. Wtb. 3, 321.

ein-fachtich [ainfáχtiχ *Falk.*; oïnfèχtiχ *Bo.*] adj. u. adv. 1. *einfach*: en einf. Flint *Gewehr nur mit einem Lauf.* — 2. *einfach gefaltet.* — els. 1, 90 einfacht.

eins [aïns *Falk.*; oïns *Bo.*; èns *D. Si.*] adj. *einig*: se bin eins word *Falk.* Se sin äns gin *sie sind übereingekommen D.Si.*

einsemär s. ebbesemeh.

Einter [aïntər *Falk.* u. *fast allg.*; ènsdər *Ha. Hom. Ri.*; èntər *D. Si.*] *m. die Ziffer Eins.* — els. 1, 46 Einser.

Eis s. Is.

eischlich [eïšliχ *Bo.*] adj. *abscheulich, schrecklich.* — baier. 1, 167 aischlich; ndd. aislik From. 6, 59; mhd. eislich < egeslich. s. a. äschtlech.

Eise, Eisem *Geschwür* s. Äs.
eïtzen [eïtsən *D. Si.*] tr. v. 1. *ätzen.*
— 2. *ködern.* — lux. eïzen; vgl. els. 1, 87 etzen *hetzen.* s. a. ätzen.
eja [éja *Fo.* u. s.] interj. *jawohl!* — baier. 1, 1197 eijâ.
ejelen [èjələn, Ptc. gəéjəlt *Si.*] tr. v. *mit Augen versehen; den Pflanzen z. B. Rosen ein Auge einpfropfen.* — ss. ĕgeln, Kisch vgl. Wtb. 63. mhd. öugeln.
Ekel [ékəl *allg.*] m. 1. *Ekel.* — 2. *ekelhafter Mensch. Davon:*
ekelich, ekelech *ekelhaft, widrig.*
ekeln [èklə *fast allg.;* eglə *Ri.*] unpers. *ekeln:* 's hot m'r scho lang geekelt. intr. Er hat g'ekelt *Ekel empfunden Ri.* — els. 1, 27 ekle.
Ekolma [ekolmá *Fa.*] n. 1. *Wirtschaftsgebäude.* — 2. *Verwaltung.* — 3. *Haushaltung für größere Genossenschaften.* — frz. économat.
El [él *Lix.* u. s.] n. *Öl nur in der Verbindung:* 'S heilich El *die letzte Ölung. Sonst* Olich. s. d.
elchert [èlχərt *Ka.*] adv. *eben, erst jetzt:* elô elchert *eben jetzt.* — vgl. baier. 1, 57 elerscht, elert *erst, und die ahd. Komparativformen* elihor, elichor.
Elcherteⁿ [èlχertə *Lix.* u. s.] Pl. *Elsbeere, Frucht der Eberesche* (Sorbus torminalis).
eledich s. elennich.
elän [əlên *fast allg.;* əlám, əlêm, əlên *Ri. Ha.;* əlain, əlaim *Hom.;* əloin *Bo.*] adv. *allein.* Rda.: am beschte isch elän erwe, un zum zweite schlôfe un zum dritte dresche *Ltf.*
elei, elo [əlai, əló *Si.*] adv. *hier, dort;* bestimmter als: hei *hier,* do *dort.* s. leï, lort. — lux. elei, elo Ga. 126.
Elend [èlènt *fast allg.*] n. *Elend:* en hot besoffen E. *er wird im Rausch wehmütig D. Si.* — Zs. Elends-dropp *m. Hom. Ri. armseliger Tropf, Mensch, der viel Kummer u. Mühe verursacht.*
elennich [élèniχ *fast allg.;* elèndi *Sbg.* éəlèniχ *Bo.;* élédiχ *Fa.*] adj. 1. *elend, heruntergekommen:* elennicher Trop! — 2. *unheimlich, sonderbar* 's isch m'r so e. *Das Simplex gebraucht man nur in Wendungen wie:* du Elenner! elenner Kerl!

— **Elendi Kapell** *Kapelle der Gottesmutter bei Saarburg. Wallfahrtsort zur Erlangung der Heilung elender Kinder.*
Elerte [èlərtə *Sgd.*] f. *Erle* (schon ahd. elira neben erila, erla). — Zss. Elertebôm; Elerte-holz.
eletz, eletzich [èlèts, èlètsiχ *fast allg.*] adj. u. adv. 1. *allein, einzeln:* en eletzicher Strump. Hol de Faden eletzich! *Nimm den Faden einzeln!* — 2. *rein, unvermischt:* ganz e. — baier. 1, 90 ainlüzig; hess. N. 63 einlützig; ss. ĕläzich Kr. 79; rheinfr. einletzig; ahd. einluzzi (Wurzel hluz von hliozan, *der durchs Los zugefallene Anteil);* mhd. einlützec.
elf [elf *Falk.* eləf *Sgd.* u. *fast allg.;* æləf *D. Si.*] num. *die Zahl elf.* Rda.: Elf gerad sin losse *alles auf die leichte Schulter nehmen Lix. Ri.* u. s.
Elf-su-schissel f. *Schw.* u. s. (eigentl. *Schüssel im Wert von 11 Sous) Aufwaschschüssel.* Rda.: du bisch nit meh wert wie en E. *Ausdruck der Geringschätzung.*
Elf-uhren-supp f. *Av. Gifttrank.* Rda.: Eïm e Elfuhrensupp kochen, dass er am Mitta tot isch. — els. 2, 369 Elfisupp; *ein E. koche einen vergiften.*
Elis [élis *Ri. Hom.* u. s.] weibl. *Vorname Elisabeth.*
Ell [el, Pl. elə *Fo.;* êl *fast allg.;* ĕïl, Pl. -ən *Bo.;* él *D.;* iəl *Si.*] f. *Elle.* Rda.: er will annere an sin E. messen *Ri. Mü.* — Zss. Ell-bo'e (s. d.); Elle-ware (s. d.).
Ell-bo'e [elbóə, Pl. gleich *Fo.* u. s.; eləbŏwə *Ri.;* eïlboum u. eïlbougən *Bo.;* èlbou, Pl. -beï *Si.*] m. *Ellbogen:* Sich de Finger lecke bis an de Ellbo'e. *Spruch:*
Gredele hopp!
Wie waggelt dir der Rock!
Wie waggelt dir der Elleböwe,
Wenn die Buwe freïe kumme!
Ri. Ha.
Ellen [èlən *Fa.* u. s.] n. *unheimliches, sonderbares Gefühl, Schauder:* mir kummt's E. — baier. 1, 59 Ellend; tirol. Ellet From. 5, 220; mhd. ellende.
ellen [èlən *D. Si. Bo.;* élən *Falk.*] adj. u. adv. 1. *unheimlich, grausig.* — 2. *ekelhaft:* et isch m'r ganz ellen gewän. (*Es ist dasselbe Wort wie „elend" und nähert*

sich dessen Grundbedeutung: heimatlos, in der Fremde verlassen). Wird auch gebraucht um den absoluten Superlativ auszudrücken: ellen deier *furchtbar teuer Si.* Zss. **ellen-mässig** *Bo. Grauen erregend;* **Ellen-sondech** (S. d.). — lux. ellen Ga. 126; baier. 1, 59 ellend.
ellen [èlən *Fo. Falk. Si.*] 1. unpers. *Heimweh haben:* jetzt ellt's mich. — 2. refl. *sich fürchten:* ich han mich geell'nt *es hat mich gegruselt Falk.* — baier. 1, 60 u. mhd. sich ellenden; hess. N, 65 sich elsen.
Ellen - sondech *m. D. Si. der Sonntag vor Palmsonntag (Judica), auch Totensonntag genannt.* s. ellen.
Eller-bam [èlərbám *Ri.* u. s.] *m. Erle.* — els. 1, 30 Éller.
Elle-ware *fast allg.* eigentl. *Ellenwaren, gewöhnliche Bezeichnung für Kleiderstoffe:* Wu käft m'r d'r bescht de E.?
eltern *dasselbe wie* elzen.
Eltes [éltəs *Schw.*] *f. Iltis.* — mhd. éltes.
Elwa, Eligus *Ri. männl. Vorname Eligius.*
elzen [éltsən *D. Si.;* eldrə *Ha. Hom. Ri.*] intr. v. 1. *alt werden:* en as seït zwä Johr seïer geelzt *er ist seit 2 Jahren sehr gealtert.* — 2. *alt erscheinen lassen:* seng Montur elzt en *sein Anzug läßt ihn alt erscheinen.* — lux. 82 élzen; baier. 1, 70 elten; els. 1, 34 ältze; mhd. elten.
Ém [ém *Mw.;* éïm *D. Si. Gelm. Bo.;* Pl. -ən; Demin. éïmptχən *Si.;* émel *Gelm.*] *m. Oheim. Ältere Männer werden ebenfalls mit E. angeredet.* — ss. Êm, Kisch vgl. Wtb. 65.
em [əm *D. Si. Bo.*] 1. präpos. m. acc. *gegen, um:* em den Owend *gegen Abend.* — 2. adj. *geronnen (von der Milch ges.):* 't Melch as em. — lux. 82 em. s. a. um.
em- [əm *D. Si. Bo.* u. s.] *Vorsilbe entsprechend hd. um.* — (Sie geht durchweg dieselben Verbindungen ein wie diese. Auch die Bedeutung dieser Zusammensetzungen stimmt mit dem hd. meist überein; Abweichendes wird an Ort u. Stelle angeführt).
em-ärbelen tr. v. *D. Si. umarmen.* s. Arbel, Arfel.

Embaring [embàriṇ *Fa.*] *f. Umstände:* E. mache. — frz. embarras. s. a. Ambarra.
Embeer [embér, Pl. -ə *Lix.*] *f. Himbeere.* s. Hamper u. Imbeer.
Emeis u. **Emetz** s. Ámetz.
emescht [eməšt *D. Si.* u. s.; éməs *Pfb.*] pron. ind. *jemand:* as e. dò? *ist Jd. da?* (Das s *in* emes *ist aus dem älteren* jemands *für* jemand *zu erklären*). — vgl. baier. 1, 1604 eəmeds; ndd. jüms, ems; ss. émest From. 5. 37, 103; els. 1. 38 iemes. s. a. imand.
em-fro'en [əmfròən *D. Si.*] intr. v. *Umfrage halten.* s. fro'en.
Em-gänger [emgèŋər *Bo.* u. s.] *m.* 1. *grillenhafter Mensch.* — 2. *Mensch, der sich von der Gesellschaft fern hält, immer allein geht.* s. a. Umgänger.
emgängich *Bo. Si.* adj. *grillenhaft:* emgängech Schôf *(Schaf)!*
em-geheien *D. Si.* u. s. *umwerfen, stürzen.* — els. 1, 313 umgheie. s. geheien.
Em-geräts [emgərèts *D. Si.*] *n.* (eigentl. *Umgeräte*) *Nebendinge, Zubehör:* en hot sein Haus mat allem E. verkâft. — lux. 83 Emgerciz; zu mhd. geræte.
em-gon [em-gòn *D. Si.*] intr. v. 1. *umgehen (wie hd.)* — 2. *umschlagen (von Getränken):* 't Melch geht em. s. imgehn.
emich [émiχ *Bo.;* émeχ *Si.*] adj. 1. *eiterig, blutunterlaufen, entzündet.* — 2. *lahm, todmüde:* sich e. laufen. — baier. 1, 78 ömig; ss. êmich, Kisch W. u. W. 39. (zu Am, Om *Eiter*).
Em-käschten [em-kèštən *D. Si.*] Pl. *Unkosten:* sech E. mâchen. — lux. 316 Ongkäschten.
Em-kräz [emkrêts *D. Si.*] *m. Umkreis:* fenef Stonnen am E. — lux. 84 ebenso.
Em-lâf s. Imläfer u. Umlaf.
Emm s. Imm.
Emmes s. Immes.
emol [emól *fast allg.*] adv. *einmal, zu einer gewissen Zeit (einleitend in Erzählungen):* et war emol .... — els. 665 ebenso.
Empen [èmpə *Pü.*] Pl. *Impfreiser, Pfropfreiser.* — mhd. impfeter; s. a. Gr. Wtb. 7, 1776. Statt Empe *wird auch* Rude (s. d.) *gebraucht.*

Emplojierter s. Amplojierter.
ems [èms, èm *D. Si.*; êm *Ha. Hom. Ri.*] adv. *zugleich, in einem hin*: in äm in einem Mal *Ri.* Dat geht an ems *D. Si.*
em-sonscht [emʒonšt *D. Si. Bo.*; imʒunš *Falk.* u. s.] adv. *umsonst*: jetz han ich emsonscht geschafft.
em-stann [emštan *Bo.*; imštàn *Falk.* u. s. amštant *D. Si.*] adv. *imstande*.
en-a [ənå *Sbg.*] adv. *hinab*.
enand [ènant, ənant *Fo.* u. s.; ənàndər *Ha. Hom. Ri.*; ənæn *D. Si.*] pron. *einander*: M'r gehn met enand. Se gehn enander nix an *sie sind nicht verwandt miteinander*. Se lewe mit enander wie Hunn un Katz *Ri. Hom. Ha.* Dafür auch „enenner" (s. d.).
en-aner-noh [ənònərnô *Lix.* u. s.] interj. (eigentl. *einander nach*) *Aufmunterung zur Eile*: machen enonernoh! S'isch hechst Sit *(Zeit)*!
en-batschen intr. v. *Bo. einsinken (daß es einen klatschenden Ton gibt), unter den Füßen bersten.* s. Batsch *Straßenkot*.
en-begref [enbəgref *Bo.*; abəgraf *D. Si.*] Ptc. *einbegriffen*: dat es alles enbegref.
en-bellen s. abillen.
en-bräcken [enbrèkən *Bo.*] intr. v. *einbrechen*.
End [ènd u. èn *fast allg.*; èn̥ *Mtsh. Hom. Ri.* — Pl. ènər, èn̥ər] n. 1. *Ende, Ziel*: binn de Enner zesamme *Fo.* Das ich's E.; 's isch om E. *es ist aus Lix.* Om E. si(n) mir die Dumme. Der Deiwenker un kän E.! *(Verwünschung).* — Am Eng *am Ende, schließlich*. Henen om E. *zu allerletzt*: Se lîren als, henen om E. krîn se sich doch *sie zögern noch, zuletzt aber heiraten sie doch Lix.* 'S dick Eng kummt noh *das Schlimmste kommt noch nach Ri. Ha.* Hotz Blitz u ken Eng! *Ausruf der Verwunderung Ri.* Er leït im Eng *er liegt im Sterben Hom. Ri.* Inge n'am Eng *unten am Ende Ri. Auf die Frage*: was gits zum z'mida esse? *antwortet die Mutter*: e Supp un en End *(das Kind denkt an eine Ente, die Mutter an das Ende) Hom. Ri.* — 2. *unbestimmter Ort*: an en Enn hingehn *irgendwo*. An känem Enn *nirgends Falk.*
Endekrischt s. Andekrescht.

Ende-vogel [èndəfogəl *Av.*; -fowəl *Berl.*; -wuri *Pfb.*] m. *Enterich*. — baier. 1, 114 Antvogel; mhd. antvogel. s. a. Untchert.
endlich [èntliχ *fast allg.*; èndli *Ri.*] adj. *endlich*: endli isch nit ewi *es kommt doch einmal, es bleibt nicht ewig aus Ri.*
en-doᵘn s. andun II.
enen [enən] *unten.* s. unnen.
en-enner [ənènər *Fo.* u. s.; ənànər *Pü.*] adv. *einander*: die gliche sich enenner wie zwei Troppe Wasser. Unner enenner *untereinander*.
ener [enər] *unter.* s. unner.
ener, ens [ènər, èns *Fo.* u. s.; ènər, èni, èns *Sgd. Lix.*; oïnər, oïni, oïnt *Bo.*; æn, ænt *D. Si.*] pron. ind. *jemand; einer, eine, eins*: Wann èner kummt, sa'scht de, m'r wäre furt *Fo.*
Ener-dach [enər dáχ *D. Si.*] m. (eigentl. *Unterdach*) *Unterkunft*: Hei fanne m'r e gudden E. *hier finden wir gute Unterkunft.* — lux. 317 Önnerdâch. *Davon*:
ener-dachs [-dáχs *D. Si.*] adv. *unterdach.* — lux. 317 önnerdâchs; westf. unnerdâks.
Ener-kommes n. *D. Si. Unterkunft*: en hot kän E. — lux. 318 ebenso.
ener-lä [ènərlè *D.*; ènərlai *Ha. Hom. Ri.*; èn̥ərlè *Si.*] adv. *einerlei*: 's isch mer nimmeh änerlei *ich fange an besorgt zu sein Ri.*
Ener-pant [enərpant *D. Si.*] n. *Unterpfand*: eppes an E. gen *etwas als U. geben.*
ener-schidlech [enəršidləχ *D. Si.*] adj. *unterschiedlich, verschieden.* — lux. 318 ebenso; baier. 2, 375 unterschidlich.
Ener-wand m. *Si.* (eigentl. *Unterwind*), *Ostwind.* — lux. 318 ebenso.
ener-wê's s. unnerwegs.
enerzech [enərtseχ *D. Si.*] 1. adj. *unter;* deï enerzech Seït *die untere Seite.* — 2. adv. *nach unten, abwärts*: alles e. gôn lossen *alles unter sich gehen lassen.*
enfäldi(ch) [ènfèldi(χ) *Hom. Ri. Ha.*] adj. *dumm, naiv*: e. sin.
en-färwi(ch) adj. *Ri. Hom. Ha. einfarbig.*
Eng *Ende* s. End, Enn.
eng [èn̥ *fast allg.*; en̥k *Bo.*; èn̥k *Si.*] adj. *enge*: der Jacke isch em ze eng.

Eng sin uf der Bruscht *nur mit Mühe atmen; an Asthma leiden Ri. Ha.* — Zs. eng-hufich [èŋk-houfeχ *Si.*] adj. *hufzwängig vom Pferd.*

enge [èŋə *Av.* u. s.] adv. *genau, mit Not:* do kummt m'r e. durch. — hess. 92 enke, enken (ich weiss es enken); baier. 1, 105 ang'l; Gr. Wtb. 3, 484: enke < enkede; mhd. ange.

Engel I [èŋəl, Pl. -ə^n *allg.*] *m.* wie hd. *Engel:* das git e schêner E. im Himmel *heißt es von einem Kinde, das im zarten Alter stirbt. Das Demin.* Engelche *bedeutet weiß gekleidetes Kind bei einer Prozession.* — De Engle im Himmel piffe hêre *bei großem Schmerz.* D'as e Gâssenengel an en Hausdeiwcl *zu Hause ist er unerträglich, draußen benimmt er sich anständig D. Si.* En E. mit eme Waddel *d. i. der Teufel, den man sich mit einem Schwanz* (Waddel)*versehen vorstellt. Gebet:*
Owens, wann ich schlôfen gehn,
Verzehn Engeln soln mit gehn:
Zween ze Kopp, zween ze Fo^{u}ss,
Zween uf rechter Seit,
Zween uf linker Seit;
Zween soln mich decken,
Zween soln mich wecken,
Zween soln mich fihren
Zur himmlisch Po^{a}t! Amen! *Obd.*
— Zss. Engel-des-Hären *m. D. Si. Angelus;* Engels-gedold; E.-mess *f. Seelenmesse für ein verstorbenes Kind.*

Engel II *D. Si. weibl. Vorname Angelika.* Demin. Engeltchen.

Engigkeit [èŋiχkait *Ha. Hom. Ri.*] *f. Asthma.* s. eng.

englisch [èŋliš *fast allg.*] adj. *in der Wdg.:* en englisch Geduld han.

en-henken [enhèŋkən *Bo. Ersd.* u. s.] tr. v. 1. wie hd. *einhängen.* — 2. *durchprügeln:* änem 'n Par enhenken *Ersd.* O'ïnem o'ïnt e. *Bo.*

en-in [ənìn *Sbg.*] adv. *hinein.*

enìtern [enítərn *Bo.*; ènìχtərə *Sgd. Lix.;* anítərn *Si.;* onìtər *Ka.*] adj. *nüchtern. (In der Ma. ist die Grundbedeutung noch ersichtlich, denn* ahd. nuohtarnin *ist entstanden aus:* in uohtarnin; mhd. nüchtern *aus* in üchtern, enüchtern. *Wurzel:* uohta *Morgendämmerung). Rda.:* Wat än am Dronk sêt, denkt än oniter *was man in der Betrunkenheit sagt, denkt man in nüchternem Zustand Ka. Scherzrätsel:* Wieviel Eier hat de Riese Goliath kinne enichtere esse? Ens; wie er ens gess gehat hat, noh isch er nimmeh enichtere gewän. *Lix.*

en-iwer [əniwər *Ha. Hom. Ri.* u. s.] adv. *hinüber.*

Enkel [èŋkəl *fast allg.*] *m.* wie hd. *Fußknöchel, Enkel.* — mhd. enkel.

En-komm's s. Akommes.

en-midi [ènmîdl *Ri.* adj. *einmütig.*

Enn [èn *D. Si. Ho.* u. s. Pl. -ən] *f. Zwiebel.* — lux. Önn Ga. 317; frz. oignon.

enne [ènə] *Anfangswort in Abzählreimen zum Fangspiel:*
Enne, denne, duets,
Kwicken, kwacken, Gaisefuets *Weiler.*
Enne, denne, Kirschekêre,
Rippche, Dippche, weck! *Rossbr.*
Enne, menne, Bohneblatt!
Usa *(unsere)* Kih bin alle satt. *Marienth.* s. Abzählreime i. Anhang. — els. 1, 43 enne; vgl. hess. 93 enne denn *immerfort, drauf zu.*

enne^n [ènən *Bi.* u. s. — Flexion: ènə, ènst, ènt; Ptc. gəènt] tr. v. *endigen.*

enn-enäner s. anernän.

ennere^n s. ännern.

enne-wenzich [enəwèntsiχ *Bo.;* awèneχ *D. Si.*] adv. *inwendig.*

en-reschten [en-rešt*ə*n *Bo.*] tr. v. 1. *zurüsten:* er wor schea^n engeresscht *er war übel zugerüstet.* — 2. *prügeln.*

ens [èns *fast allg.;* ènts *Marient.;* ains *Pfb.;* æns *D. Si.*] 1. num. *eins:* enem ens bache od. lange *einen Schlag versetzen.* Ens blose, piffe, schisse *Andeutung, daß man die Gewährung einer Bitte weit von sich weist, Ha. Ri. Hom.* Ens druf od. drowe *im Piquetspiel die Anzahl der Augen in irgend einer Farbe, die als stärkste zum Vergleiche mit dem Partner herangezogen wird u. die Zahl* 10 *um eins übersteigt Ha. Hom. Ri.* — *In* Zss. e n [èn]: en-e^n-zwanzich *einundzwanzig.* Ens *wird häufig als Anfangswort in Abzählreimen gebraucht:* Ens, zwei drei — hicke, hacke, hei . . . . . s. Anhang. On ens, un ens *ohne eins, eins abgezogen:* S'on ens letscht, s'un ens letscht *das Vorletzte Lix. Ri.* els. 1, 45 on eins. — 2. adj. *einig:* iwer ens komme *sich vertragen Sgd. Lix.* Ens gin *sich einigen D. Si.* Märk(s) ens *od.* kåf ens werre *sich vereinbaren in bezug auf den Preis des Verkaufsgegenstandes Hom. Ri. Ha.* — els. 1, 45 über eins kumme. s. iwereins.

Enschenär [ènšenèr *Sgd. Lix.* u. s.] *m. Ingenieur.*

Ensel [enʒəl, Pl. -n *D. Si. Bv.*] *f. Insel.* — lux. 86 ebenso.

ent- [ent *fast allg.*] *Vorsilbe ent-* wie im hd.

Ent [ènt *fast allg.;* int *D. Si. Ebersw.* Pl. èntə, intən] *f. Ente:* wackle wie e E. — lux. 192 Int. Zss. E n t e - ä r s c h (Inten-ôsch *Si.*); Ente-ärsch-loch: e Mul wie e E. *Av.* Enten-tätscher *Spottname der Bewohner von Barst (Kr. Forbach).* s. tatschen.

ent-butschen (sech) *Si.* refl. v. *erschrecken.* — vgl. schwäb. 1, 570 Butz 3 *Schreckgespenst.*

ent-drämen [-drèmən *Si.*] intr. v. *im Traume einfallen:* dat wier *(wäre)* m'r net entdrämt.

Enterich, Anterich s. Untchert.

ent-gen [-gèən *fast allg.;* -geïnt (antgeïnt) *D. Si.;* ərgeïə *Hom. Ri.*] präpos. m. dat. *entgegen:* Kummschte uns e.? Ergeje gehn *Ri.*

ent-le'n [-lé(n) *D. Si.*] adj. u. adv. *einsam, entlegen.* — lux. ebenso.

ent-pieren [-píərən, Ptc. -púər *Si.*;] èmpèrə *Ha. Ri.*] tr. v. *entbehren.*

ent-tompen intr. v. *D. Si.*] *einschlummern.* s. tompen.

ent-trelen [-trelən *D. Si.*] intr. v. *aus der Hand fallen.* s. trelen.

ent-wänen [-wènən, Ptc. -won *Bo.*] intr. v. *auftauen.* — vgl. ahd. wanòn, wanèn *abgängig sein, abnehmen;* baier. 2, 916 wan *abnehmend;* hess. 441 wån *unhaltbar;* eifl. wan *locker* From. 6, 20; engl. to wane.

ent-wokelen [-wôkəlen *Si.*] intr. v. *einschlafen.* — lux. ebenso. s. wackerech.

ent-wutschen intr. v. *D.Si. entschlüpfen, entwischen.*

en-uf [ənûf *Ha. Hom. Ri.*] adv. *hinauf.*
en-us [ənus *Ha. Hom. Ri.*] adv. *hinaus.*
eppes [èpəs *fast allg.;* èbs *Hom. Ri.;* èbəs *Fo. Ha.*] pron. ind. *etwas. (Kommt in fast allen ober- und mitteldeutschen Maa. vor):* ebbes oder nix! *Fo.* Eppes Jonges *ein neugeborenes Kind D. Si.* Ebbs Abardiges, Neies u. s. w. *Ri.* Das isch jetz ebbs! *(spöttisch) das ist wohl der Mühe wert davon zu reden Ri.* — Eppes < etbes, *Abschwächung von* etbas, etpas.

er- als *Vorsilbe bei Verben bezeichnet das Hervorgehen das Vollbringen, Vollenden:* er - denken, er - fannen, er - fålen, er - hewen u. s. w.

er [èr, *unbetont* ər, *fast allg.;* ér, éa, *unbet.* ər, a *Falk.;* hér, *unbet.* éa *Bo.;* hèn, hén, *unbet.* ən *D. Si.*] pron der 3. Pers. Sg. *m. er.*

era(b) [ərå *Ri.* u. s.] adv. *herab:* era mache: 1. *heruntermachen, abkanzeln (mit* Dat.): enem e. m. — 2. unpers. *stark regnen:* es macht awer era! — els. 1, 643 rabmache 2.

era(n) [ərá- (vor d, t, h, z ərạn-) *D. Si.*] *die hd. Vorsilbe herein:* era-brengen, era-fålen, eran-holen u. s. w. — ss. u. moselfr. erän, eran, Kisch vgl. Wtb. 67 s. a. erin.

eraus s. erus.

Erbarmen [ərbarmən *fast allg.;* ərbàrmǝs *Ri.*] *m. u. n.* wie hd. *das Erbarmen:* Er hat gar ken Erbarmes mit em. Ebenso wie hd.: sich erbarmen, erbärmlich, *verstärkt:* gotteserbärmli *Ha. Ri.*

erbei [ərbai *D. Si.*] *die hd. Vorsilbe herbei:* erbei-brengen, erbei-wenschen u. s. w. — ss. u. moselfr. ebenso, Kisch vgl. Wtb. 67.

er-beïden (sech) *D. Si.* erbötig sein: ech erbeïde mech d'r ze helfen.

er-bleksen [ərbleksən *D. Si.*] tr. v. *erblicken.* — lux. 89 ebenso; baier. 1, 324 blickezen, blickzen, bleckzen; Gr. Wtb. 2, 118 blickezen. s. Blek.

er-beissen *D. Si.* 1. tr. *beißen, grob anfahren:* en hot mech bål erbass. — 2. refl. *an sich halten, seinen Zorn bemeistern:* ech hat Meïh mech ze erb. — lux. 89 ebenso. s. bissen, beissen.

Erber s. Erper.

er-bost [ərbóst *Ri.* u. s.] wie hd. *erbost, zornig*: erbost sin uf ebber *auf jd.*

er-brach [ərbraχ *Si.*] adj. *mit einem Bruch, Leibschaden behaftet.* — lux. 89 ebenso. vgl. mhd. erbrëchen *hervorbrechen, ausbrechen.*

Erbs [ềrbs *fast allg.*; ềrbəs *Si.*; ềrts *Falk.*; ềrəs *Ka.*; írts *D.*; Pl. -ə^n] *f. Erbse.* Erbse räne *Erbsen reinigen, die untauglichen Körner auslesen Ri.* Erbse koche 1. *E. kochen.* 2. (*übertr.*) *schnarchen. Rda.*: Änem wise, was dreï Erbse for e Brih gin *aus geringer Sache großen Lärm machen Fo.* Der Deiwel het Erbse uf sim Gesicht gedresch *heißt es von einem Pockennarbigen.* — els. 1, 65 Erbs; lux. 89 Jerbes; ss. Ârbes, Kisch W. u. W. 8; mhd. erbei<. — Zss.: Erbsebrei. Erbse-bull *f. Pü. sicbartige Kugel, worin die Erbsen in den Kochtopf gebracht werden zum Aufkochen.* Erbse-riser *fast allg.* Erbsenreiser. Erbsen-zeïlert *m. Bo. Erbsenzähler; sehr gewissenhafter, aber langsamer Mensch.*

erb-sich adj. *Bo. verkehrt. Kommt meist nur in der Verbindung "erbsich Sit" verkehrte Seite vor. Scherzweise sagt man zu einem, der einen unsauberen Rock trägt*: dreh 'n of d'erbsich Sit! s. a. ewetzech.

Erd [ềrt *fast allg.*; ért *Fo.* ohne Pl.] *f. Erde*: vun der Erd bis an den Himmel verzeihen *vollständig verzeihen.* — Zss.:

Erd-bewe^n [-béwə *fast allg.*; -béwə *Ri. Ha. Hom.*; -biweŋən *Si.*] *n. u. f. Erdbeben.* — lux. 89 Erdbieweng; ndl. aardbeweng.

Erd-bodem [-bòdəm *D. Si.*; ềrtsbòdə *Fo. Ko. Ri. Hom. Ha.*; sonst ềrtsbòdəm] *m. Erdboden*: das isch der liderlichscht Tropp, wer um Erdsboden erumläft. *Lix.* Schäm dich in de Grunderdsbode nin! *Fo.* Ebber in de Grunderdsbode enin verfluche *jd. bis in die unterste Hölle verfluchen Ri.* De^a hat kän Däl me am Erdsbode *der hat gar nichts mehr Ko.*

erden s. irde^n.

Erde-welt [ềrdəwềlt *D. Si.*] *f. verstärkter Ausdruck für einfaches „Erd".* *In Verbindung mit einer Negation bedeutet es*: *durchaus nichts, gar nicht, nirgends*: ech kann op der Erdewelt neischt mâ'en *ich kann durchaus nichts machen.* Et get op der E. neischt Besseres *es gibt nirgends was Besseres.* Erdewelt < Erd a Welt *Erde u. Welt.*

erdi̥ch [érdeχ *Si.*] adj. *flink.* — lux. 89 ềrdech; baier. 1, 49 ertig (unertig); vgl. mhd. ertic.

er-dischteren [ərdi̥štərən *D. Si.*] intr. v. *verdursten*: M'r si' bâl erdischtert *wir sind fast verdurstet.* — lux. 90 ebenso.

Erd-klatz *f. Si. Erdglobus, Erdkugel* s. Klotz.

Erd-männel *n. Ett.* u. s. *gespensterhaftes Wesen, das nachts die Mähne der Pferde durcheinander bringt.* — westfäl. Eirdmännekes From. 5, 141, II 33. s. Jb. 3, 142; 4, 116. s. a. Drickemännche u. Doggle.

Erd-noss *f. D. Si. knollige Platterbse* (Lathyrus tuberosus).

Erd-wurem *m. D. Si.* wie hd. *Erdwurm.*

Ere [ềrə *fast allg.*] *Hausgang, Hausflur, gewöhnlich in der Zusammensetzung* Husere (s. d.).

er-eïscht *erst kürzlich.* s. erschter.

erem [ərém *D. Si.*] adv. 1. *wiederum*: en as e. gestrôft gin *er ist wiederum gestraft worden.* — 2. *zurück*: M'r sin geschter e. komm. — 3. *herum*, in Zss. wie: erem-brengen, erem-holen, erem-scheken, erem-werfen u. s. w. — ss. u. moselfr. eräm(mer), erem(mer) Kisch, vgl. Wtb. 66.

ềren [ềrən *D. Si.*] adv. *vielleicht, etwa*: as en e. geschter dô gewès? *ist er vielleicht gestern da gewesen?* — lux. 90 e^{l}ren; henneb.-fränk. ềərn From. 6, 517, 6. vgl. mhd. ềrer, ềrre, erren < ereren.

er-engen [ərèŋən *D. Si.*] tr. v. *enger machen z. B. beim Stricken den Strumpf* erengen *indem man mehrere Maschen in eine zusammenzieht.* — mhd. engen.

ềres [ềrəs *D. Si.*] pron. (*Genitiv zu euer*): D'as ềres neischt *das ist nichts für Euch.* — lux. 90 ebenso.

Er-fahrnus [ərfârnus *Ri.*] *f. Erfahrung.*

er-finne^n [ərfínə *fast allg.*; ərfíŋə *Ri.*; ərfánən *D. Si.*] tr. v. *erfinden*: der hat's Pulver nit erfung *Ri.*

er-fort [ərfọrt *D. Si.*] adv. *hervor, vorwärts*: komm erfort!

er-genn, sich [ərgèn *Ri. Hom. Ha. Bo. D. Si.*] refl. v. 1. *sich ergeben*: en hot sech en seï' Schicksal ergenn. — 2. *sich erbrechen*. — 3. *sich ausdehnen, breiter werden*: dat Duch erget sech nach das Tuch dehnt sich noch aus. — 4. *nachgeben, sich senken* z. B. *der Boden, eine Mauer Ri*. — lux. 91 sech ergin.

er-häm [ərhêm *D. Si.*] adv. *heim, nach Hause*: M'r sin speït erhäm komm *wir sind spät nach Hause gekommen*. — baier. 1, 81 eˉhâim; lux 90 erêm.

er-hengert [ərheŋərt *D. Si.*] adj. *verhungert*. — ss. u. moselfr. erhängert, Kisch vgl. Wtb. 67.

er-in [ərln *fast allg.*] adv. *herein*: als erin! *nur immer nach! kommt nur herein!* Kumm erin un luw erus! *sagt man zu jd. der draußen stehen bleibt, statt hereinzukommen Ri. Ha.*

er-iwer [əriwər *fast allg.*] adv. 1. *herüber*: komm zu ons e.! — 2. *vorbei (zeitlich)*: Seng Krankhät as e. — lux. u. ss. Kisch vgl. Wtb. 67 ebenso. — Zss. wie im hd.: eriwer-brengen, eriwer-gòn, eriwer-holen u. s. w.

er-kalen [ərkálən, Ptc. ərkált *Bo. D. Si.*] intr. v. *erkalten, erfrieren*: en erkalte Fresch *(Frosch), ein Mensch, der keine Kälte verträgt*. — ss. u. moselfr. erkâlen, Kisch 67.

er-kowern [ərkowan *Av.*] 1. trans. *erquicken*. — 2. refl. *sich erholen, genesen*. *Früher war das Wort allgemein im Gebrauch, bes. in Mittel- u. Oberdeutschland. Es ist wohl das lat.* recuperare. — schwäb. u. hess. 214 sich erkobern; bair. 1, 1230 sich erkofern *an Kräften zunehmen*; lux. 92 sech erkueberen. *Geschichte und Gebrauch des Wortes bei* Gr. Wtb. 5, 1544 ff.

er-kreïn [erkréïən *Bo. D. Si.*] refl. v. *sich erholen (von einer Krankheit)*: en enkreït sich noh aṇ noh. s. kriejen *bekommen*.

er-krubelen, sich [ərkruəbələn *Si.*] refl. v. *wieder zu Kräften kommen*. — lux. 92 sech erkrabbeln und erkruewelen.

er-laben [ərlábən, Ptc. ərlábt *D. Si.*; -láwə, Ptc. -laibt *Sgd. Lix.*; -leïwən,

Ptc. -leïbt *Falk.*] tr. v. wie hd. *erlauben*.

Erlabnis [ərlábnes *D. Si.*; -lábnus *Lix.*; -leïbnïs *Falk.*] f. *Erlaubnis*.

er-lanscht [ərlánšt *D. Si.*; laŋəs *Falk.*] adv. *vorbei (örtlich)*: d'Prozession as e. *D. Si.* — E ⟨ längst her. — ss. u. moselfr. ebenso, Kisch vgl. Wtb. 67.

Er-lebnis [ərlèbnis *Ha. Hom. Ri.*; ərléfnəs *D. Si.*] f. *Erlebnis*.

er-lecht [ərlèχt, -lèχənt, -lèχəlt *Bo. Falk.*] adj. 1. *leck, undicht (von hölzernen Gefäßen)*. — 2. *vertrocknet (zunächst von der Kehle)*: ich ben erlecht *ich vergehe vor Durst. Dann auch von anderen Dingen*: die Blumen sin ganz erlecht *sie brauchen Wasser*. — ss. erla¹cht, moselfränk. er-lächt, Kisch vgl. Wtb. 67; vgl. hess. 240 lechen, verlechen *eingetrocknet sein*; baier. 1, 1421 lechen, lechnen, verlechezen *leck werden*; tirol. lêchen From. 6, 443; mhd. lëchen *vertrockenen*.

Er-leichems-dach [erléïχəmsdáχ *Mw.*; hêrlaiχməsdáχ *Si. D.*] m. *Fronleichnamstag, eigentl. des Herrn Leichnamstag*. („Er" *Abkürzung von Herr, wie „Ver" von Frau in Jungfer. Seit dem 17. Jht. heißt es* „Ehr", *dann* „Ehren" *als Dativ*. s. Gr. Wtb. 2, 52).

er-leweⁿ [ərléwə *fast allg.*; ərlɛben *Ri. Hom. Ha.*] tr. v. *erleben*: mit dem do werd mer noch ebbs erläwe. *Ri.*

er-liht [ərlít *Si.*] adj. *erleuchtet*. — lux. 92 erlicht. s. Liht.

er-lihtern [ərlítərn *Falk. Si.* u. s.] tr. v. *erleichtern*. — mhd. erlihtern.

er-machen, sich [ərmáχən *D. Si.*] refl. v. *Fortschritte machen*: de Jong hot sech goᵘt ermacht. — lux. 92 ebenso.

er-munnen [ərmunən *Si.*] tr. v. 1. *ermahnen*. — 2. *erinnern*: 't hot mech un den ermunt *es hat mich an den erinnert*. Davon:

Er-munnengen f. 1. *Ermahnung*. — 2. *Erinnerung*. — lux. 92 Ermunneng.

er-nämen, er-nimen [ərnæmən u. ərnimən, Ptc. ərniṃt *Bo. D. Si.*] tr. v. *namhaft machen, erwähnen*: en as net emol ernimt gin. — lux. 92 ernimen.

er-nocher [ərnóχər *D. Si.*] adv. *nachher, hernach*: kemschte bâl? ernocher!

kommst du bald? Nachher! — lux. 92 ebenso.

Ernscht [èrnšt *fast allg.*; érənšt *Si.*; éarnərš *Falk.*; èrništ *Kr.*] *m. Ernst:* fer E. *im Ernst Falk.*

ernscht adj. *ernst:* er macht awer en e. Gesicht *Fo.*

erof [erǫ́f *D. Si.*] adv. *herab, herunter*: komm e.! Engem (od. äm) et erof ma'en *einen heruntermachen, schmähen Ka.* — ss. u. moselfr. ebenso, Kisch vgl. Wtb. 67.

Er-offerts-dach [erò̟fərtsdáx̌ *Mw.*; hèrofərtsdáx̌ *Si.*] *m.* (eigentl. *Herraufwärtstag*) *Christi Himmelfahrtstag.* vgl. Erleichnemsdach.

erop [ərǫp *D. Si.*] adv. 1. *herauf:* komm cmol e.! — 2. *heran:* e. dermat! heran damit! — 3. *empor:* e. klòtern *emporklettern.* Zss. wie im hd.: erop-brengen, erop-gohn u. s. w.

er-oweren [ərowrə *Ri. Sbg.* u. s.; əruwərən *D. Si.*] tr. v. 1. wie hd. *erobern.* — 2. *durch Arbeit gewinnen:* en hot sech e Vermeïjen eruwert *Si.* — lux. 94 eruweren.

Erper [erpər, iərpər *D.* u. s.; érdber *Fo.*; érbér *Pfb.*; èrber *Sbg.*; èrpəl *Ka.*; biər *Si.*] *f. Erdbeere:* Erber suche, breche *(pflücken).* Rda.: der macht e Gesicht, wie e Ochs, wenn er e Erber abbisst *ein sehr dummes Gesicht Pfb.* — lux. 89 Erper; baier. I, 139 Erpér, Erpe; ss. Jªrper, Kisch W. u. W. 74. — Zs. Erberegufidur *Ri.*

err [èr *fast allg.*; iər *D. Si.*] adj. 1. *irre, auf falschem Wege (nicht im Sinne von verrückt):* mer sin err gang. — 2. *verwirrt:* ich ben ganz err *Bo.*

erren [èrən *fast allg.*; iərən *D. Si.*] intr. v. *irren.*

Errtum [èrtum *Falk.* u. s.; irtom *D. Si.*] *m. Irrtum:* et es en E. geschiht.

er-schingen [əršiŋə, Ptc. əršuṇ *Ri. Ha. Hom.*] tr. v. *erschinden, durch schwere Arbeit erringen.*

erscht I [éršt *fast allg.*; čištən *D. Si.*] Zahlwort *erst:* 's isch's e. Wort, wu ich hêr. Der erschte, wo sich rihrt. . . . s. a. ens. — Zss. z'erscht *zuerst:* wer z'erscht kummt, mahlt z'erscht. S'Erschtlidde *das erste Läuten Ha. Hom. Ri.*

erscht II [èršt *fast allg.* ərèišt *D. Si.*] adv. *erst, nur, nicht früher:* do muss ich erscht e mol min Vader frôn. — Zs. lo ereïscht *jetzt erst D. Si.*

erschter [éršter *fast allg.*; éršdər, ərèršt *Ha. Hom. Ri.*; ərèišt *D. Si.*] adv. 1. *kürzlich erst, vorhin:* m'r sin e. kumm. Er isch e. do gewän. — 2. *eher:* Sie isch e. do, as du. Hascht nit e. kenne dô sin? *Fo.* Erschder schla i di dod, ass dass . . . *Ri.* — els. 1, 169 erst, ererst, ererster; baier. 1, 4 čest; lux. 90 ereïscht. — Erschter < eher erst.

Erschtling [éršdliŋ *Ri. Hom. Ha.*] *n. Rind, das zum ersten Male gekalbt hat:* 's git viel Milch fur en E.

er-stömpen [əršt̟œmpən *D. Si.*] tr. v. *den Fuß* (Stomp s. d.) *eines Strumpfes anstricken.* — lux. 94. ebenso.

er-stremmen [əršt̟rèmen *Si.*] intr. v. *ersticken, beengt sein:* ech erstremme bâl vu' lauter Damp *ich ersticke fast vor Rauch.* — vgl. baier. 2, 813 stremmen *zusammenziehen, beengen;* stramm adj. *straff gespannt;* strammen *spannen* Weig. Wtb. 2, 818 u. From. 6, 486.

er-uf [əruf *fast allg.*; erǫ́p *D. Si.*] adv. *herauf.*

erun [əru(n) *D. Si.*] adv. *heran.* — Zss. wie hd.: eru-kommen, eru-schleichen, erun-zeïen u. s. w. — ss. u. moselfr. eru(n) Kisch vgl. Wtb. 67.

er-us [ərus *fast allg.*; ərǫus *D. Si.*] adv. *heraus.*

er-uweren s. eroweren.

er-vir [ərfïr *D. Si.*] adv. *hervor.* — Zss. wie hd.: ervīr-kommen, ervir-sprangen, ervir-stôn u. s. w.

er-wannen, Ptc. erwonn *D. Si.* 1. trans. *wiedergewinnen.* — 2. refl. *gute Geschäfte machen:* en hot sech vil erwonn.

er-wěchen [ərwèxən *Bo. D. Si.* u. s.] 1. trans. *wecken, erwecken.* — 2. intr. *erwachen:* ech sin em fenef Auer erwěcht. Das Particip erwěcht *bedeutet auch wach:* en as schoun *(schon)* e.

er-weideren tr. v. *D. Si.* wie hd. *erweitern, bes. den Strumpf beim Stricken.*

erwen [èrwen *fast allg.*; éərwən *Bo. D. Si.*] tr. v. 1. *erben:* am beschte isch elän e. — 2. *durch Vererbung od. Ansteckung* *eine Krankheit bekommen*: ich han de Schnuppe von d'r geerwt.

Erwer [èrwər *Ha.* Pl. gleich; èrwə *Hom. Ri.*] *m. Erbe.*

Erw-fehler *m. allg. Geburtsfehler.*

Erw-grent [-grént *Bo.*; -grant *Si.*] *m. Krätze, ansteckender Ausschlag. Rda.:* Wann der E. mal laremer (*hie u. da herum*) es, werd m'r en nemmeh los. *Bo.* — els. 1, 278.

Erw-sen [-sen *Bo. D. Si.*] *f.* wie hd. *Erbsünde.*

Erw-stek [-štek *D. Si.*] *n. Erbstück.*

er-wurjen [ərwurjən *Falk.*; ərwirjən *D. Si.*] tr. u. intr. v. *erwürgen.*

Erz [èrts *fast allg.*; írts *D. Si.*; íəts *Bo.* — Pl. -ər] *n.* u. *m. Erz.*

Erz-lijer [èrdslijər *Ri.* u. s.] *m. Erzlügner.*

es [ès, *unbetont* əs *fast allg.*; hét, *unbet.* ət *Bo.*; èt, *unbet.* ət, t *Falk.*; hat, *unbet.* ət, t *D. Si.*] Neutr. *des Personalpron. der 3. Pers. es.*

ës [ès *D. Si.*] *adv. einst, einmal*: et as ës eng Fra gewês.... E. < *mhd.* eines, eins. Das n *ist mit Ersatzdehnung ausgefallen.* — lux. 95 ès.

-es *Genitivendung zur Bezeichnung von Spielen:* Fänkes, Lâfes, Soldates, Versteckelches spile.

Esch [èš *fast allg.*] 1. *f. gemeine Esche.* — 2. *m. Flurname*: hener Esch *Lix.*; lang Aesch *Forb.* Besl. II 35. Esch *bedeutet in diesem Falle urspr. ein Saatfeld, eine Anzahl Äcker, die stets zusammen bebaut werden oder brach liegen.* — baier. 1, 167 Esch *Ganzes von Äckern*; els. 1, 80. Äsch, Esch *Feldbezirk*; mhd. eʒesch zsgz. esch.

eschtlech *außerordentlich, furchtbar* s. äschtlech.

eschtimiereⁿ [èštimírə *fast allg.*; èš-dəmírə *Ri. Ha. Hom.*; èstiméïərən *D. Si.* Ptc. èštimírt u. gəèštimírt] tr. v. 1. *schätzen, achten*: sie han 'ne garnit geeschtimiert. Er hat's nit geschdemiert *er hat kein Gewicht darauf gelegt Ri.* — 2. *abschätzen*: e Hus un so viel eschdemiere *Ha. Hom.* — frz. estimer.

Eschtimation *f. Ri. Hom. Ha. Abschätzg.*

Eschtrich [èštriχ *Pü.* u. s.; nèštreχ (*mit vorgeschlagenem* n) *Si.*] *m. Estrich,*

d. i. ein aus Gipsmasse hergestellter Hausgang- und Speicherboden in Bauernhäusern.

Esel [éʒəl *fast allg.*; èʒəl *Pü.*; éïʒəl *Bo.*; iəʒəl *Si.*; Pl. éʒəl, éïʒəln, iəʒələn; Demin. éïʒəlχin *Bo.*] *m.* 1. *Esel*: steddi wie e E. *störrig wie ein E. Hom. Ri. Rda.*: wenn m'r 'n E. nennt, so kommt er gerennt *Pfb.* Er isch glich um E. *er wird gleich böse Fo.* Der isch as E. üs der Wand gehüpst *er ist von jeher sehr dumm gewesen Pfb.* Dich hat dr E. us der Wand geblitzt *du bist von ungefähr da;* (allgem.) *jedes Ding hat seinen Grund Ri.* Wä ma 'n E. uf de Märk schickt, kimmt 'n Ochs zerick *Ersd.* Den E. of d' Is fihren *jemanden in eine Falle locken Bo.* Oïnen von den E. setzen *jemanden öffentlich zum besten haben Bo. Reimsprüche*:

Esel i—a!
Wer hat dich geschla?
Dem Esel sin Knecht,
Der hat emol Recht! *Pü.*

Esel i—a!
Hat Hawer getra,
Hat Gold geschess,
Hat d' Leffel verbess. *Lix.*

— 2. *Dummkopf.* — Zss. **Esels-blädder** [-blèdər *Pü.*] Pl. *Blätter des Huflattichs* (Tussilago farfara). **Esels-brek** *f. D. Si. Eselsbrücke, bekannte geometrische Aufgabe.* lux. 96. **Esels-fuss** [-fous *D: Si.*] *m. gemeiner Huflattich.* **Esels-kaup** *f. Si. Eselsmütze aus Papier, welche Schulkindern zur Strafe aufgesetzt wurde.* **Esels-kapp** *allg. Dummkopf.* **Esels-lascht** *Last, die für einen Menschen zu schwer ist.* **Esels-ohre** *Lix.* dasselbe wie Esels-blädder.

Esel-noss [eʒəlnòs *Niederls. bei D.*] *f. Haselnuß.* Esel < Hesel, Häselter (s. d.).

eso [əʒó *fast allg.*; əʒou *D. Si.*] adv. *so, also*: hen as esoⁿ grouss *D. Si.* En as. net eso da *er ist nicht so einfältig Ri.* (auch: *man muß ihn zu behandeln wissen*). — ss. u. moselfr. esu, Kisch. vgl. Wtb. 68. Eso < ein so = taliter.

Espe [èspə *D. Si.*; èšpə *fast allg.* Pl. -n] *f. Espe, Zitterpappel.* — Zss. E.-lâf (Eschpe-lâb) *Espenlaub*: zittern wie E. *Lix.*

esseⁿ [èsən *fast allg.*; ésən *D. Si.* — Flexion: èsən, èšt, èst *fast allg.*; ésən, ešt, ešt *D. Si.* — Ptc. gès *fast allg.*; gèsen *Falk.*; gés *D. Si.*] tr. v. *essęn*: Esse halt Leïb un Läwe z'samme *Ha. Hom. Ri.* E. wie e Birschtebinner, wie e Drescher *allg.* Essen, ass em de Breï am Bart erunner lâft *tüchtig essen Bi.* Esse, ass es owe erus kummt od. lüuwt *Ha. Ri.* Han ihr schon gess? *Mittagsgruß. L'* Essen drân *den Arbeitern auf den Arbeitsplatz.* Ze Morje esse *frühstücken*; ze Mittá, ze'n Owend esse. *Je nach der Speise soll man essen:*
Drum rum um de Pannkuche,
Un mitte im Flammkuche,
Un owe uf de Milchsupp,
Un inge *(unten)* en de Mehlsupp. *Ltf.*
Esser *m. fast allg. Esser, jemand der viel ißt.* Er isch ken grosser E. *Das Femin. lautet:* Essersch.

Essich [esix *fast allg.*; èsex *D. Si.*; èsi *Hw.*] *m. Essig. Rda.*: er macht grad e Gsicht, dass me mänt, er hat ale *(alten)* E. getrunk *er macht ein trauriges Gesicht Mett.* — Zss. Essechs-muºder *f.* 1. *verdickter Rest im Essigfaß.* 2. *Essigpilz* (Mycoderma aceti); Essechs-m'rai *f. beschränktes, unvernünftiges Frauenzimmer Rettel.*

Etchen [ètxən *Si.*] *männl. Vorname* Stephan. — frz. Etienne.

Eter [ètər *D. Si.*] *m. Eiter.* — lux. 97 ebenso.

eteren [ètərən *D. Si.*] intr. v. *eitern.*

Etzel [etsəl *Pü.* u. s.] *n. Wiese, die von einer Hecke umgeben und eingeschlossen ist.* Etzel ist eigentl. Demin. von Etz, Ätz (baier. I, 181) *Weideplatz, Trift.* — els. 1, 86 Etzel. *Flurbezeichnungen*: Beckerneckel-etzel; Biltsche - etzel (mhd. bülz *Pilz*); Bouch - etzel; Heymesen - etzel *(Ameisen-)*; Kerich-etzel *(Kirchen-)*; Krumbel-atz (Krumbir *Kartoffel*); Blasen-etzel (mhd. blas *kahl*); Ritgen-etzel (Rüttchen *kleines gerodetes Stück*); Gehansviller-etzel *(Johannisweiler, Gemeinde Färschweiler,* Besl. II. 35 u. 45.

Ev [éf *fast allg.*; éïf *Si.*; éfà *Hom. Ri.* Demin. éwxə, éwəl, éïwi, éïftxən] *weibl. Vorname Eva*: Du wunderfitziche Eva! *du vorwitziger Mensch: (von Frauen u. Männern gesagt Ri.) Spruch:*
Uedem an Eïv
Woren deï zwen eïschter Deïf
Adam u. Eva waren die beiden ersten Diebe Si. — els. 1, 17 Ev.; baier. 1,178 Êv, Ëïf.

ew *ehe* s. eb.

eweg [əwèg *fast allg.*; əwèx *D. Si.*] adv. *fort, weg, hinweg*: Gescht de nit eweg? — lux. 97 ewéch; hess. N. 67 enweg; mhd. enwëc. — Zss. wie hd.

eweil [əwail *D. Si.*; wail *Mw.*] adv. *eben, jetzt, soeben*: eweil as et Zeït *Si.* Ech gin weil gòn *ich werde jetzt gehen Mw.* Eweil < mhd. ie wîle.

Ewejeli [éwəžéli *Si.*] *m. Evangelium.* — els. 1, 17 Evejelje.

ëwel [èwəl *D. Si.*; éïbəl *Bo.*] 1. adv. *eben, nun einmal*: d'es eïbel soa *es ist nun einmal so Bo.*]. — 2. adversative od. einschränkende Partikel *aber*: M'r hun en erwârt, es as ewel net kumm *wir haben ihn erwartet, er ist aber nicht gekommen.* — vgl. ndl. evel < evenwel *doch.* s. a. awer.

eweⁿ I [èwə *Fo.*; èwe *Sgd. Bi.*; éwən *D. Si.*; éïbən *Bo.*] adj. *eben*: der Weg isch ganz ewe. Uf em ewene Schossé *auf ebener Straße Lix.* Es geht nne de Weg der Weg geht immer in der Ebene. *Ha. Hom. Ri.* Ewe mache (*im übertr. Sinne) ausgleichen Ri. Hom.*

eweⁿ II [èwə *fast allg.*; éïwən *Bo.*] adv. *eben, gerade, jetzt*: ewe isch er furt *Fo.* Ich hon jo nix gemacht! *sagt der Junge, der Prügel bekommt. Antwort:* Ewe drum grischt de!

ewen-mässich [éïwənmèsix *Bo.*] adv. *gleichfalls*: goᵘden Appetit! eïwenmässich! — vgl. mhd. ëwenmæzecliche.

Ewer-dorf *n. pr. Oberdorf (Dorf im Kreis Bolchen, Kanton Busendorf). Überhaupt heißt Ewerdorf das obere Dorf im Gegensatz zu Ingerdorf Unterdorf Ri. Ha.*

ewer-ecksich s. iwerecksich.

Ewer-land [èwərlànd *Ri. Hom. Ha.*] *n. Oberelsaß. Die Bewohner heißen scherzh.* Ewerlander.

ęwerscht [éwəršt *fast allg.*; ébərst *Ersd.* iəwəšt *Si.*; éwəšt *D.*] adj. u. adv. *oberst*; der ewerscht *der oberste*: er huckt der ewerscht *er hockt ganz oben, zu oberst Fo.* Er hot den eberschten Stock verlehnt *er ist betrunken Ersd.* Êwescht Dorf *das obere Dorf D. Si.* Z'ingerscht z'ewerscht *das Unterste zu oberst, alles durcheinander, auf den Kopf gestellt Ri. Hom.*

ewetzech [ė́wǝtseχ *D.*; iǝwǝtseχ *Si.*; ėrbsiχ *Bo.*] adj. u. adv. *verkehrt, umgekehrt:* d'ewetzech Seit *die verkehrte Seite.*—lux. 98 ⁱewentzich; vgl. baier. 1,13 abech, abechig, äbich *verkehrt;* mhd. abech, ebich; schles. äbicht, äbicht Weinh. 5; gemeind. äbich: die äbiche Seite des Tuchs Gr. Wtb. 1, 58.

ewetse-mär s. ebbesemeh.

Ewich [ėwiχ *fast allg.*; ewiš *Sgd.* ébiχ *Grt.*; ėwaid *Hom. Ri.*; ėwèd, ėwiχ *Ha.*; éſiχ *Fo.*] *m. u. n. Epheu:* grin wie E. *Lix.* — els. 1, 10; baier. 1, 14 Ebich.

ewich [ė́wiχ *fast allg.*; ćiwiχ *D. Si.*; éǝwiχ *Bo.*] adj. wie hd. *ewig, sehr lang:* der lewt e. — Ich han dich jo schon e. nimmeh gesihn *Fo.* Ewicher Klee *Luzerne.* Ewicher Judd. Ewicher Drändler. 'S ewich Liht *Tabernakellampe Hom. Ha. Ri.*

Ewichkät *f.* wie hd. *Ewigkeit:* er isch 'n E. nit kumme. Er isch in d'E. *er ist gestorben Ri. Ha.*

exakt [èksàkt *allg.*] adj. u. adv. *genau, pünktlich:* er isch arich exakt. De Uhr geht exakt.

Exame [egsâmǝ *Ri.*; eksamǝl *Falk. Si.*] *n. Examen, Prüfung.*

exern [èksǝrn *Bo.* u. s.] tr. v. *ärgern, plagen, necken.* — els. 1, 85 äxere, extere; henneberg.- fränk. ëxtern; ndd. éxtern From. 3, 133; 6, 60; 7, 176; baier. 1, 31 äcken; gemeind. ekstern, extern Gr. Wtb. 3, 399. 1208.

exerziereⁿ intr. v. *allg. exerzieren, üben, drillen.* — els. 1, 85.

Exerzis *m. D. Si. militärische Übung.*

Exkis [èkskhis *fast allg.*; egsgus *Hom. Ri.*] *f. Entschuldigung:* das isch e gut E! Ebbs fur e E. nemme *zum Vorwand nehmen Hom. Ri.* — els. 1, 85 Exkus; frz. excuse.

Exkise-kerfche *m. Lix.* u. s. *Körbchen, das die Mädchen u. Frauen als Vorwand an den Arm hängen, wenn sie Besuche machen oder nach der Stadt gehen.* — els. 1, 85 Exkusekörwele.

exkisiereⁿ [èkskhiséïǝrǝn *D. Si.*] intr. v. *entschuldigen:* exkise! *Hom. Ri.* exkiseïert! *D. Si. entschuldigen Sie!* — els. 1, 85 exküsiere; frz. excuser.

expliziereⁿ *fast allg. auseinandersetzen, erklären.* — els. 1, 85; lat. explicare.

Express [èksprès *D. Si.*] *m. Trotz:* zum E. zum Trotz.

express adj. *allg. absichtlich, vorsätzlich, zum Trotz, mit Fleiß:* er hat's jo e. gedon. *Lix.* Äm eppes e. machen. *Si.* — lux. 98 u. els. 1, 86 ebenso. frz. exprès.

extra adv. *allg. absonderlich, außerordentlicherweise:* er muss immer eppes e, han. — Adjektivisch: M'r werd dir a noch en extra Koschte gen! *ironisch Lix.* — els. 1, 86 ëxtra.

F. V.

F [ɛf *allg.*] *m.* u. *n.*, verdoppelt FF. *hoher Grad:* das isch einer us'm FF. *der versteht seine Sache.* Der konn sin Sach us'm FF. — En Ff'de *Bezeichnung für eine etwas einfältige Person Ri.* — els. 1, 88.

fa (far) s. fir.

fabeln [fåbəln *Bo. Falk.*; fåwlə *Ri. Hom.*; fòblə *Fo.*; fòbələn *D. Si.*; fòwlə *Sgd. Lix.*] intr. v. 1. *im Fieber phantasieren, irre reden.* — 2. *faseln, ungereimtes Zeug schwatzen:* de fowelscht. — els. 1, 89; schwäb. 2, 906 fable.

Fabrek [fåbrek *D. Si.* u. s.; fåwrik *Ri. Fo. Sgd.*] *f. Fabrik:* er schafft in der F. — Zss. Fabreks-arbeter *Si.* Fabreks-medchen *n. Fabriksarbeiterin.* Fabreks-wuer *f. F.ware.*

fabrizieren [fåbritsírən *fast allg.*; fabritséïərən *D. Si.*; fåwritsírə *Sgd.*] tr. *verfertigen, fabrikmäßig herstellen.* — lux. 98; els. 1, 89; schwäb. 2, 906.

Fach *Abteilung* s. Gefach.

fachen [faχən *D. Si.*] tr. v. *schlagen:* ech hun em eng gefacht *ich habe ihm eine Ohrfeige gegeben.* — lux. 99; tirol.: einem eine fachen From. 5, 223. Zu ahd. fåhan? oder mit baier. 1, 685 fachen, els. 1, 92 fåche *aichen, zumessen* zshd.?

Fackel [fåkəl *fast allg.*; fåkəl *D. Si.*] *f.* wie hd. *Fackel.*

fackeln [fåkələn *D. Si.*] intr. v. 1. *mit den Augen zwickern.* — 2. *zittern, zaudern.* — 3. *flackern:* d' Lucht fackelt *das Licht flackert.* — lux. 99; baier. 1, 689 fackeln *zaudern;* schwäb. 2, 910 ebenso.

Faddel [fadəl, Pl.-n *Bo.*] *m. abgerissenes Stück.*

Fadem [fådə(m) *fast allg.*; fuədəm *D.*; fodəm *Si.* — Pl. fǽdə, fédən. Demin. fǽdχə, fédəmptχən] *m.* 1. *Faden:* es hängt nummeh an em F. Er losst kän guder F. an em. Du hesch jetz mol de Fade *du hast jetzt das Richtige getroffen Pfb.* — 2. *Faser der Hülsenfrüchte.* — els. 1, 93 Fade; lux. 121 Fuᵉdem.

Fahl [fål *Lix.*] *f. Name für eine fahlrote Kuh.*

fahl [fål *Falk. Lix.* u. s.] adj. *fahl:* f. wie Åschen *aschfahl.* — els. 1, 104.

Fahne [fånə *Fo. Ri.* u. s.; fą́nən *Bo.*; fɛnəl *Va.*; fɛndəl *Falk. Kr. Vbg.*; fun *Rü. Si.* — Pl. fånə, fɛndəln, funən. Demin. fɛnχə, fɛnχin] *m.* u. *n. Fahne:* de F. rushänge. Du hasch de F. erushänge *das Hemd schaut aus den Hosen heraus Ri.* (Fahne *bezeichnet vor allem die kirchliche F., und zwar unterscheidet man:* Männerfahne, Buwefahne, Maidefahne, Muttergottesfahne *mit dem Bilde der Madonna*). Die F. drawe *bei Prozessionen die F. vortragen Ri.* „Fähncher" *bedeutet leichte Frauenkleider:* wat hat se wider for F. an! *Fo.* — lux. 122 Fuendel; ndl. vaandel.

fahren [fårən *fast allg.*; fúərən *D. Si.* — Flexion: fåra, fáršt, fårt — gefår *Fo.* fårən, fɛršt, fɛrt — gəfår *Falk.* fårə, fɛršt, fɛrt — gəfår *Sgd. Lix.* fúərən, fiəršt, fiərt — gəfúər *D. Si.* Imp. Konj.: eχ fir *Si.*] 1. *fahren* (act. u. pass.) der Knecht fahrt mit dem Wån us. Mir fahre mit der Kutsch. — Do kunnt mer us der Hut *(Haut)* f. *vor Ärger.* Sie sin en de Heh gefahr *vor Schrecken.* Er hat en f. geloscht *einen Darmwind Lix.* Besser schlecht gefahr, äss gut gang *von zwei Übeln das geringere wählen Bo.* — 2. *streichen:* Fahr mol mit der Hand iwer de Disch! — 3. *pflügen:* Mer gehn e Stick fahre. Das Stick isch uf Sot gefahr *vor dem Säen umgepflügt Lix.* M'r grin nimmeh gefahr *kein Bauer will mehr*

unsere Äcker für uns pflügen Lix. els.
1, 126. s. *die übrigen Ausdrücke für
pflügen*: fellichen, stürzen, brochen,
rühren.
fahr-lässich [fárlæsiχ *Bo.*; fúrlésex *Si.*]
adj. *fahrlässig*.
Fahrt [fárt *fast allg.*] *f.* 1. wie hd. *Fahrt.*
— 2. *ein überbautes Gäßchen dicht am Haus,
um nach dem Hinterhaus zu fahren. Pü.*
Faïas [fáïąs *Bi.*; feïas *Falk.*] *n. Halbporzellan, Steingut.* — frz. faïence.
faïaseⁿ adj. *Bi. aus unechtem Porzellan
verfertigt:* f. Gescherr. — els. 1, 88
faiangsig.
Faïaserie *f. Fayencefabrik.*
fäl [fèl *fast allg.*] adj. *feil:* was han
er dann f.? Mulaffe f. halde *gaffend dastehen Ri.* Der gesiht mer am Gesicht
an, was se f. hat *sagt man von einer
Dirne Fo.* — lux. 105 fèl. Zs. **fäl-bidden**
tr. v. *D. Si.; feilbieten.*
falen [fálən *D. Si.;* fèlən *Falk.;* fáldə
Ri. Ptc. gəfált, gəfelt] tr. v. *falten.* Demin.
fäldle *Ri.* — lux. 99 fålen.
falich [fálíχ, fálex *D. Si.;* fáldi *Ri.*]
adj. *faltig.* — lux. 99 fålech.
Fall I [fal *fast allg.;* fàl *Ri.*] *m.* 1. *Fall,
Vorfall:* er hat e beser F. gedan Das
isch e schwerer F. *sagt man, wenn eine
beleibte Person hinfällt Ri.* Gesetzt der
F. angenommen daß. Zum Fall = *zum
Beispiel Fi.* — 2. *Gefälle eines fließenden
Wassers:* 's Wasser het vil F. — Zss.
Fall-brick; F.-**brett**; F.-**dir** *Falltüre.*
Fall II [fàl *fast allg.;* fál *D. Si.;* fèl
Bo. Falk.; fàlt *Ri. Hom. Ha.* Pl. -ən.
Demin. fèlχin] *f.* 1. *Falle:* e Fäll richten
eine Falle stellen Falk. — 2. *Falte.*
fällech [fèleχ *D. Si.* u. s.] adj. 1. *fällig*:
d' Zensen si(n) f. — 2. *ledig*: en as nach
f. — lux. 99; mhd. vellec.
Falle-krankheit [fáləkroŋkhait *Lix.;*
d' fallet Weh *Ri.*] *f. Fallsucht, Epilepsie.*
falleⁿ [fálə *Fo.* u. s.; fálən *D. Si.;*
fèlən *Bo.;* felən *Falk. Lix. Ri.* — Flexion:
falə, fèlšt, felt, falə — gəfal *Fo.* u. s.;
fálən, fèlšt, fèlšt, fálən — gəfál *D. Si.;*
felən, felšt, felt — gəfál *Falk.;* fèlə, fèlšt,
fèlt — gəfál(t) *Lix.;* gəfol *Marienth.*] intr.
v. *fallen:* er isch von der Läter gefal(t).
*Sucht sich jemand im Fallen noch zu

halten, so ruft man ihm zu*: hal dich am
Boden! *Falk. Fällt jd., so ruft man ihm
zu:* kumm, i heb di uff! *Ri.*
falliereⁿ [falírən *fast allg.*; faléïərən
D. Si.] intr. v. *verunglücken, zugrunde
gehen:* 's isch mer e Stick Vih falliert.
Isch's meïlich? der rich Mon wär falliert?
Lix. — els. 1, 702; lux. 99; schwäb. 2, 932.
fälsch [fèlš *fast allg.;* falš *Ri.*] adj.
u. adv. 1. *falsch, untreu*: f. wie'n Schlang,
wie e Katz. Falscher Deiwel! Falsches
Luder! Falscher Ketzer! *Ri. Hom.* Er
isch mer f. *er hat etwas im geheimen
gegen mich Ri. Ha.* I bin falsch wor an
em *ich habe mich in ihm geirrt; habe ihm
nicht recht getraut Ri. Ha.* Fälsch Denger
machen *hinterlistige Streiche spielen Bo.*
— 2. *Eiter erzeugend (von Wunden)*: det
Weh es fälsch woʳd *die Wunde ist eiterig
geworden Bo.*
Fälschichkeit [fèlšiχkeït *Falk.*] *f.
Falschheit.*
Fälschong [fèlšoŋ *D. Si.*] *f.* wie hd.
Fälschung.
Falz [fàlts *fast allg.*] *f.* wie hd. 1. *Falz,
Kehle an einem Türgestell, Rinne.* — 2.
*Falz an einem Buche, in welchem die
Deckel eingesetzt werden.* — Zss. F.-**bank**
*Bank, in welcher das zu falzende Holz
eingespannt wird.* F.-**bän** *Falzbein (des
Buchbinders).* F.-**howel** *Hobel zum Falzen.*
falzeⁿ *fast allg.* wie hd. *falzen.*
fälzen [fèltsən *Si.*] tr. v. *feilschen.* —
lux. 250 fèlzen; baier. 1, 707 failsen, failzen;
mhd. veilsen. s. fäl.
Famfuppes *m. Si. Hanswurst.* F. ⟨
Fang-fuppes; Fank = *Schwank.* baier.
1, 727; fuppen = *foppen.* s. a. Fuppes.
Famill [fàmil, Pl. fàmiljən *fast allg.;*
familiə *Ri.*] *f. Familie, Verwandtschaft.
Rda.:* 's geht nit us der Familie *es kommt
etwas nicht in fremde Hände (von Häusern,
Grundstücken, Geld u. dgl. gesagt) Ri.* —
Zss. Familje-**fehler**. F.-**gräf** F.-**grab**.
F.-**kreiz** *n. D. Si.* 1. *gemeinsames Grabkreuz einer Familie.* 2. *Familienmitglied,
das viel Kummer u. Verdruß bereitet.*
F.-**nom**. F.-**stek** *n. D. Si. Erbstück.*
famos [fàmós *fast allg.;* fàmous *D.
Si.*] 1. adj. *trefflich, bedeutend, tüchtig*:
e famoser Kerl. — 2. adv. *sehr, zur Be-

zeichnung einer Steigerung: es hat f. gedimmelt. — els. 1, 116; schwäb. 2, 938; frz. fameux.

van s. von.

Fändel s. Fahn.

Fang [fàŋ *fast allg.;* fàŋk *D. Si.*] *m. Fang.* — mnd. vank.

fange[n] [fáŋə *fast allg.;* fɔ̀ŋə *Lix.;* fèŋən *Bo.;* fèŋkən *D. Si.* — Flexion: fàŋə, fàŋšt, fàŋt -gəfàŋ *Fo.* u. s.; fàŋə, fèŋšt, fèŋt -gəfàŋ *Falk.;* fɔ̀ŋə, fìŋšt, fìŋt -gəfoŋ *Lix.;* fèŋkən, fèŋkšt, fèŋkt -gəfáŋ *D. Si.*] tr. v. 1. *fangen:* de Katz fangt Mis. Ebber in der Red f. *jd. in der Rede fangen Ri.* E Paar f. *eine Tracht Prügel erhalten Ri. Hom.* G'fang uf der Bruscht *Brustbeklemmung Ha.* — 2.*zum Angebinde schenken:* er hat sine Babe met ere Piff gefang *Ett.*

Fanger s. Finger.

Fänkes [fèŋkəs *D. Si.*] *n. Fangspiel der Kinder:* F. spillen. — lux, 100 Fânges; els. 1, 121 Fanges, Fangerles. — Zs. Fänkes-spil.

fannen *finden* s. finnen.

Fanner-lohn [fànərlonn *D.Si.*] *m. Finderlohn.* — lux. 100.

Fanni [fàni *fast allg.*] *Kurzform für Stephanie.*

far (fer) *für, um* s. fir.

färich [færiχ *fast allg.*] adj. *nach dem Stier verlangend, stierig (von der Kuh):* de Kuh isch f., loss de Mole erus! *Lix.* — els. 1, 131. s. Farre.

Faro [fàro *Ri.*] *m. Hundename.*

Farre[n] [fàrə *Fa.;* faron *Bo.;* fàr *Falk. D.;* fòr *Lix.;* fór *Si.;* fáor *Av.* — Pl. gleich.] *m. Zuchtstier:* ze Farr gehn *Falk.* De Kuh geht s'Forr *Lix.* — baier. 1, 736 u. schwäb. 2, 958 Farr, Farre; els. 1, 131 For; lux 100 Fâr; mhd. var, varre. — Zss. Farre-schwanz *Ochsenziemer* mhd. varrenrieme. Farre-stall (Fore-stal) *Stierstall.*

Fars [fars, Pl. -ən *allg.*] *m. Scherz, Streich, Witz, Posse:* Mach kän F.! — els. 1, 43; lux. 101; frz. farce.

Farsechkät *f. Si. Witzigkeit.* — lux. 101.

Farw [farw, farb *fast allg.;* færw *D.;* forəf *Si.* — Pl. farwən, forəfən] *f.* 1. *Farbe, Gesichtsfarbe, Aussehn:* er hat jo kän F. im Gesicht. Lu mol, wie er de Farw schoschiert *wie er sich verfärbt Lix. Ri.* Van der Farb spille *im Kartenspiel Karten von derselben Farbe aufwerfen.* D'Farb geht los *die Farbe verblaßt z. B. an einem Kleide Ri. Hom. Ha.* — 2. *Färberei:* en de F. gèn *in die Färberei schicken.* In de F. dun *färben lassen.* — 3. *Farnkraut Falk.*

farweje[n] [farwéjən (warim) *Falk.;* fawêjə *Ri. Ha. Hom.*] interrog. pr. *weshalb?* fa wäje warum wil *von wegen weshalb, deshalb weil Ri.*

färwe[n] [fèrwən *fast allg.;* fèrwən *D. Si.* — Ptc. gəfèrbt, gəfèrwt.] tr. v. *färben:* Ich han nix meh an ze dun. *Entgegnung:* Dann geh un loss dich blô färwe *Fo.*

Färwer *m. fast allg. Färber.*

Färwerei *f. fast allg. Färberei.*

farwich [farwiχ *fast allg.;* forweχ *D. Si.*] adj. *farbig.* — lux. 101 fârwech.

färzen [fèrtsən *Av. Bo. Ersd. Vbg.* u. s.] tr. v. *mit dem Stock durchprügeln.* — vgl. baier. 1, 762 färzen; lat. farcire *spicken.* s. a. verfärzen.

Fäsch [feš *fast allg.;* fès *D. Si.;* fešìn *Lix.* Pl. -ə[n]] *f. Reisigbündel, Holzwelle, Faschine:* en F. Holz. — lux. 101 Fäsch; els. 1, 152 Fäsche; baier. 1, 779 Fätschen < lat. fascia. — Zss. Fäschekleppel *m. Reisigknüttel;* F.-ko^{u}p *m. D. Si. Reisighaufen.* F.-bengel *m. dasselbe wie* F.-kleppel.

Fäschin *f. Lix. Dasselbe wie* Fäsch. — Zs. Fäschine-bengel *m. Knüttel, derber Stock, deren man in jede Faschine einige steckt, um das Ganze zusammen zu halten.*

Fascht [fàšt *D. Si.*] *m. Gedärmwind, Fist. Rda.:* aus engem F. e. Furz machen *etwas übertreiben (lux. Grenze).* — lux. 101 Fascht; baier. 1, 777 Feist; frz. vesse.

fascht [fàšt *Fo. Ri.* u. s.; fàš *Falk.*] adv. 1. *fast, beinahe:* m'r han f. kä' Holz meh. — 2. *vielleicht:* es isch em f. iwel.

Faschte[n] [fàštə[n] *fast allg.;* fašdə *Ri.;* fáštən *D. Si.;* fàšt *f. sg. Pü.*] pl. *Fastenzeit:* In der F. dure siwe Wuche. In de F. macht m'r kä' Hochzit. — Zss. Faschtda(ch). Faschte-zit: In der F. därf mer Owets kä' Fläsch esse *Fo.* Faschtepredicht. F.-speiss. Fâschten-zopp *f. D. Si. magere Suppe.* Faschden-ims (*Fastenimbiß*) *mageres Essen Ri.*

faschte[n] [faštən *fast allg.*; fašdə *Ri.*; fåštən *D. Si.*] *intr. v. fasten*: wer schafft, bruch nit ze f. *Fo.* — lux. 101 fåschten.

Faschtert [fåštərt *Si.*] *m. schwächlicher Mensch, Stinker.* — lux. 101. s. Fascht.

fåschtlech *adj. u. adv. D. Si. zu den Fasten gehörend*: f. mâchen *Fastspeise bereiten oder essen.* Et as haut f. *heute muß man Fastenspeise essen.*

Fase-bope [fáʒəbópə, (-bóbəⁿ) *fast allg.*; fuəʒənsbók *Si.*; fuosbók *Nj.*] *m. Vermummter in der Fastnachtszeit, Fastnachtsnarr.* — *In Forbach singen die Kinder, wenn sie Masken sehen:* Fasebope, liederliche Trope (*Tropf*) — Schneegäns mit Silwerschwänz! *In Bitsch ruft man den Masken zu:* Fasenachtsbobe, hol mich am Jope!

Fase-kicheler [-kìχəlχer *Pü.*; fáʒəkiχlə *Mü.*] pl. *Fastnachtskuchen.*

faseln s. fuseln.

Fasem [fáʒəm *Lix.*; fuəʒəm *Si.* — Pl. fèʒəm] *m. Faden, der aus einem Gewebe abgelöst ist.* — baier. 1, 762 der Fasen; Gr. Wtb. 3, 1336 Fase f.; els. 1, 147 Fasel; mhd. vase.

fase-nackich [fáʒənakiχ *Fo.* u. s.] adj. u. adv. *bis auf die Fasen des Hemdes nackt, splitternackt*: er isch f. erumgelåft. — els. 1, 765 u. schwäb. 2, 962 faselnacket, fasenackig. s. Fasem.

Fase-naht [fáʒənàχt *Pfb. Bi.*; fåʒənàt *Fa. Ri. Wb.*; fuoʒənеχt *D.*; fáʒənt *Bo. Vбg.*; fáʒət *Fo. Ersd.*; fáʒərt *Sp.*; fuèʒənt *Si.*] *f. Fastnacht. Rdaa.*: Er hat immer soviel Årwet, wies Kichelkät (*Kuchenbäckerin*) an der Fasert *Sp.* Er hot sovil Ärbet, wie'n Ponnkuchenponn an der Faset *Ersd.* Er kummt hintennoch, wie d'alt Fasenacht *Wb. In Pfalzburg singt man*:

Gar lusdich esch de Fasenacht,
Wenn mini Mama Kechle bacht,
Wenn se awer keini bacht,
No pfiff ich of de Fasenacht.

— Zss. F.-bodsche *m. Ri. Maske, Schlaraffe.* F.-kichle.

Faser-kreppeln [fáʒərkrèpəln *La.*; fáʒen- *Kr.*; fáʒa- *Marienth.*] pl. *Fastnachtskuchen.* s. a. das einfache Krepple.

Fass [fås *fast allg.*; fás *D. Si.* — Pl. fæsər; Demin. fæsχe, fæsel.] *n.* 1. *Faß*: hohl wie'n F. — *Spruchreim*:
Wäsch de was?
Da innen steht en Fass,
Wann's ränt, wird's nass,
Wann's schneit, wird's wiss,
Wann's gefriert, gits Is.
Marienth.
Der hat e Fässel *der hat einen Schmerbauch Ri.* — 2. *ein Fruchtmaß* = 4 Milschter s. d.; 4 Fass = 1 Quart = 120 Liter.

Fassel *f. Rü. Si. kleiner, runder Behälter mit siebartigem Boden. Er wird auf ein Gefäß gestellt u. mit geronnener Milch gefüllt; die wässerigen Bestandteile sammeln sich in dem Gefäß, aus dem Übrigen wird Käse bereitet.* — els. 1, 140 Käsfissel.

Fässel-riter *m. Flh.* (*Faßreiter*) *einer mit O-Beinen.*

fasse[n] [fasə[n] *fast allg.*] *tr. v.* 1. *fassen, anfassen, ergreifen, festhalten*: fass e mol mit an! — 2. *in Empfang nehmen* (*Sold, Ration u. ähnl.*): Am erschte vom Monat wird frisch gefasst. De Soldate gehn fasse *gehen ihre Ration in Empfang nehmen.* — 3. *in ein Maß fassen, füllen*: Korn fasse. — Der Immebabe fasst sine Imme *der Imker sammelt seinen Bienenschwarm durch Abschütteln in einen Bienenkorb od. -kasten.*

Fassun [fasún *Fo. Rem.* u. s.; fásón *Ri.*; fasaun *Si.*; fasoŋ *D.*; fȩsǫ *Falk.*] *f.* 1. *Aussehn, Form, Gestalt*: das Klåd hat jo gar kä' F. — 2. *Zuschnitt, Faltenwurf*: de F. vom Klåd koscht 20 M. — els. 1, 148 Fason; schwäb. 2, 967 Fasso; lux. 101. Fassong; frz. façon.

fatal [fatål *fast allg.*; fådål *Ri.*] adj. u. adv.; *schlimm, ärgerlich, verdrießlich*: es isch e fatalə Geschicht. Das isch e fadali Sach *Ri.* — els. 1, 155; schwäb. 2, 977.

fätiere[n] [fêtîrə[n] *fast allg.*] *tr. v. feiern, auszeichnen*: der isch awer gefätiert wor! *Fo.* — frz. fêter.

fatschen [fåtšən *D. Si.*; fatsən *Bo.*] *intr. v. mühsam gehen, durch schwieriges*

Gelände z. B. durch Kot od. Schnee gehen.
— els. 1, 159; lux. 102 fatzen.
Fatschert [fåtšərt *Si.*] *m. einer, der schwerfällig einhergeht.* — vgl. els. 1, 159 fatschen *im Dreck waten.* s. d. vorige.
Vatter [fatər *Falk. Fo. Bo. D. Si.*; fådər *Ri.*] *m. Vater:* Mi' Vatter hat gesa't. *Die Diedenhofener-Siercker Ma. kennt* „Vatter" *nur in der Verbindung:* Gott Vatter; de Gläwe Gott Vatter bieden. — Zs. **Vattersch-bruder** *Falk.* (Vaddersbruder *Ri.) Onkel.*
Vatterunser [fatərunӡər *fast allg.*; fatronӡər *D. Si.*] *n. Vaterunser. Rdaa.:* Met Vatterunsere handle *betteln Flh.* Dat geht eweï de V. *das geht leicht Si.* Zs.: **Vatterunser-loch** (-lächel) *n. Pü. Flh. D. Si.* u. s. *verkehrte Kehle (beim Schlucken), Luftröhrenspalt:* es isch em ebbes ins V. kumm *er hat sich verschluckt.* 'S V. zudricke *die Kehle zudrücken Ri.* — lux. 455 Vadronserlächelchen; schwäb. 2,981 Vaterunserlöchle.
Fatz *Stück, Fetzen* s. Fatzen.
Fatzen [fåtsən, Pl. gleich *Bo. Obd.*; fåts *D. Si.* Demin. fåtsəl] *m. Fetzen, Stück, Lappen:* kän Fatzen (kä' Fatz) *gar nichts.* — lux. 102 Fatz; schwäb. 2,982 Fatze.
fatzen *mühsam gehen* s. fatschen.
fatzich [fåtsix, fåtseχ *D. Si.*] adj. 1. *zerfetzt:* e. f. Kläd. — 2. *groß, ansehnlich:* e f. Steck Brout. — schwäb. 2,982 fatzig, s. Fatzen.
Vaul s. Vogel.
faul s. full.
faulen, faulenzen, Faulenzer, Faulhät s. fulen, fulenzen, Fulenzer, Fullhet.
Fauscht s. Fuscht.
Fauscht-dek *m. Si. kleiner Kerl, Knirps.*
fausen [faużən *Rü.* u. s.] tr. v. *gründlich säubern, z. B. den Garten von Unkraut, Wurzelfasern u. dgl.* — vgl. hd. Fasen, Fasel, Faser.
Fauser *m. Rü. derjenige, der gründlich säubert.* s. d. vorige u. Fure-fauser.
Fausert [fauȝert *Si.* u. s.] *m. Possenreißer, Spaßvogel.* — vgl. baier. 1, 766 Fausen = Flausen; els. 1,148 Fause *Possen, dumme Streiche;* Gr. Wtb. 3, 1378: Fausen = nugae, fallaciae; schwäb. 2,982 Fatzer.
fauteln *betrügerisch spielen* s. fudlen.

Fauteler s. Fudler.
Fawrik s. Fabrek.
Fawriker *m. Sgd. Fabrikarbeiter.* — els. 1, 89 Fabrikler, Fawriker.
Faxen [faksən *allg.*] pl. *Possen, Unsinn, Späße, Albernheiten:* F. mache. — els. 1, 159; lux. 103; schwäb. 2, 994. Zs. **Faxe-macher** *m. allg. Possenreißer.*
Faxjonär [fågsionèr *Ri.*] *m. Posten.* — vgl. els. 1, 160, Faxjo; frz. factionnaire.
Feber, Fewer s. Fiwer.
Fecht-brudder [fextbrudər *D. Si.*] *m. bettelnder Handwerksbursche.*
fechten [fèχtən, Ptc. gefèχt *D. Si.*; fèχde *Ri.*] intr. v. 1. wie hd. *fechten, mit dem Säbel u. dgl.* — 2. *betteln:* e geht f. s. a. fochten, fochteln. — 3. *heftige Bewegungen, Gesten machen Ri.* — 4. refl. *sich mit jemandem herumzanken.*
Fechter *m. Si. Dasselbe wie* Fechtbrudder. — schwäb. 2, 998.
Fecht-schul *f. Ri.* wie hd. *Fechtschule.*
Vede s. Vedder.
Veddel [fèdəl *Bo.*] *f. Vettel, liederliches Weib.* — lat. vetula. s. a. Fiddel.
Vedder [fèdər *Fo. Vbg. Pfb.* u. s.; fède *Falk.*; fèda *Av.*; felər *Lix.*] *m.* 1. *Oheim von väterl. od. mütterl. Seite, meist in Verbindung mit nachfolgendem Vornamen:* Vedder Nickel, was mänen Ihr? *Vbg.* — 2. *Pate Pfb.* — 3. *Vetter (wofür man häufiger Kusing gebraucht).* — 4. *Gevatter.* — östr. Véde From. 6, 252 II.
fedderen [fèdərə *Fa.*] tr. v. *zurechtweisen mittels Schläge.* — vgl. els. 1, 95 g'fäddert = *gescholten.*
Feder [fèdər *fast allg.*; feïdər *Ro.*; fiədər *Oberk.*; fèlər *Schw.* — Pl. fèdərə, feïdərn] *f.* 1. *Vogelfeder:* De Fädre gehn losse *sich maußern (vom Federvieh) Ri. Rdaa.:* Wo keïn Feïdern ben, kann mer keïn roppen *wo nichts ist, kommt nichts hin Bo.* Es ïsch besser e Stick Brot im Sack, als e Feder am Hut *Fo.* — 2. *Bettfeder:* er isch schon in de Feder. — 3. *Schreibfeder:* das isch e gut F. zum Schriwe. — Zss. **Feder-bett** *allg.* F.-fett *n. Bo. Rippenfett.* F.-fuchser *m. Lix.* u. s. *Schreiberseele.* F.-messer *allg.* F.-resel *n. Ri. Federnelke, Grasnelke*

(Dianthus plumaris). els. 2,290 Federrösel. F.-schät (F.-scheid) *f. Ett. Pfb.* u. s. *Federkasten*. F.-schlick *m.* u. *f. fast allg. Flügel eines Vogels.* F.-stil *m. D. Si.* u. s. *Federhalter*. F.-stock *m. Fo. Grt. Falk.* u. s. *Federhalter*. F.-vih (-veïh) *n.*

federn [féïdərn *Bo.*] intr. v. *federn, elastisch sein, sich in Schwingungen bewegen wie eine Feder.* — els. 1, 95; schwäb. 2, 1001.

fegen [fègə *Grt.*; féïjən *Av.*; fèïə *Ri. Hom. Ha.*; féən *D. Si. Lix.* u. s.] 1. tr. *kehren, reinigen, ausputzen*: Bohne f.; Salat f. *Übertragen*: äm d'Boᵘne f. *einem gehörig die Wahrheit sagen Si.* — 2. *prügeln*: mer han ne g'feït *Ri.* — 3. refl. a) *sich aus dem Staube machen*; b) *die Nachgeburt abwerfen*: de Kuh fcht sich *Lix.* — lux. 103 féen.

Feg-fier [fèχfïr *Bo. Fo. Lix.* u. s.; féχfaiər *D. Si.*] *n. Fegfeuer*: 'S isch besser im F. als in der Hell sin *Fo.*

Feh [fè *Lix.*] *f. die das Embryo umgebende Haut, die nach der Geburt abgeht; Nachgeburt der Kuh.* — baier. 1, 696 das Gefeg; schwäb. 2, 1006 Fege. s. fegen 3 b.

fehl [fél *fast allg.*] adj. u. adv. *fehl, mißlungen, fehlerhaft, irrig:* f. gòn *den unrichtigen Weg einschlagen*. Halt, du bisch f.! *du gehst irre*. — els. 1, 107.

fehleⁿ [fèlən *fast allg.*; fèlən *D. Si.*] 1. *fehlen, mangeln:* vil werd nimmeh f. — 2. *ein Ziel verfehlen*: er hat uf de Vogel geschuss, er hat ne awer gefehlt *Fo*. De Kuh isch em gefehlt *ist ihm verunglückt beim Kalben Ri.*

Fehler [fèlər *fast allg.*; fèlər *D. Si.* — Pl. fèlər, fèlərn; Demin. fèlərχə] *m.* 1. *Fehler*: im F. sin *irren, Unrecht haben.* Such's Fehlerche! *sagt man spöttisch, wenn man den zum Einreiben eines kranken Gliedes bestimmten Branntwein selbst trinkt.* — 2. *Leibschaden, Bruch Av. Ri.* u. s.: er hat sich e F. zugezo *Ri.*

veielett [féïəlèt *Ri.*] adj. *violett, veilchenfarbig*.

Feier [faiər, Pl. -ən *D. Si.*; sonst fïr s. d.] *n.* 1. *Feuer. Rda.*: F. an der Box, am Rack hun *große Eile haben*. En hot kä' F. an der Box bedeutet auch *er besitzt keine Tatkraft*. Er hat Fier hinger im Arsch *er hat große Eile Ri.* — 2. *Feuersbrunst.* — Zss. Feier-blêser *m. Blasrohr.* F.-blum *Klatschmohn.* F.-brand. F.-eisen *n. Feuerstahl.* F.-hêrd. F.-kròp *m. Feuerhaken.* F.-roᵘt *feuerrot.* F.-schepp *f. Ofenschaufel.* F.-spretz. F.-stän 1. *Feuerstein.* 2. *Zuckertablette.* F.-stepler *m. Schürhaken.* F.-wòn *m. poetischer Ausdruck für Lokomotive.* F.-zàng *Ofenzange.* Fier-hekel *n. Feuerhaken Ri.* Fier-schuwel *f. Feuerschaufel Ri.*

feierech s. firich.

Veïh s. Vieh.

veïhisch [féïes *D. Si.*; féïtsiχ *Bo.*] adj. 1. *viehisch.* — 2. *geizig Bo.*

Feil s. Fill.

Veilettcher s. Viole.

feilzen [féïltsən *Si.*] intr. v. *nach Fäulnis riechen.* — lux. 102 faulzen.

Feind [faint, Pl. faindən *D. Si.*; fèïnt *Bo.*; sonst fint] *m. Feind. (Das Adjektiv ist gleichlautend)*: Das dät mer im ärischder Find nit winsche *Ri.*

Feindschof [faintšof *Si.*; feïnšof *Bo.*] *f. Feindschaft.*

feireⁿ [fairə, Ptc. g'faiərt *Ri.* u. s.] intr. v. *rasch sich bewegen*: der isch awer 's Dorf era g'feiert.

feischt [fèïšt *Bo.*] adj. *feist, gedeihlich*: f. Weïder *Wachstum begünstigendes Wetter.* — els. 1, 152 feisst; schwäb. 2, 1027 feiss(t).

Feischter s. Finschter.

Veit *Heiligenname. Will man rechtzeitig aufstehn, so betet man*: Heilijer Sant Veit! Weck mich um d'recht Zeit! *Obd.*

Fejel s. Flejel.

Feld [fèlt *fast allg.*; fèlt *D. Si.* — Pl. fèldər] *n. Ackerfeld im Gegensatz zu Wald u. Wiese*: Ufm F. schaffe *Feldarbeit verrichten.* — 2. *Bezeichnung ganzer Gemarkungen od. Teile derselben.* Feld bildet das Grundwort in folgenden Flurnamen: Art-feld (art *Ackerland*); Bilfeld (Bühel); Derren-feld *(Dornenf.)*; Flasfeld; Grom-feld *(krumm)*; Kir-feld *(Kirchf.)*; Leth-feld (Lett *Lehm*); Los-feld (mhd. lòse *Abgabe, Pachtgeld*); Pifer-feld (mhd. pfifferling *eßbarer Schwamm*); Rozen-feld (mhd. roeʒe *Lache, in der Flachs gewässert wird)*;Schänd-feld*(Schindanger)*; Schlimmfeld *(Schleim, feuchter Lehm)*; Siegel-feld *(Sickerboden)*; Spächt-feld (spacht *kleines Stück zum Anbau).* Besl. II. 36. *In der Umgegend von Lixingen:* Hiwel-feld *Hügelf.*; Helje-feld *Heiligenf.*; Schneppefeld; Truwelhecke-feld *Traubenheckenf.* — Zss. Feld-arbet; F.-bir *Trankbirne;* F.-blum; F.-deïwel *scherzh. für Feldwebel Ri.*; F.-hinkel (-houn) *Feld- od. Rebhuhn;* F.-hinere Pl. *Ri.* 1. *Feldhühner;* 2. *Quellkartoffeln:* F. robbe *(rupfen) d. i. Quellkartoffeln schälen.* F.-hosen pl. *Bo. in der Verbindung:* F. andoun (eigentl. *Feldhosen anziehen) Reißaus nehmen.* F.-mus (-maus); F.-messer; F.-wê *Feldweg*; F.-wewel; F.-wutzele *f. Schw. wilde Feldbirne.* vgl. baier. 2, 1064 Hæwuzl *Hagebutte.*

Feljeⁿ [fèljən *D. Si.;* felχə *Schw.* — Pl. gleich] *f. Felge, Radspeiche.* — Zs.: Felje-bock *m. Bock zum Einspannen der Radspeichen.*

Fellement [fèləment *Bo. Busd. Kr.* u. s.; føləmènt *D. Si.;* fùndəmènt *Ri.* Pl. -ər] *n. Fundament, Grundlage zu einem Bau.* E guds Fundement leïje *tüchtig essen Ri.* — lux. 114 Föllement; baier. 1, 715 Fulment; mhd. vollemunt *für* fundamènt.

fellen [felən *Bo. D. Si.;* fïlən *Falk.*] tr. v. *füllen, voll machen.* — lux. 114 föllen.

Veller [felər *Lix.*] *m. Vetter (in der Anredeform). Sonst Kusing.*

vellich [feliχ *Fo.* u. s.; feleχ *D. Si.*] adj. u. adv. *völlig, vollkommen:* der Hut isch m'r e bissel v. Der Rock isch em v. lang.

Fels [félṣ, Pl. -ən *D. Si.;* felʒə *Ri.*] *f.* wie hd. *Fels:* uff de Felse kumme *beim Graben, Auswerfen von Fundamenten auf steinigen Boden stoßen Ri.*

felse-fescht adj. *Ri. Ha. Hom. felsenfest.*

Velten [fèltəⁿ *allg.*] *männl. Vorname* Valentin.

ven s. von.
fenf s. finf.
Fenf-fenger-krūt *n. Wb. Ohrfeige:* dene soll m'r bet F. zäche *(zeichnen).* — els. 1, 529.

Feng [fèŋ *D.*] *f. Zustand des Gerinnens:* Keïs *(Käse)* an der F. s. fengen.

fengen tr. v. *D. Si.* 1. *gerinnen machen:* de Keïs f. — 2. *geronnene Milch kochen, um Käse daraus zu machen.* (Fengen *verhält sich zu fangen wie fällen zu fallen, tränken zu trinken, wie das transitive Verbum zum intransitiven desselben Stammes).* — lux. 105; vgl. baier. 1, 730 fengen.

Fenger s. Finger.

fengern [feŋər(ə)n *Bo. D. Si.*] intr. v. *die Finger spielen lassen, befühlen:* op de Säten *(Saiten)* f. — 2. *Glück haben:* ech hun et gefengert. — lux. 106; baier. 1, 731 fingerlen; s. a. Gr. Wtb. 3, 1659.

fenkelen [feŋkəl(ə)n *Bo. D. Si.*] intr. v. *funkeln:* et fenkelt vor Kèlt *Si.* Met den Auen f. *Bo.* — lux. 106.

fenkelich, fenkeldich adj. *Bo. Si. funkelnd, glänzend:* et as mer esoᵘ f. vir den Aen. — lux. 106.

fennen *finden* s. finnen.

Fenschter s. Finschter.

fenschter [fènšdər *Pfb.*] adj. *finster, dunkel:* f. wie em e Sack; wie en ere Küh.

Fens-lus [fenslús, Pl. -lís *Bo.*] *f. Filzlaus.*

fenzich *empfindlich* s. finzich.

fer *für* s. fir.

ver- [fər *allg.*] *untrennbare, unbetonte Partikel vor Verben u. Verbalableitungen.*

ver-achteⁿ [-àχtə *fast allg.*; -àχdə *Ri.* -úətən *D. Si.*] tr. v. 1. *verachten.* — 2. *verleumden:* se han mi bi sinem Vader veracht *Ri.* — els. 1, 13.

ver-affruntieren (ver-affronteïeren) tr. v. *fast allg. beschimpfen, in Schande stellen, öffentlich beleidigen:* er hat mich veraffruntiert. s. Affrunt. — lux. 456.

ver-akkordiereⁿ tr. v. *Fa.* 1. *eine Arbeit nach einem bestimmten Vertrag ausführen lassen.* — 2. *einigen.* — els. 1, 26; schwäb. 2, 1059.

ver-alen [fərálən *D. Si.*] intr. v. *veralten, alt werden.* — lux. 456; schwäb. 2, 1059 veralte.

ver-amesiereⁿ sich *Sgd. Lix. sich vergnügen, sich belustigen.* — els. 1, 37; frz. s'amuser.

ver-ämpern, sich *Bo.* 1. *ein Wortgefecht führen.* 2. *sich entschuldigen, sich rechtfertigen.* s. ëmpern.

ver-änfern, sich. *Si. Dasselbe wie* ver-ämpern. — lux. 456.

ver-ängschtern *fast allg.;* verängschten *D. Si.* 1. tr. *Angst einflößen Bo.* — 2. *vor Angst vergehen, angsterfüllt sein:* siw nit so verängschtert! *Lix.* — lux. 456 verangschten.

ver-ännern [-ènərn *fast allg.;* -èndrə *Ri. Hom. Ha.*] 1. tr. a) *verändern überh.* b) *eine Veränderung im Grundbuch vornehmen: ein Stück Land auf einen andern Namen eintragen infolge Erbschaft od. Kauf.* — 2. refl. *in einen andern Stand treten z. B. sich verheiraten.*

ver-ännerlich adj. *fast allg. veränderlich.*

Ver-ännerung (-ännerong) *f. allg. Veränderung.*

ver-arren *Bo.* 1. intr. *verirren.* — 2. tr. *in die Irre führen, täuschen.*

ver-ärschern intr. v. *Bo. (trivialer Ausdruck) bitter bereuen.*

ver-babbeln *D. Si.* trans. u. refl. 1. *wider Willen verraten, sich verplaudern.* — 2. *jd. beschwatzen, überreden (nicht immer in ehrlicher Weise) Ri.* — lux. 456; els. 2, 68 verbapple; schwäb. 2, 1260 verpapple: s. babbeln.

ver-bäbbeln tr. v. *Pfb. verziehen, verhätscheln:* der isch ganz verbäbbelt! — baier. 1, 398 verpáppeln; hd. verpäppeln.

ver-bache^n [-bàẋə *Ri. Ha.* u. s.] tr. v. *zu stark backen:* 's Brod isch verbacht.

ver-bampeln (-bambeln) tr. v. *fast allg. vergeuden, verschwenden; sein Geld für unnütze Sachen, Kleinigkeiten ausgeben.* — els. 2, 48 verbämple.

ver-bändeln tr. v. *Bo. mit einem Band umwickeln.* — schwäb. 2, 1065. s. Bändel.

ver-bantsche^n tr. v. *Ri. dasselbe wie* verbample^n.

ver-baschten intr. v. *Bo. Falk.* u. s. *zerbersten, platzen.* s. baschten.

ver-bass(en) adj. *Si.* u. s. *verbissen:* e mecht e verbasse Gesiht. — lux. 456.

ver-batschen, *dasselbe wie* verbaschten.

ver-battern s. verbittere^n.

ver-bei s. verbi.

ver-bellen intr. v. *Bo. anschwellen infolge eines Schlages od. Falles:* en verbellt Hand. — lux. 457; ss. verbäln, Kisch vgl. Wtb. 234; mhd. verbellen.

ver-benschen, -binschen intr. v. *Bo. durch Zaubersprüche schaden.* s. benschen.

ver-betschiere^n [-bèdšírə *Ri.;* -bldšíre *Ha. Rom.*] tr. v. *mit Wachs, (Flaschen) mit Lack versiegeln.* — els. 2, 124 verpitschiere^n.

ver-bettelt [-bèdəlt *Sbg. Ri.* u. s.] adj. *immer bettelnd, bettelhaft.*

ver-bi [-bí *fast allg.;* -bai *D. Si.*] adv. *vorbei.* — lux. 457 u. ss. verbei, Kisch vgl. Wtb. 234.

ver-biede^n [fərbídə^n *fast allg.;* ferbëídən *D. Si.* — Ptc. ferbòt, ferbuèt] tr. v. *verbieten:* ànem 's Hus v. *den Zutritt verbieten.*

ver-bille^n tr. v. *Sbg. Ri. Hom.* u. s. *Beulen beibringen.* s. Bill *Beule.*

ver-birschten intr. v. *Bo. raufen.* — schwäb. 2, 1089 verbürste. s. birschten.

ver-bisse^n [-bisə *Ri. Hom. Ha. Sbg.*] tr. v. 1. *zerbeißen, durchbeißen z. B. Speisen.* — 2. *(einen Schmerz) verbeißen.* — els. 2, 100.

ver-bittere^n [-bìdrə *Sbg. Ri.* u. s.; -bàtərən *D. Si.*] tr. v. *wie hd. verbittern:* engem d' Lêwen verbattern. *Das Ptc.* verbittert (verbattert) *bedeutet:* a) *aufgebracht;* b) *versessen:* er isch ganz druff verbiddert *Ri.* — els. 2, 116 verbittert; lux. 457 verbatteren.

ver-blacke^n tr. v. *Bi.* u. s. *fleckig machen:* er hot sin Rock verblackt. s. Blacke.

ver-blatzen intr. v. *D. Si. verblassen, sich entfärben, die Frische verlieren:* de Stoff as ganz verblatzt. — lux. 457.

ver-bleie^n [-bleïə *Ri. Hom.* u. s.] tr. v. *mit Blei versiegeln:* e Waggo v.

ver-blenne^n [blènə^n *fast allg.*] tr. v. *wie hd. verblenden.* — lux. 457.

Ver-blennerei *f. D. Si. Blendwerk.* — lux. 457 Verblännerei.

ver-blettere^n [-bledərə *Ri.* u. s.] tr. v. *entblättern, blattweise zerknittern:* er hats Buch ganz verbleddert. — els. 2, 169 verbleddert.

ver-bliffe^n [fərblífə *Fo.* u. s.] tr. v. *verblüffen:* M'r därf sich nit so licht v. lôn.

ver-blude^n [-blúdə^n *fast allg.;* -bloudən *D. Si.*] intr. v. *alles Blut verlieren.*

ver-bocken tr. v. *Sbg. Ri.* u. s. *durch schlechte Überlegung im Spiel verlieren.* — els. 2, 29 ebenso.

ver-bollen [-bolə *Ri.* u. s.] tr. u. refl. *die Kleider, sich mit Straßenkot beschmutzen. Das* Ptc. verbollt = *beschmutzt, dreckig.* s. Bolleⁿ. — els. 2, 36.

ver-bollern tr. v. *Fa.* u. s. *verbeulen:* er hat de Hut ganz verbollert. De Bire sin verbollert. — els. 2, 36; schwäb. 2, 1080 verbollet. s. bollern 2.

ver-botzen [-bòtsen *Bo. D. Si.*; -butsə *Ri. Hom.*] tr. v. 1. *verputzen, nachputzen.* — 2. *ertragen, leiden:* ich kann et net v. *Bo.* — 3. *abkanzeln:* den as emol verbotzt gin! — lux. 457; els. 2, 130 verbutze; schwäb. 2, 1266 verputze.

ver-bräkeln [-brêkələn *Si.*; -breglə *Ri. Hom. Ha.*] tr. u. intr. *zerbröckeln:* Broᵘt v. — els. 2, 186 u. schwäb. 2, 1086 verbrockle.

ver-breiden *fast allg.* (-bräden *D. Si.*) tr. v. *verbreiten.* — schwäb. 2, 1083 verbreite.

ver-breïen s. verbrije.

ver-brennen *allg.* 1. *verbrennen:* s'Holz isch all verbrennt. S' Mul verbrenne *sich verschwatzen.* De Finger v. *für seine Vorwitzigkeit bestraft werden.* — 2. *abbrennen, bei einer Feuersbrunst:* sein Haus as verbrannt *D. Si.*

ver-breseln [-breaʒoln *Bo.*; -breŝlə *Ri. Ha. Hom.*] tr. v. *Brot zerbröckeln, verkrümeln.* — els. 2, 198 verbrosme; schwäb. 2, 1086 verbrosle. s. breseln.

ver-brijen [-brijə *Ri. Hom. Ha.*; -bréiən *Bo. D. Si.*] tr. v. *verbrühen, zu lange brühen:* er hat de Hänn verbriet. — els. 2, 185 verbrüeje.

ver-brunzen tr.v. *fast allg. verpissen, z.B. die Hosen, das Bett.* — els. 2, 195 ebenso.

ver-brusen [-brúʒə *Ri.* u. s.] tr. v. *in Saus u. Braus durchbringen.* — els. 2, 199 ebenso.

ver-butzen s. verbotzen.

ferchen s. firchten.

ferchterlosich [férχtərlóʒiχ *Falk.*; fèrχtərliχ *Ri.*] adj. u. adv. *fürchterlich.*

ver-däbbeln tr. v. *Si. zerknittern.* s. dèbeln *falten, doppeln.*

ver-däbbern tr. v. *Bo.* 1. *den Boden zertreten* (s. das folgende). — 2. *hauen, schlagen:* den han mer emol verdäbbert! — vgl. hess. N. 50 dibbern, dübbern; ags. dubban *schlagen.*

ver-dämmern tr. v. *Bo. D. Si. zerstampfen, zertreten.* — schwäb. 2, 1092 verdammere; els. 2, 682 verdëmmere; henneb. verdämmeln From. 7, 162; hess. 69 verdemmeln. vgl. hd. dämmern *schlagen, kopfen* Gr. Wtb. 2, 710; mhd. temern.

ver-dedengen [-dédeŋen *Si.*] *verprozessieren, für Prozesse sein Geld verausgaben.* — lux. 457 verdⁱedejen; schwäb. 2, 1372 vertädingen.

ver-deffendieren sich [-defèndîrə *Fo.* u. s.] refl. v. *sich verteidigen (durch lebhaftes Sprechen):* horch emol, wie die sich verdeffendiert! — lux. 457; frz. se défendre.

ver-deibeln, -deiwlen *fast allg.* tr. v. *böswillig beschädigen, verderben:* wat mer em gen *(geben),* muᵒs er v. *Bo.* — els. 2, 657 verteüfle.

ver-deiern tr. v. *D. Si. verteuern, den Preis in die Höhe treiben.* — lux. 457.

ver-deitschen tr. v. *D. Si. verdeutschen, klar machen:* muss än dêm alles v. — lux. 457.

ver-deiwelt adv. *D. Si. sehr, außerordentlich:* et as v. kâl *(kalt).*

ver-deiwlen s. verdeibeln.

ver-delwen tr. v. *Ri. Hom.* u. s. *vergraben, verscharren.* — els. 2, 679 ebenso. s. delwen.

verder [fèrdər, Superl. fèrdərŝt *Sbg. Ri.* u. s.] adj. *vorder, bes. in* Zss.: Verderbän *Vorderbein;* V.-dir *Vordertüre;* V.-stub u. a. m. — s. a. viler.

ver-derwen *allg.* — Ptc. fərdorw, fərdoref *Si.*; fərdòr *Bo.*; fərdorb *Ri.*] tr. u. intr. *verderben:* Du bisch nit verdorb siehst gut aus *Ri.* Du Weltkind, du verdorwenes! *sagt die Mutter zu ihrem ungeratenen Kinde Ri.*

ver-diljen [-dlljən *fast allg.*] tr. v. *vertilgen, vertreiben.* Er isch nit ze v. *er weiß seinen Kräften kein Ende.* — lux. 458 verdillejen.

ver-diren [-dîrən *D. Si.*] intr. v. *verdorren, austrocknen.* — lux. 458.

ver-dischtern s. verdurschten.

ver-ditschen [-didŝə *Ri.*] tr. v. *dasselbe wie* verdeitschen.

Ver-do'engen [-dòeŋen *Si.*] f. *gerichtliche Vorladung.* — lux. 458 Verdòeng.

vgl. baier. 1, 594 u. schwäb. 2, 1373 ver-tagen *einen Tag bestimmen, an dem er sich zu stellen hat;* Tading *Vorladung.*

ver-disseln, sich [-dyslə *Pfb.* u. s.] refl. v. *sich verkriechen, verstecken:* sich hinner de Owe v. — els. 2, 721 sich dussle; ndd. düsseln From. 3, 228, 14. vgl. mhd. tûʒen *sich still verhalten;* schwäb. disseln *leise reden.*

ver-doktern tr. v. *fast allg. unnötigerweise für Kuren Geld ausgeben.* Ebenso lux. 458 u. ss. Kisch vgl. Wtb. 235; schwäb. 2, 1102.

ver-dollen tr. v. *Bo. toll machen, um den Verstand bringen;* verdollt *nicht bei klarem Bewußtsein, von Sinnen.* — els. 2, 677 vertollt.

ver-dommen tr. v. *D. Si. jem. als dumm hinstellen.* — lux. 458; els. 2, 683 verdumme.

ver-domschten s. verdunschten.

verdoppleⁿ *allg.* wie hd. *verdoppeln.*

ver-drehn [-drên *Bo.*; -dréen *D. Si.*] tr. v. 1. *(eigentl.)* d'Aen v. *die Augen verdrehen Si.* — 2. *(übertr.) ins Gegenteil verkehren:* dat Wort em Mul v. *Bo.*

ver-dreht adj. *fast allg. hinterlistig, boshaft, verschmitzt:* en verdrehter Minsch *Bo.* — els. 2, 747 verdräjt; ss. verdrèt, Kisch vgl. Wtb. 235; schwäb. 2, 1103.

Ver-drehter [-drætər *Fo. Lix.* u. s.; -dréitər *Pü.*] *m. hinterlistiger Mensch:* nimm dich in Acht vor dem, das isch e V.!

Ver-drehtchet [-drætχət *Lix.*; -drétenhêt *Si.*] *f. Verschmitztheit, Hinterlist.*

ver-drickt [-drìgt *Ri.* u. s.] adj. 1. *hinterlistig, verschlossen.* — 2. *schlendernd, langsam.* — els. 2, 752 verdrückt.

verdriesseⁿ [-drìsə *fast allg.*; -dréïsən Ptc. -dròs *Bo. D. Si.* u. s.] tr. v. *verdrießen.* — lux. 458.

ver-driesslich [-drìsliχ *Fo.* u. s.; -drìsli *Ri.*; -dréïsliχ *Bo. D. Si.*] adj. *verdrießlich:* das isch e verdrisslichi Sach *eine unangenehme Geschichte Ri.*

Ver-druss [-drùs *fast allg.*; -dros *Bo. D. Si.*] *m. Verdruß:* er hat schon vil V. gehat in sim Lewe. *Fo.* M'r hat nix as V. mit d'r. *Ri.*

ver-dun [-dùn *fast allg.*; -doun *D. Si.*] tr. 1. *verbrauchen, verschwenden:* er verdut ze vill in der Hushalting *Fo.* — 2. *sich einer Sache entledigen:* sin Vermêje v. *= versteigern Bi.* — 3. refl. *sich täuschen Ri.* —lux. 458 verdunn; els. 2, 641 vertuen.

ver-dunlich [-dùnliχ *Ri.* u. s.] adj. *verschwenderisch.* — els. 2, 641 vertuenli.

ver-dunschteⁿ [-dùnštə *fast allg.*; -domštən *Si.*] intr. *in Dunst aufgehen.*

ver-duppleⁿ [dublə *Ri. Ha. Rom.*] tr. v. *aus Versehen in Unordnung bringen, zerbrechen.* — els. 2, 702.

ver-durreⁿ [-dùrə *Ri. Hom.*] intr. v. *verdorren, austrocknen:* du verdurrter Wiche *elender Wicht.*

ver-durschten [-dúərštən *Falk.*; -dištərə *Sgd. Lix.*; -díštərn *D. Si.*] intr. v. *verdursten.* Nebenform be-dischtern *Si.*

ver-ecks [fərêks *D. Si.*] adj. *in Verbindung mit zu:* zu (zou) verecks: 1. *zum Trotz:* en dät et z. v. — 2. *um die Wette:* se läfen z. v. — lux. 118 zoᵘ frécks; zu vrècks Ga. 474; schwäb. 2, 1276 verrichts *eigens, absichtlich, expreß.*

ver-ecksen intr. *Si.* u. s. *wetteifern; eifrig streben, andern zuvor zu kommen.* — lux. 118 ebenso.

Verel s. Viertel.

ver-ellt [-elt *Ri.*] adj. *mit Flecken im Gesicht versehen.* s. ellen *häßlich.*

fereⁿ [fèrə *Fo.*; férən *Av. Falk.*; fèrn *Grt.*; fâron *Sgd.*] adv. *voriges Jahr:* fere sin se verhirot gen *Fo.* F. hätt er misse furt zu de Soldate *Av.* — schwäb. 2, 1252 ferndig; els. 1, 142 fêrn, fêrne, fêrnt; hess. 101 fert; baier. 1, 757 fert, ferten statt fernt; mhd. vërne *vorjährig.* vgl. firn u. fern Gr. Wtb. 3, 1535.

Ver-err-krut *n. Fa. volksetymologisch für Farnkraut. Es herrscht nämlich der Aberglaube, daß derjenige, der dieses Kraut mit Füßen tritt, sich im Walde verirre.*

ver-exern, sich [fərêksərn *Bo.*] refl. v. *sich ärgern, plagen.* — vgl. henneb. extern *sich sehr plagen* From. 3, 133; 7, 176. ndd. éxtern *jem. zusetzen* From. 6, 60. s. a. Gr. Wtb. 3, 399. 1208.

ver-fahrlässeⁿ [-fârlèsə *Lix.* u. s.; -fârlèsiχə *Ri.*; -fârléseJən *Si.*] intr. v. *verkommen, verderben:* er lisst alles v. *Lix.* Der Garde isch verfahrlässit *nicht besorgt Ri.* — els. 1, 612 ebenso.

ver-fänkerlech adj. *Si. verfänglich:* dat as en v. Frô. — lux. 459 ebenso.
ver-färzen tr. v. *Av. Bo. Ersd. Vôg. u. s. durchprügeln.* s. färzen.
ver-fihreⁿ *fast allg.* (ver-feïeren *D. Si.*) tr. v. wie hd. *verführen:* ich wär nit so lang blib, awer ich bin verfihrt wor *Fo.*
ver-flämmen tr. v. *fast allg. verfluchen. Das Partic. wird adjektivisch u. adverbial gebraucht:* du verflämmter Fulenzer! Verflämmter! *verwünschter Kerl!* 'S isch verflämmde kalt *Ri.* — lux. 459 verflemmt *verteufelt, sehr, in hohem Grad;* els. I, 169 verflämme, verflämmt. s. a. verflumpt.
ver-flickt adj. *fast allg. mit vielen Flicklappen besetzt:* e verflickte Buchs. — els. I, 168 ebenso.
ver-flumpt adj. u. adv. *Lix.* u. s. *Glimpfform für verflucht:* du verflumpter Schlappes! — els. I, 169 verfluemt.
ver-fohrten [-fórtən *Falk.;* -fôətən *Bo.;* -furχt *Sgd. Lix.*] adj. *furchtsam, ängstlich, feig.* — els. I, 140 verförcht; mhd. ervorhten.
ver-fresseⁿ tr. v. *fast allg. mit Fressen vertun, durch üppiges Leben durchbringen:* er hat alles verfress un versoff. — els. I, 184.
verfresseⁿ adj. *Ri.* u. s. *gefräßig, gierig nach Speise verlangend:* e verfressener Kerl. — els. I, 184. s. a. verfrossen.
ver-friereⁿ [fə(r) frírə, Ptc. fə(r)frór *Bi. Ri. Hom. Ha.*] intr. v. *erfrieren, im Frost zugrunde gehen:* die Naht isch alles verfror; i bin ganz verfror *Ri. Rdaa.:* zum e Leffelkerwel (*Löffelkörbchen*); zum en Iszabe (*Eiszapfen*). *Das Part.* verfror *als Adj. = gegen Kälte empfindlich.* — els. I, 182; schwäb. 2, 1126.
ver-frosseⁿ [-fròsən *D. Si.*] adj. *freßgierig:* v. Gechirr *freßg. Gesindel.* — lux. 459 ebenso.
ver-fuchseⁿ [fùksə *Sbg. Ri. Sgd. Lix.* u. s.; -fòksən *Si.*] tr. v. *verpfuschen, verderben:* jetz isch alles verfuchst. — Der Schneider hat m'r min Rock verfuchst. — els. I, 92.
ver-fuggreⁿ [-fùgrə *Ri. Ha. Hom.*] tr. v. *verhandeln, heimlich vertauschen, durch Tausch vergeuden:* er kann nix b'halde, alles muss er v. (v. *abgel. von* Fugger). — els. I, 104 verfuckere. s. a. fuckle.
ver-fuhren tr. v. *D. Si. verfahren, durch Fahren abnutzen:* e Wê' verf.
ver-furcht s. verfohrten.
ver-furzeⁿ tr. v. *Sbg.* u. s. wie hd. *verfurzen:* du hasch dine Hose ganz verfurzt.
ver-gacheln [-gáχələn *Si.*] tr. v. *durch Liebenswürdigkeiten verführen, betören.* — lux. 459; ndl. begoocheln; westf. begócheln; schwäb. 2, 1130. vergackele *etwas zu schön zu machen suchen.*
ver-gachlich adj. *Si. verführerisch.* s. d. vorige.
ver-gäckleⁿ [gègglə *Ri. Hom.* u. s.] tr. v. *auf dumme Weise Geld ausgeben:* er hat sin Geld vergägelt. — Ptc. vergäckelt *leichtsinnig, spielsüchtig, verwöhnt, (von jungen Mädchen):* das isch e vergägeltes Ding. — els. I, 205 ebenso. (zu Gäckel *Geck*).
vergaffeⁿ, sich *Ri.* 1. *eine Dummheit machen.* — 2. *sich in jd. versehen, täuschen.*
ver-gaffleⁿ, sich [-gaflə *Fa.* u. s.] refl. v. *sich täuschen, irren:* ich han mich vergaffelt. — vgl. els. I, 197 gaffie = gaffen; Gr. Wtb. 4, 1135 gäffeln, Dim. zu gaffen.
ver-galoppiereⁿ refl. v. *fast allg. sich irren.*
ver-gangleⁿ [tr. v. *Sbg. Ri. Ha. Hom.*] tr. v. *verschleudern, verschwenden:* er hat sin ganz Vermeje vergangelt. — els. I, 224 vergängle, vergänkle.
ver-gautscheⁿ, **ver-gaitscheⁿ** tr. v. *Ri.* u. s. *durch unruhige Bewegung aus den Fugen bringen:* de Stuhl vergaitsche. — els. 250 vergaütsche.
ver-geckt adj. *Si.* u. s. *vernarrt.* — lux. 460. vgl. schwäb. 2, 1136 vergecke.
ver-gehn [-gén *fast allg.;* -gòn *D. Si.* — Ptc. -gaŋ, -gáŋ] intr. v. *vergehen, schwinden:* der Schnee isch all vergang. — 2. refl. sich vergehn (vergòn) a) *sich versündigen.* b) *sich Bewegung geben:* sich im Freïe v. *Ri.*
ver-geischtern [-gaištərn *Bo.*; -géštərən *D. Si.*] intr. v. 1. *geistesabwesend, sinnverwirrt sein* Bo. — 2. *vor Sehnsucht, Angst, Langweile vergehen. Das Ptc.* vergeischtert (vergäschtert) *bedeutet* 1.

starr vor Schrecken. 2. *eingebildet:* e v. Mädchen.

ver-geiseln tr. v. *Si. unnütz verbringen:* d'Zeit v. — vgl. baier. 1.948 u. Gr. Wtb. 4¹, 2620 geiseln *schmarotzen, schmeicheln.* Vergeiseln *heißt also urspr. nach Art der „Einlieger" (Geiseln) die Zeit verbringen.* — lux. 460 vergeiseln *verschmerzen.*

ver-geiwreⁿ [-gaiwrə *Sbg. Ri. Ha.* u. s.] tr. v. *mit Geifer besudeln, überziehen.*

ver-gelen [-gélən *D. Si.*] tr. v. *vergelten.* — lux. 460 ebenso.

ver-gelschtereⁿ [-gelštərə *Lix. Bi.* u. s.; -gelšpərə *Fa.*] tr. v. *ängstigen, erschrecken, scheu machen:* du sollscht de Kinner nit v. — els. 1, 215 vergelstern; schwäb. 2, 1131 vergälstere; hess. 122 gelstern. mhd. vergalstern *verzaubern.* s. Gelschter.

ver-gelschtert adj. *fast allg.* 1. *ängstlich, leicht zu erschrecken.* — 2. *verstört vor Schrecken.* — schwäb. 2, 1131 vergälstert *scheu, verwirrt.*

ver-gesseⁿ [-gèsə *fast allg.*; -gésən *D. Si.* — Ptc. -gès(t), -gést] 1. tr. v. wie hd.*vergessen:* ich han min Buch vergess. — 2. refl. sich v. an änem a) *sich so ärgern, daß es zu Gewalttätigkeiten kommt;* b) *es an der schuldigen Hochachtung fehlen lassen Ri.*

ver-gesserlech adj. *D. Si. vergeßlich.* Davon: Vergesserlechkät.

ver-gessli(ch). *Ri.* Dasselbe wie das vorige.

ver-gewes [-gèwəs *fast allg.*; -gièwəs *D. Si.*] adv. *vergebens:* mir ha' v. uf dich gewart *Fo.* Et as v. Meïh *es ist vergebliche Mühe Si.*

ver-gewissereⁿ, sich, refl. v. *fast allg. sich Sicherheit verschaffen.* — lux. 460.

ver-gilleⁿ [-gilən *fast allg.*; -gelən *D. Si.* — Ptc. -gilt, -gult] tr. v. *vergolden.* — lux. 461 vergullen. s. gillen *golden.*

Ver-glach s. d. folgende.

Ver-glich [-glíχ *fast allg.*; -glaχ́ *D. Si.*] m. 1. *Vergleich.* Do isch gar ke V. degeje *kein Vergleich möglich Ri.* — 2. *Ähnlichkeit:* en hot kä' Verglach meïh er ist ganz verändert. — lux. 460; schwäb. 2, 1149 Verglich.

ver-glichen [-gliχən *fast allg.*;-glaiχen, Ptc. -glaχ́ *D. Si.*] tr. v. *vergleichen.*

Ver-glichtersch [-gliχtəršʹ *Fa.*] m. *Ähnlichkeit:* 's Kind hat kän V. mit sin Vatter. s. a. Verglach.

ver-glickleⁿ [-gliglə *Ri. Ha. Rom.* u. s.] tr. v. *verzärteln, verwöhnen.* — els. 1, 258 verglückle (zu Glückel *Küchlein,* so lange es mit der Glucke läuft).

ver-glöttern [-gletərən *Si.*] intr. v. *die Eßlust verlieren, bes. vom Borstenvieh gesagt:* deï Sau verglöttert *hat keine Neigung zum Fressen.* s. glott. — lux. 460 verglötteren *lecker werden, gewöhnliche Speise zurückweisen,* glott *werden.*

ver-gòn s. vergehn.

ver-gonnen s. vergunneⁿ.

ver-grawleⁿ [-gràwlə *Ri. Ha. Hom.*] tr. v. 1. *durch Klettern beschädigen.* — 2. *in Unordnung bringen.* vgl. els. 1, 512 verkrable.

ver-grimmeln tr. v. *fast allg. zerkrümeln, zerbröckeln:* m'r derf d' Brout net v. *Bo.* — lux. 460 ebenso.

ver-gruewen [-grúəwən *Si.*] tr. v. *vergraben.* — els. 1, 269 vergruebe.

ver-gruhten [-grútən *Si.*] tr. u. intr. v. *verbraten:* 't Fläsch as ganz vergruht. — lux. 532 vergruchten.

ver-gucken, sich [-gúkən *Lix.* u. s.; -kùkən *D. Si.*] refl. v. 1. *sich vergucken.* — 2. *sich verlieben:* en hot sech an dat Medchen verkuckt *Si.* — 3. *während der Schwangerschaft von einem Ding einen Eindruck aufnehmen, der für die Entbindung verhängnisvoll sein kann (nach dem Volksglauben).* — lux. 462 sech verkucken; schwäb. 2, 1155 vergucke. s. a. versinn.

ver-gunneⁿ [-gùnəⁿ *fast allg.*; -gonən *D. Si.*] tr. v. 1. *vergönnen. Rda.:* Er vergunnt sim eigene Mul 's Wort nit = *er ist mürrisch Fo.* — 2. *mißgönnen.* Äm d'Aen am Kapp net vergonnen *einem die Augen im Kopf nicht gönnen Si.* — els. 1, 222 vergunne *mißgönnen;* lux. 460 vergonnen.

ver-hackeⁿ tr. v. *fast allg. zerhaken z. B. Fleisch.* — els. 1, 316.

ver-hâen s. verhaueⁿ.

ver-haft [-hàft *Ri.* u. s.] adj. *auf etwas versessen, erpicht:* der isch uff's Obscht v. — els. 1, 310 ebenso.

ver-hahnackreⁿ [-hànakərə *Fa.*; -honakrə *Lix.*] intr. *streiten in Worten, zanken.*

— baier. 1, 1119 verhôneckeln; schwäb. 2, 1177 verhonaggele. s. hahnackre[n].
ver-häkle[n] [-héglə *Ri.*] tr. v. *mit Häkchen versehen. Das Ptc.* verhäkelt *bedeutet auch verworren:* e verhäkelti Schrift.
ver-halle[n] [-halə *Fo.* u. s.; -hálən *D. Si.*] tr. v. *im Gedächtnis behalten:* der Bu kann nix v. — ss. u. lux. 461 verhâlen. s. a. verhellich.
Ver-halt [-ha]lt *D. Si.*] *m. Gedächtnis:* de Jong hot net vil V. — lux. 461 Verhalt; baier. 1, 1101 u. hess. 146 Behalt. s. d. vorige.
ver-händelt adj. *Ri.* u. s. *händelsüchtig, zänkisch.* — els. 1, 348 ebenso.
ver-hantiere[n] [-hantírə[n] *fast allg.*] 1. tr. v. *verarbeiten.* — 2. refl. *sich durch Arbeit Bewegung geben:* du musch dich v.! *Ri.* — lux. 461; schwäb. 2, 1163. s. hantiere[n].
ver-härt [-hèrt *Ri.* u. s.] adj. *verhärtet; in moral. Sinn, verstockt.*
ver-haschple[n] [-haŝblə *Ri. Ha. Rom. Hom.*] tr. v. *verwirren.* s. Haschpel.
ver-hascht [-hâšt *D. Si.*] adj. *verhaßt.*
ver-hatzeln tr. v. *D. Si. verwirren, durcheinander bringen.* — lux. 461. vgl. Hatz *Hetze, Eile.*
ver-haue[n] [-hauə[n] *fast allg.*; -hawə *Ri. Hom. Ha.*; -háən *D. Si.*] tr. v. 1. *durch Hauen verstümmeln.* — 2. *durchprügeln.* — 3. *durch Hauen verbrauchen Si.* — 4. refl. *falsch hauen; im übertr. Sinne: sich verrechnen.* — els. 1, 395; lux. 461 verhâen.
ver-heie[n] [-heïən *fast. allg.*; Ptc. -heït] tr. v. *beschädigen, zerstören, zertrümmern, verderben:* Schiwe v. *Scheiben zerbrechen Pfb.* Sich det Boin v. *sich am Bein verletzen Bo.* 'S isch e verheit Sach *es ist eine ärgerliche Geschichte Sgd. Lix.* Er isch verheit *taugt nicht mehr viel Ri.* — els. 1, 134; baier. 1, 1027; From. 6, 148; Gr. Wtb. 12, 550; schwäb. 2, 1168. s. geheien.
ver-heischen, sich [-haišən *Bo. Falk.*; -hæšə[n] *Fo. D. Si.*] refl. v. *etwas geloben, versprechen, was man nicht halten kann:* en hot sech verhäscht a' verschwor *Si.* — lux. 461 verhêschen; mnd. vorheischen.
ver-hellich [-heliχ *Fa.* u. s.; -hèleχ *Si.*] 1. *ein gutes Gedächtnis habend.* —

2. *klar u. schnell fassend, rasch verstehend.* — lux. 461 verhällech. s. verhalle[n].
ver-herjen [-hèrjən *D. Si.*; -hèriə *Ri.*] tr. v. *verheeren, verderben, verwüsten.* — lux. 461 verhèrchen; got. farherjan; mhd. verherigen neben verhern.
ver-hewen [-héïwən *Bo.*; -hiəwən *D. Si.*] intr. u. refl. *zu schwer heben, so daß man sich innerlich verletzt:* en hat sich verho[u]. s. hewen.
ver-hexe[n] tr. v. *Ri. Rom. Ha.* u. s. *durch Zaubermittel verderben, z. B. das Vieh.* Das Ptc. verhext = *unfähig etwas zu tun:* i bin wie v. — els. 1, 397.
ver-hilt adj. *Bi. Ri. Hom. Ha. zum Heulen, Weinen geneigt:* e verhilter Kerl. Mit verhilte n' Auwe *mit verweinten Augen.*
ver-himple[n] tr. v. *Fa. Ri. Hom. Ha. Rom.* u. s. *verderben. Spruch:*
Ze wenich un ze vil
Verhimpelt alles Spiel.
— els. 1, 339 u. schwäb. 2, 1178 verhümple[n]; Hans Sachs: verhümpeln *verpfuschen;* baier. 1, 1113; Gr. Wtb. 4¹ 1908 verhümpeln *durch schlechte Arbeit etwas verpfuschen;* vgl. baier. 1, 1113 Haimpel, Hämpel, u. From. 5, 347.
ver-hinnere[n] [-hinərə[n] *fast allg.*; -hiɲərə *Ri.*; -henərən *D. Si.*] tr. v. *verhindern.*
ver-hirot [-hìròt *Fo.* u. s.; -haìròt *D. Si.*] adj. *verheiratet:* mi Frind isch schon lang verhirot. — els. 2, 298 verhirote *in die Ehe geben.*
ver-hitzt adj. *fast allg. verstopft, an Hartleibigkeit leidend.* — els. 1, 398.
ver-hokt [-hókt *Ri.* u. s.] adj. *(eigentl. u. übertr.) mit Haken versehen:* ne verhokte Sach.
ver-honzen s. verhunzen.
ver-hudert adj. *Bi. Sgd. Lix.* u. s. *fröstelnd, frierend:* ganz v. sin. — els. 1, 305 verhudert, zu hudere *zusammenkauern, frieren;* schwäb. hottern; hess. 180 huttern *einhüllen u. wärmen;* engl. hide.
ver-hudle[n] *fast allg.* 1. tr. *verwirren, verwickeln:* er hot die ganze Sach verhudelt. — 2. refl. *sich erkälten, sich unwohl fühlen:* er hat sich verhudelt *Bi.* Er isch verhuddelt *Ri.* — 3. intr. *durch Sorglosigkeit od. durch Prozesse verlieren*

Si. — els. 1, 304; lux. 461 verhuddelen; schwäb. 2, 1178 verhudle.

ver-hungereⁿ [-huŋərəⁿ *fast allg.*; -hoŋərən *D. Si.*] wie hd. *verhungern.*

ver-hunzeⁿ [-hûntsəⁿ *fast allg.*; -hontsən *Bo. D. Si.*] tr. v. 1. *verpfuschen, zugrunde richten.* — 2. *jd. ausschimpfen, behandeln wie einen Hund Ri.* — els. 1, 359; schwäb. 2, 1170; lux. 461 verhonzen.

ver-huseⁿ [-húzə *Bi.* u. s.] tr. v. *durch schlechte Wirtschaft durchbringen, vergeuden, verschwenden.* — els. 1, 385; baier. 1, 1178 verhausen.

ver-iffern, sich, refl. v. *Bo. Ri.* u. s. *in Übereifer geraten, sich aufregen:* veriffer dich nit so! — els. 1, 18 verifere, verifert; schwäb. 2, 1108 vereifere.

ver-iweleⁿ [-ìwələⁿ *allg.*] tr. v. *übel aufnehmen, verübeln; das därf mer ihm nit v.* — lux. 461; els. 1, 8 verüeble.

ver-jehren [-jérən *D. Si.*; -jêrə *Ri. Hom. Ha.*] intr. v. 1. *verjähren.* — 2. *vergären:* d'r Win isch verjärt *Ri.* Davon: Verjehrong. — lux. 461.

Verjilech [fərjileχ, ohne Pl. *Si.*] n. *Nokturn, der vor einem Totenamt gesungen wird; Gottesdienst am Vorabend eines Festes.* — mhd. vigilje < lat. vigilia. •

ver-juppen *D. Si.* 1. tr. *verjubeln, verschleudern, in Saus u. Braus vertun.* — 2. refl. *sich vertun, von etwas zuviel essen od. trinken.*

ver-juwle [-juwlə *Ri. Hom. Rom. Ha.*] tr. v. wie hd. *verjubeln.*

ver-juxen *D. Si.* Dasselbe wie verjuppen 1. — schwäb. 2, 1184 verjucke 2b.

ver-kafeⁿ [-káfəⁿ *fast allg.*; -kaufə *Ri. Hom.*; -kêfən *Si.*] tr. v. wie hd. *verkaufen.* Rda.: den elô verkäft sech net deier *der taugt sich nimme verkaufe der weiß sich zu helfen, läßt sich nicht übers Ohr hauen Ri.*

Ver-käfer m. *D. Si.* u. s. *Verkäufer.*

ver-käflech adj. *verkäuflich.* Davon: Verkäflechkät.

ver-kalen [-kàlən, Ptc. -kalt *Falk. Lix.* u. s.] intr. v. *erkalten, erfrieren:* Verkalt Hinkel *Spottname für Jemand, der allzu empfindlich gegen Kälte ist.* s. a. verkälten.

verkälteⁿ sich [-kèltə u. -kèlə *fast allg.*] refl. v. *sich erkälten:* er hat sich arich verkält. — els. 1, 435; schwäb. 2, 1184.

ver-kälten adj. *Falk. fröstelnd, empfindlich für Kälte.*

ver-kalwereⁿ tr. v. *Bi. etwas zerdrücken, in Unordnung bringen, indem man sich wie ein Kalb darauf herumwältzt.* — els. 1, 433 verkälbere.

ver-karteⁿ [-kârdə *Ri. Hom. Ha.*] tr. v. *durch Kartenspiel verlieren:* sin ganz Vermeje verkarde.

ver-katzbaljen, sich, refl. v. *Bo.* u. s. *sich zanken, raufen.*

ver-kekelen [-kekələn *Si.*] intr. v. *aus dem Konzept kommen, sich versprechen.* — ndd. käkeln, kakeln *schwatzen, plaudern*, Käkler *Plauderer.* From. 2, 43, 4; 3, 425, 11. vgl. engl. cheek, schwed. kek, ndl. kaak *Kinnlade.* — lux. 461 verkekeln.

Ferkel [fèrkel *allg.*; fèrgəl *Pfb. Ri. Hom.* — Pl. fèrklə, Demin. fèrkəlχəⁿ] n. 1. *Ferkel.* — 2. *unsauberes Kind.* — Zs. Ferkel-arme(n) Pl. *Grindorf. die beiden Holzleisten (Arme) am hintern Teile des Wagens, an denen die Bremse befestigt ist.*

ferkeln *allg.* wie hd. 1. *ferkeln.* — 2. *sich erbrechen:* er hat misse f. *Ri.* — vgl. els. 1, 141 Fërkle mache.

ver-kimpten tr. v. *Sgd. naschen.* s. Kimm (Stamm Kimb) *hervorragender Rand*, Lippe.

ver-kisseⁿ, sich refl. v. *Fo.* u. s. *sich gegenseitig abküssen:* was die zweï sich verkisst han! — schwäb. 2, 1206 verkusse *tüchtig küssen..*

ver-kittert adj. *Bi.* u. s. *zum Lachen geneigt.* — els. 1. 481. s. kittereⁿ.

ver-kla'eⁿ [-kláəⁿ *fast allg.*; -kláwə *Ri.* -klôn *D. Si.*] tr. v. *verklagen:* der Hans will de Nickel v.

ver-klädeⁿ, sich [-klǽdəⁿ *fast allg.*; -glaidə *Ri. Hom. Ha.*] refl. v. *sich maskieren:* gehscht du dich a v. an der Faset? — lux. 462 verklêden; ebenso ss. Kisch vgl. Wtb. 236; els. 1, 490 verkleide.

verklämpleⁿ [glèmblə *Ri.* u. s.] tr. v. *in kleinen Bruchstücken vergeuden.* — vgl. mhd. klampe *Klumpen.*

ver-klappen s. verkloppen.

ver-kläppereⁿ, -klàbbere tr. v. *Bi. Ri.* u. *Hom.* s. 1. *zerschlagen, zerbrechen:* en Ei

v. — 2. *ausplaudern Ri.* — els. 1, 494 verkleppere; schwäb. 2, 1194. s. kläppere[n].
ver-kläppert (-kläbbert) adj. *Bi. schwatzhaft.* — vgl. els. 1, 494 klappere *schwätzen* u. verklappern *verleumden;* schwäb. 2, 1194 verkläppere 3. *ausschwatzen.*
ver-klibbern tr. v. *Si. unnütz verausgaben, Geld durchbringen, verprassen.* — els. 1, 494 verkleppere 3. s. Klibber.
ver-kloppen [-klòpən *Bo.* u. s.; -globə *Ri.;* -klàpən *D. Si.*] tr. v. 1. *in Stücke klopfen.* — 2. *vergeuden, verschwenden.* — 3. *verkaufen od. versteigern meist zu einem Schleuderpreise.* — els. 1, 496 verklopfe 2 *verschwenden;* lux. 461 verklappen; ss. verkloppn, Kisch vgl. Wtb. 236; schwäb. 2, 1196 verklopfe 2.
ver-knällen [-knèlən *Lix.* u. s. -gnelə *Ri. Ha.*] tr. v. (eigentl. *verknallen*) *verschwenden:* er hot sin Vermeje verknällt.
ver-knatschen tr. v. *Bo. D. Si.* (-gnadsche *Ri. Ha. Hom.*) *zerknittern, zerquetschen. Das Partic.* verknatscht, verknotscht *bedeutet außerdem runzelig.* — els. 1, 510 verknätsche; hess. 210 u. Gr. Wtb. 5, 1360 knatschen; schwäb. 2, 1197 verknotsche, verknutsche.
ver-knautern tr. v. *D. Si. zerdrücken, zerknittern:* de Stoff as ganz verknautert. — els. 1, 510 verknaütsche; baier. 1, 1356 knauzen, knautschen; lux. 462 verknauteren.
ver-knitsche[n] [-gnìdšə, *Ri. Ha.*] tr. v. *quetschen:* i ha mer d'Fingre verknitscht.
ver-kniweln [-kníwələn *D. Si.*] tr. v. *Dasselbe wie* verknautern. s. kniwelen.
ver-knuscheln [-knužələn *D. Si.*] tr. v. *Dasselbe wie* verknautern, verkniweln. — lux. 462. s. knuscheln.
ver-knutsche[n] [-gnudšə, *Ri. Ha. Hom.*] tr. v. *stoßen:* änen v.
ver-koddern [-khodərə *fast allg.;* khàdərə *Bi.* -khùdrə *Ri. Rom. Ha.*] tr. v. *durch Schleimauswurf verunreinigen.* Er isch ganz verkoddert *verschleimt.* — els. 1, 424 verkodere.
ver-kolsen [-kholtsən *Ersd.*] adj. *vor Kälte erstarrt:* v. bin wie'n Hinkel. — hess. 217 verkollen, *das Vilmar zurückführt auf ein älteres Verbum* kila, kal,

kêlum, kulans, *wohin z. B. das Wort* Kohle *(Holz, in dem das Feuer erkaltet ist) gehört.*
verkommere[n] [-khóm(e)rə *Ri. Ho. Hom.*] intr. v. *verkümmern, zugrunde gehen.* das Ptc. verkommert = *abgehärmt, herabgekommen:* er sieht v. us. — els. 1, 438 verkume, verkomere.
ver-koppeln tr. v. *D. Si.* (-kobble *Ri.*) 1. *unredlich vertauschen.* — lux. 462; els. 1, 458 u. schwäb. 2, 1205 verkupple; hd. kuppeln, koppeln *heimlich tauschen* Gr. Wtb. 5, 2778. — 2. *verführen Ri.*
ver-kotze[n] tr. v. *Bi.* u. s. *durch Erbrechen verunreinigen.* — els. 1, 486; schwäb. 2, 1200.
ver-kottle[n] tr. v. *Bi. Ett.* u. s. *zerreißen, verlumpen;* verkottelt *zerlumpt* s. Kottel, Kuttel.
ver-ko[n]**ert** [khouərt *Si.*] adj. 1. *verkehrt:* e verko[u]erte Wè. — 2. *durchtrieben.* — lux. 461 verke[i]ert.
ver-kowelen tr. v. *Ett. Mtsh.* u. s. *verwirren, in Unordnung bringen:* wie hasch de Strang verkowelt! s. Kowel.
ver-kramme[n] [-gràmə *Ri. Hom. Rom.*] tr. v. *verkratzen:* 's Gesicht v. — els. 1, 519 ebenso.
ver-kräpt [-krèpt *Ett.*] adj. 1. *nichtsnutzig.* — 2. *klein, mißgestaltet.* — vgl. baier. 1, 1379 krapf *elend, unansehnlich;* der Krapf *kleine übelgewachsene Person od. Sache;* Gr. Wtb. 5, 2062 Krapf *verkrüppeltes Ding.*
ver-krasch [-kràš *D. Si.*] adj. *verweint:* e verkrasche Gesiht. s. kreischen.
ver-kratelt [-kràtəlt *Ett.*] adj. *angeschwollen, aufgeblasen:* e verkratelte Hand *eine infolge schwerer Arbeit verbellte Hand.* — vgl. tirol. grateln *mühsam arbeiten* From. 5, 440. s. kratelich, gradelich.
ver-kratze[n] [-kratsə *Fo.* u. s. ; -krétsən *Si.*] tr. v. wie hd. *verkratzen:* de Katz hat mich ganz verkratzt. — schwäb. 2, 1201.
ver-kresche[n] [-krešə u. -grešə *Schw.*] adj. *zum Kreischen, Schelten geneigt.* s. d. folgende.
ver-krische[n] [-grìše *Ri.* u. s.] tr. v. *verschreien, verleumden;* das Ptc. ver-

krisch = *schlecht beleumundet.* — els. 1, 525 ebenso.

ver-krippelt [-gribəlt *Ri.*] adj. *verkrüppelt.*

ver-krümple[n] [-krümplə *Fo.* u. s.] tr. v. *unordentlich zusammendrücken, zerknittern:* mi Rock isch ganz verkrumpelt. Verkrumpel doch din Kläd nit so! — els. 1, 520 verkrumpfle; baier. 1, 1370 (ver)-krümpeln; hess. 229 krumpeln *in ungehörige Falten drücken, von* Krumpel *Falte;* schwäb. 2, 1202 verkrumple.

ver-kucken s. vergucken.

ver-kudre[n] [-khúdrə *Ri. Hom. Rom. Ha.*] tr. v. *verliegen, durch Liegen in Unordnung bringen.* — vgl. baier. 1, 1226 kudęrn *Falten werfen.*

ver-kurbeln *D. Si.* (-kurwle *Ri. Hom. Ha.*) 1. tr. a) *aus dem Konzept bringen.* b) *verirren, verlieren* (frz. égarer qch.) *Ri.* — 2. intr. *aus dem Konzept kommen:* en as ganz verkurbelt *er ist ganz verwirrt.* — vgl. els. 1, 466 kurble *hastig sein;* schweiz. korble *dumm schwatzen.*

ver-kussle[n] [-khuslə *Ri. Ha.* u. s.] tr. v. *durch Unvorsichtigkeit verlieren.* — vgl. lux. 462 verkuössen *verzehren.*

verlache[n], sich, refl. v. *Fo.* u. s. *tüchtig lachen:* der kann sich awer v.!

ver-lackeln [-làkələn *D. Si.*] tr. v. *verlocken:* än zum Spillen v. *einen zum Spielen verleiten.* — lux. 462 ebenso; els. 1, 582 verlöckle.

ver-lägere[n] [-lēïrə *Ri.* u. s.] intr. v. *auf etwas liegen, so daß es zusammengedrückt wird:* 's Bett isch ganz verläjert. Das *Ptc.* verläjert *bedeutet auch noch abgelagert:* verläjerde Win, verläjerdi Waar. — els. 1, 511 verlagere.

Ver-laf [-láf *D. Si.*] *m. Verlauf.* — lux. 462.

Ver-läf [fərlǽf *D. Si.*; -láb *Ri.*] *m.* 1. *Erlaubnis, Verlaub:* mat V. ze rêden. — 2. *Urlaub:* gew mer V.! — lux. 463 Verlêf; ss. ebenso, Kisch vgl. Wtb. 237; ndl. verlof; schwäb 2, 1211 Verlaub.

ver-lafe[n] [-láfən, Ptc. -láf *fast allg.*; -laufə *Ri. Hom.*] 1. *ablaufen, verlaufen:* seng Zeit as verlåf *Si.* — 2. *auseinanderfließen z. B. Käse, Butter, Teig.* — 3. *zertreten durch vieles Gehen:* der Weg isch ganz verlåf. — 4. refl. *sich verirren.* — lux. 462 verlåfen; els. 1, 566 u. schwäb. 2, 1212 verlaufe.

ver-lamentiere[n], sich, refl. v. *Fo.* u. s. *laut jammern, klagen:* verlamentier dich doch nit eso! s. lamentiere[n].

ver-langen [-làŋən *fast allg.*] 1. tr. *verlangen:* das kannscht de nit von mir v. — 2. intr. *Heimweh haben:* es isch noch nit drei Da" furtgewän, do hat's schun verlangt *Fo.*

ver-längen tr. v. *D. Si. vertrösten, auf die lange Bank schieben:* en hot mech vun Dåch zu Dåch verlängt. — lux. 462; schwäb. 2, 1207.

Ver-langern *n. Bo. D. Si. Heimweh, Sehnsucht:* ech hun kä' V. dernoch *ich habe keine Sehnsucht darnach.* — els. 1, 597 Verlanges.

ver-langern intr. v. *Bo. D. Si. sich sehnen, Heimweh empfinden:* m'r verlangern noh häm *Si.* — lux. 462.

ver-länglich [-læŋliχ *Fo. Sgd. Lix.* u. s.; -lèŋkliχ *Bo.*] adj. u. adv. 1. *langweilig (vom Wetter):* isch das e verlängliches Wetter! — 2. *langwierig:* 's isch e v. Ärwet. — schwäb. 2, 1208.

ver-läschtert [-læštərt *Fa.*] adj. *baufällig, zu sehr belastet.* s. Lascht.

ver-latte[n] [-làdə *Sbg. Ri. Hom. Rom.*] tr. v. *durchprügeln (mit der Latte).*

ver-leche[n] [-lèχə, *Fo. Pü.* u. s.; -lèχtən *Sgd. Lix.*] intr. v. 1. *undicht, leck werden von hölzernen Gefäßen:* 's Fass isch verlecht. Er hat Durscht wie e verlechtes Fass *Fo.* — 2. *austrocknen, verschmachten vor Durst:* der Bach isch verlecht. Ich verleche bal. — els. 1, 548; hess. 240; baier. 1, 1421 verlechezen; schwäb. 2, 1214. s. a. erlecht.

ver-leckere[n] tr. v. *Bi.* u. s. *jemanden verwöhnen, wählerisch machen in Speise u. Trank:* es isch ihm nix meh gut genug, er isch ganz verleckert. *Das Particip* verleckert *hat auch noch die Bedeutung naschhaft.* — els. 1, 581.

ver-leden [-lédən *D. Si.*] 1. *verleiten.* — 2. *verleiden.* — lux. 402.

ver-legen [-léən *fast allg.*; -leïə *Ri.*] 1. tr. *einen Gegenstand nicht an den dazu bestimmten Platz legen:* e Buch verlê'en.

— 2. refl. *sich mit etwas abgeben, beschäftigen:* e verlè't sech op Stehlen *Si.*
ver-legen [-léən *D. Si.*] adj. 1. wie hd. *verlegen:* ganz v. sin *in großer Verlegenheit sein.* — 2. *abgestanden, alt:* verlè'e Wuer *Ausschußware, Ladenhüter.* — lux. 462 ebenso.
Verlè'hät [-lèhæt *Lix.*; -êjəhaid *Ri.* f. *Verlegenheit.* — lux. 463 Verléenhêt.
ver-lehneⁿ [-lénə *Fo.* u. s.; -lounən *D. Si.*] tr. v. *vermieten:* han Ihr eier Hus verlehnt? — els. 1, 580 ebenso.
ver-leigeⁿ [-laigə *Lix.*; -leïken *Bo.*; -lénən *Si.*] tr. v. *verleugnen:* der Judas hat unser Herrgott verleigt *Lix.* Er verleikt et ven der Hoᵘs ewèch *er leugnet es vom Strumpf weg d. h. hartnäckig. Bo.*
ver-leppen [-lèpən *Si.*] intr. v. *verschlammen.* s. Läpp 2. — lux. 463.
ver-lereⁿ [-lérə *Fo.* u. s. -léïərən *D. Si.*] intr. v. *verlernen, vergessen:* sinter ich us der Schul bin, han ich wider alles verlert. — els. 1, 606.
ver-leschen [-lèšən *D. Si.*] intr. v. *verlöschen, verriechen, verderben bes. von Getränken:* de Wein as verlescht *ist abgestanden, verdorben.* — lux. 463 ebenso.
ver-leweⁿ [-lèwə *Ri.*] tr. v. wie hd. *verleben.*
ver-liederlichen [-léidərleχən *D. Si.*; -lìdrə *Ri. Hom.*] intr. *verlungern, verlottern, zugrunde gehen.* — lux. 463 verlidderlechen; els. 1, 563 verliedrige; schwäb. 2, 1222 verliedere.
ver-liereⁿ [-líərⁿ *fast allg.*; -léïərən *D. Si.* — Ptc. fərlòr, fəlár *Hanw.*, fərlúər *Si.*] tr. v. *verlieren:* er hat zehn Su im Kartespiel verlor. Wenn der Wolf alt werd, verliert er d'Hor, awer d'Nubbe nit. *Ri.*
ver-losseⁿ [-lósəⁿ *Ri. D. Si.*; -làsən *Av.*; -làẓən (-lân) *Falk.*; -lòn *Fo. Mtsh.*; -lán (-láẓən) *Bo.*] 1. wie hd. *verlassen.* — 2. *verpachten:* en hot seï' Land verlôss *Si.* — lux. 413 ebenso.
Ver-lossenhät [-lósənhêt *D. Si.*] *f. Verlassenheit.*
ver-lottelt [-lodəlt *Ri.* u. s.] adj. *nachlässig, verlottert in Kleidung und Haltung.*

ver-lotzt [-lotst *Sbg. Ri. Hom.*] adj. *zerlumpt, abgerissen:* verriss un v. — els. 1, 636 ebenso. s. els. 1, 631 Lotsch, Lotz.
ver-luen, sich [-lúə *Fo.* u. s.] refl. v. *sich irren, versehen:* der wird sich awer mal gehêrich v.! — els. 1, 579 verluege 2.; schwäb. 2, 1228 verluge.
ver-luen [-lúən *Si.*; — lijt *Ri.*] adj. *verlogen:* du verlijder Lijer *du verlogener Lügner Ri.* — lux. 463 verlun.
ver-lustiereⁿ, sich, refl. v. *Lix.* u. s. *sich vergnügen, sich lustig machen.* — els. 1, 621; schwäb. 2, 1230 ebenso.
verluweⁿ, sich [-løüwə] refl. v. *Ri.* u. s. *sich irren, versehen:* i han mich verluwt, er isch es nit gewän. s. a. verluen.
ferm [fèrm *fast allg.*; fèrmən *Falk. Kr.*] adj. u. adv. *kräftig, fest, gesund, stark, sehr:* e fermer Kerl. Du grischt e moJ ferm *d. h. tüchtig Prügel.* 'S hat ferm gerànt, gedimmelt. — els. 1, 141; lux. 106; baier. 1, 756; schwäb. 2, 1230; frz. ferme.
ver-macheⁿ [-maχəⁿ *fast allg.*; -máχeⁿ *D. Si.*] tr. v. 1. *laut Vermächtnis übergeben:* er hat em alles vermacht. — 2. *verleumden:* oinen vermachen on verdoᵘn einen schwer verleumden *Bo.* — 3. *verwerfen:* d'Kuh hat vermacht *eine Fehlgeburt gemacht Ri.* — 4. refl. *sich verstellen:* der kann sich awer vermache! — els. 1, 644; lux. 463.
ver-mächerlich adj. *D. Si. unnatürlich, geziert.* s. vermachen 3. — lux. 463.
ver-mahleⁿ tr. v. *Sbg. Durch Quetschen zermalmen, zerdrücken.* — els. 1, 668 ebenso.
ver-maneⁿ [-mánə *Sbg. Ri.* u. s.] intr. *Vermögen besitzen:* sine Frau hat nit de dridde Deil vermant, as er. — els. 1, 657 vermöge, vermâne; baier. 1, 1577 vermögen, vermügen 1.
ver-massakreⁿ tr. v. *Sbg. Ri.* u. s. *arg zurichten, in Fetzen reißen:* d'Maschin (Lokomotive) hat ne ganz vermassakert. — els. 1, 716 ebenso.
ver-mauscheln tr. v. *Si.* (-moüschle *Ri. Hom.*) 1. *verhehlen, verbergen.* — 2. *heimlich beiseite schaffen.* — vgl. baier. 1, 1680: *täuschen* u. *mauscheln sich heimlich mit unerlaubten Geschäften abgeben;* hess. 277 muscheln *betrügerisch verfahren.* schwäb. 2, 1237 vermauschle

10*

verschachern; els. 1,646 vermaüchle s. mauschle[n].

Vermeje[n] [fərméjən *Si.;* fərméïjən *D. Bo.;* fərméïə] *n. Vermögen. Rda.:* sin V. hat d'Schwindsucht.

ver-mengeliere[n] tr. v. *Fo. durcheinanderbringen, verwirren, vermengen (entstanden aus* mengen *u.* frz: mêler). — schwäb. 2, 1239.

ver-mengen, sich, refl. v. *D.Si.* (eigentl. *sich vermeinen) sich überheben; mehr von sich meinen, als man ist:* e vermengt Framensch *ein eingebildetes Frauenzimmer.* — lux. 463 ebenso.

ver-midden, sich [-mìdən *D.;* -mìdə *Ri.;* -méïdən *Si.*] refl. v. *sich übermüden. Davon:* Vermiddong (Vermeïdong) *f. Übermüdung.* — lux. 463; schwäb. 2, 1244 vermüde.

ver-mirjeln tr. v. *Bo.* (-miršlə *Ri.*) *zermalmen.* — els. 1,713 vermörschle < Mörschel *Mörser.*

ver-mischle[n] tr. v. *Ri.* u. s. *vermischen, vermengen:* de Win v.; er hat alles durchenander vermischelt. — els. 1, 730.

ver-möble[n] [-méblə *Pfb.*] tr. *prügeln.* — els. 1,639; schwäb. 2, 1241.

ver-mömpeln tr. v. *D. Si.* (-memle *Ri.) eine Sache bemänteln, vertuschen.* — lux. 464 ebenso; hess. 275 vermumpeln, vermampeln < vermanteln. — els. 1,682 vermumpfle; schwäb. 2, 1245 vermümble.

ver-muckle[n] [-muglə *Sbg. Ri.* u. s.] tr. v. *vermogeln d. h. verheimlichen, verstecken.* — els. 1, 648 vermuchle, vermuckle.

ver-murschtern [-muršt∂rn *Bo.;* -múšt∂n *D. Si.*] intr. v. *vermorschen, vermodern, schimmelig werden.* — lux. 464 vermúschen; ss. vermutschen, Kisch vgl. Wtb. 237.

ver-muscht [-múšt *Ri. Hom. Ha.* -moud∂rt *Si.*] adj. 1. *verfault, vermodert.* — 2. *zu flüssigem Brei geworden Ri.* — lux. 464.

ver-näje[n] [-nêjə *Sbg. Ri.* u. s.] tr. v. *vernähen, zu Ende nähen:* e Stick Duch v. — els. 1, 764 ebenso.

ver-nämen [-næmən, -nímən *Bo.;* -nimən *Si.*] tr. v. *einem Schimpfnamen geben (in der Kindersprache):* en hot mech Esel vernimt *Si.* — schwäb. 2, 1250 vername.

ver-narren [nàrən *Falk. Ri.* u. s.;-nárən *D. Si.*] 1. tr. *zum besten haben.* — 2. *närrisch werden:* en as ganz vernarrt. — lux. 464 vernåren; ss. vernarren, Kisch 237.

ver-nattert [nàt∂rt *allg.;* -nàd∂rt *Bi.*] adj. 1. *vernarrt, versessen auf etwas:* du bisch se vil v. uf des Schlimmere *(Eislaufen) Lix.* — 2. *verwöhnt, naschhaft Bi.* — 3. *durchtrieben:* e vernaddertes Ding *ein durchtriebenes Mädchen Bi.* — els. 1, 792 vernattert für vernarrt.

ver-nawe[n] [-nåwə *Ri.* u. s.] tr. v. *zernagen.* — els. 1,763 vernage.

ver-neipen, sich, refl. v. *D. Si.* (-nêïë *Ri.) sich verneigen.* — lux. 464. s. neipen.

ver-nêlen [-nélən *Si.*] tr. v. *vernageln:* en hot de Kapp eweï vernêlt *es geht nichts in seinen Kopf hinein.* — lux. 464.

ver-nenftich [-nenftiχ *Bo.;* -nenfteχ *D. Si.;* -nimftiχ *Sgd. Lix.*] adj. *vernünftig:* Siw doch v.! Se kann nix Vernimftiches koche *Lix.*

ver-nimen s. vernämen.

Ver-ninter [-nínt∂r *Falk.*] *m. Nur in dem Ausdruck:* du V.! *Nichtswürdiger! Vermaledeiter! Mit mhd.* niene, nine *nichts zusammenhängend?*

Vernonft [-nonəft *D. Si.;* -nǫf *Bo.;* -numft *Sgd. Lix.*] *f. Vernunft.* — lux. 464.

ver-nönftech adj. *D. Si. vernünftig.*

ver-nuble[n] [-nùblə *Bi.* u. s.] tr. v. *ablutschen:* er hat seïn Dumme ganz vernubelt. s. nuble[n].

ver-nubelt adj. *Bi. von einem Kinde gesagt, das gern an der Mutterbrust saugt oder gern lutscht.*

ver-nudeln tr. v. *Nj. prügeln, verhauen:* mer hon en ordentlech vernudelt. — schwäb. 2, 1257 vernudle 2.; vgl. baier. 1, 1729 nudeln *drücken, kneten.*

ver-nulle[n] *Ri. Hom.* dasselbe wie vernuble[n].

ver-nuppt adj. *Ri. Ha.* u. s. *launisch, trotzig, eigensinnig:* du vernuppdes Ding! — vgl. els. 1, 778 nuppig, nuppisch. s. Nuppe[n].

ver-omnieren [-omnéïərən *Si.*] tr. v. 1. *verunehren, Übles reden von jem.* —

2. zugrunde richten, ruinieren. Das Wort ist aus verunehren u. verruinieren zusammengeschweißt. — els. 2, 216 verrummeniere.

ver-ontreien tr. v. D. Si. veruntreuen. — lux. 464 ebenso.

ver-ordnieren [-ordnîrə Fo. Ri. u. s.; -ordənéïərən D. Si.] tr. v. verschreiben, anordnen: was hat dann der Dokter verordniert? — lux. 464.

ver-pechen [-bèχə Ri. Hom. Rom. Ha.] tr. v. 1. mit Pech beschmieren. — 2. verpechen (ein Faß). Das Ptc. verpecht = beschmutzt, beschmiert: du bisch ganz verpecht.

ver-peffren tr. v. fast allg. zu stark mit Pfeffer würzen.

ver-picht adj. fast allg. erpicht, versessen auf etwas: er isch ganz verpicht ufs Lese. — schwäb. 2, 1265 verpicht b.

ver-plärrt adj. Bi. u. s. zum Weinen, Schreien geneigt: en v. Kend. — schwäb. 2, 1265 verplärre. s. plärren.

ver-poschten adj. Ersd. in der Vbdg.: verposchten vor Zor ganz zornig werden. — vgl. hd. pusten u. baier. 1, 442 pfausten schnauben.

ver-prangten adj. Av. prahlerisch. — vgl. hd. prangen, prängisch; baier. 1, 470 pränkisch.

ver-prozessen tr. v. allg. (sein Vermögen) durch Prozesse verlieren. — els. 2, 208.

ver-puschen tr. v. Si. verpfuschen. — lux. 464 ebenso.

ver-pusen [-púzə Ri. Hom. Rom. Ha.] tr. v. verfarzen: die Hosen v. die Winde hindurch treiben. — vgl. els. 2, 140 Pfus zischender Ton, pfusen leise farzen; baier. 1, 442 pfausen.

ver-rachen [-ráχən D. Si.; -rauχə Ri. u. s.] tr. v. durch Rauchen verzehren, verrauchen.

ver-raden [-rádən, Ptc. -rát Bo.; -ródən Ri. D. Si.] tr. v. wie hd. verraten.

Ver-räder [-rèdər fast allg.; -ródər Ri.; -rédər Si.] m. Verräter. Das Femininum lautet: Verrädersch (Verfädasch Falk.), Verrodersche Ri.

ver-raffle [-ràflə Ri.] nur als Ptc. verraffelt schwatzhaft, verleumderisch. — els. 2, 237 verraffle.

ver-rafft [-ráft Fi. u. s.] adj. eigennützig, geizig. s. raffen in der Bedeutung zusammenscharren.

ver-rappen [-ràbə Ri. Hom. Rom. Ha.] tr. v. ganz durch das Reibeisen (s. Rapp) gehen lassen, vollständig zerreiben.

ver-räsen s. verreisen.

ver-rätschen [-rètšə Bi.] tr. v. 1. verleumden. — 2. ausplaudern: hasch de das scho' misse v.? — els. 2, 308; schwäb. 2, 1269. s. Rätsch, rätschen.

ver-rätscht Partic. als Adj. Bi. schwatzhaft, verleumderisch: e v. Framinsch. — els. 2, 308 ebenso.

ver-ratzen tr. v. Ri. Sbg. durch Schnittwunden beschädigen.

ver-ratzt adj. Pfb. u. s. 1. verloren: 's isch alles v. — 2. vielfach verwundet Ri. s. ratzen. — vgl. Gr. Wtb. 8, 209: Ratz! Ausruf beim Zerreißen.

ver-rauen, sich [-rauən D. Si. Brettn.; -ruwən Bo.; -ruiwən Falk. Grt.] refl. v. sich abhärmen, zu Tode grämen, verzweifeln: er hat sich bal verraut Brettn. — lux. 464 verrauen; Hunsrück: sich verraue Firm. 1, 529, 63; hess. N. 232 sich verreuen; els. 2, 216 verröue vor Leid vergehen. vgl. hd. Rau, rauen für Reu, reuen Gr. Wtb. 8, 257.

ver-rechen [-rèχə Ha. Hom. u. s.] tr. v. mit dem Rechen ausbreiten: 's Hau v.

ver-rechen, sich I [-rèχə Ri. Sbg. u. s.] refl. v. 1. einen Rechenfehler machen. — 2. in Rechnung bringen, sich ausgleichen mit jd. — els. 2, 225.

ver-rechen, sich II [-rèχən D. Si.] refl. v. (wörtl. sich verreichen) durch zu weites Ausgreifen mit den Armen körperlichen Schaden nehmen. — lux. 464.

Ver-reck [fərèk Pfb. u. s.; fərek Fo. Bi.] f. 1. (derb für) Tod: er hat sich de V. gehol. — 2. (gemein für) schwere Krankheit, Schwindsucht: ich hab de V. am Hals heftige Halsschmerzen Pfb. De V. han, de V. am Hals han sehr krank sein, die Schwindsucht haben Bi. — els. 2, 248 V'reck; schwäb. 2, 1273 Verrecker Tod.

ver-recken [f(ə)rèkən fast allg.; f(e)rekə Fo.; frègə Pfb. Ri. Hom.; fərikən Falk.] intr. v. verenden, krepieren bes. vom Vieh, *derb u. verächtlich auch vom Menschen namentl. in Verwünschungen:* der Hund isch verreckt. Ich schlan der ens, dass de vereckscht *Fo.* Wenn du numme v. däts un ewich lewe! *Mett.* 'S isch kalt sum V. *Lix. Ri. Hom. Ha. — Das Partic.* verreckt *bedeutet außerdem schwächlich, elend:* du verrecktes Ding! *Bi.* — els. 2, 247; baier. 2, 43; Gr. Wtb. 12, 997; schwäb. 2, 1271.

ver-reiseⁿ [-raizə *Pfb. Ri. Sbg.*; sonst -rêzəⁿ] 1. intr. wie hd. *verreisen:* am Dienschda gehn mer verräse. — 2. tr. *durch Reisen sein Geld verbrauchen:* er hat all sin Geld verreist.

ver-rekeln tr. v. *Si. von der Stelle rücken.* — lux. 465. s. rekeln.

ver-richeⁿ [-ríχə *Ri.* u. s.] intr. v. *(von Speisen u. Getränken) den guten Geschmack verlieren.* — els. 2, 226.

ver-rihreⁿ *fast allg. durch Umrühren verarbeiten, zerrühren:* de Brei im Hawe (*Topf*), 's Mehl v. — els. 2, 283 verrüere.

ver-rihten tr. v. *Si.* u. s. *anrichten:* wat hosch de 'rem verriht? *was hast du wieder verbrochen?* — lux. 465 verrichten.

Ver-riss-bär m. *Ri. einer, der alles zerreißt.*

ver-risseⁿ [fərisən *fast allg.*; f'risə *Sgd. Lix.*; fəréisən *D. Si.*] 1. tr. *verreißen, zerreißen:* er hat sin Buch verriss. Ze vil verrisst de Sack *allzuscharf macht schartig Pü.* — 2. intr. *platzen:* sin Kuh isch v'ress *Lix.* — 3. refl. *sich sehr anstrengen:* du hasch dich awer geveriss bi der Arwet! (*ironisch*) *Pü.* Er hat si(ch) nit verriss *er hat sich nicht übermäßig angestrengt Ri.* — els. 2, 288 verrisse *zerreißen*; schwäb. 2, 1274 verreisse.

Verriss-karre m. *Lix. Dasselbe wie* Verrissbär.

ver-rollt adj. *Ri.* 1. *verspielt.* — 2. *sittl. verkommen.* — vgl. els. 2, 251 rollen *sich unsittl. herumtreiben;* hess. 330 rollen *läufig sein.* s. a. Roller *Kater.*

ver-rompen tr. v. *D. Si. die Butter beim* Rompen (s. d.) *verderben.* — lux. 465.

ver-roppeⁿ tr. v. *fast allg. in kleine Stücke reißen, zerreißen, zerzausen:* ich han all die Bläder verroppt. — els. 2, 279 u. schwäb. 2, 1280 verropfe, verrope.

ver-rubbeln tr. v. *durch Hast verderben.* s. rubbeln. — 2. *hastig, übereilt arbeiten.* — lux. 465 ebenso.

ver-ruiwen s. verrauen.

ver-rummeniereⁿ [-rùmənîrə *Ri. Hom. Ha.*] tr. v. *verderben beschädigen, ruinieren:* muss dann alles verrumminiert sin! — els. 2, 216 ebenso.

ver-rumpleⁿ [-rumplə *fast allg.*; -rompələn *D. Si.*] tr. v. *zerknittern, falsche Falten erzeugen:* Lu, dass de mer min Schnupduch nit verrumpelscht! *Lix.* — els. 2, 260 verrumpfe; schwäb. 2, 1283. s. a. verkrumpeln.

ver - sabbeln tr. v. *D. Si. mit Geifer besudeln.* s. Sabbel. — lux. 465.

ver-säfeⁿ [-ᵹǽfə *fast allg.*; ᵹaifə *Sgd. Lix.*; ərᵹǽfən *D. Si.*] 1. tr. *ertränken:* er hat sin alter Hund versäft. — 2. refl. *sich ersäufen.* — els. 2, 230 u. schwäb. 2, 1288 versäufe.

ver-sawleⁿ [-ᵹâwlə *Ri. Hom. Ha.*] tr. v. *dasselbe wie* versohleⁿ. s. d.

ver-säwleⁿ [-ᵹèwlə *Fo.* u. s.] tr. v. *unordentlich, mit stumpfem Messer schneiden:* versäwel doch das Fläsch nit so! — schwäb. 2, 1284 versäble; els. 2, 317 versable. s. Säwel.

ver-saueⁿ *fast allg.* (-öue *Sbg.*) tr. v. *beschmutzen:* er hat sin Kläder ganz versaut. — els. 2, 315 versöue; schwäb. 2, 1287 versaue.

ver-schafen [-šáfən *D. Si.*] tr. v. *abschaffen, beiseite schaffen:* das Buch as verschäft gin. — lux. 465.

ver-schaffen tr. v. *fast allg.* 1. *verarbeiten, Rohmaterial aufbrauchen:* Holz v. *klein machen.* — 2. *abschaffen, aufheben:* verschaff mer dat Vieh! — els. 2, 396; schwäb. 2, 1291; mhd. verschaffen.

ver-schaffeⁿ [-šáfə *Schw.*; -šáft *Ri.*; -šáftən *Bo.*] adj. *arbeitsam, emsig an der Arbeit:* das Minsch isch recht v. — els. 2, 396 u. schwäb. 2, 1292 verschafft.

ver-schameriereⁿ *Lix. Ett.* u. s. *übel zurichten, beschädigen, verwunden. Fast nur im Ptc. gebräuchlich:* er isch erunnergefall un isch ärich (*arg*) verschameriert gewän. — els. 2, 413 ebenso. Zu frz. chamarrer *verzieren, verbrämen; die Haut-*

abschürfung wird als Verbrämung bezeichnet. s. a. From. 5, 461.

verschampiere[n] [-šampírə *Lix.*; -šæmpírə *Fo.*; -šambənírə *Ri. Hom.*; -šampənéïərən *Si.*] tr. v. 1. *beschädigen, entstellen:* er isch ganz verschampiert im Gesicht. — 2. *ausschimpfen, schelten:* mer sin arich verschampiert wor. — lux. 465 verchampele[i]ren; vgl. baier. 2, 418 schampern = exprobrare; ndd. ndl. eifl.: schamper *scharf, beißend, unverschämt* From. 6, 18, 477. v. < verschandbaren.

verschänne[n] tr. v. *Av. Bo. Ett.* u. s.] tr. v. 1. *übel nachreden, verleumden;* Wat hat er mich verschännt! — 2. *entstellen, verschimpfieren:* er isch fir sin Lewe lang verschännt! — De krumme Nas verschännt em 's ganz Gesicht *Av.* — els. 2, 419 u. schwäb. 2, 1294 verschände; vgl. baier. 2, 429 verschändeln; hd. beschänden Gr. Wtb. 1, 1546. s. schännen *schänden*.

verschant adj. *D. Si. geschunden:* en as ganz v. am Gesiht. — lux. 465. s. schinnen *schinden*.

verscheiche[n] [šaixə *Ri. Rom. Ha.* u. s.] tr. v. *vertreiben, verscheuchen.* — els. 2, 390 verscheüche.

ver-scheiden [-šaidə[n] *fast allg.*; -šèdən *D. Si.* — Ptc. -šait, -šèt] intr. v. *verscheiden, sterben:* er isch im V. — Sin Vader es geschtern verscheit *Bo.* — els. 2, 394 verscheide; lux. 465 verschêden.

ver-schellen [-šèlən *Av.* -šèldə *Sbg. Ri.*] 1. tr. *ausschimpfen:* v. wie 'n armer Hund. — 2. refl. *sich selbst schelten, scherzh. für beichten.* — vgl. els. 2, 412 verschèlte; schwäb. 2, 1297 verschèlte.

ver-schidde[n] tr. v. *fast allg.* 1. *verschütten, eine Flüssigkeit; sich im Schütten irren.* — 2. *ein Kartenspiel verlieren:* e Spil v. *Rda.*: der hat de Supp verschudd *der hat's verdorben mit jd.* — 3. refl. sich verschidde *durch Verschütten die Kleider verunreinigen.* — els. 2, 445; baier. 2, 489 verschütte.

ver-schiese[n] [-šízə[n] *fast allg.*; -šéïsən *D. Si.*] tr. v. *verschießen:* er hat all sin Pulwer verschoss. s. schiese[n].

ver-schimen tr. v. *D. Si. verunstalten:* sei' Gesiht as durch d' Pocken ganz verschimt. — *Das Partic.* verschimt *hat auch* noch die Bedeutung verschämt*: se dät ganz v. sie tut ganz verschämt.* — lux. 465.

ver-schirmelt, **ver-schirmt** adj. *Sgd. Lix. Ri.* 1. *in Scherben zerbrochen.* — 2. *verunstaltet:* sin Gesicht isch v. *durch Wunden, Narben verunstaltet.* s. Schirmel.

ver-schisse[n] tr. v. *fast allg. mit Kot beschmutzen:* de Hose v. — els. 2, 436.

ver-schläbbere[n] tr. v. *Bi. eine Flüssigkeit aus zu vollem Gefäß verschütten.* s. schlabbere[n].

ver-schläfen tr. v. *D. Si.* (ver-schleife[n] *Ri. Hom. Ha.*) 1. *verschleppen, durch Unordnung verloren gehen lassen:* Meï' Buch as verschläft gin. — 2. *verführen:* se hun en an't Wirtshaus verschläft. — els. 2, 453 verschleife.

ver-schlampen [šlàmpə[n] *fast allg.*; -šlàmbə *Ri. Bi.*] tr. v. *durch Nachlässigkeit zugrunde gehen lassen, namentl. von Kleidungsstücken gebraucht.* — hess. 353 u. schwäb. 2, 1305 ebenso. s. schlampen.

ver-schlampt adj. *fast allg. in verwahrlosten Kleidern, unordentlich angezogen:* wie v. gehscht de doher *Ri.*

ver-schla'n [-šlán *fast allg.*; -šláwə *Pfb.*; -šlóən *D. Si.*] 1. tr. *zerschlagen, zertrümmern:* de Schlose (s. d.) han alles verschlan. Er hat's Finschter verschla in siner Wut *Fo.* E verschla'ner Kopp = *einer, der mehr zu wissen meint, als die andern Pü.* — 2. unpers. *etwas besagen, ausmachen:* es hat nix se verschla'n. — 3. intr. *sich abkühlen, lau werden:* loss d' Melech *(Milch)* verschlôn, se as ze wårm *Si.*

ver-schlappe[n] [-šlàpə[n] *fast allg.*; -šlàbə *Bi. Pfb.*] tr. v. *vernachlässigen, zerreißen, durch unordentlichen Gang:* die Schuh v. — s. Schlapp. vgl. els. 2, 468 verschlappt *schlecht angezogen.*

ver-schlecke[n] [šlèkə[n] *fast allg.* -šnèkə[n] *D. Si.*] tr. v. *vernaschen:* Geld v. *Das Partic.* verschleckt *bedeutet* 1. *abgeleckt:* e verschleckte Schissel. 2. *naschhaft.* — els. 2, 461 u. schwäb. 2, 1306 verschlècke, verschlèckt s. a. verschnèckt.

ver-schleisse[n] (ver-schlässen) tr. v. *Fo.* u. s. *verschleißen:* all sin Kläder sin verschliss. — schwäb. 2, 1307. s. schleisse[n].

ver-schlofeⁿ [-šlófeⁿ *allg.*] 1. tr. *durch Schlafen vergessen*: sin Kummer v. — 2. refl. *sich verschlafen. Das Ptc.* verschlofe, verschloft *bedeutet zum Schlafen geneigt, die Spuren des Schlafes zeigend*: e. v. Gesicht mache. — els. 2, 452 ebenso.

ver-schluffeⁿ refl. v. *Ri. Hom. Ha. sich verkriechen*: er hat sich verschloff. — els. 2, 470 verschlupfe.

ver-schlurbeⁿ [-šlùrbə *Ri. Hom.*] tr. v. *dasselbe wie* verschlappeⁿ.

ver-schmaddeln tr. v. *Bo. beschmieren, besudeln.* s. Schmadder.

ver-schmelen [-šmélən *Si.*] tr. v. *verschmähen.* v. < verschmählichen. vgl. mhd. versmæhelich.

ver-schmochteⁿ [-šmóχdə *Ri. Hom.* u. s.] intr. v. *verschmachten.*

ver-schmuseⁿ [-šmúʒə *Fa.* u. s.] tr. v. 1. *verzehren, aufzehren.* Spruch:
  Mer muss nit alles verschmuse,
  Mer mus a ebbes huse (s. d.).
2. *leiden, ertragen, ausstehen*: ich kann ne nit v. *ihn nicht leiden.*

ver-schnäkt [-šnêkt *Pü.* u. s.; -šnaikt *Ri.*] adj. *naschhaft, vernascht, wählerisch im Essen*: e verschnäkter Kerl. s. schneiken, schnäken. — els. 2. 499 verschneikt.

ver-schnappeⁿ refl. v. *fast allg. sich versprechen, unüberlegt etwas heraussagen.* — els. 2, 501.

ver-schnäppleⁿ [-šnèblə *Ri. Hom. Rom. Ha.* u. s.] tr. v. *unnützerweise in kleine Stücke zerschneiden, etwas dadurch beschädigen*: Papier v. — els. 2, 503 verschnäpfle.

ver-schnattert adj. *Bi. geschwätzig, schwatzhaft*: isch des awer e verschnattertes Weïbsmeïnsch! s. schnattereⁿ.

ver-schnerreⁿ tr. v. *Sbg. Ri. Hom.* u. s. *draufmachen, vergeuden.* s. schnerreⁿ.

ver-schnuffleⁿ tr. v. *Ri. Ha. Hom. verplaudern*: e verschnuffeldes Ding *Kind, das kein Geheimnis bewahren kann.* — vgl. els. 2, 496 schnuffle 2 *plaudern.*

ver-schnuppt adj. *fast allg. verschnupft* (*eigentl. u. übertr.*).

ver-schottelt [-šodəlt *Ri.* u. s.] Ptc. *durcheinandergeschüttelt.* — vgl. els. 2, 444 verschottle *durch Schütteln vermengen.*

ver-schreckeⁿ *fast allg.* 1. *in Schrecken geraten*: mer därf nit iwer jede Dreck v. Ich bin ganz verschrock (u. verschreckt); refl. ich han mich verschrock (verschreckt). — 2. *in Schrecken versetzen*: geh! du hascht mich awer verschrock. *Rda.*: Er verschreckt wie e Esel, wu der Sack abfällt *er hat keine Furcht Av.* — schwäb. 2, 1319; els. 2, 517.

ver-schriweⁿ [šriwə *fast allg.*; -šraiwən *D. Si.*] tr. v, 1. *testamentarisch vermachen*: er hat'm sin Garde verschriwe. — 2. *voll schreiben*: e Heft v. — els. 2, 515 verschribe.

Ferscht [fèršt *Fo. Lix. Sgd.*; féaršt *Falk.*; féašt *Vbg. Obd.*; fêašt *Bo.*; féšt *D. Si.* — Pl. fèršta, féašten, feštən] *f.* 1. *Ferse Rda.*: A gesiht em leïwa uf de F. wie uf de Zèwen *sagt man von einem unwillkommenen Besuch Obd. Ri.* Er hat de F. ufgehaw *er ist schnell gelaufen Falk.* Ebber uff d' F. gehn *hinter einem her sein, ihn zur Arbeit antreiben Ri.* els. 1, 143 ebenso. — 2. *Fersenstück am Strumpf*: min Strumpf hat e Loch an der F. — Zs. Fe(r)ste-geld: en hot F. gên.

Ferschter [fèrštər *fast allg.*; fé(r)stər *D. Si.*; firštər *Lix.*] *m. Förster.*

ferschterlosich [feršterlóʒiχ *Schw.*] adj. u. adv. *fürchterlich, ganz furchtbar*: ich hon e ferschterlosiche Brant emer (*in mir*).

ver-schuchern [-šuχərn *Bo. Ri.*] 1. intr. *frösteln.* vgl. els. 2, 406 schuckere *schaudern vor Frost.* — 2. tr. *einschüchtern*: mer därf de Kenner nit v. — *Das Partic. als Adjektiv* verschuchert *bedeutet*: 1. *Frostschütteln habend*: i bin ganz v. fröstelnd Ri. 2. *eingeschüchtert sein.*

ver-schuscheⁿ [-šúšə *Ri. Hom. Ha.*] tr. v. *aburteilen*: se han ne verschuscht. — vgl. frz. juger.

ver-schwabbleⁿ tr. v. *Ri. dasselbe wie* verschläbbereⁿ.

ver-schwannen [-šwànən, Ptc. -šwòn *D. Si.*] intr. v. *verschwinden.* — lux. 466.

ver-schwätzen *Bo. Falk.* u. s. 1. *bereden, überreden*: änen zu eppes v. — 2. *verleumden Bo.* els. 2, 532 verschwätze. — 3. refl. *sich versprechen.* lux. 466.

ver-schweren, sich [-šwérən, Ptc. šwòr *fast allg.*] refl. v. *beteuern* (sich ver-

schwören). 'S isch grad, wie wenn alli Deïwle sich verschwor hette *Ri*. — schwäb. 2, 1328 verschwöre.
ver-seckleⁿ [-seglə *Ri*. u. s.] tr. v. *crwischen, bes. beim Spiel*. — els. 2, 346.
ver-sehn s. versihn.
ver-sei(j) [fərʒéï *Bo.;* fərʒeïj *Falk.;* foʒéï *Vbg*.] *adjektivisches Particip von* verseihen *die Milch verlieren, trocken werden (von Kühen)*: die Kuh steht versei *Bo. Bildlich*: versei stehn *ausgesogen sein*. — els. 2, 339 versige, Ptc. von versihe; baier. 2, 248 beseihen *versiegen, vertrocknen*: de Kue b'seiht d' Milch; henneb.: die Kaᵒ verseiht, From. 4, 308; lux. 466 verseien *eine Kuh vom Melken entwöhnen, so daß sie keine Milch mehr gibt*. s. a. Gr. Wtb. 10, 1613, 3 u. schwäb. 2, 1333.
ver-seicheⁿ [-ʒaiχə *Ri. Lix. Hom*.] tr. v. *mit Ameisensäure od. Harn bespritzen, so daß es juckt*: de Ämetze hon mich verseicht *Lix*. D' Kuh hat mi verseicht *Ri*. — els. 2, 321 verseiche 2.
ver-seiern [-ʒaiərən *D. Si*.] intr. v. *sauer werden*: 'T Melech as verseiert. — lux. 466 ebenso. s. a. versuren.
ver-seifleⁿ *Pfb. mit Kot besudeln, beschmutzen*. — els. 2, 329 ebenso. (Seifel *Harn, Menschenkot* < hebr. sébhel *Mist*. s. Jb. 12, 100). *Das Partic.* verseifelt = *verdorben, beschmutzt*.
ver-sengleⁿ [-ʒeŋlə *Ri. Hom. Ha. Rom*.] *bes. refl. sich leicht verbrennen (am Feuer, an Brennesseln u. dgl.)*: i han m'r d' Fingre versengelt. — els. 2, 365 versengele 1.
ver-sennern [-ʒenərn *Bo*.] intr. v. *im Sand, Sumpf od. Schlamm stecken bleiben*. Wurzel: Sand?
Ver-serjnes [-ʒèrjnes *Si*.] *f*. (wörtl. *Versorgnis*) *Verwahr*: eppes a' V. hun etwas in *V*. haben.
ver-sihn [-ʒín *Fa*. u. s.; -ʒin *D. Si.;* -ʒèn *Ri. Hom. Ha*.] 1. tr. *einen Kranken mit den Sterbesakramenten versehen*: er lebt nimmer lang, er isch schon versihn. — 2. refl. a) *sich versehen, täuschen;* b) *sich versehen (von schwangern Frauen)*. — els. 2, 340 versëh(n); baier. 2, 248 einen versehn *mit der geistl. Wegzehrung;* lux. 466 versin; schwäb. 2, 1330 ff.

Ver-sinn [fərʒin, Pl. -ər *D. Si*.] *u. Zimmerdecke*. — vgl. mhd. sint *Richtung;* sinnen *visieren* < frz. signer, lat. signare. — lux. 466 Versin.
ver-sinnigeⁿ, sich [-ʒiniχə *fast allg.;* -ʒindiə *Ri. Hom.;* -ʒenijən *D. Si*.] refl. v. *sich versündigen*.
ver-soff adj. *Si*. versoffen. — lux. 466.
ver-sohleⁿ *fast allg*. tr. v. 1. *versohlen*. — 2. *verhauen, durchprügeln*: den han se awer gehèrich versohlt *Fo*. — 3. *besudeln, beschmutzen bes. durch Urin*: der hat de Hos versohlt *Ri*. — 4. refl. *sich weh tun*: Der hät sich halt versohlt *arg weh getan Ri. Pfb*. — els. 2, 351; baier. 2, 261.
ver-so'n [-ʒòn, Ptc. -ʒòt *D. Si*.] tr. v. *versagen*. Deï Joffer as versòt *das Fräulein ist verlobt*. En Plâtz as versòt *eine Stelle ist vergeben*. — lux. 466.
ver-sotern [-ʒoətərn *Bo.;* -ʒoudərən *Si*.] intr. v. *zu lange braten, versotten*. s. sotern.
ver-spellereⁿ [-špèlərə *Bi*. u. s.] intr. v. *zersplittern*. — Gr. Wtb. 10, 2138 zerspellen.
ver-spieleⁿ [-špílə ⁿ *fast allg.;* -špilən *D. Si*.] tr. u. intr. wie hd. *verspielen*: du verspillsch noch 's Hemb am Loch od. am Arsch. *Ri. Hom*.
ver-spielt [-špílt *Bi*. u. s.; -špiltən *Bo. Schw*.] adj. *zum Spielen aufgelegt, spielsüchtig*: en v. Kend. — els. 2, 539 ebenso.
ver-sporeⁿ [-špòrə *Ri. Hom. Rom. Ha*.] intr. *verschimmeln, fleckig werden z. B. Wäsche, Papier infolge der Feuchtigkeit*. — els. 2, 547 ebenso; vgl. baier. 2, 683 spör *fehlerhaft- trocken;* From. 4, 501, 10 spör, spèr, wozu ahd. spori, mhd. spöre erschlossen werden kann. s. a. Weig. Wtb. 2, 764.
ver-sprecheⁿ [-šprèχən *fast allg.;* -spréχən *D. Si*.] tr. v. 1. wie hd. *versprechen, zusagen, angeloben*: v. a' gèn *(versprechen u. geben)* sin zwèerlei. En hot mer an't Hand versprach *Si*. — 2. refl. *ein Gelübde machen*: sech v. eppes ze dun. — els. 2, 557; lux. 467. s. spreche ⁿ.
ver-spreiden [-špraidə, -špréïdən *Bo.;* -šprèdən *D. Si*.] tr. v. *ausbreiten, namentl. Heu, Mist auseinanderwerfen*. — schwäb. 2, 1349 verspreite; els. 2, 562 verspreitle,

ver-springeⁿ intr. v. *fast allg. zerspringen:* 's Fass isch versprung. 'S Herz verspringt m'r fascht. — els. 2,559 ebenso.

ver-spritzeⁿ refl. v. *fast allg. die Kleider beschmutzen (mit Kot):* er hat sich ganz verspritzt.

ver-staibt adj. *Ri.* mit Staub bedeckt.

ver-stalt [-štalt *D. Si.;* -štèlt *Ri.*] adj. *verunstaltet, unkenntlich gemacht, entstellt:* en as ganz vun de Pocken v. *Si.* — lux. 467 verstalt; els. 2, 590 verstellt.

Ver-stand m. allg. wie hd. *Verstand:* de V. kent *(kommt)* mat de Johren. En hot meïh Land eweï V. *Si.* Du sollsch V. han *sollst verständig sein Ri.*

ver-stännich adj. *fast allg.* wie hd. *verständig.* — lux. 467.

ver-stännichen, sich, refl. v. *D. Si.* u. s.; -ständie *Ri.*] *sich verständigen.*

ver-stawern [-štàwərə *Bi.* u. s.] tr. v. 1. *in Verwirrung bringen, ängstigen:* de Kinner sin ganz verstawert. els. 2, 567 verstabere; hess. N. 283 verstabern *wie versteinert sein vor Schrecken;* baier. 2,718 verstawert *verblüfft.* s. stawer. — 2. *vertreiben:* wart, ich werd dich glich verstawere! — schwäb. 2,1355 verstäuben; els. 2, 567 stebern *säubern* (Wurzel Stab).

ver-stechen I [-štéχən, Ptc. -štaχ(t) *D. Si.*] tr. v. *verstecken.* — lux. 467 versti̯echen; ss. verstêchen, Kisch vgl. Wtb. 238. Schon mhd. stechen neben stecken. s. a. versteckle.

ver-stecheⁿ II [-štèχə, Ptc. -štoχ́ *Ri. Hom. Ha.*] tr. v. 1. *erstechen.* — 2. *flicken, zustechen:* kumm, ass i d'r din Kleid verstech!

Ver-steckelches [-štekəlχəs *Fo. Si.* u. s.] n. *Versteckspiel:* mer spiele jetz V.! — els. 2, 583 Versteckels.

ver-steckleⁿ [-štekləⁿ *Fo.* u. s.; -štèkə *Ri. Hom.*] tr. v. 1. *verstecken, verbergen:* er hat sin Buch gut versteckelt. Versteckel dich! — 2. *etwas nicht merken lassen Ri.* — els. 2, 582 u. schwäb. 2,1356 ebenso.

ver-stehlt adj. *Ri.* zum *Stehlen geneigt.*

ver-ste(h)n wie hd. *verstehen.* s. stehn.

Ver-stehschde-mich [-štéštəmiχ *fast allg.*] n. *scherzh. gesunder Menschenverstand, Verständnis:* Du hasch gar kä' V. — lux. 467 Verstèsdemech.

ver-steien [-štéiən *Bo.* u. s.; -štéjən *Falk.;* -štèən *D. Si.;* -štaiə *Pü.*] tr. v. *versteigern.*

Ver-steiung [-štaiùŋ *Pü.;* -štéjuŋ *Falk.;* -štéjəroŋ *D. Si.*] f. *Versteigerung.*

ver-stereⁿ [-štérə *Ri. Hom. Ha.* u. s.] tr. v. *verwirren, stören:* m'r sin an der Ärwet verstert wor. — els. 2,611.

ver-stert [štért *fast allg.;* -štéiərt *D. Si.*] adj. *geistesabwesend, geistig umnachtet, außer Fassung:* ganz v. ussihn. — els. 2,611 verstört.

ver-stickeⁿ [-štìkəⁿ *Fo.* u. s.; ərštekən *D. Si.*] intr. v. *ersticken:* es war so vil Rach im Zimmer, dass mer bal verstickt sin *Fo.* — schwäb. 2, 1363; els. 2, 580.

ver-stompieren tr. v. *Bo. verhunzen:* er hat de ganze Sach verstompiert. s. stompieren.

ver-stoppeⁿ [-štopəⁿ *Bo. Fo. Falk. Grt. D. Si.* u. s.; -štubə *Ri.*] tr. v. 1. *verstecken, verbergen:* er hat's Buch verstoppt, so dass mer es nimmeh find *Fo.* — 2. *zustopfen:* en Loch v. — *Das Partic.* verstoppt *bedeutet: ohne Abfluß:* sin Nas isch v.; *ohne Stuhlgang seiend:* er es v. *Bo.* — lux. 467 ebenso; ss. verstappen, Kisch vgl. Wtb. 239.

ver-strampleⁿ *fast allg.* tr. v. *verstrampeln:* 's Bett v. *in Unordnung bringen.*

ver-strawelt [-štràwəlt *Bi. Ri. Ha.*] adj. 1. *übereilt, verwirrt:* er isch ganz v. — 2. *unaufmerksam, zerstreut.* s. strawelich. — vgl. schwäb. 2, 1367 verstrable *in Unordnung bringen.*

ver-strawleⁿ, **ver-struwle**ⁿ tr. v. *Ri. zersausen, zerstreuen.* — els. 2, 624 verstruble.

ver-strompen, sich *Bo. die Kleider in durchweichtem Boden beschmutzen.* — vgl. baier. 2,814 strômen, strumen (gestrumpt, gestrompt) *herumlaufen.*

ver-stucheⁿ [-štuχən *Falk.* u. s.; -štauχ́ən *D. Si.;* -šdyχə *Pfb.*] tr. v. *verstauchen:* ich han mer de Fös verstücht *Pfb.* — els. 2, 574; schwäb. 2, 1355.

ver-sucheⁿ [-zúχəⁿ *fast allg.;* -ziχən *D. Si.*] tr. v. wie hd. *versuchen, kosten.* s. sucheⁿ.

ver-suckelt [-ʒùgɔlt *Bi.*] adj. 1. *abgelutscht:* e versugelter Dumen. — 2. *aufs Naschen versessen:* des isch awer e versugelter Kaib! s. suckleⁿ.

ver-sudleⁿ *fast allg.* tr. v. 1. *besudeln.* — 2. *ausgießen, verschütten:* er het die ganze Brih versudelt. — els. 2, 328; schwäb. 2, 1371.

ver-suffeⁿ *fast allg.* 1. intr. *ertrinken:* er isch ins Wasser gefall un versuff. — 2. *durch Trinken verprassen:* er hat sin Vermejen versuff. — els. 2, 230.

ver-summeⁿ [-ʒùmən *fast allg.* -ʒaimən *D. Si.*] tr. v. 1. *versäumen:* bliwe doch noch e bische, ihr han jo nix zu v. *Fo.* — 2. *vernachlässigen:* de Kirch v.; en Gele'enhät v. — els. 2, 358 versume; ss. verseimen, Kisch vgl. Wtb. 238.

ver-suren [-ʒùrən *Bo. Ri. Hom. Ha.* u. s.] 1. tr. *versauern (den Salat, das Leben).* — 2. intr. *griesgrämig werden.*

ver-surleⁿ [ʒùrlə *Ri. Hom. Ha.*] tr. v. *durch Unvorsichtigkeit zugrunde richten, verderben.*

Fert I. s. Furcht.

Fert II [fért, fièrt *D. Si.*] f. *Fährte.* — lux. 520 Fⁱert.

ver-tappen [-tàpə *Bi.;* -dàpə *Ri.*] tr. v. *zertreten:* de Bode v. — els. 2, 700; schwäb. 2, 1374. s. tappeⁿ.

ver-tättern tr. v. *Wb.* (-dàdrə *Ri.*) *verschwätzen, ausplaudern:* dem konn m'r nix sòu, der vertättert ˋalles. — els. 2, 725 verdattere 3. s. tattern, tättern.

ver-tattert, ver-daddert adj. *schwatzhaft.*

ferten, ferterlich s. firchteⁿ, firchterlich.

ver-tepleⁿ [-déblə *Ri. Hom. Ha.*] tr. v. *mit der Pfote schlagen:* d'Katz hat mi verdebelt. — els. 2, 699 töple, teple.

ferter-mässich [féətərmêsix *Bo.*] adj. *fürchterlich.* s. a. firchterlich.

fertich [fèrtix *fast allg.;* fèrdi *Ri.* fèrdix *D.; féətix Bo.;* fírdex, fiədəx *Si.*] adj. wie hd. *fertig:* ich bin f. mit miner Arwet *Fo.* Ferdi mache *mit den Sterbesakramenten versehen Ri.*

ver-toreⁿ [-dórə *Ri. Ha. Hom.*] refl. v. *sich zerstreuen, kurzweilen:* m'r han uns gut verdort. — els. 2, 707 ebenso. (Zu Tor, töricht).

ver-tradleⁿ, **vertrudle**ⁿ tr. v. *Ri.* u. s. *verwirren, zerstreuen, ausstreuen.*

ver-trampleⁿ tr. v. *fast allg. zertreten, zerstampfen.* — els. 2, 758; schwäb. 2, 1384. s. trampleⁿ.

vertra'n [-trán *fast allg.;* -dròn *D. Si.;* -dráwə *Ri.*] tr. v. wie hd. *vertragen:* der kann nix v., jetz isch er scho' wider krank. *Fo. Refl.:* de Kinner v. sich en mol nit *Fo.*

ver-tränteln tr. v. *D. Si. vertrödeln (die Zeit).* — lux. 467; ss. vertrandeln, Kisch vgl. Wtb. 239. s. trändeln.

ver-tratscheⁿ tr. v. *Bi.* u. s. *(lautmalend) zertreten, zerstampfen aus Ungeschicklichkeit.*

ver-trieleⁿ [-trîle *Ri. Hom.* u. s.] refl. v. *beim Essen od. sonst sich besudeln.* — els. 2, 755 vertrüele. s. Drüel.

ver-trippleⁿ *Ri.* (-trepplen *D. Si.*) *zertreten.* — els. 2, 763 vertrepple. s. treppelen.

ver-triwelieren [-triwəléïrən *Si.*] tr. v. *außer Fassung bringen, stören.* — lux. 468. vertrubleiren. s. triwelieren u. vertruwelt.

ver-truwelt adj. *Fa. verwirrt, zerstreut.* — frz. troublé.

ver-truwen [-trúwən *Bo.;* -truiwen *Falk.;* -trauən *D. Si.* — Ptc. -truwt, -traut] intr. v. *vertrauen.*

Vertruwen [Vertruiwen, Vertrauen, Verdröuwe] n. *Vertrauen.*

ver-tschiekt [-tšígt *Ri.*] adj. *unordentlich in der Haltung:* wie stehsch de wider so vertschiekt do? — vgl. els. 2, 772 vertschienke.

ver-tummleⁿ [-dumlə *Ri. Hom. Ha.*] intr. v. 1. *sich sputen, eilen.* — 2. *verwirren, betäuben:* i bin ganz verdummelt im Kopp. — els. 2, 684 tummle, vertummle; baier. 1, 510 verdummeln.

ver-tuschen tr. v. *D. Si.* wie hd. *verheimlichen, eine Sache niederschlagen.* — lux. 468; schwäb. 2, 1394.

ver-uhten [-úətən *Si.*] tr. v. *verachten, schmähen, Übles nachreden:* get ä' bestuet, da geht ä' veruht; sterft än, da get ä' gelueft *heiratet man, dann wird man geschmäht, stirbt man, dann wird man gelobt.*

ver-urzen tr. v. *Lix.* u. s. *beim Essen das Beste herausnehmen, das weniger Gute* *stehen lassen*. — lux. verurzen Ga. 461; ss. verurtsn, Kisch vgl. Wtb. 167; schwäb. 2, 1397 verurase. s. urze^n.

ver-utzt [-útst *Lic.* u. s.] adj. *zum Necken geneigt.* s. utzen.

ver-wachse^n [-wàksə *fast allg.*; -wàgsə *Ri.*; -wúosən *D. Si.*] 1. tr. *über bestimmte Größenverhältnisse hinauswachsen*: er hat sin Kleider verwachst. — els. 2,785 ebenso. — 2. intr. a) *fehlerhaft wachsen*: de Bâm as verwuhst *Si.*; b) *verwachsen, verschwinden, vernarben*: seng Wonn as verwuhst *seine Wunde ist vernarbt Si.* — lux. 468 verwu^{e}ssen; ss. verwu^{a}ssen, Kisch vgl. Wtb. 239; vgl. mhd. verwahsen.

ver-walichen [-waliχən *Lix.*; -wèleχən *Si.*] intr. v. *verwelken*. Bauernregel: An de Quatemberda' derf me kän Schwin schlachte, sunscht verwalischt's Fleisch. — lux. 468 verw^{i}elechen; ss. verwelijen, Kisch vgl. Wtb. 239.

Verwandschof f. *Bo. Verwandtschaft.*

ver-wast [wâst *Ri.*] adj. *mit Rasen überzogen.* s. Wasen.

fer-wat [fərwat *Falk.*] pr. interrog. *für was, wofür*: f. hasch de dat gedòn? fer dafor *dafür.*

ver-watsche^n tr. v. *Bi. ohrfeigen*: ich han ne gehêrich verwatscht. s. Watsch.

ver-wecke^n I [-wèkə *Grt.*; -weχən *Falk.*] 1. intr. *erwachen*: uf en Mol bin ich verweckt. — 2. tr. *aufwecken Falk.* — schwäb. 2, 1405; els. 2, 809.

ver-wecke^n II [-wekə *Bi.*] tr. v. *verkeilen, mittels eingetriebener Keile befestigen.* s. wecke^n. — els. 2, 809 ebenso.

ver-wehnen [-wènən *Si.*] tr. v. *verwöhnen.*

ver-welen [-welən *D. Si.*] ihtr. v. *verwildern.* — lux. 468 verwölleren.

ver-werfe^n 1. intr. v. *fast allg. eine Früh- oder Fehlgeburt machen*: unser Kuh hat verworf *Lix.* — 2. *im Kartenspiel eine unrichtige Karte aufwerfen Ri.* — els. 2, 848 verwerfe 4.; schwäb. 2, 1410 verwerfe 3.

ver-wechsle^n [-wèkslə^n *fast allg.*; -wièsələn *D. Si.*] tr. v. wie hd. *verwechseln.*

ver-wichse^n tr. v. *fast allg. verhauen, prügeln*: den solle mer awer verwichst han! *Fo.* — lux. 468 ! els. 2, 786; baier. 2, 841; schwäb. 2, 1414.

ver-wickle^n *Bi.* u. s. tr. 1. *um-, einwickeln.* — 2. *durchprügeln:* den han ich gehêrich verwickelt. — 3. refl. *sich einmengen, einmischen in etwas*: was hasch de dich darein se v.? *Bi.*

ver-witsche^n [-witšə *Fo.* u. s.; -wetšən *Bo.*] tr. v. *erwischen, ertappen, einfangen, einholen*: wart nur, wann ich dich verwitsche! *Fo.* — els. 2, 886 verwitsche 1. schweiz. erwütschen Gr. Wtb. 3, 1074.

Ver-wöllef [-wələf *D. Si.*] *n. Gewölbe.* — lux. 468. ebenso.

ver-wöllefen tr. v. *D. Si. wölben.*

ver-wuhsen s. verwachse^n.

ver-wullen [-wùlən *D.*; -woulən *Si.*] tr. v. (wörtl. *verwühlen*) *in Unordnung bringen*. — lux. 468; schwäb. 2, 1419 verwule; els. 2, 818.

ver-wunnere^n , sich [-wùnərə^n *fast allg.*; -wùndrə *Ri. Hom. Ha.*; -wònərən *D. Si.*] refl. v. wie hd. *verwundern.*

ver-wurelen [-wúrələn *D. Si.*] tr. v. *verwirren, verwickeln, durcheinander bringen*: e Strank Gôr v. *einen Strang Garn v.* Verwurelt Gedanken *ein Fastnachtsgebäck in sonderbaren Formen.* — lux. 468 ebenso; baier. 2, 980 wureln *verwirren*, Gwurrl *Gewirre.*

ver-wurjen [-wùrjən *Falk. Ri.* u. s.] tr. v. *erwürgen, erdrosseln*: ver Zôr v. — Ptc. verwurid *allzu eng Ri.* — els. 2,850 verwurge; schwäb. 2,1420 verwürge.

ver-wurren [-wùrən *Falk.* u. s.] tr. v. *verwirren*: er isch ganz verwurrt im Kopp.

ver-wuschten [-wùštə^n *fast allg.*; -wouštən *D. Si.*] tr. v. 1. *verderben, zugrunde richten, verunreinigen*: verwuscht das Brot nit! — 2. refl. *sich beschmutzen*: wie hat dat Kind sich verwuscht! *Hd.* — lux. 468 verwo^{u}schten; els. 2, 877 verwüeste.

ver-zankte^n [-tsoŋktə *Schw.*] adj. *zum Zanken geneigt.*

ver-zäppe^n [-tsebə *Ri.* u. s.] tr. v. *mit Zapfen versehen, durch Anbringen von Zapfen befestigen.*

ver-zawe^n [-tsáwə *Ri.* u. s.] intr. v. *verzagen, den Mut verlieren*: er isch ganz verzaut. — els. 2, 893 verzage.

ver-zehle^n [-tséhlə^n *allg.*] tr. v. *erzählen*: Ich will dir ebbes verzehle: de Grum-

bere kann mer schäle. *Fo.* — schwäb. 2, 1421 verzäle.
verzehn, verzich s. vier.
ver-zeihen [-tsaiən, Ptc. -tsí *D. Si.;* -dseïə *Ri.;* -seïjən, Ptc. -seït *Falk.*] tr. v. 1. *verzeihen.* — 2. *verzichten:* i verzeïe druff *Ri.*
ver-zetten [-sedə *Lix.;* -tsetlə *Bi. Ri.*] tr. v. *das gemähte Gras mit dem Rechen verteilen, zerstreuen:* Hai verzettle *Bi.* — schwäb. 2, 1427. s. a. zetten.
ver-zewleⁿ [-tséwleə *Ri.* u. s.] intr. v. *zögern, zaudern, sich kleinlich benehmen.* — els. 2, 891 zeple 2.
Ver-zich-ta [-tsiχtá *Av.*] *m. Tag des Wohnungswechsels, bes. Johannis (24. Juni).* —Zs. Verzichta-grumpêren *Johanniskartoffeln.*
ver-ziehen [-tsíən *Fa.* u. s.; -dsijə *Ri.;* -tséïən *Bi. D. Si.* — Ptc. -tsó, -tsá, -tsün] intr. v. 1. *verscheiden:* er leït em Verziehen *er ist dem Verscheiden nahe Fa.* — 2. *auseinander gehen, sich auflösen:* der Newel verzieht. — 3. *die Wohnung wechseln:* m'r sin verzâ *Bi.* — 4. tr. *auseinanderzerren, durch Zerren beschädigen:* en Feïder *(Feder)* v. — els. 2, 898 verzien 1.; schwäb. 2, 1429 verziehe.
ver-zippleⁿ [-tsïblə *Ri.* u. s.] intr. v. *vor Ungeduld vergehen:* er isch ganz verzibbelt.
ver-zirnen tr. v. *Falk.* ú. s. *erzürnen:* der verzirnt mich meh, als er wert isch. — els. 2,914 u. schwäb. 2, 1434 verzürne.
ver-zoddeleⁿ [-tsod(ə)lə *Fo.* u. s.; -tsotlə *Bi. Ri.;* -sotələ *Lix.*] tr. v. 1. *in unordentlicher Weise zerstreuen, in Unordnung bringen:* lu mol, wie de widər alles verzoddelt hascht! — 2. *durch Unaufmerksamkeit verlieren, fallen lassen:* Geld v. — 3. *vergießen, verschütten:* Win, Wasser v. *Bi.* — 4. *zerreißen, bes. das Partic. als Adjekt.* verzottelt *zerlumpt.* — schwäb. 2, 1432 u. els. 2,921 verzottle; vgl. baier. 2, 1165 zotteln, zottlet *(Zottel = Fetzen).*
ver-zowleⁿ tr. v. *Ri. Ha. Rom. zerzausen:* er hat sin Hor ganz verzowelt. — vgl. els. 2, 891 verzubelt.
ver-zuckt [-tsùgt *Ri.* u. s.] adj. *verzückt, wie außer sich.* — els. 2,900 ebenso.

Ver-zuckung *f. Ri. Verzückung, starke Gemütsbewegung.*
ver-zwatzeln [-stàtsəln *Po.*] intr. v. *(verzappeln) verzweifeln vor Ärger od. Ungeduld:* vezwatzeln vor Rage *(Wut).* — 2. *(scherzh.) sterben.* — els. 2,928; schwäb. 2, 1434; baier. 2, 1185; henneb. verzwązeln From. 2, 287, 65.
ver-zweddern intr. v. *Bo. vor Zorn u. Erregung zittern.*
Fës [féïs *Bo.* u. s.; fíəs, fuos *Si.* — Pl. -ən] *f.* 1. *Schließfaden der Hülsenfrüchte.* — 2. *Faser, Sehne.* — lux. 107 Fïes; tirol. Fèse From. 2, 341; eifl. Fås From 6, 13; vgl. Gr. Wtb. 3, 1554 Fesc; mhd. vëse, visel; schwäb. 2, 1436 Fes.
fësich (fiesech) adj. *faserig.* s. Fës.
Fesch I *Reisigbündel.* s. Fäsch.
Fesch II s. Fisch.
Fesch-atter [feŝàtər, Pl. -ən *Si.*] *f. Fischotter.*
Veschper [fèŝpər *fast allg.; Si.* auch fèspər] *f. Vesper. Rda.:* D' V. as meïh lang eweï d'Mess *der Unterrock ist länger, als das Oberkleid Si.*
Fescht [fèŝt, Pl. -ə, -ər *allg.*] *n.* 1. *Fest, Festtag, Kirmes. Die Kirmes der Nachbarortschaften werden häufig mit einem Spitznamen benannt:* Bohnefescht, Brockelfescht, Gälriewefescht, Zickefescht usw. — 2. *Namenstag:* min Fescht isch am zehnte März.
fescht [fèŝt *fast allg.;* feŝt *Fo.*] adj. u. adv. *fest, tüchtig, befestigt:* hal ne fescht! Fescht schaffeⁿ *tüchtig arbeiten.* F. leie *ans Bett gefesselt sein.*
Fescht Ferse. s. Ferscht.
Feschten [féəŝten *Bo.;* féïŝt(ən) *Si.*] pl. *Liebkosungen, Kratzfüße, Komplimente:* F. machen. — lux. 107 Feïscht (Fe'scht Ga. 146). vgl. engl. to foster *nähren, pflegen;* hess. N. 315 Vies. s. a. O. Schade ahd. Wtb. 193.
feschtern tr. v. *Bo. Si.*] *liebkosen, streicheln.* s. das vorige.
feschtlich adj. u. adv. *allg. festlich.*
Feschtung [feŝtung *Ri.* u. s.] *m. Stickerei an Frauenkleidern.* — frz. feston.
fësen [feïzən *Bo.* u. s.] tr. v. *entfasern:* Bohne f. — els. 2,937 fëse. s. Fës.

Fett [fèt *allg.* ohne Pl.] *n.* wie hd. *Fett. Rda.*: Än mat seim äjene F. schmieren einem schmeicheln *Si.* — Zs. F.-flecke *Schmutzflecken überh.*

fett [fèt *allg.*] adj. u. adv. *fett.* Fetten Donnerschtech *letzter Donnerstag vor den Fasten D. Si.*

fettich [fètiχ *allg.*] adj. *fettig:* fettiche Fingere.

Fetzeⁿ [fètsə *fast allg.* fatsəl, fètsəl *D. Si.* — Pl. fètsə, fatsələn, fètsələn. Demin. fètsχə] *m.* 1. *Fetzen, Lumpen:* min Rock isch in lutter Fetze. — 2. *ein großes Stück:* e F. Brot *Ri.*

fetzeln [féətsəln, fètšəln *Bo.* u. s.; fédslə *Ri.*] intr. v. 1. *tasten, leise berühren.* s. fisseln. — 2. *zögern, zaudern Ri.* — 3. *foppen, necken, sticheln, einen zum besten haben.* — els. 1, 163 fötzle; baier. 1,784 fozeln, fözeln; Gr. Wtb. 4, 45 fötzeln. Wurzel Fotz *Maul.*

Fetzler *m. Bo. Ri.* u. s. 1. *Mensch, der gern stichelt, foppt;* Bekrittler, Nörgler *Bo.* — 2. *Zauderer, Zögerer Ri.* — els. 1, 63 Fötzler.

fex s. fix.

Vexier-kescht [fèksírkhèšt *Ri.*] *f. Roßkastanie.* — els. 1, 477 ebenso.

fi, fui interj. *fast allg. Ausruf des Ekels.* Zur Verstärkung dienen Ausdrücke wie: bah, Deiwel, Luder u. a.: fi bah! fi Deiwel! fi Louder! — baier. 1, 684 fi, fie; els. 2, 131 pfi, pfui.

ficht [fιχt *fast allg.;* fιχt *Sgd. Lix.;* flt *Si.*] adj. *feucht:* f. Wetter. Meng Kläder si' fiht *Si.* — els. 1, 93 fücht.

Fichtichkeït *Ri.* u. s. Fihtechkät *Si.* *f. Feuchtigkeit.*

fickeⁿ [fιkən *fast allg.;* fekən *Bo.*] tr. v. *schlagen, hauen, bes. Kinder mit der Rute auf das Gesäß.* — els. 1, 103; baier. 1, 689; hess. 101; schwäb. 2, 1467. s. Gr. Wtb. 3, 1617 u. From. 3, 365, 13; 4, 44, 27; 5, 230.

Fick-mihl [fikmíl *fast allg.;* feckmil *Bo.*] *f. Fick-* od. *Zwickmühle, ein Kniff beim Mühlenspiel, wodurch abwechselnd zwei anstoßende „Mühlen" (d.h. drei Steine, die in gerader Linie stehen) zugemacht werden können. In übertragener Bedeutung: Ausweg, Ausflucht nach zwei Seiten;* doppelter Vorteil, zwischen dem man die Wahl hat; *bequemer Unterschlupf:* loert hat er Fekmilchen *dort ist er jederzeit wohl aufgenommen Bo.* F. < fiken *hin- u. herfahren* Gr. Wtb. 4, 1617 u. baier. 1, 689. — els. 1,674 Fickmül; hess. N. 315 Fickmühle, *vorteilhaftes Geschäft;* ebenso baier. 1, 689 u. schwäb. 2, 1468.

Fiddel [fιdəl *Ri. Hom. Si.*] *f. liederliches Frauenzimmer:* du F.! — lux. 108 ebenso; els. 1, 96 Fudəl; baier. 1,693 Födel; ibid. 694 Füdelein, Fud = vulva. vgl. hd. Vettel.

Fidel I [fídəl *Av. Bo. Falk.-* Pl. fídəln] *n. Füllen:* er isch kein F. meh *er ist nicht mehr jung Av.* Fidel ist wohl aus Fillel infolge Dissimilation entstanden. s. a. Filleⁿ.

Fidel II [fidèl *fast allg.*] *m. Hundename.* — frz. fidèle *treu.*

fidern [fίdərən *D.*; fίdərn *Falk.*; féïdərn *Bo. Si.*] tr. v. *füttern.*

fieden, sich [fídən *Bo.*] refl. v. *sich auf jemand verlassen.* — vgl. lat. fides, frz. se fier.

Vieh [fî *fast allg.*; féï *Bo. D. Si.*] *n.* wie hd. *Vieh.* — Zss. V.-bengel *saugrober Kerl.* V.-dokter *Tierarzt.* V.-hund *m. Av. starkes Schimpfwort: Schweinehund.*

vieh-mässich [fîmèsiχ *Pfb.* u. s.] adv. *sehr, gewaltig (dient zur Bildung eines absoluten Superlativs):* der esch v. dumm; wenn der de Schädel zum Fenschter nüs streckt, noh spützt er doch noch en d'Stub. — els. 1, 715 viemässig; tirol. vichmászig From. 5, 338.

Fier [fîər, Pl. gleich *Si.*] *m. Fährmann, Ferge.* — mhd. ver neben verge.

vier [fîr *Fo.* u. s.; fîr *Falk.*; féïər *D. Si.*] *das Zahlwort vier:* unner vier Aue. *Abzählreim:*

    Ens, swei, drei, vier
    Unner dem Glawier
    Do sitzt e Mus
    Un du bischt drus. *Sgd.*

— Zss. vierzehn, vierzich *Fo.*; vèrzehn, vèrzich *Bo. Falk.* vier-eckich.

Vier-boin *m. Vbg. Eidechse.* — henneb. Viergebein From. 6, 473.

Vier-fissler [-fislər *Ett.*; -féïsərt *Bo.*] *m. Dasselbe wie* Vierboin.

Vierling [fîrliŋ *Fo. Fi. Ri. Hom.* u. s.; ferliŋ *Falk.*] *n.* 1. *der 4. Teil eines Pfundes:* hol mer e V. Kaffee! — 2. *Hohlmaß für Getreide u. Sämereien, der 4. Teil eines Sesters* (= 20 *L.*). — els. 1, 130 u. schwäb. 2, 1475 ebenso.

Viertel [fîrtəl *fast allg.*; fîrdəl *Ri.*; fêrtəl *Falk.*; fêrəl *D. Si.*] *n.* 1. *der 4. Teil eines Maßes:* e V. Win. — 2. *von der Zeit*: e V. uf zwei. *Auf die Frage:* wieviel Uhr isch's *lautet die Antwort:* e Vierdel uf kaldi Wacke, wann's schla't, schla'ts der an de Backe *Ri.* — Zss. V.-johr; V.-pund; V.-stunn.

Vierter (Veïerter) *m. fast allg.* 1. *die Zahl, Ziffer od. Nummer Vier.* — 2. *Vierschlag beim Dreschen.*

fierterlech s. firchterlich.

Fifi *m. allg. Liebling, Günstling, Muttersöhnchen.* Demin. Fifinche, Fifile. Jo, es ich immer dem Unkel sin F. gewän *Fo.* — els. 1, 96; lux. 108 ebenso. frz. fifi.

Fig [fîg, Pl. fîgən *fast allg. St. Av.* auch féijə] *f. Feige.* — els. 1, 98 Fig.

figen [fîgə *Ri. Sbg.* u. s.] tr. v. *Bretter so aneinanderpassen, daß jedes folgende in eine Falz des vorhergehenden eingreift.* — els. 1, 101 füege.

fihlen [fîlən *fast allg.*; féïlən *Bo. D. Si.* — Ptc. gəfîlt, gəféïlt, gəfoult] tr. v. *fühlen:* fîhl emol, was ich kalt han *Fo.* Er fîhlt sich nimme van Zorn.

fihren [fîrən *Falk.*; fîrə *Fo.* u. s.; féïərən *D. Si.* — Ptc. gəfîrt, gəféïərt, gəfûrt] tr. v. 1. *führen:* ich kann nit allän gehn, du muscht mich fîhre *Rda.*: ebber iwer de Gänsedreck f. *einen am Narrenseil herumführen Ri.* — 2. *fahren:* Mischt fîhre *Falk.*

Fiht [fît, Pl. -ən *Si.*] *f. Tannenzapfen.* — lux. 108 Fîcht. *Das Wort hängt mit* mhd. viehte *zs.* Fichte u. Tanne werden durchweg verwechselt.

Fiksjer pl. *Av. Fuchsien (Blume).*

vil [fîl *fast allg.*; fîl *Sgd. Lix.* —Kompar. mé (meï, mi); Superl. mènšt, megst, (mešt)] adj. u. adv. *viel. Als Adjektiv meist unflektiert:* vil Arwet, vil Zit. Es sin vil Litt da gewän *Fo.* — *Substantivisch:* Es isch vil passiert. Wer vil hat, verdut vil. *Adverbial:* E kann net vil verdrôen

D. Si. Von der Sort han ich noch am mänschte *Fo.* Was willscht de esse? Eppes guts un e bissche vil *Lix.* — *In der Bedeutung oft:* er kummt vil in de Stadt. — Zss. vil-meh *vielmehr;* vil-mol(s) *vielmals.*

filchen [fîlχə *Fa.* u. s.; filijə *Pü.*; filgən *Mü.*; filiχə *Lix. Rg.*; feliə *Ri. Ha.*; felîχə *Mett.*; fèljən *D. Si.*] tr. v. *pflügen. Ursprüngl. das Ackern im Herbst, damit der Boden im Winter ausfriert. In Pü. Sgd. Lix. bezeichnet man damit das erste Umpflügen eines Kartoffelfeldes. In Mü. das Pflügen für die Haferaussaat.* — els. 1, 114 felge; baier. 1, 713 falgen; hess. N. 312 velgen *den Acker stürzen;* henneb. felgen *die abgeernteten Äcker im Winter „herumwerfen"* From. 7, 259 — got. filhan; mhd. velgen. *Ausführlicheres darüber gibt* Gr. Wtb. 3, 1493.

viler [fîlər, Superl. fîləršt *Lix.* u. s.] adj. *vorder:* du muscht a iwerall hinnerscht un vilerscht sin *der erste u. der letzte.* De hasch din Kapp 's hinnerscht 's vilerscht uf *das Hintere vorn.* — mhd. vürder. — Zss. Viler-rad *Vorderrad.* V.-dir *Vordertür.*

Filibus *m. Sgd. Lix.* u. s. *Fidibus; zusammengefaltete Papierstreifen zum Anzünden der Tabakspfeifen.* — els. 1, 109 ebenso.

viljone-forwech adj. *Si. violettfarbig.* — lux. 456 veijolefârweeh.

Fill [fîl *fast allg.*; fîjəl *Ri.*; fail *D. Si.* -Pl. fîlən, failən; Demin. fîlχin *Bo.*] *f. Feile.* — mhd. vile.

Fillen [fîlən *allg.*; Pl. gleich. Demin. fîltχən *D. Si.*] *n. Füllen, junges Pferd. Rda.*: furze wie e F. *Ri.* I bin kä F. meh *ich bin nicht mehr jung Ri.* — Zs. Fillemär [-mèr *fast allg.*; -mír *Nj.*] *f. Stute, die speziell zur Nachzucht gebraucht wird; Zuchtstute.* — els. 2, 956 Füllmäre; lux. 108 Fillemier. s. Mär *Mutterpferd.*

fillen I [fîlə, Ptc. gfîllt *Ri. Ha.* u. s.] intr. v. *Wasser in das Schuhzeug bekommen, z. B. wenn man durch einen Sumpf od. durch flüssigen Kot geht:* I hab gefîllt. — els. 1, 112 ebenso.

fillen II [fîlən *fast allg.*; fîjlə *Ri.*; failən *D. Si.*] tr. v. *feilen.* s. Fill.

fillen III [fīlən *D. Si.* u. s.] intr. v. *ein Füllen zur Welt bringen.* — els. 1, 113 füllere.
fillich [fīleχ *D. Si.*] adj. *brünstig (von der Stute).* — lux. 105 fielech.
vil-licht(er) [fĭliχt(ər) *fast allg.;* fléiχt *D. Si.*] adv. *vielleicht:* villicht kumme mer morje. Kummen er morje? Villichter *Fo.* — mhd. villihte.
Fimmel [fīməl *fast allg.*] m. u. *f. urspr. der weibliche Hanfstengel* (canabis femella). *Die sinnliche Auffassung nimmt die stärkere (weibl.) Pflanze als männlich und umgekehrt.* — els. 1, 116; schwäb. 2, 1501; schles. Fimel, From. 4, 167; ss. Fimel, Kisch 45; s. a. Gr. Wtb. 3, 1638; 4¹, 432. *Die Sage erzählt, Christus sei einst durch Gesslingen (Kr. Forbach) gekommen. Da sah er die Weiber unbeschäftigt stehen u. plaudern. Er befahl ihnen deshalb die Staubgefäße vom Hanf zu sammeln, was sie auch getan haben sollen. Daher kommt es, das der Hanf zweiblütig ist* (Alemannia XVII. 163).
fimmeln *fast allg.* 1. *die männlichen Hanfpflanzen ausreißen.* els. 1, 216; schwäb. 2, 1501; lux. 108; ss. fimeln, Kisch 45; baier. 1, 718 femeln. — 2. *hin u. her fahren, untersuchen.* hess. 112 fummeln; henneb. ebenso From. 3, 132; ndd. fimmeln, fummeln From. 5, 57. — 3. *prügeln Fa.* vgl. eifl. fummen From. 6, 14; ndl. fommeln.
fin [fĭn *fast allg.;* fain *D. Si.*] adj. 1. *dünn, fein (von Fäden u. Geweben):* e finer Fasem. Fin Duch. — 2. *schön, vornehm, fein ausgeführt:* e fin Kläd. Muss nit wille de Fine mache *sagt man zu dem, der sich zum Essen nötigen läßt Lix.* — 3. *schlau, durchtrieben:* Das isch mer e mol e finer Herrche! *Lix.* — els. 1, 117.
finanzich adj. *D. Si. findig, spürnasig.* — lux. 108; schwäb. 2, 1502; vgl. baier. 1, 722 finanzen *durch Kniffe sich Geld erwerben;* tirol. Finanzer *(verächtl.) Einnehmer.*
Finanzechkät f. *D. Si. berechnende Schlauheit.* — lux. 108; baier. 1, 722 Finanzerei.
findeln [fĭdəln *Bo.*] intr. v. *ohne Ziel sich herumbewegen. (wie eine Fahne).*

Vinedi(g) [finédi *Ri. Ha.* u. s.] *Ortsname Venedig. Verwünschungsformel:* wenn de nurre im Vinedi wärsch! — els. 1, 118 ebenso.
Finel [finəl *Flh. Pfb.* u. s.] *Kosename für Josephine.*
Finett n. *fast allg.* 1. *sehr gebräuchlicher Name für Rind u. Pferd.* — 2. *Kamisol aus leichtem Wollstoff bzw. Flanell:* sin F. schangiere *Ri.*
. **finf** [fĭnf, finəf *fast allg.;* fønf *Bo.;* fenəf *D. Si.*] num. *fünf.* — Zss. finfzehn, finfzich.
fingen *finden.* s. finnen.
Finger [fĭŋər *fast allg.;* feŋər *Bo. Ersd. Lix.;* feŋər *Si.;* faŋər *D.* — Pl. fiŋər(ə), feŋərn, faŋər] *Rdaa.:* Der hat meh im kläne F., wie der in der ganz Hand *er ist witziger... Fo.* Sich d' Fingre abschlecke *ablecken Ri.* Ich will mer de F. nit verbrenne *ich will mich nicht hineinmischen, um etwa Schaden zu erleiden Fo.* Do hasch de letze F. verbunn *das hast du mal ungeschickt angefangen Lix.* Min kläner F. hat m'r gesât *ich habe es erraten Ri.* Er zeïht olles us em kläne F. *er lügt Ersd.* Dene do kinnt mer im de F. wickle *Lix.* Et muss än alt durch d' Fengere kucken *Si.* — 'S klän Weh en de F. *erstarrte Finger haben.* Lang Fenger han *gern stehlen.* — *Fingerreime:*
1. Der isch in d'Bach gefalle,
Der hat ne erüs gezo',
Der hat ne häm getra'
Un der hat ne zugedeckt.   *Mett.*
2. Der Dumen schittelt de Prumen,
Der hebt se uf,
Der träht se hein,
Der frisst se oll elein.   *Weiler.*
— Zss. finger-brät *fingerbreit.* f.-dick (dek). F.-hut (s. d.) F.-nöl *Fingernagel.* F.-spitz (spetz).
Finger-hut (Fengerhut) m. 1. *Fingerhut.* — 2. *Glockenblume* (Campanula glomerata).
finkleⁿ [fĭŋklə *Ri.* u. s.] intr. v. *ein Gefühl in den Fingern, Ohren usw. haben, das dem Sprühen der Funken zu vergleichen ist u. bes. dann entsteht, wenn diese Glieder in kaltem Zustande plötzlich*

in die Nähe des warmen Ofens gebracht werden: de Hänn finkle mer. — els. 1, 123 funkle.

finneⁿ [finəⁿ *Fo. Falk.* u. s.; fɛnəⁿ *Bo. Rein. Lix. Sgd.;* fiŋən *Ri. Fi. Mtsh. Hom.;* fanən *D. Si.* — Flexion: fĭnə (fɛnə, fiŋə fanən); finšt (fiŋšt, fentšt); fint (fiŋt, fent) — Ptc. (gə) fŭn(fon, fonn, font) — Imp. Conj. ich find (fent)] tr. v. *finden:* ich hane e Grosche fun *Fo.* We sicht, de fent *wer sucht, der findet D. Si.*

Fino *m. gebräuchlicher Hundename.* — els. 1, 118; frz. finaud.

Finschter [finštər *Fo. Sgd. Lix.;* fenštər *D. Si.;* fɛnšdər *Ri. Hom.;* fønštər *Rü.;* fɛ́ištər *Pfb. Falk. Weil. Bo.;* feštər *Gelm.;* fiənšda *Marienth.* — Pl. finštər, finštərə, fɛ́ištərn, fɛnšdərə, feštər — Demin. finštərχə, fɛnštərlə.] *n.* u. *f.* 1. *Fenster:* 's F. steht uf. — 'S klä(n) F. *Oberlicht; zum Lüften eingerichteter Fensterteil Lix.* — 2. *scherzh. für. Auge:* er hat de F. verglast grit *man hat ihm die Augen blau geschlagen Lix.* Er hat gross Finschter *große Augen.* Der hat awer e Paar Fenschter im Kopp *Ri.* Gross F. schänne koin Hus *große Augen verunstalten kein Gesicht Bo.* Das Demin. Fenschterle *bezeichnet speziell das Schiebfensterchen am größeren Fenster.* — Zss. F.-brett; F.-glas; F.-loch *n. Öffnung in einem Rohbau zum Einsetzen eines F.;* F.-mecher *Glaser;* F.-rahme; F.-schib *Fensterscheibe;* F.-stän *Fensterstein.*

Finsle [finslə *Fa.* u. s.] pl. *Füllsel von Fleischgerichten.* — vgl. hess. 102 Fīnzel, Finzelchen *ein ganz kleines Stück;* els. 1, 123 finzelig *fein, dünn.*

finzich [fintsiχ *Grt.;* fentsiχ *Bo.*] adj. *allzu empfindlich, schwer zufrieden zu stellen. Kränkliche Leute sind* finzich. — vgl. ndd. finzelich *schwierig From.* 5, 55. *Häufiger wird* pinzich (s. d.) *gebraucht.*

Viol(e) [fiól(ə) *Busd. Fo. Obd. Lix.* u. s.; fei̯lètχin u. fióəl *Bo.;* fɛ́ilɛt *Obh. Av.;* fei̯ètəl *Ri. Flh.;* filètχin *Falk.;* fɛ́iləntχin *Vbg.;* faileïntχən *Si.;* fai̯blə *Schw.;* fei̯joleχ n. fei̯jəlχən *D.;* fajélχən *Mw.;* — Pl. fióla, fɛ́ilètχər, fɛ́ilètən, fai̯lénərχən, fajélərχər, fei̯ètlè] *f.* 1. *Veilchen.* — 2. *Goldlack* (Cheiranthus cheiri). *Das wohl-*

riechende Veilchen heißt: Schmackfiole *Lix.; der Goldlack:* Metzer Veilənercher *Rü.*

Fir [fīr *fast allg.;* fia *Av. Busd.;* falər *D. Si.;* fýr *Flh.* — Pl. fīr, fīrə. Demin. fīrəl, fīrχə] *n. Feuer:* 's F. will nit brenne. Er kinnt F. sputze *vor Wut Lix. Rdaa.:* äm F. unner den Arsch mache *einen antreiben Bi.* Ich lang d'r glich eini, ass des F. im Schwarzwald (od. em Schwitzerland) gesicht *Tet. Falk.* — Zss. Firblum (Fiabloum, Feierbloᵘm) *Klatschrose.* F.-geischt *Av. Irrlicht.* F.-häkel *Go. Stochereisen.* F.-herd (Feierherd) *Feuerherd.* F.-stein (F.-stoin, F.-stän) *m.* 1. *Feuerstein.* 2. *würfelförmig gepreßter Zucker.* 3. *feuerroter, viereckiger Bonbon.* F.-wa'n *Brettn.* (eigentl. *Feuerwagen) Eisenbahn.* — lux. 104 Feierwôn.

fir [fīr *fast allg.;* fər *Bo. Falk.;* fur *Ri. Ha. Hom.;* far (fa) *Rein. Schw.*] präpos. mit Acc. *für, um:* das isch fir dich. Fir's Geld spile *Fo.* Nix isch gut fir de Auen (*Wortspiel*). Fir wat? *weshalb?* Fir enän *für einander.* Fer ze leïwen *um zu leben Bo.* Fa wejen? *weswegen? Rein.* Dine Nos isch gut *(groß genug)* far e Gaᵗtedĭr *Schw.* Des Sterwe hewe m'r uf fa's letscht *Rein.* Der muss fa alle Pipsele (*Darmwinde*) doktere *Schw.* Nix fur ungut *Ri.;* fur was? *wofür?* Fur alli Dreckre *für alle Kleinigkeiten Ri.* fur sel *für dieses,* dafür: f. s. kannsch ruhi sin *Ri.* Fur Ernst, for G'spass *im Ernst, im Spaß Ri.*

vir *vor, vorne* s. **vor.**

Vir-arbet *f. Si. Vorarbeit. Davon:* Vir-arbeter *Vorarbeiter.*

vir-aus s. **voruss.**

vir-behalen [-hálən, Ptc. -bəhál *D. Si.*] tr. v. *einen Vorbehalt machen:* ech hummer dat virbehal.

Vir-breïtchen *m. Niederls. Brautführer.*

firchteⁿ [fĭrχtəⁿ, ferχtəⁿ *Fo.* u.; fértən *Bo. Falk. Kr.;* fɛ́rdən *Av.;* fɛrχə *Ri.;* fíərtən *D. Si.* — Ptc. gefĭrχt, gəfert, gəfóət, gəfórt] tr. u. intr. *fürchten:* kän Deiwel f. *sich vor niemand f.* Ich han mich stark gefircht. Mach mich ferche *(scherzh.)* schreie doch, daß ich mich fürchte! *Ri.*

firchterlich [fĭrχtərliχ *fast allg.;* fertərliχ *Falk.;* féətərmêsiχ *Bo.;* fiə(r)tərleχ *Si.*] adj. *fürchterlich, schrecklich.*

Fir-dach [fĭrdaχ *Bo.;* fĭrdå *Bi. Lix.* u. s.; faiərdeχ *D. Si.*] *m. Feiertag, Ruhetag.* — els. 2, 661 Firtag.

vir-dem [-dém *D. Si.*] adv. *vordem, vorher*: ech hun dat schoᵘn v. gewosst. — lux. 470 ebenso.

Fir-duch fĭrdúχ *Sbg. Ri. Grt.;* fĭrtuχ *Va. Falk.;* furdùχ *Fi. Pü.;* fordùχ *Fo.;* fuatúχ *Marienth.;* ferdøχ *Pfb.;* førtùχ *Flh.;* fuordùχ *Ett.* — Pl. furdiχər] *n. Schürze:* Du din F. an! *Rda.:* e Frau kann meh mem F. sum Hus enuss tro'n, as wie e Mann mem Wô'n eren fährt *Lix. Spruch:* dixit dominus:
Es kommt e Frau von Letzelstein,
se drât e Katz em Ferdöch heim,
Un wenn se noch net esch deheim,
So isch se noch ze Letzelstein *Pfb.*
— baier. 1, 746 Fürtuch, Fürte'.

virech [fireχ *D. Si.*] adj. *vorig:* deï v. Woch. — lux. 470 ebenso.

fireⁿ [fĭrən *fast allg.;* faiərən *D. Si.* Ptc. gəfĭrt, gefaiərt] tr. 1. *feuern:* bi der Kält muss m'r f. — 2. *feiern, ruhen:* jetzt wird Gehonnsda gefirt. *Lix.* — 3. *ausschlagen:* das Pärd hat emol henenuss gefirt *Lix.* — els. 1, 129 fire.

firich [fĭriχ *fast allg.;* faiəreχ *D. Si.*] adj. *feuerig:* de Katz hat ganz firiche Aue *Fo.* — els. 1, 129 fürig. — Zs. firich-rot [fĭriχróst *Bo.;* faiərrout *D. Si.*] adj. *feuerrot.*

Vir-kaf [-káf *D. Si.*] *m. Vorkauf. Davon:* Vir-käfer *Aufkäufer;* Vir-käfesch *f. Wiederverkäuferin, Höckerin.*

vir-knaen [-knáən *D. Si.*] tr. v. *vorkauen (eigentl. u. übertr.):* et muss än em alles v. *man muß ihm alles vorsagen, zeigen.* — lux. 470.

vir-lescht [-lêšt *D. Si.*] adj. *vorletzt:* an der virleschter Woch.

firmen [fĭrmən *fast allg.;* fĭrmən *D. Si.;* firməln *Falk.*] tr. v. 1. *firmen, das Sakrament der Firmung spenden.* — 2. *prügeln, ohrfeigen.* — els. 1, 141; lux. 108 ebenso. *Davon:* Firmung (Firmong).

Firmer-mann *m. Ri. Ha. Bischof, in der Kindersprache:* der F. mit der blecherne Kapp un eme gildene Stecke.

vir-nus [fĭrnus *Falk.* u. s.; firaus *D. Si.*] adv. *vor hinaus, vorn an der Spitze:* er isch immer v.

Fir-owet [fĭròwət *Fo. Sgd. Lix. Ri.* u. s.; fĭrâwəd *Bi.;* faiəròwənt *D. Si.*] *m. Fcierabend:* F. mache. F. gebide *die Polizeistunde ankündigen.*

Vir-schotz [-šots *Si.* u. s.] *m. der erste Branntwein, der beim Brennen „hervorschießt", ausfließt.* — lux. 470 ebenso. s. a. Vorlaf.

Vir-schreft *f. D. Si. Vorschrift:* du brauchscht m'r kän V. ze machen.

Firscht I [fĭršt *fast allg.*] *m. Fürst.*

Firscht II [fĭršt *fast allg.;* féršt *Berl.;* fĭšt *D. Si.*] *m. u. f.* 1. *First am Dach.* — 2. *Dachstuhl.* — 3. *Giebel.* — els. 1, 144.

virscht [fĭršt *Falk.* u. s.; fĭšt *D. Si.*] adj. *erst, vorderst:* de v. Fuss. De vischte Wôn *das Vordergestell des Wagens. D. Si.* — mhd. vürste. — Zs. Virscht-dîr (Vischtdîr) *Vordertüre.* s. a. voder, voderscht.

Firschter s. Ferschter.

Vir-schupp *m. Si.* u. s. (wörtl. *Vorschub*) *Vorschuß.* — lux. 470 ebenso.

Vir-span [-špáɳ *D. Si.;* foršpaniɳ *Ri.*] *m. Vorspann:* engem V. gin. — lux. 471.

Vir-spronk *m. D. Si. Vorsprung.*

virun adv. *D. Si. voran, weiter:* v. gôn. — lux. 471.

Virwetz s. Vurwitz. — Zs. Virwetztîtchen *f. Si. Düte Zucker, in der irgend ein kleiner Gegenstand verborgen ist, um den Vorwitz der Käufer zu reizen.* — lux. 471 ebenso; Virwitz-nas *Ersd.*

Vir-zock *m. D. Si.* (wörtl. *Vorzug*) *Vorsprung.*

Fisch [fĭš, fuš *Fo.;* suš *Lix. Flh. Mtsh. Mü. Wb.;* feš *Bo. D. Si.;* føš *Hd.;* foš *Pfb.* — Pl. fiš, feš, føš. Demin. fešχin *Bo.;* fĭšəl *Ri.*] *m. Fisch. Rdaa.:* faul Fösch em Kopp han *Hd.* A hat Duascht wie en F. *Marienth.* Er schwemt wie e bleïerne Fosch *Pfb.* Der werft e kline Fusch ens Wasser, fir e grosse ze fonge *Wb.* Er isch weder F. noch Fleisch *Ri.* — Zss. F.-bän; F.-berre *Fischnetz;* F.-gar *Fischgarn.*

fischeⁿ [fĭšəⁿ *fast allg.;* fešən *Bo. D. Si.*] tr. v. 1. *fischen, Fische fangen.* —

2. *erhaschen, gewinnen, erwischen*: wo haschtde das Mädel gefischt? — 3. *stibitzen*: im driwe f. *Bo.*

Fischi [fišl *fast allg.*; fišu *Ett. Bi.*; fišy *Pü.*] *n.* 1. *seidenes Halstuch; Kopftuch.* — 2. *großes gestricktes od. gehäkeltes Busentuch der Frauen Bi.*: es isch kalt, du e F. an! — lux. 109 ebenso; els. 1, 153 Fischu; frz. fichu.

fischpern [fišpərn *Falk.* u. s.] intr. v. *heimlich reden, flüstern (lautmalend)*. — henneb. ebenso, From. 3, 133; baier. 1, 772 u. schwäb. 2, 1527 fispern. s. a. Gr. Wtb. 3, 1691.

vischt *vorderst* s. virscht.

Vischt [fišt *D. Si.*] *f.* 1. *Vorderteil, Vorderseite:* 't V. vum Haus. — 2. *Oberleder des Schuhwerks:* en hot 't V. vum Stiwel zerrass. — lux. 471 ebenso. vgl. engl. first.

Fisch-tran-olich [feštránouliχ *Bo.*; feštrón *Si.*] *m. Lebertran.*

Fisek [fíʒek *D. Si.*] *m. Gewehr, Flinte.* — lux. 109 ebenso; frz. fusil.

Fisel [fíʒel *Ri.*] *Kurzform für Alphons.*

viseldiereⁿ [fiʒeldírəⁿ *Lix.* u. s.; fíʒədírə *Ri. Ha.*; fiʒətéïərən *D. Si.*] tr. v. *durchsuchen:* kumm, loss der emol de Säck v. ! Ich hon alles usviseldiert *Lix.* — els. 1, 149 visitiere: frz. visiter.

fisemen [fíəʒəmən *Si.*] tr. v. *Leinwand zupfen.* — lux. 109. vgl. hess. Nr. 316 Vissen *Fasern u.* From. 6, 402 fismen. s. Fasen.

Fisik *f. Si.*; Fusig *Ri. Zauberei, Schwarzkunst:* e macht F. — els. 1, 149 ebenso; mlat. phisica.

Fisimatentcher pl. *Bo.* u. s. *unnötige Umstände, Faxen, Flausen:* ich machen net lang F. — lux. 109; schwäb. 2, 1525; els. 1, 149 Fisimaténte. F. < visum authenticum? *Anspielung auf die den Namenszug in amtlichen Unterschriften umgebenden, bedeutungslosen Schnörkel. Oder zu* mhd. visament *Aussehen?*

fisleⁿ [físlə ⁿ *Fo. Fa. Ett.* u. s.] intr. v. *fein regnen:* es fiselt drus. — hess. 103 fisseln; baier. 1, 767 feiseln; schweiz. fisle From. 6, 402, 6.

Fissel [fisel *Ett.* u. s.] *f. winziger Faden, Härchen.* — ndrhein. fissel *Fäserchen* From. 5, 415, 24; vgl. tirol. a fésele *ein wenig* From. 3, 522, 11; mhd. vëse, vësel *Hülse, Spreu.*

Fissel-bogen *m. Bo. Grt.* u. s. *Geigenbogen.* — els. 2, 20 ebenso. s. fisseln.

Fissell [fisèl *fast allg.*] *n.* u. *f.* 1. *dünne Schnur, Bindfaden:* e Stick F. for de Sack zuzubinne. E Päckel F. fur Schnäre mache *um eine Peitschenschnur zu machen Ri.* — 2. *geriebener Kerl Bo.* — els. 1, 149: frz. ficelle.

fisseln [fisəln *Fa. Ett. Grt.* u. s.] tr. v. *fühlen, betasten, leise berühren oder auf etwas herumfahren, durchsuchen:* an em Stick Vieh f. — ndd. fisseln From. 5, 57; els. 1, 150 fussele; baier. 1, 769 fuseln. s. a. Gr. Wtb. 4, 963 f.

Fisser [fisər *Lix.* u. s.; féïsərt *Bo. Si.*] *m. Fußgänger, Infanterist.*

Fitän [fitä́n, fiteŋ *D. Si.*] *m. Barchent.* — lux. 109 Fitên; frz. futaine.

Vitz [fits *Bo. D. Si. Mtsh.* u. s.] *m. Obstwein.* — lux. 109 Fîz. Vitz < lat. vice (-vinum) *Ersatz für Traubenwein.* vgl. Vizdum (Vitzdom) = vicedominus; mhd. viztuom. baier. 1, 852 Vize *Stellvertreter.*

Fitze-gunkes [fitsəguŋkəs *Bi.*; fitsənkinik *Falk.*] *m. Schimpfname, mehr neckisch als beleidigend, für einen Menschen mit rotem Haar:* roder Fitzegunkes! *Bi.* Rot wie'n Fitzenkinik *Falk.* Das Wort scheint aus physicus weiter gebildet zu sein. — els. 1, 149 Fisigunggus; baier. 1, 924 Fis'lgunkes, Filigunkes; in Gunkes gehn *zugrunde gehn.* From. 6, 68: Visegunklen alte faselige Weiber; Männer, die wie alte Weiber schwatzen. — schwäb. 2, 1525 Fisigunk. s. a. Gr. Wtb. 3, 1690.

fitzen I [fitsən *fast allg.*] 1. tr. *mit der Rute streichen, züchtigen:* der isch e mol gefitzt gen! Kumm her, dass ich der ens fitze! *Lix.* schwäb. 2, 1529; baier. 1, 781 u. els. 1, 161 ebenso. — 2. intr. *rasch laufen Bo. Fa.* — 3. *tüchtig essen Vbg.* vgl. baier. 1, 781 fetzen *dreinhauen.*

fitzen II [fitsən *D. Si. Lix.* u. s.] tr. v. *schön herausputzen, schmuck machen:* die dun ihre Kinner f. ! Hot der sich awer gefitzt! — els. 1, 162 fitze 2; hess. N. Ergänzungsh. 2, 42 sich viszen *besser,* *schöner werden.* — vgl. Fitzer *Staat, Putz.* From. 6, 402, 6; engl. to feat; ahd. fitan, feitan; schwäb. 2, 1529 fitze 5 *stolzieren.*

Fitzer [fītsər *Lix.* u. s.] *m. einer, der sich zu benehmen weiß; fein gekleideter u. gewandter Mensch; Stutzer:* de F. mache. — schwäb. 2, 1529 u. els. 1, 162 ebenso. s. fitzen II.

Fiwer [fīwər *fast allg.;* fībər *Fo.* (selten gebr., dafür Hitz); fēbər *Kr.;* féwər *Mtsh.*] *n. Fieber.* 'S hitzich F. *Nervenfieber Lix.* — Zss. Fiwer-hitz, fiwer-krank.

fix [fiks *fast allg.;* feks *Bo. D. Si.*] *adj. schnell, hurtig, tüchtig:* alt e bische fix! En as fex bei der Arbet *Si.* Fex â' firdech *fix u. fertig. D. Si.* — els. 1, 160; lux. 109; schwäb. 2, 1530; frz. fixe, lat. fixus.

Fix-bleich *f. Fo.* u. s. (eigentl. *Schnellbleiche, fixe Bl.) Bleiche mit Chlorkalk.*

Fix-fir [fiksfir *fast allg.;* fiksféiər *Grt.;* feksféiər *Bo.;* fiksfaiər *D. Si.*] *n. Streichholz:* mach e F. an! — els. 1, 133 Fixfür. Zs. Fiksfeierlad *f. Streichholzschachtel.*

flabbeⁿ s. flappen.

Flächt [flèχt *Si.*] *f. Fläche.* — lux. 110 ebenso; baier. 1, 785 Flacht, Flachtn.

Flack s. Flockeⁿ.

Flader [fladər *Fa. Si.* u. s.; flådər *Bo. Brettn.* — Pl. -n] *m. Haufen Unrat, Unflat, Speichel, flüssiger Kot.* — lux. 110 Flådreiⁱ; ss. Flåder, Kisch 74; tirol. Flôder *abtröpfelndes Wasser* From. 5, 331; baier. 1, 788 Fluder *Gerinne.*

Fläm [flæm *Bo. Lix.* u. s.; flôm *D. Si.;* flæmə *Bi.* — Pl. -ən *Bo.* Demin. flæməl] *f. Anflug über der Milch; feines Häutchen; Flaum vom Ei, von Speisen und Getränken.* En F. en eïm Au *Bi. dünnes Häutchen über dem Augapfel (Staar).* — els. 1, 168 Flam, Flieme; lux. 112 Flôm.

Flamm [flàm *Falk.;* flạm *Bo.;* flám *D. Si.;* flòm *Lix.;* flèm *Rü.* — Demin. flèmχin] *f. Flamme:* dat brennt wie Fir un F. *Falk.* Er isch Fir un F. gewän *Lix.* — Zss. Flamm-kuche *m. Kuchen, der in der Flamme des Backofens gebacken wird; Aschkuchen.* — Flamm-schode (-schuede) *m. Dasselbe.* s. a. Flos.

flammen [flámən *D. Si.;* flàmbə *Sbg. Ri. Ha.*] intr. v. wie hd. *flammen, aufflammen.* — frz. flamber.

flämmen [flèməⁿ *Bo. Kr. Hw. Lix.* u. s.] 1. intr. *lodern, aufflackern:* 'S Petrollicht flämmt. — 2. *betrügen, übervorteilen:* der flämmt awer eni! *Hw.* — baier. 1, 791 u. hd. flämmen *betrügen* Gr. Wtb. 3, 1715; ss. flämen *übervorteilen* Kr. 26; engl. to flam.

Flampe [flàmpə *Fo.*] *m. ansehnliches Stück z. B. Brot, Kuchen usw.* — vgl. lux. 110 Flåp; ndl. u. engl. flap. Flampe ist Weiterbildung. s. a. Flanke und Hewel.

Flang-kuchen *m. Falk. Fladen.* — frz. flan.

Flanke [flànkə *Fo.* u. s.] *m. Dasselbe wie* Flampe. — tirol. Flank'n *Fetzen, Stück* From. 5, 232.

flansen [flànzən *Av. (selten)*] intr. v. *lächeln, Miene zum Lachen machen.* — hess. 106 flenzen; baier. 1, 794 flenschen; hd. flunschen Gr. Wtb. 3, 1851, alles < mhd. vlans, vlensel *verzerrter Mund.* vgl. schwäb. 2, 1541 flänzig *verzerrt.*

Flap [flàp *D. Si.*] *f. Strich Land, ansehnliches Stück, Areal:* eng F. Land. — lux. 110 ebenso; engl. u. ndl. flap. s. a. Flampe.

Flapp [flàp *Bi. Geinsl.* u. s.; Pl. flàbə, Demin. flèbəl] *f. Schlag, Ohrfeige.* — els. 2, 885 Flapp (Watsch). s. flappen.

flappen [flàpən *D. Si.;* flàbə *Bi.;* flèbə *Pfb.*] 1. tr. v. *schlagen, ohrfeigen.* Geflabbt seïn *im Unglück stecken Bi.* — eifl. flappen From. 6, 14; ndd. ebenso From. 3, 366, 16; hess. N. 319 vlappen. — 2. intr. *plump gehen D. Si.*

Flappes [flapəs *Fo. Rem.;* flabəs *Bi.;* floapəs *Kri.;* flaps *Lix.;* flapərt u. flapəs *Bo. D. Si.*] *m. ungelenker Mensch, Grobian:* du F.! — hess. N. 317 Vlabbes; schwäb. 2, 1541 Flaps; lux. 110 Flappert. *Die Bewohner von Gross-Rederchingen (Kr. Forbach) heißen* Flappes. s. flappich.

flappich [flàpiχ *Bo.;* flàpeχ *D. Si.;* flàpziχ *Rem.*] adj. *grob, derb, schwerfällig, tölpelhaft:* e flappeche Kerl *D. Si.*

Flapp-ros *f. Lix. Klatschrose.*

flappsich s. flappich.

Flas [flås *fast allg.*; fluès *D. Si.*] *n.*
Flachs. — Zss. Flas-fink (Fluesfenk) *n.*
Hänfling. F.-kopp *m. Blondkopf.* F.-samen *m.* wie hd.
Fläsch s. Fleisch.
fläseⁿ [flèʒə *Sbg.* u. s.] adj. *aus Flachs verfertigt:* fläseni Nastichre *(Taschentücher) Ri.*
Flass [flås *Si.*] *n.* 1. *kleines Gewässer.* — 2. *Abzugsgraben, Gassenrinne.* — lux. 110. vgl. engl. flash *Pfuhl, Pfütze;* frz. flaque.
Flas-samen-olich [flåsàmənòliχ *Av.* u. s.; flaksomənòliχ *Lix.*; flåsùmənoli *Ri.*; fluəsòmənuəliχ *Si.*] *m. Leinöl.*
fläten [flètən *D. Si.*] intr. v. *flöten, pfeifen:* op eppes f. *etwas abweisen.* Ech flät dech voll *ich will nichts mit dir zu tun haben.* — lux. 112 flêten.
Flatsch [flatš *Bo. Bi. Vbg.* u. s. Demin. flètšəl] *f.* 1. *Ohrfeige Bi.* — 2. *unordentliches, ungeschicktes Frauenzimmer.* — Gr. Wtb. 3, 1729 Flatsche *Ohrfeige;* baier. 1, 799 Flatschen, Flaschen; mhd. vlasche.
flatsch! interj. *Si. plumps!* — lux. 521 ebenso.
Flätsch [flètš *Bi. Ett.* u. s.] *f.* 1. *dasselbe wie* Flatsch 1. *Bi.* — 2. *Sense mit Rechen zum Getreidemähen.* — vgl. mhd. vlatsche, vletsche *Schwert mit breiter Klinge.* s. a. Futsch.
flatscheⁿ [flatšəⁿ *Bi.* u. s.] tr. v. *schlagen, ohrfeigen:* ich han em eïn geflatscht. — baier. 1,797 flaschen; niederöstr. flaschnen From. 4, 44; ss. flatschen Kr. 27.
Flatscheⁿ [flatšə *Fo. Obh.* u. s.] *m. flacher Haufen nassen Drecks, Kuhfladen.* — hess. 104; Gr. Wtb. 3, 1729; lux. 110 Flåtsch; vgl. tirol. flåtschet *flach, platt, gedrückt* From. 5, 232; schwäb. 2, 1544 Flatsche *flaches Stück.*
flatschich [flatšiχ *Bo. Vbg.* u. s.; flatšeχ *D. Si.*] adj. *unordentlich, schlaff, täppisch.* — vgl. els. 1, 175 u. eifl. flätschig *weichlich;* frz. flasque.
flattiereⁿ [flatīrə *Fo.* u. s.; fledīrə *Ri.*; flèdīrə *Lix. Sgd.*; flèdéïərə *Bi.*; flèteïərən *Si.*; flatèərən *Ka.*] tr. v. *schmeicheln, schön sprechen:* Mer muss 'ne f., wann mer ebbes van em han will *Fo.* Wer gut flädiere konn, dem geht alles on *Lix.* — els. 1,

174; lux. 110 henneb. flattīr From. 7, 262; schwäb. 2, 1546 flattiere. s. a. Gr. Wtb. 3, 1734.
Flattierer, Flätteÿrer *m. Bi.* u. s. *Schmeichler.* — els. 1, 174; frz. flatteur.
flattierlich (flädierlich) adj. *Lix.* u. s. *schmeichlerisch:* f. dun. — els. 1, 174.
Flättijel [flèdijəl, Pl. flådijlə *Ri.* u. s.] *m. Flügel:* de F. henge losse. — els. 1, 174 Flättig; baier. 1, 793 unter Flank.
flättschereⁿ [flètšərə *Bi.*; fletərən *Si.*] intr. v. *flattern, schwerfällig od. schlecht fliegen.* — els. 1, 175 flotsche; baier. 1, 799 flitschen; schwäb. 2, 1546 flättersche.
Flaum s. Flom II.
Flaus, Pl. -en *f. fast allg.* 1. *Ohrfeige, Schlag mit der Hand ins Gesicht Bo. Fa. Kr.* u. s. els. 1, 171 Flaus — 2. (meist im Pl.) *Schwank, Witz, leere Redensart, Albernheit:* F. machen *D. Si.* u. s. els. 1, 171 Flaus 3; baier. 1, 796; schwäb. 2, 1548; lux. 110; Gr. Wtb. 3, 1737; From. 2, 342; 3, 133; 4, 547, 1; 5, 232; 6, 260 III. — 3. *Sense mit Gestell Bo. D. Si. Zeir.* — lux. 110.
flausen tr. v. *Bo. Fa. Ersd. D. Si. Vbg.* u. s. 1. *prügeln, ohrfeigen.* — els. 1, 171. — 2. *Getreide mit dem Senserechen* (Flaus) *mähen.* — lux. 111; vgl. hess. N. 320 Geflause.
Flausert *m. D. Si. Witzbold, Possenreißer.* — lux. 111; schwäb. 2, 1549 Flausemacher. s. Flaus 2.
Flech [fléχ *D. Si.*] *f. Pflege:* en hot eng gutt F. — lux. 521.
flechten [flèχtən *Fo.*; fleïtən *Falk.*; flītən *D. Si. Vbg.*] tr. v. *flechten.*
Fleck [flèk *allg.*, Pl. -ən] *m.* 1. *Ort, Stelle:* mer kumme nit vom F. *Lix.* — 2. *aufgenähtes Stück oder Leder.* — 3. *Muttermal* — schwäb. 2, 1550; els. 1, 167; baier. 1, 786; hess. 104; henneberg. From. 7, 262; mhd. vlëc.
fleckedi(ch) [flègèdi *Ri.*] adj. *verfleckt, mit Flecken überzogen.*
Fleckeⁿ [flèkəⁿ *fast allg.*; flègə *Ri. Ha.*; flèk *D. Si.* — Pl. -ən] *m. Flecken:* Flecken em Paleto. Summerflecke, Märzeflecke *Sommersprossen.*
flecken, fleckich wie hd. *flecken, fleckig.*

Fledder-bam [flèdərbám *Fa.* u. s.] *m.*
Pappelbaum. s. fleddern.
fleddern [flèdərn *Bo. Falk.;* flèdərə *Pü.;*
fletərən *Si.*] intr. v. *flattern, sich leicht
im Winde bewegen (wie die Blätter der
Bäume).* — schwäb. 2, 1554 fledere.
Fledder-schlick [-šlik u. -šlek *Av.* u. s.]
m. Flügel eines Vogels: er liesst de F. henken
er läßt die F. hängen, verliert den Mut. —
vgl. henneberg. Flederwisch From. 7, 263.
Fledder-wide pl. *Pü.* dasselbe wie
Fledderbam.
Fleder-mus [flèdərmus *fast allg.;*
flélərmus *Schw.;* flentərmaus *D. Si.*] *f.*
1. *Fledermaus.* — 2. *Schmetterling Hd.
In manchen Gegenden herrscht die Ansicht,
die Fledermäuse suchten sich gern in das
Haupthaar zu verstricken; lassen sie etwas
darauf fallen, so entsteht Grind. In Sierck
singen die Kinder:*
   Flentermaus, wo^u kemschte eraus?
   Aus Uedems Haus.
   Fl. wo kommst du heraus?
   Aus Adams Haus.
Fleisch [flèiš *Sgd. Lix. Av.;* sonst
flǽš; flaiš *Ri.;* fléš *Nj.*] *n. Fleisch. Die
Form* Fläsch *ist sehr alt; schon in den
ahd. Gesprächen S.* 11*: ich atzt heutn
fles. Ein bekanntes Kinderspiel ist* Fleisch
uf de Bank. *Einer bückt sich, dabei die
Hände flach auf den Rücken legend. Einer
der Mitspielenden gibt ihm einen Klapps
auf die Hand, worauf der erste sich
umdreht und aus den Mienen der andern
den Schläger zu erraten sucht. Gelingt ihm
dies nicht, so beginnt's von vorne; gelingt
es ihm, so wird er durch den Schläger ab-
gelöst.* — Zss. F.-bidden *D. Si. Fleisch-
bottich.* F.-brih. F.-butik *Fleischladen.*
F.-da s. d. F.-dippen *Fleischtopf.* F.-
haisen *Si. Fleischkammer.* (Haisen =
Häuschen). F.-zopp *D. Si. Fleischsuppe.*
Fleisch-da' [flèišda *Av.;* flæšdáx̣ *Si.*]
*m. Bezeichnung derjenigen Wochentage, an
denen es gebräuchlich war, Fleisch zu kochen:
Dienstag u. Donnerstag. Mittwoch u. Frei-
tag waren Fasttage u. hießen Fischtage;
Montags u. Samstags gabs Mehlspeisen.*
— henneberg. Flêschdæ From. 7, 263.
s. a. Gr. Wtb. 3, 1762, hess. 105, schwäb.
2, 1564.

fleissen, sich [flaisən, Ptc. gəflas *D.
Si.;* flisən, gəflist *Bo.*] refl. v. *sich bœilen:*
fleiss de dech bâl, du Faulenzer! *Si.*
Fliss dich denn! Ich han mich geflisst
Bo. — lux. 111 sech fleissen; els. 1, 172
flissen.
fleïten s. flechteⁿ.
Fleïwel s. Flejel.
fleïwen [fléiwən *Si.;* fliərwən *D.*] tr.
v. *einem zureden, Lust zu etwas machen,
zum Essen nötigen.* Sech net f. lòssen
fest zugreifen. — lux. 112 fleⁱwen; Kilian:
fleuwen; vgl. ndl. vleijen *schmeicheln* u.
hd. *flehen.*
Fleïz [fléïts *Si.*] *f.* u. *n. Floß.* — lux.
112 ebenso.
Flejel [flèijəl *Bo.;* fliwəl *Busd.;* fleïwəl
Si.; féjəl *Pfb.*] *m. Dreschflegel.* — Zss.
Fleïwels-giert *Si. Rute, woran der
Flegel befestigt ist.* F.-kòp *f. Flegelkappe.*
flek s. flick.
fleken, Flekerei s. flicken.
Fleler-mus s. Fledermus.
Flemm [flèm *fast allg.*] *f. körperliche
u. geistige Abgespanntheit:* ich hann de
F. — els. 1, 169; lux. 111; gr.-lat. phlegma;
frz. flemme.
flemmen [flèmən *Falk.*] intr. v. *die
Zunge zeigen, Grimassen schneiden.* —
hess. 105 flennen; s. a. Gr. Wtb. 3, 1768.
— mhd. vlennen.
Flent s. Flint.
Flenter-mus s. Fledermus.
flentschen [flèntšən *Av.*] tr. v. *schmei-
chelnd bitten.* — vgl. baier. 1, 794 flen-
zeln, flenseln *süßlich sprechen* < mhd.
vlans, vlensel *der verzogene Mund.*
flenzeⁿ [flènsə *Lix.* u. s.] intr. v. *(spött-
telnd) weinen.* — baier. 1, 794 flentschen;
hess. 106 flenzen; ss. flǟntschen *das Ge-
sicht zum Weinen verziehen;* hd. flenzen
= flennen Gr. Wtb. 3, 1770.
Flep [flep *D. Si.;* flep, flepè *Bo.*] *männl.
Vorname Philipp.* Daneben Filip, Ulipä.
Flesch [flèš *fast allg.*] *f.* 1. *Flasche,
Feldflasche. Falk.* — 2. *langer flaschen-
förmiger Kürbis Lix. Sonst heißt die
Flasche auch Butell.*
Fletchen [flétxən, fleïtxən *Si.*] *n.
Federmesser (urspr. Aderlaßeisen, Lan-
zette).* — baier. 1, 783 Flieden, Flied;

hd. Flede, Fliede Gr. Wtb. 3, 1745. 1777. mhd. vliedemə < lat. phlebotamum.

Fletsch s. Flitsch.

Fletterling [fledərliŋ, Pl. gleich *Ri.* u. s.] *n. dünner Streifen aus Tannen- od. Fichtenholz, etwa 2 Finger breit und 20 bis 30 cm. lang, der unter die Stoßfugen der Dachziegeln gelegt wird, um das Durchsickern des Regens od. Schnees zu verhindern.* — vgl. els. 1, 167 Fleckling, Flettling.

Flettich [flètiχ, Pl. -ə *Pfb.*] *m. Flügel, Schwingfeder:* mer muss 'm de Flettiche stutze *sein Übermut muß gedämpft werden.* De Flettiche henke lon *kleinlaut werden.* — els. 1, 174 Flättig; baier. 1,799 Fletten; schwäb. 2, 1546 Flättich.

flick [flìk *fast allg.;* flek *Bo. D. Si.*] adj. 1. *flügge:* D'Vijeltcher sin noch net f. — 2. *dürftig, leicht, dünn gekleidet:* isch die awer f. bi der Kält *Ri.* — els. 1, 168 flück.

flickeⁿ [flìkəⁿ *fast allg.;* flìgə *Pfb.*; *Ri. Sbg.;* flekəⁿ *Bo. D. Si.*] tr. v. *flicken, ausbessern; auch heilen.*

Flickerei (Flekerei) *f.* wie hd. *Flickerei.*

flie'n s. flijen.

Fliess(papier) *n. Fo. Löschpapier, Löschblatt.* — els. 1, 172. *Auch* Tintepapier.

Fliht [flìt *D. Si. Vbg.* u. s.; flèït *Falk.* — Pl. -ən] *f. Flechte, Zopf.*

flihten s. flechtenⁿ.

Flijel [flìjəl *D. Si. Ri. Hom. Ha.*; flìkəl *Lix.*] *m.* 1. *Flügel (eines Gebäudes, einer Tür, eines Fensters):* Finschterflikel *Lix.* — 2. *nicht fest anliegender Teil eines Kleidungsstückes:* ebber am F. nemme un ne erus werfe *Ri.* — 3. *Abteilung Feldarbeiter Si.* — lux. 112 ebenso.

flijen [flìjən *Falk.*; flìjə *Ri.*; flìn u. flìə *Fo.*; flìə *Sgd. Lix.*; sonst fleïən. — Flexion: flìn (flìə, flìjə), flìšt, flìt, flìn — Ptc. gəflṓ *Falk. Fo. Sgd. Lix.*; sonst fleï(ən), fleïšt, fleït, fleïən — Ptc. gəflou *Bo. Busd.*; geflú *Si.*; geflá *Bi.*] intr. v. 1. *fliegen:* de Duwe flien uf's Hus *Fo.* — 2. *fliehen (wenig gebräuchlich).* — Zss. **Flij-ämetz** [flí-èmets *Lix.*] *f. geflügelte Ameise.* **Flij-bobe** [flíbobə, Demin. Flijbebχə *Sp.* u. s.] *m. Marienkäfer.* . els. 2. 3. Fliegböbel. **Flij-engle** [flìeŋlə *Lix.*]

n. Kosename für ein Kind, welches man zu zweien auf den Armen zwischen sich trägt u. schwenkt.

Flikel s. Flijel.

flimmereⁿ *fast allg.* imp. v. wie hd. *flimmern:* es hat m'r vor de Aue geflimmert *Fo.*

flimmerich adj. *Fo.* u. s. *flimmernd:* es isch mer ganz f. vor de Aue.

flink [flìŋk *fast allg.;* fleŋk *Bo. D. Si.*] adj. wie hd. *flink:* f. wie en Klosterkatz *heißt es von einem emsigen Menschen.*

Flint [flint *fast allg.;* fleṇt *Bo. St.* — Pl. flintər, flentən] *f. Lix. n.* 1. *Flinte, Gewehr.* — 2. *flatterhaftes Frauenzimmer Ebersw.* — els. 1, 170 u. schwäb. 2, 1574 Flint *in beiden Bedeutungen;* lux. 112 Flönt.

Flippcheⁿ [flipχə *Fo.*] *n.* (eigentl. Demin. von Flupp) *Zigarre, Zigarette:* e F. rache. s. fluppen 1. *rauchen.*

flissen, sich s. fleissen.

flissich [flìsiχ *fast allg.;* flaiseχ *D. Si.*] adj. *fleißig. Spruch:*

Sechs mol sechs esch sechs e drissich,
Esch d'r Lehra noch so flissich,
Sen de Kinner noch so dumm,
Kent der Stecken henerum. *Bi.*

Flit [flit *Fo. Falk.* u. s.; flaut *D. Si.*] *f. Flöte. Das Demin.* Flitche *bedeutet kleines Glas od. kleine Flasche Bier:* m'r han nur än Flitche getrunk. — frz. flute.

Flitsch [flìtš u. flètš *fast allg.;* fleïtš *Bi.* — Pl. əⁿ; Demin. flitšin] *f.* 1. *Flügel:* er hat's Hinkel an de Flitsche verwitscht *Fo.* Heb de Gans on de Fletsche! *Lix.* — 2. *flügelähnliches Anhängsel, Schleife, Bandmasche, Quaste, Troddel:* e Kapp met Flitsche dran *mit fliegenden Bändern Fo.* Fletschen op dem Hutt *Si.* — 3. *leichter, niedriger Hut, der gerne wegfliegt Bi.* — baier. 1,799 Flitschen *Schwingfeder, Flügel;* lux. 112 Fletsch; hd. Flitsche Gr. Wtb. 3, 1804; vgl. frz. floche u. flèche.

Flitter [flita, Pl. flìtan *Kr.*] *m. Schmetterling.* — tirol. Flutter, Flutterle From. 4, 54; schwäb. 2, 1597 Fluttersch.

flock-dortich [flòkdóotiχ *Bo.*] adj. *gänzlich verrückt.* — vgl. baier. 1,787 u. schwäb. 2, 1591 flucken u. mhd. vlokzen *schwanken, flattern.* s. a. dortich.

Flocken [flòkən *Bo.* u. s.; flak, Pl. -ən *D. Si.*] *m.* u. *f. Flocke.* — Zs. Schneefl. — lux. 110 Flack.

Floh [flô *Fo.* u. s.; floχ *Falk. Kr. Marienth.;* flok *Sgd. Lix. Ri. Hom. Schw.;* flóə *Bo.;* flou *D. Si.* — Pl. flé, fléə, fleï, fléχ] *m.* u. *f. Floh.:* de Fleh klicke *mit dem Fingernagel zerdrücken. Mittel, um Flöh zu fangen:* mach de Finger nass un tupp dernäwe! brech ne d' Zähn us *(um sie am Beißen zu verhindern)! Rdaa.* der hèrt de Fleh huschte *der ist überschlau Lix.* Er hat noch Fleh (oder Lis) *er hat noch Schuldeu Lix.* Der hat anner Flehe hener d' Ohren setzen *der hat andere Sorgen Bo. Spottvers:*

Wär de Flock nit bigesprung,
Hät ma de Bettelmann umgebrung. *Schw.*
Rätsel:
Was isch dann sisser wie Zucka?
En Floh, wil m'r de Finger dernoh
 schleckt. *Marienth.*
In Lubeln singt man:
O je, o je, o je!
Wie beissen mich die Fleh!
Dort hinten in der Buchsennaht,
Da sitzen se un halten Rat.
O je, o je, o je!
Wie beissen mich die Fleh!

— els. 1, 163 Floch; lux. 112 Flo^u. — Zss. Floh-biss (Fleï-bass *D. Si.*) *m. Flohstich.* Fleh-bitel [flébidəl *Ri.*] *m.* (wörtl. *Flohbeutel) Mensch mit viel Flöhen, Schimpfname.*

Flom I s. Fläm. — Zs.: Flom-ei [flómǽ *Si.*] *n. Windei.* — lux. 112 Flômeneê.

Flom II [flôm *Lix.* u. s.; flaum *D. Si.*] *m. Flaum der Vögel.*

Flor [flôr, Pl. flér, Demin. flérəl *Bi. Sgd. Lix. Schw.*] *m.* 1. *gestricktes, wollenes Halstuch; Halsbinde überh.* — 2. *Trauerband:* Trurflor. — schwäb. 2, 1580 u. els. 1, 171 ebenso.

Floribus *m. fast allg. Saus u. Braus:* im F. lewen. — schwäb. 2, 1581; els. 1, 171; lat. in floribus.

Flos [flôs, flós *fast allg.;* flóəs *Bo.* — Pl. flósə, flóəsən; Demin. fléəsχin] *m.* 1. *Kuchen, der in der Flamme des Backofens gebacken wird.* — 2. *Torte, belegter Kuchen. Dafür auch* Flammkuche.

Floss [flòs *fast allg.;* flùs, Pl. fĺs *Ri. Hom.*] *m.* u. *n.* 1. *Flüßchen, Wässerchen.* — 2. *rheumatisches Leiden:* I han de Fluss im Bän; i bin ganz voll Fliss *Ri.* — lux. 113 Floss; els. 1, 172 Fluss; hess. 107 u. henneb. From. 7, 264 Flusz; schwäb. 1583 Floss 2. s. a. Gr. Wtb. 3, 1856, c. — mhd. vlòʒ, vlòʒe u. vluʒ.

Flotsch [flòtš *Bo. Gelm. Kr. Sp. Karl. Vbg.* u. s. — Pl. flètš; Demin. flètšin] *m.* 1. *Schleife, Halsbinde:* Flotsch am Kopp, Zoddel am Rock *außen hui, innen pfui.* — 2. *flatterhaftes Frauenzimmer Sbg. Ri.* frz. floche. *In Forbach dafür* Schlopp. — Zs. Flotsch-kapp *f. Vbg. Zipfelmütze.*

flotsche^n intr. v. *Sbg. Ri.* u. s. *flattern.* — els. 1, 175 u. baier. 1, 800 ebenso.

floze^n [flótsən *Ri.* u. s.] tr. v. *flößen, Holz auf dem Wasserwege zu Tal befördern.* — els. 1, 175 flöze.

Flubber [flubər *Bi.*] *m. gefräßiger Mensch.* s. fluppen 3.

Fluch [flûχ *fast allg.;* flouχ *Bo. Si.* — Pl. flíχ, fleïχ] *m. Fluch:* Flíχ dun *fluchen.* Et as eweï e F. *es ist ein Fluch Gottes D. Si.* 'S isch grad wie e F. *Ri.*

fluche^n [flûχən *fast allg.;* flouχən *Bo. D. Si.*] intr. v. *fluchen:* er hat ganz fïrchterlich gefluchtet. E floucht eweï e ro^{u}de Jud *er flucht schrecklich Si.*

Fluchert, Flo^u**chert** *m. D. Si. Jemand, der viel flucht.* — lux. 113.

Fluck *m. Av. Milzbrand.* — vgl. baier. 1, 787 flucken = fluctuare; schweiz. fluger *locker* Stalder 1, 386. *Die Milz wird schwarz u. „fließend". Neben* Fluck *auch* Milzefluck. — Zs. F.-hawer *Windhafer* (avena fatua).

Flupp [flup, Pl. -ən *Ltf.* u. s.] *f. große, starke Weibsperson.* — vgl. Fluppes u. lux. 113 fluppech *ungeschlacht.*

fluppdech! interj. *D. Si. plumps!* — lux. 113 ebenso.

fluppen [flupən *Fo. Bo.* u. s.; flubə *Bi.*] 1. tr. *beohrfeigen:* er isch gehèrich gefluppt gen. — 2. *(humorist.) Pfeife rauchen:* Je, mer gehn ens fluppe *Fo.* — 3. *unmäßig essen:* der kann awer f.! —

4. *unmenschlich behandeln Bi.* — els. 1, 171 fluppe 1. u. 2.; eifl. fluppen *schlagen* From. 6, 14.

Fluppes [flupəs, Pl. flupəsən *Bo. Lft.* u. s.; flubəs *Ett.*] *m.* 1. *starker Bursche, fester Kerl.* — 2. *Einfaltspinsel.* — els. 1, 171; lux. 113 Fluppes, Fluppert.

Flutsch [fluts̆ *Ett.* u. s.] *f. kräftiges Frauenzimmer; dicke, unbeholfene Weibsperson.* — els. 1, 175 Flutt; schweiz. Pflute; vgl. baier. 1, 787 Flucken.

Flutt [flut, Pl. -ən *Fo. Grt. Obh. Vbg.* u. s.] *f. (Fast nur im Plural gebraucht) Kloß aus Mehl, Kartoffeln; Kartoffelnudeln Grt.:* Flutte hammer am Freida gehat. — els. 1, 175 Flutt 1. (*Dafür auch* Rutsche) schwäb. 2, 1597 Flutte, Pflutte.

fobeln s. fabeln.

Fochtel s. Fuchtel.

fochten, Fochtert s. das folgende.

fochteln [foχtlə *Sgd. Lix.* u. s.; foχtlè *Fi.;* foχtən *Bo. Falk.*] intr. v. 1. *fechten, betteln, vagabundieren:* Do kimmt wider ener fochtle. 'S Lumpezeïch lebt vom F. — Wonn er us gefochtelt hat, noh hat er doch nix *beim Fechten kommt nichts heraus Lix.* vgl. baier. 1, 688 fuchteln *hin u. her fahren;* els. 1, 93 (umenander) fuchtle *umherziehen.* — 2. *durch Kunstgriffe zu erreichen suchen Ri. Hom. Ha.*

Fochtler [foχtlər *Sgd. Lix.;* foχtərt *Falk.;* fèχtər *Si.*] *m. Fechtbruder.*

foderen [fódərən *Bo. Falk. Sgd. Lix.* u. s.] tr. v. 1. *fordern, einfordern, verlangen;* du hasch nix se f. — henneb. fodern From. 7, 264; Gr. Wtb. 3, 1865. — 2. *betteln:* 'er muss f. gehn *Lix.* — els. 1, 141 fordere; bair. 1, 753 ebenso.

voder [fodər, Superl. fodərs̆t, feders̆t *Fo.* u. s.] adj. *vorder:* Der Peter isch der voderschte (vederschte) gewän. s. a. virscht.

Vogel [fogəl, Pl. fegəl (fégəl) *Fo. Falk. Kr.* u. s.; fokəl, fekəl *Sgd. Lix.;* foul, foulən *D. Si.;* fául *Hb.;* fuwəl *Gelm.;* føwəl *Sbg. Fi. Mts.;* fuwəl *Gelm.;* fubəl, fubəln *Bo.;* foüel *Wb.* — Demin fegəlχə, feïltχən, fibəlχin] *m.* 1. *Vogel:* de Vokel kennt mer on de Federe *Lix.* Er lebt wie e Vokel om Honfsome *Lix.* Deï Vubeln, woᵃ am Morjen freïh piffen, helt de Katz em Dag. *Bo.* Der hat e Vogel *der ist verrückt Fo.* Wu da Vogel is geboa, do geht ea oich geaⁿ valoa (*verloren*) = *jeder Vogel hat sein Nest lieb Kr.* — *Kinderreim:*

Mammele, was sen denn das for Ve-
Wie so gêli Schnêwele han? [jele,
Kind des sin Kanarivejele,
Wie so gêli Schnewele han. *Pfb.*

— 2. *kleines Gebäck in Form eines Vogels:* I mach dr e Vöwel *sagt die Mutter zum Kind, wenn sie sich zum Backen anschickt Sbg.* — 3. *Kasten zum Tragen des Mörtels, Mörtelkübel.* els. 1, 99 Vogel 6. — Zss. Vogels-nischt *u. Falk. Vogelnest.* Vogelstoffel *m. Lix.* u. Vöwels-narr. *Ri. Vogelnarr.*

Voh [fó *Falk. Kr. Va.* u. s.; foi *Grt.,* foa *Msbr.;* fó(dia) *Vbg.;* fóa(dir) *Ha.* — Pl. fóəⁿ, féa] *m. Marder, Iltis.* Vohdia, Voadir ⟨ Vohetier. — mhd. vohe *Füchsin.*

Foki [fokí *D. Si.*] *m. Kissen zum Aufbauschen des Frauenrocks im Kreuze.* — lux. 114 ebenso. — frz. faux cul.

foljen [foljəⁿ *allg.* — Flexion: foljə, foliχs̆t, foliχt, foljə, gefoliχt *Lix.* — foli, folis̆, folit, foliə, g'folit *Ri. Ha. Hom.*] intr. v. *folgen, gehorchen: Drohung:* Wenn de nit folisch, kummscht de in de Söwstall. Kindre, wo nit folje, kumme in de Durn *(Gefängnis) Ri. Ha.*

voll [fol *fast allg.;* fol *D. Si.;* ful *Ha.* — Compar. folər, fols̆t] adj. 1. *voll, gefüllt.* — 2. *betrunken:* voll wie dausich Man *Fo.* Voll weïn Kribs, weïn Heischer (*Bettler*) *Bo.* Vull wie Strössendreck *Ha.* Voll wie e Kanon, wie e Söuw; doll un voll. Besser voll as nit ze fille *Ri. Sbg.* — Zss. voll-blidich *vollblütig;* v.-jehrech *volljährig;* v.-kimmi(ch) *vollkeimend, blühend Ri.;* voll-op *D. Si. vollauf.*

Vollchit [-χit *Bo.;* -hait *Ri.;* -hêt *D. Si.*] *f. Betrunkenheit.* — els. 1, 110 Vollheit.

Vollen [folən *Bo. Falk. D. Si.;* folə *Lix.*] *m. Überfluß, Fülle:* Bire de Volle *in Fülle Lix.* Em V. han *vollauf haben Bo.* E schefft (*schöpft*) aus dem V. *D. Si.* Er hat Geld de V. *die Fülle.* Am V. *im Überfluß, in Hülle u. Fülle D. Si.* — lux. 471 Vollem; baier. 1, 839 der Voll *die Fülle.* — mhd. Vollene, Vollen.

follen [folən *Bo.* u. s.] tr. v. *walken:* Duch f. — lux. 114 ebenso; ndl. vollen; engl. full; frz. fouler < lat. fullo *Walker.*

Voll-liht [-lít *D. Si.*] *n. Vollmond.* s. Liht *Licht.*

Foll-mihl *f. Bo.* u. s. *Walkmühle.* — lux. 114 Follmillen; engl. fullingmill. s. follen.

Föll-wein *m. Si. Füllwein, Wein zum Nach- und Auffüllen im Fasse.* — mhd. vüllewîn.

Folmesch(en) [folmeš(ən) *D. Si.*] *f.* 1. *Loderasche.* — 2. *Strohasche auf dem Flammkuchen.* — lux. 122 Fu*e*lmesch; baier. 1, 707 Falwisch; mhd. valwische; lat. favilla.

Folter [fòlter *D. Si.*] *f.* 1. *Folter:* än op d'F. spånen *jemanden quälen.* — 2. *Getreidesieb.* — lux. 114 ebenso.

foltern tr. v. *D. Si. Gerstenkörner reinigen.* s. Folter 2.

fömmen [fømən *D. Si.*] intr. v. *rauchen:* eng Peif f. — lux. 114; frz. fumer.

Fömmert *m. D. Si. Raucher.* — frz. fumeur.

von [fòn *Sgd. Lix.* u. s.; fån *Fo.*; fèn *Bo. Falk.*; fun *D. Si.*] präp. mit Dativ *von:* van der Läter falle. Von Zit ze Zit. Bei Stoffen stets *von:* von Silwer. Er isch von sich gewän *er hat das Bewußtsein verloren gehabt Lix.* Mit dem Artikel zs. *vom* (vam, vem, vum): vam Bâm. — *In Verbindung mit dem Pronomen:* vommer (vemmer, vummer) *von mir.*

Fond [font *Bo. D. Si.*] *m. Fund.* — lux. 114.

Fong [fòn̩ *Bo. D. Si.*] *m. Grund, Hauptpunkt einer Sache*: e kennt dat am F. *von Grund aus.* — lux. 115 ebenso. frz. fond.

Fonk [fon̩k *Bo. D. Si.*; fúŋə *Ri.*] *m. Funken.* Er hat ke Funge Verstand *Ri.* — lux. 115 Fonk.

fonkeln *Bo. D. Si.* (fungle *Ri.*] intr. v. *funkeln.*

fonkel-nôls-nau adj. u. adv. *Si. funkelnagelneu.*

Fonsel [fonʒəl *Si.*] *f. Faser.* — lux. 521 Fönsel. *Ist wohl Weiterbildung des* mhd. vësel, visel.

For *Zuchtstier* s. Farre.

Far *Furche* s. Fur.

vor I [fòr, fòràn *Bo. Fo. Sgd. Lix.* fûr *Sbg.*; fir *Falk.*; fìr, fìər *D. Si.*] präpos. m. Dat. u. Acc. *vor:* vor dem Hus (vir dem Haus). Vor's Hus gehn. Lu voran dich! Der drickt, mer mänt er hat de Ehlberg voran sich! *Lix.* Kän Blatt vor's Mul nehme. Er hat m'r de Dir for on de Nos zugeschla *Lix.* Er ischt vir em Johr uf de Welt kumm *Falk.*

vor II [fòr, fòrə *Fo. Lix. Sgd.* u. s.; fir *Falk.*; fíər, fir *D. Si.* — Superl. firšt, fišt] adv. *vorn, vor:* Vore sin drei Finschter un hinne vier *Lix.* Vir sin *weiter sein als ein anderer D. Si.* En hot fenef Schrek vir *fünf Schritte vor.* Ech sin em vir komm *ich habe ihn überholt D. Si.* Die Sach geht morje vor *d. h. vor Gericht. Lix.*

vor-äss [forès *Bo.*] conj. *bevor (daß):* schreien, voräss m'r geschlân es. s. ass.

vorde u. devorde [fòrdə, dəfòrdə *Fo.* u. s.; fórəds *Ri. Hom.*] adv. *vorher, vorhin:* Vorde isch er noch do gewän. — hess. N. 322 vorde', vord'. — Vorde < vordem.

fordern s. fodern.

Vorduch s. Firduch.

fordun [fòrdun *Si.*; furdun *Geinsl.*] adv. *fortan, immerfort:* en as f. un der Arbet. — lux. 115 fortun.

Fore-kraut *n. D. Si. Farrenkraut.* s. a. Vererrkrut.

Forele(bom) [forələ(bòm) *Schw.*; fürlə-(bám) *Ri. Hom.*] *m. Föhre od. Kiefer.* — baier. 1, 744 For'l, Förling; els. 1, 141 Forle.

Forell [forèl *D. Si.* u. s.] *f.* wie hd. *Forelle.* s. a. Truite-fisch.

vor-gesch(t)ert [fòrgeš(t)ərt *Fo.*; fürgištərt *Pii.*; fùrgišdər *Merl.*; firgeštər *D. Si.*] adv. *vorgestern.*

vor-han [fòrhàn *fast allg.*] tr. v. *vorhaben, im Schilde führen*: was hasch de vor?

vorich [fòriχ *fast allg.*; fireχ *D. Si.*] adv. *vorig:* de v. Wusch *Lix.*

vor-iwer [fòríwər *fast allg.*; fəríwər *D. Si.*] adv. *vorüber:* v. gehn.

vor-kummen intr. v. *Lix.* u. s. *einen überholen, über jem. hinauskommen:* dir isch nit vorsekumme *du läßt dir nichts weißmachen.*

Vor-laf [fŭrlåf *Lix.* u. s.] *m. Vorlauf d. i. der erste Branntwein, der beim Brennen ausfließt. Er ist zu alkoholreich, um getrunken zu werden, u. dient zu Einreibungen.* — els. 1, 565 Vorlauf; lux. 470 Virlåf. s. a. Virschotz.

Vor-metes [formetəs *Bo.*; formida *Sbg.*; firmetəs *D. Si.*] adv. *vormittags.*

vornehm [fŭrnèm *Lix.* u. s.] adj. 1. *begehrenswert:* 's Maidel isch's vornehmscht em gonse Dorf. — 2. *durch Vorzüge sich auszeichnend:* e vornehmer Buw. Das isch der vornehmscht von alli sini Kinn, *das beste, tüchtigste von allen seinen Kindern Ri.* — 3. *hauptsächlich:* de Gesundheit isch's vornehmschte *die Hauptsache.*

for-nix [fŏrniks *Fo.*; fərništ *Falk.*; firnašt *D. Si.*] adv. *umsonst (für nichts), vergebens:* er hat f. geschafft.

vor-nuss [fŏrnus *Fo.* u. s.; fornə ənus *Ri.*; firaus *D. Si.*] adv. *vorne hinaus:* das Finschter geht vornuss. Se wohne vorne enus.

Forsch [fŏrš *Fo.* u. s.; fors *D. Si.*] *f. Kraft, Stärke, Wucht:* do gehèrt F. dehinner *Fo.* Par fors *mit Gewalt D. Si.* — els. 1, 143 Fors; baier. 1, 757 Forsch; frz. force.

forsch [fŏrš *fast allg.*] adj. *kräftig, derb:* e forscher Bu *Fo.* — vgl. rheinfr. forsch, From. 3, 272, 21. *Entweder das französ.* force *oder das umgestellte* fersch *frisch.*

Forschett [foršèt *D. Si.*; daneben foršelt *Si.* — Pl. -ən] *f. Eßgabel.* — lux. 115 ebenso; frz. fourchette.

forschpern [foršpərn *Falk.*] tr. v. *forschen, ausforschen, geschickt ausfragen.*

förschle[n] [foršlə u. feršlə *Sbg.*] tr. v. *forschend aushorchen, geschickt ausfragen:* haschte geforschpert? — els. 1, 143 förschle; baier. 1, 757 förscheln.

Vor-schrift *f. Ri.* u. s. *Vorlage, Muster zum Nachschreiben.* — els. 2, 516 ebenso.

vor-sich [fŏrẓix *Bo. Fo.*; firẓix *Ri.*; fírẓix *Falk.*; furẓix *Lix.*; firtsex *D. Si.*] adv. *voran, vorwärts:* geh doch vorsich! *Fo.* Ich kumme nit virsich *Falk.* Er geht e bissche meh fursich *Lix.*

forsiere[n] [forsîrən *fast allg.*; forseïərən *D. Si.*] tr. v. 1. *mit Gewalt durchsetzen, erzwingen:* das Ding därf m'r nit f. *Fo.* Er hats wille f. *Ri.* — 2. *überanstrengen:* er hat sine Kräfte forsiert *Ri.* — els. 1, 143; lux. 115; frz. forcer.

fort [fŏrt *D. Si. Falk.*; fŭrt *Fo. Sgd. Lix.*] adv. *fort:* Er hat sich furt gemacht *ist tot Lix. Es geht dieselben Verbindungen ein wie im hd.:* fort-driwen, fort-dun, fort-fɪhre[n], fort-låfe[n] u. s. w.

Fort-kommes *m. D. Si. gute Bestallung, Fortkommen, gute Aussicht:* dem fehlt neischt, den hot seï' F. — Et as fir seï' F. gesorjt. — lux. 115 ebenso.

Fortun [fordun *Ri.* u. s.] *f. in der Vbdg.* F. mache *gute Geschäfte machen, reich werden.* — els. 1, 146; frz. fortune.

voruss [fŏrụs *fast allg.*; firus *Falk.*; firaus *D. Si.*] adv. *voraus:* das han ich v. gewisst *Fo.* Wann än alles viraus wescht, dann hätt än nach Zeit, reich ze gèn *wenn man alles voraus wüßte, dann hätte man noch Zeit reich zu werden Si.* Viraus wunnen *im Vordergebäude wohnen.* Viraus sòn *im voraus sagen D. Si.*

Vor-witz [fŏrwits *fast allg.*; fŏrwets *Bo.*; firwets, fúrwets *D. Si.*] *m. Fürwitz, Neugier:* de V. hat ne geplo't *(geplagt) Fo.* De V. mache *den Neugierigen spielen.* — Zs. Vorwitz-nas *m. Fo. Neugieriger:* du klåner V.!

vorwitzich (vorwetzich, furwetzech) adj. wie hd.

Fösch s. Fisch.

Fos-kusch [fóskuš *Fo.* u. s.] *f. Fehlod. Frühgeburt:* sie hat e F. gemacht. — frz. fausse-couche.

Fos-zwir [fóstswír *Si.* u. s.] *m. Anschlagzwirn.* Fos *wie in* Foskusch. — lux. 116 Fóschzwïr; vgl. frz. faufil.

Fotell [fótèl *D. Si. Mü.* u. s.; fodèl *Bi. Lix.*; fóteïj *Fo.* - Pl. -ən; Demin. fódèlẓə] *m. gepolsterter Lehnstuhl mit Rücken u. Armlehne:* huck dich in de F.! *Fo.* — els. 1, 96 Fodëll; lux. 116 Fòtell; frz. fauteuil.

fotze[n] [fótsə *Fo.* u. s.] intr. v. *dummes Zeug schwätzen:* du hasch genunk gefotzt. — els. 1, 163 fötzle; baier. 1, 784 fözeln, fötzeln. Wurzel Fotz *Maul.*

Fotzer [fótsər *Fo.* u. s.; foatsər *Sgd.*] *m. einer, der dummes Zeug erzählt; Spaß-*

macher, Nörgler. — els. 1, 163 Fötzler. s. fotzen.

Fotze-saft *n. Fo. Rosenhonig mit Borax zum Bestreichen der Lippen bei Mundfäule der Kinder.* — vgl. els. 1, 529 Fotzekrut.

fo͡uen [fouən *Si.*] tr. v. *fugen, nuten.* — lux. 114.

Fo͡uer [fouər *D. Si.*] *f. Jahrmarkt, Messe.* z. B. Sirker F., Kättenhower F., Mäfo͡uer *Maimesse.* — els. 1, 136 Fuer 6; frz. foire.

Vo͡ul s. Vogel.

Fox s. Fuchs.

Fra I [frá *fast allg.;* frau *Bo. Sbg.;* froï, froïw *Falk. Av. Weil.* — Pl. fráən, frawə, frauwən, froïwən. — Demin. fraiχə, freïχə, freïwχin, fræχən, froïwχən] *f. Frau. Koseworter für kleine Mädchen:* min Freiche, Froïwchen (meng Frächen, leïf Frächen). — Jir Lubber Froïwen, bit den blôen Oïwen, knuiwen oïwich! *(Mit diesem Spruch macht man sich über die Lubler lustig, die eine Vorliebe für den Diphthong* oï *haben).* — *Das Deminitiv* Frächen, Freiwchin (Pl. -er) *bedeutet auch das Weibchen von Tier- u. Vogelgattungen.*

Fra II *Frage* s. Fro.

Fräch [fræχ *Si. Mw. Geinsl.* u. s.] *f. Großmutter u. Urgroßmutter.* Fräch *ist Abkürzung von* Frächen, *Demin. zu* Fra Frau. — lux. 117 ebenso.

Fra-kunkel [frákuŋkəl *Fi.* u. s.] *f.* Königskerze (Verbascum nigrum). Eigentl. Frauenspinnrocken.

Fra-leit [frálait *D. Si.;* frawəlit *Sbg.*] pl. *Frauensleute, Weibervolk, Plural zu* Framensch, Frauminsch (s. d.) -ndd. Fraului(t) From. 3, 267, 9. — Zss. Fraleitsarbet *Si. untüchtige Arbeit.* Fr.-geck *Weibernarr; einer, der jeder Schürze nachrennt.* Fr.-gemäch *n. D. Si. Weiberart (wegwerfend).* Fr.-geschwätz; Fr.-rôt *Si. Rat, wie ihn Weiber erteilen.*

Fra-mensch [fráments *D. Si.* u. s.; frauəmeïnš *Bi.;* frauminš *Bo.;* frawəminš *Sbg.*] *n. Weibsbild, Frauenzimmer. Der Singular zu dem vorhergehenden.* — lux. 117; els. 1, 694 Frauemensch.

fra'n *fragen* s. fro'n.

Fräne [frênə *Lix.*] *f. Esche.* — frz. frêne.

Franke [fraŋkə *fast allg.;* fraŋ *D. Si.* — Pl. gleich] *m. Franken, französ. Silbermünze = 80 Pfg.* — els. 1, 181 Franke; lux. 117 Frang.

frankiereⁿ tr. v. *fast allg. frei machen:* hasch de de Brief frankiert?

Frankrich [-riχ *fast allg.;* -raiχ *D. Si.*] *n. Frankreich:* er isch ins F. niwer *Fo.*

Fransel [franʒəl *Bo. Ri. Falk.* u. s.; daneben franjəl *Bo.;* franšəl *D. Si.;* frènšəl *Rü.* — Pl. franʒlən] *f.* 1. *Franse.* — 2. *loser Faden an zerrissenen Kleidern.* — els. 1, 182 Franzel; baier. 1, 824 Fransen; lux. 118 Fränsch. — *Bei* Franjel, Franschel, Fränschel *ist Anlehnung an* frz. frange.

franselich [franʒəleχ *D. Si.;* franʒəldiχ, franjəldiχ *Bo.*] adj. *fransig, fransicht.*

Franz [frants *allg.;* fráʒi *Si.*] *männl. Vorname* Franz.

Fränz, Fränzel *Bo. D. Vbg. Pfb. Ri.* u. s. 1. *Kosename für Franziska.* — 2. *Kosename für Franz.*

franzesch [fràntséš *fast allg.;* franséïš *D. Si.*] adj. *französisch:* das isch franzescher Mode *Fo.* — els. 1, 182 französch.

Franzose-salb *f. Fo. graue Quecksilbersalbe gegen venerische Krankheiten.* — vgl. els. 1, 182 Franzos 2 = *Syphilis.*

Frascht s. Froscht.

frässich [frèsiχ *Bo. Lix.* u. s. frasi *Ri.*] adj. *gefräßig, guten Appetit habend:* wo m'r vil Siwele *(Zwiebeln)* isst, wird m'r f. *Lix.* Er es fresch on f. *frisch u. gesund Bo.* — els. 1, 183 (ge)frässig.

frästerlich [fræstərliχ u. freïstərliχ *Rg.;* fræštərleχ, fræštleχ *D. Si.*] adj. *fürchterlich, gräßlich:* e frästerlicher Minsch. — *Das Wort dient auch zur Bildung des absoluten Superlativs:* fräschlech domm *furchtbar dumm Si.* — lux. 120 frèschlech; hess. N. 323 vreisterlich; mhd. vreislich.

Fratz [fràts, Pl. -ə *fast allg.*] 1. *f. verzerrtes Gesicht, Fratze:* der macht e F., ass kent er nit bits drei zähle *Pfb.* — 2. *m. unfreundliche Person.* — els. 186; baier. 1, 832.

Frau-minsch s. Framensch.

frech [frèχ *fast allg.;* frèk *Si.*] adj. *frech, rücksichtslos, aufdringlich. Rda.:* frech wie e Kläderlus *Fo.* Frecher Deiwel, freches Luder, frechi Söuw *Ri.*

Frechhät [-hèt *fast allg.;* freχhait *Sbg.;* frèkhǽt *Si.*] *f. Frechheit:* das isch e F., die loss ich m'r nit gefalle *Fo.*

freden [frédən, frièdən, Ptc. gəfruoden *D. Si.*] tr. v. 1. *berühren, betasten, befühlen*: ech hun hir Hand gefruoden, se war eìskål. — 2. *fühlen, empfinden*: mer freden keng Kelt *wir empfinden keine Kälte.* — lux. 118 fr¹eden; eifl. fröden From. 6, 14; altn. vroeden = sapere; moselfränk. fretten, Kisch vgl. Wtb. 78. — Freden ist mhd. vreten *herumziehen, quälen, in geschwächter Bedeutung.* — vgl. auch frz. frotter.

frei [fráì *D. Si.;* freï *Fo.* u.; freïj *Falk.*] adj. u. adv. *frei:* e freier Mann. Frei kumme *frei gesprochen werden.*

Freid [freïd *Bo.;* frèït *Falk.;* frèd *Fo. D. Si.* u. s.; fraid *Sbg.* — Pl. freïdən] *f. Freude:* e hemliche Freid han *Ri.* — lux. 118 Fréd. Zss. **Fräde-burech** (eigentl. *Freudenburg*) in der Rda.: e get noh F. begruewen *er wird nach F. begraben (heißt es, wenn jemand stirbt, der lachenden Erben hinterläßt) Si.* **Frädefeier** *Freudenfeuer.* **Fräde-fescht** *Freudenfest D. Si.*

Freida [frèidá *Fo. Lix.* u. s.; fraideχ *D. Si.;* fridaχ *Bo.;* frída *Falk. Mtsh.*] *m. Freitag. Aberglaube:* E Begräbnis derf nit om F. sin, sunscht sterwe noch swei us em nämliche Hus in dem Johr *Lix.* — Zs. **Freide's-kascht** *m. D. Si. Freitagskost, Fastenspeise.*

freidich [freïdiχ *Bo.;* frèdeχ *D. Si.*] adj. u. adv. *freudig.* — lux. 118 frédech.

freien [freïən *fast allg.;* fraiən *D. Si.;* frìjən *Falk.*] tr. v. *freien, um eine Frau werben. Nur mit „gehn" gebräuchlich:* freiⁿ gehn; freije am Maide *Ri.*

freien, sich [freïəⁿ *fast allg.;* fréən *D. Si.*] refl. v. *sich freuen.*

Freier [fraiər *fast allg.;* frìjər *Falk.*] *m. Freier, der Geliebte, Schatz eines Mädchens. Die Geliebte heißt* **Freiesch** [fraiəš *D. Si.*]

Freierei *f. allg. Liebeswerbung, Liebelei.*

frei-gewich adj. *fast allg. freigebig.*

Freihät [-hèt *fast allg.* freïhait *Ri.*] *f. Freiheit.*

Freilein [freïleïn, Demin. freïleïnχe *Fo.* u. s.] *n. Fräulein.*

Frei-murer [freïmurər *Ri.* u. s.] *m. Freimaurer. Davon:* Freïmurereï *Freimaurerei.*

Freisem [fraisəm *Lix.* u. s.] *m. Milchschorf der kleinen Kinder, Ausschlag.* — els. 1, 185 Freisam; eifl. Fraisem; vgl. mhd. vreise; baier. 1, 827 freisam; schl. freise.

frekeln [frekəln *Si.*] intr. v. *sich hinund herbewegen, herumschleichen zum Aushorchen.* — lux. 119 ebenso; eifl. frickeln, freckeln From. 6, 14. vgl. ndd. wrackeln; baier. 1, 831 frätscheln; schweiz. frägeln, Stalder 1, 393; Heanzen-Ma: fregeln From. 6, 180.

frem s. frimd.

Fren [frén *Falk.;* freïn *Si.;* frón, Pl. -ə *Sbg.*] *f. Frondienst:* seng F. machen, op der F. sin *seinen F. leisten Si.* — lux. 119 Freinarbecht.

frenen I [frénən *Falk.;* frónə *Sbg.;* freïnən *Si.*] intr. v. *Frondienst leisten.* — lux. 119 freïnen; mhd. vrônen.

freneⁿ II [frénə *Ri.* u. s.] intr. v. *fröhnen:* der Luscht f.

Fresch s. Frosch.

freschieren s. frischiereⁿ.

Fress [frès *Sgd.* u. s.; frés (frésən) *D. Si.;* frèse *Sbg.*] *f. (verächtlich) Gastmal, Schmaus:* ech geh of de F. *Sgd.* Das isch mer e Fresse *eine unangenehme Geschichte Ri.* — els. 1, 184 Fresse; lux. 110 Fress.

fresseⁿ [frèsəⁿ *fast allg.;* frésən *D. Si.* — Flexion: frèsə, frišt, frist, gəfrès(t) *fast allg.* — frésən, freschst, frest, gəfrés *D. Si.* — Rda.: der soll se noch fresse vo' mer *den will ich noch mal durchhauen Pfb.* Fresse wie e Drescher, wie e Holzhauer *allg.,* wie e gepânt Pärd *wie ein gepfändetes Pf. (lux. Grenze).* — Wonn de nit monscht (s. manscheⁿ), hascht de gefresst *Lix.* Fress oder vreckl *gemeiner Ausdruck.*

Fresser, Fress-pans *m. fast allg. Vielesser, Vielfraß.*

Frid [frìd *D. Si.;* sonst frìdə] *m. Friede:* em de leïwen Fridens welen *um des lieben Friedens willen.* Loss mi mit Fride! *allg.*

— lux. 120 Fridd. Zs. Fridens-rihter *m. D. Si. Friedensrichter (Bezeichnung der Amtsrichter zur französ. Zeit).* frz. *juge de paix.*

Fri-dach (Frida) s. Freida.

Friedrä *Bo.*, Fridri, Fridli *Ri. Koseform für Friedrich.*

friere[n] [frīrə[n] *fast allg.;* freïərən *D. Si.* — Ptc. gəfrôr] 1. intr. *frieren, Kälte empfinden:* ich frier; es war so kalt, dass mer gefror han. — 2. unpers.: es friert, es hat gefror heit Nacht. — Es friert Stein un Bein *Ersd.* s. a. gefriere[n].

Frieren *n. Lix.* u. s. *Fieber;* hetzich Frieren *Typhus.* — vgl. els. 1, 183 Frörer = febris.

frih [frî *fast allg.;* freï *Bo. D. Si.*] adj. *früh:* z'morjeds frih *morgens früh Ri. Rda.:* Wer frih ufsteht, muss frih sorje *Lix.* — lux. 118 freï. Zs. fr.-morjes *frühmorgens.*

Frih-johr [frĭjôr *fast allg.;* freïjár *Bo.;* freïjór *D. Si.* — Pl. -ə[n]] *n. Frühling.*

Frih-uf-stengelcher pl. *Fo. Herbstzeitlose. (Verwechslung mit* Crocus*?)*

frijen s. freie[n].

Friko [frikó *Flh. D. Si.* u. s.] *m. Braten, gutes Essen, wohlschmeckendes Gericht:* e gude F. *Leibspeise.* — els. 1. 180; lux. 120. — frz. fricot.

frimd [frĭmt *Fo. Sgd. Lix.;* frém *D.;* frèm *Si.;* frèmd *Sbg.;* frimdiχ *Kr. Falk.;* freïmdiχ, freïmš *Bo.*] adj. u. adv. *fremd, fremdartig:* er isch ganz f. hier *Fo.* Frimd Brot esse *dienen Lix.* Frèm Leit *Taglöhner, im Gegensatz zu den zur Familie Gehörigen D. Si.* En freïmdich Land *Bo.* Enander f. sin *ohne Verkehr sein miteinander. fast allg.*

Frimder [frĭmdər *Sgd. Lix.* u. s.; frèmdər *Sbg.;* freïmdiχer, Pl. freïmdiχen *Bo.;* fremən *D.;* frèmən *Si.*] *m. Fremder:* do kummt jo e Fremder! *sagt man, wenn einer sich lang nicht mehr gezeigt hat.*

Frimechkät s. Frumichkeit.

Frind [frint *fast allg.;* frent *Bo. D. Si.* — Pl. frin, fren.] *m.* 1. *Freund:* er hat e Paar gude Frinn, wo 'ne iwerall hin mitholle *Fo.* Guda F.! *Anrede, Freunden gegenüber Av.* — 2. *Verwandter (aber fast nur im Pl.):* mer han Frinn im Dorf. Du hasch awer suwere Frinn!

frind [frint *fast allg.;* frent *Bo. D. Si.*] adj. 1. *freund, befreundet:* er isch gut f. mit em *Fo.* Sie sin gut frinn bitenäner *Falk.* — 2. *verwandt:* mer sin noch f. mitenaner. — els. 1, 181 fründ *verwandt.*

frindlich [frintliχ *fast allg.;* frentleχ *D. Si.*] adj. *freundlich:* e f. Gesicht.

Frindschaft [frintšaft *fast allg.;* -šoft *Sgd. Lix.;* frinšuf *Falk.;* frenšof *Bo.;* frentšaft *D. Si.*] *f.* 1. *Freundschaft:* F. schiesse. 'S isch ab mit der F. *die F. ist gekündigt Ri.* — 2. *Verwandtschaft:* er isch noch van miner F. *Fo. Auch adjektivisch:* Sie bin Frinschuf bitenäer *Falk.* Ich ben Frenschof met em *ich bin verwandt mit ihm Bo.* — els. 1, 181 Fründschaft; ss. Fräntscheft *Verwandtschaft* Kr. 28.

frisch [frĭš *fast allg.;* freš *Bo. D. Si.*] adj. u. adv. 1. *frisch, neu (hergestellt), rein (gewaschen):* frische Eier, e frischer Platz, fr. Kläder; frisch un fräsi *gesund u. munter Ri.* — 2. *kühl, feuchtkalt von der Temperatur:* e frischer Morje. — 3. *frischmelkend:* e frisch Kuh *die vor kurzem gekalbt hat.*

frischiere[n] [frĭšírə[n] *Sgd. Lix. Ri. Sbg. Ha.* u. s.; frešeïərən *D. Si.*] 1. tr. *erneuern, erfrischen, auffrischen:* 's Bett f. — 2. refl. *sich erfrischen:* mer hun ons frescheïert *D. Si.* — els. 1, 185; lux. 120. — frz. rafraîchir.

frisch-leichtich (-leïχtiχ) adj. *Lix.* u. s. *ein wenig frisch, lauwarm (vom Wasser).* — els. 1, 185 frischlécht.

Frischling [frĭšliŋ *Fa.* u. s.] *n. junges Schwein.* — hd. ebenso Gr. Wtb. 4[1], 215.

frisch-melkich adj. *Lix. Ri.* u. s. *frischmilchend (von der Kuh gesagt, die nach dem Kalben wieder zu Milch gekommen ist).* — henneb. frischmelk, From. 4, 308; 7, 266. s. a. Gr. Wtb. 4[1], 215.

Frisle[n] [frislə[n] *Bo. Fo.* u. s.; frisələn *D. Si.*] pl. 1. *Kinderkrankheit, die mit Fieber anfängt u. mit einem bald roten, bald weißen Hautausschlag endet; Masern, Scharlach:* des Kind hat de F. — 2. *Fieber mit Ausschlag überh.* — baier. 1, 828; Gr. Wtb. 4[1], 203.

friseln [friзələn *D. Si.*] unpers. v. *Kälte empfinden, frösteln:* et friselt mech. — lux. 120; baier. 1, 828.

Fro' [frô *fast allg.*; frå *Bo. Bi.*; frow *Sbg.* — Pl. frôəⁿ, fráχən] *f.* 1. *Frage:* e F. verdient ne Antwort. — 2. *ein besonderes Spiel beim Solospiel.* — lux. 120 Frô.

froh [frô *fast allg.*; frôə *Bo.*; frou *D. Si.* — Comp. fróər, frôšt] adj. *froh.*

Vrohn [frón *Sbg.*] *weibl. Vorname Veronika.*

Froi, Frow s. Fra.

From-faschten [froumfáštən *D. Si.* u. s.; fronfašta *Lix.*] pl. *Fronfasten. Das Wort ist entstanden durch Anlehnung an* fromm. — lux. 121.

fro'n [frôn *Fo.* u. s.; frôə *Sgd. Lix.*; fróən *D. Si.*; froewə *Ri.*; frân *Bi. Falk.* — Flexion: frön, fröšt, fröt — gəfrôt *Fo.*; frôə, frêšt, frêt — gəfrôt *Sgd. Lix.*; frân, frêšt, frêt — gəfrát *Falk.*; frâ, frášt, — gəfrát *Bi.*; fróən, frêšt, frêt — gəfrôt *D. Si.* — *Ausnahmsweise kommt auch* Imperf. Ind. *vor:* ich fruχ *Fo.*, frouχ *D. Si.*] tr. v. *fragen:* Wann d'es wäscht, for was fro'scht de denn? Nix derno frowe *Sbg.*

Fron-faschte-da [fronfaštədá *Lix.Sgd.*] *m. Fronfasttag. Aberglaube:* de Kenn (*Kinder*), wu om F. uf de Welt kumme, geróde nit (*gedeihen nicht*).

Frosch [froš *Fo.*; sonst frèš — Pl. frèšə, frèšən. Demin. frèšəlχən, frèšχin] *m.* 1. *Frosch:* e Frosch im Pul *Fo.* Arme Fresch! *heißt es von einem schwächlichen Kinde Si. Rda.:* der isch nit schillich dran, äss de Fresche ken Schwänz hon der hat das Pulver nicht erfunden *Lix.* — 2. *eine Art Klapper Si.* — Zss. Freschebrut [-brout *D. Si.*; -laiχ *Ri.*] *Froschlaich.* Fresche-kapp *m.* (*wörtl. Froschkopf*) *Schuhnagel mit dickem Kopf Si.* Fresche-pul *m. Morast.* Fresche-strempel u. -schengel *Froschschenkel.*

Froscht [fröšt *fast allg.*; frašt *D.* — Pl. frèšt, frèštən] *m. Frost:* mer kreïen hint F. *Bo.* — lux. 118 Fraschot.

Fross [frós *Fa. D. Si.* u. s.] *m.* 1. *Fraß D. Si.* — 2. *Rüssel Fa.* — lux. 422 Fröss; Gr. Wtb. 4', 66 Frasz *Gefräß, Schlund;* hess. 109 Fresse (*verächtl.*) *Mund.*

Frucht [frûχt *Fo.* u. s.; frút *Av. Falk. D. Si.*] *f. Getreide, Frucht; im engern Sinne Roggen oder Weizen; Getreideernte:* de F. steht gut. F. wanne *mit der Windmühle reinigen.* F. fasse *die Getreidesäcke füllen.* F. säje *Weizen säen.* — Zss. Fruhtgewân *f. Si. Fruchtfelder.* F.-kerne *Weizenkörner.* Fruht-mârt *D. Si. Fruchtmarkt.* Frucht-stick *Weizenfeld.* F.-pitschel *Büschel aus Weizenähren Ri.*

frumm [frùm *fast allg.*; frum *D. Si.*] adj. *fromm.* — lux. 121; mhd. vrum u. vrom.

Frummichkeit [frúmiχkeït *Falk.*; frimeχkêt u. fremeχkêt *D. Si.*; fremiχkait *Ri.*; frúmχit *Bo.*] *f. Frömmigkeit.*

Fuchs [fuks *Sgd. Lix. Fo.* u. s.; fús u. foks *D. Si.*; foks *Bo.* — Pl. fiks, fís, feks; Demin. fiksəl *Ri.*; feksχin *Bo.*] *m.* 1. *Fuchs, das Raubtier.* Rdaa.: das hat der F. gemesst un hat de Schwonz dersu gen *Lix.* Do sä'n sich de Fichs un de Hase gut Nacht *heißt es von einem äußerst abgelegenen Orte Fo.* Der F. hat a kä Driwle gewillt (*bei erheuchelter Gleichgültigkeit*) *Ri.* Schmeck's F., 's isch Ruwesupp! *wenn der Lehrer den Kindern mit dem Stecken droht Ri.* els. 1, 91 ebenso. — 2. *rotes od. braunes Pferd.* — 3. *übertr. Mensch mit rotem Haar:* du roter F.! — Zs. fuchs-rot (fochs-rout) *D. Si.*

fuchseⁿ [fuksə *fast allg.*; foksən *Bo. D. Si.*] 1. tr. *ärgern, sticheln:* den hammer nit schlecht gefuchst. — 2. unpers. *ärgern, verdrießen:* 's hat mich meïlich (*sehr*) gefuchst *Lix.* D' hat mich gefochst *Bo.* — els. 191.

Fuchs-schwanz (Fochs-) *m. fast allg.* 1. *kleine Säge ohne Gestell, mit kurzer, starker Klinge u. hölzernem Griff; Lochsäge.* — 2. *Schmeichelei, Angeberei:* de Fochsschwanz dreiwen *Augeberei treiben Si. Spruch:* der Fuchschwanz isch e Blum; wer die hat, grit (*bekommt*) de Ruhm *durch Schmeichelei gelangt man leicht zu Ehr u. Ruhm Lix.* — els. 2,528 lux. 117.

fuchs-schwänzen intr. v. *Sgd. Lix.* u. s. *schmeicheln:* der verstehts f.; der fuchsschwänzt bi de Lit erum. — els. 2, 528.

Fuchs-schwänzer (Fochs-) *m. fast allg. Schmeichler, Heuchler, Angeber.*

Fuchtel [fuχtəl *Sgd. Lix.*; foχtəl *Bo.*] *f. Fuchtel, Rute:* oinen en de F. holen *jemanden scharf ins Verhör nehmen od. in die Enge treiben Bo.* — els. 1, 93 Fochtel; hess. 111 u. eifl. Fuchtel; henneb. fuchteln *mit der Rute schlagen* From. 7, 267. (Fuchtel, Fochtel *bedeutet urspr. Degen mit breiter Klinge zu flachem Schlagen; in weiterer Bedeutung Züchtigungsmittel, strenge Zucht. Daher die Rdaa.:* die F. bekommen, einen unter die F. nehmen, unter der F. halten. Gr. Wtb. 4¹, 358 f.).

fuch(t)-zehn [fuχsen *Falk.*; fuχtsén *Marienth.*; fuftsén *Lix.*; fugsén *Sgd.*; foχtsén *Karl.*; fofsén *Bo.*; foftseïn *D. Si.*] *Zahlwort fünfzehn. Die Zahl 50 lautet entsprechend:* fuchsich, fuchtsich, fuftsich, fugsich, fochtsich, fofsich, fofzech.

fuckleⁿ [fuklən *Fa.* u. s.] tr. v. *täuschen, betrügen.* — hess. 111 fuckeln; baier. 1, 698 u. els. 1, 104 fuckereⁿ; hd. fuckeln Gr. Wtb. 4, 361; s. a. From. 4, 262. *Urspr. bedeutet es Handelschaft treiben wie das Augsburger Kaufmannsgeschlecht der Fugger, dann schachern, täuschen.*

Fuckler *m. Fa.* u. s. *Lügner, Betrüger.* s. d. vorige.

Fuder [fûdər *fast allg.*; fudər *D.*; foudər *Si.*; fulər *Lix.*] *n.* 1. *Futter, Nahrung des Viehs (Gras, Heu, Klee):* gif de Hinkle F.! Das isch sin F. *das ist seine Lieblingsspeise Ri.* Grinfuder *Grünfutter.* Kurzfuder s. d. — 2. *Futterstoff, Unterfutter von Kleidern; dafür auch* Fuderduch: das F. an sinem Rock isch verriss *Fo.* — 3. *Fuder, Wagenladung (30 Zentner):* e F. Klee. — 4. *Faß von annähernd 1000 Liter (24 Hotten zu 40 Liter).* — 5. *Flächenmaß (20 ar):* e Fuler Wies *Lix.* — lux. 121 Fudder; els. 1, 158 Eueter. — Zss. Fuder-duch [fûdərdûχ *fast allg.*; fouderdouχ *Si.*] *n. Unterfutter der Kleider.* Fuder-fass (Fouderfàs) *n. Fuderfaß.* fuderweis *adv. fuderweise, in großen Mengen.*

fudleⁿ [fudlən *Fo. D. Lix.* u. s.; futəln *Bo.*; fautələn u. fudələn *Si.*; fáutəln *Obd.*] intr. v. 1. *betrügen, bes. beim Kartenspiel:* du hasch gefudelt, 's Spil gilt nit *Fo.* A fautelt weïn roden Jud *Obd.* — 2. *sudeln,* oberflächlich arbeiten *Lix.*: was du michscht, isch nur gefudelt. — lux. 121 fuddeln, 102 fautelen; eifl. fauteln From. 6, 14; els. 1, 96 fudle *oberflächl. arbeiten;* Gr. Wtb. 3, 1367: faudeln *betrügen.*

Fudler (Futler, Fauteler) *m.* 1. *Betrüger beim Spiel:* du bisch e F.! — 2. *Sudler, oberflächlicher Arbeiter Lix. Das Femininum lautet* Fudlersch, Fudelesch. — lux. 121; vgl. els. 1, 96 Fudler.

fudlich (fudelech) *adj. fast allg. betrügerisch.* s. fudleⁿ.

Fudrasch [fudəráš *fast allg.*] *f. Futter fürs Vieh in großer Menge. Das Wort ist Zwitterbildung aus* Futter *u. frz.* fourrage. — lux. 122 ebenso; els. 1, 158 Fueterasch; baier. 1, 778 Fuedrasche; Gr. Wtb. 4, 1076 Futterasche.

Fuel [fuəl, Pl. -ən *D. Si.*] *m. Fohlen.* — lux. 122 ebenso.

Fuesent s. Fasenacht. — Zss. Fuesents-bôk *m. Si. Fastnachtsmaske.* lux. 122. F.-brôt *m. Si.* Fastnachtsbraten. F.-geck. F.-gesiht *n. Maske.*

Fug [fúg *Ri. Hom. Sbg.* u. s.; fou *D. Si.*] *f. Fuge:* 's kracht in alli Egge un Fuge *Ri.* Et geht alles aus der Foᵘ *Si.* — lux. 113 Foᵘ.

Fuhr [fúr *fast allg.*; fouər *D. Si.* — Pl. fúrə, fouərən] *f.* 1. *Fahrt* ich hon noch e F. ze dun uf Furbach *Lix.* — 2. *Fuhre, beladener Wagen:* wievil Fuhre hasch de gehot? — els. 1, 136 Fuer. Zss. F.-knecht. F.-lohn. F.-mann. — F.-gäschel *f. Si. Fuhrmannspeitsche.* F.-wê' *Fuhrweg.*

Fuhs s. Fuchs.

fui s. fi.

Fular [fulár *fast allg.*; fylâr *Pfb.*] *m. Hals- od. Kopftuch, gewöhnlich aus bunter Seide.* — els. 1, 112 ebenso; frz. foulard.

Ful-bäm-holz *n. Kr. Kork.*

fuleⁿ [fulən *fast allg.*; faulən *D. Si.*] 1. intr. *faulen, in Fäulnis übergehen:* de Grumbere fule. — 2. *in Fäulnis bringen:* de Keïs *(Käse)* faulen. *D. Si.* — baier. 1, 708 fäulen.

Fulenza, Fulenzia *f. fast allg. scherzhafte Bezeichnung für Influenza.* — els. 1, 112.

fulenzeⁿ [fulèntsən *fast allg.*; faulèntsən *D. Si.*] intr. v. *faulenzen.*

Fulenzer [fulèntsər *Bo. Fo.* u. s.; fu̯lènsa *Falk.*; fy̆lèntsər *Pfb. Berl.*; faulèntsər *D. Si.*] *m.* 1. *Faulenzer:* dis isch mer noch e strager Fülenzer *Berl. Das Femininum lautet* Fulenzersch (Fulensasch, Faulenzesch). — 2. *ein besonderer, langsam siedender Kochapparat Sbg.* s. a. Fulle.

Fuler s. Fuder.

full [ful *Bo. Fo. Sgd. Lix.* u. s.; fúl *Pfb. Ri. Hom.*; foul *Mtsh.*; fâul *D. Si.*] adj. *faul:* f. wie Mišt, wie e Tirk, wie e Jud. — *Schimpfwörter:* fuller Hund, fulli Schlapp, fulli Söuw *Rdaa.*: Fulle Pär schwitze gär *am leichtesten schwitzen die, welche an körperliche Arbeit nicht gewöhnt sind Fo.* Wer se full isch sum esse, isch a se full sum schaffe *Lix.* Er esch so ful, dass er stenkt *Pfb.* Kaufe n'er a Fuler? *scherzhafte Frage beim Heruntragen von Kindern.*

Fulle [fule *Fo.*] *m. Dasselbe wie Fulenzer.*

Fullhät [fulhèt *Fo.* u. s.; fulènds *Ri.*; faulhêt *D. Si.*; fulχət *Lix.*] *f. Faulheit Trägheit*: er stinkt vor luter F. *Fo.* D' Fulchet lut em su den Auen erus. — els. 1, 111 Fulket.

funkel-nöw [fuŋlinoe] adj. *ganz neu Ri.*

Fump [fuomp *Kr.*] *f. kleine Pfeife aus Weidenrinde.* — vgl. els. 2, 135 Pfumpf; Gr. Wtb. 4, 527 fump *kurz u. dick*; lux. 122 Fupp *Hirtenflöte.*

Fundement s. Fellement.

fuppen [fupən *Rü.*] tr. v. *(Schallwort) schlagen, hauen in der gemeinen Sprache.* — lux. 122 ebenso. vgl. hd. foppen.

Fuppes [fupəs *Bo.*] *m. Hanswurst, einer der gefoppt wird.* s. a. Famfuppes.

Fur I [fúr *fast allg.*; fùriχt *Ri.*; fór *Bo.* - Pl. furən, firχt, forən; Demin. fírχən] *f.* 1. *Furche, der mit Pflug od. Hacke gezogene Einschnitt in die Oberfläche des Erdbodens. Rda.:* der hat e brädi F. gehob *der hat seinem Nachbarn einen breiten Streifen von seinem Acker weggepflügt Rem.* D' Furicht ufhewe *die letzte Furche um das Grundstück ziehen, nachdem dasselbe angesäet u. geeggt ist.* D' Furicht zuwerfe *beim Pflügen die zwei Grundstücke trennende Furche zuwerfen Ri.* — 2. *Vertiefung zwischen zwei angrenzenden Äckern.* — 3. *die quer durch den Acker gezogene zur Ableitung des Wassers dienende Furche Bo.* els. 1, 139 Wasserfurch; hess. 79 Färe. — Zss. Fure-fauser *m. Rü.* Arschlecker s. Fauser. Furstän *m. Lix. Grenzstein, in der Furche stehend.*

Fur II [fûr *Pü.*; fûrə *Mtsh. Ri.* — Pl. fûrə] *f. ein kleiner Teil eines Ackers, der allmählich zur Wiese gemacht wurde, während der größere Rest angebaut wird.* — baier. 1, 752 Furh, Fur' („*Durch 4 Furchen oder zweimaliges Hin- und Herfahren mit der Pflugschar entsteht in der Oberpfalz u. im baier. Flachland das schmale Beet oder der Bifang, durch mehrere Furchen das breite Beet, dort Acker genannt*").

fur *für* s. fir.

Furcht [fûrχt *fast allg.*; fúrχt *D.*; foreχt *Si.*; fôət *Bo.*; fèrt *Av.*] *f. Furcht:* ich han kä' F. vor em *Fo.* Mer han kä' Färt *Av.*

furdun s. fordun.

Vur-himd [fuahimt *Marienth.*] *n. Bauernkittel, Bluse.*

Furm [fûrm *fast allg.*; furmə *Lix.*] *m.* u. *f.* 1. *Form (Kuchenform, Hutform usw.)* — 2. *Ansehn, Art, Gestalt:* das Ding hat kä' richtich F. *Fo.* 'S hat kän Furme un kän Mudel *(Modell) Lix.* — baier. 1, 756 u. tirol. der Furm From. 5, 337; ss. der Furm, Kisch vgl. Wtb. 80; lux. 122 Fûrem f.; ndl. vorm m. — Zs. Furmekuche *Sgd.* u. s. *Kuchen in einer Form gebacken.*

vur-sich s. vorsich.

furt s. fort. — Zss. furt-burən *(fortbauern) fortfahren:* als furtgeburt! *nur immer fortgefahren Ri.* furt-witschən *entschlüpfen.*

Vurtel [furtəl *Mtsh.* u. s.; furdəl *Av.*; fordəl *D. Ri. Sbg.*] *m.* 1. *Vorteil:* er isch im V. Et as sei Vordel. — 2. *Kunstgriff, Kniff, Geschicklichkeit Ri.*: durich Iwung bekummt m'r V. Er hat de V. erusgefunn. — els. 2, 675 Vortel, ebenso ss. Kisch 240.

Vur-witz [fúrwits *Falk.*; fìrwits *Ersd.*; fìrwets, fúrwets *D. Si.*] *m. Vorwitz, Neugierde.*

Furz [fûrts *fast allg.*; fúrts *D. Si.* — Pl. ferts, fìrts] *m. Furz:* e nasser F. *wenn etwas Darminhalt mit entweicht.* Alle F. lang *jeden Augenblick.* E Dreschabuchs *(Drescherhose),* wu noch kän F. n'in gelasst woren isch, *etwas Undenkbares Av.* E F. eso lang wie e Haubâm *Ri.*
furzen [furtsən *fast allg.*; fúrtsən *D. Si.*] intr. v. wie hd. *furzen.*
Fusch [fûš *Lix.*] *m.* 1. *Fisch* s. Fisch. — 2. *Absonderung der Nasenschleimhaut:* kumm, dass ich dine F. hole! *sagt man zu rotznasigen Kindern.*
fuschen [fûšən *fast allg.*] tr. v. *pfuschen, schlecht arbeiten.*
Fuscherei *f. D. Si. Pfuscherei.*
Fuschert *m. D. Si. Pfuscher. Das Femininum lautet* Fuschesch. — lux. 122.
Fuscht [fušt *fast allg.*; fauŝt *D. Si.* — Pl. fišt, fauštən] *f. Faust:* mit der F. drin schlä'n. En Fuscht em Sack machen *allg.* Eng Fauscht mâ'n *mit geballter Faust drohen. Si.* Et pascht eweï eng Fauscht op en Â. — Zs. fuschte-dick (fauschtendek) adv. *faustdick:* der hat's f. hinner de Ohre. — els. 2,672 fustdick.
Fusel [fuzəl *fast allg.*] *m.* geringer, schlechter Branntwein. — els. 1,150.
fuseln [fuəzələn *Si.*] intr. v. *unverständlich reden, wie kleine Kinder; Redeversuche machen.* — vgl. baier. 1, 769 u. tirol. fusəln *tändeln* From. 5, 337.
Fusiär [fuziêr *Fa.*; fúsiêr *Falk.*] *f. Grundsteuer.* — frz. contribution foncière.
Fuss [fûs *fast allg.*; fous *Bo. D. Si.* — Pl. fîs, féïs. Demin. fîsχə, féïsχən] *m. Fuß. Rdaa.:* A lässt sich Gras ena de Feïs wâsen *er arbeitet sehr langsam Obd.* Er isch dort, wo der Kaiser se Fuss hingeht *er ist ausgetreten Lix.* Jetz awer uf de hinnerschte Fîs gestellt! *Jetzt voran! Lix.* Ebbes hinger de Fês nehme 1. *nicht beachten.* 2. *sich auf den Weg machen Flh.Ri.*u.s.—Zss. F.-bad.Fussebalech *m. Si. Ball zum Spielen, Fußball.* F.-bänkelchen *n. D. Si. Fußschemel.*

F.-end *n. Fußende des Bettes.* F.-lumpe. F.-pad *m. Fußpfad.* F.-spur. F.-stoss [fûŝtos *Falk.*] *m. Fußtritt.*
fussen [fousən *D. Si.*] intr. v. 1. *Fuß fassen.* — 2. *fürbaß gehen:* e kann dich tech *(tüchtig)* f. — lux. 116 foᵘssen.
futi [futi u. fudi *fast allg.*; futiχ *Go.*; fydi*Pfb*] adj. u. adv. *verloren, zerrissen, unbrauchbar geworden; verendet (bes. Tieren):* der Dippe *(Topf)* isch f. — Füdi mache *zerbrechen Pfb. Rda.:* Wenn der gestorwe isch, möss mer ihm 's Mül noch zehnmol füdi schlawe *Pfb.* I mach dich f. *starke Drohung Ri.* — els. 1,157 futi; frz. foutu.
Futsch [futš, Pl. -ən *Vbg.*] *f. Getreiderechen.* — vgl. rheinfr. futschen *hin- u. hergleiten* From. 4, 263 u. Gr. Wtb. 4, 1064. — s. a. Flätsch.
futsch [futš *allg.*] prädic. adj. *verloren, verdorben, zerstört, zerbrochen, verspielt:* dat Geld isch f. — 'S isch alles f. *es ist alles hin.* — els. 1, 159; lux. 123; Gr. Wtb. 4, 1064; frz. foutu.
futschlen [futšlə *Fa.*] intr. v. 1 *lügen u. trügen.* vgl. Gr. Wtb. 4, 1064 futschen *heimlich in die Tasche stecken;* hess. N. 327 vutscheln, vuscheln *betrügen, hehlen.* — 2. *untersuchend hin- u. herfahren.* vgl. baier. 1, 779 fitscheln; Fitschel *lebhaftes Mädchen;* futschen rutscheln ibid.; hess. 112 futscheln *mit den Händen herumfahren.*
Futter [fûdər *Sbg. Ri.* u. s.] *m. Schachtel in Zss.:* Sträl-futter *Schachtel zum Aufbewahren der Kämme.*
futteren [futərən *fast allg.*] intr. *polternd schelten, schimpfen, brummen:* de Babe werd f. — Der hot emol gefuttert! *Lix.* — els. 1, 157; baier. 1, 778; hess. 112; lux. 123; Gr. Wtb. 4, 369. — frz. foutre *als gemeines Fluchwort.*
Futz *Fi.* u. s.] *f. liederliche Dirne, unzüchtiges Frauenzimmer:* du dreckiche F! — els. 1, 162 Votz; baier. 1, 782 Fotzen; lux. 123 Futzel; ss. Futuz Kr. 30; hd. Fotze = vulva.

G.

(Fehlendes suche man unter **K**.)

Gäbber [gèbər *Ho. D. Si.* u. s.] *m.*
1. *Kinn Ho.* — 2. *Mundwerk:* en hot
e G. eweï eng Wäschfrâ. — lux. 123
Gabber; vgl. engl. gabble *plaudern. Das
Deminutiv* Gäbberchen *bedeutet Dille
an einer Lampe, den Docht zu halten.*
Gabechel [gâbeχəl *Pfb.*] *n.* 1. *ein Spiel.
Man wirft mit runden Steinchen, meistens
mit Schieferplatten nach einem in einem
kleinen Kreis befindlichen Stein. Derjenige,
der ihn aus dem Kreise herauswirft, hat
gewonnen. Oder auf einen Kork, der in
einem Kreise steht, werden von jedem
Spieler 2 Pfennigstücke gelegt; nach diesen
wird mit Münzen geworfen. Alle Pfennigstücke,
die aus dem Kreise geschleudert
werden, gehören dem Gewinner.* — 2.
(*verächtl.*) *Kopf, Mund:* ich schla' der eins
of's G. — Gabechel *wohl statt* Kabechel,
Deminutiv zu frz. caboche *Kopf.* vgl. els.
1, 456 Käpesch *Kopf u.* kappen, käppen
die Spitze abschneiden, hier *herunterwerfen.*
Gaber [gábər *Si.*] *männl. Vorname*
Gabriel. — schweiz. Gaber, From. 6, 458;
baier. 1, 863 Gabe. s. a. Gawriel.
Gabler [gablər *D.*] *m. Grenzaufseher
(urspr. Salzsteuerbeamter).* — frz. gabeleur
(gabelle *Salzsteuer*).
gacheln [gáχələn *Si.*] intr. v. *schmeicheln.*
vgl. hess. N. 2, 13 begäkeln *betören, für
sich einnehmen;* frz. cajoler.
Gacheler [gáχələr *Si.*] *m. Schmeichler.*
— lux. 124 Gâcheler. s. d. vorige.
gackereⁿ [gàkərə *fast allg.*; gàgərə
Ri. Hom. Rom. Ha.] intr. v. *schreien wie
die Henne. Rda.:* 's Huhn gaggert ererscht,
wenn's Ei geleït hat *erst handeln, dann
reden. Rom.*

Gackes [gakəs *Maiw. Bo.*] *m. Geck,
Einfaltspinsel.* — els. 1, 205 Gäckes.
Gadde [gàdə *Ri. Ha. Rom. Hom.*] *m.
Pferd in der Kindersprache.*
gaffeln [gafəln *Bo.*; gáfən *D. Si.*] intr.
v. *gaffen.* — Gr. Wtb. 4, 1135 gäffeln;
lux. 124 gâfen; els. 1, 98 der Gaffel *Gaffer.*
Gaga [gaga *Fa.* u. s.; gàgəl, gàgɔlə
Sbg.; gaka *Si.* - Demin. gakəlχə] *n.
Ei in der Kindersprache.* s. gaken, gaksen,
gäksen gackern.
Gägel [gègəl, Pl. gèglə, Demin.
gègəlχə *Bi.*] *n. Geck, kindischer Mensch;
einer, der gern u. viel lacht.* — els. 1,
205 Gäckel.
gägelich adj. *Bi.* geckig, *kindisch, zum
Lachen geneigt.* — els. 1, 205 gäckelig.
gageln s. gakeln.
Gagert [gágərt *Bi.*] *m.* eigentl. *Hahn;
übertr. auf einen eingebildeten dummen
Menschen:* du dummer G.! — vgl. lux.
124 gàckech *einfältig, linkisch;* els. 1,
201 Gagler.
gäh [gǽ *Fo. Lix. Sgd.* u. s.; gé, géï
D. Si.; gèij, gèj *Falk.*] adj. u. adv. 1. *jäh,
steil:* e gähe Berch. Er isch den gächen
Dot gestorw *Falk.* Er isch 's gäjeds
Dods g'storb *Ri. Ha. Hom.* Den gäjen
Hunger han *Falk.* Das geht gäh enunner
Fo. — 2. *sofort:* gäh däfen *gleich
nach der Geburt taufen, wenn das Kind
schwächlich ist Si.:* Dat Kant as geïh
däft. — Zs.: gäh-hitzich adj. *Lix. jähzornig;*
els. 1, 197 gä'schützig.
Gäh-hunger [gǽhùŋər *Fo. Lix. Sgd.
Sbg.* u. s.; géïənhoŋər *D.*; géənhoŋər *Si.*]
m. Heißhunger, plötzlicher Hunger: mer
soll sich als e Stick Brot in de Sack
stecke for de G. *Fo.*

gählings [gǽliŋs *Lix.* u. s.; gǽleŋən, gḗïleŋən *Si.*] adv. *jählings, schnell, plötzlich:* du muscht nit so g. laufe. — els. 1, 197; lux. 135; mhd. gêchlingen.

Gai [gai *Fa. Lix.* u. s.] *f. Gehege, Bereich:* kumm mer numme nit en de G.! *Lix.* Der Deiwel hat dich en der G. *in seiner Macht Lix.* Ebbes in de G. han *im Schilde führen Fa.* Enem ins G. gehn *einem Burschen die Geliebte streitig machen Ri. Hom. Rom. Ha.* — tirol.: einem ins Gai gian *in seine Rechte eingreifen* From. 5, 373. — els. 1, 191 Gäü; baier. 1, 853 Gäu; Gr. Wtb. 4, 1521cβ. — Gai, Gei > Gehege, Gehei.

Gaiss [gais *fast allg.*; gǽs *D. Si.* — Pl. gaisə, gǽsən] *f.* 1. *Ziege:* Wenn's der G. ze wohl isch, geht se uf's Is un bricht's Bän *Mü.* Durr wie'n G. *Falk.* Von der Kuh uf de G. kumme *Lix.* So schnell wie d' Gais trët *augenblicklich Flh.* Lass numme die G. trëte! *wart nur ab! Fi.* Er hot Fett wie we G. uf'm Schinbein *Lix.* Er hat hemlich Fett as wie d'Gaisse *man sieht sein Fett nicht, aber er ist trotzdem gesund.* Er macht e Gesicht wie e gestocheni G. *Ri. Hom. Ha.* Der isch so durr, dass er kinnt de G. tische *(zwischen)* de Hêr *(Hörner)* kisse *Lix.* Voll Misär sin we Abrahams Gäs *Nj.* D' goᵘt Rêt an d'schlamm Gäsen kommen hanne noh *die guten Ratschläge u. die lahmen Ziegen kommen hinten nach Si.* — E Gais kafe *Wenn ein Mädchen vor seiner älteren Schwester oder ein Bruder vor seinen älteren Geschwistern heiraten will, muß er einem jeden eine Ziege kaufen Lix.* —

Spruch:
Ich weiss, was ich weiss,
Der Schnider het e Gais,
Er bindt se an de Lade
Mit eme lange Fade. *Pfb.*

— 2. *magere, schlanke Person:* du rappech Gäs! *Schimpfwort für ein mageres Frauenzimmer Si.* — 3. *Gestell, um Holzwellen zu machen.* baier. 1, 946 Gaiss 3.; Gr. Wtb. 4¹, 2801. — 4. *ein abgesonderter Teil des Getreidefeldes, den ein einzelner Schnitter schneiden soll Lix.* Wenn einer beim Kartoffelausmachen od. sonstiger Feldarbeit nicht mit den andern vorankommt, so hat er „eine Gais" vor sich. Das Nachholen heißt dann „Britsche lecke" *Lix.* — Zss.: Gaiss-bärtel *n. Pfb. Kinnbart, Knebel-* od. *Spitzbart.* els. 2, 92 ebenso. — Gaisse-bohne pl. *Lix. die kleinen, schwarzen Vogelkirschen.* — Gaisse-bolle pl. *Ziegenmist.* — Gässe-bonzel *f. D. Si. Ziegendreck.* s. Bonzel. — Gaissbuck *m. Falk.* u. s. *Ziegenbock:* er stinkt wie'n G. on Michelsda. — Gaissekoddel *m. Fo. Ziegendreck.* s. Koddel. —Gässen-draiwercher pl. *Si.* (eigentl. *Ziegenträubchen*) *Mistel* (Visculum album). *Dieselbe Pflanze heißt in Oberdorf* Gaissekraut; *in Schweyen* Gaisse-säl *(-seil); in Lixingen* Gaisse-schnudel *f. (weil der Inhalt der Beeren klebrig ist wie der Nasenschleim der Ziegen).* — Gaissberg, Gaissling *Flurnamen.*

gaisseⁿ intr. v. *Ha. Ri. Rom. klettern, klimmen (wie die Ziegen).* — els. 1, 237 ebenso.

Gaisser *m. Ri. Kletterer; Kind, das gern klettert.* — els. 1, 237.

gakelⁿ [gákələ *Fa.*; gagəln *Hanw.*] intr. v. *taumeln, hin- u. herwanken wie ein Betrunkener:* der gagelt awer! hat der einen Schwips! — els. 1, 200 gagle; schwäb. gackeln, baier. 1, 882 gággln; mhd. gougeln.

gaken, gaksen s. gäkseⁿ.

Gäks [gêks, Pl. -ən *Bo.*; gêgs u. gêgsərsə *Sbg.*] *f.* 1. *Klatschbase.* — 2. *eine, die falsch singt.* s. d. folgende.

gäksən [gékṣən *Bo. Fa. Lix.* u. s.; gêgsə *Rom.*, gákən, gáksən *D. Si.*] intr. v. 1. *gackern; abgestoßene Laute hervorbringen wie die Henne, wenn sie legt; kichern:* 's Hinkel gäkst. — baier. 1, 882 gacksen; els. 1, 201 gagere; mhd. gagzen, *Nachahmung des Naturlautes* gack gack! — 2. *falsch singen.*

Gakser [gàgsər *Rom.*] *m. einer, der mit der Zunge beim Sprechen anstößt.*

Gäl [gêl, Pl. -ər *Si.*] *n. Wurfnetz der Fischer.* — lux. 134 Gêl; moselfränk. Gäl, Gail From. 7, 487. — vgl. kelt. guil, goel = lat. velum *Hülle, Vorhang.*

Gal-brunne *m. Ett.* (Galbrunne für Galgbrunnen *durch Ausgleichung des* g

GaLB—GaLM — 181 — GaL—GaN

an b). *Ziehbrunnen mit einem „Galgen"
zum Niederlassen u. Aufziehen des Eimers.
Der Galgen am Brunnen war eine Einrichtung, die das Gegengewicht an einem
Ende heben half.* Gr. Wtb. 4, 1166 Galgbrunn; mhd. galgbrunne.
Galee [galé *fast allg.;* gàlïə *Ri.;* galeï
D. Si.] *n. Galeere, lebenslängliches Zuchthaus:* mer mänt, mer werd um G. — Wart,
du kimmscht noch ufs G. *Lix.* Galjes
mache *Schwierigkeiten machen Ri.* — els.
I, 209; baier. I, 889; lux. 124; frz. galères.
Galerei [galərèï *Flh. Mett.* u. s.] *m.
Schweinskäse, Gallerte, Gelée.* — els. I,
210 Galerei, Galeri, Galerich; baier. 1,
890 Gallret, Gallerich.
Gälett [gǽlèt *Fa.;* gǽlərt *Lix. Rg.;*
gǽlhanzəl *m. Flh.;* gelχərt *Si.*] *f. Goldammer, Pirol* (Emberiza citrinella). —
eifl. Gellert From. 6, 14. s. gël *gelb.*
Galjen [gàljən *fast allg.* gàljər *Falk.*]
m. 1. *Galgen (auch als Flurname, wo früher
ein Galgen errichtet war).* — 2. *kleine
Leiter vorn am Wagen, um den Wiesbaum
einzuhaken.* — 3. *Hosenträger (nur im
Plural):* de Buchs fallt mer erunner, de
Galje sin fudi *Fo.* — els. I, 214 Hosegalge. — Zss. Galjeholz *allg.:* fälsch
wie G. *Lix.* Galje-strank u. G.-
strek *Galgenstrick als Schimpfname.*
Galje-vokel *Lix.*
Gall [gàl *fast allg.;* gál *D. Si.;* gòl
Ersd.] *f.* 1. *Galle:* de G. geht mer iwer.
De G. is em iwergelowe *Wal.* — 2. *Zorn:*
a hat en G. weï'n siwenjährigen Hahn
Obd. — 3. *Krankheit der Pferde am Fuß.*
baier. 1, 890 Flossgallen; Weig. Wtb.
1, 386 Gallen; mhd. galle. — Zss. G.-
äpple *Galläpfel.* Galle-fiwer *fast allg.
Gallenfieber;* 's hitzi Gallefewer *Typhus Ri.*
gallich adj. *fast allg. zornig.* ss. u.
moselfränk. ebenso Kisch 81.
Galm *m. D. Si. Durst, Qualm, Gestank.*
— lux. 124 Galem; Gr. Wtb. 4, 1199 Galm;
ss. gâlem, Kisch 81; mhd. galm.
Galmen [galmən *Bo. Rg. Alst.* u. s.]
m. 1. *Gelüste, große Begierde.* — 2. *Fingerstarre infolge von Kälte.* vgl. hd. Galm
halbbewußter Zustand, Betäubung Gr.
Wtb. 4, 1200; Kalm ibid. 5, 70.

galöberen [gàlebərə *Pfb.*] intr. v.
galoppieren: der kann g. wie e Ross. —
els. I, 210 g(a)löppre.
Galopp *m. allg. Galopp:* in änem G.
— Ich gef der eni, dess de dreï Da G.
springsch *Lan.* — Zs. Galopp-riter *m.
Pfb. Floh.*
Galoppeng [gàlobèn, *Ri. Ha. Rom.*]
m. Taugenichts. — frz. galopin.
Galoschen [galòšən *fast allg.*] pl. 1.
Gummiüberschuhe. — 2. *Schuhe mit hölzerner Sohle u. ledernem Fuß, ohne Schnüre
(mit Schnüren versehen heißen sie* Klumpeschuh). — els. I, 211; lux. 125; baier. I,
889 Galotschen; frz. galoche.
Gamell [gamèl, — Pl. -ə *Pü. Ro. Rg.*]
f. Eßnapf; Kochtopf, wie er bei den französischen Truppen im Gebrauch ist. —
els. I, 218; frz. gamelle.
Gameller [gamèlər *Fa.*] pl. *Burschen,
Jungen:* was mache die G. noch do, die
solle schun long em Bett sin. — frz. gamins.
gamerich [gàməriχ *Fo.* u. s.] adj. *begehrlich, lüstern bes. beim Zuschauen, wenn
ein anderer ißt.* — baier. 1, 913 gaemig.
s. gamern.
gamern [gàmərn *Rg.*; gámələn *D. Si.*]
intr. v. 1. *begehrlich, dem Gaumen zu Gefallen sein.* — 2. *sich nach einer Sache
sehnen, nach etwas lüsten.* — kärntn.
gaimen, gâmen *lüstern sein;* ss. gâ¹meln
Kr. 31; lux. 125 gamzen; Gr. Wtb. 4,
1582 gäumen; mhd. goumen.
gampeldich [gàmpəldiχ *Lix.* u. s.] adj.
schwindelig, unsicher auftretend. s. d.
folgende.
gampeln [gàmpələn *Bo. Lix.* u. s.] intr.
v. *unsicher auftreten, schlotterig gehen.* —
vgl. baier. 1, 914 gampen *hüpfen;* els. I,
219, gample *im Gehen sich hin u. her
wiegen, baumeln;* hd. gampeln *schlendern*
Gr. Wtb. 4, 1213.
Gampler [gàmplər *Bo.*; gàmbla *Busd.*]
m. 1. *hoher, magerer Gaul.* — 2. *schlotteriger Mensch.* s. d. vorige.
ganfen tr. v. *Umgegend von Av. stehlen,
mausen.* —hess. 115; baier. 1,921. henneb.
Gânef, From. 7, 269. s. a. Gr. Wtb. 4, 1219.
Vom hebr. ganâbh *Dieb.*
Ganfidur [gàfidyr *Pfb.*; gùfidur *Ri.;*
kunfidur *Hom. Rom.*; konfidur *Ha.*] *m.*

u. *f. Eingemachtes aus Kirschen, Äpfeln u. dgl.* — els. 1,219 Gumfitur; frz. confiture.

Gang [gaŋ *fast allg.*; gaŋk *Bo. D. Si.* — Pl. gèŋ] *m.* 1. *Bewegung:* das Rad isch im G. — 2. *Gangart:* en hot e schlamme Gank *er hinkt Si.* — 3. *Weg:* mer han e lange G. gemacht. — 4. *Hausflur.* — 5. *Getriebe einer Mühle:* So gehn de Gäng, hat der Miller gesaht, un do hat er nummeh änen gehat, un das war der Husgang *Lix.* (... un had nimmeh n' änen g'had, der Stuhlgang, un der isch nit emol gang *Ri.*) — 6. *in der Kirche der Weg, der zwischen den Kirchenstühlen zum Altar führt:* im G. stehn *Strafe der unartigen Kinder während des Gottesdienstes Ri.* — 7. *der hölzerne bedeckte Altan, an den Stockwerken der Bauernhäuser.* — lux. 125 Gank; els. I, 222 Gang.

Gängeler *m. Si. Kolporteur.* — lux. 125 ebenso. vgl. mhd. gangeln *gehen*.

Gangele [gàŋələ *Ri.*] *n. Uhr in der Kindersprache.*

gäng-glich [gèŋgliχ *Lix.* u. s., gegliχ *Sbg.*] adv. *sogleich, auf der Stelle:* g. ebbes dun.

gäng-grad adv. *Lix. Mtsh. Dasselbe wie* gängglich.

gangleⁿ [gaŋlə *Ri.*; gaglə *Ha.*] intr. v. *hin- u. herschwanken (vom Trunkenbold).* — els. 1, 224 gängle, gänkle; baier. 1, 923 gankeln.

gangs [gàŋs *D. Si.*] adv. *sofort, in einem Gange, sogleich:* dat as g. geschit *sofort geschehen.* — lux. 125 ebenso; baier. 1, 921 ze gangs.

Gans [gàns *Av. Fo. Si.* u. s.; gons *Ersd.*; guns *Mw.*; gàns *Fi. Mü. Rom.*; gâs *Niederh.*; gôs *lux. Grenze* – Pl. gæns, geïns, gais, gæns, gains, gês. — Demin. gænsχə, gènsəl, gèŋsəl] *f. Gans.* — *Rdaa.*: Er isch so dumm, dass ne d'Gäns bisse *Pfb.* Henne noh kumme, wie de lahme Gains *Ersd.* De blô Gons hennenän *(hinten hinein)* luen *starr gegen Himmel schauen Ersd.* Er isch se full, um e vreckt Gänsel se hide *Ett.* De Gäns bisse'n om helle Mida *Lix.* Er werd liber de hinnen *(hinteren)* Gains gesinn, äss fuller Hund bin *er gibt sich den Schein, als arbeite er Ersd.* De Kinich hit' em de Gains *er ist eingebildet Ersd.* Die Gängs, die em Wasser sin, willen erus, un die wo drus sin, willen enän *Mü.* De Gängs lejen de grosse (scil. Eier) *Mü.* De gude Gedonke un de lohme Gäns kumme henne noh *Lix.* Der luit nit uf de Gans, awer uf de Fedan *(Federn) heißt es von jd., der eine reiche, aber häßliche Frau heiratet Av.* —

Spruch:
Fränzel, heb's Gänsel los,
D' Bible lafe.   *Ri. Hom.*

Drei schneewisse Gäns,
Un e baierischer Mensch *(Schatz)*,
Un e Beidelsack voll Geld,
Macht Freid in der Welt.   *Schw.*

— Zss. **Gänse-blum** (Dem. -blimle) *große Gänseblume* (Leucanthemum vulgaris). *Orakelblume für Kinder u. Liebende. Beim Abzupfen der Blütenblätter sprechen die Kinder:* Himmel, Hell, Fegfir; *der verliebte Bursche:* se nemmt mich nit, se nemmt mich doch *Rom. Hom.* — **Gänsfeder**. **G.-kritsche** (s. d.) **Gänse**ⁿ**himmel** 1. *Aufenthalt der Seelen verstorbener, ungetaufter Kinder D. Si.* 2. *Himmel niederen Ranges, Hölle:* du kummscht in de G.! *Ri. Hom. Rom.* — **Gäns-hirt**. **Gänse-hut** *Gänsehaut:* d' G. krije.

Gansert [gànsərt *Ett. Berl.* u. s.; gònsərt *Va.*; gèntsərt *Bo.*; gunsərt *Ho. Mw.*; gàŋsərt *Mtsh.*; guŋšdər *Ri. Hom.*; gonšdər *Pfb.*; gunštər *Flh. Mett.*; gunts, gints *Si.* Pl. -ən] *m.* 1. *Gänserich.* — 2. *dummer Mensch.* — els. 1, 226 Ganser, Gunser; baier. 1,924 Ganzer.

Gäns-kritche [-kritχə *Lix.* u. s.; -kraitχən *D. Si.*] *n. Bezeichnung mehrerer Pflanzen:* 1. *Feldgauchheil* (Anagallis coerulea sive arvensis). *Es gilt als Mittel gegen den Biß toller Hunde.* — 2. *Vogelmiere* (Stellaria media). — els. 1, 529; lux. 125.

ganz [gànts *fast allg.*; gonts *Lix.* u. s.] 1. adj. *ganz:* 's ganze Dorf. E ganzi Massion *(Masse) Ri.* Eppes ganz mache *wiederherstellen, iron. zerbrechen:* — 2. adv. *sehr, stark, viel:* g. nass. Er kummt g. viel.

Ganzet [gàntsət *D. Si.*] *n. Ganzes im Kartenspiel:* ech spillen e G. — En hot e G. an der Hand. — lux. 125 Ganzt.

Gapp [gap *D. Si.*] *m. Gips: drechen (trocken)* eweï G. — lux. 125 ebenso. s. a. Geps. — Zs. Gapp-kaul *f. Gipsbruch.* — lux. 125.

Gäppel, Gäppchen *m. u. n. Si. Geinsl. kleine, bauchige Öllampe aus Blech.* — vgl. baier. 1,929 Gepsche *Höhlung;* Saaner Ma.: Gèbse *Gefäß* From. 6,406,17. Wurzel gaf *Höhlung, Wölbung.*

gapsen [gápsən *D. Si.*] intr. v. *gähnen.* — lux. 125 ebenso; ndd. u. ndl. gâpen (gapen) *gähnend den Mund öffnen* From. 5,357; md. gappen, verstärkt gapsen Gr. Wtb. 4, 1311. — s. a. geipen u. gaupsen.

gapserich [gápsəreχ *D. Si.*] adj. *zum Gähnen aufgelegt:* et as mer esoᵘ g. — lux. 125.

Gapsert [gápsərt *D. Si.*] *m.* 1. *das einmalige Gähnen.* — 2. *Mensch, der viel gähnt.* — lux. 125. s. a. Gaupsert.

Gar I [går *fast allg.;* gór *Si.*] *n. der gesponnene Faden, Garn.* — lux. 125 Går.

Gar II [går *allg.*] *f. Bahnhof.* — lux. 125 Går; els. 1, 228 Gär; frz. gare.

gar [går *fast allg.;* gêr *Falk.;* gór *D. Si.*] adv. *sehr, gar:* er isch g. kridlich. Gar nit. — *Es dient auch zum Verstärken von all:* allegar (allegêr, allegór) s. d. — schi gar *(schier gar) fast Hom. Ri.*

Garantie *f. allg. Bürgschaft, Sicherstellung.* — els. 1, 229; lux. 125; frz. garantie.

garantiereⁿ [gàrantírəⁿ *fast allg.;* gàrantéïərən *D. Si.*] tr. v. *bürgen.* — els. 1, 229; frz. garantir.

Gard [gård *allg.*] *m. Aufseher.* Wingard *Steueraufseher, bes. die Beamten für die Wirtslizenz;* Grenz-gard *Grenzaufseher;* Pangert (s. d.) für Banngard *Bannwart.* — els. 1, 230; lux. 125; frz. garde.

Gardeblang [gårdəblaŋ *Ri. Hom. Rom.*] *m. warmer Breiumschlag, meist von Leinsamen, zur Erweichung von Geschwülsten.* — els. 1, 471 Kartepla(ng); frz. cataplasme.

gar denger! [gårdeŋər *D. Si.*] interj. *nimm dich in acht! weh dir!* — els. 1, 228 gär!; frz. gare à toi!

Gärgott [gèrgot *Si.*] *f. Winkelkneipe, Garküche.* — lux. 522 Gargott; frz. gargote.

garniereⁿ [garnírəⁿ *fast allg.;* garneïərən *D. Si.*] tr. v. *besetzen:* e Kläd met Spitze g. — lux. 126; frz. garnir.

Garnitur [gàrnitúr *fast allg.;* gàrnidúr *Sbg.*] *f.* wie hd. *Garnitur.*

garrelen [garələn *Rü.;* garən *Si.*] tr. v. (lautmalend) *mit stumpfem Messer schneiden, indem man dasselbe hin- u. herzieht.* — lux. 126 ebenso; vgl. baier. 1, 929 garren *knarren.* s. a. gigreⁿ.

Garteⁿ [gártə *Fo.* u. s.; gårdə *Bi. Sbg.;* gátəⁿ *Falk. Wa. Diefenb.;* gårt, gòrt *D. Si.;* gòərt, gòət *Si.;* goat *Fixem.* — Pl. gǽrtə, gèatən, gært, gårdən, gòrdən, goatən. Demin. gǽrtχə, gǽrdəl] *m. Garten. Rda.:* es wachst dir ebbes im G. *es wird dir etwas passieren* Ha. Ri. — Zss.: Garde-bank. G.-bohn *Saubohne.* G.-bodem. G.-dir *Gartentüre:* en as grob wie eng G. *Nj.* G.-heck. G.-mauer. G.-salat. G.-zaun: te rogamus, audi nos! em Här seïn G. es los *Oberd.*

gärtleⁿ [gǽrdlə *Ha.*] tr. v. *leichte Gartenarbeit verrichten.* — els. 1, 234 ebenso.

Gärtner [gǽrtnər *fast allg.*] *m. Gärtner. Das Femin. lautet* Gärtnesch *D. Si.*

Garw [gàrw *fast allg.;* gárb *Ett.;* gàrb *Ri. Rom. Ha.;* gorəf *D. Si.* — Pl. gàrwəⁿ, garbən, gorəwən] *f. Getreidegarbe:* den Rocken en Garwen machen *Falk.* Garwenkasten *die Garben auf dem Felde zusammenstelllen.*

garzech, Garzechkät s. gorzich, Gorzichkät.

Gas [gás *allg.*] *n.* 1. *Leuchtgas:* 's G. anmache. — 2. *Gazestoff.* frz. gaze.

Gaschber [gàsbər *Sbg.* gáspər *D. Si.*] *männl. Vorname* Kaspar.

Gaschel *doppelte Handvoll* s. Gauschel.

Gäschel *Geißel* s. Geischel.

Gascht I [gàšt *fast allg.;* gášt *D. Si.* — Pl. gèšt] *m. Gast:* du wuschter G.! *du wüster Mensch?* — lux. 126 Gâscht.

Gascht II [gašt *Fo.* u. s.; gášt *Si.*] *m. rauher, häßlicher, unanständiger Mensch:*

du G.! — hess. 116 u. Gr. Wtb. 4, 1375,3: Garst (Gascht) *unreinlicher, unanständiger Mensch.* s. a. From. 7, 270. — Gascht < Garst.

Gäscht [gǽšt, — Pl. -ər *fast allg.*; gàïs *Falk.*] *m. Geist, Gespenst:* alle gude Gäschter lowe Gott de Häre *Ersd.*

Gaschterei *f. Hom. Ri. Rom. größeres Mahl, Festessen:* e G. gen.

gaschtiereⁿ tr. v. ibid. *ein Festessen veranstalten, bewirten:* ene gut g.

gäschtlech [gǽštleχ *D. Si.*] adj. *geistlich:* e gäschtlechen Här od. e Gäschtlechen *ein Geistlicher, Priester, Pfarrer.*

Gäschtlechkät *f. D. Si. Geistlichkeit.*

gaschtich [gaštiχ *fast allg.*; gášteχ *D. Si.*] adj. 1. *garstig, wüst:* das isch e g. Wetter *Fo.* — 2. *geizig:* dat si(n) gâschtech Leit *Si.* — lux. 126.

Gasett [gaʒèt *Fo. Pü. D. Si.* u. s.] *f. Zeitung:* haschte de G. noch nit gelest? — frz. gazette. s. a. Zitung.

Gasper s. Gaschper.

Gass [gas *fast allg.*; gás *D. Si.* — Pl. gasəⁿ, gásən. Demin. gèsχə, gèsəl, gèsχin *Bo.*, gèsəltχən *Si.*] *f. Gasse, Straße (im Orte):* Hapgass *Hauptgasse*; Newegass *Nebengasse.* — Gässel *n. bedeutet speziell einen schmalen, von Mauern eingeschlossenen Weg zwischen Gärten.* — Zss.: Gassebese [-bêʒə *Fo.* u. s.] *m. Kind, das viel auf der Straße herumläuft, statt zu Hause zu sein.* G.-jung (-jong). G.-kehresch *f. D. Si. Gassenkehrerin.* G.-dreck. G.-engel *m. D. Si. Person, die außer dem Hause eingezogen, sittsam erscheint, zu Hause aber das Gegenteil ist:* e Gâssenengel, en Hausdeiwel. — els. 1, 54 ebenso.

Ga'stock [gáštock, — Pl. gáštək *Vbg.*] *m. Garnwinde.* G. > Garnstock.

gäten s. jäteⁿ.

gatscheln [gàtšəln *Bo.*] intr. v. *aus den Fugen gehen.* — schweiz. getschen *klaffen* Gr. Wtb. 4¹, 1495; vgl. baier. 1, 965 gautschen, getschen *schwanken, nachgeben.*

gatscheldich adj. *Bo. locker.* s. d. vorige.

gatting [gàtiŋ *Sgd.* u. s.; gádiŋ *Bo.*; gièdleχ *Si.*] adj. *passend, geeignet:* en gading Pärd *ein ziemlich gutes, geeignetes Pf. Bo.* E Gattinger *einer von der rechten Sorte Sgd.* E gatting Stick Feld. — els. 1, 242 gattig, gatting; hess. 118 gatlich; henneberg. gâtlich From. 7, 270; hd. gätlich, gattlich Gr. Wtb. 4, 1490 f.

Gau [gaù *Fo. Fa. Rg.*; goï *Falk.*] *m.* 1. *Gau.* — 2. *Gegend der schweren Bodenarten; Kalkboden* (so Buschbach bei Forbach): der kummt us em Gau (*verächtl.*). — Zss. Gau-stän [-stèn *Rg.*; -stoïn *Vbg.*] *m. Kalkstein.*

Gaudel [gaudəl *Bo. Av.* u. s. — Pl. -n] *m. Gaul, Klepper.* — vgl. els. 1, 198.

Gaukel [gaugəl u. gaugləršə *Hom. Ri.*] *f. Person, die unbedachtsam handelt.* s. d. folgende.

gaukeln [gaukəln *Bo.* u. s. gauglə *Hom. Ri.*] intr. v. 1. *schwanken.* — 2. *unbedachtsam handeln.* — baier. 1, 882 gâugkeln; els. 1, 201 gaugle; mhd. gougeln, gougern.

Gaukler [gaùklər *Bo.*; gauglər *Hom. Ri.*] *m.* 1. *Mensch mit schwankendem Gang.* — 2. *unbesonnener, tändelnder Mensch.* — els. 1, 205 ebenso.

gaupsen [gáupsəⁿ *Bo. Fo. Hd. Lix.* u. s.; gaipsən *Va.*] intr. v. 1. *gähnen, Luft schnappen.* s. a. gapsen u. geipen. — 2. *bellen Fo.*: der Hund gaupst. — hess. 118 gaupen *knurren.*

Gaupsert *m. Bo. ein einmaliges Gähnen.* s. a. Gapsert.

Gauschel [gaušəl *Lix.* u. s.; gošəl *Hd.*; gášəl *D. Si.*, Pl. -n] *f. eine doppelte hohle Hand voll.* en G. Niss. — els. 1, 250 Gautschel; lux. 126 Gâschel; baier. 1, 874 Gâuffen, Gâuffel; hess. 118 Gäufel; mhd. goufe *hohle Hand.*

gautscheⁿ [gaudšə *Rom.*; gaidšə *Ri.*] intr. v. *schaukeln, wiegen, sich auf einem Stuhl hin- u. herbewegen.* — els. 1, 250 u. baier. 1, 965 ebenso.

Gautschu *m. Fi.* u. s. *Gummi* (caoutchou).

Gaw [gáw *fast allg.*; gów *D. Si.*; gâb *Ri.*, Pl. -ən] *f. Gabe.*

Gawel [gawəl *fast allg.*; gâwəl *Ri.*; guèwel *Si.*; guəfəl, gafəl *Oberkontz.* — Pl. gawlə, guèwələn. Demin. gœwəlχə, giəwəltχən] *f. Gabel, Heugabel. Rda.:* de Gawel isch in Ehr — mem Leffel grit *(bekommt)* mer mehr *Lix.* Leffel un Gawel wegwerfe *sterben Ri.* — Zs. Gawel-stil Guewel-stil) *m. Gabelstil.*

Gaweljole-mächer *m. Lix. Wagehals; einer, der gern Kapriolen (Bocksprünge) macht.* — G. < Kapriole-mächer.

Gawriel [gàwrièl *Ri. Hom. Rom. Ha.*] *männlicher Vorname Gabriel.* s. a. Gaber.

ge- [gə] *untrennbare Partikel, ungemein häufig verwendet zur Bildung von Kollektivbegriffen, meist tadelnden Sinnes, die von persönlichen od. sachlichen Substantiven abgeleitet werden; dient auch häufig vor Substantiven u. Verben zur Verstärkung des einfachen Begriffes.* — baier. 1,857; els. 1, 187.

Geach s. Georg.

Ge-anz [gəənts *Bi.*] *n. das Ächzen, Jammern.* s. anzen.

Ge-babbels *n. fast allg. Geplauder, Geschwätz.* — lux. 127. s. babbeln.

Ge-bäck, Gebäckel(s) *n. D. Si.* u. s. *Gebäck, Backwerck.* — els. 2, 7 Gebäck.

Ge-bämbels [-bèmbəls *Lix.* u. s.] *n. unschönes, unregelmäßiges Geläute.* — els. 2, 48 Gebämpels. s. bämpleⁿ.

Gebäner-fleisch [-bænərflaiš *Ri.*] *n. Fleisch um die Knochen herum im Gegensatz zu den massiven Fleischteilen.*

Gebäner-hisel [-bænərhiʒəl *Go. Fi. Mtbr.*] *n. Beinhaus auf Friedhöfen.* s. a. Bänhisel, Schenkelhus, Kärmeter.

ge-bànnt [gəbènd *Ri.*] *adj. von bösen Geistern besessen: er isch grad wie g.* — vgl. els. 2, 50 bännen.

Geb-ärsch [gébèrš *Lix.*; gebèrs *Av.*; gibéš *Si.*; giboaš *Vbg.*; kopáš *D.*] *m. Reitwolf, Entzündung am Gesäß vom starken Reiten od. Gehen.* — lux. 240 Koppàsch; mhd. kip-ars. s. Gr. Wtb. 5, 429. 781 Kipparsch.

Ge-bas [-bás *D.*; -báts *Bo.*] *n. lautes, prahlerisches Gerede.* s. Bas II *Klatschbase.*

Ge-bäschelts *n. Hom. Ri. Rom. eifriges Arbeiten an Spielereien.* — els. 2, 107 ebenso. s. bäscheln.

Ge-bäss [-bǽs *D.*; -bǽšt *Si.*] *n. Obstmus, Eingemachtes:* Äppelgebäss, Kwetschegebäss u. a. — lux. 128 Gebèss; vgl. baier. 1, 287 Baisz u. Gr. Wtb. 1, 1401, 1410 beiszen, beizen; mhd. beizen.

Ge-bedels [-bédəls *D. Si.*] *n. Bettelei.*

Gebei *Gebäude* s. Gebi.

Ge-bess [-bes *D. Si.*; — bets *Bo.*; gəbls *Sbg.*; -bits *Falk.* u. s., Pl. -ər.] *n.* 1. *Gebiß.* — 2. *Oberteil an den Backen des Schraubstocks Si.* — lux. 128, 522 Geböss.

Gebet [-bét *fast allg.*; -bèt *Bo.*; -biət *Si.*, Pl. -ər] *n. Gebet.* — Zs. Gebetbuch.

Ge-betts *n. Bo. Bettzeug.* — baier. 1, 305 Gebitt, Gebett *alles, was zu einem B. gehört.*

Ge-bi [-bí *Bo.* u. s.; -bíj *Falk.*; -béï *Ri. Hom. Ha.*; -bai *D. Si.* — Pl. gəbíwer, gəbíjer, gəbaiər] *n. Gebäude.* — els. 2, 2 Gebü.

gebiden [-bidəⁿ *fast allg.*; -beïdəⁿ *D. Si.* — Ptc. gəbot] *tr. v.* 1. *bieten:* 't Zeit g. grüßen *D.* — 2. *befehlen, anbefehlen:* er hat m'r nix ze g. *Fo.* Roᵘh gebeïden Ruhe anbefehlen. — lux. 128 gebidden.

Ge-bills *n. D. Si. anhaltendes Bellen, Gebell.* — lux. 128.

ge-bilt [-bi̯lt *D. Si.* u. s.] *adj.* 1. *gebildet:* eng gebilt Fra. — 2. *gemustert, mit eingewebter Zeichnung:* g. Duch, g. Leinen (frz. linge damassé). — lux. 128; els. 2, 39 bilde, Gebildts *Tischzeug, in das Bilder eingewebt sind.* vgl. mhd. gebilden.

Ge-bindels *n. Ri. Ha. Rom. Hom. das Umziehen aus einer Wohnung in die andere.*

Ge-binds *n. Rein. Dachgebälk.* — Gr. Wtb. 4, 1774, 2ᵃ: Gebinde *Balkenwerk im Hausbau.*

ge-birdech [-bírdeχ *D. Si.*; -birdi *Ri. Ha. Rom.*] *adj. gebürtig:* en as fu' Sierk g. — lux. 128 gebirtech.

Gebirech [-bíreχ *Bo.*; -biri *Ri.* — Pl. gəbírjer; gəbíəχ, gəbíəjer] *n. Gebirg.* — lux. 128 Gebîrech.

Gebirjere mpl. *Hom. Ri. Bergbewohner.*

Ge-blimels [-bleïməls *Si.*] *n. verblümte Redensarten, Schmeichelei.*

ge-blimelt [-bliməlt *Sbg.* -bleïmelt *Si.*] *adj.* 1. *geblümt:* en g. Wies. — 2. *geschmeichelt, geliebkost:* wat hun se mech gebleïmelt! — lux. 128 ebenso; els. 2, 159 geblüemelt.

Ge-blit [-blit *D. Ka.;* -blĭt *Sbg.* -bleït *Bo. Si.*] *n. Geblüt:* ech mache mer kä' weïscht G. elo eriwer *ich mache mir kein böses Blut darüber Si.* Et as dess G. *er stammt vom selben Blut ab.* — lux. 128 Geblitt; els. 2, 172 Geblüet.

ge-blumt *Ri. Ha. Dasselbe wie* geblimelt.

Ge-bobs n. *Sp.* u. s. *Sammelname für Käfer:* de Garde isch voll G. s. Bope, Bobe.

Ge-boller(s) *n. Bo. Sbg. Gepolter.* s. bollern.

Ge-bön [-bøn, -ben, — Pl. gebønər *Si.*] *n. Gebinde.* — vgl. lux. 128 Gebönner.

Ge-borchs *n. D. Si. gewohnheitsmäßiges Borgen.* — lux. 128 Gebuᵉrchs.

Ge-bott [-bòt, — Pl. gəbòdər *fast allg.*] *n.* 1. *Gebot, Gesetz:* 's G. iwertrede. 2. — *Angebot, Preisanbieten:* e G. dun. *In Verbindung mit all:* allegebott (s. d.) *jedesmal.* — lux. 128 Gebott.

ge-brachen [-bràχən *D. Si.*] adv. *gebrochen, in der Verbindung:* g. deitsch, fransesch schwätzen. — lux. 522.

Ge-bräckel [-brèkel *D. Si.*] *n.* 1. *Abfälle von Reisern.* — 2. *oberste, weiche Schichte eines Steinbruches.* — hess. 50 Brâken *Dornreiser zum Ausbessern der Zäune;* vgl. baier. 1, 346 bracken *brechen* u. Gr. Wtb. 2, 290.

Ge-brauch [-brauχ, Pl. -braiχər *D. Si.;* -bruχ *Bo. Sbg.* ohne Pl.] *m. Gebrauch, Brauch:* de G. hun *etwas zu tun pflegen Si.* Meïh domm sin eweï de G. as *sehr dumm sein Si.* 'S isch der Gebruch, er hat's im Gebruch *Ri. Rom. Ha.*

ge-brauchen tr. v. *D. Si. brauchen, gebrauchen:* ech kann dat net g.

ge-brecherlech [-brèχərleχ *D. Si.;* -brèχli *Ri.*] adj. *zerbrechlich. Davon:*
Ge-brecherlechkät (Gebrechliheit) *f. Zerbrechlichkeit.* — lux. 128 ebenso.

ge-breichlech [-braiχleχ *D. Si.*] adj. *gebräuchlich.* — lux. 128.

ge-bridert [-brĭdərt *Si.*] adj. *mit Brettern belegt:* de Bodem as g. — lux. 128 gebriedert.

Ge-brills [-brils *Sgd. Lix. Sbg.* u. s.; -brels *D. Si.*] *n.* 1. *Gebrüll:* se hon e G. gefùhrt, es wor nit sum anhêre *Lix.* — 2. *andauerndes lautes Weinen.* — lux. 128 Gebrölls.

ge-britscht [-britšt *Fo.* u. s.] adj. *gefangen, erwischt, verloren:* jetzt bischte awer g.! — s. Britsch.

Gebruch s. Gebrauch.

Ge-brudels *n. Rom. Hom. Ri. Gebrodel, Brodeln.*

Ge-brus [-brus *Bo.*] *n. Gebraus, Brausen.* — els. 2, 199. s. brusen.

Ge-burt [-búrt *allg.*] *f.* wie hd. *Geburt.* — Zss. Geburts-akt. G.-dach *m. Geburtstag.* G.-schein.

Geschdere s. Gejichter.

Geck [gèk, — Pl. -ən, Demin. gèkəltχen *Bo. D. Si.* u. s.] *m. Narr:* de G. mat engem machen *einem zum Narren halten.* Jeïtfer G. kann sech reich erwen *jeder Narr kann sich reich erben Si.*

Geckerei *f. D. Si. Spaß, Scherz, Narrenwerk.*

geckich [gèkiχ *Bo.;* gèkeχ *D. Si.*] adj. *geckenhaft, närrisch:* eweï dat Kand esoᵘ g. as! — lux. 129 geckech. s. a. dortich.

Geckichkät *f. Narrheit.* — lux. 129.

Ge-dabber, Ge-däbber, Gedäbbelts *n. fast allg.* (lautmalend) *Getrippel.* — lux. 129 Gedabbers. s. dabbern.

ge-damidecht [-dameïdeχt *D. Si.*] adj. *durch Strafe gebessert, gedemütigt.* — lux. 129 ebenso.

Ge-danken *m. allg.* 1. *Gedanke.* — 2. *Denken, Nachsinnen, Gedächtnis:* engem G. machen *einem die Vergeßlichkeit austreiben D. Si.* Sich G. machen *über etwas nachsinnen, Sorgen haben.*

Ge-därm, Gedärms *n.* wie hd. *Gedärme:* er hat's im G. *eine Krankheit steckt ihm in den Eingeweiden Ri.*

ge-dätscht [-dætšt *Fo.;* -toutšt *D. Si.*] adj. 1. *platt gedrückt, verbeult:* mi' Hut isch ganz g. *Fo.* — 2. *geschlagen, verhauen:* er isch g. wor. — lux. 144 geteïtscht. s. dätschen.

Ge-decks *n. D. Si. Bettücher.* — lux. 130.

ge-debbelt [-dèbəlt *Si.*] adj. u. adv. *gedoppelt.* — lux. 130 gediebelt.

Ge-deisch [-daiš *D. Si.*] *n. Rauschen, Geräusch, Getöse.* — lux. 130; moselfr.

Gedä¹sch; ss. Gedêschel, Kisch. 84. s. dauschen.

ge-dellen, sich [-delən *Bo. Busd. D. Si.*] refl. v. *sich gedulden:* e kann sech net g. — lux. 131 gedöllen.

ge-dellich s. gedillich.

Ge-dengs [-deŋs *D. Si.* u. s.] *n. viel Wesen, Umstände, Ziererei:* mâch net esoᵘ vil G.! — vgl. mhd. gedingeze. s. a. Gedinges.

ge-denkeⁿ [-deŋkə *Fo.* u. s.] unpers. v. *sich erinnern:* es gedenkt mer *ich erinnere mich*. Ebenso Gr. Wtb. 2,938, 22: es gedenkt mir; baier. 1, 523 es denkt mir; From. 5, 138, 13: mi denket.

Gedenk-zächen [-dèŋktsêχən *D. Si.*] *n. Erinnerungszeichen*. — lux. 130 ebenso; ss. Gedinkzêchen, Kisch 84.

Ge-dibber *n. D. Si. Dasselbe wie* Gedabber, Gedäbber. — s. dubbern.

Ge-dich [-díχ *Fo. Sbg.* u. s.; -déχ *Pü.*; -diχs *D.*; -deïχ *Si.*] *n. Tücher, Kleiderstoffe, Leinenzeug:* 's G. koscht Geld. *Rda.:* sich ins G. schaffe *schlafen gehen Ri. Ha.* — lux. 130 Gedichs; els. 2, 650 Getüech.

ge-dicht [-diχt *Fo. Falk. Pü. Vbg.* u. s.; -díχt *D.*; -dít *Bo. Si.*] 1. adj. a) *zielsicher, geschickt im Treffen:* den as emol gediht! *Si.* b) *geschickt, ordentlich (von Arbeiten)*. — 2. adv. *genau:* lu mol g. zu! *Fo.* — Zu mhd. tihten *in der Bedeutung abmessen, festsetzen, bestimmen.*

ge-dichten intr. v. *Brettn.* zielen. s. d. vorige.

ge-dichti(ch) [-diχti *Ri. Hom. Rom. Ha.*] adj. *tüchtig, heftig:* i han em g. gen *ich habe ihn gehörig durchgeprügelt*. — els. 2, 652 getüchtig.

Ge-diech(t)nes [-dieχ(t)nəs *D.*; -dietnəs *Si.*] *n. Gedächtnis*. — lux. 130 ebenso.

Ge-diers [-dírs *Bo.*; -dirəlts *Ri.*; -deïəš *D. Si.*] *n. Durcheinander von Tieren, Getier.* (*Kollektivbildung zu* Dier). — henneb. Getierz, From. 6, 514.

ge-dillich [-diliχ *Fo. Fa. Falk.* u. s.; -deleχ *Bo. D. Si.*] adj. *geduldig: Rda.:* Gedilliche Schof gehn vil in äne Stall *Fo.* — lux. 130 gedöllech.

Ge-din [-dín *Elw.*] *n. Fußboden.* — vgl. hess. N. 58 Gedüne u. mhd. gedone u. tenne. — Gedin *ist Kollektivbegriff zu* Dunn 2. s. d.

Ge-dinges *n. Lix*. u. s. *Sammelname für verschiedene Sachen:* allerhand far G. — Das isch en Ärwet met oll dem G. — *Der Ausdruck wird bes. von denkfaulen Leuten gebraucht, die das Gemeinte nicht gern mit dem richtigen Namen nennen.* — els. 2, 690 Gedings. s. a. Gedengs.

Ge-dold [-dolt *fast allg.*] *f. Geduld*. — lux. 130; ss. Gedolt, Kisch 84.

Ge-drecks *n. fast allg.* 1. *aufgehäufter Schmutz.* — 2. *kleine, wertlose Sachen. Kollektiv zu* Dreck. — lux. 131.

Ge-dreks [-dreks *D. Si.*] *n.* 1. *Gedränge.* s. dreken *drücken, drängen.* — 2. *bedrucktes Zeug.* — 3. *Drucksachen.* s. dreken *drucken.* — lux. 131.

Ge-drenks [-dreŋks *Bo. D. Si.*] *n.* 1. *Getränke.* — 2. *das Trinken:* en as krank vum vilen G. — lux. 131.

Ge-driwelierds *n. Ri. Rom. Ha. schnelle, übereilte Arbeit unter dem Einflusse des Drängens.*

Ge-driws [-drίws *Bo.*; -trίf *D. Si.*] *n. Gedränge, Getriebe, Betreiben, Geschäft:* et as e grouˢ G. — lux. Gedrίf, Gedriff; ss. Gedriff, Kisch 84.

Ge-trudelts [-trúdəlts *Ri. Rom. Hom. Ha.*] *n. langsames Wesen.* — els. 2, 742 gedrudels.

ge-ducht [-duχt *Fo.* u. s.; -dukt *D. Si.*] adj. *geduckt, gebückt.* — lux. geduchert, gedochert *einen gekrümmten, gewölbten Rücken haben* Ga. 168; vgl. hd. ducken.

Ge-dudders *n. Bi. D. Si.* u. s. *Getöse, Gebrause, Tosen.* — s. duddern.

Ge-dudels *n. Bo. D. Si.* stümperhaftes Spiel auf einem Instrument. — moselfr. u. ss. Geduddel, Kisch 84. s. dudeln.

Geduld-sack *n. Ri. Ha. Rom. Hom. in der Rda.:* der G. verrisst em *die Geduld geht ihm aus.* — els. 2, 342 ebenso.

Ge-duns [-dūns *fast allg.*] *n. Getue, Handeln. Rda.:* um G. noh *nach seinem Tun zu urteilen Ri. Ha. Rom.*

Ge-fach [-faχ *Bo.*; -fáχ *D. Si.*; -fáχt *Falk. Lix.* — Pl. gəfaχər, gəfèχər, gəfáχtər] *n. Fach in Kasten, Schränken, im Schreibtisch, Büchergestell. Die Form wird im Moselfränk. ausschließlich für „Fach"* *gebraucht.* — lux. 131 Gefâch; ss. Gefąch, Kisch 84.

Ge-fahrts [gfårds *Ri. Hom. Rom. Ha.*] *n. Hin- und Herfahren.* — els. I, 128.

Ge-fährts [-férts *Lix.* u. s.; -fér *D.*; -fïǝr *Si.*] *n. das Gefährte, Fuhrwesen, Fuhrwerk:* wat as dat fir e G.? *D. Si.* Ich wäre misse met em G. gehn *Lix.* — lux. 131; ss. Gefiär, Kisch 84; hd. Gefähr Gr. Wtb. 4, 2073.

Ge-fallen [-fålǝ *fast allg.;* -fålǝn *D. Si.*] *m.* 1. *Gefälligkeit:* äm e G. dun. Mir ze G. *mir zulieb.* — 2. *Wohlgefallen:* enem zu G. gehn *einen aufsuchen, ihm nachlaufen.*

gefallen s. **gefellen**.

ge-fällich, Gefällichkät *D. Si.* wie hd.

gefär [g'får *Ha. Ri. Rom.*] adj. *versessen, erpicht auf etw.:* i bin em trinke nit g. — els. I, 125 ebenso.

Ge-fautels [-fautǝls *D. Si.*] *n. fortgesetzter Betrug beim Spiel.* — lux. 131. s. fauteln, fudeln.

Ge-fil [-fil *D.*; -fíl *Sbg.*; -féïl *Bo. Si.* — Pl. -ǝr] *n. Gefühl:* kä' G. u kä' Herz *Ri.* — lux. 131 Gefill.

ge-fellen [-felǝn *Fo. Falk. Bo.*; -félǝ *Lix.*; -fålǝn *D. Si.* — Ptc. gǝfal, gǝfál] intr. v. *gefallen:* das Lied hat mer gefall. Du gefellscht mer *(ironisch).* Wie gefellt der din Gesell? *(Kinderspiel).*

Ge-fenkels [-feŋkǝls *D. Si.*] *n. Gefunkel.* — lux. 131. s. fenkeln.

ge-fitzt [-fitst *Fo.* u. s.] adj. *schlau, durchtrieben:* das isch e gefitzter Kerl. — Gr. Wtb. 4, 2142 gefitzt *durchtrieben.*

Ge-flapp [-flap *Fa.*] *n. Grobheit, Unschliff.* s. flappich, Flappes.

ge-flappt [-flapt *fast allg.*] adj. 1. *grob, ungeschlacht.* — 2. *verrückt, übergeschnappt, närrisch.* — 3. *angeführt, betrogen:* dis mol bin i g. *Ri. Ha.* — lux. 131; els. I, 171; hess. 104; vgl. frz. flambé.

Ge-flicks [-fliks *fast allg.*; -fleks *Bo. D. Si.*] *n. Flickerei.* — lux. 131 Gefleks.

ge-flink [g'fliŋk *Hom. Ri.*] adj. *dasselbe wie* flink. — els. I, 170.

Ge-fliews [-fliǝws, -fleïws *D. Si.*] *n. Zureden.* — lux. 131 Gefleïws. s. fleïwen, flierwen.

Ge-fodesch [-fódeš, -fuǝdeš *D. Si.*] *f. Gevatterin, Nachbarin.* — lux. 132 Gefuedesch.

Ge-fölls [-føls, -fels *D. Si.*] *n. Füllsel.* — lux. 131.

Ge-fönsel [-fønzǝl, -fenzǝls *D. Si.*] *n. Fasern, Ausgefasertes.* — s. Finsle.

Ge-for [-fôr *fast allg.*; g'får *Ha. Rom.*] *f. Gefahr:* es hat ken G. *das ist nicht zu bezweifeln Ri. Ha.* — lux. 132; ss. Gefôr, Kisch 84.

Ge-fotzels *n. Ri. Ha. zerrissenes Zeug, Stücke eines zerfetzten Kleides.* — els. I, 162 ebenso. Wurzel: Fotzel *Fetzen.*

Ge-fräss [-fræs *Fa. Lix.* u. s.; -frès *Sbg.*; -frés *D. Si.*] *n. Maul, Gesicht im verächtlichen Sinn:* 'S isch besser em Wolf e Stick Brot ins G. werfe, als e Stän in de Ripp *Fo.* Ich schlon der äns ens G., dass der de Sähn *(Zähne)* de Hals enänfahre *Lix.* Er macht e G. wie e Schippekini. I schla der ens ins G., dass der rod Saft nohkummt *Ri. Rom. Hom. Ha.* Er hat sin G. ufgeriss. — els. I, 183; lux. 132 Gefrés; henneberg. Gefress From. 7, 272; hess. 110 Gefræsz; ss. Gefrìs, Kisch 84.

ge-frässich, Gefrässichkät wie hd.

ge-frech [-frèχ *Wal.*; -fråχt *Falk.*] adj. u. adv. *frech:* g. wie'n Spatzel, wie'n Kleïderlus *Falk.*; wie Saubohnestroh, wie'n Bengel *Wal.* Davon: Gefrachtichkeït *f. Falk. Frechheit:*

ge-frieren [-frïrǝn *Fo.* u. s.] intr. v. *frieren (im akt. Sinne):* es war so kalt heit Nacht, dass alles gefror isch.

Ge-fuers [-fuǝrs *Si.*] *n. schlechtes Fahren, Hin- u. Herfahren.* — lux. 132.

Ge-gäks [-gèks *Bo.*] *n. näselndes Singen od. Sprechen.* — s. gäksen.

Ge-gängels *n. D. Si. häufiges Hin- u. Hergehen.* — lux. 132.

Ge-gätter(s) [-gètǝr u. -gltǝr *Bi.*; -gèdǝrds *Hom. Ri.*] *n. Gitter, z. B. an einer Treppe.* — els. I, 243 ebenso. ss. u. moselfr. Gegidder, Kisch 84.

ge-glidert [-glldǝrt *Rom.*] adj. *stark gebaut von Menschen u. Tieren.* vgl. frz. membré.

Ge-grangels *n. D. Si. Geschelte, Murren, Genörgel.* — lux. 132. s. grangeln.

Ge-gratzel [-gratsəl *Si.;* -gràds *Sbg.*] *n.* 1. *Gekritzel.* — 2. *stümperhaftes Spiel auf einem Saiteninstrument.* s. gratzeln.
Ge-grimmels *n. fast allg. Brosamen, Gebröckel.* — lux. 132 ebenso; ss. a. moselfr. Gegrimmel, Kisch 84. s. Grimmel.
Ge-grommels *n. D. Si. Geknurre, Gemurre.* —lux. 132. s. grommeln, grummeln.
Ge-grunsch *n. D. Si. fortwährendes Klagen, Jammern, Grunzen.* — lux. 132. s. grunschen.
Ge-häcks [-hèks *D. Si.*] *n.* 1. *Häcksel.* — 2. *Gericht bestehend aus gehackter Lunge u. gebackenen Zwetschen in brauner Brühe.* — lux. 132. ss. u. moselfr. Gehacks, Gehacksel. — Zss. Gehäcks-bank *f. Häckselbank*. G.-maschin *Häckselmaschine*.
Ge-hails s. Gehils.
Ge-hais *n. D. Si. Kollektivbegriff zu Haus.* — vgl. hd. u. baier. 1, 1178 Gehäuse.
Ge-hakels [-hákəls *Bo.*] *n. verworrene Lage, Hindernis, Schwierigkeit:* dat es en arj G. — vgl. hd. *die Sache hat einen Haken.*
Ge-handels [g'handəls *Ri. Hom. Rom. Ha.* u. s.] *n. Handeln, Gehandel.*
Ge-händels *n. Lix. Sbg.* u. s. *Gezänk, Streiterei, Streitigkeit.* — els. 1, 348 ebenso.
Ge-hänge [-hèngə *Grt.;* -hèŋ *Ha. Rom. Ri.;* -hèŋk *Ltf. Vbg. Si.* u. s. — Pl. -ər] *n.* 1. *Lunge u. Herz der Tiere.* — 2. *Luftröhre.* — 3. *Riemen an der Flegelgerte, Peitsche usw. Si.* — hess. 148 u. schwäb. Gehänge *Lunge, Leber u. Zwerchfell geschlachteter Tiere;* ebenso hd. Gr. Wtb. 4¹, 2324 b; lux. 132 Gehänk; els. 1, 355 Gehenkel *Lammeingeweide.*
Gehannes [gəhànəs *Wal.* u. s.; gəhònəs *Lix.*] *männl. Vorname Johannes:* G.will e Klemmer oder e Schwemmer *(um Johanni soll man nicht klettern u. nicht baden, sonst fordert der Heilige ein Opfer).* — ss. u. moselfr. Gehannes, Kisch 85. — Zss. Gehannsapel *Apfel, der Ende Juni reif wird.* G.-bopen *Av.* G.-bebchin *Bo. Johanniskäfer.* G.-da [gəhànstá *Av.;* gəhánsdáχ *D. Si.;* gəhònstaχ *Ersd. Lix.*] *Johannistag:* do verricken de Spatzeln an G. *Ersd.* G.-grumperen *fast allg. Frühkartoffeln.* G.-kiber *m. Si. Johannis-*
käfer. G.-truwle [-truwlə *Fo. Merl.;* -tribχə *Grt.;* -triwlə *Av.;* kàntstriwlə *Pfb.*] *Johannisbeeren.*
ge-hannich [-haniχ *Fa.* u. s.] adj. *sparsam:* mer derf nit so g. sin. — s. hannich.
Ge-hatzels *n. D. Si.* 1. *unordentliche Arbeit.* — 2. *wirres Durcheinander.* — lux. 132 ebenso; vgl. baier. 1, 1199 Gehätz. s. hatzeln.
ge-häw [-hæw *Fa.* u. s.; -hêb *Ri. Hom. Rom. Ha.*] adj. u. adv. *eng angeschlossen, fest zu, luftdicht:* er hat de Rock g. zu. Die Fenschter sin net g. *schließen nicht.* G. wie'n Ei. — els. 1, 294 g'häb; hess. 155 gehebe; vgl. baier. 1, 1032 gehäbig, gehibig. s. a. Gr. Wtb. 4¹, 2313.
Geh-dapper *f. Bo. Durchfall, Diarrhöe.* — vgl.: er hat de Làf dapper *Fo.* pfälz. Dapperlàf.
Ge-hecks *n. Ha. Hecken.*
ge-heien [-heïən *fast allg.;* -haiən *D. Si.*] tr. v. 1. *belästigen, kränken, Kummer verursachen, reuen:* 's geheit mich *es verdrießt mich.* Das hat en doch geheit. *Rda.:* Es hat noch käne geheit, der jung gefreit *Fo.* D'ass e geheitene Mann *ein geplagter Mensch Si.* — 2. *werfen, stürzen:* en huot mech mat em Stän geheit *Si.* Frend hin, Frend her, gehei dich ven min Kirschbaum era! *scher dich weg! Bo.* — 3. intr. *fallen:* ech sin duer geheit *(hingefallen),* esoᵘ lang as ech wor *Si.* — els. 1, 312; baier. 1, 1025. Die Geschichte des Wortes bei Gr. Wtb. 4¹, 2340.
Ge-heierei *f. allg. Mühe, Unannehmlichkeit, Verdruß, Scherereï.* — lux. 133; baier. 1, 1026.
Ge-helz [-helts *fast allg.*] *n.* 1. *Gehölz.* *Rda.:* ins G. kumme mit ebber *Streit bekommen mit jd. Ri.* — 2. *Bauholz.* — lux. 133 ebenso.
Ge-her [-hér *fast allg.;* -heïər *D. Si.*] *n. Gehör.*
ge-heren [héran *fast allg.;* -heïərən *D. Si.*] intr. v. *gehören, gebühren:* wen gehert das Bond *(Band als Pfand)* en meïner Hond? *Lix.* Der Hut gehert mir. Er gehert ufgehänkt. Das gehert sich.
ge-herich [-hériχ *fast allg.*] adv. *gehörig, ordentlich:* es hat g. geränt *Fo.* Den ho(n) mer g. durchgehau.

ge-hertscht [-hèrtšt *D. Si.*] adj. u. adv. 1. *beherzt, mutig*: e gehertschte Kerl. — 2. *kräftig*: eng g. Speis. — lux. 133 gehêrzt; els. 1,378 u. baier. 1,1171 geherz.
ge-hifft(e) [-hift(ə) *Fa. Lix.* u. s.; -hêft *D. Si.*] adj. (eigentl. Ptc. von hiffen s. d.) *gehäuft, nur in Verbindung mit „voll"*: e gehiffte Leffel voll. D' Korw wird gehiffte voll gemacht. — els. 1, 309 ghuft voll; baier. 1, 1056 gehauft voll.
Ge-hils [-hils *fast allg.*; -hîlts *Ri.*; -hails *D. Si.*] *n. Geheul, Heulen.* — els. 1, 323 G'hül(s).
Ge-hischtel [-hîštəl, -heïštəl *Si. Sbg.*] *n. Hüsteln, Gehüstel.* — lux. 133 Geheïschtel.

gehn [gén, gên *fast allg.*; gón *D. Si.* — *Flexion*: gén, géšt, gét, gén. Ptc. (ge)- gàṇ *fast allg.* — gin, gǽšt, gǽt, gin. Ptc. gáṇ *D. Si.* — gé, géšt, gé, gén. Ptc. gàṇ *Sp.* — Präs. Conj.: geï, geïšt, geï, geïən *Si.* — Imperf. Conj.: gǽṇ, gǽṇšt, gǽṇ *Fo.* — gíṇ, gíṇšt, gíṇ *Bo.* — gèṇt, gèṇšt, gèṇt; Pl. gèṇtə *Lix.* — gèṇ, gèṇšt (gèṇš), gêṇ, gêṇən *Falk.* (Daneben iχ gèt gén). Imper. gé, gén *fast allg.* — ge, gen *Falk.* — geï, geït *D. Si.*] v. *gehen*: er isch iwers gross Wasser gang *nach Amerika Ett.* u. s. 'S geht iwer's Bohnelied *das ist zu stark Ri. Hom. Ha.* 'S geht zu wie uff Hirdehanse Hochzitt *alles wird rein aufgegessen ibid.* 'S geht uff zehn Uhr *es wird bald 10 Uhr schlagen.* Et geht, an et muss gôn, an wann et net geht, dann gin ech *Nj.* Henger sich gehn *zurückgehen;* vor sich gehn *vorgehen 'Bi.* — Als Hilfsverbum gebraucht zur Bildung des Futurums, der unmittelbar bevorstehenden Zukunft. Dieser Gebrauch ist französischen Ursprungs: es geht räne (et get ränen) *es wird gleich regnen*, frz. il va pleuvoir. Er geht sterwen *er liegt im Sterben*, frz. il va mourir. Mer gehn prowieren, frz. nous allons essayer. „Infolge dieser Verwendung ist „gehn" zu einem Adverb mit der Bedeutung „gleich, bald, jetzt" erstarrt, das auch zum Verbum finitum „gehn" verstärkend hinzutreten kann und unbetont ist:* er werd gehn kummen *er wird gleich kommen.* Et werd gehn luden *es wird bald läuten.* Mer gehn essen *wir wollen jetzt essen.* Mer gehn gehn fort *wir gehen nun fort. So kann es vorkommen, daß „gehn" dreimal hintereinander gesprochen wird:* mer gehn gehn gehn *wir wollen jetzt gehen; das erste ist Hilfszeitwort und halbbetont, das zweite Adverb u. unbetont, das dritte ein Infinitiv u. betont".* Tar. p. 110.

Ge-hudels *n. Hom. Ri. Ha. Rom.* u. s. *Verwirrung, Unordnung, Verwicklung.* s. hudeln.

Ge-hufs [-hùfs *Lix.*] *n. das Zurückweichen (vom Fuhrmannsruf* huf! *zurück* s.d.)

Ge-husds [-hùsds *Ri.*] *n. sparsames Wirtschaften, Haushalten.* s. husen.

Gei [gai *D. Si. Vbg.* u. s.; geï *Av. Gelm. Pfb.*; gaij *Pü.*; gïj *Falk. Mtsh.*; gij *Hom. Ri. Rom.* — Pl. gæjən, geïə, gïjən] *f.* 1. *Geige. Rdaa.*: Dat as senger G. *das paßt ihm D. Si.* Dat as en âner G. *das ist was anders D. Si.* — *Vgl. die ähnlichen Redensarten: auf seiner Geigen* u. s. w. *Gr. Wtb.* 4¹, 257, 1. *Reimspruch:*

Gije, Gige, ratze!
morje kumme d'Spatze,
iwermorje d'Finke,
alli Jude stinke.   *Ri.*

— lux. 133 u. moselfr. Gei. — Zs. Geiespiller *D. Si. Violinspieler.*
geibsen *Luft schnappen* s. geipen.
geien [geïə *Av. Lix.* u. s.; gijə *Ri. Rom. Hom. Ha.*; gaiən *D. Si.*] intr. v. 1. *geigen*. — 2. *weinen*: kumm, geï me äns! *verspottet man den Weinenden Lix.*
Geier [gaiər, Pl. -ən *D. Si.*] *m. habgierige Person, Geizhals*: de G. kuckt em aus den Aen eraus *der Geiz schaut ihm aus den Augen heraus Si.* Deï Frâ elo as e G. *die Frau dort ist habgierig.* — vgl. hd. Geier *auch von Menschen im Sinne von habgierig Gr. Wtb.* 4¹, 2561; lux. 133; hess. N. 76.
geierich adj. *D. Si.* geizig, gierig. s. d. vorige.
Geierichkät *f. D. Si. Habgier, Geiz*: e wäsz senger G. kän Enn *seine Habgier ist maßlos.* — hess. N. 76 Geierheit. s. Geier.
geipen [geïpən, geïpsən *D. Si.*; geïbən *Grt.*; gaipsən *Va.*] intr. v. 1. *verlangen,*

verlangende Blicke nach der Speise essender Personen werfen. E steht do ze g. er lauert darauf, etwas zu bekommen. — 2. gähnen, Luft schnappen. — lux. 133 geipen; baier. 1, 874 gaiffen; hess. 141 geiwen, geipen *das Maul aufsperren*; ss. geifen Kr. 33; Gr. Wtb. 4¹, 2558 geiben *lüstern sein*; mhd. giwen.

Geischel [gaišəl, gèišəl *Bo. Grt. Vbg. Ri. Hom.*; gǽšəl *Fo. Pü. Hd. Rein. Merl. Rom. Ha. Nj.*; ğěšəl *Si.*; géïšəl *Falk.* — Pl. -n] *f. Peitsche, Geißel*: mit der G. knalle — Oinen en der G. han *jemanden in der Macht haben Bo.* — henneb. Gischel, From. 3, 131. Zss. Gäschelschmack *m. Si. Peitschenende.* Gäschelstomp *m. D. Si. Peitschenstil.* Geischelstock *Sbg. dasselbe.*

geischeln tr. v. *Bo.* u. s. *peitschen, prügeln.* Auch refl. *sich geißeln.*

Geischt [gaišt *Hom. Ri. Rom.*] *m. Weingeist, Alkohol*: der Win hat vil G. — els. 1, 240 Geist 3.

Geiwer [gaiwer *Ho. Ri.* gǽwər *Rom.*] *m. Geifer.* — Zss. G.-dichel *Tuch, das man den Kindern beim Essen vorbindet.* G.-joggel *m. Hom. Ri. Rom. jd. der sich beim Essen oder Trinken verunreinigt.*

Geiz [gèits *Rü.* u. s.] *f. Pflugsterz.* — lux. 134; els. 1, 253; baier. 1, 967; mhd. geiz, geize. s. a. Gr. Wtb. 4¹, 2816.

Ge-jächs [jèχs *fast allg.*; -jèšds *Sbg.*] *n. wildes Durcheinanderrennen, bes. beim Spielen der Kinder.* — els. 1, 402 Gejäch.

geje s. gen.

Ge-jeiz [-jaits *D. Si. n. Geschrei.* s. jeizen. lux. 134 ebenso.

Ge-jemer [-jémər, -jéïmər *Si.*; -jïmərds *Sbg.*] *n. Jammern, Gejammer.* — lux 134.

Gejend [géjənt *D. Si.*; gènχət *Lix.*; -géïnin̨ *Bo.*; géïəd *Sbg.*] *f. Gegend.*

Gejen-däl [géjəndæl *D. Si.*; géïədèl *Sbg.*] *m. Gegenteil.*

Gejeⁿ-part [gejəpart *Ri. Rom. Hom.*; géjəpôrt *Si.*] *m. Gegenpartei.* — lux. 522 Geʲjepârt.

Gejichter [gəjiχtər(ə) *Fo. Lix.*; giχdre *Sbg.*; gəhiχtər(n) *Bo. Falk.*; gešdərə *Pfb.*] *n. Gicht, Kinderkrämpfe*: du hätsch mer bal de G. engejeit *du hast mich recht er-* schreckt *Lix.* En Geschdere fale *in Ohnmacht fallen Pfb.* — henneberg. Gejicht From. 7, 273; els. 1; 197 Gegichter; ahd. gejiht. — Zss.: Gedärme-gejichter(e) *Lix. Unterleibszucken.* Gaissegejichter(e) *Lix. panischer Schrecken, furchtbare Angst.* — els. 1, 197 Geisegichter.

Ge-johls *n. fast allg. lautes Johlen.* — els. 1, 401 Gejöhl(s).

Gehichter s. Gejichter.

Ge-karms *n. D. Si. Gejammer*: wat e G.! — lux. 134. s. karmen.

Ge-katz s. Gekotz.

Ge-kehrs, Ge-kiers *n. D. Si.* 1. *das Kehren.* — 2. *Kehricht.* — lux. 134. **Ge-kicher.** — lux. 134. s. kickeln.

Ge-kickels *n. fast allg. Gekicher.* — lux. 134. s. kickeln.

ge-klam [-klàm *Bi.*] adj. *gequollen infolge von Feuchtigkeit*: die Fenschter sin g. — s. klam *feucht, klebrig.*

Ge-kläpps *n. D. Si. der gerührte, bearbeitete Teig.* — lux. 134; vgl. baier. 1, 1336 kleppern *mit einem Quirl od. Löffel rühren.*

Ge-kleppers [-klèpərs *fast allg.*; -glebərds *Sbg.*] *n.* 1. *Geklapper, Lärm.* — 2. *Weibergeschwätz.*

Ge-klingels [-klin̨əl(s) *fast allg.*; -klen̨əl(s) *D. Si.*] *n. Geklingel.*

Ge-klipper *n. Si. Geklapper.* — lux. 134.

Ge-kleter [-klétər(s) *Si.*] *n. (Kollektiv zu* Klette) *alles, was wie eine Klette festhaftet.*

Ge-klopps (Geklapps) *n. D. Si. Geklopfe, Geklapper.*

Ge-kloter [-klótər(s) *Si.*] *n. Geklatsch, unsinniges Geschwätz.* — vgl. baier. 1, 1341 klattern *plaudern, klatschen*; ndd. klättern From. 6, 215; s. a. Gr. Wtb. 5, 1016.

Ge-klunschels *n. Si. Geschaukel.* — lux. 134 Geklünsch. s. klunschen *schaukeln.*

Ge-knatsch *n. Bi. Sbg.* u. s. 1. *schlecht zubereitete Speise.* — 2. *überh. etwas schlecht Verfertigtes, Mißlungenes.* — s. knatscheⁿ.

Ge-knerrds *n. Ri. Hom. Rom. Ha. schnarrende Aussprache des* r. s. knerreⁿ.

Ge-kniwels *n. D. Si. Sbg. Pfuscherei, oberflächliche Arbeit.* — lux. 134. s. kniweln.

Ge-knoters [-knótərs *D.*; -knouters *Si.*] *n. immerwährendes Murren u. Schelten.* — lux. 523. s. knotern.

Ge-knurwels *n. Sbg. Murmeln, unverständliches Reden zwischen den Zähnen.* — s. knurwleⁿ.

Ge-kochs [-koχs *fast allg.*; -kaχs *D. Si.*] *n. Geköch, Kochen.* — els. 1. 420 Geköchs; lux. 134 Gekachs.

Ge-kotz [-kòtz *fast allg.*; -kàtz *D. Si.*] *n. Husten, Auswurf, Gekotz.*

ge-krächt verbaladj. *Si. geborsten, hinfällig:* en g. Gesondhät *eine geschwächte G.* — lux. 523. s. krächen.

Ge-kraits [-kraits *D. Si.*] *n. Kräuter, Gewürzkräuter (Kollektiv zu* Kraut, Pl. Kraider). — lux. Gekraids Ga. 171. s. a. Gekrider.

Ge-kramänzels *n. Ri. Hom. kunstvolle, aber übertriebene Verzierung, Schnörkel.* — els. 1, 518 ebenso.

ge-krämpelt [-grèmbəld *Ri.*] adj. *gekrämpelt:* gekrämpeldi Woll.

Ge-kratzel *n. Bo. D. Gekritzel.* — s. kratzeln.

Ge-krenkels [-kreŋkəls *D. Si.*] *n. Gekringel, Schnörkelwerk, überflüssige Zierrat.* — lux. 134; engl. crinkles.

Ge-kresch [-kreš *fast allg.*] *n. anhaltendes Schreien, Weinen. (Kollektiv zu* kreischen). — els. 1, 525 Gekrisch; lux. 134 Gekrösch.

Ge-krider [-krídər *Bo.*; -gridərds *Sbg.* -krídərs *Av.* u. s.] *n. Zusammensetzung von Kräutern, heilsame Kräuter.* — els. 1, 533 Gekrüter. s. a. Gekraits.

Ge-kriks [-kriks *Bi.*] *n. das Krachen, Knarren von neuen Schuhen.* s. krikseⁿ.

Ge-krontzel *n. Si. Dasselbe wie* Gekratzel.

Ge-krotzel *n. Bo. unnützes Gerede.* s. krotzeln.

ge-kruwelt adj. u. adv. *fast allg. gekräuselt, gelockt.* — s. kruweleⁿ.

Ge-kwox [-gwogsds *Hom. Ri.*] *n.* 1. *krankhaftes Hinabwürgen.* — 2. *Brechreiz.* — vgl. els. 2, 214 quoxe.

gël [gél *fast allg.*; gêl *Sbg. Fo.*; géïl *Bo.*] adj. *gelb:* e gëler Vogel. — Gël wie Gold *goldgelb.* Gële Riwe *Mohrrüben.* De gële Abscheid gen *einem absagen Ri.*

— els. 1, 213 gël; hess. 121 gêl; lux. 134 giel. — Zss. Gële-männchen *m. D. Si. Gelbbrüstchen (Vogel), Kanarienvogel. Auch Spottname für jemanden, der eine gelbe Hautfarbe hat.* gël-nasich adj. *elend u. frech zugleich Ha.* Gëlschniss u. G.-schneik *f. Grünschnabel (als Spottname).* els. 1, 213 Gëlschneik. Gële-spatz *m. Pü. Goldammer.* Gëlstän *m. Si. Ackergelb, Gelberde*; lux. 136 Gielstên. Gël-vegelcher pl. *Pfb. Levkoje (Gelbveigelein).*

gel-acheldich [gëïlaχəldiχ, gëïlaχtiχ *Bo.*; gélext *Ha. Rom.*; gêlèdi *Ri. Hom.*] adj. *gelblich.*

Ge-laifs [-laifs *Lix.* u. s.; -laufds *Sbg.*; -lêfs *D. Si.*] *n. anhaltendes, wiederholtes Laufen, Lauferei:* isch das wider e G.! — els. 1, 567 Gelauf(s); lux. 134 Geläfs.

Ge-länn [-lèn *D. Si.*] *n. Gelände, Gefilde, Länderei.* — lux. 134.

Ge-länner [-lènər *fast allg.*] *n. Geländer.* — lux. 134.

Ge-läppels *n. Ri. Hom. Ha. Rom.* 1. *kleines Backwerk.* — 2. *wertlose Stoffreste, Lappen.*

ge-lässlich [-lésleχ *Si.* u. s.] adj. *handlich, umgänglich, zu einer Verständigung sich leicht herbeilassend, gelind:* en g. Ströf *eine gelinde Strafe.* — lux. 136 geleislech; baier. 1, 1504 gelass, gelässig.

Ge-lauts *Geläute* s. Geluts.

Geld [gèlt *allg.*] *n.* wie hd. *Geld:* G. leïsen *einnehmen vom Verkauf Si.* D' Geld rejiert d'Welt. G. eweï Streïh *viel Geld D. Si.* Ech ka' kä Geld aus em Stän schlòn *Si.* G. in den Dreck werfen. G. verdiene wie e Söwdriwer *(Ferkelhändler).* Viel G. mache *reichen Gewinn haben.* Er kann ke G. g'sehn *kann es nicht behalten Ri. Hom. Rom. Ha.* E Heidegeld *allg. viel Geld.* — Zss. Geldbeidel *Geldbeutel.* G.-bobe *einer, der stets im Geld wühlt Ri.* G.-brief. G.-innehmer *Pfb. Steuerempfänger.* els. 1,773. G.-sack. G.-schleng *f. D. Si. geldgierigerMensch*(Schleng zu schlingen). G.-schisser. G.-ströf *Geldstrafe.*

Ge-lecks *n. D. Si.* u. s. 1. *Leckerei.* — 2. *übertriebene Zärtlichkeit.* — lux. 135.

Gelehhät [gəléhæt *Lix̌*. u. s.; -lèjəhaid *Hom. Ri. Ha.*; gəléənhêt *D. Si.*] *f. Gelegenheit:* bi der erscht bescht G.

ge-leidich [gəlaidiχ *Lix.*; g'lèdiχ *Mü.*; g'lèïdiχ *Bo.*] adj. *überdrüssig, unwillig, betrübt:* do soll mer nit g. wäre! — vgl. mhd. geleidigen *betrüben.* s. leidich.

ge-leïft [-lèïft *D. Si.*] 3. Pers. Sg. Ind. *zu einem ausgestorbenen Ztw.* geleïwen *belieben:* wat geleïft? *was beliebt?* Wann Ech geleïft *(wenn es Ihnen beliebt)* gefälligst. — lux. 135.

Ge-leit [-lèit *fast allg.*; -læt *D. Si.*] *n. Geleite:* 's G. gen *das G. geben.* Mat äm zoᵘ Gelät gôn *jemand geleiten Si.*

ge-le'n [gəléən, gəlé *D. Si.*] adj. *gelegen, zu passender Zeit.* — lux. 135.

ge-lenich [-leniχ *Bo.* -leneχ *Si.*] adj. u. adv. *gelinde, sanft, mild:* mach's g.! Gelenich Wedder *mildes Wetter.* — lux. 136 gelénnech.

Ge-lenk *n. fast allg.* wie hd. *Gelenk:* weh im G.

ge-lenkich, Gelenkichkät wie hd.

ge-libert [-libat *Kr.*; -líwərt *D. Si.*] adj. *geronnen:* g. Milch, g. Blut. — baier. I, 1414; mhd. liberen *gerinnen,* zu mhd. labe, lap = coagulum; lëber (Lëbermer *sagenhaftes geronnenes Meer).*

Ge-lichtersch [-liχtərš *Lix.* u. s.; gliχdərs *Ri. Hom. Rom.*] *n. Gelichter:* er isch dines G. *er gleicht dir.* Jeder soll met sines G. gehn *mit seinesgleichen Lix.* Er hat sin G. nit *er ist einzig in seiner Art Sbg.*

Ge-lihts [-líts *D. Si.*] *n. Beleuchtung.* — lux. 136 Gelichs.

Ge-ling [-liŋ *Lix.* u. s.; -leŋ *D.*] *n. Lunge mit den anliegenden Fleischteilen, wie man sie beim Schlachten ausnimmt.* — lux. 136 Geleng; baier. I, 1493 Gelüng; henneberg. Gelünge, Geläng From. 7, 274.

Ge-lirs [-lírs *Lix.* u. s.; -lírds *Rom. Hom. Ri.*] *n. Geleier, Saumseligkeit, nutzloses Herumtreiben:* siw emol still met dim G.! *(Kollektiv zu* liren). — els. I, 607 Gelir(s).

Ge-lischte [-lïštə *Fo. Falk.* u. s.; -lišdə *Sbg.* g(ə)lošt *Si.*] pl. *Gelüste, Verlangen, große Lust:* haschte kän G.? *willst du nicht mitessen?* — els. I, 620 Geluschte; lux. 130 Geloscht.

gelischten, gelöschten tr. v. *gelüsten:* es gelischt mi no ebbs *Sbg.*

ge-lischterlich, gelöschterlech adj. *lüstern.* — els. I, 621 gelüschterlich. s. Gelischte.

ge-liwert s. gelibert.

Gell [gèl *Hom. Ha. Ri.*] *m. gellender Schrei:* e G. uslosse. — els. I, 211 Geller.

Gelle-gotts-kand *n. D. Si.* (eigentl. *goldenes Gotteskind) Glückskind; dasjenige, welches im Wettstreit das erste ist.* — lux. 150 Gölle-guᵉts-kand.

gelleⁿ [gèləⁿ u. gılə *fast allg.*; gèldə *Sbg.*; gélən *D. Si.* — Flexion: gèlə, gılšt, gilt — gəgol, gəgolt u. gol] intr. v. *gelten, wert sein:* Was gelte d' Eier? 'S gilt! Prosit! Do gilts awer! *da muß gearbeitet werden!* Ri. Was gilts, der hat mich erwitscht! *es ist nahezu sicher . . . Ha. Hom. Ri.*

gellich [gèliχ, gèleχ *D. Si.*] adj. u. adv. *rein, unvermischt, lauter:* et as gellije Wèss *reiner Weizen; verstärkt:* pur gellech Wåsser *ganz reines W.* — els. I, 211; baier. I, 891; lux. 136; schwed. gäll = *hell.* — vgl. hell, hellig.

Ge-lochs [-loχs *Si.*] *n. die unbrauchbaren Blätter des Kohlkopfs, die durch Einschnitt am Strunk entfernt werden.* s. lochen.

ge-loscht, gelöschten s. gelischte, gelischten.

Gelp [gèləp, Pl. gèlpən *Si.*] *f. Holzkanne mit Reifen gebunden, das gewöhnliche Trinkgefäß der Bauern bei der Feldarbeit.* — lux. 136 Gèlp; hess. 127 Gilpe; hd. Gelpe, Gilpe Gr. Wtb. 4¹, 3052. — vgl. ndl. gelpen *in großen Zügen trinken.*

Gelschter [gèlstər *Lix.* u. s.; gəlšdər *Sbg.*; gèlstər, gèlštər *Bi.*] *m.* (eigentl. *zauberhaft eingeflößter Schrecken* zu ahd. galstar *Zauberlied) Schreckhals als Schimpfwort.* — els. I, 214 Galster; mhd. gelster, galster.

gelschtereⁿ [gèlstərə, gèlštərə *Bi.*] intr. v. *in Schrecken geraten, vor Schreck aufschreien.* — hess. 122 gelstern. s. a. vergelstert.

gelt [gèlt *fast allg.*; geḷt *D. Si.*; gèl *Fo.*; gèlən *Bo. Fa. Falk.*; gèt *Lix. Falk.*] *nicht wahr? (Frage, bei der man Zu-*

stimmung voraussetzt) soll es gelten? (denn eigentl. ist gelt 3. Pers. Sg. Konj. Präs. *von* gelten) *ist's nicht so?* Gell du? — gell'n lhr? *Höflichkeitsform Personen gegenüber, die mit „Sie" angeredet werden.* Gelt, du warsch do? *allg.* — Gett, de kimmscht? *Lix.* — els. 1,217 gël(t); baier. I, 908; hess. 123; lux. 136.

Geltchen [géltχən *Busd. D. Si. Gelm.;* gèlχin *Bo.* — Pl. géləɾχər, géltχər, gèlχər] *n. Medaille, Medaillon, Denkmünze, Ehrenzeichen.* — lux. 134 Gélchen; vgl. mhd. gëlt, gült, gülte *Wert, Preis, was die aufgewandte Mühe vergilt.*

geltich [geltiχ *D.;* geltex *Si.*] adj. *gültig.* — lux. 523 göltech.

ge-lunt [-lúnt *Fo.* u. s.; -launt *Si.*] adj. *gelaunt:* er isch immer bës od. schlecht g. — cls. I, 593 gelunt.

Ge-lurds [-lúrds *Hom. Ri. Rom. Ha.*] *n. regendrohendes Wetter.* — vgl. els. I, 608 lurig *regendrohend.*

Ge-luts [-lùts *fast allg.;* -laits *Si.;* -lauts *D.;* -lids *Sbg.*] *n. Geläute.* — els. I, 627 Gclüts; lux. 523 Gelauds.

Gelz [gelts *fast allg.;* gèlts *D. Si.*] *f. verschnittenes, weibl. Schwein.* — els. I, 218; baier. I, 910; lux. 136; mhd. galze, gelze.

gelzen [géltsə *fast allg.;* gèltsən *D. Si.;* gelsə *Pü.;* gélsə *Lix.*] tr. v. *Schweine verschneiden.* — els. 1,218 galze, gelze; lux. 136 gèllzen; mhd. gelzen; engl. geld.

Gelzer [geltsər *fast allg.;* gelsər *Pü.;* gèltsərt *Si.*] *m. Mann, der die Schweine verschneidet.* — els. 1,218 Galzer, Gelzer; hess. 123 Gelzenleichter.

Gëlzert [giəlsərt *Si.* u. s.] *f. Gelbsucht.*

gëlzich [géltsiχ, géltseχ *D. Si.;* geïltsiχ *Bo.*] adj. *gelblich.*

Gemāch [gəmæχ *Av. Bo. Fi. Si.* u. s.] *n. Geschlechtsteile des Mannes.* — els. I, 646, 649; baier. I, 1564; lux. 136 Gemâch; henneberg. Gemäch, From. 7, 274. — ahd. gimahti; mhd. gemaht; nhd. Gemächte Gr. Wtb. 4¹. 314, 3.

Ge-machs [-maχs *fast allg.;* -maχds *Ri. Hom.;* -meχs *D. Si.*] *n. (Kollektiv zu* machen) *überflüssiges Tun u. Treiben; Getriebe in tadelndem Sinne:* was isch das far e G.! — Bi dem G. werde mer net fertich *Lix.* — els. I, 646 Gemachs; lux. 137 Gemechs.

ge-mahnen [-mánən *Falk. Sbg.* u. s.; -månən *Bo.* — Ptc. gəmánt] v. *mahnen. erinnern an etwas, vorkommen wie:* gemahn mich dran! — Er gemahnt mich vil an sin Vater. I weiss gar nit, wie de mich gemansch *(geläufige Phrase).* Es gemahnt mich *mich dünkt, es kommt mir vor.* — els. 1, 687 gemane; lux. 137 gemunnen; mhd. gemanen.

Ge-maläuchels [-maloeχəlds *Ha. Ri. Rom.*] *n. Betrügerei, Verfälschung:* s. malauchen.

ge-mälich [-mæliχ *fast allg.*] adj. u. adv. *bequem, langsam, gemächlich, gemütlich:* e g. Haus *ein bequemes Haus D. Si.* — Numme g.! *nur sachte!* Schaffen als g.! *arbeitet langsam! Mü.* — *Sierck hat außerdem die Form:* gemilzech *recht langsam, gemütlich:* geïh *(geh)* g.! — els. 1,640 gemälich; lux. 137 gemällech; mhd. gemechlich.

Ge-mälichkät *f. Bo. D. Si.* u. s. *Bequemlichkeit.*

Gemän [gəmæn *fast allg.;* gəmain *Bo.;* gəmeïn *Falk.;* gemèn *D.*] *f. Gemeinde.* an der G. sin *der Gemeinde angehören.* Sech an G. do^{u}n *sich in die G. aufnehmen lassen Si.* Sech aus de G. do^{u}n *seinen Anteil am Gemeindegut aufgeben, aus der G. ausscheiden Si.* — els. 1,689 Gemein; lux. 137 Gemèng. — Zss. Gemäne-bode *Gemeindediener.* G.-rôt *m. fast allg. Gemeinderat.* G.-schätzeng *f. Si. Gemeindesteuer.* G.-schriwer.

gemän [gəmæn *fast allg.;* gəmeïn *Falk.;* gəmain *Bo.;* gəmèn *D.*] adj. u. adv. I. *gemein:* 's isch e gemäner Kerl *Fo.* D' gemäne Litt *gewöhnliche Leute;* gemäner Schnabbs *letzte Qualität Branntwein Ri. Rom. Ha.* — 2. *gemeinsam:* mer han's ins g. — 3. *häufig vorkommend:* s' isch e gemäner Stoff. — 4. *leutselig, herablassend:* er isch gar g. mit de arme Lit *Fo.* Unsa Herr isch e gemeïner Mann *unser Pfarrèr ist ein leutseliger Mann.* — els. 1,688. s. a. From. 275.

gemänechlech adv. *Sbg. gewöhnlich, in der Regel.* — els. 1, 688.

ge-mänen, sich [-mǽnən *Si.*] refl. v. *eine freundliche Gesinnung gegen jem. haben, es gut mit ihm meinen:* en hot sech net mat em g. welen *er hat sich nicht herabgelassen mit ihm zu sprechen.* — els. 1,689 gemeine.
Ge-mäner [-mǽnər *Si. Sbg.* u. s.] *m.* 1. *Mitglied einer Gemeinde, Teilhaber am Gemeindegut.* — 2. *gemeiner Soldat.* — baier. I, 1613 Gemainer; lux. 137 Geménger; mhd. gemeiner.
gemäner-hand adv. *fast allg. allgemein, gewöhnlich:* die dimmschte sin g. de schlimmschte *Lix.* — lux. 137 geméngerhand.
ge-mät [gəmǽt *Av. Fa.* u. s.] adj. *sanft, gutmütig (von Tieren), ohne Rauheit u. Härte:* g. wie e Schaf *Av.* — baier. I, 1686 gemait; mhd. gemeit. *Grimm führt das Wort auf* midan *meiden zurück.*
Ge-mäuschels *n. Ha. Ri. Rom. Dasselbe wie* Gemaläuchels.
Ge-melter [-meltər *Bo. D. Si.*] *n. Gemüll, Gerümpel.* — lux. 137 Gemölter. vgl. baier. I, 1594 Molter u. mhd. molte *Mulm, Zerriebenes.*
Gemer [gemər *Hom. Ri. Rom.*] *Ortsname Gemar:* G. isch nit wit von Kolmer *erwidert man auf die Aufforderung:* gemmer! *gehen wir!*
ge-miedlich [-mídlix *Rom.* -mídli *Hom. Ri.*] adj. *gemütlich.*
Gemies [gəmís *fast allg.*; gəméïs *Bo. D. Si.*] *n.* 1. *Gemüse.* — 2. *ein Durcheinander.* — lux. 137 Gemeïs.
Ge-mimmel [-mímǝl *Fa.* u. s.; -memǝls *Bo.*] *n. Gemunkel, verleumderisches Gerede:* der Bauer fercht dat G. — vgl. hess. 275 es mummelt sich *es geht ein Gerücht;* baier. I, 1598, 1599 memmeln, müemeln *die Lippen bewegen;* lux. 137 Gemömmel s. memeln.
gemoggelt [-mogəld *Ri. Rom.*] adj. *unordentlich gekleidet.*
ge-montet [-montət *Brettn.* u. s.] adj. *sonderbar gekleidet:* wie bescht de dann g.? — s. Montur = *Kleidung.*
ge-moppelt adj. *Bo. pausbäckig, fett.* — vgl. els. I, 697 Moppel *dicker Mensch* u. baier. I, 1633 Moppel *Mops.*
ge-munnen s. gemahnen.

ge-muntiert [-mùndírt *Ri.*] adj. *versehen sein mit etwas:* er isch gut g. s. Montur.
ge-muschtert [-mùstert *Fo.* u. s.; mùšdərt *Sbg. Pfb.*] adj. *gemustert, geschmacklos angezogen:* was das Kind wider g. isch! — Der isch awer g.!
ge-mut [-mut *D.*; -mout *Si.*; -moudix *Bo.*] adj. *wohlgemut, gutes Muts:* et as e gemoᵘt Framensch *Si.* — mhd. gemuot; lux. 137 gemutt.
ge'n geben. s. ginn.
gen(t) [gèn *Fo.* u. s.; géent *Obd. Remelf.*; geïnt *D. Si.*; geïjən *Bo.*; geïə *Sbg.*; gèjə *Pü.*] präp. m. acc. *gegen.* — I. *Zeit:* gen Owet werd's dunkel *Fo.* — 2. *Richtung:* er geht gent de Wind *Obd.* Er es geïnt de Mur gerann *Bo.* Geje n'um Gebiri zu *in der Richtung nach dem Gebirge Ri.* — 3. *Gesinnung:* er es gent mich *Remelf.* — 4. *im Vergleich zu:* er isch grëszer geje den *Pü.* Der esch neischt gent den lô *Obd.* Er isch nix geje mich *Egelsh.* — lux. 138 geïnt.
ge-nadurt [-nadúrt *Lix.* u. s.; -natauərt *Si.*] adj. *von Natur beschaffen:* was will mer, er isch so genadurt. — els. I, 792 genaturt; baier. I, 1769; lux. 137 genatauert; ss. genatûrt, Kisch 87; engl. natured.
genäninge s. äninge, zenäninge.
genau [gənau *fast allg.*; gəná *D. Si.*] 1. adj. *genau, gewissenhaft, karg, sparsam.* er isch zu g. — 2. adv. *genau:* genâ kucken g. *zusehen Si.*
Genauds *n. Ri. Rom. Ha. das Nagen.*
Genchet s. Gejend.
Ge-nesselter [-nèsəltər *Pfb.*] *m. Ackerod. Feldsalat* (Valeriana locusta olitoria). — els. I, 787 Nessel-salat; baier. I, 1761 Nissel-salat, Niselesalat; hess. N. 195 Nüszchen.
Genfer [gènfər *Si.*] *m. Ginster.*
gengen [gèŋə *Bi. Ri.* u. s.] tr. v. *(Kausativum von* gehen*)* 1. *gehen machen, vertreiben, verjagen:* ich werd dich g.! ich will dir Beine machen. — 2. *langweilen, belästigen, quälen:* der soll mich ja gegengt han! *Ri.* — baier. I, 923 u. hess. 123 gengen *gehen machen;* els. I, 224 gänge *prügeln.* — mhd. gengen.

Genick [g'nik *fast allg.;* gnĭg *Sbg.;* gənek *D. Si.*] *n. Genick:* i schla dir ens ins G. *Ri.*

gen-iwer [gèənįwər *Fo.* u. s.; gejən-{wər *D. Si.*; géjeïwər *Mtsh.*] 1. präpos. m. dat.: geniwer dem Hus isch e Garte *Fo.* — 2. adv.: geniwer isch e Budik.

Ge-nischels [-nĭşəlds *Hom. Ri. Rom.*] *n. eifrige Beschäftigung mit Kleinigkeiten.* — vgl. els. 1, 789 nüsle.

Genkel [geŋkəl *Bo. Si.* u. s.; gĭŋgə *Sbg.*] *f. heraushängender Nasenschleim.* — els. 1, 224 Ginke; vgl. baier. 1, 923 gankeln *baumeln;* hess. 140 gunkeln; henneberg. genggeln From. 3, 132; 6, 131, 44; hd. gängeln. s. a. Gink. — Zs. Genkel-nas [-nás *Bo.*; -nuəs *Si.*] *f. Rotznase.*

Genn [gèn *Hd. Brettn. Rü. Si. Vbg.* u. s.] *f. Getreidebühne über der Scheune, Heuboden.* — lux. 138 Gènn. — G. ⟩ frz. gaîne?

gent *gegen* s. gen.

Genuhtchet [g'nútχət, knútχet *Pü.*; gənútχit *Bo.*] *f. Nährkraft des Fleisches, der Pflanzen, des Bodens:* das Stick hat kä' G. *hat keine Kraft mehr, es fehlt ihm an Dünger.* — vgl. baier. 1, 1720 Genu'ht *Genüge;* mhd. genuht, genühtecheit.

genunk [gənùŋk *Fo. Schw.* u. s. genû, genüg *Hom. Ri.;* gənuŋ *Lix. Sgd. Ha.;* gənoχ̇ *D. Bo.;* gənouχ *Si.;* gənoï *Grt. Falk.*] adv. *genug:* haschte noch nit bal genunk? *Fo.* I han em gen bitz genu *Ri.* 'S isch e nie g. *er bekommt nie genug Ri.*

genuschem [gənuəžəm *Si.*] adj. u. adv. *genügsam, sparsam.*

Ge-nuss [gənus *Lix.* u. s.; gənòs *Bo. D.Si.*] *m.* 1. *Genuß.* — 2. *Nutznießung. Eheleute verschreiben sich gegenseitig den G. d. h. die lebenslängliche Nutznießung der Güter des andern Erbteils.*

Genwiler *Ortsname Genweiler, Dorf im Kanton St. Avold. Rda.:* er isch von Honwiler (s. d.), nit von Genwiler *er will haben, aber nicht geben; ist habsüchtig, nicht freigebig.*

ge-optet [-òptét *Fo.*] Ptc. perf. *eines ungebräuchlichen Verbums* opten *sich für die französische Nationalität entscheiden (nach dem Kriege):* se han geoptet gehat.

Georg [Géaχ *Obd.*; gèriχ *Bo.;* gerj *Si.* — Demin. gérlè, gérè, gérəl *Bo.*] s. a. Schorsch.

Ge-päckel(s) *n. Sbg. D. Si. (Kollektiv zu* Pack) 1. *viel Gepäck.* — 2. *Durcheinander, Mischmasch.* — lux. 138.

Ge-päcks [-pěks *Bi.*] *n. schnarrende Art zu sprechen wie die Püttlinger und Saargemünder.* — s. päksen.

Ge-pesber s. Gepischber.

gepickt [-pĭkt *Fo. Lix. Sgd.* u. s.; -pekt *Si.*] adj. *verrückt:* ich män, du bischt g. — els. 2, 26 gebickt. — s. picken.

Ge-piffs *n. fast allg. fortwährendes, lästiges Pfeifen.* — els. 2, 134 ebenso.

Ge-pinsch [-pînš *D. Si.*] *n. anhaltendes Weinen.* — lux. 523. s. pinschen.

Ge-pips [-píps *D. Si.;* -pibsds *Ri. Rom.*] *n. Gepiepe.* — lux. 138.

Ge-pischber(s) [-pišbərs *Sgd. Lix.*; -pešpərs *Bo.;* -pišpəlds *Ri. Rom.*; -pesbər *D. Si.*] *n. (Kollektiv zu* pispern, pesbern) *Geflüster.* — hd. Gepisper Gr. Wtb. 4¹, 3529.

Ge-plätsch [-plětš *D. Si.*] *n.* 1. *Geplätscher.* — 2. *Geklatsch.* — lux. 138.

Ge-pleschter [-plěštər(s) *D. Si.* -blěšdərs *Ha. Hom.*] *n.* 1. *Verputz, Mauerbewurf.* — 2. *allerlei Heilpflaster.* lux. 138. s. Plaschter.

Ge-pochels *n. Bo.* 1. *kleine Arbeit.* — 2. *fehlerhafte, stümperhafte Arbeit.* s. pocheln.

ge-pot [-pót *Lix. Sgd.* u. s.] adj. *mit Trieben versehen:* de Bäm sin gut g. *haben viele Triebe.* — s. Pote.

Geps [geps *fast allg.;* gep. *Av. Mtsh. Rein.;* gĭbs *Sbg.;* gips u. gap *Si.*] *m. Gips.* s. a. Gapp. — Zs. Gep-wasser (-wasa *Av.*) *n. kalkhaltiges Wasser.*

Gepser *m. fast allg.* (Gibser *Sbg.*) *Gipser.*

ger [gǽr *fast allg.*; géar *Falk.* — Compar. leïwər, gǽršt (leïfšt)] adv. *gern:* er han *lieben,* er hat mich nit ger — Er wär g. kumme, awer er hat nit gekinnt *Fo.* Das Tuch verrisst g. *Av.* Nit ger *ungern.* — 2. *leicht:* 's hält *(heilt)* g. I bekumme g. Koppweh *Ri.* (*Schon in den altd. Gesprächen S.* 10 gerra *statt* gërno). — Ger *tritt als Verstärkung zu* alle: alleger (s. d.).

Ge-rabbels *n. Bo. D. Si. anhaltendes Rappeln, Gerassel.* — lux. 138.
Ge-räbbels *n. D. Si.* 1. *Plunder, Gerümpel.* — 2. *gemeines Volk, Gesindel.* — lux. 138; vgl. engl. to rabble.
Ge-rakels [-rakəls *Pü.* u. s.] *n. altes Zeug, Plunder, Gerümpel:* er hat G. gesteit *(gesteigert).* — els. 2, 247 Rackel *Plunder, Pack.*
Ge-raschpel(s) *n. D. Si. Geraspel.* — lux. 138 Geràspel.
ge-rascht, ge-ratzt [-rašt *Fa. Ett.* u. s.; -ratstən *Bo.*] adj. *rüstig, munter:* der isch noch g. for sin Alter. — *Spruch:*

Wer nimmeh ischt gerascht,
isch iwerall zur Lascht. *Fa.*

— els. 2, 295 gerast (gerascht). s. reschten *rasten, ausruhen.*
Ge-rätschs [-rètš *fast allg.;* -rèdšds *Ri. Rom. Hom. Ha.*] *n. Gerede, Geschwätz.* — els. 2, 309 Gerätsch.
ge-recht [-rèχt *Fo.* u. s.; -rét *Falk.*; -rièt *Si.*] adj. *gerecht.*
Ge-rechtichkät *f. allg.* 1. *Gerechtigkeit:* es git jo kän G. meh *Fo.* — 2. *Umfang des Rechts:* bitz dohin geht mini G. *Ri. Rom. Ha.*
Ge-reds [-réds *fast allg.;* -rièds *Si.*] *n. Gerede:* 's isch s' G. *es geht so die Rede.* Ins G. kumme *von sich reden machen (in ungünstigem Sinne) Sbg.* — lux. 138 Gerⁱeds; els. 2, 233.
Ge-rei [gəreï *fast allg.*] *n. der Teil des Wagens, der sich mit den vorderen Rädern bewegt.* s. reien *drehen.* — *Beim Pflug* (Pluksgereï) *ist es der Vorderteil bestehend aus zwei Rädern, dem Kisse* (s. d.), *worauf der Pflugbaum ruht, dem Reïschid* (s. d.) *zum Lenken bestimmt und dem Silschid* (s. d.), *dem Holz zum Anhängen der Zugketten.*
ge-reimich [-raimeχ *D. Si.*] adj. *geräumig.* — lux. 138.
gereint adj. *Rg. totmüde:* er isch g. — frz. éreinté.
Ge-reis [-rais *Lix.* u. s.; -ræs *D. Si.*] *n. vieles Hin- u. Herreisen.* — s. reisen.
ge-rellt [-rèlt *Bi.* u. s.] adj. 1. *gerippt:* g. Geschirr; g. Babier. s. Rell *Striemen.* — 2. *geröstet:* g. Gerscht, g. Erbse *Ri.*

Gereⁿ [gérə *Ett. Fo. Sgd. Lix. Sbg.* gæra *Fa. Rom.;* gèrən *Bo. Falk. Grt. Vbg.;* géïər *D. Si.*] *m.* 1. *Schoß:* kumm uf min G. *Fo.* Heb de G. uf! De Mame hats Kind ufm G. sitze *Lix.* Wo m'r will su eppes kumme, derf m'r de Hänn nit en de G. leije *Lix.* — 2. *keilförmiges Stück Tuch (Zwickel):* e G. in e Rock setze. — 3. *keilförmiges Feldstück, zugespitztes Ackerfeld.* — els. 1, 229; baier. 1, 930; hess. 124; lux. Géer Ga. 168. s. a. From. 2, 217; 5, 434; 6, 14; mhd. gêr, gère. — *Flurnamen:* Langen Guerren, Segel Gueren (Segel *kleines Stück Land, wo Wasser sickert*) Besl. II, 37.
Ge-renns *n. fast allg. Hin- u. Herrennen (verächtl. u. scheltend):* was isch das für G.? Dat war e G. un e Gelaufs of der Strass *Bo.* — els. 263; lux. 139.
Ge-rep [-rep *D. Si.*] *n. Gerippe.* — lux. 139 Geröpp; ss. Geräpp, Kisch 87.
ge-rept [-rept *D. Si. Bo.;* -rïbd *Ri. Hom. Rom. Ha.*] adj. *gerippt.* — lux. 139 geröppt.
Ge-resels [-resəls *D. Si.* -rïsəlds *Rom. Ri. Hom.*] *n. andauerndes Rütteln.* — lux. 139. s. reseln.
ge-rese-wit [-réʒəwĭt *Lix.* u. s.] adv. *spaltweit:* de Dür steht g. uf. — s. Res *Ritze, Spalte.*
Ge-ribbel *n. D. Si. Getöse, andauerndes Lärmen u. Klopfen.* — lux. 139. s. rubbeln *klappern.*
Gerid [gerid *Ri.;* gerik *Fa.*] *n. Wärterhäuschen.* — frz. guéritte.
ge-ridelt [-ridəld *Ri. Rom. Hom.*] adj. *vom Tuch gesagt, in welches quadratförmige Bildungen eingewoben sind.* — vgl. baier. 2, 58 Ridel *Flechte*; ahd. ridan; ags. vrîdhan; engl. writhe *drehen, flechten*; kärntn. reiden From. 6, 195.
Geriet [gərièt *Si.*] *f. Bequemlichkeit:* menger G. noh *nach meiner B.* — lux. 523; vgl. mhd. gerëht *tauglich, passend.*
Ge-riht [-rĭt *D. Si.*] *n.* 1. *Gericht.* — 2. *Die zu Gericht sitzenden Richter.* — 3. *Gerichtshaus.* — D' Geriht as op 't Plâz komm *die Richter haben den Tatort in Augenschein genommen.* Virum G. *vor den Richtern.* D' lescht G. *der jüngste Tag.*

Ge-rimpel(s) [-rimpəl *Fa.* u. s.; -rìmbəlds *Sbg.*; -rempəl *Bo. D. Si.*] *n. Gerümpel, zusammengeworfener Plunder.* — lux. 139 Gerömpel.

Ge-rims [-ríms *D. Si.*] *n. Eisengitter, äußere eiserne Einfassung.* — lux. 139; els. 1, 274 Gräms; baier. 2, 102 Gerems. — Göthe, Wahrh. u. Dicht. Geräms *(gleich zu Anfang).* vgl. mhd. ram *Gestell, Rahmen.*

ge-rimt [-rimt *Si.*] adj. *geschält (vom Getreide); in Streifen abgelöst.* — lux. 139 gerìmt; zu mhd. rieme, md. rîme *Streifen.*

Gering [gəriŋ *Brettn.* u. s.] *m. Hinterhof.* — hd. Gering *n. Mauerring* Gr. Wtb. 4¹, 3701; schwäb. Gring, Ring. vgl. mhd. gerings *ringsum.*

Gerischt [g(ə)rìšt *Lix. Sgd.* u. s.; gərèšt *D. Si.*; krìšt *Ltf.*] *n. Gerüst, gewöhnl. Gerüst mit Boden über der Scheune; Getreideboden*: de Stämetze bauen e G. M'r gehn's Kôr ufs G. dùn *Lix.* — Zs. Ger i s c h t-leiter *f. Lix.* u. s. *Leiter, die von der Tenne zum G. führt.*

gerksen [gèrksən *Bo. D. Si.*] intr. v. (lautmalend) 1. *girren.* — 2. *Brechreiz empfinden.* — lux. 139 gierksen; vgl. els. 1, 234 girgsen.

Gerksert *m. Bo. Si.* 1. *Schluchzer.* — 2. *Brechreiz.* — lux. 139 Gierksert. s. d. vorige.

Ge-roch [-roχ *fast allg.*] *m. Geruch.* — lux. 139.

ge-rodeⁿ [-ròdə *fast allg.*; -rádən *Bo.*] intr. v. 1. *geraten, glücken, gedeihen, gut ausfallen*: de Grumbere sin nit gut gerod dies Johr *Fo.* — 2. *raten, anraten, erraten*: du hasch's richti gerod *Sbg.* — 3. *zusammentreffen, zus. kommen mit*: er isch in bese Gesellschaft gerod. Er isch m'r iwer di Bire gerod *er ist mir an die Birnen geraten, hat sie weggenommen Rom. Hom. Ri.* — lux. 139 geròden.

gerode-wohl adv. *in der Wdg.*: uf's g. *Hom. Ri.*

Gerscht [gèršt *Bo. Fo. Lix. Sgd. Sbg.* u. s.; gérš *Falk.*; gèšt *D. Si.*] *f. Gerste*: de Grossmome wächst wie zillich *(reife)* G. *sie altert zusehends Lix.* — Zss. Ger s c h t e-kerne; G.-helme *Gerstenhalme*; G.-stick.

Gert I [gèrt *Rü. Si.*; gèrè *Bo.*; gèrə *Vbg.* — Demin. gèrtχən] *weibl. Vorname Gertrud.* — els. 1, 234 Gert; lux. 139 Gèrt. *Daneben* Draut, Drautchen.

Gert II [géət *Bo.*; gírt *Si.*] *f. Angelrute, Gerte.* — lux. 523; els. 1, 234; baier. 1, 940.

Ge-rubbels *n. D. Si. Kollern, Gekoller*: ech hun e G. am Mò'n *im Magen.* — lux. 139 ebenso. s. rubbeln.

gerwen [gèrwən *D. Si.*; gêrwən *Bo. Ho. Rom. Ri.*] tr. v. 1. *gerben.* — 2. *sich erbrechen*: er hat misse g. — 3. *durchprügeln*: der Schulmeister hat em awer de Pelz gegerbt *Ri.*

Gerwerei *f. Bo. D. Si. Gerberei.* s. d. vorige.

Ge-sabbels *n. D. Si.* 1. *Verschüttung, Besudelung durch herabfließenden Speichel.* — 2. *Geschwätz.* — lux. 139. s. Sabbel, sabbeln.

ge-sachte [gzàχdə *Hom. Ri. Rom. Ha.*] adv. *langsam, leise, vorsichtig*: numme e bissel g.!

Ge-säms [-žèmps *D. Si.*; -žéməlds *Sbg.*; -žims *Bo.*] *n. Sämereien, Gesäme.* — lux. 141 Geséms; els. 2, 256 Gesäms. s. Sôm *Same.*

Ge-sang [žàŋ *fast allg.*; -žaŋk *D. Si.*] *m. wie hd.* — Zss. G.-buch; G.-verein.

ge-sat [-žát *D. Si.*] adjekt. Ptc. zu setzen. 1. *kurz, untersetzt*: e gesatene Man. — 2. *verständig.* — lux. 140; mhd. gesat *neben* gesatzt, gesetzet.

Ge-satz s. Gesetz.

Geschärr s. Geschirr.

Geschärr-fiessels *n. Ri. Hom. Rom. Ha. Kratzfüßeln, übertriebene Höflichkeit.* s. schärrfiessle.

geschehn [gəšən *fast allg.*; gəšìn *Falk.*; gəšeïən *Bo. D. Si.*; gəšidən (selten) *Av.* — Ptc. gəšén, gəšlt, gəšid, gəšeït] unpers. v. *geschehen*: es geschiht, es isch geschicht (gescheït). 'S isch em recht geschän *Ri.*

ge-scheit [-šait *D. Si.*; -šeït *fast allg.* — Kompar. gəšeïtər, gəšeïtšt] adj. *gescheit*: der isch jo nit g. *Rda.*: du bisch gar g.; du hasch zu dina Mutta noch e Gaiss *(an einer Ziege) gesoff du bildest dir auf deine Gescheitheit etwas ein Av.*

Du bisch g. *du sprichst nach deinem Verstande, zu deinem Vorteil Ri.* — els. gschid, gscheid.

Ge-scheithät *f. fast allg.* (Gescheitichkeït *Ett.*) *Gescheitheit:* mit diner G. isch's a nix. Er hat de G. mim Kochleffel gefress *Ett. Sbg.* u. s. *überklug sein.*

Ge-schek s. Geschick.

geschekerlech [-šekərleχ *D. Si.*] adj. *geschickt, geeignet:* e g. Framensch *ein brauchbares Frauenzimmer.* — *Davon:* Geschekerlechkät.

Ge-schenk *n. allg.* wie hd.

Ge-scheppels *n. Sbg. übermäßiges od. gewohnheitsmäßiges Trinken von Schoppen Bier od. Wein.* — vgl. els. 2, 423 schöpple *viel trinken.*

Ge-scherrs [-šérs *Si.*] *n. (Kollektiv zu* scherren, scharren) *zusammengekratzter Straßenkot.* — lux. 140 Geschiers.

Geschicht [gəšiχt, Pl. -ə, ər *allg.*] *f.* 1. *Erzählung:* das isch als e lange G. — 2. *Umstände, unangenehme Sache:* mach kän Geschichte! — 3. *Geschäft:* der hat si' G. dumm angekart *der hat sein Geschäft verkehrt angefangen Fo.* — Zs. Geschichts-buch *B. mit Erzählungen.* Geschichte-macher *Sbg. Heuchler.*

Ge-schick [g'šlg *Hom. Rom. Ri.*; gašek *D. Si.*] *n. Geschick. Rdaa.:* er hat e G. wie e Katz zum Hauroppe, wie e Hund im Arsch *er hat gar kein Geschick. Ri. Rom. Ha.* Mach mol e G.! *mach voran! ibid.* En hot schlechte Geschek; et as kä Geschek derbei *D. Si.* — lux. 140.

ge-schickt adj. *passend, genehm:* 's isch m'r g. *Ri. Hom. Ha. Rom.*

Ge-schiess [-šîs *fast allg.;* -šeïs *D. Si.*] *n. anhaltendes Schießen.* — els. 2, 440.

Ge-schilz [-šílts, Pl. -ər *D. Si.*] *Sparrenwerk, Bogengerüst unter einem Gewölbe.* — lux. 140; ss. Geschielz *Kr.* 114. *(Das Wort gehört zu mhd. schale Einfassung von Brettern; ein Verbum* schelzen *kann dazu erschlossen werden. Das Kollektiv wäre dann Geschilz).*

Ge-schipps *n. Ha. Rom. das Schaufeln, Geschaufel.* s. Schipp.

Geschirr [gəšlr *fast allg.;* gəšìr *D. Si.;* gəšèr *Bo. Rein. Sbg.*] *n.* 1. *Küchengeschirr.* — 2. *Sammelname für Handwerksgerät:* wie der Herr, so's Gescherr. — 3. *Gesindel D. Si.*

Ge-schiss *n. fast allg.* 1. *wiederholtes Scheißen.* — 2. *(iron.) Umstände:* e G. mache *um eine Kleinigkeit viel Redens machen.*

ge-schlacht(e) [gšlàχdə *Ri. Hom. Ha. Rom.*] adj. *gesittet, sanft, artig:* e g. Kind. 'S isch g. Wedder *mildes W.* — els. 2, 450 g'schlacht; baier. 2, 500 geschlacht; mhd. geslaht.

Ge-schläfs s. Geschleif(s).

Ge-schlamasselts *n. Ha. Ri.* 1. *zusammengeraffles Zeug.* — 2. *Haufen minderwertiger Sachen od. Personen.* — els. 2, 463 G'schlamassel. s. Schlamassel.

Ge-schlauder(s) *n. Bo. D. Si.* 1. *Hin- u. Herschütteln einer Flüssigkeit D. Si.* — 2. *üble Gesellschaft, Gesindel.* — lux. 140 ebenso; vgl. els. 2, 451 Geschluders. s. schlaudern.

Ge-schlecks *n. fast allg. Geleck.*

Ge-schleif(s) [-šlaifs *Sgd. Lix. Sbg.* u. s.; -šlæfs *D. Si. Rom.*] *n.* 1. *mühsames Schleppen od. Tragen, Verschleppung.* — 2. *schleppendes Singen Ri.* — els. 2, 453; lux. 140. s. schleifen.

ge-schlimmert [-šlimərt u. šlitərt *Fa.;* -šliwərt *Fo.;* -šlibərt *Si.*] adj. *(stets in Verbindung mit „voll") bis zum Rande, zum Übergleiten voll (von Flüssigkeiten).* — lux. 140 geschlubbert voll. s. schlimmern u. schlitern.

Ge-schmach [-šmáχ *D. Si.*] *m. Geschmack.* — lux. 140.

ge-schmack *m. Ri. Hom. Rom. Ha. Geruch:* 's isch e schlechte G. im Zimmer. Todegeschmack *Leichengeruch.*

ge-schmeidich adj. *Si.* wie hd.

Ge-schmers [-šmérds *Ri. Hom.;* -šmiərs *D. Si.*] *n.* 1. *Geschmiere.* — 2. *dreckige Arbeit auf dem Felde bei regnerischem Wetter.*

Ge-schnadder(s) *n. fast allg. Geschnatter.*

Ge-schneiz [-šnaits *D. Si.;* -šnids *Ri. Ha. Rom.*] *n. fortwährendes Schneuzen.* — lux. 140.

ge-schnell *Nebenform von schnell.* s. d.

Ge-schnuffels [gšùfəlds *Ri. Hom. Rom. Ha.*] *n.* 1. *Geschnüffel.* — 2. *unsinniges Geschwätz.*

Ge-schnutz *n. Ri.* 1. *Geschneuz* s. schnutzen.— 2.*Kichern,verhaltenes Lachen.* — vgl. els. 2, 513 Geschnütz.
ge-schoss s. geschuss.
Ge-schottels *n. Sbg.* u. s. *fortwährendes Schütteln, Erschütterung.* — els. 2, 444.
ge-schotten, sich [gəšotən *Bo.*] refl. v. *sich erbrechen.* — vgl. mhd. geschütten.
Ge-schreifs *n. D. Si. Geschreibsel, Schreiberei, Schreibsachen.* — lux. 140 Geschröffs; Gr. Wtb. 4¹, 3968: Geschreibe.
Ge-schribs *n. Ri. Hom. Rom. Ha. dasselbe wie* Geschreifs.
geschter(t) [geštər *Bo. D.*; gešt, gɛštər *Si.;* geštərt, gešərt *Fo. Pü.;* gištər *Falk.;* gišdərt *Fi.;* giəštərt *Saaralb.*] adv. *gestern*: geschert isch er furtgefahr *Fo.* geschder z'oweds *gestern abend, am gestrigen Tag Sbg. Die Form* gischter *hängt mit got.* gistra, *ndl.* gisteren *zs.*
ge-schurrt adj. *Bo. wund aufgefallen, geritzt*: geschurrte Händ. — vgl. ndd. schurren *rutschen* u. hd. schürfen.
ge-schuss [-šùs *Fo. Lix.* u. s.; -šos *Bo. Tet. Sbg.*] adj. *verrückt, von Sinnen*: der isch jo g. (verstärkt: geschusse dortich). Geschoss in der Pelzkapp *nicht recht bei Trost Ri.* — els. 2, 240 G'schoss *übereilt handelnder Mensch*; halbgeschuss *halbverrückt.* s. a. Schossel.
Ge-schuwels *n. Hom. Ri. Schaufeln, Geschaufel.*
ge-schwabbelt adv. *Ri.* in der Vbdg. g. voll *bis zum Rande voll.* — els. 2, 528 ebenso. s. schwabbeln.
ge-schwatt [-šwat *Obh.* u. s.] adj. *betrunken*: der isch wider ordentlich g.! — vgl. baier. 2, 652 schwatteln *überschwanken*; schwättig *schwankend.* ndd. schweddern *schwankendumhergehen* From. 6, 482. s. a. Gr. Wtb. 9, 2347.
ge-schwei's [-šwais *D. Si.;* -šwijə *Ha. Rom.*] adv. geschweige (ne dicam): fur geschwije *Ha. Rom.* — lux. 141 geschweichs, geschweijens; baier. 1, 629 geschweigens.
Ge-schwel [-šwel *D. Si.;* -šwelšd *Sbg.*] *n. Geschwulst.* — lux. 141 Geschwill.
Ge-schwij, Geschweï [-šwij *Hom. Ri. Rom.;* -šweï *Ha.*] *f. Schwägerin.* — els. 2, 522 ebenso.

ge-schwenn [-šwen *Bo. D. Si.*] adj. u. adv. *geschwind, schnell.* — lux. 141 geschwönn.
ge-schwoll [-šwol *fast allg.*; -šwol *D. Si.*] adjekt. Ptc. 1. *geschwollen*: mi' Hand isch g. — 2. *(scherzh.) feist, fett.* — Daneben geschwellt *Fi. gequellt*: geschwelldi Krumbiere *Quellkartoffeln.*
Ge-seffs [gəʒeſ(s) *Bo. D. Si.;* -ʒifds, -ʒufds *Sbg.*; gəʒeïf *Bi.*] *n. Gesöffe, Säuferei, unmäßiges Trinken.* — lux. 142; els. 2, 330 G'suff(s).
Gesendel s. Gesindel.
Ge-sengs, Gesings allg. *n. lästiges Singen.* — lux. 141.
Ge-se'ns [-ʒēŋs *Si.* -ʒēŋds *Sbg.*] *n. häufiges Segnen.* — lux. 141.
Ge-setz [-ʒets *Fo.* u. s.; -ʒats *Falk. Grt. Sgd.* — Pl. -ər(e)] *n. Gesetz*: so stehts im Gesetz. Im Namen des Gesatzes. Gesetzere mache *allgemeine Vorschriften geben Ri.* — Zss. g.-meïssech *D. Si. gesetzmäßig.* g.-widrech *D. Si. gesetzwidrig.*
ge-setzt adj. *fast allg.* wie hd. *ernst, überlegt*: e gesetzter Mann *ein greifter, ruhig denkender M.*
gesetzlich adj. *fast allg.* wie hd.
Gesicht [gəʒiχt *fast allg.;* gəʒit *D. Si. Bo.* — Pl. -ər] *n. Gesicht*: er macht e G. wie drei Da Rä'wetter *Fo.* E micht e Gesicht eweï en Deppen voll gekwellt Deiweln *Si.* 'S G. verliere *blind werden. Sbg.*
ge-sihn [-ʒin *Lix. Pü. Fo. Sgd.*; -ʒīn *D. Si. Falk.*; -ʒēn *Sbg.* — *Flexion*: *Sg.* gəʒin (gəʒin), gəʒišt, gəʒit; Pl. gəʒin (gəʒin). Ptc. gəʒin (gəʒin) *fast allg.* — *Sg.* gəʒin, gəʒaišt, gəʒait; Pl. gəʒin, gəʒeït, gəʒin. Ptc. gəʒin, gəʒin *D. Si.* — g'si, g'siš, g'sid; Pl. g'sên (g'sin) — Conj. Imp. g'sêχd, g'sêχs, g'sêχd, — g'sêχdə; *daneben*: ich dèd g'sên *Ri. Hom. Ha. Die Diedenhofener-Siercker Ma.* hat noch folgende Formen: Präs. Conj.: gəʒeï, gəʒeïšt, gəʒeï; gəʒeïən, gəʒeït, gəʒeïən. — Imp. Conj.: gəʒiχ, gəʒiχšt, gəʒiχ; gəʒijən, gəʒiχt, gəʒijən. — Imper. gəʒeï, gəʒeït. — *Auch in Lixingen wird ein* Imp. Conj. *gehört*: gəʒèt, gəʒètšt, gəʒèt; gəʒètə.] tr. v. *sehen*: Hasch mich g'sehn!

fort war er Ri. Mer wäre g'sehn, hat der Blinn *(Blinde)* gesat. *Ri.* Er gesieht der Kuh am Schwanz an, was der Butter ze Mänz gilt *Fo.* Haschte noch käner gesihn? — Geseïh! *sieh da! Si.* s. a. sihn.

gesihner-aue adj. *fast allg. zusehends:* 's Kälwel wachst g. *Lix.* Met gesihnen Auwen *mit meinen eignen Augen sehend d. h. feststellend Bo.* — lux. 142 zu gesinner Aen; vgl. baier. 2, 247 gesicht, angesicht der Augen.

Gesims s. Ge-säms.

Ge-sindel [-ɀíndəl *fast allg.;* -ɀendəl *Bo. D. Si.*] *n. Gesindel.*

Gesöschtert [-ɀøštərt, ɀeštərt *D. Si.*] pl. *Geschwister.* — s. Söschter.

Ge-spänns [-špèns *Lix.*] *n. ein Halbtagewerk des Pflügers; soviel als er mit einem Gespann pflügen, fahren od. eggen kann.* — els. 2, 543.

Ge-spärr [-špêr, Pl. -ər *Si.*] *n. Gebälk, Sparrenwerk.* — lux. 142 Gespär; hd. Gesparre, Gespärre Gr. Wtb. 4¹, 4136; mhd. gesperre.

Gespass [-špàs *Fo. Lix. Sgd. Sbg.* u. s.] *m. Spaß, Scherz:* das war e G.! Das isch ke G. *keine Kleinigkeit Ri.* Du wirscht doch noch G. verstehn! Fur G. zum Scherz *Ri.* — els. 2, 548.

ge-spassich adj. u. adv. *Fo. Lix. Sgd. Sbg.* u. s. *spaßhaft, scherzhaft, kurzweilig:* e g. Geschicht. Das isch doch g. — els. 2, 548; baier. 2, 686.

Ge-spättels [g'špèdəls *Hom. Ri.*] *n. Haufe von Zeugresten, Flicklappen.* — els. 2, 550 Spatt *Lappen;* baier 2, 690 Spätel, Spettel *Zwickel von Leinwand, Tuch u. dgl.*

Ge-speiz [-špaits *D. Si.* -šputs *Sbg.*] *n. Gespeie, häufiges Spucken.* — lux. 142. s. Speiz, speizen.

Ge-spen [-špen *D. Si.*] *n. Gespinnst.* — lux. 142 Gespönn(s).

Ge-spendiers *n. Ri.* u. s. *das Spendieren, zum besten Geben.*

Ge-spenst [-špènst *fast allg.;* -špeŋšd *Sbg.*] *n. Gespenst:* er siht us wie e G. Du G.! *böser Wicht!*

ge-spiereⁿ [-šbírə *Pfb. Sbg.* u. s.] tr. v. *spüren, fühlen, empfinden, Vorgefühl haben:* es git anner Wedder, ich gespier's an alle Glider. Ich han Krähenaue, dass ich nit miner Fös gespiere *Pfb.* Er g'spiert si nimmer *er fühlt sich nicht mehr (vor Zorn) Ri.*

ge-sponselt [-špoanɀəlt *Kr.*] adj. *gefesselt.* s. Spansel.

Ge-spöttels *n. Sbg. Gespötte:* er isch's G. von de Litt.

Ge-sprāch [-špréx *fast allg.*] *n.* wie hd. — *Rda.:* das G. dûrt eso lang, bis es vor jeder Dir gewän ischt *bis es jedermann erfahren hat Lix.*

ge-sprächich [-špréxix *fast allg.;* -špréxex *D. Si.;* -špéxlix *Av.*] adj. *gesprächig, unterhaltend, leutselig.* — els. 2, 557; lux. 142 gespreichlech.

Ge-spruddels *n. D. Si. das Sprudeln, Gesprudel.* — lux. 142. s. spruddeln.

Ge-sputz s. Gespeiz.

ge-staltich [g'štaldix *Ri. Rom. Hom. Ha.*] adj. *schön, wohlgestaltet:* e gestaldicher Mann. — baier. 2, 754 gestältig.

Ge-stäns [-štǽns *D. Si.* u. s.] *n. Gestein.* — lux. 143 Gesteng(s).

Ge-stechels [-štexəls *Bo. D. Si.* -štixels *Ri.*] *n. Stichelei.* — lux. 143. s. stecheln.

Ge-steckels [-štekəls *Si.*] *n. Gerüttel, Rütteln.* — lux. 144 Gestuckels. s. stekeln.

Ge-steks [-šteks *D. Si.*] *n. gestickte Sachen, Stickerei.* — lux. 143.

ge-stekt [-šteks *D. Si. Bo.*] adj. u. adv. *völlig, bis oben hin; gewöhnl. in Verbindung mit* voll: g. voll *ganz, gestrotzt voll.* — els. 2. 582 gesteckt (voll); baier. 2, 728 gesticket (voll); ss. gestäckt vòl, Kisch 90; lux. 143 m. moselfr. gestekte voll; s. a. From. 4, 112, 66.

Ge-stell *n. fast allg.* 1. *Gestell.* — 2. *Gabeldeichsel D. Si.* — lux. 143.

Ge-steppels [-štepəls *Bo. D. Si.*] *n. Gestocher, Stochern, Sticheln, Stichelei, Aufhetzerei.* — lux. 144 Gestöppels. s. steppeln.

Ge-stepps *n. fast allg. Nähen mit kurzen kleinen Stichen.* s. steppen.

Ge-stesz [-štés *Falk.;* -štéïs *D. Si.*] *n. Drängen, Stoßen, Zusammenstoßen.* — mhd. gestœze.

Ge-stimpels [-šdimbəls *Hom. Ri.*] *n. Gestümper.*

ge-stoppt, ge-stuppt adj. *Fo. Sbg.* u. s. *verkorkt:* Heit trinke mer awer mol e

Buddel gestoppter Win *Fo.* E. Budell gestubbder *Ri.* — s. stoppen.

ge-sträft [-štræft *Bi. D. Si.* u. s.] adj. *gestreift, mit Streifen versehen*: g. Stuft gestreifter Stoff. s. a. gesträmt.

Ge-strais *n. D. Si. Strauchwerk, Sträucher.* — lux. 144 Gestreiss. s. Strauss, Straiss.

ge-strämt [-štæmt *Bi.*] adj. *mit Streifen versehen*: e g. Schirduch. — els. 2, 631 g'strimt; baier. 2, 814 gestriemt. s. a. gesträft.

Ge-stra's [-štrás *Si.* -štrauds *Ri. Rom. Ha.*] *n.* 1. *Streu fürs Vieh.* — 2. *gestreute Gräser u. Blumen bei Prozessionen.* — lux. 144 Gestrés; els. 2, 622 Gestäü. s. straue^n.

Ge-strecks [-štrèks *D. Si.*] *n. gebügelte Sachen.* s. strecken *bügeln.*

Ge-streits *n. D. Si. Gezänk, Streitigkeit.* — lux. 144.

Ge-streks [-štreks *D. Si.* -štriks *Sbg.*] *n. Strickzeug.* — lux. 144.

ge-streng adj. *Falk.* Nebenform von streng.

Ge-strissds *n. Ri. Sträußer.*

Ge-stritts *n. D. Si. Dasselbe wie Gestreits.* — lux. 523.

Ge-strudels *n. fast allg. Gestotter, übereiltes Hersagen von Auswendiggelerntem.* s. strudle^n.

ge-struppt adj. u. adv. *Si. nur in Verbindung mit* voll: gestruppte voll gestrichen, gehäuft voll. — lux. 432 ebehso; vgl. hd. strupfen, ndd. strippen *streichen, abstreifen* From. 6, 78.

ge-stucht [-štuχdə *Hom. Rom.*] Ptc. als Adj. *gedrungen, fest gebaut*: e gestuchter Kerl. — els. 2, 574.

ge-stuppt [g'štùbdə *Ha. Rom. Ri. Hom.*] adv. *in der Verbindung*: gestuppte voll ganz voll (z. B. eine Pfeife Tabak). s. stoppen. *Synon.* geschlabbert, geschweppert voll.

Ge-suddels *n. fast allg.* (*Verbalsubst. zu* suddeln s. d.) *Tätigkeit des Sudelns, Verschüttens einer Flüssigkeit.* — hd. Gesudel Gr. Wtb. 4¹, 4289; els. 2, 328.

gesund [gəʒunt *fast allg.*; gəʒont *Bo. D. Si.* — Compar. gəʒundər, gəʒintšt] adj. 1. *gesund, nicht krank.* — 2. *der Gesundheit dienlich*: das isch g. for dich! — *Rda*: schlof g. u. rund, dass de iwers Bett ena ruwelsch *Ri.* — Zs. kerngesund.

Ge-sundhät [gəʒunthèt *fast allg.*; gəʒonthæt *D. Si.*; gəʒonthait *Bo.*] *f. Gesundheit*: ich winsch d'r Glick un G.! *Beim Zutrinken*: G.!

Ge-supps [gsúbds *Ri. Rom.*; gsugs *Ha.*] *n. Saugen, Geschlürf, schlürfendes Geräusch beim Trinken*: was isch das fur e G.!

Ge-sus [-ʒús *fast allg.*; -ʒúsds *Sbg.*] *n. Brausen, Sausen* z. B. *in den Ohren.* **get** *nicht wahr.* s. gelt.

getel-gewich s. gibbelgäwich.

ge-timbert [-timbərt *Nj.*; -timbrət *Bo.*] adj. *verrückt.* — vgl. baier. 1, 510 betimbern, vertumpern *verdüstern.*

Ge-tottels *n. Bo. D. Si. Gestotter.* — lux. 144. s. totteln.

ge-trei [-trai *Bo. D. Si.*; -dreï *Sbg.*; -treï *Falk.*] adj. *treu, getreu.*

Ge-treihät *f. Bo. Falk.* u. s. *Treue.*

Ge-treips *n. D. Si. Gedärm, Eingeweide.* — lux. 144 s. Trip, Treip.

ge-trescht [-tréšt *fast allg.*; -tróšt *Ri. Hom. Ha.* -treïšt *D. Si.*] adj. 1. *getröstet, ruhig*: kannsch g. gehn *Ri.* — 2. *bei Trost, bei Sinnen*: bischte g.? — lux. 144.

ge-trescht^n, sich, refl. v. *fast allg. getrost abwarten, sich zufrieden geben.*

Ge-trips [-dríbs *Ri. Hom. Ha.*] *n. das tropfenweise Regnen.*

ge-trisch [-triš *Bo.*; -traiš *Si.*] *n. Gesträuch, Gebüsch.* — lux. 144 Getreisch. s. Trusch, pl. Trisch *Strauch.*

Gett [gèt, Pl. -ən *D. Si.*] *f. Gamasche, Oberstrumpf.* *Rda*: d' Getten zeïhen *Reißaus nehmen.* — lux. 144 Gétt; els. 1, 243 Gäte. G. < frz. guêtre.

Gettel [getəl *fast allg.*; gedəl *Ri. Hom. Rom. Ha.*] *f. Taufpatin.* — els. 1, 247 Göttel.

Getrudels [-trúdəlds *Ri.* u. s.] *n. fortwährendes Blasen auf einem Instrument.* — els. 2, 742 Getrudel.

ge-tukt [-tùkt *Fi.* u. s.] adj. *nicht recht gescheit.* — frz. toqué.

ge-tuppt [-tùpt *fast allg.*] adj. *Dasselbe wie* getukt. — vgl. rheinfränk. tuppen

schlagen; els. 2, 702 tupplich *dumm, blödsinnig;* Tüppel *Einfaltspinsel.*
Ge-tusch *n. Bi. Krautstock.* s. Tusch.
Ge-tuts [-tûts *D. Si.*] *n. das Getute, Geblase.* — lux. 144. s. tuten.
ge-währeⁿ [-wǽrə**ⁿ** *allg.*] *(nur in Verbind. mit lossen) im Tun nicht hindern:* loss ne gewähre! *Fo.* — els. 2, 844; baier. 2, 968.
Ge-wähs [-wǽs *Bo.;* -wiəs *Si.*] *n. Gewächs, Auswuchs an einem Körperteil, Geschwulst:* se hot e G. am Leiw *Si.* — els. 2, 786 Gewächs 2.
Ge-wäll *n. Bezeichnung für die Gegend von Sucht, Mombronn, Waldhambach, Hottweiler (Kr. Forbach); Wollmünster (Kr. Saargemünd):* im G. sin d' Litt 's Bergsteije gewehnt. — G. < Gewälde.
Ge-wäller Pl. *die Einwohner der im vorigen bezeichneten Ortschaften.*
Gewand [gəwand *fast allg.;* gəwènd *Falk.;* gəwènd *Ri.;* gəwán *D. Si.* — Pl. gəwandən, gəwánər] *f. Gemarkung, Gelände, Feldmark, Flur.* — lux. 144 Gewân; baier. 1, 943 Gewand, Gewann, Gewende; ss. Gewann, Kisch 90. — ahd. giwant; mhd. gewande, gewende, vom Verbum wanden, anwanden *angrenzen. Flurbezeichnungen:* Guewandt, Guewendt, Geventienne (Deminut.), Kleventienne = Kleingewend, Koeliggewante (chelig *Hügel)* Besl. II, 37.
gewannen s. gewinneⁿ.
ge-wäscht adj. *Hom. Ri. Rom. durchtrieben, gerieben.* Du bisch mer e Gewäschder!
gewehneⁿ [gəwéⁿnəⁿ *fast allg.;* gəwínə *Bi. Ha.;* gəwènən *Si.*] intr. v. *gewöhnen:* ich sin gewihnt *ich bin gewohnt Bi. Schw.* 'S Vieh nus g. *das Vieh zur Herde gewöhnen Rom.*
gewehner-hand adv. *Grt. Fa.* u. s. *gewöhnlich:* d' Kinner un de Narre sa'n g. de Wahrhet.
Gewehnheit [gəwénheït *Falk.;* gəwéniχét *Schm.;* gəwinχət u. gəwónhèt *Bi.;* gəweïniŋ *Bo.;* gəwunhèt u. gəwinext *Si.*] *f. Gewohnheit.*
gewehnlich [gəwénliχ *fast allg.;* gəwinekleχ *D. Si.*] adj. u. adv. *gewöhnlich.*

Gewehr [gəwér *fast allg.;* gəwiər *Si.*] *n. Gewehr.*
Ge-weihts [-wëïds *Ri.*] *n.* 1. *das Wehen, Hin- u. Herschwenken (z. B. mit dem Weihrauchfaß).* — 2. *Schlenkern beim Gehen.*
Ge-wekels [-wekəls *D. Si.;* -wikəls *Ri.*] *n.* 1. *Windeln, Wickelzeug.* — 2. *Lehmboden der Deckenmacher.* — lux. 144.
Gewel [gèwəl u. gèbəl *fast allg.;* géwəl *D.;* gièwəl *Si. Rü.;* geïbəl *Bo.* — Pl. -n] *m.* 1. *Giebel, Giebelwand:* um G. huckt e Vogel. — 2. *(ironisch) Kopf:* ich schlan der äns on de G., dass d'r der Dachstuhl wackelt *Drohung mit einer Ohrfeige Lix.* Ich hoï der eni an de G., dess der oll Heilichen wockeln *Lan.* — Zss. Gewelmauer. G.-steip *Stützmauer* s. Stip, Steip.
Ge-welcf [gəwęləf *D.;* gəwelb *Ri. Ha. Rom. Hom.;* fərwęləf *Si.* — Pl. -ər] *n. Gewölbe. Rda.:* e G. mache *ein böses, weinerliches Gesicht machen Ri.* — lux. 468 Verwöllef.
ge-wellich [-weliχ *Bo. D. Si.;* gəẁliχ *Ha. Rom.*] adj. *willig, gutwillig, geduldig:* g. eweï Schôf *geduldig wie Schafe Si.* — els. 2, 816 gewillig; lux. 145 gewöllech; mhd. gewillec.
Ge-wellichkät *f. Bo. D. Si. Gefügigkeit.* s. d. vorige.
Ge-welks [-welk(s) *D. Si. Ri.*] *n. Gewölk.* — lux. 145; els. 2, 822 Gewülk.
Ge-wenn [-wen, Pl. -ər *Bo. D. Si.*] *n.* 1. *heftiger Wind.* vgl. mhd. gewinden vom Wehen des Windes. — 2. *Gewinde, Schraubenmutter.* — els. 2, 838.
ge-werden [-wèrdən *D. Si.*] v. 1. *in Verbindung mit „lossen": in Ruhe lassen:* loss mech g.! s. a. gewähren. — 2. *zurecht kommen:* mer kann net mat em g. — lux. 144.
ge-werdichen tr. v. *fast allg. erwarten:* er kann d' Zitt nit g.
Ge-werw [-wèrf *Lix. Sgd.* u. s.; -wèrfds *Ri. Ha.;* gəwíraf *Bo. D. Si.;* gəwirb *Kr.* — Pl. -ər] *n. Gelenk:* er hat ken G. em Bickel *er ist ungelenk Bo.* — baier. 2, 982. Gewerb; lux. 145 Gewirf.
ge-werwich [-wèrwiχ *fast allg.;* -wirweχ *D. Si.;* -wìrfəld *Ri.;* -wirbiχ *Kr.*]

adj. *stark, kräftig, gewandt, behende, gelenkig*: g. sin *geschickt bei der Arbeit Ri.* En g. Popp *Gliederpuppe.* — baier. 2,982 gewerbig; lux. 145 gewirwech; mhd. gewirbec von werben, wirben *sich drehen, kehren, wenden.*

ge-wess, Ge-wessen s. gewiss, Gewissen.

Ge-wibbels *n. D.Si. Gewimmel, bewegtes Durcheinander.* — lux. 144. s. wibbeln.

Ge-wiht [-wít, Pl. -ər *Bo. Si.*] *n. Gewicht.*

Ge-wimmer *n. allg.* wie hd.

gewihneⁿ, Gewihnchet s. gewehne, Gewehnheit.

Ge-wind *n. Ri. Gewinde.*

gewinneⁿ [-wìnnən *fast allg.;* -wanən *D. Si.* — Ptc. gəwùn, gəwon] tr. v. *gewinnen, erlangen, bekommen:* wer's ròt *(rät)*, hat gewunn.

Ge-wirms [-wirəms *D. Si.*] *n. Gewürm.* — lux. 145.

Ge-wirzels [-wìrtsəls *D. Si.*] *n. Wurzelverzweigung, Wurzelwerk.* — lux. 145.

ge-wiss [-wis *fast allg.;* -wes *Bo. D. Si.*] adj. u. adv. *gewiß, sicher:* isch's a g., dass er furt geht? Ganz g., fir g. *ganz sicher;* fur *versichert* u g. *verstärktes sicher Ri.*

Ge-wissels [-wisəlds *Ha. Hom.;* -wisds *Ri. Rom.*] *n. weißer Anstrich.* — els. 2, 869 ebenso.

Ge-wisseⁿ [-wisən *fast allg.;* -wesən *Bo. D. Si.*] *n. Gewissen:* er macht sich e G. drus. *Rda.:* wemmer redt vam G., isch's geschisse *es steht schon schlimm, wenn man. ans Gewissen appellieren muß Ri. Ha.* E breites G. *nicht skrupulös;* ibid. — lux. 145 Gewössen.

Ge-wisshät, Ge-wesshät *f. Gewißheit.*

Gewunecht (Gewinecht) s. Gewehnheit.

Ge-wunn [-wùn *Lix. Sgd.* u. s.; -wòn *Bo.;* -won *D. Si.*] *m. Gewinn.*

Ge-wurels [-wurəls *D. Si.*] *n. Verwickelung, Gewirre, verworrene Fäden.* mhd. gewerre.

Ge-wuwels *n. Hom. Ha. Ri. Ungeziefer, Läuse auf dem Kopf der Kinder.* s. Wuw(ə)le.

Ge-zei [-tsai *D. Si.*] *n.* 1. *Zeug:* âl G. *altes Z.;* Zockergezei *Zuckerzeug.* — 2. *Kleidungsstücke.* — 3. *gemeines Volk.* — lux. 145.

Ge-zeijen [-tseijən *Falk.;* -tsije, Pl. gleich *Hom. Ri.*] *m. Zeuge.* mhd. geziuge.

Ge-zeit in Johrgezeit *Jahrgedächtnis.* — lux. 145 ebenso.

Ge-zeims *n. D. Si. Flechtwerk.* — s. zeimen.

Ge-zije s. Gezeijen.

ge-zimmert adj. *Fa. Ri. Rom.* 1. *verheiratet ohne weltliche Bestätigung u. kirchliche Einsegnung:* se lebe g. mit enanner (eigentl. *auf einem Zimmer zusammen leben) Fa.* — 2. *arg mitgenommen, z. B. von einer Krankheit Ri. Rom.*

Ge-ziselts [-tsízəlts *Ri.*] *n. kleines, verkümmertes Zeug.* — vgl. els. 2, 915 Zisl *Zaunkönig, kleiner Vogel.*

Ge-zurfelt [-dsùrfəld *Ri. Hom. Ha. Rom.*] *n. unordentlicher Faltenwurf bei Kleidern infolge schlechten Nähens.* — vgl. els. 2, 915 zurpfe, verzürpfle *schlecht nähen, so daß es Falten gibt.*

ge-zwilcht, gezwilecht adj. *D. Si. gezwirnt, doppelfädig.* — vgl. mhd. zwilch, zwilich.

Ge-zwirwel *n. Ha. Hom. Rom. Windod. Wasserwirbel.* s. Zwirwel.

Ge-zwongenheit [-tswoŋənhait *Bo.;* -hӕt *D. Si*] *f. Zwang:* G. deït *(tut)* Gott leid *was man gezwungen tut, gefällt Gott nicht Bo.* — lux. 145.

gibbel-gäwich [gìbəlgèwiχ *fast allg.;* gifəlgèwiχ *Falk.;* gipəlgèbiχ *Va.;* getəlgeïwiχ *Bo.;* getəlgiəweχ *Si.*] adj. *freigebig, gerne gebend.* Meist verneinend gebraucht: der isch nit g. *ist geizig.* — els. 1, 192 gippelgäbig; hess. N. 78 gibelgibig, giwelgiwigh.

Gibe-arsch s. Gebärsch.

Gichtere [gìχtərè *Fi.;* giχt *D. Si.*] *f. Gicht, Lähmung:* er hat dä G. kreït, un isch dran gestorw *Fi.*

Gick [glk, Pl. gleich *Pü.* u. s.] *f. kleine Leiter am Leiterwagen, vorne hochgestellt, um den Heubaum hineinzustecken.* — lux. 129, Geck 4.

Gickes [glkəs *Fi. Flh.* u. s.] *m.* 1. *Stolz, Hochmut:* er hat G. *ist hoffärtig.* — 2. *närrischer Mensch:* es isch e rechter G.

— vgl. hess. N. 79 den Gickel kriegen, ihm stieg der Gickel; baier. 1,884 Gickelmann; lux. 145 Gickel.

Gickle [giglə u. guglə *Ri. Hom. Rom. Ha.*] Pl. *Augen in der Kindersprache:* es passt uff's Giggel *aufs genaueste.* — els. 1, 207 Gückele.

gickleⁿ [gıkləⁿ *Sgd. Lix.* u. s.; kikəln *Si.*] intr. v. *hell auflachen:* was haschte denn ze g.? — els. 1, 203 gigle 5; baier. 1, 883 giekeln, 1, 1223 kickeln; hess. 126 giken.

gicksen [-gıksən *Bo.*] intr. v. *scharf sehen.* s. Brellengickser. — baier. 1, 886 gugkezen, guksen.

Gid [gíd *Grt. D. Si.* — Pl. -ən] *f. Leitseil, Zügel, Leine.* — lux. 146 Gitt; frz. guides.

Giess [gis *fast allg.;* gês *Grt.;* gèïs *Bo.;* geïs *D. Si.* — Pl. əⁿ; Demin. géïselχin *Bo.*] *f. Gießkanne:* mit der G. sprenze. — lux. 142 Geïss. Zs. Giess-kann (Gêsskan). Giesskanne-furzer *heißen die Bewohner von Großblittersdorf.*

giffel-gäwich s. gibbelgäwich.

Gift [gıft *fast allg.;* geft *Bo. D. Si.*] *n.* wie hd. *Gift. Rda.:* er det em G. gen ist tödlich mit ihm verfeindet *Ri.* — Zss. Gift-(Geft-)planz *Giftpflanze.* Giftschiesser *fast allg. mißgünstiger Mensch.* Gift-(Geft-)zant *Giftzahn.*

giftich [gıftıχ *fast allg.;* geftıχ *Bo. D. Si.*] adj. u. adv. 1. *giftig, verletzend:* e giftichi Schlang, e giftich Red. — 2. *leicht reizbar, zornig, wütend:* g. werre.

gigeleⁿ [gıglə *Lix. Bi. Ri. Ha. Rom.*] intr. v. 1. *verstohlen schauen.* vgl. els. Gückele mache *die Augen halb zudrücken.* — 2. *ein Kartenspiel spielen, bei dem drei Karten verdeckt werden, ähnlich wie beim Skat; diese Karten sind der Gigel.*

Giger [gıgər *Hom. Ri.*] *m.* 1. *magerer Mensch:* e durrer G. — 2. *abgetriebener Gaul, Klepper.* — els. 1, 203 ebenso.

Giges I [gıgəs *Bi.*] *m. schlechter Branntwein, Fusel.* — els. 1, 203 Giges; baier. 1, 884 Gigkes *(verächtl.) Branntwein.*

Giges II [gıgəs *Pü.*] *m. in der Redensart:* do hat der Giges de Gages angefihrt *wenn bei einer Heirat beide Teile sich nachträglich für betrogen erkennen müssen,* *wenn beiderseits z. B. Vermögen simuliert wurde.* — vgl. baier. 1, 884 gick oder gagk: ich waes nit, is's g. od. g. *ich bin nicht gehörig unterrichtet.* — Nit gigk und nit gagk wissen From. 5, 434; 6, 132, 24.

Gigitt [gigit *Pü. Sbg.*] *weibl. Vorname Margarethe.*

gigreⁿ [gigrə *Hom. Ri.;* gilχə *Ha.*] tr. v. *mit stumpfem Messer schneiden.* — els. 1, 203 gigle 3.

gigseⁿ [gigsə *Ri. Rom.;* gigələ *Hom.*] tr. v. *kitzeln.*

Gije s. Gei.

gilen [gilən *Grt.*] tr. v. *spotten, verspotten, verhöhnen.* — lux. 133 geilen; hess. 122 gêlen, geïlen; hd. geilen Gr. Wtb. 4 ¹, 2594; mhd. gîlen.

Gilert [gilərt *Grt.*] *m. Spötter.* — hd. Geiler Gr. Wtb. 4 ¹, 2598; mhd. giler. s. gilen.

Gill *D. Si. männl. Vorname Wilhelm.* — lux. 146. G. < frz. Guillaume.

gilleⁿ [gilən *fast allg.;* güldə, güldiχ, güldeniχ *Ri. Hom. Rom. Ha.;* gelən *D. Si.;* goldə *Fo.*] adj. 1. *golden.* E gille Herrgott *ein goldnes Kreuzchen.* Wenn die Kinder fragen, was man ihnen mitbringt, befriedigt man ihre Neugierde mit den Worten: e gulde Nixele un e silwernes „wart e Wilele" *Ri.* u. s. *Von einer schwach vergoldeten Kette sagt man:* s'isch durch e gille Husäre geritscht un hat nit vil verwitscht. *Lix.* 'S hot gillen Schwänz *es ist selten, schwer zu haben Ersd.* — 2. *rothaarig Rom.* — lux. 150 göllen.

gillich [giliχ *Fa.* u. s.] adj. *gültig:* die Kart isch nimmeh g.

Gilwe-krut *n. Lix. Schöllkraut* (chelidonium). *Es heißt auch* Gilbkraut, Goldwurz *von dem gelben Saft.* — mhd. gilwe *gelbe Farbe.*

Gine [gine *Pfb.*] *f. kurzes, an beiden Enden zugespitztes Holz zum Ginespiel. Der eine Spieler steht in einem Kreis u. ruft* Gine! *Der andere antwortet:* wui (oui). *Der erstere schlägt mit einem Stock auf das Holzstückchen u. schleudert es so aus dem Kreise. Der zweite versucht es aufzufangen u. in den Kreis zurückzuwerfen. Gelingt ihm das, so hat er gewonnen; wenn nicht, dann darf der erste* *mit 3 Schlägen das Hölzchen so weit wie möglich vom Kreise wegschlagen. Der andere muß so lange werfen, bis das Hölzchen im Kreise liegen bleibt.* — els. I, 121 Gine, Kinnéh, Ginnéh. *Wahrscheinlich aus* frz. guiné s. From. 4, 10. s. a. Gitsch.

Ginge s. Genkel.

Gink [giŋk *Lix. Sgd.*; giŋkè *Fi.*] *m. heraushängender Nasenschleim, Rotz. Daneben wird* Schnudelgink *gebraucht.* — els. 1, 224 Ginke, Ginkel, Schnudelginke. s. a. Genkel.

ginn [gìn *Fo. Kr. Ltf. Mtsh. Falk.* u. s.; gèn *Lix. Sgd. Sbg.*; gèn u. gèṇ *D. Si.*; gen *Bo*. — *Flexion:* Präs. Ind. gìn, gìšt, gìt, gìn *fast allg.* — gèn, gìšt, git, gèn *Lix. Sgd.* — gèn, gešt, get, gèn, get, gèn *D. Si.* — Imperf. Conj. gǽb (gǽf), gǽbšt (gǽbfšt), gǽb (gǽf) *Fo.* — gǽw, gǽfšt, gǽw *Bo*. — gèft, gèfšt, gèt *Lix*. — gièf, gièfšt, gièf *D. Si.* — Ptc. gìn, gèn, gèṇ, gen. — Imper. gif, gin *Fo*. gèf, gèn *Lix*.] tr. v. 1. *geben. Rda.*: Ginn *un gehol isch gestohl geben u. zurückgenommen ist gestohlen Kr*. De alte Kih gen de Butter, un de junge Hihnere lege de Eire *Ltf*. No isch er awer furt, was gischt de was hascht de *plötzlich Fo*. Gef m'r (gemmer) e Su oder swei oder e dick Stick Speck oder ich gehn nit von der Dir weck *Lix*. — 2. *durchprügeln:* ebber gen ass de wert isch *jd. durchprügeln, daß es der Mühe wert ist*. Ebber gen fur zwei Su *jd. gehörig verhauen Ri. Hom. Rom. Ha. Mit dem Pron*. mir *wird die Imperativform zsgez. zu:* gimmer, gemmer *gib mir. Das Imperf. Conj. wird auch als Hilfsverb gebraucht:* ich gät ne hämschicke *ich würde ihn heimschicken*. — *In der Diedenhof.-Siercker Mundart tritt* geben *an die Stelle des Hilfsverbums* werden: e get 'grůs *er wird groß*. En as Burjemäschter gen *er ist B. geworden*. Ech si' krank gen *ich bin k. geworden*.

Gipp [gip *Fa. Lix.* u. s.] *m*. 1. *Gipfel, (scherzh.) Kopf:* Je hëher de Gipp, je länger de Dripp (*Eingeweide*) *Fa*. — 2. *kleine, aufrecht stehende Leiter, in welche der Heubaum eingehakt wird.* — els. 1, 228 Gipſe *aufrecht stehendes Holz am Schlitten*. — s. a. Gick, Hik, Galje. Zs. Gipp-leiter *dasselbe wie* Gipp 2.

gippeⁿ [gipəⁿ *Fa. Lix.* u. s.] tr. v. *die Spitze eines Strauches od. Baumes abnehmen, stutzen*. — s. d. vorige.

Girel [gìrəl, Pl. girlən *Mü. Sgd.* u. s.; girχən *Falk.*] *n. junge Gans*. — s. a. Gischel.

gireⁿ [gìrə, Ptc. gəgór *Lix*. u. s.] intr. v. *gären*. — baier. 1, 931 geren.

Gischel [gíšəl, Pl. -ən; Demin. gíšeltχen] *f*. 1. *junge Gans*. — 2. *dummes Mädchen:* du domm G.! Et as eppes eweï eng G. *es läuft herum wie ein Gänschen*. — lux. 146 Gischel; hess. 127 Ginsel. (G. *durch Ersatzdehnung aus* Ginsel, Gensel *entstanden*). s. a. Girel.

gischter *gestern* s. geschter(t).

Giss [gìs *D. Si.*; Demin. gisχən] *n. Schwein.* Giss giss! *Lockruf für Schweine*. — vgl. els. 1, 238 gis gis! schweiz. Gus, Guseli From. 3, 85; 4, 313.

Gitsch *Sgd. Dasselbe wie* Gine. s. d.

gitscheⁿ [gìtšè *Fi.*] intr. v. *betteln (um die Gunst eines Mädchens?)* — vgl. tirol. Gitsch, kärntn. Gütsche *Mädchen, Geliebte* From. 2, 349; 5, 435; gitschle *mit Mädchen umgehen* ibid.

Gitze-geischt *m. Bo. geisterhaftes Wesen:* er hat en Gesiht weïn G. — vgl. hess. 128 gitzen *einen leise pfeifenden Laut von sich geben*.

Gize [gidsə *Ri. Rom. Ha.*; giksə *Hom.*] *f. Wasserläufer* (Hydrometra lacustris). — els. 1, 253 Giz; baier. 1, 968 Geizen.

Giw [gíw, Pl. -ən; Demin. gíwχən *Si.*] *f. Gründling, Grundel* (Cobitis barbatula). — lux. 145 Gíf; frz. goujon.

glaben s. klaben.

gladderich [gladərex *D. Si.*] adj. *klebrig, naß, schlüpfrig:* dat as eng. gl. Sâch *eine schwer anzufassende Sache*. — lux. 147. Wurzel: glatt.

Glade [Glàdé *Vbg.*; Glàdè *Bo.*;] *Verkürzung des männl. Vornamens* Claudius.

gläden [glèdən *D. Si.*] intr. v. *sich scheuen, etwas Unsauberes anzufassen*. — g. < mhd. geleiden.

Glaf [gláf, ohne Pl. *D. Si.*] *m*. 1. *Glaube:* de G. mecht seïlech. — 2. *Zipfel am Rosenkranze, an dem das Kreuz hängt*

(sog., weil der Katholik beim Beginn des Rosenkranzgebetes das Glaubensbekenntnis hersagt). — lux. 147 Glâf. s. a. Glawen.
Glaff s. Klaff.
Glann [glàn *Brettn. D. Si.* u. s.] *f.* 1. *Nachlese, Ährenlese.* — 2. *das Zusammenrechen der Ähren zu kleinen Haufen.* — 3. *Bündel zusammengelesener Ähren.* — lux. 147 ebenso; frz. glane.
glannen *Ähren lesen.* s. glennen.
Glannesch [glanəš *D. Si.*] *f. Ährenleserin.* — lux. 147.
glännern [glǽnərn *Bo.*] intr. v. *strahlen, glänzen.* — vgl. mhd. glander *glänzend, schimmernd*; kärntn. Glán *Funke* From. 2, 346; baier. 1, 974 Glander *Glanz.*
glännerich adj. *Bo. glänzend.* s. d. vorige.
glanten tr. v. *Kr.* u. s. *Getreide zusammenrechen.* — frz. glaner; s. a. glennen.
Glanter *f. Va.* u. s. *Reihe Fruchtgarben.* s. d. vorige.
gläntern [glèntərn *Falk.*] tr. v. *das gemähte Getreide hinter den Schnittern zu Garben zusammenlegen.* s. Glanter.
Glanz [glànts *allg.*] *m.* wie hd.
glänze^n [glèntse^n *allg.* — Ptc. gəglèntst] intr. v. wie hd.
glanzich [glàntsiχ *Fo.*u.s.] adj. *glänzend, glanzig bes. von Kleiderstoffen:* 's isch nit alles Gold, was g. isch. — Din Wamsch isch ganz g. — els. 1, 268; baier. 1, 975 glanzig.
Glas [glas *fast allg.*; glás *D. Si.* — Pl. glǽzər, gléʒər, gléʒərə, glíəʒər; Demin. glèsχə, glèʒəl, glésχən] *n. Glas:* En hat en G. im Ohr *er ist angeheitert Teterchen.* E geseit net gêr e voll G. *er trinkt gern Si.* Zu dief ins G. luwe *sich betrinken Ri. Rom. Ha.*
Gläs s. Gleis.
glase^n [glazə^n *Fo.* u. s.; glíəʒən *Si.*] adj. *gläsern, von Glas:* e glase Schissel *Fo.*
Glaser [glàʒər *Ri. Rom. Ha.*] *m.* wie hd. *Glaser.*
glasere^n tr. v. *Ri. Hom. Rom. Ha. einen gläsernen Gegenstand zerbrechen:* er hat wieder geglasert. — els. 1, 262.
glasich [glázix *fast allg.*] adj. *glasig, wässerig:* de Grumbere sin all g. — els. 1, 261 glasig, gläsig.

Glasur [glàʒúr *fast allg.*] *f.* 1. *glasiger Anstrich von irdenen Gefäßen.* — 2. *Glatteis Hom. Ri. Rom.* — els. 1, 262 ebenso.
glatt [glat *fast allg.*; glát *D. Si.* — Kompar. glètər, glètšt] 1. adj. *glatt:* g. wie e Spiejel. Er hat siwe Buckel uf der glatt Sit *heißt es von einem Mißgestalteten Fo.* Das isch e Gladder *vor dem muß man sich hüten Lix.* 'S isch alles g. *es ist alles in Ordnung.* — 2. adv. *gerade:* g. net *gerade nicht D. Si.* Glat a guer net *ganz u. gar nicht Si.* — lux. 147 ebenso.
Glatt-is [glatis *fast allg.*; gláteïs *D. Si.*] *n. Glatteis:* uf'm G. isch nit gut gehn. Er hat mich uf's G. gefihrt *in Verlegenheit gebracht Lix.*
Glawen [gláwə^n *fast allg.*; gláuwən *Bo.*; gloïwən *Falk.*; glǽwən *Si.*] *m. Glaube. Rda.:* d'r G. macht seli, d'r Win macht frehli *Sbg.* Ich gi' im e schlechter Glauwe *ich hoffe nichts Gutes für ihn (von einem Kranken) Ha. Ri.*
glawe^n [gláwə^n *fast allg.*; glǽwən *D. Si.*; gleïwən *Av. Falk.*; glèiwən *Bo.* — *Flexion:* gláwə u. gláb, glábšt, glábt; gláwə *Fo. Sbg.* u. s. — gleïwən, gleïwšt, gleïbt; gleïwən *Av. Falk.* — glǽwə^n, glǽwšt, glǽwt; glǽwə^n *D. Si. Lix.* Ptc. gəglábt, gəglæbt, gəglæft. — Imper. gláb, gláwə — glæf, glæft. — gleïw] tr. v. *glauben:* ich hätt's nit geglâbt *Lix.* Angenum, aver nit geglabt *es mag noch so hingehen Ri. Hom. Ha.* Dis machscht mi nit glawe *das machst du mir nicht weis. ibid.*
Glawer-salz u. **Klabersalz** *n. fast allg. Glaubersalz.*
Gleckel [glèkəl, Pl. glèklè *Fi.*; gleglə *Ri. Rom.*; glèkəl-blum *Schw.*] *f.* 1. *Fuchsia.* — 2. *Schlüsselblume.*
Gleich [glaix *Lix. Sgd. Vbg.*; gléïx *Kr.*; glæx *Fo.*; glix *Ri.* — Pl. -ər] *n. Glied einer Kette, eines Fingers:* Gleich am Fenger, von der Kett. — els. 1, 255 Gleich; baier. 1, 1419 Gelaich, Glaich; mhd. geleich *Fingerglied;* schwäb. Klach *Kettenglied* From. 7, 406.
gleich, gleichen s. glich, glichen.
gleiche^n [glaixə *Ha. Ri.*] tr. v. *im Gelenk bewegen, gelenkig machen:* i kann's Knie nit g. — els. 1, 255.

gleichich adj.*Ri.Hom.Rom.Ha.gelenkig, beweglich.* — els. 1, 255.

Gleicht [glaiχt *D. Si.*] *f. Ebene:* op der G. — lux. 147 ebenso.

gleïn [gléïn *Bo. D. Si.*] intr. v. *glühen.*

Gleis [gláis *Falk.;* glǽs *D. Si.;* glis *Bo.* — Pl. -ər] *f. u. n.* 1. *Bahngleis.* — 2. *Wagenradfurche:* am G. bleiwen *weder rechts noch links abweichen Si.* — els. 1, 262 Gleis, Glæs; lux. 148 Gle¹s.

glennen [glènən *fast allg.*; glinən *Falk. Va.;* glanən *D. Si.*] tr. v. *Nachlese halten, Ähren lesen. Rda.:* Mit Gawe un Glenne isch vil ze gewinne *Fa.* — lux. 147 glannen; frz. glaner.

Gletsch *Gleitbahn* s. Glitsch; gletschen s. glitschen.

Glich [gliχ *Rom.Hom.Ri.*] *n.das Gleiche; im Kartenspiel dreimal dieselbe Karte (z. B. der Bauer) in verschiedenen Farben.*

glich [gliχ *fast allg.*; glaiχ *D. Si.*] 1. adj. *gleich:* es isch mir g. *gleichgültig.* Se sin enanner g. wie zwei Droppe Wasser *Lix.* — 2. adv. *sogleich, sofort:* er kummt glich. — els. 1, 255.

glichen [gliχən *fast allg.*; glaiχən *D. Si.* — Ptc. gəgliχt *Fo.* u. s.; gəgleχ *Bi. Bo. Lix.;* gəglaχ *D. Si.* — Imperf. Konj. eχ glíχ *Si.*] intr. v. *gleichen, ähnlich sein:* M'r gesit, dass es Brider sin, sie gliche sich *Fo.* Das glicht em *das ist von seiner Seite zu erwarten.* Se gleiche sech gediht *genau Si.* Se gleiche sech eweï eng DrepsWasser der aner. Wat sech gleicht, dat simmelt (*sammelt*) sech *gleich u. gleich gesellt sich gern Si.* Du hasch dinem Babe gut geglech *Lix.*

glichling [gliχliŋ *Bo. Fo.* u. s.; glaiχleŋs *Si.*] *gleichmäßig, eben:* mit glichlinge Fiss springe *mit beiden Füßen zugleich Fo.* En as op dem gleichlengs Bodem gefal *auf ebenem Boden Si.* — els. 1, 256.

Glichters [gliχtərs *Bi. Lix. Sgd.* u. s.] *n. Gleichstehendes:* er isch dines G. *er gleicht dir.* Jeder soll met sines G. gehn *mit seinesgleichen verkehren Lix.* Sines G. feïne *seinesgleichen finden Bi.*

Glick [glĭk *fast allg.*; glek *Bo. D. Si.*] *n. Glück:* der kann von G. sa'n, dass er nit Hals un Bän gebroch hat *Fo.* Meh G. ass Recht han *Ri. Ha.* — lux. 148

Glek. — Zs. **Glicks-kind** (Glekskand) *n. Sonntagskind.*

Glicker [glikər *Grt.* u. s.; glika *Av.;* klok *Si.*] *m. Steinkrug zum Mitnehmen aufs Feld.* — vgl. baier. 1, 1325 klecken, klicken *anstoßen, anprallen, tönen, schallen;* hd. klicken Gr. Wtb. 5, 1159. s. a. Klock.

Glickert [glikərt, Pl. glikərtχə *Fo. Lix. Sgd.* u. s.] *m. steinerne Spielkügelchen:* Glickertche spiele. *Abzählreim:*

Ene, dene Kirschekere
Ene, dene Glickert.

— els. 1, 491 Klucker, Klücker(t); baier. 1, 1325; hess. 207; Gr.Wtb. 5, 1160 Klicker.

glicklich [glikliχ *fast allg.*; gleklíχ *D. Si.*] adj. *glücklich:* ich winsche eich e glickliches neies Johr? Wemmer gl. sin sagt die Mutter, die einer Entbindung entgegen sieht *Ri.*

glickselich [-zéliχ *fast allg.*; glekχéələχ *Si.*] adj. *glückselig.* Neujahrswunsch: I winsch eïch e g. neïes (nöuws) Johr, vil Freid un Gsundheit, e langes Lewe, der Himmel un alles, was eïch lieb isch *Ri. Hom.*

Glicks-wacke *m. Rg. Kieselstein, sog. von dem klickenden Ton beim Zusammenstoß.* — vgl. klicken Gr. Wtb. 5, 1159; baier. 1, 1324. s. a. Glicker.

Glid [glĭt *fast allg.*; glet *Bo.* — Pl. glidər, glidərə, glidər, glĭlər *Ha.*] *n. Glied:* e G. verliere *Arm od. Bein einbüßen.* — Der hat sich noch kän G. mid gemacht *ist faul.* — E kann kä' G. meïh rehren (*rühren*) *D. Si.* In alli Glidere Weh han *Ri.* — Zss. **Glider-krankheït** u. **G.-weh** *Bo. Lix. Sbg.* u. s. *Muskelrheumatismus.* **Glid-wasser**. **Glider-wô** *Lix.* Wagen mit 2 Gliedern, um 2 Zugtiere neben einander zu spannen.

glidich [glĭdiχ *fast allg.* glidi *Ri. Hom.;* gliliχ *Ha.;* gléïdeχ *D. Si.*] adj. u. adv. *glühend:* der Owe isch ganz g. — Et as g. warm *glühend heiß Si.* — lux. 148 gliddech.

Glis *Geleise* s. Gleis.

Glitsch [glĭtš *fast allg.*; gletš *D. Si.* - Pl. ən] *f.* 1. *Schmutzrand an den Kleidern, der vom Gehen herrührt fast allg.* — 2. *Wollbüschel an der Schlafmütze,*

Troddel, Quaste Obh. Fo. u. s. — 3. *Eisbahn* s. glitschen. — els. 1, 263 Glitsçh *das Ausgleiten;* lux. 148 Glötsch *Gleitbahn.* — Zs. Glitsche-kapp *Fo.* u. s. *Mütze mit Quaste:* er hat de G. an.
glitschen [glítšən *fast allg.;* gletšən *D. Si.*] intr. v. 1. *ausgleiten:* ich bin uf dem glatte Bode geglitscht. — 2. *mit oder ohne Eisschuhe auf dem Eise gleiten.* — els. 1, 263; henneberg. From. 7, 278; schles. Weinh. dial. 28 glitschen; ss. glätschen; lux. 148 glötschen.
glitschich, gletschech adj. *glatt, schlüpfrig:* es isch g. drus. — els. 1, 262 glitschig; ebenso henneb. From. 2, 278 u. schles. Weinh. dial. 28; lux. 148 gletschech.
glitzere[n] [glitsərən *fast allg.;* gletsərən *Bo. D. Si.*] intr. v. *glitzern, glänzen:* se glitzert wie e Karfunkelstän em Oweloch *heißt es von einer auffallend schmutzigen Person Lix.* u. s. — lux. 148 glötzern.
glitzerich [glitsəriχ *Fo. Sbg.* u. s.; gletsəriχ *Bo.;* glitsərdiχ *Lix.*] adj. *glitzernd, glänzend, flimmernd, schillernd:* hui, wie der Kreschbämche *(Christbaum)* g. isch! *Lix.* — henneberg. glitzerig From. 2, 279.
Glock [glok *Fo. Sgd. Lix. Pfb. Flh.* u. s.; klok *Falk. Bo.;* glak *D.;* klåk *Si.* — Pl. -ən; Demin. glekχə, glegəl, klèkəlχen] f. *Glocke zum Läuten od. zum Bedecken:* das, was ich d'r jetzt sö'n, bruchscht de nit on de grosse G. se henke *Lix.* De Klocke gehn de Oschtereier hole *Pfb. Flh.* u. s. *wenn die Glocken vor Ostern nicht mehr läuten.* Eng Kläkelchen lauden heïeren *ein Gerücht hören D. Si.* Er hat e G. hêre lidde, awer e weiss nit wo *Ri. Rom.* — Zss. Glocke-(Klocke-)blum Campanula; G.-säl *n. Glockenseil;* G.-schall; G.-spil *Glockenspiel;* G.-stuhl.
Glodil *Hw. weibl. Vorname Klothilde.*
Gloh [gló, Pl. -ən *Si.*] f. *die Hälfte od. das Drittel einer Garbe; eine einzelne Lage.* — G. > Gelage v. legen. vgl. baier. 1, 1427 Gloh *Gelage.*
Gloïes [gloïəs *Flh.*] n. pr. 1. *Klaudius.* — 2. *Dummkopf:* G. sen *den Dummkopf*

spielen. — lux. 183 Glo[ut] *in beiden Bedeutungen.*
glore[n] [glórə *Hom. Ri.;* glårə *Rom.*] tr. v. *mit Chlor behandeln, bearbeiten.*
G'loscht [gloŠt *D. Si.*] f. *Gelüste, heftiges Verlangen.* — lux. 148 ebenso; mhd. Glust.
g'löschten intr. v. *D. Si. gelüsten:* noch eppes g.
g'löschterlech adj. *D. Si. lüstern.* — lux. 148.
Glotsch [glotš *Grt.*] f. *Quaste.* s. a. Glitsch.
glott [glòt *D. Si.;* glutiχ *Fo. Fa.*] adj. *wählerisch im Essen, leckerhaft:* du bascht *(bist)* net g. *du willst etwas, was schwer zu haben ist.* — lux. 148 ebenso; vgl. frz. glotte, glouton; ital. ghiotto.
Glotthät f. *D. Si. Leckerhaftigkeit.* — lux. 148.
Glowel [glòwəl *Fo.*] Pl. *eisenhaltige Kügelchen* (Tartarus ferratus in globulis) *zum Auflösen in Wein für Bleichsüchtige. Sie heißen auch* Nanziger Kugeln.
Glöwel [glœwəl *Hom. Ri.;* glawəl *Rom.;* knowəl *Ha.*] m. *Knäuel Wolle.* — els. 1, 499 Klawel; mhd. kliuwel.
Glowen [glówən *Grt.* u. s.; glówè *Fi.*] m. 1. *Kloben, Klammer.* — 2. *Pfeifenstummel.* — 3. *(scherzh.) plumpe Hand od. Fuß Fi.* — s. a. Klowe[n].
Gluck [gluk *fast allg.;* klok *Si.* — Pl. -en; Demin. glikələ] f. 1. *Bruthenne:* de G. laft im Hof erum. E G. setze *einer Henne Bruteier unterlegen Lix.* — lux. 231 Kluck; hess. 130 Glucke; mhd. Glucke. — 2. *Siebengestirn (im Volksmund eine Henne mit 6 Küchlein).*
glucksen intr. v. *fast allg.* 1. *glucksen (Ton der brütenden Henne).* — 2. *den Schlucken haben.* — els. 1, 263 gluxe; baier. 1, 980 glützen.
Gluckser m. *Sbg. Ri. Hom. Rom. Ha. Schlucken, Schluchzer.* — els. 1, 263 Gluxer.
glucksich adj. *Fo.* u. s. *Gluck, Gluck machend wie die Henne.*
Gluder *Klumpen, Haufen* s. Kluder.
Glugluk [gluglug *Hom. Ha. Ri.*] n. *Gluckgluck (Geräusch beim Trinken od. Ausgießen einer Flüssigkeit).*
Glumpen *Holzschuh* s. Klumpe.

glunscheⁿ intr. v. *Ri. Rom. Hom. glimmen, ohne Flamme fortbrennen:* 's Fir glunscht. — els. 1, 260; baier. 1, 974 glunse**ⁿ**.

Glus s. Klus.

gluseⁿ [glúʒə *Ha. Ri. Rom.*] intr. v. *fortglimmen.* — baier. 1, 977 glosen, glosten; kärntn. glousen From. 2, 347; eifl. glusen From. 6, 15; mhd. glosen.

Glut [glût *fast allg.;* glout *Bo. D. Si.*] *f.* wie hd. *Glut:* es isch e schreckliche G. im Owe. Es isch äni, e helli G. *es ist sehr heiß Ri.* — lux. 148 Gloᵘt.

glutich s. glott.

Glutz *Kegelkugel* s. Klotz.

gnäbbleⁿ [gnèblə *Ri. Ha. Rom. Hom.*] tr. v. *kauen, knappern wie die Hasen.* — vgl. els. 1, 501 knäbbere.

Gnad [gnâd *fast allg.;* gnôd *D. Si.*] *f. Gnade:* ze G. kumme *sich erholen, wieder in geordnete Verhältnisse kommen Ri. Ha.* — Zss. Gnade-brot, G.-stoss.

gnädich adj. *fast allg.* wie hd.: es isch noch g. hergang.

gnappeⁿ int. v. *Lix. knappen, schnappen u. dabei beißen:* des Pärd gnappt gär. — s. a. knappen.

Gnatsch *Klatschbase* s. Knatsch; **gnatsche**ⁿ s. knatsche**ⁿ**.

gnerreⁿ s. knerre**ⁿ**.

gnischpleⁿ [g'nišblə *Hom. Ri.*] tr. v. *nach Art der Kaninchen die Lippen beim Essen bewegen. Ein solches Kauen heißt* Genischpels.

Gnod s. Gnad.

Gockel-ros *f. Schw.* u. s. *Akelei* (Aquilegia vulgaris). — vgl. baier. 1, 885 Gogkel *Knospe.*

Gockes [gogəs *Ri.*] *m. Kokosnuß; aus der Schale werden die Rosenkranzkörner gemacht.*

goddeln [gòdəln *Bo.*] intr. v. *wackeln.* s. a. goïkeln.

Godrong [gòdroη *Lix. D. Si.*; gedro *Hom. Ha. Ri.*; kudro *Rom.*] *m. Teer.* — frz. goudron.

Gof [gôf *D. Si.*] *f. Gabe.* — lux. 149 Gôf.

Gogel I [gògəl], Demin. gògələ *Pfb.*] *m. (scherzh.) Nase.* Gehört zu Gockel *Hahn.* — els. 1, 206; baier. 1, 885; hess. 126.

Gogel II [gógəl *Ha. •Ri.*] *n. ungeschickte, tölpelhafte Person.* — vgl. els. 1, 204. Gugele.

Gogo [gogó *Lix.* u. s.; kokó *Si.*] *m. Pferdename:* hü G.! — els. 1, 204. G. > frz. cocotte?

Goï *Kalkboden* s. Gau.

goïkeln [goïkəln *Av. Falk.*] intr. v. *schwanken wie ein Betrunkener, gaukeln.* — baier. 1, 882 gâugkeln; 1, 879 gogeln; els. 1, 201 gaugle; mhd. gouglen. s. a. goddeln.

Goje [gòjə *Ri.* u. s.] *f. schlampiges Frauenzimmer.* — els. 1, 205 Judengoje *Judenmagd*; 2, 939 Schabbesgoï *christl. Magd, die an jüdischen Feiertagen häusliche Arbeiten bei Juden verrichtet.* — hebr. gòj *Volk, Völkerschaft, bes. die nicht jüdischen.*

Gold [golt, goḷt *allg.*] *n. Gold:* der Rän isch G. wert. M'r kann en of G. setzen *er ist zuverlässig Bo.* Et as net alles G., wat blenkt *Si.* — Zss.: Gold-bope *m. Fo.* u. s. *(Goldkäferchen) Kosename für ein Kind.* G.-farw. G.-fisch. g.-gël *goldgelb.* G.-gruw, G.-kaul *Goldgrube.* G.-mick(-mek) *Goldkäfer.* G.-merl *Goldamsel.* G.-schaum *Metallblättchen zum Vergolden.* G.-schmit(-schmet,-schmatt). 1. *Goldschmied.* 2. *Goldkäfer Si.* G.-stick (-stek). G.-wert. G.-wô *Goldwage:* ebbs uff de G. leje *etwas genau abwägen. Ri.*

Gol [gól *Ri.* u. s.] *f. Stange.* — frz. gaule.

Gold-gölle-kreitchen *n. Si. Tausendguldenkraut* (Erythräa centaurium).

Gold-hamer [-haomər *m. Schw.;* -amərla *f. Hw.* — Demin. goldhímərχin *Bo.*] *Goldammer, Pirol.* Daneben auch Goldamschel.

goldich [goldiχ *fast allg.;* goltiχ *Schw.*] adj. *wie Gold aussehend, golden:* Was nitzt e golticher Galche, wo mer dro' hinke muss?

goleⁿ [góla *Ri.*] tr. v. *mit einer Stange Nüsse herabschlagen:* Nusse g. — frz. gauler. s. Gol.

Gom [gòm *fast allg.*] *n.* 1. *Gummi zum Leimen.* els. 1, 219 Gom; frz. gomme. — 2. *Baumharz.* — 3. *Gaumen.* els. 1, 219 Gume, Gome. — 4. *ein süßliches Getränk.*

Gompert [gompərt *Bo. Obh.*] *m.* 1. *Gicht. Hängt wohl mit* gampen, gumpen *hüpfen, hinken zusammen?* — 2. *leichter Schlaf Bo.* s. Gump.

gon *Sgd.* u. s. *zusammengez. aus* „guten" *Nur in Verbindung mit* „Owet" *und* „Morje" *gebraucht:* gon Owet! gon Morje!

Gone [gônə *Lix. Sp.* u. s.] *m.* 1. *Dasselbe wie* „Jon" *ein mäßig breiter Randstreifen noch zu bearbeitenden Landes:* m'r hon noch dene G. se schnide, noh sin m'r fertich. — 2. *Rand an einem Rock:* der Rock isch se kurz word, ich muss e G. dron setze *Lix.* — 3. *Reihe, Strich Arbeit:* Do isch noch e ganzer G. Bire alles Obst, das man an einer Stelle von der Leiter ausbrechen kann. — 4. *Anzahl Schnitter beim Kornschneiden. Hängt zusammen mit* frz. gain, gagner. s. *Jon.* — Zs. gone-wis [gônəwís *Sp.*] adv. *strich-, streifenweise z. B. beim Kartoffelausnehmen.*

Gopen [gópən *Fa. Bo. Merl. Walm. Barst (b. St. Av.);* gópəl *Vbg.* — Pl. gleich. — Demin. géəpxin *Bo.*] *m. altes Pferd, Klepper; altes Stück Vieh überh.* (*Jn Bolchen heißt auch das gute Pferd* Gopen). *Die Herkunft des Wortes ist dunkel.*

gorich [gòrex *Nj.*; gourex *D. Si.*] adj. *mager, hager: en as esoᵘ g., dat d' Schenken (Knochen) em eraus stinn (stehen) Si.* — lux. 149 gouʳrech; mhd. gôrec *arm, beklagenswert, elend.* vgl. hess. 141 u. baier. I, 932 Gurre *altes, abgetriebenes Pferd.*

Gornett [gornèd *Ri.*] *f. Haube.* — frz. cornette.

Gorr [gòr *D. Si.*] *f. Schindmähre.* — hess. 141; baier. I, 932 Gurre.

Gorse [gòrsé *Pfb. Ri. Hom.*; korse *Ha.*] *n. Korsett, Schnürleib.* — frz. corset. s. a. Korsé.

gorzich [gortsix *Bo.*; górtsex, gårtsex *D. Si.*] adj. 1. *geizig, knauserig Bo.* — 2. *mürrisch, unverträglich.* — lux. 126 gârzech; baier. I, 944 garzig (garstig); vgl. mhd. garz für garst.

Gorzichkät, Garzichkät *f. Bo. Si. Knauserei, Geiz, Unverträglichkeit.* — lux. 126 Garzechkät. s. d. vorige.

Gosch I [gòš *fast allg.* — Pl. gošə; Demin. gešəl] *f. (verächtl.) Mund, Maul, Gesicht:* Hal di G.! Der macht e spasiche G. *ein merkwürdiges Gesicht Flh.* Dummi, frechi, dreckichi G.! *Schimpfnamen Ri. Ha. Rom.* — els. I, 238 Gosch; baier. I, 952 Goschen; hess. 141 Gusche, Gosche; schles. Gosche From. 4, 169. — vgl. ahd. geskôn lat. oscitare *den Mund aufsperren.*

Gosch II [goš *Hom. Ri. Rom.*] *statt Gott gebraucht in den Ausdrücken:* bi G.! Herr G.!

Gosche [góśé *Av.*] *m. Jemand, der links ist.* — frz. gaucher. *Man hört auch:* du linkser Gosché!

Goschel *eine Handvoll* s. Gauschel.

Goss I [gos *D. Si.* u. s.; gūs u. gos *Sbg.*] *m.* u. *n.* 1. *Guß:* aus engem G. — 2. *Gußeisen.* — lux. 150; els. I, 238 Goss.

Goss II [gos. *Pü.*] *m. kleiner Kerl.* — frz. gosse.

gossen [gosən *D. Si.*] adj. *aus Gußeisen, gußeisern:* e g. Owen (*Ofen*).

Gossion [gosiónRi.] *f. Kaution:* G.stelle.

Got I [goət *D.*] *m. Gegenstück; der eine Teil eines Paares; was zu etwas andern paßt od. gehört, z. B. Schuh, Strumpf, Handschuh usw.:* en hot kä' G. er hat nicht Seinesgleichen. — lux. 158 Gueᵗt; mnd. gaden; ndl. gade; mhd. gate *Genosse, der einem gleich ist.*

Got II [gòt *Fo. Lix.* u. s.; gót *Av. Falk.*; gout, goudè *Bo.*; góta *Grt.*; gút *Vbg.*; guət, gédəl *Si.*; gətəl *Mtsh.*; geïdə *Gelm.*; gétəl *Pfb.* — Pl. -ən, gét *Av.*] *f.* 1. *Taufpatin. Rda.*: der hat vil von G. un Pat versproch grît, un hat's nit grît *heißt es von einem, der häufig hinfällt Schw.* — 2. *Patenkind.* — 3. *alte Tante.* — En Gôden *in das Haus od. im Haus der Patin.* D' alt Gôt *die Mutter eines der Taufpaten Lix.* — els. I, 246 Götte, Götti; baier. I, 962 Gott, Gottel; hess. 133 Gôte, Gott; lux. 157 Guᵉd; mhd. gote.

Gott [got *allg.* — Pl. getər] *Gott. Grußformeln u. Segenswünsche:* G. sè'n ich *Wunsch beim Nießen.* G. helf ich (och) *Falk. Gruß am Nachmittag.* G. dank ich (och) *Gott dank euch!* Godaomich *Obh. dasselbe.* G. tresch en *Gott tröste ihn, habe ihn selig:* min Vata, G. tresch en

14*

mein Vater selig Av. G. wal es! *Gott walte es Falk.* Gotte pocht *sagt man zu den kleinen Kindern, wenn es donnert Lix.* — Zss. gott-losich [-lóʒiχ *Lix. Falk.* u. s.; -lúʒiχ *D.*; -louʒeχ *Si.*] adj. *gottlos, ausgelassen. Davon:* Gottlosich-kät. gott-selich.
Gottes-lohn *m. Lix. Rda.:* um e G. schaffe *auf Lohn verzichten bei der Arbeit.*
Gottes-trändler *m. fast allg. langsamer, nachlässiger Mensch. Das Femin. lautet* Gotteströndlersch. Seli sin die Langsame, denn se werre G. genannt *Ri. Ha.* — els. 2,758 Gotteströmpler. s. trändeln.
Gotts-will [gòtswĭl *fast allg.*; gòtəs wel *D. Si.*] *m. Gotteswille:* um (em) G. *dringend, inständig:* ich han um G. bi em angehal.
.**gotzeln** [gotsəln *Bo. Rü. Si.* u. s.] intr. v. *abbetteln, erbitten:* an oïnem g. *bei jemand um etwas bitten Bo.* — lux. 151 ebenso; vgl. hess. N. 82 gotzen *schmarotzen, urspr. sich zu Gevatter* (Got s. d.), *Freßgevatter bitten.*
Gotzler *m. Bo. Rü.* u. s. *Mensch, der durch vieles Reden, durch Schmeichelworte etwas erbittet.* — lux. 151.
gotten [goyə *Bi.*; goïwən *Falk.*; gøuən *Rg.*; gouən *Fa.*; gúwən *Bo.*] intr. v. 1. *begehrlich blicken, gierig nach etwas sein.* — 2. *betteln (um ein Stück Kuchen bei der Hochzeit). Kinderreim:* Göu, göu, gen mir en Stick von der alt Söul — els. 1, 191 geie; baier. 1,961 gêuen, gêuwen; schweiz. güwen; mhd. göuwen.
Gotter *m. Bi. Rg.* u. s. *einer, der von allem haben will, was er sieht.* s. d. vorige.
Goweⁿ [gówə *Hom. Ri.*; gomə *Rom.*] *nur im Pl. Dummheiten, Fratzen, Faxen, dumme Streiche:* was machsch wider für G.? — els. 1, 227 Gope, Gowe; vgl. baier. 1, 862 Gob, Göble *Kind,* goben *spielen wie ein Kind.* (Schmeller vermutet slawische Wurzel).
Grab I [gráb *Fo. Sbg.* u. s.; grȧf *Falk.*; grȧw *D. Si.*; grȧft *Bo. Gelm.* - Pl. græ̀wər, græ̀wərə] *n. Grab.*
Grab II [gràb, Pl. -ə *Pfb. Ha.*] *f. Rabe, Kolkrabe* (Corvus corax) *Dohle.* s. Krappe.
Gräbelchen, Pl. **Gräbelcher** *n. Grt.; Umgegend von D. Fastnachtsgebäck, Küchel*chen. — vgl. baier. 1,983 Gräbelein *kleines geriebenes od. geschnittenes Brot in Schmalz geröstet. Jedes Mädchen, das einen Schatz hat, muß demselben zu Fastnacht* Gräbelcher *backen, die jener verkleidet abholt. Dafür kauft er am Bretzeln-Sonntag (1. Fastensonntag) seiner Verlobten* (Freiesch) *Bretzeln. Ober-Jeutz.*
Grab-loch *n. Lix. Dasselbe wie* Grab.
Grabo [gràbo *Berl. Pfb.* u. s.] *m.* 1. *Kröte.* — 2. *Knirps.* — frz. crapaud.
Grachel, Grachelbän s. Krachel.
Grächen [grèχən *D. Si.*] *m. neuer Wein; Wein, der gerade trinkbar geworden. G. genannt wegen seiner grauen Farbe.* — lux. 152 Gréchen; vgl. frz. vin gris.
grad [grád, gəràd *fast allg.*; gruèt *Si.*] 1. adj. *gerade:* das isch e grader Wè *(Weg). (Gewöhnlicher ist „richt").* Grad wie e Stibbel, wie e Stock, wie e Pahl *Ri. Hom. Rom. Ha.* Hascht d'es krumm gemacht, noh muscht d'es wider g. mache. Elf grad sin losse *alles auf die leichte Schulter nehmen Lix.* — 2. adv. a) *gerade, eben:* g. isch er kumm. *Verstärkt:* la grad *soeben Bo.* Grad do förte isch er noch do gewän *jetzt eben Lix.* b) *absichtlich, zum Trotz:* jetz du *(tue)* ich es grad!
Graddel [gràdəl *Ersd.* u. s.; kràt *Ett.*] *f. Hochmut:* der hot emol en G.! *Ersd.* Er hat e Krat *er bildet sich etwas ein Ett.* — els. 1, 284 Grattel s.; hess. N. 83 Gratel *Spreizung*; vgl. hess. 133, 134 gradel, graddeling *gespreizt*; baier. 1, 1015, 1016 graten, graiteln *ausspreizen.*
graddelen [gràdəln *Bo. Ri. Hom.*; gratsələn *Si.*] intr. v. 1. *mühsam gehen; krummbeinig od. mit gespreizten Beinen einhergehen.* els. 1, 284 grattle; pfälz. krattleln. — 2. *klettern:* er isch uff e Bam gegraddelt *Hom. Ri.*
graddelich [gradəliχ *fast allg.*; gradeldiχ *Bo.*; kradəliχ *Homb.*; kratəliχ *Ett.*; grodəliχ *Fa.*] adj. *steif, krumm, krummbeinig:* der geht ganz k. — els. 1, 285 grättlich s. graddelen.
Gradd'ler *m. Bo. krummbeiniger Mensch.* s. graddelen.
Graf s. Grab. — Zss. Graf-schreft *Grabschrift D. Si.* G.-stän *Grabstein.*
Gräf *Mistgabel* s. Greif.

Graff s. Griff.
graff, Graffhät s. grob, Grobhät.
Grähn-aue s. Krähenaue.
graïbsen [gráïbsən *Fetr.* u. s.] intr. v. *grau werden, nach Moder riechen.* — vgl. els. 1, 280 gräpsig *moderig.*
Graïbser [graïbsər *Hom. Ri.;* græbsər *Rom.;* graïwsat *Av.*] *m. Moder-, Schimmelgeschmack:* de Win het e G. — els. 1, 280 Gräbser; vgl. gro, graïw *grau.*
Graïtsch [gráïtš *Bo.*] *m. großer Schritt.* — vgl. baier. 1, 1017 Graitel *gespreizte Beine.* s. a. Krätsch.
graïtschen [gráïtšən *Bo.*] tr. v. *abschreiten:* e Stick *(Acker)* g. — baier. 1, 1017 grätschen; hess. 135 graetschen; els. 1, 284 graite *die Beine spreitzen.* s. a. krätschen.
Graïwsert s. Graïbser.
Grall *Koralle* s. Krell.
gramen [gràmə *Ri. Hom. Rom. Ha.*] unpers. v. *ärgern, grämen:* es gramt mi doch, dass de furt gehscht.
grammen *kratzen* s. krammen.
Grand s. Grind.
Gräne [grænə *Pfb. Hom. Ri. Rom.;* kránə *Bi.*] *f.* 1. *Fischgräte.* — 2. *Granne, Spitze an den Getreideähren.* — els. 1, 275 Grän; mhd. gran.
grangeln [gràŋəln *fast allg.*] intr. v. *murren, klagen, nörgeln:* du hascht alsfurt se g.! — lux. 152; eifl. granglen *unzufrieden sein* From. 6, 15; els. 1, 520 u. baier. 1. 1373 krangeln. s. a. Gr. Wtb. 5, 2019.
Grangler *m. Bo.* u. s. *mürrischer Mensch.* — els. 1, 520 Krangler; lux. 152.
granglich, grangeldich adj. *Bo. Lix.* u. s. *weinerlich:* e g. Kend.
Grangs [gràŋs *Grt.;* gràns *Av. Bo. Falk.* u. s.] *n. Schnauze, Rüssel, Maul der Tiere;* (*verächtl.*) *auch der Menschen:* hal's Grangs! *halt's Maul!* — baier. 1, 1005 Grans, Gransen; mhd. grans.
granzich [gràntsex *D. Si.*] adj. *mürrisch, verdrießlich.* — lux. 152; vgl. hess. 134 granzen *weinen, verdrießlich sein;* baier. graunzen *verdrießlich murren;* mhd. grannen, grunzen.
Granzichkät *f. D. Si. mürrisches Wesen.* — lux. 152. s. d. vorige.

Gräp I [grèp *Hd.* u. s.] *m. Froschlaich.* — hess. 317 Geraub; els. 1, 267 G'raüb; vgl. hd. Gereb, Greb; tirol. Krèb, Kröb *Eingeweide* Gr. Wtb. 4¹, 3592.
Gräp II [grèb *Ha. Ri. Rom.*] *m. Trauerflor.* — frz. crêpe.
Grapp [gràp, Pl. grèp, Demin. grèpxən *D. Si.*] *f.* 1. *eine Handvoll:* eng G. Geld; eng G. Kîschen *(Kirschen).* — 2. *Stück Traube.* — lux. 152 Grapp; frz. grappe; ital. grappo *das Zugreifen u. die Traube.* Auch ital. grappa *Klammer, Kralle* u. frz. grappin *Enterhaken sind verwandt.* Grapp m. *bezeichnet einen kleinen Haufen:* e G. Mascht *ein Häufchen Dünger;* e G. Fouder *ein bißchen Viehfutter.*
grapsen [grabsən *Bo. Falk.* u. s.; grabsə *Lix.;* grapšə *Fo.;* krapsən *Grt.;* gràpən *Si.*] tr. v. *zusammenscharren (von geizigen Leuten gebraucht), auffangen, mit Hast ergreifen, erhaschen:* er hat als gegrapscht un gegrapscht *Fo.* Dapper gegrabst, sunscht werren er bêt! *rasch zugegriffen, sonst kommt ihr zu kurz! Lix.* Gripse, grapse gilt *zugreifen ist erlaubt Lix.* — lux. 152 grapsen; baier. 1,1007 grabschen; hess. N. 83 grapschen. s. a. gripsen.
Grapsert *m. Bo.* 1. *Handgriff.* — 2. *Gerät zum Obstpflücken.* s. d. vorige.
Gras [grás *allg.* — Pl. grêzər] *n.* wie hd. *Gras:* der hèrt das G. wachse. *Verwünschung:* Et soll da G. vor da Tir *(Türe)* wahsen *Obd.* — Zss. G.-betsch *f. Grasmücke Lemb.;* G.-blum *Nelke Ett.;* G.-duch *Tuch, in das man grünes Futter tut;* gras-grîn; G.-halm; G.-hetsch *f. Grasmücke Ett. Münzth. Sucht;* G.-hex *Grasmücke Pü. Lix.;* G.-muck *Sbg.;* G.-messer *Lix. sichelförmig. Messer zum Ausstechen des Unkrauts. Grasarten:* Bode-gras *Gras, das nicht in die Höhe schießt.* Läjer-gras *Gras, das so hoch u. stark ist, daß es fällt Ri. Hom. Rom.*
Gräsch s. Kreisch.
grasen [grázən *Av. Sbg.* u. s.] tr. v. 1. *grasen, grünes Futter suchen fürs Vieh.* els. 1, 281; baier. 1, 1008. — 2. *Unkraut aus den Kartoffel- u. Gemüsefeldern sammeln Ri.*
Gräss [grès *Rein.;* lux. *Grenze;* gəres *Si.*] *m. Schotter, zerkleinertes Gestein mit*

Erde od. Schutt vermischt. Bröckelichtes rotes Gestein im Witzboden s. d. — lux. 154 Grèss; els. 1, 281 Greis *trockener Mörtel;* vgl. hess. N. 145 Kretz Krotzen; mhd. griez.

gräss [grès *Ri.* u. s.] adj. u. adv. *finster, schrecklich:* g. löwe *finster dreinschauen.* — els. 281 ebenso; vgl. hd. *graß.*

Grässel [grèsəl *Hom. Ri. Rom.*] *m. Greßling, kleiner Weißfisch (gobio fluviatilis), vorzüglicher Köder für Hechte.* — els. 1, 281 ebenso.

Grät I [græt *Fo.* u. s.; grét *D. Si.* — Pl. ən] *f. Fischgeräte.* — els. 1, 284. s. a. Gräne.

Grät II [græt, Pl. -ən *Bo. Fa. Gelm. Obh.* u. s.] *f.* 1. *Scheitel des Kopfhaares.* — 2. *Rinne im Boden, Querfurche im Acker, die zur Entwässerung dient.* — els. 1, 284 Grat.

gratschen [gràtšən *Bo.;* gratšəln *Si.*] intr. v. *unbeholfen, krummbeinig gehen.* — lux. 152 grâtschen; baier. 1, 1017 grátschen; hess. 135 grætschen. s. a. From. 2, 84, 26; 5, 460; 6, 372. vgl. krätschen.

Grätz [græts *Fo. Fa.* u. s.] *m. Krätze, Kopfausschlag.* s. a. Grind.

gratzeln [gratsəln *Si.* u. s.] intr. v. 1. *mit Geräusch nagen.* — 2. *kritzeln (von schlechten Federn).* els. 1, 184 grattle 4. — 3. *auf einem Instrument klimpern.* frz. gratter. — 4. *nörgeln, necken, an jem. herumhetzen.*

Gratzler [gràdslər *Ri.*] *m. Geizhals:* du alder G.!

graulen unpers. v. *Si. graulen, grauen vor etwas:* et grault mech.— lux.152 ebenso; baier. 1,981 graülen; hess. 134 grauweln.

grausam [groeuẑàm *Hom. Ri. Rom.*] adv. *furchtbar, sehr:* Dis Johr gits g. viel Obs. s. a. gruslich.

grauzen [grautsən *Rein.* u. s.] intr. v. *schimmelig werden, nach Moder riechen:* 'S Fass grauzt. — els. 1, 287 grauze, groze. Wurzel grau; s. a. graïbsen, grawen u. gräwzen.

Grawatsch *Halsbinde* s. Krawatt.

Gräwelche[n] [græwəlχə *Fo.*] *n. kleines Werkzeug zum Ausgraben, Grabeisen:* lang mer mol das G. her! — baier. 1, 981 Grebel, Gräbel.

graweldich [grawəldiχ *Fa.* u. s.] adj. *kraus, bunt durcheinander.* s.a. krubbeldich.

grawele[n] s. krawele.

Grawe[n] **I** [gráwən *fast allg.;* grów *Mw.;* gròf, gruèf, gruaf *D. Si.* — Pl. græwə, gráwən, grouwən. Demin. græwəl *Fi. Ett. Mtsh. Ri.*] *n. Graben:* er isch in de G. gefall. — Zs. Gräwel-wasser *n. Bi. schlechter Branntwein, Fusel.*

Grawe[n] **II** *Kragen* s. Kra'e.

Grawen III [gráwən *Bo.*] pl. *bittere Erfahrungen:* der hat mon (müssen) G. gesin. — vgl. baier. 1, 981 sich graben *sich bekümmern;* tirol. gráwen *grauen,* Gráwnus *Kummer,* Gram From. 5, 440.

grawen I [gráwən *Bo.*] intr. v. 1. *ergrauen.* — 2. *schimmelig werden:* im Keller es 's Krut ergrawt. — els. 1, 265 gräwe.

grawe[n] **II** [gráwə *fast allg.;* gruèwən *D. Si.;* grabəln *Ltf.* — *Flexion:* gráwə, grábšt, grábt-gəgrábt *Fo.* u. s. — gráwən, grèbšt, grèbt-gəgráw *Falk.* — gruèwən, gríšt, gríšt-gəgruèf *Si.* — Imp. Conj. ex gríšt *Si.*] tr. v. *graben:* mer mun bal anfange ze g. — De', wo em Frijohr net grabelt un im Summer net zabbelt (s. d.) un im Herscht net frih ufsteht, de' kann zulun, ass wie es em Winter geht *Ltf.* Es grabt ihm: 1. *es wurmt ihn Ri. Rom.* 2. *er verspürt Eßlust* ibid.

gräwen [grèwən *D. Si.*] tr. v. 1. *mit Speck zubereiten.* — 2. *Speck auslassen.* — lux. 154 grêwen; vgl. baier. 1, 983 grieben, greuben, gegrewt. s. a. Griwe[n].

Grawikär [gràwigær *Ri.Ha.Rom.Hom.*] *m. Generalvikar.* — frz. grandvicaire.

gräwzen [græwtsən *Bo.;* grétsən *D. Si.*] intr. v. *nach Schimmel riechen.* — els. 1, 287 grauzen; lux. 154 grézen. s. a. graïbsen, grauzen, grawen I.

gräz s. Kräz.

Gref s. Griff.

Greff [grèf *fast allg.*] *f.* 1. *Gemeindeschreiberei:* der Schulmeischter muss a de G. kunne mache. — 2. *Gerichtskanzelei.* — els. 1, 270; frz. greffe.

Greffje[n] [grèfjen *D. Si. Sbg.* u. s.] *m. Gemeindeschreiber, Gerichtsschreiber.* — els. 1, 270 Greffje, Greffier; frz. greffier.

Greif [graif *fast allg.;* græf *D. Si.* — Pl. -ən] *m.* 1. *Mist-, seltner Heugabel. Rda.:* et as fer an e G. ze lâfen *es ist um des Teufels zu werden.* — 2. *(verächtl.)*

große, magere Person. — els. 1, 270 Greif; eifl. ebenso; hess. 130 Greipe; hess. N. 82 Graif; lux. 152 Grêf. Zu greifen.
greijeⁿ *bekommen, erhalten.* s. kriejen.
greilich [grailex *D. Si.*] adj. u. adv. *greulich, furchtbar.* — lux. 153 ebenso.
greïn *grün* s. grin.
Greïn-spon s. Grinspan.
greinen, grengen s. grineⁿ.
Greinert [grainərt, Pl. -ən *Si.*] *m. weinerlicher Kerl. Das Femininum lautet* Greinesch. — baier. 1, 1000 Greiner; lux. 153 Grengert.
Greïns, Grengs *Grünfutter* s. Grins.
greïnzen [gréïntsən u. greŋsən *D. Si.*] intr. v. *nach frischem Grün riechen od. schmecken:* de Kaffee greïnzt *heißt es von grünem Kaffee.* — baier. 1, 1003 u. els. 1, 277 gruenze; lux. 153 grengsen.
Greis [greïs *Ri. Hom.;* græs *Rom.*] *m. trockener Mörtel.* — els. 1, 181 ebenso.
greisslich [graislex *D. Si.;* grèisəldix *Busd.* grislix *Bo. Brettn.;* grisərli(χ) *Ri. Hom. Rom.*] adj. u. adv. *furchtbar, abscheulich, häßlich:* e g. Gesiht mâchen *Si.* Et as neischt *(nichts)* Greisslecher ze gesinn *(zu sehen).* ss. greiserlich, Kisch 96; lux. 153 greisslech; vgl. hd. grässlich.
Greiwel [gréïwəl *Si.* u. s.] *f. Nackengrube:* äm eng an't G. schlôn *einen hinter die Ohren schlagen.* — lux. 154 Greiwel.
grekesch [grékeš *D. Si.*] adj. *griechisch.* — lux. 153.
grelen [grelən *Bo.*] tr. v. *krümeln, zerkleinern:* 't Brout g. g. < geröllen. — vgl. els. 2, 253 röllen, g'röllt u. hd. Geröll.
Grelle [grele *Hom. Ri.*] *m. jd. der Wasserflecken im Gesicht hat.* — frz. grêlé *Pockennarbiger.*
grelzich adj. *Bo. bröcklig.* — vgl. hd. geröllig. s. grelen.
Grembeereⁿ [grêmbérə *Pü.*] pl. *Brombeeren.* — hess. 134 Grambeeren; vgl. baier. 1, 1381 Granbeer *Preißelbeere* u. 1, 998 Granen *Kügelchen. Im 1. Bestandteil steckt wohl das französ.* grain. s. a. Gr. Wtb. 5, 2097.
gremenedich [gremənədix *Pfb.*] adj. *grimmig:* 's esch doch. e g. Kälde! — mhd. gremelîche *grimmig, schrecklich.*
Grend s. Grind.

Grenguer [grènguər *Si.*] *männl. Vorname* Gregor. — lux. 153 Grenggor; frz. Gringoire.
Grennel [grènəl *Schw.* u. s.; krinəl *Ett.*] *m. Langholz am Pflug, in welchem das Pflugeisen steckt, Pflugbalken.* — els. 1, 277 Gréndel; hess. 136 Grendel; henneberg. Grennel, From. 5, 269, 22; baier. 1, 100 4 Grindel; mhd. grindel.
Grenz [grènts *fast allg.*] *f. Grenze.* — Zs. G.-stän *Grenzstein.*
grenzen intr. v. *fast allg. angrenzen, anstoßen.*
grepsen [grèpsən *Bo. Falk.* u. s.] intr. v. *rülpsen, aufstoßen aus dem Magen.* — baier. 1, 1007 groppezen; tirol. grèbsgen, From. 5, 440. s. a. repsen.
Gres I *Kreis, Scheitel.* s. Kres.
Gres II [grés *Fo.* u. s.; gréəstən *Bo.;* grésdə *Hom. Ri.;* grešdiŋ *Rom.;* gresd *Ha.;* gréïšt *D.;* gríšt *Si.;* grésdiŋ *Mü.*] *f. Größe :* er hat äne Meter siwezich in der G *Fo. Rda.:* es kummt nit uf de Gresding an, sunscht dät de Kuh de Has fangen *Mü.* — ss. u. moselfr. Grisst, Kisch 97; lux. 154 Greïsst.
Greschleⁿ [grèšlə *Homb. Mtsh. Lix. Sbg.* u. s.] pl. *Stachelbeeren.* — Zs. Greschelheck *Stachelbeerstrauch.* s. Groschel u. Kroschel.
Gret [grét *fast allg.;* gréït, gréïtxən, gréïdi *Si.;* grétl, greləl *Lix.;* gredəl, gridəl *Ri. Hom.*] 1. *Koseform des Vornamens Margareta.* — 2. *Mädchen überh.:* du dumm Gretl! *Spottvers:* Grethe, Grethe, Bollerloch (s. d.)! — Gretl henner der Heck *Schwarzkümmel* (Nigella damascena). els. 1, 285 Gretl in d'r Heck; baier. 1, 1017 Gretel in der Stauden. — Feine Grete *f. Fo. Boxhornsamen* (semen foeni graeci), *entstellt aus* foeni graeci.
grewedätsch [gréwədètš *Fu.*] adj. *quer, verkehrt.* G. < gravitätisch?
grezen *nach Moder riechen.* s. gräwzen.
Grezert [grétsərt *D. Si.*] *m. muffiger, moderiger Geruch.* — lux. 154.
Gribler [griblər *Fo.;* griwlər *Ri. Hom. Ha.*] *m. Grübler, Denker.*
Gribsch s. Grips.
Gries [grīs *fast allg.;* gréïs *Bo. D. Si.*] *m.* u. *n.* 1. *Gries, Sandboden; Gegend der leichten, sandigen Bodenarten.* — 2. *Gries-*

mehl, Grütze: weisse G. *Griesbrei.* — els. 1,281; baier. 1, 1012; lux. 154; mhd. grieʒ. — Zs. Gries-stän *Sandstein.*

grieslich [grìslix *Ha.*; grìsli *Hom. Ri.*] adj. *kleinkörnig wie Gries*: grieslicher Huni *(Honig).* — els. 1, 282 ebenso.

griesseⁿ [grísən *fast allg.*; grisè *Mtsh.*; grëïsən *Bo. D. Si.*] tr. v. *grüßen.*

Gries-stock [grísštok *Ha.*] *m. Holz am Wagengestell.* — baier. 1, 1012 Grieszholz; mhd. grieʒbrët = lignum positum supra axem in curru, Lex. 1, 1080.

Griff [grìf *fast allg.*; gref *Bo.*; gref u. graf *D. Si.*] *m. Griff, Handhabe*: er hat's em G. *ist drin geübt.*

Griffel *m. allg.* wie hd. *Griffel. (Lix.* das G.)

griffeⁿ [grifə *fast allg.*; graifən *D. Si.*; gripən *Obh.* — Ptc. gəgrif *fast allg.*, gəgref *Lix.*, gəgraf *D. Si.*] tr. v. 1. *greifen, befühlen*: d' Hihner g. *nachsehen, ob die Hühner ein Ei legen werden Hom. Ri.* — 2. *Hufeisen schärfen, mit spitzen Nägeln versehen, damit das Pferd bei Glatteis nicht ausgleitet*: em Wenter muss m'r de Pär griffe lon; 's Pärd isch gegreff *Lix.* — els. 1, 271; vgl. frz. la griffe.

Griffes [grifəs *Bo.*; graifəs *Si.*] *n. Greifbares*: la es G. dran *da ist etwas zu greifen (viel) dran Bo.*

Griht [griət *Si.*] *f.* 1. *kleiner Graben.* — 2. *Hohlweg.* — lux. 152 Griecht; vgl. mhd. gracht, graht für graft *Graben.*

Grij [grìj *Pü.*] *f. eisernes Fenstergitter.* — frz. grille.

Grimasseⁿ *f.pl.allg.Grimassen,Fratzen, Gesichter.* G. mache. Lehr du en alter Aff kä' G. mache! *das Alter belehrt man nicht.* — frz. grimaces. Zs. Grimassemecher *m. D. Si. Fratzenschneider.* — lux. 154.

Grimel [grimɔl *Bo. Falk. Sbg. Brettn. Fa. D. Si.* u. s. – Pl. -n; Demin. grimɔlxin *Bo.*] *m. u. f.* 1. *Brotkrume, Brosame, Brocken.* — 2. *Kleinigkeit*: gemmer en G. Broᵘt! — lux. 154; ss. u. moselfr. Grimel, Kisch 96. vgl. lat. grumus, grumulus*Häufchen,Klümpchen*;ital.grumo. s. a. Krimmel.

grimelich adj. *D. Si. bröcklig.* — lux. 154.

grimeln tr. v. *D. Si.* u. s. *bröckeln, krümeln.* — lux. 154; frz. se grumeler.

Grimmeⁿ [grìmə *Ri. Rom. Hom. Ha.*] *n. Bauchschmerzen, Leibschneiden (auch bei Tieren)*: er hat wieder s' Grimme. — els. 1, 272; baier. 1, 997.

grimpen intr. v. *Fletr. klettern.* — frz. grimper.

grin s. kriejen.

grin [grìn *fast allg.*; grëïn *Bo.*; greŋ, grëïn *D. Si.*] adj. u. adv. *grün*: es isch mer g. un schwarz vor de Aue *bin ganz verwirrt Ro.* Er isch g. u. gël wor *vor Aufregung Ri.* Grine Wihnachte, wisse Oschtere. *Die Abschwächung grünlich lautet*: greïneldich, greïnacheldich *Bo.*; grinlecht *Ri Ha.*; greïnelzech *D. Si.* — Zs. Grin-bir *kleine, grünliche Birne.*

Grin-brunne *m. Ri. Brunnen, aus dem, wie die Kinder glauben, die Hebamme die neugebornen Kinder herausnimmt.*

Grind [grint *fast allg.*; grent *Bo.*; grant *D. Si.*] *m. u. f.* 1. *Kopfausschlag, Krätze*: des Kind hat G. um Kopp *Fo.* — els. 1, 277. Zss. Grindkopp (Grandkapp) *Krätzkopf, Schmutzhammel.* G.-säckel *m. Ri. Fi. boshafter Mensch, Rotzbube.* — els. 2, 345.

Grindel [grindəl *Lix.*] *n.kleine hölzerne Schippe.* — Demin. zu mhd. grant, pl. grende *Trog?* vgl. a. mhd. grinden.

grindich adj. *fast allg.* krätzig, *grindig, räudig*: du grindicher Hund! — els. 1, 278.

Grindunnerschta *m. Fo.* u. s. *Gründonnerstag.* — els. 2, 662.

Grinel [grinəl *Hom. Ri.*] *m.ganz junges Gänschen.* — vgl. els. 1, 277 Grüenling.

grineⁿ [grinən *fast allg.*; gráinən *Busd. Hd. Si.*; greŋən *D. Si.* — Ptc. gəgrint, gəgrin.] intr. v. *weinen, greinen*; was grinschte dann so? *Fo.* Wa m'r de Kenn *(Kinder)* de Wellen doᵘt, da greinen se net *Busd.* — els. 1, 275.

Grins *n. Pfb. Sbg.* u. s. *Grünzeug zum Suppengewürz (Petersilie, Lauch, Kerbel usw.)* — els. 1,276 Grüens; lux. 153 Grengs.

Grin-span [grînšpàn *fast allg.*; grëïnšpon *D. Si.*] *m. Grünspan* (viride Hispanum).

grinzen [grinsən *Falk.*; krintsən, *Aidl.*] intr. v. *knirschen, knurren, weinen, verdrießlich sein.* — baier. 1, 1005 graunzen; els. 1, 279 grünze; From. 6, 42 grüntzen. Er hat et Krinzen un Lachen in änem Sack.

grinzich [grinsiχ *Falk.*] adj. *zänkisch, bissig.* — frz. grincheux.

Grio [grio *Si.*; gryo *Ri.*] m. *feinstes Weizenmehl.* — lux. 154; frz. gruau.

Grips [grips *fast allg.*; gribš *Ri.*; daneben grobs; kribs *Rg.*] m. 1. *Kehlkopf, Gurgel*: ene bim G. krin *Fo.* Än mat der Grips holen *an der Gurgel packen Si.* — 2. *Rachenkatarrh.* — els. 1, 280; baier. 1, 1007; lux. 154; ss. Gripes Kr. 41.

gripse[n] *Bo. Fa. Falk.* u. s.; gripšə *Sbg. Fo.*; kripšə[n] *Fi. Sgd.*] tr. v. 1. *stehlen, heimlich wegnehmen, bes. Obst*: lu, was er done *(da)* gripscht! — 2. *gierig greifen.* — 3. *naschen.* — els. 1, 280; hess. 138; baier. 1, 1006; lux. 154.

Gripsert, Pl. -en *Bo. Dieb, Stehler.* — els. 1, 280 Gripser; lux. 154 Gripsert.

grischlich [grišliχ *Bo. Brettn.* u. s.] adj. *furchtbar, Grausen erregend.* mhd. griuslich. s. a. greisslich.

grische[n] *weinen*, s. krischen.

G'rischt [grišt *fast allg.*; krišt *Ltf.* — Pl. -ə] n. 1. *Gerüst*: de Stämetze bo[u]en e G. *Fa.* — 2. *Heu- u. Getreideboden*: m'r gehn's Kôr ufs G. dun *Lix*.

Grisett [grižèt *Rom. Ri.* u. s.] n. *Pferdename.* — frz. grisette.

grisslich s. greisslich.

grittich [gritiχ u. gridi(χ) *Ri. Rom.*] adj. u. adv. *gierig, meist vom Essen u. Trinken*: drink nit so g.! — els. 1, 286 gritig; hess. 138 grittig. vgl. ags. graedig, alts. grâdag = vorax, ahd. grâtac, engl. greedy.

Gritz [gríts *Obd.* u. s.] f. 1. *Grütze.* — 2. *Verstand, Scharfsinn*: a hat G. em Kopp *ist klug, witzig.* — els. 1, 287 Grütz; hess. 138 Gritz.

Griwe[n] [gríwə[n] *fast allg.*; gréïwən *Bo. D. Si.*] m. pl. 1. *Grieben, ausgeschmalzte Fettwürfel von Schweinefett.* — 2. *Gesichtsausschlag der Kinder*: er hat em Hār *(Pfarrer)* de G. us der Pann geholt *sagt man von jemand, der solchen Ausschlag am Munde hat. Oder*: er isch em Hār an de G. gewän *Fo.* — els. 1, 267; baier. 1, 983; hess. 137; lux. 152 Gre[i]f. — Zss. Griwe-grumbire *Lix.* u. s. *eine Art Ragout: Kartoffeln mit Fleischstückchen vermischt.* Griwe-kuche *fast allg. Aschkuchen mit Fettwürfelchen belegt.* Griwemul u. Griwe-schniss *Fo.* u. s. *Mund mit Fieberpocken, Ausschlag.* Gribe-supp (Greïwen-zopp *D. Si.*) *mit Speck zubereitete Suppe.*

griwes-grawes adv. *Ri. Ha. geschnörkelt, im Zickzack.* — els. 1, 511 kribis krabis.

Griwle-grawle m. *Rein. Fetthenne bez. Hauslauch* (Sedum telephicum).

Griwler s. Gribler.

gro [grô *fast allg.*; gráï *Grt.*; graïw *Obh. Falk. Av.*; grau *Rom.*; gra *Bo.*; grøy *Ri. Hom.* — Compar. graïwər, gráwər] adj. *grau, verschimmelt*: e grôer Palto. — Grô Wurscht *eine bestimmte Wurst Fo.* Graïw wie Äschen *aschgrau Falk.* G. wie e Esel *Ri*. Vom grôe Brot grit *(bekommt)* m'r hellen Aue *Lix.* — Zs. Grô'n-appel *graue Renette.*

grob [grob *fast allg.*; grow *Bo. Obd.*; graf *D. Si.* — Compar. grewər, grebšt] adj. 1. *grob, ungebildet*: e grower Minsch *Bo.* Grob wie Soubohnestroh. Du bisch e grower Flejel *Lix.* 'S Grebscht owenab hôle *etwas obenhin machen Lix.* 'S Grebscht *die Hauptsache Ri. Ha. Rom.* — 2. *stark, plump*: en hot graf Glidder *ist plump gebaut Si*.

Grobbe [gròbə *Ett.* u. s.] m. *Karst mit zwei spitz zulaufenden Zinken zum Aufhacken des Feldes.* s. krope[n].

Grob-fijel f. *Hom. Ri. Grobfeile.*

Grobhät [gropheït *Falk.*; growheit *Bo.*; grafhêt *D. Si.*] f. *Grobheit, plumpes Wesen.*

groble *kratzen.* s. krabeln.

Grobs s. Gribs.

groddelich s. graddelich.

groen [gròən *D. Si.*] intr. v. *anbrechen (vom Tag)*: den Dâch gròt. s. gro.

Grof [gróf *D. Si.*; sonst grâf] m. *Graf.*

Groll m. *Ri. Ha. Hom. Rom. Neid. Zorn, Haß*: e hemlicher G. geje n' ebber han. — els. 1, 272.

grome[n] s. krome[n].

grommeln s. grummle[n].

Gromper *Kartoffel* s. Grumber.
Gron [grón, Pl. -ən *Si.*] *f. Traubenbeere.* — vgl. baier. 1, 998 Granen; lat. grana; frz. grain.
Grond s. Grund.
Gronsch [gron̄š *Fa.*; grunš *Bo. Obh.*] *f. Schaukel.* — els. 2, 273 Ronsch, Runsch. — G. > Geronsch Gerunsch.
gronschen, grunschen *Bo. Fa. Obh.* u. s.] intr. v. *schaukeln.* — els. 2, 273 ronsche, runsche; baier. 2, 127 rentschen. g. > geronschen. s. a. klunschen.
gronzen s. grunzen.
Gropen *Eisenhaken.* s. Kropen. — gropich s. kropich.
Grosché *Kleiderhaken* s. Krosché.
Groschen [grošən *allg.* — Pl. gleich] *m. Zehnpfennigstück. Rda.:* en as net meh richtech bei Groschen *er ist verrückt Nj.* In Forbach singen die Kinder:

For e G. krit mer e Hampelmann
mit em Schnirche dran,
wo mer ziehe kann.

Groschlen [groślə *Fo.*; gréslə *Lix.*; grònšlə *Fa.*; króəšələ *Wal.*; króəšəln *Bo.*; krúslə *Schw.*; kroušlə *Mtsh.* krúšlə *Flh.*; kroušlən *Pü.*] *f.* pl. *Stachelbeeren.* Kleinkroscheln *Johannisbeeren Bo. Aberglaube:* Wann klän Kinner Groschle esse, dann krien se Leis *Wal.* — els. 1, 283 Grusele, Gruselbeere; baier. 1, 1015 Gruschel; spätlat. grossula; ital. grosella; frz. groseille.

gross [grós *fast allg.*; gróəs *Bo.*; grous, grus *D. Si.* — Compar. grésər (grísər, gréïsər), gréšt (gríšt, gréïšt.)] 1. adj. *groß:* Wer's g. hat, losst's g. bamble *Lix.* D' gross Schul *die Oberklasse einer zweiklassigen Schule Lix.* E Kopps grösser *um einen Kopf größer Ri. Ha.* Er macht sich noch g. *er rühmt sich noch (seiner Dummheit).* — 2. adv. *viel, sehr stark:* g. gehn *großen Aufwand treiben Av.* Der konn's g. met em Kreisdirektor *der ist gut angeschrieben beim K.* 'S isch nit g. der wert *es ist nicht sehr der Mühe wert Ri. Ha. Rom.* — Zss. Gross-hans *m. Bo. Lix. Großtuer, Prahler.* G.-mul u. G.-schnuffler *dasselbe.* Grossvater *fast allg.* (In Ettingen heißt die *Hummel ebenfalls* Grossvader). grèschten-däls adv. *größtenteils.*

Grossel *f. Lix. Sbg. Hw.* u. s. 1. *Großmutter, Großtante:* der Deiwel und sini G. *alle zusammen Ri. Hom. Rom.* D'r Deiwel händelt mit sinere G. *heißt es, wenn es bei Sonnenschein regnet* ibid. — 2. *weibl. Person, welche die Tante spielen möchte, der es aber schlecht ansteht:* du alt G.! — Im Deïfel sin Grossel *Goldlaufkäfer (Hochwalsch.)* — els. 1, 282 Grossle, Grossel; im Teüfl sini Grossel.

Grott *Kröte.* s. Krott.
grozich [gròtsiχ *Fo.* u. s.] adj. *schimmelig:* das Brot isch schon ganz g. — lux. 157 gròzech; vgl. els. 1, 287 grauzen, grozen *nach Schimmel riechen.* s. gro.

Grub [grup *Fo. Sbg.*; grúw *Nj. Lix. Sgd.*; grouf *D. Si. Hd.*; grou *Bo. Brettn.*; grú *Ersd.* — Pl. grúwə, grouwən. Demin. grúwəl, gríwəl, greïwəl] *f.* 1. *Grube (Erz-, Kohlengrube):* er schafft in der G. *Fo.* Wo ma annern en Gru micht, fällt m'r selber nen *Ersd.* — 2. *Genick, Nackengrube:* ech schlo'n der eng an't G. *Si.*
Grudel-ise, Grudelhoke s. Grudler.
gruden *grasen.* s. kruden.
grudlen [grudlə *fast allg.*] tr. v. *schüren (das Feuer), stochern, rütteln:* Grudel mol 's Fir, denoter *(hernach)* werds schon brenne *Fo.* — els. 1, 269.
Grudler [grudlər *Bi.*; grutəl-ísə *Lix. Sgd.*; grudəl-hòkə *Fo.*] *m. Stochereisen, Feuerhaken.* Synon. Firkake.
Gruf *Graben.* s. Grawen.
Grumber [grùmbèr *Fo.*; grumper *Ersd.*; grompər, grompir *D. Si.*; grumbir *Ha. Ri. Rom.*; krumbér *Pü.*; krumbéïr *Sgd.*; krumbir *Lix.* — Pl. ən] *f. Kartoffel:* Grumbersetze, haken, hifen, usmachen. *Die* G. *werden gegessen als* gekwellte, gedämpte, gereschelte *(geröstete),* gebröte. *Rda.:* er hat e Nas wie e Grumbir *Ri.* — Zss. Grumbere-blum *Ersd. Ett.* u. s. *Dahlie.* G.-buch *Kartoffelbauch.* G.-brantwein *Kartoffelsprit.* G.-dätschle pl. *Pfb. Ett. Kartoffelkuchen, Reibekuchen.* Grumbire-geddel *f. Ri. Hom. Taufpatin, die keine oder nur wenige Zuckererbsen auswirft.* s. Gettel. Grompere-kaul *f. D. Si. Kartoffelgrube.* G.-land *Boden, der sich*

zum *Kartoffelbau eignet.* G.-mehl. Grompere-mued *m. D. Si. Engerling.* Grumbire-pans (Grompere-panz) *Kartoffelbauch, Fresser.* G.-schäl u. G.-schilfde *f. Kartoffelschale.* G.-stock. G.-stick *Kartoffelacker.* G.-supp. *Die Bewohner von Großblittersdorf heißen* Grumbere-gerschel *Kartoffelschlucker* (gerschel > frz. gorge?); *die Lubeler heißen* Grumbiren-pitscher (pitschen, putschen = *knallen, furzen*).

Grummet [grumət *Fo.*; groum *D. Si.*] *m. Grummet, zweiter Schnitt Gras:* der G. isch schon ringefahr.

grummle [grùmlə *fast allg.*; gromǝln *Bo. D. Si.*; grumǝn *Falk;* krumǝln *Kr.*] intr. v. *brummen, knurren, leise schelten, Vorwürfe machen:* der hat a immer ze g. *Fo.* 'S isch net recht gewän, er hat gegrummelt *Lix.* — lux. 155 grommelen; els. 1, 272 grumme; frz. grommeler.

Grummel-supp *in der Rda.:* 's git G. es wird ohne Schelten nicht abgehen *Lix.*

Grummler, Grommler *m. Bo. Lix.* u. s. *mürrischer Mensch.* s. grummle[n].

Grund [grunt *fast allg.*; gront *Bo. D. Si.* — Pl. grint, gren.] *m.* 1. *Erdboden, Erde:* du muscht diefer in de G. grawe *Fo.* — 2. *Ursache (selten):* Ohne G. hile (*häufiger:* ohne Ursach). — Zs. Grond-wu[u]wla pl. *Grundwühler; so heißen die Wölflinger bei ihren Nachbarn.*

Grundel [grundǝl *Lix.* u. s.; grùnǝl *Av. Pü.*; grondǝl *Bo. D. Si.*] *f. Bezeichnung verschiedener Fische:* 1. Schmerle (Cobitis barbatula). — 2. Barbe. — 3. *Gründling* (Gobio vulgaris). — els. 1, 278 u. baier. 1, 1004 Grundel *Gründling*; lux. 156 Grondel.

grunder-ernscht adj. *Fo. grunderust:* es isch mer g. wie eme Murwolf.

grundiere[n] [grundirǝ *Ri.*] tr. v. *die Unterlage machen zum Golddruck beim Einbinden der Bücher.* — els. 1, 278 grundiere *den ersten Anstrich vornehmen.*

Grunnel s. Grundel.

Grunsch *f. Bo. D. Si. Obh.* u. s. 1. *Schaukel* s. Gronsch. — 2. *greinendes Frauenzimmer D. Si.*

Gub s. Guff.

grunschen intr. v. *Bo. D. Si.* 1. *schaukeln* s. gronschen. — 2. *greinen, grunzen.*

Grunschert [grunšərt *D. Si.*] *m. Greiner, mürrischer Mensch.* — lux. 157.

grunzen [gruntsən *Av.* u. s.; grontsǝn, grontšǝn *D. Si.*] intr. v. *grunzen, murrend klagen.* — els. 1, 279 grünze; baier. 1, 1006 grunzen.

Grup [grùp *Pü.*; grip *Lix. Si.* u. s.] *f. Diphtheritis.* — frz. croup.

grupsen [grùpsǝn *Obh.*] tr. v. *auffangen, erhaschen.* s. a. grapsen; vgl. baier. 1, 1007 groppen; hess. 139 ergruppen.

Grusel [gruʒǝl *fast allg.*; gruʒǝln pl. *Bo.*] *m.* 1. *Grusel, Grausen, Schaudern:* de Gruscheln ben mer usgang *mir grausels Bo.* D' Gruseln si' mer ausgang *Si.* — 2. (scherzh.) *Grobian:* oh du Grusel! *Fo.* — els. 1, 283; baier. 1, 1013.

gruselich [gruʒix *Ett. Lix. Sgd. Sbg.* u. s.; gruʒǝleχ *D. Si.*; gruʒiχ *Fo.*; gruʒǝl-diχ *Av. Grt. Falk.*] 1. adj. *gräulich, zum Gruseln, heimtückisch, gransig:* e gruseldiche Kält. — 2. adv. *furchtbar, sehr.* Dis Johr gits g. vil Kwetsche *erstaunlich viel Lix. Sbg.*; mhd. grůslich, grůsenlich neben griuslich.

grusle[n] [gruʒǝ *fast allg.*; gruʒǝln *Si.*; grúʒǝ *Sbg.*; gruʒǝln *Bo.*] unpers. v. *gruseln, schaudern, sich grausen:* et gruschelt mich, wann ich dran denk *Falk.* Es hat mich gegruselt *Fo.* — els. 1, 283; baier. 1, 1013.

Gruss [grùs *fast allg.*; grous *Bo. D. Si.* — Pl. grìs, gréis] *m. Gruß.*

Grutz [grùts *Fa.* u. s.; grùtsǝn *Mtsh. Vbg.*; grùts u. krùts *Lix. Sgd.*; krùtsǝ *Bi.*; krits *Obh.*] *f.* 1. *Butzen, Kerngehäuse des Obstes, bes. des Apfels u. der Birne.* — 2. *Schelm, Schlaukopf:* du klåner Grutz! *Lix.* — els. 1, 287 Grutze; 1, 536 Krutze; baier. 1, 1019 Grütz; hess. 229 Krotzen; mhd. grobiz, grutz, gritz, grütz Lex. 1, 1091.

gs! gs! interj. *Lix.* u. s. *Laut, um die Hunde zu hetzen.* — els. 1, 287.

gsch! gsch! interj. *Lix.* u. s. *Scheuchruf für Hühner, Tauben u. andere Vögel.* — els. 1, 287 gsch, gschü; mhd. schů, schů!

Gu [gú *fast allg.*] *m. Geschmack, bes. eigentümlicher Geschmack:* der Win het e G. — els. 1, 191; lux. 157; frz. goût

gucken [gukǝn *fast allg.*; kukǝn *D. Si.* — *Flexion:* gukǝn, gikšt, gikt -gǝgukt] intr. v. *gucken, sehen, hinsehen.* (*In der Ma. ist es der einzige Ausdruck für schauen, ausschauen, ansehen*): Er guckt in die anner Woch *er ist geistesabwesend.* Guck ma la! *sieh da! Bo.* — els. 1, 206.

Gucker m. *Ri. Ha. Rom. Hom.* in Zss.: Aprile-gucker *Aprilsnarr:* Sterne-gucker *Geck, hochmütiger Mensch.*

Guckeri [gugəri *Ri.*] *m. in der Vbdg.* scheler G. *jd. der schielt.*

gude-kaf [gudəkâf *D.*; goudəkâf *Si.*] adj. (eigentl. *gutes Kaufes*) *billig:* de Stoff as g. — lux. 157 ebenso.

Gudichkeit [gudiχkéït *Falk.*; guthêt, gouthêt *D. Si.*] *f. Güte.*

Guedengen [guədèŋən *Si.*] *f. Gattung.*

Guff [gùf *Hom.*; gub *Ri.*; gúw *Rom.* — Pl. guwə] *f. Stecknadel:* uff Guffe sitze *mit großer Ungeduld warten.* — els. 1, 199 Guf, Guffe. Zss. Guwe-bichsel, G.-kisse, G.-kopp, G.-spitz.

guffich [gùfiχ *Vbg.* adj. *gierig lüstern.* s. guiwen.

Guggel [gugəl *Ri.*; gygl *Pfb.* — Pl. -ə] *n. Äuglein:* mach die Güggle zu! — els. 1, 207 Gückle; hess. N. 86 Guckelche.

guggelen [gugəln *Fa.*] intr. v. *verstohlen blicken.* — els. 1, 207 Gückele mache; henneberg. gückle From. 3, 227, 5.

Gugges [gugəs *Ri. Hom.* u. s.] *m. Gefängnis:* in de G. kumme. — els. 1, 208 Gucker *zu* gucken.

Guguck [gùgùk *fast allg.*; kùgùk *Flh.*; gùkùk u. gùkùf *Si.*] *m. Kuckuck:* Werd numme de Ärwet bim G. l *Diefenb.* Dem kann oich kên G. meh helfen *Sp.* Scheper od. scheler G.! *Schimpfname für unachtsame Personen Lix.* Kahler G. *einer, bei dem nichts zu holen ist Lix.* Wann der G. krischt, un de hoscht Geld em Sack, so hoscht de's ganz Johr dren *od.* so mechts jungen *so wird's Junge werfen, sich vermehren Marienth. Weil. Bauernregel:* Was der März net will, holt der Kuguck em April *Flh.* — Zss. G.-blum *fast allg. Wiesenschaumkraut.* G.-brot *Sauerklee* (oxalis): G.-dreck *Ett. Rom. Diefenb. Marienth. Harz der Bäume.*

Gugummer [gugùmər (khùkùmər) *Fo. Lix. Sgd. Vbg.*; gègùmər *Fi.*; gugùma *Marienth.*; gokùma *Brettn.*; gàgimər *Pfb.* — Pl. -e; Demin. guglmərχə] *f. große Gurke:* Gugummersalat. Der losst Träne lâfe wie Gukuma'n. — els. 1, 201; baier.1, 887; frz. concombre. s. a. Kukumer.

Gugus [gugús *Ri. Hom. Rom. Ha.*] m. *Versteck:* G. spille. Gugusda! *Ruf beim Versteckspiel.* — els. 1, 204 Guguck 5.

guiwen [guïwən *Grt.*] tr. v. *betteln, schmarotzen.* — baier. 1, 861 gêuen, gêuwen *gierig sein nach etwas;* els. 1, 191 geie; schweiz. güwen; mhd. göuwen.

guldeⁿ s. gilleⁿ.

Gulle-gulle-rutznâs *m. Bi. Truthahn in der Kindersprache; sog. wegen des roten* (gulle = *golden*) *Fleischlappens unter dem Schnabel.*

Gumilastik, *gekürzt* **Lastik** *n. Lix.* u. s. *Radiergummi.* — frz. gomme élastique.

Gummeⁿ [gumən *Bo. Fo.* u. s.; gúmən *Falk.*; goum *Si.*] *m. Gaumen.* — els. 1, 219 Gume; lux. 158 Gumm.

Gummer [gùmər *Fo.* u. s.; Pl. -ə] *f. kleine Gurke.* — hess. N. 87 ebenso.

Gump I [gump *Fo. Fa.* u. s.; gumbə *Rg.*; gompərt *Bo.* Demin. gimpχə *Fo.*] *m. leichter Schlaf von kurzer Dauer:* e Gimpche mache. s. gumpen 1.

Gump II [gùmp *Go. Mtsh.* u. s.] *f. Pumpe.* — els. 1, 219. Zs. G.-brunne *Pumpbrunnen. Ri.*

Gump III 1. *Wetzsteinbüchse* s. Kumb. — 2. *Holzschuh Grt.* — vgl. schweiz. kump *Behälter, Trog* From. 3, 121.

Gumpeⁿ [gùmpə *Lix.*] *m. Schatten an einer Lampe, verursacht durch die Schirmhalterstangen. Der Ausdruck ist sonst nicht belegt.*

gumpen [gùmpən *Fa. Lix.* u. s.; gùmbə *Bi.*; gompən *Bo.*] intr. v. 1. *leicht schlafen, schlummern.* — 2. *nicken* (*beim Einschlafen u. als bejahende Antwort*). — els. 1, 219 gumpe 2.

gunderband s. Kunterband.

gunneⁿ [gúnə *fast allg.*; gonən *Bo. D. Si.* — Ptc. gəgunt, gəgont] tr. v. 1. *gönnen, einem Gutes oder Schlechtes wünschen:* ich gunn 's em. — 2. *erlauben, zugestehen:* er isch so gurich, dass er sich nix gunnt *Falk.* — els. 1, 222.

gunschen [gunsə *Lix. Sgd.* u. s.] intr. v. *schaukeln.* — els. 1, 227 günsche, gäunsche; hess. N.87 gunschen. *Gehört zu* Gunkel, Gonkel *Schaukel* hess. 140.

Gunscht [gunšt *fast allg.;* gonšt *Bo. D. Si.* — Pl. ən] *f. Gunst:* et geht alles der Gonscht noh. — lux. 150 Gonscht.

günschtix [glnštix *fast allg.;* genštix, genštex *Bo. D. Si.*] adj. *günstig.*

Gunz [gun̦ts, Pl. guntsən u. gints *Si.*] *m.* 1. *Gänserich.* — 2. *Einfaltspinsel.* — 3. *Schusterwerkzeug zum Einklemmen des Leders.* — lux. 158 Gunz; els. 1,226 Gunser.

gunzen [guntsən *D. Si.*] intr. v. 1. *dumm dreinschauen.* — 2. *wie der Gänserich (Gunz) tun (dabei setzen die Kinder einander die Zähne fest an die Stirne).*

Gupp [gup *Fi.* u. s.; gupən *Falk.*; gúw *Mü.*] *f. Stecknadel, Spitze.* — els. 1, 199 Guf(e); vgl. mhd. gupf, gupfe *Spitze.*

Gur [gúr *Bo. Fa. Falk.* u. s.] *f. Gier.*

gurich [gúrix *Bo. Fa. Falk.*] adj. *gierig.*

Gurjel [gùrjel *fast allg.*; gúršel *Pü.*; gùrgəl *Sbg.*; guarjəl *Av.*] *f. Gurgel:* d' G. schwei.ke *viel trinken.* S' Vermeje durch d' G. jawe *sein Vermögen verprassen Ri. Ha.*

Gurmang [gùrman̦ *D. Si.*; gùrmon̦ *Lix. Sgd.*; gùrm ą *Bi. Fa.*] *m. Vielfraß, Nimmersatt.* — lux. 150 Gormang; els. 1,231 Gurma; frz. gourmand.

gurmangsich [gùrman̦six *D. Si.*; gùrmon̦ksix *Ko. Lix.* u. s.] adj. u. adv. *gierig im Essen.* — lux. 150 gormangzech. s. d. vorige.

gut-herzi(ch) adj. *Ri. Hom. Rom. Ha.* wie hd. *gutherzig.*

Gurr [gur *Fi.* u. s.; gor *Bo. Si.*] *f.* 1. *liederliche Weibsperson Fi.:* das isch e rechti G.! — 2. *geiziges Weib, böse Sieben Bo.* — 3. *Schimpfwort für Weiber u. Tiere weibl. Geschlechts Si.* — baier. 1,932; hess. 141; els. 1,230; lux. 150; henneberg. Gurre From. 7,284; mhd. gurre.

Gustl [gustl *Fi. Ri.* u. s.; gyšdəl *Pfb.*] 1. *männl. Vorname August.* — 2. *Augusta.*

gut [gút *fast allg.*; gout *Si.* Compar. besər, bešt] adj. *gut, brav, ordentlich:* e guter Mann; ihr guti Lit *Bi.* — E guter ein Kuß (nur im Sg. mit unbestimmtem Artikel gebr. *Bi.*). Guder Sprich *mit andern Worten, das heißt Ha. Ri. Rom.* Ich bin guder Sprech derfor *ich spreche gut für ihn Lix.* Wen de Såk ophält as esoᵘ goᵘt, eweï den dran dät *der Hehler ist so gut wie der Stehler Si.* A gut! *auch gut (iron.).* Zu gud isch e Stick von der Lidderlichkeit *Ha. Ri.* Sich gud stelle, gut sin fur ebber *Bürgschaft leisten für jd. Ri. Hom. Rom.* Dis isch e guder Dreck *eine Kleinigkeit* ibid. E guder Fetze, e guder Schmurre *ein großes Stück* ibid. Er isch bim gude Verstand g'storb ibid. I han ke Guds meh *ich bin sehr besorgt Ri. Rom.*

Gutchet [gutχet *Fo.*; gutχit *Bo.*; gouthêt *Si.*] *f. Güte, Gutmütigkeit:* de G. isch e Stick von der Liederlichkät *Fo.*

Gut-edel [-èdəl *Fi.*] *f. Gutedel, weiße Traube.*

Gutel, Gutsel [gùtəl, gùtsəl *Bi.* u. s.] *n. Leckerei, Naschwerk, Zuckerzeug.* — hess. N. 87 Guetsel = frz. bonbon; els. 1, 249 Guetele *gekochtes Obst,* Guetsele *Zuckerwerk.*

Guthaus *St. R. Av.* 42 hieß früher die den Aussätzigen bestimmte *Wohnung;* die Kranken selbst hießen Gutleute.

gut-heischeⁿ [-haišə *Hom. Ri.*; -hǽšə *Rom.*; -hǽse *Ha.*] tr. v. *gutheißen.*

guts [gùts *fast allg.*; gouts *Si.*] *genetivisches Adverb stets in Verbindung mit der Präpos.* ze (zu) *gut, ganz, richtig, ordentlich:* ze guts mache *etwas ordentlich machen allg.* Hasch de se guts gelût? *recht geschaut Lix.* Guck mich emol ze guts an! *Falk.* Net ze guts hat mer gess . . . . *kaum hat man gegessen Falk.* Er leit noch nit ze guts im Bett, do schloft er schon *Fo.* Nit ze guds isch er dehäm gewän, so had er . . . . *kaum ist er zu Hause gewesen, so . . . Sbg.* — lux. 502 zergutts.

guwerniereⁿ [guwərnírəⁿ *Fa.* u. s.] tr. v. *herrschen, beherrschen:* wer sich selwert nit wêsz se g., soll nit wille annere rejiere. — frz. gouverner.

H.

Ha [hâ, Pl. hǽ *D. Si.*] *m.* 1. *Hieb*: op den eǐschten H. fällt kä' Bâm *auf den ersten Hieb fällt kein Baum.* — 2. *Hacke* s. Hack. — 3. *Holzschlag.* — lux. 159; els. 1, 393 Haw; mhd. hou. Zss. Hâ-stän *m. Haustein.* Hâ-zant *m. Hauer des Wildschweins.*

Ha *Heu,* s. Hau.

habbelich [habəliχ *Ri. Rü.* u. s.; hàwliχ *Rom. Ha.*] adj. u. adv. *übereilt, hudlerisch.* — baier. 1, 1139 happelig, happeln *übereilt handeln;* ndd. hibbelig From. 5, 147; hippelig ibid. 6, 212. s. a. Gr. Wtb. 4², 472.

Häb-holz *n. Pü. gekrümmtes Holz zum Aufhängen der geschlachteten Schweine.* — vgl. hd. Hab *Halt, Anhalt* Gr. Wtb. 4², 42; els. 1, 294 hebe *halten.*

Hä-blumen [hǽbloumən *D. Si.;* haublum *Ri. Rom.*] pl. *ungereinigter Grassamen (Heublumen).*

Hack I [hak *fast allg.;* hâ *D. Si.* Dem. hègəl *Sbg.*] *f. Hacke, Harke, Haue:* de Grumbere mit der H. planze. *Rda.:* de H. muss a e Stil han *man soll eine angefangene Arbeit zu Ende führen, mit einer Sache ins Reine kommen.* — Ebenso baier. 1, 1048: der Hacken einen Stil finden, u. hess. N. 90. — lux. Hâ, Ga. 193; moselfr. u. ss. Hâ, Kisch 60.

Hack II [hak *Rü.*] *m. Schluchzer:* den H. hun *(haben).* — lux. 159 ebenso; frz. hoquet. s. a. Huck.

hackelen [hakələn *D. Si.;* hàgə *Sbg.*] intr. v. *stottern, gebrochen sprechen.* — lux. 159; vgl. els. 1, 316 französch hacken *gebrochen fr. reden.*

Hackeler *m. Stotterer. Das Femin. lautet* Hackelesch. — s. hackeln.

hacklich adj. *Si. stotterud:* eng h. Red. — lux. 159.

hackeⁿ [hakən *fast allg.*] tr. v. *hacken:* de Grumbere h. *Fo.*

Häd I *der Heide,* s. Heid. — Zss. Hädekand *n. D. Si. Heidenkind.* Hädentom *Heidentum.*

Häd II *Krautkopf,* s. Heid.

Häd III [hêt *D. Si. Merl.* u. s.] *f.* 1. *die Heide:* op der H. — 2. *Heidekraut* (Erica vulgaris). — lux. 172 Hêd; els. 1, 303 Heid; baier. 1, 1051 Haid. Zs. Häde-kuer *Heidekorn, gemeiner Buchweizen.*

Hadi u. **Hädi** *m. Schw.:* der Hadi (Hawi) isch besser as der Hädi *der Besitz ist besser als der Wunsch zu besitzen* (Hädi < hätt ich).

Ha-dor [hádoᵃ *Kr.;* hódúər *Si.*] *m. Weißdorn.* — lux. 182 Hôdâr; mhd. hagedorn.

Hael [hǽəl *D. Si.;* Demin. hæltχən] *m. Kartoffelhacke.* — lux. 174 Hèl; els. 1, 394 Häuel; engl. heel; mhd. höuwel.

haen, s. hauen.

Haf [háf *D. Si.*] *m. Haufen.* Ze Hâf zusammen: ze Hâf bannen *zusammen binden;* ze Hâf lauden *mit allen Glocken läuten.* — baier. 1, 1056 ze Hauf, zu Hauf binden. s. a. Hoïf.

Hafe *Topf,* s. Hawen.

häfech [hêfeχ *D. Si.*] adj. *häufig.* — lux. 159.

Häfecht [hêfeχt *Rü.*] *f. ein aufgehäuftes Maß, das Übermaß beim Messen des Getreides.* — vgl. hess. 154 Häufede; henneberg. ebenso, From. 7, 293; hd. haufïcht *in Haufen* Gr. Wtb. 4², 593.

Hafel [háfəl *Fa. Brettn. Si.;* hâfəl *Falk.;* hòfəl *Lix.;* hampfəl *Pfb.;* hạnfəl *Bo.* — Demin. hèfəlχə *Lix.*] *f. eine Handvoll, ein wenig:* giw dem Pärd e H. Hawer! Mach noch e H. dazu! — els. 1, 339 u. baier.

1, 1113 Hampfel; hess. 147 Hampel; hd. Hampfel Gr. Wtb. 4², 322. s. a. From. 6, 290; 7, 289.
Haff s. Hof.
haffen s. hoffen.
Haffengen [hafeŋən *Si.* ohne Pl.] *f. Hoffnung:* et as keng H. meïh. s. a. Hoffning.
Häfner [hæfnər *Flh. Mü.* u. s.] *m. Töpfer. Rda.* Der kennt de Dreck, der wär gut for H. sin *Flh.* Wer den Dreck nit kennt, soll nit H. weren *Mü.* — els. 1, 307: du mues H. were, du verstehs de Dreck; baier. 1, 1055 der versteht den Dreck, der muess H. werden. s. a. Gr. Wtb. 4², 127 Hafner.
Haft [haft *Fo. Lix. Sgd.* u. s. — Pl. -ə] *m. Häkchen zum Zumachen der Kleider, Ersatz für Knöpfe.* Haft und Ringel *(Öse)* gehören zusammen: es sin noch kä' Hafte un Ringel am Rock *Fo.* — els. 1, 310; baier. 1, 1064; tirol. Háft, Háftel From. 5, 445; hd. Haft *Spange, Halter* Gr. Wtb. 4², 132, 4a.
Hahl *Kesselhaken* s. Hohl.
Hahn [hàn *fast allg.*; hun *D. Si. Ebersw.*; hòn *Lix.* — Pl. hǽn, hunən, hêndə. — Demin. hǽnxə, hintxən, hǽnəl] *m.* 1. *Hahn. Wetterregel:* Wann der H. krät uf de Mischt, dann ännert sich d' Wetter oder 't bleibt wie 't esch *Obd.* Mor *(morgen)* mossen ma den H. abinnen *(anbinden),* sonscht trippelt er en futi sagt man, wenn jemand neue Kleider od. Schuhe trägt *Aidl. Scherzfragen:* Fa was drickt der H. de Aue zu, wann er krät? Er kann's usewentsich *Ett.* Was micht der H., wonn er uf änem Bän steht? Er hebt's onnere en de Heh *Lix. Rätsel:* Es geht im's Hus erum un het e Sichel em Ärsch. Vor isch's wie e Schlissel, hinne wie e Sichel, in de Mitt isch's Nudelwerk. Es kummt e Mann vun Nippe, Nappen; hät e Rock mit hundert Lappen un hät e silberne Bart *Flh.* — 2. *Erntefest, Schnittermahl.* lux. 189 Hunn 2; baier. 1,1114 Sâthahn, Schnitthahn *Schmaus zur Zeit der Saat, der Ernte.* — 3. *Richtfest nach vollendetem Bau. Damit hängt zusammen:* Et as den Hunn *es ist das letzte Mal Si.* — 4. *Hahn am Weinfaß.* Zs. Bubbelhahn s. d.

hahnakereⁿ [hə̨nak(ə)rə *Fo.*; hònakərə *Lix.*] intr. v. *zanken.* — baier. 1, 1119 hòneckeln; hd. hohnecken Gr. Wtb. 4², 1724.
Hähnchen ? *m.* u. *n. Av. Ginster.*
Hahne-kep [hanəkep *Pü.*] pl. *Wiesenknopf* (Sanguiserba minor). — vgl. Gr. Wtb. 4², 168, 4 Hahnenkopf, *ein Kraut* (Onobrychis).
Hahnen-arsch (Hunnen-asch *Eberw.*) *m. Benennung einer großen, gelben Pflaumenart.*
Hähs [hǽs, Pl. -ən *Bo. Rg.*] *f.* 1. *Sprunggelenk, Kniebug.* — 2. *Gesäß, Hinterbacke Bo.* — 3. *Wade (Klein-Rosseln.)* — baier. 1, 1046 Hächsen; hess. 159 Hächse; hd. Hächse, Hechse Gr. Wtb. 4², 98; lux. Héss Ga. 203; mhd. hahse, pl. hehsen. — Zs. Hähs-holz *n. (Klein-Rosseln) Holz, das dem geschlachteten Tiere durch die durchschnittenen Kniebugflechsen gesteckt wird, um es aufzuhängen.* baier. 1, 1046; lux. 179 Heissenholz. s. a. Häbholz.
hähseⁿ [hǽzə *Fo.* u. s.] intr. v. *lange Schritte machen, die „Haxen" in Bewegung setzen:* da bin ich awer gehähst! s. d. vorige.
Hai *Heu,* s. Hau.
haidech [háidex *D. Si.*] adj. 1. *häutig, mit Haut versehen.* — 2. *heutig: bis op den haidechen Dâch.* — lux. 173 heidech.
Hai-gras [hái-grás *Bi.*] *n. das Gras, solange es noch nicht gemäht ist.*
Hai-machet *Heuernte.* s. Haumachet.
Hai-monat s. Haumonat.
Haisel [háiʒəl *Vbg.*; heiʒəl *Falk.*; haisxən *D. Si.*] *n.* 1. *Häuschen.* — 2. *Abort.* — lux. 173 Heisjen.
Hak- [hâk-] in den Zss. Hâk-brett u. Hâk-messer *D. Si.*
Häk [hèk *Kr. Grt. Lix. Vahl-Eb.* u. s.] *f. die am Leiterwagen vorn aufgerichtete kleine Leiter, deren Sprossen dem Heubaum Halt gewähren müssen. Der Heubaum wird „engehäkt".* Synon. Hik, Gipp, Hotel.
Hake [hâkə, hòkə *Pü. Lix.* u. s.; Demin. hèkəl *Mtsh.*; hégəl *Ri. Hom. Rom. Ha.*] *m. Haken.* — Zs. Hake-mann [hòkəmòn *Lix. Sbg.*] *der Hakemann, der das Kind ins Wasser ziehen möchte.* — hess. N. 90 ebenso.

Häkel [hékəl *Pfb.*] *f. Häkelnadel.*
haken [hákən *D. Si.*] tr. v. *hacken*: Fläsch h.
Hä-klapp [hǽklap *Rü. Si.*] *m. Heuhaufen, Heuschober.* s. Klapp.
häkleⁿ [hèklən *fast allg.*; hékələn *D. Si.*] intr. v. 1. *häkeln (Dafür auch* kroschten > frz. crochet *Häkelnadel). — 2. mit dem Haken fassen. — 3. erreichen, übertreffen, meistern im Spiel.* — els. 1, 316.
Häl [hêl *D. Si.*] *m. u. n. Heil.* — Zs. H.-mettel *Heilmittel.* H.-wûrzel *f. Beinwurz* (Symphytum officinale). — lux. 147 Hêl.
häl [hêl *D. Si.*] adj. *heil, geheilt.*
halb [hàlb *Fo. Lix.*; hàlw *Bo. Falk.*; háləf *D. Si. flektiert:* hàlwər, hàlw, halwət] adj. *halb*: e h. Johr; halw Naht Mitternacht. Mach Plätz far e Mann, 's kimmt e halwer *wenn man sich scherzweise selbst ankündigt Lix. Vor folgendem Konsonant ist das* w *in* halw *nicht immer hörbar*: e hal' Pund, e hal' Stunn. Zom halwen *zur Hälfte Bo.* An zwei halwen hingehn *an zwei verschiedene Orte gehen Bo.* s. a. halwer. Halb u. halb *zu gleichen Teilen Rom. Ri. Hom. Ha.*; so halb u. halb *nicht ganz vollständig* ibid.; halwer zu's (halwerliches zu's) *soeben, diesen Augenblick*: er isch h. do gewän. — els. 2, 889 halber zue.
Halb-narr *m. Lix. Sbg.* 1. *Halbgelehrter.* — 2. *Halbverrückter Sbg.* — els. 1, 779.
Halb-part [-pàrt *Fo. Sbg.* u. s.] *Hälfte*: in H. mache *teilen (zwischen zwei) beim Spiel, im Handel.* — els. 2, 92; baier. 1, 406.
Halbschäd [hàlbšèd *Fo.* u. s.; hàlfšaid *Bo.*; hàlšet, halšet *Falk.* — Pl. -ən] *f. Hälfte*: gimmer *(gib mir)* de H.! — els. 2, 393; baier. 2, 372; hess. 146; henneberg. Halbschied, From. 7, 288. s. a. Gr. Wtb. 4¹, 212.
haldeⁿ s. halle**ⁿ**.
Halb-schowde [-šoewdə *Ri. Hom. Rom. Ha.*] *m. Halbverrückter.* — els. 2, 442 Halbschaute.
Halb-stiwle pl. *Hom. Ri. kurze Stiefel.*
Halb-strimp pl. *Hom. Ri. kurze Strümpfe.*
Halecker [hálèkər *fast allg.*; halèga *Marienth.*; háleka, halé *Av. Sp. Kr.*; ha-
lèŋkər *Weil. Vbg.*; háulèkər *Ersd. Rein.*; haliŋkər *La.* — Pl. -n] *m. Hühnerhabicht, Weihe, Sperber. Beim Anblick eines kreisenden Habichts rufen in Lubeln die Kinder*: Halecker! Bohnestecker, trill dich rim! bisch nit gut far'n anner Johr. — H. < mhd. hâhen *schweben* u. lëcker *Fresser, Schelm?* — Synon. Har, Wei, Hawei, Stossvogel, Hihnervogel.
häle [hǽlən *fast allg.*; hailə *Lix. Sgd.*] tr. u. intr. v. *heilen, gesunden*: 's isch von selwer geheilt *Lix.* — *Scherzreim*: Häle, häle, Katzedreck! Morje frih isch alles weg! *sagt man zu den kleinen Kindern, die eine Wunde haben, indem man mit der Hand über dieselbe streicht.* — lux. 174 hêlen.
Hälerei [hǽlərai *Hd.* u. s.; hêlrièf (*Heilrebe*) *Si.*] *f. Gundelrebe, Gunderman* (Glecoma hederacea). *Ihrer Heilkräfte wegen steht die Pflanze beim Volk in großem Ansehn und hat daher auch wohl ihren Namen.* — lux. 174 Hêlr¹ef. s. d. vorige.
Halett [hálèt *fast allg.*] *f. Haube mit weit verlängertem u. durch dünne Holzstäbchen gestütztem Rand zum Schutze gegen die Sonne, von den Frauen bei der Feldarbeit getragen.* — lux. 160; frz. halette.
Half-faschten *f. Brettn.* u. s. (Halfaschte *Ersd.*) *Halbfasten. Am 3. Fastensonntag gehen die Kinder von Haus zu Haus, betteln Obst n. sonstige Gaben und singen:*

Halbfaschte, Birenkaschteh,
de Biren sen gemeine
fir d' Grosse we fir d'Kleine.
Wann d'r mer kän Biren get *(gebt)*,
dann manen *(mögen)* m'r uwer Doᵘter net.
Brettn.

Halbfaschte, Birekaschte,
Bire sen ze meinen
Grossen weï de Kleinen.
Stell deï Leïta an de Wand,
Hol das Messa en de Hand,
Schneït ib, schneït ab!
Schneït ma'n dicken Fatzen en meï Sack!
Ersd.

hälich [hǽliχ *Fo.* u. s.; hêleχ *D. Si.*] adj. *heilig*: Wat den Dâch meïh h., wat

der Deiwel meïh rôsen *was der Tag heiliger, was der Teufel rasender d. h. an Festtagen kommen die größten Ausschweifungen vor.* Der hälech Gäscht *m. D. Si. das* Veni creator: der h. G. as gesong gen.
Hälichtom *n. D. Si. Heiligtum.*
hälings [hælɪŋs *Fa. Ett.* u. s.; hèlɪŋks *Lix. Schw.*] adv. *heimlich, geheim, unbemerkt, leise:* er isch em h. noh gang. Der geht h. an de Finschter und luschtert *Schw.* Dem wer ich mol h. e Par Quetsche wegbutze *Schw.* — els. 1, 319; baier. 1, 1079; mhd. hæling; hd. hehlings Gr. Wtb. 4³, 788.
halleⁿ [hàlə *fast allg.*; hálən *D. Si.*; hàldə *Sgd. Sbg.* — *Flexion:* hàlə, hèlšt, hèlt; gəhàl *fast allg.* — hálən, hèlšt, hèlt; gəhál *D. Si.* — hàldə, hàldš, hàld; gəhàld *Sgd. Sbg.*] tr. v. 1. *halten in der Rda.:* Hall de Schniss; halls Mul! halt d'Raffel! halt d'Schnuffel! Hall fescht! Ruh halde *ruhig sein Sbg.* Prob halde *vom Wein u. Branntwein gesagt, wenn beim Schütteln das Vorhandensein des Alkohols festgestellt wird.* Nix uf ebbs halde *nichts drauf geben.* Ebbs geje 's Licht halde *zur Prüfung in die Höhe halten Sbg.* D'Wô halde *gleichmäßig am Wagen ziehen Ri. Hom. Rom.* s. Wô. Mit halde *Teil nehmen ibid.:* wille'n er nit mit halde? *Einladung an einen während des Essens Eintretenden.* — 2. *anhalten, aufhören:* halt! halt! (halde! halde!) *nicht so geschwind:* Halt, ich will a mit. — 3. *behalten:* du derfscht halle *Fo.* — 4. *feiern:* die halle kä Sunda *Fo.* u. s.
Häl-lomp [hèlomp *Umgegend von D.*] *f. Handtuch.* H. < hæl *trocken* u. Lomp *Tuch, Lumpen.* — vgl. hess. 145 hâl, hæl; baier. 1, 1073, 1082 hæl, hel; els. 1, 319 häl; frz. hâle, hâler.
Hallunk *m. fast allg. wie hd. Hallunke.*
Hälm [hèlm *Lix. Sgd.* u. s.; hèlmən *Bo. Falk. Kr.*; hèlmə *Sbg.*; haləm *D. Si.* — Pl. hèlmə, hèlmən, hèləm] *m. Halm:* de H. ziehe *das Los ziehen mittels Strohhalmen, wer den kürzeren zieht. Gewöhnlich:* knoppe Hälme ziehe *mit abgeknippten Halmen losen Lix.* kloppen Hälmen zeïhen *Bo.* (Kloppe *Klaue, verächtl. für Finger*).

— baier. 1, 1094 Hälm *Stroh;* lux. 160 Hallem.
Hals I [hals *fast allg.*; halš *Bo. Mtsh. Sbg.*; hoalš *Av.* — Pl. hèls, hèlš. Demin. hèlsəl, hèlšəl]. *m.* 1. *Hals:* e H. wie e Stier. Ich drähe der de H. um *breche dir das Genick.* Es mus alles iwer Kopp un H. gehn *allzu hastig Lix.* Wo m'r sechs kläne Kenn *(Kinder)* um H. hat, das isch kän Klänichkät *Lix.* Er hat sich de H. abgeränt *er ist betrunken Hw.* Engem op den H. *od.* iwer H. fälen *einem lästig fallen D. Si.* Du fällscht noch de H. en *wenn einer oft fällt Schw.* Iwer H. u. Kopp (*auch* iwer Kopp u. Halsch) *kopfüber.* Ebber uf um H. sitze *einen sehr belästigen Ri. Hom. Ha.* — 2. *Kehle:* der letze H. *die Luftröhre.* 'S isch mer ebbs in de letze H. kumm *bin fast erstickt. Ri. Rom. Lix.* u. s. Us'm H. schmegge *aus dem H. riechen Ri. Ha. Rom.* In de H. schisse *triviale Abweisung ibid.* — Zss. H.-band. h.-brechen *halsbrecherisch:* en h. Arbecht. H.-genek *D. Si. Genick.* H.-gruwel *n. Lix. Hals- od. Nackengrübchen.* H.-ketten. H.-ôder *D. Si. Schlagader.* h.-starech, Halstarechkät *Halsstarrigkeit.* H.-stem *D. Si. Kehllaut.* H.-weh.
Hals II [hals *Nj.* u. s. — Pl. -ən] *f. Zugriemen.* — baier. 1, 1096 Halsen; lux. Hâls Ga. 194; hd. Halse *Halsband des Leithundes* Gr. Wtb. 4², 259; mhd. halse.
Hälsel, Hälschel *n. Ri. Rom. Hom. Ha.* (eigentl. Demin. zu Hals) *lederner Halsriemen mit Verschluß, worin die Deichselkette eingehängt wird.*
hälsem [hèlzəm *D. Si.*] adj. u. adv. *heilsam.* — lux. 175 hèlsem.
Halseⁿ [halzə *Pü.*; halzə-kôr *Lix.*] pl. *Getreide zweiter Güte, das beim Wannen als zu leicht u. klein abgesondert u. gewöhnlich als Hühnerfutter verwandt wird:* Werf de Hinkle de H. vor! — els. 1,328 Hals II.; vgl. hd. Hülse.
Halt *f. fast allg.* 1. *Halt, Stütze, Pause:* en H. machen. — 2. *Haltestelle.*
Hältem [hèltəm *D. Si.*] *m.* (eigentl. *Heiltum*). 1. *Reliquie eines Heiligen.* — 2. *etwas sehr Kostbares:* mer mänt, et wär 'n H. — lux. 175.

Halter [hàltər *D. Si.*; holtər *Kr.*] *m Halfter.* — lux. Halter Ga. 194.

Hälter [hèldər *Hom. Ri.*] *m. Schaufelbrett, auf welchem der Teig in den Backofen geschoben wird.* — els. 1, 330 Halter; hess. 146 Hâler.

Hälwe-naht [hèlwənát *Lix. Sgd.*; hèlwərnát *Bo.*] *f. Halbnacht, Mitternacht. Aberglaube:* Noh H. derf m'r kän Katz durch de Finster erenn kumme lon *Lix.*

halwen-weg [halwənweïχ *Av.*] adv. *halbweg, nur zum Teil, notdürftig:* er hätt's h. gemacht. H. so vil *halb soviel.* — baier. 1 1087; hess. 146; Gr. Wtb. 4¹, 218 halbweg(s).

halwer [hàlwər *fast allg.*; haləwər *D. Si.*] adv. u. num. 1. *zur Hälfte, halb*: h. dot; h. dernäwe *od.* h. dortich *halb verrückt Lix.* — 2. *beinahe:* er hat h. Angscht. *Vor Zahlwörtern zur Bezeichnung der halben Stunde:* h. zwelf; es hat h. geschla *Falk.* — els. 1, 323; lux. 161 hâlwer; ss. hạlwer, Kisch 101.

Ham [hám, Pl. -ən; Demin. hèmptχən *D. Si. Bo. Va.* u. s.] *f. Schinken:* de H. nah der Sit Speck werfen *aus kleinen Ausgaben große Einnahmen erzielen Bo.* Rechen aus: zwê Schwein mâchen siwen Hamen, hot d' Frâ zu hirem Mann gesot, an do hat se eng hämlich ges *rechne aus:* 2 *Schweine geben 7 Schinken, sagte die Frau zu ihrem Mann, als sie einen heimlich gegessen hatte Si.* — lux. 161 Hâm; ss. ebenso Kr. 46; els. 1, 333 Hamm; baier. 1, 1105 der Hammen; ostfries. Hamme, From. 6, 414, 86. mhd. hamme. s. a. Gr. Wtb. 4², 309. *Der Vorderschinken heißt:* fîscht H.; *der Hinterschinken:* henescht H.; *der rohe:* greïn H. — *Lix.* Hame-schank *f. D. Si. Schinkenbein.* s. Schank.

häm [hèm *Fo. D. Si. Sbg.*; háïn *Falk.*; họïn *Bo.*] adv. *heim, nach Hause*: h. gon; h. kommen; h. dreiwen *Vieh von der Weide heimtreiben D. Si.*, dehäm *Fo.*, dohäm *D. Si.*, dahaïn *Falk.*, dohoïn *Bo. zu Hause:* dehäm isch dehäm, es geht doch nix driwer *Fo.* — mhd. heim, dârheime.

Spruch:
Häm fahre, Weid fahre;
Widde witt! 's isch noh nit Zitt. *Ri.*

Hämbich [hèmbïχ *Fo. Pü. Falk.*; hàmbùχə *Hom. Ri. Ha.*; hèmbéïχ *Bo.*; hombiχən *Mw.*; hôbéïχt *Si.*] *f. Hain-* od. *Weißbuche* (Carpinus betulus). — lux. 182 Hôbich.

hämbichen [hèmbïχə *Fo. Pü. Falk. Rom.*; hèmbeïχən *Bo.*; hàmbùχə *Ri.*; hombiχən, hobiχən, hobéïχən *D. Si.*] adj. 1. *hagebuchen, hainbuchen.* — 2. *grob, ungeschlacht:* hämbiche Kepp *Dickköpfe (Spottname der Baumbiedersdorfer u. Buschborner wegen ihrer angeblichen Starrköpfigkeit).* — lux. 182 hôbichen; hd. haimbüchen Gr. Wtb. 4¹, 174.

Hambier s. Himper.

hämelen [hèmələn *fast allg.*; haimlə *Hom.*] tr. v. 1. *heimeln, streicheln, liebkosen:* das Kind isch awer gär gehämelt! *Fo.* — 2. (*ironisch*) *grob anfassen:* er hat ne gehämelt, dass de Finger im Gesicht usgezeicht sin. *Fo.* — 3. *unpers. Verlangen empfinden nach der Heimat:* es hämelt mi *Ri. Ha. Rom.* — lux. 176.

hämelich s. heimlich.

Hämelichkät *f. D. Si. Geheimnis.* — lux. 176 Hêmlechkät.

Hämels-dierchen [hèməlsdéïrχən *D. Si.*] *n. Heimchen, Feldgrille.* — lux. 176 Hêmeldeïer; els. 1, 337 Heimel, Heimichele. s. a. Heimermus.

Hämels-krankhät *f. Si. Heimweh.* s. häm.

Hämet [hæmət *Busd. Si. Hom. Rom.*; hæmεχt *D.*; haïmχit *Falk.*; hæmərd *Ri.*; hoïnχit *Bo.*] *f. Heimat.* — lux. 176 Hêmecht; els. 1, 336 Heimet.

Hämisel s. Heimermus.

Hammel [hàməl *fast allg.*; hòməl *Lix.* - Pl. hèmal; Demin. hèmələ, hèmalχən] *n.* 1. *Hammel.* de H. schiesse *beim Wettschießen während der Kirchweih erhält der beste Schütze als Preis einen H. Ri.* Walsch. — 2. *Schmutzrand des Kleides:* geh, hasch du awer e H. gemacht! — els. 1, 334; hess. N. 91 Hammel *in beiden Bedeutungen.* — Zss. H.-fläsch. Hammels-brôt *m. gebratene Hammelkeule.* H.-schunke *Hammelkeule Sbg.*

hammelen intr. v. *den untern Rand der Kleider beschmutzen:* wo hasch de dich so behammelt? *Lix.* — els. 1, 335 hammele *herumlaufen u. sich beschmutzen (von Mädchen).* s. Hammel 2.

Hammer [hàmər *fast allg.*; hạmər *Bo.*; humər *D. Si.* — Pl. hèmər, hĩmərn, hĩmər. Demin. himərχən] *m. Hammer.*

Hampel-mann *m. Fo. u.* s. *Hampelmann, dummer Mensch.* — els. 1,684; hess. 147 Hampel 2; baier. 1, 1113 Haimpel. s. a. Gr. Wtb. 4⁸, 321; From. 5, 347.

Hampert [hạmpərt *Bo.*; Pl. -ən] *n. Handwerk:* er schafft om H. *er betreibt ein H.* — henneberg. Hamberk, From. 2, 222, 1. (Hampert *ist aus Handwerk entstanden durch Übergang des w in b, Ausstoßung des d und notwendigen Übergang der Liquida n in m vor Labialen*). — Zs. Hamperts-mann, Pl. -lit.

Häm-we(g) [hêmwé *D.Si.*]*m.Heimweg.* s. **häm**.

han [hàn *Fo. Bi. Pfb. Sbg.*; hán *Bo. Falk.*; hæn *Mtsh.*; hòn *Lix. Sgd.*; hun *D. Si.*] v. *haben, besitzen* [*Flexion:* Präs. Ind. Sg. 1. hàn *Fo. Falk.*; hán *Bo.*; hòn *Lix. Sgd.*; hèn *Pfb.*; hun *D. Si.*; han *Hw. Karl.* — 2. haš, hèš, hošt. — 3. hàt, hèt, hot. — Pl. 1. hàn, hòn, hаη, hèn. — 2. hàn, hòn, hot, hèn. — 3. hàn, hòn, hèn, hun. — Präs. Konj. Sg.: hièf, hièfst, hièf. — Pl. hièwən, hièf *D. Si.* *In den übrigen Mundarten nicht gebräuchlich.* — Imperf. Ind. Sg.: hát, hátšt, hát. — Pl. hátən, hát, hátən *D. Si. Sonst nicht gebräuchlich.* — Imperf. Konj. Sg. 1. hèt *D. Si.*; het *Falk.* — 2. hètšt, hetšt. — 3. hèt, het. — Pl. 1. hètən, hedən. — 2. hèt, hedən. — 3. hètən, hedən. *Daneben:* eχ did (*täte*) hun *Si.* — Perf. Ind.: iχ han gəhat *Fo.Bo.Falk.*; eχ hun gəhot *Si.*; iχ hèn ked *Pfb.* — Perf. Konj.: eχ hèf gəhát *Si. Sonst nicht gebräuchlich.* — Plusquamperf. Ind.: eχ hát gəhot *Si.* — Konj. eχ hèt gəhát, gəhot, ked. — Imperf.: hà *habe*; hàn habt *Falk.* — hièf, hièft *Si.* — hèw, hèwə *Lix.* — Ptc. gəhat *Fo.*; gəhát *Bo. Falk.*; gəhot *D. Si.*; g'het, ked *Pfb.*] Dich hät's *du bist nicht recht bei Sinnen Pfb.* Hat's dich wider? *bist du wieder verrückt? Ltf. bist du wieder im Nachteil? Ri. Hom. Ha.* Was hän sie of em Herze? *was wünschen Sie?* (*gewöhnl. Frage der Verkäuferinnen auf dem Markt Pfb.*) 'S

had ne 1. *die Krankheit sitzt in ihm.* 2. *er hat einen sitzen Ri.* Se hasch! *sieh da! Hom. Ri.* Wer nit will, had g'had bekommt nichts *ibid.* I han nix dran *ich verdiene nichts daran Ri. Rom.* Hänner nix? *habt ihr nichts? Mtsh.* Ha nummen Gedolt! *Falk.* Hewe doch Resune(raison)! *Falk.* Der Hadi (Hawi) isch besser as der Hädi *Schw.* Hâten an Hätten woren zwen armer Männer *Si.* Der Hanni u d'r Häddi sin Bridere gewän; awer se han si nit kenne verdrawe *Ri. Rom.* — *Scherzfragen:* hasch heiss? schluf in a Gais! Hasch kalt? schluf in de Wald! Hasch Hunger? schluf in e Bummer (Kummer, Kakummer)! Hasch Durscht? schluf in a Wurschtel! *Flh. Bi. Egelsh.* Hascht de kalt? schluf in de Wald! Hascht de wå'm? schluf in de Wån! Hascht de heiss? schluf in de Gais! *Lubeln.*

Hand [hànt *fast allg.*; hạnt *Bo.* — Pl. hèη; hèn̬. — Demin. hèntχən; hèηələ; hènχin] *f. Hand. Rda.:* Et geht em vun H., eweï em Schouschter (*Schuster*) de Pech vum Hener (*Hintere*) *er kommt nicht vorwärts D. Si.* Min H. gewand *im Handumdrehen Falk.* (*Beispiel eines absoluten Particips*). Nah der H. nachträglich *Falk.* Vir der H. *vorläufig D. Si.* Bei H. sin *zur Stelle sein D. Si.* En hot et an der H. *er hat es in seiner Gewalt D. Si.* Aus der H. verkäfen *aus freier Haud verkaufen ibid.* Op der H. gemächt *Handarbeit ibid.* D' H. iwer än hâlen *jemanden beschützen ibid.* D' H. ofschlòn *die Hilfe versagen ibid.* Deï Sâch hot H. a Foᵘss *die Sache ist praktisch, gut überlegt D. Si.* Äm op d' H. gòn *einem zuvorkommen Si.* Mat bäden Hännen noh eppes greifen *gierig nach etwas greifen D. Si.* Hänn a Feïss geboun hun *nicht frei sein Si.* Sech wehren mat Hänn a Feïss *D. Si.* An op den Hänn dròn *auf den Händen tragen.* Im d' Häng erumdreje *im Handumdrehen, im Nu Ri. Rom. Hom.* Uff d'r H. *rechter Hand ibid.* Sich d' Häng van ebbs wäsche *nichts damit zu tun haben Ri. Rom.* Van der Häng ins Mul *ibid.* Va H. gemacht *Händearbeit ibid.* 'S geht em van H. *er arbeitet flott ibid.* In d'

15*

Häng sputze *ordentlich anfassen*, *Mut fassen Ri. Ha. Rom. Hom.* 'S Heft in de Häng han *Herr u. Meister sein ibid.* D' Häng in de Gere leje *die Hände in den Schoß legen ibid.* D' Häng hinger *(hinter)* d' Fiess leje *sich ducken, schmeicheln Ri. Hom.* D' gebrennte Kinn (*Kinder*) losse d' Häng vam Fir *ibid.* — Zss. H.-arbet. hand-brät adj. *handbreit.* H.-geld. H.-gelenk. H.-häw u. H.-hewer s. d. hand-heïh adj. u. adv. *handhoch D. Si.* H.-gref *Handgriff.* H.-kessel *m. D. Si.* 1. *Handkessel.* 2. *Dienstbeflissener Mensch.* H.-lumpe s. d. H.-schrift (-schreft) *Schuldschein.* H.-swel s. d. H.-tuch s. d. H.-wân s. d. H.-zächen *n. D. Si. Handzeichen.*

Händel [hændəl *Fi.* u. s.] *m. Streit, Zank, Rauferei:* H. bekumme; die han allzit H. mitenanner. — els. 1, 348; baier. 1, 1125.

händ(e)leⁿ [hændlə *Fi.* u. s.; hænlə *Mtsh.*] intr. v. *streiten, zanken.* — els. 1, 348; baier. 1, 1126.

Hand-haw [-hàw *Lix.* u. s.] *f. Handhabe, Handgriff; bes. die beiden Arme am Hinterteil des Pfluges, die zum Lenken dienen.* — els. 1, 297.

Hand-hewer [-hewər *Ri. Hom. Ha. Rom.*] *m.* 1. *Handgriff, Handhabe.* — 2. *Arbeiter, der den Handgriff eines Werkzeuges hält:* d' Maschin isch gut, awer d'r H. isch schlecht *der Arbeiter taugt nichts.* 'S Gescherr isch gut, awer d'r H. isch nix nutz.

Hand-lumpeⁿ [hàntlumpə *Fo. Lix. Sgd.* u. s.] *m. Handtuch:* truckel die Hänn am H. ab! *Fo. Rda.:* am e dreckiche H. ko' mer sich nit suwer riwe *Lix.* Der brucht nit vil H. im Johr *ist ein Schmutzfink Lix. Synon:* Handtuch u. Dirlumpe.

Händsch [hænts *fast allg.*; hèndšə *Ri.*; hænši *Pfb.* — Pl. -əⁿ] *meist f. Falk. m. Handschuh:* de Katz hat de Händsche usgedòn *hat gekratzt Lix.* Mit dem muss m'r d' Händsche andun *den muß man zart anfassen (er bildet sich viel ein) Ri. Ha. Rom.* Schon urkundl. ... ein par heintschen St. R. A. 41. — lux. 164 Hänsch; els. 1, 348 Händschi; ss. Hintschen Kr. 52. s. a. From. 3, 18. 110. 131. 250, 7; 6, 468, 22; mhd. hansche neben handschuoch. *Ein Kinderreim in Marienthal lautet:*

Min Kätchen, min Mädchen, was dusch de?
Ich sitzen bim Fier un huschde,
Ich kehr das Hus, ich strib de Mus
Un mach em Kindche Händschen drus.

— Zss. Händsche-bock *m. einfüßige, sehr einfache Nähmaschine der Näherinnen auf dem Dorfe.* H.-knopp. H.-leder *weiches Leder.* H.-macher u. H.-mann *Handschuhfabrikant.* H.-näz *Zwirn zum Nähen der Handschuhe.* H.-näjersche *Ri. Hom. Ha. Handschuhnäherin.* H.-nodel *sehr feine Nadel zum Handschuhnähen.* H.-stupper (-stubber *Ri.*) *m. Holzstäbchen, das in die Finger der Handschuhe geschoben wird, um ihnen die richtige Form zu geben.*

Hand-tuch [hàndûχ *Fo.* u. s.; hènduχ *Rü.*] *n. Handtuch.*

Hand-swel [-swèl, Pl. -ə *Bi.*] *f. Handtuch, Zwehle.* — els. 2, 925 Hand-zwël; henneb. Handzweln, From. 7, 290; hd. Handzwehle Gr. Wtb. 4², 431.

Hand-wan [hàntwon *Ersd.* u. s.] *f. Getreideschwinge.*

Hand-werk *n. fast allg.* wie hd. s. a. Hampert. — Zss. Handwerks-borscht *D. Si. Handwerksbursche.* H.-geschir. H.-mann.

Hanf [hànf, hànəf *fast allg.*; hònf *Lix.*; hunəf *Si.*] *m. Hanf.* H. breche, H. knetsche, H. roppe. — Zss. Hanf-botsche [-botšè *Fi.*] *f. Vogelscheuche im Hanf.* s. Botsch. H.-knetsche [-gnedšə *Sbg.*] *f. Hanfbreche.* els. 1, 511 Hanfknütsch. Hanf-same [-ʒámə *fast allg.*; -ʒòməⁿ *Lix. Ersd.*] *m. Hanfsamen:* glicklich wie ne Vogel uf'm H. *Ersd.* Der lebt wie e Vokel em H. *Lix.* H.-stengel. H.-stick.

Hanfel *Handvoll* s. Hafel.

hänfeⁿ adj. *Ri. Hom. Ha. Rom.* u. s. *aus Hanf.*

Hang [hàŋ *Bo.*; hoŋ *Lix.*; haŋk *D. Si.* — Pl. haŋkən *Bo.*] *m.* 1. *Hang, Abhang:* dat Stek (*Acker*) leït am Hank *Si.* els. 1, 352 Hange; lux. 163 Hank. — 2. *Neigung:* H. zum Bèse *Ri. Hom. Ha.*

Hängel [hèŋəl *Grt.* u. s.; hiŋəl *Fa.*; hiŋk *Fo.*; huŋəl *Lix.*] *f. die am Stock hängende Traube:* e H. Truwele. — els. I, 352 Hängel *Zweig mit reifem Obst;* mhd. u. nhd. Hengel Gr. Wtb. 4², 985.

hangeⁿ [hànə, hæŋə *Fo.*; hèŋkən *Falk. D. Si.* u. s. — Ptc. gəhuŋ *Fo.*; sonst gəhán] intr. v. 1. *hangen:* der Appel hängt uf'm Bâm. Ich weiss wie's hangt *wie es steht.* Et hänkt m'r aus den Oᵘhren eraus *ich habe es bis zum Überdruß gehört Si.* — 2. *sich in schiefer Lage befinden Sbg.*

hängeⁿ [héŋə u. hèŋkə *Fo.*; sonst hèŋkən. — Ptc. gəhèŋt *Fo.*; gəheŋkt *Lix. Sgd.*; gəhán *D. Si.*; gəhuŋk *Fi. Ko.*; *Si.* hat auch gəhuŋ] tr. v. *hängen:* Eppes un d' groᵘss Klack hänken *an die große Glocke h. Si.* Er hat m'r äner an gehunk *er hat mir etwas aufgebunden, mich belogen Fi.* Wuᵒ gesch de hin? De Hund hänke; wenn der nit gehunk wiᵃre, wirsch du gehunk *Ko.* Alles an den Arsch hänge *alles auf Putz verwenden Ri. Ha. Rom.*

Hänger [hèŋgər *Ri.* u. s.] *m.* 1. *Henker Ri. Rom. Ha.* — 2. *Henkel, Griff Ri.* s. a. Hänk. — 3. *Hängelampe.* — 4. *jd. der seine Schulden nicht bezahlt, hängen bleibt Ri.*

Hangwiler n. pr. *Hangweiler, Dorf im Kr. Saarburg; von ihm heißt es:* H. isch e Soïkiwel *(Saukübel),* un Dettwiler isch de Deckel driwer.

Hänk [hèŋk *D. Si.*] *f.* 1. *Haken zum Aufhängen.* — 2. *Henkel, Griff.* — 3. *Platz, wo die Wäsche zum Trocknen aufgehängt wird.* — lux. 163 Hänk; els. 1, 354 Hënki, Hënk. s. a. Hink u. Heng.

hänkech [hèŋkeχ *D. Si.*] adj. *hängend, abfallend* dat Stek Land as h. *das Ackerfeld ist nicht eben.* — lux. 163.

Hankel-rock m. *Oberzeilb.* u. s. *Gehrock.*

Han-meier [hánmèiər *Av.*] *m. Polizeidiener einer Landgemeinde (alte, kaum noch gekannte Bezeichnung).* H. < Hagenmeier, Hainmeier?

Hanne [hànə *Vbg.* u. s.; haonèt *Av.*; hánt, hántχən *Si.*] *weibl. Vorname Johanna. Daneben auch* Jenn, Jenni.

hannen, hanner s. hinneⁿ, hinner.

Hannes [hànəs *Fo. Pü.* u. s.; hònes *Lix.*; hâni *Hw.*; hèni *Si.*] *männl. Vorname Hans, Johann.* s. a. Hans u. Schang.

hanneschter [hanəštər *Rü.* u. s.] adj. *geflickt, wieder zusammengesetzt:* h. mâchen *ausbessern, flicken* (eigentl. *hinterher bearbeiten).* — lux. 164 hannescht (mâchen); eifl. honnescht.

hannich [hàniχ *fast allg.*; hòniχ *Lix. Rg.*; hoaniχ *Obh. Kr.*] adj. u. adv. 1. *geizig, eigennützig, gern besitzend:* mer derf nit so h. sin *Fo.* — 2. *arbeitsam, sparsam Kr. Das Wort hängt mit* han *haben, besitzen* zs.

Hans I [hàns *Bo. Fa.* u. s. Demin. hànzəl] *Abkürzung von Johannes (gewöhnlicher* Hannes u. Schang): Du bisch e H. tapp en de Schissel *ein ungelenker, dummer Mensch Fa.* H. vor der Dir *heißt in Bo. jemand, der vor der Tür bleiben muß, weil er zu spät kam. Rda.:* alli Esele heische Hans, awer nit alli Hanse sin Esele *Ri. Reimspruch:*

Der Hansel un 's Gredel gehn iwer de Bach,
Der Hansel losst e Furz, un d' Gredel werd schwach. *Ri.*

Scherzhafte Alliteration:

Hinner Hirten Hansen Hus
Hängen hunnert Hasen erus,
Hunnert Hasen hängen erus
Hinner Hirten Hansen Hus. *Spi.*

— *Zss. mit anderen Personennamen:* Hansam u. Hans-ade [hònsam *Lix.*] *Hans Adam.* Hans-michel (-meχəl *Si.*) els. 1, 357. — Hans-nickel u. H.-nekel *Hans Nikolaus.* Hans-jäkel *Rü. Hansjakob.* els. 1, 405 Hansjockel. Hanspeter. *Spruch:*

Hanspeter, Firstän!
Schleift de Dreck im Hemb häm. *Ri.*

Hans II [hàns *Av.* u. s.] *f. Geburtsteile der Kuh.* — baier. 1, 1135 Hansen, Ansen; frz. anse (intestinale) *Darmteil;* lat. ansa *Henkel, Bogen, Wölbung.* — vgl. schwäb. Dansen, From. 7, 400.

Hans-bepchen (-bèpχən *Obd.*; -bebələ *Schw.*] *m. Marienkäfer, Leuchtkäfer.*

Hans-borscht s. Hanswurscht.

Häns-chen [hènsχin *Vbg.*] *n. ein Achtel Liter Branntwein.* — vgl. baier. 1, 1114 Hänlein '|ₛ *Maß (soviel nämlich während des Umdrehens des Hahnes aus dem Faß laufen mag).*

hänseleⁿ [hènzələ *Fa. Hom. Ri. Rom.* u. s.] tr. v. 1. *den Standpunkt klar machen:* den will ich mol h. *Fa.* — 2. *zum besten haben.* — els. 1, 359; baier. 1, 1135; hess. 149.

Hans-triwele [-triwələ *Schw. Wo.* u. s.; -dríbəl *Rein.;* -trifχər *Pü.*] pl. *Früchte des Johannisbeerstrauchs. Davon:* Hanstriwele-stock *m. Johannisbeerstrauch.*

Hans-wurscht *m. fast allg.* (-worscht *D. Si.;* -borscht *Rü.*) *Spaßvogel, närrischer Kerl, Tölpel.*

Hantchen s. Hanne.

hantiereⁿ [hàntírə *Lix. Sgd. Kr.* u. s. hàndírə *Fo. Sbg.*; hantéïərən *D. Si.*] 1. intr. v. a) *fertig werden, umgehen, auskommen:* met dir isch nit gut h. *Lix.* b) *leichte Arbeit verrichten:* er schafft nit, awer er hantiert alsfurt. — 2. tr. *Umgang pflegen:* I handier en nit *Hom. Ri. Rom.* — els. 1, 359; baier. 1, 1126; From. 3, 10; Gr. Wtb. 4², 466.

Hantierung *f. fast allg. Sache, Geschäft, Beschäftigung:* 's isch e schlecht H. *Lix.* — els. 1, 359 Hantierig; baier. 1, 1126 Hantierung.

Hanwiler n. pr. *Hanweiler (Dorf im Kanton Bitsch). Rda.:* Der isch nit vun Gibwiler er isch vun H. *der will haben, aber nicht geben.*

Häp [hêp *Ri. Hom. Rom. Ha.*] f. *kleines Haumesser.* — els. 1, 359; Gr. Wtb. 4², 471 Häpe; baier. 1, 1139 Heppen.

Häpe [hèpè, Pl. hepèn *Bo.*] f. *Blasinstrument aus Weidenbast.* — els. 1, 360 Häp. s. a. Hipp u. Hupp.

häpeⁿ [hepèn *Bo.*] intr. v. *auf der Weidenflöte blasen.* — els. 1, 360 häpe.

Happ *Hopfen* s. Hopp.

happer d'jess! *Rü. Fluchwort entstellt aus* sacker d'jess *statt* sacré Jésus. — lux. 165 happer d'jöft.

Hap-stat [hápštát *D. Si.*] f. *Hauptstadt.* — lux. 165.

Hapt I [hápt *Lix.* u. s.] *n. Hauptsache:* das isch's H.! — els. 1, 364 Haüpt; hd. Haupt *das Vorzüglichste, Hervorragendste, Wichtigste* Gr. Wtb. 4², 604 e.

Hapt- II [hápt *fast allg.*] *Haupt-* in Zss.

Hapt-gass *f. fast allg. Hauptgasse.*

Hapt-mann *m. Fo.* u. s. *Hauptkerl; der erste, der in Betracht kommt:* das isch de H. bi der ganz Geschicht. *Dieselbe Bedeutung hat* Hap(t)-kerl *und* Hap(t)-vokel *Lix.*

Hapt-sach f. *f. fast allg. Hauptsache.*

Har I, harich s. Hor, horich.

Har II [hâr *Remelf.* u. s.; hór *Hb. Mw. Niederk.;* hér *Merl.;* húər *Si. Rü. Nj.* — ən] *m. Hühnerhabicht:* Hur, Hur, Hengerdeïf *(Hühnerdieb)!* rufen die Kinder in *Nj.* H. < Häher. — els. 1, 312 Här; lux. 190 Huᵉʳ. s. a. Halecker.

har! [hár *allg.*] interj. *In der Fuhrmannssprache der Zuruf an das Zugvieh, wenn es links d. h. nach dem Zuge des Leitseils gehen soll.* — lux. 165; els. 1, 366; baier. 1, 1144; From. 2, 553, 93; 5, 50; 6, 184, 233; Gr. Wtb. 4², 473; hess. 150 *(wo es auf* keltisch jar = retro, *westwärts zurückgeführt wird).* — Zs. harem! *Bo. D. Si. links herum:* änen harem holen *jemanden scharf heranholen Bo.*

Här [hêr *fast allg.;* hèar *Av.* — Pl. -ən] *m.* H. *dient in dieser Form ausschließlich zur Bezeichnung des Ortspfarrers, dann eines Geistlichen überhaupt. Dagegen wird als Titel vor Personennamen kurzes* Herr *gebraucht. Nur in der Saarburger Gegend wird ohne Unterschied* Herr *gebraucht. Rda.:* Er hot e Buch wie'n arme H. *einen Schmerbauch La.* Jetzt geschst en Häre *zum Pfarrer, ins Pfarrhaus Lix.* — Zss. Häre-hus *n. Lix. Pfarrhaus.* Häre-käche *f. Pfarrerskōchin Lix.*

här [hêr *Bo.*] adj. *heißtrocken (von der Witterung). Das Wort könnte wie* Herd (focus) *mit got.* haurja, *altn.* hyrr (ignis) *zu einer german. Wurzel* her *brennen gehören. Dieselbe Wurzel vielleicht auch in* ndd. heirräuk *Heerrauch,* hearbrand *der feurige Drache* From. 5, 348.

Har-äppelcher [harèpəlχər *Pü.* u. s.] pl. *die rote Frucht des Weißdorns, Hagebutten, sog. wegen des haarigen Innern der Frucht.* — els. 1, 59 Hagäpfel.

Härchit [hèrχit *Bo.*] f. *heißtrockenes Wetter.* s. här.

häreⁿ [hèrə *Lix. Sgd.* u. s.] refl. v. *sich maußern, das Haarkleid wechseln:*

's Vieh härt sich im Frihjohr. — els. 1, 366; baier. 1, 1146.
Hari [hári *D. Si. Ri. Hom. Rom.*] *Heinrich.* — H a r i e t t *Henriette.* s. a. Heng.
Haris-dorf u. **Herris-dorf** *Ortsname Heinrichsdorf im Kr. Saarburg.*
Här-geld [hèrgeld *Walm.*] *n. Handgeld, Trinkgeld.* s. Harrijen.
Harlech [harleχ, Pl. gleich *Si.*] *m. feingeputzter junger Mensch, Hanswurst.* — frz. harlequin.
Harles [hàrles *Umgegend von D.*] *f. Hornisse, Wespe.* — baier. 1, 1161 Horliz, Harlis. — *Formen mit* l *statt* n *bei* Gr. Wtb. 4², 1828, 9: Horlitz, Harliz, Hörlitze, Hurlassen. s. a. Horetzel.
Harmoni [hàrmòní *Pfb.*; hármoní *Rom. Ri.*; hermoní *Ha.*; hermolí *Hom.*] *f. Ziehharmonika.*
Harrijen [harijən *Bo.*; hóreŋən *Si.*] pl. *Handgeld, Draufgeld, Trinkgeld.* — lux. 166 Håreng; baier. 1, 1146 Har, Verharung; tirol. Hår, From. 3, 110; mhd. harre < lat. arrha, fr. arrhes.
härschtern [hêrštern *Bo.*] intr. v. *eine langwierige, harte Krankheit durchmachen.* — vgl. mhd. verharsten; nhd. harsch *herb, rauh, hart* Gr. Wtb. 4², 497.
hart [hart u. hært *Fo. Bi. Ha.*; hèrt *Lix. Ri. Rom. Sgd. Mtsh.*; hárt *D. Si.*] adj. *hart, widerstandsfähig*: h. wie Stän. Der hat emol e härter Kopp *er lernt schwer.* E härter Streich *ein schwerer Verlust Lix.* E härder Fall *Ri.* — adv. *hart laut, schwer*: härt newę dron. Se sin härt getroff *schwer heimgesucht Ri.* Sing meh härter *Lix.* Ich get noch härter grische *(schreien) Lix.* Es geht em h. widder *er hat Schweres zu ertragen Ri. Hom. Ha.* — Zss.: hart-herich *harthörig.* hart-herzich. härt-lehrich *schwer begreifend Lix.* els. 1, 376 hertlerig. härt-melkich adj. *Lix. schwer zu melken*: e h. Kuh *(entweder weil sie sich störrisch beim Melken gebärdet, oder weil verstopfte Milchgänge das Melken erschweren);* ndd. hartmelkig, From. 7, 446. Hart-fruht *f. Hartfrüchte.* härd-schlä(g)ich adj. *Ri. Ha. Rom. unempfindlich gegen Schläge.* — els. 2, 459 ebenso.

härten [hèrtən *Falk.* u. s.] tr. v. *aushalten*: et isch nit meh se h.! — lux. 177 hierden; ndl. harden; vgl. baier. 1, 1168 beherten *bezwingen.*
Härt-hengscht *f. Fi.* u. s. *Herling; herbe, sauere Traube.* — els. 1, 354 Harthëngscht. s. a. Hängel.
Hart-mond *m. D. Si. der Monat Januar.* — lux. 168; baier. 1, 1168; hess. 152; ahd. hertimânôt. Wurzel hart *der hart gefrorne Schnee* Gr. Wtb. 4², 517.
harzich [hàrtsiχ *Falk.*] adj. *haarig, behaart.*
Has [hás *fast allg.*; huès *D. Si.* — Pl. házə, hès *Lix.*, huèzən *D. Si.* Demin. hæsχə, hæsχin *Bo.*, hæzəl *Sbg. Mtsh.*] *m. Hase*: e läft eweï en H. *Si.* De hascht viel Hase aber kän Wase *viel Kinder aber kein Vermögen Ro.* Wenn e H. quer iber de Wè' låft, kummt e Unglick vor *Mett.* Dem H. Salz uf de Britsch leïje *Lix.* Der H. lêt *(legt)* d'r eppes *grobe Abweisung Ett.* — Zss. Hase-blum *f. Schw.* u. s. *Huflattich* (tussilago farfara). H.-brot s. d. Hasen-eier *fast allg. die gefärbten Ostereier, die nach dem Kinderglauben der Hase in das* Hase-nescht *gelegt hat.* H.-fett *Heilmittel bei Entzündungen.* H.-fus *m. Hasenfuß. Rda.*: 's hat kän H. *es hat keine Eile, die Sache läuft nicht fort Lix.* H.-krut (Asarum Europaeum). H.-mul *Lippenbewegung beim Essen, wie es der Hase macht.* H.-mílche *n. Lix. Sgd. zugespitztes Mäulchen zum Küssen.* H.-peffer. H.-tepcher (H.-tepple) *f.* pl. *Lix. Sbg.* 1. *Hasenpfötchen.* 2. *Hornklee* (lotus corniculatus); vgl. Gr. Wtb. 4², 540 Hasenpfötchen (trifolium arvense).
häs *heiser* s. häser.
Hasar [haʒâr *fast allg.*] *m. Zufall*: das isch H. gewàn *Fo. Meist* par H. *durch Zufall, zufällig.* — els. 1, 380; baier. 1, 1173; hess. 153.
häschen s. heischen.
Haschpel [hašpəl *fast allg.*; háspəl *D.*; hèspəl *Si.*] *m.* 1. *Haspel, Garnwinde.* — 2. *Gaukler, übereilter, unüberlegter Mensch.* — els. 1 387; baier. 1, 1185.
haschpeln [hašpəln *fast allg.*; háspəlņ *D.*] tr. v. *haspeln, Garn winden. Rda.*:

Wann m'r net spennt, bruch m'r net se h. *Bo.*

Hascht [hášt *D. Si. Rü.*] *f. Rauchfang, bes. der untere Teil des Schornsteins, worin das Fleisch zum Räuchern aufgehängt wird.* — lux. 168 Hâscht; eifl. Harsten From. 6, 15; hd. Harst Gr. Wtb. 4¹, 498,3; vgl. baier. 1, 1166 Harst u. Harscht; ahd. harsta.

Hase-brot [háʒəbrot *Fa. Lix.* u. s.] *n.* 1. *frisches, aus neuem Korn gebackenes Brot, überh. Schwarzbrot Fa.* — 2. *feines Weisbrot im Gegensatz zum* Burebrot, *vielleicht sogenannt, weil es früher bloß zu Ostern solches gegeben hat:* wonn der Has lêt *d. i. zu Ostern Lix. Bei Grimm, Kinder- u. Hausmärchen, Anhang* S. LVIII *ist Hasenbrot frisches Brot aus neuem Korn; der Hase hat es im Walde gebacken. Wenn auf den Bergen Nebel liegt, so ist es der Rauch aus seiner Küche.*

haselen [haʒələn *D. Si.*] intr. v. *übereilt handeln* (eigentl. *sich wie ein Hase gebärden):* e kann neischt zer guts mâchen, en haselt nemmen. — lux. 168 ebenso; vgl. hess. 153 haselieren, haseln, hasseln; henneberg. haselieren, From 7, 291.

Haseler *m. D. Si. unbesonnener Mensch. Das Femin. lautet* Haselesch s. d. vorige.

haselich [haʒəlix *D. Si.*] adj. *unbesonnen, übereilt.* s. haselen.

Häselter [hêʒəltər *Bo. Lix. Vbg.*; hèʒəlta *Av.*; hiaʒəltər *Rü.*] *m. Haselnußstrauch.* — lux. 179 Hieselter. *(Das Suffix* -ter *in Staudenamen wie* Holenter *Holunder,* Mespelter *Mispel,* Maselter *Maßholder u. a. ist* ahd. terâ, ags. treov, engl. tree *Baum).* — Zs. Häselter-rut (-rout *Si.*) *Haselrute.*

häser [hêʒər *fast allg.*; haiʒri(χ) *Hom. Ri.*; hæʒri(χ) *Ha. Rom.*; hês *D. Si.*] adj. u. adv. *heiser:* er isch hu lutter Krische *Fo.* E heisrichi Stimm han, sich h. grische *Hom. Ri.* — lux. 178 hês; mhd. heis.

häsleⁿ intr. v. *Hom. Ri. auf dem Eise in kauernder Stellung gleiten (niedersitzen wie ein Hase). In Rom.* hashulleⁿ.

Hä-speicher [hæšpaiχər *D. Si.*] *m. Heuboden.*

Haspel, haspeln s. Haschpel, haschpeln.

hässlich [hèslix *fast allg.*] adj. wie hd. *Rda.:* h. weï siben Dodsenden, weï de Mertener Naht *Bo. wie die Mertener Nacht d. i. sehr häßlich (Merten, Dorf im Kr. Bolchen).*

Hätsch I [hètš, Pl. -n *Vbg.* u. s.] *f. Hanf- u. Flachsbreche.* — vgl. baier. 1, 1191 Hätsche *Beil;* frz. hache.

Hätsch II [hètš *Bi. Flh. Mett. Sgd. Wo. Go. Sbg.* u. s. — Pl. -ə] *m. männl. Schwein, Zuchteber. Ursprüngl. wohl Lockruf für das Schwein* s. From. 5, 486, 6. — els. 1, 392 Hätsch; vgl. hess. N. 108 Hötsch.

hätschleⁿ [hèdšlə *Ri. Ha. Rom. Hom.* u. s.] tr. v. *liebkosen (in etwas tadelndem Sinne).* — els. 1, 393.

Hatt *Tragkorb* s. Hott.

Hatz [hàts *fast allg.*] *f. (Bi. m.)* 1. *Eile, Geschwindigkeit, Hast, Aufregung, Eifer:* das isch in einer H. gewän. Ebbs in ere H. mache *Ri. Ha.* — 2. *Weile, kurze Spanne Zeit:* wart noch ɐn H.! *Bi.* Uf ein H. *mit einem Mal.* — els. 1, 397; baier. 1, 1194. — Zs. Hatze-risser *m. Bi. einer, der nicht lange bei der Arbeit aushält. Häufiger:* Sturme-risser s. d. vgl. els. 2, 289 Stunde-risser.

Hatze-bockel *m. Si. in der Rda.:* um H. drôn *jemand auf den Rücken* (Bockel = *Buckel) tragen, so daß er gehatzelt (gerüttelt) wird.* — lux. 169 ebenso; vgl. els. 1, 399 Hotzel *Schultersitz.* s. d. folgende.

hatzelen [hàtsələn *D. Si.*] tr. v. 1. *schütteln, rütteln.* — 2. *auf den Schultern, auf dem Rücken tragen.* — lux. 399; baier. 1, 1195 u. els. 1, 399 hotzlⁿ; vgl. hess. 178 huckeln. s. a. hutzeln.

hatzelich adj. u. adv. *D. Si. Rü. übereilt, verworren, durcheinander.* — hess. N. 94 hatzelig.

Hau I [hau *fast allg.*; hoï *Falk.*; hæ *D. Si.* — Pl. hauwən, hóïwən, hâən] *f. Haue, breite Hacke.* — els. 1, 394 Hau, Haü, Hoü; baier. 1, 1023 Hauen; mhd. houwe.

Hau II [haù *fast allg.*:; hái *Bi. Obd.*; hoï *Falk.*; hæ *D. Si.*] *n. Heu:* m'r gehn ins H. *zum Mähen.* H. mache *im Heu arbeiten.* H. mäje *mähen;* H. wenge *wenden;*

H. zu Hiffe mache *auf große Haufen machen;* H. zu Wetterhiffle mache *zu Häufchen auftürmen gegen Regenwetter Ri. Rom. Ha.* Geld wie H. *sehr reich. Rda.:* Met da Katz H. roppe un met den Esel koᵃlt Woⁿssa trinke *etwas nicht können Ko.* — *Bauernregel:* droukena Mäᵃts, nassa Aprel, keïhla Mai felt *(füllt)* Schin on Kella on get vil Hai *Obd. Scherzrätsel:* wie schribt man „Gras" in dreï Buchstawe? *Antwort:* Hau. *Ri.* — Zss. Hau-bâm. H.-gawel (s. d.); H.-kropen (s. d.); H.-machen u. H.-machet (s. d.); H.-monat (s. d.); H.-ropper *dasselbe wie* Haukropen. H.-sprung (s. d.) H.-stock (s. d.); H.-stronk (s. d.); H.-wawe u. H.-wan *Heuwagen.*

haueⁿ [haùəⁿ *fast allg.*; hauwən *Bo.*; hoïwən *Falk. Ersd.*; hawə *Sbg.*; háən *D. Si.* — Ptc. gəhaùt, gəhau, gəhoïw, gəhá] tr. v. *hauen:* oïnen brun un blô h. *Bo.* En Par an de Gäbel h.; en Par 'riwer h. *Ersd.* Er haut 'nin *(hinein)* wie en Ochs ins Krut *er arbeitet mit Kraft u. Wucht Fo.* Geje ebber h. *jd. anschnauzen.* Iwer d'Ohre h. *(eigentl. u. übertr.) Ri. Ha. Rom.*

Hauf [hâuf, Pl. hauwən, Demin. haifχən *D. Si.*] *f. Haube.* — lux. 169. — Zss. Hauwe-kapp od. H.-stack *Haubenstock der Modistin.* H.-kuorf *Haubenkorb.* H.-lued *Haubenlade.*

Hau-gawel [haùgawel *fast allg.*; hægúəwəl *Si.*] *f. Heugabel:* ich gehn nit häm, un wonn's Haugawule vom Himmel ränt *Lix.* — els. 1, 193.

Hau-kropen [-krôpən *Vbg.* u. s.; hækrôp *D. Si.*] *m. Haken, womit das festgetretene Heu aus dem Haufen herausgerupft wird.*

Hau-mache(t) [-maχə *Lix.*; haimaχət *Bi.*] *n. Heuernte:* iwerm H. *während der Heuernte.* — els. 1, 646 Heümachet.

Hau-monat [-monat *Fo.*; haimonat *Grt.*; haimont *Wal.*; hǽmoᶇt *D. Si.*] *m. der Monat Juli: Wetterregel:* Wenn 't of den zweiten *(im)* H. ränt, dann ränt et sechs Wochen lang *Wal.* — lux. 176 Ḥemont.

Haupert [haùpərt u. haipi *Si.*] *männl. Vorname Hubertus.* — lux. 169.

Haus s. Hus.

Hauscht [haùšt u. haùš *D. Si.*; huštən *Bo.* — Pl. haiš, haišt, huštən] *m. auf dem Felde zusammengestellter Haufe Getreide, Heu, Klee.* — baier. 1, 1185 Hauste; hess. N. 95 ebenso; hd. Haust, Hauste Gr. Wtb. 4², 691; mhd. hûste. *(Das Wort ist dem fränkischen Sprachgebrauch eigentümlich.)* **hauschten, hauschen** tr. v. *D. Si. Getreide, Klee, Heu in Haufen stellen.* — mhd. hûsten; md. hausten.

Hau-sprung [haušpruᶇ *Fo.* u.s.; -špruᶇk *Sgd.*, -špreᶇər *Bo.*; -špreᶇərt *Ett. Schw. Sucht. Schm.*; hoïšpruᶇ *Falk. Lan.*; hoïwšpreᶇərt u. -šrek *Av.*; haušpriᶇat *Tet.*; -špriᶇər *Pfb. Flh.*; -hupsər *Münzth. Hw. Alth.*; -pupsərt *Lix.*; haïšpruᶇ *Wal.*; hǽšproᶇk *D. Si.* — Pl. -špriᶇ, -špriᶇər, -špreᶇərtən, hǽšpreᶇk] *m. Heuschrecke* (Acridium pratorum): durr wie'n H. *Flh.* Er hot e Sôr *(Zorn)* wie'n H. *La.*

Hau-stock *m. Pü. Berl.* u. s.] *m. Heuschober. Rda.* — deme kann mer schun de H. wissele *d. h. er hat den Heuschober jetzt schon so leer, daß man alle Wände desselben anstreichen könnte.*

Hau-stronk [-štroᶇk *Schw.* u. s.] *m.* (eigentl. *Heustrang) Strick, um den Heubaum fest zu binden.*

Haut I s. Hutt.

Haut II [hâut *Bi.* u. s.] *m. Schlag, Hieb:* H. uf H. *Schlag auf Schlag.* — els. 1, 395 Häut; baier. 1, 1023 Hauet. s. a. Hâ.

haut *heute* s. heit u. hut.

Hau-wan [hauwân *Fo. Pü. Wb.* u. s.; háiwôn *D. Si.*] *m.* 1. *Leiterwagen:* mer sin mit em H. gefahr. — 2. *ein mit Heu beladener Wagen:* ume Besoffene soll e H. üs em Weï fahre *Wb.* — els. 2, 798.

Haw [hâw *Lix. Sgd.*] *n. Haupt, Hauptsache:* 's isch nix Hawes *nichts Besonderes, Hauptsächliches.* — tirol. Hap, From. 5, 448; vgl. hd. Haupt *in Zusammensetzungen.*

Haweih [hâweï *Ett.* u. s.] *m. Habicht.* — eifl. Huweih < Huhnweih = Hühnerweih? ndd. háwek, hówek, From. 6, 429, 13; ndl. havik.

Haweⁿ [hâwəⁿ *fast allg.*; hâfə *Fa. Pfb.* — Pl. hàwə, hæwən *Sgd.* Demin. hǽbχə, hèwəl, hèfχə] *m. Topf, Gefäß, bes. Nachtgeschirr:* e H. voll Milch. Äm 's Häwel ufdecke *einem tüchtig die Wahr-*

heit sagen Bi. Uff de H. misse *Sbg.* Das Kend muss iwer's Häfche *auf den Nachtopf Lix. Rda.:* Jeder Häfche findt sin Deckelche *auch ein häßliches Frauenzimmer findet zuletzt noch einen Mann Lix.* — els. 1, 305 u. baier. 1, 1055 Hafen; mhd. haven. — Zs. Hawe-käs (Hafe-käs) *m. fast allg. Käse, der zerlaufen ist u. in einem Topf aufbewahrt wird; Topfkäse. Rda.:* Geduld verwindt H. *Geduld überwindet Zeit u. Schwierigkeit Lix.* els. 1, 473 Hafekäs.

Hawer [háwər *fast allg.;* hawər *Fo.;* hawa *Av. Wal.;* huower *Rü.;* huèwər *D. Si.] m. Hafer:* die Pärd, wu de H. verdiene, krien ne nit. *Fo.* Das isch von sinem H. *das gefällt ihm. Bauernregel:* Hornung — Hawer; Märze — Häwerle *Flh.* — Zs. Hawer-reche (Huewer-rêch *Si. Rü.*) *m. Hafersense (Sense mit Gestell, um Hafer u. Gerste zu mähen).* lux. 192 Huewerseissel. H.-stick *Haferfeld.* H.-sack *Tornister der französ. Soldaten:* du welscher H.! *Ri. Rom.*

Hawing [hâwiŋ *Ri.* u. s.] *f. Haltung, Festigkeit:* der Disch hat ken H. steht nicht fest. — els. 1, 291 Habung; schweiz. Habig, Hebig.

Heb [héb *Lix.* u. s. — Pl. -ə] *f.* 1. *Griff zum Halten:* de Hawe hat kän H. — tirol. Héb, From. 6, 147; els. 1, 297 Handheb; lux. 172 Hief. — 2. *Hefe* s. Hef.

Hebang [hébaŋ *Falk.;* héwaŋ *Ri. Mtsh.;* hèibąm *Bo.;* héwam *D. Si.;* hiwan *Nj.;* héwom *Lix.;* hiéwa *Rü.] f. Hebamme:* d' Hewom hat's Kend braht. — els. 1, 294 Hebang; baier. 1, 1057 Hefang.

hebben s. hewen u. heppen.

Hechding *Höhe* s. Hech(t).

Hechel [hèχəl, Pl. -n *fast allg.] f.* 1. *Hechel zum Reinigen des Hanfs von dem Splint:* durch d' H. ziehe *(übertr.) Böses nachreden.* — 2. *Klatschmaul, Verleumderin.* — els. 1, 300, 301 Hèchle; mhd. hechel.

hecheln [hèχəln *fast allg.*] tr. v. 1. *die Spreu aus dem Flachs entfernen.* — 2. *bekritteln, verleumden.* — els. 1, 301; baier. 1, 1041; lux. 171.

Hech(t) [héχ *Fo. Falk.* u. s.; héχd *Ha.*; héχdə *Hom. Rom. Ri. auch* heχdiŋ; héəktən *Bo.;* héit *D.;* hét *Mw.;* hekt *Si.] f. Höhe, Anhöhe:* der Bâm hat e schèn Hech *Fo.* — els. 1, 301 Höcht; lux. Heïcht, Hécht, Ga. 199; baier. 1, 1046 Höch.

Hecht I [hèχt *fast allg.;* héχt *Ri.*; hièχt *D. Si.] m.* 1. *Hecht: (iron.)* du bisch m'r awer e H. *mit dir ist nicht viel los Ri.* — 2. *junger Bursche, der gerne kokettiert.* — els. 1, 302; lux. 171.

Hecht II [heχt *Si.] f. elende, einer Höhle gleichende Hütte.* — lux. 180 Hilecht, *woraus* H. *durch Kontraktion entstanden sein mag.*

Heck [hèk, Pl. ən *allg.] f. Hecke. Rdaa.:* Von der H. geplickt *uneheliches Kind.* — Der werd glich bi der H. sin *zur Hand sein Fo.* Uf de H. kloppen *jemanden ausforschen Av.* 'S isch ebbs hinger der H. *es ist etwas im Anzug Hom. Ri. Rom.* Eppes hanner d' H. schläfen *ein Stück Vieh verlieren Si.* — Zss. Hecke-land *das Sierckerland um den Hackenberg herum.* Hecke-puffer u. H.-mamsell *ärmliches Mädchen, das sich über seinen Stand kleidet Si.* u. s. H.-äl *m. Lix. die größere Ringelnatter, sogen. wegen ihrer Ähnlichkeit mit dem Aal.* Heckekreïschel *f. D. Si. gemeine Stachelbeere.* s. Kroschel. H.-ros *Hundsrose.* H.-scheer *f. Heckenscheere.*

heckich [hegiχ *Ri. Ha. Rom. Hom.*] adj. *mit Hecken bewachsen.*

Hederich [hèdəriχ *Rom. Pü.* u. s.; hèdri *Hom. Ri.;* hèləriχ *Ha.*] *m. Hederich, oft verwechselt mit Ackersenf* (Sinopis arvensis). — els. 1, 302.

Hef s. Hew.

Hef-bam [hièfbám *Si.*] *m. Hebel* (eigentl. *Hebebaum.*) — lux. 172.

Hefdel-macher [hèfdəlmaχər *Berl. Ri.* u. s.] *m. Handwerker, der Häklein u. entsprechende Ösen für Kleider verfertigt. Rda.:* der basst of wie e H. *der ist ganz Auge u. Ohr.* — els. 1, 645 Häftlemacher; baier. 1, 1065 Häftleinmacher; Gr. Wtb. 4*, 136 Haftelmacher; ebenso ss. Kr. 44; s. a. From. 2, 514; 7, 294. — mhd. heftel, heftelin.

Hef-eisen *n. D. Si. Stemmeisen der Steinbrecher.* — lux. 172. S. a. Hewise.

heferlich [héfərliχ *Falk.*] adj. *höflich.*

Heffen [hèfən *D. Si.*] *f.* 1. *Weinhefe.* — 2. *ein Gläschen Hefenbranntwein.* — Zs. Heffe-branntwein. — lux. 172.

Heft [hèft, Pl. -ər *allg.*] *n.* 1. *Schreibheft. Dafür auch* Kaje (cahier) s. d. — 2. *Griff, Handhabe:* 's H. in der Häng han *alles regieren Ri.*
Hehl s. Hihl.
Hehl-loch [hèloχ *Ett.* u. s.] *n. Hehlloch. InälternHäusernbefindensich*„Hehllecher" *unter den Betten in Alkoven zum Verbergen von Wertsachen in unruhigen Zeiten.*
Hei [haï *Falk. Vbg.* u. s.] *f. Holzhammer, Holzkeule, Ramme.* — baier. 1, 1021 Hai, Haien; lux. 159 Hä; ahd. heia; mhd. heie. vgl. frz. la hie *die Ramme* u. hier *einrammen* (lat. hiare).
hei I [hai *D. Si.*] adv. *hier:* en as net h. — Zss. h e i an't do *hie u. da, zuweilen.* hei-bannen *hier drinnen.* heibaussen *hier draußen.* hei-ennen *hier unten.* hei-elei! u. hei-elo! *sich da!* hei-eran *hier herein.* hei-eriwer *hier herüber.* hei-nidden *hier unten.* heiôwen *hier oben.* — lux. 173 ebenso; hess. N. 104 hie u. hei. s. a. hie u. hir.
hei II [hai *Lix.* u. s.] interj. *Ausdruck der Gleichgültigkeit:* hei! was leït mir dron! — els. 1, 289.
Heichelei [haiχəlai *D. Si.*] *f. Heuchelei.* — lux. 173.
Heicheler [haiχələr *D. Si.*] *m. Heucheler. Das Femin. lautet* Heicheleresch.
heichelich adj. *D. Si. heuchlerisch.*
heicheln [haiχələn *D. Si.*] intr. v. *heucheln.* — lux. 173.
Heid I [hèid *Bo. Av.;* hæd *Fo. D. Si.* u. s. – Pl.- əⁿ] *m.* 1. *Heide; einer, der wenig in die Kirche geht.* — 2. *Zigeuner; fremdes herumziehendes Volk:* es sin Heide im Dorf. Anhalde wie e H. *unverschämt bitten Ri.* — *Auch in andern Gegenden ist* Heide *gleichbedeutend mit Landstreicher* s. From. 3,483; 6,373; hess. N. Ergänzgsh. 1, 13. — *Von den Bewohnern von Hecklingen (Kr. Bolchen) heißt es:*
Ihr Hecklinger Häden
gehn de Berch uswäden,
findt ihr en Toden,
schleppen ihr en in de Soden, (*Stück*
Schlagen ihr en in de Pann, [*Land*]
un essen ihr'n, wie ihr en han.
Alem. 17, 164.
Zss. Hei de-bagasch *fast allg. Lumpenvolk.* H.-geld. H.-krut H.-rösle. H.-spiktakel *Heidenlärm.*

Heid II [hèid *Bo.* u. s.; hæt *D. Si.* — Pl. ər] *n. Krautkopf, der obere Teil mehrerer Gemüsearten:* en H. Kappes *ein Kohlkopf.* — henneberg. Haed, Haeder, From. 2, 278, 57; 7, 287; ostfries. hait, haider, From. 6, 517, 5; lux. Häd Ga. 193; vgl. engl. head *Haupt.* — Zs. Heidersalat (Häder-zalot *D. Si.*) *f. Kopfsalat.*
heidech [haideχ *D. Si.*] adj. 1. *häutig, mit einer Haut versehen.* — 2. *heutig:* heidechen Dâchs *heutigentags.* — lux. 173.
Heidel-beer [haidəlber *Hom. Ri.*; hædəlber *Rom.*; hæləber *Ha.*] *f. Heidelbeere.*
heiden, sech [haidən *D. Si.*] refl. v. *sich häuten.* s. a. hideln.
heiden-bretsch interj. *Rein.* u. s.*fort! weg! hast du nicht gesehen?* Un er h. uf's Pärd un furt! — els. 1, 303; 2, 206; baier. 1, 1053; hess. 157; Gr. Wtb. 4², 810, *wo der Ausdruck erklärt ist.* Schmeller 1, 1053 *weist auf tschechisch* haide prič *geh fort! hin.*
Heïdert [héidərt *Si.*] *m. Viehhüter.* — lux. 180 Hidder.
heidnisch (hädnesch) adj. wie hd. *heidnisch.*
Heïf [héïf *Rü.*] *f. Strich, Reihe gehäufter Kartoffeln.*
heïfen *häufeln* s. hiffeleⁿ.
heïjeⁿ [haije *Lix.* u. s.; heïjən *Av.*; haiə *Hom. Ri. Rom.*] tr. v. *schmeichelnd bitten, zu bewegen suchen, auffordern:* den muss m'r alsfurt h. ! *Schmeichelwort, indem man die Wange streichelt.* — els. 1, 312; baier. 1, 1021. Wurzel hei — in Heirat. vgl. tirol. Haije *Wiege* From. 3, 522.
heijieren, heiieren [haijírən, haiírən *Schw.* u. s.] intr. v. *sich lebhaft unterhalten.* s. d. vorige.
Heiland *m. D. Si.* wie hd.: H. der Welt! *Ausruf der Verwunderung.*
Heilecht [héïleχt u. hèleχt *D. Si.*] *f. Heirat, Ehe, auch Verlobung.* — lux. Hellecht u. Heilecht Ga. 210; baier. 1, 1024 Heilaich; hess. 168 Hilch; Gr. Wtb. 4², 1311 Hielich; mhd. hîleich.
heilen I s. hälen.
heilen II *heulen* s. hileⁿ.

Heil-end [hailent *Lix. Rem.* u. s.; hailèndər *Hom. Ri.*; hèlənt *Si.* — Pl. -er] *n. das ursprüngliche beim Weben hergestellte Ende des Tuches od. Leinenstückes, das daher nicht ausreißen kann; das heile Ende, die Webekante, das ungesäumte Ende.* — lux. 174 Héland u. Hèlem(t). s. a. Heiling.

heilich [háiliχ *fast allg.*; háili *Ri. Hom.*; héïliχ *Falk.*; hæliχ *D. Si. Ha. Rom.*] adj. 1. *heilig*: 's heili Land *Palästina*; 's heili Grab *Ri. Hom.* S' heilich El *letzte Ölung*; d' heilich machend Gnad; d'r heiliche Sankt N. *ibid.* — 2. *andächtig*: er isch h., er lest heiliche Bicher.

Heiling [hailiŋ *Bo.*; hæliŋ *Hom. Kr.*] *m.* 1. *schmale, gelbe Außenseite von geräuchertem Speck Bo.* — 2. *Rand an der Langseite eines Stück Tuches Kr.* s. Heilend. — 3. *Endstück am Fleisch Hom.*: der hat den H. grit *hat den Rest bekommen.* — els. 1, 319 Hälung.

heillos adj. *Ri. Hom. Rom. Ha. nur in der Vbdg.*: e h. Angscht usg'stehn.

Heimchit [háïmχɪt *Falk.*] *f. Heimat.* s. Hämet.

Heimer-mus [hèimərmus *Bo.*; hæmərmus *Fo. Lix.* u. s.; hémərmus *Tet. Weil.*; hamərmus *Fa.*; hèmamus *Kr.*; haimiʒel *Pfb.*; hémiʒəl *Ett. Lemb.*; hómeïʒəl *Münzth.*; hæmiʒəl *Sbg. Fi. Schw. Ri.* — Pl. hèimərmís *Bo.* Demin. hèimərmisχin, hèmərmisχe] *f.* u. *n.* 1. *Heimchen, Grille*: durr *(mager)* wie e H. *Weiler.* — 2. *schwächliches Kind*: du Hämisel! *Ri.*— els. 1, 725 Heimmüsel; vgl. hd. Heu-maus Gr. Wtb. 4², 1290.

heimlich [háïmliχ *Falk.*; héïmliχ *Bo.*; hæmliχ *Fo. D. Si. Ett. Sbg.*; hæməldiχ *Fa.*] adj. u. adv. 1. *heimlich*: hämliches Leid, hämlicher Kummer. Das isch e Hämlicher *ein Verschlossener Ri. Ha.* — 2. *zutraulich, gemütlich, wohlig*: et isch so gut h. la! *Falk.* — els. 1, 337 heimlich; lux. 176 hêmlech.

[**Heinrich**] Dafür Heng, Henni, Hari, Henna.

Heirat, heirateⁿ s. Hirot, hiroteⁿ.

heischen [héïšən *Bo. Falk.*; háïšə *Hom. Ri.*; sonst hæšən] tr. v. 1. *heißen, genannt werden*: wie häscht de dann, mi liewer? *Fo.* Was soll das heische? *Ri.* — 2. *heischen, betteln*: er hat mer e Su gehäscht. — 3. *befehlen;* er hat mich so gehäscht *er hat mir so befohlen.* — baier. 1, 1184; els. 1, 386 u. hess. 160 heischen (häschen); lux. 178 u. eifl. hêschen, Bü. 29; henneberg. heischen, häschen, From. 7, 295. s. a. Gr. Wtb. 4³, 897 ff. — Zss. Haische-frau (Häsche-frå). Häschegeschir *n. D. Si. Bettelvolk*; Häschekand *n. D. Si. Bettelkind*; Häschekorf *m. D. Si. Bettelkorb*; Heische-lit (Häsche-lit, Häsche-leit) *Bettelvolk, Zigeuner*; Häsche-mann; Heische- (Häsche-)pack; Heische- (Häsche-)sack.

Heischer [héïšər *Bo. Falk.*; sonst hæšər. — Pl. héïšərtən *Bo.*] *m. Bettler. Das Femin. lautet* Heischersch. — eifl. Hêscher, Bü. 29; hd. Heischer Gr. Wtb. 4³, 900.

heïschteln [héïštələn *D. Si.*; hišdlə *Ri. Hom. Ha. Rom.*] intr. v. *hüsteln.* — lux. 178.

heiserlich s. häser.

heiss [háis *fast allg.*; hæs *Si.*] adj. *heiß*: ebber h. mache *jd. bedrängen Ri.* 'S isch h., ass d'Gaise *(Rehe)* im Wald brille *Rom.*

heit [hèit *Fo. Lix. Sgd. Ha.*; hánt *D. Si.*; hit *Hom. Ri.*; sonst hút] adv. *heute*: heite morje; heit ze Ta's *heutzutage Lix.*; haut de Dö's *dasselbe Si. Reimspruch*: Heit isch Kirb, morje isch Kirb, bis zem Dienschda Owet; wann ich zu mim Schätzel kumm, sa'n *(sage)* ich guden Owet *Fo.* s. a. hut.

heiz [hèits *Bo.*] präpos. mit genit. u. dat. *diesseits*: heiz der Bach. *Schon urkundl. in* St. R. A. 86: die ecker hietz der Milbach. H. ⟨ hinsîte. — hess. N. 105 hist, histig.

hekeln [hekələn *Si.*] intr. v. *über den Küchlein hocken (von der Henne gesagt).* Hekeln *ist Iterativform zu* hocken.

Held [hèlt *allg., aber selten*] *m. wie* hd. *Held.*—Zs. helde-midich adj. *Rom. Ha. Ri. Hom. heldenmütig.*

Helenter *Holunder* s. Holler.

Helf s. Hilf.

helfeⁿ [hèlfən *allg.* — *Flexion*: hèlf(ə), hilfšt, hilft — gəhúlf *fast allg.*; hèlfən, helfšt, helft — gəholəf *D. Si.*] intr. v. *helfen*: wenn ich em nit gehulf hätt, do wär er noch nit fertich *Fo.* Kann ich noch gehulf grin? *ist noch Aussicht auf Rettung? Lix.* Es helft un badd nix *es ist alles umsonst.* Em devan h. *einem helfen, daß etwas vertan wird (Geld u. Gut) Hom. Ri. Rom.* I will dir h.! *Drohung ibid.* Wann der Mensch noch so dumm esch, wann er sich nure ze helfe weiss *Flh.* Gott helf och! 1. *Gruß.* 2. *abschlägiger Bescheid für Bettler.* Burger hilf! *Hilferuf in Gefahr Lix.*

Helijer [hèlijər *fast allg.*; hèl(i)χər *Fo.*; hailiχər *Hom. Ri.*; hæliχər *Ha. Rom.*] *m. Heiliger*: du bisch m'r e netter H.! *(ironisch).* Dis isch e H. for e Judenaltar *(ironisch) Ett.* Er ruf all H. an, wu nit im Himmel sin *er flucht Ett.* Dis isch e H. *vor dem muß man sich hüten Lix.* E Heilicher us um alde Destament *jd. der nicht allzu fromm ist Hom. Ri. Rom.* Dat as en drolechen H. *ein sonderbarer Kauz D. Si.* All H. am Himmel u'ruffen *(anrufen) die letzten Hilfsmittel gebrauchen Si.*

Heljen [hèljən *Bo. Falk.*; heljə *Ett. Hd.*; heljin *Vbg.*; heliχə *Berl.* — Pl. hèljər] *m. Heiligenbild*; dann durch Übertragung *jedes beliebige auch profane Bild; kleines, nicht eingerahmtes Bild.* — els. 1, 322 Helge. Zs. Helje-krämer *fast allg. Bilderkrämer.* H.-schein *Glorienschein.* H.-meier *Ri. Rom.* 1. *Sakristan.* 2. *Kirchenschöffe.* H.-spicher *Kirchenspeicher Ri.*

hell [hèl *allg.*] adj. u. adv. *hell, rein, ganz u. gar*: du siescht jo nit hell! Se mache de helle Narre mit em. E helli Fräd *(Freude).* Am helli Da. Der Wein isch nit h. *Ri.*

Hell [hèl *Bo. u. s.*; hel *Av. Fo. Lix. Sgd. Ltf. Obd.*; hél *D. Si.*] *f. Hölle. Rdaa.*: Dem hommer de H. heiss gemacht *Lix.* Was des Deiwels gewehnt isch, isch gut in der H. sin *Fo.* Der wo des Deibels es, hat de H. emsonsch *wer schon viel Unglück erlebt hat, auf den macht es keinen Eindruck mehr Bo.* Et isch nix Gerechts uf de Welt, as Dod un Deiwel nimmt ken Geld — Suns misst e mancher armer Gesell fir de Riche in de Hell *Ltf.* Änmol gen, zwamol gehol, dreïmol iwa de H. gesprong *Obd.* De kimmscht mit (bit) Schuch an Strimp in de H. *sagt man zu einem unartigen Kind Av.* Riht an d' H. kommen *mitten in die Hölle Si.* Hotz Hell! Helle million! *Ausruf des Stauneus Ri.* — Zss. Helle-brand. H.-brenner *fast allg. Bösewicht, der zur Hölle verdammt ist. Spruch*: Nemme genner, Hellebrenner *wer zurückfordert, was er gegeben hat, verdient die Hölle (bes. bei den Kindern in Gebrauch) Ri.* H.-kend *n. Lix. Teufelsbraten*; H.-krope *m. Lix. Schürhaken des Teufels.* H.-ketzer *Erzschlingel Sbg.* H.-pestelenz *Ha.*

Hellchit [hèlχit *Bo. Falk.*] *f. Helle, Helligkeit.* s. a. Helle.

Helle [hèlə *Lix.*; hèl *Av.*] *n. u. f. Licht, Helle*: geh mer us em H.! (us de H. *Av.*) — els. 1, 320 Helli. Zs. Helle-bebchen *n. Lix. u. s. Johanniswürmchen, Leuchtkäfer. Auch der Mond und die schimmernden Sterne werden von kleinen Kindern* Hellebebcher *genannt. s. Bope.*

Heller [hèlər *fast allg.*] *m. kupferne Scheidemünze*: ken roter H. wert sin *Sbg.*

hellicht [hèliχt *Fo. u. s.*] adj. *ganz hell*: es isch hellichter Dâ. — baier. 1, 1082 hell-liecht.

hellisch [hèliš, hèleš *Bo. D. Si. u. s.*] 1. adj. *höllisch.* Det h. Fier *das höllische Feuer Bo.* E hellische Freid *Ri.* — 2. adv. *arg, sehr, ungeheuer, überaus*: et as h. kâl (kalt) *Si.* — henneb. hellisch, From. 7, 296.

Helm [hèlm *Ri.*] *m. Helm des Kirchturms.*

helzen *hölzern* s. hilsen.

Helzen-damm [heltsən-dam *Brettn.*] *f. (eigentl. hölzerne Jungfer) Wasserjungfer, Libelle. Die steife Gradheit des Körpers hat ihr wohl den Namen verschafft.*

Hemd [hémt *Lix. Sgd. u. s.*; hìmt *Fo. Hw. Mtsh. Karl. Schw.*; hemp *Bo.*; hèmp *Sbg. Pfb.*; himpt *Ko.*; hém *D. Si.* — Pl. hémtər, himdər, hembər, hèmbrə, hèmpdər, himda, hémər. — Demin. hèmptχən, himdəl, héməjn] *n. Hemd. Rda.*: 's Himpd isch em näha wie de Buchs *Ko.* (wie de Rock *Schw.*) Er ischt em Himt un steckt de Kopp erus *antwortet man, wenn nach Jemand gefragt wird Fo.* Dohêr gôn eweï e Geck am Hêm *ohne Zweck u. Ziel herumgehen Si.* Se brunze ins nemli Hemb *sie sind intim befreundet Ri.* — Zss. Hemb-ärmel. H.-labbe *Hemdlappen Hom. Ri. Rom.* H.-schisser *Sbg.* Hember-duch. Hemberkrawe *Hemdkragen Ri. Ha.* Hemdzippel (Himd-) *m. Hemdzipfel:* der H. hängt em zur Buchs enus *Fo.* A butzt sich de Nas met em H. *heißt es von Unreinlichen Ko.*

Hemting [hèmtiŋ *Wb.*] *n.* 1. *Bettjacke.* — 2. *Überjacke der Frauen und Mädchen; also dasselbe wie Kasseweck. Wurzel* Hemd.

hen [hén u. hèn *D. Si.;* hér *Bo.; unbetont* ən, ər] pron. pers. und demonstr. der 3. Pers. *er, ihn. Der Genit. lautet* senger, *der Dat.* him; *der Acc. ist gleich dem Nomin.* — lux. 176 h¹en; ss. u. moselfr. hè, hèe, Kisch 67; hess. N. 97 hë, hea.

hener-lejen [henər-lejən *Falk.*] tr. v. *eine Kautionssumme geben.*

Heng s. Heinrich.

Heng [hèŋ, Pl. -ən *Bo. Falk. Vbg.* u. s.; hèŋk *D. Si.;* hiŋk *Fo.;* héïŋk *Nj.*] *f. Henkel an Töpfen, Krügen u. Gläsern; Korbbogen:* en Dippe mit 'ner H. — lux. u. ndl. Heng Ga. 202. s. a. Hänk u. Hink.

Henger s. Hänger.

Hengscht [hèŋšt *fast allg.;* héïšt *Ka.*] *m.* 1. *Hengst.* Hengscht mit de lange Wängscht *(Bäucher) heißen die Bewohner von Arzweiler.* — 2. *unfruchtbares, schwer zu beackerndes Feld.* — els. 1, 354 Hengst 1, 3. — Zs. H.-krut *n. Ett.* u. s. *bittersüßer Nachtschatten* (Solanum dulcamare).

hengschtich adj. *Lix.* u. s. *brünstig, nach dem Hengst verlangend.* — hd. u. ndd. hengstig, From. 3, 494 u. Gr. Wtb. 4², 987.

henkeⁿ s. hängeⁿ.

hennen *hinten* s. hinneⁿ.

Hennen-nus [henənus *Bo.*] *n. Ausweg nach hinten; Abort.*

Henner [hènər *Ri. Rom.*] *männl. Vorname Heinrich.*

hennrich [hènriχ *Fo.*] adj. *nach der Henne verlangend (vom Hahn). Spruchreim:*

Hennrich, hennrich, hennrich isch
  der Hahn;
Un wann der Hahn nit hennrich isch,
Do isch er iwel dran.

hent s. hint.

hep, hep! interj. *fast allg. der bekannte Spottruf gegen die Juden, wegen ihrer Ziegenbärte.* — henneberg. hep, hep! From. 7, 297; lux. hèpp Ga. 203; els. 1, 360; hd. hep, hep! Gr. Wtb. 4², 999. — baier. 1, 1189 Heppengais; hess. 164 Heppe, Hippe *Ziege;* ebenso hd. Gr. Wtb. 4² 999.

hepen *hüpfen* s. hippeⁿ.

Hepp [hèp *Falk. Busd. Obh. Vbg. Merl.;* hèb *Bo.* — Pl. -ən] *f. Hippe, krummes Hauwerkzeug, gekrümmtes Beil zum Holzspalten. Rda.:* änem wisen, wo de Häb em Stil stecht *den Standpunkt klar machen Bo.* — els. 1, 359 Hap, Häp; baier. 1, 1139 Heppen; hess. 164 Heppe; Gr. Wtb. 4², 999 Heppe; ndd. Häpe, From. 5, 347; mhd. heppe, hepe. — Zs. Heppen-nas [hèpən-nás *Bo.*] *Krummnase.*

heppeⁿ [hèpə *Merl.;* hèbə u. hèpə *Fo.*] tr. v. *halten, fest halten:* es heppt *es hält.* Hepp fescht! *halt fest!* — els. 1, 294 hebe.

Her [hér, Pl. -ən *Fo. Lix. Sgd. Rem. Ro.* u. s.] *n. Horn u. alles Hornähnliche:* De Ochs hat zwei Here. Hasch de Here verbrennt? *die Hörner abgestoßen Lix.* Der isch so durr, dass er e Gais tische de Here kisse kannt *Lix.* Der konnt de Kuh on de Here melken *hat nichts zu reißen u. zu beißen Ro. Rem.* s. a. Hor. — Zs. Her-gais *Lix. Sgd. Ziege mit Hörnern.*

Herbscht [hèrbšt *fast allg.;* hèrwəšt *Busd.;* hèərweš *Falk.;* hèrbənš *Bo.;* hèršt *Ltf.;* hèršt *D. Si.*] *m.* 1. *Herbst. Bauernregel:* Wann's am erschte September ränt, ränt's de ganze H. — 2. *Weinlese, Weinertrag, überh. Ernte:* der H. isch uff *die* Weinberge sind geöffnet zur Weinlese *Ri. Hom. Rom. (das Vieh darf auf die Weide Ha.)* Halwer *H. halbe Ernte:* dis Johr gits nurre halwe H. *Hom. Ri.* — Zss. H.-blum *Herbstzeitlose.* H.-lit *Erntearbeiter.* H.-monat (-mônt) *September u. Oktober.*

H.-owet *Herbstabend.* H.-sôt *Herbstsaat.* H.-wedder. H.-zit.

herbschteⁿ [hèrbštəⁿ *fast allg.*; hèrbšdə *Pfb. Sbg. Fi.*; hèrštən *D. Si.*] tr. v. *herbsten, Trauben lesen. Rda.*: Kannsch mich h. kannst mich gern haben *Pfb.* — els. 1, 371; baier. 1, 1159.

Herd I [hèrd *Sbg.* u. s.] *m. Feuerheerd, Kochheerd.*

Herd II [hért *Falk.*; hèrt *Fo.* u. s.; hært, hièrd *Si.*] *f. Herde*: mit der H. gehn. Sin Vieh mit der H. dun *zur Gemeindeherde geben Ri. Ha. Rom.* e H., e ganz H. viele. ibid. — els. 1, 371 Hèrd.

Herd-äppel *m.* pl. *Flh.* u. s. *Kartoffeln.* — els. 1, 371; baier. 1, 1160; mhd. hèrt *Erde, Erdreich, Boden.*

herdi [hèrdi *Si.*] adj. *mutig, unternehmend. Fast nur auf Frauenzimmer bezogen*: et as en h. Framensch; et as en Herdiet *ein kühnes, forsches Weib.*— lux. 166 härdei; frz. hardi.

hereⁿ [herə *fast allg.*; heərən *Bo.*; heïrən, hèran *D. Si.*; herχən *Va.*; hèrχən *Falk.* — Ptc. gəhert, gəherχt, gəhoərt, gəhórt (mhd. gəhòrt)] intr. v. 1. *hören*: herschte nit? Ich hau dir ene, dass de d'Engel singe herscht. Er hert numme mit em Ohr *er ist halbtaub, er will nicht hören Ri.* Vam Heresawe *(Hörensagen)* kumme Lije her *Ri. Rom. Hom.* — 2. *gehören*: wem hert das? Es hert sich. Das hert ihm *das kommt ihm zu Ri.* — 3. *gehorchen*: das Kind hert nit. Uf eppes h. *etwas beachten.*

Her-gelafter [hèrgəláftər *Fo.* u. s.] *m. Eingewanderter, der alles besser wissen will, als die Einheimischen (Hergelaufener).* — els. 1, 566 Hergeloffener.

her-haldeⁿ tr. v. *fast allg. über sich ergehen lassen*: er hat misse h. *Ri.* u. s.

Hering [hériŋ, hériŋk *fast allg.*; hèreŋk *D. Si.*] *m. Häring.*— Zss. H.-fass. H.-seel *Häringsblase.* H.-salat (-zalôt *D. Si.*

Herr [her *fast allg.*; hèr *D. Si.*; hèar *Av.* — Pl. herə, hèrən, Pl. herχər] *m. Herr, Befehlender*: H. isch H. wer Herr ist, befiehlt. Sin Frå isch H. im Hus. Des esch der H. von de Ochse *will gescheiter sein als die andern Flh.* Das sin schon Herrcher jetz, virdem ware's Bure *Fo.* Mat grouussen Hären as net gut Kischten èszen, se werfen engem d'Steng an d'Gesiht *mit großen H. ist nicht gut Kirschen essen, sie werfen einem die Kerne ins Gesicht Si.* Du hasch's schèner wie Herre Hund *du führst ein angenehmes Leben Hom. Ri. Rom.* Die Herre vam Gericht *Richter u. Anwälte. Oft wird Herr auch verächtlich gebraucht*: was will der H.? 'S isch em H. nit gut genug. — *Beim Angelusläuten hört man in der Umgegend von St. Avold den Spruch*:

Der Engel des Häre,
da leïfe *(laufen)* die Häre,
da sprenge die Affe,
da danze die Paffe.

Scherzhafte Alliteration: Hinger *(hinter)* Herre Hus han i Herre Hund here huschde *Ri.* — Zss. Herre-disch s. d. H.-gunscht. H.-koscht. H.-lewen. H.-litt *Herrschaften.* H.-bire s. d.; H.-fresse s. d.

Herrchen [hèrχən *Mw.*; hèrχ *Si.*] *m. Großvater.* — lux. 166 Härchen 2; hess. 165 Herrche, Herrle; henneb. Hèrla, Herrle, From. 2, 77, 5; 7, 298; baier. 1, 1153 Herrlein. — H. ist Demin. zu ahd. hèrro, hèriro *der Hehrere, Vornehmere*; mhd. hèrre, hèr.

Herre-bire [hèrəbìrə *fast allg.*] *f.* pl. *feine Birnensorte, Eierbirne.* — els. 2, 80.

Herre-disch *m. Ri. Rda.*: schluff in e Haseloch, no kummsch a uff Herredisch.

Herre-fresse, Herre-fuder *m. Lix.* u. s. *in der Rda.*: das git mol wider e H. *d. h. gibt Arbeit u. Verdienst für die Herren vom Gericht.*

Herre-vogel [hèrəⁿfogəl *fast allg.*; hèrəfokəl *Lix.*; hèrašok *Go.*] *m. Eichelhäher.* — H. < Hähervogel. vgl. els. 1, 312 Här *Häher.*

Herr-gott [hergot *Fo.*; *sonst* hèrgot. — Pl. hèrgètər. Demin. hègetəl] *m.* 1. *Gott, Herrgott, der liebe Gott*: Unser H. werd dich strôfe. 'S Geld isch sin H. *er ist geizig.* H. helf ich! *Abweisung eines Bettlers. Wenn jemand keinen Kredit mehr hat, heißt es*: Iwerall, wu er hinkimmt, isch H. helf ich *Av.* Da streckt onser H.

den Arm rus *da ladet ein Wirtshausschild zur Einkehr ein. Bo.* — 2. *Kruzifix in Wohnungen oder an Wegen.* — 3. *Ausruf der Verwunderung oder des Ärgers:* liewer H. im Himmel! H. Sapperment! H. noch emol! H. Fasenacht! *Ri. Das Demin.* Hergöttel *bedeutet Liebling:* 'S isch sin H. *Ri. Ha. Rom. Hom.* — Zss. Herrgotts-bepche *m. Fo. Lix.* u. s. Marienkäfer. els. 2, 3 Herrgottsböbel. s. Bope. H.-blauel *m. (Metzeresch) Frucht des Ligusterstrauches; die zwei Samenläppchen haben die Form eines Waschbläuels.* H.-dâ *m. fast allg. Fronleichnam.* H.-dierchen *n. D. Si. dasselbe wie* H.-bepche. els. 1, 246 Herrgottstierle. H.-kand *n. D. Si. einfältiger Mensch.* Herrgotts-schichel *(gewöhnl. im* Pl. H.-schichelcher) *n. Ett. Sgd. Va.* u. s. (eigentl. *Hergottsschühchen)* Hornklee. *Auch die Taubnestelarten* (lamium album, rubrum usw.) *werden so genannt.* H.-schickel [-šikəl *Go.* u. s.; -šeïlə *Pfb.;* šiŋələ *Mett.*] *n. Marienkäfer:*

> Herrgottsschingele, flih uf de Him-
> Kumm wider erâ   [mele!
> am Herrgottsdâ! *Mett.*

H.-vilchen *n. Rü.* (eigentl. *Herrgottsvöglein) dasselbe wie das vorige.* H.-trändeler *m. langsamer Mensch.* H.-weder [-wédər *Si.*] *n. sehr schlechtes Wetter.* H.-welt *verstärkend für Welt:* uf der ganz H. *Falk.* Er isch uff der H. nix *er taugt ganz u. gar nichts Ri. Hom. Rom.*

Herr-leichmesdach *Fronleichnamstag.* s. Erleichemsdach.

herrsch [hèr(i)š *fast allg.;* hérš *Falk.*] adj. u. adv. *herrisch, stattlich, stolz, vornehm, städtisch gekleidet:* er isch h. wie ne Pärd *Ersd.* Menedich h. *sehr schön. Das Gegenteil ist* bursch *bäuerisch.* — els. 1, 368; baier. 1, 1153.

Herrschaf(t) [hèršaf(t) *D. Si.;* hèršuf *Falk.*] *f.* 1. *Herrschaft, Herrlichkeit:* de H. werd nit so gross sin. H. noch emol! *Ausruf der Verwunderung Ri.* — 2. *Herrschaft, bei welcher man dient.* — els. 1, 368; baier. 1, 1153.

Herz hèrts *fast allg.;* hèrts u. hiərts *D. Si.;* harts *Bo.* — Pl. -ər; Demin.

hèrtsχe, hèrtsələ *als Kosewort*] *n. Herz (auch im Kartenspiel):* du hasch 's H. uf der Sung *Lix.* 'S isch m'r e Stän vam H. gefal *Fo.* Vun Herze gèr *Si.* D' H. op der Hand, op der Zong hun *D. Si.* H. wat begerschte *Si.* Do isch H. was begehrsch, Mul de grisch nix *alles was man nur wünscht, aber man bekommt nichts Ri.* D' H. fallt em in d' Hose. Ebbs nit iwers H. bringe kenne. 'S H. abdricke *vor Kummer töten.* 'S isch em ebbs iwers H. gekrawelt *es ist ihm etwas Unangenehmes begegnet Ri. Hom. Ha. Rom.* 'S dut em am H. weh *od.* es griwelt em am H. *es schmerzt ihn sehr ibid.* 'S isch mer eng ums H. *es ist mir bange Ha.* Wovun d' H. voll ass, läft de Mond iwer *D. Si.* — 2. *Mark der Bäume u. Pflanzen.* — Zss.: herz-aller-liewst. H.-blut und H.-geblît *Herzblut.* H.-drickerte pl. *Fo. Herzdrücker, humor. für Kartoffelklöße.* H.-gespänn (H.-gespon) *n. Bo. Si. Herzbeklemmung.* lux. 178 Herzgespan. H.-keilchen *f. D. Si. Herzgrube.* H.-kirsch *dicke Kirsche in Herzform.* H.-klappen *n. D. Si. Herzklopfen.* H.-kränkt *f. Sbg. D. Si. tödliche Krankheit.* lux. 178. H.-kummer *f. D. Si. Herzkammer.* H.-ôder *f. D. Si. Arterie.* H.-schlâch *m. D. Si. Herzschlag.* H.-tröscht *m. D. Si. Herztrost.* H.-weh *n. Herzeleid.* H.-wurzel *f. Ri. Si.* a) *Pfahlwurzel Si.* b) *Liebling:* er isch um Babe sin H. *Ri.*

Herzel *n. Ri. Hom. Rom. Ha.* 1. *Kosewort für ein Kind:* min H.! — 2. *Medaille in Form eines Herzchens.* — 3. *Backwerk in derselben Form.* — els. 1, 378.

herzen [hèrtsən, hiərtsən *D. Si.*] 1. tr. *herzen, ans Herz drücken.* — 2. intr. *von Herzen gefallen, anheimeln:* dat herzt net. — lux. 178.

herzhaftich [hèrtshaftiχ *fast allg.;* hèrtshafd *Sbg.;* -hèftiχ *Falk. D. Si.*] adj. u. adv. *herzhaft:* lang nur h. zu! herzhaft! *frisch voran! Ri.*

herzich [hèrtsiχ *fast allg.;* hèrtseχ *D. Si.*] adj. *herzig, schön, lieblich:* 's isch e herziches Kind *Fo.*

herz-widich [hèrtswidiχ *Lix. Hom. Ri. Rom. Va.* u. s.; -wiliχ *Ha.*] 1. adj. *durch-*

trieben, toll: en herzwidicher Kerl. — 2. adv. *äußerst, eifrig:* er schafft wie h. s. widich.

hess! [hès *D. Si.*] interj. *Scheuchruf.* — lux. 179; baier. 1, 1179 hess! hess! *Treibwort gegen Schweine;* tirol. hès zurück! From. 5, 451.

hessleⁿ [heslə *Ri.*] tr. v. *drankriegen z. B. beim Spiel.* — vgl. mhd. hessen *hetzen.*

Hetsch [hètš, Pl. -ə *Sgd. Lix. Schw.* u. s.] *f. Gans, sogen. wegen ihres schwankenden, schaukelnden Ganges:* jei de Hetsche! treib die Gänse fort! *Lix.* — vgl. baier. 1, 1191 u. schwäb. hätschen *die Füße im Gehen nachschleppen;* s. a. Gr. Wtb. 4², 558 u. els. 1, 393. — Zs. Hetsche-stall *Gänsestall.*

Hetscht, Hetz *Hitze* s. Hitz.

Hetz-eier [hetsaiər, Pl. -ən, Demin. -aiərχən *D. Si.*] *f. pl. Bläschen, die die Hitze emportreibt, namentlich die kleinen Blasen, welche infolge innerer Hitze an gewissen Körperteilen entstehen.* — els. 2, 170 Hitzblöterle.

hetzen [hètsən *fast allg.;* hidsə *Hom. Ri. Rom.*] tr. v. wie hd. *hetzen, die Hunde hetzen.*

Hew [héw *fast allg.;* héï *Bo.;* heb *Ri. Hom. Ha. Rom.*] *f. Hefe.* — Zs. H.-frau *Frau, welche die Hefe austrägt.*

Hewang *Hebamme* s. Hebang.

Hewel [héwəl, hèwəl *allg.*] m. 1. *Hebel, Hebebaum. Rda.:* mit Hewle drinwerfe *grob vorgehen Ri. Ha. Rom.* — 2. *großes Stück (Brot):* schnid em e guder H. ab! *Fo.* — 3. *dicker Stock:* wart, ich hole e H. un schlôn dren *Lix.* — lux. 179 Hiewel.

hewe [héwəⁿ *fast allg.;* hewə *Rom. Ha.;* héïwən *Bo.;* hebə *Fo. Ri.;* hepəⁿ *Fa.* — Flexion: héwə, hébšt, hébt — héwə *fast allg.;* héwən, héfšt, héft — héwən *D. Si.* — Ptc. gəhòb *Fo.;* gəháw *Lix. Sgd.;* gəhów *D. Si.;* gəhou *Bo.*] 1. tr. v. *heben:* hebs uf! Der än heft de Stän uf, un der anner werft'n *Obd.* Willscht de m'r hewe? *willst du mir eine Last heben helfen? Lix.* Es hebbt fur zu ränge *es hat Mühe zu regnen Sbg.* Et hêwt m'r *ich verspüre Brechreiz D. Si.* — 2. intr. *gären:* 's Brot hebt, 's isch genung gehaw *Lix.*

Hewer *in der* Zs. Handhewer s. d.

Hew-iseⁿ [hewísə *Alst.* u. s.; hebísə *Pfb.;* hiwísən *Elw.*] *n. Brechstange. Rda.,* er hat H. gess *er ist zu faul, um sich zu bücken.* — mhd. hebîsen.

Hex [hèks, Pl. -əⁿ *allg.*] *f. Hexe:* das isch e H., vor der muschte dich in Acht neme *Fo.* Schwarzi H.! rodi H.! *Schimpfworte Ri. Man denkt sich die Hexen als häßliche, alte Weiber und sieht neben den Zigeunerweibern auch die Judenfrauen als Hexen an. Es wird von ihnen behauptet:* Se konne Kronkheite heile, verlorne Sache usfennich mache, Diebe usкluge, Gehämnisser erusbrenge u. s. w. *Lix. Aberglaube;* Wonn de Nahglock *(Nachtglocke)* gelut hat, noh hon de H. Gewalt; wonn's Dachglock lut, noh konne se nix meh mache *Lix.* Wo mer de H. kenne will, noh muss m'r ufpasse, wel das *(weil sie)* en der dunkel Naht de Mischthufe sesomme kehre *Lix.* Wenn eine H. im Haus ist und man legt das Brot verkehrt (innen-owe), dann kann sie nicht hinaus; oder man stellt einen Besen umgekehrt hinter die Stubentür, dann muß sie drin bleiben. — Am 1. Mai besprengen viele Leute ihr Haus mit Weihwasser, um es gegen H. zu schützen Ett. — Nach dem Abendläuten werfen manche Leute geweihtes Salz in die Milch, die bei ihnen geholt wird, sonst könnte jemand das Vieh verhexen. — Hat eine Kuh gekalbt, dann darf aus demselben Grunde in dem Hause eine Zeitlang nichts ausgeliehen werden. — Wenn ein Finger schmerzt, beschwört man das Weh mit den Worten:* Hex de Bex, iber mór isch alles weck *Lan.* — Zss. Hexe-krut *n.* 1. *gemeines Hexenkraut.* 2. *Goldwurz.* 3. *Schöllkraut* (Chelidonium majus). H.-mäschter *Hexenmeister.* H.-melech (eigentl. *Hexemilch Si.*) *weißer Saft der* Euphorbia. H.-polmer *n. Ett. Bofist.* H.-schuss *m. Steifheit der Rückenmuskeln infolge plötzlich eintretenden Lenden- u. Kreuzschmerzes.* Hexe-gässel *Flurname Ri.*

hexen [hèksən *fast allg.*] intr. v. 1. *hexen, zaubern:* ich kann nit h. *ich kann nichts Unmögliches vollbringen.* — 2. *hetzen, reizen:* hex en net esoⁿ *reiz ihn nicht*

so! *Si.* *Gewöhnlicher:* ophexen. — baier.
1, 1047 hechsen *quälen*, *plagen;* tirol.
hexen *necken, in die Enge treiben* From.
6, 150; hess. 156 hechzen; hd. hexen
quälen Gr. Wtb. 4², 1301, 4.

Hexerei *f. fast allg. Hexerei, Kunststück:* das isch kän H. — els. 1, 397.

hezen [hetsən *Bo. D. Si.*] tr. u. intr.
heizen: den Owen hezen. Dat Holz hezt gut.

Hib [hip *meist als Demin.* hipχən *D.
Si.*] *m. Räuschchen:* en hot en Hipchen.
— lux. Hipp, Hippchen Ga. 206; baier.
1, 1038 Hib; tirol. Hûb, Hibes, From. 6,
150; Hieb *leichte Berauschung* From. 6,
404, 11.

hibeldich [hibəldiχ *Bo.*] adj. *hügelig,
uneben.* — els. 1, 300 hublig. s. Hiwel,
hiwlich.

hibsch [hibš *Bo.* u. s.; hipšt *Fo.*] adj.
hübsch.

hiddeⁿ s. hitteⁿ.

hideln, sich [hidəln *Schw.*; hidlə *Sbg.*]
refl. v. *sich häuten:* de Breï, d' Milich
hidelt sich *überzieht sich mit einer Haut.
Spruch:* Breï hidel dich, de Kirchelitt
kumme *es wird Zeit zum Essen* Ri. —
els. 1, 390 hütle, hitle.

hiden [hídə *fast allg.*; hidən *D.*;
héïdən *Si.*] tr. v. *hüten, bewachen, beaufsichtigen:* er isch se full, um e vreckt
Gäns se hide *Ett.* I muss hide *ich muß
das Haus hüten* (*z. B. Sonntags während
des Gottesdienstes*) *Ri. Hom. Ha.* I han
d' Sowe (*Säue*) nit mit d'r g'hid *wir stehen
nicht auf gleicher Stufe ibid.* — lux. 180
hidden.

hie, hier [hî *Lix. Sgd.* u. s.; hîr *Fo.*;
héïj *Bo.*; hai *D. Si.*] 1. adv. *hier am Ort:*
gelt, ihr sin nit von hie? — 2. adj. *hiesig:*
sin ehr schun em hie'r Schulhus gewän?
Lix. De hie'r Kirch; em hie'r Wald.

hiffeleⁿ [hifələ *Bi. Fo. Lix. Mett. Sbg.*
u. s.; hæfən *D.*; héïfən *Si.*] tr. v. *häufeln:*
han ihr schon de Grumbere gehiffelt?
Fo. — els. 1, 309 hüfle.

hiffeⁿ [hifə *Bo. Falk. Lix.* u. s.] tr. v.
1. *anhäufen* (*fast nur als Part. gebraucht*):
De Korw wird gehifft voll gemacht. E
gehiffte Leffel voll. — els. 1, 309 ghuft;
baier. 1, 1056 haufen; mhd. houfen, hûfen.
— 2. *dasselbe wie* hiffelen *Bo.*

Hiffle s. Huffe.

Hiffler [hiflər, hifla *Schw.* u. s.] *m. Pflug,
womit Erde um die Kartoffeln aufgehäuft
wird.* — els. 1, 309 Hüfler. s. hiffeleⁿ.

Hihl [hîl, Pl. hîlə *fast allg.;* hél, hil,
héliη *Ri. Rom. Hom.;* hél *Pfb. Sbg.*] *f.
Höhle, Schlupfwinkel:* der Fuchs isch in
sîner H. Nit us der Hihl gehn *Ri. Rda.:*
Schint de Sunn an Lichtmess em Här
uf de Altar, schluft de Wolf noch vierzich Da' en de H. *Ltf. Mü.* — els. 1, 322
Hüle, Hile; tirol. Hül, From. 6, 150.

hihleⁿ [hílə *Av.* u. s.] tr. v. *aushöhlen.
Gebräuchlicher ist* ushihle. — els. 1, 324
hülche; baier. 1, 1083 hölchen.

Hihner-vogel [hinərfògəl *Ha. Alth.;*
-vowəl *Ri.;* -frèsər *Pü.;* hinərdép *Pfb.*]
m. Habicht. s. a. Har u. Halecker.

Hik [hĭk *Lix.*] *f. die vorn am Leiterwagen angebrachte kleine Leiter, deren
Sprossen den Heubaum nach unten ziehen.*
— vgl. hicken *haken* From. 5, 147. s. a.
Häk.

Hil [hîl *Lix.* u. s.] *f. Veranlassung zum
Heulen, Weinen:* was haschte wider fir
e H.? s. hileⁿ.

Hilbe-dritsche u. **Hilde-britsch** *Ri.
dasselbe wie* Dilpe-datsch s. d.

hileⁿ [hílən *fast allg.;* hilè *Mtsh.;* hailən *D. Si.;* hilə *Bi.* — Ptc. gəhîlt, gəhil,
gəhaul *D.;* gəhoul *Si.*] intr. v. *weinen,
heulen:* er hilt wie e Schlosshund. Er
lacht, wie de Welsche hile *La.* Wa mer
bi de Welf isch, muss mer mit ne h. *Ri.*
u. s. Der do hat Hile un Lache en äm
Säckel *Schw.* Zu einem, der lange od.
viel weint, sagt man: hil nurre, noh gits
gud Wedder. *Ri. Zauberspruch, um Kinder zu beruhigen:*

hile, hale, Horn,
wanns hit (*heute*) nit halt, halt's morn.
Hile, hale, Katzedreck,
iwermorje isch alles eweck! *ibid.*
— els. 1, 323 hule, hüle.

Hiler [hilər *Bi.* u. s.] *m. einer, der für
jede Kleinigkeit weint. Das Femin. lautet*
Hilersch.

Hilf [hilf *fast allg.;* helf *Bo.;* heləf *D.
Si.*] *f. Hilfe.*

Hillecht [hileχt *Si.*] *f. elende, wie eine
Höhle aussehende Wohnung.* — lux. 196.

hillich [hiliχ *Fo.;* hĭlliχ *Falk.;* hiliχ, heliχ *Rg.;* ileχ *Si.*] adj. u. adv. *leer (im Magen), angegriffen, müde:* es isch m'r so h. *ich glaube, ich habe Hunger Fo. Vom vielen Obstessen, bes. unreifen Obstes, bekommt man „hilliche Zähne", so daß man längere Zeit nicht mehr darauf beißen kann.* — els. 1, 320 u. baier. 1, 1082 hellig; hess. 163 hellig, helch; eifl. hallig *trocken im Hals* From. 6, 15; mhd. hellec. *Wurzel* häl *dürr.*

Hilsch [hilš *Fa.* u. s.; hilšə *Lix. Sgd.*] *f.* 1. *Hülse, Schale, Decke, leere Schote.* els. 1, 329 Hülsche; baier. 1, 1097 Hulsche. — 2. *Nackenhöhle:* ich hau d'r äni en de H. *Fa.* — Zs. Hilsche-dinges *n. Sammelwort für Hülsefrüchte Lix.*

Hilschum *Ortsname Hilbesheim (Dorf im Kr. Saarburg).*

hilsen, hilser [hĭlsən *Falk.;* hĭlsər u. hèlsər *Pü.;* hĭldsər *Ri.;* heltsən *Bo. Brettn. D. Si.*] adj. 1. *hölzern, aus Holz:* hilsere Schuh *Holzschuhe.* En helzen Stil *Si.* — 2. *aus biegsamen Zweigen:* e hilzere Säl *(Seil).* — els. 1, 333 hölze, hülzere; mhd. hülzen. s. a. holzeⁿ.

Himd s. Hemd.

Himmel [himəl *allg.*] *m.* 1. *Himmel, als Ort der Seligkeit:* er mänt, er wär bim Herrgott im H. M'r mänt, der H. kummt era *heißt es, wenn es stark regnet.* Wenn de nurre im H. wärsch! *Verwünschung Ri.* u. s. — 2. *Firmament:* der H. isch ganz schwarz. — 3. *Baldachin, unter welchem bei Prozessionen der Priester mit dem Sakrament schreitet:* de H. trâ'n. — Zss. H.-bettlad *Bettstelle mit Verdeck aus Holz:* hotz Himmel on de Bettlad! *Fluchwort Lix.* H.-fahrt: das isch e schên H. *heißt es beim Tode eines großen Sünders Av.* Ims Himmels Herre wille! *Ausdruck des Erstaunens Lix. Auch in verstärkenden Zusammensetzungen:* himmel-angscht, h.-schlecht u. a.

himmeleⁿ [himələⁿ *fast allg.*] intr. v. *sterben:* er geht h.; er isch am H. *er liegt im Sterben.*—els. 1,338 u. baier. 1,1112 ebenso.

Himper [himpər *Bo.* u. s.; hèmpər *Falk.;* hèmbéar *Av.;* hampər, hambiər *D. Si.*] *f. Himbeere.* — lux. 161 Hambier. s. a. Embere.

hin [hín *fast allg.;* hin *D. Si.*] adj. u. adv. *tot, verendet, zugrunde gegangen:* D'Koᵘh as hin *Si.* Ich schla' dich halwer hin *Fo.* — els. 1, 344 hine.

hin ed wider [hĭnədwĭdər *Ri. Ha. Rom. Hom.*] adv. *hin u. wieder, bisweilen.* — egerländisch: hinnewider, From. 5, 129, 1; koburg. hin a wider *ibid.* 6,528,12.

hin-gehn intr. v. *Ri. Hom. Ha. Falk. verenden:* sin Kuh isch em hingang. Et isch zum H. *zum Verzweifeln.* — els. 1, 189.

Hingel s. Hängel.

hinger *hinter* s. hinner.

hingri(ch) adv. *Hom. Ri. hinten hin, nach hinten.* s. hinneⁿ.

hinicht [hĭnlχt *Hom. Ri. Rom.*] adv. *kommende Nacht, jetzt, in der Nacht:* h. kannsch zu mer kumme. — els. 1, 757 ebenso; hess. 160 heint; mhd. hînaht.

Hink [hiŋk *Fo.* u. s.; hèŋk *D. Si.*] 1. *m. Henkel, Griff an einem Gefäß:* am H. griffe. — 2. *n. Hängel (Trauben):* e H. Truwele. — ss. Hink Kr. 52. s. a. Hänk u. Heng.

Hinkel [hiŋkəl *fast allg.;* heŋkəl *D. Si. Pfb.;* hiŋgəl *Ri.* — Pl. hinklə; Dem. hiŋkəlχə, hiŋkəlχər] *m. Huhn, Hühnchen. Rdaa.:* Et lut drin wie e geropptes H. *er isch blau vor Kälte Ett.* Verkolzen bin wie'n H. *frostig sein Ersd.* Dronken *(trunken)* eweï en Henkel *Si.* Domm *(dumm)* weï'n H. *Bo.* De gescheit Hinkle lê'n a als emol newenons *(neben)* Nescht *Lix. Scherzfrage:* warum isch e Hahn uf'm Kirchturm un kän H.? Mer misst morjens enuf krabble un's Ei erunner hole *Lix. Kinderreime:*

Hinkel un Hahn —
Predich geht an.
Katz un Mus —
Predich geht us *Pü.*

Hinkel, Hahn,
De Mess geht an.
Hinkel, Hus,
De Mess geht us *Fo.*

Hänsel, Bebedänsel,
was rabbelt im Stroh?
'S Henkel hat e Gugel *(Ei)*,
's Henkel esch froh *Pfb.*

16*

— lux. 177 Henkel; ss. Hänkel Kr. 47; baier. 1, 1133 Hünkel. s. a. From. 6,43; hess. 170. — Zs. Hinkel-sedel [-sètəl *Lix.* u. s.; sélǝl *Schw.*] *m. Hühnersettel, Hühnerstange.*

hin-länges [hínlèŋəs *Fo.*] adv. *hinlänglich, hinreichend:* es isch h. lang genunk.

hinlich [hînliχ *Bo.*] adj. *empfindungslos vor Schmerz.* vgl. els. 1, 344 hinig. s. hin *verendet.*

hin-machen tr. v. *Lix. Sgd.* u. s. *umbringen, zugrunde richten:* dene sott mer h. — els. 1, 643 ebenso.

hinnen I [hìnə *Ri. Hom. Rom.*] adv. *hier innen:* h. < mhd. hie innen.

hinnen II [hinə *fast allg.*; hiŋə *Ri. Hom. Rom*; hènən *Lix.*; henən *Bo.*; hanən *D. Si.* — Superl. hinəšt, henəšt] adv. *hinten:* hinne am letschte Hus. Du kannscht mich h. hewe *derbe Abfertigung Lix.* Do hinge isch fur dich! *triviale Bemerkung mit entsprechender Handbewegung Ri.* Hinge hoch sin *im Nachteil sein, unterliegen ibid.* Hinge fescht sin *sich in bezug auf Darmwinde zurückhalten können Hom. Ri. Rom.* De Wä hinger d' Fiss nemme *den Weg antreten ibid.* Ens hinge enin gen *einen derben Fußtritt versetzen ibid.* Der isch nit hinge wie vorn *das ist ein falscher Kerl Rom.* — Zss. hinne-drin *hintendrein.* h.-durch *verstohlen, im geheimen.* h.-noh *hintennach.* hinnen-erum *hinter dem Rücken, versteckt.* hinnen-nus 1. *hinten hinaus,* 2. *im Hofe, im Abtritt.* h.-eriwer *hintenherüber.* h.-uf *hintendrauf.* h.-vor *verkehrt:* das hasch de mal h. gemacht! *Lix.* E henne vor Jockel *einer, der alles verkehrt macht Lix.* els. 1, 349; baier. 1, 745; From, 5, 151. h.-wider *hintenhin:* hinge wider schlawe, drede *Schlag, Tritt in den Hintern versetzen Ri. Ha. Rom.*

hinner [hìnər *fast allg.*; hiŋər *Fi.*; hanər *D. Si.*] präp. m. Dat. u. Acc. 1. *hinter:* hinnerm Hus leit der Garte. Der Hund laft hinners Hus. Er hat's fuschtdick hinner de Ohre. Der dät äm 's Blut hinger de Nägle erussuffe *Fi.* Hinger ebber gehn *sich an jd. heranmachen, um ihn zu bearbeiten.* — 2. *unter:* hinner dausend *unter Tausenden Falk.* Zss. hinner-

enanner *hintereinander:* h. komme *handgemein werden.* h.-ricks adv. wie hd. *hinterrücks, rückwärts;* els. 2, 250 hinderrucks. h.-sich [hìnərʒìχ *Fo.* u. s.; hènərʒiχ *Lix. Sgd.*; henərʒiχ *Bo.*; henatsiχ *Weil.*; hanərtsiχ *D. Si.*] adv. *zurück, rückwärts, nach hinten:* de Arwet geht nit vor sich un nit h. *Fo.* Hennersich gehn *rückwärts g.* De Krebse schwemme hennersich *Lix. Rda.:* Er es nit Scholt, dass de Hihna henatsich kratze *Weil.* — els. 2, 321; baier. 1, 1137; From. 7, 302; Gr. Wtb. 4², 1493. — *Verbale Zss. ähnlich wie im hd. sind:* hinner-bringen. h.-driwen. h.-gòn *hintergehen.* h.-lòssen. — *Substantivische Zss. meist wie im hd.:* Hinner-dir *Hintertüre.* H.-fuss *Hinterfuß,* *Hinterbein:* sich uf de Hinnerfis stelle *sich wehren, verteidigen;* H.-owe m. Ett. *Hinterofen, eine Nische in der Wand hinter dem Ofen, wohin die Sachen zum Trocknen gelegt werden.* H.-rad. H.-stich *wenn man eine halbe Stichlänge zurückgreift, auch Steppstich.* H.-viertel.

Hinnere [hìnərə *fast allg.*; henər *Bo. D. Si.*] m. *der Hintere, Podex:* se han em de H. versohlt. Alles an de H. henge *Kleiderluxus treiben.* Wat e' mat den Hännen mecht, steïscht e' mat dem Hener em *was er mit den Händen macht, stößt er mit dem H. um* (*heißt es von einem Ungeschickten*) *Si.* Op dem H. leien *den Faulenzer spielen Si.*

hinneren [hìnərən *fast allg.*; hiŋərè *Fi.*; henərən *Bo. D. Si.*] tr. v. *hindern, stören:* was hat dich dann gehinnert? *Fo.*

Hinner-gescherr (Hingerg'scherr *Ri. Hom. Rom. Ha.*) n. *dasselbe wie Hinnere.*

hinner-hällich adj. (*zu* hinter-halten) *verhohlen.* — lux. 164 hanner-hällich.

Hinnernus f. *Lix.* u. s. *Hindernis.*

hinnerscht [hinəršt *Fo.* u. s.] adj. (*der*) *hinterste:* er huckt der h. in der Bank.

hinnersich [hinərʒiχ *Ha.*; hiŋəršì(χ) *Ri. Hom. Rom.*] adv. *rückwärts, nach hinten.*

hinner-stännich [henəršteniχ *Bo.*] adj. *rückständig, zurückgeblieben, von früher her abgängig.* — baier. 1, 1137 hinterständig; vgl. els. 2, 591 u. hess. 170 hinterstellig.

hin-riden [hĭnrídən *Mü.* u. s.] intr. v. *zu Tode, zu Schanden reiten. Rda.:* Wenn e Beddler uf's Pärd kommt, rid er's hin.
Hinsch [hinš *Fa.* u. s.] *f. Krankheit der Kühe, die sich in übermäßiger Anschwellung des Euters äußert.* (H. *ist eigentl. das Adjektiv* heunisch, mhd. hiunisch *in der Bedeutung groß, riesig. Unter* H. *ist nach Grimm Mythol. 1115 eine elbische Krankheit gemeint: die Hexe hat einen „hiunen", ein ungeheueres, böses Wesen in das Euter gezaubert. Das gegen diese Krankheit gebrauchte Kraut Bittersüß* [Solanum dulcamare] *heißt bei den Bauern* Hinschkraut u. Alpkraut). — baier. I, 1119, 1135 Hüensche; rheinfränk. Hinsche, From. 4, 261, 7; hess. 179 ebenso; els. 1, 345 Hün(i)sch.
hin-schlon [hínšlòn, Ptc. hĭngəšlá *Lix.* u. s.] tr. v. *totschlagen (ein Tier).*
hint [hiṇt *fast allg.;* hent *D. Si.*] adv. *heuer, heute Nacht:* h. han ich kän Stunn geschlof. — els. 1, 757 u. baier. 1, 1135 hinecht, hinicht, hint; lux. 177 hent; mhd. hint < hî-naht.
hin't amal [hiṇtàmàl *Bo. Falk.* u. s.] adv. *hie u. da einmal.*
Hipp [hĭp *Lix. Pü.* u. s.] *f. kleine, aus Rinde verfertigte Flöte, Huppe.* — els. 1, 360 Hippe, Huppe. s. a. Häpe u. Hupp.
hippeⁿ [hĭpəⁿ *fast allg.;* hepəⁿ *D. Si.*] intr. v. 1. *hüpfen.* — 2. *hinken.* — 3. *auf der Hipp blasen.* — els. 1, 360 hippe *tuten.*
hipp(e)leⁿ [hipələ *Fo.* u. s.; hepəlⁿ *Bo.*] intr. v. *hinken:* sinter dass er's Bän gebroch hat, hippelt er. — hess. 171 hippeln.
Hipp(e)ler, Heppler *m. Hinkender.*
Hiren [hirən *Bo. Falk. D. Si.*; hĭrn *Ri. Hom. Rom. Ha.*; sonst hirə] *f. u. n.* 1. *Gehirn:* ke Hirn im Kopp han. — 2. *Gedanken, Absicht:* was hescht im H.? — 3. *Kopf, Schädel:* ich schlon der ein uf de H. *Lix.* — Zss. Hirn-schal, hirnwidi(ch) *ganz wütend Ri.*
Hirle [hirlə, Pl. -n *Ett. Schm.* u. s.] *n. ganz junges Gänschen* (eigentl. *Gans vom heurigen Jahr*). — els. 1, 370 Hürle, Hirle; baier. 1, 1158 Hürlein. vgl. Hürtaube *junge Taube;* Heurling *junges Tier vom heurigen Jahr;* Hiri, Hirla, From. 7, 402; mhd. hiure < hiujârn. s. a. Hurlamp.

Hirot [hirót *Fo. Pfb.* u. s.; heïrat *Lix. Ri. Hom. Rom. Ha.*; hairót *D. Si.*] *f. Heirat:* d' H. verspreche. — els. 2, 298 Hirat.
hiroteⁿ [hiròdə *Fo. Pfb.*; heïrade *Sbg.*; heïrate *Lix.*; hairòdən *D. Si.*] tr. u. intr. v. *heiraten. Rdaa.:* kannsch mich h., wenn de Geld hesch *kannst mich gern haben Pfb.* Zum H. muss m'r zweï sin. I bin nit g'heirad mit dir *ich bin nicht an dich gebunden Ri. Hom. Rom. Ha.*
Hirsch [hĭrš *fast allg.*; hĭrš *D. Si.*] *m. Hirsch.* — Zss. H.-gogert [-gògərt *Fo. Lix.* u. s.] *m. Hirschkäfer.* H.-hòr *n. Hirschhorn.* H.-klee *m. Lix. Honigklee* (Melilotus officinalis). H.-kuh *f. fast allg.* 1. *Hirschkuh.* 2. *Hirschkäfer.* H.-spronk [-šproṇk *Si.*] *m. ein Pilz* (Elaphormyces granulata).
Hirsche [hiršə *fast allg.*; hižəm *D. Si.*] *f. Hirse.* — els. 1, 375 Hirsch; lux. 180 Hijem; ostfries. Hiesch, From. 5, 465. — Zs. H.-brei. *Scherzreim:*

Wäsche Kät *(Bäschen Käthe)* un
    Wäsche M'rei
Koche sesomme Hirschebrei,
Hirschebrei isch ongebrennt,
Wäsche Kät isch furtgerennt. *Lix.*

Hirt [hĭrt *fast allg.*; hĭrt *D. Si.*; hiat *Wal.* — Pl. hĭrtə, hirdən] *m. Hirt. Rda.:* der H. fahrt doch us *das Unternehmen kommt doch zustande Fa.* — Zss. Hirtenhond *m. fast allg. Schäferhund:* er es gefrech wie'n H. *Wal.* H.-hus (Hirdenhaus *Si.*) *das der Gemeinde gehörende, dem Dorfhirten überlassene Haus.* — lux. 181.
Hirtnesch [hĭrtnəš *Si.*] *f. Hirtenfrau.* — lux. 181.
Hirzel [hĭərtsəl *Si.*] *m. Einlaßtürchen in einem großen Tor, bes. das Pförtchen in einem Scheunentor. Rda.:* Mat de Scheierpuert wenken an den H. op d' Nues schloen meïssen *(mit dem Scheunentor winken u. mit dem Hirzel auf die Nase schlagen müssen) einem, der schwer verständlich ist, etwas klar machen.* — lux. 182 Hirzel; vgl. altfrz. huissel, *später* durzel, dirzel *Türchen.*
Hirze-männchen [hĭrtsəmèntχən *Si.*] *m. Hirschkäfer. Das Weibchen heißt* Hirzefrächen. — els. 1, 425 Hirzekäfer.

hischtleⁿ s. heïschtelen.

hislich [hisliχ *Bi. Lix. Sgd. Ha. Rom.*; híseliχ *Va.*; hísli *Hom. Ri.*; heïsleχ *D. Si.*] adj. u. adv. *häuslich, sparsam.* — els. 1, 385 huslig.

Hissié [hisje *Bi. Fo. D. Si.*; hysje *Pfb.*; hisi *Fi.*; lísi *Ersd.*] m. *Gerichtsvollzieher:* ich schick d'r de H. ins Hüs *Pfb.* — els. 1, 386 Hüssje; frz. huissier.

Hitt [hìt, Demin. hìtχə *Fo. f. Hütte.*

hitteⁿ [hidə *Ri.* u. s.] adv. *hier unten. Spruch:* Bruder hin, Bruder her, Bruder blib mer vam Birbam hidde. — els. 1, 388 hitte.

Hitz [hìts(t) *fast allg.*; hets *Bo.*; hìtšt *Zeir.*; hetšt *D. Si.*] f. 1. *Hitze:* in der erschte H. handle. — 2. *Fieber:* der red't in de H. er phantasiert *Pfb.* — Zss. H.- bloder *Hitzblase.* H.-eier *Eier, aus denen beim Brüten keine Jungen ausschlüpfen Ri.* H.-sirle pl. *Hitzbläschen auf der Haut.* vgl. mhd. sèr *wund;* ndd. sèr *kleines Geschwür, Schwäre* From. 4, 277, 30; baier. 2, 323 sirig *schmerzhaft, schwürig.*

hitzeⁿ s. hetzeⁿ.

hitzich [hìtsiχ *fast allg.*; hetsiχ, hetseχ *Bo. D. Si.*] adj. *hitzig:* du muscht nit immer so h. sin! De hitzich Krankhet *Typhus Fo.*; h. Gallefewer *Ri. dasselbe.*

Hiwel [hiwəl *Bi. Fo. Go. Lix. Vbg.* u. s.; híwəl *Ett. Sgd. D.*; huwəl *Si.*; hibəl *Bo. Falk. Mü.* — Pl. hiwələ, híwəln, hìbəln. — Demin. hiwəlχə, híbəlχin] m. *Hügel, Erdhaufen. Von den Urbachern (Kr. Saargemünd) heißt es:* Ihr Urbacher hinnerm Hiwel, schissen all in eïnen Kiwel. — Zss. Murwolfs-hiwel *Maulwurfshaufen Lix.*; Wacke-hiwel *Flurname bei Lixingen.* — lux. 182 Hiwel; baier. 1, 1039 Hübel; hess. 179 Hüppel; ahd. huobil; mhd. hübel.

hiwlich [hiwliχ *fast allg.*; híwəleχ *D. Si.*; hibəldiχ *Bo.*] adj. *hügelig, uneben.* — lux. 182 hiwelech; els. 1, 300 hublig.

Hob s. Hof.

Hob-gering n. *Ett.* u. s. *Hofraum beim Hause.* — vgl. hd. Hofgeringe *Grenzen eines Bauernhofes* Gr. Wtb. 4², 1679. s. Gering.

Hobitz [hòbits *Rü. lux. Grenze*] f. *Egge.* — lux. 182 Hòbitz *Radstelzpflug.* H. < mhd. hòch u. bìzen *stechen, spalten (ein Gerät, das den Boden oberflächlich umwühlt).*

hoch [hóχ *fast allg.*; héəχ *Bo.*; heï, heïχ *D. Si.* — Komp. héər, hoχər, héəχər, heïər. — Superl. héχšt u. hegšt, heïšt, hekšt] adj. *hoch:* er isch kum drei Käs h. *Fo.* h. anbefehle, sich h. versindige, h. verwundre *Hom. Ri. Rom.* Mer soll nit hecher schisse, ass der Arsch geht *man soll nicht zu hoch hinaus wollen ibid.* Der Kaiser isch der hechscht im Land. 'S isch nit hocher in de Himmel *sagt man zu einem Aufgebrachten Ett.* — Zss. H.- älter m. *D. Si. Hochaltar.* h.-bänich *langbeinig Ri.* h.-ditsch *hochdeutsch.* Hoch-nas m. *Hom. Ri. hochmütiger Kerl.*

Hochzit [hòχtsit *fast allg.*; hótsit *Falk. Vbg.*; hoətsit *Bo.*; hóχtsait *Kö.*; houχtsait *D. Si.*] f. *Hochzeit:* H. mache, H. han, H. hâlen. De Dumme mache Hochzitt, awer die Gescheite fresse se *Fa.* Es geht uff wie uff Matze H. *wenn alles aufgegessen wird Ha. Ri. Rom.* Nit uff der H. sin *Unannehmlichkeiten haben ibid.* Es isch kän H. so klän, es git noch än *Fo. Aberglaube:* Bi ere Hochzitt muss mer uf de Kerze um Altar acht gen. Wonn uf der rechte Sit de Kerze s'erscht usgehn, noh stirbt de Monn s'erscht; wonn die uf der lenks Sit schneller abbrenne, noh muss de Frau s'erscht sterwe *Lix.* Wonn Brutlit sommegen wäre, noh soll der Hochsitter nit uf der Brut ehr Vurduch knie, das get Unänichkät bedite; wonn de Brut om Hochsitsda 's Strumbändel verliert, das bedit gross Unglick *Lix.* Bei Hochzitseinladungen ist es üblich, auf der Innenseite der Stubentür einen Blumenstrauß mit Kreide zu malen *Mü.* — Zss. H.- kleid; H.-litt *die ganze Hochzeitsgesellschaft.* H.-rock.

Hochzitter [hòχtsitər *Fo.* u. s.; hòχsitər *Lix. Sgd.*] m. *Hochzeiter, Bräutigam:* de Brut isch do, awer de H. noch nit *Fo. Das Femin. lautet* Hochzittersche *Ri.* u. s. — els. 2, 919; baier. 2, 1045.

Hof [hóf *fast allg.*; hòf *Bo.*; hòb *Ri. Rom.*; hòft *Pfb. Flh.*; haf *D. Si. Ho.*; huof *Rü.* — Pl. hèf, hèft. Demin. hefəl, hefdəl] m. 1. *Hof, Raum hinter dem Hause.*

— 2. *Hofgut.* — 3. *Nebelkreis um den Mond:* der Mônt hat e Hoft *Vorzeichen des Regens Flh.* — Zss. H.-frå *f. Rü.* u. s. *Pächterin, Frau eines Hofgutsbesitzers.* H.-haus *n. Rü. Hofgut.* H.-mann *fast allg.* 1. *Pächter.* 2. *Großbauer, Besitzer eines Hofguts.*

hoffeⁿ [hòfən *fast allg.;* hofən u. hafən *Si.*] tr. v. *hoffen:* et muss än dat bescht h., dat schlecht kemt vun selwen man muß das Beste hoffen, das Schlechte kommt von selbst *Si.*

Hoffert [hòfərt *fast allg.;* hofárt *Pfb. Berl. Ha. Rom.;* houfərt *D. Si.*] *m. Hoffart, Stolz, Putz, Staat, übermäßiger Aufwand in der Kleidung:* er stinkt vor H. Alles an de H. henke. Do isch awer e H. gewän *sagt man bei einer prunkvollen Feier od. Festlichkeit.* Er hat e greszere H., ass d'Lus im Grind *Ri. Hom. Sprichwort:* der H. leït im Wèi *(Weg),* 's kann e jeder ofhewe, sovil er will *Berl.* — henneb. Hoffert, From. 7, 303; lux. 183 Hᵘfert; els. I, 144 Hoffart, Hofert. — Zss. Hofferts-loch u. H.-narr *Ri. Hom. Ha. Rom. Lix. übertrieben stolzr Mensch, eitler Kerl.* els. 1, 779 ebenso.

hoffertich [hofèrtix *Fo. Ett.* u. s.; hòfèrdix *Fa.;* hoəfètix *Bo.;* hofərdix *Av.;* houfərtex u. houfərex *D. Si.*] adj. *stolz, eitel, putzsüchtig:* 's isch e h. Ding *Fo.* E hofferdicher Narr *Fa.* h. werre *zu Gevatter stehen, Patenstelle versehen Ri. Rom. Fa.* — lux. 183 hᵘferech; ss. huderdich Kr. 54.

Hoffning [hòfniŋ *Falk. Sbg.* u. s.; hòfnoŋ u. hòfnoŋk *D.;* hafenən *Si.*] *f. Hoffnung.*

Hofretchen [hòfrètxeⁿ *Rg.;* howərèdxən *Av. Fo.* — Pl. hòfərètxer] *n. Ständchen, Schwank, Liedchen, lustiges Stück bei Hochzeiten:* Hofretcher mache; en Hofretchen singen od. spilen. H. < frz. opérette?

hogrä [hogrè *Fa.*] adv. *zur freien Benutzung:* er hot e Meter h. *er hat einen Meter breiten Raum vor seinem Haus liegen, von dem er beliebigen Gebrauch machen kann.* h. < frz. engré.

Hohbin [hòbin *Av. Fa. Grt. Va. Vahl-Eb. Kr.* u. s.; hobin *Merl.;* howin *Rem.*] *f. Speicher, Bodenraum, Heuschober.* — hess. Nr. 39 Hochgebüne. H. < hohe Bühne.

Hoh-fescht-da [hófeštdá *fast allg.;* houfešdáx *D. Si.*] *m. hoher Festtag.* — lux. 183 Hᵘfeschdâch.

Hohl I [hòl *Si. lux.* Grenze] *f. Vertiefung als Zielpunkt u. Grenzzeichen; nur in der Rda.:* H. a Mòl, op H. a Mòl *(eigentl. u. figürl.) am äußersten Ende.* — lux. 183 ebenso. vgl. els. 322, baier. I, 1083 Hol *Höhlung;* mhd. hol.

Hohl II [hòl *Fa. Hd. Vbg. Rü. D. Si.* u. s.; hâl *Falk.;* hoal *Vahl-Eb.;* houl *Bo.*] *f. Kesselhaken über dem Herd in den Küchen:* die Hahl ufhängen (D' Hohl ophenken *D. Si.*) *im neuen Haushalt den ersten Schmaus bereiten* (frz. pendre la crémaillère). — lux. 183 Hòl; hess. 142 Hahle; els. I, 312 Hal, Häl; baier. I, 1072 Hâl, Hähl, Hâhel; ahd. hâhala, hâla; mhd. hâhel. — Zs. H.-bâm *m. in den Kamin eingemauerter Balken, woran der Kesselhaken hängt Si.* hohle-blò adj. *Si. schwarzblau:* en as h. geschlò gin. — lux. 183 ebenso.

hohl [hòl *fast allg.;* huol *Rü.*] adj. u. adv. I. *hohl, leer:* e hohler Zant. Er isch h. *heißt es von jd., der nicht zu sättigen ist Ri. Hom. Rom.* E hohli Stimm *ibid.* Der Wind blost h. — 2. *kahl, entlaubt:* wann's rummelt in de hohle Wald, soll sich ferchte jung un alt *Flh.* — Zss. H.-gass. H.-meisel. H.-wè(g). H.-zijel.

Hohlchit [hólxit *Falk.*] *f. Hohlheit, Höhlung.*

hoh-lihtich [hòlitix *Fa.;* holîdi *Hom. Ri.;* holeïxtix *Ha.*] adj. u. adv. *lichterloh, hoch flammend, furchtbar:* es brennt h. s. Liht *Licht.* — els. 1, 323 hollidig.

Hoh-mess [hómès *fast allg.;* houmès *D. Si.*] *f. Hochamt, Hauptmesse. Rda.:* er versteht sovil davän, weï'n Esel vän da H. *Obd.* — lux. 185 Hᵘmöss; ss. Humes Kr. 54; mhd. hômesse.

Hoh-mut [hómut *Falk. Sgd. Lix.;* hoəmout *Bo.*] *m. Hochmut, Hoffart.* — Zs. Hohmuts-narr *eitles Ding Lix.*

Hoh-pat [hópat *Bo. Hd. Vahl-Ebers.*] *f.* 1. *Speicher über der Scheune.* — 2. *Dachfirst Hd.* s. Pat *Firstbalken.*

hoi! [hoï *Ri. Rom. Hom.* u. s.] *Zuruf an Zugtiere, um sie zum schnelleren Gehen anzutreiben:* hoï! hoï! ale hoi!

hoieⁿ [hoïə, hoje *Hom. Ri. Rom.*] intr. v. *drängen, antreiben:* an ebber h.

Hoïf [hoïf *Grt. Kr. Weil.;* hufə *Mtsh.;* hâf *D. Si.*] *m. Haufen:* ze H. luten *zusammen läuten, Hauptgeläute, das letzte Läuten zum Kirchgang.* — lux. zu Hâf lauden Ga. 193; baier. ze haufe *zusammen;* ss. ze Hôf Kr. 53. — s. a. Haf u. Huffeⁿ.

hoïn *heim* s. häm.

Hoïnchit *Heimat* s. Hämet.

Hoïn-weh *n. Bo. Heimweh.*

hoïwen [hoïwən, heïpšt, heïpt-gehoïw] s. haueⁿ.

Hola [holá *Si.*] *m. Einhalt:* den H. an eppes mâchen *Einhalt tun.* — lux. 183 ebenso. vgl. die Interj. hola! *halt!*

Hol-gans [hôlgants *D. Si.*] *f. Schneegans.* H. < mhd. hagelgans, hâlegans. — lux. 184 Hôlgäns. s. a. Gr. Wtb. 4², 145.

Hollänner [holènər *faställg.*] 1. *m. Holländer.* — 2. *unhöflicher Mensch Ri. Rda.:* auszeïen eweï en H. *Fersengeld geben D. Si.* Er geht los wie e H. *Ha. Rom.* — lux. 184 ebenso; els. 1, 322: der isch losgang wie e H. s. a. From. 5, 523, 580.

holleⁿ [hòlən *fast allg.;* hóələn *Ka.;* hóla *Sbg.;* houlən *Bo.* — *Flexion:* hòlən, hélšt, hélt (helšt, helt; hólš, hólt). — Imp. Conj. ex̱ hfl *Si.* — Ptc. gəhòl, gəhòlt.] tr. v. 1. *holen, nehmen:* d' Katz hats geholt *tröstet man die Kinder, wenn sie etwas suchen u. nicht finden Lix.* Der Deiwel, der Guguk soll dich h.! De Schandarm helt de Dieb. Holl iwer! *Zuruf an den Fergen.* Holl mal hin! *denken Sie sich! Bo.* Nochdem h. *Atem holen Ha.* — 2. *fassen, festhalten:* geh un hol ne! *Fo.* — 3. *stehlen:* Woᵘ hoscht de dat geholl? *Si.*

Holler [hòlər *Fo. Sgd. Lix. Schw.;* hòlərt *Go.;* hòlat *Rem.;* holèter *Rg.;* holdər *Pfb. Sbg.;* họlənər *Falk.;* holendər *Vbg.;* hèlèntər *Si.;* houlèntər *Bo.*] *m. Hollunder, Hollunderstrauch* (Sambucus nigra): us H. kammer Huppe mache. — baier. 1. 1083 Holler; henneb. Haᵒller; From. 2, 48; tirol. Hôler *ibid.* 3, 90; els.

1, 325 Holder. *Schon* ahd. *kommt neben der erweiterten Form* holuntar *auch* holdir, holder *vor.* — Zss. H.-beer. H.-stock. H.-thee.

holperich [hòlpərex̱ *D. Si.*] adj. wie hd. *holperig, uneben.* s. a. hopplich.

Holter s. Halter.

Holz [holts *allg.* — Pl. hèl(t)sər] *n. Holz:* H. ofleïn *prügeln Bo.* H. uff ebber spalte kenne *bezeichnet einen hohen Grad der Duldsamkeit Ri.* — Zss. H.-appel Demin. H.-äppelche *Kosename für Kinder Pü.* H.-bock *m. Sägebock.* H.-dole *m. Wasserleitung in der Länge nach durchbohrten Baumstämmen Ri.* s. Dole. H.-flejel *m. Fa. Dreschflegel.:* do muss m'r met'm H. drin schla'n *derb zu Werk gehn.* H.-hai *f. Busd.* u. s. *Holzschlägel:* er hat e Kopp wie'n H. *er ist störrig, dickköpfig Busd.* H.-heier (-hêər) *m. Holzhauer.* H.-kischt *f. Kasten, worin das geschnittene Brennholz aufbewahrt wird.* H.-kohl. H.-macher *Holzhauer.* H.-mad *f. Holzwurm.* H.-schapp *m. D. Si. Holzschuppen.* H.-schlegel *m. Lix. Holzschlägel:* Mem H. dren schlön *auf recht grobe Weise seine Meinung verteidigen.* H.-schlô *f. D. Si. dicker Holzhammer, womit man beim Spalten von Baumstämmen auf die Axt schlägt.* H.-schneider *D. Si. Holzsäger.* H.-säj. H.-speicher H.-spôn (-špoun) *m. D. Si. Holzspan.* H.-wè *m. D. Si. Weg zur Abfuhr des Holzes aus dem Walde.* H.-woll *feine Hobelspäne Ri.* H.-zeddel u. H.-schin *Abgabezettel für das im Gemeindewald gekaufte Holz Ri. Hom. Rom.*

holzeⁿ [holtsən *Fo.* u. s.; holtsərə *Pü.;* heltsən *Wal. D. Si.*] adj. *hölzern, aus Holz:* e holzene Schissel. Ich gehn den helzen Berch nuf *die Treppe hinauf schlafen Wal.* s. a. hilsen.

Hombeïcht *f. Si. gemeine Buche.* — lux. 185 Hombuch; els. 2, 11 Hambuech. s. a. Hämbich.

Hompitt [hompit *Klein-Rosseln*] *männl. Vorname Johann Peter,* Hanspeter.

Hond s. Hund.

Hong s. Huhn.

Hopp [hòp *fast allg.;* hap *D. Si.*] *m. Hopfen:* bi dem escht H. un Malz verlor

Wb. — Zs. H.-stang *f. Hopfenstange:* lâng eweï eng H. *Si.*

hoppla! hoppla gais! interj. *fast allg. immer drauf los!* Der isch h. *auf u. davon Bi.* H.! furt eïsch er! hoppla Gais! morje kummt de Bock *Ri.* — vgl. els. 1, 363 hopsa.

hopplich [hòpliχ *Mtsh.* u. s.] adj. *holperig, uneben.* — els. 1, 361 hopplig *(zu* hopple *hüpfen).*

hopsa! *fast allg. Zuruf, wenn jd. fällt.* Ja hopsa! *scharfe Abweisung eines Begehrens: da kannst du lange warten Ri. Ha. Rom.* — els. 1, 363.

Hopser(t) [hòpsərt *D. Si.*; hobsər *Hom. Ri. Rom.*] *m. lustiger Tanz, Bauernpolka:* e H. mache. — lux. 187; els. 1,363 Hopser. — vgl. baier. 1, 1142 hoppsen *hüpfend tanzen.*

Hor I [hòr *fast allg.*; hòər *D. Si.*; hår *Av.* — Pl. hòr; Demin. hèrχən, hòrəl] *n. Haar:* er hat kä' H. meh um Kopp. H. losse, H. stutze *Ri. Haare verlieren, H. kürzen.* Er losst kän H. gehn *gibt nicht nach Mett.* 'S isch kän gut H. meh on em bliw *(so sehr haben sie ihn durchgehechelt) Lix.* Et hot em kän H. gedòn *er hat gar keinen Schaden genommen D. Si.* Op en H. noh *beinahe Si.* D' H. stin engem zu Bèrch *die Haare sträuben sich Si.* Der Wolf, wenn er alt werd, verliert d' H., awer d' Nubbe nit *Ri. Hom. Rom.* Kurze Hår sin glich gebirscht *mit wenigem ist man gleich fertig Av.* Ums Hörel ums Haar *Ri.* — Zss.: H.-band *n. Haarschleife.* H.-bischt *f. D. Si. Haarbürste.* hòr-brät *D. Si. haarbreit.* H.-kamp *Haarkamm.* hòr-klän *haarklein Si.* H.-messer *Haarschermesser.* H.-spengel *f. D. Si. Haarnadel.* H.-wurzel.

Hor II [hór *Bo. D.*; hóər *Falk.*; horn *Sbg.*; húr *Ebw.*; húar, húər, hår *Si. sonst* hér (s. d.) — Pl. hóre, hernərə, hernər] *n.* 1. *Horn:* d'es fer Hòren se kreïn *in* der glatt Sit *es ist zum Verzweifeln Bo.* Ebber Hernre uffsetze *jd. etwas weis machen.* Sich d' Hernre abrenne *(auch im übertr. Sinne) Ri. Hom. Rom.* Dir fehlt nix ass d' Hernre *dann wärst du ein Rindvieh ibid.* — 2. *Beule auf der Stirn.* s. a. Her.

horcheⁿ [hòrχəⁿ *fast allg.*; horiχə *Ett. Sgd.* — *Flexion:* iχ hòrχə (horiχ); Ptc. gəhòrχt (gəhoriχt)] intr. v. *aufmerksam zuhören:* horch, es lut schon. — 2. *gehorchen:* uf äne h. — els. 1, 371.

Horengen *Handgeld* s. Harrijen.

Horetzel [horètsəl *fast allg.*; hòresəl *Av. Fo. Hom. Ri.*; hòrnesel *Pfb. Ha.*; hârèsəl *Rom. Ka.*; hárèsəl, húərèsəl, huarèsəl *Si.*; hòrisəl *Weil. Mü.*] *f. (m. Pfb.)* 1. *Hornisse, große Wespe* (Vespa crabro): ich han e H. krit *ich bin von einer H. gestochen worden.* Nin Horessle mache e Ross kaput *Ri. Ha. Rom.* — 2. *unsauberes Mädchen mit ungekämmten Haaren Lix. Rda.:* Ich mun, du koïwscht Horessla *sagt man zu einem Kinde, das mit Widerwillen kaut Av.* — els. 1, 375 Hornüsle; ostfränk. hornessl, From. 2, 552, 57.

horich [hòriχ *fast allg.*; hòəreχ *D. Si.*; hârtsiχ *Falk.*] adj. *haarig, behaart, bärtig. Spruch:*

Horich, horich, horich isch de Katz,
Un wann de Katz nit h. isch,
Da fangt se käne Miss.   *Fo. u. s.*

— Zs. horiche Michel *n. Schw. Gartenleimkraut, Büschelnelke* (Silene armoria).

hornisch [horniš *Ri.* u. s.] adj. *hart, mit einer Kruste überzogen, vom Boden gesagt.*

Hornung [hòrnuŋ *fast allg.*] *m. Februar. Sprichw.:* Em H. siht ma liwer e Wolf, as wie e Mann im Himd *Schw. Ähnlich* els. 1, 375.

Hos [hós *Falk. Kr. Obd. Wal.* u. s.; hous *Bo.*; hús *Nj.*; huəs *Si.* — Pl. ən; Demin. heïsχin *Bo.*] *f. Strumpf (die Bedeutung des Wortes rührt daher, daß anfangs Hose u. Strumpf nur eins war):* Mat Schoᵘn á mat Huesen *mit Schuh u. Strümpfen.* — lux. hoᵉs Ga. 209; altn. u. ahd. hosa; engl. hose; mhd. hoes; s. a. From. 3, 30. 263, 90. 561. — Zs. H.-bendel *n. Strumpfband.* lux. Hoᵉsebändel Ga. 209.

Hoschpes [hošpəs *Fo. Fa. Sgd. Lix.* u. s.; hòsbəs *Bo. Sbg.* — Pl. -ən] *m.* 1. *närrischer, einfältiger Mensch.* — 2. *mutwilliger Kerl:* das isch e H.! — els. 1, 387 Hospes; lat. hospes.

hoschpetzich adj. u. adv. *Brettn. windbeutelig.*

Hoseⁿ [hózə *Av. Sbg. Ri. Hom. Rom. Ha.* u. s.] Pl. *Hosen:* d'H. kloppe 1. *Notdurft verrichten.* 2. *Schläge auf den Hintern geben.* D'H. anhan *wenn der Mann der Frau untertan ist.* Er hat d' H. voll *er hat Angst.* — Zss. Hose-bris *f. oberes Einfassungsband der Hose, woran die Hosenträger befestigt sind.* H.-latz. H.-loddel *Ri. Hom. schwächlicher, furchtsamer Mensch.* els. 1,624 ebenso. H.-schisser *hat dieselbe Bedeutung.* H.-trompeter *Av. jd., der in die Hose macht.*

Hotel [hótəl *Busd. Brettn. Hd. Vbg.* u. s. — Pl. -n] *f. Stützleiter am untern Teile des Heuwagens.* H. < Hochteil.

hotscheln [hòtšəln *Bo.*] intr. v. *wanken, schwanken, schütteln:* der Wòn hotschelt uf dem Wè. — els. 1, 399 hotzle, hutzle; baier. 1, 1195 hotzeln; ebenso hd. Gr. Wtb. 4², 1846; vgl. hess. 178 huckeln; frz. hocher.

Hott I *m. St. R. Av. 86 früher der Name eines der zwei Stadtknechte von St. Avold; der andere hieß* Degen.

Hott II [hot *fast allg.;* hat *D. Si.* — Pl. -əⁿ] *f.* 1. *Hotte, Rückenkorb. Rda.:* du bisch em dortiche (s. d.) Monn iwer der H. gewän *du bist halb verrückt Lix.* En as dem Äfalt aus der Hatt gefäl *(hat dieselbe Bedeutung).* — els. 1, 389 Hutt; lux. 168 Hatt; hd. Hotte Gr. Wtb. 4², 1845; frz. hotte.

hott [hòt *allg.*] *Fuhrmannsruf an die Pferde u. Ochsen, wenn sie rechts gehen sollen. (Gegensatz* jischt *links).* Wenn zwei uneinig sind, so sagt man: d'r en geht jischt, d'r ander hott *Hom. Ri. Rom. Der Zuruf ist in ganz Deutschland üblich.* Vilmar 176 *hält das Wort für keltisch* = rechts, ostwärts. — els. 1, 388; baier. 1, 1189; hess. 176; From. 2, 37. 223. 520; 5, 450; 6, 118, II. 229; Gr. Wtb. 4², 1844. — Zss. hott o hü, hott o hår, hott rum! *fast allg. Ruf an die Pferde, wenn sie rechts oder links gehen sollen.* — ndd. hotte jü, hott jü, Firm. 1, 123.

hotteⁿ [hòtə, hòdə *Ri. Hom. Ha.*] intr. v. *weichen, nachgeben:* er will nit recht h. — els. 1, 388; baier. 1, 1189.

hotz [hòts *Bo. Lix.* u. s.] interj. *in Fluchformeln (euphemistisch für* Gott's): h. Deiwenker! h. donn sich un kän End! *Lix.;* h. Krimpel! *potztausend! Bo.;* h. Blitz; h. tausig! — els. 1, 399.

ho ü! interj. *fast allg. Ruf zum Anhalten.*

Höuschter [hoeušdər *Ri. Rom. Ha.*] *m. übereilter, kopfloser Mensch.* — vgl. els. 1, 387 Hauster *Übereilung;* schweiz. haustene *unordentlich, hastig sein.*

Howel [húwəl *fast allg.;* huwəl *D. Si.;* húbəl *Bo.* — Pl. hiwəl, huwələn, húbəln; Demin. hiwəltxən] *m. u. f. Hobel.* — Zss. H.-bank. H.-ise. H.-spän pl. 1. *Hobelspäne.* 2. *Nudeln:* Howelspänsupp *Nudelsuppe Ltf. Hobelarten:* Blagaschh., Falz-howel, Fasson-h., Ise-h. *(zur Glättung des Eisens),* Rund-h., Schropp-h. *(zum groben Abhobeln der Bretter),* Spitz-h.

Howere *heißen die Bewohner des Dorfes Hof bei Saarburg.*

Howert [hòwərt *Ett.* u. s.] *m. Bodenerhöhung.* — baier. 1, 1063 Hoffer, Hofer; els. 1, 308 Hoffer *Buckel;* mhd. hover.

howleⁿ [howləⁿ *fast allg.;* húwələn *D. Si.;* húbəln *Bo.*] tr. v. *hobeln.* — els. 1, 299 howle; lux. 191 huwelen.

hü [hy *allg.*] interj. *antreibender Zuruf an die Pferde u. die Zugtiere überh.:* h. Schimmel! — els. 1, 290; From. 5, 149. 451. 506.

Hubert s. Haupert. — Zs. Hubertsbrot [hupərtsbrót *Ltf.* u. s.] *n. Brot, das am Hubertustage (3. Nov.) gesegnet u. Menschen u. Tieren gegeben wird, um sie das Jahr über vor der Tollwut zu bewahren.*

Hubri [hybri *Pfb.*] *m. Hinker, krummer Kerl:* 's isch e grommer H.

Hübsel [hybsəl *Berl.*] *m. dasselbe wie* Hübri. — els 1, 364 Hüpsi, Hopsi.

Huch [huχ *Bo. Falk.* u. s.; hauχ *D. Si.*] *m. Hauch:* 's isch numme e H. vom e Mensch. — els. 1, 301.

Huchel [huχəl, Pl. huχlə *Hom. Rom.*] *f. wellenförmige, gefaltete Krause an der weißen Haube der Dorfmädchen u. -frauen.* — els. 1, 302 Huchel 3. s. huche ⁿ.

huchen [huχən *Bo. Falk.;* huχə *Ri. Hom. Rom. Ha.;* hauχən *D. Si.*] intr. v.

hanchen: hinge enus h. *farzen Ri.* u. s. — els. 1, 301 huche.

Huck [huk *Đ. Si.*] *m. Schluchzer (lautmalena).* — lux. 159 Hack, 180 Hick.

huckeⁿ [hùkəⁿ *fast allg.*; hùgə *Pfb. Sbg.*] 1. intr. u. refl. *hocken, in kauernder Stellung sitzen*: de Vegel hucke all um Bâm. Huck dich! Wo hascht de gehuckt? Huck dich uf de Arsch, wo des Kaisers Mudder gesass hat, wie se Brut gewän esch *Lix.* Dort huckt's! *daraus wird nichts Lix.* — 2. *schluchzen D. Si.* vgl. baier. 1, 1042 hichezen.

Hucker [hùkər *fast allg.*; hùgər *Hom. Ri. Rom.*] *m.* 1. *lang bleibender, lästiger Besucher.* — 2. *gewohnheitsmäßiger Wirtshaussitzer.* — els. 1, 318 Hocker.

Hudel [hudəl *Bo. Lix.* u. s.] *m. f. n.* 1. *der oder diejenige, welche hudelt d. h. hastig u. unordentlich arbeitet.* — 2. *Redezwist, Zank.* — els. 1, 303 Hudel 3; vgl. baier. 1, 1055 Hudel; tirol. Hoddel, From. 2, 520; salzb. Hudel, Huder *ibid.* 3, 197, 33. s. a. Hudler. — Zss. **Hudel-burger** *Spottname der Falkenberger wegen ihrer angebl. Streitsucht.* H.-stroh *n. Bi. wirr durcheinander liegendes Stroh.* s. hudeln.

hudereⁿ [hudərəⁿ *Bi. Lix.* u. s.] unpers. v. *frieren, frösteln, zusammenkauern*: 's hudert mich. De Hinkel hudere in der Sunn. — els. 1, 305 *ebenso*; hess. 180 sich huttern *sich einhüllen*; ndd. huddern, From. 5, 148; 6, 213; Gr. Wtb. 4², 1864 huddern *frösteln.*

Hudleⁿ [hudlə *Fo.* u. s.] pl. *Fetzen, Lumpen, Lappen*: ze H. un ze Fetze. — els. 1, 303; baier. 1, 1055; hess. 177; lux. Hudel a Fatz *Ga.* 213; Gr. Wtb. 4² 1859 Hudel.

hudleⁿ hudləⁿ *fast allg.*; hudələ *Lix.*; hudələn *Si.*] intr. v. 1. *schnell, aber schlecht arbeiten*: das isch nit geschafft, das isch gehudelt *Fo.* — 2. *streiten, zanken*: du hasch immer ze h. — 3. *betrügen beim Spiel Si.* — els. 1, 304; baier. 1, 1055; From. 5, 104, 48; Gr. Wtb. 4², 1862.

Hudler [hùdlər *fast allg.*] *m.* 1. *einer, der hastig u. oberflächlich arbeitet*: e H. isch kä' Schaffer. — 2. *Zänker, streitsüchtiger Mensch.* — 3. *Betrüger beim Spiel Si.* — els. 1, 304; Gr. Wtb. 4² 1865.

— *Das Femininum lautet* Hudlersch, Hudlesch.

Hudlerei *f. Ri. Hom. Rom. Ha. übereilte, schlechte Arbeit.* s. hudlen.

hudlich adj. u. adv. *Bi.* u. s. 1. *wirr durcheinander*: e hudliche Fade. — 2. *übereilt*: er isch zu h. — els. 1, 304.

Huf [hùf *fast allg.*; houf *D. Si.*; hou, Pl. houwən *Bo.*] *m.* 1. *Huf.* — 2. *Hornfleisch, Schwiele.* — els. 1, 309 Huef; lux. 183 Hoᵘf. Zss. H.-hammer (Hoᵘfhummer *D. Si.*) *m. zweispitziger Hammer, womit die Beschlagnägel herausgerissen werden.* H-isen (H.-eisen *D. Si.*) *n. Hufeisen. Rda.*: Se hon eme d' Hufisen abgeroppt *er hat die letzte Ölung empfangen Lix.* H.-nôl *m. D. Si. Hufnagel.* H.-schmatt *D. Si. Hufschmied.* H.-zang.

huf! huf zerick! interj. *fast allg. Ruf des Fuhrmanns an das Zugvieh, um dasselbe zum Zurückgehen zu bringen (wohl mit Anlehnung an* Huf). — els. 1, 309; baier. 1, 1063; From. 4, 450; 6, 233; 6, 371; Gr. Wtb. 4², 1867.

hufeⁿ [hùfəⁿ *fast allg.*] intr. v. *zurückweichen, rückwärts gehen von Zugtieren*: 's Pärd isch zrick gehuft. Machs Pärd h. — els. 1. 309; baier. 1, 1063; hess. 177; Gr. Wtb. 4², 1868.

Huffeⁿ [hufəⁿ *Bo. Bi. Fo. Lix. Ko. Rem.* u. s.; hùfd *Hom. Ri.*; hufe *Fi.* — Pl. hifəⁿ, hufdə, hifdə; Demin. hifχə, hifχin, hiflə] *m. Haufen*: e grosser H. voll. *Rdaa.*: der Deiwel geht niemol of e kläne H. schisse *Ko.* Zum grosse H. kumme sterben *Ri.* (vgl. frz. rejoindre la grande armée). I schiss der e H., dass mer kann e Bam enin setze *derbe Abfertigung Rom.* — 2. *(Auf dem Felde) ein Haufen von* 9 *Garben mit* 3 *quer darüber gelegten; also im ganzen* 12. — 3. *(verächtlich) kleiner Kerl*: es eïsch nummen e H. *Bi. Das Demin.* Hiffle *ist Kosename für Kinder*: kumm, du mi H.! *Ri.* — els. 1, 308 Hufe.

Huft [hùft, Pl. hiftə *fast allg.*; hef, Pl. gleich *D. Si.*] *f. Hüfte.* — els. 1, 311 Huft; lux. 183 Höff. — Zs. H.-knoche (Hifde-knoche *Ha. Ri. Rom.*).

Huhn [hùn *Fo. Ersd.* u. s.; hun *Pfb. Sp. Weil. Wal.*; houn *Bo. Si.*; hoṇ *D.* —

Pl. hînər, hînrə, hina, hénər, héïnər, henər; Demin. hinəl, héïnχin, héïntχən] *n. Henne, Huhn. Rda.*: Solang de Hina henatsich kratzen, geht et net bessa *Wal.* Er geht bi de Hihnern schlafen *Ersd.* Mit de Hihnre uff der Seddel gehn *Sbg. frühzeitig sich zur Ruhe begeben.* Usg'sehn wie e geroppdi H. *sehr nachlässig gekleidet sein Ri. Hom. Ha.* Er es nit schold, dass de Hina henatsich kratze *Weil.* Schrib's mit schwarzer Krid ens Gamin, dass d' Hehner 's net verscherre *Pfb.* Klug Heïhner leïjen oich alt en de Brennezzeln *jeder kann alsmal einen Fehler begehen Bo.* E gezapt Hoᵘhn *(ein ins Wasser getauchts H.) ein betrübter, mutloser Mensch Si.* — Zss. Hihner-arsch. H.-brih *Hühnerbrühe.* H.-dieb: er geht doher wie e H. *wie jemand, der etwas verbrochen hat.* H.-ei, H.-haut, H.-hus. H.-hisel *(Auf die Frage: wo gehsch anne? lautet die Antwort:* uffs Hihnerhisel Dreck picke *Hom. Ri.)* H-juk *Hühnerschlag, Sprosse im Hühnerschlag.* H.-läder *Leiter zum Hühnerschlag.* H.-lus *Hühnerlaus.* Heïner-melech: et as H. dran *sagt man zu den Kindern, denen fremdes Brot besser schmeckt als das eigene Si.* H.-sedel und H.-stang. H.-tâtschert (eigentl. *Hühnerbetaster) Hühnerhändler. Si.*

hui interj. allg. 1. *Ausdruck der Verwunderung bes. über etwas Schönes.* — 2. *fein, in der Rda.:* owe hui un unne fui *feine Oberkleider u. unsauberes Hemd Bi.;* usewennich hui, ennewensich fui *heißt es von Frauenspersonen, die sich über ihren Stand kleiden Lix.* — els. 1, 291 ebenso.

hujen, huien [hujən, huiən *Rg.* — *Flexion*: hujə, huišt, huit, gəhuit] tr. v. *tauschen, wobei aus Eile nicht alles erwogen wird (aus der Interjektion* hui *entstanden.* s. Gr. Wtb. 4², 1886).

Hule [hulə *Pü.* u. s.] *f. Flöte aus Weidenrinde.* — vgl. md. hûlen; mhd. hiulen; els. 1, 323 hule *heulen, schreien.*

Hule-kritchen [húlə́kritχe *Lix.* u. s.] *n.* Feldquendel (Thymus serpyllum). *Im Elsass heißt es* Immelekrut. — vgl. baier. 1, 1085 Hülkraut.

Hulleⁿ [hulən *Fa.*] pl. *Maulwurfshügel.* — vgl. baier. 1, 1084 u. tirol. die Hül, Hülgen *Höhlung im Boden* From. 6, 150; mhd. hüle = hol.

Huloner [hulònər *Lix.* u. s.; hulán *Hom. Ri.;* hylą́nər *Pfb.* — Pl. húlònə, hulánə, hulanərə] *m. Ulan.* — els. 1, 323 Hulan(er).

Humang [hùmàŋg *Hom. Ri. Rom.*] *m. Bettumhang.*

Humertinge n. pr. *Homartingen im Kreis Saarburg.*

Hun s. Hahn.

Hun-au [hùnau *Lix.*] *f. große Wiese.* — vgl. hd. Hüne.

Hund [hùnt *fast allg.*; honṭ *Bo. D. Si. Obd.* — Pl. hin, hen, heïn; Demin. hintχə, hentχən, henχin, hindəl, heïndəl] *m. Hund:* d'es en Hond *er ist ein Nichtsnutz Bo.* Lo hat da Hond den Schwanz dazoᵘ gemess *wenn ein Grundstück größer ist, als es angegeben wird Obd.* Sech stellen eweï en Hond un enger Koer *wie ein H. an einem Karren d. h. schlęcht, unbändig Si.* Et get meïh Ketten eweï rôsen Henn *es gibt mehr Ketten als rasende H. D. Si.* Uff de H. gehn *grob gegen einen werden Ri. Hom. Rom.* Geh um H. ins Loch, in de n' Arsch! *grobe Abfertigung ibid.* Lewe wie H. u. Katz *ibid.* Abgestangener H.! *armseliger Tropf! Rom.*—Zss.Hundsärsch [-ærš *Fo. Falk.* u. s.; -æršər *Grt.*; honsèrš *Bo.;* honsòš *Si.*]m.Mispel. Hundsärsche-krämer *heißen die Bewohner von Mengen (Kr. Bolchen).* Hs.-bâtsch *f. D. Si. Hundepeitsche.* Hs.-da (Honsdèch) *Hundstage. Rda.:* wie d' Hundsda anfange, so lôn se a noh *Berl.* Hundsfotz u. Hs.-fott (s. d.); Hs.-fressen *Hundefraß;* Hs.-geheier *m. fast allg. Plagegeist, durchtriebener Kerl;* s. geheien. hs.-gemän. Hs.-jung *Schimpfname;* Hs.-kärrchen *Hundekarren;* Hondskisch *f. Si.* (eigentl. *Hundskirche) gemeine Schlinge (Pflanze);* hunds-krank adj. *todkrank;* Hs.-kränkt *f. Si. Hundeseuche;* Hs.-lêwen *Hundeleben;* s. mässich; Hs.-milich *Lix. Sgd. Wolfsmilch* (Euphorbia) els. 1, 676; Gr. Wtb. 4², 1939; Hs.-narr; Hs.-nas; Hs.-peterseïlech *m. Si. Hundsgleiße* (Masanthemum Leucathemum); Hs.-ros wilde Rose; Hs.-schwêr *m. Si. eine Art Geschwür;* Hs.-stall, *Rda.:* so kalt wie in em H. Im H. muss m'r kän Brot suche *Fa.;* Honds-sträch *m. Si. Bubenstreich;* Hunds-waseⁿ *n. Fo. Rein. Wal.* u. s. *Quecke.* Gr. Wtb. 4², 1942 Hundsweizen.

hundisch [hundiš *Av. Flh.* u. s.] adj. u. adv. *scheußlich, furchtbar, sehr:* das Fleïsch isch h. dier *(teuer).* Ich ben h. mied *(müde).* E hundische Durscht han *Flh.* — els. 1, 352; Gr. Wtb. 4², 1931, 3.

Hunds-fotz [-fots *Fo.* u. s.; -fûts *Bi.*; -fût *Fa.*; honsfòt *D. Si.* — Demin. hùntsfetsəl *Bi. Schw.*] *m.* 1. *Hundsfott, nichtsnutziger Mensch.* — 2. *Kleinigkeit:* du gehsch mich kän Hundsfetzel on *Schw.* Hundsfetzle eïn Budder gebrät *ausweichende Antwort auf die neugierige Frage, was es zu essen gibt Bi.* — baier. 1, 694 Hundsfud.

Hungel s. Hängel.

Hunger [hùŋər *fast allg.*; hoŋər *Bo. D. Si.*] *m. Hunger:* den H. dreift de Wolf aus dem Besch *(Busch).* Den H. as de beschte Kach *H. ist der beste Koch Si.* H. han wie e Wolf *allg.* — Zss. H.-duch. H.-lider.

hungrich [hùŋriχ *fast allg.*; hoŋriχ *Bo. D. Si.*; hùŋərdiχ *Falk.*; huŋərstiχ *Ri.*] adj. *hungrig, gierig:* h. wie e Wolf, wie e Bär. Dat as en hongriche Mensch *Si.*

Hunich [huniχ *fast allg.*; huni *Hw.*] *m. Honig. Rda.:* H. an den Bengel (od. um's Mul) schmêren *locken, schmeicheln Bo.* — Zs. H.-klee *Lix.* u. s. *Honigklee* (Trifolium melilotus).

hunnert [hùnərt *fast allg.*; hùnat *Marienth.*; honərt *Bo. D. Si.*] num. 1. *hundert:* er schwatzt ins H. nin bis's Dausend voll isch *Bo. Fo.* Hundert un ens *(eins)* sin *ganz fertig, vollständig sein Ri.* — 2. *Gewichtbezeichnung bei Stroh:* 10 Doppelzentner *Ri. Hom. Rom. Grt. Die Ordnungszahl lautet:* hunnertscht (honnertscht).

Hunsrick *m. Ri. Hom. Rom. Wind vom Hunsrück her, Nordwind.*

hunzeⁿ [hùntsə *Sbg. Lix. Sgd.* u. s.] tr. v. *schlecht behandeln, tyrannisieren:* bi de Preise *(beim Militär)* werd m'r gehunzt *Lix.* — From. 5, 465 hund'sen *übel behandeln;* s. a. Gr. Wtb. 4², 1953. h. < hundezen, hundzen.

hunzich [húnsiχ *Falk.*; hontseχ *D. Si.*] adj. u. adv. *hündisch, ausgelassen:* en honzechen Jong *Si.* — lux. 187 honzech.

Hupp [hup *Fo. Sbg.* u. s.] *f.* 1. *Röhrchen aus dem Stengel des Löwenzahns, das beim Hineinblasen einen dumpfen Ton von sich gibt.* — 2. *Hirtenpfeife aus Syringenrinde oder dem Bast des Fliederstrauches. H. ist Nachahmung des Tones des Wiedehopfs, der mundartl.* Hup, Huep *heißt.* — els. 1, 362 u. baier. 1, 1141 Huppe. s. a. From. 5, 169.

hupp [hùp *Ha. Ri. Rom.*] interj.: alle huppl *Mahnruf zur Eile. Kinderspruch:* hupp en die Heh! streck s' Fisel in d' Heh, Gaisehorn, Bockshorn, Kihwadelshorn u. s. w. *Wird eines der vorgesprochenen Worte wiederholt, ohne daß das Wort* Horn *zutrifft, so muß der Schuldige ein Pfand hinterlegen.* — els. 1, 362.

huppeⁿ intr. v. *Ri. Hom. Rom. Ha. mit der* Hupp *einen Laut hervorbringen:* hinge enus h. *farzen.*

Huppen-dinges *n. Obh. Fliederstrauch, aus dessen Rinde die Bastpfeife* (Hupp) *verfertigt wird.*

Hupp-häschen *n. Nellingen (Kr. Fo.)* u. s. (eigentl. *Springhäschen) Gebäck in Form von Menschen oder Tieren, das zu Weihnachten gebacken wird.* — vgl. hupfen *springen.*

hupseⁿ [hupsə *Fo. Lix. Pü.* u. s.] intr. v. *hüpfen:* iwer de Stän h. — Säl h. *Seilspringen Lix.* De Fresche sin in's Wasser gehupst *Lix.* — els. 1, 363.

Hur [hûr *fast allg.*; houər *D. Si.*] *f. Hure:* jung(e) H., alti Kwisel (s. d.) — Zss. Hurc-glick (Hoᵘere-glek) *n. unverdientes, unverschämtes Glück;* H.-jäjer; H.-kend (Hoᵘere-kand); H.-kuck *f. Si. frecher, herausfordernder Blick eines Frauenzimmers;* H.-nescht *Lasterhöhle;* H.-pack; H.-vogel (-vöwel) *m. Av. Fi.* u. s. *Hurer.* H.-volk.

Hur-eil [hûərail *Si.* u. s.] *f.* 1. *Schleiereule, mittlere Ohreule.* — 2. *Mädchen mit ungekämmtem Haar.* — lux. 190 Huᵘereil; els. 1, 31 Harül.

Hure-laf [houərəláf, Pl. -lêwər *Si.*] *n.*
*Zweige an der Weinrebe, die zwischen Blatt
u. Stamm hervorsprossen u. entfernt werden
müssen.* „*Als erstes Glied von Zusammen-
setzungen wird* Hure *verwendet, um etwas
schädlich Wucherndes oder Ungehöriges
zu bezeichnen*" Gr. Wtb. 4², 1960. — vgl.
hess.179 Huren-ast *Wasserreis an Frucht-
bäumen, welches sich bes. an Kirschbäumen
zu erzeugen pflegt.*
Hur-geschirr [hùərgəšír *Si.*] *n. Dengel-
zeug.* — lux. 190; s. Hor, Huer *Horn.*
Hur-lamp [hùrlàmp *Lix.* u. s.] *n. Lamm
von einem einjährigen Mutterschaf.* Hur
< mhd. hiure *heuer.* — vgl. els. 1, 370 u.
Gr. Wtb. 4², 1961 Hürenbeisz *Erstlinge
von jungem (heurigem) Obst.*
hurnickleⁿ [hurnìkələ *Fa.*] intr. v.
graupeln (Schneegestöber im Hornung,
Februar). — els. 1, 375 hornigle; baier.
1, 1165 hurnigeln u. hornisseln; hess.
verhornickeln N. Ergänzungsh. 2, 16; s. a.
Gr. Wtb. 4², 1826.
.**Hurnickerchin** [hurnìkərχin *Fa.*] *n.
weibl. Wesen, welches das Schneegestöber
im Monat Februar schafft.* s. d. vorige.
Hur-rang [huèraŋ *Geinsl.*] *m. Anlauf:
en hot e* H. *gehol er hat einen A. genommen.*
H. < mhd. hurren *vorwärts rennen* u. ranc
schnelle Wendung, Bewegung (zu ringen).
hurschleⁿ [hùršlə *Bi.*] intr. v. *über-
eilen; ungestüm, unüberlegt etwas tun.* —
vgl. els. 1, 375 hursch *in* verhursche *un-
geschickt, übereilt kleiden;* baier. 1, 1172
u. mhd. hurzen *jagen, hetzen, rennen;*
steier. horzen, From. 2, 52; hd. hurschen
Gr. Wtb. 4², 1969.
Hurschler *m. Bi. ungestümer, unüber-
legter Kerl.* — steier. Horzer, From. 2,
520. s. d. vorige.
hurschlich adj. *Bi. ungestüm, unüber-
legt, übereilt.* s. hurschle.
Hur-stack [hur-stak *Si.*; huərštak *Rü.*
— Pl. -stèk] *m. Dengelstock.* — lux. 190
Huerstack. vgl. oben Hurgeschirr.
Hurt [hùrt *fast allg.*; huat *Vbg.*; hùrt
Ri. Hom. Rom.; hùərt *D. Si.*; hird *Ha.*
— Pl. hùrtən, hirt] *f.* 1. *Hürde, Obstdörre.
Lager zum Aufbewahren des Winterobstes:
An Mariä Geburt, do leit me de Äppel
uf de* Hurt *Fo.* — 2. *Strohgeflecht zum
Schutze gegen Wind u. Regen.* — els. 1,
372; lux. 190.
Hurtich un geschwind [hùrdiχ ùn
gəšwint *Fo.*] *m. Salmiakgeist* (linimentum
amoniacùm) *sog. wegen des Verflüchtens.*
Hus [hus *fast allg.*; haus *D. Si.* — Pl.
híʒər, hiʒərə, haiʒər; Demin. hisχə, hisχin,
híʒəl, haisχən] *n.* 1. *Haus:* e H. uf äne
boüe *fest vertrauen Bi. Rätsel:* Ich wisz
e Hisel mit wisse Fenschtere drin; rêït
(*regnet*) un schnêït nit eninn, un es alle-
will nass (*Mund mit Zähnen*) *Flh.* — 2.
*Höhlung in der Axt, im Beil, in welcher
der Stil befestigt wird Ri.* u. s. — 3.
Haushalt: met vilem helt m'r H., met
wenich kempt m'r us (*fast allg.*) *Das
Deminutiv* Hisel (Hais-chen) *bedeutet:* 1.
Häuschen. 2. *Abort.* — Zss. H.-ap-
tekt. h.-bàken: h. *Brot;* H.-deiwel
*Hausangehöriger, der die übrigen Familien-
mitglieder quält.* H.-dir. H.-ehr (-ê̆ïər)
in der Rda.: engem H. undun *Si. gegen
jemanden sein Hausrecht gebrauchen;* H.-
er(n) s. d.; H.-frå. H.-gang. h.-ge-
maht adj. *D. Si.* im Hause selbst ver-
fertigt. h.-hålen. H.-hällesch *f. D.
Si. Haushälterin.* H.-halting s. d.; H.-
knieht *m. Si. Hausknecht.* H.-kriz. H.-
mäschter. H.-metel *n. D. Si. Haus-
mittel;* H.-plàz *f. D. Si. Baustelle.* H.-
stat s. d. H.-stek *n. D. Si. Erbstück;
auch Möbel, die man Jungverheirateten
mitgibt.* H.-stier s. d. H.-vater s. d.
H.-wesen.
Husar [huʒår *fast allg.*; hyʒår *Pfb.*] *m.*
1. *Husar.* — 2. *stark u. groß gebautes
Frauenzimmer.* — fränk. Husar *Mannweib*
From. 5, 356.
huschpelich [hušpəliχ *Fo.* u. s.] adj.
leichtsinnig, eilfertig bei der Arbeit. —
vgl. hess. 180 huscheln *eilfertig arbeiten
u.* huschlig *unordentlich.*
Huscht [hušt *Rü.*] *f. Hecke, Gesträuch.*
H. < Hurst; ahd. hurst; baier. 1, 1167
Hurst. — H. *ist oberdeutsche Form zu*
Horst *Strauchwerk, Gebüsch;* s. Weigand
Wtb. 1, 518 u. Gr. Wtb. 4², 1833. 1869.
Huschteⁿ I [hùštə *fast allg.*; houšt
Bo. D. Si.] *m. Husten:* er hat de H. D'r
blöe H. (Blowhuschde) *Keuchhusten.*
Huschten II *Getreidehaufen* s.Hausch(t).

huschten [hŭštən *fast allg.;* houštən *Bo. D. Si.*] intr. v. 1. *husten:* wenn de noch lang huscht, wersch alt *Ri.* — 2. *(euphemistisch) farzen.*

Huschtert [huəštert *Si.*] *f. ärmliches Haus, Spelunke.* H. < Hurstert, s. Huscht. — lux. 191 Hu^eschtert; mnd. horst, hurst *wüster Ort.*

huseⁿ [húzən *fast allg.;* hauzən *D. Si.*] intr. v. 1. *sparen, haushalten:* die Frau versteht ze h. M'r muss nit alles verschmuse, m'r muss a ebbes huse *Fo.* — 2. *sich irgendwo aufhalten:* er hust bi sinem Vader. — 3. *wüten, schonungslos behandeln:* se hon hundisch gehust *Lix.* — els. 1, 385 huse; hess. 154 u. baier. 1, 1178 hausen *in den 3 Bedeutungen.*

Huser [húzər *fast allg.*] *m. Sparer, haushälterischer Mensch:* nom H. kimmt de Bruser *nach dem Sparer kommt der Verschwender Lix. Das Femininum lautet:* Husersch. — els. 1, 385 ebenso.

Hus-er(n) [h.-êr *Fo.*; -êrn *Fa. Grt. Obh.* u. s.; -êrə *Pü. Lix. Sbg. Sgd.*] *n. Hausflur, Hausgang:* d'H. feje. *Das Wort ist allen deutschen Mundarten gemein u. uralt.* — ahd. erin; mhd. eren; els. 1, 61 Husere; ebenso baier. 1, 129; hess. 94 Ern; ss. J^ern Kr. 55; Gr. Wtb. 1, 198; 3, 786; lat. area.

Hus-halting [-haltiŋ *Fo.* u. s.; -haldiŋ *Ri. Hom. Rom. Ha.;* haushaltoŋ *D. Si.*] *f. Haushalt:* was m'r nit alles verbrucht in der H.! *Fo.* — els. 1, 330 Hüshalting.

husiereⁿ [huzîrən *fast allg.;* hauzeïərən *D. Si.*] v. 1. *im Hause schalten, eifrig häusliche Arbeiten verrichten:* ich han de ganze Morje gehusiert. — 2. *etwas wegnehmen, stibitzen:* er hat em e Messer gehusiert *Flh.* — 3. *mit Waren von Haus zu Haus ziehen:* 's Husiere isch e licht Handwerk. — els. 1, 385.

huss! interj. *Falk. Lix. Sgd.* u. s. *Ausruf, womit man Schweine, Geflügel u. dgl. verjagen will oder auch einem Hunde Schweigen gebietet:* huss dich! — baier. 1, 1183; lux. 191; From. 2, 521; 6, 156.

husseⁿ [husə *Ri. Ha. Rom. Hom.*] adv. *draussen;* h. sin. — baier. 1, 1179 haussen; fränk. houssen, From. 2, 75, 8; henneb. hösse *ibid.* 3, 541, 4; alles < mhd. hie ûze.

Hus-stat [-štat, Pl. -štèt *Bo.* u. s.] *m. Haushalt, Hausstand.* Gr. Wtb. 4¹, 690 Hausstatt.

Hus-stier [-stîr *Fo. Lix. Sgd.* u. s.] *f.* 1. *Aussteuer:* Se hat e schen H. mitkrit. — 2. *Geschenk, das die Hochzeitsgäste der Braut nach der Hochzeit machen.* — Gr. Wtb. 4¹, 690 Haussteuer.

Hus-vader *m. fast allg.* wie hd. *Hausvater. Aberglaube:* Wonn der H. stirbt, un m'r hat e Fass met Essich em Keller, noh muss m'r des Essichfass onschlon, sunscht steht der Essich ab *wird unbrauchbar Lix.*

Hut [hût u. hût *fast allg.;* hout *Bo. Si.* - Pl. hît, hĭt, héït. Demin. hîtχə, hĭdəl, héïtχən] *m. Hut. Rda.:* hinnerm Hitche spiele *hinter dem Rücken eines andern etwas betreiben, Böses sinnen, hintergehen.* — Zs. H.-mächer (Heït-mächer *D. Si.*) Hutmacher.

hut [hút *Bo. Falk. Mtsh. Rom.* u. s.; hëït *Lix. Ha. Sgd.;* háut *D. Si.;* hit *Hom. Ri. Fi.*] adv. *heute:* d'es net ven hut on mor *es datiert schon lange her Bo.* hut ze da's *Rom.,* hitiges da's u. hitze da's *Hom. Ri.,* hëït ze da's *Ha.,* haut des Dachs *Si.,* hutato *Bo. heutzutage.*

hutscheⁿ, sich [hùdšə *Ri.*] refl. v. *niederkommen, auf der Erde rutschen wie die Kinder.* — els. 1, 393 ebenso.

Hutt [hut *fast allg.;* haût *D. Si.* — Pl. hît, haït; Demin. hîdəl] *f. Haut:* us de H. springe; nass bitz uff d' H.; d' H. uff der Milch *Ri. Hom. Rom. Ha. Rdaa.:* Mit H. un Hor; die Person geht mich van H. un Hor nix an *es ist nicht das geringste Verwandtschaftsverhältnis vorhanden Fa.* u. s. Er isch en de H. wenn ere nit geschind *(geschunden)* isch antwortet man, wenn nach jemand gefragt wird *Ersd.* Er steckt in der H. bitz iwer d' Ohre; wenn er nit dort isch, isch er verlore *Ha. Ri. Rom.* I mecht nit in sinere H. stegge *ibid.* Er kreït de nint H. getroff *(er kriegt die 9. Haut geprügelt) Bo.;* ebber d'nint H. suche *einen gründlich durchprügeln Hom. Ri.* Et geht fir d' Haut *es geht ans Leben Si.* Ăm d'Haut iwer d'O^ueren zeïhen *Si.* A kenger gudder Haut stèchen *D. Si.*

Hutz [hùts *Ri.* u. s.; hyts *Pfb.* — Demin. hùtsəl, hídsəl *Hom. Ri. Ha. Rom.*] *n. Saugferkel, Schweinchen; übertr. unsauberes Kind.* — els. 1, 399 Hutzi, Hutzel *Schweinchen;* hess. 180 hutzen *an der Mutter saugen,* Hutz *Mutterbrust.*

hutzeln [hutsəln *Flh. Ri. Hom. Rom.* u. s.] intr. v. 1. *rütteln, schütteln, sich krümmen:* er lacht, dass er hutzelt. — 2. *auf dem Rücken tragen wie eine Hotte Ri. Hom. Ha.* — baier. 1, 1195 u. els. 1, 399 hotzeln, hutzeln. s. a. hatzelen.

Hutzle [hùdslə *Hom. Ri.* u. s.] *f.* pl. *gedörrte Birnen, gedörrtes Obst überh.* Zigeunerspruch: Mudder, gen. mer a Par durri Hutzle, mi Kindele hat de Strutzele! — els. 1, 399; hess. 176; baier. 1, 1195.

I (s. a. E u. U).

ich [iχ *fast allg.*; eχ *D. Si.*; iš *Pü.*] pron. pers. der 1. Pers. *ich. Flexion:* Sg. ich, mĭr *(unbetont* m'r) mich; Pl. mir *(unbet.* m'r), uns, uns *Fo.*; ich *(unbet.* ech), mir *(unbet.* m'r), mich; Pl. mir (m'r) us, us *Falk.*; ech, menger, mi^er (m'r) mech; Pl. mi^er (m'r), ûser, ûs, ûs *Si.*
Ichel *Eule.* s. ll.
ichele [lχələ *Lix.* u. s.; iχi, lχiχ *Ri. Rom. Hom.*; iχiχəl *Ha.*] *schön, lieb, in der Kindersprache:* gelt, das isch ischele! *Lix. Auch substantivisch (schöner Gegenstand):* kumm, wies emol din Ichele! *Lix.* Ichi (ichich) mache *liebkosen, streicheln.* — els. 1, 12 ich, ichele.
Idee [idé *fast allg.*, Pl. idén] *f.* u. *m.* 1. *Idee, Gedanke:* lu, das isch e gut I. *Fo.* Mei'm I. noh *nach meiner Meinung Si.* Kä schlechten I. hun *einen guten Geschmack haben D. Si.* — 2. *kleiner Abstand, Kleinigkeit:* es fehlt nur 'n I. — frz. idée.
ideriche^n [idəriχə *Pü. Bi. Sgd. Lix.* (Ptc. gidəriχt); idriən *Kr.*; udərn *Vbg.*; ilriχə *Ha.*; idərtsən *D. Si.*; idərn *Bo.*] intr. v. *wiederkäuen, beständig was zu kauen im Munde haben:* das Minsch idericht de ganze Da *Fo.* — els. 1, 83 itere; baier. 1, 176 itrucken; eifl. u. ss. idrigen, From. 6, 15. Kr. 55; lux. 192 idderzen; mhd. iterücken.
idrije^n [idrijə *Fa.*] unpers. v. *gelüsten, sich sehnen nach etwas:* es idrijt mich danah. Idrije^n ⟨ nidrijen, nitern. — vgl. hess. 284 Niet *Lust, Eifer, Bestreben:* es hat mich ein N. nach etwas. ahd. niut, niot; mhd. niet = desiderium, Lexer II, 78. s. a. nidern.
ieren [iərən, Ptc. g'úər *D. Si.*] tr. v. *pflügen, ackern.* — els. 1, 61 ere; lux. iéren Ga. 215; baier. 1, 128 eren; hess.

16 aren; mhd. arn, ern; lat. arare. s. a. Gr. Wtb. 1, 198, 545; 3, 57. 787. 918.
Ifer [ifər *fast allg.*; ífər *Sbg.*; aifər *D. Si.*] 1. *Eifer:* Ifer zum lerne. — 2. *Zorn:* in I. gerade. — els. 1, 17 Ifer; mhd. ifer.
ifrich [ifriχ *fast allg.*; ifri *Hom. Ri.*; lfriχ *Ha. Rom.*; aifreχ *D. Si.*] adj. 1. *eifrig.* — 2. *zornig.* — els. 1, 17 ifrig.
Igel s. Ijel.
ihrze^n [irtsən *fast allg.*] *mit ihr anreden.* — els. 1, 62 ire, irze.
ija [ija *Sgd.* u. s.] interj. *ja gewiß:* ija! hascht e mol gesihn?
Ijel [ijəl *fast allg.* igəl *Ri. Hom. Pü.*] *m. Igel:* d'Hor han wie en I. *die Haare steil stehend tragen Ri.* Därich I. *Dornigel Ka.* lgle *heißen die Bewohner von Rommelfingen bei ihren Nachbarn.* — Zs. Ijelsklee [-klé *Lix.*; igəlsklé *Pü.*] *m.* Esparsette (Omobrychis viciaefolia). *Die Samenkapseln haben Stacheln wie der Igel.* els. 1, 488 Igelsklee.
Ikola [ikola, ikolè *Lan.*] männl. Vorname Nikolaus. s. a. Nickel u. Kola.
Il I [il *fast allg.*; ail *D. Si.*] *f.* 1. *Eile:* in d'r Il. — 2. *Lust, Neigung:* keng Eil zur Arbet hun. — els. 1, 30 Il.
Il II [il *fast allg.*; il *Vbg. Va.*; iχəl *Niederham;* ail *D. Si.*] *f. Eule:* der escht uf mich gefal, we de Vöule uf e Il *Wb.* Er lowt erus wie en I. *er sieht übernächtig aus Sbg.* — els. 1, 31 Ül. s. a. Ail.
Ildis *m. Ri. Hom. Rom. Ha. Iltis.*
Ilcht, Ilcht [ilχt, ilχt, Pl. -ən *Si.*] *f. Höhle, bes. Tierhöhle.* — lux. Ililecht Ga. 206; baier. 1, 1084 Hülgen *Höhlung;* vgl. tirol. Hilge, From. 6, 150; ndl. Hild Keller. *Der Abfall des anlautenden* h *in* Ilecht *oder vielmehr die Unterdrückung des* h *in der Aussprache ist wohl französ.*

Einfluß zuzuschreiben; vgl. Eselnoss *für* Häselnuss.

Ile-merder [ĭləmèrdər, Pl. gleich *Pfb. Flh.* u. s.] *m.* (eigentl. *Eulenmörder) Neuntöter* (Lanius collurio). — els. 1, 706 Ülemèrter. s. a. Imerder.

Ile-seich [-saiχ *fast allg.;* ailəsǽχ *D. Si.*] *f. Eulenseiche:* das Bier isch warme wie I.

Ile-spijel [ĭləšpĭjəl *Ri. Hom. Rom.;* ĭləšpeïjəl *Pü.;* ïjəlšpĭjəl *Ha.*] *m. Eulenspiegel:* Ilespijels dings *grober Witz.* Spile wie der I. *einem übel mitspielen Pü.* — els. 1, 32 Ülespiegel. s. a. Urspiegel.

illich [ĭliχ *Ett.* u. s.; ĭleχ *Si.*] adj. *stumpf (von den Zähnen). Illiche Zähne bekommt man beim Essen von unreifem Obst.* — vgl. els. 1, 33 ilgere; baier. 1, 67 u. mhd. ilgern, ilgen *vom Stumpfwerden der Zähne;* ahd. ilki, ilgi = fames vel stridor dentium. Graff ahd. Sprachschatz 1, 245; s. a. From. 1,258; 2,250 u. Gr. Wtb. 3, 108. vgl. hillich. im s. um.

imand [imoňd *Sgd. Lix.;* imes *Kr.;* iməsən *Bo.;* eməšt *D. Si.*] pron. ind. *jemand. Schon* mhd. imand *neben* ieman. — els. 1, 38 ieme, iemes. s. a. emescht.

Imbeer [imbér *Schw.* u. s.; embér *Sgd. Lix.*] *f. Himbeere.* — els. 1, 40 Imber; tirol. Imper, From. 6, 157. s. a. Hamper. — Zs. Imbeer-stock *Himbeerstrauch.*

Imerder [ímèrdər *Pü. Schw.* u. s.] *m. Neuntöter, Würger* (Lanius collurio). Scheckicher I. *der große Würger;* grau I. *der kleine W.;* rot I. *der rotrückige W.* Imerder *wohl für* Nimerder < Nĭnmerder. — els. 1, 706 Nünemèrter; lux. Neimiérder Ga. 304. s. a. Ilemerder.

imes s. imand.

im-gehn intr. v. *Lix.* u. s. *umgehen:* er geht met em im, wie de Sou met dem Bettelsack, *heißt es von einem Grobian.* s. gehn u. emgon.

Im-hank s. Umhang.

Im-läfer s. Umlaf.

Imm [ĭm *fast allg.;* em *Merl.;* éïm *Bi.;* ym *Pfb.* — Pl. -ə] *f.* 1. *Biene* (seltener *Wespe):* die I. het em en Angel gen. Will I. *Hummel.* — 2. *m. Bienenstock.*

Immen *m. Av.* u. s. 1. *Bienenschwarm:* der I. stosst *fliegt aus;* en I. fasse *den Schwarm einfangen.* — 2. *Bienenbrut.* — 3. *Bienenstand.* — els. 1, 37; mhd. imbe, imme. Zss. I.-babe s. d.; I.-blume *Schw.* u. s. *Taubnessel* (Lamium album, maculatum); I.-hus *Bienenhaus;* I.-kar *n. Rg. Lix.* u. s. *Bienenkorb.* s. Kar.; I.-krut *n. Va. Pfefferminz;* I.-kurwel *f. Lix. Bienenkörbel.* s. Kurwel; I.-nescht *n. Bi. Merl.* u. s. *Bienen- u. Wespennest:* eïn nen I. steche *Bi.;* I.-rese [-rézə *Lix.*] pl. *Honigwaben.* s. Ros *Wabe;* I.-stand *m.* Go. *Bienenhaus.*

Immen-babe [-bàbə *Lix.* u.s.] *m. Bienenvater, Imker. Aberglaube:* Wonn e I. stirbt, noh muss m'r on e jedwelere Imme (*Bienenstock*) dreïmol kloppe gehn, fo dass se's wisse *Lix.*

Immes [ĭməs, ims *fast allg.;* imbs *Ri. Hom. Rom. Ha.;* eməs *Bo. Si.*] *m.* u. *n. Imbis, Schmaus, Mahlzeit auch Leichenschmaus:* gehscht de met uf's I.? En Emmes gen *ein Gastmahl herrichten Bo.* Vun äm Emmes zum aneren *von einer Mahlzeit zur andern Si.* — els. 1, 38 u. hess. 184 ebenso. ss. Ämes Kr. 5; mhd. imbiz *später* immez. — Zs. Lichten-imbs *Mahl beim Leichenbegängnis Ri.*

implätz s. insplätz.

im-sunsch s. emsonscht.

in [ĭn *fast allg.;* en *Bo.;* iŋ *Fi.;* an *D. Si.*] 1. präpos. m. dat. u. acc. *in:* in dreï Da. Er isch ins Frankrich gang. In de drissich *etliche 30 Stück.* Hunnert un in de zwanzich *100 u. einige 20.* — 2. adv. *ein, hinein:* us un in *aus u. ein.* In *wird in zahlreichen Zusammensetzungen mit Verben verwendet. Erwähnung finden hier nur solche mit eigentümlicher Bedeutung.*

in-babbeln tr. v. *Ri. Hom. Rom. Ha.* u. s. *einreden, einschwätzen:* se han em ebbs ingebabbelt. s. babbeln.

In-bennel [-bènəl *fast allg.;* -bèŋəl *Ri. Hom. Rom.*] *n. Bandeinfassung an Kleidern.* — els. 2, 57 Inbëndel.

in-bennelen (inbengle) tr. v. *mit Band einfassen.* — els. 2, 58 inbëndle. s. d. vorige.

in-biessen [-bĭsə *Ha. Ri.*] intr. v. *büßen, vergelten:* wart, das biesscht mer inl *dafür werde ich dich strafen.*

In-billung f. Berl. Pfb. u. s. Einbildung. Rda.: er isch mit der I. geströft od. der hat vil in der Inbillungskass er ist stolz, eingebildet. — els. 1, 472.

in-binne[n] [-bınə Ha. u. s.; -biŋə Ri. Hom. Rom.] tr. v. einfassen. 'S Dach inbinge die Dachfirst sowie die Giebelränder mit Holzriegel, Latten, Mörtel u. dgl. einfassen.

in-bisse[n] intr. v. Ri. Hom. Ha. Rom. anbeißen, nicht recht an eine Sache heranwollen: er het nit wille i. — els. 2, 100 anbisse.

in-delwe[n] [-dèlwə, Ptc. ingədolwə Pfb. u. s.] tr. v. 1. eingraben, von Feldfrüchten. — 2. verscharren, von totem Vieh. — els. 2, 679 indëlbe.

indem [indèm Fo. u. s.] adv. 1. inzwischen: m'r sin grad fertich gewän, indem isch er kumm. — 2. beinahe: ich wär indem gefall. — els. 2, 682 in dëm inzwischen.

Inderschestion [indəršesdión Hom.; ìndərštatsión Rom.; inšdèntsión u. inšdatsión Ri.] f. Verdauungsstörung. — frz. indigestion.

in-drawe[n] [-drawə, Ptc. ingədra Ri. Ha. Rom. Hom.] tr. v. eintragen, sammeln, Getreidebündel zu einer Garbe zusammentragen. — els. 2, 744 intrage.

in-dun [-dùn fast allg.] tr. v. in den Stall führen: d' Soïwe indun. — els. 2, 640 intuen.

in-durre[n] -dùrə Ri. Hom.; -dèrə Ha.] intr. v. einschrumpfen: 's Hau (Heu) isch ingedurrt. — els. 2, 707 indörre.

In-fall [-fàl, Pl. -fæl Sbg. u. s.] m. Einfall, Gedanke. Rda.: Infäll han wie en alder Bachowe sonderbare Einfälle haben. — els. 2, 104: Infäll wie en altes Hus.

in-felle[n] [-felə Ri. Ha. Rom. Hom. u. s.] intr. v. einsinken, zusammenschrumpfen: ing'gfalleni Backe. De Kuh isch ing'fall ihr Rücken ist eingesunken (ein Vorzeichen des nahen Kalbens). — els. 1, 106 infalle.

ingbing s. abä, abeng.

in-gefriere[n] intr. Ri. Ha. Rom. Hom. gefrieren: 's Wasser isch ing'fror.

ingen unten s. unne[n].

inger unter s. unner. — Zss. Ingerbett Unterbett. Fi. Mü. Ltf. Schm. Sbg.

Inger-holz Schößlinge u. kleinere Äste, die vom Stamm entfernt werden ibid. Inger-jacke. Inger-hose. Ingerkleid. Inger-mutze[n] gestricktes Unterkleid, das man im Winter über dem Hemd trägt Mü. Sbg. u. s. s. Mutzen.

inger-dolwen tr. v. Schm. u. s. unterscharren vermittels des Dolb, Dolw. s. Gr. Wtb. 2, 1221.

in-haue[n] [inhawə, Ptc. ing'hau Ri. Hom. Ha. Rom. u. s.] tr. v. verleumden, anschwärzen: der hat mich awer ingg'hau! — els. 1, 395 ebenso.

in-henge[n] [hèŋə Ri. Hom. Rom. Ha.] intr. v. tüchtig prügeln: dem han ich awer ingehengt. — els. 1, 355 inhenke 2.

In-kummes [-kùməs Sbg. u. s.; ákoməs D. Si.] n. Einkünfte, Gehalt: er hat e schên I. — els. 1, 140.

in-leje[n] [-leïə, -léjə fast allg.; aléən D. Si.] tr. v. 1. wie hd. einlegen: d' Frucht in de Maschin i. l. Wer leït in? Wäsch i. l. Wäsche in die Bütte od. in den Kessel einlegen zum Buchen s. d. Geld i. l. auf die Sparkasse. — 2. Ackerbau treiben: der leït vil in treibt großen A. — Das Ptc. ingeleït von der Arbeit des Kunsttischlers gebraucht: e n'ingeleïder Schrank Schrank mit eingelegter Arbeit Hom. Ri. Rom.

in-mummle[n] [-mùmlə Hom. Ri.] tr. v. 1. einhüllen, durch Kleider od. Tücher gegen Kälte schützen: mummle dich numme gut in! — 2. vermummen, verkleiden. — els. 1, 680 ebenso.

inne[n]-owe[n] adv. Lix. u. s. das unterste zu oberst: 's Brot i. o. leïe.

inner s. unner. — Zss. Inner-buchs Unterhose. I.-halt Unterhalt. I.-kleid. I.-pant.

in-rauche[n] [-rauχə Hom. Ri. Rom.] tr. v. räuchern: Fleïsch i. r.

in-salze[n] Sbg. Ri. u. s. 1. tr. anschwärzen: er hat mich geherich ing'salzt. — 2. mit Dat. es einem sauer, schwer machen: i will dir's insalze! — els. 2, 356.

in-säme[n] [-zèmə Ri. Ha. Hom.] tr. v. mit einem Saum versehen.

in-schale[n] [-šàlə Ri. u. s.] tr. v. einschalen; Schutzbretter anlegen beim Ausschachten eines Brunnens od. tiefen Gra-

bens, damit der Boden nicht zusammenrutscht. — baier. 2, 394 einschalen, *zu* mhd. schal, ahd. scala.

Inschenierer [ĭnšənírər *Ri. Ha. Rom. Hom.* u. s.] *m. Ingenieur.*

in-schenkeⁿ [-šeŋkə *fast allg.*; -šèŋgə *Ri.*; ašèŋkən *D. Si.*] tr. v. wie hd. *einschenken. Wdg.*: Schnaps i. s. *jd. bei der Nase fassen u. dieselbe zusammendrücken. Ri.*

in-schiesseⁿ [-šîsə *fast allg.*] tr. v. *einschieben, vom Brot in den Backofen.* — els. 2, 439.

In-schlag [ĭnšlàg *Hom. Ri. Rom.* u. s.] *m. Einschuß beim Gewebe.* — els. 2, 456.

in-schlageⁿ [šlan, -šlawə *Ha. Ri. Rom.*] tr. v. *Obst, bes. Zwetschen in ein Faß füllen, um Schnaps herzustellen.*

in-schmiereⁿ tr. v. *Bi. mit Fett einreiben, Wichs auftragen. Die Bürste, die dazu gebraucht wird, heißt* Inschmierbirscht.

in-schnurreⁿ [-šnùrə *Ri. Hom. Rom. Ha.*] intr. v. *einschrumpfen, eingehen, von Stoffen u. Geweben:* der Stuft schnurrt in.

In-sehns [ĭnzèns *Hom. Ri.*; inzíns *Rom. Ha.*] *n. Einsehen, Einsicht, Nachsicht:* er hat ken I. mit sine Kinn (*Kindern*). — els. 2, 340 Insëhns.

in-seifeⁿ [-ʒaifə *Hom. Ri.*; sonst -ʒǽfə] tr. v. *anschwärzen, betrügen, an der Nase herumführen.* — els. 2, 329 ebenso.

in-setzeⁿ tr. v. *fast allg.* wie hd. *einsetzen:* Bohne i. s. *Bohnen pflanzen.* 'S heili Sakrament i. s. *die Hostie aus der Monstranz nehmen u. in den Tabernakel zurücklegen Ri. Ha.*

in-sitzeⁿ intr. v. *Ri. Hom. Ha. Rom. Sbg. in den Zug einsteigen:* wo bisch ing'sess?

Inspekter [ĭnšpèktər *fast allg.*; ešpèktər *Si.*] *m. Inspektor.*

insplätz [insplèts *Fo.* u. s.; implèts *Hom. Ri.*; apláts *D. Si.*] adv. *anstatt dessen:* wann de nit schriwe kannscht, dann les insplätz *Fo.* — lux. aplatz Ga. 20.

in-steckeⁿ *fast allg.* 1. *einsperren, einen Verbrecher.* — 2. *tüchtig essen:* der steckt awer in! — 3. *dem Vieh Futter geben:* hasch schon ing'steckt? was hasch ing'steckt? *Ri.* — els. 2, 582.

Instension s. Inderschestion.

in-stricheⁿ tr. v. *Ri. Ha. Rom. Hom.* 1. *einstreichen:* Geld i. s. — 2. *in der Wdg.:* ebber ens i. s. *gegen jd. vorgehen, es ihm zu fühlen geben.* — els. 2, 626.

Int s. **Ent**.

intressiert [intrèsírt *fast allg.*; intrèséïərt *D. Si.*] adj. 1. *auf seinen Vorteil bedacht.* — 2. *äußerst sparsam, selbstsüchtig, geizig.* — els. 1, 57 ebenso; frz. intéressé.

in-wennich [-wènix *Fo.* u. s.; inəwèntsix *Falk. Hom. Ri. Rom. Ha.*] adv. *inwendig.*

in-witiereⁿ tr. v. *fast allg. einladen.* — frz. inviter. Daneben inladeⁿ.

in-zäppeⁿ [-dsèbə *Ri. Ha. Rom. Hom.*] tr. v. *Bretter u. dgl. vermittels Zapfen aneinanderfügen.*

inzit [intsit(ə) *Fo.* u. s.] adv. *gerade recht (meist ironisch):* du kummscht m'r inzit! nein, den Gefallen tue ich dir nicht! — baier. 2, 1161 enzeit; mhd. enzīt, enzīte.

in-zweien [-swéïən *Falk.*] adj. u. adv. *entzwei.*

ir [ĭr *fast allg.*; jir *Falk.*; hĭərən *D. Si.*] besitzanz. Fürw. der 3. Pers. *ihr, ihrig.*

irdeⁿ [ĭrdə *fast allg.*; èrdən *D. Si.*] adj. *irden, von Tonerde:* en irde Dippe (en erden Deppen). *Wdg.:* d'Irde bezahle *die Kosten bezahlen Ri.*

irich [íərix *Bo.*; jirix *Brett.*; aiərəx *Si.*] adj. *eigensinnig, dickköpfig, nicht aufgelegt zu etwas.* — lux. 80 eierech.

irr [ĭr *Ri. Hom. Rom. Ha.*] adj. *in der Wdg.* irr sin *im Irrtum sein.*

Irtom s. **Ertum**.

Irts s. **Erbs**.

Ir-we(g) [ĭrwè *D. Si.*] *m. Irrweg.* — lux. 193 ebenso.

Irz s. **Erz**.

Is [is *fast allg.*; ais *D. Si.*] *n. Eis.* Is floze *Eisstücke auf dem Wasser dahintreiben Hom. Ri. Sprichwörtl.*: Wonns em Esel se wohl isch, noh geht er uf's I. un bricht's Bän *Lix.* Uf's I. fihre *mit verfänglichen Worten in Verlegenheit bringen allg.* — *Bauernregel:* Mathis (24. Febr.) bricht's Is, un hat er käns, dann macht er sich's. — Zs. Is-schälpen *Bo. Eisschollen. s.* Schälpe. Is-scholle *Hom. Ri.*

Is-bän [isbæn *Fa. Kr. Lix.* u. s.] *n. Schulterblatt beim Schweine; Oberschenkelstück vom Rind.* — baier. 1, 162 Eisbein *Hüftbein;* s. a. Gr. Wtb. 3, 362.

Ische [išə *Ri. Hom. Rom.*] *f. Esche* (fraxinus). *Das Adjekt. dazu lautet* ische: *der Stock isch ische.* — Zss. Ischebam, I.-holz.

Ise *Geschwür* s. Äs.

Iseⁿ [íʒəⁿ *fast allg.;* aiʒən *D. Si.*] *n.* 1. *Eisen:* se halen zesamme wie Stahl un I. *Falk.* Er hat e Herz von I. *ist unbarmherzig.* Dè Not bricht I. *fast allg.* Ebber uf d' Ise gehn *hinter jd. her sein, ihn scharf beobachten Ri. Ha. Rom.* Al(t) Ise *wertloses Zeug:* er gehèrt unner's alt I. — 2. *Hufeisen. Rda.:* er hat d'Ise abgeriss kreït *er ist abgesetzt worden.* — 3. *Stricknadel.* — Zss.: I.-appel *eine harte Apfelart Ri.* I.-bahn s. d. I.-bir *harte Birnenart Av.* I.-farb *Eisenfarbe zum Bestreichen der Öfen.*

iseⁿ [íʒə *fast allg.;* íʒərə (íʒri, íʒrəs) *Hom. Ri. Rom.;* aiʒən *D. Si.*] *adj. eisern:* en isene Bettlad.

Iseⁿ-bahn [-bán *fast allg.;* -bòn *Lix. Sgd.;* aisəbun *D. Si.*] *f.* 1. *Eisenbahnlinie.* — 2. *Bahnkörper.* — 3. *Eisenbahnzug:* M'r sin mit der Isebahn gefahr. *Der Plural* Isebän *bedeutet Eisenbahnzüge,* Isebahne *Eisenbahnlinien.* — els. 2, 49 Iseban; lux. 81 Eisebunn. — Zs. Ise-bahner u. Ise-bähnler *m.* 1. *Eisenbahnbeamter.* 2. *Eisenbahnarbeiter.* els. 2, 50 Isebänler.

isemär [ísəmèr *Bo.*] *adv. meinetwegen, einerlei:* breng et isemär met *bring es meinetwegen mit (wenn es dich nicht belästigt).* I. < im so mehr *umsomehr.*

ise-mässich adj. u. adv. *Av. eisenfest.* — els. 1, 716 ebenso.

Iserole [Iʒərólə *Lix.*] nom. pr. *Israel.*

is-kalt [iskalt *fast allg.;* aiskál *D. Si.*] adj. *eiskalt:* es isch i. druss *(draußen).*

Is-vogel [ísfokəl *Lix.*] *m. Eisvogel* (Alcedo ispida). — els. 1, 100.

Italjener [Italjénər *allg.*] n. pr. *Italiener. Davon* italjenisch wie hd.

Iter I [ítər *D. Si.*] *m. Nüchternheit:* den Iter brèchen *frühmorgens etwas zu sich nehmen* (eigentl. *die Nüchternheit brechen).* An Iter sin *noch nichts gegessen oder getrunken habend.* Wurzel uohte *der Morgen.* — lux. 192 Ichter. s. a. enitern.

Iter II [ítər *fast allg.;* ítərš *Falk. Va.;* ìtaš *Obh.;* audər *D. Si.*] *f. Euter der Kuh.* — els. 1, 83 Ütr, ltrle. s. a. Auder.

itereⁿ [ítərə *Lix.* u. s.; idrijə *Fa.*] intr. v. *ein Euter erhalten (von der Kuh):* d' Kuh itert *die Kuh wird milchreicher, das Euter wird voller.*

Iwel [íwəl *fast allg.;* íbəl *Bo.* — Pl. -n] *n. Übel, körperlicher Fehler, Gebrechen:* er hat e bès I. Nu ja, das wär kän gross I. — lux. 193.

iwel [íwəl, íbəl] adj. u. adv. *übel, schlecht:* mir isch's ganz i. wor. Ei, das wär nit i.! De wärsch mer's doch nit i. nehme? Er isch i. begobt *schlimm dran Ha. Ri.* — Zs. iwel-dran (-drum *D. Si.*) adj. *übeldran.*

Iwel-stand *m. fast allg. Übelstand.*

iwelzech [íwəltseχ *D. Si.*] adj. *Neigung zum Erbrechen verspürend:* et as mer ganz i. — lux. 193 ebenso.

iweⁿ [íwəⁿ *fast allg.;* éïwən *Bo. D. Si.* — *Flexion:* íwə, íbšt, íbt, íwə, gəïbt (éïwən, éïwšt, eïwt, gəéïwt) I. tr. *üben.* 2. refl. *sich üben.*

iwer 1 [ìwər *fast allg.;* íwər *D. Si.;* ìbar *Kr.*] präpos. mit Dat. u. Acc. 1. *über:* i. der Kich isch der Spicher. De Katz isch iwer'ś Hus gekrawelt. Iwer ebbs gerode *an etwas herankommen:* er isch iwers Geld gerode *hat etwas weggenommen.* — 2. *während:* iwer'm Esse. Wdg.: iwer sich *Lix.* u. s., iwerschi(ch) *Ri. Hom. Rom. Ha. nach oben:* iwerschi un ingerschi gehn *sich erbrechen u. Diarrhöe haben Ri.* De Milch geht iwer sich *die Milch kocht über Lix.* Iwer on de Bach *jenseits des Baches* ibid. E mol iwers ander *ein Mal über das andere:* e mol iwers ander schwach werde *in rascher Reihenfolge Schwächen bekommen Ri.* Iwer geht dieselben Verbindungen ein wie hd. *über.*

iwer II [ìwər, Superl. iwərst *fast allg.*] adv. *über:* ebbs i. han *Speisen über dem Feuer haben.* 'S Iwerst *das am weitesten Entfernte Ri. Hom. Rom. Ha.* — Zs. Iwerst-kammer *Seitenstube, Seitenkammer auf dem Lande.*

iwer-all [-âl *fast allg.*; -al *Bo. D. Si.*] adv. *überall:* Gott ìsch iwerall.

iwer-anich-mor [-àniχmór *Falk.*; -óliχmòrjə *Fa.*; -óneχmuər *Si.*] adv. *über den andern Tag, über zwei Tage.* — lux. iweranermôr Ga. 220.

Iwer-änkunft [-ǽnkhùnft *f. fast allg.*; -ềkhoməs *m. D. Si.*] *Übereinkunft.* — lux. 194 Iwerêkommes.

iwer-an't-iwer adv. *D. Si. über u. drüber, unaufhörlich, übermäßig, drunter und drüber:* d'Melech kacht i. *die Milch kocht über u. drüber.* — lux. 193 ebenso; ss. iwwer ent if, Kisch vgl. Wtb. 116.

iwer-bont adj. u. adv. *Bo. ausbündig, überbunt, zu toll, zuhauf:* i. kommen *zu toll kommen.* — mhd. überbündec.

iwer-dem [-dêm *Fo.* u. s.] conj. *darüber, unterdessen:* m'r han grad van em geschwätzt, iwerdem isch er kumm. — lux. 194 ebenso.

iwer-driw [-drlw *Si.*; -drib *Ri. Hom. Rom. Ha.*] adj. *übertrieben:* iwerdriw deier *(teuer).* — lux. 194 iwerdriwen.

Iwer-druss [-drus *fast allg.*; -dros *D. Si.*] *m. Überdruß. Das Adjekt. dazu lautet* iwerdrissich (-drössich).

iwer-dubberen [-dubərən *D.Si.*;-dublə (-tublə) *Ri. Rom. Hom. Ha.*] tr. v. 1. *übertreffen, zuvorkommen:* en hot mech iwerdubbert am Lâfen. — 2. *übertölpeln Ri. Hom.* — lux. 194 ebenso; mhd. übertoppeln, Lexer II, 1666; vgl. engl. to overtop.

iwer-ecksich [-eïksiχ *Bi.*; -riχi *Ri. Hom. Rom.*; ewərềksiχ *Berl.* u. s.] adj. u. adv. *quer, verkehrt, verdreht, linkisch:* der loït e. *der schielt Berl.* I. lun schielen *Bi.* — els. 1, 27 übereckig, überecks lueje; baier. 1, 33 überecke.

iwer-einmal [-ềnmòl *Fo.* u. s.; -ǫ̈ïnmàl *Bo.*] adv. *auf einmal, plötzlich, unvorhergesehen:* Iwer einmol hats's an der Dir *(Türe)* gekloppt *Fo.*

iwer-ens [-èns *fast allg.*; -èn u. -ènts *Ri. Hom. Ha. Rom.*; -ènt *D. Si.*; -ǫ̈ïns *Bo.*] adv. *eins, einig, in der Verbindung:* i. komme *derselben Meinung oder Ansicht werden, eines Sinnes sein, sich vertragen:* M'r komme schon liht *(leicht)* enander i. *Lix.* Ët kent iwerǟnt *es kommt auf eins heraus D. Si.* — els. 1, 45 übereins; lux. 194 iwerềnt.

iwer-enzich [-èntsiχ *fast allg.*; -entseχ *D. Si.*; ibarèntsiχ *Kr.*] adj. u. adv. *übrig, überflüssig, überzählig:* das sin von dene, wu nix i. hon *d. h. das sind Knicker.* — els. 1, 46, baier. 1, 20, hess. 420 überenzig; lux. 194 iwerénzech; *urkundl.* uberentzig St. R. A. 67.

Iwer-fal [-fal *D. Si.*] *m.* 1. wie hd. *Überfall.* — 2. *Obst, das über des Nachbars Grundstück wächst, dort herunterfällt u. diesem zukommt.* — lux. 194 ebenso; els. 1, 104 Überfall. *Davon:* iwerfâlen *in beiden Bedeutungen.*

iwer-fresseⁿ sich refl. v. *Ri. Hom. Rom. Ha. zu viel essen, sodaß man davon erkrankt.*

Iwer-gank [-gaŋk *D. Si.*] *m.* 1. *Übergang* wie hd. (transmigratio). — 2. *Versteigerung (Übergang auf einen andern Besitzer).* — mhd. überganc.

iwer-gen [-gen *fast allg.*; -gén *D. Si.*] 1. refl. v. *sich erbrechen.* s. gen. els. 1, 196 u. baier. 1, 866 sich übergë(n). — 2. tr. *falsch geben im Kartenspiel:* d'Karde i. *Ri. Hom.*

Iwer-gewiht [-gəwĩt *D. Si.*; -gəwiχt *Sbg.*] *n. Übergewicht:* d' I. kreïen *das Übergewicht verlieren.* — lux. 194 ebenso.

iwer-gon [-gòn *D. Si.*] intr. v. 1. *hinübergehen* (transgredi). — 2. *öffentlich verkauft werden.* s. lwergank.

iwer-hallen (sich) [-hàlən, Ptc. -hal *Bo.*; *nur als* Ptc. -hálən *D. Si.*] refl. v. *sich überanstrengen:* er hot sich on der Ärwet iwerhall. — lux. 195 iwerhâlen *überangestrengt;* vgl. els. 1, 330 überhalte *sich überessen.*

iwer-hand adv. wie hd. *überhand:* iwerhand holen od. kreïen *überhand nehmen.*

Iwer-hank [-haŋk *D.Si.*] *m.* 1. *Überhang* = *Umhang.* — 2. *Überhang von Obstbäumen über fremdes Eigentum.* — vgl. els. 1, 352 Uberhang; mhd. überhanc *in beiden Bedeutungen. Davon:* iwer-hänken *überhangen.*

iwer-hapt [-hápt *fast allg.*; -hèïp *Bo.*; -hǫ̈ïpt *Falk.*] adv. *überhaupt, voll u. ganz:*

ich gehn i. nimmeh hin *Fo.* M'r hon's iwerhapt *d. h. nicht im Tagelohn, sondern für die Arbeit im ganzen vertragsmäßig bezahlt werden* Lix. En Ärwet iwerheïp hollen *die ganze Arbeit übernehmen Bo.* — els. 1. 364 u. baier. 1, 1144 überhaupt. s. a. iwer-hät.

iwer-häschen [-hêšǝn *D. Si.*] tr. v. *überfordern.* s. heischen 2.

iwer-hät [-hêt *D. Si.*] adv. *in Bausch u. Bogen, im ganzen, ohne die einzelnen Stücke zu zählen:* e schafft i. *er arbeitet im ganzen (nicht im Tagelohn).* — lux. 195 iwerhêt; henneb.-fränk. über Hæd, From. 2, 278. s. Heid, Hæd *Kopf.*

iwer-hauwen, sich refl. v. *Ri. übertreiben.*

Iwer-hemd [-hèmt *Pü. Mett.* u. s.; -hémt *Sgd. Lix.*; -hemb *Ri. Hom.*; -himd *Rom. Ha.*; iwa-himt *Marienth.*] *n. langer Bauernkittel, blau, grau od. schwarz.* — els. 1, 339 Iwerhæmt *blaue Bauernbluse.*

iwer-hewen [-héïwǝn, Ptc. -hou *Bo.*] intr. v. *zu schwer heben, so daß man sich einen Schaden zuzieht.* — els. 1, 296 überhebe 2. s. hewen.

iwer-hewich [-héwix *Lix.* u. s.] adj. *zu stark gegoren:* 's Brot isch iwerhewich. s. hewen = gären u. Hew *Hefe.*

iwer-hupsen tr. v. *Ha. Ri. Hom. Rom.* u. s. *überspringen, übergehen.*

Iwer-inne-krut *n. Lix. Hasenohr* (Bupleurum falcatum). *Das Kraut gibt man verhexten Kühen, damit sie wieder Milch geben.*

iwer-kriz [-krits *Falk. Ri. Hom. Rom. Ha.* u. s.] adv. *kreuzweise.* Iwerkriz un de lange Wè *der Kreuzweg u. die gerade Richtung Ri. Hom.*

iwer-laden intr. v. *Fo.* u. s. *überladen:* du muscht der de Mà'e *(Magen)* nit iwerlade! *(sagt man, wenn man jemandem nur wenig vorsetzt).* s. laden.

iwer-lafen [-làfǝn *fast allg.*; -laufǝ *Sbg.*] intr. v. wie hd. *überlaufen. Rda.:* deï klän Deppen làfe gär iwer *die kleinen Töpfe laufen gern über, d. h. kleine Menschen lassen sich leicht zum Zorn hinreißen.* s. lafen.

Iwer-lascht [-lášt *Si.*] *f. Kellerboden* (eigentl. *Überlast).*

Iwer-leder [-lèdǝr *D. Si.*] *n. Oberleder am Schuhwerk (im Gegensatz zur Sohle).* — lux. 195 Iwerlieder; els. 1. 558 Ewerlater.

iwer-lejen [-léjǝ *fast allg.*; -léǝn *D. Si.* -léïn *Bo.*] tr. v. *überlegen.*

Iwer-lejes [-léjǝs *Ri. Rom. Hom. Ha.* u. s.; -léeŋǝn *Si.*] *n. (St. f.) Überlegung, Einsicht:* do isch kän Iwerlejes *da fehlt es an Ü.*

iwer-meïdech [-méïdex *D. Si.*] adj. *übermütig.*

iwer-morje [-mòrjǝ *fast allg.*; -mór *D. Si.*; -móa *Av.*] adv. *übermorgen.*

Iwer-moss [-môs *D. Si.*] *n. Übermaß. Davon:* iwer-meïssech *übermäßig.*

iwer-naht [-nát *Bo.* u. s.; -nuǝt *D. Si.*] adv. *übernacht, übernächtlich:* i ben i. bliw. Dat kann i. kommen *d. h. plötzlich, unvermutet.*

iwer-nahten (iwernueten); Ptc. -naht (-nuet) intr. v. *übernachten.*

iwer-name *m. Hom. Ri. Rom. Spottname.*

iwer-nanner [-(ǝ)nànǝr *Fo.* u. s.; -ǝnònǝr *Sgd. Lix.*; -nènǝr *Bo.*; -ǝnæn *D. Si.*] adv. 1. *übereinander:* i. leje *allg.* i. blitze *Bock springen Ri. Rom. Hom.* — 2. *rasch nacheinander:* iwerenonner sin se kumm. *Lix.*

iwer-olich-morje s. iweranichmor.

iwer-sat [-sát *D. Si.*] adj. 1. *übersatt, übersättigt.* — 2. *zu teuer* (vgl. baier. 2, 344 u. els. 2, 383 überlastet, überfüllt; mhd. übersetzen *übermäßig besteuern).* — 3. *übersetzt (aus einer Sprache in die andere).*

iwer-schidden (sech) refl. v. *D. Si. sich erbrechen.* — lux. 196 ebenso. s. schidden.

Iwer-schutz *m. Ha. Rom. Ri. Überschuß.*

iwer-siehzich [-ʒítsix *Rü.*; -ʒítex *Si.*] adj. *quer übersehend, schielend.* — baier. 2, 247 übersehnig; schweiz. übersichtig *scheel* From. 6, 43; mhd. übersihtic u. übersiunic. *Davon:* Iwer-sihtechkät *f. Si. Eigenschaft des Schielens.*

iwer-sihn tr. v. *fast allg.* 1. *übersehen d. h. nicht bemerken.* — 2. *überschauen.* s. sihn.

Iwer-springches [-špriŋχəs *Fo.* u. s.] *n.. Bock springen (Kinderspiel)*: I. spiele. — vgl. els. 2, 550 Springes *Springerei.*

Iwer-strimp *m.* pl. *Sgd. Lix.* u. s. *Gamaschen,* s. Strump. — els. 2,633 Iwerstrimpf.

iwer-us [-us *fast allg.;* -aus *D. Si.*] adv. *überaus.*

Iwer-wälder pl. *so bezeichnen die Rommelfinger u. Finstinger die jenseits des Großen Mühlwaldes wohnenden Insminger u. Lauterfinger.*

iwer-wannen tr. v. *D. Si. überwinden.*

iwer-weien [-weïən *D. Si.*] intr. *überwiegen, mehr wiegen.*

Iwescht [íaweŠt *D. Si.*] *n. das Oberste.* — vgl. lux. 197 Iwescht *Oberleder.*

iwer-zwerch [-tswerχ *Fo. Go. Schm.* u. s.; -swèrχ *Sgd. Lix. Bo.*; -tswèriχ *Pfb.*] adv. 1. *quer, verkehrt:* zwei Bretter i. iwernanner leje. *Fo.* Der loït i. *der ist scheel.* — 2. *schlau, mutwillig, verdreht:* er macht alles i. En Iwerzwercher *ein mutwilliger Junge, ein verdrehter Mensch, ein Tunichtgut.* — baier. 2, 20 überzwerch *in die Quere;* mhd. überzwërch.

iwrich *allg. übrig:* es isch nit vil i. geblib. — lux. 197 iwrech.

J (s. a. Sch).

ja [jò *fast allg.*; jà, jo *Ri. Rom. Ha.*; jou *Bo. (Ha.* hat auch jer)] *Partikel der Zustimmung. Wdgn.:* ja hebbs! *laufe nur nach! Ha. Ri. Rom.* 'S isch ja u nä *man kann dafür u. dagegen sein ibid.* Jo dann! nun ja denn! *allg.* Jo allewä! bewahre! *Ha. Ri. Rom.* Jo a noch! *od.* jo sunscht nix as Knebbelsupp! *ironische Abweisung ibid.* Ja morje! *Ausdruck der Ablehnung.* Ja ja! *drohend:* ja ja, ich san's dem Vader *Ri. Rom.* Abbä ja! *verwunderud.* Mäjou! *ja gewiß! Bo.*
Jach [jaχ *Si.*] *m. kommt nur vor in der Verbindung:* eppes am Jach hun *auf etwas erpicht sein, etwas vorhaben, im Schilde führen.* — vgl. hd. jach *Nebenform zu* gach Gr. Wtb. 4¹, 2198; mhd. jac, jages.
Jacht [jàχt *fast allg.*; juoχt *D. Si.*] *f.* 1. *Jagd:* uf de J. gehn. D'J. isch uff, d' J. isch zu. — J. mache uff ebbs *etwas eifrig verfolgen, fast allg.* — 2. *Gelaufe, Umherlaufen, das Treiben u. Drängen.* — 3. *Spaß, Unsinn:* mach doch kä J.! — els. I, 404 Jacht; hd. Jacht *Nebenform zu* Jagd Gr. Wtb. 4², 2199. — Zss. J.-hider. Jacht-hond *fast allg. Jagdhund: Rda.*: wat en richtijer J. es, bruch net gelehrt se werren *Bo.* J.-flint. J.-geld *Abgabe des Jagdpächters.* J.-sack. J.-stiwle.
jachten [jàχtən *Si.*; jàχdə *Ha. Ri. Rom.*] intr. v. 1. *herumschnüffeln wie ein Jagdhund, um allerlei auszuforschen:* en as de ganze langen Dàch gejacht *Si.* — 2. *toll u. geräuschvoll sich herumtreiben Ri. Ha.* — baier. 1, 1203 jaten *herumjagen;* lux. 198 jachtelen.
Jacke [jàkə *fast allg.*; jàgə(l) *Ri. Rom.* Demin. jègələ *Ha. Ri.*] *m. u. f. Jacke:* der J. muss geflickt werre *Fo.*
jacken, jicken intr. v. *Bo. jucken (meist miteinander verbunden:* jicken on jacken).

jackereⁿ [jàkərə *Lix.* u. s.; jàgərə *Ha.*; jègərə *Ri. Rom.*] intr. v. 1. *mit einem Fuhrwerk übertrieben eilig fahren:* die sin emol gejackert! — 2. *stürmisch laufen.* — els. I, 406 u. hess. 181 jackern *schnell reiten, fahren. Frequentativ von* jagen.
jägereⁿ s. jackereⁿ.
jäh [jé *Si.*] adj. *jäh. Nur in der Verbindung:* des jähen Douts sterwen *plötzlich sterben.*
jäheⁿ [jáə *Fo.*; jæən *Bo.*; jaiə *Sgd. Lix. Wb. Schw.*; jén *Ha.*; jàjən *Falk.*; jáwə, Ptc. gəjaut *Ri. Rom.*; jèən *D. Si.*] tr. v. 1. *fortjagen, verscheuchen:* ich soll 'ne awer gejäht han! *Fo.* Jaj m'r de Kenner (*Kinder*) us dem Hus! *Falk.* Won m'r dene henge enüs jeit, kummt er vorne erenn *Wb.* D' Mugge (*Mücken*) jawe (*iron.*) *hastig das Kreuzzeichen machen Ri. Rom.* Ech jäen dech, dat's de Schong an Hosen falen lescht *ich jage dich fort, daß du Schuhe u. Strümpfe fallen läßt Nj.* — 2. *jagen, auf der Jagd sein Ri. Rom.* — 3. *eilig laufen ibid.*
jähreⁿ, sich [jàrə *Ri. Rom.* u. s.; bəjärə *Ha.*] refl. v. *ein Jahr mehr werden:* d'r Kaiser jährt sich am 27. Jenner. Geschter han i mich gejährt *war mein Geburtstag.* — els. I, 410.
Jäjer [jéjər, jáwər, jaiər, jaχtər, jêər, Pl. jéjərə] *m. Jäger.* — els. I, 404 Jæjer.
Jäjerei f. *Ausübung der Jagd.* — lux. 199 Jéerei.
Jakob (*selten*) *Dafür:* Jäk, Jokel, Schakle [žàklè], Schäkelchin [žækəlχin] Jakobe, Jäb, Jäbe *Bo. Lix. Av.* Jokop *Sgd.* Jòk, Jòkl, Schak [žàk, žaki], Schakli, Schäk [žàkli, žèk] *Si.* — Jockel *als Appellativum:* Hundlinger Jockele. s. a. Jekel.
Jamer [jámər *fast allg.*; jómər *D. Si.*] *m. Jammer:* dat as der J.! *da liegt die*

Schwierigkeit. — lux. 198 Jâmer u. Jômer.
jameren [jàmərə *fast allg.*; jámərn *Falk.*; jómərə *Ha. Ri. Rom.;* jómərən, jémərən *D. Si.;* jæmərn *Bo.*] intr. v. *jammern, wehklagen:* was jamerschte dann immer so? *Fo.* — els. 1, 407 jamere, jômere; lux. 198 jâmeren.
jämerlich adj. *fast allg.* 1. *traurig, erbärmlich.* — 2. *außerordentlich:* j. schên *(schön). Verstärkung:* gottsjämerlich: er hat g. gegrisch *Ha. Ri.*
Jänner [jænər *Pü.* u. s.] *m. Januar. Daneben* Januar.
Jap [jàp *Si.*] *männlicher Vorname Job:* ârem eweï J. — lux. 198 ebenso.
jären [jèrə *Ri.* u. s.] intr. v. *gären:* der Win het schun gejärt. — els. 1, 410 ebenso.
Jascht [jašt *Rom. Fa. Lix. Ri. Ha.*] *f. Hast, Eile, Aufregung:* eppes in d'r J. mache. — els. 1, 412; baier. 1, 1211 Jast; hess. 181 Jäsch; s. a. From. 3, 531, 32 u. Gr. Wtb. 4², 2266 Jast.
jaschten intr. v. *Fa. Lix.* u. s. (jäschde *Ha. Ri. Rom.*) 1. *hasten, etwas allzu eilig machen:* hasch de scho' wieder gejascht, dass de so rot bischt? *Lix.* — 2. *in Unruhe u. Aufregung sein:* er hat d'ganz Naht gejäscht *er hat sehr unruhig geschlafen, sich hin u. her geworfen Ri. Ha.* — els. 1, 412 jäste.
Jasent [jàsènd *Ri.*] *männl. Vorname Hyacinth.*
Jät [jèt *Pü.* u. s.] *f. Jäthacke, Messer mit langem Stil, womit man die Disteln haussticht.* — els. 1, 413 Jät.
jäten [jǽtə *fast allg.;* jǽdə *Sbg.;* gǽtə *Fo.;* jǽle *Ha.*] tr. v. 1. *jäten, bes. Disteln mit der* Jät *stechen.* — 2. *durchprügeln Ri. Hom. Rom.* — els. 1, 413; baier. 1, 1211.
Jawer s. Jäjer.
Jawersche [jáwəršə *Ri. Rom.*] *f. Person, die sich überall herumtreibt, bes. Kind, das nie zu Hause bleibt.* s. d. vorige.
Jawort *n. Ha. Rom.* u. s. wie hd.: 's J. gen *seine Zustimmung geben.*
je [jè *fast allg.*] interj. *voran! marsch!* Nu je, mach dass de fertich wirscht! — Zss.: daje! *D. Si.* 1. *Mach schnell!* 2. *Wohl, es sei!* Je, je! *Ausruf des Unwillens oder der Abweisung:* O je! ei, ei! Daje alt! *D. Si. nun gut, ich bin's zufrieden.* An domat je! *D. Si. damit ist die Sache abgetan.* — lux. 199 ebenso.
jeder, jed [jédər, jéd *fast allg.;* jidər, jid *D. Si.;* jetwidər *Falk.*] pron. ind. *jeder:* uf jed Sit. *Wdgn.:* um e jeder sin Narr sin *jedermanns Narr sein Hom. Ri. Ha.* Um e jede sins, isch kem ze viel *einem jeden das Seine ist keinem zu viel ibid.* Jeder fur sich u Godd fur uns alli *ibid. Bestimmter ausgedrückt:* jederäner u. jedwederäner (s. d.)
jeder-äner [-ênər *fast allg.;* jidrænən *Gelm.;* jidrǽn *D.;* jéïdərǽn *Si.*] pron. ind. *jeder:* das wäs *(weiß)* j. *Fo.* Jiderǽm seint, da kreït der Deiwel neischt *jedem das Seine, dann bekommt der Teufel nichts Si.* — lux. 200 jidderên.
jedweder-äner [jedwedərênər *Fo.;* -widærnər *Sgd. Lix.;* jéïdwidrǽn *Si.;* jidwidrǽn *D.;* jetwidrǽïnər *Falk.*] pron. ind. *ein jeder:* j. von uns *Fo.* E j. dirft sich um sich bekimmere *Lix.* — els. 1, 403 jedweder u. jedwederæner.
jeien s. jähen.
Jeipchen [jeïpχən *Si.*] *Koseform für Joseph; nur in der Verbindung* Judejeipchen. — lux. 200 Jeïp, Jeïpchen.
Jeiz-deiwel *m. Si. Kind, das viel schreit.*
jeizen [jaitsən, Ptc. gəjaut *D. Si.*] intr. v. 1. *schreien:* vun Dommhät j. *vor Dummheit schreien.* E jeizt eweï e Blannen *er schreit wie ein Blinder.* — 2. *schelten:* en hot iwer mech gejaut. — lux. 199 jeizen; kärntn. jauzen, From. 3, 114; vgl. mhd. jûchezen, nhd. jauchzen.
Jeizert *m.* 1. *Schrei:* en hot en helle J. gedun. — 2. *Schreihals.* — lux. 199.
Jekel [jékel *D. Si.*] *n. pr. Jakob; wird meist als Appellat. gebraucht:* domme Jekel. — ebenso baier. 1, 1204.
Jekof [jégof *Ri. Rom.*] *Hanswurst, Halbnarr:* du J.! *(ist Demin. zu* Jacob). — els. 1, 405 Jekef, Jekuf.
jemen [jemən *D. Si.*] interj. *Ausruf des Erstaunens* (Jemen *verstümmelt aus:* Jesus mein!) — Zs. Jemen-ech-enôen! *Ausruf höchster Verwunderung.* — lux. 202 jömmen, jömmenechenauen. vgl. her Jè! her Jêminê! *in welchen Ausdrücken ebenfalls ein verkapptes „Jesus" steckt.* —

baier. 1, 1197; From. 1, 298, 5; 2, 502; 6, 159.

Jeneral [jenərâl *fast allg.*; jenəról, Pl. jenərél *D. Si.*] *m. General.*

jengeren [jeŋərən *D. Si.*] tr. v. *Junge werfen*: j. eweï Kaneinercher *Junge werfen wie Kaninchen, sagt man von sehr fruchtbaren Frauen.* — els. 1, 408 jüngle s. jung.

Jenk [jéŋk *Si.*] *f. Binse.* — vgl. els. 1,408 Junke *Wurzelschößling eines Baumes*; frz. jonc; lat. juncus. s. a. Beïsem.

Jepser [jepsər, Pl. gleich *Pfb.*] *m. Gipser, Gipsarbeiter.* — els. 1, 409 Jipser.

jerem, jerum *allg. Ausruf der Bestürzung. In der Saarburger Gegend singt man:*

    O jerum, o jerum!
    Wie gehn se mit mer um!
    Se schlawe mi, se drede mi,
    Se sawe mer nit warum.

— els. 1, 411 jere, jerum; hd. jerum *Verstümmelung des Namens Jesus* Gr. Wtb. 4², 2312. — Zss. jere-mer, jeremmicher, jerumlicher.

Jeremkeit, Jerumkeit *Lix. Falk.* u. s. *Ausdruck der Verwunderung:* o Jerumkeit da! *Falk.*

Jeri, Jerri, Jerich, Jiri *Ko. Sgd. Pfb. Ri. Ha. Rom. männlicher Vorname Georg.* — Zss. Jerje-blum *gelbe Narzisse, sog. weil sie um Georgitag (23. April) blüht* Lix. Jirje-da *Georgstag* Ha. Ri. Rom.

jeschtement [ještəmènt *Si.*] adv. *gerade, eben*: en as j. komm. — frz. justement. s. a. juschtement.

Jeses, Jesses! *allg. Jesus! Ausruf des Erstaunens, der Bestürzung*: O Jeses (Jesses)! Jeses Marja! Jeses Marja Josep! — lux. 200 u. els. 1, 412 Jeses.

jetz, jetzert [jets, jetsərt *fast allg.*] adv. *jetzt*: jetzert gehn m'r anfange! — Zs. jetzoner *Bo.* jetzunder.

Ji *m. D. Si. Pferd in der Kindersprache (vom Zuruf der Fuhrleute an ihre Tiere).* — els. 1, 401 Ji, Jü.

jidleⁿ [jidlə *Ri. Ha.* u. s.] intr. v. *sich zurückhalten, sich drücken nach Art der Juden, nach Judenmanier handeln.* — els. 1, 403 jüdle; baier. 1, 1202 jüdeln.

jidnesch [jidnəš *Si.* adj. u. adv. *jüdisch*: en hot e jidnesch Gesiht. — baier. 1, 1202 judnen. s. Jud.

jirer, jiri, jiret [jîrər, jîri, jîrət; Pl. jîrən *Falk.*] pr. poss. *(substantivisch gebraucht) ihr, ihre, ihr — ihre: et is jîrt es ist das ihrige.* s. ir. — Zs. jiresglichen *ihresgleichen.*

Jirmis *Mü.* u. s. *männl. Vorname Jeremias.*

jischt [jišd *Ri. Rom.* u. s.] 1. *Zuruf an Zugtiere zum links wenden.* — 2. *links*: jïscht, jischtrum fahre. jischtrumo! — els. 1. 413 jist, jüst, *Gegensatz zu* hott *rechts.*

jiweⁿ [jiwə *Sgd. Lix.*] adv. *hüben; do jiwe, e jiwe diesseits*: von e jiwe schint's näher wie von driwe. E jiwen on de Bach *diesseits des Baches.*

jo s. ja.

Joch [jox̱ *ohne Pl. D. Si.*] *n. Joch der Zugtiere, kommt meist nur vor in*: am Joch gòn: d' Ochse gin am Joch. — Zs. J.-ochs 1. *Ochs, dem das Joch angelegt wird.* 2. *Schimpfwort*: du J., du dummer! *Ri. Ha.*

Joffer s. Juffer.

Johann s. Schang.

Johr [jôr *fast allg.*; jôər *D. Si.*] *n. Jahr.* Druckenes, nasses, dires J. 'S J. hat zwelf Monat. *Rda.*: wenn de nimmeh kummsch, gits e gud J. *wird derjenige abgefertigt, der droht nicht wieder zu kommen.* Ha. Ri. Rom. De Verstand kent mat de Johren, ower och d' grô Hôer der Verstand *kommt mit den Jahren, aber auch die grauen Haare Si. 1 mine J. in meinem Alter* Ri. Ha. Rom. Bei Johre sin *bejahrt sein D. Si.* Jed J. *jährlich.* Ze Johr *D. Si. im vorigen Jahr* (ze J. *ist allgemein moselfränkisch, während* mhd. ze jâre *übers Jahr heißt*). Das Johr dieses Jahr; en onner Johr *im nächsten Jahr* Lix. Vor em J. *im vorigen J.* Vir ze Johr *vor zwei Jahren D. Si.* Johr us, Johr en *jahraus, jahrein* Bo. E gelle *(goldnes)* Johr *ein Jubiläumsjahr.* Johr an Dâch *D. Si.* 1. *genau ein Jahr.* 2. *ein Jahr u. ein Tag (als Gefängnisstrafe).* 3. *unbestimmte längere Zeit*: iwer Johr an Dâch. Johre lang *Jahre lang.* Die Johre... *in den letzten Jahren (geschah es, daß)* ... — Zss. J.-gang.

J.-dienscht u. **J.-gedächtnis** *Jahrgedächtnis für Verstorbene*. **J.-gezeit** *n. D. Si. dasselbe wie* Johrdienscht; vgl. baier. 1, 1210 Jârzeit (anniversarium). **J.-hunnert.** **J.-zahl**: mit der J. gehn *im ersten Jahr des Jahrhunderts geboren sein Ri. Ha.* **J.-zehnt.** **J.-zeit.**

jojotte [jòjotə *Fo. Sgd. Lix.* u. s.] interj. *ja doch! (verstärktes* ja *im Gegensatz zu* nein): A. jojote! B. nänitte! — baier. 1, 1198 ei jóde!

Jockel, Jokob [jòkəl, jòkop *Si.*] s. Jakob.

Jokobs-drauf *f. Si. frühreife Rottraube, bei günstiger Witterung schon am 25. August.* — els. 739 Jacobitrübel. vgl. baier. 1, 1204 Jagkes-bieren.

Jokobs-stross [-stròs *Si.*] *f. Jakobsstraße. Rda.*: 't as eweï eng J. *d. h. das Haus ist beständig mit Fremden überfüllt.* — baier. 1, 1199 St Jacobs Strass. s. a. From. 6, 158.

Jole [jólə *Ri. Rom.*] *m. Halbnarr, Heulmeier.* — baier. 1, 1199 Joel, Jol, Jodl. **jole**^{n} [jólə *Pfb.* u. s.] intr. v. 1. *vor Schmerz heulen* (eigentl. *schreien*). — 2. *sich ausgelassen, geräuschvoll benehmen, lärmen.* — baier. 1, 1198 jolen, joeln; kärtn. jaulen, From. 3, 114; ndd. jaulen *ibid.* 5, 148; ndl. juilen; mhd. jôlen.

Jon [jón, Pl. jén *fast allg.*] *m. die Reihe, der Strich Arbeit* z. B. *im Kornschnitt, im Heumähen, im Jäten; auch die Reihe Arbeiter*: beim J. bleiwen *in seiner Reihe bleiben. Si.* An de J. gôn *mit anderen Arbeitern aufs Feld arbeiten gehen. D. Si.* E ganze J. ugôn *die Arbeit auf einem abgegrenzten Ackerteil übernehmen. Si.* Et as en dichtiche (*tüchtiger*) J. *es ist eine große Reihe Arbeiter. ibid.* An äm J. stôn *in einem Trupp stehen.* — els. 1, 407 Jan; hess. 181, baier. 1, 1207, schwäb. 294 Jâne, Jône. hd. Jahn Gr. Wtb. 4², 2229. mhd. jân. *Lexer*, mhd. Wtb. 1, 1472, *bringt das Wort zusammen mit* frz. gain, gagner. — s. a. Gone.

Jong, jong, jonk *D. Si.* s. Jung, jung. — Zss. **jong-bestu**^{e}**t** *jung verheiratet*; **jongfrailech** *jungfräulich*. **Jonggesell, Jonggeselle-lêwen**.

Jonktem [joŋktəm *D. Si.*] *m.* (eigentl. *Jungtum*) *Jugend, jugendliches Alter*: wie en nach an sengem J. wor *als er noch jung war.* — lux. Jongtom Ga. 224.

jon-zer-hand adv. *Rü. Si.* u. s. *durchweg, durchgängig, allgemein*: deï Äppel si' j scheïn *die Äpfel sind durchweg schön.* Dat gescheït j. *das geschieht durchgängig.* — lux. 202 ebenso; vgl. hess. 181 zi jône hin, zer jûn weg; henneberg. zi june weck, From. 2, 498. s. Jon.

Josep [joʒèp (*selten*) *meist französ.* ʒoʒèf. *Andere Formen sind*: jous, jouʒep, ʒoəsəl, ʒósəl, ʒoʒo, ʒósé, sèpəl] *männl. Vorname Joseph.* Jeses, Marja, Josep! *Ausruf der Bestürzung.*

jowe^n [jowə *Lix.* u. s.] adv. *oben; do* jowe *hier oben, Gegensatz zu* june, dojune (s. d.) — niederöstr. iuwen *oben* From. 5, 509, I, 3. jowe < hie oben.

Juchhe [juχhé *Ha. Ri. Rom.*] *m. Flattergeist, lustiger Gesell.*

jucke^n [jùkə *fast allg.*; jùgə *Hom. Ri. Rom.*] intr. v. 1. *jucken, reiben, sich kratzen.* — 2. *auffahren, sich ärgern, zusammenfahren.* — els. 1, 406.

juckere^n [jùkərə *Sbg. Fa.* u. s. jùgərə *Ri.*] intr. v. *ein Kartenspiel spielen, in welchem der Bauer mehr gilt als das Aß. Der Spieler heißt* Jucker, Jugger. — els. 1, 406 Jucker, juckere. s. a. nippeln.

Jud [jùt *fast allg.*; jýt *Wb.* — Pl. judə (*höhnisch* jídə), Demin. jidχə] *m.* 1. *Jude, auch als Schimpfwort.* E lêft eweï e J. *er lebt wie ein J. d. h. er hat keine Religion Si.* E leït (*lügt*) eweï e ro^{u}de J. *D. Si.* Us dem kann m'r zween Jude mache, noh blibt noch e guder Krischt rescht *der ist schlimmer als ein Jude Lix.* Wemmer e J. vorne enus jaut (*jagt*), kummt er wider hinger n'erin *Anspielung auf die Zudringlichkeit der Juden Ri. Ha. Spottvers:*

Der Itzig kam geritte
Uf eme Ziegebock,
Da mäne alle Jude,
Es wär der liewe Gott. *Sgd.*

Der ewiche J. *Mensch ohne Ruhe u. Rast allg.* — 2. *Teil des Rückgrats am Schwein Ltf. D. Si.* u. s. — 3. *Hut, in der Kindersprache Ri.* — 4. *Gattung von Muscheltieren in der Saar Rom.* — 5. *Wald zwischen Bitsch u. Egelshard.* — els. 1, 403 Jud 1, 4, 5; lux. Jud *Halsstück von einem Schwein* Ga. 224; *dieselbe Bedeutung hat* Jud *in rheinischen Mundarten* Gr. Wtb. 4¹, 2353, 10. — Zss. **Juden-arsch** *m. Ri.* u. s. *jd., der beständig die Türen aufläßt (Anspielung auf eine angebliche Schwäche der Juden).* Jude-bu (-bo^u) *Judenbube. Rda:* d'es grad weï wanne J. en de Hell fleït *d. h. es kann nichts ausmachen (wenn man z. B. bei heftigem Durst nur einen Schluck Wasser bekommt) Bo.* J.-gesiht *D. Si.* J.-hus (Jütehüs *Wb.) Judenhaus. Rda.:* do kummt mer on, we Söü eme Jütehüs. J.-kirsch *Falk. Lix.* 1. *Hagebutte.* 2. *Vogelbeere, Frucht von* Sorbus aucuparia. J.-kroschel *f. Bo. Mauerpfeffer* (Sedum). s. *Kroschel.* J.-nas *Habichtsnase.* J.-schul *Lix.* u. s. *Judenschule, Synagoge. Rda.:* 's geht do grad su, wie en ere J. *so lärmend geht es zu.* — els. 2, 410 ebenso.

Judas *fast allg.* 1. *Judas.* — 2. *falscher Mensch, Verräter als Schimpfwort.*

Juffer [jùfər *fast allg.*; jòfər u. jùfər *D. Si.*; jǫfər *Bo.*, Pl. -n. Demin. jifərχən] *f. alte Jungfer.* — lux. 201 Joffer; rheinfränk. Juffer, Joffer, From. 3, 272, 2; ndd. Jüffrau *ibid.* 5, 276, 9. — Zss. Joffre-spengel *f. Si. ganz kurze Stecknadel, Puppennadel.*

Julius s. *Schül.*

juneⁿ [junə *Lix.* u. s.] adv. *unten;* do june *hier unten:* do june isch besser wie do jowe *Lix.* june < hie unne (unten).

Jung [juŋ *fast allg.*; joŋ *Bo. D. Si.* — Pl. -ən; Demin. jeŋəlχən] *m. Junge, Knabe, Sohn.* Jongen a Mêdercher *Knaben u. Mädchen.* Dem Pap sei' Jong des Vaters Liebling *D. Si.* Zs. Jonge-geckech *mannsüchtig.* — lux. 202 ebenso.

jung [juŋ *fast allg.*; joŋ, joŋk *Bo. D. Si.* — Kompar. jiŋər, jiŋšt (jeŋər, jeŋšt)] adj. u. adv. *jung:* von jungem uff *von Jugend auf. fast allg.* Er hat j. fort gemisst *er ist j. gestorben Ri. Hom. Rom.* In mine junge Johr *in meiner Jugend.* Er hat noch jungi Bän *er kann noch gut laufen ibid. Rdaa.:* Jung gefreït hat nie gereït *Ha. Ri. Rom.* Eweï deï Âl *(Alten)* peifen, eso^u sengen deï Jong *D. Si.* Deï Jong kene sterwen, deï Âl musse sterwen *ibid.* Wdgn.: Junge mache *Junge zur Welt bringen. fast allg.* Se hun eppes Jongs *ein neugeborenes Kind D. Si.* E jonge Schlâch *der Anhau, der erste Baumschlag Si.* De jengscht Dâch *der jüngste Tag D. Si.* Junger, Demin. Jungerle *Anrede an einen halbwüchsigen jungen Menschen.* Spruch: Alder du musch, Junger du kannsch *(näml.* sterwen) *Ha. Ri. Rom.*

Junge-mächersch *f. Lix.* u. s. *Kaninchen, das zur Nachzucht verwandt wird.* — els. 1, 408 Jungemacher *Hündin.*

Jung-licht [juŋklixt *fast allg.*; joŋliəxt *D.*; joŋklit *Si.*] n. *Neumond. Bauernregel:* em J. gesät, geht nit uf *(gedeiht nicht) Lix.* Wonn de Kwetsche uf J. blie, noh blie se 's gonze Johr *d. h. sie kommen nicht zur Reife.* Em J. derf m'r kän Bohne setze.

Juppe [jùpə *Fo.* u. s. żóbən *Mett.*; Demin. jebl, żébl *Pfb.*] *m. Joppe:* er hat sin gröer J. an. Jebl bedeutet *Kinderjäckchen.*

juscht [jušt *fast allg.*] adv. *just, genau, eben:* er es juscht kumme *Bo.* — hess. 188 u. els. 1, 413 just; frz. juste.

juschtement [jušdəmènt *Ha. Ri. Rom*, u. s.] adv. *gerade eben:* ich hätt's j. so gemacht. — els. 1, 413.

Jux [juks *allg.*] *m. Scherz, Spaß:* e J. mache. — els. 1, 414 Jux; hess. 187 u. baier. 1, 1201 Jucks.

juxeⁿ [juksə *Ri. Rom.*; jugsə *Ha.*] intr. v. *aufjauchzen, aufschreien, seine frohen od. schmerzlichen Gefühle äußern.* — mhd. jûwen, jûwezen.

K (s. a. unter G.)

Kaba [khabá *Bo. D.*; khawá *Fa.*; khabaṇ *Si.* — Pl. -n] *m. Handtasche, geflochtenes Armkörbchen.* — lux. 204 Kaba u. Kabang; frz. cabas.

Kabes *Kohlkopf* s. Kappes.

Kabine [khabiné *Bo.* u. s.; gàbine *Ri. Rom. Hom. Ha.*] *m.* u. *n.* 1. *Kabinet.* — 2. *Abtritt.* — lux. 205; els. 1, 416.

Kabott [khabòt *Fo. Ri.* u. s.] *f.* 1. *Kopfüberwurf.* — 2. *Überzieher, Männerrock.* — frz. capote. Zs. K.-hǐdche *n. Damenhut.*

Kachecht *Kochportion* s. Kochersch.

Kachel [khàχəl *fast allg.*] *f.* 1. *viereckiges Stück gebrannter Erde zur Herstellung von Kachelöfen.* — 2. *(scherzh.) altes Weib:* du aldi K.! *Ri. Hom. Rom. Ha.* — els. 1, 419 ebenso.

kacheldich [khaχəldiχ *Bo.*] adj. *bröckelig.* — vgl. baier. 1, 1218 Kach, Kachen *Riß, Sprung;* hd. Kachel *irdnes Gefäß;* kacheln *einen hohlen Ton von sich geben u. brechen* Gr. Wtb. 5, 13; mhd. kachele *Geschirr.*

Kächen [khèχən *D. Si.* u. s.; keχə *Ri. Ha. Rom.*] *f. Köchin.* — lux. 205 ebenso; els. 1, 420 Köche(ne).

kächen [khèχən *Si.*] tr. v. *fortjagen.* — lux. 205; altfrz. quacher.

Kacka [khaká *D. Si.*] *m. Menschenkot, in der Kindersprache:* K.: mâchen *seine Notdurft verrichten.* — lux. 205.

kacken intr. v. *D. Si.* cacare. — lux. 205; baier. 1, 1222; Gr. Wtb. 5, 14.

käcksen [khèksən *Si.*] intr. v. *abgestoßene Laute hervorbringen, wie die Henne, wenn sie gelegt hat.* — lux. 222 kéxen; baier. 1, 882 gagkezen; mhd. gagzen.

Kadaschter [khàdaštər *Ha. Rom. Bo.* u. s.; gàdàšder *Hom. Ri.*] *m.* 1. *Steuerliste, Kataster.* — 2. *Brustkorb:* er hat e bräde K.

Kade [khadè *Bo. Fa.* u. s. — Pl. -n] *m. Bezeichnung für einen kräftig gebauten Menschen, ein kräftiges Zugtier.* — frz. cadet.

Kadreserf [khadresèrf *Fo.*; khatresèrw *Fa.*; khàtərsèrf *Si.*; gàdrəsèrf *Ri. Ha. Rom.*] *n. Reserveviertel in einem Walde, Schonung.* K. ⟨ frz. quart de réserve.

Kadutsch [khaduts̆ *Fo. Fa.*; khatus̆ *Klein-Ro.*] *f. Genick, Schopf:* änen an der K. krin *Fo.* Änen an der Katusch holn *Klein-Rosseln.*

Kaf [khãf *fast allg.*; khoïf *Av. Falk.*] *m. Kauf, Kaufakt, Geschäft:* de goᵘde Kãf ass de deiere Kãf *der wohlfeile Einkauf stellt sich am teuersten Si.* Ebbs mit in de K. nemme *Ri.* gudde-kåf adj. *D. wohlfeil.* — Zss. K.-mann *fast allg.*; K.-preis *m. D. Si. Kaufpreis.* Ka(u)fmanns *älterer Name für Saarburg i. Lothr.*

Käfel [khéfəl *Umgegend von D.*] *m. Maikäfer.* s. a. Kerbeleng u. Klewert.

kafeⁿ [khàfəⁿ *Fo. Sgd. Lix.*; khéfəⁿ *D. Si.*; khéfən *Ersd.*; khéïfən *Bo. Falk.*; khaofən *Ha. Vahl-Eb.* — *Flexiou:* kháfə, khéfšt, khéft. Ptc. gəkháft und kháft *Fo. Lix.*; khát *Si.*; khaut *Bo.*; khóïf *Falk*; gháfd *Ri. Ha.*] tr. v. *kaufen:* sich ebbs k. *sich etwas zuziehen Ha. Ri.* E Kind k. *verschleierter Ausdruck, um die Vermehrung der Familie durch ein neues Kind zu bezeichnen ibid.* M'r soll d'Katz nit em Sack k. *Rom. Ri.* u. s.

Kaffee [khàfé *fast allg.*; khàfi *Si.*; khàféï *D.*] *m.* 1. *Kaffee.* scheler K. *sehr schwacher K. Spruch:*
Kaffee, Kaffee, du edles Getränk!
Wer dich deck *(oft)* nemmt, kreït die
 [*Kränk. Bi.*
— 2. *Kaffeehaus.* Zss. K.-bich *Kaffee-*

bäuche, Spottname der Saargemünder wegen ihrer Vorliebe für K. K.-binz *f. Si.* Kaffeekanne. s. Binz. K.-bohn. K.-brih *schlechter Milchkaffee allg.* K.-dûs *f. Si.* (eigentl. *Kaffeedose) Liebhaber, Liebhaberin des K.* K.-gesicht *Rom. einer, dessen Gesicht den starken Genuß von K. verrät.* K.-hawe *Kaffeetopf Sbg.* K.-hòr(eigentl. *Kaffeehorn) Kaffeeschwester.* K.-leffel K.-mihl. K.-satz. K.-seïh *Kaffeesieb.* K.-tass. K.-tût *f. D. Si. Kaffeeschwester.*
käflech [khǽfleχ *D. Si.*] adj. *käuflich.* — lux. 206.
Kaft [khàft, Pl. -ərn *Fo. Fa.* u. s.] *f. Kerbe, Einschnitt ins Holz.* — vgl. hess. N. 123 Kaft *Krapfen in Pfosten der Türen u. Fenster; Spalte.*
kahl [kál *Ri. Av.* u. s.] adj. wie hd. *kahl. Rda.:* k. wie uff ume Disch *ganz leer, tabula rasa.* Zs. Kahl-ärsch *m. Habenichts.* — vgl. els. 1, 69 Nackärschel. Kahle *m. Flurname bei Riedlingen.*
Kahneⁿ [khánə *Fo. Fa.* u. s.; khánən *Falk.;* khón *D. Si.*] *m. Kahm, Weinpilz; Schimmel auf Wein, Essig, Tinte u. dgl.:* es isch Kahne ufm Win. — els. 1, 448 Kuene;. baier. 1, 1253 Kan; lux. 238 Kôn; mhd. kâm, kân.
Kaiser [khaizər *fast allg.;* khǽzər *D. Si.*] *m. Kaiser:* sie spiele um K. sin Bart um nichts *Fo.* Gòn, wûr de K. ze Foᵘss gehen, wohin der *K. zu Fuß geht (auf den Abort) Si.* Wo nix isch, hat d'r K. sin Recht verlor *fast allg.*
Kaje [khaje *Fo. Fa.* u. s.] *n. Schülerheft:* min K. isch schon ganz voll geschrib *Fo.* — frz. cahier.
kajos [khajós *Falk.*] adj. *neugierig.* — k. < frz. curieux.
Käl I [khæl *Busd. D. Si.;* kheïl *Bo.,* Pl. -ən; kheïəl, Pl. kheïlə *Ha. Ri. Rom.;* Demin. kheïlχin] *f. Kegel.* d'Engle spille Keïle *sagt man, wenn es donnert Ha. Ri.* — lux. 219 Këll; eifl. Kaiel Bü. 5. s. a. Kekel.— Zss. Käle-bunn *f. D.Si. Kegelbahn.* K.-jong *Kegeljunge. ibid.* K.-klatz (K.-kuwel) *Kegelkugel. ibid.* K.-spil *Kegelspiel:* er kemmt on, weï'n Hond em K. *ist nicht gern gesehen Bo.* K.-spiller.
Käl II [khèl, Pl. -ər *Ett.* u. s.] *n. Straßenrinne.* — els. 1, 430 Kell (Kèl); hd. Kelle Gr. Wtb. 5, 511, 3ᵈ; s. a. From. 5, 368.
Kalaumes [khàlauməs *Ro.;* khàlaumes dingəs *Av.*] *m. u. n. dummes Zeug, leeres Geschwätz, Schwindel, Betrug:* K. mache einem hinterlistig zu schaden suchen: mach m'r kän K.! — els. 1, 429; K. < hebr. chalomôth *Träumereien* Jb. 12, 136.
Kalb [khàlp *Fo. Bi. Ri. Rom. Ha.* u. s.; khâlf *Falk.;* khàlw *Bo. Av. Sgd.;* khàləf *D. Si.;* khâləf *Kö.* — Pl. khælwər, khælwərə, khælwa; Demin. khèlbəl, khèlwəl, khaiwəl, khèlftχen] *n. Kalb:* dumm wie e K. — E K. macheⁿ 1. *kalben.* 2. *sich erbrechen. Rdaa.:* die Kälwa, wu gut suffen, bruchen nit ze fressen. Wann der Deiwel d'Koᵘh hot, kann en d'Kallef och holen *Si.* Es macht sich wie Kellerles' *(Kellerliese)* Kälbel, un am End ischt's doch verreckt *Bi.* En hot Aen *(Augen)* wie e K. *große Augen Si.* Die Erstlingskälwere han guldini Schwänz *werden die besten Küh Rom.*
Kalbin *f. Grt.* u. s. (Kalwe *Ri. Ha. Rom. Hom.) Rind; junge, zum erstenmal trächtige Kuh.* — els. 1, 433; hess. 190 Kalbin.
Käle *grüne Nußschale* s. Kält.
kälen [khèləⁿ *Pü.*] tr. v. *Walnüsse aus der äußern grünen Schale lösen.* — baier. 1, 1242 kolten; rhein. kulpen Gr. Wtb. 5, 1622, 8. s. Kält.
Kalenner [khàlènər *fast allg.;* khàlèna *Av.;* khùlèndər *Ri. Ha. Rom. Hom.;* kholènər *Pü.* — Pl. -n] *m. Kalender.* K. mache *sich Gedanken machen, über grillenhafte Pläne nachsinnen.* D'Mensche mache d'Kulendre, un unser Herrgott machts Wedder *Rom. Ha.* — lux. 206 Kalénner. Zs. K.-mann (Kulender-mann) *fast allg. Händler, der mit Kalendern auf dem Lande hausieren geht.*
Kale-schmatt [khàləšmàt *Si.*] *m. Kaltschmied.* — lux. 207 Kålschmatt.
Kaletsch [khalètš *Fa.* u. s.] *f. leichte offene Kutsche, Kalesche.* — els. 430; baier. 1, 1233; frz. calèche.
Kalf s. Kalb.
Kaliwer [khàliwər *Ri. Hom. Ha. Rom.* u. s.] *n. Kaliber, Maß:* er het e gud K. — els. 1, 430 Kaliber.

Kalfakter [khàlfàktər *fast allg.*] *m.* 1. *Zuträger, Müßiggänger, Liebediener, Aufpasser.* — 2. *Tausendkünstler; einer, der alles versteht* Ri. Hom. Ha. *Ursprünglich* Calefactor *Ofenwärmer, Famulus eines lat. Schulherrn; das Wort ist aus der lat. Schulsprache in weitere Kreise eingedrungen.* — els. 1, 435; baier. 1, 1240; hess. 191; lux. 206; Gr. Wtb. 5, 64; From. 6, 289.
kalfaktere[n] intr. v. *fast allg.* 1. *unnötig herumlaufen, sich zu schaffen machen.* — 2. *schwänzeln, in übertriebener Weise schmeicheln.* — 3. *spionieren, ausforschen:* wie er dorum kalfaktert! — els. 1, 435; baier. 1, 1240; hess. 191.
Kalk [khàlk *fast allg.*; khàlek *D. Si.*; khàliχ *Pfb.*] *m.* 1. *gebrannter Kalk. Rda.*: er verfällt wie K. *ist dem Tode nahe* Lix. K. ablesche. D'Eiere in de K. leje. — 2. *Verputz:* d'r K. fällt von der Mur era Ha. Ri. Hom. — Zss. K.-brenner. K.-fass *Gefäß für Kalk von einem bestimmten Maße*. K.-kaul *f. D. Si. Kalkgrubbe*. K.-owen. K.-speis *f. Mörtel*. K.-stän *Kalkstein;* K.-steps *m. D. Si. Kalkstaub*. K.-wasser.
Kall [khàl *Si.*] *f. Keil, untergeschobenes Holz.* — lux. 206 ebenso; egerländ. Kâl, From. 6, 172.
Kalle [khàlə *Ri.*] *f. starkes, großes Weib* (*jüd.*): awer das isch e K.! — els. 1, 429 ebenso.
källeken [khèlekən *Si.*] tr. v. *mit Kalk bestreuen:* d' Sòt k. die Saatfrucht kälken. — lux. 207.
Kalott [khàlot *Ri. Hom.*] *f. Käppchen, Priestermütze.* — frz. calotte.
Kalpeng [khalpeṉ *Fo.* u. s.] *m. Notizbuch:* das muss ich mer in min K. schriwe. — frz. calepin.
kalt [khàlt *fast allg.*; khàlt *Falk.*; khál u. khàlt *D. Si.*; khoalt *Kr.* — Kompar. kheltər u. khàltər, keltšt] adj. *kalt:* k. wie Is, wie Gift *eisig kalt* Kr. 'S isch k. zum Verrecke, zum futi gehn, ass em d' Nas g'friert Ri. Rom. Hom. Ha. Ebber k. mache *töten ibid.* Er muss kaltes Wasser suffe mit de Gäns *zur Strafe ibid.* E kalder Minsch *ein unfreundlicher Mensch ibid.* E kalder Schlagg *kalter Blitzschlag;* kalder Brand *Verheerungen des kalten Blitzschlages ibid.* — Zs. kalt-blidich adj. *kaltblütig.*
Kält I s. Kelt.
Kält II [khèlt *Ett.* u. s.; khèlə *Pü.*] *f. äußere, grüne Schale der Walnuß*. K. < Ghält, Gehält (halten). — baier. 1, 1242 Kolte; vgl. els. 1, 329 u. schwäb. Gehalt, Kalt *Kasten, Einfassung.* s. a. Gr. Wtb. 5, 1623 Kolte. *Gebräuchlicher ist das Kompositum* Nuss-kält.
kältsen [khèltsən *Bo.*; khéïltsən *D. Si.*] impers. v. *kaltes Wetter haben:* et kältst. — lux. 219 kélzen; vgl. hd. kalten *kalt werden* Gr. Wtb. 5, 88.
Kalwe s. Kalbin.
kalwen *kalben* s. kälwern.
kalwere[n] intr. v. *Bi. sich (wie ein Kalb) herumwälzen, sich flegelhaft benehmen:* im Dreck herumkalwere. — els. 1, 433; Gr. Wtb. 5, 56 kalbern 2.
Kälwer-mô' *m. D. Si. Kalbsmagen.*
kälwern [khèlwərn *fast allg.*; khálwən *D. Si.*] intr. v. 1. *ein Kalb werfen:* die Kuh kälwert. — 2. *sich erbrechen:* hasch de gekälwert? — els. 1, 433 kalbere, kälbere; baier. 1, 1238 kelbern; hess. 191 kälbern = vomere.
Kamber s. Kanfer.
kamble[n], sich [khàmblə *Ri. Rom. Ha. Hom.*] refl. v. *sich abmühen, sich durchkämpfen:* hasch nit kenne here, jetz kambel dich! — els. 1, 443 ebenso; hess. 191 sich kampen; baier. 1, 1251 kampen; tirol. kampeln, From. 6, 289. *Zu* els. Kambel.
Kamedie s. Komedi.
Kamel [khàmél *fast allg.*; khàmeïl *Bo. D. Si.*] *n.* 1. *Kamel.* — 2. *Dummkopf.* Zs. K.-deïer *n. Dasselbe wie* Kamel. (Deïer = *Tier.*)
Kamelot [khàmlot *fast allg.*] *f. schlechte Ware.* — frz. camelotte.
Kamerad [khàmərád *fast allg.*; khoməród *D. Si.*] *m. bester Freund.* Nach(t)-mols-kamerad *der mit einem andern zur ersten Kommunion gegangen ist* Fo.
Kamille-(blum) *fast allg.* (Kamille Ha. Ri.) *f. Kamille* (Matricaria chamomilla), *bes. zu Tee gebraucht.* — Zss. Kamille-tee. Kamelle-drinke *n. Kamillen-*

absud für Menschen, K.-suffen *fürs Vieh Ri.*
Kamin [khàmín *fast allg.*; khàmeïn *Bo. D. Si.*] *m. Kamin.* Ebbs ins K. schriwe *etwas nicht mehr in Anrechnung bringen Ri. Hom. Ha.* 'S K. isch verstuppt *übertr. die Nase ist verstopft ibid.* — Zss. K.-fajer [-fájər *Pfb.*] *m. Kaminfeger.* els. 1, 98 ebenso. Kamine-vowel *Ri. Hom. Mauersegler, Turmschwalbe.*
Kamisol [khamiʒòl *fast allg.*] *n. Wams, kurze Bauernjacke.* — els. 1, 437; frz. camisole.
Kamm [khàm *fast allg.*; khàmp *Bo. D. Si.* — Pl. khḗm u. khàmən, ˜khém] *m.* 1. *Kamm.* — 2. *Mähne des Pferdes.* — lux. 208 u. baier. 1, 1250 Kamp.
kämmen tr. v. *D. Si.* wie hd. *kämmen; sonst* strählen (s. d.)!
Kammer [khàmər *fast allg.*; kh̨ámər *Bo.*; khumər *D. Si.* — Pl. khàmərə, khumərən; Demin. khèmərχə, khimərχən] *f.* 1. *Kammer, Schlafkammer, Zimmer.* — 2. *Parlament, Reichstag, Landtag.* — els. 1, 436; lux. 254 Kummer.
Kammis [khàmis, Pl. -ə *Fo. Pfb.* u. s.; khàmes *D. Si.*] *m. verächtl. für Soldat (Kommißbrotesser).* — lux. 208 Kammöss; els. 1, 442 Kummis. Zs. Kammes-mô' *m. D. Si. Magen, der alles verdaut.*
Kammod [khamót *Si.*] *f. Haube, wie sie früher die alten Frauen trugen.* K. < frz. commode *bequem.*
kä' mol(s) *keinmal*. s. *kän kein.*
Kamp I [khamp *D. Si. Rü.*] *m.* 1. *Zahn am Mühlrad.* hd. Kamm *Zahn eines Rades* Gr. Wtb. 5, 103, 3ᵃ; ss. Kàm, Kisch 78. — 2. *Kamm* s. Kamm. — Zss. Kampkessen *n. Si. Tragriemenkissen.* lux. 203 Kamp-rad *n. D. Si. Zahnrad.* lux. 208; mhd. kamprat.
Kamp II [khàmp *Fa.* u. s.] *n. Lager, Feldlager.* — els. 1, 436 Kam; Gr. Wtb. 5, 134 Kamp; frz. u. engl. camp. — Zs. Kamp-schalon [-šalón *Hom. Ri.*] *n.* camp de Châlons.
Kampet *Wochenbett* s. Kimpet.
kampiereⁿ [khàmpîrənˢᵗ *fast allg.*; khàmbîrə *Fo.*] intr. v. *im Freien lagern:* m'r han druss kampiert *Fo.* — els. 1, 444; lux. 208.

kän, käns [khæn *m.* u. *f.*, khèns *n. fast allg.*; khæn, khæni, khæ *Ri. Hom. Ha. Rom.*; khæn, khèn̨, khæ̀nt *D. Si.* — Pl. khèn] pron. indef. *kein, keine, keines:* es isch kän Hochzitt so klän, es git noch än *Fo.* Et as kä' Papp a keng Mamm esoᵘ arem, se hâlen hir Kanner warem *Si.* D' Noᵘt kennt kä' Gesetz *Si. Verstärkungen:* kä(n) Grimmel *(Krümchen)*, kä(n) Schnuf *(Schnauf, Atem)*, kän Undädel *(Tadelnswertes) Ri. Ha. Rom. Hom.* — Zss. kä'meh, kä'meïh *Bo. D. Si. kein mehr:* d' sen k. da! *es sind keine mehr da Bo.* Ich han kämeh Broet *kein Brot mehr Bo.* kä'môl(s) adv. *D. Si. keinmal:* eⁿ as k. do gewès *er ist niemals da gewesen.* — lux. 219 kêmol.
Kanal [khànal, Pl. khànèl *Lix. Sgd. Pfb. Mü.* u. s.] *n. Kanal.*
Kanaljen [khanáljən, Pl. gleich *D. Si.*; khànâliə *Ha. Ri.*; khánaljè *Fi.*] *f. liederliches Frauenzimmer.* — lux. 208 Kanâljen; els. 1, 445 Kanalie; frz. canaille.
Kanape [khànape *fast allg.*; khànabèt *(mit Anlehnung an Bett) Lix. Mett. Ri. Ha.* u. s.] *n. Sopha, Divan:* huck dich ufs K.! — els. 1, 445 Kanapet; frz. canapé.
Kanarie-vogel [khànərjə *fast allg.*; khanarí *Si.*; khànálfokəl *Lix.*] *m. Kanarienvogel.* — Zs. 1, 100 Kanalvokel.
Kand s. Kind.
Kand-dô' [khan̨tdô *Si.*] *m. Tag der Kindheit:* vu' K. un *von frühester Jugend an.* — lux. 209 Kand-déch.
Kandel [khàndəl *Fo. Merl.* u. s.; khànəl *Ha.*; khánəl *Fi. Fa. Ett. Hom. Ri. Rom.*; khaindəl *Brettn.*; khánə *Pü.*; khèndəl *Kr. Busd. Hom. Hd.*; khindəl *Bo.*; khundəl *D. Si.* — Pl. -n] *m.* u. *n. Wassertraufe, Dachrinne, überh. Wasserabfluß:* der Kandel muss geflickt werre *Fo.* — els. 1, 445 Kane, Känel, Kandel; hess. 191 Kanel; baier. 1, 1254 Kännel; lux. 254 Kundel; hd. Känel Gr. Wtb. 5, 160; lat. canalis.
kaneⁿ [khànə *Lix.*] intr. v. *schwätzen:* er kant en änem furt. — frz. caner *plaudern.*
Kanell [khànèl *D. Si. Falk.* u. s.] *m. Zimmt.* — els. 1, 446 canel; mhd. kanel; frz. canelle.
Kanfer [khànfər *Kr. D. Si.* u. s.; khambər *Hom. Ri. Rom.*; gambər *Ha.*] *m.* 1.

Kampfer. — 2. *Kampferspiritus.* — Zs. Kamber-schnabs *Ri.*

Kanincheⁿ [khaninχə *fast allg.*; khanainχən *Wal. D. Si.*; khaneŋχən *Ka.* - Pl. khaninχə u. hhaninχər, khanainχər] *n. Kaninchen. Rda.*: jengern eweï d' Kaneincher *Junge werfen wie die K. (von fruchtbaren Frauen gesagt).* — Zs. Kaninche-stall.

Kaniwo *f. Falk. Straßenrinne.* — frz. caniveau.

Kanker [khaŋkər *Si.*] *f. Mundfäule, Mundschwamm (weiße, schwammartige Bläschen im Munde der Säuglinge).* — lux. 209 Kankel; vgl. lat. cancer.

Kanne [khànə *Ri. Hom. Ha. Rom.*; khànə *Mtsh.*] *f. Kanne.* Demin. Kännel.

Kanon [khànoun *fast allg.*; khànoun *D. Si.*] *f. Kanone.* — Zss. Kanone-loch *Schießscharte*; K.-schotz *K.-schuß*; K.-stopp *m. D. Si.* 1. *kurzer, dicker Mensch.* 2. *nichtsnutziger Kerl*; kanone-voll *adj. völlig betrunken.*

Kansel [khànsl *Lix. Sgd.* u. s.] *f.* 1. *Kanzel. Rda.*: 'S git kä' K., wo noch kä' Lüe (*Lüge*) druf gesat word sin *Lix.* — 2. *freier Treppenaufstieg zum ersten Stockwerk eines Bauernhauses Ri.*

Kansong [khànsoŋ *Fa. Kr.* u. s.; khànsọ *Falk.*; khànsạ *Vbg.* — Pl. -n] *m.* u. *f. Unterhose.* — franz. caleçon.

Kanton [khantón *fast allg.*; khantoun *D. Si.*] *m. Kanton.* — Zs. K.-herr *Kantonalpfarrer Ri. Hom. Rom.*

Kantunje [khàntùnjé *Fa.* u. s.; khàntonjé *D. Si.*] *m. Straßenwärter.* — els. 1, 452 Kantonjè; lux. 210 Kantunjer; frz. cantonnier.

(Kap) *m. als Singul. wenig gebräuchlich*; Pl. Käpe [khèpə *Schw.* u. s.] *die eisernen Seitenstangen am Wagen.* — vgl. hd. Kapf *das Aufragende*; kapfen *ragend in die Höhe stehen* Gr. Wtb. 5, 185. s. a. Schämelkäpe.

Kapaun [khapaun *D. Si.*; khabun *Fo.* - Pl. -ən] *m. Kapaun*: en hot eng Kreït (*Kamm*) eweï e K. hat einen fetten Hals *Si.*

kapaunen tr. v. *D. Si. kastrieren.* — lux. 210 ebenso; mhd. kappûnen.

kapawel [khapáwəl *Fa. Ri. Hom. Rom. Ha.* u. s.] *adj. fähig:* e kapawle Kerl. Er isch nit k. fur dreï zehle *ganz untauglich Rom.* — els. 1, 455; frz. capable.

Kapei [khapai *Si.*] *f. Abschrift.* — lux. 240 Kopei; frz. copie.

Kapell [khapel *Fo.* u. s.; khopəl *Obh.*; khapəl *Bo. Falk.* — Pl. -n; Demin. khapèlχə, khèpəlχin *Bo.*] *f.* 1. *Kapelle.* Zs. Kritzkapell *Kreuzkapelle.* — 2. *Ruhealtar mit zugehöriger Ausschmückung am Fronleichnamsfeste:* Kapelle mache *solche Altäre einrichten Ri.*

Kaperal s. Kapral.

Kapetscher [khapetšər *Obh.*] pl. *Geld.* — vgl. baier. 1, 1215 Kabertschen *Wechsler*; hd. Kowetscher *Wucherer* Gr. Wtb. 5, 373, *wo auch die Ableitung des Wortes zu finden ist.*

Kapeziner *m. fast allg.* 1. *Kapuziner.* — 2. *Schalk, einer der gern Spuk treibt Ri. Hom. Ha.* — els. 1, 457.

Kapisch [khâpiš *D. Si. Mü.* u. s. khàbuds *Ri. Hom. Rom.*] *f. Kapuze.* — lux. 211 ebenso; frz. capuche.

Kapischung [khàbišuŋ *Hom. Ri.*] *m. wollene Kopfhülle der Frauen im Winter.* — els. 1, 456 Kapüschung; frz. capuchon.

Kapitel [khàpitl *allg.*] *n. Kapitel; bes. in der Rda.*: änem 's K. lese *die Meinung tüchtig sagen.* — els. 1, 456.

Kapiteïn *D. Si. Kapitän.*

Kaplan [khàploun *D. Si.*] *m. Kaplan, Vikar.* — lat. capellanus.

kapores [khàpórəs *fast allg.*] prädic. adj. *zugrunde gerichtet, unbrauchbar geworden, verendet, verloren:* k. gehn; da, der Hund isch k.! — els. 1, 456; baier. 1, 1268; lux. 211; hebr. Kapparâ, Kapporeth Jb. 12, 142.

kapot s. kaput.

Kapp I *Kopf* s. Kopp.

Kapp II [khàp *fast allg.*; kháp *D. Si.* - Pl. khapə, kháxpən; Demin. khèpχəⁿ, khèpəl] *f.* 1. *Kappe, Mütze:* kannschte nit die K. abdun? Mir gefällt min K., dem Tiroler sin Hut *jedem Narren gefällt seine Kappe Fo.* — 2. *der steife Teil hinten am Schuh, am Dreschflegel die Lederkappe zum Festhalten.* — 3. *Verdeck einer Kutsche.* — 4. *Frauenhaube:* Silwere K. *Haube* *mit silbernen Plättchen.* — 5. *Ohrfeige:* giw em e par Kappe! — els. 1,453. — Zs. **Kappe-lad** *f. Hut- und Haubenschachtel.*

kappeisen, sich [khàpaisən *Av. Freialtdf.*] refl. v. *sich zanken, streiten, prügeln:* se han sich herum gekappeisst. — els. 1, 443 kambeise, kambeize *zu ital.* campeggiare, altfr. champoier? Gr. Wtb. 5, 106 kammbeiszen ⟨(Hahnen) kamm u. beissen, *dem Kampf der Hähne entnommen.* vgl. hess. 191 sich kampen *sich zanken.*

Käppel [khèpəl, Pl. -n *Vbg.*] *m.* 1. *Brenner an der Lampe.* — 2. *Kapsel der Pflanze Ri. Hom. Rom. Ist Deminutiv zu* Kapp I. — els. 1, 453 Käppel *Käppchen.*

Kappel-berg [khapəlbèrχ *Fo.*] *m. Anhöhe in Forbach, wo die alte Kirche* (Kappell) *einst gestanden hat. Heute wohnt dort das arme Volk, u. der Kappelberg ist das schwarze Viertel Forbachs. Daher gilt die Bezeichnung* Kappelberger *als Schimpfwort.*

kappen I [khàpən *D. Si.*] tr. v. *behacken, beroden:* Grompire k. — lux. 212 ebenso; hess. 198 keppen *einhauen;* ss. käpen Kr. 59; hd. kippen *mit der Spitze hauen* Gr. Wtb. 5, 785, 4. (kippen *geht durch* keppen *zur ablautenden Form* kappen *über).*

kappen II [khàpən *Bo. u. s.*] tr. v. *ohrfeigen, durchprügeln.* — els. 1, 455 kappe, käppe 4; baier. 1, 1270 kappen, abkappen. s. a. Gr. Wtb. 5, 197, 4.

käppen [khèpən *Bo. D. Si.;* khapən *Falk.*] tr. v. *köpfen, enthaupten.* — lux. 212 küppen; els. 1, 462 käpfe, käppe; hess. 192 kappen. s. Kapp *Kopf.*

Käpper [khebər, Pl. gleich *Ri.*] *m. Nichtsnutz, ungezogener Junge:* das siŋ K.! — els. 1, 456 u. schweiz. ebenso; vgl. baier. 1, 1270 u. hess. 197 käppern käppeln *derb ausschelten, beohrfeigen.* s. a. Gr. Wtb. 5, 107, 4.

Käpper(t) [khèbərt *Ha. Rom.;* khibər *Hom. Ri.*] *m. Runge od. Stemmleiste am Wagen.* — vgl. els. 1, 458 Käpfer; baier. 2, 1273 Kipf.

Kappes [khapəs *fast allg.;* khabes *D. Si. Schw.;* khopəs *Weil. Ersd.;* khàwəs *Fi. Ri. Hom. Rom.*] *m. weißer Kopfkohl:* sure K. *Sauerkraut. Rdaa.:* K. schwätze *Unsinn reden.* Dem wär ich emol de Kawes era mache *den Kopf zurecht setzen. Fi. Ri. Rom.* — els. 1, 416 Kabes; lux. 204 Kâbes; hess. 193 Kappus; mhd. kabez; nhd. Kabisʒ, Kabis Gr. Wtb. 5, 9. — Zss. **Kabes-bid** *f. D. Si. Faß, worin der frische Kohl zu Sauerkraut umgewandelt wird.* lux. 204 Kâbesbidden. K.-de ï f *Si.* (eigentl. *Kohldieb) Hase.* K.-häd *n. D. Si. Kohlkopf.* s. Heid, Häd. K.-kopp *fast allg. Krautkopf.* K.-messer *fast allg.* 1. *Schrotmesser;* 2. *scherzhafte Bezeichnung für Infanteriesäbel.* K.-tusch *f. D. Si. Kohlstrunk.* s. Tursch. K.-zopp *f. D. Si. Kohlsuppe.*

Kapral [khàprâl *fast allg.;* khàbərâl *Ri. Rom.;* khàprôl *D. Si.;* khupərâl *Falk.*] *m. Korporal.* — lux. 212 Kaprôl; els. 1, 455 Kap(ə)ral.

Kapsul [khàpsyl, Pl. -n *Bo. Fi. u. s.*] *f.* 1. *Kapsel.* — 2. *Zündhütchen.* — els. 1, 462 Kapsul; frz. capsule.

Kaput [khàpùt *Fa. u. s.;* khàpòt *Bo.;* khàbud *Ri.* - Pl. ən; Demin. khàpètχin] *f.* 1. *Mantel mit Kapuze:* Rda.: ebber e Kabut anhänge *keinen Stich im Kartenspiel machen lassen Ri.* — 2. *Überzieher, Gehrock Bo.* — els. 1, 456; frz. capot, capote. s. a. Kapisch.

kaput [khàpùt *fast allg.;* khàbùt *Fo. Bi.;* khàpòt *D. Si.*] adj. 1. *entzwei, vernichtet, zugrunde gerichtet.* — 2. *todmüde, ganz erschöpft.* k. mache *zerstören.* am k. gehn *auf dem Punkte sein zu sterben.* — els. 1, 456; baier. 1, 1270; lux. 211; frz. (faire) capot.

Kar [khár *Bi. Fa. Lix. Rg. u. s.* — Pl. khær u. kárəⁿ] *m. Bienenkorb aus Stroh.* — els. 1, 462; baier. 1, 1276; hess. 193; Gr. Wtb. 5, 202 ff.; ahd. char, mhd. kar *Gefäß, Behälter.* s. a. Butsch.

Kär [khèr *Fa. u. s.*] *m. ein gewisser Wild- oder Nachgeschmack bei Speisen.* K. < caro (ferina) *Fleisch von gefallenem Vieh, Fleisch mit Wildgeschmack.* — vgl. Gr. Wtb. 5, 603 Kern.

kär [khær *Bi. Bo. Ett. Pü. Kr. u. s.*] adj. *wählerisch, empfindlich gegen schmutzige Arbeit u. unsaubere Speisen:* er isch nit eso k.; k. wie e Hund; k. sin *alles*

tadellos haben wollen Bi. — els. 1, 463
kär; hess. 220 körich; vgl. hd. küren.

Karako [khạrako, Pl. -n *fast allg.*] *m.
Jacke der Frauen u. Mädchen.* — els. 1,
462 Karrako; frz. caraco.

karchleⁿ [khàrχlə *Hom. Ri.*] intr. v.
*röcheln, schwer atmen wegen verschleimter
Kehle, bes. vor dem Tode.* — els. 1, 467;
baier. 1, 1287.

Kare [khâré *D. Si.*] *m. Quadrat.* —
lux. 212 Kareï; frz. carré.

Karess [khàrès *fast allg.*] *f. Liebkosung.*
— els. 1, 463; lux. 213; frz. caresse.

karessiereⁿ *fast allg. liebkosen, schmeicheln.* — els. 1, 463; baier. 1, 1280; frz.
caresser.

Karfreida *m. fast allg. Karfreitag.
Rda.:* M'r mänt, de kreïsch numme alle
K. än Ei sagt man zu einem mageren
Menschen *Fi. Aberglaube:* de Kenn (Kinder), wu om K. uf de Welt kumme, werre
weisheitsvoll *Lix. Am K. backen bedeutet
Glück, Wäsche halten Unglück Mü. Blumen werden am K.gesät, um seltene Farbenpracht zu erzielen ibid. Wenn die Buben
am Grünendonnerstag u. K. fasten, finden
sie während des Jahres mit Leichtigkeit
Vogelnester Ha. Ri. Rom. Ein am K. gelegtes Ei hilft zur Ausfindigmachung der
Hexen; es genügt, dasselbe in die Mitternachtsmesse zu Weihnachten mitzunehmen;
nach der Wandlung muß die Hexe die
Kirche verlassen Ha. Rom. Wetterregel:*
Wann's g'friert am K., duts G'frier's
's ganz Johr nix; wanns rängt *(regnet)*
am K., schadt das Ränge 's ganz Johr
nit a *Ri.* Wenns am K. regnet, gits e
drugge *(trocknes)* Johr *Rom.* — Zs. **Karfreitags-hinkel** *n. Ett. Huhn, das aus
einem am K. gelegten Ei geschlüpft ist;
es soll in jedem Jahr die Farbe wechseln.*

karich [khàriχ *Ri. Hom. Rom. Ha. Bo.*]
adj. u. adv. *karg, knauserig.* — els. 1,
468; baier. 1, 1291.

Karichkeït *f. Bo. Geiz.* — els. 1, 468
Karikeit.

Karle [khárle *Obh.* u. s.; khárleï *D.*;
khárli *Si.*; khále *Vbg.*; khèrliŋ *Ett.*] *m.
ein Viertel Schoppen:* en halwe K. ¼ Schoppen. — K. < frz. quart *mit der Verkleinerungssilbe* -le. — lux. 213 Karleï; els.
1, 462 Kärle; baier. 1, 1276 Kárle,
Kärlein.

Karlin [khàrlin *fast allg.*] *Vorname
Karoline.* — els. 1, 468 ebenso.

Karmeliter *in der Zs.* K.-geischt, K.-troppe *Hom. Ri. Ha. Likör, zugleich Heilmittel.*

karmen [kharmən, khèrmən *Si. D.*]
intr. v. *seufzen, jammern, kläglich tun;*
refl. *sich beklagen.* — baier. 1, 1292;
hess. 193; lux. 213; Gr. Wtb. 5, 218;
mhd. karmen.

Karmert [kharmərt, Pl. -ən *Si*] *m. Greiner, einer der immer jammert. Rda.:* Bei
de Karmerten kann ä' seïchen gon, bei
de Prangerten drôn *bei denen, die sich
immer beklagen, ist etwas zu holen, bei den
Prahlern das Gegenteil. Si.*

Kärmeter [khèrmètər *Falk. Vbg. Kr.
Reim. Wal. Büd. Rettel;* khèrmutər *Hd.*;
khármetər *Gehnkirchen;* khármèlter *Baumbiedersd.*; khèrmet *Wintr.*; khèrneter
Vahl-Ebersd. Altrip. Maxst.] *m. Beinhaus
am Kirchhof.* K. < lat. caemeterium,
frz. cimetière. — s. a. Bänhisel und
Schenkelhus.

Karnallje [khárnaljə *Fo.* u. s.] *f. Lump,
Nichtsnutz, Gesindel.* — frz. canaille.

Karo [kháro *fast allg.*] *n.* 1. *Eckstein
im Kartenspiel:* K. isch Trump! — 2. *viereckiges Gartenbeet.* — frz. careau. s. a.
Eckstein.

Karp [kharp *fast allg.*; kharpè *Mtsh.*;
khárəp *D. Si.*; khápən *Bo.*] *m. Karpfen.*
— els. 1, 470 Karpe *neben* Karpf; lux. 213
Kârep.

Karr(ich) [khar *Bo. Wal.* u. s.; khàriχ
Bi. Fa. Flh. Pfb. Sbg.; khàrə *Fo.*; khôr
D. Si.; kharχ *Fi.* — Pl. khàrə, khæriχ;
Demin. khæriχəl *Bi.*, khærχə] *m. Karren;
jeder zweirädcrige Wagen:* e Karrich Mist.
Rdaa.: Et es se lank fer de Karr on se
kurz fer de Wân *Bo.* Krâche Kòr gin
(gehn) am längschten *knarrende, abgenutzte
Karren fahren am längsten d. h. schwächliche Leute, gut gepflegt, halten lange aus
Si.* E scheckt sech wie en Hond an
enger Kôr *er benimmt sich schlecht D. Si.*
— els. 1, 466 Karch, Karrich; lux. 212
Kar. — Zss. **Karre-schisser** *werden
die Bewohner von Bertringen (Kr. For-*

bach) wegen der vielen dort hausenden Spengler u. Zigeuner genannt. Karrichschmèr *f. Ri. Ha. Rom. Wagenschmiere.*
karriche[n] tr. v. *Bi.* u. s. *eine Last mit dem Karren, bes. Schubkarren befördern.* — vgl. els. 1, 467 kärrele.
karriert [khaṛı̂rt *fast allg.*] adj. *karriert (von Stoffen).*
Karscht [kháršt *Bi. Fo.* u. s.; kháš *Fa. Vbg.*] *m. Karst; Hacke mit 2 Zinken zum Umhacken des Bodens.* — els. 1, 471; hess. 194. Zs. K.-kräbel *n. Bi. kleiner Karst für Gartenarbeit; er heißt deshalb auch* Garte-kräbel *(Kräbel Deminut. zu* Krope *s. d.).* K.-stil.
Kart [khárt *fast allg.*; khát *Bo. Falk.*; khòart *Sï.* — Pl. khártə, khâtən, khòartən] *f.* 1. *Spielkarte:* ze Kåte spilen *Falk.* D'Karde genn, mischle, abhewe, zehle, uthewe *Sbg.* Karde schlawe *einem gehörig die Meinung sagen Ha. Rda.:* em annere in de Karte lun *des Nächsten Tun beobachten.* De Karte vergin *sein Vermögen verschwenden Fo.* — 2. *Landkarte:* das Nescht lit nit uf der K. — 3. *Fahrkarte.* — Zss.: Karte-knupser *Lix.* u. s. *Eisenbahnschaffner, der die Karten locht.* K.-petzert *D. Si. dasselbe wie* K.-knupser (s. petzen). K.-plätsch *f. Fo.* u. s. *Kartenschlägerin:* er isch bi der K.gewän. vgl. baier. 1, 333 Blätschen *großes, breites Blatt;* schwäb. Blätsch, From. 4, 492; schweiz. Blatsche *ibid.* — Karte-rasseler *D. Si.* u. K.-stoffel *Lix. leidenschaftlicher Kartenspieler.* K.-spiel *allg. Kartenspiel:* a es of's K. aus weï'n Deibel of en arm Seel *Obd.*
karte[n] [khártə *Fo. Lix. Sgd.* u. s.] intr. v. *Karten spielen:* se sin schon wider am Karte *Fo.* Wonn die mol am K. sin, noh bringt se kän Minsch meh eweck *Lix.* — els. 1, 471.
Karter [khârdər *Ri. Hom. Rom. Ha.*] *m. leidenschaftlicher Kartenspieler.*
Karthaus *f. Karthause (bei Rettel).*
Kartheiser [khartaisər *D. Si.*] *m. Karthäusermönch.*
Kartusch [khàrtuš *fast allg.*; khàrduš *Ri.*] 1. *f. Patrone, Zündhütchen.* — 2. *m. schlauer Patron:* Du K.! *Ri.* — els. 1, 472; frz. cartouche.

Kartusen [khàtúʒən *Bo.*] *m. Genick, Schopf:* änem den K. verso[u]hlen *hinter die Ohren schlagen.* — baier. 1, 1297: einen be de Kartausen neme *fest anpacken;* els. 1, 471 Kartus 2 *Schopf;* lux. 213 Kartaus; hd. Karthause Gr. Wtb. 2, 608; 5, 243: „es ist eigentlich die herabhängende Kapuze, der Kappenzipfel nach der Ähnlichkeit als Düte bezeichnet".
Karwatsch s. Krawatsch.
kärwle[n] [khèrwlə *Hom.*; khaiwlə *Ha.*] intr. v. *sich erbrechen.* Zu Kälwel *Kälbchen.* s. a. kälwern.
Karwuch [khárwùχ *fast allg.*; khárwoχ *D. Sï.*] *f. Karwoche:* in der K. därf m'r kän Fläsch esse *Fo.*
Käs [khǽs *fast allg.*; khàs *Lix.*; khḗïs *D. Sï.*] *m.* 1. *Käse:* fuller K. *getrockneter K. aus geronnener Milch;* wisser K. *Quark;* Stinkkäs *Limburger K.;* Hawekäs *K. aus Buttermilch, der in halb flüssigem Zustand im Topf aufbewahrt wird.* Der isch kum dreï K. od. dreï fulle K. hoch. *Ersd. Pfb. Ri. Ha.* — K. usscheppe *K. bereiten Lix.* Vier K. un dreï Jude sin siwe Stinkerte *Lix.* Der get *(gibt)* sich awer e K.! bildet sich was ein *Fo. Pfb.* u. s. *Rätsel:* Es kimmt vom Lewe *(Leben)* un hat kän Lewe un drät *(trägt)* lewendige Junge. *Rda.:* Da hat onser Herrgott sin K. on Bro[u]t verlor *das ist eine unfruchtbare, armselige Gegend Bo.* — 2. *Augenbutter:* er hat K. in de Auwen, er hat Käsgüggle *Pfb.* els. 1, 473 ebenso. — Zss. K.-blum *Bo. Lix. Sgd. Schw.* u. s. 1. *roter Storchschnabel* (Geranium sanguineum). 2. *Pelargonie.* 3. *Wiesenschaumkraut Bo.* els. 1, 158 Käsbluem *Gänseblümchen;* s. a. Gr. Wtb. 5, 250. K.-duch (K.-dichel) *n. leinenes Tuch, in welches die geronnene Milch getan wird, um sie von dem säuerlichen Milchwasser zu trennen.* K.-fässel *n. Sï. Lix.* u. s. *Käsefäßchen, worin die Molken zum Abfließen gebracht werden.* K.-hirdel *Käshürde.* K.-kremer *Käsehändler.* K.-krut *n. fast allg.* (K.-kreitchen *Sï.*) *Malve* (malva silvestris u. rotundifolia). els. 1, 530 Käselkrut; ss. Këskraut Kr. 61. K.-kuche u. K.-dard. K.-messer *n. (scherzh.) Seitenge-*

wehr, Infanteriesäbel. els. 1, 720. K.-
moppel *Spottname der Einwohner von
Hundlingen (Kr. Forb.) u. Ruhlingen (Kr.
Sgd.), weil sie viel Käse bereiten.* K.-
schmier *f. fast allg. Brot mit K. be-
legt. Rda.:* Er kunnt noch e par Käs-
schmieren essen *er kann noch wachsen
Ersd. Sbg.* u. s. K.-ständel *Käskübel
Ri. Hom. Ha.*
Kasāreⁿ [khaẓêrə *fast allg.*; khaẓêrən
D. Si.; khàẓêrnə *Ri. Ha.*] *f.* 1. *Kaserne.*
— 2. *Arbeiterviertel in einer Industrie-
stadt.*
Kasch I [khaš *Av.*] *f. schmutziges,
liederliches Weibsbild.* Gr. Wtb. 5, 276
Kasch, Kaschi, Kaschchen (eigentl. *Kose-
form von Katharina*) *Mädchen, Dirne:
eine liederliche* Kasche, *die abends auf
den Gassen Erwerb sucht.* vgl. a. ka-
schandern *sich herumtreiben* Gr. Wtb.
5, 247.
Kasch II [khåš, Pl. -ən *Bo.*] *f. Käfig.*
— frz. cage.
Kasche *Abschied, Urlaub* s. Koschi.
Kaschne [khašné *Fi.*; khašnè *Neufv.*]
m. Halsbinde, großes gestricktes Halstuch.
— frz. cachenez.
kascholiereⁿ [khàšolirə *Fo.* u. s.] tr. v.
liebkosen, schmeicheln. — frz. cajoler.
Kaschteⁿ [khàštən *fast allg.* — Pl. gleich;
Demin. khèšdəl, khèštχəⁿ] *m.* 1. *Kasten,
Behälter aus Holz, Truhe, auch Beicht-
stuhl:* Kischten un Kaschte voll. D'r
Paschdor sitzt schun im K. *Ri.* — 2.
*Kornhaufen auf dem Felde aus aufgerich-
teten Garben gebildet.* — 3. *breite, dicke
Person, bes. weibl. Geschlechts.* — els. 1,
476; baier. 1, 1305; lux. Kåscht Ga. 229.
kaschteⁿ [khàštə *fast allg.*; khåštən
D. Si.] tr. v. *die Garben zu Haufen zu-
sammensetzen:* Frucht k. — els. 1, 476;
baier. 1, 1305; lux. 214 kåschten; mhd.
kasten *Getreide aufschichten.*
Kaseweck [khasəwèk *Pü.* u. s.; kasən-
wèk *Sgd.*; katsənwèk *Fi.*; gasəwok *Pfb.*
— Pl. -əⁿ] *f. leichte Überjacke der Frauen
u. Mädchen; Ärmelleibchen; Nachtjacke.*
— els. 1, 472 Kaseweck; lux. 214 Kase-
wéck; ss. Kastewek, Kisch 81 (W. u. W.);
vgl. baier. 1, 1300 Kasaken u. frz. casa-
quin.

Kass I [khàs *Si.*] *m. Kies.* — lux. 214
ebenso; vgl. frz. casse *zerbrochenes Ge-
schirr* (v. casser).
Kass II [khàs *Si. Oberk. Metzeresch*
u. s.; khàsgèd *Ha. Ri. Rom.* — Pl. -ən]
f. Mütze. Rda.: En hot eng ener der
K. er hat eine sitzen, ist betrunken. Kass
ist Abkürzung von frz. casquette.
Kassis *m. fast allg.* 1. *schwarze Jo-
hannisbeere.* — 2. *Likör, der aus der Frucht
derselben zubereitet wird.* — lux. 214;
frz. cassis.
Käss-kucheⁿ [khèskúχə *Fo.* u. s.] *m.
Rosinenkuchen.* Käss < frz. (raisins de)
caisse *auf Kisten verpackte Rosinen.*
Kass-meier *m.* St. R. Av. 89 *Name
des obersten Vogteibeamten, des Meiers der
ganzen Vogtei. Seine Befugnisse werden
folgendermaßen umgrenzt:* ... derselbe
hat macht alle ander vogdien meyger
zu machen ... und hat recht .. von beden
herren wegen dieselbe meyer und anderen
zu setzen u. zu entsetzen also dicke,
dass not geburt (*Weistum von St. Nabor
1302, herausgeg. von Crecelius in der
Ztschr. des Bergischen Geschichtsvereins,
Bd. VII*). — Da der Kassmeier haupt-
sächlich Forstbeamter gewesen u. später
auch geblieben ist, so mag der Name her-
kommen von „Kasse" *lebendiger Baum.*
Kassrol [khasròl *Fa.* u. s.; khasdròl
Fo.; khasəròl *D. Si. Pfb.* — Pl. -ən] *f.*
1. *Blechtopf.* — 2. *Pfanne mit Stiel, Schmor-
pfanne.* — els. 1, 472 Kasserolle; lux.
214 Kassrol; frz. casserole.
Kasuel [khàẓuèl *Fo. Fa.* u. s.] *n. Neben-
einkünfte bes. der Geistlichen.* — frz.
casuel.
Kät [khêt *Fo.* u. s.] *f. Kollekte, Geld-
sammeln in der Kirche:* de K. mache,
frz. faire la quête.
käteⁿ [khèté *Fo.*] intr. v. *nur in Vbdg.
mit gehn:* k. gehn *Geld einsammeln in
der Kirche.* — frz. quêter.
Katapla [khataplá *Fo.*; khataplasəm
Lix.] *m. Leinsamenpflaster, warmer Brei-
umschlag:* du muscht K. mache, noh
werds ch(o)' wider gut werre *Fo.* — els.
1, 471 Kartepla(ng); frz. cataplasme.
Kathrin [khàtrin *D. Si.*, khatjə *Fo.*;
khêtê *Pü.*; khêt *Obh. Lix.*; khêtrin *Falk*.

Pfb. Lix.; Demin. khêtχən, khêtəl, khêdəl, khêtrainχən, khêtrinχən] *Vorname Katharina. In Lubeln singen die Kinder:*

Käthrinchen von Basel
Kann allerlei Sachen,
Kann stricken, kann nähen
Kann's Spinnrad rumdrähen.

Spottreim:
Kädel, Wädèl, Wideloch!
Heb de Hawe hingers Loch. *Ri.*

Käthrine-blum *Lix.* (K.-stock *Schw.*) *Aster* (Aster chinensis) *sog., weil sie um Katharinentag (25. Nov.) blüht.* — els. 2, 158.

katolisch [khatóliš *fast allg.;* khadoliš *Ri. Hom. Rom. Ha.*] adj. u. adv. *katholisch. Auf die Frage:* isch er k.? *lautet die Antwort:* Ja! kaltolisch *(kalter Katholik) Ri.*

Katolischer, Pl. Katolische *m. fast allg. Katholik.* — els. 1, 479 de Katolische.

Katonjes (spiele) [khatonjəs *Pü.*; khutón *Ri.*] *n. ein Lauf- und Versteckenspiel. Der Name rührt daher, daß die Spielenden, wenn sie weglaufen,* Katon, Kuton *rufen.*

Katsch *m. Niederh. Käfig.* s. Kasch II (frz. cage). — vgl. hd. Käscher, Ketscher *Netz Gr. Wtb.* 5, 248.

Katschissen [khatšisən *Bo.*; khatisəm *Lix. Sgd. Ha. Rom.*; khatisə *Merl.*; khàdəgis *Ri.*; khartjesəm *D. Si.*] *m.* 1. *Katechismus.* — 2. *Abschnitt im Katechismus:* konnscht de die K.? *Lix.* — 3. *christl. Kinderlehre:* an de K. gòn *D. Si.* — els. 1, 478 Katissem; lux. 214 Kartjössem.

Katz [khàts *fast allg.*; khàts *D. Si.*; khòts *Walm. Ersd.* — Pl. khatsən, khátsən; Demin. khêtsχən, khêtsəl; Pl. khêtsχər (s. d.)] *f. Katze. Rätsel:* 's lâft ebbes der Drepp enuff un schläft e Wiesbâm *Bi.* Vorne wie en Nähtsklöjel (*Zwirnknäuel*), in der Mitt wie en Kleiesäckel un hengen *(hinten)* wie e Spazierstèckel *Flh. Rdaa.*: Wat von Katzen kemmt, lehrt mûsen *was ein Häkchen werden will* .... *Bo.* De K. durch de Bach schleïfen *eine von andern eingebrockte Suppe ausessen müssen Bo.* 'S isch far de K. *man achtet es nicht Lix.* Ze Katze gehn *verloren, zugrunde gehen Ha. Ri.* Er versteht sovil devun wie e K. vum Hairoppe *Egelsh.*, od. wie d' K. vum Latein *Nj.* Noss bin wie ne Kotz *Ersd.* Nass wie'n K., wu mer durch de Bach geschleïft hat *Bo.* Hol d' Auwen en de Hand on de K. henner den Arm *sagt man zu einem, der nicht recht sieht Bo.* De Kotz bi de Speck sperren *den Bock zum Gärtner machen Walm.* D' Kâtz am Sâk käfen *Si.* Geh, fra' *(frage)* de K.! *antwortet man einem unbequemen Frager (Lubeln).* Verschmeichelt sin wie e K. *sehr schmeicheln Ri. Rom.* Sich wäsche wie d' Katze *allg.* Verspilt wie e K. *aufs Spielen erpicht sein Ri. Rom.* D' K. isch m'r de Buggel enuff, wie er mer's verzehlt hat *Gruseln empfinden ibid.* E Bockel mâchen eweï eng K. op engem Schleifstän *D. Si.* Falsch eweï eng K.; op d' Feïss (*Füße*) fâlen eweï eng K. *Si.* D' Kâtzen lossen d' Mausen net *D. Si.* Wann d' Kâtzen fort sin, da sin d' Meis (*Mäuse*) Mäschter *D. Si.* Sech verdrôen (*vertragen*) eweï Hond a K. *Si. Spruch:*

A, B, C, d' Katz lâft im Schnee;
D'r Hund lâft ne noh,
Se grischt: hilf, mordio! *Ri. Hom.*

In Pfalzburg singt man:

Freut euch des Lebens:
Unseri Katz hät Jungi gemacht;
Freut euch des Lebens,
Sewe in einere Nacht.

Das Demin. Kätzcher, Kätzle *wird auch gebraucht zur Bezeichnung der Weiden-, Pappel- u. Haselnußblüte.* — Zss. Katzenaue *graue Augen.* Katze-bänkel *Strafbank für Kinder in Kirche u. Schule.* K.-buckel *gekrümmter Rücken.* K.-dreck *allg.* Katzenmist: ja K.! *grobe Abweisung.* E Katzedreck grije im e Lumbe gewiggelt *Ri. Hom. Eine Wunde heilt schnell, wenn man dreimal einen Kreis um dieselbe beschreibt u. dabei singt:*

Heile, heile, Katzedreck!
Ewermorje esch alles eweck *Pfb.*

K.-fiddle s. Fiddel. K.-geischt *m. Ri. Hom. Magerkeit, Abgezehrtheit.* K.-hor *Katzenhaar (das Verschlucken eines solchen soll gefährlich sein) Ri.* K.-kopp *m. allg. Böller zum Schießen.* els. 1, 460;

baier. 1, 1314; Gr. Wtb. 5, 297. K.-krut n. *Katzenbaldrian* (Valeriana officinalis). Gr. Wth. 5, 297 Katzenkraut. K.-lewe *zähes Leben*. K.-midderle *n. Hom. Ri. Katzenmütterchen; Kind, das sich gern mit Katzen abgibt*. K.-musik. K.-narr. K.-pelz. K.-roller *m. Ha. Rom.* 1. *Kater*. 2. *geiler Mensch*. K.-schwanz u. K.-waddel *m*. 1. *Katzenschwanz*. 2. *Schachtelhalm* (Equisetum arvense). s. Gr. Wtb. 5, 300. Katzeschwänz *heißen die Bewohner von Monhofen (Kr. Diedenhofen), weil in der Gegend der Schachtelhalm häufig vorkommt.*
katzen I [khàtzə *Ha.*] unper. v. *Mühe machen: bis ich de Sack uff'm Buggel han katzt's noch.* — els. 1, 485 ebenso.
katzen II s. kotzen.
kaue[n] [khauə *Fo.* u. s.; khoïwən *Grt. Av.* — *Flexion:* khauə, khaušt, khaut (khoïwən, khoïwšt, khoïwt); Ptc. gekhaut (gəkhoïwt)] tr. v. *kauen. Rda.*: Ich mun, du koïwscht Horessla (s. d.) *sagt man zu einem Kinde, das mit Widerwillen ißt Av.*s.a.knâen.
Kaul *Grube, Loch* s. Kull.
kaulech [khauleχ *D. Si.*] adj. *mit Vertiefungen versehen*: kauleje Bodem; e k. Stek Land.— lux. 215 ebenso; mnd. kulich.
Kaup [khaup, -ən; Demin. khaipχən *Si.*] *f. Mütze, Zipfelmütze.* — Gr. Wtb. 5, 360 Kaupe 2; hess. N. Ergänzgsh. 2, 19 Kaupe; lux. 215 Kaup *Haube mancher Vögel*; ahd. kuppa, kupfa; vgl. mhd. gupfe, md. kuppe, engl. cop, ndl. kuip. — Zs. Kaupe-mächer *Mützenmacher*.
kaupech [khaupeχ ,*Si*.] adj. *gehaubt, mützenartig:* k. Hauf *eine Art Nachthaube der Frauen*.
kauscher adj. *allg. dem jüdischen Ritus gemäß, rein, echt:* nit k. *unsicher, unheimlich*. — els. 1, 475; lux. 215; baier. 1, 1303; hebr. koschêr Jb. 12, 143.
Kautsch *Beet* s. Kutsch.
Kautschu [kháutšù *D. Si.*] *m. Kautschuk*. — lux. 215.
Kauz [khauts, Pl. khaits *Ha. D. Si.*; khøuds *Ri. Hom. Rom.*] *m*. 1. *Kauz*. 2. *mürrischer, unzufriedener Kerl; sonderbarer, merkwürdiger Mensch:* e richer K. — lux. 215 Kâuz; els. 1, 487 Kuz, Kutz, Kauz; Gr. Wtb. 5, 368, 2 c.

kauzech adj. *Si. mürrisch, launenhaft.* s. Kauz 2. — els. 1, 487 kutzig; vgl. lux. 216 Kauzechkät *Launenhaftigkeit*.
Kauze-kopp [-kòp *fast allg.;* -kàp *D. Si.*] *m*. 1. *Kaulquappe* (Froschlarve). — 2. *dicker Schuhnagel (wegen der Ähnlichkeit mit einer Kaulquappe) D. Si.* — 3. *mürrischer, unzufriedener Mensch.* — lux. 216 Kauzekapp; Gr. Wtb. 5, 372 Kauzkopf; els. 1, 460 Kullekopp. Kauzenköpp *Spottname der Einwohner von Filsdorf (Kr. Bolchen), weil sich in dem schmutzigen Bach, der durch den Ort fließt, massenhaft Kaulquappen finden.*
Kawacke [khawakə *Fa*. Sgd. u. s.] *n.* (?) *Eichhörnchen*. — lux. 216 Kawêchel, Kawêchelek, Kawêcherek. *Ortsneckerei:* Rossbrücker Kawacke mit den dicken A(r)schbacken.
kawackle[n] [kháwàglε *Ha.*] tr. v. *durchprügeln.*—schles. kabacken, From. 5, 474.
Kawatsch [kháwatš *Lix.*] *f. Weidenrute zum Züchtigen*. — Gr. Wtb. 5. 206: Karbatsche *Hetzpeitsche;* els. 1, 465 Karbatsch.
Kawerjole[n] [khawərjolə *Sgd. Lix.*] pl. *Possen, Sprünge, Witze:* K. mache. — els. 1, 462 Kapriole; *ebenso bei* Gr. Wtb. 5, 201.
Käwich [khêwiχ *Ha. Rom. Mtsh.*] *m*. 1. *Käfig.* — 2. *Ort, wo man nicht frei ist z. B. Internat einer Schule.* s. a. Kasch.
Ke-chen [khéχən *Si.*] *n. Zöpfchen, Schwänzchen; die am Halse in ein Zöpfchen auslaufenden Haare.* K. < frz. queue *mit der Verkleinerungssilbe* -chen. — lux. 217 Kei.
Kecherling [kheχərliŋ, Pl. -ə *Fa.* Umgegend von *Av.*] *f. Kichererbse*. Kecher ist md. Form zu Kicher < lat. cicer. s. Gr. Wtb. 5, 659, 2 b.
kedrech *brünstig* s. köderech.
Keffer [khêfər *Bo. D. Brettn. Hd.* u. s.; khêfərn *Fa.*; khêfa *Kr.* — Pl. -n] *m*. 1. *Sparren, Dachgebälk aus Tannen- od. Fichtenholz.* — 2. *mitteldicker Baum.* — lux. 218 Kèffer; els. 1, 458 u. Gr. Wtb. 5, 186 Käpfer; ss. Kâfer, Kisch 77; ndl. Keper, *Umlautsform von* lat. caper *(das Gerüst tragende) Bock;* schles. Kaffer, Keffer, From, 4, 173.

Kehl [khél *fast allg.*; khéïl *D. Si.*] *m.* 1. *Kopfkohl, Wirsing, Krauskohl.* — 2. *Kohlsetzling D. Si.* — baier. 1, 1236 u. els. 1, 431 Köl; lux. 219 Keil. — Zs. K.-r u p *f. Fo.* u. s. *Kohlraupe.*

Kehr [khér *fast allg.*; khéər *Falk.*; khéïər *D. Si.* — Pl. -ən] *f. Drehung, Wendung mit Wagen od. Pflug; Umweg, Runde, Reihe:* De Gass isch ze eng, er krit de K. nit *Fo.* Mach, dass de de K. grischt! *Lix.* Mer han en K. in de Stadt gemacht *Falk.* De K. isch an ihm *die Reihe ist an ihm allg.* En as op der Keler *er ist auf dem Wege der Besserung D. Si.* Än K. *einmal;* alle K. (allekeïer) *jedesmal.* K. fer K. *einmal um das andere Bo.* Im K. erum *ringsum Ri. Hom. Rom.* — els. 1, 463; baier. 1, 1283; lux. 217; ss. Kirt Kr. 63; Gr. Wtb. 5, 400 ff.

Kehr-bese [-bèzə *Bi.*] *m. Borstenbesen mit langem Stiel.* — els. 2, 98.

Kehr-birscht [-béiršt *Bi.*] *f. Bürste zum Fegen.*

Kehr-dreck *m. Bi. Kehricht.*

kehre[n] **I** [khérən *fast allg.*; khéərən *Bo. Falk.*] tr. v. *kehren, fegen:* kehr de Dreck vor diner Dir eweg! *Fo.*

kehre[n] **II** [khérən *fast allg.*; khéïərən *D. Si.*] 1. tr. *kehren, wenden:* de Buckel k. *den Rücken zuwenden.* De n'Arsch k. *Ri. Ha. Rom.* Er kann si(ch) nit k. un nit wenge *(wenden) hilflos sein ibid.* Dat Bescht vir keïeren *das Gute (an einer Sache) zuerst berücksichtigen.* — 2. refl. *sich kümmern:* sich an nischt k. *Bo.*

Kehr-wusch *m. Ri. Hom. Ha. Rom. Dasselbe wie Kehrbirscht.*

Keib [khaip *Pfb. Sgd. Lix. Ltf. Fa. Sbg.* u. s. — Pl. khaiwə] *m.* 1. *Schelm, Schuft (grobes Schimpfwort):* dreckijer, krummer, elender K.! — 2. *Sonderling.* E matter K. *schnell ermüdender, leicht schwitzender Mensch Ltf.* — els. 1, 416; baier. 1, 1216.

keichen *keuchen.* s. kichen.

Keichert [kháiχərt *D. Si.*] *m. Asthmatiker, kurzatmiger Mensch.* — lux. 218 ebso.; els. 1, 419 Kicher. s. kichen, keichen.

Keidel [khaidəl *lux. Grenze*] *m. Beutel, Tasche.* — lux. 218; mhd. kiutel *herabhängende Wamme.* s. a. Gr. Wtb. 5, 655.

Keïfer [kheïfər, Pl. -ən *D. Si.*] *m. Küfer.* — lux. 218.

Keïferei *f. D. Si. Küferei.*

keïferen intr. v. *Si. als Küfer arbeiten.* — lux. 218.

keïhzen [khéitsən *Si.*] intr. v. *nach der Kuh riechen od. schmecken.* — lux. 222 ke¹zen. s. Kuh.

Keil [khail, Pl. -ən *D. Si.*] *m.* wie hd. *Keil;* keilen tr. v. *D. Si. mit einem Keil versehen.*

Keïlchen [khéïlχin, Pl. khéllχər *Bo.*] *n. Herbstzeitlose.* K. < colchicum (auctumnale).

keimen [khaimən *D. Si.*] intr. v. *seufzen, jammern, ächzen, stöhnen:* e keimt de ganzen Dâch. — vgl. ahd. kùmjan, mhd. kûmen *klagen;* els. 1, 438 kümig *ärgerlich;* lux. 218 keimen. *Davon:* keimech adj. *ächzend, stöhnend.*

Keimert *m. D. Si. Mensch, der gerne stöhnt u. jammert.* — lux. 218.

Kein, Keng [khain, kheŋ *Si.*] *f. Keim.* — lux. 220 Keng; mhd. kîne, kien *neben* kîme, kim.

keinen, kengen intr. v. *Si. keimen, auswachsen.* — lux. 220 kengen; mhd. kînen u. kîmen; baier. 1, 1255 und Gr. Wtb. 5, 454, 1 keinen.

Keit [khait] interj. *nur in* Jeses-keit-dâ, Jerum-keit (s. d.). — els. 1, 480 Keite.

Keizen [khaitsən *Si.*] *m.* 1. *Käuzchen, Habichtsart* (Athene noctua). — 2. *schlechter Wein, Krätzer.* — lux. 218.

Kekel [khékəl, Pl. -ə *Lix.*] *m. Kegel.* s. a. Käl I.

Kekschoserei [khekšoʒəreïə *Ri.*] *f. allerlei Kleinigkeiten.* K. < frz. quelquechose *mit der deutschen Endung* -ei.

Keler [khelər *Si.*; khílər *Nj.* — Pl. -ən] *m. Kummet. Rda.:* ech werd d'r de K. ze recht mâchen *dir den Kopf zurecht setzen.* — lux. 219 K¹eler; mhd. gollier. kollier, goller, koller < frz. collier.

Kelich [kheliχ *Falk. Sbg.*; khéïliχ *Bo.*; khìleχ *D. Si.* — Pl. -ən (ər)] *m. Kelch.* — els. 1, 434 Kelich; lux. Kilech Ga. 235; ahd. chelich. — Zss. K.-d i c h e l. K.-g l a s.

Kell [khèl *Schw.*; khelə *Ri. Hom. Ha.*] *f. (Ha. m.) Kelle des Maurers.* — els. 1, 430. s. a. Truffel.

Keller [khèlər *allg.*] *m.* wie hd. *Keller.*
— Zss.: K.-dir *K.-türe*; K.-dole *Abzugsrinne für die Feuchtigkeit im K.*; K.-fuchs *m. Lix. ein Gespenst, Schreckbild für Kinder*; K.-halsch *enger Kellereingang*; K.-léer *n. D. Si. Lagerbäume für Fässer*; K.-liht *n. D. Si.* K.-loch. K.-matt *Flurname bei Rieding*; K.-mouk *f. Si. Kreuzkröte*; K.-schalt *f. Ett. K.-eingang*; K.-stä(g) *Kellerabstig Ri. Ha.* K.-trepp.

Kelp [khelp *Busd.*] *m. Kolben am Dreschflegel.*

Kelsch [khelš *fast allg.*] *m. u. f. kölnisches Zeug; blau od. blau u. weiß gestreifter Leinwand- od. Baumwollenstoff zu Bett- und Kopfkissenüberzügen*: K. wäscht sich gut. — lux. Kèlsch Ga. 232; baier. 1, 1241 u. els. 1, 435 Kölsch; schwäb. Golsch; Gr. Wtb. 5, 1622 Kölsch.
— Zs. kelsch-blô *adj. blau wie Kölsch*: ebber kelscheblow schlawe *Ri. Ha. Rom. Hom.*

Kelt [khelt *fast allg.*; khélt *D. Si.*; kheldə *Ri. Rom. Ha.*] *f. Kälte*: es isch e gruseliche K. gewän *Fo.* Ich han e K. im mer *(in mir)* stegge *ich fröstle Ri. Hom. Ha.* In der K. erumlaufe. 'S isch e K., ass mer's nit kann sawe *ibid.* — lux. 219 Kélt.

Kelter [khèltər *fast allg.*] *m.* wie hd. *Kelter.* s. a. Trott. — Zss. Kelter-bâm *K.-baum*; K.-haus; K.-stän *Drehstein am Kelter*; K.-wein *Wein von gekelterten Trauben im Gegensatz zu Paurewein ungekelterter Wein aus zerstampften Trauben Si.*

keltern tr. v. wie hd. *keltern.*

Kem [khém (khémptjəs Wé) *Redingen*] *m. u. n. Bezeichnung für die alte Römerstraße von Metz nach Trier.* K. < mlat. caminus, frz. chemin. — lux. Kièm Ga. 234.

kember [khèmbər *Si.*] adj. *leicht zu erkennen, kennbar.*

Kenich (Kenijin) s. Kinich.

kennen I [khènən *allg. Flexion*: khènen, khènšt, khènt. — Ptc. gekhènt (gəkhant *D. Si.*)] tr. v. *kennen*: der kennt sin Sach, sin Geschäft *allg.* Er kennt niemand meh, wenn er im Ras *(in der Raserei)* isch *Ri. Hom.*

kennen II [khenən *Fo. D. Si.*; khìnə *Lix. Sgd.*; khànən *Bo. Falk.*; khunən *Av.*

Marienth.]. *Hilfsv. können* [*Flexion*: Präs. Ind. Sg.: khàn, khànšt, khàn; Pl. khène *Fo.* — khàn, khànšt, khàn; Pl. khànən *Falk.* — khòn, khònšt, khón; Pl. khònə *Lix.* — khan, khantšt, khan; Pl. khenən *D. Si.* — khun, khunšt, khun; Pl. khunə *Av.* — Präs. Conj. Sg.: khen, khentšt, khen; Pl. khenən, khent, khenən *Si.* — Imperf. Conj. Sg. khìnt, khìnšt, khìnt; Pl. khìntə *Fo. Lix.* u. s. — khent, khentšt, khent; Pl. khentən *D. Si.* — Ptc. P. gəkhìnt *Fo. Sgd. Lix.* u. s., gəkhènt *Falk.*, khont *D. Si.*, gəkhunt *Av.*]: Du konnscht mich gär hon! *laß mich in Ruh! Lix.* Kennte na ma nit sâ'n? *könntet ihr mir nicht sagen? Av.* Für „wissen" wird auch manchmal „kenne" *gebraucht*: konnscht de dìn Katissem? Ich hon's besser gekinnt wie die onnere *Lix.* Nix defur k. *schuldlos sein an etwas Ri.*

kennich [khènix *Bo. Falk.*; khenex *D. Si.*] adj. 1. *kundig, bewandert*: er isch k. in der Gejend. — 2. *bekannt*: k. wie e wisse Pudel. — els. 1, 446 kennig; lux. 239 könnech.

kenschterlich [khenšterlix *Bo.*; khindšli(χ) *Ha. Hom. Ri.*] adj. u. adv. *künstlich, kunstvoll*: dat isch k. gemacht. — els. 1, 452 kenschterli.

kenterlech [khentərlex *Si.*] adj. und adv. *kindisch, einfältig, närrisch*: eweï kann än sech esou k. beholen? — lux. 239 könterlech. *Davon*:

Kenterlechkät *f. Si. kindisches, einfältiges Benehmen, Albernheit.* — lux. 239.

Kep [khep u. gep *Rü.* lux. *Grenze*] *m. dreieckiges Tuch zum Umbinden, Zipfel, Ende.* — lux. 240 Köpp; vgl. els. 1, 458 Kipf; Gr. Wtb. 5, 780, 782 Kippe, Kipfe; frz. coupon.

Keppchen [khepχə *Fo.* u. s.; khebəl *Ri. Ha.*; khepel *Ett.* — Pl. khepχər] *n. Briefmarke (mit dem Kopfbilde des Fürsten).* — els. 1, 459 Kopfele. s. a. Timbre.

keppsch [khepš *fast allg.*; khepiχ, khepiš *Bi.*; khèpeš *D. Si.*; (dick-) kheptsiχ *Bo.*; khibiš, khebiš *Ri. Ha. Rom.*] adj. u. adv. *starrköpfig, eigensinnig.* — els. 1, 461; hess. N. 142 köppisch; ebenso Gr. Wtb. 5, 1792; lux. 212 käppesch. s. Kopp.

Keps *Gipfel, Scheitel* s. Kippe.
Kerb (Pl. Kerwer) *m.* St.R.A. 69 *Kerbholz, Marke.*
Kereⁿ [khérə *Fo.*; khérən *Falk.*; khêrə *Sgd. Lix.*; khêrən *Bo.*; khèrnə *Hom. Ri.*; khêr *D. Si.* — Pl. khérə, khêrən, khernərə; Dem. khêrχin] *m. Kern:* de Kere sin ze hart zum Bisse *Fo.* — Zss. kergesond *D. Si. kerngesund;* kerne-gut *Hom. Ri. sehr gut.*
kerich [khêriχ *D. Si.*] adj. *kernig.* — lux. 220 kèrech.
Kerl [khèrl *fast allg.*; khêrəl *D. Si.*] *m. Kerl, Bursche:* 's isch e guder K. E rechter K. *ein tüchtiger Bursche.* Du bisch m'r e mol e Kerl! *(iron.) bist ein Feigling Ri. Hom. Ha.* E Kerl isch e Söuwdreck *wer Kerl genannt wird, ist nichts wert ibid. Rda.:* du bisch e Kerle fur uf de Hawe, un wenn er brecht, sitzsch de uf de Schirme *(Scherben) Rom.* — lux. 220 Kèrel.
Kerper [khèrpər, Pl. -n *Bo. D. Si.*; kherbər *Ri. Ha. Rom. Hom.*] *m. Körper.*
kerperlich [khèrpərliχ *Bo. D. Si.*] adj. *körperlich.* — lux. 220.
Kerscht *Kiste* s. Kischt.
Kerwel s. Kirwel.
Kerz [khérts *fast allg.*; khêrts *Kö. Kattenh.*; khéats *Bo.*; kheats *Ro.*; khíərts u. khíəts *Si.* — Pl. khértsə, khêətsən, khíərtsən] *f. Kerze. Rda.:* De K. an zwei Enner anfengen *verschwenderisch leben Bo.* Esoᵘ riht ewëi eng K. *gerade wie eine K.* — Zss.: Kerzen-herchen *n. D. Si. Löschhorn;* K.-mächer *Lichtzieher;* kerze-riht u. k.-grad *kerzengerade;* K.-topert *m. Ro. Kerzenlöscher.* K.-wiche *m. Kerzendocht Ri. Hom. Ha.*
Keschéltchen [khéšəltχən *Si.*] *m. kleiner Karst mit zwei Zinken zum Jäten.* K. < Kerscheltchen, Dem. zu Karst. — lux. 221 Kieschtchen.
Kescht I *Kiste* s. Kischt.
Kescht II [khèšt *fast allg.*; khešd *Hom. Ri. Ha.*; keršt *Bo.*; khašt *Obd. Hd.*; khist *Kr.* — Pl. khèštə, keršten, khaštən, khistən; Demin. keršteltin *Bo.*] *f. Kastanie, Kastanienbaum.* Zahme Keschte od. Esskeschte *echte Kastanien;* wile (wilde) Keschte *Roßkastanien.* K. brode *(braten);* um K. spile *wenn K. den Einsatz bilden Ri.* Fur ebber apardichi Keschde schäle *für jd. etwas ganz Besonderes machen müssen ibid.* — els. 1, 477 Kest(ene); baier. 1, 1306 Kesten; lux. 214 Käscht. s. a. Gr. Wtb. 5, 268. — Zss.; keschte-brun *kastanienbraun.* Keschte-schal *fast allg.*
Keschten *Kosten, Unkosten* s. Koschteⁿ.
Keskedi [khèskədi *Si.*] *m. leichtsinniger Schwätzer.* K. < frz. qu'est-ce qu'il dit?
Kessel [khèsəl, Pl. -əⁿ, Demin. khèsəltχən *allg.*] *m. Kessel:* de K. iwerhenge od. iwerdun *den K. übers Feuer hängen Ri. Ha. Rom.* Du alder K! *in der Anrede statt: du alter Kerl! ibid.* — Zss. K.-hoke *Kesselhaken.* K.-kuche (-khùχə *fast allg.*; -khouχ *D. Si.*] *m. Formkuchen.* — lux. 221.
kessleⁿ [khèslə *Lix. Sgd.* u. s.] 1. intr. *sich herumtreiben:* Wo bisch de wider erim gekesselt? — 2. refl. *sich raufen, zanken (wie Kesselflicker).* — els. 1,474; lux. 221; Gr. Wtb. 5, 626 sich kesseln 5.
Kesslersch [khèslərš *Lix.*] *f. Weibsperson, die sich viel herumtreibt.* s.d. vorige.
Ketsch [khèts *Pü.*; khedš *Ri.* — Demin. khèts̃əl, khedšəl] *f.* 1. *leichte Traglast.* — 2. *kleiner Wagen voll.* — 3. *geringer Ertrag eines Ackers. Das Demin.* Ketschel *bedeutet kleine Menge, ein wenig (Gras, Stroh, Heu):* dismol han mer numme e so K. hämg'fihrt *Ri.* — els. 1, 483 Ketsch *Bürde Holz, die man mit dem einen Ende auf den Rücken nimmt, mit dem andern nachschleppt.*
ketschen [khetšən *Bo.*] tr. v. 1. *Hanf brechen.* — 2. *weich schlagen.* — vgl. els. 1, 483 u. Gr. Wtb. 5, 277 kètsch, kätsch *weich;* baier. 1, 1313 ketschig; kärntn. Gatsch *Kot,* From. 4, 161; lux. 221 kètsch *teigig.*
Kett [khet *Fo.*; khèt *Sgd. Lix. Pfb.*; u. s.; khèdən *Bo.*; khèton *D. Si.* — Pl. gleich] *f. Kette:* an der K. fihre. Van der K. sin ausgelassen lustig sein *Ri. Hom. Rom. Ha.* Er isch heit emol wider von der K. los *Lix.* Et get noch meïh Ketten as ròsen Hen *es gibt noch mehr Ketten als rasende Hunde Si.* — Zss. Kettegleich *Kettenglied.* Kette-kujel *f. Si.*

Kettenkugel. lux. 222 ebenso. *Man unterscheidet:* Brunne - kett *Kette zum Heraufziehen des Eimers am Brunnen.* Dissel-k. *Deichselkette.* Halsch-k. *Halskette.* Joch-k. *zur Befestigung des Joches.* Koppel-k. *zum Zusammenkoppeln zweier Zugtiere.* Krippe-k. Sperr-k. *um das Wagenrad an abschüssigen Wegestellen zu sperren.* Uhr-k. Wawe-k. *Wagenkette.*
   ketteleⁿ [khètlə *Pfb.*] tr. v. *fesseln, Handschellen anlegen.* — els. 1, 480 kettle.
   ketzelen s. kitzlenⁿ.
   Ketzer [khètsər, Pl. khètsərə *Ri. Hom. Rom. Ha.* u. s.] *m.* 1. *Häretiker.* — 2. *Schlingel, ausgelassener Kerl;* du bisch e K.! Ah, du K.! Du Helleketzer! — els. 1, 485 ebenso.
   Kewer [khéwər *Ka.*; khéwəl *D.*; khiəbər *Si.*; khéïfər *Bo.* - Pl. -ən] *m. Käfer.*
   Kewerlenk [khéwərlènk *D. Si.*; khéwərekəs *Umgegend von D.*] *m. Maikäfer.*
   Kewich [khéwix *Fo. Lix.* u. s.] *m.* 1. *Käfig:* der Vogel isch us'm K. geflo. — 2. *Gefängnis:* Er het K. bekomme *Lix.*
   Kibel s. Kiwel.
   Kich [khix *fast allg.*; khix(ə) *Ri. Hom. Rom. Ha.*; khixən *D.*; kheχə *Pfb.*; kheχən *Si.*; khéïχən *Bo.*; khéïx *Herrschw.*; Dem. khiχəl, kheχəlχin] *f. Küche. Rda.:* in Deiwels Kiche kumme *in große Ungelegenheiten kommen.* Kich mache: *am fetten Donnerstag ist es vieler Orten Brauch, daß die jungen Bursche in die Küche ihrer Geliebten schleichen u. alles durcheinander stellen, in die größte Unordnung bringen; das nennt man* Kich mache. s. a. schure. — Zss. Kiche-dir. K.-firduch *Küchenschürze Ri. Ha.* K.-gescherr; K.-latein *D. Si.* K.-mäschter. K.-messer. K.-mutz (K.-peter, K.-seppel) *Ri. Hom. Rom. Topfgucker.* K.-owe. K.-schâf *m. D. Si. Küchenschrank.* K.-schaft *Geschirrschrank.* K.-schank *dasselbe wie* Kicheschâf. K.-schirtech *dasselbe wie* Kichefirduch.
   Kichel-pann *f. Lix. Kuchenpfanne. Rda.:* meh Arwet wie de K. on de Fâset.
   kichen [khiχən *Bo. Falk.* u. s.; khiχə *Ri. Ha. Rom. Hom.*; kháiχən *D. Si.*] intr. v. *keuchen, schwer atmen:* er kicht wie e Bär *Falk.* Keichen eweï en âl Pärd *wie ein alter Gaul Si.* Kiche u. berze *(meist verbunden):* herch e mol, wie der kicht u. berzt *Ri. Hom. Rom.* Kiche van dämpig *stöhnen wie ein Lungensüchtiger ibid.* — els. 1, 419 Kiche, mhd. kichen.
   Kicherte [khyχərtə *Lix.*] pl. *Fruchtkapseln der Herbstzeitlose.* — vgl. els. 1, 83 Kuehuter; schwäb. Küheuter *Samenkapseln der Zeitlose* Gr. Wtb. 5, 2553. K. < Kihitere.
   kickeln [khikəln *Bo. D. Si.*; khiχrə *Ri.*; khikərn *Vbg.*] intr. v. *heimlich lachen, kichern.* — els. 1, 429 kickere; baier. 1, 1223 kickeln; lux. 222 kickelen.
   Kickeler *m. D. Si.* (Kichri *Ri. Hom.*) *Jemand, der gern kichert. Das Femin.* lautet Kickelesch.
   Kicki [khiki *D. Si.*] *m. Hinterer, in der Kindersprache.* K. < frz. cul redupliciert. — lux. 222 Kiki, Kikes.
   Kid [khìt *Bo. Sgd. Lix.* u. s.] *n. Schößling, Sproß:* e K. Knowloch *eine Zehe Knobloch.* — hess. N. 127 das Keid; baier. 1, 1225 die Keid; Gr. Wtb. 5, 439 Keid, Keit; els. 1, 423 Kid(eⁿ); mhd. kîde, kît.
   Kiddel [khidəl *fast allg.*; khídəl *Bo. D. Si* – Pl. -n] 1. *m. Kittel. Rda.:* änem de K. uskloppe *einen prügeln allg.* Kä' Middel (s. d.) a kä' K. *unförmlich, ohne Schnitt, aufs Geratewohl angefertigt.* — 2. *n. (Demin. zu* Kutte) *Kinderrock:* 's K. verhunze. Ingerkiddel *Unterkleidchen,* Owerkiddel *Oberröckchen Ri. Hom. Rom.* — lux. 222 u. hess. 203 Kiddel. — Zs. kiddel-fex adj. *D. Si.* fest, *ausdauernd, verläßlich (gewöhnlich nur verneint gebraucht):* en as net k. *ist schwächlich.* — lux. 222. s. fix.
   kidelich [khidalix *Grt.*; khidəli(χ) *Ha. Ri. Rom. Hom.*] adj. *kitzlich, empfindlich:* bisch de k.? — lux. 221 ketlech *zu* ketelen *kitzeln.*
   Kider [khýdər, Pl. -ə *Pfb.*] *m. Täuberich:* er blost sich uff wie e K. — Gr. Wtb. 5, 865 Kitter; 5, 365 Kauter, Käuter; From. 4, 469 Kitter. *(Das Wort ist lautmalend u. bezeichnet den eigentümlichen Ton des Taubers, wenn er die Taube umkreist;* vgl. kuttern, küttern, kittern *girren* Gr. Wtb. 5, 366).

Kieze s. Giz.
kihl [khīl *fast allg.*; khéil *Bo. D. Si.*] adj. *kühl*.
kihleⁿ [khīlən *fast allg.*; khéilən *Bo. D. Si.*] 1. tr. *kühlen, abkühlen.* — 2. *kühl werden od. sein.* — els. 1, 432 küele.
kihn [khîn *Falk.* u. s.; khéin, khen̥ *Bo. D. Si.*] adj. *kühn*.
Kihnheit [-heït *Falk.*; khéïnhēt *D.*; khéïnt *Si.*] *f. Kühnheit*.
Kih-oner [khîonər *Obh.* u. s.] *m. Ruheplatz für Kühe.* s. Oner, Uner.
Kih-riweⁿ [khîrîwə *Obh.*] pl. *Runkelrüben* (eigentl. *Kuhrüben*).
Kill [khīl *Si.*] *m. gefällter Baumstamm von ansehnlicher Dicke.* — vgl. lux. 222 Kill *junge Eiche od. Buche;* mhd. kiel, md. kīl *Kiel*.
Kilp [khīlp *Rg.*] *m. Kopf des Holzschlägels.* — hess. N. 150 Külbe; eifl. Kölpen, From. 6, 16; mittelrhein. Külp *Schlagholz am Dreschflegel* Kehrein, *Volksspr. in Nassau 250;* hd. Kulpe, Külpe *Nebenform zu* Kolpe, Kolbe.
Kimm [khim *Fo. Bo.* u. s.; khaim *D. Si.* — Pl. khìmən, khaimən] *m. u. f. Pflanzenkeim, bes. die Auswüchse der Kartoffeln, die sie im Frühjahr im Keller ansetzen.* — els. 1, 437 Kime.
Kimme I [khimə *Fo.*; khīməl *Ri. Ha. Rom. Hom. D. Si.*] *m. Kümmel* (cuminum). — els. 1, 442 u. a. Kümmi; ss. Kîm Kr. 62.
Kimme II [khimə, Pl. -n; Demin. khīməl *Bi. Bo. Rg. Lix. Schw. Fo.* u. s.] *m.* 1. *Kerbe, Einschnitt, überstehender Rand. Letztere Bedeutung führt zu* Lippe *u.* Kinnlade: de Kimme gän em lang *heftige Begierde nach etwas haben Rg.* Oinem de Kimme lank machen *Gelüste in Jemandem erregen Bo.* Giw em ebbes, sunscht fallt em der K. ab *Bi. Schw.* Do haschte e Stick, dass d'r der K. nit abfallt *Fo.* — 2. *Fischkiemen.* — 3. *Schmarotzer Lix.* — els. 1, 437 Kime 3; baier. 1, 246 die Kimme; hess. 201 u. N. 129 der Kimm; Gr. Wtb. 5, 705: Kimme.
kimmeⁿ intr. v. *Ri. Hom. Rom. Ha.* u. s. *keimen, Keime treiben:* d' Frucht kimmt. D' Grumbire sin schun gekimmt.
Kimmernus *f. Lix. Kümmernis, Sorge.* s. a. Kummer, Kommer.

Kimpet [khimpət *Falk.* u. s.; khīnbèt *Ri. Ha.*; khampət *Si.*; khampeχt *D.* — Pl. -ən] *f. Kindbett, Wochenbett:* in't K. kumme *Falk.* Vun der Kampet opstòn *Si.* — els. 2, 113 Kimbet; lux. 208 Kampecht. Zs. K.-fewer *Kindbettfieber*.
Kind [khint *Fo. Sgd. Ett.* u. s.; khènt *Bo. Lix. Obd. Rein.*; khan̥t *D. Si.*; khaunt *Rü.* — Pl. khinər, khènər; khanər, khena, khèn, khenər; Demin. khindəl, khentχin, khèndjə, khindé (*verächtl.*), khènərjə; *Koseform:* khindo, khindu *Ett.*] *n. Kind. (Das jüngste von mehreren Geschwistern behält gewöhnlich den Namen „Kind" fürs ganze Leben: unser Kind). Ihr liweschte Kenn! Lix.;* dir Kanner an dir Leit! *D. Si.* O ihr Kinn! *Ri. Ha. Ausruf der Verwunderung. Rdaa.:* Wann ma de Kinner de Wille got, dann hîle se nit *Fo.* Kinner musse gespielt han *Fo.* Kener Wellen on Kälwer Dreck, wer dat erfelt (*erfüllt*), dat es e Geck *Hd.* Weïl (*jetzt*) sån ich neischt meh, on wann de Kena et Brot all essen *Obd.* D'klä' Kanner an d'ål Leit sòn d'Wouhrecht *kleine Kinder u. alte Leute sagen die Wahrheit Si.* D' Kinn un d' Narre sawe d'Wohrhet *Ri. Ha. Rom.* Do stòn eweï d' Kand beim Dreck *sich nicht zu helfen wissen D. Si.* Aus de Kanner gè' Leit *aus Kindern werden Leute D. Si.* Wann d'Kanner Geld hun, da leïsen d'Kreïmer *wenn Kinder Geld haben, so werden die Krämer ihre Ware los D. Si.* D'Kanner hun d'Kreischen an d'Lâchen an engem Såk *die Kinder haben Weinen u. Lachen in einem Sack Si.* Wann än de Kanner de Fenger get, da wellen se d'ganz Hand *Si.* Kleng Kanner, kleng Läd, grouss Kanner, grousst Läd *kleine Kinder, kleines Leid, große Kinder, großes Leid D. Si.* D'Kanner kommen eïschter eweï d'Renten *Kinder kommen eher als Renten D. Si.* Enger (*einerlei*) Kanner mâchen *bei der Erbteilung alle Kinder aus 2. oder 3. Ehe gleichmäßig behandeln Si.* Lieb Kind sin *wohl gelitten, gern gesehen sein. fast allg.* — Zss. Kinds-beïn in der Wdg. ven K. *von Kindsbeinen an Falk.* K.-däl *Anteil des einzelnen Kindes am Nachlaß der Eltern.* K.-kinn *Kindeskinder, Enkel.* K.-mad *Kindermädchen.*

K.-schenk u. **K.-schmöus** *Taufschmaus Ri. Ha. Rom. Hom.* **K.-wa** *Kinderwiege ibid. In den übrigen Zss. wird der Plural* Kinner *gebraucht* s. d.
Kind-dáf [-dǽf *fast allg.;* -daïf *Ri. Ha. Rom.;* khantdáf *D. Si.*] *f.* 1. *Kindtaufe.* — 2. *Kindtaufschmaus.*
Kindel, Kendel s. Kandel.
kindeln intr. v. *Bo. strömen wie aus einer Dachrinne:* 's Wasser kindelt em us der Nas. s. Kandel, Kindel.
Kindels-brei *Kinderbrei.* **K.-dreck** *Kinderkot.* **K.-krenket** *Kinderkrankheit Hom. Ri. Rom.*
Kinderlieder u. **-reime** s. Anhang.
kindicheⁿ [khindiχə *Ri. Hom. Rom. Ha.*] tr. v. 1. *kündigen.* — 2. *(den Dienst) aufsagen, (aus dem Dienst) entlassen.*
kindsch [khĭndš *Fo. Falk. Av.* u. s.; khenš *Bo. Busd. D. Si.;* khynetsiχ *Lix.*] adj. u. adv. *kindisch, einfältig:* si' Grossvader isch ganz k. geworr *Fo.*
Kineksmacher n. pr. *Königsmachern (Kr. Diedenhofen).*
kinftich [khĭnftiχ *Mtsh. Ri. Hom. Ha.*] adj. *künftig.*
Kingele [khiŋələ, Pl. gleich *Pfb.*] *n. Kaninchen.* — els. 1, 450 Küngele, Künkele; baier. 1, 1259 Künigel; Gr. Wtb. 5, 1705 Königlein ⟨ lat. cuniculus.
Kinich [khiniχ *Pü. Falk.* u. s.; khinik *Bo.* khinek *D. Si.;* khiniŋ *Lix.;* khini *Hom. Ri.;* khéniχ *Fo. Flh.* — Pl. -ən] *m. König (auch im Kartenspiel). Rda.:* mer mänt bal, der Kenich soll em de Schof hiede *(so bettelstolz ist er) Fo.* — lux. 222 Kinek; ss. u. moselfr. Kinnek, Kisch 125; mhd. künic, künec. — Zss. **Kinek-reich** *n. D. Si.;* **Kinichs-bire** [-bìrə *Pü.;* khineksbír *D. Si.*] pl. *Königsbirnen* (pirum regale); **Kinninge-da** *Sgd. Lix.,* **Kineks-dâch** *D. Si. Fest der hl. drei Könige.*
Kinich-stock *m. Pü. Göpel für Pferde.* — vgl. els. 1, 477 Künig 4. *vertikal stehende hohle Säule, um welche sich ein horizontales Rad dreht; Wendelbaum;* lux. 223 Kineksbâm *Baum in der Mitte eines Göpels.*
Kinn [khĭn *fast allg.;* khen *Bo. D. Si.* — Pl. gleich] *n. Kinn.*

kippisch *störrisch* s. keppsch.
kinneⁿ *können, wissen* s. kenneⁿ II.
Kinnels-brunne *m. Ha. dasselbe wie* Grinbrunne s. d.
Kinner-lehr [-lèr *fast allg.;* khanərléïər *D. Si.*] *f. vom Pfarrer erteilte Katechismusstunde.* — hess. N. 129; lux. 209.
Kinner-weis [khènərwès *Lix.* u. s.] *f.* (eigentl. *Kinderweise) Kinderei:* das isch ja numme K. — vgl. baier. 2, 1024 Kindsweis.
Kip I [khĭp *Bi. Ri. Hom.*] *m. Ärger, Zorn, Haß:* e K. han uf äne *Bi.* E Kib uff ebber han *Ha. Rom.* — els. 1, 417 Kib; hd. Keib Gr. Wtb. 5, 429; mhd. kîp.
Kip II [khĭp *Si.*] *m. Kubus:* e Meter K. *ein Kubikmeter.* — frz. cube.
kipeⁿ [khipə, khepə *Bi.*] 1. intr. *streiten, zanken:* bit änanner k. — 2. imp. *ärgern:* es kipt mich. — els. 1, 417 kibe; hess. 197 u. baier. 1, 1216 keiben. s. a. Gr. Wtb. 5, 432: keiben u. From. 6, 294.
Kipp [khip *Falk. Schw.* u. s.; khipə *Obh.;* khiəps *Vbg. Mmb.;* khəps *Bo.*] *f. Scheitel, Gipfel, Spitze:* uf der K. vem Boimen; ich schlën dir ein uf die K. *Falk.* Kahl K. *Tonsur der katholischen Geistlichen.* — els. 1, 457 Kipp; Gr. Wtb. 5, 782 Kippe; vgl. 1, 1273 Kipf.
kippen [khĭpən u. khèpən *Fa.* u. s.] tr. v. *ärgern, Verdruß erregen.* s. Kip I. — tirol. kiben *schelten, zanken* From. 6, 294; hess. 197 und baier. 1, 1270 kippeln, keppeln *zu* mhd. kîp. s. a. Gr. Wtb. 5, 656, 783 u. From. 3, 301; 4, 251, 6; 4, 330, 12.
Kipp-pat [khipát *Brettn.*] *f. höchster Balken am Hausdach.* — els. 1, 457 Kipp *Dachfirst;* hd. Kipfe *Spitze* Gr. Wtb. 5, 780. s. a. Pat.
kippseⁿ [khĭpsən *fast allg.;* khepsən *Bo.;* khìbə *Ri.*] tr. v. 1. *die Spitze, den Kopf abschlagen.* — 2. *durchlöchern:* de Karte k. *die Fahrkarte d.* — els. 1, 457 kipppe, kuppe. s. a. gippeⁿ.
kir [khír *Fi. Pfb.* u. s.; ghir *Hom. Ri. Rom.*] adj. *geheuer, sicher, fertig, gefahrlos:* do isch m'rs nit k.; 's isch nit ganz k. *Fi.* — k. ⟨ g'hir, mhd. gehiure. — els. 1, 370 g'hür; baier. 1, 1154 geheuer.
Kirä(ng) [Saŋ khirǣ] *n. pr. St. Quirin.*

Kirb [khìrb *Hom. Ri. Falk.*; khirw *Av. Mü. Lix. Sgd.*; khirwə *Obh.*; khèrb, khìrwə, khìrb *Fo.*; khírf *D.*; khir *La. Ersd.*; khíarwi *Bo.*; khirmès *D. Si.* — Pl. əⁿ; Demin. khirwlə *Lix.*] *f.* 1. *Kirchweih, Patronsfest:* K. mache *große Zurüstungen zur Kirmes machen, Kuchen backen, Wohnung scheuern usw. (wird auch außerhalb der Kirmeszeit gebraucht).* K. steie *zur Anlage von Tanzböden, Buden u. dgl. eine bestimmte Abgabe an die Gemeinde entrichten Ri. Hom. Rom.* D' K. begrawe *(die Kirmes wird „begraben" durch gehöriges Zechen, Anlegen von Kleidern des andern Geschlechts, Festreden u. dgl.)* M'r redt von der Kirw, bets se kimmt *man spricht von einer angenehmen Sache, bis sie da ist Lix.* Von der K. uf de Hochzit kumme *aus einem Glück ins andere Lix.* 'S isch nur ämol K. em Johr *od.* e 's isch nit alle Da' K., wann de Litt Kuche backen *Mü.* Wer will kirwele (s. d.) gehn, muss a Kirwle hale *Lix. Abweisung:* An der Kir kreïscht *(bekommst)* de zeïhn Su se hebe *La.*; an der Kirw krisch ne Su met eme Loch drin *Ro.* Net op der Kirmes sin *D. Si.* (nit uf der Kirw sin *Av.*) *es nicht gut haben. Reim.*:

Heit isch Kirb, morje isch Kirb
Bis zem Dienschta's 'n Owend,
Wenn ich zu mim Schätzel kumm,
Sa'n ich em guden Owend. *Fo.*

— 2. *Periode der Frauen:* se hat de Kirb, s'isch in de K. kumme. baier. 1, 1289: d'Jungfe is i'n Kirte keme, se hat den Kirte. *In den Zss. meist* Kirw- s. d.

'N LÉIDCHIN
VÄN D'R BOLCHER KI(A)RWI!

For de Ki(a)rwi väm ninnennunzischten Jahr gedrôckt väm Louis Stengler.

Refr.: Stäffä, Pe(a)trä, Neklä, Klås,
Gre(a)tä, Kättä, kômm leck Sås,
Léschtig, léschtig! La, la, la, la, la,
Hut es Bolcher Ki(a)rwi da!

Lei es Kouchen, la es Tart,
Lo(a)rt es Scho(a)dä, oh weï zart,
Äppeldatsch onn Ki(a)rschenbrei,
Kesselkouchen ste(a)ht d'rbei.

Stäffä, guck, watt es dat lât?
Dat es Dentinger Salat;
Biscuit vän d'r Kättä Fìck,
Oh! weï sche(a)n, weï seïss, weï dick.

Wat dra(h)n ich ze drenken off?
Bier onn Win nôch hennendroff;
'T Bier dat es väm Kätte Bômm,
We(a)r net drenkt, de(a)r es recht domm.

D'r Win, de(a)r es väm Mathis Jud',
A vott' santé! de(a)r es gutt!
Leïft det Fässchin nemmä se(a)hr,
Pliewt òns nôch d't Kopperre(a)hr.

Doch la härch' schônz kemmt de Gei,
Oh! all môsen m'r d'rbei;
Kreïn m'r net d'n e(a)rschten Danz,
Hält de Katz doch ihren Schwanz!

Der Herr Muf vän d'r Salmiak
Danzt met sinem langen Frack;
Dudel's Kotton dreckt 'r hart,
onn de Hex' leckt ihm d'n Bart.

„D'r Minivet, dat es min Danz!"
Sät d'r gut' alt' Dägrä's Hans,
„Kôm' du, Bleïmert's Chrischtinä,
Dat verdriewt d'r d't Motterwe(a)h!"

Oh! weï herrlich es de Stadt,
Wann 'n Bietzchin jeder hat.
Bôusendroff, du Botterkull,
Ste(a)h' zereck onn hall det Mul!

Wär ich Papscht, dann wär 't sche(a)n,
D'Ki(a)rwi dirfscht m'r net v'rge(a)hn;
Schaffen kännten de Dôrfliet,
So 'n Volk dat we(a)rt net meïd.

Jäh! dann, Stäffä'n, drenken dann,
Wann m'r oich schônz nischt mä han.
Machen m'r hut alles lär,
Pliewt òns doch nôch d'tKopperre(a)r!

Kirbeleng [khírbələṉ *Nj.*; khírbəl *Geinsl.*] *m. Maikäfer:* en huet Kräft wie en K. *(iron.) stark wie ein M.* — vgl. hd. *Kerbtier.*

Kirbe-wuch *f. Fo. Woche vor Kirchweih:* In der K. muss alles gebutzt werre.

Kirbs [khìrbs *Ri.*] *f. Kürbis.*

Kirch [khìrχ *fast allg.*; khírχ *D. Si.*; khèrχ *Obd.*; khlriχ *Pfb. Ri. Ha. Rom. Hom.*; khí^aχ *Bo.* — Pl. khìrχə, khìriχə, khírχən,khiəχən;Demin. khìrχəl] *f. Kirche:* Mer muss doch mache, dass unser Herrgott in der K. blibt *Lix. od.* dass de K. im Dorf blibt *Fo.* u. s. M'r kann en K. of en bûwen *er ist zuverlässig Bo.* Wann d'K. aus ass *nach dem Gottesdienst D. Si.* — Zss.: Kirche-bau; K.-bäppel *m. Fo. (verächtl.) Betbruder,* s. babble; K.-brot *n. Ltf.* u. s. *Brot, das im kathol. Gottesdienst nach der Opferung gesegnet, in Würfel geschnitten u. gegen Schluß der Messe verteilt wird; dieses Brot wird jeden Sonntag von einem andern Geber gestiftet.* K.-fabrik *f. fast allg. Kirchenrat;* K.-fenschter. K.-fescht. K.-gänger. K.-gesang. K.-gezei *n. D. Si. Meßornat* s. Gezei. K.-gut [-gout] *n. Pfarrgut.* Kirich-herr *eine unbestimmte Person; auf die Frage:* wer hats gesagt? *antwortet man ausweichend* d'r K. *Ri.* K.-lied. K.-maus: arm weïn K. *sehr arm.* K.-momper *m. D. Si. Kirchenrendant.* K.-musik. K.-rôt *Kirchenrat.* K.-sâchen pl. *D. Si. Kirchengeräte.* K.-scheffeⁿ [-šèfə *Lix. Kr.* u. s.; khèrχənšefa *Obd. La. Ro. Egelsh.*] *m.* 1. *Kirchenschöffe, Mitglied des Kirchenrats.* 2. *Küster Kr.* K.-sinnert *Si.* dasselbe wie Kirche-scheffeⁿ; Sinnert < senior. K.-stuhl. K.-tûr *Kirchturm.* K.-wäscht *Altartücher.*

Kirch-hof [khirχhôf *Fo.* u. s.; khirjôf *Mü.;* khirχuf *Falk.;* khirfeχ *D. Si.;* kherfiχ *Hd.*] *m. (n. Hd.) Kirchhof.* — ss. Kirfich *Kr.* 62.

Kirfech s. d. vorige. — Zss. Kirfechs-lach *n.* (eigentl. *Kirchhofsloch) Grab in der Kindersprache.* K.-blum (-bloum *Si.*) 1. *Blume, die man mit Vorliebe auf Gräber pflanzt.* 2. *rote Punkte auf den Wangen schwindsüchttger Leute.* 3. *gemeine Ringelblume* (Calendula vulgaris).

Kirmes s. Kirb. — Zss. K.-bröt *m. Festbraten.* K.-dâch *D. Si. Kirmessonntag.* k.-gâscht *D. Si. Gast, der zur Kirchweih geladen ist.* K.-kläsen *Si. jemand, der keine Kirmes versäumt* (Kläsen Demin. *zu* Klôs, Klaus *Nikolaus).*

kirnen [khírnən *D. Si.*] intr. v. 1. *Kerne ansetzen, bilden.* — 2. *Körner geben.* —

vgl. els. 1, 469 kërne, kirne; baier. 1, 1294 sich kerneln; mhd. kirnen, kërnen.

kirnleⁿ [khìrnlə *Fa.* u. s.] tr. v. *kernen, zu Butter rühren.* — baier. 1, 1294 u. Gr. Wtb. 5, 603, 3 kernen, kirnen; ss. kirnen *Kr.* 63; ndd. karnen, From. 5, 276, 10; vgl. ahd. quirn, mhd. kürn *Mühle;* hess. 199 Kerne *Butterfaß.*

Kirsch [khìrš *fast allg.;* khíš *D. Si.* — Pl. khìršəⁿ, khíšəⁿ] *f.* 1. *Kirsche:* en hot eng Fôref *(Farbe)* eweï eng Kìsch *Si.* Mit de grosse Herre isch nit gut Kirsche n'sse, se schmisse n'em de Stil ins G'sicht *Ri.* — 2. *Kirschenschnaps:* e Glässche K. — lux. 225 Kìscht; eiß. Kiescht Bü 14. Zss. K.-bâm s. d.; Kirsche-kere *Kirschkern.* K.-knupper s. d. Kirsche-kuche. Kirsche-gebäscht *n. Si. Kirschenmus.* Kirsche-schuedi *m. Si. Kirschentorte.* Kirschen-zeit. *Kirschenarten:* Herzkirsche *Herzkirsche, auch* Kracher *genannt.* Judekirsche *Frucht der Kornelkirsche* (Prunus padus). Posskirsche *dicke, fleischige K.* Rotkirsche. Schwarzkirsche. Surkirsche. Vowels-kirsche *Vogelskirsche Ri. Hom. Ha.*

Kirsch-bam [-bám *Fo.* u. s.; bòm *Lix.;* khíštəbám *D. Si.*] *m. Kirschbaum. Rda.:* Bruder hin, Bruder her, blib m'r von minem K. *in Geschäftssachen hört die Freundschaft auf Lix.*

Kirsche-knupper [-knupər, Pl. -tə *Pü.*] *m.* 1. *Kirschkernbeißer (so nennt man spottweise die Bewohner von Zinsingen u. Alstingen, weil sie fast ausschließlich von dem reichen Ertrag ihrer Kirschbäume leben).* — 2. *Kirschfink* (fringilla coccothraustes). — els. 1, 506; ss. Kirschen-knatscher *Kr.* 63.

Kirschel [khiršl *Ltf.;* khiršdəl *Ri. Hom. Rom.*] *n.* 1. *Stückchen Brot, das vom Kirchebrot s. d. an den folgenden Geber übersandt wird.* — 2. *Brotkruste, gewöhnlich mit Knoblauch eingerieben, die unter den Salat gemischt wird:* dreh de Salat ums K. ! — 3. *Kruste auf einer geheilten Wunde Ri.* K. Demin. *zu* Kurscht s. d.

Kirt [khírt, Pl. -ən *Si.*] *f. kurzes Stück Ackerland (wo der Pflug Kehrt machen muß).* — lux. 224 Kìrt; vgl. ss. Kìrt Wendung *Kr.* 63.

Kirw s. Kirb. — Zss. Kirwe-gascht *Sgd. Lix. Kirmesgast:* Drei Dâ' *(Tage)* K. isch em Deiwel sin Iwerlascht *Lix.* K.-geld *Taschengeld der Kinder für die Kirmeszeit.* K.-kneller pl. *Fa.* u. s. *Bauernbuben mit langen Peitschen, die von Haus zu Haus ziehen u. knallend die Kirmes ankündigen. Sie singen gewöhnlich folgenden Spruch:*

    Da kumme ... Burebuwe
    Vur eïren Kirwestuwe,
    Se wille gär versuche
    E Stick von eïrem Kirwekuche,
    Von eïren Eire, eïrem Speck,
    Von eïrem Schuncke e Stick eweck
    Un Geld fa än Mos Win;
    Met dem will ma sefriede sin.
    Kuche erus! Eiern erus!
    Sunsch kumm ma eich all ens Hus.
        (Lerond IV, 10).

kirwe-krank adj. *Av. an Katzenjammer leidend infolge der Kirmesstrapazen.* K.-stickel *Andenken, Geschenk von der Kirmes.*
Kirwel [khirwel *Lix.* u. s.; khirbəl *D. Si.;* khèrwəl *Ri. Hom. Ha. Rom.*] *m. Kerbel, ein Küchen- u. Heilkraut* (Anthriscus cerefolium). — lux. 224 Kirwel; mhd. kërwel. — Zss. K.-krut. Kerwelkrutsupp *Suppe, die stark mit K. gewürzt ist Ri.*

kirweleⁿ [khirwələ *Lix.* u. s.] intr. v. *Kirchweih feiern, lustig sein. Rda.:* Wer will k. gehn, muss a Kirwle hale. — els. 1, 434 kilwe.

Kis [khís *fast allg.;* khíəs *Bo.;* khisə *Obh. Grt.;* khes *Geinsl.* — Pl. əⁿ] *f.* 1. *Stochereisen.* — 2. *Ofenkrücke (Gerät, womit der Bäcker den Ofen reinigt od. auskratzt; es besteht aus einer Stange, an deren Ende sich ein kleines viereckiges Brett befindet).* — 3. *Kratzeisen zum Reinigen der Straßen.* — 4. *Kohlenkieke, eine Art tragbaren Ofens; blechernes Gefäß für einen Kohlentopf als Fußwärmer.* — hd. Kis, Kisse Gr. Wtb. 5, 851; hess. 203 Kiss, Kies *(Vilmar führt das Wort zurück auf* ahd. chissa = tractula *bei Hoffmann* ahd. Glossen 17, 35).

Kisch s. Kirsch.

Kischt [khĭšt *fast allg.;* khiršt *Ha.;* khèršt *Bo. Grt. Merl.;* khešt *D. Si.;* khèaršt *Marienth.* -- Pl. khĭštəⁿ, khèrštən, kheštən; Demin. khĭšdəl, khĭštχə] *f.* 1. *Kiste, bes. Kleiderkiste, Truhe als Ersatz für den Kleiderschrank.* — 2. *Rausch:* der hät e K. wie e Hüs *starken Rausch Pfb.* En hot eng kleng Kescht *ist etwas betrunken D.* Sich e K. hole *sich betrinken Ri. Rom. Hom. Ha.* — *Das Demin.* Kischtel *bedeutet speziell ein Paket mit Nahrungsmitteln, das die Eltern ihren Söhnen beim Militär zuzusenden pflegen:* allegebot misse m'r unserm Peter e K. schigge *Ri.* — els. 1, 477 Kist *in beiden Bedeutungen;* lux. 241 Köscht.

Kischtchen [khíštχən *Si.*] *n. kleiner, gerösteter Brotwürfel* (K. *ist Demin. zu* Kursch, Kuscht, s. d.).

Kisel [khiʒəl *D. Si.*] *m.* 1. *Kiesel.* — 2. *Hüttenschlacke.* — lux. 225.

kiselen [khiʒələn *Si.*] *tr. v. mit Kiesel bestreuen.* — lux. 225.

kiseln, keteln s. kitzleⁿ.

kisen [khiəʒən *Bo.*] *tr. v. mit dem Kis (Ofenkratzer) den Backofen reinigen; scharren.* — hd. kissen Gr. Wtb. 5, 852.

Kisseⁿ [khisə *fast allg.;* khesən *Bo. D. Si.* Dem. khìsəl] *n.* 1. *Kissen.* Soll ich d'r e K. hole? *sagt man zu jd., der sichs allzu bequem machen will.* Er hat e Backe wie e K. *eine hochgeschwollene Wange Ri. Ha.* — 2. *der Teil des Pfluges, worauf der Pflugbalken ruht. (Kissen wird auch sonst von Stücken weichen Holzes gebraucht, die als Unterlage, zum Schutz gegen Reibung dienen* s. Gr. Wtb. 5, 854). vgl. els. 1, 475 Karreküsse.

kissen [khisəⁿ *fast allg.;* khesən *Bo. D. Si.*] *tr. v. küssen:* der isch so durr, dass er kinnt e Gais tische de Hêr kisse *ist sehr mager Lix. Häufiger gebraucht wird:* e Kuss gin.

Kisse-zich [khìsəsíχ *Lix.;* -tsaiχ *Pü.;* khesəntséiχ *D. Si.*] *m.* 1. *Kissenüberzug.* — 2. *Kopfkissen Pü.* s. Zich.

Kitschener [khitšənər *D. Si.*] *m. Kutscher.* — lux. 225.

Kitt I [khit *Grt.;* khet *Bo.*] *f. Baumwolle.* — frz. coton.

Kitt II [khìt *Fo. Ett. Lix. D. Si.* - Pl. khìtə<sup>n</sup>] *f. Quitte.* — els. 1, 483 Kütt. — Zss. Kitte-bâm *fast allg. Quittenbaum;* kitte-gêl adj. *ganz gelb, sehwefelgelb:* k. vor Nid. els. 1, 213 küttegelb.

kitt [khìt *allg.*] adj. u. adv. *nichts mehr schuldig, frei, ledig*: jetz simmer k. Sich k. schlawe *sich ausgleichen Rom.* — lux. 225 kit; frz. quitte.

Kittchen [khitχin *Bo.*] *n. Gefängnis.* — pfälz. Kiddche *(Judendeutsch):* ins K. kumme, Keip. 55; els. 1, 480 Keiterle; Heanzenmdt.: Kitting *eine Art oberirdischer Keller* From. 6, 333.

Kittel [kitəl *Fo.* u. s.] Pl. *Kotkügelchen, bes. in Zs.*: Muskittel s. d. — hess. 221 Köttel (Koetel), Küttel, Kittel. *Wurzel* Kot.

kitten [khitən *Grt.*; khetən *Bo.*] adj. *baumwollen*: kitten Dinges *baumwollener Stoff.* — s. Kitt I.

kittere<sup>n</sup> [khitərə *Bi.* u. s.] intr. v. 1. *herzlich lachen.* — 2. *kichern, verstohlen lachen.* — els. 1, 480; baier. 1, 1311; hess. 204; Gr. Wtb. 5, 865; mhd. kittern.

kitterlich [khitərliχ *Bi.*; khldərli *Ri. Hom.*] adj. 1. *schwächlich, kränklich, schwer aufzuziehen.* — 2. *empfindlich gegen Kälte.* — 3. *leicht ekelnd Ri.* — els. 1, 483 kütterlich; vgl. Gr. Wtb. 5, 2906: küttern *schütteln (vom Fieber).*

Kitter-loch *n.* Demin. Kitter-lechel *Bi. Mensch, der zum Lachen, Kichern geneigt ist.* — els. 1, 481 Kitterer, Kittersack, Kitterhals, Kitteri. — s. kittern.

kittiere<sup>n</sup> [khitîrə<sup>n</sup> *Fo.* u. s.; khìdírə *Ri. Rom. Hom.*] tr. v. *eine Stellung aufgeben*: ich han min Plätz kittiert. — 2. *quittieren.*

kitzle<sup>n</sup> [khitsləⁿ *fast allg.*; khísəln *Bo.*; khetsələn u. khetələn *D. Si.*] tr. v. 1. *kitzeln.* — 2. *ärgern.* — els. 1, 488 kützle, ketzle; lux. 221 ketelen.

kitzlich [khitsliχ *fast allg.*; khísəldiχ *Bo. Falk.*] adj. *kitzlich.* — els. 1, 488.

Kiwel [khiwəl *fast allg.*; khibəl *Mü.* — Pl. -n] *m.* 1. *Kübel, hölzernes Gefäß mit einer, seltner zwei Handhaben.* — 2. *großes Stück*: e K. Brot *Si.* — 3. *Kolben an Pumpen Lix.* — 3. *Auswuchs am Halse Si.* — els. 1, 418; lux. 225. - Zs. Kibelhut *Zylinderhut Mü.*

Kiwer [kiwa, Pl. -n *Vbg.*; kiwəlbám *Si.*] *m. Kiefer (Baum).*

Kiwert [khíwərt *Lix.* u. s.] *m. Schlaukopf, einer, der* kiwich (s. d.) *ist.* — vgl. els. 1, 417 Kibler.

kiwich [khíwiχ *Lix.*] adj. u. adv. *schlau, eifrig, auf seinen Vorteil bedacht.* — vgl. els. 1, 417 u. baier. 1, 1216 kibig; Gr. Wtb. 5, 657 kibig *stark, heftig.*

Kla' [klâ *fast allg.*; klô *D. Si.*; glauw *Ri. Hom. Rom.* — Pl. klâən u. kláχən, klôən] *f. Klage.* K. gejen eïnen machen *Klage gegen jemanden erheben Falk.* Glauwe inleje *Klage erheben Ri. Rom. Hom.* 'S isch ari(ch) Glauw *man beklagt sich sehr ibid.* M'r gehn e K. vorbrenge = m'r gehn ne verklâe *Lix.* — lux. 230 Klô.

Klabber s. Kläpper; klabbern s. kläppereⁿ.

Klabber-mäulchen [-mailχən *D. Si.*] *f. geschwätziges Mädchen.* — lux. 226.

Klabberesch [klabərəš *Si.*] *f. Klatschweib.* — lux. 225 Klabber.

klaben [klábən (glábən, klaibən, glèbən) *Rg.*] tr. v. *befestigen, kleben machen. Rda.*: wenn du's nit k. willscht, kannscht de 's muren *(urspr. wenn du's nicht mit Lehm verstreichen willst, kannst du's mauern d. h. eine Steinwand aufführen). Jetzt versteht man darunter: wenn du's nicht glauben willst.....* — els. 1, 488 u. baier. 1, 1322 kleiben; mhd. kleiben = kliben machen *fest machen.*

Klack s. Klock.

klacke<sup>n</sup> s. klecken.

Kläckert [klèkərt — Pl. -ən *Vbg.*] *m. Knallbüchse.* — s. kleken *knallen, klatschen.*

Kläd [klǽt, Pl. klǽdər *fast allg.*; klèïd *Av. Bo.*; glaid, Pl. glaidrə *Hom. Ri.*] *n. Kleid. Rda.*: Kläder mache Lit, un Lumpe Lis *(Läuse) Fo.* 'S K. nemme *in cinen Orden eintreten Ri. Rom.* 'S K. krije *eingekleidet werden ibid.*

Kladderadatsch *f. Lix. Dorfzeitung, Klatschbase.*

Kläder-lus [klǽdərlus *Fo.* u. s.; klèïdalus *Av.*; klǽdərlaus *D. Si.*] *f. Kleiderlaus*: frech wie e K.

kla'e<sup>n</sup> [klâəⁿ *fast allg.*; klâⁿ *Bo.*; klôən *D. Si.*; gláwə *Ri. Hom. Rom.* — Ptc. gəklát, gəklòt, gəglaut] intr. v. *klagen*: wu klåt er sich donn? *wo gibt er vor krank zu sein? Lix.*

Klaff [klàf *Ha.*; glàf *Ri. Rom.*] *f. Einschnitt an einem Baum; Aushöhlung, Öse im Rad, in welche die Zähne eingreifen.* — els. 1, 490; vgl. hd. klaffen.

Klafter [klåftər *Fo. Grt.*; klaftər *D. Si.*; glófdər *Ri. Hom.*] *m. Klafter (vier Raummeter):* e K. Holz. — els. 1, 490.

Klak [klák *D. Si.*] *f. Knallrohr.* — lux. 226 ebenso; frz. claque.

klaken [klákən *Bo. D. Si.*] intr. v. *knallen, bes. mit der Peitsche; klatschen.* — lux. 226; frz. claquer.

klän [klǽn *fast allg.*; kléïn *Falk.*; glèn *Ha. Ri. Rom.*; glán *Hom.*; klèŋ *D.* — Kompar. klǽnər, klènšt] adj. *klein:* alle Da kläner werre *in den Boden wachsen Ri.* Der Scharl isch der klänscht van sine Brider *Fo.* — Zss. Klän-geld *Kleingeld.* klän-gläwich (-glaiwich) *kleingläubig.*

Klänichkeit [klǽniχkhait *fast allg.*; -khǽt *D. Si.*] *f.* wie hd. *Kleinigkeit.* — Zs. K.'s-krämer.

Klä(n)-mihl [glæmíl *Ri.*] *Kleinmühle, Ortsbezeichnung in der Gemeinde Rieding.*

Klam [klám *Pü.* u. s.; klòm *Lix. Schw.*; klåm *Bi.* — Pl. -ə; Demin. klèməl *Bi.*] *f.* 1. *enge Schlucht, steiler Hohlweg, Klamm.* — 2. *ein vom Wasser eingerissener tiefer Einschnitt im Felde.* — 3. *Sandgrube.* — els. 1, 492; baier. 1, 1329 das Klam *Rinnsal eines Wetterbaches.* s. a. Gr. Wtb. 5, 935. — Zs. Klam-rutscher *Spottname der Einwohner von Gebenhausen (Kr. Forbach) wegen der Sandgruben, die sich in der Nähe befinden.*

Klamm [klam *Fa. Rg.* — Pl. -ən] *f.* 1. *Bodenvertiefung, worin das Feuer unterhalten wird zum Rösten des Hanfes u. Flachses.* — 2. *Hanfbreche.* —·3. *Klammer.* Gr.Wtb. 5, 937 Klamme; mhd. klam, klame *Klammer.*

klamm [klàm *Bi.* u. s.] adj. *klebrig, feucht (von der nicht vollständig getrockneten Feldfrucht, Wäsche, Möbeln u. dgl.).* — hess. 204 klamm 2; hd. klamm Gr. Wtb. 5, 936; ss. klåmich *klebrig* Kisch (W. W.) 84; engl. clammy. s. a. geklamm *gequollen.*

klammen [klàmən *Rg. Bi. D. Si.*; klomən *Vahl-Ebers.* — Ptc. gəklom, gəklàmt, gəklum] v. 1. *Hanf u. Flachs brechen Rg.* — 2. *klimmen, klettern D. Si.* — 3. *anklammern Bi.* — 4. *quetschen:* er hat sich geklammt *Bi.* — vgl. mnd. klamen *klettern* Gr. Wtb. 5, 938 *unter* klammen. s. a. klemmen.

Klank [klaŋk *D. Si.*] *m. Klang.* — lux. 227.

Klapp [klàp *Homb. Si. Mw.*] *m.* 1. *Hügel, Erhöhung, Rain.* — 2. *Heuhaufen, Heuschober.* — baier. 1, 1337 u. Gr. Wtb. 5, 955 Klapf, Klopf; mhd. klapf. s. Häklapp.

klappen [klàpən *D. Si.*] tr. v. 1. *klopfen.* s. kloppen. — 2. *das Wild treiben* — lux. 227 klappen 1. u. 5.

Kläpper I [klèpər *fast allg.*; klèbər *Bi.*; klabər *Bo.*] *f.* 1. *Holzklöppel zum Klappern in der Karwoche. Beim Mittagläuten singen die Kinder mit der Kläpper:* Mitterglock, Rosestock — wenns nit klingelt, da rappelts doch *Karl.* — 2. *Klöpfel in der Glocke.* — 3. *Mundwerk, Redegewandtheit:* er hat en gut Klabber *Bo.* — els. 1, 494 Klapper; lux. 227 Kläpper; ss. klåper Kr. 65; mhd. klapper.

Kläpper II [klèbər *Bi.*] *m. altes Pferd.*

Kläpperei *f. D. Si. Schlägerei.* s. klappen 1. — lux. 227.

kläppereⁿ [klèpərəⁿ *fast al'g.*; klèbərə *Bi.*; klabərn *Bo.*] intr. v. 1. *klappern, bes. in der Karwoche, um die Gläubigen zum Gottesdienst zu rufen. Dabei singen die Kinder in Ettingen:* zum Lauf, zum Lauf/ zu der Kirch der Lauf; die Glocke sin noh Rom bichte. — 2 *plappern, schwatzen:* er hat schun alles (us)gekläppert. — 3. *(Eier) rühren, zu Schnee schlagen:* en Ei kläppere u. verkläppere. — els. 1, 494 kleppere; baier. 1, 1336 u. Gr. Wtb. 5, 975, 1c kleppern, klappern.

Klapp-hengscht *m. D. Si. unvollkommen kastrierter Hengst, der noch einen Hoden behalten hat; Klopfhengst.* — lux. 227; hess. 209 Klophengst; ndd. Klapphingst, From. 3, 494.

Klapp-jagd [-jáχt *D. Si.*] *f. Treibjagd.* — lux. 227 Klappjuechd. s. klappen 2.

Klapp-schlass *n. D. Si. Einspringschloß; auch* Sprangschlass. — lux. 227.

klären [klǽrən *D. Si.*] 1. tr. *klar machen, klären (wird nur gebraucht beim Branntweinbrennen; die letzte Verrichtung besteht im „Klären").* — 2. refl. *hell, klar werden (nur von der Luft u. vom Himmel gesagt):* d' Luht, den Himmel klärt sech.

Klas [klás *Bo.* u. s.; klas *Obd.;* klaus *Ri. Hom. Rom.* — Demin. klêsè, klusè] *Abkürzung des Vornamens Nikolaus.* Sini Klas *St. Nikolaus.* s. a. Kola.

kläsper [klêspər *D.;* kleïnšbər *Bo.*] adj. *schmächtig, unansehnlich, zart gebaut; geschmeidig:* e k. Framensch *D.;* en kleïnschber Pärd *Bo.* — lux. 229 klêsper *zart gebaut;* Gr. Wtb. 5,1133 kleisper, kleiszbar *heikel, empfindlich.* — vgl. baier. I, 1322 u. ss. kleber Kr. 65.

Klass [klàs *fast allg.;* klás *D. Si.*] *f.* 1. *Klasse:* en hot seng K. gemächt *er ist versetzt worden.* — 2. *Schulzimmer.* — 3. *Schuljahr.* — 4. *Aushebungsklasse:* er isch van min K. *er muß im selben Jahr zum Militär wie ich Ri.*

Klatsch *f. D. Si. (lautmalend) Klatschweib.* — lux. 227 ebenso; vgl. ndd. Klatsch *Schlag mit der flachen Hand* From. 5, 151; els. 1,499 Klätsch.

Klatsch-ros [glàdšrós *Hom. Ri.*] *f. Klatschmohn, Klatschrose* (papaver rhœas).

Klatz s. Klotz.

Klaubel, Kloïbel *Knäuel* s. Klingel.

klaubeln tr. v. *Bo. zu einem Knäuel aufwickeln.* — vgl. baier. 1, 1322 kläubeln *würfeln, knöcheln.*

Klaulen *Knäuel* s. Klingel.

Klaus [klàus *D. Si.*] *f. Klause eines Einsiedlers.* Montlecher K. *Kláuse bei Moutenach (Kr. Diedenhofen).*

Klauschder [kláušdər; Demin. klaišdərχən *D. Si.* Homb. *Hd.*] *n. Vorhängeschloß.* — lux. 227 Klauschter; lat. claustrum *Verschluß.*

Klautjen [kláutjən *D. Si.*] *m. Nagelschmied.* — lux. 228 ebenso; frz. cloutier. — Zs. Klautjes-râd *n. D. Si. Rad des Nagelschmieds, das von einem Hunde in Bewegung gesetzt wird.*

Klauwel, Kloïwel s. Klingel.

Klaw [klâw *Vbg.* u. s.; kláïw *Av. Falk.;* klâ *Bo.;* klòwə *Wb.;* glówə *Ri. Hom. Ha. Rom.;* kláiwə *Vahl-Ebers.;* klò *D. Si.* — Pl. klâwən, kláïwən, klóən] *f. Klaue, Tatze (spöttisch für Hand u. Fuß):* was em tischen de Klaïwen kimmt, isch valôr *Av.* — els. 1, 499 Klaw; lux. 230 Klô. s. a. Klote. — Zs. Klowe-krenket *Klauenseuche Ri.*

Kläwer [klêwər *Sgd. Lix.* u. s.] *n. kletterndes Labkraut* (Galium aparine). — els. 1, 500 Kläwerle 2.

Kläwer-salz [klêwərsalts *Sgd. Lix.;* klóbər- *Bo.*] *n. Glaubersalz (schwefelhaltiges Salz, das man den Schweinen unter die „Suff" mischt, damit sie Appetit bekommen).*

klebsich [klépsiχ *Falk.*] adj. *klebend.* s. a. klewriχ.

klecken, klicken [klekən *Bo. D. Si.;* klikən *Falk. Sgd. Lix. Vbg.* u. s.; glïgə *Hom. Ri.;* glágə, glêgə *Rom.*] v. 1. *knallen (mit der Peitsche), klatschen Vbg.* — 2. *aufbeißen, aufknacken:* Niss klicke *Sgd. Lix.* — 3. *knicken, abbrechen, zerdrücken:* Lis kl. *Läuse zerdrücken.* — 4. *auf die flache Hand schlagen, daß es klatscht:* an d' Hänn klecken *D. Si.* — 5. *ticken von der Uhr.* — els. 1, 491 klicke, klecke; baier. 1, 1324; lux. 228 kleken; Gr. Wtb. 5, 1054 klecken; mhd. klecken.

Klee [klé *fast allg.;* kléï *D. Si.*] *m. Klee.* — Zs•. K.-hau *Klee in getrocknetem Zustand.* K.-some *Kleesamen. Kleearten:* dreijähriger K. (Trifolium pratense); Igelsklee s. d.; Stänklee *weißer Wiesenklee;* blôər K. *blaublütige Luzerne* (Medicago sativa); Hunichklee (Melilotus altissimus); Hirschklee (Melilotus officinalis); Spinseklee (Medicago lupulina),

Kleiding [kleïdiŋ *Bo.;* klædoŋ *D.;* klædəŋan *Si.*] *f. Kleidung.* — lux. 228 Klêdeng.

Kleie [kléïə *Fa. Av. Mü.;* klíə *Ersd.;* gleïə *Ri. Hom. Rom.*] pl. *Kleie. Rda.:* wer sich inger de K. mischelt, werd von de Suen gefress *Mü.* (wemmer sich inner de K. mengt, do werd m'r von de Schwinn gefress *Fa.*) Er spart uff d'Gleïe un losst s'Mehl laufe *das Wichtige übersieht er u. geht Kleinigkeiten nach Ri.* — els. 1, 488 Kleje. s. a. Kresch. — Zss. Kleiebrod. K.-bungscht u. K.-kaschte *Kleiebehälter.* K.-kotzer *urspr. dasselbe* *wie* Kleie-kaschte; *iron. von einem langweiligen Menschen gesagt.* K.-sack. K.-suffe *warmes Wasser mit K. vermischt als Schweinefutter.* — els. 1, 486.

Kleindal n. pr. *Kleinthal, Annexe von Lubeln. Ortsneckerei:* Klendaler Narren hucken all in en Karren.

kleinschber s. kläsper.

Klek [klek *D. Si.*] *f.* 1. *Klatschweib* s. klecken 1. — 2. *Kotsaum an den Kleidern.* — mhd. klac; Gr. Wtb. 5, 890 Kleck.

Klematin [klemątin *Pfb.*] *weibl. Vorname Klementine.*

klemmen [klèmən *Av.* u. s.; klemən *Bo.* — *Flexion:* klèm, klimš, klimt, klèmən. Ptc. geklum] intr. v. *klimmen, klettern.* s. a. klammen.

klempen [klèmpən *Bo. Falk. Kr.* u. s.; glèmbə *Hom.*; glèmə *Ri.*; klimpə *Rom.*] intr. v. *mit der Glocke anschlagen; anschlagend läuten.* — hess. N. 133 klempen; els. 1, 492 klimpe; schweiz. chlampe; baier. 1, 1330 klampern; Gr. Wtb. 5, 1142 klempen, klempern; mhd. klamben.

Klengel [klɛŋəl, Pl. -n *D. Si.*] *f. Klingel, Schelle.* — lux. 229.

klengelen [klɛŋələn *D. Si.*] intr. v. *klingeln, schellen.* — lux. 229.

klenneⁿ [klɛ̀nə *Obh.*] tr. v. *Ähren lesen, sammeln.* — frz. glaner. s. a. glannen u. glanten.

Klentsch [klèns̆ *fast allg.*; glents̆ *Obh.*; klíns̆ *Bo.* — Pl. -ən] *f. Türklinke, Riegel. Rda.:* es hat's Jowort uf de K. leie sie würde gar zu gerne heiraten Fo. — lux. 229 Klènsch; frz. clenche.

klenschen [klèn(t)s̆ən *fast allg.*; klints̆ən *Bo.*] intr. v. *mit der Türklinke Geräusch machen, klinken.* — lux. 229 klenschen; frz. clencher.

Kleppel [klepəl *D. Si.*; klopəl *Bo. Gelm.* — Pl. -n] *m.* 1. *Stock, Keule, Knüttel D. Si.* — 2. *Schlegel Bo.* — 3. *Klumpen Bo.* — lux. 230 Klöppel; ss. Kläpel Kr. 65; altndrhein. Kluppel, From. 2, 441; hd. Klüppel Gr. Wtb. 5, 1307, 3. — B u r e - k l e p p e l *Bo. Schimpfname für Bauern.* — Zs. Kleppel-stän *m. D. Si. Hagelschlosse.* lux. 230 Klöppelstên.

kleppeln [klepəln, klopəln *Bo.*] tr. v. *zusammenknäueln, -ballen.* s. Kleppel 3.

kleppen [klèpən *Kr.* u. s.] intr. v. *mit der Peitsche knallen.* — els. 1, 495 klepfe; baier. 1, 1336 u. Gr. Wtb. 5, 975, 1ᵉ kleppern.

Klero [klèrǫ *Pfb.*] *n. helltönende Trompete, Horn.* — els. 1, 497; frz. clairon.

Kleter [klétər *Si.*] *f.* 1. *Klette.* — 2. *einer, der sich überall unnötigerweise aufhält.* — lux. 229 Klêt. s. a. Klette.

kleteren [klétərən *Si.*] intr. v. *überall hängen bleiben, sich aufhalten.* s. d. vorige.

Kletsch [klèts̆ *Bo. Gelm.* u. s.; klits̆ *Falk. Kr. Lix.* - - əⁿ] *f.* 1. *Quaste, Troddel. Rda.:* Klitschen am Kopp un Zoddel (s. d.) am Rock *Falk.* vgl. hd. Klätsch, Kletsch *Hahnenkamm u.* Klitsch *Klümpchen* Gr. Wtb. 5, 1010, 1211. — 2. *vom Straßenkot beschmutzter Teil eines Kleidungsstückes Bo.* vgl. hd. Klatsch, Klätsch *Fleck, Schmutz* Gr. Wtb. 5, 1010, 3.

Klette [klèto *Sgd. Lix.* u. s.; gled *Ri. Hom. Rom. Ha.*] *f. Klette* (Lappa nemorosa). *Rda.:* der hat Klette en de Hor hat kein reines Gewissen *Lix.* Sie hänge anenander wie de K.

kleweⁿ [klèwə *fast allg.*; klèwən *D. Si.*; klèwə *Ri.*; kléïwən *Bo. Flexion:* klèwə, klèbšt, klèbt, klèwə); Ptc. gəklèbt, gəklɛ́wt, gəkléïwt] v. *kleben.* — els: 1, 488 klebe, klæwe; lux. 229 klʲewen.

Klewert [klɛ́wərt *Hd.* u. s.; klèwat *Falk.*; kléïwert *Bo.*; klíwat *Vbg.*; kléïwat *Obd.*; klébat *Kr.*; klèwa *Vahl.* — Pl. -ən; Demin. kléïwertχin *Bo.*] *m.* 1. *Maikäfer:* er isch dorr weïⁿn K. *Obd.* — 2. *Mensch, der überall kleben bleibt, sich leicht aufhalten läßt Bo.* — hess. 258 Maikleber; vgl. mhd. kliben *haften* (haerere); baier. 1, 1322 u. Gr. Wtb. 5, 1065 kleiben.

klewrich [klèwriχ *fast allg.*] adj. *klebrig:* 's Bier isch k. s. a. klebsich.

Klibber, klibberen. S. Klapper, kläpperen.

klicken. s. klecken.

Klicker [klikər *Falk.*; klikərt *Vbg.* — Pl. -ən] *m. irdener Krug* (sog. weil er beim Anstoßen klickt). vgl. hd. klicken *einen hellen Ton hören lassen* Gr. Wtb. 5, 1152, 2ª.

Klickert [klikərt *Lix. Sgd.* u. s.; klekərt *Bo.;* kléïgər *Bi.* — Pl. -ən] *m.* 1. *kleiner, runder Spielstein:* K. spile. els. 1, 491 Klucker, Klücker(t); hess. 207. Klicker; baier. 1, 135 Klucker; s. a. Gr. Wtb. 5, 1160. K. < frz. cliquart *d. i. eine Art Bruchstein, sehr guter Baustein, aus welchem die Spielkugeln gemacht werden.* — 2. *irdener Krug Vbg.* s. Klicker.

Klick-wö' *f. Vbg. Schnellwage.* — vgl. Gr. Wtb. 5, 1055. 1088 klecken, klicken *schnellen, klappen;* baier. 1, 1324 klecken.

Klingel [kliŋəl *Fa. Fo.* u. s. daneben kloəl; kláubəl *Bo.;* klauwəl *Vbg. Gelm.;* kloubəl *Mmbr.;* kloïbəl *Grt. Falk.;* klaulən *Si.;* kloïwəl *Av.* — Pl. -n; Demin. kleïbəlχin *Bo.,* klailtχən *Si.*] *n. Knäuel:* e Klingel Woll; e K. Fisäl *Bindfaden;* e Kneiltchen Zwier. — els. 1, 493 Klungel, Klunkel; baier. 1, 1335 Klungel, Klüngel; hess. 205 Klauwen; lux. 229 Klêlen; Gr. Wtb. 5,1295 Klüngel. — Zs. Klingelnäz *n. Fo. Zwirnknäuel.*

Klingel-stesser [-ŝtésər *Fi. Ett.* u. s.; -stésa *Kr.*] *m. Mörser der Apotheker.* — els. 2, 618 u. Gr. Wtb. 5, 1179 Klingelstösser *Stoßkeule für den „Klingelstein" (Mörser).*

klinzich [klintseχ *D. Si.*] adj. *sehr klein, winzig:* e k. Stek Botter *Stück Butter.* — lux. 230 klînzech; ss. klinzich *Kr.* 66, Kisch 129; nordböhm. klintschich, From. 2, 31. K. < klein-zig.

klippen [klĭpən *Lan. Ersd.*] intr. v. *läuten bei der Wandlung:* es klippt. — hess. 208 klöppen *mit nur einer Glocke läuten:* westfäl. es kleppt *es wird in der Kirche zum Vaterunser geläutet* Strodtmann Idiot. Osnabr. 106. vgl. els. 1, 495 klepfen 7 *mit der Glocke ein Zeichen geben.*

Klitsch s. Kletsch.

Klo *Klaue* s. Klaw. — Zs. Klôe-krankhät *f. D. Si. Klauenseuche.*

Klo *Klage* s. Kla'.

Klober-salz s. Kläwersalz.

Klock [klòk, Pl. -ən *Hd. Brettn. Bo. Si.*] *f.* 1. *Glocke* s. Glock. — 2. *bauchige Steinkrug mit engem Hals ((sog. nach dem Geräusch des sich durchdrängenden Wassers).* lux. 231. Kluck *Krug, Krucke;* ss. Klucker *Wasserflasche mit engem Hals* Kisch (W.W.) 85; vgl. baier. 1, 1325 kluckezen. — 3. *Garbenhaufen auf dem Felde.* lux. 231 Kluck *(Die Bezeichnung rührt daher, weil die 4—6 Garben mit einer Garbe als Hut darauf wie eine Gluckhenne mit ihren Küchlein aussieht).* — 4. Gluckhenne *(Niederlsam)* s. Gluck.

Klod [klód, glód *Ri.*] männl. *Vorname Claudius.* — frz. Claude.

Klomp s. Klumpcⁿ.

Klong [kloŋ, Pl. -ən *Bo.*] *f. Büschel, Bund; in eine Schnur eingereihte Gegenstände gleicher Art (wie Schlüssel, Zwiebeln, Fische, Frösche u. dgl.):* en K. Fräschen *(Frösche).* — lux. 230. Klongel; vgl. Gr. Wtb. 5, 1295 Klung, Klunge und mhd. glunke, klunke.

klongen tr. v. *Bo. Tätigkeit des Einreihens in eine Schnur od. eine Rute.* — vgl. hd. klungeln Gr. Wtb. 5, 1296. s. Klong.

Klonkel [kloŋkəl *Si.*] *f. Schwebe, Schaukel.* s. d. folgende.

klonkeln intr. v. *Si. in der Schwebe sein, baumeln.* — lux. 230 klonken; baier. 1,1335 klunken, klunkern; mhd. glunkern *baumeln, schlenkern.*

Klonsch s. Klunsch.

Klope [klòpə *Kr. Lix.* u. s.] *f. Klaue, verächtl. für Finger.* — Gr. Wtb. 5, 1222 Klope, Klopen. — Zs. Klopen-hälm pl. *Strohhalmen:* K. ziehn *das Los ziehen mittels Strohhalmen, die man mit den Fingern festhält.* els. 1, 327 'sHamele zien.

kloppeⁿ [klòpə *fast allg.;* klapən *D. Si.;* globə *Ri. Hom. Ha. Rom.*] v. 1. *klopfen, schlagen:* mi Vadder geht mich k. *Fo.* Ebber k. *jd. durch Klopfen aufmerksam machen Ri.* — 2. *Lärm machen.*

Klopper *m. in der Zs.* Herz-klopper *das Herzklopfen Ri.*

Kloppert [klòpərt, Pl. -ən *Bo.*] *m. Lärmmacher. Spottname der Bewohner von Falk (Kr. Bolchen).:* Fäller Klopperten.

Kloschter [klóŝtər *fast allg.;* klóəŝtər *Bo.;* kloušţər *D. Si.;* glóšdər *Ri. Hom. Ha.* — Pl. klèŝtər, kléəŝtər, kléïŝtər, gléšdərə] *n. Kloster. Rda.:* ins Josepskloschder gehn, wo zweierlei Schuh hin-

germ Bett stehn *sich heiraten Ri.* — Zss.
K.-bruder. K.-katz *(urspr. im Kloster
aufgewachsene, gewandte Person). Rda.:*
et konn's lenks un rechts wie e K. *beim
Tanzen Lix.* els. 1, 485; Gr. Wtb. 5, 1238.
K.-kirch.
Klote [klôtə, glôtə *Lix. Vahl-Ebers.;*
klut *Si.* — Pl. -ən] *f. Kralle, Klaue:* lass de
Kloten davòn! — baier. 1, 1341 Klatten;
tirol. Klåt(ə), From. 3, 458; 6, 296; Gr.
Wtb. 5, 1007 Klatte; lux. 231 Klôter.
— Zs. Klote-kronkheït *Lix. Klauenseuche.*
Kloter [klótər *Si.*] *f. Waschweib.* —
hess. 208 Klûter, Klunder *unreinliche
Weibsperson;* vgl. mhd. klûter *Fleck,
Schmutz;* els. 1, 498 Cloder; ndl. klont;
s. a. Gr. Wtb. 5, 1008, 2ª.
kloteren I [klótərən *Si.*] intr. v. *das
Gewerbe der Waschweiber betreiben.*
s. Kloter.
klotərən II [klôtərən *D. Si.*] intr. v.
herumklettern: op e Bâm kl. — lux. 231
klôteren; ndl. kloutern.
Klotz [klots *Fo.* u. s.; klùts *Lix. Falk.;*
glods *Ri. Hom. Ha.;* glùts *Grt. Va.;* klats
D. Si. — Pl. klets, klutsən] *m.* 1. *Klotz,
Holzklotz.* — 2. *Kugel, bes. Kegelkugel.*
— 3. *Apfelkrapfen D. Si.* — baier. 1,
1342 u. els. 1, 500 Klotz; lux. 227 Klatz
s. a. Gr. Wtb. 5, 1248 ff. — Zss. K-bir
*große, kugelförmige Birne, die spät reift
u. wenig schmackhaft ist; sie eignet sich
zu Schnitzeln.* els. 280. Klotz-kopp
(Klatzkapp *D. Si.*) *m. Dummkopf, unbehilflicher Mensch, Dickkopf.* els. 1, 460;
lux. 227; Gr. Wtb. 5, 1256. klotzköppich adj. *eigensinnig, dickköpfig.*
klotzich [klotsix *fast allg.*] adj. *plump,
knollig.* — els. 1, 500.
Klowen [klówən *Fo. Lix. Fa. Ko.* u. s.;
klouwən, kloubəl *Bo.;* klów *D.;* kluèf
Si.; klúf *Nj.;* klúw *Vbg.;* klúwən *Busd.;*
glowè *Fi.* — Pl. klówən, klúwən, kluèwən;
Demin. klièftxən *Si.*] *m.* 1. *Kloben, Haken,
den man in die Wand schlägt:* eppes an
de K. hänge. Et wôr um Klièftchen *es
war die höchste Zeit Si.* — 2. *Türangel.*
— 3. *Pfeifenstummel:* alsfurt hat er de
K. em Mul *Lix.* — 4. *alter Gaul Sgd.* —
els. 1, 489 Klobe, Klowe; hess. N. 134
Klobe; baier. 1, 1323 Kloben. s. a. Gr.
Wtb. 5, 1215, 1218.
klucksen s. kluxen.
Kluder [klûdər, Pl. -ən *Bo.;* klùdər *D.
Si.*] *f. Klumpen, Dolde, Büschel, Haufen
dicht beieinander befindlicher Dinge einer
Art, wie Trauben, Äpfel, Birnen, Zwetschen:* en K. Truwele, en K. Äppel. —
lux. 231 Kludder. K. < ndl. Klunder,
Kluster *Kamm mit Beeren; Obst, das dicht
aneinanderhängt* From. 5, 152; Brem. Wtb.
2, 615; engl. cluster; ndl. klonter, From.
6, 279, 21. s. a. Klunder.
kludern intr. v. *Bo. Si.* 1. *lose herunterhangen (von Kleidern).* — 2. *sich ballen
(zu einem Haufen).* — ndd. klutern Gr.
Wtb. 5, 1157; lux. 231 kluddern.
klug [klûx̱ *fast allg.* Kompar. klijər,
klîšt] adj. u. adv. *klug.*
Klughet [klûx̱het *Fo.* u. s.] *f. Klugheit.*
Klug-schisser [-šisər *fast allg.;* -šešər
Bo. D. Si.] *m. Klugscheißer.*
Klumpen [klumpə *fast allg.;* klumbə
Bi.; klompən *D. Si.;* klupən *Marienth.;*
glumpən *Mü.*] pl. 1. *Holzschuhe:* for de
Garte dut m'r K. an *Fo.* Der kimmt ma
angeschlicht in K. *er will leise auftreten
u. macht großen Lärm Walm.* E Mul
mache wie e K. *trotzen Bi.* — 2. *Klumpen,
Erdballen an den Schuhsohlen.* — els.
1, 492 Klumpe; lux. 230 Klompen. s.
a. Gr. Wtb. 5, 1290. Zss. K.-jud *Lix.*
1. *Holzschuhhändler.* 2. *einer der zu
lärmend mit seinen Holzschuhen auftritt.*
K.-schuh pl. *Pü. Schuhe mit hölzerner
Sohle u. ledernem Fuß, mit Schnüren versehen; sie sind weniger plump als diè* Galosche (s. d.).
klumpen [klumpə *fast allg.* klumbə *Bi.*]
intr. v. *lärmend auftreten, schwerfällig
gehen:* der kimm awer doher geklumpt!
Lix. — els. 1, 492 klumpere.
Klunder [klundər *Obh.* u. s.] *m. Klumpen.*
— hess. 208 Klunder *kotiger Ansatz am
unteren Rande der Weiberröcke;* ss. Klanter,
Kisch 84; ndd. Klunter, From. 5, 152;
rheinfr. Klunt, Klunter ibid. 6, 279, 21;
ndl. klont, klonter. s. a. Gr. Wtb. 5, 1302
u. hess. N. 135.
Klunsch [kluns̆ *Fo. Pü. Nj.* u. s.; klons̆
Brett.; glunts̆ *Rg.;* kluns̆əl *Rü. Si.*] *f.*

Schaukel: uf der K. hucke. — lux. 231 Klunsch; eifl. ebenso, From. 6, 15; vgl. ndd. Klunker *ibid.* 5, 152. s. a. Krontsch.

klunscheⁿ [klunšəⁿ *Fo. Pü. Nj.* u. s.; klunšələn *Rü. Si.*] intr. v. 1. *schaukeln auf der Klunsch: die Kinner sin am Klunsche.* — 2. *rütteln.* — lux. 231 klunschelen, klunschen; baier. 1,1335 klunken, klunkern *baumeln.* s. a. krontschen.

Kluppeⁿ [klupə *Lix. Sgd.* u. s.; klupən, klupəl *Bo.* — Pl. gleich; Demin. klipχin] *m. dichter Haufen (Menschen od. Tiere), Büschel (Tabak, Zwiebeln), Bund, Knäuel: dort sitze de Duwen (Tauben) all uf änem K.* E K. Schlissel. — els. 1, 495 Kluppe; baier. 1, 1336 Kluppen; hess. 209 Klupp; henneb. Kloppet, From. 3, 475; Gr. Wtb. 5, 1304, 1307 Kluppe.

Klus [klús *Kr. Go.* u. s.; glús *Ri. Rom.*] *f.* 1. *Schleuse.* — 2. *Stauwasser an einer Mühle.* — els. 1, 497 Klus; mhd. klûs, klûse < mlat. clusa; frz. écluse.

Klut [klút, Pl. -ən *Si.*] *f. Hode* — lux. 231 Klût, Klout; ndl. kloot; vgl. hess. 209 Klûte *Klumpen, halbgefüllter Sack;* ndd. klût *Kloß* From. 5, 152.

Klutte [klutə *Bo. Fo. Obh.* u. s. — Pl. -ən] *f. große, plumpe Hand: was du in die Klutten krischt, das isch verlor Fo.* — vgl. ndd. klute, ndl. kluite *Klumpen;* ndd. klutern *sich ballen* Gr. Wtb. 5, 1157; els. 1, 499 Kluttere *dicke, plumpe Frau.*

Klutz *Kugel.* s. Klotz.

kluxen [kluksən *D. Si.*] intr. v. 1. *glucksen wie die brütende Henne.* — 2. *vor Freude jauchzen.* — 3. *den Schluchzer haben.* — lux. 231 klucken, kluxen; els. 1, 263 gluxe.

Kluxert *m. D. Si. Schluchzer:* en hot de K. — lux. 231 ebenso; els. 1, 263 Gluxer, Gluxert. s. d. vorige.

knabbeln [knabərən, knabələn *D. Si.;* knaiwlə *Bi.*] intr. v. *kleine Bissen nehmen, langsam an etwas herumkauen.* — lux. 231 ebenso; els. 1, 501 knäbbere; ndd. knabbern, knappern, From. 5, 152; baier. 1, 1352 knaupeln, kläubeln; ss. kneibeln Kr. 67; schles. knäubeln Weinh. 44. s. a. Gr. Wtb. 5, 1311.

Knabbler *m.* (Knabbelesch *f.)* *D. Si.* (Knaiwlər *Bi.*) *einer, der an etwas knabbert, der langsam ißt, dem es nicht recht schmeckt.*

knadderen [knàdərən *D. Si.*] intr. v. *unaufhörlich nörgeln, knurren, mürrisch vor sich her brummen.* — lux. 231 ebenso. *Dieselbe Bedeutung hat* knoteren s. d.

knadderich adj. *D.Si.mürrisch, knurrig.* s. d. vorige. *Das Substant. lautet* Knadderichkät.

Knadd'rer *m. D. Si. Murrkopf, Nörgler.* — lux. 231. s. a. Knoterer.

kna'en [knáən *D. Si.;* knauwən *Bo.*] tr. v. *nagen, kauen.* — lux. 231 ebenso; baier. 1, 979 gnagen *neben* nagen; märk. knâgen, From. 5, 171; ss. knuegen Kr. 68; ahd. kinagan, gnagan.

knaiwle, Knaiwler s. knabbeln, Knabbeler.

Knall [knàl *fast allg.;* knaḷ *D. Si.;* gnàl *Ri. Hom. Ha. Rom.*] *m. wie hd. Knall:* K. un Fall *plötzlich, unerwartet.* — Zs. K.-erbse.

knallen [knàləⁿ *fast allg.*] intr. v. *knallen:* ebber ens gen, ass es knallt *Ri.*

Knall-hütt *f. Fi. baufälliges Häuschen.* — vgl. baier. 1, 1350 u. Gr. Wtb. 5, 1336, 3 d Knallhütt *Bordell;* hess. 210 K. bretterne Tanzbude.

knappen [knàpən *Va.* u. s.] tr. v. *nagen.* — lux. 232; Gr. Wtb. 5, 1347 c, d.

knapps [knàps *D. Si.;* knèps *Falk.*] adj. u. adv. *knapp, mit genauer Not.* — lux. 232 knaps; baier. 1, 1351 knapps.

knäpsich [knèpsiχ *Bo.;* knèpeχ *D. Si.;* gnebliχ *Ri.*] adj. 1. *knotig, mit knopfähnlichen Narben bedeckt:* en knäpsicher Bâm; en knäpsich Hand. — 2. *klümperig, vom Mehle.* — lux. 232 knäppech; els. 1, 508 knöpfig.

Knarrer Pl. *Spottname der Rimlinger (Kr. Saargemünd) wegen ihrer harten Aussprache des r.*

Knascht [knašt *D. Si.;* knošt *Bo.;* knušt *Fo.*] *m. anklebender Schmutz, Dreck, Unreinlichkeit.* — lux. 232 Knascht; hess. 211 Knist, Kneist; ss. Kneist Kr. 67; henneberg. Knіᵉst, From. 5,40; hd. Kneist u. Gneist Gr. Wtb. 5, 1409. — Zss. K.-beidel. K.-hammel. K.-sâk *m. D. Si.* 1. Schmutzkerl. 2. Geizhals.

Knaschtert [knàštərt *D. Si.;* knoštərt *Bo.*] *m. schmutziger Kerl, Geizkragen.*
knaschtich [knaštiχ *Fo. D. Si.;* knatšiχ *Fa.;* knoštiχ *Bo.*] adj. 1. *schmierig, unsauber (eigentl. u. bildl.)* — 2. *geizig:* en alt k. Frâ. — lux. 232 knoschtig; ss. kneistich Kr. 67.
Knaschtichkät *f. D. Si. Filzigkeit.* — lux. 232.
Knatsch [knatš *Fo.;* gnatš *Sgd. Lix. Schw.*] *f.* 1. *Klatschbase:* en alti K. — 2. *unzufriedenes Weib.* — 3. *mundfaules Frauenzimmer* (s. knatsche 4 u. 5.) — els. 1, 509; hess. 210; Gr. Wtb. 5, 1360.
knatscheⁿ [knàtšəⁿ *fast allg.;* gnatšə *Sgd. Lix.*] tr. u. intr. v. 1. *in den Händen herumdrücken, kneten:* Teig k. — 2. *dreinreden, seiner Unzufriedenheit Ausdruck geben:* du hascht alsfurt eppes se gnatsche *Lix.* Was hascht de dann schon wider ze k.? — 3. *dummes Zeug reden.* — 4. *langsam sein Bo.* — 5. *unverständlich sprechen Bo.* — hess. 210 knatschen; els. 1,509 knätche; Gr. Wtb. 5,1360 knatschen.
knätschen [knètšənSi.] 1.*etwas Weiches kneten, zusammendrücken.* — 2. *durch etwas Weiches waten:* durch den Dreck k. — els. 1, 509 u. lux. 232 ebenso.
Knatschert [knàtšərt *Lix. Vbg. Bo.* u. s.; knàtšər *Bi.;* gnàdšər *Ri.* - Pl. -ən] *m.* 1. *ungeschickter, langsamer Mensch Bi. Bo.* — 2. *einer, der alles tadelt Fo. Lix. Vbg.* — 3. *unreifer Junge Bo.* — vgl. els. 1, 510 Knätschi.
knatschich, knätschech adj. *D. Si. schmierig, weich, überweich z. B. faule Äpfel, unausgebackenes Brot.* — lux. 232; els. 1, 510 knätschi(g).
knatschtech! interj. *(Schallwort) gebraucht beim Auffallen eines Gegenstandes auf etwas Weiches. Dafür auch* batschtech! — lux. 232.
Knauss [knáus *D. Si.*] *f. Knorren, dickes Stück:* eng K. Brouͧt. — lux. 232. ebenso; vgl. baier. 1,1354 Knaus *knopfiger Ansatz am Brotlaib, da wo er angeschnitten wird;* westfäl. knaust, ndl. knoest *Knorren,* ndd. knôst, From. 6, 79, 216.
knauteren [knautərən *D. Si.*] tr. v. *zerknittern:* Papeier k. — lux. 232 ebenso; vgl. hess. N. 137 Knaute *Klumpen;* baier.

1, 1356 knauzen *verdrücken.* Gr. Wtb. 5, 1374. s. a. knotscheⁿ.
Knauz [knauts *fast allg.*] *m. Knirps.* — lux. 232; hess. Nr. 137; vgl. baier. 1, 1356 knauzen.
knauzech adj. *D. Si. unansehnlich; im Wachsen zurückgeblieben:* e k. Mensch. — lux. 232. s. d. vorige.
knawereⁿ [knawərə *Fo. Fa. Bi.;* knowərə *Lix.* u. s.] intr. v. 1. *knappern:* on der Kurscht Brot erim knowere. — 2. *nörgeln, in halblautem Tone mißvergnügt sich äußern:* was der immer ze knawere hat *Fa.* — 3. *knurren (vom Hunde).* — vgl. els. 1, 505 knopere u. Gr. Wtb. 5, 1470.
Knäwerer [knêwərər *m.* knêwər *f. Bi.*] *Schwätzer, Nörgler, Klatschbase.* s. knawere.
Knawer-sack *m. Person, die immer nörgelt.* s. knawereⁿ.
Knechel [kneχəl, Pl. -ən *D. Si.;* gneχəl *Ri.*] *f. Hand- u. Fußknöchel.* — 2. *knochiger Teil eines Schinkens.*— lux. 333.
Knecht [knèχt *Fo.* u. s.; knét *Falk. Grt.;* gnêd *Rein. Ri. Rom.;* knièt *D. Si.;* knéit *Bo.* — Pl. knèχtə, knétən, knéitən *(aber* Knêt un Mêd *Knechte u. Mägde)]* *m.* 1. *Knecht,* — 2. *Kosewort für Knaben Ri. Rom.* — lux. 233 Kniet.
kneckech [knekeχ *D. Si.;* knekʒiχ *Bo.*] adj. u. adv. *knauserig, knickerig. Davon:*
Kneckechkät *f. D. Si. Knauserei.* — lux. 233.
knecken[knekən*D.Si.*]intr.v.*knausern.*
Kneckert [knekərt *Bo. D. Si.* — -ən] *m. Geizhals, Knauser. Das Femininum lautet:* Kneckesch. — lux. 233 Kneckert; els. 1, 504 Knickeri; Gr. Wtb. 5, 1419 Knicker.
Kneckes [knèkəs *Sgd. Lix.;* knègəs *Pfb.*] *m. Knirps, kleiner Nichtsnutz:* Mach dich häm, du K.! — els. 1, 503 Knëckes. s. a. Kniwes.
knecksich *knauserig* s. kneckech. — els. 1, 504 knicksisch.
Knecksicher [knekʒiχər, Pl. knekʒijən *Bo.*] *m. übertrieben sparsamer Mensch (nicht gerade Geizhals).* s. d. vorige.
Knedel [knédəl *fast allg.;* knídəl *Bo. D. Si.* — Pl. knédəln, knédlə, knídəln; Demin. knídəlχín] *m. Knödel.*

kneden [knédən *fast allg.*; knièdən *D. Si.*] tr. v. *kneten.*
Kneip *Schustermesser* s. Knipp.
knelleren [knelərə *Fo.* u. s.; gnàlə, gnelə *Ri. Rom. Hom.*] intr. v. *mit der Peitsche knallen; schlagen, daß es knallt.* — els. 1, 504 knelle.
knepen *knüpfen* s. knippen.
Knepple [knèplə *Fi. Mett.* u. s.; knèpəl *Sgd.*; gneblə *Ri. Hom. Rom. Ha.*; knepflə *Pfb.*] pl. *Knödel, Klöße z. B.* Fläsch-k.,Grumbire-k.,Gänse-k.,Lewer-k., Mark-k. — Zss. K.-supp. — els. 1, 507 Knöpfle.
knerren [knèrə *Ha. Rom.*] intr. v. *das R schnarrend aussprechen.* — els. 1, 508 ebenso.
Knespel [knespəl *Si.*] *m. Mispel.* — lux. 233 ebenso; els. 1, 509 Knispel u. Nispel; baier. 1,168,1766 Nespel, Nöspel; schwäb. Nespele.
knespelich [knespələχ *Si.*] adj. u. adv. *knifflig, heikel*: eng k. Sàch. — lux. 234 knöspelech; vgl. hess. N. 136 knispelin *geschäftiges Verrichten kleiner Hantierung, was trotz Fleißes wegen der Knuffelei u. Tüftelei nicht rasch von statten geht.*
Knet-wasser [knièt́wásər *Si.*] *n. lauwarmes Wasser zum Teigansetzen.*
Knetzel [knètsəl, knatsəl *D. Si.*] *f. kleines, unansehnliches Mädchen (wird auch von Tieren gesagt, die sich nicht recht entwickeln).* — lux. 233 Knètzel; vgl. baier. 1, 1356 knauzen, knotzen *zusammendrücken.*
knetzelich adj. *D. Si. klein, verwachsen, unansehnlich*: e k. Ferkel. — lux. 233.
knetzeln tr. v. *kleine Arbeit verrichten.*
Knetz(e)ler *m. D. Si. Mensch, der sich mit allerlei Kleinigkeiten beschäftigt.*
Knewel [knéwəl *Sgd. Ha. Lix.*; gnéwəl *Ri. Hom. Rom.*] *m. Schluß einer Kette zum Einfügen in einen Ring.* — Gr. Wtb. 5, 1376 Knebel 5 g.; ostfries. knävel. — Zs. K.-werk *n. Schw. Göpel für Kühe.*
kneweln tr. v. *knebeln.*
Knie [knî *fast allg.*; knéï *Bo. D. Si.* — Pl. knî, knéïən, knéïər] *n. Knie*: er hat de Buchs um K. verriss *Fo.* Ebber uff's K. nemme *über's K. ziehen Ri. Hom.* — Zss. K.-bänkel *Betschemel.* K.-guss *kalter Wasserstrahl auf die Knie Ri. Ha.* K.-kennel *Kniekehle* ibid. K.-rieme. K.-schib *Knicscheibe.* K.-stick.
. **knien** [kniə *fast allg.*; knéïən *Bo. D. Si.*; knuïwən *Falk.*; knoïwen, knaïwən *Fa.*; gnoewə *Ri.* — Ptc. gəknît, gəknéït, geknoïwt] intr. v. *knien.*
Knipp [knip *fast allg.*; knipə *m. Ett.*; knaip *D. Si.*] *f.* 1. *gekrümmtes, griffloses Schustermesser, Kneif, Pfriemen. Rda.*: K. on Saubel *(Ahle)* niderleïen *die Arbeit aufgeben Bo.* — 2. *Baumschere.* — 3. *Schlächtermesser Geinsl.* — els. 1, 505 Knippe, Knipp; lux. 233 Kneip; ss. Kneip, Kisch 85; mhd. knîp; vgl. engl. knif.
Knippchen s. Knuppe.
Knippel [knipəl *fast allg.*] *m.* u. *n.* 1. *Klumpen*: e K. Gold. — 2. *Klöpfel der Glocke*: de K. schlòn *den Klöpfel anschlagen.* — 3. *Holzhammer (um z. B. den Hanf mürbe zu klopfen).* — vgl. els. 1, 506 Knüppel.
knippen [knipən *fast allg.*; gnibə *Ri. Hom. Ha. Rom.*; knepən *Bo. D. Si.*] tr. v. *knüpfen, einen Knoten machen*: ich hon de Fasem geknippt *Lix.* — lux. knepen; henneb. knüpplen, From. 2, 320.
Knipper [knipər *Fi.* u. s.; knippərt *Falk.*; knepərt *Bo.* — Pl. -ən] *m. Knoten.*
Kniwel [kniwəl *D. Si.*] *m.* u. *f.* 1. *großes Stück*: e K. Brout. — 2. *Knorren im Holz.* — 3. *Holzriegel.* — 4. *kleine, dicke Frauensperson.* — lux. 234; ss. Kniwel Kr. 67; ndl. knibel; baier. 1, 1345 Knöbel, Knübel *Auswuchs, Knorr*; mhd. knübel; s. a. Gr. Wtb. 5, 1374 ff.
kniwelech [kniwələχ *D. Si.*] adj. *kleinlich u. zugleich kniffig, schwierig*: dat as eng k. Arbecht. — lux. 234 ebenso; westf. knibbelig.
Kniweler *m. D. Si.* (Gniwler *Ri. Ha. Rom.*) 1. *Pfuscher.* — 2. *langsamer Arbeiter. Das Femininum lautet*: Kniwelesch. — lux. 234.
Kniwelerei *f. D. Si.* 1. *Pfuscherei.* — 2. *kleinliche Arbeit, die viel Zeit erfordert.* — lux. 234; vgl. els. 1, 502 Knubler (Knüwler).
kniwlen [knîwlè *Fi.*; kniwələn *D. Si.*; gniwlə *Ri. Hom. Rom. Ha.*] tr. v. 1. *mit den Fingern bohren*: in der Nas k. *Fi.*

— 2. *zerknittern.* — 3. *pfuschen, flicken* D. Si. — els. 1, 502 knuble (knüwle); lux. 234 kniwelen.
Kniwes [kníwəs *Lix.* u. s.] *m. Knirps.* s. a. Knuppert, Knuppes.
Knob [knóp *Si.;* gnob *Ri. Ha. Rom.*] *m. Knabe, Bursche:* alder Gnobb! *alter Kerl Ri.* E jonge Knob an eng âl Mô'd mâ'en en goᵘde Stôt *ein junger Bursche u. eine alte Magd passen zu einem guten Haushalt.* — lux. 234 Knuᵉb.
Knobloch [knoblòχ *Fo.* u. s.; knowəlòχ *Sgd. Lix.;* knobliχ *Flh.;* knoublòχ *Bo.;* knoliχ *Hb.;* knuleχ *Nj.*] *m. Knobloch.* — lux. 235 Knuᵉwelek.
Knocheⁿ [knoχə *fast allg.;* knùχən *Falk.;* gnoχə *Ri. Ha. Rom. Hom.* — Pl. knoχə; Demin. kneχəlχə] *m. Knochen:* ebber d'K. weich schlawe, d'K. verschlawe *einen gehörig verhauen Rom. Ri. Ha.* Bitz in d'K. ebber verfluche *ibid.* D'K. usenander han *die Gelenke auseinander haben ibid.* E Sturmwedder in de K. han *ein Gewitter verspüren ibid.* — Zss. K.-brand. K.-mann *der Tod als Skelett.* K.-mehl. K.-olich (K.-el) *Knochenöl.*
knocheⁿ adj. *Ri. knöchern:* 's Fläsch isch k.
knodlich [knodliχ *Fo.* u. s.] adj. 1. *uneben, knotig (vom Faden):* de Woll isch k. — 2. *ungenau gemacht (von der Arbeit).* — vgl. els. 1, 503 knudle *ungenau arbeiten;* Gr. Wtb. 5, 1514 knudeln *sudeln.*
Knoll [knòl *D. Si.;* gnolə *Ri. Hom. Rom. Ha.*] *f. Klumpen, Tier- bes. Pferdekot.* — lux. 234 ebenso; els. 1, 504 u. baier. 1, 1350 Knolleⁿ.
Knopp [knop *fast allg.;* gnob *Ri. Hom. Ha. Rom.;* gnopf *Pfb.;* knap *D. Si.* — Pl. knep, gnepf, knèp; Demin. knepχə, knêpχin, knébəl] *m.* 1. *Knopf:* 2. *festgeschlungener Knoten:* mach e K. in de Fasem. *Rda.:* mach d'r e K. in d' Nas, ass des nit vergess! *Pfb. Ri. Hom. Ha. Rom.* — 3. *Knospe:* der K. geht uff *Ri.* E Roseknopp. — 4. *Tropf:* geh, du bischt e ronlicher (s. d.) Knopp! *Sgd. Lix.* — 5. *Knirps Bo. Geinsl.* — Zss. Knopphengscht *m. Fi. magerer Mensch.* —

Knebel-spalter pl. *Knopfspalter, Spottname der Bewohner von Remelfingen (Kr. Saargemünd).* Knopp-loch.
knorbeln s. knurweleⁿ.
Knorbeler *m. Bo. Mensch, der unverständlich, knurrend spricht.* s. knurwele.
Knoscht s. Knascht.
knoschteren s. koschteren.
Knoschtert [knoštət *Grt.;* knouštat *Va.*] *m. kleiner Kerl, Knirps, unansehnlicher Mensch.* — vgl. baier. 1, 1355 knustern, knüstern *zerdrücken;* mhd. knisten, knüsten. s. a. Gr. Wtb. 5, 1444. 1528.
Knote [knótə *fast allg.;* knut *D. Si.*] *m. Knoten.*
knoteleⁿ [knotələ *Fo. Pü.* u. s.; knodələn *Busd.*] intr. v. *langsam machen, nie zu Ende kommen:* an d'r Wäsch k. An em Strump erum k. — els. 1, 503 knudle *sich abmühen ohne Erfolg;* Gr. Wtb. 5, 1514 knudeln *sudeln.* s. a. knuddeln.
Knoteler [knotələr *Pü. Fo.;* knodlər *Busd.*] *m. einer, der langsam macht, nie fertig wird, immer Schwierigkeiten u. Hindernisse findet.* s. d. vorige.
Knotel-sack *m. Dasselbe wie* Knoteler.
knoteren [knótərən *D.;* knoutərən *Si.*] intr. v. *knurren, mürrisch vor sich her brummen.* — lux. 234 knoᵘteren; els. 1, 509 knottere; hess. 214 knuttern; eifl. knotern; hd. knottern Gr. Wtb. 5, 1512.
knoterich, knoᵘterech adj. *D. Si. mürrisch.* s. d. vorige.
Knot(e)rer *m. D. Si. Brummbär, Murrkopf.* — lux. 234.
knotsche [knotšə *Lix.* u. s.] tr. v. *zerknittern,* z. B. Zeug, Papier. — vgl. els. 1, 510 knautsche, knütsche; baier. 1, 1356 knötschen, knotschen, knutschen; Gr. Wtb. 5, 1374 knautschen; hess. 210 knatschen, knutschen *zusammendrücken.*
Knottel [knotəl *Lix. Sgd.* u. s.] *f. Knolle.* — hess. N. 139 Knöttel *Kotknollen;* lux. 233 Knètzel; tirol. Knott'n *Block.*
knowereⁿ *nörgeln* s. knawereⁿ.
knubbelich [knubələχ *D. Si.*] adj. *uneben, holperig:* e knubbeliche Wè *ein holperiger Weg.* — lux. 234 ebenso; els. 1, 506 knupplig. s. Knuppe.
knuddeln [knudəln *Bo.*] tr. v. 1. *ungeschickt arbeiten:* Wäsch k. — 2. *nesteln:*

an de Kleïder erim k. — els. 1, 503 knudle *sich abmühen ohne Erfolg;* vgl. hd. knudeln *sudeln* Gr. Wtb. 5, 1514. s. a. knotelen.
Knudd(e)ler *m. Bo. ungeschickt arbeitender Mensch.* s. d. vorige.
knuffen [knufən *Bo.*] tr. v. 1. *kneifen, puffen.* — 2. *schlagen mit den Handknöcheln.* — baier. 1, 1350 u. Gr. Wtb. 5, 1515 ebenso; hess. 194 karnuffeln.
Knulech s. Knobloch. — Zs. K.-zeïf *Knoblochszehe Si.*
Knuppe [knupə *Fo.* u. s.; gnubə *Ri. Hom. Rom.;* knubə *Bi.;* knybə *Pfb.* — Pl. knibə *Bi.;* Demin. knipχən, knibəl] *m. u. f.* 1. *dickes Ende, Knoten:* im Fisell isch e dicker Knuppe *Fo. (übertr.) kurzer, dicker Mensch:* es isch numme e K. *Ri.* — 2. *Beule, Anschwellung. Das Deminutiv* „Knippchen" *bedeutet auch* a) *kleine Anhöhe D. Si.;* b) *hart gebackenes Ende des Brotes Fo.* — els. 1, 505 Knuppe; lux. 235 Knupp; hess. N. 140 Knupe, Knaupe. „Knuppe *ist ndd. u. md. Form für* Knopf". Gr. Wtb. 5, 1470 Ic.
knuppen [knupən *D. Si. Fo. Pü.* u. s.; knubə *Bi.*] tr. v. 1. *schlagen, stoßen:* änen k. *einen tüchtig hauen, durchprügeln.* — 2. *beißen, aufknacken Pü.* — els. 1, 506; lux. 235. s. a. knuffen.
Knuppert, Knuppes [knupərt *Obh.;* knupəs *Sgd. Lix.* u. s.] *m.* 1. *Knirps.* — 2. *kleiner vorwitziger Knabe.* — els. 1, 506 Knüppes, Knüpper; hess. 213 Knups; baier. 1, 1352 Knippes; Gr. Wtb. 5, 1438 Knips. s. a. Kniwes u. Kneckes.
knuppich [knupiχ *Fo.* u. s.; knupeχ *D. Si.;* knubiχ *Bi.*] adj. 1. *klein, gedrungen von Gestalt.* — 2. *knotig, knorrig, verknotet:* e knuppiche Fasem. — 3. *grob, unbeholfen:* du knuppiche Bauer! — els. 1, 506 knuppig, knupplig; lux. 235 knuppech.
Knuppichkät *f. D. Si.* 1. *Gedrungenheit.* — 2. *Grobheit.* s. d. vorige.
knurken [knurkən *Nj.;* knurkələn *D. Si.*] intr. v. 1. *greinen, grinsen:* wat hoscht de ze k.? — 2. *grunzen (vom Schwein).*
knurkelich adj. *D. Si. mürrisch.* S. d. vorige.
Knurkert *m. D. Si. Murrkopf.* — lux. 235.

knurwelen [knurwələ *Lix. Sgd.* u. s.; knorbəln *Bo.*] intr. v. *unverständlich zwischen den Zähnen murmeln, knurren:* was knurwelsch de so? — els. 1, 508 knurwle.
knurwelich adj. *Lix. Merl.* u. s. *verkrüppelt.* vgl. hd. knorpelicht.
knuschelen [knužələn *D. Si.*] tr. v. *zerknittern, zerknüllen.* — lux. 235 knujelen; vgl. hd. knuschen, knüschen = knütschen Gr. Wtb. 5, 1526; westfäl. knusseln.
knuschelich [knužəleχ *D. Si.*] adj. *zerknittet, unordentlich.* — lux. 235 ebenso; vgl. baier. 1, 1355 knuselig *schmierig;* ndd. knösselig *unordentlich* From. 3, 373.
Knusch(e)ler *m. D. Si. Mensch, der alles ungeschickt anfaßt u. verdirbt.* — lux. 235 ebenso. s. knuschelen.
Knuscht *Unrat* s. Knascht.
knuschteren [knuštərə *Fa.* u. s.] tr. v. *kleine u. kleinliche Arbeit verrichten.* — hess. 214 knustern, knüstern; els. 1, 509 knuttere 1. *langsam arbeiten.*
Knusen [knúʒən *Bo. Vbg.* u. s.] *m. dickes Stück:* en K. Brot. — baier. 1, 1354 u. Gr. Wtb. 5, 1371 Knaus; lux. 232 Knauss; ndd. knust, knûsen *Knorren, dickes Stück* From. 6, 79.
Knut s. Knote.
Knutchet *Nährkraft des Bodens* s. Genuhtchet.
Kob [khób *Fo.;* khów *Hb. Falk. Lix. Fa. Obd. Merl. Spi.;* khúw *Vbg. Fletr.;* khop *Kr.;* khoup *Busd.;* khuəf *D.;* khuəp *Si.;* khobə *Va.;* khuəp *Oberk.;* khou *Bo.;* khowə *Obh.;* khúrw *Nj.* — Pl. khóbən, khówən, khuèbən, khouwən; Demin. khièptχən *Si.*] *m. u. f.* 1. *Rabe.* — 2. *Saatkrähe:* schwarz wie e K. De Kowe wille Rän hon *Lix.* D'Kowe kwátschen, 's get Ränwetter *Sp.* Wo m'r ufpasst, wie de Kowe grische, un wo mer's kennt, no kommer wisse, was kimmt *wenn man sich auf das Geschrei der Kaben versteht, weiß man, was eintreffen wird Lix. (Der Kob wird mit ängstlicher Scheu betrachtet).* — lux. Kueb Ga. 246; eifl. Kob, From. 6, 16; baier. 1, 1271 der Koppe; Gr. Wtb. 5, 1784 Koppe.
Kobe [khóbə *Ri. Hom. Rom.*] *m. Schelm; frecher, unordentlicher Kerl.* — els. 1, 457

Kope 2. s. a. baier. 1, 1271 u. Gr. Wtb. 5, 1539.
Koch [khoχ *fast allg.*; khaχ̣ *D. Si.* — Pl. kheχ, khèχ] *m. Koch.* — Zss.: K.-buch. K.-dippen *n. Kochtopf.* K.-hawe. K.-gescherr. K.-leffel. *Rda.:* 's werd sich weise beim Scheisse, was der K. g'fress hat *Ri.* K.-maschin. K.-owen. K-wasser *siedendes Wasser.* kach-gleïdech adj. *kochend heiß D.Si.*
koche[n] [koχe *fast allg.*; khaχ̣ən *D.Si.*] tr. v. *kochen:* 's koch m'r innewendsich *ich bin sehr aufgeregt Ri.* Ebber 's koche *jd. Unannehmlichkeiten bereiten ibid.*
Kocher [khòχər *Bo. Vbg.* — Pl. -n] *m.* (eigentl. *Köcher) Kumpen, Wetzsteinbehälter.* — mhd. kocher *Gefäß, Behälter.*
Kochersch [khoχerš *Bo. Lix.* u. s.; khaχeχt *D. Si.*] *f. Kochportion, soviel man auf einmal zu kochen pflegt:* e K. Grumbire; e Paar Kocherschen Kappes. — els. 1, 420 u. baier. 1, 1220 Kochert; hess. 214 Kochend; lux. 205 Kachecht; Gr. Wtb. 5, 1561 Kochet, Köchet; s. a. From. 3, 135. 474; 6, 162.
kochich adj. *Ri. Hom. Rom. kochend, siedend:* k. heiss; k. Wasser. — els. 1, 420 ebenso.
Koddel *gemeines Frauenzimmer* s. Kottel.
Kodder [khodər *Obh. Lix. Sgd.* u. s.; khådər *Bi.;* khùdər *Fi. Hom. Ri. Rom.;* khuədər u. khodər *Si.*] *m. schleimiger, zäher Auswurf aus der Kehle:* er macht's ganz Hus voll K. — els. 1, 424 Koder; lux. 252 Kueder; Gr. Wtb. 5, 1569 Koder.
koddere[n] [khodərə *Obh. Sgd. Lix.* u. s.; khådərə *Bi.*] intr. v. *Schleim auswerfen; husten mit Erbrechen.* — els. 1, 424 kodere; Gr. Wtb. 5, 1573 kodern.
Koder [khodər, Pl. khedər *D. Si.*] *m. Kater.*
köderich [khədəreχ *Si.*] adj. *brünstig, nach dem Kater verlangend (von der Katze aber auch von lüsternen Weibspersonen gesagt).* — lux. 252 kuederech.
Kof [khóf *Mw.*; khuèf *Si.*; khøf *D.*] *f. Spreu, Kaff.* — lux 253 Kuef; ss. Kuef, Kisch 137; ndd. Kaff, From. 6, 214; hess. 188 Kabe; Gr. Wtb. 5, 20 Kaff; mhd. kof, kaf.
Kof *Rabe* s. Kob.

Koffer *Kupfer* s. Kupper.
Kofoï s. Konfoï.
Kohl I [khòl *fast allg.*; khóul *Bo.* — Pl. -ən] *m.* u. *f. Kohle:* grad wie uff glidichi Kohle sitze *Ri.* — mhd. der und daʒ kol.
Kohl II [khól *Rom.*; khóli *Ri. Hom. Ha.*] *f. Kuh von schwarzer Farbe.* — els. 1, 431 Kohli.
Kohle-brenner *m. allg. Spruch:*
Ich bi schwarz u du bisch schwarz;
glich u glich gsellt sich ger,
hat der Deiwel zum K. g'sat *Ri.*
— Zs. Kohlebrenner-bub *allg. Volkslied:*
Ben i net e schener Kohlebrennerbu(b)? dia ho ho!
Hau un Stroh haw i genu, dia ho ho!
Hemble *(Hemdchen)* an, Krawe *(Kragen)* dran —
Hedel *(Hütchen)* of, Strisel *(Sträußchen)* drof. —
Ben i net e schener Kohlebrennerbu?
Kohl-misel *n. Schw. Kohlmeise.* — els. 1, 722.
koiwen [khoiwən *Falk.*] tr. v. *kauen.* mhd. kiuwen.
Kola [khòla *Obh. Spi. Mü. Marienth.* u. s.; khùla, khùlə *Ri.*] *Koseform für Nikolaus. (Daneben wird Nickel, Ikola, Ikalä gebraucht).* — els. 1, 431 Kola.
Kolbe[n] *m. Ri.* u. s. *Glättkolben des Buchbinders.*
Kolik [kholik *fast allg.*] *f. Leibschmerzen:* er hat de K. *Fo.* — frz. colique.
Koll I [khòl u. khòle *fast allg.*; khòli *Si.*] *m. Kragen:* der Koll am Palto. E suwere Kolle andun. Am Kolle krin *am Kragen fassen.* — frz. col, collet.
Koll II [khòl *allg.*] *m. Leim:* das kammer flicke mit K. — frz. colle.
Kollef [kholəf, Pl. kholewən *D. Si.*] *m. Gewehrkolben.* — lux. 237 Kolf.
kollen [khołén *Fo.*] tr. v. *leimen:* ich han's wider gekollet.
Kollesch [khòlėš *Fo.* u. s.; khùlèš *Ri. Hom. Rom.*] *n. Realschule, höhere Knabenschule:* in's K. gehn. — frz. collège. Davon: Kollejer (Kulleschre *Ri.*) *Realschüler.* — frz. collégien.

Kolmes [khòlməs (khòlpəs,makhòlməs) *Lix.*] *m. Schimpfname für einen unbeholfenen Kerl.* vgl. hess. Nr. 123 Kalme *dummer Grobian.* K. < hebr. kalam *Schmach antun;* kelima *Schimpf.*
Kolonie *f. Hom. Ri. Anzahl von Arbeiter- u. Beamtenwohnungen.*
Kolpes s. Kolmes.
Kol-raw [kholråw *fast allg.*] *f. Kohlrabi.* — els. 2, 217 Kolrabe; lux. 237.
Kolsa, Kolsòm *m. fast allg. Winterreps.* — lux. 237.
Kolter [kholtər, Pl. -ən, Demin. kheltərχən *D. Si.*] *n. Pflugmesser.* — lux. 237; altfrz. coltre; ital. coltro < lat. culter.
Komedie [khòmédi *fast allg.*; khòméədi *Bo.*; khamédi *D. Si.*; khùmédi, khùmídi *Ri. Ha. Hom.* - Pl. -n] *n.* 1. *Schauspielbude.* — 2. *jede Art Schaustellung:* K. spile. Das war e K. — 3. *Zank, Streit, Radau:* wer macht so K.? — els. 1, 438 Kometi; lux. 207 Kameïdi; ss. Kamêdi, Kisch 78; frz. comédie. — Zss. K.-wan *Komödiantenwagen.* K.-stick *Theaterstück.* Kamedi's-leit pl. *D. Si. wandernde Schauspieler.*
Komejon [khòməjoun *D. Si.*; khùmión *Ri. Hom. Rom.*] *f. Kommunion.* — Zss. Komejons-bank; K.-dåch *Tag der ersten hl. Kommunion.* K.-kand *n. Erstkommunikant.*
Komkomer *m. Si. Kürbis.* — frz. concombre.
kommandiere[n] [khomàndirə *fast allg.*; khomədéïərən *D. Si.*; khumədírən *Falk. Ri. Rom.* — Ptc. gəkhomândîrt] intr. v. *befehlen:* ich loss m'r nix k. Du hasch gut kummediere *befehlen ist leicht Ri.* — els. 1, 441 kummediere; lux. 237 komedeïren; frz. commander.
Kommedant *fast allg.*; Kummedant *Ri. Hom. Rom. Ha. Führer eines Regiments.*
kommen s. kummen.
Kommer [khomər *Bo. D. Si.*] *m. Kummer.* — lux. 237 ebenso.
kömmerlech [khəmərleχ *D. Si.*] adj. *kümmerlich. Davon:* Kömmerlechkät *Bekümmernis.*
Kommers [khomèrs *fast allg.*; khùmèrs *Ri. Hom. Rom. Ha.*] *m. Verkehr,*

Handel u. Wandel: e K. han *ein Geschäft haben.* Was han ihr fir e K. mit enanner? Das macht als de K. gehn *Fo.* Das isch nit im Kummers *die Ware ist nicht gangbar Ri.* — els. 1, 442 Kummèrs; frz. commerce.
Kommi [khomi *fast allg.*; khùmi *Falk. Ha. Hom.*; gùmi *Ri. Rom.*] *m. Angestellter in einem Geschäft, Handlungsdiener, Unterbeamter einer Verwaltung, Aufseher.* — lux. 237 Kommi; frz. commis.
Kommissär [khomisær *allg.*] *m. Polizeikommissar.* — els. 1, 442 Kummisär, Kummisari; frz. commissaire.
Kommission [khomisjón *allg.*] *f. Auftrag, Besorgung, Geschäft:* Kommissione mache. Ånem e K. mitgewe. — els. 1, 442 ebenso.
Kommod [khomód *fast allg.*; khamòt, khamout *D. Si.*; khùmód *Ri. Hom. Rom.*] *f. Kommode, Schubladenschrank.* — els. 1, 438; lux. 208 Kamo[u]d. frz. commode.
kommod [khomód *fast allg.*; khamòt, khamout *D. Si.*; khùmód *Ri.*] adj. u. adv. *bequem, passend, praktisch:* der Weg isch nit k. Mach dir's k. — els. 1, 438; lux. 237.
Komp [khomp, Pl. khemp, Demin. khempχən *D. Si.*] *m.* 1. *Waschschüssel, Trog, Napf.* — 2. *große hölzerne Kelle Geinsl.* — lux. 238; ss. Komp, Kisch 79; vgl. els. 1, 444 Kumpf 1; baier. 1, 1252 Kump; Gr. Wtb. 5, 2613 Kumpf; mhd. kumpf *Schüssel, Gefäß.* s. a. Kump.
Komper [khompər *D. Si.*; khompèr *Si.*; khumpèr *Fa.*; khùmbær *Fo.*] *m.* 1. *Gevattersmann.* — 2. *alter Mann überh.* — els. 1, 444 Kumper; lux. 238 Komper; frz. compère.
Komperschaft *f. D. Si. Gevatterschaft.* — lux. 238 ebenso. s. d. vorige.
kompich adj. *D. Si. ausgebuchtet, gewölbt, hohlrund:* e kompichen Teller. — lux. 238; moselfr. u. ss. kompich, Kisch 79. s. Komp.
Komplet [khomplét *Fo.* u. s.; khùmplét *Fa. Lix. Ri. Hom. Rom. Ha.*] *f. Abendgottesdienst* (eigentl. hora completa *die letzte der kirchlichen* horae): de K. isch um finf Uhr. — Gr. Wtb. 5, 1685 Komplet; ss. Komplît *Unterricht der erwach-*

senen Jugend nach der Sonntagsvesper Kisch 87.

Komplimenteⁿ [khompliměntə *fast allg.*; khùmbliměndə *Ri.*; khopləměntə *Fa.*] pl. 1. *Grüße, Artigkeiten;* er isch so voll K., wie e Hund voll Fleh. Ich han em awer K. gemacht *(iron.)* — 2. *Umstände:* mach nit viel K.! — els. 1, 444 Kumpliment. Zss. K.-kremer u. K.-mächer *Schönschwätzer.*

Komplott *n. Fi.* (Kimblod *Ri.*) *Verschwörerbande; Leute, auf die man kein Vertrauen setzt; Gesellschaft mit schlimmen Absichten.* — els. 1, 445 Kumplott; frz. complot.

Kondenier [khondənír *Lix.* u. s.] *m. Kanonier.*

Konderbande *f. Fo.* u. s. (Kunderband *Hom. Ri. Rom.*) 1. *Schleichhandel:* K. driwe. — 2. *Schmuggelware.* — frz. contrebande.

Kondor [khondór *Fo.* u. s.; khùndwàr *Ri.*] *n. Geschäfts- od. Zahlzimmer.* — frz. comptoir.

Kondwitte [khondwitə *Fa.*] *f. Führung :* e hat e gut K. — els. 1, 449 Kundewitte; hess.N.151 Kundewitte, frz. conduite.

Konferenz *f. allg.* wie hd. *Konferenz, Versammlung, Vortrag.* s. a. Kunfress.

Konfitür [khoŋfityr *fast allg.*; khùnfitur *Lix.*; khǫfitia *Vbg.*] *m. eingemachtes Obst; Konfekt:* Manscht e K. uf's Brot? — *Man unterscheidet* Truwelkonfitür *Johannisbeersaft;* Grischel-k. *Stachelbeersaft;* Kitte-k. *Quittensaft;* Brembeere-k. *Himbeersaft.*

Konfoi [khonfoï *Fo.* u. s.; khomfoï *Lix.*; khofoï *Fa. Bo. Va.*] *m.* 1. *Fuhrengestellung für Truppen; kriegsrechtlich requirierte Fahrten; Zufuhr mit militärischer Bedeckung.* — 2. *Hausierhandel.* — 3. *Gang, um Neuigkeiten zu erfahren:* of de K. gehn *den Soldaten beim Manöver das Gepäck nachfahren; herumgehen, um etwas zu erfahren.* — els. 1, 449 Konfoi; frz. convoi.

Konkel [khoŋkəl *D. Si. Nj.*] *f. Steinkrug mit engem Hals.* — 2. *Säuferin.* — lux. 238 cbenso; vgl. hess. 140 gunkeln; els. 1, 224 Kaffeeginkel *Liebhaber von Kaffee.*

Konn [khòn *D. Si.* — Pl. -ən] *f. der u. die Kunde:* en as ons eng gut K. *er ist uns ein guter Kunde.* En hot ons keng gut K. bròt *er hat uns keine gute Kunde gebracht.* — lux. 239. s. a. Kunne.

konnen [khònən *Bo.*] tr. v. *kunden, bekunden, bezeugen:* dat kann ich k.

Konscht s. Kunscht.

Konseljer [khonséljər *Si.*] *m. Gemeinderatsmitglied.* — lux. 239 Konsèlljé; frz. conseiller.

Kontrol [khontról *Fo.* u. s.; khùntròl *Sgd. Lix. Fa.*] *n.* 1. *Verkehrssteuer.* — 2. *Verkehrssteueramt:* ich bin um K. gewän un han bezahlt. — els. 1, 453 Kuntroll; frz. contrôle.

Kontrolär [khǫtrolǽr *Pfb.*; khontrolər *D. Si.*] *m. Rentamtmann.* — els. 1, 453 Kuntrolär; lux. 239 Kontroller; frz. contrôleur.

Kopen [khóepən, Pl. khéəpən *Bo.*; khoup, Pl. khéïp *D. Si.*; Demin. khéəpχin] *m. Haufe, Klumpen:* e K. Stän *Steine.* An e' Kᵘup fâlen *zusammenstürzen.* — lux. 240 Koᵘp; vgl. hd. Koppe, Kuppe; hess. 233 Küppel, Steinküppel; baier. 1, 1272 Kupp, Kuppen; Gr. Wtb. 5, 360 die Kaupe.

Kopp [khop *fast allg.*; khap *D. Si.* — Pl. khep; Demin. khepχə, khèpəl] *m. Kopf, Scheitel, Spitze. Rdaa.:* Er losst glich de K. hänge *den Mut sinken Fo.* Es hat sin Keppche *sie ist ein Trotzkopf Fo.* Was ma nit im K. hat, *das hat ma in* de Boïn *od.* das muscht de met de Fihs drôn *Bo.* M'r muss nit glich mim K. durch d'Mûr renne *Tet.* Miner sex, er isch so dumm, dass m'r em kinnt die Wänd mim K. inrenne *Bi.* A hat meh em K. weï em Sack *er ist ein Windbeutel.* Gross Stange em K. hon *ein Streber sein Lix.* Knepp em K. hon *ein Schlaumeier sein Lix.; dumme Streiche machen Ersd.* Änem 's Mus um K. hacke *einen unzart behandeln Lix.* Was der em K. hat, das hot er nit em Arsch *er läßt sich nichts ausreden Lix.* Ich män, de bisch newen om Kopp *von Sinnen, de sein Lix.* Er isch newen am K. kumm *er ist verrückt geworden Falk.* Er micht e K. wie e Maikäfer, wu flije wid *Diefenb.* Eppes en den K. kreïn *sich etwas vornehmen* Bo. Iwer K. on Ärsch werfen *über den Haufen werfen* Bo. E K. mache, ass wann er stosse wot *ein böses Gesicht machen* Bi. Et as kä' Kapp a kä' Schwanz drun *es ist nichts daran* Si. Den Nòl *(Nagel)* op de K. geröden *das Richtige treffen* D. Si. Äm *(einem)* de K. töschent d'O^uere setzen *jemanden derb zurechtweisen* Si. De K. heïh dròn *stolz sein* D. Si. En hot e gude Kapp *er begreift leicht ibid.* Kä K. han *nicht bei Verstand sein* Ri. Hom. Rom. Ha. E härder K. han *schwer begreifen ibid.* E schwere K. han *angetrunken sein ibid.* D'r K. will nimme *geistig ermüdet sein ibid. Auf die Frage?* wo hasch de din K.? *antwortet man scherzhaft:* zwische de n' Ohre *ibid.* 'S im K. han *an Kopfweh leiden, nicht mehr völlig bei Verstand sein ibid.* Hoch im K. sin *hochmütig sein (mit dem Zusatz)* u dief im Sack *(ohne die Mittel dazu) ibid.* D'Auwe im K. stegge han *infolge von Ermüdung, Krankheit u. dgl. ibid.* Sich ebbs in de K. stegge *sich auf etwas versteifen ibid.* Sin K. setze *seinen Kopf wagen allg.* Em de K. letz mache *einem den K. verdrehen* Hom. Ri. Ha. 'S Fir im K. han *Blutandrang zum Kopf ibid.* Kä K. u. kä Loch han *keinen Sinn haben (z. B. eine Erzählung) ibid.* Wer sin K. foljt, foljt um e Narr *wer seinem K. folgt, folgt einem Narren* Ri. Rom. De K. mache *trotzen ibid. Das Demin.* Keppel *bedeutet auch Briefmarke (mit dem Kopfbild des Fürsten). — Zss.* K.-breches *n. Kopfzerbrechen.* K.-brett u. K.-end *Kopfende des Bettes.* K.-geld. K.-kisse. K.-stick *n. 1. Kopfgestell. 2. Kopfstück (Fleisch).* K.-weh (s. d.).

koppech adj. *D. Si. 1. gewölbt, höckerig:* e koppiche Wan *gewölbte Getreideschwinge.* baier. 1, 1272 koppicht, koppet; Gr. Wtb. 5, 1791. — 2. *wunderlich, eigensinnig:* et as e koppiche Kërl. — lux. 240 ebenso; baier. 1, 1272 köppisch; Gr. Wtb. 5, 1792. s. d. vorige.

Koppechkät *f. D. Si. Wunderlichkeit.*

Koppel [khopəl *D. Si.] f. Koppelriemen für Hunde.* — lux. 240.

koppelen s. kuppleⁿ.

köppen [kepən u. køpən *D. Si.*] 1. tr. *stückweise abhauen.* frz. couper. — 2. intr. *leicht anstoßen.* — lux. 241 ebenso; tirol. koppen *beschneiden (einen Baum)* From. 6, 300; hess. N. 129 kippen, keppen, koppen *anstoßen.*

Kopper s. Kupper.

Kopper-rehr *n.* Bo. "*Kupferrohr*" war *der Name eines Brunnens (das Wahrzeichen von Bolchen), der am Marktplatze stand u. dessen Wasser närrische Wirkungen soll hervorgerufen haben. Daher der Ausdruck:* der hat vem Kopperrehr gedronk. *Ein einheimischer Dichter (Kuntzelmann) besingt ihn folgendermaßen:*

D'KOPPER-REHR.

D'es jo bekannt, äss jedwider Stadt
Em Ditschland odder en Frankrich
Ön Zaichen odder Monument hat:
Dat es net mehr weï richtich!
Wärsch de en Strassburg, frä't m'r dich,
Weï de Kathedral wär,
Besch de vän Bolchen, hêrsch de glich:
Wat mächt döt Kopper-Rehr?

O Kopper-Rehr, du gloire vän onsem Bolchin!
O Kopper-Rehr, du weltberihmtes Bêrchin!
O Kopper-Rehr, din Wasser schlä't en d'Blóut,
Ja, d'Kopper-Rehr, wat dat net alles dóut!

O Stäffän, holen an jetz min Lehr!
Vil Gutts kann so auwich machen,
Ja drenken Wasser väm Kopper-Rehr,
Wann annern oïch driwer lachen.
Alt odder Jonk kann't gut verdrâ'n,
D'hält dich geratzten, frêsch,
Ja, d'kräftigt Kopp on Broscht on Mâ'n
D'mächt dich gesond weï'n Fêsch.

O Kopper-Rehr, du gloire vän ousem Bolchin usw.

Ons venerabel alt Kopper-Rehr
Met sin vier stolzer Le°wen,
De Pracht väm Plätz, d'r Stadt ihr Ehr,
D'es lang nemmeh am Leïwen.
Zwen Le°wen heïden d'n Borren jetz
On zwen de Rathusuhr;
So trûrich gucken s'of det Plätz,
D'es oïnfach en Bedûr.

O Kopper-Rehr, du gloíre vän onsem Bolchin,
O Kopper-Rehr, du weltberihmter Bĕrchin,
O Kopper-Rehr, wenneh han m'r dat Gleck,
Äss d'Kopper-Rehr ons nomal kemt zereck!
Mir Stäffä'n ben en grondehrlich Rass
On gut Ami'n väm Lachen;
D'm Kopper-Rehr sin Wasser eso nass,
Wat kann dat doch net machen!
De Alten han dat wouhl gewoscht,
On mir han't vän en hĕr,
Drem sengen ich us voller Broscht:
Vive d' Bolcher Kopper-Rehr!
O Kopper-Rehr, du gloire vän onsem Bolchin usw.

koppleⁿ [khoplǝⁿ *fast allg.*; khoblǝ *Ri. Hom. Rom. Ha.*] tr. v. 1. *koppeln, paarweise aneinander binden.* — 2. *Tauschhandel treiben (wie das bes. bei Kindern vorkommt):* ich han dat Spildeng gekoppelt gegen einen anderen Gegenstand eingetauscht. — 3. *den Ehebund einsegnen, vom Priester gesagt.* — Gr. Wtb. 5, 2778 kuppeln *heimlich tauschen;* lux. 240 koppelen; els. 1, 458 verkupple *vertauschen.* s. a. kuppleⁿ.

Koppler *m. fast allg. einer, der gern Tauschhandel treibt. Das Femin. lautet* Kopplersch. — lux. 240. s. koppleⁿ.

Kopp-weh [-wé *fast allg.*; khapwéï *D. Si.*] *n. Kopfschmerzen. Zu jemandem, der sich nur krank stellt, sagt man:* Koppweh, Aueweh, Buchweh! Wo isch mi' grosser Leffel? *Fo.*

Kor I [khòr *fast allg.*; khâr *Mw. Niederls.*; khúǝr, khuar *Si.*; khoar *Rein.*] *n.* 1. *Roggen, nämlich die in unserer Landschaft vorzugsweise gebrauchte Getreideart.* — 2. *Weizen u. Getreide überh.* (wie mhd. korn): 's K. steht schēn. Des K. ufmache den Roggen in der Wannmühle reinigen *Lix.* — Zss. K.-blum; K.-brot *Roggenbrot;* K.-mösch *f. Nj. Sperling;* K.-mutter (s. d.); K.-schlecke *f. Lix. Feldschnecke, die bes. die Roggensaat bedroht.*

Kor II [khòr *fast allg.*] *n. Bande, verächtliches Gesindel:* das isch e K.! E wischtes K. — els. 1, 464 Kor; frz. corps.

koranzen [khorą̨ntsǝn *Bo.* u. s.; khurandsǝ *Ri.*] tr. v. *züchtigen, prügeln:* den welle m'r mal k.! — els. 1, 464 u. baier. 1, 1285 kuranzen; ss. kuränzen Kr. 75; s. a. Gr. Wtb. 5, 1797. koranzen < mlat. carentia *Bußübung mit fasten und geißeln.*

Korb [khòrb u. khorf *Fo.* u. s.; khórf *Pü. Karl.*; khòrw *Bo.*; khòrb *Ri. Hom. Rom. Ha.*; khorǝf *D. Si.*; kharf *Mtsh.*; khuǝf *Oberk.* — Pl. kherb, khĕrf, khirf; Demin. kherbxǝ, khĕrbǝl, khĕrfxǝ, khĕrwǝl, khĕrwx̣in] *m. Korb.* Ganzi Kerb voll schisse *reichlichen Stuhlgang haben Ri.*

Korbel s. Kurbel.

Kordel [khòrdǝl *Fo.* u. s.] *f. Bindfaden, Seil.* — frz. cordelle.

Korder [khordǝr, Pl. -n *Bo.*] *m. Aufkäufer von Schweinen, Mäkler. Rda.:* er gewennt Geld weï'n Schwinskorder. K. < frz. courtier.

Korekter [khorèktǝr *Si.*] *m. Charakter.* — lux. 241 Korèkter.

koreⁿ [khòrǝⁿ *fast allg.*; khàrǝn *Obh.*; khoarǝn *Mbr.*; khúǝrǝn, khuarǝn *Si.*] tr. v. *kosten; versuchen, wie etwas schmeckt:* kor mal von dem Schnaps! De Keche *(Köchin)* mun vom Kore satt werre *Lix.*

Spruch:
Wer immer will von allem kore,
Dem geht gewehnlich 's Bescht verlore *Fo.*

— eifl. koren; baier. 1, 1284 koren, kören; hess. 219 koeren; ss. kûren Kr. 75; lux. 255 kuᵉren; els. 1, 464 verkore; Gr. Wtb. 5, 1808 koren, kören.

Kor-mutter *f. Hom. Kornblume* (Centaura cyanus). — Gr. Wtb. 5, 1829: Kornmutter u. Mutterkorn.

Kornell [khornèl *Ri.*] *m. Oberst.* — frz. colonel.

Kornisch [khorniš *fast allg.*] *f. Gesims.* — frz. corniche.

Kornischong [khòrnišǫŋ, khòrnišǫ̨ – Pl. -n *Bo. D. Si. Pü.*] *f. Gurke.* — frz. cornichon.

korrmorren intr. v. *Bo. murren, brummen, schelten.* — hd. kurren u. murren *(meist verbunden)* Gr. Wtb. 5, 2816 c. d.

Korse [khorsé *Fo.* u. s.; khorséï *D. Si.*] *n. Schnürleib, Korsett.* — frz. corset.

Kort [khort, Pl. -ən *D. Si.*] *f. Klafter* = *1 Kubikmeter Brennholzmaß*: eng K. Holz. — lux. Kórt Ga. 250; frz. corde.

Korwe [khorwé, Pl. -ən *D. Si.*] *f. schwere, lästige Arbeit.* — els. 1, 472 Korwe, Kurwi; frz. corvée.

Kos [khòs *Ha. Rom. D. Si.*; gós *Ri. Hom.*] *f. Rechtshandel:* d' K. isch vorgang *die Sache ist verhandelt worden Ri. Rda.:* äm seng K. holen *jemandes Partei ergreifen Si.* — frz. cause; lat. causa.

Kosak [khosàg *Ri. Ha.*] *m. Kosak, auch als Schimpfwort.*

Kosch-beidel [khošbaidəl *Obh. Ri. Hom. Rom. Ha.* u. s.] *m.* 1. *unsauberer Mensch.* — 2. *leichtsinniger Kerl Ri. Ha.* (*urspr. gefräßiger Kerl*). Kosch < Koscht, Kost. — els. 1, 121 Kostbeütel, Koschpeitl. *So hießen 1815 die Verbündeten, solange sie das Elsaß besetzt hielten* (Aug. Stöber bei From. 3, 482).

Koschi [khóši *Si.*; khuše *Fa.*; khȧ̂še *Bi.*] *m.* 1. *Militärdienst:* en hot sei' K. bei den Zaldòten gemât *er hat beim Militär gedient.* — 2. *Abdankung, Abschied:* sine K. nehme *seinen Abschied nehmen.* E K. fràn *Urlaub begehren.* — 3. *Transportschein für Wein.* — els. 1,451 Kosche; frz. congé.

Koscht, Kuscht *Brotkruste* s. Kurscht.

Koscht [khošt *fast allg.*; khòštən (*m.*) *Bo.*; khošde *Ri. Hom. Rom. Ha.*; khašt *D. Si.*] *f. Kost:* e gudi, kreftichi K. *Fo.* Us em Koschde sin *nicht mehr in der eignen Familie in Kost sein Ri.* — Zss. K.-frau (Kascht-frà) *Kostgeberin*; K.-gänger; K.-geld; K.-haus. **Koschte**ⁿ [khošta*n* *fast allg.*; khešdə *Ri. Hom. Ha. Rom.*; khèštən *Falk. Vbg. D. Si.*; (oɲ-) khèštən *Bo.*] pl. *Kosten, Unkosten, Aufwand:* das sin gar vil K. — E Prozess mitsamt de Keschde *Ri.* Zss. koschtefrei; koscht-billich.

koschteⁿ [khòšta*n* *fast allg.*; khašten *D. Si.* — Ptc. gəkhošt u. khòšt, khašt] intr. v. *kosten, wert sein.* 's koscht em *er hat Mühe, sich zu entschließen Ri. Hom. Ha.* 'S koscht de Kopp nit *es ist nicht so gefährlich ibid.* 'S koscht noch Batze, Mummes *viel Geld ibid.* 'S koscht nit alles, wemmer noch meh hat *wenn der Preis den Inhalt des Beutels nicht übersteigt ibid.* Dismal koscht's e Budell *diesmal muß eine Flasche bezahlt werden ibid.* 'S koscht Armeschmalz *viel Arbeit u. Anstrengung.*

Koschter [khòštər *fast allg.*] *m. Küster.* — lux. 241 ebenso; mnd. koster; mhd. koster u. kuster.

koschteren [khòštərən *D. Si.*] intr. v. *klauben, umherkramen, sich mit allerlei Kleinigkeiten im Hause beschäftigen.* — lux. 241 ebenso; vgl. els. 1, 478 kuschtere; hess. 214 knustern *kleine u. kleinliche Handarbeit vornehmen.*

Koschterer u. **Knoschterer** *m. D. Si. Kleinigkeitskrämer.* s. d. vorige.

Koseng *Vetter* s. Kusing.

Kosengesch [khoʒeŋəš u. khuʒeŋəš *D. Si.*] *f. Kousine, Base.* — lux. 241.

Kossong *Händler* s. Kussung.

Kotschen-motsch *f. Bo. Sitz auf den Schultern:* of K. holen *rittlings auf die Schultern od. auf den Rücken setzen.* — vgl. els. 1, 483 ketschen *auf dem Rücken tragen*; hess. 221 u. baier. 1, 1318 Kötz, Kötze *Rückenkorb*; hess. 272 Motschel; baier. 1, 1700 Motschen *Saugkalb*; henneberg. Motschele, From. 4, 309.

Kottel [khotəl *Pü. Bi.* u. s.; khudəl *Mü.*] 1. *m. a) alter Lappen, Lumpen*: e Schlopp unem Kopp un e Kottel am Rock *Pü. b) Kotklumpen von Tieren:* Gaissekoddel *Fo.* — 2. *f. gemeines Frauenzimmer Fo.* — schwäb. Kuttel *schlampichte Weibsperson* Gr. Wtb. 5, 2896. s. a. Kudeln.

Kottler *m. Ett.* u. s. *Landstreicher, ärmlicher Kerl.* — els. 1, 482 kuttle *umherziehen*, Kuttler *Mensch ohne Vermögen*; tirol. Kuttler (*verächtl.*) *Mönch* From. 6, 433. s. a. Gr. Wtb. 5, 2906.

kottlich [khotliχ *Bi.* u. s.; khodliχ *Fa.*] adj. *ärmlich, zerlumpt, zerrissen, zerfetzt.* vgl. hd. kuttelig Gr. Wtb. 5, 2899.

Kotz I [khots *Fo.* u. s.; khóts *Sgd. Lix.*] *f.* 1. *Hotte, Kiepe, Rückenkorb.* — 2. *der Rücken selbst, sofern er zum Lasttragen dient:* geh, hol de Kläne uf de K., er konn nimmeh lâfe *Lix.* — els. 1, 487 Kötz; baier. 1, 1318 Kötz, Kötzen; hess. 221 Koeze; rheinfr. Köetse, From. 5, 281, 10.

Kotz II *verdrehte Form für* Gottes, Gotts *in Flüchen* u. Zss.: K.-penning *Gottespfennig, Trinkgeld, Almosen.* K.-säckel *Klingelbeutel Ri. Hom. Rom.*
kotze{ⁿ} I [khotsə *Fo.* u. s.; khótse *Sgd. Lix.*] tr. v. *mit der* Kotz *tragen; auf die* Kotz *nehmen.*
kotze{ⁿ} II [khòtse{ⁿ} *fast allg.;* khàtsən *D. Si.*] intr. v. 1. *sich erbrechen:* er hat ze vil gesuff, un do hat er misse k. *Fo.* Do mänt m'r jo grad, m'r misst k. *Lix.* M'r mänt, m'r muss Lumpe k., selwst wemmer käni gefress hat. *Ri. Hom. Rom. Ha. Rätsel:* Was isch das? gleckt, gekotzt un wider geleckt? der Hunich. — 2. *husten.* — 3. *mit etwas herausrücken:* ich mach ne schu(n) k. *er muß mir blechen Ri.*
Kotzer(t) (Katzert) *m.* 1. *Husten, Neigung zum Erbrechen Bo.* — 2. *Mensch, der viel spuckt u. hustet D. Si.* — els. 1, 486 Kotzer.
kotzerich [khòtsəriχ *fast allg.;* khàtsəreχ *D. Si.*] adj. *übel zum Erbrechen:* es isch m'r k. *Bo.* — els. 1, 487 kotzeri(g); lux. 215 katzerech.
Kotz-fleisch *n. Lix. scherzweise vom kleinen Jungen gesagt, wenn er auf der* Kotz (s. d.) *reitet:* kåfen er kän K.?
Kow *Rabe* s. Kob.
Kowel [khówəl *Go. Mtsh. Ett. Ri. Hom. Rom. Ha.* u. s.] *m.* 1. *Federhaube.* — 2. *Schopf, Federbusch, Haube des Federviehs.* — 3. *Knäuel.* — els. 1, 418 Kobel (Kowl); ndl. kovel Gr. Wtb. 5, 1541. — Zss. K.-huhn. K.-hinkel **Kowel-schock** *m. Wiedehopf (hybride Bildung, denn mhd. choc bedeutet ebenfalls Büschel, Schopf).* vgl. hd. Kobel-ente, Kobel-lerche, Kobel-meise Gr. Wtb. 5, 1541.
Kowen-bretchen [khouwənbreət-χin *Bo.*] *m. Gläschen Branntwein* (eigentl. *Rabenbrötchen*).
kowerdich [khòwərdiχ *Lix.* u. s.] adj. *erregt, aufgeregt.* — vgl. baier. 1, 1217 kober *eifrig, begierig;* mhd. sich kobern *Kräfte gewinnen.* s. a. Gr. Wtb. 5,1344ff.
Kowi [khowi, Pl. -ən *Si.*] *m. Kohlenbecken, Feuerkieke.* — lux. 256 Kuwe{i}; frz. couvet.

krabbeln [krabəln *fast allg.;* krubəln *Falk. Bo.;* kròbələn *Si.*] intr. v. 1. *krabbeln:* 's krabbelt 'm ebbes im Kopp erum *Ro.* — 2. *klettern, fortkriechen.* — lux. 242 krabbelen; hess. 223 krappeln. s. a. krawele{ⁿ}.
Krabele{ⁿ} [kròbələ *Lix.*] pl. *Krallen.* s. d. folgende.
krabele{ⁿ} [kràbələ, kròbələ, gròblə *Lix.;* kraibəln *Falk. Kr.;* krêbəln *Bo.*] tr. v. *krauen, kratzen, mit den Krallen od. Fingernägeln verwunden.* — els. 1, 512 krable, kräble; baier. 1, 1358 krabeln.
Kräch [krèχ, Pl. -ə *Fo.* u. s.] *f. Falte im Papier u. in den Kleidern.* s. krächen 4.
Krachel [kràχəl *Hom.* u. s.] *n. Knorpel.* — els. 1, 513 ebenso. — Zs. K.-bän *Ri. Rom. dasselbe wie* Krachel.
krachen [kraχə{ⁿ} *fast allg.;* kráχən *D. Si.*] intr. v. 1. *krachen, knallen, donnern:* de Schiw het gekracht. els. 1, 513 krache; lux. 242 kråchen. — 2. *geräuschvoll essen:* der kracht awer de Nusse *Ri. Hom. Rom. Ha.*
krächen [krèχən *Fo. Bo. D. Si.* u. s.] tr. v. (*Faktitivum zu* krachen) 1. *zerbrechen:* er es gekrächt *ein gebrochener Mensch Bo.* — 2. *knacken, Risse in etwas machen.* — 3. *schwer verwunden.* — 4. *falten (Papier, Kleiderstoffe).* — lux. krächen Ga. 251; els. 1, 513 gekröcht *gebrochen, geknickt;* Gr. Wtb. 5, 1923 krächen 2; *ibid.* 2348 kröchen *leicht brechen.*
Kracher [kràχər *Fa. Pfb.* u. s.] *m. alter, gebrechlicher Mann:* armer K.! — els. 1, 512; baier. 1, 1360; Gr. Wtb. 5, 1923; From. 2, 468; 6, 301.
Krachert [kraχərt, Pl. -ə{ⁿ} *Lix. D. Si.* u. s.] *m.* 1. *Krachkirsche; harte, schwarze Herzkirsche Lix.* — 2. *Krach D. Si.:* et go{u}{f} op ämol e K. — els. 1, 513 Kracher *große, rote Kirschenart;* lux. 242 Krachert *Krach.*
Krach-kwetsche Pl. *Pü. Zwetschen, die vor der Reife abfallen u. dabei ganz hart sind.* — Püttlinger K. *Spitzname der Püttlinger, weil es in der Umgebung ihres Wohnortes viele Zwetschen gibt; auch* Krach-kwetscherte.
Kräck [krèk, Pl. -ən *Nj.*] *f. mageres Pferd, Kracke, alter Gaul.* — lux. Krek

20*

Ga. 254; henneberg. Krack, From. 4,307; ndd. kracke *ibid.* 5, 153; Gr. Wtb. 5,1927.

kräcksen [krêksən *Wb.* u. s.] intr. v. *knirschen:* der hat uf de Zähn gekräckst von Zôr. — vgl. baier. 1, 1365 krägezen.

kraddelich s. graddelich.

Kra'e [kráə *fast allg.*; krá *Hw.*; grá *Ha.*; kráx̌ *D. Si.*; gráwə *Ett. Berl. Ri. Hom. Rom.* — Pl. kráə, kréx, gráwən; Demin. grêjəl *Ri.*] *m. Kragen:* 's geht m'r an de Krå *Hanw.* Ebber ens in de K. wiggle *hinter die Ohren schlagen Ri.* Der hat dich fescht am Gråwen *heißt es von einem, der starken Husten hat.* — lux. 242 Krâch.

krä'eⁿ [kráəⁿ *fast allg.*; kræjən *Falk.*; græjə *Ri. Hom. Rom. Ha.*; grèijə *Pü.*; kréən *Si.*] intr. v. *krähen.* — els. 1, 516 kräje; lux. 245 kreⁱen; mhd. kræjen.

Kraft [kraft *fast allg.*; kráft *D. Si.* — Pl. krèftəⁿ] *f. Kraft:* er hat nit Kräfte genunk zum Schaffe *Fo.* Keng Kråft a' keng Såft *D. Si.*

kräftich [krèftix, krèftex *D.Si.*; grefdi(x) *Ri. Rom. Hom.*] adj. u. adv. wie hd. *kräftig.*

Kräh [kré, Pl. -ən, Demin. kréxən *Si.*] *f. Krähe. Rda.:* nås ewəï eng K. *sehr naß.* — Zss. Krähen-aue s. d.; Krähschenkel *m. Bo. magerer Mensch.*

Krähen-aueⁿ [khrǽənauə *Fo. Pü.* u. s; krǽno *Bo.*; kræau *Gelm.*; grênauə *Pfb.*; kréənáən *D. Si.*] pl. *Hühneraugen, Leichdorne:* ich han K., dass ich nit miner Fös gespier *Pfb.* — els. 1, 22 Kräenaug; lux. 245 Kreⁱenâ; hd. Krähenauge Gr. Wtb. 5, 1973.

Krahne [kránə *fast allg.*; krun *Rü.* — Pl. kránə, krunən] *m.* 1. *Krahn, Flaschenzug.* — 2. *Hahn am Faß:* de K. ins Fass schla'n. — els. 1, 520 Kran(e).

Kräjon [krèjǫ, krèijə *Fo.* u. s.; grejo *Ri. Hom.*] *m.* 1. *Bleistift.* — 2. *Griffel Oberk.:* mi K. schribt nit *Fo.* — els. 1, 516 Kräjo(n); frz. crayon.

krakehleⁿ [krakélə ⁿ *fast allg.*; kragéïlən *D. Si.*] intr. v. *zanken, lärmen, Händel suchen:* er hat immer ebbes ze k. *Fa.* — els. 516 krakele; hess. 222 krakêlen; lux. 242 krageⁱlen.

kräkeln [krèkələn *D. Si.* u. s.] intr. v. *knarren, knistern, krächzen (von neuem Schuhwerk u. alten Möbeln gesagt).* — lux. krekelen Ga. 254; hd. kräkeln Gr. Wtb. 5, 1979; vgl. Krakel, Kräkel *dürrer Zweig* Gr. Wtb. 5, 1978.

kräkelech adj. *D. Si. knarrend.* s. d. vorige. — lux. 246 krekelech.

kräksen [kreksən *Bo.*] *dasselbe wie* kräkeln: de Schoun kräksen. — hd. krachsen, krächsen, *Nebenformen zu* krächzen Gr. Wtb. 5, 1924.

Krall s. Krell.

Kräm [krǽm *Fo.*] *f. Rahm:* 's isch nit vil K. uf der Milch. — frz. crème.

Krambol [kràmból *Fo. Pfb.* u. s.; gràmbol *Ri. Hom. Rom.*] *m. Lärm, Geräusch, Spektakel, Rauferei:* K. mache. — frz. carambole.

krammeⁿ [kràmə *Ha.*; gràmə *Ri.*] tr. v. *kratzen, mit Krallen od. Fingernägeln:* k. wie e Katz; d' Katz hat gekrammt. — els. 1, 518 ebenso.

Krammer *m.*, **Krammersch** *f. Person, die gern kratzt.*

Kramp [kramp *Bo. D. Si. Ha.*; krampə *Sgd. Lix.*; gramb *Ri. Hom.* — Pl. krèmp, krampən; Demin. krèmpχən] *m.* 1.*Krampf.* — 2. *Haken.* (frz. crampon). — lux. 242 ebenso.

Krämpel [krèmpəl *Falk. Kr.* u. s.] *n.* u. *f. Häkchen, Agraffe (eigentl. Demin. zu* Kramp). — baier. 1, 1369 u. Gr. Wtb. 5, 2008 Krämpel, Krampel; ahd. chrempel.

krämpeln, sich refl. v. *D. Si. sich anklammern, sich festhalten:* sech un ä' k.

krämpen [krèmpən *D. Si.*] tr. v. *einhäkeln, mittels Haken zusammenschließen.* s. Kramp 2. — lux. 242.

krämpsch [krǽmš *Bi.*; græmbiš *Ri.*] adj. *steif, ungelenk, vom Krampf geplagt:* e krämpscher Gang. — els. 1, 520 krämpfig.

Krane *Granne* s. Grane.

Krang [kran *D. Si.* — Pl. kreɳ] *m.* 1. *Einschnitt, Kerbe.* — 2. *Stich (beim Nähen).* — lux. 243 ebenso; baier. 1, 1372 Krinnen, Kringlein; Saaner Ma. chrinne, From. 6, 404, 13; Gr. Wtb. 5,2319 Krinne; mhd. krinne; vgl. frz. cran, lat. crena.

krangech adj. *Si. mit Einschnitten, Kerben versehen, gezähnt:* e krangejen Besåtz. — lux. 243 ebenso.

krangleⁿ [kràŋlə *fast allg.*; kroŋələ *Lix. Sgd.*] *intr. v. seiner Verstimmung Ausdruck geben, laut schmollen, unzufrieden sein, nörgeln:* jetzt, wo er krank isch, krangelt er de ganze Da' *Fo.* — els. 1, 520; baier. 1, 1373; hess. N. 143; Gr. Wtb. 5, 2019 f.; eifl. granglen, From. 6, 15.
Krangler, Krongler *m. mürrischer Mensch, Nörgler. Das Feminin. lautet* Krangel, Krongel. s. d. vorige.
kranglich adj. *fast allg. mürrisch, an allem etwas auszusetzen habend:* for was bischte dann so k.? — Gr. Wtb. 5, 2019 krangelig. s. krangleⁿ.
krank [kràŋk *allg.* — Compar. krèŋkər, krèŋkšt] adj. *krank:* k. fir ze sterwen; k. eweï en Hond *D. Si.* K. am Portmoni kein Geld haben *Si. Von einem, der sich krank stellt, um sich's gut sein zu lassen, heißt es:* Jo kronk, hennerm Brotschonk, hennerm gude Disch, wu alles Gutts druf isch *Lix.* D'ganz Woch k. a' Sonndes *(Sonntags)* neischt ze begruewen *heißt es von einem Arbeitsscheuen, der sich aber gern belustigt Si.*
Kränk [kræŋk *Bi. Bo. Fo.* u. s.; kræŋkt *D. Si.*] *f. Fallsucht; Krämpfe, schlimme Krankheit:* du solscht jo de K. krin! *Fo.* Wann de numme de K. krets *(bekämmst) Bi.* — els. 1, 521 u. hess. 222 Kränk; lux. 243 Kränkt; Gr. Wtb. 5, 2028 Kränke; mhd. krenke.
kränkeldich [kræŋkəldiχ *Falk.*; kræŋkərleχ *D. Si.*] adj. *kränklich.* — lux. 243 kränkerlech.
Krankhät [kraŋkhèt *fast allg.*; kraŋkhait *Bo.*; krèŋkət *Pfb.*; grèŋgəd *Ri. Hom.* - Pl. -əⁿ] *f. Krankheit.* De hitzich K. *Typhus Fo.* — els. 1, 520 Kränket.
Kran-riter, Kran-sib *Bi. Sieb, um das Getreide von den Grannen zu befreien.* s. Krane, Grane.
Kranz [kran̥ts *fast allg.*; grants *Ri. Hom. Rom.*] *m.* 1. *Kranz.* — 2. *Kringelkuchen D. Si.*
Krapen s. Kropeⁿ.
Krapen-mann *m. Bo. Brunnengespenst, durch das die Kinder eingeschüchtert werden.* s. Kropeⁿ.
Krapp [krap *D. Si.*] *m.* 1. *Kaulbarsch, Kaulkopf* (Cottus gobio). baier. 1, 1006

u. els. 1, 279 Gropp. — 2. *Kropf (Halserweiterung).* — 3. *Krapp (Färberröte).* — lux. 243 Krapp.
Krappe [kràpə *Mtsh.*; gràp *Pfb.*] *f. Dohle:* schwarz wie e K. — els. 1, 521 Krapp *Kolkrabe;* Gr. Wtb. 5, 2066 Krapp *(m.) Rabe;* vgl. frz. crave *Steindohle.*
krappech adj. *D. Si. im Wachsen zurückgeblieben, verkropft.* — eifl. gropig, From. 6. 15. s. Krapp 2.
Krappechkät *f. D. Si. niedere Statur.* — lux. 243.
Kräppel [krèpəl, *(fast nur im Plural)* krèplə, kréəpəlχər *Bo. Fo. Vbg. Ko.* u. s.] *f.* 1. *Fastnachtkuchen, Krapfen:* Faserkräpple bache. — 2. *auf dem Ofen geröstete Kartoffelscheiben:* Kräpple un Brockel *(Sauermilch)* s'Naht esse. — els. 1, 522 Kräpfel; hess. 223 Kreppel; Gr. Wtb. 5, 2066 Krapfel, Kräpfel.
Krapp-schösser *m. D. Si. störriger Kerl.* — lux. 243 Krappschass. s. krappech.
Kräps [krèps *Si.*] *m.* 1. *Kreis.* — 2. *Knickerspiel.* Kräps sin *heißt es, wenn der Knicker des Spielenden auf der Linie, wo die zu gewinnenden Knicker liegen, auch liegen bleibt.* — lux. 243 Kräpps. s. d. folgende.
krapsen *auffangen* s. krapschen.
Krat, kratelich s. Graddel, graddelich.
Krätsch [krètš *Fo. Bi. Vbg.* u. s.; kráitš, gräïtš *Bo.*] *m. großer, gespreizter Schritt.* s. d. folgende.
krätschen [krètšə *Fo. Bi. Vbg.* u. s.; kraitšən, gräïtšən *Bo.*] *intr. v. schief treten, gehen; schreiten überh.:* lu mol, was der krätscht! — hess. 135 u. baier. 1, 1017 grätschen *gespreizt gehen.* s. a. graitschen.
krätschich [krètšiχ u. grètšiχ *Fo. Bi. Merl.* u. s.] adj. u. adv. *hinkend, krumm (bes. von solchen gesagt, die x-Beine haben):* e krätschicher Gang. s. d. vorige.
Krätz I [kræts *Fo.* u. s.] *m. Schimmel an Früchten, am Wein usw.* — vgl. hd. Krätze Gr. Wtb. 5, 2072; baier. 1, 1388.
Krätz II [krèts *Berw.*; grêds *Ri. Hom.*] *f.* 1. *Korb aus Weidengeflecht, um Kirschen zu pflücken; geflochtener Tragkorb, Rückkorb.* — 2. *Traggestell der Hausierer u.*

wandernden Glaser. Rda.: ebber in d' K. schisse *einem Schwierigkeiten bereiten Ri.* — els. 1,534 Kräz; baier. 1, 1388 Kretzen; hess. 223 u. Gr. Wtb. 5, 2073 Krätz; fränk. Krätz'n, Krötz, From. 6, 329, 238; mhd. kretze. *Die Bewohner von Berweiler (Kr. Bolchen) werden spottweise* Krätzen *genannt.*

Kratz-ärschle, Krätz am Ärsche pl. *Ett. Fi.* u. s. *Hagebutte.* — els. 1, 534 Arsch-kratzer, Krätz am Ärsch.

kratze^n [kratsə *fast allg.;* krètsən *Falk.;* grèdsə *Ri. Rom.;* krétsən u. krátsən *D. Si.*] v. *kratzen:* wer met der Katz spielt, der muss sich ufs Kratze gefasst halle *Fo.* En ass ze faul fir sech ze krâtzen *Si.* Wo's em bisst, muss m'r grätze *wird man angegriffen, so muß man sich verteidigen Ri. Rom.*

krätzich [krǽtsiχ *Fo.*, grètseχ *Rü.*] adj. *schimmelig.* s. Krätz I.

krauden s. kruden.

Kraudesch [kraudəš *D. Si.*] *f. Krautsammlerin.* — lux. 249 Kroddesch.

Kraup, Kraupert *m. D. Si. Knirps, unansehnlicher Kerl.* — lux. 243, 244 ebenso; vgl. ndd. krupen *kriechen;* frz. croupir. s. a. Krutzert.

kraupech adj. *D. Si.* 1. *unansehnlich, verkümmert, verwachsen, armselig von Wuchs u. Aussehen.* lux. 244 ebenso; hess. 230 kruppig; eifl. kroppig; baier. 1, 1380 kropfet. — 2. *mürrisch.*

Krausel [krauzəl, Demin. kraizəlχən *D. Si.*] *f. Haarlocke.* — lux. 244; vgl. hd. kraus *gelockt.* s. a. Krusel.

krauselech adj. *D. Si. lockig, gekräuselt, kraus (Adjektiv zu* Krausel*).* — lux. 244; s. a. kruseldich.

krauseln tr. v. *D. Si. kräuseln, in Locken legen.* s. Krausel. — lux. 244 ebenso.

Kraut s. Krut.

Kraut-stack *m. D. Si.* (eigentl. *Krautstock*) *Mörser.* — lux. 244; vgl. mhd. krûthûs *Apotheke.*

Kraut-stän *m. D. Si.* (eigentl. *Krautstein*). *Dasselbe wie* Krautstock.

Kraut-stesser [-štéïsər *D. Si.*] *m. Stößer, Stampfe.* — lux. 244.

Krawatsch [krawáts, grawáts *fast allg.;* khàrwatš *Ri.*] *f.* 1. *geflochtene Hundepeitsche.* lux. 244 ebenso; els. 1, 465, hess. 193, baier. 1, 1286, Gr. Wtb. 5, 206 Karbatsch; frz. cravache. s. a. Kurbatsch. — 2. *Halsbinde D. Si.*

Krawatt [kràwàt *fast allg.;* gràwàd *Ri. Hom. Rom.;* kràwàtš (gràwàtš) *Si.;* grèbètš *Mbr.*] *f. Halsbinde, Schleife:* ebber an der K. nemme *Ri. Hom. Rom.* — els. 1, 533; frz. cravate.

Krawel an der Wand *n. Fo. Etwas Unmögliches, was die Kinder am 1. April geschickt werden in der Apotheke zu holen:* for zwei Su K.

krawele^n [krawələ *fast allg.;* kraiwəln *Vahl-Ebers.;* grawlə *Ri. Hom. Rom.;* krabələn *D. Si.;* grattələ *Pfb.*] v. 1. *krabbeln, klettern, steigen:* k. wie en Ächert *Fo.* E Mus isch on mer en de Heh gekrawelt *Lix.* Krawel doch du mer de Buckel enuf *Bi.* Kanns m'r de Buckel erof grattele *Pfb.* els. 1, 512 krable; 1, 279 graple; baier. 1, 1377 u. hess. 223 krappeln. — 2. *kratzen (von der Katze):* er krawelt wie e Katz *Fo.* — 3. *kriechen, rutschen.*

krebe^n [krebə *Lix.* u. s.] 1. intr. *die Kehle zusammenschnüren (beim Genuß unreifen Obstes):* der Appel krebt. Gr. Wtb. 5, 2127 kreben *kratzen;* vgl. baier. 1, 1358 das Kreb *der Schlund;* ibid. 2, 6 Gereb; tirol. Kréb, Kröb, From. 6, 302. — 2. unpers. *ärgern:* es krebt mich. — schles. kríbben *ärgern* From. 3, 251, 75; 424, 10.

Krebs [krèbs *Fo. Mtsh.* u. s.; kríbs *Bo. D. Si. Vbg.;* grèbs *Hom. Ri. Rom.;* grips *Marienth.;* kribis *Falk.;* kriwəs *Obh.;* kribiks *Va. Kr.* — Pl. krèbsə, kríbsən, kriwəsən] *m. Krebs (auch als Krankheit):* Er geht weï de Kribsen *er geht den Krebsgang Bo.* Er geht hinnert sich de Kribs *Vbg.* Ro^{u}t eweï e Kribs *rot wie ein K.* En hot Fengeren eweï e K. *Finger rot vor Kälte.* — lux. 248 Krïps. Zss. **Krebs-butter** *f. Fo. Augensalbe* (unguentum ophtalmicum). **Krebse-stän** *Kalkkonkremente an den Seitenwänden des Krebsmagens, die zur Entfernung von fremden schmerzenden Bestandteilen aus dem menschlichen Auge auf dasselbe gesetzt werden Ri. Hom. Rom.* u. s.

Kreï-bank s. Kribank.

Kreih [kreï *Oberk.*] *f. Elster (beruht auf Verwechslung mit* Krähe).
Kreïmeⁿ [kreïmə *Bi.*] *n. Leibschmerzen, Bauchgrimmen (gewöhnlich nur von einer Pferdekrankheit gesagt):* 's K. han. — vgl. els. 1, 272 Grimmi, Krimi.
Kreis [kráïs *fast allg.;* krǽs *D. Si.*] *m. Kreis. Rda.:* sich 'n K. gen *stolz, hochmütig sein Ersd.*
Kreisch [kráïs *fast allg.;* kréïš *Grt.;* krǽš *D. Si.;* grǽš *Mtsh.* — Pl. ər] *m. kreischender Schrei:* e K. dun *einen Schrei ausstoßen.* Kineks Dâch sin de Dö en Hunne Kräsch länger *am 3 Königstag sind die Tage um einen Hahnenschrei länger Si.* — lux. 247 Krèsch; ss. Kräsch, Kräscher Kr. 72; els. 1, 525 Krisch.
Kreïschel s. Kroschel, Krenschel.
kreischen s. krischen.
kreissen I [krèisən *Bo.*] tr. v. *Speck anbraten, um Fett zu gewinnen (lautmalend vom prasselnden, kreischenden Ton).* — hess. N. 144 Fett abkraiszen.
kreissen II [kreïsən *Bo.*] intr. v. *herumstrolchen:* wo bisch de wider erim gekreisst? — vgl. baier. 1, 1380 kraissen *sich im Kreise herumbewegen;* hd. kreisen *(vom Wild) den „Kreisweg" gehen* Gr. Wtb. 5, 2158, 3, 4.
kreitzich [kraitsiχ *D.*] adj. u. adv. *gewürzt, nach Kraut schmeckend:* deï Worscht schmâcht k. *die Wurst schmeckt gewürzt.* — vgl. lux. kraiden (ndl. kruiden) *würzen* Ga. 251. k. ⟨ Kraut, Pl. Kreider.
Kreiz [kraits, kreïts *D. Si.* — Pl. -ər] *n. Kreuz.* — Zss. K.-dâch *Fest der Kreuzerhöhung.* K.-donnerweder *Ausruf des Unwillens.* K.-eisen *Ankerkreuz.* Kreize-bauer 1. *Kleinbauer.* 2. *Kreuzbauer in der Spielkarte.* Kreize-fex *n. Kruzifix.* Kreize-mächer *Bildhauer.* K.-gank *Kreuzgang in einem Kloster.* K.-kreitchen *n. gemeiner Baldgreis* (Senecio vulgaris). K.-stech *Kreuzstich.* K.-verwölef *Kreuzgewölbe.* K.-wê' *Kreuzweg.* s. a. Kritz.
kreiz-weis [-waïs *D. Si.*] adv. *quer, übers Kreuz* (eigentl. *kreuzweise).* — lux. 246 krèizwés.
Krek [krek, Pl. -ən *D. Si.*] *f. Krücke:* op Kreken gôn.

Krell [krèl, Pl. -ən *D. Si.;* grà l *Hom. Ri.*] *f.* 1. *Rosenkranzperle.* — 2. *Fetperle.* — lux. 246 Krell; els. 1, 517 Krall; baier. 1, 1367 Krallen; hess. 225 Krellen (Grellen); eifl. Krelle; frz. corail ⟨ mlat. corallus. — Zs. Krelle-schnur (Gralleschnur) *Perlenschnur.*
krellech [krèleχ *D. Si.*] adj. *perlend:* krelleje Wein. s. d. vorige.
krellen intr. v. *D. Si.* (grallen *Ri. Hom.*) *perlen:* de Wein krellt (d'r Win grallt). — lux. 246. s. Krell.
kremen *krümmen* u. **Krempt** *Krümmung* s. krimmen, Krimming.
Kremer [krémər *fast allg.*] *m. Krämer:* jidder K. lôft seng Wuer *jeder K. lobt seine Ware Si.* — mhd. krêmer *neben* krâmære.
Kremp [krèmp *Flh. Mtsh.* u. s.; krèmpə *Pfb.*] *m. Butter- u. Eierhändler, Kleinhändler, Trödler.* — urkundl. gremp: ... das kein gremp oder verkauffer weder keesz, eiger, butter, cappen *(Kapaune),* hüner noch anders ... uff marktttags nit kauffen oder bestellen sollen ... bis ein iglicher inwoner versehen hat. St. R. A. 66. — vgl. mhd. grempen, grempeln *Kleinhandel treiben (verderbt aus gemeinital.* crompare *für* comprare). Gr. Wtb. 5, 2007 Krämpe. — s. a. Krempeler.
Krempel [krèmpəl *D. Si.* u. s.] *m. Trödel, Kleinverkauf.* — lux. 246 Krémpel; hess. 136 Grempel. s. krempeln.
krempelen intr. v. *D. Si.* 1. *trödeln, Kleinhandel treiben.* — 2. *feilschen.* — lux. 246 ebenso; baier. 1, 998 grempeln; tirol. grampeln *mäkeln* From. 5, 439; mhd. grempen, grempeln.
Krempeler *m. D. Si. Trödler, Mäkler.* — lux. 246; baier. 1, 998 Grempler; mhd. grempler. — *Das Femin. lautet:* Krempelesch *Trödlerin.*
krempelich adj. *Si. zum Feilschen geneigt.* s. krempelen 2.
Kreng [krèn̥ *D. Si. Falk.* u. s.] *m. Roßhaar.* — lux. 247 ebenso; frz. crin.
krengelich [krenəleχ *D. Si.*] adj. *lockig.* s. krengeln, kringeln.
krengeln s. kringeln.
Krenkel [krèn̥kəl, Pl. -n *Si.*] *f. Schnörkel.* — lux. 247 ebenso.; hess. 230 Krün-

kel; vgl. baier. 1, 1373 u. hess. 227 Krinkel *Kreis, jede ringförmige Gestalt;* mhd. krinc, kringe.

krenkeln tr. v. *Si. mit Schnörkeln verzieren.* s. d. vorige.

krenseln s. krinseln.

Krentschel *Stachelbeere* s. Kroschel, Groschle.

krepiereⁿ [krèpírəⁿ *fast allg.;* krèbiərn *Falk.;* krepéïərən *D. Si.;* grebírə *Ri. Hom. Rom. Ha.*] intr. v. *verenden.* — lux. 247; baier. 1, 1378; ital. crepare; frz. crever.

Krepp [krèp *D. Si.*] 1. *m. gekrepptes Zeug.* frz. crêpe; els. 1, 533 Kretsch. — 2. *f. Traubenbalg.* — lux. 247 Krepp *in beiden Bedeutungen.*

Kreppel s. Krippel.

kreppeldich [krepəldiχ *Bo.;* krepəleχ *D. Si.*] adj. *krüppelhaft:* e k. Kend. — lux. 250 kröppelech; els. 1, 522 krüpplich. s. Krippel.

Kres I [krês u. grês *fast allg.*] m. 1. *Kreis:* er geht im K. erum. — 2. *Scheitel:* er macht sich de K. uff de Mitt *Mtsh.*

Kres II [krèəs *Bo.*] *f. Gekröse.* — els. 1, 524 Krös; baier. 1, 1382 Kroes, Krès; tirol. Krés'l, From. 3, 522; hd. Krös Gr. Wtb. 5, 2405.

Kresch [kreš *D. Si. Va. Bo. Falk. Vbg. Walm.* u. s.] *f. (u. m.) Kleie. Rda.:* Der hilt Sorich uf d'Kresch un vasträbt 's Mehl *der besorgt die Kleie u. verstreut das Mehl Walm.* — lux. Kresch Ga. 254; baier. 1,1015 u. els. 1,284 Grüsch, Krüsch; hd. Krüsch Gr. Wtb. 5, 2477; ahd. crusc.

Kreschan [krešon *Lix. Sgd.* u. s.] *männl. Vorname Christian.*

Kreschel [krêšəl *Ka.;* krèïšəl *D. Si.* — Pl. -ən] *f. Johannisbeere.* Klä' K. *Bezeichnung für ein kleines Mädchen.* — frz. groseille. s. a. Groschle. — Zs. K.-heck *f. Nj. Stachelbeerhecke. Rda:* E setzt do wie eng K. *man darf ihm nicht zu nahe kommen.*

Krescher s. Krischer.

Krespel [krespəl *Si.*] *m. Mispel.* — lux. 250 Kröspel. vgl. mhd. krispel *kraus.*

krespelich adj. *D. Si. kraus, krabbelig.* — lux. 250 kröspelech; baier. 1, 1383 u. mhd. krispel; lat. crispus.

krespeln tr. v. *D. Si.* 1. *kräuseln.* — 2. *krabbeln.* — lux. kröspelen; baier. 1, 1383 u. mhd. krispeln.

Kress-cheⁿ [krèsχə *Pü.*] *m. Weißfisch, Gründling.* — baier. 1, 1381 Kressen, Kressling; Gr. Wtb. 5, 2172. 2173 Kresse, Kreszling; ahd. chresso; mhd. kresse *zu krësen kriechen, weil der Fisch in seinem Bewegen auf dem Grunde etwas Schleichendes hat.* s. a. Grässel.

Kretsch [krètš *D. Si.*] *f.* 1. *Krücke:* op Kretschen gôn. — 2. *Handhabe der Sense, des Stockes usw.* — lux. 248 Kréttsch; hess. 227 Kritsche; engl. crutch.

Kretz s. Krätz II.

kretzen [kretsən, gretsən *Bo.*] intr. v. *auf einem Streichinstrument kratzen.*

Kri'bank [kríbaŋk *Busd. Ka.;* krébaŋk *Nj.;* kreïbaŋk *D. Si. Brettn. Falk.;* kréïbèŋk *Bo.* — Pl. -bèŋk(ən); Demin. -bèŋkəl] *f.* (eigentl. *Krugbank) Gestell zum Aufstellen von Küchengeschirr. Rda.:* Äm op d' K. klammen *einen Schulden halber pfänden Si.* — lux. Kribänk Ga. 255; vgl. hess. 192 Kambank *für* Kannbank *(Kannenbank) Gerätesims in Küchen:*

Kribix, Kribs, Kriwes s. Krebs.

Kribixen-äben pl. *Kr.* (eigentl. *Krebsaugen) Krebssteine; man läßt sie ins Auge ein, um einen darin geratenen fremden Gegenstand daraus zu entfernen.* — hd. Krebsauge Gr. Wtb. 5, 2131.

Kribs I [kribs *Nj. Bo.*] *m. unauflösliche Steine im Kalk; Schlacke.* — vgl. hess. 226 Kribbes *Kernhülle.*

Kribs II *Kehle, Schlund* s. Grips.

Krid [kríd *Fo. Fi. Lix.* u. s.; krid *Pü. Bo. Mtsh.;* krét *Nj.;* kraid, kréït *D. Si.*] *f.* (*Lix. n.) Kreide. Rdaa.:* Mit schwarzer K. in de Schorschtich schriwe *eine Forderung für verloren halten Lix.* Met doubelt K. schriewen *im Geschäft betrügen Bo.* Bei engem an der Kreid stôn *jem. Geld schuldig sein Si.* — Zs. Krid-fure s. d.

Kridel [krídəl, Pl. -n *Vbg.* u. s.] *m. Hühnerkäfig, Hühnerkorb.* — vgl. ahd. chrettili, mhd. krettlin *kleiner Korb;* Gr. Wtb. 5, 2070 u. baier. 1, 1385 Kratten.

Kridel-kreitchen *n. Si.* 1. *Schampflanze* (Aeschynomene arborea). — 2. *Murrkopf, sehr empfindlicher Mensch.* — lux. 248 ebenso. s. kridlich.
Krid-fure [krídfûrə *Lix.*] pl. *Grenzfurchen. Die* Kridfuren *werden von Zeit zu Zeit von den vermögenden Bauern gemeinsam festgestellt; das nennt man:* Kridfure sihe *(ziehen).*
kridlich [kridlix *fast allg.*; gridəlix *Fa.*; krídəldix *Kr. Falk.*] adj. *schwer zu behandeln, empfindlich, heikel, wunderlich:* der isch gar k. En k. Sach. — lux. kridelech Ga. 256; els. 1, 527 krittlich; ss. kridlich, Kisch 90.
Kriech [krix *fast allg.*; krèïx *Bo. D. Si.*; grî *Ri.*; grig *Ha.*; grix *Ha. Rom.*] *m. Krieg:* de ewich K. han im Hus stets *Zank u. Streit im Haus Ri.*
krieche[n] [krìxə *fast allg.*; kreïxən *D. Si.*; kruxən *Wall.* — Ptc. gəkrùx̌] intr. v. *kriechen, krauchen.*
kriejen [kreïjən *Falk. Fi.*; kreïən *D. Si. Bi. Flh.*; krîn *(grîn) Fo.*; grijə *Ri. Hom. Rom. Ha.*; grin *Lix. Rg.*; grèïjə *Pü.* — *Flexion:* grin (grèïə), grišt (grèišt), grit (grèit), grin (grèïə) *Lix.* — krîn (grîn), grišt, grit, grîn (krin) *Fo.* — kreïjə, kreïjst, kreïjt, kreïjən *Fi.* — kreïjən, kreïšt, kreït, kreïjən *Falk.* — Imp. Conj. græt. græ̀tšt, græ̀t, græ̀də *Fo.* — grèt, grètšt, grèt, grètə *Lix.* — Ptc. grît *Fo.*, kreït *Falk. D. Si.*, grèïjt *Pü.*, kreïjt *Fi.*] 1. *bekommen, erhalten:* Brijele kreïn *Si.* Du kreïscht *du wirst bestraft Flh.* Sich ebbes kreïn *sich etwas anschaffen Bi.* — 2. *einholen, fangen:* er hat ne grit *Fo.* Hascht gemänt, du grätscht mich, hasch mich awer doch nit *Fo.* — 3. refl. a) *sich zanken:* ech hu' mech mat 'm kreït *ich habe mich mit ihm gezankt Si.* b) *sich heiraten:* Se hun sech kreït *D. Si.* — Zs. dru'kreïen *betrügen:* e kreït mech net drun *D. Si.*
Kriks [kríks *Fo. Bi.* u.s.] *m. das Knarren, Knistern des neuen Schuhwerks:* K. in de Schuh han. Em K. in de Schuch mache *Bi.*
kriksə[n] [kríksə *Fo. Bi.* u. s.] intr. v. *(lautmalend) knarren, krachen, knistern (von neuen Schuhen):* min Schuh krikse.
Krimmel [krìməl *Av. Fi. Fo. Kr.*; grìməl *Ri. Hom. Rom. Ha.*] *n.* 1. *Stückchen,*

Krümchen: e K. Brot. — 2. *ein Bischen:* gimmer nur e K. Ich han kein K. kalt *Av.* — els. 1, 519 Krümmele; baier. 1, 1370 Krümpelein; eifl. der Grimmel. s. a. Grimel.
krimmen [krìmən *fast allg.*; krèmən *Bo. D. Si.*] tr. v. *krümmen.*
Krimming [krìmin̩ u. krìmdən *Falk.*; krèmon̩ u. krèmpt *D. Si.*] *f. Krümmung.*
kringeln [krin̩əln *fast allg.*; kren̩əl(ə)n *Bo. D. Si.*] tr. v. *ringeln, kräuseln:* de Hôr k. — lux. 247 krengeln; Gr. Wtb. 5, 2317 kringeln; vgl. els. 1,520, hess. 227, baier. 1, 1373 Kringel.
Krinnel *Pflugbaum* s. Grennel.
Krinsch, krinschen s. Krontsch, krontschen.
krinseln [krin̩zəln *Vbg.* u. s.; kren̩ʒəln *Bo.*] tr. v. *kräuseln:* sin Hôr isch gekrinselt. — baier. 1, 1375 krünseln, krunseln, das Krinsel; hd. Krinse *für* Krinne Gr. Wtb. 5, 2320.
krinzen s. grinzen.
Kripp [krìp *fast allg.*; grìb *Ri.*; krep *Bo. D. Si.* — Pl. -ən] *f. Krippe. Rda.:* äm d'K. butzen *einem die Wahrheit sagen, den Standpunkt klar machen Bo.* — els. 1, 322; baier. 1, 1373. Zs. Krippebisser (s. d.).
Krippe-bisser [-bisər *fast allg.*; krepəbesər *D. Si.*] *m.* 1. *Pferd, das in die Krippe beißt.* — 2. *Geizhals.* — els. 1, 101 Krippenbisser *boshafter Mensch;* lux. 250 Kröppebüsser; hd. Krippenbeiszer Gr. Wtb. 5, 2326.
Krippel [krìpəl *fast allg.*; gribəl *Ri. Hom. Rom. Ha.*; krepəl *Bo. D. Si.* — Pl. -n] *m.* 1. *Krüppel.* — 2. *Knirps.* — els. 1, 522 Krippl, Kreppl; lux. 250 Kröppel; hess. 227 Kroepel. *Die Einwohner von Erchingen (Kr. Saargemünd) heißen spottweise* Kreppl.
kripschen [krìpšən *Fi.*] tr. v. *naschen, heimlich wegnehmen.* — hess. 223 krapschen. s. a. gripsen.
Krischdal [krìšdàl *fast allg.*] *m. Kristall.*
Krischdier [krìšdîr *Pfb.*] *f. Klystier. Rda.:* Der kann nit emol eme Floh e K. gen *heißt es von einem dummen Arzt.* — els. 1, 525 Kristiēr,

krischdiereⁿ tr..v. *Pfb.* 1. *klystieren.*
— 2. *plagen, peinigen:* dich solle zehn Deifel k.! *Verwünschung.* — moselfränk. u. ss. kristîrn, Kisch 136.

krischeⁿ [krišə *Fo. Ha.* u. s.; grišəⁿ *Berl. Marienth. Ri. Rom.*; grišə *Lix. Sgd.*; grišè *Mtsh.*; krèšən *Nj.*; kraišən *D. Si.* — Ptc. gəkrĭš, gəgrèš, gəkraš] intr. v. *weinen, schreien, kreischen, schimpfen:* 's Kind krischt. Ich gett noch härter grische; Grisch doch, dass es der wert isch! *Lix.* Der grischt a 's Feld voll; wa m'r denne nit g'sit, hêrt m'r ne *Berl.* Sich 's Herz us um Leïb grische *Ri. Hom. Rom.* Grische, wie wenn er Messer im Halsch hätt *Ri.* Auch von neuem *Schuhwerk:* de Schuh grische; se sin noch nit bezahlt *Ri. Hom. Rom.* Du bruchsch nit ze grische, i bi nit daub *ibid.* Et soll än net kreischen, bis ä' geschlôn ass *man soll nicht schreien, bis man geschlagen wird Si.* Den Abrêl hot d'Kreischen an d'Lâchen an äm Sâk *heißt es vom unbeständigen Aprilwetter D. Si.* Lauden hôrt kreischen *sehr laut weinen Si.* — els. 1, 525 krische; lux. 245 kreîschen.

Krischer [krišər, grišər *fast allg.*; krešər *Bo. D. Si.* — Pl. krišər (grišər), krešərtən] *m. Schreihals, Greiner.* — els. 1, 525 ebenso; lux. 250 Kröscher. *Das Femin. lautet* Krischersch, Kreschech. els. 1, 525 Krischere; lux. 250 Kröschech.

krischich adj. *Hom. Rom. schreiend (von Farben).* — els. 1, 525 krischig.

Krischt [krĭšt *fast allg.*; grišt *Ri. Ha.*; krešt *Bo. D. Si.* — Pl. krĭštə, kreštən] *m. Christ. Rda.:* Wo näher bi Rom, wo kalter der K. *Fo. Auf die Frage:* bisch du e K.? *lautet die scherzhafte Antwort:* Nä, i bin e Haustock *(Wortspiel* Krischt u. Krist *Gerüst) Hom. Rom.* — lux. 250 Kröscht; ss. Kräst, Kisch 134; moselfr. Krest. — Zss. K.-bâm *Christbaum.*; K.-dâ' (Kreschdâch) *Weihnachten.* K.-kind; K.-monat (Kreschmônt) *Dezember;* K.-naht.

Krischtin [krištin *fast allg.*; grišdin *Ri. Ha. Hom.*; krištinè *Bo.*] 1. *weibl. Vorname* Christine. — 2. *Christin.*

krischtlich (kreschtlich) adj. u. adv. *christlich:* mach's noch k.! *mach's mäßig, ehrbar!*

Krist [krĭst, Pl. -ə *Ltf.*; grišd *Ri. Hom. Rom.*] *f.* (eigentl. *Gerüst) Heuboden, Scheunenhaus:* er isch vom K. gefall. — els. 2, 296 Gerüst (Krischt) 2.

Krit [krít *fast allg.*; krit *Bo.*; grĭt *Fa.*; krait *Si.*] *m.* u. *f.* 1. *Kamm des Hahnes:* er hat e rot K. *er wird schamrot Fo., er ist angetrunken Bo. Fi.* De K. schwellt em *er wird zornig Ha.* Er isch rot word wie em Hahn sin K. *Falk.* — 2. *Schlüssel am Faßhahn.* — els. 1, 527 Krit; lux. 245 Kreit; frz. crête.

Kritz I *Kerngehäuse des Obstes* s. Grutz.

Kritz II [krits *fast allg.*; kraits *D. Si.* — Pl. -ər] *n.* 1. *Kreuz als christl. Abzeichen:* Mer gehn Kritze *an der Bittprozession mit vorgetragenem Kreuz teilnehmen Ett. Mü..u. s.* Wer lit *(läutet),* kann nit bit Kritzen gehn *man kann nicht zweierlei Arbeiten zugleich verrichten Mü.* — 2. *Kreuzzeichen:* 's K. mache. Mach e K. un e Herz *näml. mit der Hand auf der Brust, sagt ein Kind zum andern, wenn dasselbe etwas als ganz wahr bestätigen soll.* Wonn der äm ens Hüs kümmt, soll mer's K. mache *Wb.* E K. iwər ebbs mache *die Rechnung kreuzweise durchstreichen, eine Schuld als nicht einzutreiben betrachten.* — 3. *Kummer, Elend, Widerwärtigkeit (in dieser abstrakten Bedeutung lautet das Wort in Sgd. u. Lix.* „*Kreiz*"): 's isch doch en K. bit dir! *Falk.* Kleïne Kinn *(Kinder),* kleïn Kritz; grosse Kinn, gross Kritz *Av.* — 4. *Unteres Ende des Rückgrats:* ebber ens iwers K. haue *Ri.* — Zss. K.-da Pl. *die 3 Tage vor Christi Himmelfahrt, an denen Bittprozessionen ins Feld stattfinden; Bittwoche.* K.-d a n n e *Rottanne Schw.* u. s. K.-feld *Flurname bei Rieding.* K.-gang *Bittprozession Ri. Hom. Rom.* u. s. K.-kind *Kind, das viel Kummer macht ibid.* Kritzel-krut *Kreuzkraut* (senecio vulgaris) *ibid.* K.-puwett *Kreuzspinne Ri.* K.-stich *Kreuzstich beim Nähen.* K.-stock *m. Fensterkreuz (fast allg.)* K.-woch *die 2. Woche vor Pfingsten mit den 3* Kritzda.

kritzijen [kritsijən *Bo.* u. s.; gridsixə *Ri. Hom. Ha. Rom.*] tr. v. *kreuzigen:* — els. 1, 537 krützige.

kritz-wis adj. *Ri. Hom. Rom. kreuzweise.*
kriwelich [kriwəliχ *fast allg.*] adj. 1. *nervös, reizbar:* er isch k. bis in de Finger. — 2. *schwierig, von feiner Arbeit:* dat as eng k. Arbet *Si.* — lux. 249 kriwelech; hd. kribbelicht, kribbelig Gr. Wtb. 5, 2202. s. d. folgende.
kriwleⁿ [kriwlə *fast allg.*; kriwələn *D. Si.*] 1. tr. *mit den Fingern oder einem spitzen Gegenstand an etwas bohren:* in der Nas k. — 2. unpers. *jucken, zucken:* es kriwelt mich bis in de Zewen. — hess. 226 kriwweln u. kribbeln; lux. 249 kriwelen; hd. kribbeln.
Krom [krôm *Bi. D. Si.* u. s., grôm *Ri.* – Pl. krém; Demin. krémǝl *Bi.*] *m.* 1. *Kram, Kramladen: (bildl.)* dê redt a seï' K. *spricht für seine Interessen Si.* — 2. *Geschirr, Gerät:* du musch nit eïn de K. schisse, eh Wasser usgeleert eïsch antworte nicht, bevor du gefragt bist *Bi.* els. 1, 517: schiss m'r nit in de K., eb ich ne usgelejt hab. — lux. 249 Krôm; baier. 1, 1367 Krâm u. Krom. *Formen u. Bedeutung des Ausdrucks bei* Gr. Wtb. 5, 1985; mhd. krâm u. krôm.
kromeⁿ [krômən *D. Si.*; krómə *Ha.*; gróme *Ri. Hom.*] 1. tr. a) *verhandeln, kaufen Ri. Ha.* b) *auf dem Rücken tragen.* — 2. intr. *kramen, herumkramen D. Si.* — els. 1, 517 krame; baier. 1, 1368 kramen.
kromenalesch [krɔmənáleš *Si.*] adv. *wunderlich, außerordentlich, ungewöhnlich.* — lux. 249 krommenâlesch; els. 1, 519 kriminalisch; westfäl. krimmenallig, alles < lat. criminale.
Kromm [krom; Pl. -ən; Demin. krempχən *D. Si. Gelm. Merl. Nj. Ebersw.* u. s.] *f.* u. *n. Hippe, Sichel, krummes Hauwerkzeug. Rdaa.:* Do leit K. an der Heck da ist der Haken *D. Si.* Wen wês, wie d'K. hanner der Heck leit? *wer weiß, wie es um die Sache steht? Nj.* — lux. 249 Kromm; ndl. krommes *gebogenes Messer.*
kromm s. krumm.
Kron [krón *fast allg.*; króən *Bo.*; krun *D. Si.*; grón *Ri. Ha. Rom. Hom.* – Pl. -ən; Demin. krénχən] *f.* 1. *Krone.* — 2. *Kranz* Grt. *Pfb.* — 3. *Tonsur der kath. Geistlichen:* er hat d' K. grijt; d' K. schere *Tonsur machen.* — els. 1, 520.

Kronen [krónən *Fa.*] *m.* (?) *Rundgang der Mädchen im Monat Mai.*
Kronschel [krónšəl *Vbg.* u. s.; gronšəl *Va.*] *f. Johannis- u. Stachelbeere.* s. a. Groschle (frz. groseille).
Krontsch [krònts *Grt. Vbg.*; krunts *Rg.*; kronšəl *Bo.*; krinš u. kronš *Falk.*] *f. Schaukel.* s. a. Klunsch.
krontscheⁿ (kruntschen, krintschen, kronscheln) intr. v. *schaukeln.* s. d. vorige.
kronzelen [krontsələn *Si.*] intr. v. *kritzeln, unleserlich schreiben.* — lux. 251 krôzelen.
kronzlech adj. *Si. kritzlich, unleserlich:* eng k. Schreft. s. d. vorige.
Kronzler *m. Si. Kritzler, schlechter Schreiber. Das Femin. lautet* Kronzlesch. — lux. 251 Krôzeler, Krôzelesch. s. kronzelen.
Kropel [krópəl *Obh.*; krópəl *Falk.*; krôbəl *Lix.*; kroəpəl *Bo.*; grôapəl *Va.*; krûapəl *Brettn.*] meist *m.* (Brettn. *f.*; *Lix. n.) Knorpel.* — baier. 1, 1378 Kröppel, Kröppen.
kropeldich [kroəpəldiχ *Bo.*] adj. *knorplicht.* s. d. vorige.
Kropen [krópən *Vbg. Fletr. Hd. Brettn.* u. s.; krópə *Pü.*; kropə *Schw. Ha.*; krôbə *Sgd. Lix.*; krôp *D. Si. Nj. Mw.*; grôbə *Ett. Ri. Hom. Rom.*; grópə *Fa.*; grôapən *Grt.*; krûapən *Kr.*; krápən *Bo.*; kràbə *Bi.* – Pl. krép; Demin. krépχən] *m.* 1. *zwei- od. dreizinkige Mistgabel (auch Heugabel), deren Zinken zum Abladen umgebogen sind.* Zss. Haukrope, Mischtkrope. — 2. *Haken aus Eisen, Widerhaken.* — lux. 249 Krôp; eifl. Kropen, From. 6, 16; baier. 1, 1378 Kroppen u. Krappen; hess. 223 Krappe; els. 1, 521 Krapp u. Krapf; Gr. Wtb. 5, 2062. 2066 Krapf, Krappe.
kropen [krópən *D. Si.*] tr. v. *mit dem Haken fassen, überh. nehmen, greifen.* — lux. 250 ebenso.
kropich [krópiχ u. grópiχ *fast allg.*; krópeχ *D. Si.*] adj. 1. *mit einem Haken versehen.* — 2. *erstarrt, steif vor Kälte:* krôpech Fengeren hun *Si.* — 3. *verwickelt, verworren:* krôpech Hôr *verworrenes Haar Geinsl.* — lux. 249 krôpech. s. Kropen u. hd. krapfen Gr. Wtb. 5, 2065.

Kropp [kròp *fast allg.;* krap *D. Si.*
— Pl. krèp; Demin. krèpχən] *m. Kropf
(Halserweiterung).* — lux. 243 Krapp.
Krosche [kròše *Fo. Bi.* u. s.; grošé
Pü.] *n.* 1. *Häkelzeug, Häkelarbeit.* — 2.
Häkeleisen. — 3. *kleiner Kleiderhaken Pü.*
—. frz. crochet. s. a. Häkel.
krosche'en [krošéən *Fo. Bi.* u. s.] tr.
v. *häkeln:* das isch gekroschet. s. d.
vorige.
Kroschel *Stachelbeere.* s. Groschle. —
Zs. K roschelbeer-heck.
Krott [krot *fast allg.;* grot *Pfb. Ri.
Rom.* — Pl. -ən] *f.* 1. *Kröte:* dich soll en
K. petze! *übler Wunsch Bi.* A isch giftich
wie e K. *Ko.* Er sitzt uff'm, wie e
K. uff ere Hechel *Fa.* De kläne Krotte
han a Gift *fast allg.* M'r kann ere Grott
kän Hòr üsrobe, wil sie keni het *Pfb.
Wetterregel:* wenn d' Krotte brille, gitt's
schlecht Wedder *Ri. Rom. Ha.* — 2.
*kleines Kind, bes. ein durchtriebenes kleines
Mädchen:* du klän K. du! *Fo.* Du bisch
awer e K.! — els. 1, 527; baier. 1, 1387;
lux. 250 ebenso. — Zss. K rotte-loch
n. Ri. Rom. Bi. sumpfige Vertiefung.
K rotte-schächter *n. Fo. scherzh. für
ein altes, verrostetes Messer.*
Krotzeler *m. Bo. Bekrittler, mürrischer
Mensch.* s. d. vorige. — vgl. Gr. Wtb. 5,
2424 alter Krötzer.
krotzeln [krotsəln *Bo.*] tr. v. *scharf
bekritteln.* — vgl. hess. N. 149 krotzen,
krutzen *zausen;* mhd. kroten *belästigen.*
Krotze-mann [krótsə-man *Si.*] *m.
Wasserkobold, der die Kinder, die zu nahe
ans Wasser gehen, hineinzieht. —* krotzen
verwandt mit kratzen *scharren.*
krubeldich s. kruwelich.
krubeln [krubəln *Bo. Falk. Va.* u. s.]
intr. v. *krabbeln, klettern, kriechen. Rda.:*
Weï'n Schuschter of'm Dach krubelt,
dann get et schlecht Arwet *Schuster bleib
bei deinem Leisten Bo.* s. a. kraweln,
krabbeln.
kruden [krúdən *Bo. Fa.* u. s.; grúdən
Pü.; kraudən *D. Si.*] tr. v. 1. *das Unkraut
ausjäten.* — 2. *das Gras mit der Sichel
abschneiden.* — 3. *grasen (vom Vieh).* —
4. *Kräuter sammeln.* — moselfr. lux. 243
u. ss. krauden, Kisch 134; hess. 224 u.

hd. krauten Gr. Wtb. 5, 2113; mhd.
krûten.
Krudes [krúdəs *Bo.*] *n. Gras od. Kraut
zum Einsammeln:* la es K. *da ist Grünfutter,
das man abrupfen kann.*
krudich [krúdiχ *Bo.*] adj. u. adv. *mürrisch,
bösartig, streitsüchtig, eigensinnig:*
en krudijen Minsch. — els. 1, 533 kruttig;
lux. 243 kraudech; schwäb. u. hd. krautig
Gr. Wtb. 5, 2120; vgl. mhd. krude u.
krotelich.
Krug [krûχ *fast allg.;* krú *Ka.;* króu
D. Si.; króuχ *Bo.;* grùg *Ri. Hom. Rom.
Ha.* — Pl. krîχ, krí, kréï, kréïχ; Demin.
kréïχən, kríχən, kréïχəlχin] *m.* 1. *Krug:*
domm eweï e K. De K. geht esoᵘ làng
op de Bûr, bes dat e brecht *Si.* — 2.
*Wärmeflasche (urspr. stark gewärmter
Krug) Ri. Ha.*
Krumbir s. Grumber.
krumm [krùm, krùmp *fast allg.;* grùm
Ri. Ha. Rom. Hom.; krom, kromp *D. Si.*]
adj. *krumm. (Die mhd. Form* krump *wird
prädikativ, die andere attributiv gebraucht):*
Si' Finger isch krump; krumme Bän. E
lâcht fir all kromm Steck Holz *er lacht
ohne jeden Anlaß Si.* Je krummer, je
dummer, je deibelhafticher *Mü.* D' Schuh
k. dredde *schief treten;* k. fahre *beim
Zeichnen od. Pflügen von der geraden
Linie abgehen Ri. Rom. Hom. Rda.:* er
hat e grummer Furz im Arsch *etwas Unbedeutendes
drückt ihn Ri.* Ebber k. anlöwe
(anluwe) *jd. schief anschauen ibid.*
— lux. 249 kromm.
krummeln s. grummelⁿ.
Krumpleⁿ [krùmplə *Fo.* u. s.] pl. *(unordentliche)
Falten in den Kleidern:* min Rock
isch voll K. — vgl. hess. 229 Krumpel
Falte; baier. 1,1370 krümpeln *faltig machen;*
els. 1, 520 verkrumpfle *zerknittern.*
krumplich adj. *Fo.* u. s. *verdrückt (von
Kleidern), zerknittert:* Min Kläd isch ganz
k. — hess. 229 krumpelicht. s. d. vorige.
Krunech [kruneχ, Pl. -ən *Si.*] *m. Kranich;*
mhd. kranech.
Krunn [krun, Pl. -ən *D. Si.*] *m. Krahn,
Zapfen.* — lux. 251 ebenso.
Krup [krup u. grup *fast allg.*] *f.* u. *n.
Halsbräune, Diphtheritis.* — els. 1, 522
Krüp; frz. croup.

Krupp [krup *D. Si.*] *f. Knorpel, Kruspel.* — lux. 251 ebenso; mhd. kruspel.
kruppech adj. *D. Si. knorpelig.* — lux. 251; mhd. kruspelich.
kruppen, sich [krupən *Fa. D. Si.* u. s.] refl. v. *sich ducken, gebückt sitzen, kauern:* er kruppt sich sesamme *Fa.* — lux. 251 sech kruppen; els. 1, 279 gruppe; vgl. frz. accroupir.
Kruppert [krupərt, Pl. -ə *Lix.* u. s.] *m. Knirps.* — lux. Kraupert Ga. 252; ndl. kruipęr *kleiner Kerl;* vgl. els. 1, 522 krupig; hess. 230 kruppig *klein, ungestaltet, armselig von Wuchs u. Aussehen.*
Krupp-sack *m. Fo.* u. s. *Dasselbe wie* Kruppert: kläner K. du!
krus [krús *Kr.* u. s.] adj. *sehr empfindlich.* — hess. 224 u. Gr. Wtb. 5, 2091, 6a, b kraus *reizbar, jähzornig: krauser Kopf, krauser Sinn.* — Zs. Krus-kopp.
Krusel I [krúzəl *fast allg.;* grúzəl, Pl. gruzlə *Hom. Ri. Rom.*] *f.* 1. *Haarlocke, gekräuseltes Haar.* — 2. *Kind mit Kraushaar.*—els. 1, 524 Krusele. — Zs. K-kopp.
Krusel II [krúzəl *Schw.* u. s.] *f. Stachelbeere.* — els. 1, 283 Grusele; baier. 1, 1015 Gruschel; frz. groseille. — Zs. K.-stock *m. Stachelbeerstrauch.* s. a. Groschle.
kruseldich [krúzəldix *Busd. Bo. Falk.* u. s.] adj. u. adv. *gekräuselt, lockig, geringelt.* — els. 1, 524 krus(e)lig. s. a. krauselech.
krusleⁿ tr. v. *fast allg. kräuseln, kraus machen od. werden:* sini Hor krusle sich.
Krut [krut *fast allg.;* kryt *Pfb.;* kraut *D. Si.;* grud *Ri.* — Pl. kridər, kraidər; Demin. kritxin, kraitxen, kritəl] *n.* 1. *Kraut, Kräuter als heilkräftige Pflanzen:* wie der Ochs ins K. gehn *ohne Überlegung vorgehen, etwas tun Ri.* Ins K. wachse *starkes Kraut entwickeln.* — 2. *Kohl, bes. Weißkohl. Rda.:* Es isch alles onderenander wie Krüt on Käs *Pfb.* — 3. *Blätter an Kartoffeln, Rüben usw.* — els. 1, 528 Krut; lux. 244 Kräut. — Zss. K.-garden *Gemüsegarten.* K.-kopp *Krautkopf.* Krütkepp *Schimpfname für die Bewohner von Berlingen.* K.-ländel *mit Kraut bepflanztes Beet im Garten.* K.-stick.
Krutz *Kerngehäuse des Obstes* s. Grutz.

Krutze-fresser *m. Bi. Mensch, der alles aufißt, was andere nicht wollen.* s. Krutz, Grutz.
Krutzert [krùtsərt, Pl. -e *Fo.* u. s.] *m.* 1. *verkrüppelter Apfel.* — 2. *Knirps.* — els. 1, 536 Krutze 2. s. Krutz.
krutzich [krùtsix *Fo.* u. s.] adj. *verkrüppelt vom Obst, bes. Äpfeln.* — els. 1, 536 krutzig, verkrutzelt.
Kruwel [kruwəl, Pl. -ə *Bi. Fo. Lix.* u. s.; gruwəl *Ri. Hom. Rom. Ha.*] 1. *f. Locke, Kraushaar:* Kruwle mache *das Haar der kleinen Mädchen locken, z. B. für die Fronleichnamprozession.* — 2. *n. Mädchen mit Lockenhaar, Lockenkopf.* — els. 1. 533. — Zs. K.-kopp (Demin. K.-keppche) *Krauskopf, Lockenkopf.*
kruweleⁿ [kruwələ *Fo. Bi. Lix. Schm.* u. s.; gruwlə *Ri. Rom. Hom.*] tr. v. *kräuseln; Locken machen, brennen. Das Ptc. Perf.* gekruwelt *gekräuselt, gelockt.* — els. 1, 533 kruwle.
kruwelich [kruwəlix *fast allg.;* kruwəldix *Av. Kr. Lix.;* krubəldix *Grt.*] adj. 1. *lockig, gekräuselt (gilt als Zeichen von Verschlagenheit und Mutwillen):* der hat kruwelich Haar, loss dene gehn! *Bi.* els. 1, 534 kruwlich; vgl. mhd. kriuseleht — 2. *kraus, bunt durcheinander Grt.*
Kube [khybé *Pfb.*] *n. Abteil eines Eisenbahnwagens.* — frz. coupé.
Kubel s. Kugel.
kubeln [kûbəln *Bo.*] intr. v. *kugeln, rollen.* — els. 1, 428 kugele.
Kucheⁿ [khûxə *fast allg.;* khouxən *Bo.;* khux *D. Si.* — Pl. khûxə, khéïx; Demin. khixəl, khéïxəlxin] *m. Kuchen. Die meisten Sorten haben besondere Namen:* Appelkuche, Eierkuche, Fasekîchel, Flammkuche, Kesselkuche, Kirschekuche, Lebkuche, Mandelkuche, Pannkuche, Olichkuche Ölkuchen, Quetschekuche u. a.
Kuck [khuk *D. Si.*] *f. Blick:* en scheïn K. *ein freundlicher Blick.* — lux. 252 ebenso. s. gucken.
kucken s. gucken.
Kudeln [khudələn *Mü.* u. s.] pl. *zerlumpte Kleider.* — schles. Kudeln, Kodeln Weinh. 42; Kudel *Nebenform zu* Koder *Fleck von altem Leder od. Tuch* Gr. Wtb. 5, 2529. s. a. Kottel.

Kugel [khúgəl *Fo. Falk.* u. s.; khúwəl *Mtsh.*; khuwəl *Ri. Hom. Rom. Ha.*; khûbəl *Bo.*; khujəl *D.* — Pl. khugələ, khuwələ, khûbəln; Demin. khigelχə, khíbelχin] *f. Kugel.* — Zs. kugel-iwerholz adv. *Falk. durcheinander, kopfüber:* se sin k. gefal.

Kügel-hopf [khyəlopf *Pfb.*; khuwlob *Ri. Hom. Rom.*] *m. Gugelhopf.* — hess. N. 150 Kugelhupf(*gesprochen meist* Kuhlhopp).

Kuh [khû *Fo. Lix.* u. s.; khau *Mengen*; khów *Marienth.*; khó *Rü.*; khóu *Bo. D. Si.* — Pl. khî, khéï; Demin. khĩχən, khiχəl, khéïχən] *f. Kuh:* âl Kouh *Schimpfwort für eine dicke Weibsperson Si.* 'S isch dunkel wie en ere K. *es ist stockfinster Rom. Ha.* Drenken eweï eng K. *saufen Si. Rdaa.:* D'Kuh bit dem Schwonz anbennen *etwas Verkehrtes tun Wal.* Von der K. uf de Geis kummen *schlechte Geschäfte machen Av.* Er macht zu fur de Strossburjer Kih *sein Zaun ist lückenhaft Ersd. Spruch:*
Wo m'r alt wird wie e Kuh,
lehrt m'r noch alle Da' dersu
Lix. Ri.
In der Naht sin alli Kih schwarz *Ri. Hom. Rom.* Dat steⁿt'm an, weï der Kouh d'r Sâdel *od.* dat Schirtouch *Bo.* — Zss. K.-auder *m. D. Si. Kuheuter.* K.-bauer *D. Si.* (Kihbur *Ri. Hom.*) *kleiner Bauer, der nur Kühe anspannt.* K.-bin(d) *f. Av. Kuhkette.* Kuh-brill 1. *Scheuklappen der Zugtiere.* 2. *große schwarze Brille.* Kihbur *m. Ersd. Brunnen zum Tränken der Kühe:* er schwitzt wie'n K. K.-flader *m. Lix.* u. s. *flacher Kuhkothaufen.* K.-fuss *m.* 1. *Klumpfuß.* 2. *Wiesensalbei.* K.-haut; K.-hirt. K.-laus *Si. langköpfige Rindslaus*; K.-pans s. d. K.-plarre u. K.-plaschter *m. Falk. Ri. dasselbe wie Kuhflader;* K.-riwe *f. Sp. Obh. Runkelrübe.* K.-schinger *Kuhschinder Ri. Hom. Rom.* Kihschingere *Spottname der Bewohner von Rieding u. Heinrichsdorf (Kr. Saarburg).* K.-schöw *Scheuklappen der Rinder ibid.* K.-schwanz s. d. K.-seich *Kuhharn.* K.-waddel *dasselbe wie* Kuhschwanz: loddle *(sich hin- u. herbewegen)* wie e Kuhwaddel. K.-wangscht *Bauch der K. mit dem Nebenbegriff des Überfüllten.* K.-wäs *Wachtel- od. Kuhweizen* (Melampyrum arvense) *Rü.* K.-winkel *Flurname bei Rieding.*

Kuh-pans [khúpàns *Ett.*; khóupàns *Brettn.*; khéïpàns *Hd.*] *m. Bezeichnung mehrerer Pflanzen:* 1. *Quecke* (Triticum repens). — 2. *Bärenklau* (Heracleum sphondilium). — els. 2,64 Küepans *Gleiße* (Aethusa cynapium).

Kuh-schwanz [khúswonts *Ersd.* u. s.] *m. Kuhschwanz:* 's wockelt wie ne K. *ist sehr beweglich, unruhig.* „Kuhschwänz" *Spottname der Einwohner von Grundweiler (Kr. Forbach).*

Kujon [khujòn *Bo.* u. s.] *m. Schurke, Feigling.* — els. 1, 429 u. baier. 1, 1232; Gr. Wtb. 2, 640; lux. 253 Kujong; frz. coïon.

kujonieren, kujeniere tr. v. *Bo. Ri. Hom. Ha. D. Si. betrügen, ärgern, einen wie einen* Kujon *behandeln.* — els. 1, 429 kujenieren; baier. 1, 1332 kujonieren; lux. 253 kujeneïren.

Kukuk s. Guguck.

Kukumer [khùkùmər *Fo.*; khùkùma *Obh.*; khónkomər *Bo. Si.*; khokomər *Falk.*; gùgùmər *Ri. Hom. Ha.* — Pl. -n] *f. Gurke.* — hess. 231 Kukummer; baier. 1, 887 Gugkumer; lat. cucumis. s. a. Gugummer.

Kulang [khulaŋ *D. Si.*; khulą *Busd. Brettn.* — Pl. -ən] *m.* u. *f. Straßenrinne, Dachrinne.* — lux. 253 ebenso; frz. coulant *fließend.*

kulant [khulaṇt *fast allg.*] adj. u. adv. *entgegenkommend, willfährig.* — frz. coulant.

kuldiwiereⁿ tr. v. *Fo.* u. s. *anbauen, pflegen, betreiben.* — frz. cultiver.

kuliereⁿ [khùlirə *Fo.*] tr. v. *seihen, klären.* — frz. couler.

Kulipater [khùlipátər *Volkr.*] *ein Kinderspiel. Nach einem flach aufgerichteten größeren Steine werden aus ziemlicher Entfernung kleinere Steine geworfen; wer den Stein am häufigsten umwirft, erhält den als Einsatz bestimmten Gegenstand. Elsässisch heißt das Spiel* „Kuses" els. 1, 475.

kulottieren [khylotîrən *Bo.*] tr. v. *eine Pfeife anrauchen; auch übertragen:* er hat de Nas geküllotiert *er hat eine rote Nase vom Trinken.* — lux. culottéren Ga. 96; frz. la culotte *das Angerauchte (außen am Pfeifenkopf);* se culotter *(von einer Pfeife) sich gut anrauchen.*

Kull [khul *Fo. Obh. Lix. Bi. Ett.* u. s.; khául *D. Si. Busd. Hd. Nj. Ho.* — Pl. khulə, kháulən; Demin. khulχə, khilχin, khailtχən] *f.* 1. *Vertiefung, rundes Loch in der Erde:* Kulle schlâ'n *Löcher hauen zum Setzen der Kartoffeln.* Se Kull spilen *Bo. od.* Kullches spiele *Fo. Kinderspiel, wobei die Spielsteine in eine Vertiefung gekugelt werden.* — 2. *Grube, z. B.* Grumbirekull, Lehmkull, Mischtkull, Sandkull, Stä'kull *(Steingrube) Ra.* E Kull grawen, fer e Loch ze stoppen *Hd.* Eng Keiltchen mâchen *einen Schluck tun D. Si. Das Wort ist ndd. Ursprungs:* kûle, kul, kaule, From. 2, 443; 4, 415; 5, 165; Gr. Wtb. 5, 348: Kaule; lux. 215 u. ss. Kaul Kr. 60; ndl. kuil.

Kulle-kopp [khuləkop *Fo. Obh. Pü. Sgd. Merl. Av.* u. s. — Pl. -kep] *m.* 1. *Kaulquappe* (Cottus gobio). — 2. *Trotzkopf, Dickkopf Merl.* — hess. 231 Kullkopf; els. 1, 431 Kull; vgl. baier. 1, 1237 Köllen.

kum [khum *fast allg.;* khúm *Falk.;* khaum *D. Si.*] adv. *kaum:* er isch k. dehäm gewän *Fo.* Kum sin er dò, do gehn er schô' wider *Lix.* — els. 1, 438 kum.

Kumedel [khùmédəl *Hom. Ri.*] *n.* (*Demin. zu* Komode) *verschließbares Kästchen mit Schublade zur Aufnahme der Werkzeuge der Näherinnen, also gleichbedeutend mit* Nähherwel.

kumelich, kumerlich [khúməliχ, khúmərliχ *Falk.*] adv. 1. *kaum, schwerlich:* er het kumelich kannen gehn. — 2. *kümerlich, schwächlich:* er siht k. us. — els. 1, 438 kümelig, kümerlich; vgl. hess. N. 128 küeme *schlecht aussehend;* ndd. kuime, kûme *bedrückt, betrübt* From. 6, 217. s. kum.

Kumet I [khùmét *Ri. Hom. Rom. Ha.*] *m. Komet.*

Kumet II [khùmət *Pü. Ri. Rom.* u. s.; khùmat *Falk.*] *n. Kummet, Zugeschirr für Pferde u. Esel.* — els. 1, 442 Kummet; baier. 1, 1246 Komet; mhd. komat.

Kummär [khùmèr *Hom. Ri.*] *f. Klatschbase.* — frz. commère.

kummen [khumə *fast allg.;* khomən *Bo. D. Si.* — *Flexion:* Präs. khumə, khumšt u. khimšt, khumt u. khimt; Pl. khumə^n *fast allg.* khomən, khempšt; Pl. khomən *Bo. D. Si.* — Imp. Konj. khǽm(t), khǽmšt, khǽm; Pl. khǽmdə (khim u. kuim, khimšt, khim, khimən). — Ptc. khùm (gəkhùm), khom] intr. v. 1. *kommen:* Wann kummen er dann wider? Du kimmscht m'r grad recht. Sâ' em, ich kämt. Kumm m'r numme nit en de Gai *(Gehege).* Es kummt em *er fängt an zu begreifen.* 'S kummt um *(ihm),* wie er n'alde Frau s'Danze *es kommt ihm nur allmählich Ri. Hom. Rom.* Ins Bett kumme 1. *ins Bett gehen.* 2. *bettlägerig werden ibid.* Du kummsch mer noch e mol *Drohung ibid.* Zu Gnode kumme *wieder festen Fuß gewinnen ibid.* An d' Kribb k. *es gut bekommen Hom. Ri.* An de Verdienst k. *wieder etwas verdienen ibid.* Ze Streich k. *fertig werden ibid.* Geschlich k. *gerade recht kommen Ha. Rom.* In d'Gij k. *ins Gehege kommen ibid.* — 2. *gedeihen:* Der Bâm kummt gut. — els. 1, 439 kumme, komme; lux. 237 kommen.

Kummi s. Kommi.

Kump [khùmp *fast allg.;* gumb *Hom. Ri. Rom.*] *f.* 1. *Wetzsteinbehälter.* — 2. *bauchige Suppenschüssel.* — 3. *Wassertümpel.* — 4. *Pumpe* = Gump. — els. 1, 444 u. baier. 1, 1252 Kumpf; lux. Komp Ga. 248; ss. Kamp, Kisch 120; Gr. Wtb. 5, 2613 Kumpf; mhd. kumpf. s. a. Komp.

Kumpan [khùmpân *Ri. Rom.*] *m. Geselle, Gefährte:* du bisch mir e suw'rer K. — els. 1, 444.

kumpen s. gumpen.

Kumper s. Komper.

Kumplet s. Komplet.

Kundel I *Dachtraufe.* s. Kandel.

Kundel II [khùndəl, Pl. -ən *Rü. Nj.*] *f. Kette zum Anbinden der Kühe u. Pferde, Halfter.* — lux. 254 ebenso; vgl. schweiz. Gunten *eiserner Keil mit Ring;* gunteln *fortschleifen* Stalder 1, 498.

Kunfress *f. Lix. (iron.) Konferenz. Bei den Konferenzen der Geistlichen pflegt ein Essen den Beratungen zu folgen; daher die Umschreibung.*
Kunk [khùŋk *Obh.*] *f. Öllampe.* — vgl. frz. conque (lat. concha) *Muschelschale. (Ursprüngl. bestand die Lampe aus muschelförmiger Schale mit Öl gefüllt u. einem Docht.)*
Kunkel [khùŋkəl *Fa. Pü. Ett. Lix.* u. s.] *m.* 1. *Spinnrocken.* — 2. *Stab des Kirchendieners, worauf als Griff eine Statuette des hl. Joseph sich befindet.* — 3. *Wollblume, Königskerze* (Verbascum tapsus). — els. 1, 450 Kunkle, Kunkel. — Zss. K.-blide *f. Lix.* u. s. *Blüte der Königskerze. Es wird ein Wundöl daraus bereitet.* K.-blum *dasselbe wie* Kunkel 3. K.-reb *f. Gundelrebe, als Tee bei Brustkrankheiten verwandt Ri.* K.-stub *Spinnstube u. Abendgesellschaft spinnender Mädchen u. junger Burschen Hom. Ri.* — els. 2, 570.
Kunne [khùnə *fast allg.*; khòn *D. Si.*] *m. der Kunde:* er isch sich selbscht de bescht K. od. d' bescht Kundschaft *heißt es z. B. von einem Wirt, der selbst ein Trinker ist Ri. Hom.* s. a. Konn.
kunnen *können.* s. kenne[n].
Kunscht [khunšt *fast allg.*; khonšt *Bo. D. Si.* - Pl. khenšt] 1. *f. Kunst:* das isch kän K., das kann ich a! *Fo.* — 2. *m. Kochherd Mtsh.* — els. 1, 451 u. baier. 1, 1266 Kunst *in beiden Bedeutungen*; Gr. Wtb.2,1596 Feuerkunst.—Zss.Kunschtemächer *Taschenspieler.* Konscht-wêrk *n. D. Si. Kunstwerk.*
Kunt [khùnt *fast allg.*; khoṇt *D. Si.*] *m.* 1. *Zeche, Rechnung:* For min K. Ich muss min K. noch zahle *Fa.* — 2. *Das, was einem zukommt:* ich hon min K. = frz. j'ai mon compte. — els. 1, 452 ebenso.
Kunterband s. Konderbande.
kunter-bossich [khùntabosix *Obd.* u. s.] adj. u. adv. (*verstärktes* bossich) *komisch, possierlich.* — lux. 239 konterbossech; frz. contre-bossu *doppelhöckerig*; vgl. nhd. kunterbunt, mhd. kuntervêch, *dem* frz. contrefait *angenähert.*
Kunterfei [khùnderfeï *Hom. Ri. Rom.*] *n. Porträt, Bild.* — vgl. els. 1, 453 abkunterfeie.

Kuntervers [khùndərfèrs *Ri.*] *m. Kontroverse:* K. fihre *Kontroverse abhalten.*
Kunträr [khuntrǣr *Fo. Ri. Hom.* u. s.] *n. Gegenteil:* er sa't immer 's K. — frz. le contraire.
kunträr adj. *Fo. Ri. Hom. Rom.* u. s. *nachteilig, schädlich, entgegengesetzt:* heit isch m'r alles k. — O kunträr = frz. au contraire. — els. 1, 453 kuntrari, kunträr.
Kuntribuzione[n] Pl. *Hom. Ri.* u. s. *Steuern, bes. Grundsteuer; Abgaben.* — els. 1, 452 Kunterbizion; frz. contributions.
Kuntrol, Kuntrolär s. Kontrol, Kontrolär.
Kunz *Hanw.* u. s. *Koseform des Vornamens Konrad.* Kunz un Benz (s. d.) *werden gebraucht wie hd.* Heinz un Kunz. — els. 1, 453 Kuenz.
Kupp I [khup, khòp *Nj.*; khupən *Bo.*; khóup *D. Si.*; khóupən *Busd.*; khòpən *Brettn.* - Pl. khip, khipən, khép, khéïp; Demin. khipxin, khéïpxən] *m. Haufe:* e K. Holz. — lux. 220 Ko[u]p; ss. Kùpen, From. 4, 408, 30; baier. 1, 1272 Kuppen; vgl. hd. *Kuppe, Koppe u.* Gr. Wtb. 5, 360 Kaupe.
Kupp II [khùp, Pl. -ən *fast allg.*] *f.* 1. *Holzschlag.* — 2. *abgeholzte Waldfläche.* — lux. 254 u. els. 1, 457 Kupp; frz. coupe. — Zs. Kuppen-häer *Si. Holzhacker.*
Kupper [khùpər *Fo. Pü.* u. s.; khùbər *Ri. Hom. Rom. Ha.*; khopər *Bo. Sgd. Ipl.*; khofər *D. Si.*] *n. u. m. Kupfer:* das isch kän Gold, das isch Kupper. — lux. 236 u. moselfr. Koffer; mlat. cuper.
kuppern [khùpərn *Fo.* u. s.; khùbər *Ri. Hom. Rom. Ha.*; kofər *D. Si.*] adj. *kupfern:* e kupperner Kessel *Fo.*; eng koffer Nues *Weinnase Si.*
kupple[n] [khuplə *Fo.* u. s.; khopələn *D. Si.*] tr. v. *verkuppeln, vertauschen.* — els. 1, 458 kupple, verkupple; lux. 240 koppelen 1; hess. N. 152 verkuppeln.
Kuppler, Koppeler *m. Fo. D. Si.* u. s. *Kuppler, Heiratsvermittler. Das Femin. lautet* Kupplersch. — els. 1, 458 Kuppler; lux. 240 Koppeler.
Kurasch [khuráš *fast allg.*; khyráš *Pfb.*; khurèš *Falk. Vbg.*] *f.* 1. *Mut:* er

hat ja kän K. im Leïb. — 2. *Zuruf beim Nießen Fa.* — *Adjektivisch gebraucht:* hal dich kurasch! *halte dich frisch u. gesund!* — els. I, 230 Gurasch, Kurasch.

Kurbatsch [khúrbâtš *Si.*] *f. geflochtene Peitsche.* — lux. 212, baier. I, 1286 u. els. I, 465 Karbatsch; hess. 193 Karbâtsche. *Das Wort ist slav. Ursprungs* Gr. Wtb. 5, 206.

Kurbel [khùrbəl *D. Si. Grt. Va.;* khùrwəl *Fo. Obh. Vbg. Hom. Ri. Rom. Ha. Kr. Lix. Ltf.* — Pl. khùrbəln, khirwəl; Demin. khirbelχən] *f.* 1. *runder, offener Brotkorb, ohne Handgriff.* — 2. *Backkorb, worin man den Brotteig aufgehen läßt.* — 3. *n. wunderliche Weibsperson:* aldes K., dummes K.! *Hom. Ri. Rom. Rda.:* Viel Wind u' wenich Kurwele. — lux. 255; els. I, 466 Kurbel; frz. corbeille. — Zs. **Kurwel-schisser** *Spottname der Bewohner von Bettingen (bei Oberhomburg).*

Kurell [khùrèl *Rom.*] *f. Koralle, Perle:* Kurelle schlawe *perlen, vom Wein.*

Kurentchen [khurèntχən *Si.*] *m. das Umhertreiben:* sei' K. hâlen *sich herumtreiben.* — vgl. lux. 254 Kuranz, Pl. Kuränz *eine Art Tanz*; frz. courir.

Kurier [khùréïr *Bi. Ri. Hom. Rom. Ha.* (seltner khùrie *m.*)] *f.* (*n. u. m. Ri. Hom.*) *Landpostkutsche.* — frz. courier. — Zs. K.-knecht *Postillon.*

kurjos [khúrjós *fast allg.;* khúrjéïs *D. Si.;* khùriós *Ri. Hom. Rom. Ha.;* khajós *Falk.;* khojós *Av.*] adj. 1. *sonderbar, eigentümlich:* e kurjose Geschicht. E kurioser Heilicher *Ri. Rom.* — 2. *empfindlich:* k. werre. — 3. *wählerisch im Essen:* bi doch nit so kojos! *Av.* — els. I, 468 kurjos; lux. 241 korjeïs; frz. curieux.

Kurscht [khuršt *fast allg.;* khurš(t) *Falk.;* khúašt *Kr.;* khoršt *Bo.;* khúšt *D. Si.;* khošt *Tet. Busd.* — Pl. khurštən, khúštən, khoštən; Demin. khìršta, khíršəl s. d.; kheršt χin *Bo.*] *f.* 1. *Brotkruste:* de K. am Brot isch ze hart *Fo.* Ewerscht un ingerscht K. *obere u. untere Kruste Ltf.* — 2. *Stück Brot:* en dreche Kùscht *ein trockenes Stück Brot D. Si.* Keng Kùscht Brout am Haus hun *Si.* Seng Kùscht häsche gôn *betteln gehen Si.* Et as besser eng Kùscht an der Hand eweï eng Feder um Hutt *Si.* En moss noch en Paar Koschten knauwen *er ist noch klein Tet.* — 3. *Kruste mit Essig, Knobloch u. Pfeffer gewürzt, die dem Salat beigegeben wird.* — 4. *Erdkruste, infolge langer Trockenheit.* — 5. *Schorf, der sich über einer heilenden Wunde bildet.* — els. I, 471 Kurst; lux. 255 Kùscht.

kurschtich (kuschtich, koschtich) adj. 1. *krustig.* — 2. *mit Schorf bedeckt.* — els. I, 471 kurstig. s. Kurscht.

Kurwel s. Kurbel.

kurz [khùrts *fast allg.;* khúərts *D. Si.;* khùəts *Bo.* — Kompar. khìrtsər (khíərtsər), khìrtšt (khíərtšt)] adj. u. adv. *kurz:* Kurzi Hôr sin glich gebirscht *Fo.* K. un gut *mit wenig Worten.* Änen k. halen *auf wenig anweisen.* K. uffgebung sin *nicht viel Worte machen Ri. Hom. Rom. Ha.* Iwer k. oder lang. — Zs. **kùrz-breschtech** adj. *Si. engbrüstig.*

Kurz-fuder *n. Berl. u. s. Spreu; kurzgeschnitteues Heu- od. Grünfutter mit Stroh vermengt; Hafer, Kleie mit Häcksel vermischt als Pferdefutter.*

Kurz-kopp *m. Bo. Kaulquappe.* — ndd. Kortkopp, Brem. Wtb. 2, 856.

Kurz-wil *f. Ri. Hom. Rom. Ha. u. s. Kurzweile, Zeitvertreib.* e K. mache *sich die Zeit vertreiben.* — els. 2, 814.

kurz-willich adj. *Ri. Ha. u. s. kurzweilig, unterhaltend.*

Kurz-winkel *m. Flurname bei Rieding.*

Kusatema [khu̯zátəmə *Fa. u. s.*] *m. Zustimmung; Einwilligung der Eltern zu der Heirat ihrer minderjährigen Kinder.* — frz. consentement.

Kusch [khuš *Fa. u. s.;* khušə, gušə *Ri. Hom. Rom.*] *f. Schichte, Lager, scherzh. Bett:* e K. Stroh. In de K. gehn *ins Bett gehen.* — els. I, 475 Kusche; frz. couche.

kusch dech! Interj. *D. Si. Zuruf an die Hunde:* leg dich! — frz. couche-toi!

Kuscht I *Kruste* s. Kurscht.

Kuscht II [khúšt *Nj.*] *m. Karst.* K. ⟨ Kurst, Karst.

Kusel [khu̯səl *Falk.*] *m. Gemeinderat.* — frz. conseil.

Kusen-wacken(?) *m. Rein. Kieselwacke, Kieselstein. Der Ausdruck ist sonst nicht belegt.*

Kusin [khuʒin *Ri. Hom.* u. s.] *f. Base.* — frz. cousine.

Kusing [khuʒiŋ, khuʒẹ *Fo.* u. s.; khuʒẹ *Pfb.*; khuʒinə *Falk.*; khoʒeŋ u. khuʒeŋ *D. Si.*] *m. Vetter.* Liblijer K. *leiblicher Vetter, Geschwisterkind Falk.* Kleïn K. *Vetter im 3. Grad Falk.* — lux. 241 Koseng; frz. cousin.

Kuskri [khụskri *Fa.* u. s.] *m. der zum Militärdienst Ausgehobene, der Gestellungspflichtige; Rekrut.* — els. 1, 451 Konskri, Kûskri; frz. conscrit.

Kussel [khusəl *Ri.*] *m. jd., der sich wie ein Kalb benimmt; Tölpel.* — vgl. baier. 1, 1303 Küslein, Kusl, Kusel, Küessel *Kalb;* tirol. Kùsl, From. 6, 433. s. a. Gr. Wtb. 5, 1842 b, c.

Kussung [khúsuŋ *Fa.* u. s.; khosoŋ *D. Si.*] *m. Hausierer, der mit Eiern, Butter, Käse, Geflügel handelt.* — lux. 241 Kossong; patois messin: cosson.

Kutsch [khutš *fast allg.*; khytš *Pfb.* — Pl. khutšən; Demin. khitʒəl] *f.* 1. *Kutsche.* Kitschel *bedeutet Kinderwiege, Kinder- und Puppenwagen.* Kutsche mache *Kinderspiel im Freien: Knaben stülpen bei starkem Winde ihre Blusen über den Kopf u. gehen dem Winde entgegen; die Blusen bauschen sich auf u. nehmen die Form eines Kutschenverdecks an Ri.* — 2. *spöttisch für altes Weib:* du aldi K.! *Ri. Hom. Rom. Ha.* — Zs. K.-kaschte. *Sprechübung:* Der Kutscher putzt de Poschtkutschkaschte.

Kutsche [khutšə *Fo. Fa. Ett.* u. s.; khautš, Pl. -ən *D. Si.*] *f.* 1. *Mistbeet (auch Glasfenster auf Mistbeeten):* Salat in K. ziehe. — 2. *Kinderbett.* — els. 1, 484 Kutsch, Gutsch; lux. 215 Kautsch; frz. couche.

Kutt [khut, Pl. -ə, Demin. khitəl, khidəl, khitəlxə *fast allg.*] *f.* 1. *Grube, Loch, Vertiefung.* Kuttes (Kuddes) spiele *od.* Kudde-boballespiel: *Eine Reihe Vertiefungen werden längs einer Mauer gegraben. Die Spieler werfen der Reihe nach einen Ball nach der Mauer hin, der beim Zurückrollen in eine der Vertiefungen fällt. Derjenige, dem sie gehört, ergreift sofort den Ball u. sucht einen der davonlaufenden Mitspieler zu treffen; gelingt ihm das nicht, so wird er gestraft Ri. Hom. Rom.*

Ha. els. 1, 481 Kutt I; hess. 195 Kaute, Kutte, Kutt; Gr. Wtb. 5, 364 Kaute; mhd. kûte *(ein md. Wort).* — 2. *langer Rock (Kutte der Mönche u. Geistlichen); Weiberrock.*

Kutte-blum [khutəblùm *Pü.*] *f. Kapuzinerkresse* (Tropaeolum). *Zu hd. Kutte.*

Kuttel [khùtəl *Ett.* u. s.; khùdəl *Mtsh. Ri. Hom. Rom.*; khotəl *Sgd. Lix.* — Pl. khùtlə, khotlə] *f.* 1. *Darm, Eingeweide:* Sich de Kuttle voll fresse. *Rätsel:* 's geht ebbes ums Hus erom un schläft *(schleppt)* de Kottle noh: De Gluck met de Wiwele *(Küchlein).* els. 1, 482 Kuttel 1. — 2. *Schimpfname für Weiber:* du dick K.! *Ri. Hom.*

Kuw (Kurw) *Rabe* s. Kob, Kow.

Kuwa-deckel *m. Vbg. Blechdeckel zum Wenden des Pfannekuchens.* Kuwa < frz. couvercle. *Hybride Bildung: dem französ. Wort wird das deutsche gleich hinzugefügt, wie häufig im Elsäss. u. Deutsch-lothring.*

Kuwerde [khùwèrdə *Fo.*] *f. Decke für Zugtiere.* — mhd. covertûre, covertiur < frz.couverture. — pfälz.Kuwert, Keip. 58.

Kuwert [khuwèrt *fast allg.*; guwèrd *Hom.Ri.*; khywèrt*Pfb.*] *n.*1.*Briefumschlag.* — 2. *Decke für Menschen u. Tiere.* — frz. couvert, couverture.

Kuwett [khuwèd *Rom.*; khywèt *Fi. Hom. Ri.*] *f. Waschbecken.* — frz. cuvette.

kwack [kwoak *Kr.*] adj.*kräftig,lebendig.* — mhd. quëc; vgl. els. 2, 211 Quäckele *lebhaftes Kind.*

Kwackeⁿ [kwakəⁿ *Spi.*; kwokə *Weil.*] pl. *Quecke, Weizengras.* s. a. Zwecke u. Hundswasen.

kwacken [kwákən, kwáksən *fast allg.*] intr. v. 1. *quaken; Laute ausstoßen wie die Raben, Enten, Frösche:* Ich werf dich uf de Bode, dass de nimmeh k. kannscht Pü. Ech gên d'r eng, dass de kwackscht Si. — 2. *stöhnen.* — els. 2, 210 quacke, quäcke; lux. 251 kuaken; ndl. kwakken.

Kwackert [kwàkərt *Si.*] *m. Schreier; Mensch, der leicht aufbraust, aber keinen Mut zeigt.*

Kwacksert [kwàksət *Falk.*] *m. Nesthocker, schwächlicher Mensch.* — vgl. els. 2, 210 u. baier. 1, 1391 Quack, Nestquack(er); Gr. Wtb. 7, 2289.

kwaddern [kwàdərn*Bo.*] intr.v. *röchelnd husten u. auswerfen.* s. koddern.

Kwall [kwal *fast allg.;* gwàl *Ri. Hom. Rom. Ha.;* kwol *Ersd.* — Pl. -ə] *f.* 1. *das Aufwallende des siedenden Wassers; Sprudel:* er hat nit so vil Ruh, wie'n Erbs in der K. *Fo.* Loss d' Esse noch e K. koche *noch ein klein wenig Ri. Hom. Rom. Ha.* — 2. *Quelle Ha.* — els. 2, 211 Quall; Gr. Wtb. 7, 2308 Quall; lux. Wâl Ga. 475.

Kwalle [kwalə, Pl. -ən *Pü.* u. s.] *f. Teil des Vorderschenkels eines Kalbes.* — els. 2,211 Qualle *Hinterkeule des Hammels, Kalbes, Schweins;* vgl. lux. Kwåk Ga. 258 *Stück vom Hinterviertel eines Rindes.*

Kwäls [kwèls *Si.*] *m. Skrofeln.* — lux. 251 Kuals; vgl. mnd. qualster *zäher dicker Schleim;* ital. guáldo *Fehler, Mangel, Gebrechen.*

Kwanten [kwantən *Bo.*] pl. *närrische Ideen.* — vgl. hd. Quant *Schalk* Gr. Wtb. 7,2313; ndl. kwant; lux. 251 Kuant, Kuantes *Spaßvogel.*

kwärre[n] [kwǣrə[n] *Bo. Fo. Lix. Bi. Sgd.* u. s.] intr. v. 1. *keuchen, stöhnen unter einer Last od. vor Müdigkeit:* änzen (s. d.) on kwärren *Bo.* — 2. *sich einbilden krank zu sein.* — hess. 308 u. baier. 1, 1396 quarren; els. 2, 212 quäre; ahd. queran.

Kwärr-kopp, Kwärr-sack *m. Bi.* u. s. *Mensch, der immer unzufrieden ist, über alles murrt.* — hess. 308 Quarrsack.

Kwart [kwàrt, Pl. -ən *Bo.*] *f. Getreidemaß = 100 Liter.* Hellkwart *Halbquart.* — els. 2,212 Quart *ein Viertel Meter;* mhd. quarte, quart *der vierte Teil.*

Kwärter [kwèrtər *Bo. Lix.* u. s.] *m.* 1. *ein Viertel Morgen.* — 2. *ein Viertel Pfennig.*

Kwartier *n. Ri. Hom. Rom. Ha.* 1. *Soldatenquartier.* — 2. *Hinterleder eines Schuhes.*

kwatsche[n] [kwàtšə *fast allg.*] intr. v. 1. *krähen (von den Raben).* Wetterregel: De Kowe kwatsche, 's git Ränwetter *Sp.* s. a. kwacken u. kweiken. — 2. *schallnachahmendes Geräusch, das entsteht, wenn man mit Schuhzeug einhergeht, in welches Wasser eingedrungen ist Ri.* — els. 1,213 quatscheI.

kwaxe [gwàgsə, gwogsə *Hom. Ri. Rom.*] intr. v. *nach Luft schnappen.* — els. 2, 214 quaxe.

Kweck-silwer *n. fast allg.* (-selwer *D. Si.*) *Quecksilber:* K. an den Oderen hun *Q. in den Adern haben, d. h. nicht einen Augenblick ruhig sein können D. Si.* Er isch s' ränscht K. *das reinste Q., hat absolut keine Ruhe Ri. Hom.*

kweiken [kwaikən *Lix.*] intr. v. *krächzen:* De Kowe kweiken, 's get Rän.

kwellen [kwèlən *allg.*] 1. tr. *die Kartoffeln mit der Schale kochen.* Gekwellt Krumbere un dick Milch *das regelmäßige Freitagsabendsgericht der lothringischen Bauern. Rda.:* er micht a Gesicht wie'n Pann voll Gekwellter *Ersd.* Gekwellt Krumbire um Disch un e Maidel bim Danz kommer hole, wu m'r will *Lix. Wenn die Kartoffeln oder Rüben in steinigem Boden aufwachsen, dann sind sie gewöhnlich „verkwellt".* Gekwellt sen *(bildl.) ein gebrochener Mensch sein Bo.* els. 2, 211; baier. 1, 1393; hess. 309 quellen, Grumpern quellen. — 2. *quellen (vom Wasser) Av.*

Kwell-grumpiren pl. *fast allg.* 1. *Kartoffeln, welche zum Sieden besonders geeignet sind.* — 2. *Pellkartoffeln, Kartoffeln mit der Schale.* — hess. 309.

kwesch [kwéš *D. Si.*] adj. u. adverbial. Genetiv *schief, quer; (figürl.) verkehrt, verdreht, wunderlich:* e kwèsche Kèrel. k. < quer's *auf quere, verkehrte Weise.* — lux. 252 kuèsch; fränk. henneb. quäres, quáres, From. 5, 268, 3, 11; 6, 422, 33. — Zs. k.-îwer adv. *querüber.*

Kweschhät *f. D. Si. Unartigkeit, Verkehrtheit.* — lux. 252. s. d. vorige.

Kwetsch I [kwètš *fast allg.;* kwetš *Pü.;* kwatš *Ltf.* — Pl. -ə[n] 1. *f. Zwetsche (Prunus domestica):* dat mâchen ech eweï eng K. *das mache ich wie nichts Si. Wenn jemand etwas eben Erzähltes nicht glaubt, so sagt er:* Jo, e Kwetsch! — 2. *m. Zwetschenschnaps.* — hess. 309 Quetsche; lux. 253 Kućtsch; els. 2, 213 Quètsch. — Zss. Kwetsche-bâm *Zwetschenbaum.* Kwetschen-deïf *m. D. Si. Nj.* u. s. (eigentl. *Zwetschendieb) Bezeichnung für den Zylinderhut.* K.-flos *m. Zwetschentorte* (K.-flosen *Spottname der Einwohner von Filsdorf, Kr. Bolchen:* Wenn die Filsdorfer Kirb han, misse sie

21*

sich e Reif umschla'n losse). K.-junger m. *Lix. frisch gebrannter Quetsch.* K.-kuche. K.-wasser *Zwetschenbranntwein.*

Kwetsch II [kwetš, kwøtš *Si.*] *f. geizige Frau.* — lux. 254. s. kwetschen.

Kwetsch-bloder [kwetšblôdər *D. Si.*] *f. durch Quetschung entstandene Blase.* — lux. 254 ebenso.

kwetschen [kwetšən *fast allg.*; kwøtšən *Si.*] tr. v. *quetschen.*

Kwetschert *m. Si. Geizhals.* s. d.vorige.

kwiksen [kwíksən *Bo.*; gwígsə *Ri. Hom. Rom. Ha.*] 1. tr. *stechen (in der Kindersprache) Bo.* — 2. intr. *schreien wie ein Ferkel Ri.* — els. 2, 214 quëxe.

Kwisel [kwizəl *fast allg.*] *f. scheinheilige Person, Betschwester (als Schimpfwort). Das* Kwisel *der Frömmler Schw.* — lux. 253 Kuisel; ndl. kwezel; ndd. Kwiesel *alte Nonne,* Kuesel *unreinl. Alte* From. 5, 63, 36; westf. Kwissel, From. 4, 226. *Der Ausdruck hängt wohl zusammen mit* mhd. kuose *weibl. Schaf;* baier. 1, 1303 Küessel; ndd. kusse, kuese *alte Schafmutter* From. 4, 226. *Der Volkswitz hat vielfach die Religiosen mit Tieren verglichen.* Kwiseler *Spottname der Einwohner von Niederkontz bei Diedenhofen (angebl. wegen ihrer Scheinheiligkeit).*

kwislich adj. *fast allg. scheinheilig, frömmelnd.*—lux.253 kuiselech.s.d.vorige.

Kwittengen [kwitenən *D. Si.*] *f. Quittung.*

Kwonk [kwoŋk *Si.*] *m. Funke.* s. a. Funk, Fonk.

L.

La' *Lange* s. Lau.

la [là *Bo. Av. Va.*; lô (əlò) *D. Si. Vbg.*] adv. *da:* der la da *der da Av.* — hess. N. 164 lò, elò; vgl. ags. la; frz. là. — Zss. la-durch *dadurch*; la-fòr *dafür*; la-gejen *dagegen*; la-glich (logleich) *sogleich, bald*; la-grad (lograd) *soeben, sofort*; la-hêr *daher*; la-remer (loremer) *daherum:* er geht l. weï et Keïhkät am Osterdach *Obd.*; la(r)-êrscht *vorhin.* s. a. li, lei, lort.

Lab [láb *fast allg.*; laub *Ri. Rom. Ha.*; láf *D. Si.*] *n. Laub:* 's L. fallt van de Bäm *Fo.* — lux. 257 Lâf. — Zss. L.-da' s. d. L.-fresch *f. Lix. Laubfrosch.* L.-stall s. d.

lāb [lèb *Ri. Hom. Rom. Ha.*] adj. *lau, lauwarm:* 's Wasser isch l. — els. 1, 632 law, läw; eifl. lai.

Labber [làbər *Si.*] *m. flüssiger Straßenkot:* et war à' L. *es war ein Dreck. (Wurzel* lap *Spülicht).* — vgl. ndd. labber, labbrig *weich* Gr. Wtb. 6, 4; fläm. belabbern, mhd. belappern *besudeln, beschmutzen.*

labberich adj. *D. Si. locker, schlaff. Davon:* Labberichkät *Lockerheit, Schlaffheit.*

labbern [làbərən *Si.*] intr. v. *nachlassen, sich lockern, schlaff herabhängen.* — lux. 256 u. hess. N. 153 labbern = schlabbern.

läbbleⁿ s. läppsen.

Lab-da' [lábdá *Lix.*] *m. der besondere Tag, an dem nur Laub aus dem Walde geholt werden darf.*

Labe [làbé *fast allg.*] *m. katholischer Pfarrvikar; katholischer Geistlicher überh.:* isch der Herr L. do? — els. 1, 539 ebenso; frz. l'abbé.

Labe-kittel [labəkitəl *Pü.*] *m. Frack.* — Labe < frz. l'habit. vgl. els. 1, 480 Fêgtekittel, Spitzkittel.

Labi [labị̌ *Ka.*] *m. Gehrock.* — frz. l'habit.

Lab-stall [làbštal *Lix.* u. s.] *m.* (eigentl. *Laubstall) Aufbewahrungsort für Laub, das zum Strenen benutzt wird.*

Lach [laχ *Ri. Rom. Hom. Ha.*] *f.* 1. *Person, die stets zum Lachen geneigt ist.* — 2. *Wasserlache, Pfütze.*

Läch [lèχ *D. Si.*] *f.* pl. *Gelächter, Lachsalven:* L. dun *hell auflachen.* — lux. 257 ebenso; els. 1, 546 die Lach; mhd. lach *Auflachen, Gelächter.*

lacheⁿ [laχən *fast allg.*; láχən *D. Si.*] intr. v. *lachen:* der kann l. wie e Spitzbu *heimtückisch lachen.* Lache, ass em d'Auwe Wasser gen *Ri. Rom.* Sich noch zum e n' Äbbelkärwel l. *so lachen, daß der Mund einem Apfelkörbchen gleicht ibid.*

Lachersche [làχəršə *Ri. Rom.* u. s.] *f. dasselbe wie* Lach 1.

Lacht [laχt *Lix.*] *f. Vertiefung im Gelände.* — vgl. hd. Lache *Pfütze, Sumpf* u. baier. 1, 1418 Lachen.

Lack [làk *allg.*] *m. Firnis.* — frz. laque.

lack [làk *Ri. Hom. Rom. Ha.* u. s.] adj. *müde, matt, träge von der Hitze u. vom Durst:* es isch m'r so l. in de Bän. — els. 1, 580.

lackelen [lakələn *D. Si.*] tr. v. *locken.* Lackeln *ist Iterativform.*

Lackeler *m. D. Si. Verführer, Verlocker. Das Femin. lautet* Lackelesch.

lackiereⁿ [làkírə *fast allg.*; lagírə *Ri. Rom. Hom. Ha.*] tr. v. *mit Firnis überstreichen.*

Lad [lád *fast allg.*; ládə *Grt. Sgd.*; luod *D.*; luəd *Si.* — Pl. ládə, luodən; Demin. lèdχə, lèdχin, liətχən] *f. Lade, Schachtel, Truhe, Kistchen:* de Bänner sin in der L. *Rda.:* En as ugedòn, as weï

wann en aus enger Lued quim *er ist augetan, als wenn er aus einer Putzschachtel käme Si.* — els. 1, 556 Lad.
Läd s. Leid.
ladderich [ladərex *Si.*] adj. u. adv. *weichlich, locker.* — lux. 257; vgl. tirol. Laderer *nachlässiger, unordentl. Mensch* From. 6, 435; ndd. lat *matt träge* From. 2, 394, 70; got. lats, ags. læt, engl. late. *Davon:* **Ladderichkät** *Nachlässigkeit, Weichlichkeit.* — lux. 257 ebenso.
Laden [láda *fast allg.;* lád *Bo.;* luèt *Si.;* lud *Nj.* — Pl. láda, luèdən, ludən] 1. *f. Laden, bes. Fensterladen:* de Lade zumache. *Rda.:* Du kannsch dich uf de Lade leje (*iron.*) *du kannst dich sehen lassen Lix.* — 2. *m. Kaufmannsladen, Krämerladen.* — Zs. Lade-loch *n. Pü.* u. s. *Fensteröffnung ohne Fenster, nur mit einem Laden versehen.* Hose-lade *m. Hosenlatz (nur noch bei alten Leuten vorkommend) Ri.*
laden I [láda *fast allg.;* luèdən *D. Si.* — *Flexion:* ládən, látšt, lát *fast allg.;* luèdən, líədšt, líət *D. Si.* — Imp. Konj. ex lít *Si.* — Ptc. gelát, gəluèt] tr. v. 1. *eine Last aufladen:* de Wawe (*Wagen*) l.; Hau l. *Ri.* Der Karre isch gut gelat *Fo.* — 2. *viel trinken:* en hot kromp geluet *er ist betrunken Si.* — 3. *ein Gewehr laden:* so schnell schiesse de Preisse nit, se lade s'erscht *Lix.* — 4. refl. sich lade *sich mit Speise u. Trank überladen.*
laden II *gastlich bitten, einladen:* uff d' Hochzitt l. *Ri.*
Läder s. Leiter.
läder [lǽdər *D. Si. Mtsh.* u. s.] adv. *leider:* l. Gottes!
Laer [láər *Bo. D. Si.*] *m. Gerber.* — lux. 257 ebenso; eifl. Lauer, From. 6, 16; mhd. lôher. s. La, Lau *Lauge.*
Läer s. Läjer.
Laf I [láf *fast allg.;* lauf *Ett. Pfb.;* lóïf *Falk.*] *m.* 1. wie hd. *Lauf:* m'r muss dem Wâsser sei' L. lossen *Si.* 'S isch so L. hinger de Litt *es herrscht eine Krankheit unter den Leuten Ri. Rom.* — 2. *Flintenrohr:* der L. isch roschdich *Fo.* — 3. *die Vorder- u. Hinterbeine des Wildes.* — lux. 257 Lâf. — Zss. L.-bure *Pü.* (L.-brunne *Ri.*) *Laufbrunnen (Gegensatz* Scheppbrunne). L.-feier *n. Si.*

Lauffeuer: den hot emol d' L. krit *der hat mal Angst bekommen.*
Laf II *Laub* s. Lab.
Lafe-bohr [láfəbór *Bo.*] *f. Bohrer ohne Spitze.*
lafen [láfən *fast allg.;* laufə *Pfb. Ett.;* loïfən *Av. Falk. Ersd.* — *Flexion:* láfən, láfšt, láft, gəláft *fast allg.* (gəlof *Ri. Rom. Ha.*) — láfən, lǽfšt, lǽft, geláf *D. Si.* — loïfən, loïfšt, loïft; gəloïf(t) u. geloïfən *Falk.*] intr. v. 1. *laufen:* laf dapper! *eile dich!* Lauf was gischte was heschte! *Fo.* Der hat's Laufe *Pfb.*, der muss lafe *Ri. der hat den Durchfall.* Uff un devan l. *Ri. Hom. Rom.* Was m'r nit hewe (*halten*) kann, losst m'r l. *ibid.* — 2. *rinnen:* 's Fass laft *Ri.* — 3. *fließen:* de Saar läft en de Mosel. 'S Wasser hinger der Brigg (*unter der Brücke*) l. losse *um etwas unbesorgt sein Ri. Rom. Hom.*
Läfer [lǽfər *fast allg.;* læfərt *Hd.;* léfat; *Busd.* léifərt *Brettn.;* láfər *Ri. Hom. Rom. Ha.*] *m.* 1. *Läufer, Renner:* 's isch e guter L. — 2. *Peitschenschnur.* — 3. *Laufteppich.* — lux. 257 Läfer. *Das Femin.* Lafersche [láfəršə *Ri.* u. s.; lǽfəš *D. Si.*] *bedeutet auch Dirne.*
lafich [láfix *Fo.* u. s.] adj. *laufend, fließend, triefend:* em lafiche Wasser bade. — els. 1, 567 laufig l.
läfich [lǽfix *fast allg.;* laifix *Ri. Hom. Rom. Ha.;* lèifix *Bo.*] adj. *brünstig (von den Hunden), verächtl. auch von Weibspersonen:* sin Hund isch l. — els. 1, 567 läufig; lux. 257 läfech; ss. lêfich Kr. 82.
Laf-rime [láfrìmə *Pü.* u. s.] *m.* Lenkriemen des Pferdes. — els. 2, 256 Laufrieme.
Lagei [lagái *Fa.*] *n.* (?) *Suchspiel:* L. spile. L. < frz. aux aguets *auf der Lauer.*
La-haus [láhaus *D. Si.*] *n. Gerberei.* — lux. 257. s. La, Lau *Lauge.*
Lahm [lâm *Ri.*] *m. Dunst, schwere Luft in einem Zimmer (sonst nicht belegt).*
lahm [lâm *fast allg.;* lǫm *Bo. Steigerung:* lâmər, lâmšt] adj. u. adv. 1. *lahm:* l. gehn *hinken.* Du lahmer Hond! Lahme Bän. — 2. *nicht mehr fest, müde:* ich sin ganz l. vom Fahre.
lahmeren [lámərən *Si.*] intr. v. *nachlässig, unordentlich nähen.* — vgl. mhd.

lamen *lahm sein od. werden;* hess. 235 u. baier. 1, 1474 lampen *nachlässig sein.*
Lahmer-wutz *f. Si. Frauenzimmer, das unordentlich näht.* — vgl. lux. 257 Lâmerjan u. Lâmerschwanz.
laibeldich [láibəldiχ *Kr. Va.* u. s.; láiwəldiχ *Av.*] adj. *lauwarm:* l. Wassa *Av.* — els. 2, 852 laiwarm. s. a. laueldich.
Laifel [laifəl *Ri. Hom. Rom. Ha.*] *f. die grüne Schale der Nüsse, Kastanien.* — els. 1, 567 Läufel, Läuflet; baier. 1, 1450 Lâuf, Lâufel; ahd. louft.
Laifer [laifər *Ri. Hom. Rom. Ha.*] *m. junges, etwa viertel- bis halbjähriges Schwein, das mit der Herde auf die Weide geht.* — els. 1, 567 Läufer.
laifle[n] *Ri. Rom.* u. s. tr. v. *die grüne Schale von den Nüssen entfernen, enthülsen.* — els. 1, 568 läufle; baier. 1, 1450 lâufeln; schles. loefen, From. 4, 176. s. a. Weig. Wtb. 2, 17.
Läjer [lèjər *Falk.;* lǽər *Lix. D. Si.;* lèïər *Ri.* — Pl. gleich] *n. Lager, Ruheplatz des Viehes.* — els. 1, 571 Läger; lux. 263 Léer; vgl. hess. N. 158 Lëger *Krankenlager;* mhd. lëger.
Lakai [làgai *Ri. Hom. Rom. Ha.*] *m. Diener, Bedienter.* — els. 1, 580.
lâke[n] [lǽkə *Fo. Fa.* u. s.; laigə *Lix. Ri. Rom. Ha.;* léikən *Falk.;* lèikən *Bo.*] tr. v. *leugnen:* er läkt alles weg *Fo.* Er hat et of de Ho[u]s ewèch geleikt *vom Strumpf weg d. h. entschieden geleugnet Bo.* — els. 1, 581 läuke, laike. s. a. lenen.
Läl [lǽl, Demin. lǽlχin *Bo.*] *f. Fäßchen, Lägel.* — els. 1, 571 Lagel, Logel; hess. 240 Legel; hd. Lagel, Lägel Gr. Wtb. 6, 61; ss. Lêgel *Kr.* 80.
Lala [lála, Pl. -n *Bo. D. Si. Fa.* u. s.] *m.Schlendrian,Faulpelz,läppischer Mensch. Die Bewohner von Gelmingen (Kr. Bolchen) heißen* Lala, *weil sie das* a *lang ziehen.* — lux. 257 Lâla; els. 1, 584 u. baier. 1, 1469 Lali *Laffe.*
Läm [lǽm *fast allg.;* laim *Pfb.*] *m. Lehm:* us L. werre Ziegle gebrennt *Fo.* — lux. 266 Lêm; els. 1, 587 Leim. — Zss. L.-bode *Lehmboden;* L.-kul *Lehmgrube.* lux. 266 Lêmkaul.
Lambian [làbią *Pfb.*] *m. Lampe, Fackel.* — frz. lampion.

Lamel [làməl, Pl. -ə[n]; *Ett. D. Si.* læməl, Pl. gleich *Bo. Fo. Falk. Vôg. Mtsh.;* lèməl *Ri. Hom. Rom. Ha.* — Demin. læməlχin *Bo.*] *n.* u. *f. Messerklinge.* — els. 1, 586 Lamel; hess. 252 Lommel; ndd. Lämmel, From. 6, 351; mhd. lâmel < lat. lamella, Demin. *zu* lamina *Blech.*
lamentiere[n] [lamentîrə[n] *allg.*; Ptc. gəlamentîrt] intr. *jammern:* lamentier doch nit so! — els. 1, 586 ebenso; frz. lamenter.
Lami [làmi *Ri. Rom. Hom.*] *m. Name für Pferde.* — frz. l'ami.
lämich [lǽmiχ *fast allg.;* laimiχ *Pfb.*] adj. *lehmig.*
Lamm [làm *Fo.;* sonst làmp; lòmp *Lix.* — Pl. lèmər; Demin. lèmχə, lèmpələ] *n. Lamm.* — lux. 257 Lamp; eifl. Lamp, Lammer Bü. 10; mhd. lamp.
Lammel [làməl, Pl. -n *D. Si. Ri. Ha. Rom.*] *f.* 1. *grober Schmutz, Straßenkot an der Schuhsohle in Form einer* lamella. lux. 257 ebenso; vgl. frz. lamelle. — 2. *nachlässiges Frauenzimmer Ri.Rom.Ha.*
lammelen [làmələn *D. Si.*] tr. v. *groben Schmutz mit den Schuhen aufheben.* s. d. vorige.
Lamp I s. Lamm.
Lamp II [làmp, Pl. -ə[n], Demin. lèmpχə] *f. Lampe.* — Zs. Lampe-butzer.
lan [làn, làzən *Bo.;* lân, làzən *Falk.;* lòn *Fo.;* láon *Mtsh.;* làsən *Av.;* lósən *D. Si.;* lòsə *Sbg.* — *Flexion:* lân, lêšt, lêst, lân (làzən); Imp. Konj. iχ gèt lân; Imper. làs, lân (làzən); Ptc. gəlǽs *Bo. Falk.* — lòn, lòšt, lòst, lòn; Imper. lòs, lòn; Ptc. gəlòst *Fo.* — làs, liəšt, liest, làn; Imper. làs, làn; Ptc. gəlàst *Av.* — lósən, lêšt, lêšt, lósən, lóšt, lósen; Imperf. Konj. lîs, lîšt, lîs, lîsən, lîšt, lîsən *(daneben auch* lêšt...); Ptc. lós, lóšt; Ptc. gəlost *Si.*]. *Hilfszeitwort lassen:* Loss mich gehnl *Fo.* Hättsch de mich gehn gelasst, hätt ich d'r nischt gemacht *Av.* Ebbs hingerweje *od.* uff e Sid losse *etwas beiseite lassen Ri. Rom. Hom.* E par Hor losse *zu Schaden kommen ibid.* Äner losse *farzen ibid.* Dredde losse *gehen lassen* (vgl. frz. laisser trotter) *ibid.* mhd. lân *neben* lâzen.
Land [lànt *fast allg.;* lònt *Lix.* — Pl. lènər, lèndrə; Demin. lèntχən, lèntχin,

lèndəl] *n. Land.* 's isch gut Wedder im Lond. Er geht sin L. verdun *seine Ländereien veräußern Lix.* De Bur us em L. triwe *Lix.*, zum L. enus spille *Ri. Rom. Ha. ein Kartenspiel, wo die Bauern Trumpf sind; wer den letzten Stich verliert* isch zum Land enus. Land a' Leit aus- làfen *zu jedermann hinlaufen.* Land a' Leit austrèssen *sich von jedermann zum Essen einladen lassen Si.* Dat Ländchen heißt im Kreis Diedenhofen das Großherzogtum Luxemburg. Das Demin. Ländel *bedeutet auch Gartenbeet z. B.* Zwiwelländle. — Zss. L.-gebrauch *Landessitte D. Si.* L.-gericht. L.-kart. L.-lewen. L.-läfer *Landstreicher.* L.-litt (L.-leit) *Leute vom Lande.* Lands-litt *Landsleute.* L.-messer. L.-schade: 's isch noch kä L. *das Unglück ist nicht so groß Ri.* L.-schaft. L.-strass. L.-sturm. L.-wehr.

Lander [làndər *Ri. Hom. Rom. Ha.*] *m.* pl. *Bewohner des Dorfes* Langd *(Kr. Saarburg.)*

ländleⁿ tr. v. *Ri. Rom. Hom. Gartenbecte einrichten.* s. Ländel Demin. zu Land.

Landot [làndót *Falk.*] *n. Totengeläute:* herch! et lut L. *horch! es läutet für einen Toten. Die Kinder singen alsdann:* Landot! der Mann isch dot. Wen hat en dot geschla'? die bese, bese Buben.

Lang [làŋ *Hw. Gunzw.*] *m. Gehrock:* er mänt, er isch àner, wenn er de L. an hett.

lang [làŋ *fast allg.*; lòŋ *Lix.*; làŋ *D. Si.*; laŋk *Bo. Steigerung:* lèŋər, lèŋšt] adj. u. adv. *lang, in der Länge. Rda.:* Wonn's se long isch, noh lej's doppelt z'somme un sitz dich druf. Wer's long hat, lisst long henke, wer's noch länger hat, der schleift's *Lix.* Du hascht noch long Recht *sicher recht Lix.* De Wein get làng *der Wein zieht Fäden Si.* D' Zänn làng kreïen *stumpfe Zähne bekommen D. Si.* D' Zitt lang finge *die Zeit lang finden Ri. Rom. Hom.* Wer l. lebt, werd alt *ibid.* Äm Zähn l. mache *lüstern machen ibid.* D'r lang Da han *lange fasten müssen (Anspielung auf den Fasttag der Juden) ibid.* Ebbs uff d'lang Bank schiebe *ibid.*
— Zss. Lang-agger u. Langen-aschbe *Flurnamen bei Rieding.* L.-äppel *längliche Apfelsorte Ri.* L.-bän *Langbein.* L.-mul s. d. L.-ohr *Esel:* en Esel sat *(sagt)* zum andre Langohr. L.-schenkle *Birnensorte.*

längelzech s. länglich.

langeⁿ [làŋən *fast allg.*] tr. v. 1. *reichen, zulangen:* lang m'r mol das Brot riwer!
— 2. *eine Ohrfeige geben:* ich han em äni gelangt. — 3. *ausreichen:* das Duch langt nit zum Rock. Langt's *genügts?* — els. 1, 596; Gr. Wtb. 6, 169.

längeⁿ [lèŋən *fastallg.*] tr.v. *verlängern; länger, dünner machen durch Wasserzugießen:* de Supp isch gelängt. Die Milich langt nit, de muscht se länge. — lux. 259; els. 1, 597 ebenso.

lange-wech [làŋəwèχ *Lix. Sgd.* u. s.] adv. *der Länge nach:* eppes de l. leie. — els. 1, 596 D'r lange Wëj leje.

länglich [lèŋliχ *fast allg.*; lèŋəltseχ *D. Si.*] adj. *länglich:* e länglicher Disch.

Lang-mul [làŋmul *Bi.*] *n. Mensch, der von allem haben will, was er sieht. Davon:* langmulich adj. *leckerhaft.*

langs [làŋs *fast allg.*; làŋs *D. Si.*; làŋəs *Bo.*] 1. Genetivadverb *vorbei, vorüber:* ich bin langs gang. — 2. Präpos. m. Dat. u. Akk. *längs, entlang:* langes dem Bach sen Wiesen; er es langes dem Bach gang *Bo.* — lux. 259 lànscht; vgl. els. 1, 596 langs.

langsam [làŋzam *Fo.* u. s.; lòŋzòm *Lix.*; lànzùm *Ri. Hom. Rom. Ha.*; lànsən *Falk.*; lantsən *Fa. D. Si.*; lantsən *Kr.*; lạsəm *Bo.*] adj. u. adv. *langsam. Rda.:* Wie gehts? So longsom, wie's Geld kimmt, un das kimmt noch longsomer *Lix.* 'S lansum nemme *Ri. Hom.* u. s. 1. *lässig arbeiten.* 2. *allmählich wieder zu Kräften kommen.* Selich sin d'Lansume, denn se werre Goddeständler genannt werre *(Anspielung auf das Bibelwort der 8 Seligkeiten) ibid.* — lux. lantsem Ga. 263; ss. lànzem, lanksem, From. 5, 40, 68; Kisch vgl. Wtb. 140.

Längt [læŋt, læŋχət *Fo.*; læŋkt *D. Si.*; lèŋdə *Ri. Rom. Hom. Ha.*; læŋktə *Lix.*; léŋχit *Falk.*; lændən, læŋχit *Bo.*] *f.* 1. *Länge:* zehn Meter in der L. *Fo.* In d' Längt, uff d' Längde *auf die Dauer Fo.*

Ri. u. s. Fur d'Längde *im Verhältnis zur Dauer Ri.* Met der Längden *mit der Zeit Bo.* En Ackerlängte *Lix.;* Duchlängde, Huslängde, Männslängde *Ri. Hom. Rom. Länge eines Ackers, eines Tuches, eines Hauses, eines Mannes.*

Längerling *f. Ri.* u. s. *Birnensorte von länglicher Form.*

Lanker [làŋkə(r) *Pü.;* làŋgərd *Ri. Rom. Hom. Ha.*] *m. Langbaum, Längsbalken, der am Bauernwagen das hintere Gestell mit dem vorderen verbindet, u. an dessen hinterem Ende die Bremsvorrichtung befestigt ist.* — 2. *Stange, Bolzen.* — lux. Langkef Ga. 262; els. 2,792 Lankert; eifl. Langfer, From. 6, 16; baier. 2, 859 u. hess. 237 Langwid, ss. Lanket, Kisch vgl. Wtb. 140; mhd. lancwit.

Lank-hallem [laŋkhàləm *D. Si.*] *m. Riedgras* (eigentl. *Langhalm*). — lux. 259.

Lann [làn, Pl. -ən *D. Si.*] *f.* Linde. s. a. Lenn. — Zss. Lannen-bleïh *Lindenblüte;* L.-thee.

lannen [lànən *D. Si.*] intr. v. *landen (von Schiffen).* — lux. 259 lännen.

Lännereien *f.* pl. *D. Si. Ländereien.* — lux. 259.

Lanter [làntər *fast allg.;* lòntər *Lix.;* làndər *Vôg. Ri. Hom. Rom. Ha.;* lànta *Av.* — Pl. làntərəⁿ; Demin. lintərχin *Bo.*] *f. Laterne:* d'Lander anzinge (*anzünden*); mit d'r Lander zinge *mit der L. leuchten Ri. Rom. Hom. Ha.* Schon urk.... das keiner mit dem licht in den Stall gehe sounder lantheren St. R. A. 65. *Rda.:* Oinem de Lanter botzen *(putzen) d. h. einen gehörig durchprügeln.* — els. 1, 509; lux. 259; eifl. Lanter Bü. 22; auch mhd. lantërne neben latërne.

Lapeng [lapèŋ, Pl. -ən *D. Si.*] *m. Kaninchen.* — frz. lapin.

Lapert s. Lappes.

Läpp I [læp, Pl. -ən *D. Si.*] *m. Lappen, Zipfel, Rockschoß:* en hot de L. eraushänken *das Hemd hängt ihm hinten heraus;* ôwen hot 'n Spetz um Hals, an enen hot 'n de Läpp net ganz *oben hat er Spitzen u. unten das Hemd zerrissen Si.* — lux. 259 ebenso; engl. lap. — Zs. Läppeschösser *Hosenschisser; figürl. furchtsamer Mensch.* lux. 260.

Läpp II [læp *Si.*] *m. Schlamm.* — lux. 259; vgl. mhd. lap *Spülwasser* u. labe coagulum.

Lappeⁿ [lapə *Fo.* u. s. labə *Ri. Hom. Rom. Ha.;* Dem. lèbəl] *m. Lappen:* e L. Duch. — els. 1,600 Lappe. Zs. Lappen-dräer [-dræ̀ər *Bo. Ham.;* -træ̀jər *Zeir.*] *m. Mensch, der alles hinterbringt; Angeber, Schmeichler, Liebediener (urspr. derjenige, der einem andern die Rockschöße trägt).* vgl. hd. Schleppenträger.

lappen [làpən *D. Si.* u. s.] intr. v. *gewöhnl.:* lappe' lòssen *abnehmen in seiner Tätigkeit, z. B. langsamer gehen:* en hot schun noh enger Stonn l. gelòsst *er hat schon nach einer Stunde nachgelassen.* — lux. 259 u. els. 1, 601 lappeⁿ.

Lappes [làpəs *fast allg.;* loapəs *Grt.;* làbi *Ri. Rom. Hom.;* làpərt *D. Si.*] *m.* 1. *ungeschickter, plumper Mensch.* — 2. *läppischer Kerl, Laffe.* — 3. *starker, handfester Kerl Grt.* — 4. *dicker, fester Brocken Lix.* — 5. *gewichtiger Hase Fa.* — els. 1, 602 u. lux. 259 Lappes; ss. Lapi Kr. 78; mhd. lappe *Laffe.*

lappich [làpiχ *fast allg.;* làpeχ *D. Si.*] adj. u. adv. 1. *lose herabhängend, schlaff:* 's Fläsch isch ganz l. *Fo.* — 2. *kraftlos:* e lappeje' Kêrel *D. Si.* — lux. 259 lappech; els. 1,602 lapperig. *Davon:*

Lappichkät *f. fast allg. Schlaffheit, Mattigkeit.* — lux. 259.

läppsch [læpš *Bo. Bi. Kr. Lix. Rg.* u. s.] adj. u. adv. 1. *schlapp, entkräftet:* ich sin ganz l. — 2. *fade, ungesalzen (von Speisen):* de Supp schmackt so l. — 3. *lau:* 's Wasser isch nit se drinke, 's isch l. *Lix.* — 4. *schief, verkehrt:* e l. Mul mache *ein saures Gesicht machen Bi.* — els. 1, 601 läppisch; hd. läppisch u. läppsch Gr. Wtb. 6, 200.

läppsen [lèpsən *D. Si.;* lèblə *Ri. Hom. Rom. Ha.*] tr. v. *nippen; essen od. trinken wie einer, dem es nicht recht schmeckt.* — lux. 260 ebenso; vgl. baier. 1, 1496 u. els. 1,602 läppeleⁿ, läppereⁿ.

Läppsert [lèpsert *D. Si.*] *m. Mensch, der im Essen u. Trinken nicht recht zugreift.* — lux. 260. s. d. vorige.

Lärmen [lèrmən *Falk.* u. s.; lèrmə *Ri. Hom. Rom. Ha.*] lèrəm *D. Si.*] *m. Lärm.*

— els. 1,609 Lärme; hess. N, 2, 23 Lermen; lux. 260 Lärem.
lärmeⁿ intr. v. *fast allg. Lärm machen.*
Larv [làrf *Ri. Hom. Rom.*] *f. Gesichtsmaske, Gesicht:* i schla d'r ens i d' L.! — els. 1,609.
laschen [lášən *Va.*] tr. v. *Beihilfe leisten.* — l. ʿ frz. *lacher? Das Wort ist sonst unbekannt.*
Lascht [lašt *fast allg.*; lášt *D. Si.* — Pl. lèst, lèštən] *f. Last.* — lux. 260 Låscht.
Läschteⁿ lıéštə *Pü.* u. s.; lést *D. Si.*; láiš *Falk.*; laištən *Weil.*; laišdə *Ri. Hom. Ha.*] *m.* 1. *Schuhmacherleisten:* d' Schuh uf änen L. mache. D' Schuh iwer de L. schlawe *Ri.* — 2. *Holzleisten:* er hot e Leischten se viel oder einen nit genuk ist verrückt *Weil.* s. a. Lischt.
lass s. los. — Zs. lass-zeïhen tr. v. *D. Si. durchprügeln.* — lux. 260.
Lastik *n. fast allg.* (*Abkürzung von* Gumilastik = gummi elasticum) *Radiergummi.* — lux. 261 ebenso.
Latenes [laténes *Pü.*] *n. Lauf- u. Fangspiel, wobei man sich gespitzter Stäbe bedient, die in den Boden hinein- u. herausgeworfen werden.* Mit Latte zshgd?
Latin [latịn *Bo.*; ladịn *Fo.*; latain *D. Si.*] *n. Latein:* er lehrt a L. in der Schul. *Rda.:* La vän versteht er so vil weï en Koⁿh väm L. *Bo.*
Lätsch I [læts *Bo. Obh. Falk.* u. s. — Pl. -ən] *f.* 1. *Fratze, verächtl. für Mund, loses Maul:* die bit ihrer L.! — 2. *hängende Unterlippe.* — schwäb. u. els. 630 Lätsch III; baier. 1,1543; Gr. Wtb. 6, 278 Latsche *großer Mund*.
Lätsch II [læts *Alst.* u. s.] *m. Schmutzrand an Kleidern.* — vgl. els. 1, 630 Lätsch II *Kuhmist;* baier. 1, 1542 loatschen *durch den Kot waten;* ss. Latsch; moselfränk. Lätsch *dünner, wässeriger Kot* Kisch vgl. Wtb. 141.
Latschen [làtšə *Fo. Pfb. Lix.* u. s.] Pl. 1. *Pantoffeln:* in de L. rumlâfe. — 2. *große, plumpe Füße:* halt din L. on dich! s. d. folgende.
latschen [làtsəⁿ *Lix. Sgd.* u. s.] intr. *sich herumtreiben, schlapp einhergehen, faulenzen:* er isch de gonse Da' erumgelatscht. — els. 1, 629 u. baier. 1,1542 latscheⁿ, lotschen *herumschlendern.*
lätschen [lètsè *Fi.*] intr. v. *mit den Händen im Wasser herumplätschern.* — els. 1,630 lätsche 4 *im Wasser patschen.*
latschich [làtšix *fast allg.*; làtšex *D. Si.*] adj. u. adv. 1. *träge, faul, schlaff:* das isch e latschijer Kerl! — 2. *wässerig, kotig, weich, locker.* 1. Broᵘt. *D. Si.* — els. 1, 630 lätschig; lux. 261 lattschech; ss. latschich Kr. 79.
Lätsel s. Leitseil.
Latt [làt *fast allg.*; làt *Si.*; lòt *Walm.*; loat *Grt.* — Pl. -əⁿ; Demin. lètχin] *f. Holzlatte. Rdaa.:* Er hat 'ne uf der L. er kann ihn nicht ausstehen *Fo.* Äne uf der L. hon *einem aufsässig sein Lix.* — *Die ganz entfernte Verwandtschaft wird ausgedrückt durch:* Von nîn Schiren en Latt von 9 *Scheunen eine Latte Lix.*; alli siwe Sparre e Latt *Ri. Hom. Rom. Ha.*
latten [làten *fast allg.*; làtən *D. Si.*] tr. v. 1. *das Dach mit Latten od. Dielen belegen.* — 2. *mit der Latte prügeln Ri. Rom.* — lux. 261 làten.
Latter [làtər, Pl. -ən *Si.*] *m.* u. *f. Schwätzer, Schwätzerin.* — vgl. els. 1, 622 Lattere 2. *Person mit breitem Mund;* schweiz. Lättere *schwatzhaftes Weib;* mhd. lotter, loter *Gaukler, Possenreißer.*
latteren intr. v. *als Schwätzer herumschlendern.* s. d. vorige.
Latter-hos u. **Latter-klôs** (*eigentl. Schwatzhose u. Schwatzklaus*) *dasselbe wie* Latter.
Latz [làts *Pü. Mtsh. Wb.* u. s.] *m.* 1. *Spalt an der Männerhose.* — 2. *Schürze Mtsh.* — 3. *Schimpfname für die Elsässer:* das escht e grower L., e rechter Flejel, e wüschter Gascht! *Wb.* — els. 1,633 Latz 3 u. 4.
latzen, sich [làtsə *Fo. Bo. Sgd. Lix. Bi.* u. s.] refl. v. *sich letzen, sich gütlich tun:* dodron konn m'r sich l. *sich fest essen Lix.* (iron.) Du sollscht dich awer emol gelatzt han *du hast nichts gegessen Ri.* — els. 1, 635 sich letzen; eifl. latzen.
latzen lutschen s. lotzen.
Lau [làu *fast allg.*; lá *D. Si.*; loï *Kr.*; loïw *Falk.*] *f. Lauge (aus kochendem Wasser*

u. Holzasche bei der Wäsche verwendet).
— lux. 256 La.
lauden *läuten* s. luddeⁿ.
laueldich [lauəldiχ *Lix.* u. s.] adj. u.
adv. *lauwarm:* das Wasser isch l. —
s. a. laibeldich.
Lauer [lauər *D. Si.*] *f.* 1. *Lauer* s. Lur.
— 2. *Kreis beim Knickerspiel, innerhalb
dessen keiner der Spielenden seinen Knicker
legen darf, sonst ist er* kräpps (s. d.).
laueren s. luren.
Lauf, laufen s. Laf, lafen.
Laun *Laune* s. Lune l.
launech [láuneχ *D. Si*] adj. *launisch.*
— lux. 261.
Laus s. Lus.
Laus-beidel *m. D. Si.* (*eigentl. Lausbeutel*) *verächtlicher Mensch.* — lux. 261;
vgl. els. 2, 16 Lüsbudel.
lauschteren s. luschtere.
lauschtrich [lauštreχ *D. Si.*] adj.
1. *zum Horchen geneigt:* e l. Kand *ein
vorwitziges Kind.* — 2. *traulich, gemütlich:*
eng l. Pläzchen. — lux. 261.
lausen s. lusen.
lausich [lauzeχ *D. Si.*] adj. 1. *matt,
träge, schlaff:* et as m'r ganz l. — 2. *gering, wertlos:* eng l. Sâch *eine ganz geringfügige Sache.* — lux. 262; els. 1,617
lusig. *Davon:* Lausichkät *f. Mattigkeit, Trägheit.*
Laut [láut *Bo. D. Si.;* sonst lùt] *m.*
wie hd. *Laut.* Eppes L. dun *etwas verlauten lassen.*
lauter *nichts als* s. luter.
Lawemang [làwəmaŋ *D. Si.*] *m.* 1. *Klystier.* — 2. *langweiliger, fader Kerl.* —
frz. lavement.
lawen [làwən *D. Si.*] tr. v. (eigentl.
entlauben) *die Reben einkürzen u. die überflüssigen Triebe im Mai u. Juni beseitigen.*
s. Lâf *Laub.* — lux. 272 lowen; els. 1,
539 läubere; vgl. baier. 1, 1405 abläubern.
Laxier [làksír *Lix.* Sgd. u. s.] *n. Abführmittel:* e L. nehme. — els. 1, 633.
laxiereⁿ intr. v. *Lix.* Sgd. *ein Abführmittel einnehmen:* laxier emol recht! *Substantivisch:* Er hot's Laxiere *er hat Durchfall.* — els. 1, 633.
Leb *Löwe* s. Lew.

lebbern [lèbərn *Bo.*] tr. v. *nippen'
schlürfen.* — hess. 247 u. baier. 1, 1496
leppern *in kleinen Zügen trinken.* s. a.
From. 2, 562, 1; 6, 447.
Leb-da' [lèbdá (lèbsda, lèbdəsda) *Fo.*
u. s.; lèwesda *Fï. Lix. Bi. Ri.;* lèbsdaχ
Bo.; lèwəntaχ *Ersd.;* lèptχəsdó *D. Si.*]
m. 1. *Lebtag, Zeit meines Lebens:* miner
L. nit *mein Lebtag nicht Fo.* Hesch
de minner L. schon so eppes gehèrt?
'S isch si L. nit wohr *nie u. nimmer
wahr Ri.* — 2. *Lärm:* e Lewentach moche,
verfihre, *Lärm schlagen Ersd. Fï. Ri.*
Mach kän so Lewesda doher! *Lix. Bi.*
— baier. 1, 595; els. 2, 663; ss. Lefdoch,
Kisch vgl. Wtb. 142; s. a. From. 3, 239;
4, 245, 57. mhd. lëbetac, lëbetage. — Zs.
Lewesda-macher *Lärmmacher (Femin.*
L.-machersche).
lebendich [lebèndiχ *fast allg.;* lebèndeχ *D. Si.*] adj. wie hd. *lebendig:* lebendeches Leifs *bei lebendigem Leibe D. Si.*
— lux. 262.
Leb-mus [lèbmus *Fo.* u. s.] *f.* (eigentl.
lebendiger Muskel) *unangenehmes Zucken
im Auge:* Er hat e L. im Au. — vgl. hd. Maus
Muskel Gr. Wtb. 6, 1819, 7; els. 1, 724
Müsle 5. *unfreiwillige, leichte Zuckung in
einem Muskel:* I ha 's Müsle im Oügedeckel g'ha.
Lechel [leχəl *Si.*] *m. Augendeckel.* —
lux. 268 Lichel; vgl. *ibid.* lichen *in die
Höhe heben, lüften.*
-lechtich [-lèχtiχ *Lix.*] *Nachsilbe zur
Bildung von Adjektiven, entsprechend der
hd. Nachsilbe -lich:* frisch-lechtich *etwas
frisch;* gël-lechtich *gelblich;* rot-lechtich
rötlich u. a. m. — els. 1, 554 -lëcht; baier.
1, 1428 -lecht, -lechtig.
Leck [lèk, Pl. -ən *Bo. D. Si.*] *f.* grüne
Schale der Walnuß. Rda.: La henken
weï'n Noss en der L. *dem Fallen nahe
sein Bo.* — lux. 266 Lèk; vgl. mhd. lecke,
legge *Lage, Schichte.*
Leck-dus [lèkdús *Msbr.* u. s.] *m.
Zwetschenmus, das nicht zum längeren Aufbewahren bestimmt ist.* L. < Leck *Mischung
zum Lecken* (Gr. Wtb. 6, 476) u. frz. doux,
douce.
lecken I [lèkən *allg.*] tr. v. wie hd.
lecken: de Katz hat de Schissel geleckt.

— *Rda.*: Wê sech net sât escht, dê leckt sech och net sât *wer sich nicht satt ißt, der leckt sich auch nicht satt Si. Rdaa. um derbe Abweisungen kund zu geben:* leck mich! (*zu ergänzen* im Arsch). Du kannscht mich l., wo ich kä Fedre *od.* kä Nas han. *Ri.*

lecken II [lèckən *Bo.*] tr. v. *die grüne Schale von den Walnüssen entfernen.* s. Leck

lecken III [lèkə *Fa. Kr. Lix.* u. s.] tr. v. *das Getreide nach dem Sensenschnitt wegnehmen u. auf dem Boden ausbreiten; in Schwaden hinlegen.* — els. 1, 574 leke. (*Der Ausdruck hängt mit legen zusammen*).

leckerich [lèkəriχ *Bo. Lix. Sgd.* u. s.; lèkərdiχ *Falk.*; lègəršdi *Ri. Hom. Rom.*] adj. *wählerisch im Essen, verwöhnt, lecker:* de Gais isch ganz l. word. — els. 1, 582 leckerig.

Lecker-mul [-mul; Pl. -milər; Demin. -milχin *Bo.*] *n. Leckermaul, Feinschmecker.*

Lecker-schniss *f. Lix.* Dasselbe wie Leckermul.

Leck-mehrich [lèkmériχ *fast allg.*; lèkmèrχ *Rein.*; lakmériχ *Bo. Hd. Brettn.*] *n. u. m. (ohne Plural) eingemachte Früchte, bes. Zwetschenmus, das sich aufbewahren läßt. Der Ausdruck ist im Saar- u. Niedgebiet allgemein gebräuchlich. Die Tentelinger (Kr. Forbach) heißen* „Leckmehrichfresser". L. < Leck *Mischung zum Lecken* u. mhd. mëren *umrühren, mischen.*

Leck-merdel [lèkméadəl *Falk.*] *m. Goldamsel.* s. Merl.

Leder [lédər *fast allg.*; lèdər *Fo. Ri.*; léïdər *Bo.*; lélər *Schw.*] *n.* wie hd. *Leder. Rda.*: Us anner Litt ihr L. isch gut Rieme schnide *Fo.* Va L. zije *jd. durchprügeln Ri.* — Zs. L.-geschirr *n. Lederzeug.*

ledern [lædərn *Bo. Ki.*] tr. v. *prügeln, aufs Leder klopfen.* — els. 1, 559 lëdere.

ledich [lediχ *fast allg.*; léïdiχ *Bo.*] adj. u. adv. wie hd. *ledig:* er isch noch l.

leer [lêr u. lèriχ *Fo.* u. s.] adj. u. adv. wie hd. *leer:* 's Glas isch l. Leeres Dings *dummes Zeug Ri. Hom. Rom. Rda.:* uff em leere Stroh dresche *vergebliche Arbeit tun* ibid.

leeren [léron *Fo. Ri. Rom.* u. s.; lèrən *Bo.*] tr. v. wie hd. *leeren:* ich han min Glas geleert.

Leffel [lefəl *fast allg.*; lèfəl *Bo. D. Si.* - Pl. lefəl(ə), lèfəln] *m. Löffel. Rdaa.:* Er hat de L. weggele't *od.* weg geworf *er ist gestorben Fo.* Die schepe (*schöpfen*) met em grosse L. *leben auf großem Fuß Lix.* Wann 't Breï ränt, hat a kän L. *Oberd.* Der hät de Dummheit mit Leffle gefresse *Pfb.* Mit der Gawel isch's en Ehr, mit dem L. grît m'r awer mehr *Schw.* — *Rätsel:* Woᵘ hot der Adam den L. geholt, we a z'erscht mol Supp g'esst hot? Am Stil *Weiler.* — lux. 264 u. els. 1, 568 Leffel. — Zss. Leffel-stil. leffelwis adj. *Ri.* u. s. *in der Vbdg.:* sich l. leje *sich eng an einander schließen, so daß einer dem andern den Rücken kehrt (wie in einander gercihte Löffel*).

Leffelchen [lèfəlχən, Pl. lèfəlχər *Gelm.*] *m. kleiner Pfannkuchen in Löffel gebacken.* — baier. 1, 1221 Leffelküechel.

leffelen [lèfələn *Si.*] intr. v. 1. *nach etwas trachten:* en hot schu' lang dernoh geleffelt. En hot geleffelt a geleffelt, bes dat en et hat. — 2. *tüchtig essen.* — lux. 264 léffelen; vgl. els. 1, 569 leffle 3 *buhlen, schmeicheln;* Gr. Wtb. 6, 1125 löffeln 2.

Leffer [lèfər *Bo. Falk. Brettn.* u. s.] *f. Lippe.* — ahd. lëffur. s. a. Leschbe.

leften *lüften.* s. liften.

leftich [lëftiχ *Bo.*; leftèχ *D. Si.*; lifdi *Ri. Ha. Rom. Hom.*] adj. u. adv. 1. *luftig, bewegt, stürmisch (vom Wetter):* et as l. dobaussen *es ist l. draußen.* — 2. *locker (vom Brot):* de Kuch as leftejer eweï dat virich Mol. Dat Stek Land leit l. do *der Acker liegt locker da Si.* — lux. 270 löftech; els. 1, 570 lüftig.

Leg [lèk, Pl. lègə *Lix.* u. s.; leg *Ri. Rom. Hom. Ha.*] *f. Schwaden, Reihe, Schicht:* dis Stick leit voll Legge. Uf em Wân sin sechs L. Garwe. — els. 1, 574; baier. 1, 1454; hess. 252; Gr. Wtb. 6, 518 Lege; mhd. lecke, legge.

leggen [legə *Ri. Rom.* u. s.] tr. v. *das Getreide in Schwaden zusammenlegen.* — els. 1, 574 lecke.

Lehling s. Lehning.

Lehn I [lèn *Bi. Lix. Ri. Hom. Rom. Ha.*] *f.* 1. *das Ausleihen od. Ausgeliehensein*: de Sens *(Sense)* isch schun uf der L. *Lix*. Eïn d'r L. seïn *Bi*. — 2. *Miete, Verpachtung*: mer han e schriftlich L. gemacht. — els. 1, 580 Lehnung, Lehning. — Zss. Lehns-hus *Bi. Mietswohnung*. Lehns-zeïns *m. Bi. Mietsgeld*.

Lehn II [lèn *Ri. Hom. Rom.*] *f. Lehne, Geländer der Treppe, Ballustrade*. — els. 1, 591 Léne.

lehnen [lénən *fast allg.*; léənən *Bo.*; léïnən *D. Si.* — Ptc. gəlént, gəléənt, gəléïnt] *tr. v.* 1. *leihen, borgen, entlehnen*: kannschte mir nit e Mark lehne? *Fo*. Es isch numme gelehnt *es findet sich wieder (auch wenn nichts ausgeliehen wurde) Ri*. — 2. *eine Wohnung mieten, vermieten*: Mir han a ganz Hus gelehnt. — els. 1, 580 lehne; lux. 266 leïnen.

Lehning [lénin̨ u. léliŋ *Fa.*] *m.* (?) *Balken, Sparren* (zu mhd. lënen *sich stützen*?)

Lehr [lér *fast allg.*; léïər *D. Si.*] *f. Lehre, Unterricht*: er isch noch en d'r L. *in der Schule*. Mer gehn en de L. *in den Religionsunterricht*. De Nadur geht iwer d' Lehr *Ri. Hom. Rom*. — els. 1, 605 Ler; lux. 263 Leïer. — Zss. L.-johr. L.-jung. L.-geld: er hat misse L. gen *die ersten Versuche haben ihm Schaden verursacht Lix*. L.-maidel. L.-meischter. L.-zitt.

lehreⁿ [lérən *fast allg.*; léïərən *D. Si.*] *tr. v. lernen u. lehren*: Lehr doch du en alte Bär danse! *Du lehrst mich nichts Neues Lix*. Lehr doch du en alte Aff kän Greïmasse mache! *Bi*. Wat vu' Kätzen hirkempt, leïert mausen *was von Katzen herstammt, lernt das Mausen Si*. D' Mamm leïert d' Kanner bieden *die Mutter lehrt die Kinder beten Si*.

Lehr-mamsell *f. Pfb. Lehrerin*. — els. 1, 682 Schuelmamsell.

Lei [lai *fast allg.*; laiə *Grt. Ri. Hom. Rom.*; lǽ *D. Si.*; lèiə *Vbg*. — Pl. -ə(n)] *m. u. n.* 1. *Schiefer, Schieferplatte*: 's Hus isch mit Leie gedeckt. — 2. *Schiefertafel*: giw m'r de L., dass ich druf schriwe! — 3. *Fels*: en hoher L. — els. 1, 538; hess. 244; lux. 262; eifl. Lei, From. 6, 16; engl. lay; ndl. lei; schwäb. Lai *Felsen*grund. — Zss. Leie(n)-dach *Schieferdach*. Lei(e)-decker. Leie(n)-krayon *n. Falk. Griffel* (frz. crayon).

lei I [lai *allg*.] *Art u. Weise in*: änerlei, anner-lei, miner-lei usw.: jetz isch e gons Onnerlei *das ist nun etwas ganz Anderes Lix*. — els. 1, 538 lei.

lei II [lai, ɔlai *D. Si.*; leï *Bo. Va. Udern*; li *Helsd.*] *adv. hier. Bolchener Spruch*:

Leï, la, loert — Dat ben dreï
[Bolicher Wòrt;
On wer deï net schwätzen kann,
Der soll kän Deil an Bolchen han.

Schon in den ahd. Gesprächen kommt li als hinweisende Partikel vor: li naz linahts *d. h.* de Naht leï *die letzte Nacht* (p. 9.)

Leib [lèip *Lix.*; leïb *Falk.*; lèif, lèi, lif *Bo.*; léïf *D.*; laif *Si*. — Pl. lèiwər, laiwər] *m. Leib: Das Deminutiv* Leibche, Leifchen, Leibl, Lifchen *bedeutet auch Unterkleid, woran die Hosen angenäht sind*. hess. 242 Leibchen. — Zss. L.-schade *m. Lix. Leibschaden, Leistenbruch*: er hat sich e L. geholt. Leib-weh (Leï-weh *Falk.*). s. a. Lif.

leiber s. leiwer.

leïblich s. lieblich.

Leich I [lèix *Fo.* u. s.; lèixt *Si. sonst* lixt] *f. Leiche, Begräbnis*: mit der L. gehn. — baier. 1, 1424, 1428 Leicht. s. Licht II.

Leich II [laix *fast allg.*] *n. Laich, Eier der Amphibien*: Fischleich, Frescheleich, Krotteleich. — els. 1, 548 ebenso.

leicheⁿ **I** [laixə *fast allg.*] *intr. v. laichen*. — els. 1, 548.

leicheⁿ **II** [laixə *Ri. Hom. Rom. Ha.* u. s.] *intr. v. wetterleuchten*: 's leicht es blitzt. — els. 1, 548.

Leid, Leids [laid, laids *Av. Bo. Lix.* u. s.; laidə *Ri. Hom. Rom.*; lǽd, lǽds *Bi.*; lǽd(ə) *Fo. D. Si.*] *m. Leid, Leids, Mühe, Kummer, Trauer, Ekel*: er hat Leids er hat Mühe *Bo*. Lǽds han *traurig sein Bi*. Es hat mir de Läde dran gemacht *es ist mir verleidet worden Fo*. Äm se Läd *(Leid)* lewe *einen ärgern Bi. Ri. Hom. Rom*. Jetz mach ich's grad se Leid *Lix*. Ze L. *absichtlich, zum Ärger fast allg*. Jetz dun ich's ze Läd *jetzt tue ich's* *gerade Fo. Von lachenden Erben heißt es:* 'S grêscht Leid isch Vurmitta' *Av.* De Leide grije an ebbs *überdrüssig werden Ri. Hom. Rom.* Er hat sich ze Leide gess *bis zum Ekel gegessen ibid.* — vgl. els. 1, 560 leids in Zss.

leid [lait *Bo. Av. Lix.;* sonst læt] adj. u. adv. *leid:* es dut mer l. Es isch em wider läd gewor *Fo.*

leiden [léïdən *Vbg.* u. s.] tr. v. *ekeln:* die Wurscht leïd't mich od. isch mer verleidt. — vgl. els. 1, 560 Leide *Ekel,* verleide *überdrüssig, verhaßt sein.*

leider [laidər *fast allg.;* lædər *D. Si.*] *Ausruf des Bedauerns, der Geringschätzung:* 1. Gottes! Es nutzt l. nix. Ach e leider! *ach (und) leider!* Die Zillinger sin Ach e leider *dumm zum Bedauern Ri.*

leidich [laidiχ *Lix. Ri. Hom. Rom.* u. s.; lædeχ, lædleχ *D. Si.*] adj. *überdrüssig, unwillig, zuwider:* do soll m'r nit l. werre! Ich bin gons l. driwer *Lix.* 'S isch e leidiger Kerl *Ri.* — els. 1, 561 leidig; lux. 262 lêdech; baier. 1, 1438 laidig; mhd. leidec. s. a. geleidích.

Leid-lewer [-læwər *Bo. Bi. Sgd. Lix. Ri. Hom. Rom. Ha.* — Pl. gleich] *m. eigensinniger, trotziger Mensch, Quälgeist:* das isch e rechter L.! *Wenn man ihm etwas verbietet, antwortet er:* Jetz mach ich's grad se Leid! — els. 1, 542 Leidlëber. *Das Femin. lautet* Leidlewersche.

leid-lewich [laitlæwiχ *Lix. Sgd. Bi.;* lídlèwiχ *Fo.*] adj. 1. *trotzig, eigensinnig.* — 2. *Ärger erregend:* leidlewich Gais! *Schimpfwort.* Leidlewicher Dunner! *Trotzkopf.* — els. 1, 542 leidlëbig.

leien [laiən *Fo. D. Si.;* léïən *Bo.;* lèiə *Lix.;* lejə *Pfb. Ri. Hom. Rom.;* lejən *Falk.* — *Flexion:* Präs. Ind. Sg. 1. laiə (lèiə, lejə) 2. laišt (lèiəšt, lešt) 3. lait (lèit, lejt). Pl. 1. laiən (lèiən, lejən) 2. lait (lejən) 3. laiən (lejən). Imp. Konj. eχ liχ *Si.* — Ptc. gəléïn, gəlé, gəlê] intr. v. *liegen:* es leit m'r on *Lix.* Was leit mir dron *d. h. ich gestatte es.* Ich gehn mich leie *gehe zu Bett.* Wie's fällt, so leit's. Wie long hascht de gelê *krank gelegen? Lix. Vom Husten heißt es scherzhaft:* wenn der is nit leït, leï ich mi *Ri. Hom. Rom.* Alles leje u stehn losse *von der gewohnten Arbeit ablassen, um etwas Dringendes zu tun Ri. Hom. Rom.* Er leït m'r uff um Mawe *(Magen)* un uff um Halsch er *belästigt mich sehr ibid.* Ebber in de n' Ohre leje *beständig mit Reden belästigen ibid.* Le uf! *lege Kohlen auf! Lix.* Lich m'r vil drun, da mich ech et schun *läge mir viel daran, so machte ich es schon Si.* Im Eng leje *in den letzten Zügen liegen Ri.* — lux. 264 leien.

Leier I s. Lir.

Leier II [laiər *Si.*] *m. kränklicher Mensch, der oft im Bett liegen muß.* s. leien. — lux. 264 Leier *langweiliger Mensch.*

leierech [laiərex *Si. D.*] adj. 1. *verschlafen.* — 2. *kränklich.* s. Leier.

leiern [laiərn *Bi.*] adj. *aus Schieferplatten:* e l. Dach. s. Lei.

Leifet [laifət *Si.*] *n. Leibwäsche.* — lux. 265 Leifent; vgl. baier. 2, 1046 Lei'wet *Leinwand;* Salzunger Ma: Liwet, From. 2, 285, 10; mhd. lînwât.

Leïf-stack [leï(f)-stàk *Si.*] *m. Liebstöckel* (Lubisticum). — lux. 264 Leïfstack s. a. Weigand Wtb. 2, 48.

Leilech, Leil-dech s. Linduch.

Leim s. Lim.

leinen s. linneⁿ.

Leine-wiewer [lainəwiəwər, leŋə- *D. Si.*] *m. Leineweber.* — lux. 266 Lengewiewer.

Leint [laint *D. Si.;* leŋkt *Mw. Rü. Nj.*] *f. Leine, Zügelschnur:* en Hond un der L. feïhren. — lux. 267 Lengt.

Leis-bockel [laisbokəl *Si.*] *m.* (eigentl. *Läusebuckel) ungekämmter, schmutziger Mensch.* — lux. 265 Leisbock.

Leischten s. Läschteⁿ.

Leis-kaul [laiskaul, Pl. ən *D. Si.*] *f.* (eigentl. *Lausgrube) Genick, Nacken.* s. Kull, Kaul.

Leis-kleckert [laisklǝkərt *D. Si.*] *m.* 1. *schmutziger Mensch.* — 2. *Geizhals.* s. kleken *knicken.* — lux. 265 ebenso.

Leis-krankhät *f. D. Si. Läusesucht.* lux. 265.

Leis-kremer [-krémər *Si.*] *m.* (eigentl. *Läusekrämer). Dasselbe wie* Leisklekert.

Leison [lèiƺon *Lix.*] *m. Einfaltspinsel, erbärmlicher Kerl (vielleicht mit* „eleyson"

erbarme dich zusammenhängend; vgl. Totsamen).
Leit I [leïd *Ri. Hom. Rom.*] *f. Schicht:* e L. Hau. — vgl. baier. 1528 Lait, Leit; mhd. leite *Fuhre, Ladung.*
Leit II *Leute.* s. Lit.
Leiter I [laitər *Bo. Lix.* u. s.; lǽtər *Pü. Fo.;* lá:dər *D. Si.* — Pl. -n] *f. Leiter:* uf de Läder krawle. — Zss. L.-bâm *Leiterbaum.* L.-spross (s.d.) Läter-wân *Pü. Leiterwagen.*
Leiter II [leïtər *Bi.*] *f. Apparat zum Entrahmen der Milch. Auch* Leïteroperat.
leiteren [laitərən *Si.* leïtərenⁿ *Rü. Bi.*] tr. v. *läutern:* Rommle od. Reïbe l. zu dicht stehende Rüben lichten *Bi.* Branntwein l. *Branntwein von allen Unreinlichkeiten befreien, bevor er geklärt wird.* Meïlch l. *Milch entrahmen.* Leïtermeïlich *entrahmte M. Bi.* — lux. 266 leiteren.
Leiter-spross [-špros *Pfb. Berl.* u. s. -špras *D. Si.*] *m. Leitersprosse: Rda.:* dü bekommsch a e Sü, wenn ich emol Geld of eme L. fend *Pfb.*
Leitrecht [leïtrext *Rü.*] *f. Läuterung, zweiter Abguß beim Branntweinbrennen.* — els. 1, 628 Lüterung.
Leit-seil [laitzail *Lix.* u. s.; laidsəl *Ri. Hom. Rom.;* lètsəl *Pü.*] *m. Leitseil, Strick, Zügel:* der Deiwel hat 'ne om L. führt ihn, wie's ihm beliebt. L. spile *Pferd u. Fuhrmann spielen (ein Kinderpiel).* — els. 2, 351 Leitsel; vgl. hess. 247 Lensel *Strohseil zum Binden der Feldfrucht.*
Leits-geheier [laitsgəhaiər *D. Si.*] *m. Leutebelästiger.* s. geheien.
leïwer [leïwər *Falk.;* leïwa *Vbg.;* læwa *Av.;* leïba *Va.;* leïber *Bo.*] adj. *ekelig, bitter, fade:* l. Brot; es isch l. Wedder. — vgl. baier. 1, 1401 lê, lêw, lêiw *übel, schlecht;* nds. leiw, leeg *ibid.;* hess. 245 leilich; mhd. lê, genit. lêwes = malum.
lejen [lejən *Falk.;* léjè *Mtsh.;* lén *Fo. Bi.* u. s.; léən *D. Si.;* léïn *Bo.* — *Flexion:* lé(n), lést, lét, lén *(daneben* léiə, léišt, léit, léiən): Ptc. gəlét *Fo.,* gəlát *Bo. Falk.,* gəluèt *D. Si.;* Imp. lé] tr. v. *legen:* le's Brot in de Schank! D'Hihnere leje schun *Ri. Das Reflexivum* sech l. = *krankheitshalber sich ins Bett legen, auch zu Bett gehen:* er hat sich gelât.

Lejer [leïər *Ri. Hom. Rom.*] *m. jd. der gern u. viel schläft, nicht gern aufsteht.* s. a. Leïer II.
Len [lén (léni, leïn)] *Koseform für Magdalene.* — els. 1, 591, Len, Lenele.
Lenel [lénəl *Flh. Ri.* u. s.] *Koseform für Helene u. Magdalene.* — els. 1, 591 Lenᵉl.
lenen [lénən *Si.*] tr. v. *leugnen.* s. a. läken. *Davon* Lenert *Leugner,* Lenesch *Leugnerin.*
lenk s. link.
Lenkert [lèŋkərt *Schw.*] *m. Langbalken am Wagen.* — vgl. hd. Lenker *(in der Sägmühle) eine hölzerne Stange, die unten an dem Sägegatter angebracht ist u. den Gatter samt der Säge auf- und abzieht* Gr. Wtb. 6, 750.
Lenn I [lèn *Bo. D. Si. Falk.* u. s. — Pl. -ən] *f. Lende, Nierengegend.* — lux. 267 Lènn.
Lenn II [lèn *Lix.* u. s.; lìŋ *Ri. Hom. Rom. Ha.* — Pl. -ə] *f.* 1. *Linde.* — 2. *Platz im Mittelpunkt des Dorfes, früher mit der Dorflinde bepflanzt:* uf der Ling, van der L. ebbes verkindiche *Ri.* s. a. Lann. — Zs. Lennen-baum (Lenne-bâm, Linge-bâm, Lanne-bâm) *m. Linde.*
Lens s. Lins.
Lenz I [lènts *Flh. Lix. Ri. Rom.* u. s.] *Koseform des Vornamens Lorenz.* — els. 1, 600; baier. 1, 1495; hess. 247.
Lenz II *f. D. Si. Gerste (weil sie im Lenz gesät wird).* — hess. 247. Zss. Lenz-gewann *m. D. Si. Gerstengewende.* L.-streïh *D. Si. Gerstenstroh.*
Lenzen [lèntsən *Bo. Grt.* u. s.; lènsə *Lix.*] *m. Frühjahr u. Frühsommer:* L. machen *Feldarbeit im Frühjahr verrichten. Grt.* — els. 1, 600 Lenz(en); vgl. hess. 247 lenzen *ackern, um das Land zur Sommerfrucht zu bestellen.* — Zss. L.-frucht *Lix. Kr.* u. s. *Hafer u. Gerste, die im Lenz gesäet werden.* baier. 1, 1495 Lenzkorn. L.-summer *Bo. Zeit der Getreideernte.* L.-weis *Lix. Sommerweizen, sog. weil er im Lenz gesäet wird.* L.-wend (L.-gewend) *f. Lix. das Drittel des Bannes, worauf in dem letzten Jahr die Lenzsaat (Hafer u. Gerste) steht.* baier. 1, 1495 Lenzenflur.

Leps *Lippe* s. Leschbe.

Lepsert [lepsərt *Si.*] *m. Mensch mit dicken Lippen.* — lux. 271 Löppsert.

Lerch [lèrχ *fast allg.*; lérχə *Pü.*; léeχin *Bo.*; lérχəl *Schw.* — Pl. lérχər] *f.* 1. *Lerche (der Vogel)*: sengen weïn L. *Bo.* — 2. *Kosenamen für kleine Kinder*: du kleïni L.! *Ri.* — 3. *kleines Instrument, womit man das Trillern der Lerche nachahmt. Es besteht aus einem kleinen Blechzylinder von 1½ cm. Durchmesser, der an beiden Enden verschlossen ist u. nur eine enge Öffnung zum Durchlassen der Luft hat. Dorfjungen stellen sich eine* Lerch *viel einfacher her: sie reiben auf einem Sandstein einen Kirschkern auf beiden Seiten auf, entfernen das Innere mit einem spitzen Instrument, u. die* Lerch *ist fertig Ri.*

Lesch [leš *Ri.* u. s.] *m. ausgelöschte Kohle, Schlacke.* s. leschen *löschen*.

Leschbe [lèšbə *Fo.*; lèšba(t) *Obh. Va.*; lèšbəl *Grt. Mtsh. Lix. Sgd.*; lèšər *Bo. Brettn.*; lešər, leps *Si.*; lètš *Ha.* — Pl. -n; Demin. lèšərχin *Bo.*] *m. u. f. Lippe*: eng Leps mâchen *das Gesicht verziehen Si.* — hess. N. 161 Lepsche; els. 1, 570 Lëfze, Lëspe; lux. 271 Löpps; mhd. lefse, lefs, leps *und umgestellt* lesp *(aus letzterer Form ist unser* Leschbe *entstanden)*.

Leschen [lešən *Obh. Nj. Mw.*; ležən *Bo.*; leš, lešən *Si.*; lèïšən *Brettn.*; lišdə *Ri. Hom. Rom. Ha.*; lïšə, lyšə *Lix.*; lištə *Pü.*; lïšə *Fo. Fa.*] Pl. *Schilf, Rohr, Riedgras.* — els. 1, 618 Liesch; hess. N. 163 Liesch; lux. 271 Lösch; Gr. Wtb. 6, 1019 Liesch, Liesche; ahd. lisca; mhd. liesche.

leschen [lešən *fast allg.*; lèšən *D. Si.*] tr. v. *löschen*: de Durst l.; 's Fier l. *Fo.*

Lê-schnur [léšnouər *Si.*] *f. Schnur mit Angelhaken versehen, die man ins Wasser versenkt, um Fische zu fangen.* Lê zu legen.

Leschtichkät [leštεχkêt *lux. Grenze*] *f. Lustigkeit, Fröhlichkeit.*

leseⁿ **I** [lézə *fast allg.*; léazən *Bo.*; léïzən *D. Si.*] tr. v. 1. wie hd. *lösen*: e Rätsel l. E Kauf l. *die Kosten eines Kaufaktes bezahlen Ri.* — 2. *Geld beim Verkauf lösen*: wievil hascht de fir die Äppel gelêst? — 3. *sich verletzen*: eppes l. *körperlich verletzt werden Bo. Letztere Bedeutung geht wohl zurück auf „los" schlimm, übel* (s. d.).

leseⁿ **II** [lèzə *Fo.* u. s.; lézən *D. Si. Falk. Lix.*; léïzən *Bo.*] tr. v. 1. *lesen*: de Zittung l. — 2. *Obstlese halten, sammeln*: Druwle l. *Rda.*: ebber d' Zecke (s. d.) lese *jd. ausschelten, abkanzeln Ri. Hom. Rom.* — els. 2, 899 ebenso.

Leser [lézər *fast allg.*; liézərt *Si.*] *m.* 1. *Leser.* — 2. *Sammler, Obstleser.* — lux. 267 Lieser.

Leses [lézəs *Lix.* u. s.] *n. Lesestoff, etwas zum Lesen*: hasch de eppes L.? — els. 1, 612 Lës 2, Geles.

lest [lèst *fast allg.*] adj. u. adv. *flink, hurtig, gewandt.* — frz. leste.

Let I [Lét, Pl. -ə *Bi.* u. s.] *f. Lage, Schicht*: e L. Butter uf em Broᵘt; e L. Mist. — els. 1, 574 Legete, Lekte.

Let II [lét *Ri. Hom. Rom.*] *f. Lötung.* — Zss. L.-kolbe. L.-rehr *Lötrohr*.

leteⁿ [létən *fast allg.*; lédə *Ri. Hom. Rom. Ha.*] tr. v. *löten*: ânem 's Mul l.

Letsch [lètš *D.*; lìètš *Si.*] *f. Holzbaracke auf Messen u. Jahrmärkten.* — lux. 267 Lietsch; baier. 1, 1543 Letschen, Lötschen *Niederlage*; vgl. ital. loggia.

letscht [lètšt *allg.*] adj. u. adv. *letzt*: du muscht alsfurt das l. Wort han. 'S L. isch's Bescht. Et laut letschten es *läutet zum Begräbnis Obd. Wal. Aidl.* u. s. Er hat de letschte Häre *er stirbt bald Mett.* Er geht uff de letschde Fiess *er ist dem Tode nahe Ri.* 'S letschet lidde *zum letzten Mal läuten ibid.* Du krischt jo, dass m'r mänt, es werd am letschte *Lix.* 'S l. letzthin, *kürzlich Lix. Ri.* Der letscht *zuletzt Bo.* ← els. 1, 631 letscht.

letschtlich adv. *Bo. letztlich, letzthin.*

Lett [lèt *Bo. Fo. Go. Lix. Va. Ri.* u. s.] *m. Lehmboden, Tonerde (auch Flurname)* — els. 1, 623 Lëtt; baier. 1, 1532 Letten; mhd. lëtte. — Zss. L.-bode *Lehmboden Ri.* L.-bure *Lix. Bauern, die mit Lehm anfahren od. sich beschäftigen Lix.* L.-kull *Lehmgrube.*

lettsich adj. *Bo. letticht, lehmig.* — els. 1, 623 lëttig. s. d. vorige.

Letz [lèts, Pl. -ən *fast allg.*] *f.* 1. *Lektion, Aufgabe, Unterricht*: sin L. sân *etwas*

Gelerntes vortragen. Ich han min L. nit gekunnt *Av.* — 2. *Teil, Abschnitt Bo.:* en L. luden *einmal läuten, um gleich wieder anzufangen.* — els. 1,635; baier. 1, 1546 Letz, Letzen; ss. Laz Kr. 79.

letz [lèts *fast allg.*] adj. u. adv. *unrichtig, verkehrt, links:* er macht alles l. *Fo. Ri.* u. s. 'S geht l. *es geht nicht gut aus Lix.* Es isch m'r ebbes in de letze Hals kumm *in die Luftröhre statt in die Speiseröhre.* Do kummscht de awer on de Letze *an den Unrechten Lix.* De kummscht m'r l. *zur unrichtigen Zeit Ri.* Ebber l. mache *jd. prügeln ibid.* Jetz isch alles l. *alles verloren.* Er hat de Flint am letze Backe *er ist nicht so, wie man meint Flh.* Am letze Eng *(Ende)* zèïhe *sich irren Flh.* Ich mach dich l.! *ich wende dir die Haut um Schw.* Warde mit der l. Heng *(Hand) nicht warten beim Essen Ri. Hom. Rom. Ha.* Letzer Datschi *jd., der sich der linken statt der rechten Hand bedient ibid.* — els. 1,634; baier. 1, 1546; mhd. letze, lez.

letzen [lètsən, Ptc. gəlatst *Mtsh.* u. s.] tr. v. *verhauen, verletzen:* m'r han en gelatzt. — els. 1,635; baier. 1,1545; mhd. letzen.

Lew [léw *fast allg.;* lép *Fo. Mtsh. Schw.;* léb *Ri.;* leïw *D. Si.* – Pl. léwəⁿ] *m. Löwe:* Hunger wie e Leb *Fo.* Brelen eweï e Leïw *brüllen w. e. L. Si.* Eng Stem hun eweï e L. *eine starke Stimme haben D. Si.* — els. 1,632 Lew; lux. 267 Leiw. — Zss. Lewe-milche *Lix.* u. s., L.-rache *Ri. Hom. Rom. Ha. Löwenmaul* (Antirrhinum orontinum).

lewech [liéweχ *D. Si.*] adj. *lebendig, lebend, lebhaft:* et as keng l. Seïl do *es ist keine lebende Seele da.* — lux. 267 liewech; hd. lebig Gr. Wtb. 6, 467.

Leweckelchen [léwèkəlχən, léwakəlχən *Mw. Ka. Kö. Nj.;* leïwèkəltχən *Si.*] *m. Lerche:* opkucken eweï en L. *freundlich aufblicken.* — lux. Lewäckelchen Ga. 271; eifl. Liwickelchen, From. 6, 16; nds. lewerke; ndl. leeuwerik. s. a. From. 4, 31 u. 5, 268.

Leweⁿ [lèwə *Fo. Lix.;* sonst léwəⁿ; liəwən *Si.*] *n.* wie hd. 1. *Leben:* 's L. geniesse. Mer isch sines Lewes nimmeh sicher *Lix.* Umesunscht isch d'r Dod un der koscht's L. *fast allg.* 'S L. inbiesse *mit dem L. büßen Ri.* Bei Leiwen a bei Liewen *bei Leibe u. bei Leben (Beteuerung) Si.* — 2. *Lebensunterhalt:* 's L. isch dier *(teuer) Ri.* vgl. frz. la vie est chère.

leweⁿ [lèwə *Fo. Lix.* u. s.; léwən *D.;* léïwən *Bo.;* liəwən *Si.* — *Flexion:* léwə (léwən, léïwən), lèbšt (léws), lèbt (léwt) — lèwə (léwən). Ptc. gəlèbt, gəléwt, gəléïwt, gəliəſt] intr. v. wie hd. *leben;* l. wie e Prinz *herrlich leben allg.;* l. wie Hunn u. Katz *Ri.* u. s. Schiss an d' Welt u leb! *Ri. Hom. Rom.* Mer muss doch gelebt han! *Selbsttrost des Verschwenders ibid.* Gut mitenonner l. *sich vertragen.* Se vil sum sterwe, se wenich sum l. *Lix.* Hol alles, leb ewich! *sagt man zu einem, der nicht genug bekommen kann Fo.* Eweï gelieſt esoᵘ gestoreſ *Si.* Wie m'r lebt, so sterbt m'r *Ri.* Mer lebt nummen ämol *Selbsttrost des Leichtsinnigen.* M'r muss doch a gelebt hon meint der Verschwender *Lix.* Lebscht de a noch? *Begrüßung beim Wiedersehen. Antwort:* Jo, un noch gär *od.* jo, noch so e bissel *Ri.*

lewendich [lewèndiχ *fast allg.;* lewèndi *Ri.;* lebèndeχ *D. Si.*] adj. u. adv. 1. *lebendig:* lewendi fange *Ri.;* l. mache *auferwecken von den Toten ibid.* Es isch de l. Deiwel *der leibhaftige Teufel.* Ich mecht dich grad l. fresse! — 2. *lebhaft:* wie er a bissche getrunk gehat hat, noh isch er l. word *Lix.*

Lewer [léwər *D. Si.;* lèwər *Fo. Lix. Mtsh.* u. s.; léïwər *Bo.;* liwa *Vbg.*] *f.* wie hd. *Leber:* ich sôn's frisch von der L. eweck *frei u. offen Lix.* Er hat e trockeni L. Es isch em e Lus iwer de L. gekrabbelt *fast allg.* Das Lewer *Leber der Tiere Ri.*: 's Gehäng u's L. *Lunge u. Leber.*

Lewes-da s. Lebda.

Lewiteⁿ [lewitə *fast allg.;* lewidə *Ri.;* leſidə *Bi.;* lawitən *Ka.*] Pl. *nur in der Rda.:* de L. lese *einem eine Strafpredigt halten, Vorhaltungen machen:* dem soll ich de L. gelest han *Fo.* — els. 1, 569; baier. 1, 1544; lux. 268. — Zs. L.-kläder

Bekleidung des Diakons u. Subdiakons beim kathol. Gottesdienst. L.-amt *n. gesungene Messe, bei welcher Diakon u. Subdiakon ministrieren.*
Lex *Abkürzung des männl. Vornamens Alexander.* — els. 1,633 Lëx. *Das Demin.* Lexel *wird als Hundename gebraucht.*
Lez *Si. Abkürzung des weibl. Vornamens Lucia.* s. a. Lusi.
Lezeburech [letsəbúreχ *D. Si.*] *Stadt u. Land Luxemburg.*
Lezeburjer *m. D. Si. Bewohner der Stadt u. des Landes Luxemburg.*
lezeburjesch [letzəbúrjəš *D. Si.*] adj. *luxemburgisch.*
li *hier.* s. lei.
liber [líbər *fast allg.;* liwər *Ri. Rom. Hom.*] adj. *frei, ungebunden, locker:* er konn mache, was er will, er isch l. *Lix.* — els. 1, 544; lux. 268; frz. libre.
liblich [líbliχ *Av. Lix. Sgd.* u. s.] adj. *leiblich:* liblicher Kusing *leiblicher Vetter Av.*
Licht I [liχt *Fo. Lix. Sgd. Ri. Rom. Hom. Ha.;* lít *Bo. Av. Falk. Fi. Ltf. D.Si.* — Pl. -ər; Demin. líτχin, líτχən] *n.* 1. *Licht, Lichtseite:* us em Liht gehn *von der Lichtseite weggehen.* Er geht us wie e L. *ist dem Tode nahe Lix.* Se hon dich henner's L. *gefihrt dich getäuscht.* — 2. *Leuchte, Lampe:* et Liht afangen *Si.* — Zss. Jong-liht *Neumond;* Voll-liht *Vollmond;* Olich-liht *Öllicht.* s. a. Luht.
Licht II [liχt *Ett. Mtsh. Berl. Pfb. Fi.;* liχ *Bo.* — Pl. liχən *Bo.*] *f.* 1. *Leiche:* wemmer drämt von ere L., kommt mer ze ere Kimbett oder Hochzit *Berl. Aberglaube:* Wonn imond stirbt un de L. blibt weich oder wonn er de Aue ufbehält, noh stirbt bal imond noch us em nämliche Hus *Lix.* — 2. *Leichenbegängnis, Beerdigung:* m'r gehn mit der L. *oder* uff d'L. *Ri.* Van der L. kumme *ibid.* E nassi L. *ein Begräbnis, bei dem viel geweint wird; das Gegenteil ist* e druggeni L. *Ri. Hom. Rom.* — 3. *Totenbett:* ze L. leje *auf dem T. liegen Ri.* Er leït uf der L. *Ett.* — els. 1, 549, 554 Liche Licht. s. a. Leich.
licht [liχt *fast allg.;* lít *Bo. D. Si. Fi. Falk. Weil. Steigerung:* liχtər, lítər; liχtšt,

lítšt] adj. u. adv. 1. *leicht:* lichti Arwet *Fo.* l. wie e Fedder *Ri.* Ebbs Lichtes nemme *eine Kleinigkeit essen, eine leichte Speise zu sich nehmen. ibid.* Ar *(er)* ich liht wie e Hahn van drizeh' Su *Weil.* Wer gut schmèrt, der liht fährt *Bo.* — 2. *leichtsinnig:* e lichter Kerl *Ri.*
lichten [líχtə *Fo. Sgd. Lix.* u. s.; lítən *Bo. D. Si.;* leïχtə *Bi.* — Ptc. gəliχt, 'gəlít] intr. v. *leuchten:* hol de Lamp un lichte mol! Kumm, licht m'r e bissche! Mir leïcht kän Stern *ich habe kein Glück Bi.* Bi dene Ke¹nn leïcht kän Stern *mit den Kindern kommt man nicht aus Bi.* els. 1,555 liechte *heimleuchten.* — 2. *wetterleuchten, blitzen:* lu, wie's licht.
Lichter-stock [liχtərštock *Fo.Sgd. Lix.;* lítərštock *Falk.;* lítštock *Av.;* lítərštak *D.Si.;* leïχtərštok *Bi.*] *m. Leuchter, Kerzenhalter:* in der Kirch sin vil Lichtersteck *Fo.*
Lick [lik *Falk. Ri.* u. s.] *f. Lücke.* s. a. Luck.
Lickert [líkərt *Fo.*] *m. nur in der Verbindg.:* fuler L. *Faulpelz (zu mhd. lücke locker od. licken = ligen?)*
liden I [lídən *fast allg.;* laidən *D. Si.* — Ptc. gəlít, gəlídən] tr. v. *leiden, dulden, mögen:* ich lid's nit *ich dulde es nicht.* Ich kann 'ne gut l. *ich mag ihn gern Fo.* Ich kann en net liden en net schmacken *(riechen) Bo. Vom Schnapstrinker heißt es:* der konn e lide *den Schnaps nämlich Lix.*
liden II *läuten* s. luden.
Lider [lídər *Ri. Hom. Rom.* u. s.] *m. der mit dem Läuten Beauftragte.* — els. 1,627 Lüter. s. luden, liden *läuten.*
lidlen [lídlə *Ri.* u. s.] intr. v. *harnen, in der Kindersprache.* vgl. baier. 1, 1445 Ludel *unreines Wasser.*
lid-lewich s. leidlewich.
Lie [líə *Fo. Sgd. Lix.;* lï *Si.;* lij *Falk.;* lijə *Ri. Hom. Rom.;* leïn, leïən *Bo. D. Ersd.;* leï *Ka.* — Pl. líə, lijə leïnən] *f.* wie hd. *Lüge:* Mat Lïen fäl gohn *mit* L. *feil gehen Si.* Eng goᵘt Lï schüet neischt *eine gute Lüge schadet nichts Si.* — els. 1, 576 Lieg; lux. 262 Leï u. Lijen.
Lieb [lïp *fast allg.;* lïp *Sgd. Lix.;* léïf *Bo. D. Si.* — kein Pl.] *f.* wie hd. *Liebe.* de L. isch blinn. Das micht der L. kän Kend *es ist nichts dran gelegen Lix.* L.

muss gesonkt *(gezankt)* hon *was sich liebt, das neckt sich Lix.* — els. 1, 544 Lieb; lux. 264 Le¹ft.

lieb [lîp *fast allg.;* lèib *Fo.;* léïf *Bo. D. Si. Steigerung:* lîwər (léïwər, lèiwər), lîbšt (léïwšt)] adj. u. adv. 1. *von Personen: lieb, geliebt, wert:* Hasch de mich noch l.? E leïwet Kendchen *Bo. L.* mache *die Wangen streicheln.* — 2. *von Sachen: erwünscht, angenehm:* das liewe Brot. Nix ze l. un nix ze leid. — 3. *formelhaft:* der liewe Herrgott *ortsüblicher Name Gottes.* Ihr liewe Kenn, ihr liewe Lit *Ankündigung, daß man etwas Interessantes sagen will Lix.* Der liewe lange Dach. De liewe Not han met änem *ibid.* Gott ze lieb *aus Liebe zu Gott Ri.*

lieb(e)rich s. liwerich.

lieblich [lîpliχ *Falk.*] adj. wie hd. *lieblich.* — els. 1, 544.

Liebschaf [léïfšof *Bo.*] *f. Liebschaft.*

Liebschter [lîbštər *fast allg.*] *m. Liebster, Schatz:* d'r Liebschter. — *Femin.* Liebschte, Liebschti *Liebste, Schätzchen* d'Liebschti *Lix.* — els. 1, 544.

Lied [liət *fast allg;* léït *Bo. D. Si.* - Pl. -ər; Demin. liətχəⁿ, léïtχəⁿ] *n. Lied, weltliches u. geistliches. Rda.:* do konn ich a e L. dervon singe *darüber habe ich selber schlimme Erfahrungen gemacht Lix.* Am End vom L. *schließlich.*

liederlich [lîdərliχ *fast allg.;* lîdərli *Ri. Hom. Rom;* leïdriχ *Bo.;* leïdəreχ *Si.*] adj. u. adv. *liederlich:* en as esoᵘ l., dat e stenkt *oder* dat en sech net mâch krâtzen, woᵘ et en beïscht *daß er sich nicht mag kratzen, wo es ihn juckt (Oberkontz.)* Du liderlicher Dropp! *Ri.*

Lief-fra-wisch-dach *m. Si. Ka. Kö. Zeir. Mariä Himmelfahrtstag. An diesem Feste wird ein Büschel Ähren nebst bestimmten Kräutern,* Wisch *genannt, in der Kirche geweiht.* — lux. 264. s. a. Würzwischta.

Lief-kuch [lièfkouχ *Si.*] *m. Lebkuchen.* — lux. 264 L¹efkuch. — Zs. L.-männchen *m. Figur aus Lebkuchen.*

lien [lîn; liə *Fo.* u. s.; lîn *Bi.;* lyə *Lix.;* liiə *Wb.;* lijè *Mtsh.;* lljə *Ri. Rom. Hom.;* lèïən *D. Si. Ersd.;* lèïnən *Bo.* — *Flexion:* lîn (lîə), lîšt, lît, lîn; Ptc. gelò *Fo.*

u. s. — léïən, léïšt, léït, lèïən; Ptc. gəlú, gəléïnt *Bo. D. Si.* — lîn, lîšt, lît, lîn; Ptc. gəlâ *Bi.*] intr. v. *lügen. Rdaa.:* L. wie gedruckt. L., dass sich de Balke bi'e *Fo.* u. s. L., dass mer'sch glaiwe konn, dass es der wert isch, dass m'r druf donse konn *Lix.* Er lît so schnell de Gais lâft *Ro.* Der lüt so stark, ass er Pfärd ränt *Wb.* Der lît meh, ass er bèt *(betet) od.* wie vier Pär ziehe kinne *Schw.* Des eïsch gestunk un gelâ *Bi.* Dè lît, dè stîlt, dè bedriet an den helt der Deiwel *wer lügt, der stiehlt u. betrügt u. den holt der Teufel. Nj.*

Liene [lînə, lýne *Lix.*] *f. hölzernes Geländer an Treppen u. am Kanal.* — vgl. els. 1,592 Liene *Leine, Leitung;* hd. leinen lehnen, anlehnen Gr. Wtb. 6, 704; mhd. line, lin *neben* lêne.

Liener [lînər *fast allg.;* leïnər *Bo.D.Si.*] *m. Lügner:* du bisch e rechter L.! Engem L. gläft m'r net; wann en och d'Woᵘrecht sèt *Si. Das Femin. lautet* Lienersch [lînərš *fast allg.;* leïnəš *D. Si.;* lïenaš *Falk.*] — Zs. Erzliener.

Lier [lîər *Falk.*] *m. Holzapfelwein.* — els. 1, 608 Lur(e), Lür; baier. 1, 1499 Laur, Leiren; tirol. Laurwein, From. 6, 442; vorarlb. Lour, From. 5,487; moselfr. u. ss. Leier, Kisch vgl. Wtb. 142; hd. Leier *(verderbt aus* Leuer, *Nebenform zu* Lauer) Gr. Wtb. 6, 684; ahd. lûrra; mhd. liure, lûre; alles < vulgärlat. lòrea, lòra *Tresterwein.*

Lieschen *Schilf* s. Leschen.

liewen [lîwè *Mtsh.*] tr. v. lieben.

Liewerle [lîwərlə *Lix. Ri.*] *n. Kosewort an Kinder gerichtet.* s. lieb.

Lift s. Leib. *Das Demin.* Lîfchin *Bo. bedeutet Brustlatz für Kinder.*

liften I [lîftəⁿ *fast allg.;* leftən *Bo. D. Si.*] tr. v. *lüften:* 's Zimmer muss gelîft werre *Fo.* Beddre l. *Betten lüften Ri.*

liften II [lîftə *Fa.* u. s.] tr. v. *lüpfen, in die Höhe heben, lichten:* das isch schwer ze l. — eifl. leften Bü. 20. s. a. lippen.

Liftling [lîftliŋ *Fo.*] *m. leichtfertiger Mensch, Luftikus.*

Liht s. Licht.

Lihter [lîtər *Si.*] *m. Leuchter.* — Zs. Lihter-stack s. Lichterstock.

22*

liht *leicht* s. licht.

Liht-fank [lítfaŋk *D. Si.*] *m. Leichtfink, leichtfertiger Geselle.* — lux. 268 Lichtfank. *Davon:* lihtfankech *leichtsinnig.* Lihtfankechkät *Leichtfertigkeit.*

Liht-mess [lítmes *Av. Bo. D. Si.* u. s.] *f. Lichtmeßtag (2. Februar). Spruch:* Maria Lihtmess isch's Frihjahr gewiss od. isch de Wenta vaschess *ist der Winter versch....* Av.

liht-schatz [lítšáts *Si.*] adv. *leicht, auf leichte Weise:* e verdeïnt sei' Geld l. (eigentl. *leichtschätzig).* — vgl. baier. 2, 492 Abschatz. hochschätzig.

Lilotcher [lilotχər *Obh.*] Pl. *Spottname für die St. Avolder:* L.! *Sie sollen sich nämlich ausdrücken:* M'r gehn uf de Steinberch Lilotte *(statt* Linotte *Flachsfinken)* fange. s. a. Linot.

Lim [lim *fast allg.;* laim *D. Si.*] *m. Leim:* us dem L. gehn. — els. 1, 587. *(Häufiger wird* Koll *gebraucht).* — Zs. L.-blatt *harter Leim in 4 eckiger Form.*

limenⁿ [límən *fast allg.;* laimən *D. Si.*] tr. v. *leimen.* — els. 587. s. a. kollen.

Limmel [límə*l fast allg.;* leməl *D.Si.*] *m.* 1. *Lümmel.* — 2. *starker, dabei fauler Kerl.* — Zs. Limmels-johre (Lemelsjöer) Pl. *Flegeljahre.*

limmelzich (lemelzech) adj. *lümmelhaft.*

Lim-zeichen [límtsaiχən *Bo. Vbg.* u. s.; limsaiχə *Lix.* — Pl. gleich] *n. Wundmal, Narbe:* davon blibt kän L. *bleibt keine Spur zurück.* — lux. 265 Leinzèchem; altköln. linzeichen, From. 2, 444; hd. Leinzeichen Gr. Wtb. 6, 712; mhd. lintzeichen, leintzeichen, Lexer 1, 1929. *Der erste Teil der Zusammensetzung ist dunkel.*

Lin [lin, Pl. linjə *fast allg.*] *f. Linie, Reihe:* uf de Linje schriwe *Fo.* — els. 1, 591 Lini.

Lindena [líndəná *Fo.*] *f. russische Schaukel, sog. nach der Melodie, welche die Drehorgel dazu spielt:* ich geh' nach Lindenau, da ist der Himmel blau etc.

Lin-duch [lindûχ *Fo. Vbg.;* u. s.; lindouχ, líldouχ *Bo.*; lildúχ *Ha.*; løldeχ *Geinsl.*; laildeχ, leldeχ *Si.* — Pl. -dïχər; -dëïχər] *n. Leintuch, Bettuch:* es sin noch kän Lindicher um Bett *Fo.* Sich newe's L. leje *sich irren.*

Line [línə *Sgd. Lix.* u. s.] *f. Ranke der gemeinen Waldrebe* (Clematis vitalba). — els. 1, 592 Lian; baier. 1, 1481 Lien, Lienen; ss. Lâin Kr. 77.

Linel [línəl *Mett.* u. s.] *Koseform für Karoline.* — els. 1, 591 Lin, Lini.

Ling *Linde* s. Lenn.

link [liŋk *Fo.* u. s.; lèŋk *fast allg.;* leŋk *D. Si.*] adj. *link. Rdaa.:* Mer warte met der lenke Hand (un esse met der rechte) *sagt man zu einem verspäteten Gast Lix.* Er isch met dem lenken Bän s'erscht sum Bett 'nus *es mißlingt ihm heute alles.* Lenkerhand *Bo.* — els. 1, 598 link u. lenk.

links, lenks adv. *links:* er isch l. od. lenkstatsch *er arbeitet mit der linken Hand, was andere mit der rechten Lix.* Den elo an net l. *mit dem da ist nicht zu spaßen D. Si.* Er isch rechts un l. wie e Kloschterkatz *er ist sehr gewandt.* — els. 1, 598.

Linneⁿ [línən *fast allg.;* lenən *Bo.*; leŋən *D. Si.*] *n. Leinen.*

linneⁿ [línən *fast allg.;* lenən *Bo.*; leŋən *D.*; lainən *Si.*] adj. *leinen:* e linnerer Giwel *ein dünner Giebel aus Fachwerk od. Holz Fa.*

Linot, Lilot [linot, lilot – Pl. -ə *Umgegend von Av.*] *m.* 1. *Hänfling.* — 2. *Dummkopf:* de Sentavorer Lilote. — frz. linotte (tête de linotte *Schwachkopf*). s. a. Lilotcher.

Lins [lins *fast allg.;* lens *D. Si.*] lĭs *Bo.* — Pl. linzə, lenzən, liʒən] *f.* 1. *Linse:* kenger Lensen dek *nicht das Geringste:* ech hun kenger Lensen dek kreït *Si.* els. 1, 598 Lins; nit der L. gross. — 2. *linsenförmiger Auswuchs im Gesicht.* — Zss. Linse-spalder *Pfb. Spottname für einen geizigen Krämer.* (hess. 163 *heißt es von einem Geizhals:* er blättert Linsen). L.-mus.

lintschⁿ [linš *Bo.*] adj. *matt, unwohl, ungemütlich:* d'es mer so l. — vgl. els. 1, 599 luentsche *gähnen, schläfrig sein;* Luentsch *faules Frauenzimmer;* engl. to lounge.

liper-hand [lípərhand *Bo.*] adj. (eigentl. *freihändig*) *gewöhnlich, meistenteils:* dat Pärd, woa den Hawer verdeïnt, kreït'n l. net. — vgl. els. I, 344 liber, liper, liwer *frei.*
Lippchen [lipχin *Vbg.*] *m. Einfaltspinsel.* — vgl. els. I, 602, 603 Lippel, Luppel; From. 5, 506 Lipp'l *dummer Mensch.* — L. *ist Verkleinerungsform von* Philipp.
lippeⁿ [lĭpə, lĭbə *Ri.* u. s.] tr. v. *lüpfen, heben:* in d'Heh l. *in die Höhe heben.* 'S lippt u. lebt alles an em *heißt es von einem lebhaften Jungen.*
Lir [lĭr *fast allg.*; laiər *D. Si.*] *f.* 1. *Leier.* — 2. *ewiges Einerlei, Geleier, ermüdende Sache:* 's isch immer de nämlich L. Siw still met dinem Gelirs! *Lix.* 'S isch e alti L. *etwas längst Bekanntes.* Alt Lir! *Schimpfname für eine langweilige Person.* — els. I, 606 Lir; tirol. Leir, From. 6, 445. — Zs. Lire-bohre *m. Ri. Rom. Hom.* (eigentl. *Drehbohrer) Mensch, der auf einem Gesprächsstoff herumreitet u. lästig wird.*
lireⁿ [lĭrəⁿ *fast allg.*; laiərən *D. Si.*] intr. v. 1. *leiern, etwas sehr langsam besorgen.* — 2. *langweilig reden; immer wieder dasselbe erzählen; nichts tun; zögern:* Lir doch nit so lang! Se lire als, hennen om End krien se sich doch *sie zögern noch, zuletzt heiraten sie sich doch Lix.* Er lirt m'r de Ohre voll met sinem dumme Gereds *ibid.* D' Ohre lire *an den Ohren ziehen, die Ohren reiben Ri.* — els. 1, 606 lire; ss. leiern Kr. 80.
Lis s. Lins.
lis [lĭs *fast allg.*; luəs *D. Si.*] adj. u. adv. 1. *leise, geräuschlos, behutsam:* lis rede, lis kumme. — 2. *nicht streng, nicht scharf:* er isch ze l. mit sine Kener *Mtsh.* — 3. *zu wenig gesalzen:* de Supp isch ze l. *Fo.* — 4. *nicht genug:* l. gekocht. — els. 1, 613 lis; lux. 272 lu^es; hess. N. 159 leise *von Speisen gesagt, denen es an Salz gebricht.*
Lisär [liʒèr *D. Si.*; liʒièr *Bo.*; liʒièr *Falk.*] *m. Luzernerklee.* — lux. 219 Lisér; els. I, 617 Lusërn; frz. luzerne. — Zs. Lisäre-klee.
Lischt I [lĭšt *Bo. Pü. Sgd. Lix.*; laiš *Elw.*; læšt *D. Si.*] *f. Leiste des Schreiners:* du muscht e L. druf mache, sus hälsch nit *Lix.* — els. 1, 620. s. a. Läschte.
Lischt II [lĭšt *fast allg.*; lešt *D. Si.*] *f. Liste:* du kimscht noch uf de Schnapslischt *auf die in den Wirtschaften angeschlagene Liste der notorischen Trunkenbolde, denen der Wirt keine geistigen Getränke verabreichen darf.*
Lischt III [lĭšt *Mtsh.*] *f.* wie hd. *List.*
Lisbet [liʒbèt *fast allg.*; *daneben die Koseformen:* lis, lĭs, lĭʒè, liʒi, lĭʒəl, liʒon, liʒχin] *weibl. Vorname Elisabeth. Nur die Heilige wird mit vollem Namen genannt. Reim:* Hopsa Lisel, danz e bissell *Ri.*
Lisi I [liʒi *Ri. Rom. Hom.*] *männl. Vorname Aloysius.* — els. 1, 613 Lis, Alisi.
Lisi II [liʒi *Ersd.*] *m. Gerichtsvollzieher:* eïnem de L. schicke. — L.< frz. l'huissier.
Liss [lĭs *Ri. Rom.*] *f. in der Zs.* Lissbeere *Elsebeere.*
Lit [lit *fast allg.*; lit *Fa.*; leït *Obd.*; lait *D. Si.*] Pl. 1. *Leute:* es sin vil L. in der Kirch gewän *Fo.* Alle L. *jedermann.* De L. *man.* Frimde L. *Leute aus einem fremden Ort.* Huslit *Mietsleute.* Herrelit *Städter.* Mannslit, Weibslit. Ebbs kummt hinger d'Litt *wird allbekannt Ri. Rdaa.:* Wer sich ums Wedder un ander Lit's Schulde bekimmert, isch e Narr *Flh.* Wie de L. sin, sin a de Sache *Pü.* Wie d'Litt, so's Gescherr *Ri.* — 2. *Angehörige, Verwandte, Eltern:* er isch zu sine L. gang *Fo.* Unsere Lit *zum Hausstand zählende Personen, Eltern.* Der, wo net well schaffen met seinen Leït, der kann fressen met ana Leïts Schwenen *Obd.* — Zss. L.-pinichersch(e) [-piniχərš *Lix. Ri.*] *f. Leute plagendes Frauenzimmer.* l.-schoi [lĭtšou *Lix.*; laitšai *D. Si.*] adj. *menschenscheu.* L.-ufhalersch [-ufhalərš *Lix.*] *f. Leute aufhaltendes Frauenzimmer.*
Liter [litər *fast allg.*; lidər *Ri. Hom. Rom. Ha.*] *m. Liter (Flüssigkeitshohlmaß), Literflasche:* en käft sech all Dach zwe͏̈in L., an dann hot hen genuch fer't ganz Woch *heißt es von einem Gewohnheitssäufer Nj.* — Zss. L.-budell, L.-fläsch, L.-kruch *Krug, der* 1 *Liter enthält.* L.-mess *n. Litermaß Ri.*
litereⁿ [litərə *Bi.* u. s.] v. 1. *eine Flüssigkeit in Flaschen füllen:* mer han de Win

schun gelitert. — 2. *tüchtig trinken:* der hat gut gelitert. — 3. *reichlich ausfallen:* des litert gut *da ist viel dran.* — els. 1,624 litere *trinken.*

Litnei [litnai *fast allg.;* lidàneï *Ri. Rom.*] *f.* 1. *kirchliche Litanei.* — 2. *langes, umständliches Gerede:* mach doch kän L.! — els. 1,624 ebenso.

litteⁿ *läuten* s. ludde*ⁿ*.

Liwer [liwər *Fa. Ri.* u. s.] *m. französische Münze vor der Revolution; ein Franken.* — els. 1,544 Liber; frz. livre. Finfliwerstick *Fünffrankenstück.*

liwerich [liwəriχ *fast allg.;* liwərəχ *D. Si.;* líbriχ *Bo.*] adj. 1. *frei, ledig, ungebunden:* mach, was de willscht, du bisch l. — 2. *tadellos:* 1. Wuer tadellose Ware *D. Si.* — lux. 269 liwerech; vgl. els. 1, 544 liber, liwer.

liwereⁿ **I** [liwərə *Fo. Ri. Hom. Rom.; sonst* líwərəⁿ] tr. v. 1. *liefern, geben:* er hat m'r schlechte Ware geliwert. M'r liwern em, was er brucht *Fa.* — 2. *zugrunde richten:* du bischt geliwert *du bist verloren Fo.* — els. 1,569 lifere; lux. 269 liweren.

liwereⁿ **II** [liwərəⁿ *fast allg.;* fərliwərən *Si.*] intr. v. *gerinnen, steif werden:* de Sôs isch geliwert. — lux. 269; baier. 1, 1414, 1451 libern, liefern; hess. N. 164 liwwern; Gr. Wtb. 6, 853 libbern; ahd. liberôn *(zu* lab *u.* lëber *gehörig).*

Liwre [liwré, Pl. -ən *Si. Ri. Rom. Hom.* u. s.] *m.* 1. *Arbeiterbuch.* — 2. *Sparkassenbuch.* — 3. *Einmaleinstafel in der Schule Ri.* — lux. 269 Liwre¹; frz. livret.

Lo [lô *fast allg.*] *f.* 1. *Lage:* das Stick isch in er guter L. — 2. *Schicht (Garben, Heu, Holz, Stroh):* wievil Loe hascht uf dem Wån? — lux. 269 Lô; els. 1, 570 Lag (Lo).

lo, elo [lô, əlô *D. Si.*] adv. *jetzt:* en as lo grad fort *er ist jetzt eben weggegangen.* — lux. 269; hess. N. 164 ebenso.

Lobing [lóebiŋ *Bo.;* loubiŋ *Msbr.* — Pl. -ən] *f. Verlobung (wobei abgemacht wird, wieviel Vermögen jedes der Brautleute mit in die Ehe bringt).* — els. 1, 545 ebenso.

Loch [lòχ *fast allg.;* laχ *D. Si.* — Pl. leχər, lèχər, leχrə; Demin. leχəl, leχəlχə, lèχəlχən] *n.* 1. *Loch, Höhle, auch Grab:* e L. im Kopp. Der Fuchs isch in sim L. Ich han eppes ens unrecht L. krit *habe mich verschluckt Lix.* Wenn de sterbscht, gids e L. in de Bodde *Ri. Rom. Hom.* Das macht e L. in de Geldsack *ibid.* Sie sin numme än Kobb un än L. *sie sind sehr vertraut mit einander ibid.* Änem e L. in de Kopp schwätze *allg.* Geh em Hund ens L.! *grobe Abweisung Lix.* Besser e Bloch wie e L. *besser ein Flick als ein Loch.* Er sifft wie e L. Oin L. bohren for d'annert se stoppen *eine Sache verbessern, um eine andere zu verschlimmern Bo.* En arme Mus, der wu nummen än L. hat *der ist zu beklagen, der nur eine einzige Quelle zum Unterhalt od. eine einzige Zufluchtsstätte hat Lix.* Wat kann dann Gott nit mache? E Ring ohne L. *Obd.* Zs. L.-klopper *m. Ri. Frack.* — 2. *Gefängnis:* er hat acht Da' L. grit *fast allg.*

lochen [loχən *Si.*] tr. v. *die unbrauchbaren Blätter vom Kohlkopf durch Einschnitt in den Strunk entfernen. Diese Blätter selbst heißen* Gelochs (s. d.) — vgl. ahd. hlâh, mhd. lâche *Einschnitt;* baier. 1, 1432 lacken, mhd. lâchenen *einschneiden;* hess. 251 Loch(stein), Loch(stätte), Lach(gang).

Lock-piff *f. Ri.* Lockpfeife.

lodder [lòdər *Fa. Vbg.* u. s.] adj. u. adv. *locker, lose, wackelig:* der Zant isch l. De Fäsch isch l. gebunn. — els. 1, 625; baier. 1, 1540; hess. 254 lotter. vgl. hd. Lotterbube.

lodderich [lòdəriχ *fast allg.*] adj. *lotterig:* e lodderije Kerl. — els. 1,626.

loddleⁿ [lòdlə *Pfb. Ri. Hom. Rom. Ha.* u. s.] 1. intr. v. *schwanken, wackeln, nicht fest sein:* de Zähn loddle m'r. Äm a' de Dach schlawe, ass der Gäwel loddelt *jd. einen Schlag versetzen, daß es ihm schwindelt.* — 2. trans. *rütteln, bewegen.* — els. 1,625 lottle.

Loddler *m. Ri. Rom. Hom.* u. s. *lotteriger Mensch, Taugenichts.* — els. 1,625 Lottler, Lottlo.

Loh [lô *fast allg.;* lôə *Bo.;* lou *D. Si.*] *f. Eichenrinde zum Gerben, Lohe.* — els.

1, 580 Lo; lux. 269 Lo^u. — Zss. L.-bidd
f. Gerberbütte. L.-bird *Lohbürde.* l.-
farwich adj. *lohfarben, braun.* L.-holz
abgerindete Eichenstämmchen. L.-kaul
Lohgrube (s. Kull). L.-kuche. L.-miller.
L.-sprenkel *m. von der Rinde entblößter
Eichenknüttel D. Si.*
    loifen s. lafen.
    lon *lassen* s. lan.
    Long s. Lung.
    Lonkech [loŋkex *D. Si.*] *Longwy,
französ. Stadt u. Festung unweit der
belgisch-luxemburg. Grenze.* — lux. 271
ebenso.
    Lori [lòri *Ri. Rom. Hom.* u. s.] *n. Schuttwagen auf Geleise, wie ihn die Rottenarbeiter auf der Eisenbahn gebrauchen.*
— els. 1, 607 ebenso; engl. lowry.
    Lorjeⁿ [lòrjə *Sgd. Lix. Ri.*; lòrjən *Fa.*;
lórjə *Pfb.*; lòrjar *Si.*] *m. Lorbeerbaum.* —
els. 1, 607 Lorje; frz. laurier. — Zss. L.-
blatt *allg. Lorbeerblatt als Gewürz dienend.*
L.-rose *Oleanderbaum.* frz. laurier rose.
L.-stock.
    lort [lòrt, lòərt *Bo. Va.*; luər, əluər *D.
Si.*] adv. *dort:* d'lort *der dort Va. Wie
hd. neben* da *auch* dar *u.* dort *stehen, so*
lort *neben* la, lo *da.* — hess. N. 164 lort
(histe) *dort (drüben);* lux. 272 lu^{er}· —
Zs. lort-remer *dortherum Bo.*
    Los I [lós *fast allg.*; lous *D. Si.*] *n.
Los, Anteil am Gemeindeholz.* — els. 1,
614 Los *Holzteil;* lux. 271 Lo^us. — Zs.
Los-dae (s. d.)
    Los II [lós *Berl.* u. s.; lús *Mü.*] *f.
Scharre vom Straßenwart zum Beseitigen
des Straßenkots gebraucht; Straßenkrücke
od. -kratze.* — els. 1, 617 Lues, Los, Lus.
    los I lós *fast allg.*; las *D. Si.*] adv.
los, fort, weg: was isch l.? *was gibts?*
D'r Deiwel isch l. *es gibt Zank u. Streit.*
Gehscht de los! *mach, daß du wegkommst!* I bin froh, dass i ne l. han *Ri.
Dieses Adverb geht alle Zusammensetzungen ein wie im hd.*
    los II [lôs *Falk.*] adj. u. adv. *schwach,
übel:* et isch m'r so l. word *so schwach
im Magen od. auf der Brust.* — baier.
1, 1518 u. hess. 253 lôs; vgl. hd. *lose.*
    Loschement [ložəmènt *Bo. D. Si.* u.
s.; lužəmènt *Fa.* — Pl. -ər] *m.* 1. *Wohnung:* m'r han e L. gelehnt. — 2. *Ort
im Theater, wo die Sänger u. Schauspieler
sich aufhalten.* — els. 1, 618 ebenso; frz.
logement.
    Loschett [lošèd *Ri. Rom. Hom.*] *f.
Häuschen, Gartenhäuschen.* — frz. logette.
    loschiereⁿ [ložirə *Fa.* u. s.; ložeïərən,
ložérən *D. Si.*] 1. *wohnen:* m'r l. im
erschte Stock. — 2. *beherbergen:* er loschirt a *nimmt auch Gäste auf.* — 3.
übernachten: m'r konn bi em l. — els.
1, 618 ebenso; frz. loger.
    Loscht s. Luscht.
    Los-dae [lósdaə *Lix.*; lóstaə *Ett.*]
Pl. (eigentl. *Lostage) die 12 Tage nach
Weihnachten, nach denen die Witterung
der 12 Monate des neuen Jahres bestimmt
werden soll.* — lux. 272 Lo^usdéch.
    losen [lóžən *Mw.* u. s.] intr. v. *lauschen, horchen, zuhören:* los mol! *horch
einmal!* — els. 1, 615 lose; hess. 240
lausen, lûsen.
    los-kummeⁿ intr. v. *Lix.* u. s. 1. *frei
werden, sich davon machen:* Mach, dass
de loskummscht un sa', de warscht do
gebräuchliche Abfertigung. — 2. *im Beichtstuhl die Absolution erhalten Ri.* — els.
1, 441.
    lo-sprach [lošpráx *Bo.*] adv. *sozusagen,
wie man zu sagen pflegt, redegebräuchlich:* et es l. en Schan *(Schande).* — vgl.
ähnliche Bildungen: anspruch *ansprüchig,*
unansprach *unangefochten* baier. 2, 696.
    los-schereⁿ intr. v. *Lix.* u. s. *sich
eiligst davon machen, sterben:* 's hett sich
wider ener losgeschert. — els. 2, 427
fortschère.
    lossen *lassen* s. lan.
    Lot [lót *fast allg.*] *n. Stück Metall von
bestimmtem Gewichte, Lot:* im L. = *im
Blei.*
    Lotert [lòtat *Vbg.* u. s.] *m. starkes
Seifenwasser, um reine Wäsche zu erzielen.*
— vgl. hd. lauter *klar, rein.*
    lotseⁿ [lódse *Ri.* u. s.] tr. v. *flötzen,
flößen (auf dem Wasser schwimmen
machen).*
    Lotzeⁿ [lotsè *Fi.* u. s.] Pl. *Lumpen.*
— vgl. els. 1, 635 Lotz, lotze, verlotzt
verlumpt, Lotzer *zerlumpter Mensch* u.
mhd. lotze.

lotzen [lòtsen *Bo. Falk. Hd. Merl.*; làtsən *Ebersw.*] tr. v. *saugend lecken, lutschen.*

Löudel [lœudəl *Ri. Rom. Hom.*] m. *nachlässiger, schlapper Mensch.* — els. 1, 558 Laudel; schweiz. Laudele.

Low [lów *fast allg.*] n. *Lob:* Gott Low e Dank! *Gott Lob u. Dank!*

loweⁿ [lówən *fast allg.;* lóuwən *Bo.;* luèwən *D. Si.* — Ptc. gəlóbt, gəlóuwt, gəluèwt] tr. v. *loben:* m'r därf ne nit ze vil l. Wie geht's? *Antw.:* m'r kann's nit l.

lowes-wert adj. *Ri. Hom. Rom. Ha.* u. s. wie hd. *lobenswert.*

Löz [løts *Ka.*] *Abkürzung des weibl. Vornamens Luzia.*

Luche [luχə *Ri.*] m. *Spitzbube:* du L.! (*Sonst nicht vorkommend*).

luchsen [luksən *Bo. Vbg.* u. s.] v. *lauern, erspähen.* — vgl. els. 1, 553 luchse; baier. 1, 1428 beluchsen *einem etwas abspähen.* s. a. Gr. Wtb. 6, 1223.

Luck [luk; Pl. -ən; Demin. likχin *Bo.*] *f.* 1. *Lucke.* — 2. *Lücke.* — els. 1, 583 Luck, Lück.

luck [lùk, lùg *Ri. Hom. Rom. Ha.* u. s.] adj. *locker, durchlässig (vom Brot, von der Erde, vom Tuch).* — els. 1, 583; baier. 1, 1435; hess. 246.

lucken *schauen* s. lun.

ludeⁿ [ludən *Bo. Fo. Fa. Lix.* u. s.; lutən *Pü.*; lidə *Pfb.*; lidə *Ri. Hom. Rom. Ha.*; litè *Fi.*; litən *Mü.*; laudən *D. Si.*] intr. v. wie hd. *läuten (akt. u. pass.):* es hat's dritt gelud *zum 3. Male zum Gottesdienst geläutet Fo.* 'S ludt letscht *Fo.* 'S hat letscht gelid: 1. *der letzte Glockenschlag zum Gottesdienst.* 2. *jetzt ist es genug, das Maß ist voll Ri. Rom.* Mit der Söwglock lidde *grob anfahren ibid.* E Zeiche lidde *einen Schlag läuten.* Dodezeiche lidde *läuten, um anzudeuten, daß einer gestorben ist ibid.* Ze Hâf lauden *mit allen Glocken läuten D. Si. Rda.:* Er hat gehèrt lude, er wäs awer nit, wo Kirb isch er hat von einer Sache gehört, aber nicht genung *Fo.* M'r kann nit l. un krize man kann nicht zugleich läuten u. *in der Prozession das Kreuz tragen d. h. nicht zugleich befehlen u. Befehle ausführen Lix.* — els. 1, 626 lüte.

Ludengen [luèdeŋən *Si.*] *f. Ladung.* — lux. 272 Lu^edeng.

Luder [lúdər *fast allg.;* loudər *Bo. D. Si.* - Pl. -n] n. *Aas:* stinke wie e L. — 2. *verworfener Mensch, liederliches Weib:* willscht ruhich sin, du L.! *Fi. Ausdruck des Abscheues D. Si.*

Luder-buw m. *Lix. Bube, der zu läuten hat.*

Ludert [ludərt, Pl. -ən *Bo.*] m. *Glöckner.* — els. 1, 627 Lüter. s. ludeⁿ.

Luft [luft *fast allg.;* loft *Bo. D. Si.* - Pl. left *Bo. D. Si.*] 1. *f. die atmosphärische Luft:* de L. isch gar heiss. 'S Fenschter hat L. *schließt nicht gut.* — 2. m. *Luftzug:* der L. zieht dätersch woher es ist *Luftzug irgend woher Mü.* Der L. geht *der Wind geht Ri.* s. a. *Luht.* — Zss. L.-blos *Seifenblase Ri.* L.-oder *Luftröhre ibid.* L.-schmacker m. *Flh.* eingebildeter, hochmütiger Mensch (*der die Nase immer hoch trägt*) s. schmacken *riechen.*

Luht [lút *Bo. D. Si. Falk.*; kein Pl.] *f.* 1. *Licht, Lichtseite:* geh m'r us de L.! In der L. stehn. — 2. *Luft, Firmament:* et as eng rauh L. D'L. as voll Steren (*Sterne*). D'L. gêt *der Wind geht.* Hal de Kapp an d'L. *halt den Kopf hoch! D. Si.* L. < ndd. lucht = Luft. — ndrhein. lôt, lut, From. 5, 415, 13. — Zs. L.-loch [lútloχ *Bo. Gelm. Va.*; lútlaχ *D. Si.* — Pl. lèχər] n. *Dachfenster, Lucke (eigentl. Lichtloch).*

Lui [lui *fast allg.*] männl. *Vorname Ludwig.* — els. 1, 539 Loui; frz. Louis.

Luis [luïs *Ri.* u. s.] weibl. *Vorname Luise.*

Lukarn *f. Fi.* u. s. *Dachlucke.* — frz. lucarne.

Luktem [lùktəm *Si.*] m. *Trost, Zuflucht:* sei' L. bei engem seïchen *Trost bei jemandem suchen.* — lux. 270 Loktem; ibid. 273 Lûtem. *Herkunft dunkel.*

Lulu *Pü. Ri. Hom. Rom.* u. s. 1. *Spottname für Ludwig.* — 2. *Hundename.*

lummerich [lùməriχ *Bi.* u. s.] adj. 1. *leer:* e lummericher Mâ' han *einen leeren Magen haben.* Min Geldsack isch l. *es ist nicht mehr viel drin.* — 2. *schlapp, weich, biegsam:* e lummericher Schuk *weicher*

Schuh. — els. 1, 588; baier. 1, 1473; hess. 254; Gr. Wtb. 6, 1291 lummer, lummericht.

Lump [lùmp *fast allg.*; lomp *Bo. D. Si..* — Pl. -ən; Demin. limpəl, limbəl] *m. Lump, Verschwender, Trunkenbold:* du L.! *Schimpfwort* (du Lumbes! *Bi.*) Do hocke se, die Lumpe *im Wirtshaus nämlich.* — Zss. L u m b e - b u *Ri. Hom.* L u m p e - g l e c k l e [lumbəglegəl *Pfb.*] *n. Rathausglocke, die um 10 Uhr nachts geläutet wird:* de L. lüt, awer de Lumbe gehn noh nit heim. L.-m a i d e u. L.-m e n s c h *n. Dirne:* L.-p a c k *Gesindel.* L.-s t r e i c h. L.-w e d d e r *schlechtes Wetter.*

Lumpen [lùmpən *fast allg.*; lomp *Bo. D. Si.* — Pl. lumpə, lompən; Demin. lempχən, leïmbəl *Bi.*] *m.* u. *f. Lappen, Lumpen:* e Lumpe zem Ufwäsche *Fo.* D' Lompen stenken *die L. stinken d. h. die Sache ist nicht sauber D. Si.* — Zss. L.-j u d u. L.-k r ä m e r *Lumpensammler, Lumpenkrämer.* L.-k r a m *wertloser Kram.* L.-m a n n *dasselbe wie* L.-krämer.

lumpen, lompen intr. v. *allg. zechen, schlemmen:* er lumpt de ganze Da' erum. — els. 1, 589; lux. 270.

lumpen lon, sich [lùmpə lòn *Fa* u. s.; lompə losən *D. Si.*] refl. v. *leiden, daß man für einen Lumpen, einen verächtlichen Kerl angesehen wird; daher sich unanständig, karg erweisen:* er hat sich nit lumpe losst *er hat sich freigebig gezeigt.* — lux. 270 sech lompe lòssen; koburg. ebenso, From. 5, 422, 55; auch hd. sich lumpen lassen Gr. Wtb. 6, 1295.

Lumperei *f. fast allg. wie hd.*

lumpich [lùmpiχ *fast allg.*; lùmbiχ *Bi. Pfb.*; lompiχ *Bo. D. Si.*] adj. u. adv. 1. *verlumpt, zerrissen:* lumpiche Kläder. — 2. *schlecht, wenig wert:* das isch e lumpiche Sach. Er dut's für e Par lumpische Grosche.

lun [lún *Fo. Schw.* u. s.; lun *Sgd. Lix.*; luə *Ett. Ltf.*; lóun *Bo. Fi.*; louən *Flh.*; loïn *Mett.*; ləwè *Mtsh.*; lòwə *Ri. Rom.* ləyə *Wb.*; lùkən *Pü.* — *Flexion:* lun (lú), lušt, lút, lún, gəlút; loïwe, loïšt, loïṭ, loïwən, gəloïṭ; lou, loušt, lout, loun, gəlout] intr. v. 1. *schauen, sehen, gucken, lugen:* der Hahn loᵘt ins Rejeloch *od.* ens Dreckloch *es wird bald regnen Fi. Flh.* Er loïṭ e Loch in de Himmel *er blickt starr Mett.* A lut en de ana Wuch enän *er ist geistesabwesend Av. od.* er loᵘt e Loch in de Bode. Er loïṭ sich bal d'Aue süm Kopf erüs *Pfb.* (sich d'Aue zum Kopp erus lun *Bi*). Der löüt dren, we der Schengerhonnes *Wb.* Erus löwe wie e gestocheni Gais *Ri.* Der lut mich on, wie de Kuh e nei Stalldir *Schw.* Er hat ze tief ins Glas geloït *zu viel getrunken Flh.* — 2. *mit Dat. pflegen, verpflegen:* Wer lut em? Er hat siner Tant gelut *Lix.* — els. 1, 577 luege *in beiden Bedeutungen;* baier. 1, 1462 lugen.

Lune I [lúnə *Fo. Fa. Ett. Lix. Sgd.* u. s. — Pl. -n] *f. Laune, Stimmung:* gut uf L. sin *bei guter Laune sein.* Er hat wiederum sine L. *Ri.* — els. 1, 593 Lun. — Zs. L u n e n - n a r r *Bo. launischer Mensch.*

Lune II [lúnə *fast allg.*; lunən *Falk. Brettn.*] *m.* u. *f.* 1. *Lünse, Radnagel:* äm de L. us em Wân mache *einem einen Streich spielen Bi.* — 2. *Wagennagel, an dem die Pferde bespannt sind.* — els. 1, 593 Lone, Lune; baier. 1, 1482 Lon, Lunnagel; hess. 255 Lunn, Lünn; eifl. Lonen Bü. 23; mhd. lun.

Lung [lùŋ *fast allg.*; loŋ *Bo. D. Si.*] *f. Lunge:* L. un Lewer kotze. Er hat's an de L. *ist schwindsüchtig.* — Zss. l u n g e n - f u l (longe-faul *D. Si.*) adj. *schwindsüchtig.* l ù n g e - k r a n k *dasselbe.* L o n g e - p e i f *f. D. Si. Lungenröhre.*

lunich [lúniχ *fast allg.*; launeχ *D. Si.*] adj. *launig:* das isch 'n lunicher Hund! — els. 1, 593 lunig u. lunisch.

Lupp [lùp, Pl. -ən *Obh.*] *f. großes Roheisenstück.* — Gr. Wtb. 6, 1312: Luppe *ein aus zwei oder mehreren Stücken zusammengeschmolzener Klumpen Eisen;* frz. loupe.

Luppel [lùpəl, Pl. -n *Bo.*] *m. arbeitsscheuer Mensch, Tagedieb.* — els. 1, 603 Luppel *Taugenichts*; hess. 225 Lupp *Scheltwort für eine liederliche Weibsperson.* L. *ist Vergrößerungsform zu* Lippel (s. d.).

luppeln intr. v. *Bo. bummeln, faulenzen, den* Luppel (s. d.) *spielen.*

luppen [lùpən *Mtsh.* u. s.; libə *Ri.*] tr. v. 1. *heben:* der Sack isch schwer ze l. — 2. *eine Last heben helfen:* er hat em geluppt. — els. 1, 603 lüpfe; baier. 1, 1498 lupfen.

Lur [lúr *fast allg.;* lauər *D. Si.*] *f.* 1. *Lauer.* — 2. *Wilddiebsjagd:* of de L. gehn *Bo.* — Zs. L.-wedder *Ri. Rom. Hom. unsicheres Wetter.*

Lura [lurą *Fa.*] *f. Freude, fidele Zeit, lustige Tage:* er hat dreï Dach L. gemacht *blau gemacht.* — els. 1, 608 Lura; frz. luron *kreuzfidel.*

luren [lúrən *fast allg.;* lauərən *D. Si.*] intr. v. *lauern, heimlich aufpassen:* er hot em schun lang uf gelurt. — els. 1, 608.

Lus I *Straßenkratze* s. Los.

Lus II [lus *fast allg.;* lús *Lix. Flh.;* lys *Pfb. Mtsh.;* laus *D. Si.* — Pl. lîs, lys, lais; Demin. líslə, lisχin *Bo.*] *f.* wie hd. *Laus:* de Lis fressen en *er ist mit Ungeziefer bedeckt Fo.* Kumm, loss d'r de Lis fange, se schlîfe dich sunscht in de Bach! Er isch frech wie de L. im Grind *Av. Flh.* De Schloflis bisse ne *heißt es von dem, der sich schlaftrunken am Kopf kratzt Fo.* Er hat noch Lis *Schulden Lix.* Us er L. en Elefant mache *Fo.* Besser e Lüs im Krüt, ass gar kän Fleisch *Pfb.* — els. 1, 615 Lus. — Zss. L.-bue *Pfb.* (Lausboᵘf *D. Si.*) *Lausbube als Schimpfwort.* L.-salb s. d. Lüs-bidel *einer, der Läuse hat Ri.* u. s.

Lüs-böwe-schuh *Pfb. Kinderschuhe:* der hat jo noch net sinni L. verresse *ist noch ein Kind.*

Luscht [lùšt *fast allg.;* lošt *Bo. D. Si.* — Pl. lùstə, lištə, loštən] *f. Lust (etwas Begehrtes zu genießen):* haschte kä L. z'esse? Sini L. biesse *bis zum Überdruß genießen Ri.* Ebber d'Lischte verderwe ibid. 'S isch m'r e guder L. *ich habe gute Lust ibid.* — lux.: 271 Loscht. — Zs. Loscht-his-chin *n. Bo.* 1. *Gartenlaube, Lusthäuschen.* 2. *(iron.) Abort.*

luschtich [lùštiχ *fast allg.;* leštiχ, lešteχ *Bo. D. Si.*] adj. 1. *lustig, fröhlich:* e luschtichi Gesellschaft *Fo.* Er isch l. wie n'Atsel *Ri.* — 2. *lieblich, angenehm:* e luschticher Pläz.

luschtreⁿ [lùštrən *fast allg.;* lušdərn *Merl.;* lušdərè *Fi. Mtsh. Ri.;* lyšdərə *Pfb.;* laušterən *D. Si.*] intr. v. *lauschen, auskundschaften, aufpassen, lauern:* der hat welle l., awer er isch verdabbt wore *Pfb.*

Spruch:
Wer luschdert an d'r Wand,
der hèrt sini eijeni Schand   *Ri.*

(Wo die Spinnstuben noch üblich sind, da ist es auch Brauch, abends gegen 10 Uhr leise an die Fenster zu schleichen, um zu „luschtere"). *Forbacher Kinderspruch:*

Va luschtere à la Kirchedir,
si l'enfant ne kreische pas.

— els. 1,621 lustere; hess. 256 lüstern; lux. u. ss. laustern Kr. 79; ahd. hlôse *höre zu.*

luschtreⁿ **II** [luschtərə *Fa.* u. s.] intr. v. *schielen.* — frz. loucher.

lusen [lúʒən *fast allg.;* lauʒən *D. Si.*] tr. v. 1. *lausen, Läuse fangen:* Kenner misse gelust werre. — 2. *Geld abnehmen od. abgewinnen:* er es gelust word die Taschen sind ihm geleert worden *Bo.* — els. 1, 616 lusen, lüsen; lux. 262 lausen.

Luser [lúʒər *Ri. Hom. Rom.;* lúʒərt *Bo.*] *m. Lausbube als Schimpfwort.* — els. 1, 617 Luser. s. Lus.

Lusi, Lussi *Hochw. Ri. Hom. Rom. Ha. weibl. Vorname Luzia.*

Lusie [lusiè *Hochw.*] *männl. Vorname Luzian.*

Lüs-salb [lýsâlp *Pfb.*] *f. Laussalbe (Salbe zur Vertilgung der Läuselarven):* hättsch dü Geld for L. *sagt man zu einem armen Kerl, der stolz tut.* — els. 2, 353 ebenso.

Lustrin [lusdrin *Ri. Hom. Rom.* u. s.] *n. Glanzseide.* — frz. lustrine.

Lut s. Laut.

luteⁿ [ludə *Ri. Hom. Ha. Rom.*] intr. v. *laut werden:* er hat nix losse l. *nichts verlauten lassen.* — els. 1, 626 ebenso.

Luter *Protestant* s. Lutrischer.

luter [lutər *fast allg.;* ludər *Ri. Rom. Hom.;* lautər *D. Si.*] adj. u. pron. ind. *lauter, nichts als, nur:* das sin luter Äppel, do sin gar kän Bire debi *Fo.* Er gesiht van luter Bäm de Wald nit stehn *Flh.* Von dene Bire konnen er herzhaftich kâfe, es sin luter erscht Kalität *Lix.* Lauter Fräd *nichts als Freude D. Si.* — els. 1, 627 luter 5.

lutrisch [lutriš *fast allg.*; lutərš *Lix. Mtsh.*; lutəš *D. Si.*] adj. *lutherisch, protestantisch:* der lutersch Parrner *Lix.* Lutrischer Dickkopp *Schimpfname.* — els. 1,628 luterisch; lux. 273 lutesch.

Lutrischer [lutrišər *fast allg.*; lutər *D. Si.* Pl. lutrišə, lutərən] *m. Protestant.*

lutschen [lutšəⁿ *allg.*] tr. v. 1. *lecken:* e Zuckerstang l. — 2. *am Daumen saugen.* — els. 1,631; lux. 273.

Lutscher(t) [lutšər(t) *fast allg.*] *m. Saugpfropf der kleinen Kinder.* — els. 1,631 Lutschi.

Luwis [lúwis *Mtsh.* u. s.; luwiẓel *Ri.*] *weibl. Vorname Luise.*

Lux [luks *fast allg.*] *männl. Vorname Lukas:* uf de L. gehn *mausen, stibitzen. (Nach St. Lukastag hält sich die Jugend für berechtigt, alle Obstgärten zu betreten u. das übrig gelassene Obst sich anzueignen Lix.)* — Zs. Luxda' *St. Lukastag (18. Okt.) Der Oktober hieß übrigens* Luxmonat *Weinh. d. Monatsn. 49.*

luxen [luksəⁿ *Av. Lix.* u. s.] tr. v. *dasselbe wie* uf de Lux gehn.

Luzefer [lutsəfěr *D. Si.* u. s.] *m. Luzifer, Teufel, Nichtsnutz.*

M.

ma *unbest. Fürw. man; persönl. Fürw. wir* s. mcr.

Mä s. Mai.

mä [mæ *D. Si.*] 1. conj. *aber:* mä well d'r da net bleiwen? *aber wollen Sie nicht dableiben?* mä dach *aber doch, ja doch!* — 2. intr. *Ausruf des Erstaunens:* mä gewess *gewiß!* mä jo *nun ja!* mä nän doch nicht! — lux. 274 ma, mä; frz. mais.

Mach [maχ *fast allg.;* máχ *D. Si.*] *f. Mache, Arbeit, Behandlung, Bearbeitung:* eppes in der M. han. Der Schnider hat min Rock in der M. — els. 1,645; baier. I, 1556; lux. 273.

macheⁿ **I** [màχən *fast allg.;* máχən, máən *D. Si.;* mauə *Wb.;* mán *Busd.* — *Flexion:* Präs. màχə, meχšt (miχšt), meχt (miχt), gəmàχt *fast allg.;* máχən, mèχšt, mèχt, gəmát *D. Si.* — Conj. Imp. iχ miχ *Lix. Si.* u. s.] *v. machen:* das macht nix *hat nichts zu bedeuten.* Mach m'r de Hòr ordne *mir die Haare Lix.* Se konne's m. *sie sind wohlhabend.* Mach furt! *beeile dich!* Ich gehn m'r de Bart mache *mich rasieren lassen.* Schalwari m. s. d. Holz m. *Holzarbeiten verrichten.* Händel m. *Streit verursachen.* Kumedie m. *Geschichten machen; an die Öffentlichkeit bringen, um Aufsehen zu erregen Ri. Rom. Hom.* Gowe m. *Gesichter schneiden ibid.* A a m. *(zu Kindern) die Notdurft verrichten ibid.* D' Madam m. *die Dame spielen allg.* Er macht numme n'eso *er gibt sich nur den Schein allg.* Hat der sich awer in Paris gemacht! *sich gesellschaftlich entwickelt Ri.* Er macht's mer's awer! *er verursacht mir Ärger u. Verdruß ibid.* Was mache n'er Gudds? *fragt man die Leute bei der Arbeit Ri. Hom.* u. s. Sich àbss uff d' Sit mache *etwas beiseite legen für künftige Tage. fast allg.* Nimmeh lang m. *dem Tode nahe sein.* Ebber Bän m. *jd. zur Eile antreiben Ri. Rom. Hom.* Ich han's mache mache *machen lassen* (vgl. frz. faire faire) *ibid.* De Katz hat Junge gemacht. De Kuh geht bal mache *wird bald kalben Lix.* De Kuh micht die K. kalbt. Mach dich ab! geh fort! Was michscht de do? en Ungemachtes, wonn's zwei gibt, krischt de äns *Lix.* Was doch de Gewohnheit nit micht, sät de Schnider, un do schmisst er e Stick von sinem eijene Duch en de Ecke *Schw.* Der macht awer heilich *der stellt sich aber fromm Pfb.* E mecht sech dek er bläst sich auf *Nj.* Er hat en de Buchs gemacht *die Hosen verunreinigt allg.* Mach ä ä! *sagt man zu den Kleinen, um sie zum Pissen zu veranlassen Lix.* — Zss. en-mache*ⁿ einlegen zum Konservieren.* Bohne e. Erunner mache, era-mache *verleumden:* do bin ich emol erunner gemacht wor! *Lix.* Sich furt mache *sterben.* Hin-mache *umbringen.* Met-mache *mitmachen:* er micht noch alles met trutz eme Junge. Noh-mache *nachahmen:* en Aff micht alles noh. Us-mache *durchhecheln, verschreien Ri.*

machen II *mögen* s. manen.

Macher-lohn *m. wie hd.*

Macht [máχt *fast allg.*] *f. wie hd. Macht:* ech hu(n) keng M. iwer se *Si.* Das isch nit in minere M. *Ri.*

mächtich [mèχtiχ *fast allg.*] 1. adj. *mächtig, groß:* er hot mächtich Hunger. — 2. adv. *sehr, bedeutend:* es isch m'r nit m. drum se dun *Lix.* — els. I, 649; lux. 274.

Mackeⁿ [màkə, màgə *Ri. Hom. Rom.* u. s.] *m. Fehler, Schwäche, Gebrechen als Folge überstandener Krankheiten; an Bäumen: wunde Stellen, Narben.* — els. I,

660 ebenso. M. < hebr. makhâh Jb. 12, 149.

Mackes [makəs *fast allg.*] Pl. *derbe Zurechtweisung, Prügel:* 's git M. *es setzt Prügel ab Av.* La hat et M. gen *Bo.* — els. 1,660; baier. 1, 1565; hess. 258; lux. 274; From. 3, 469. M. < hebr. makhâh.

Mad [mad *Lix. Pü.;* mâd *Berl.;* madə *Ri. Rom. Hom. Ha.;* muod, muèd *D. Si.* — Pl. -əⁿ] *f. Made im Obst; Engerling.* — els. 1, 650; baier. 1, 1567. — Zs. made-betzich adj. u. adv. *wurmstichig.*

Madam [màdàm *fast allg.;* madòm *Lix.* — Pl. -ə] *f.* 1. *Dame; Frau der besseren Stände; Hausherrin:* kennscht de die M., wo dort vorbigeht? De M. mache od. spile *die vornehme Dame spielen u. wenig arbeiten allg.* els. 1,649; lux. 274. — 2. *Wasserjungfer Ri.* — 3. *spöttische Bezeichnung für eine Person aus niederm Stande Ri. Hom. Rom.* — Zss. M.-hòr *Lix. eine Art langes, feinblättriges Gras.* Madame-schenkle *Birnensorte Ri. Rom.*

Madel [màdəl *Schw.*] *f. Marder.* — baier. 1, 1568 Mader, Maderer; tirol. Mäder, From. 3, 465. 4, 55; mhd. mader *neben* marder.

Mädel [mǽdəl *Fo.* u. s.; maidəl *Sgd. Lix. Pfb. Grt. Falk.;* mail *Bo. Gelm.;* mǽl *Busd.;* mædè *Fi.;* médχən *D. Si.* — Pl. mǽdlə, maidələ, mailən; mǽlən, médərχər; Demin. mǽdəlχə, maidələ, maidəlχən, mailχin] *n. Mädchen, Tochter, Jungfrau:* m'r han dreï Maidle on swei Buwe *Lix. Rdaa.:* Maidle, wie pfiffe, on Hehner, wie kräie, sott mer als d'r Hals crom draïe *Pfb.* De hoffertichschte Maidle un de dreckichschte Schwin sin en äm Hus *Lix.* Spruch:
Maidle wäsch di, strähl di, butz di schên!
So wille mer mit enander uff de Bolka *(Tanz)* gehn. *Ri.*
— Zs. Maidels-narr u. Maideschnäcker *Lix. Ri.* u. s. *Mädchenjäger.* els. 1, 779 Maidlenarr.

Mäder s. Mäjer.

Madild [màdild *Ri. Hom. Rom. Ha.;* màdil *Hw.*] *weibl. Vorname Mathilde.*

Madlen [mátlén *Lix. Ri. Rom. Hom.* u. s.; madəleïn, modəleïn *D. Si. Daneben* leïn, leïntχən, lén, léntχən, lénələ.] *weibl. Vorname Magdalena.* — els. 1, 650 Madlen; lux. 274 Madleïn.

Madrich [màdriχ *Lix.* u. s.; màdəriχ *Ett.;* matriχ, matrie *Bi.;* màdrie *Ri. Rom. Hom.*] *m. Bohle, dicke Diele, Brett* (M. < frz. madrille, ll muilliert gespr.) — lux. 274 Madrill.

madricheⁿ [matriχə *Bi.*] tr. v. *ein Loch, eine Vertiefung mit Bohlen bedecken.* s. d. vorige.

Ma'e [máə *fast allg.;* máwə *Pfb. Ri. Hom. Rom. Ha.;* mân *Bo.;* mò *D. Si.* — Pl. máə, mé, min *Bo.*] *m. Magen:* er hat e schlechte Ma'e, er kann nix vertra'n *Fo.* Der hat newen om Ma'e noch e Säckel *Schw.* De Mawe iwerlade *zu viel essen.* E babierene Mawe han *einen schwachen M. haben Ri.* — Zss. Mawebitter *Magenbitter.* M.-drobbe *Magentropfen Ri. Rom.* M.-grebs *ibid.*

mäeⁿ I [mǽəⁿ *Fo. Bo.;* mǽjən *Falk. Pü. Mü. Berl.;* méən, méïon *D. Si.*] tr. v. 1. *mähen:* 's Gras isch schon gemät. — 2. *mit den Beinen breit auseinander gehen, wobei der eine Fuß eine ausgreifende Bewegung macht wie die Sense beim Mähen.* — els. 1, 658 mäje; lux. 281 meïen; mhd. mæjen.

mäeⁿ II [mǽən *fast allg.*] intr. v. *blöken wie ein Schaf.* — lux. 274.

Magasin [magaẕin *fast allg.;* magaẕoṇ *D. Si.*] *n.* 1. *Warenlager.* — 2. *Güterschuppen:* er schafft im M.

Ma(g)d [mât *fast allg.;* môt *D. Si.* — Pl. mǽt, mét] *f.* 1. *Magd, Dienstmädchen:* unser nei M. schafft gut *Fo.* Du wersch mäne, i bi dini Mad *ich bin doch nicht deine Dienerin Ri. Hom. Rom.* Du kannsch d'r e M. suche *eine andere mag dir dienen ibid.* — 2. *(kosend) Mädchen:* mi lieb M.! Gelt, du bisch min M.? Meng Môt! *Si.* — 3. *Ehrenjungfrau bei Hochzeiten, die der Bräutigam führt Ri.*

mager [máχər *Fo.* u. s.; mâr *Bo.;* mòr *D. Si.;* méwər *Mtsh.;* máwər *Ri. Hom. Rom. Ha.* — Steigerung: mêχərər] adj. *mager, nicht viel Fleisch od. Fett an sich habend:* m. Fläsch. *Rda.:* der isch so m.

(so durr), dass er kinnt de Gais tische de Hêr kisse *Lix. od.* dass m'r 'ne anzinde kent. E mawre Da *Abstinenztag Ri.*
Mah [má *Bo. Mü.* u. s.; máə *Ett.;* mó *Lix.*] *m. Mohn. Kommt fast nur vor in der Zusammensetzung:* Mahsamen *Bo.,* Mahsomen *Mü.,* Maesome *Ett.,* Mohsome *Lix.* (Papaver somniferum). Mahsamblum [máʒąmbloum *Bo.*] *Mohnblume.*
Mähr [mær *fast allg.;* mærə *Mtsh.;* mèrl *Fa.;* mère *Ri. Rom. Hom.;* míər *Si.;* mærən(pèrd) *Mmb.*] *f.* 1. *Stute im Ggs. zu* Hengscht. — 2. *altes Pferd.* — 3. *sittenloses Frauenzimmer, Dirne:* das isch e rechti M.! *Fi.* — els. 1, 700 Märe; baier. 1, 1649 Marh, Mar; hess. 261 Maere.
Mai I [mai *fast allg.;* meï *Falk.;* mǽ *D. Si.*] *m. der Monat Mai:* im erschte M. lènt jeder Vogel sin Ei *Karl.* — *Bauernregel:* Wann den M. goᵘt as, dann as d'ganz Johr goᵘt. *Nj. Rü.* u. s. — Zss.: M.-blimle. M.-gras *n. Schw. Feder- od. Grasnelke* (Dianthus plumarius). M.-käfer s. d. M.-katz *eine im Mai geworfene Katze:* a M. fangt kä' Mis *Mbr.* Gr. Wtb. 6,1481 Maikatze. M.-kraitchen *n. D. Si.* Waldmeister (eigentl. *Maikräutchen*). M.-rän *Mairegen. Kindervers:* Mairän, mach mich grossi Ich bin klän wie e Hinkelsbän *Lix.* M.-res-che [-résχə *fast allg.*] *Maiglöckchen* (Convallaria majalis). els. 2, 290 Maierösel.
Mai II [mai *Sgd. Lix. Pü. Grt.* u. s.] *m. Besuch:* uf de M. gehn. E M. mache. M'r hon M. grit *Besuch bekommen.* — els. 1, 639.
Maiane [maiònə *Lix.* u. s.] *f. Nachtviole* (Hesperis matronalis). *Sie blüht im Mai.*
Maidel s. Mädel.
Maieⁿ [maiə *Fo. Lix. Sgd. Ri. Hom. Rom. Ha.* u. s.] *m. pl.* 1. *Maisträucher, Sträuße aus Maiblumen:* ich han schene M. gebunne. — 2. *Maibäume, bes. für die Fronleichnamsprozession. Rda.:* Wemmer *(wenn man)* äm nit hold isch, steckt mer um kä Maie *Ri.* — els. 1, 637; baier. 1, 1550; hess. N. 171.
maien [maiən *fast allg.;* méïən *Av. Bo.*] intr. v. 1. *auf Besuch gehen; Besuche machen:* kumm su uns maie! *Lix.* Jetz het ich long genung gemait. Da Owen geht m. *das Feuer im Ofen geht aus Av.* — 2. *plaudern.* — els. 1, 639; baier. 1, 1552; eifl. maien gehn *minnen od. freien gehen* From. 6, 16; mhd. meien, meigen, *wie im Mai fröhlich sein.*
maierend [màiərènd *Ri.* u. s.] adj. *majorenn, mündig.*
Mai-käfer [-khèfər *Fo. Rlf. Pfb.;* -khiwərt *Sgd. Lix.;* -khiwa *Marienth.;* -klèmər *Obh.;* -khèmər *Fi.;* -bópə *Pü.;* méïklèmər *Ersd.;* maikips *Fo.*]*m. Maikäfer:* der M. isch stark, wie der Esel am Karrch *Rlf.* Wenn de Maikämerä emol Sigarre rachà *d. h. niemals Fi. Kinderlied:*

Maikäfer, Fleïhkäfer!
Firle brennt, Sebbele *(Süpplein)* kocht,
Bible, komme esse!   *Pfb.*
Maikiwa flij! Papa ischt em Kriej;
Mama ischt em Pommaland,
Pommaland ischt abgebrannt;
Maikiwa flij!   *Marienth.*

Rda.: Er lacht mit em ganze G'sicht wie e M. *Ri.* s. a. Klewer.
Mäj [mæj *Falk. Fi. Mü.* u. s.; mæ *Ett.;* maï *Pfb. Mett.;* mèï *Bett.*] *f. Sense.* — els. 1, 659 Mäj. — Zss. M.-wurf *Sensengestell.* M.-ring *dient zur Befestigung der Sense am Stil.* M.-rieme *Leder, um den Ring fest zu halten.* M.-stil.
mäjen s. mäeⁿ.
Mäjer [mæjər *Falk. Fi. Mü.* u. s.; mædər *Sgd. Lix. Bo.*] *m. Mäher.* — els. 1, 659 Mäjer u. Mäder; baier. 1, 1568 Mâder; mhd. madære. — Zs. M.-loh'n.
majeschtädisch adj. *Ri. Hom. Rom.* wie hd.: er geht so m. doher.
makech [makeχ *Rü. lux. Grenze*] adj. *abgetrieben, matt:* e m. Pärd. — lux. 274 måkech u. mackech; ndd. mak; vgl. eifl. maken *empfindsam tun,* die Make *empfindsamer Mensch* From. 6, 16; hd. Makel *Fehler;* ss. måkn *weinerlich tun* Kisch vgl. Wtb. 148.
Makolmes s. Kolmes.
Makowen [makhowən *(mit Anlehnung an* Kow *Rabe) Obd.*] *m. Häher* (Corvus glandarius). M. ⟨ Markolf Gr. Wtb. 6, 1642. — ndd. makolwe, From. 3, 372; 5, 63, 25.

Makrele [magrèlə *Ri.*; magréïl *D. Si.*] *f. Makrele (Fisch).* — lux. 274 Makreⁱl; ndd. makreel; mlat. macrellus, maquerellus; mhd. makrêle.

Mäks [mèks, Pl. -ən *Bo.*] *f. Maske, häßliches Gesicht.* M. *durch Umstellung aus* Mask *entstanden.*

maloucheⁿ [màlœuχə *Ri.* u. s.] tr. v. *fälschen:* Win m. — els. 1, 667; hebr. mĕlakà *Geschäft* Jb. 12, 150.

Mälch [mælχ, Pl. mæljən *Si.*] *f. Masche.* — frz. maille.

Malefitz [maləfīts *Fa.* u. s.] *n. gerichtliches Verhör wegen eines Vergehens:* er muss vur's M. *er muß vor dem Bürgermeister erscheinen, um sich wegen einer strafbaren Handlung vernehmen zu lassen.* — els. 1, 607; baier. 1, 1584. *Das Demin.* Malefitzel *bedeutet ein besonderes Arzneimittel des Pfarrers Kneipp.*

maleⁿ [málən *fast allg.*, mòlən *D. Si.* — Ptc. gəmált, gəmòlt] tr. v. *auf der Mühle mahlen:* wer s'erscht kommt, malt s'erscht *fast allg. Sprechübung:* Miller, mal m'r min Mehl! Min Mutter muss m'r morje min Mitsche (s. d.) mache *Lix.*

Maler-lohn *m. Ri. Hom. Rom.* u. s. *Mahllohn:* s. a. Molter.

Malin [malę̆ *Pfb.*] *m. in der Rda.:* der macht de M. *stolz sein, den großen Herren spielen.* — els. 1, 668; frz. malin.

Mal-schloss [màlšlòs *Ett.* u. s.] *n. Vorhängschloß, aus* frz. malle.

Malter [maltər *fast allg.*; maldər *Ri. Rom. Hom. Ha.*; málər *D. Si.* — Pl. gleich] *m.* u. *n. ein Getreidemaß, ungef. 140 Liter.* — 2. *hochstengliges Unkraut in Kartoffel-, Gemüse- u. Hanffeldern Ri.* — lux. 274 Mäler. — Zs. M.-sack *großer, weiter Sack.*

maltern s. moltern.

Malz *n. allg.* wie hd. *Malz:* do isch all Hopp u M. verlor *Ri.*

mälzen *fast allg. malzen.*

Mam(e)luck [màməlug *Ri. Rom. Hom.*] *m. falscher Mensch, Scheinheiliger:* e fälcher M. — els. 1, 679.

Mamme [màmə *fast allg.*; mòmə *Lix.*; màm *D. Si.*] *f. Mama, Mutter* (Muder *wird fast nie gebraucht*): mi M. isch uf de Märkt gang. — els. 1, 679 Mamme;

lux. 275 Mamm; hess. 268 Memme; vgl. hd. Mamme *Mutterbrust, Euter* Gr. Wtb. 6, 1519. — Zs. Mamme-kand *n. D. Si. Muttersöhnchen* (M.-biwel *Ri.*).

Mämmchen *f. D. Si. kleine Zitze.* — hd. Mamme *Euter.* s. a. Memm.

Mammi [mami *Falk.*; mâmi *Fletr. Mw.* u. s.] *f. Großmutter.* — els. 1, 679.Mämme 2.

Mamsell [màmz̧èl *fast allg.*; mòmz̧èl *Lix.*] *f.* 1. *Fräulein:* was das a fin M. word isch! *Fo.* — 2. *städtisches od. herausgeputztes Mädchen. Daneben auch* Stadtmamsell. — 3. *Wasserjungfer, Libelle.* — els. 1, 682; lux. 275.

mancher [manχər (manχər, manχri, manχəs *Ri.*), *meist zsgs.* manχəræ̀nər *Fo.* u. s.; mointχər *Bo.*; muntχər (muntχəræ̀n, -eṇ, -ŭnt) *D. Si.*] pron. ind. *mancher:* wann das mancheräner wisst! *Fo.* — lux. 294 muncherèn.

[Mandel] *in* Mandel-kèr [mandəkèr *Si.*] *m. Mandelkern.*

Mand s. Mond.

manen [mánən *Av. Falk. Fi. Ri. Hom. Rom.*; máṇən *Fo. Bo. Grt.*; mònə *Sgd. Lix.*; máχən *D. Si.* — Flexion: Präs. Ind. mán, mánšt, mán(t), mánən *Bo. Falk. Fi. Av.*; mòn, mònšt, mòn, mònə *Lix.* — máχən *hat keinen Indikativ.* — Präs. Konj. máχ̧, máχ̧št, máχ̧; máχ̧ən, máχ̧t, máχ̧ən *Si.* — Imp. Konj. méïχt (méïχ), méïχšt (méïχš), méïχt (méïχ), méïχtən. *Daneben:* mint, minšt (minš), mint, mintən *Falk.* — mīət (mīərt), mīətšt (mīərtšt), mīət (mīərt); mīətən (mīərtən), mīət (mīərt), mīətən (mīərtən) *Si.* — Ptc. gəmánt, gəmànt, gəmònt (gəméχt), gəmát.] *Hilfszeitwort mögen, wollen, können:* manschte e Ei? manschte nit esse? Der Fuchs hat kän Bire gemont, wie's Láb gefall isch *Lix.* Er mant nit *er will nicht Av. Grt.* Es mant (mont) *es mag sein, meinetwegen:* du bisch nit en der Zit kumm, jetz spil ich nit bi dir! — Es mont *Lix.* E mâch sech net krâtzen, woᵘ et en beïsst *er mag sich nicht kratzen, wo es ihn juckt Si.*

mänen [mæ̀nən *Av. Fo. Falk. Pü.* u. s. mounən *Busd.*; mèŋən *Ka.*; mínən *Bo.* — Ptc. gəmǽnt, gəmèŋkt, gəmínt] intr. v. 1. *meinen, glauben, dafürhalten:* mänə'n ihr *glaubt ihr wirklich?* Was mänscht dann du? *was fällt dir ein? Entschuldigt sich jemand, daß er sagt:* ich han so gemänt, *so wird ihm wohl geantwotet:* hut *(heute)* isch nit Mända *(Montag) Lix.* Mer get mäne, mer wär em Hund vom Schwanz gefall *so beschweren sich z. B. alte Leute, wenn sie merken, daß man sie nicht mehr achtet Fo.* — 2. refl. *stolz sein, sich etwas einbilden, großtun:* sich eppes mäne. Sech mänen an domm sin *großtun und dumm sein Si.*

Manesch [manéš *fast allg.*; monéš *Lix.*] *f. Göpelraum der Dreschmaschine, wo die Pferde sich bewegen:* de Pär gehn in der M. — els. 1, 687; frz. manège.

Manewer [mànéwər *fast allg.*] *m.* 1. *militärische Übung.* — 2. *Verrichtung, Gebärde, Albernheit:* mach doch kä M.!

manewren intr. v. *fast allg.* 1. *militärische Übungen machen:* d'Seldade kumme zu uns m. *Ri.* — 2. *tätig, geschäftig sein, poltern, toben:* was manewersch de wiederum do?

Mangel I [máŋəl *D. Si.*] *f. Mange (Glättmaschine für Wäsche).* — hd. Mangel *erweitert aus* Mange Gr. Wtb. 6, 1540; els. 1, 692 Mang; mlat. manga, manganum *Walze, Rolle.*

Mangel II [máŋəl, Pl. -ən *D. Si.*] *f. Leibschaden, eiternde offne Wunde, bes. Skropheln.* — lux. Helgesmångel Ga. 201; hess. 260 böser Mangel *fallende Sucht*; baier. 1,1625 Mangel, Mengel *Leibschaden*; Gr. Wtb. 6, 1540 Mangel *körperliches Gebrechen*; mhd. diu manc. — Zs. Mangelbätz *m. ein durch Narben, bes. Skropheln Verunstalteter.* vgl. baier. 1, 314 Bätz *weiche, klebrige Materie, bes. die inneren weichen Teile zerquetschter Tierkörper;* bätzig *weich, klebrig.*

mangelech ['màŋeleχ *Si.*] adj. *mit einem Leibschaden, bes. Skropheln behaftet.* — kärntn. mank, From. 3,467; mhd. manc. *s.* Mangel II.

Manier [mànlər *fast allg.*; mànéïər *D. Si.* — -ən] *f.* 1. *Lebensart, Benehmen, Anstand:* der hat wischede Maniere. Das isch kä M. — 2. *Art u. Weise:* uf die M. *wenn es so ist, in diesem Falle.* — els. 1, 687.

manierlich adj. *fast allg. höflich, anständig, gesittet.* — els. 1, 687.

Maning [mânin *fast allg.*; mànin, mànin *Mmbr.*; muninə *Zeir.*; munenən *D. Si.*] *f.* (eigentl. *Mahnung*). 1. *Aufgebot, öffentliche Verkündigung des Eheversprechens durch den Pfarrer von der Kanzel herab:* se han M. kreït *das Aufgebot ist ergangen Bo.*; Munengen kreïen *Si.* Sini M. han *als Ehekandidat von der Kanzel herab bekannt gegeben werden.* In de M. sin *vor der Hochzeit stehen Ri. Hom. Rom. Man unterscheidet* erscht, zweït, dritt *od.* letscht M. — 2. *Verlobung.* — lux. Muneng Ga. 297; baier. 1, 1610 Manung.

Mäning [mæniŋ *Lix.* u. s.; mænenən *D. Si.*; mainiŋ *Falk.*; mèiniŋ *Bo.*] *f. Meinung, Absicht, Ansicht:* was hascht de M.? *was ist deine Absicht?* Er hat's M. er beabsichtigt es. Do mu' mer ne uf der M. lòn *da muß man ihn bei seiner M. lassen d. h. wir wollen ihm nicht widersprechen Lix.* Ich werre em de M. sòn *ich werde ihm den Text lesen Lix.* u. s. — els. 1, 689; lux. 283.

manken [maŋkən *D. Si.*; màŋgírə *Ri. Hom. Rom.*] intr. v. *mangeln, fehlen:* et kann net m. Das mangiert nit *Ri.* — lux. 276 ebenso; frz. manquer.

Mann I [màn *fast allg.*; mán *Si.*; mòn *Lix.* — Pl. mæner, mènər; Demin. mænχə, mænəl, mèntχən] *m.* 1. *Mann, Ehemann, Hausvater:* e ganzer M. *ein tüchtiger Kerl.* Unser M. *sagt die Ehefrau von ihrem Mann als Hausherrn.* En armer M., wo als da schaffe muss *sagen diejenigen, die nicht gern jeden Tag arbeiten.* Sin M. stelle. E M. e Wort oder e Hundsfutt *Ri. Hom. Rom.* Ke M. sin *nicht charakterfest sein ibid.* Mach Plätz far e M., 's kimmt e halwer *wenn man sich scherzweise selbst ankündigt Lix.* u. s. De firich M. *Gespenst in Gestalt eines feurigen Mannes, das man in den 70er Jahren als Vorbote von Unglücksfällen gesehen haben wollte Ri. Hom. Rom. Das Demin.* Männel, Männche, Pl. Männcher *bedeutet kleiner Mann, Männchen, Bübchen, Junge:* wo gehscht de dann hin, Männche? Mi Männel *mein Bübchen Ri.* Halt, Männel, *halt,* *mein Junge ibid.* Männcher mache *Fratzen schneiden, possierliche Sprünge machen.* 'S Männel mache *den Mann spielen* frz. faire le grand garçon. — 2. *Partner beim Spiel.* — 3. *Männchen bei Tieren, bes. bei Vögeln.* — Zss. *unter* Manns-

Mann II [man *Fo.* u. s.] *f. großer Wäschekorb:* M'r han e ganz M. voll gewäscht. — hess. Mâne, Mande *großer Tragkorb*; baier. 1, 1610 Mane; eifl. Manne, From. 6, 16; lux. Mândel Ga. 280; Gr. Wtb. 6, 1534 Mand, Mande, Mann *Korb ohne Henkel.*

manner [manər *D. Si.*] adj. *minder, Kompar. zu* weïnech *wenig:* en as net meïh an net m. als ech *er ist nicht mehr u. nicht minder als ich.* — lux. 276 ebenso. s. a. minner.

manns [máns *D.Si.*] adj. u. adv. *mannbar, erwachsen, groß, stark:* en as m.; e m. Mädchen; mâns genuch *stark genug.* Manns sin zu äbbs *imstande, stark genug sein, etwas zu vollbringen.* — els. 1, 682 Manns genueg; baier. 1, 1603 manns sein, manns genug sein; lux. 276 mâns; ndd. manz *stark, kräftig* Firm. 1, 4, 26.

Manns-geck *m. D. Si. heiratslustiges Mädchen. Das Adjekt. dazu:* mannsgeckich *mannstoll.*

Manns-kerl *m. fast allg. Mannsperson.* — els. 1, 469.

Manns-litt [manslit *fast allg.*; mánslait *D. Si.*] Pl. *Mannsleute, Männer.* — lux. 276.

Manns-matt [mɑnsmàt, Pl. -ən *Bo.*] *f.* (eigentl. *Wiese, Matte, die ein Mann in einem Tage mähen kann) Morgen Land* = 25 ar. — els. 1, 735 ebenso; vgl. schwäb. Mattsmann u. Mannsmad.

Manns-mensch *m. D. Si. dasselbe wie* Mannskerl. — lux. 276.

manns-narredi(ch) adj. *Ri. Hom. Rom. dasselbe wie* mannsgeckich.

manschen [monšə *Lix.*; mɑ̂šə *Bi.*] v. *essen; gierig essen, bes. von Kindern:* wonn de nit monscht, hascht de gefress *Lix.* — els. 1, 693 man(g)sche; pfälz. mansche, Keip. 64; hess. 260 u. baier. 1, 1627 manschen; ss. manschârn, moselfr. manschêren, Kisch vgl. Wtb. 149; frz. manger. — s. a. maschle.

Manschett [mɑ̣šèt *fast allg.*; mošèt *Lix.* — Pl. -ən] *f. Manschette, Ärmelchen:* mi Manschette sin nit gut gebijelt *Fo.* — baier. 1, 1628; els. 1, 694 ebenso.

Manscho [mɑ̂šo *Pfb.*; mɑ̂šą *Bi.*; Pl. gleich] *f. Muff.* — frz. manchon.

Mant s. Monat.

Mantel [màntəl *fast allg.*; montəl *Bo.* - Pl. mæntəl, mintəl *Bo.*; Demin. mæntəlχə] *m.* wie hd. *Mantel. Häufiger wird* Palto *gebraucht.*

manteniereⁿ, sich [mantənírɑ *Fɑ.* u. s.; mandənírə *Ri. Hom. Rom. Ha.*] refl. v. *sich verhalten, sich führen:* Er kann sich nimmeh m. *nicht mehr halten Ri.* Er hat sich gut manteniert. — els. 1, 695 ebenso; frz. maintenir.

Mantin *Gelm. weibl. Vorname Klementine.*

Mänz [mèns, Pl. mènsəⁿ *Pü. Kr. Rem. Obh. Lix.* u. s.] *f. Zitze am Euter.* — ahd. manzon = ubera; vgl. baier. 1, 1632 mänz, mänzig *unfruchtbar;* tirol. mènz *keine Milch gebend* From. 3, 470.

Mär I [mêr, Pl. -ən *fast allg.*; Demin. mèrχeⁿ, Pl. mèrχər] *f.* 1. *Mär, Sage, Märchen, Erzählung.* — 2. *üble Nachrede:* Wer Märcher bringt, der verzählt a *wer bei uns über andere Leute spricht, der spricht auch über uns Bo.* — els. 1, 699; baier. 1, 1633.

Mär II [mêr *fast allg.*; maiər u. mêr *Bi.*; máiər *Lix. Tet.*; majər *Pfb. Berl.*; mèiər *Bo.*; mejər *Falk.*] *m. Bürgermeister:* wene han se dann zem M. gewählt? *Fo. Rda.:* der Schorsch isch M. word *er hat den beladenen Wagen umgeworfen. fast allg.* (Mär *macht allmählich dem Namen* Burjemeister *Platz*). — els. 1, 700; lux. 276; frz. maire.

Marber [marbər *Pü.* u. s.; marbəl *Si. Rein.*; marwəl *Fa.*; mâbər *Bo.*] *m.* 1. *Marmor.* — 2. *weißes Spielkügelchen Bo. Der* Pl. Mâbern *bedeutet Marmorplatten Bo.* — hess. 269 Merbel. Zss. M.-disch; M.-stän.

Märchen [mèrχə *Lix.* u. s.] *n.* 1. *Märchen.* — 2. *falsche Nachricht:* er isch gang M. verzähle. s. a. Mär I.

Marder [mârdər *Ri. Hom. Rom.* u. s.] *m.* 1. *Marder.* — 2. *Dieb:* Geldm. Hihnerm. — Zss. M.-nescht. M.-pelz.

Marei-kät, Marei-lis *s. unter* Marie.
Marellen [marèlə *Fo.* u. s.] Pl. *Schwarzkirschen*, *Amarellen* (Amarillus). — ss. Marál, Kisch W. u. W. 101.

Margretchen [ma(r)grétχə *Fo.;* margredəblum *Ri.;* margrétχin *Bo.;* margréïtχən *D. Si.;* margritχə *Pü. Karl. Pfb.;* mærgrédl *Rein.*] Pl. *Gänseblümchen, Maßliebchen* (Bellis perennis). — els. 1, 707 Margrit, Margritel; lux. 277 Margreïtchen; frz. marguerite.

Märgrit [mærgrit *Mtsh.;* ma(r)grit *Fo.* u. s. Demin. màrgodlə *Ri.*] *weibl. Vorname Margarethe.*

Mariasch [mạriáš *fast allg.;* mèrjáš *Si.*] *f.* 1. *Ehe:* was grit se en de M.? *Fa.* — 2. *Mitgift:* se hot kä' M. kreït *Si.* — 3. *Kartenspiel, wobei das Zusammenkommen von König u. Dame jedesmal 20, bei Trumpf 40 Punkte gilt.* — els. 1, 699; baier. 1, 1637; frz. mariage.

Marich [máriχ *fast allg.;* már(i)χ *Fo.*] *n.* 1. *Knochenmark:* bi der Kält do gefriert äme 's M. en de Knoche *Lix.* — 2. *Mark des Holzes.* — els. 1, 708 March. Zs. M.-knoche.

Marie [màrí *fast allg.; daneben* maraí, mərai, marèi, məraiχən, mèri, mèriχən, mərèilè, màrilə) *weibl. Vorname Maria. Die Gottesmutter heißt allgemein* Marjå. — Zss. Maria-geburt [màrjågəbúrt *fast allg.*]: An Marjageburt — hèren *(gehören)* d' Äpple uf d' Hurt *Flh.* An Marjageburt — fliejen alli Schwämle *(Schwalben)* furt — d' Apple uf d' Hurt — z' Owenesse *(Vesperbrot)* furt! *Mett.* Marja-lichtmess: Maria-Lichtmess, spinne vergess, ohne Licht ze Nacht ess *Fo.* Marei-kät, M'rei-kät *Maria Katharina.* Marei-lis, M'rei-lis *Maria Elisabeth.* Marieblimcher *Gänseblümchen.* s. a. Margretchen.

Märie [mèrị *fast allg.;* mèrai *D. Si.;* maiəri u. mèri *Bi.;* maiəreï *Ri. Hom. Rom.;* mèiərai *Bo.*] *f.* 1. *Bürgermeisteramt:* uf de M. gehn. — 2. *Rathaus:* uf d'r M. isch Ball an der Kirb *Fo.* — lux. 276 Märei.

Marinchen [marínχin *Bo.*] *n. Rosmarin.*

Mariner [marínər *Lix.* u. s.] *m. Marinesoldat, Matrose:* der Batis isch bi de Mariner. Unner de M. gehn. — els. 1, 699 ebenso.

Marjan [màrjàn *fast allg.;* mèrjèn *Si.*] *weibl. Vorname Maria Anna.* — Demin. Mariannel. — els. 1, 698; baier. 1, 1637.

Mark [márk *fast allg.;* mák *Bi.;* marək *Si.;* màrik *Pfb.;* mèrg *Ri. Rom. Hom.* — Pl. gleich] *m.* 1. *Mark, Geldstück. Das Demin. im Volksmund sehr gebräuchlich:* es hat mich drei Märkelcher koscht *Fo.* — 2. *Grenzstein.* Zs. Mark-stän *dasselbe wie* Mark 2.

märken [mærkən *fast allg.;* mærgə *Ri. Hom. Rom.;* mærglə *Pfb.;* mártən *D.;* mórtən *Si.*] intr. v. *feilschen, markten, handeln:* er losst nit bit sich m. Do gits nix se m. *Lix.* Der verstehts M. wie kän andrer. — els. 1, 712 märte u. märke; baier. 1, 1652 märkeln, märkteln; lux. 277 mårten.

Marks *Lix.* u. s. *männl. Vorname Markus.* — Zs. M.-da', M.-dâch *St. Markusfest (25. April). Bauernregel:* On M. solle sich de Kòwe kinne hener em Kôr versteckle *am Markustag soll die Saat schon so hoch sein, daß die Krähen sich darin verstecken können.*

Mark-schloss [mà(r)kšlòs *Ett. Elm. Wb.* u. s.] *n. Vorhängeschloß, Sicherheitsschloß:* deme soll m'r e M. on's Mül henke *Wb.* — els. 2, 474 ebenso; vgl. baier. 1, 1575 Magenschloss; mhd. malchod. malslôȥ.

Märkt [mèrkt *Fo.* u. s.; mèrk *Bo. Falk. Lix. Sgd.;* mèrg *Ri. Hom. Rom.;* márt *D. Si.;* mèarkt *Marienth.*] *m.* 1. *Markt:* de Märk enrichte *Butter u. Käse bereiten für den Markt Lix.* En Dach nah'm M. kommen *zu spät kommen.* Das Ding geht noch uff de M. *wird noch zerschlagen u. ein neues muß angeschafft werden Ri.* Was soll ich d'r kåfe um M.? E Pärd met ere Piff em Ärsch *Lix.* — 2. *Marktplatz.* — 3. *Vertrag:* e M. mache *einen V. abschließen Bo. Man unterscheidet:* Ferkelmärk, Viehmärk, Halwfaschtemärk, Tumesmark *Thomas-* od. *Weihnachtsmarkt*, Michelsmärk, Bartelmêsmärk, Ziwelmärk *Zwiebelmarkt in Zabern.* — Zss. märkoïns adj. *Bo.* (mergs-ens *Ri. Hom. Rom.*) *einig im Vertrag od. im Handel:* mer ben

m. woed *wir sind überein gekommen.*
Märk(t) gängersch *f. Lix. Marktweib.*
Märk-litt *Leute die auf den M. gehen od. daher kommen.* Märkt-plätz. Märk(t)-stick *n. Lix. Ett. Geschenk vom Jahrmarkt.*
Mar-reddich s. Merreddich.
Marsch [marš *allg.*] *m. Marsch:* es isch e guter M. bis hin. Was der fur e M. *(Gang)* hat! *Ri. Rda.:* Ich han em de M. gemach *ich habe ihm den Standpunkt klar gemacht.* De M. han *Durchfall haben Ri. Hom. Rom.* — els. 1, 713 ebenso.
marschieren [maršírən, Ptc. maršírt u. gəmaršírt *allg.*] intr. *marschieren, tüchtig gehen:* m'r sin drei Stunn gemarschiert. — els. 1, 713.
Märtel *Rein. männl. Vorname Martin.* s. a. Marten.
marteldich [mårtəldiχ *Bo.*] adj. *bresthaft, lahm.* — vgl. mhd. marteltich *neben* marterlich, martel u. marter, Lexer 1,2050.
Marteler [mártələr, mórtələr *Si.*] *m. Krüppel, Lahmer.* s. Marter.
Marten [martən *Nj.* u. s.; marte *Hw.*; mårdiη *Ri.*; míərtən *Si.*] *männl. Vorname Martin.* *Spruch:* Mateis un Marten — wen kän Schwein hat, brauch och känt ze schlachten *Obd.* — Zs. Miertensdach *Si. St. Martinstag. (11. Nov.) Dafür* Mardine *Ri. Hom. Rom. Martinstag als Termin:* a M. zahle.
Marter [mårtər *fast allg.*; mårder *Ri. Hom. Rom.*; måtər *Bo.*; màdlər *Va.*] 1. *m. Krüppel.* — 2. *f. Marter Bo.* s. a. Marteler.
martern [måtərn, Ptc. gəmåtərt *Bo.*] tr. v. *martern.*
Martine [martiné *fast allg.*; matine *Bo. Fa.*] *m. Klopfpeitsche:* änem de M. gen *einen mit der K. züchtigen.* — els. 1,714; frz. martinet.
Marukel [marukəl *Pü.*] *f. leinene Kopfbedeckung, welche die Frauen im Sommer tragen; Kapuze.* — vgl. ss. Maruka *Mariechen, eingemummtes Mädchen,* Kisch W. u. W. 101.
März [mèrts *fast allg.*; méərts *Falk.*; míərts *D. Si.*] *Monat März:* Was der M. net well — holt der Kuckuck em April *Flh.* Am Mierz erhengert nach Ko^{u}h a Kalef *im M. verhungert noch Kuh u. Kalb (weil es noch kein frisches Futter gibt) Si.* Wie de M. de Stade *(Anfang)* fingt *(findet),* so losst er ne *Anfang u. Ende März sind sich gleich in bezug auf Witterung Ri. Hom.* Der M. hat ne verschiss *heißt es von einem, der braungelbe Flecken (Märzeflegge, Märzeblume) im Gesicht hat ibid.* — Zss. M.-blu me *Lix. Blüten vom Huflattich* (Tussilago farfara). M.-nägel cher *Lix. Seidelbast* (Daphne merzereum). M.-kinnele *n. Ett. Aaronsstab* (Arum maculatum); vgl. baier. 1, 1262 Kindel, Kinnel *Fruchtansatz in einer Pflanzenblüte, Keim, Sproß.* M.-resel *Rein. Maßliebchen.* M.-schauer *Schneegestöber im März.*

mäs [mæs *D. Si.*; màs *Lix.*; mòs *Fa.*] adj. u. adv. *unbefruchtet geblieben (von einer Kuh gesagt, die während eines Jahres kein Kalb gebracht also auch keine Milch gibt):* d'Kuh steht m. *Lix. Fa.* — lux. 285 més; eifl. mas, From. 6,16; ss. mås, Kisch vgl. Wtb. 150; vgl. mhd. mæȝec *enthaltsam.*
maschle^n [måšlə *Bi.*] tr. v. *essen, bes. von Kindern.* Maschle^n *ist Verkleinerungsform von* manschen, masche. s. d.
Maschin [màšin *allg.*] *f.* 1. *Maschine, bes. Dreschmaschine.* — 2. *Lokomotive.* — 3. *irgend ein Ding od. Werkzeug:* was hasch de do fur e M.? *Ri. Hom.* — els. 1, 729; lux. 278.
maschine^n intr. v. *Ri. Hom. Fa.* u. s. *mit der Maschine, bes. Dreschmaschine arbeiten.*
Mascht I [mašt *fast allg.*; mášt *D. Si.*] *f.* 1. *Mast, Mästung:* m'r hon e So^{u}n en der M. In der M. sin *sehr gut aussehen Ri.* — 2. *Mastschwein.* Zss. M.-ochs. M.-söw.
Mascht II [mášt *D. Si.*] *m. Mast, Mastbaum.* Zs. M.-bâm. — lux. 278 ebenso.
Mascht III s. Mischt.
maschten s. mischten.
mäschte^n [mèštən *fast allg.*; mešdə *Ri. Hom. Rom. Ha.*; mištə *Lix.*] tr. v. *mästen, fett machen:* e Schwin m. Die So^{u}n wäre gut gemischt *Lix.*
Mäschter [mèštər *fast allg.*; méštər *Mtsh.*; méištər *Bo.*; maišdər *Ri. Hom.*

Ha. Rom. — Pl. gleich] *m. Meister, Werkführer:* wie häscht dann di' M.? Er isch M. in der Fawrik *Fo.*

Mäschterei *f. D. Si. Herrschaft, oberste Leitung.* — lux. 285 ebenso.

mäschtern, meischtern refl. v. *allg. um die Meisterschaft ringen:* se hun sech gemäschtert *Si.*

mäschterhaft (meischderhaftich) adj. wie hd. *meisterhaft.*

Mäschterschaft *f. D. Si.* wie hd. *Meisterschaft.*

Maschtert [máštərt *Hd.* u. s.] *n. Mastschwein.*

mascht-faul adj. *D. Si.* 1. *(von Personen) faul wie Mist, sehr faul.* — 2. *(von Gegenständen) vollständig verfault, durch u. durch verdorben:* den Åpel as m.

maschtich [maštiχ *fast allg.;* mašdiš *Ri. Rom. Ha. Hom.;* mášteχ *D. Si.*] adj. 1. *dick, fett infolge Mästens:* m. Vieh. — 2. *fruchtbar (vom Acker u. dessen Erzeugnissen sowie vom Wetter):* e m. Krumbirestick *ein gut gedüngtes Kartoffelfeld.* Maschtiche Riwe *sehr dicke Rüben.* Maschdisches Wedder *Ri.* — els. 1,732 mascht, maschtig; baier. 1, 1682.

Mascht-sack [maštsák *D. Si.*] *m. Faulpelz.* s. Mascht I.

maschuke [màšukə *Pü. Flh. Ersd.* u. s.; màšogəs *Ri.*] adj. *verrückt, närrisch:* bisch mol wider m.? — els. 1, 720 maschugge; baier. 1, 1680 meschuge, mischuke. — m. < hebr. meschuggá Jb. XII, 153.

Mäsel s. Meissel.

Maselter [máʒəltər *D. Si.;* maʒèldər *Vbg.;* mèʒəldər *Pü.;* mèʒəltər *Lix.*] *m. Maßholder, Feldahorn* (Acer campestre). — lux. 278 Masselter; els. 1, 718 Messelder; ahd. maʒaltra.

Mass I *Moos* s. Mus.

Mass II [mas *fast allg.*] *f. Masse:* do hon. ich e M. Minsche gesihn. Bire de M. *Birnen in Menge Lix.* Es git Obs. d'Mass *Ri.* s. a. Massion.

Mass III [màs *Umgegd. von D.*] *f. Zuschlaghammer der Bergleute, um die Erdstücke zu zerkleinern.* — frz. massue; vgl. els. 1, 717 Massel 2 *dickes Stück Holz.*

Mass-blume [mâsblûmə *Ri.* u. s.] *f. Gartenmohn.*

Mässchen [mǽsχə *Fo. Grt. Lix.* u. s.; mèsəl *Ri. Hom. Rom. Ha.* — Pl. mǽsχər] *n. kleines Hohlmaß, ungef.* 2¹/₂ *l.:* drei Mässcher Grumbeere. — hess. N. 173 Mæszchen *der 7. Teil der Metze, die Metze* = ¹/₁₆ *Malter;* ss. Mêsken, Kisch W. u. W. 104.

Massion [masión, Pl. -ən *Fo. Bo. Rein. Lix.* u. s.] *f. Unmasse, Menge, Haufen:* e ganz M. Kirsche. Do hon ich e M. Minsche gesihn *Lix.* — M. < frz. masse *u. der Endung* -ion. s. a. Mass II.

mass-leidich [màslaidi(χ) *Ri.* u. s.] adj. 1. *verdrießlich, mißmutig.* — 2. *Überdruß erregend:* e massleidicher Kerl! — els. 1, 561 ebenso.

Mastik *m. fast allg. Glaser-, Fensterkitt.* — frz. mastic.

Mateng [mátèŋ *Vbg.* u. s.; mádę̀ *Pfb.*] *m. (Schimpfwort) Hundsfott, Kerl.* O M.! *Ausdruck der Verwunderung Pfb.* — frz. mâtin.

Matering [materiŋ *Fa.* u. s.; matèriŋ *Lix.;* madéri *Ri. Hom. Rom. Ha.;* matèri *Rg.;* matéri *D. Si.*] *m. Eiter in einem Blutgeschwür (das Wort ist ganz an die Stelle des hd. Eiter getreten).* — baier. 1, 1685 u. els. 1,736 Materi(ng); lux. 278 Matéri; tirol. Materie, From. 3, 468. 4,2; ss. Matèri Kr. 88; *lat.* materia *hatte auch schon diese Bedeutung.*

Mathis s. Matz.

Matisel [matiʒəl, *Bi. Mbr. Ersd. Schw. Hanw.* u. s.] *n. Gänseblümchen* (Bellis perennis). *Ihren Namen hat sie daher, weil sie an Mathias (24. Febr.) zu blühen anfängt. Kinder zupfen die einzelnen Blütenblättchen ab mit den Worten:* Himmel, Hell, Fejfeier; *dann kommt man dorthin, worauf das letzte Blatt trifft. In Mittelbronn zählt man ab:* Kinich, Kaiser, Edelmann, Bettelmann, Bür. — Zs. Honds-madisle *n. große Wucherblume* (Chrysanthemum). s. a. Margretche.

Matlache [matlaχə *Fo.;* matlaχ *Lix. Merl.* u. s.; mètlad *(mit Anlehnung an Lad*ε*) Falk.;* mètla *Si.*] *f. Bettpolster, Matratze:* de Matlache us em Bett hole *Fo.* — M. < frz. matelas.

Mat-leides *n. Si. Mitleid:* en hot kän M. — lux. 279 Matlêd, Matlêdes. s. a. Mitlides.

Matratz [màdràts *Ri. Hom. Rom.*] *f. Matratze.*

Matsch [màtš *D. Si.*] *m. zu Brei Zerquetschtes, Zerdrücktes, z. B. flüssiger Straßenkot, zu Brei gewordene Speise usw.* — lux. 279; hess. 263; schwäb. From. 2, 468; Gr. Wtb. 6, 1755 Matsch *Geschmier.*

matscheln [màtšəln *Bo.*] intr. v. *(lautmalend) kneten, im Schmutz wühlen.* — vgl. hess. 263 u. hd. matschen Gr. Wtb. 6, 1755. s. d. vorige.

Matt *f. Fi. Ri. Hom. Rom. Ha.* u. s. *Matte, Wiese:* m'r well'n uf de M. — els. 1,735 ebenso. Zs. Matte-(Madde-)muscht *Wiesenmoos Ri.*

Matteis s. Matz.

Matten [màtən *Av. Grt. Hd. Falk.* u. s.; moatən *Va.*] *f. pl.* 1. *geronnene Milch, aus der Käse gemacht wird; Käsmatte.* — 2. *Wasser, das sich bei Käsebereitung von der dicken Milch absondert Falk.* — baier. 1, 1685; Gr. Wtb. 6, 1763; mhd. matte. s. a. Brockel.

matten, matzen s. mitten.

Matz [màts *Fo. Lix. Sgd.* u. s.; màtsən *Obd.*; mætsè, matsè *Bo.*; mæts, mæti, mætəs, mátəs, mètsən *Si.*; màtis *Pü.*; màdis *Hw.*; matais *(gilt nur für den Heiligen)*] *männl. Vorname Matthias. Bauernregel für den Matthiastag (24. Febr.)*:

Matis bricht's Is,
Un hat er käns,
Dann macht er sich's.
Pü.

Rda.: 's isch gewän, wie on Matze Hochzit *man mußte hungrig heimgehen.* — baier. 1, 1701 Matź. — Zs. Stink-matz *Schimpfwort.*

Matzen [màtsə *Fo. Av. Lix. Sgd. Ltf.* u. s.; maotsən *Kr.*; mátsə (kouχ) *Si.*; màtəs(kuχ) *D.*] Pl. *Matzen, das ungesäuerte Brot der Israeliten.* — els. 1,742; baier. 1, 1701. M. < hebr. Massôth.

Mauer s. Mur.

Mauer-rat [mauərát *Si.*] *m. Hausratte.* — lux. 279.

Mauer-schaf [-šáf *Si.*] *m. Wandschrank.* s. Schaf.

Mauer-wolf s. Murwolf.

Maul [mául, Pl. mailər, Demin. mailtχən *Si.*] *m.* 1. *Mund:* wat dem M. batter, dat as dem Hèrz gesond *was dem Mund bitter ist, das ist dem Herzen gesund.* — 2. *Mundstück:* e goᵘde M. hun *ein gutes M. haben.* s. a. Mul. — Zss. M.-âf *m. D. Si. Gaffer.* M.-esel; M.-koref *Maulkorb.*

Maulbech s. Murwolf.

maulech adj. *D. Si.* 1. *gern gaffend.* — 2. *schwatzhaft; davon* Maulechkät *Schwatzhaftigkeit.*

maulen intr. v. *D. Si. großsprechen, ein großes Maul haben.* s. a. mulen.

Maulert [maulərt *D. Si.*] *m. Schwätzer, Großsprecher. Das Femin. lautet* Maulesch [mauləš]. — lux. 280.

Maus [maus, Pl. máis, Demin. máisən *D. Si.*] *f. Maus:* wann d' Meis sat sin, dann as d'Mehl batter *wenn die Mäuse satt sind, dann ist das Mehl bitter.* Wann d'Kâtz schlèft, dan sin d'Meis Mäschter *wenn die Katze schläft, sind die Mäuse Meister.* — Zs. maus-doᵘt adj. *mausetot.* s. a. Muss.

Mauschel [maušəl *Rü.*; mœšəl *Ri. Rom.*; maušələr *D. Si.*] *m. unehrlicher Handelsjude, Betrüger.* — lux. 280 Mauschel, Mauscheler; baier. 1, 1680 Mauscherl — Zs. M.-jud *Ri.*

Mauschelerei *f. D. Si. Betrügerei.* — lux. 280.

mauschlen [moušlə *fast allg.*; moešlə *Ri. Rom. Ha.*; maušələn *D. Si.*] intr. v. 1. *schnell u. unverständlich sprechen, herummurmeln wie die Juden in der Synagoge.* — 2. *heimlich hantieren; betrügen D. Si.* — lux. 280 u. els. 1, 730 mauschelen.

mausech [mauʒeχ *D. Si.*] adj. u. adv. 1. *gern Mäuse fangend (von der Katze).* — 2. *kriechend vertraulich:* e mecht sech m. — lux. 280 ebenso.

mausen s. musen.

Mautsch *Obstversteck* s. Muttich.

mautschen [maušən *D. Si.*] 1. tr. *Obst aufbewahren zum Mürben.* — 2. refl. *die Haare wechseln, maußern:* d'Koᵘh hot sech gemautscht *Si.* — mhd. sich mûʒen.

Mawe *Magen* s. Ma'e.

mäwer s. mager.
mechlich [mɛχliχ *Fo.* u. s.; mḙ́iliχ *Lix.*; mḙ́ileχ *D. Si.*; míliχ *Bo.*] 1. adj. *möglich*: es isch schon m., dass er noch kummt *Fo.* Ich moch min Meïliches *Lix.* Es dient auch zur Verstärkung des Superlativs: en aleche meïliche Mann *ein möglichst alter Mann Si.* — 2. adv. *sehr*: es hot mich meïlich gefuchst *sehr verdrossen Lix.* — Zss. minsche-meïlich adj. *Lix. menschenmöglich*.
Mechlichkät *f. Fo.* u. s. wie hd. *Möglichkeit:* es isch gar kän M.
Meckes [mêkəs *Sgd.*; mèks *Lix.*; megəl *Ri. Hom. Rom.*; mèksəl *Ett.* — Pl. -ər] *n. Kälbchen*. M. < mhd. mechzen *meckern?* — hess. 259 Mäks; els. 1, 661 Möckl, Meckl; baier. 1, 1566 Mockel *Kuh*; henneberg. Möckele, From. 4, 309.
Medal [medál *Lix.* u. s.; medäï *Ri.*] *f. Denkmünze, Medaillon*. — frz. médaille.
Medchen s. Mädel.
Mederches-geck [médərχəsgèk *D. Si.*] *m. Schürzenjäger*.
Meer [mér *fast allg.*; mir *Si.*] *n. Meer, bes. in Zss.* M.-driwle *Ri. Rosinen.* M.-fisch *Seefisch.* M.-hinkel *Truthahn.* M.-schaum. M.-schwin *Assel.* M.-schwinel *Meerschweinchen Ri.*
meh [mé *fast allg.*; mḙ́i *D. Si.*] adj. u. adv. *mehr. Dient zur Bildung des Komparativs*: m. besser, m. grèsser, m. kläner, m. schêner. Wäscht de sunscht nix meh? Meh han, ass m'r packt *als man ertragen kann Ri.* — Zss. nummeh *nur mehr, nur;* nimmeh *nie mehr, nimmer;* kä'meh *keiner mehr.*
Mehl [mél *fast allg.*; mǽl *Fo.*; mḙ́il *Bo.*; mil *Falk.*] *n. Mehl*: wan de Mies satt sin, isch's M. bitter *Fo.* — Zss. M.-bir *gewöhnliche Birnart*. M.-kischt M.-sack; M.-saff *Si.* Mehlsieb. M.-steps *m. D. Si.* Mehlstaub. M.-suffe *Trank mit beigemischtem M. für die Haustiere.* M.-supp.
Mehl-pull [mǽlpul *Fo.*] *f. Ort bei Forbach, wo früher Lehm gegraben wurde.* Mehl(pull) *durch Umstellung entstanden aus* Lehm(pull).
mehlzich [mèltsɛχ *D. Si.*; mḙ́iltsiχ *Bo.*; mǽliχ *Fo.*] adj. *mehlig*: m. Grumbire. E mehlzejen Âpel *Si.* — lux. 283 mⁱelzech.

Meÿderchen [méïdərχen *D. Si.*] *f. allgemeine Bezeichnung für Unterleibsleiden bes. nervöser Natur; Mutterbeschwerde, Mutterweh.* — lux. 286 Midderchen.
Meier, Meierei s. Mär II, Märie.
meïhsem [mḙ́izəm *Si.*] adj. *mühsam*: eng m. Arbet. — lux. 285 meïsam.
mein s. min.
meineidich [mainaidiχ *Lix.* u. s.; menêdiχ *Grt.*] adv. *(in Zss. mit Adjektiven) sehr, ungeheuer, außerordentlich*: m. herrsch *sehr schön.* Es isch m. kalt gewän *Lix.* — els. 1, 15 meineidig 4; baier. meinoadi *ungeheuer* From. 3, 172, 49. m. < *auf meinen Eid.*
Meis I [máis *Falk. Ri.*; mæs *Ebersw. Ha.* u. s.; més *Si.*; meŋs *Rom.*; maiŋs *Lix.* — Pl. -ən] *f.* 1. *Meise.* — 2. *vorlautes Mädchen*: du frechi M.! *Ri.* — els. 1, 721 Meis; lux. 285 Mès.
(Meis II) *Pl. von Maus in den Zss.* M.-dreck; M.-ehrcher *Feldsalat* (Valerianella olitoria); M.-fâl *Mäusefalle.* M.-geft *Mäusegift.* M.-kinek *Zaunkönig.* M.-lach *Mäuseloch.* M.-zähnchen *Milchzahn D. Si.*
meischt [maišt *Lix. Sgd.* u. s.; mǣšt *D. Si.*; mènšt, meŋšt u. mǽšt *Fo.*; moišt *Bo.*; maišt *Falk.*; megšd *Ri.*; mègšt *Mtsh.*] adv. *meist, Superlat. von vil*: ich hon om meischte krit *Lix.* D'r mänsch *Fo.*, et meinscht *Falk.*, der moïscht *Bo. meistens, fast immer*: d'r moïscht isch er fort. 'S megschd van der Zitt *Ri.*, de mänschtzit *Fo.*, moïštendeils *Bo. meistenteils, meistens*: de mänschtzit isch er dehäm.
Meissel I [maisəl *Lix. Falk. Ri. Hom. Rom.*; mǽsəl *D. Si.*; mèsəl *Fo.*] *n. Meißel.*
Meissel II [maisəl' *Lix.* u. s.] *n. Zopf geflochtener Haare.* — vgl. els. 1, 722 Meissel II² *Charpiepropf*; baier. 1, 1664 Maisel; Gr. Wtb. 6, 1985 Meiszel 4; mhd. meizel, weizel.
meïssich [mḙ́isiχ *Bo. D. Si.*; mísig *Ri. Hom. Ha.*; misiχ *Lix.*] adj. 1. *müßig. Rda.*: besser Micke gefong, wie m. gong *Lix.* — 2. *keine Milch gebend*: de Kuh steht m. *sie wird ungefähr 6 Wochen vor dem Kalben nicht gemolken, um dem Kalb nicht zu schaden Bo.* — els. 1, 729 müessig

in beiden Bedeutungen. s. a. mäs. — Zs. Meïssich-gänger.

Meït [meït *Falk.*] *f. Mühe (mit dentalem Zusatz aus* mhd. müeje) s. a. Mih.

meje[n] *mögen* s. manen.

Mek *Mücke* s. Mick.

Mekanik [mękanik *fast allg.;* meganik *Pfb.*] *f.* 1. *Hemmschuh am Wagen; Bremse:* de M. zudrehe, de M. ufmache. — 2. *Dreschmaschine Si.:* mat der M. arbechten. — els. 1, 660; lux. 286. Zss. M.-schlappe *f. Ett. Hemmholz an der Bremse.* M.-zijeln *Elw. Flachziegel.*

mekaniken [mekanikən *Si.*] tr. v. *Getreide mit der Maschine dreschen.* s. Mekanik 2.

mel [mel *Bo. D. Si.;* mil *Falk.*] adj. *weich, locker, gar von Speisen:* en mel Bett, mel Weïder *mildes Wetter Bo.* D'Grompire sin mel *die Kartoffeln sind gar D. Si.* Die Bir isch gut mil *Falk.* — lux. 289 u. moselfr. möll; hess. 271 moll; ndd. mull, From. 6, 357; vgl. ss. mälle(r)n, mellern *die Erde lockern* Kisch vgl. Wtb. 148. *Alles aus lat.* mollis.

Meli [méli *Bo.*] *weibl. Vorname Emilie.*

meliere[n] [mèlirə *Fa.*] 1. tr. *mischen, mengen:* de Karte m.; melierter Kaffee. — 2. refl.*sich in etwas mischen, sich um etwas bekümmern, was einen nichts angeht:* melier dich nit in die Sach! — els. 1, 669. ebenso; frz. mêler.

Melisse *in der* Zs. M.-drobbe Pl. *Ri. Hom. Rom. Karmelitergeist.*

melke[n] tr. v. *Fo.* u. s. wie hd *melken:* de Kuh m. — s. a. streichen.

Melker *m. Ri.* u. s. wie hd. *Melker.*

Melkersch [mèlkərš *Lix.*] *f. soviel Milch, als in einem Mal gemolken wird:* sie bruch ein M. for ihr Hushalt. — vgl. els. 1, 678 Melk(e)te.

melksich? adj. *Va. ekelig. Das Wort ist sonst nicht belegt.*

Melk-stuhl *m. Pü.* u. s. wie hd. *Melkstuhl. Rda.:* der isch so hoch wie e M. ist ungewöhnlich klein. — els. 2, 593.

Meller *Schmetterling* s. Miller.

Melm [mélǝm u. mèlm *Si.*] *m. Staub, Mulm, lockerer Boden.* — baier. 1, 1593; hess. N. 176; mhd. mëlm; nhd. Mulm Gr. Wtb. 6, 2657. s. a. From. 6, 357.

melmzich adj. *Si. locker vom Boden.* s. d. vorige.

Melūn [mélyn *Pfb.*] *f. halbmondförmiges Befestigungswerk.* — frz. demi-lune.

Melz s. Milz.

memeln [memeln *Bo.* u. s.] intr. v. *flüsternd sprechen.* — baier. 1, 1598 memmeln *Ausdruck für das oft wiederholte Bewegen der Lippen beim leise Sprechen;* ss. mämmeln *verlauten* Kisch vgl. Wtb. 148; hd. mummeln Gr. Wtb. 6, 2662; els. 1, 680 (zu)mumlen *zuraunen:* lux. 137 Gemömel *Gemurmel.*

Memm [mèm u. mįm *Bo.;* mèm *Ri.;* mæm *Si.;* mæmə *Falk.* — Pl. -ən; Demin. mèmχin *Bo.*] *f.* 1. *Zitze.* — 2. *Mutterbrust.* — 3. *Saugflasche für Kinder Ri.* — baier. 1, 1598; hess. 268; ss. Mämmen, From. 6, 107, 2; lat. mamma. — Zs. Judememme *Judenmutter.*

memperlech [mempərlex *Si.*] adj. *großjährig, mündig.* — lux. 283. s. Momber *Vormund.*

menedich s. meineidich.

Meng [mæŋ *fast allg.*] *f. Menge, große Anzahl:* dis Johr gits Niss d'r M. *Lix.* — els. 1, 693.

Mennel(e) [mènlə *Pfb.*] *m. Haken, Stachel.* — ahd. u. mhd. menel = stimulus *zu* ahd. menên, mhd. menen *treiben.* s. a. baier. 1, 1614 ff.

Mensch s. Minsch.

mer [mǝr, m'r, mə *fast allg.;* ma *Falk.*] 1. *unbest. Fürw. man:* mer kann nit alles, was m'r will *Fo.* M'r sot mäne, es wār am letschte *man sollte meinen . . . Lix.* M'r isch sines Lewes nimmeh sicher. Ma sät *man sagt Falk.* — 2. *persönl. Fürw.* wir: mer kenne nix mache. M'r sin geschter do gewān. — *Mit wenn wird* mer *zsgez. in* wemmer: w. nit druf hērt. — els. 1,686 mer, me, ma; hess. N. 177 mer.

Merd [mèrt *fast allg.*] *m. Scheißdreck; bes. als Ausruf, wenn etwas mißlingt:* Merd! — els. 1, 706; frz. merde.

Merder [merdər *fast allg.;* mèrdər *Bo. Pfb. Ri. Hom. Rom.;* miérdər *D. Si.* — Pl. mèrdər, mèdərn *Bo.*] *m. Mörder:* er brelt wie e M. *er brüllt wie ein M. Bo.*

merdern [mèrdern *Bo.*] v. 1. *morden, umbringen.* — 2. *mit Überanstrengung ar-*

beiten: on eppes m. — ss. merdern, Kisch W. u. W. 103; hd. mördern Gr. Wtb. 6, 2543 ; ahd. murdran.

merdesch [mèrdəš, mírdəš *D. Si.*] 1. adj. *mörderisch:* eng m. Kält. — 2. adv. *sehr, ungeheuer:* m. deier *sehr teuer.* — lux. 284 mêrdesch.

Merl [mèrl *Fo. Fa.* u. s.; mèrəl *D. Si.*; mèrdəl *Bo. Ebersw.*; méadəl *Falk.*] *f. Amsel. Das Demin.* Merelche *bedeutet auch Meise Obh.* — baier. 1, 1652 Merl; tirol. Merle, From. 4, 52 ; lux. 284 Mêrel; mhd. merl, merle < lat. merula; frz. merle.

Merika [mérika *Si.*] *n. Amerika.* — lux. 284.

Mermitt [mèrmit, Pl. -ən *fast allg.*] *f.* 1. *eiserner Kochtopf.* — 2. *Fleischtopf, Eßnapf.* — frz. marmite.

Mer-reddich [merèdix *fast allg.*; marèdix *Bo.*] *m. Meerrettig.*

Mersi [mersi *allg.*] *m. Ausdruck des Dankes:* mersi sân *sich bedanken*. Wonn er m'r nix git, noh bruch ich em a nit m. se sôn. *Lix*. Das isch der M. defur *heißt es, wenn man mit Undank belohnt wird Ri.* u. s. *Rda.:* am M. verrecke d'Gaise *Ri. Hom. Rom.* — els. 1, 712; frz. merci.

Mertel I [mèrtəl *Pfb.* u. s.] *m. Kalkmörtel.* — els. 1, 714 Mèrtl.

Mertel II [mèrtəl, Pl. mèrtər *fast allg.*] *n.* 1. *Mardelle d. i. von Menschenhand gegrabene schüssel- od. wannenförmige Grube von beträchtlicher Größe u. Tiefe. (In den letzten Jahren ist eine große Anzahl solcher Mardellen ausgegraben u. genau untersucht worden. Dabei wurde festgestellt, daß in nicht wenigen wirr durcheinander Baumstämme u. Stangen liegen, die, da sie mit der Axt bearbeitet sind, nicht als gestürzte Waldbäume angesehen werden können. Es ist wahrscheinlich, daß die M. nicht alle demselben Zwecke gedient haben, sondern nur zum Teil als Wohnungen, zum Teil als Wasserbehälter u. Vorratsräume. In manchen Gegenden Lothringens sind die Mardellen sehr zahlreich, z. B. südlich von Sierck bis nach Bolchen hin, von St. Avold ab in der Richtung nach Saaralben u. Finstingen. Im Südwesten unseres Bezirks sind sie seltner. Die Unter-* suchung *derselben hat die Gesellschaft für lothr. Gesch. u. Altertumskunde in die Hand genommen. S. darüber: Verhandlungen der 32. Versammlung der Anthropologen in Metz 1901 u. Jahrbuch der Gesellsch. für lothr. Gesch. u. Altert. 1904).* — 2. *kleiner Sumpf Av.*

Mesch I [meš, Pl. -ən *D. Si.*] *f. Haussperling.* — lux. 291 u. eifl. Mösch, From. 6, 12; ss. u. moselfr. Mäsch, Mesch, Kisch vgl. Wtb. 150; hess. Nr. 185 Müsche; rheinfr. Mösch, From. 6, 279, 35; mhd. musche *kleiner Sperling* < lat. musca *Mücke, Fliege;* frz. mouche. s. a. Gr. Wtb. 6, 2595.

Mesch II [meš *Umgegend von D. Si.*] *f. Stute.* — vgl. baier. 1, 1681 Musch; hd. Musche *feile Weibsperson* Gr. Wtb. 6, 2731 ; Mösche *Hure ibid.* 6, 2595; hess. 266 meisch *geil, rossig (von der Stute).*

Meschelter [mešəltər *D. Si.*) *m. Mischkorn, Mischelfrucht (Roggen u. Weizen).* — lux. 291 Möschelter; baier. 1, 1680 Mischling; els. 1, 730 Mischlete.

meschen s. mischen.

Mescht s. Mischt.

Mess I [mès *fast allg*; mes *Bo.*; mas *Si.*; mis *Falk.* — Pl. mèsə, mesən, masən] *f. Messe:* de M. dun *die Messe lesen.* Er hat de Veschper länger wie de M. *der Unterrock steht unter dem Oberkleid hervor Lix.* Es lud en de halw M. *Glockenzeichen zur Wandlung. Man unterscheidet:* Hohmess *Hochamt;* Levitemess *Levitenamt;* Stillmess; Todemess. — Zss. M.-buch, M.-diener.

Mess II [mès *Ri. Hom. Ha. Rom.* u. s.] *n.* 1. *Maß in allen Bedeutungen des hd. Maß:* er hat's M. fur Seldat ze werre. — 2. *Maßeinheit für Getreide* = 20 Lit.: e M. Hawer. — baier. 1, 1669 das Mess; ostfränk. Mèss, From. 6, 266, 41 ; Weig. Wtb. 2, 149; ahd. u. mhd. mez.

Messdi *f. Pfb. Kirchweih, Kirmes:* wenn ich dich antreff, hesch M.! noh hesch halt nix se lache *heißt es beim Prügelandrohen.* — els. 2, 664 Mèssti < Messtag.

messe[n] [mèsə *fast allg.*; mésən *D. Si.* — *Flexion:* mèsə, mèšt, mèst, mèsə (mésən, méšt, mést, mésən); Ptc. gə-

mèst, gəmést] tr. v. *messen, die Größe od. den Inhalt eines Gegenstandes feststellen:* de Milch isch gut gemesst. Schlecht od. gut m. = *wenig od. viel zumessen (vom Krämer).* Numme gud gemesst, ass de in de Himmel kummscht, *sagt man beim Einkaufen zum Verkäufer Ri.* **Messer I** [mèsər *fast allg.;* mèsa *Weil. Ko.;* masər *Rein.*] *n.* 1. *Messer:* er grischt, m'r get mäne, er hett e M. em Hals *Lix.* Din M. schnitt kalt Wasser un fule Käs *heißt es von einem stumpfen Messer; oder:* des M. schnid't kalt Wasser bes of de Grund, wenn's kän Stein andrefft *Pfb.* Uff's M. gehn *od.* kämpfe *Ri. Hom. Rom. Rätselfrage:* Fo was hat Eva in de Appel gebist? Se hot kein Messa gehat. *Weil.* — 2. *Pflugeisen Rein.* Zss. M.-griff. M.-heft. M.-lämmel *Messerklinge.* M.-scheid. M.-schmid. M.-spitz: er hat e Zung wie e M. *allg.;* e M. voll. M.-stil.
Messer II *m. in der* Zs. Feldmesser *allg.*
met s. mit.
Metech s. Mitta'. **Metes** [metəs *D. Si.*] adv. *mittags.*
Meter [métər *D. Si.;* mêter *Fo. Lix.* u. s. - Pl. gleich] *m. Meter, Metermaß. Wdg.:* de M. anmesse *durchprügeln Ri. Hom. Rom.*
Metlad s. Matlache.
Metz [mèts *Fo.* u. s.; mets, metsəl *Lix. Pfb.*] *f. Schlächterei, Fleischbank, Metzgerladen:* in de M. gehn. — els. 1, 743 Metz; baier. 1, 1703 Metz'g, Metzig.
Metzchen [metsχən *D. Si.*] *m. Kinderjäckchen.* — lux. 292 Mötzchen; hess. 272 Motzen *Jacke.* s. a. Mutzeⁿ.
metzeⁿ, **metz(e)le** [metsə u. metslə *Fo. Sgd. Lix. Bi. Flh. Schm. Si.* u. s. — Ptc. gəmetst; gəmetselt] tr. v. 1. *schlachten:* e Schwin m. Er hat e Söu gemetzt; m'r hett e Hòke nehme misse, um se us d'r Bitt ze kreïe *Flh.* els. 1, 743; baier. 1, 1702. — 2. *chirurgisch behandeln Ri. Hom. Rom.* Zs. Metzel-messer *Lix. Schlachtmesser.*
Metzjer [mètsjər *fast allg.;* mètsələr *Si.;* metsiŋer *Falk. Av.*] *m. Metzger, Fleischer.* — Zs. M.-gang *fast allg. in* der Rda.: e M. mache *einen vergeblichen Gang machen.* hess. N. 178 Metzgersgang.
Mewel [méwəl *fast allg.;* míwəl *D. Si. Ri. Rom.*] *n.* u. *m.* 1. *Stück Hausgerät, Möbel.* — 2. *(übertr.) unbeholfene Person:* e schén Stick M. *Lix.* — els. 1, 639 Mèwl, Méwl; lux. 288 Mîwel. Zs. M.-wân (Miwel-wôn) *Möbelwagen.* M.-wichs *Möbellack.*
Michel [miχəl *fast allg.;* meχəl *D. Si. Daneben:* miš, miši, mišèl, meχeltχən *D. Si.*] *männl. Vorname Michael. Spruch:*

Michel hinge *(hinten),* Michel vorne,
Michel zing *(zünde)* d'Sunn an,
Michel häng de Mond enus,
Michel butz d'Sterne

heißt es von jd., der zugleich überall sein soll Ri. Rom. Hom. u. s. — Zs. Michelsda' *der Tag des Kalenderheiligen (29. Sept.):* An M. gehn all Gaise ze Buck *Av.*
Mick [mĭk *fast allg.;* myk *Pfb. Lix.;* mùg *Ri. Ha. Hom.;* mek *D. Si.;* meïk *Bi.* — Pl. mĭkə, mekən, mùgə, meïkə; Demin. meïkəl *Bi.*] *f. Fliege, Mücke, bes. Stubenfliege.* Blini M. *kleine Bremse.* Wann de Micke arich sin, git's Rän. E Zorn han wie e Meïk *sehr zornig werden für eine Kleinigkeit Bi.* Besser Mücke gefong wie missich gong *Lix.* Ma kann da M. nit meh Blut hole als se hat *Ro.* Den elo wäs, woᵘ än d'r Mek d'Bloᵘt helt *er ist erfahren in Erpressungen Si.* Us ere M. en' Elefant mache *Ri. Bauernregel:* Dansen im Jänner de Mücke, muss d'r Bur noh'm Fuder gucke. — lux. 282 Mek; ss. Mäk, Kisch W. u. W. 100. — Zss. Mugge-dreck *Ri. Rom. Hom. Fliegenkot.* Mugge-fett: ebber M. schigge hole *(Aprilscherz) ibid.* Micke-plaschter *Fliegenpflaster Fo.* Meke-pobeier *n. D. Si. Fliegenpapier.* Micke-schiss *m. dasselbe wie* Muggedreck.
mid [mĭt *fast allg.;* mĭt *Ka.;* méït *Bo. D. Si.*] adj. u. adv. *müde:* m. wie e Hund; m. vam Nixdun *Ri.* Mach dich net so m. am Gesiht! *sprich nicht soviel Ka.*
Midän [midèn, Pl. -ə *Ri. Hom. Rom. Ha.* u. s.] *f. Damenhandschuh ohne Finger.* — frz. mitaine.

Middel s. Mittel.
Midel *Muster, Vorlage.* s. Mudel.
miden [mídən, Ptc. gəmíd *Bo.*] tr. v. *meiden:* 't Wirtshus m. — els. 1, 652.
Mider [mĺdər, meïdər *Si.*] *m. Mieder.*
Midichkät *f. D. Si. Müdigkeit.*
miffze[n] [mĺftsə *Ett.* u. s.; mipsən *Fa.*] intr. v. *schlecht, muffig riechen:* es miffzt, miffzelt. — els. 1, 654 müffze; hess. 274 miffzen; baier. 1, 1573 muffen, muffezen. s. a. mipsen.
Mih [mĭ *fast allg.*; meï *D. Si.*; meït *Falk.*] *f. Mühe:* er hot sich alle Mih angedon *Lix.* Sini liewi M. han mit äbbs *Ri.* — els. 1, 659 Müej.
Mihl [mĭl *fast allg.*; myl *Pfb.*; milən *D. Si. Tet.* — Pl. -ə[n]; Demin. milχə, miltχən] *f. Mühle:* de M. steht. Eppes uf der M. hon *etwas auf dem Kerbholz haben Wb.* Das isch mol wider Wasser far uf sin M. *Lix.* En der Millen sät ma's zweïmal *Tet.*; en der M. schwätzt m'r zweïmal *Bo. wenn man nicht verstanden wurde u. nochmals gefragt wird.* M. zu! *fertig! (als Abschluß einer Handlung) Ri. Hom.* — Zss. M.-arz (s. d.) M.-grawe. M.-rad. M.-stän (s. d.) M.-wawe.
Mihl-arzt [mĭlartst *Lix.*; -arts *Av.*; -ats *Fa. Merlb.*] *m. Mühlaltgeselle, Mahlknecht.* — hd. Mühlarzt *der der Mühlen zu bessern u. wieder einzurichten weiß* Gr. Wtb. 6, 2636; els. 1, 71 Mülarz.
Mihlches [mĭlχəs *Fo.* u. s.] *n. Mühlenspiel:* wolle m'r e Partie M. mache? — lux. Millchen Ga. 291; ss. Miltchi, Kisch W. u. W. 104; els. 1, 674 Mühl 1[b].
Mihl-stän [-štæn *Lix.* u. s.; -stoïn *Vbg.*; milštæn *Wb.*; miləštæn *D. Si.*] *m.* 1. *Mühlstein:* der losst nix leïe as e M. *Wb.* Da derf m'r nix leïe lon wie M. un Ambüs *dort ist nichts sicher vor Dieben Lix.* — 2. *Sandstein Vbg.*
Mihme [mĭmə *Falk. Vbg. Obh. Lix.*; meïmən *Brettn.*; meïmë *Bo.*; meïmi, meïm, meï' *Si.* — Pl. meïmən; Demin. meïmèχin *Bo.*] *f.* 1. *alte Frau, Muhme, Großmutter, Tante:* Meïm Greït *Muhme Grete,* Meï' M'rei *Muhme Maria Si.* — 2. *Frauenzimmer, das viel u. gern klagt.* s. a. Muhm.
Mijel [mijəl *Falk.*] *m. Garbenstock, Garbenhaufen.* — frz. meule.

Miks [mìks *Fo. Wolm. lux. Grenze*] *m.* u. *n. Lüsterstoff, glänzender Baumwollenstoff.* M. < lat. micare? — Zs. Miksejuppe *Fo. Lüsterjoppe.*
mil *locker.* s. mel.
Milch [mĭlχ *fast allg.*; miliχ *Lix. Sgd. Mtsh.*; meliχ *Pfb.*; meleχ *D. Si.*; melχ *Bo.*] *f. Milch. Rda.:* er hat bösi M. g'soff *er ist sehr unartig Ri.* u. s. Er hat e G'sicht wie M. u. Blut *allg. Aberglaube:* en der Naht soll m'r kän M. iwer de Gass drön, sunscht krin de Hexe Gewalt driwer. Kih, wu rot M. gen, bin verhext *Lix.* — Zss. M.-bärtel *Flaunhaar bei noch nicht mannbaren Jünglingen (auch* M.-hôr) *Ri.* M.-biwel *Milchbübchen, das noch keine Haare hat Ri. Hom. Rom.* M.-brekel *in Milch eingeweichte Brotstückchen ibid.* M.-bretche u. M.-bredel *Milchbrötchen.* M.-fra. M.-hawe *Milchtopf.* M.-krämer. M.-supp. M.-wäjel *n. Milchwagen Ri.* M.-zehn *Milchzahn ibid.*
mil *in vielen Flüchen aus frz.* mille: mil de D'je! *Ri. Hom. Rom.* u. s. (mille de Dieu); mil de pip! *Vbg.* u. s. *Ausruf der Verwunderung:* m.! das sin awer dicke Grumbire! — els. 1, 670.
Milchert [milχərt *fast allg.*; melχərt *Bo. D. Si.*; milχat *Falk.*] *m. Männchen der Fische, bes. der Häringe.* — els. 1, 676 Milcher, Milchner; lux. 289 Möllecher; Gr. Wtb. 6, 2191 Milcher.
Mil-dau [mìldau *Ri. Hom. Rom. Ha.*; mĭldoï *Falk.*] *m. Mehltau.* — els. 2, 638 Miltaü; baier. 1, 1588 Miltau, Milbtau.
Miles [mìlĕs *Si.*] *f. Militärdienst; kommt nur vor in der Vbdg.:* Miles zeïhen *von den Gestellungspflichtigen gesagt, die zur französischen Zeit die Losnummer zogen; heute bedeutet es zur Musterung gehen.* — els. 1, 670 Milis; frz. milices. Zs. M.-jongen *junge Leute, die zur Musterung gehen.*
Milings-spiel [miliŋšpĭl *Fa.*] *n. dasselbe wie* Miles: *Ziehen der Losnummer, Aushebung der Rekruten.* — vgl. els. 1, 670: d'Milisse hän hüte gspilt *die Rekruten haben heute Losnummer gezogen.*
Mill-acker *Spottname der Varsberger; es bedeutet wohl dasselbe wie* els. 2, 15

Müllbode *leichter, unfruchtbarer Boden, der reichlich gedüngt werden muß.*

Miller [mìlər *fast allg.;* mílər *Pfb. Berl.;* mila *Va.;* melər *Bo.* — Pl. millərə; Demin. melərχə, melərχə, melərχin] *m.* 1. *Müller. Mit de Millere Ostre gehn spät seine österl. Pflichten erfüllen Ri. Hom. Rom. Ha.* — 2. *Kohlweißling; Schmetterling überh.* — 3. *Kleidermotte Hd.* — els. 1, 675. s. a. das folgende.

Miller-flehert [-fléərt *Obh.*] *m. Schmetterling, bes. Kohlweißling.*

Miller-maler [-málər *fast allg.*] *m. Schmetterling, insbes. Kohlweißling (in der Kindersprache):* Miller, Millermaler! gimmer 'n Sack voll Dahler! *singen die Kinder in Lubeln, wenn der Müllerwagen durch den Ort fährt, um den Mahlkunden Mehl zu bringen od. die Frucht zum Mahlen abzuholen.* — els. 1, 668; hess. 274; baier. 1, 1588; From. 6, 77 Anm.

Millie [milje *Fa.* u. s.; miljè *Fi.*; milji *Falk.*] *f. 500 kg., nur gebraucht beim Gewicht von Heu u. Stroh.* — frz. millier.

Million [miljòn *fast allg.*] *Zahlwort Million. Häufig in Fluchformeln:* Millione u kä n' Eng! *Ri.* Millione Kreiz Donnerwedder!

Millioner-stock *m. Ett. Fetthenne, Hauslauch* (Sedum telephium).

Milschter [mìlštər *Fa. Va. Kr. Lix.* u. s.; milstər *Grt.*] *n. Fruchtmaß = ein Viertel Sester zu 25 l.* (1 Milschter = 4 Mässcher; 4 M. = 1 Fass).

Milwe [mìlwə *Pü.* u. s.] *f.* 1. *Milbe, Holzwurm.* — 2. *eine schlanke Weißfischart, Mülbe, Minne, auch Rappfisch genannt* (Cyprinus aspius). — Gr. Wtb. 6, 2184 Milbe 1 u. 3. Zs. M.-lecher *Löcher des Holzwurms in Möbeln u. Geräten.*

Milz [mìlts *fast allg.;* melts *Bo. D. Si.*] *f. wie hd. Milz.* — Zss. Milzefluck *m. Av. Milzbrand.* s. Fluck. M.-kränkhet *f. Ri.* u. s. *Milzkrankheit.*

Mimi [mimi *Fa.*] *f. Lockruf für die Katze in der Kindersprache.* — vgl. els. 1, 680 Mimi *Mutterkind.*

Min [mìn *fast allg.;* mìn *D. Si.*] *f.* 1. *Miene, Aussehen.* — 2. *Mine, Pulvermine.* — lux. 287; frz. mine.

min [mìn (mi) *fast allg.;* main (mai) *D. Si.*] *besitzanzeigendes Fürwort mein.* 1. *Flexion des adjekt. Fürw. (mein, meine, mein):* Sing. N. A. min (mi); D. minem (mim), miner. — Plur. N. A. min (mi); D. min *fast allg. D. Si.:* Sing. N. A. mein, meng, mein; G. menges, menger, menges; D. meim (mengem), menger, maim (mengem). Plur. N. A. meng; G. menger; D. mengen. — 2. *Flexion des substant. Fürw. (der, die, das meinige):* Sing. N. miner, mini, mint; D. minem (mim), miner, minem (mim); A. min(en), mini, mint. Plur. N. D. A. minen (mine) *fast allg.* — *D. Si.:* Sing. N. mein, meng, meint; G. menges, menger, menges; D. meim (mengem), menger, meim (mengem). Plur. N. A. meng; G. menger; D. mengem. — *Vor den Possessivpron. steht in der Ma. nie der Artikel, auch nicht, wenn sie substantivisch gebraucht sind:* mint (meint) *das meinige.* Min Vader, min Frâ, mi Kind. 'S isch min *es gehört mir.* Fä mi Vader *meines Vaters, von meinem Vater Falk.* Mim Vader sin Hus. Miner Muder ihr Hut. Miner Lebda *Zeit meines Lebens.*

Minett I [minet *Pü.*] *m. Schneckenklee* (Medicago lupulina). — els. 1, 488.

Minett II [minèt *fast allg.*] *f. Katze in der Kindersprache.* — els. 1, 690 Minetti, Minettel; baier. 1, 1619 Minni *Lockwort für die Katze.*

Minett III [minèt *D. Si.*] *m. Eisenerz.* — lux. 287 ebenso; frz. minerai.

Minich [miniχ *fast allg.;* mineχ *D. Si.*; minχ *Niederls. Geinsl.* — Pl. -ən] *m.* 1. *Mönch.* — 2. *Wallach (verschnittener Hengst).* — lux. 287 Minech; els. 1, 692 Mün(i)ch *in beiden Bedeutungen;* baier. 1, 1620 Münch, Münech; s. a. From. 4, 226.

minkeln [minkəln *Bo.*] tr. v. *langsam essen; essen überh.* — els. 1, 693 mänkele; hd. menkeln *zögern, zaudern beim Essen, langweilig essen* Gr. Wtb. 6. 2020.

minner [minər *fast allg.;* manər *D. Si.*] adj. *minder.* — Zs. m.-jährich *fast allg.* (mener-jehrich *D. Si.*) *minderjährig.*

Minsch [minš *fast allg.;* menš *D. Si. Grt*; meïnš *Bi.* — Pl. *m.* -ə(n); *n.* -ər;

Demin. minšҳin *Bo.*; minšəl *Ri.*; meïnšəl *Bi.*] 1. *m. Mensch, Person:* ich han kän M. ontroff *Lix.*; e braver M. Kä M. u. kä Seel *gar niemand Ri. Rom. Hom.* — 2. *n.* a) *verächtliche Bezeichnung für eine weibl. Person; liederliches Frauenzimmer:* e dummes M.; mit so' me M. erumfahre misse. b) *Geliebte, Schatz:* wer isch jetz din M.? *deine Auserwählte od. Braut.* c) *weibl. Person, Mädchen, Frau, ohne schlimme Nebenbedeutung:* en alertes M. *ein arbeitsames Mädchen.* E schën, e gut's M. d) *Kreuz- od. Pickdame beim Solospiel. Das Spiel selbst wird so genannt:* e Partie Minsch. — Zss. Minsche-gedenke[n] (Mensche-gedenken *D. Si.*). Minsche-gefihl *n. Lix. Menschengefühl d. h. Anstand:* wo m'r doch gar kän M. hat! M.-lewe. minsche-meïlich. Minsche-spiel *n. Lix.* u. s. *große Menge:* was e M.! *Ausdruck der Verwunderung über lebhaften Verkehr.* Minschel *n. kleines, schmales Frauenzimmer Ri.*

minschlich [minšliҳ *fast allg.*; menšleҳ *D. Si.*] *adj. menschlich, den Menschen eigentümlich:* irre isch m. — lux. 284 menschlech.

Minschter [minštər *fast allg.*; minšdər *Ri. Hom. Rom. Ha.*] *m.* 1. *Münster (Kirche):* Strosburjer M. — 2. *Dorf Münster im Kanton Albersdorf.*

minse[n] [mìnsc *Lix.* u. s.] intr. v. *(lautmalend) klagen, winseln, jammern; von Mühe u. Not sprechen:* er hot alsfurt se m.

Minut [minut *allg.*] *f.* 1. *Minute:* in der M. kummt er. — 2. *Kaffeegeschirr; Topf, in welchem der Kaffee schnell zubereitet werden kann. Fa.* els. 1, 690 Kaffeeminut; frz. café à la minute.

Minz [mints *fast allg.*; ments *D. Si.*] *f. Geldmünze, Kleingeld:* ich han kän M. *Fo.* Ich han em met siner M. bezahlt *mit gleicher Münze heimgezahlt. Bo.* M. erusgen *Antwort geben Ri.* — els. 1, 696 Münz; lux. 289 Menz.

mipse[n] [mipsən *Fa.* u. s.] unpers. v. *unangenehm, schlecht riechen:* 's mipst. — lux. 287 ebenso; els. 1, 697 mipsle. s. a. miffze.

mipsich adj. *Fa. D. Si.* u. s. *muffig riechend.* — lux. 287.

mir [mir, *unbetont* mər *allg.*] *persönl. Fürw. mir:* mir nix, dir nix. Wie du mir, so ich dir *Ri.* Weje mir *meinetwegen.* Mir an *Av. meinetwegen:* mir an kunnscht de bleïwen. — els. 1, 702.

Mirabell [miràbèl *allg.*] *f.* 1. *Mirabelle* (Prunus cerca): es git vil Mirabelle dis Johr. — 2. *Mirabellenbranntwein:* e Gläsche M.

Mirakel [miràkəl *fast allg.* miràgəl *Ri. Rom. Hom.*] m. u. n. *Wunder, wunderbare Begebenheit:* d'isch e M.! Mach kä M.! *brich den Gegenstand nicht entzwei! Ri.* — els. 1, 702; lux. 287.

mirw [mirw *fast allg.*; mirəf *D. Si.*; mìrb *Ri. Hom. Ha.*; miər *Falk.*] adj. *mürbe, reif vom Obst:* e mirwer Appel. — lux. 287 mìrf.

Mis [mîs *D. Si.*] *f. Lockruf für die Katze.* — lux. 288 u. baier. 1, 1672 Mis; ndd. Miessen, From. 5, 288, 28.

Misch s. Michel.

mische[n] [mìšən *fast allg.*; mešən *D. Si.*; mìšəln *Mü.*] tr. v. *mischen:* de Karte m. *Rda.:* Wer sich inger de Kleie mischelt, werd von de Suen gefress *Mü.* — els. 1, 730 mischle; lux. 291 möschen.

Misch-masch *m. allg. unordentliches Durcheinander.* — els. 1, 730 ebenso; lux. 288 Mitschmatsch.

Mischt [mìšt *fast allg.*; mešt *Bo. D.*; mešt u. mašt *Si.*] 1. *m. u. n. Mist, Dünger:* M. in de Garte dun. 'S M. usmache *den Stall von Mist säubern Lix.*; ful wie M. (faul weï Mascht *Si.*) *fast allg.*; ze M. werre *verfaulen:* wann der Dreck se Mescht werd, lässt er sich fihre *heißt es von einem eingebildeten Emporkömmling Bo.* — 2. *Miststätte, Misthaufen.* — Zss. M.-bär *Misttragbahre.* M.-gawel (*Wenn man auf die Frage wer? eine ausweichende Antwort geben will, so sagt man:* Mischtgawelandress *Ri.*) M.-greif (Mescht-gräf) *Mistgabel.* M.-huffe *Misthaufen:* arm wie Job uffm M. *Ri.* Meschte-kaul *f. D. Si. Mistgrube.* M.-kröp *m. zweizinkige Harke zum Herunterziehen des Mistes vom Karren.* M.-kuh *schmutziges Weib Fi.* M.-lach *Mistlache, Jauche.* M.-lus *lausartiges Tierchen, das sich auf Misthaufen zeigt.* M.-nass (meschnass *Bo.*

mascht-nâs *Si.*) *ganz durchnäßt, durch u. durch naß.* M.-plarre *Kuhfladen.* M.-puddel *m. Mistpfuhl.* M.-quack *Vbg.* (Meschquak *Bo.*) *Nesthocker, jüngst od. letzt Geborner.* M.-wân (Mescht-wòn *D. Si.*) *Mistwagen.* M.-wasser. M.-wiwelcher Pl. *Lix. kleine Maden, die im Miste wimmeln.*

mischte" [mìstə *fast allg.;* meštən *D. Bo.*; meštən u. maštən *Si.*] tr. v. 1. *misten, düngen:* e Stick m. *ein Feld düngen Fo.* Wer nit mischt, kann nit ernte. Die Buren, wo de Strassen mischten, machen ihre Sticker mager *Mü.* Mischt d'es, grischt d'es *düngst du dein Feld, bekommst du Ertrag (sagt der Bauer, wenn er ein reichliches Düngen rechtfertigen will) Lix.* — 2. *von Mist säubern;* de Stall m.

Mis-dreckelcher [misdrèkəlχər *Fo. Lix.* u. s.] pl. (eigentl. *Mäusedreck) kleine Zuckererbsen, der Form wegen sog.*

Mis-ehrche [misèrχə *Fo. Lix.* u. s.; maiserχər *D. Si.*] pl. (eigentl. *Mausöhrchen) Feldsalat* (Valerianella olitoria) *aus deren Blättern Salat gemacht wird.* — lux. 282 Meise¹ercher; els. 1,63 Müsöhrle.

Misel, Misele s. Muss.

Miser [mìsêr, Pl. -n *allg.*] f. *Elend, Kummer:* das isch e M in dem Hus. *Fo.* Du mischt m'r M. Er steht em M. bess iwer d'Ohren *Bo.* Der isch im e M. *der sitzt im Elend Ri.* — els. 1, 722; frz. misère.

miserawel [miʒəráwəl *Fo. Fa. Ri. Hom. Rom.* u. s.; mìʒèrabəl *Bo.*; miʒəráwəldiχ *Falk.*] adj. *traurig, elend, erbärmlich, nichtsnutzig:* es isch m'r ganz m. Du Miseraweler, Miseraweldicher! (*Schimpfwort*) *Nichtswürdiger!*

Miserere [miʒəréra *fast allg.*] n. 1. *Psalm 50:* 's M. singe. — 2. *Darmverschlingung, Koterbrechen.* — els. 1, 723.

Mis-härel [mìsherl, Pl. -herlə *Ri. Hom. Rom.*] n. *Flaum der Vögel, die kürzlich erst aus dem Ei geschlüpft sind. s.* Muss.

Mistigri *m. Ri.* u. s. (*urspr. Treffbube in einem gewissen Kartenspiel) Narr, Luftibus.* — els. 1, 729 misstigri; frz. mistigri ‹ altfrz. miste = habile u. gris.

miss- [mis *Bi.*] *Vorsilbe miß in* missgehn, miss-rede. s. d.

misse" [misə, mun *Fo. Lix.* u. s.; mòn u. mosən *Bo.*; mùn, mèʒən *Falk.*; meïsən *D. Si.*; misə *Ri. Rom. Hom. Ha.*; misən *Ko. Ka.*] *Hilfszeitwort müssen. Flexion:* Präs. Ind. Sing. mun (muss), musch (t), muss; Plur. mun. Conj. Imp. Sing. misst, mischt, misst; Plur. misste. Ptc. gemisst, gemusst, misse *Fo. Lix.* — Präs. Ind. Sing. mun, musch(t), mus; Plur. mun. Conj. Imp. mess(t), mescht, messt; Plur. messten. Ptc. gemusst, gemuss u. gemun *Falk.* — Präs. Ind. Sing. mouss, mouscht, mouss; Plur. moussen, mouscht, moussen. Conj. Imp. meïsst, meïscht, meisst; Plur. meïssten, meïscht, meïschten. *Daneben das weniger gbräuchliche:* mischt, mischten. Ptc. meïssen, *seltner* mouscht *D. Si.* — Präs. Ind. Sing. moss (mon), moscht, moss; Pl. mossen (mon). Conj. Imp. mischt. Ptc. gemosst *Bo.* — Präs. Ind. Sing. muss, musch, muss; Pl. misse. Conj. Imp. missd, mischds, missd. Ptc. gemissd (misse) *Ri. Rom. Hom.* Mer misse gehn. M'r mun mache, dass m'r fertich werre. Wann's muss sin (bin) *im Notfall.* Ich hon misse dehäm bliwe; *aber:* ich hon gemusst (ich han gemisst) *es war meine Pflicht.* Er hat gesät, he mischt bezahle. *Lix. Rda.:* e Muss-esse isch e heisses Esse *Not fällt schwer Ri.*

miss-gehn [meïsgén, Ptc. meïsgaṇ *Bi.*] intr. v. *einen falschen Weg einschlagen, sich verlaufen.* — mhd. missegèn.

missich s. meïssich.

miss-rede" [meïsrédə, Ptc. -réd *Bi.*] intr. v. *sich versprechen:* besser meïssrédt ass meïssgang *besser sich versprechen als sich verlaufen.* — els. 1, 722 ebenso; vgl. mhd. misse-reden, misse-sprechen.

Mis-wäs [mìswǽs *Fo.* u. s.] *m. Mäuseweizen* (Lolium tremulentum), *zum Vergiften der Mäuse u. Ratten.*

mit [mìt, met *fast allg.*; met, bet *Bo.*; mat *D. Si.*] *mit, mittels, damit:* met em Zug fahre. Gehscht de met? Er isch furt uf Amerika met sine Kenn *Lix.* Ich hole de Stecke un haue dich met *ibid.* Mit usgemachder Sach *am Ende Ri. Rom. Hom.* Mit Stubbe u. Stosse *mit Drängen u. Treiben ibid.* Mit Fliss *absichtlich,* mit Verlaub *ibid.* Mit um Name ebber nenne *jd. beim Namen nennen.* — Zss. Metdem *hiermit:* metdem isch' nit gemacht *Bo.* Mitenänner (mitenanner, matenän) *zusammen, gemeinschaftlich:* do gehn m'r m. Metsamt *fast allg.* (metsamten *Bo.*) *mitsamt:* de Bire kommer esse m. de Schäl.

Mit-lides [-lídəs *fast allg.*] *n. Mitleid:* ke M. han *Ri.* — els. 1, 562 Mitlide(s).

Mitsch [mìtš *fast allg.;* metš *Bo. D. Si. Obd. Wal.;* mìtšəl *Ett. Flh. Ri. Rom. Hom.* — Pl. -ən] *f.* 1. *kleines Brot, das aus dem letzten Teig gebacken wird, das zu einem großen Leib nicht mehr ausreicht; Semmel.* — 2. *ein in Teig gebratener Apfel. Rda.:* Mach em e Loch in d' Mitsch un häng se em an de Halsch *Ltf. Die Bewohner des Dorfes Achen (Kr. Saargemünd) heißen* Achener Mitschel, *Spottname für kleine, dicke Leute. Sprechübung:* Meïn Mellamaler *(Müller)* moss mia meïn Mehl mahlen; mein Mammen moss mia Metsch machen *Obd.* Mie Mutta muss mia morsmorjen min Milmitsch machen *Ko.* — els. 1, 742 Mutschel, Mütschel; frz. miche. Zs. M.-kapp *f. Vbg. Mütze ohne Schirm, nach Art der Soldatenmütze, sog. weil sie die Form einer Mitsch hat.*

Mitt [mìt *fast allg.;* mìdlə *Ri. Rom. Hom.;* metən *Bo. D. Si.*] *f. Mitte:* in der M. da schlndt m'r nit *Mahnung beim Skatspiel.*

Mitta' [mìtá *fast allg.;* midá *Lix. Ri. Hom. Rom. Ha. Flh. Mtsh.;* meteχ *D. Si.*] *m. Mittag:* am M. *um Mittag.* Ze M. esse. Er isch so dumm, dass er nit hèrt M. litte *Flh.* De Gäns bisse ne om helle M. *so dumm ist er Lix.* — Zss. M.-glock *Glockengeläute zu Mittag. Beim Klappern in der Karwoche singen die Kinder in der Forbacher Gegend:* Mittaglock, Rosestock! wann's nit klingelt, dann rappelts doch. M.-sit *Südseite eines Hauses.* M.-stunn *Mittagspause.*

mittä'isch [mìdèiš *Hom. Ha.;* mìdèiliš *Ri.*] adj. *südlich:* er geht ins Mittäilische *Ri.* — els. 2, 668 mittägisch.

Mittel [mìtəl *fast allg.;* mìdəl *Ri. Hom. Rom.;* metəl *Bo. D. Si.* — Pl. mìtlə, mìdlə, metəl] *n.* 1. *Mittel im allg.* — 2. *Geldmittel, Vermögen:* i han d'Middlə und i han 's Middel nit dazu *ich habe die Mittel, aber nicht das Vermögen dazu Ri.* — 3. *Arzneimittel:* M. innemme *(scherzh.) essen Ri.* Weischt de kä' M. geje Huschte? *Fo.*

mitten [mìtə *fast allg.;* mìdlə *Ri. Hom. Rom.;* metən *Bo.;* matən *D. Nj.;* metnə *Lix.;* matən, matsən *Si.*] adv. *mitten, inmitten:* er leit m. im Dreck *Fo.* Middle durch *Ri.* En hot d'Nôs matten am Gesiht *Nj.* Matten (matzen) dran *mitten drin Si.* — lux. 279, matzen; eifl. mazzen *Bü.* 7.

Mitte-weg [mìtəwêχ *Fo. u. s.*] *n. Mitte des Weges:* muscht de dann grad im M. gehn?

Mittwoch [mìtwoχ *fast allg.;* midəwòχ *Fo.;* mitwùχ *Mtsh. Ri. Hom. Rom. Ha.;* metwoχ *Bo. D. Si.;* mìtwuχən *Av.*] *m. Mittwoch. Volksglaube:* am M. soll man keine Ferkel dem Hirten zum ersten Mal vortreiben, sonst gibt es „Umgänger". (s. d.). M. isch kä Da *Mittwoch ist kein Tag (weil er nicht auf -tag endigt) Ri.*

Mitz [mits *Lix. Mtsh. u. s.*] *f. Mütze, jedoch nur von der Militär- und Uniformmütze gebräuchlich; andere Mützen heißen* Kapp.

Miwel *Möbel* s. Mewel.

Mo' *Magen* s. Ma'e.

Mock [mok *Falk. Obh. Marienth.;* mók *Av. Vbg. Ersd. Ko. Kr. Mw. Lix.;* mòkə *Grt.;* móək *Bo.;* moukə *Obd.;* moak *Si.* — Pl. -ən] *f.* 1. *Kröte* (Krott *wird nur als Schimpfwort gebraucht).* — 2. *Unke Ko. Mw.* (Mock, Mocke *ist im fränkischen Sprachgebiet Name des weibl. Schweins u. scheint überhaupt den Begriff von etwas Dickem, Unförmlichem zu besitzen.* vgl. Gr. Wtb. 6, 2434 Mocke *m.* Klumpen; Mocke *f.* Schwein. *Nach Moritz Heyne ist das Wort keltisch u. bedeutet urspr. Schwein).* — els. 1, 661 Mocke, Mockel *Klumpen, Brocken, dicker Mensch, fettes Schwein;* hess. 274 u. baier. 1, 1567 Muck, Mocke *Mutterschwein;* lux. 288 Mouk *Kröte.* M o c k e n *Spottname der Bewohner von Anzelingen (Kr. Bol-*

chen). — Zss. Mocke-loch *Krötenloch, Tümpel Av.*; Mocke-stripperten *Krötenabzieher, Spottname der Bewohner von Monhofen (Kreis Diedenhofen)*; M.-vèjel *Spottname der Bewohner von Büdingen (Kr. Forbach).*

mock [mòk *Bo.*] interj. *Spottruf der Kinder. Beim jedesmaligen Ausruf:* mock-mock *werden die Zeigefinger gekreuzt.*

mocklich [mokleχ *D. Si.*; mogliχ *Ri. Rom. Hom.*; mukliχ *Fo.*; mokəldiχ *Bo.*] adj. u. adv. 1. *rundlich, fett, pausbäckig von Kindern:* m. fett *Bo.* Das Kind hat muckliche Ärmcher *Fo.* — 2. *trüb, unklar von Getränken:* de Win isch mucklich *Fo.* — els. 1, 662 mocklig; bayer. 1, 1566 mockelicht; hess. 258 mackelicht; lux. 288 mockelech.

Mode [módə *fast allg.*; moudən *D. Si.* - Pl. gleich] *m. Mode, Gebrauch, Gewohnheit:* das isch e schèner M. *Fo.* Ihr gehn noch noh em alte M. *Lix.* Es isch nit M. *od.* s'isch nimme d'r M. *nicht üblich Ri.* Er hat's eso em M. *hat es sich so angewöhnt Lix.* Wo's M. isch, do singt m'r Pumpernickel in der Kirch *Fo.* E dummer M. *eine dumme Gewohnheit Ri.*

Modell [modèl *fast allg.*] *n. Muster, Vorlage, Musterbild.*

[Moder] *in* M.-appel [mòdərəpəl *Si.*] *m. eine Apfelsorte.* — lux. 283 Mu^ederâpel, frz. pomme *St. Louis.*

Modert [módərt *Si. lux. Grenze*] *männl. Vorname Medardus.* — lux. 293 Mu^edert. Zs. **Moderts-dåch** *Medardustag (8. Juni), wichtig für den Bauernkalender. Regnet's an dem Tag, so regnet's 40 Tage:* rênt et M. än Ablek, da rênt et sechs Wochen an engem Stek. — lux. 293.

modleⁿ [módlə *fast allg.*] tr. v. *formen; als Ptc. eigentümlich angezogen:* wie bisch de wider gemodelt!

Mohr [mòr, mór; Pl. móra, mórè *fast allg.*; Demin. mérəl *Bi.* in Dreckmerel *kleines, schmutziges Mädchen*] *f.* 1. *Zuchtsau; Mutterschwein; schöne fette Sau. Viele Gemeinden Lothringens tragen den Spitznamen* Mohren, *so die Finstinger, Hommartinger, die Hundlinger* (Hinlinger Mohre, mit de lange Ohre, mit de spitze Schuh, hère alle Deiwele su), *die Wie-*

bersweiler (Wiebersweiler betreibt neben Rindviehzucht hauptsächlich Schweinezucht; der Verkauf dieser Borstentiere bringt jährlich namhafte Summen in diesen Ort). s. Alemannia, Bd. 17, S. 161 ff.: *Ortsneckereien aus Lothringen.* — 2. *schmutzige Weibsperson:* du aldi M.! *Ri.* — els. 1, 702 Mor(e); baier. 1, 1641 Mòr. Zs. M.-stall *Zuchtsaustall.*

Moia [moïą *Fa.*] *n. Ausweg, Ausflucht, Rettung:* 's isch gar kän M. meh fa dich. — frz. moyen.

moifeln [moïfəln *Vahl-Ebers.*; moïbəln *Grt. Kr. Fletr.*; muflə *Ri. Rom. Hom.*] intr. v. *wiederkäuen:* die moifelt wie 'ne Kuh. — els. 1, 634 muffle; vgl. hd. mauflen.

mointich [mointiχ *Bo.*] *unbest. Fürwort mancher:* m. mâl *manchmal. s. a.* mancheräner.

Mo'kuch [mòkuχ *lux. Grenze*] *m.* (eigentl. *Magenkuchen*) Lakritze. — lux. 288 Môkuch, Mokoch.

Mol I [mól *Fo. Lix.* u. s. — Pl. -ə] *n. Mal, Flecken, Zeichen, Striemen:* 's hot bloe Mole gen *blaue Flecken am Körper vom Schlagen od. Stroßen Lix.* Er hat de ganze Kopp voll Mole. — els. 1, 664 Mal I; lux. 289 Mól.

Mol II [mòl *fast allg.*; mól *D. Si.* - Pl. gleich] *n. Mal:* finf M. — Drei M. isch Buwerecht *aller guten Dinge sind drei Fo.* — Zs. e-mol adv. *einmal allg:* bisch a emol do? Ich han emol e Katz g'hat.

Mol III [mól *Fa.* u. s.] *n. Grenzzeichen; Grenze angedeutet durch Striche, in den Boden gesteckte Stöcke od. Steine. Der Ausdruck wird in vielen Kinderspielen, wie Fangspiel, Stöckeschlagen Hüpfspiel u. a. gehört:* der isch iwers M. geläft. Er isch iwers M. gehuppst. Er hat m'r im M. gestan. — lux. 289 Mòl; hess. 259 Mâl in Mâlstein *Mark od. Grenzstein;* hess. N. 172 Mâl *Grenze beim Ballschlagspiel;* baier. 1, 1581 Mâl *Grenzmarke;* hd. Mal *Grenzzeichen* Gr. Wtb. 6, 1494, 2^a.

Mol IV [mól *Mw.*; moul *Si.* - Pl. -ən] *f.* Fausthandschuh; *Handschuh für Arbeiter, wo alle Finger bis auf den Daumen beisammen sind.* — lux. 289 Mol; frz. moufle, mule.

Mölbech *Maulwurf.* s. Murwolf.
Mol-beere [mòlbérə *Fo.* u. s.; mólbér *Ha.*; moalbérən *Va.*; màlbér *Falk.*] *f. Heidelbeeren, Waldbeeren.* M. < Moltbeer; mhd. molte *Boden, Heideland.* — hess. N. 180 Molber; eifl. môlebr Bü. 11; lux. Molbiér Ga. 297; baier. 1, 1589 Molber *Himbeere.*

mole[n] [mòlən *allg.*] tr. v. 1. *malen:* das Bild isch schên gemolt. — 2. *Ausdruck schnöder Abweisung:* i will d'r ebbs m. *Ri.* — els. 1, 664 u. lux. 289 môle[n].

Moler [mòlər *fast allg.*; môlərt *D. Si.* — Pl. môlər, môlərtən] *m.* 1. *Maler:* er isch M. in der Fawrik *Fo.* — 2. *Anstreicher:* de Moler kumme heit for de Stub ze wissle *Fo.*

Molerei [mòlərai *D. Si.*] *f.* 1. *Malerei.* — 2. *Gemälde.*

Moleschte[n] [mòlěštə *Fa.* u. s.; malěštə *Lix. Ri. Hom. Rom.*] pl. *Beschwerden, Ungemach, Mißbehagen, schlechte Verhältnisse:* ich hon alsfurt M. met de Kenn (*Kindern*) *Lix.* — Ebber M. mache *Ri.* — els. 1, 668 Malëste; schweiz. Molest *aus* frz. molester.

Molke[n] [molkə *Ri. Hom. Rom.*] *m. Käsewasser in der Dickmilch.* — els. 1, 678 Molket, Molke.

molkich adj. *Lix.* u. s. *halb geronnen, so daß die Molken gesondert sind:* de Milich isch m. — hd. molkicht Gr. Wtb. 6, 2480.

Molle [mole *fast allg.*; mòlĕ *Bo.* — Pl. -n(ə)] *m. Stier, Zuchtstier:* Min Mutta's Kuh ihr Bruᵒda ischt e M. gewän *antwortet man nicht eben höflich einem, der seine Zuhörer mit der Aufzählung weitläufiger Verwandten langweilt Av.* — els. 1, 671 Molle 3; baier. 1, 1589 Mol, Moll; hess. N. 180 Molles; schwäb. Molle *Rindvieh, Kuhkalb wegen der dicken, fleischichten Gestalt* s. Grimm, Gesch. d. d. Sprache 550; vgl. hd. mollicht Gr. Wtb. 6, 2481.

Molle-pick [moləbík *Pfb.*] *m.* 1. *behauener, an der Vorderseite geglätteter Stein.* — 2. *dicker Mensch.* — els. 1, 671 ebenso. M. < frz. moellon piqué.

Moller [mòlər *Pfb.*] *m. Molch, bes. in* Zss. Dolle-moller, Räjemoller u. a. — els. 1, 670 Moller(t).

Moll-gräwer [molgrèwər *Ltf. Fi.* u. s.; -grewər *Mü.*; mulgrèwər *Ri. Hom. Rom.*] *m. Maulwurf.* M. < Molt-gräber *das die Erde* (molte) *aufgrabende Tier.* s. a. Molter u. Murwolf. — Zss. M.-belz. M.-fall. M.-loch.

mollich [mòliχ *fast allg.*; mòleχ *D. Si.*; mòl *Ri. Hom. Rom.*] adj. *locker, weich.* — lux. 289 mollech; baier. 1, 1589 mollet; ndd. molich, From. 5, 357.

Molter I [mòltər *Grt. Rein.* u. s.; mòlta *Weil.*] *m. Maulwurf.* — ss. u. moselfr. ebenso, Kisch 157. M. < mhd. moltwërf *Tier, das die Erde aufwirft.* — eifl. Moltrew, From. 6, 17. s. a. Mollgräwer u. Murwolf.

Molter II [mòltər, Pl. -n *fast allg.*] *m. Anteil, der dem Müller zusteht für das Mahlen des Korns; Mahllohn.* — lux. 289; hess. 271; baier. 1, 1596; els. 1, 679; Gr. Wtb. 6, 2481. — Zs. M.-schossel *f. D. Si. Mahlmetze; Maß, womit gemoltert wird.* lux. 290.

moltern [mòltərn *fast allg.*; mòltsrə *Ri. Rom. Ha. Hom.*; màltərn (màltan) *Av.*] *das Verbum zu dem vorigen.* 1. *den Mahllohn abnehmen:* der Miller hat diesmol gut gemoltert. — 2. *zuerst u. vorweg seinen Lohn nehmen Lix.* — 3. *die Bezahlung malterweise berechnen Bo.* — lux. 290; hess. 271; els. 1,678; Gr. Wtb.6,2481.

Moltong [molton *Falk.* u. s.; mùldùn *Ri. Rom. Hom.*] *m. Multontuch; Art weicher Flanell.* — lux. 290 ebenso; els. 1, 678 Multung; frz. molleton. *Das Adjektiv dazu lautet* muldunge *Ri.*

Molzecht [móltseχt, muoltseχt *lux. Grenze*] *f. Mahlzeit.* — lux. 290 Mölzecht.

Molzer [mòltsər *Berl.* u. s.; mòlda *Schw.*] *m. Mengkorn, Mischung von Weizen u. Roggen:* ın e Stick M. säe. — els. 1, 679 Molzer 2. — Zs. M.-brod *Ri.*

Momber [mòmbər *Grt.* u. s.; momper *Bo. D. Si.*; mùmbər *Bi.*; mumpər *Lix. Obh.*; mùmpər *Falk.*] *m. Vormund.* — urk. momper St. R. A. 44 *auch in der Bedeutung Anwalt;* eifl. u. lux. Momper Bü. 11; els. 1, 681 Mumber; mhd. muntbor. — Zs. Bimombre *Beivormund.*

mombern [mombərn, mompərn *Bo.*] tr. v. *bevormunden.*

Momberschaft *f. Grt.* u. s. *Vormundschaft.*
mommeln [moməlen *D. Si.*; moumeln *Bo.*, daneben mûmələn] intr. v. *kauen wie einzahnloser Mensch.* — lux. 294 mummelen; baier. 1, 1598, tirol. mummeln, From. 3, 473. s. a. From. 5, 156 u. Gr. Wtb. 6, 2663.
Mommes *Geld.* s. Mummes.
Monat [monat *Fo.* u. s.; mounət *Obh.*; mónəd *Ri. Rom. Hom.*] *m.* wie hd. *Monat:* 's Johr hat zwelf Monat. s. a. das folgende. — Zs. Mo^unet-rose *Obd. Pfingstrose.*
Mond [mònt *fast allg.*; mánt *Bo. Ett. Falk.* — Pl. mênt, meïnt, mínt] *m.* 1. *Mond:* der M. geht uf. Er isch henerm M. dehäm *ist dumm.* — 2. *Monat:* de Kuh hat de Mänt us *die Kuh ist 9 volle Monate trächtig, kann also in 10—14 Tagen kalben Lix. Scherz:* De Brennessle brenne denè Mond nit — dene Mond nit, awer mi Fengere *Lix.* Zss. M.-rettich *Radieschen.* M.-ros *Monatsrose, aber auch Pfingstrose.* M.-schin *Mondschein.*
Mond [mont; Pl. men; Demin. menχən, menχin *Bo. D. Si.*] *m. Mund.* — lux. 290 ebenso. Zss. m.-geriht adj. *Si. mundgerecht, nach Geschmack.* M.-stek *n. D. Si.* 1. *Mundstück eines Instruments.* 2. *Redefertigkeit:* en hot e gutt M.
Monda [mòndá, mǎndáχ *Fo.*; mǎnda *Falk. Pü.*; mǎnda *Av. Mtsh.*; mênda *Ri.*; méndaχ *Wall.*; méndiχ *D. Si.*; míndaχ *Bo.*] *m. Montag:* bloe M. mache. *In Püttlingen heißt es von den 7 Wochentagen:*
Gehn ich in de Wald am Mända,
Schnid ich m'r e Stock am Dienschda,
Prigl ich mi Frau am Mittwoch,
Werd se krank am Donnerschda,
Sterbt se am Freida,
Begrawe mer se am Samschda,
Frehlijer Sunnda!
In Falkenberg u. Lubeln heißt es:
Am Mända gehn ich mäjen,
Am Dischda gehn ich dienen,
Am Mittwuch gehn ich Mittel keïfen
　　　　　　　　　(Arznei kaufen),
Am Duschta gehn ich Dusett *(Feldsalat)*
Am Frida gehn ich frijen, [stechen,
Am Samschda gehn ich säjen,
Am Sunnda gehn ich sûmen
　　　　　　　　　(säumen = ruhen).
Man beachte die Alliteration!

Monika *f. Lix. Abkürzung von Ziehharmonika.*
monkich [moŋkeχ *Si.*; mùŋgiš *Ri.*] adj. *mürrisch, verschlossen, verdrießlich:* siw nit so m.! — lux. 290 monkech; els. 1, 694 munkig, munkisch.
Monkichkät *f. Si. mürrisches Wesen.*
Monschtranz [monštrànts *D. Si.* u. s.; mùnšdrants *Ri. Rom. Hom.*; muštrànts *Lix.*] *f. Monstranz.* — els. 1, 695 Mostranze.
monter [montər *D. Si.* u. s.] adj. *munter:* en as allzeit m. an zefrieden. *Davon:* Monterkät *Munterkeit.* — lux. 290.
montieren [montírəⁿ *fast allg.*; mùndírə *Ri: Rom. Hom.*; montéïərən *D. Si.*] tr. v. *ausrüsten, mit Kleidern versorgen, ausstaffieren.* — lux. 290; els. 1, 695. s. d. folgende.
Montur [montúr *D. Si.* u. s.; mùndur *Ri. Hom. Rom.*; montûriŋ *Fa.*] *f. Anzug, Ausrüstung, Ausstattung an Kleidungsstücken.* — els. 1, 695; baier. 1, 1632; frz. monture. Zss. Sondes-montur *Sonntagsanzug*; Wiertes-montur *Werktagsanzug D. Si.*
Montlech *Ortsname Montenach (Kr. Diedenhofen).*
Mopelles *Verdrehung des männl. Vornamens Marcellus. Spottname der Bewohner von Settingen (Kr. Forbach), deren Schutzpatron der hl. Marcellus ist.*
Moppel [mòpəl *fast allg.*; Demin. mebərlə *Pfb.*] *m.* u. *n. Kalb od. Hund, ein gedrungenes Tier überh. in der Kindersprache:* do lauft e M. *Das Verkleinerungswort bedeutet nur Hündchen.* — els. 1, 696.
mor *morgen* s. morjeⁿ.
Morascht [morašt *fast allg.*; moràšt *D. Si.*] *m. Morast.*
moraschtisch *allg.* adj. *sumpfig.*
morbeln [mòrbəln *Bo.*] intr. v. *zwischen den Zähnen knurren, murren.* m. *entstellt aus* mormeln, murmeln. — baier. 1, 1647 u. kärntn. murbeln, murfeln; hd. murbeln Gr. Wtb. 2715.
Morbler *m.*, **Morblersch** *f. Bo. mürrische Person.* s. d. vorige.
Mores [mórəs *allg.*] Pl. *Sitten, Anstand, Lebensart:* isch werre dich M. lehre! — els. 1, 703; lat. mores.

Morjeᵘ [mòrjə *fast allg.;* móəjən *Bo.;* marjə *Mth. Sucht;* muèrjən, muarjən *Si.;* mùᵘrən *Oberk.*] *m. Morgen. Begrüßung:* Moᶦje, gun Morje! *Fo.;* go' Morje! *Lix.;* gode Morje! *Av.;* gude Marje, sin 'r schun allert? *Mts. Antwort:* guden Dank ich! Gott dank eïch!
  morjeⁿ [mòrjə *Fo.* u. s.; mòrjət *Pfb. Ri. Rom. Hom.;* mòr *Pü. Falk.;* móər *Bo.;* már *Mw. Ka.;* moa *Oberk.;* múər *Si.;* muor *Busd.*] adv. *morgen.* Jo mòr! *da kannst du warten! Falk.* Kä muer hun kein *morgen haben d. h. nichts für später aufsparen Si.* Morsmorjen *Falk.,* mar de moren *Nj.,* morjetsmorjet *Pfb.,* morje z'morjeds *Ri. Hom. Rom. morgen früh.* Z'morjeds *am Morgen Ri.* — lux. 295.muᵉʳ, muᵉʳ de murjen; hess. 272 mòr morgen; els. 1, 708 murne morje, morje morje.
  Morjeⁿ**-rot** *n. fast allg. Morgenröte.*
  Spruch:
  Morjerot, z'oweds nix assDreck und Kot.
  Owedrot, de n'andre Da gudd Wetter
        gerod·
Ri. Hom. u. s.
  Morsong [morsoŋ *Fa.*] *n. Stück, bes. Stück Brot von ansehnlicher Größe.* — frz. morceau.
  Mort [mórt *Falk. Sp. Va. Fletr.;* móət *Bo.;* múərt *D. Si.;* muot *Obd.* — Pl. -ən; Demin. mirtχən *Si.;* méətχin *Bo.*] *f. Möhre, Gelbrübe:* M'r gehn bäde *(beten)* uf Sant-Avor, dass de Muoten gerode *(geraten)* un Tirkekor *(Mais).* — lux. 295 Mùrt; mhd. morhe, more. s. a. Wurzel.
  Mort-jes [mòrtjes *fast allg.*] *Fluchwort: zum Henker, zum Teufel!* M. < mort de Jésus. — lux. 290 ebenso.
  Mos I [mòs *fast allg.*] *f.* 1. *Maß.* — 2. *Schenkmaß für Flüssigkeiten (urspr.* 2*, dann* 1 *Liter).* — lux. 292 Mòss; els. 1,715 Mass II. — Zs. M.-kroᵘ *D. Si. Maßkrug.*
  Mos II [mòs *Fa.* mâs(ən) *Pfb.*] *m. Mohn* (Papaver somniferum). — els. 1,715 Mâs(t), Mòs(t). s. a. Mah.
  mos I *keine Milch mehr gebend* s. mäs.
  mos II [mous *Vahl-Ebers.* u. s.] *adj. feucht:* d'Hoï isch m. — vgl. baier. 1, 1672 Mos *Bruch, Moor;* mosig, mösig *sumpfig.* s. a. From. 4, 500.
  Moschett s. Manschett.

Moschketeller [mošgədèlər *Si.* u. s.; mùšgədèlər *Ri. Hom. Rom.*] *m. Muskatellertraube, -wein.* — els. 1,731 Muschketeller; mlat. muscatellum.
  Moscht *Moos* s. Mus I.
  moschtern s. muschtereⁿ.
  Moschtert [moštərt *D. Si.*] *m. mit Most* (lat. mustum) *angemachter Senf.* — lux. 291 ebenso; ss. Mòstert, moselfr. Mostert, Kisch vgl. Wtb. 158; mhd. musthart, mostert. s. a. baier. 1, 1685.
  Moss-ben [mosben *Bo. n.* (eigentl. *Muß-sein) Notwendigkeit:* d'es keïn M. *es ist nicht unbedingt notwendig.* s. ben = sin *sein.*
  Motor-kutsch [modorkytš *Pfb.*] *f. Automobil.*
  Motsch *in* Kotschen-motsch s. d.
  Motsche [mòtšə *Lix.* u. s.] *m. mißratener Laib Brot; schlecht gebackener Kuchen.* — els. 1, 742 Motsche, Mutsche; vgl. hess. 272 Mötzchen *ein Gebäck.*
  Mott I [mòt, Pl. -ən *Bo.* u. s.] *f. Motte.* — els. 1, 738 Mutt.
  Mott II [mòt *Bo.*] *f. Muster von Getreide.* — vgl. hess. 272 Mött; mhd. mütte, mutte *Scheffel;* lat. modius.
  Motter s. Mutter.
  Motz I *Av. männl. Vorname Moriz.* — schweiz. ebenso, From. 6, 459.
  Motz II [mots *Rü. lux. Grenze*] *m. Speichellatz der kleinen Kinder.* — vgl. baier. 1,1706 u. hess. 278 Mutz *etwas Abgeschnittenes, Abgestumpftes;* From. 6,407,20 mutzen = lat. mutilare. s. a. Mutzen.
  Motzen *Jacke* s. Mutzen.
  motzen [motsən *D. Si.; sonst* mutsən] intr. v. *schmollen, seine Unzufriedenheit durch ein mürrisches Stillschweigen u. ein verzogenes Gesicht an den Tag legen:*
  Mutz m'r nit so, un trutz m'r nit so,
  s' kummt 'ne Zitt, bischt wiedrum froh. *Fa.* — lux. 293; els. 1, 745 mutzen III *trotzen;* baier. 1, 1706 motzen, motzeln *maulen, den Mund aufwerfen;* hess. 278 u. N. 186 mutzen, motzen; *auch sonst mundartl. sehr verbreiteter Ausdruck.* s. From 3, 472 u. Gr. Wtb. 6, 2603.
  Motzert *m. D. Si. Murrkopf, Schmoller.* — lux. 293. s. d. vorige.
  motzich [motseχ *D. Si.;* mutsiχ *Fa. Fo. Ett.* u. s.] *adj. schmollend, schlecht*

aufgelegt, eigensinnig, dumm trotzig: e m. Gesiht mâchen *D. Si.* — lux. 293 motzech; els. 1, 745 mutzig. s. motzen, mutzen.

mu [mú *allg.*] interj. 1. *Laut, den die Kuh ausstößt:* er isch so dumm, dass er mu krischt. — 2. subst. *Rind in der Kindersprache. Davon* m u eⁿ *brüllen, vom Rindvieh.*

Muck [mùk *fast allg.*] *f.* (eigentl. *Visierkorn des Gewehrs*). *Meist in übertragener Bedeutung:* e M. uf äne hon *Lix.* u. s. *einem aufsitzen, einen nicht leiden können.* Ebber uff de M. han *Ri. Hom. Rom. Ha.* — lux. 294; els. 1, 663; baier. 1, 1567; hess. 274.

mucksen, sich [mùksəⁿ *fast allg.*; mùkə *Fa.*] refl. v. *sich rühren, sich leise vernehmen lassen (meist verbunden mit Verneinung od. als Drohung):* mucks dich nit, sonscht... Wann de dich muckscht, schla' ich d'rän. *Rda.:* wer sich nit kann mucke und hucke — der werd meh als änmol sich tucke *(sich stoßen) Fa.* — els. 1, 663; baier. 1, 1566; lux. 296.

Mudar [mudar *Ri. Hom. Rom.*] *m. kleiner, unsauberer Junge, Gassenjunge.* — frz. moutard.

Mudel I [mudəl *fast allg.*; mídəl *D. lux. Grenze*] *n. Muster, Vorlage, Modell, Gestalt:* wo kän M. isch, do isch all Howle *(Hobeln)* vergewes *Fa.* Kä' Midel a kä' Fassong *unförmlich.* — els. 1,652 u. baier. 1, 1571 Model; lux. 286 Middel; frz. modèle.

Mudel II [mùdəl *Ri.* u. s.] *m. niedriges in Gärten u. Gemüsefeldern vorkommendes Unkraut, Vogelmiere.*

Mufel [múfəl *Fa. Falk. Si.*; mùfəl *Lix. Vbg. Hd.*; moufəl u. môfəl *Bo.*; moïfəl *Vahl-Ebers.*; mumfəl *Ri. Hom. Rom.*; múnfəl *Va. Wb.* — Pl. mífəl, moufəln; Demin. mifəlχə, mimfələ, meïfelχin] *m. ein Mund voll, ein Bissen:* der vergunnt äm de Munfel Brot, wu mer esst *Wb.* — lux. 280 Maufel; vgl. els. 1, 654 Muffel. M. < mhd. muntvol.

Muff [mùf, Pl. -ən *D. Si. Va.* u. s.] *f. Handschuh, Muff.* — lux. 288 Moff; hd. Muff *rund gewölbter Pelz zum Warmhalten der Hände* Gr. Wtb. 6, 2623; els. 1, 654 Muffle *kurze Handschuhe.*

mufleⁿ [mùfiə *Lix. Ri. Hom. Rom.* u. s.; múfələn *D. Si.*] tr. v. *einen Mundvoll nach dem andern nehmen, mit vollen Backen essen.* — lux. 280 maufelen; vgl. els. 1, 654 muffle. s. Mufel.

Muhm [mùm *Obh.* u. s.; meïmi *Si.*] *f. alte Frau, Muhme (meist in der Anrede):* M. Gredel *Frau Grete.* — vgl. hess. 271 Moeme. s. a. From. 6, 355.

Mul I [mul *fast allg.*; múl *Pü.*; myl *Pfb. Wb.*; maul *D. Si.* — Pl. milər, milrə, mailər; Demin. milχə, miləl, mílələ, mailχən] *n. Mund, Maul:* e M. wie en Âfkat, wie en Entenarsch *sehr redegewandt Fo.* Of M. un Nas fälen *platt zu Boden fallen Bo.* M. un Nos ufsperre *Lix.* Do han se de Miler ufgesperrt *Fo.* Er vergunnt sim eijene M. nix Guts. Sinem M. kän Stiefmutter sin *seinem Mund nichts abbrechen Fo.* E M. gin *küssen:* gemmer e Milchel *Pü. Fo.* 'S M. henke lôn *schmollen Lix.* Hal din M. sum Arsch! *grobe Aufforderung zum Schweigen Lix.* Er horcht mem M. *vor Verwunderung den M. offen halten.* Er hat m'r e bês M. ongehenkt *mich in üblen Ruf gebracht.* Enem 's M. anhänge *frech antworten Ri. Lix.* Henne noh *(hinten nach)* isch gut e gross M. hon *sich wichtig machen.* Er hats M. gebrucht iwer uns *übel nachgeredet Lix.* Konnscht de mer's M. nit vergunne? *hältst du mich nicht für wert, dies von dir zu erfahren?* Mim M. micht er alles *Ersd.* Ich gen der e Paar, dass M. un Nas iwerlafe *Ro.* 'S M. spaziere losse viel schwatzen *Wal.* Der isch sicher nit ofs Mül gefalle *der versteht das Klatschen Pfb.* Wos ma spart am M., fressen de Katz un de Hunn *Ersd.* Der dät met'm M. dreï ofs mol dot schlawe *ist ein Prahlhans Pfb.* 'S M. dehäm losse *Ri.*, er hat de M. im Bett geloss *Wall. er ist sprachfaul.* 'S M. steht em kän Omeslong *(Atemlang)* still *Lix.* Dem mänt ich min Mül net e Wuch lehne *Wb.* Der schmert äm de Breï ums Mül erum *(hinein) Wb.* Er hat sin Wissbrot dererscht gess on kann nun d'M. an de Nâl henken *Bo.* Er hat e M. wie e Äppelfrau *od.* wie Wasserstenzels *(Bachstelze)* Arschloch *Ri. Rom. Hom.* 'S M. in de

24*

Sack stegge *sich schweigsam verhalten (bes. negativ:* er steggt's M. nit in de Sack) *ibid.* E Schloss vurs M. mache *od.* do stehn mit der Zung im M. *dasselbe ibid.* Äm ins M. lafe *ibid.* Em 's M. suwer losse *einem nichts zu essen geben ibid.* Em 's M. vollgen *jd. gehörig ausschimpfen ibid.* Numme uff sin M. sin *nur auf sich bedacht sein ibid.* Em d' Worde zum M. erus nemme *od.* löwe *gespannt zuhören ibid.* E druggenes M. han *durstig sein ibid.* 'S M. abbutze u. gehn *weggehen, ohne sich zu bedanken ibid.*. Ebber us um M. erus esse *jd. etwas vorkauen z. B. dem Kinde den Brei.* De Litt ins M. löwe *jd. beim Essen zusehen ibid.* Sich selbst uff's M. schlawe *sich selbst verraten ibid.* 'S M. spitze; sich 's M. verbrenne (eigentl. u. übertr.). 'S Wasser ins M. kumme mache *einen lüstern machen ibid.* I ha jo numme e M. voll gedrung *(wobei man hinzufügt:* awer e Kuhmul voll) *ibid. Rätsel:*

Ich wäs en Gåden
met wissen Palissaden;
es ränt nit enän,
un es schneit nit enän,
un es isch doch immer nass.
Was isch das? *Marienth.*

Ich weiss e kleins Ställele;
es reït net enän,
es schneït net enän,
on 's esch doch emmer nass drenn.
Was esch das? *Flh.*

— Zss. M.-aff: Mulaffe feil han *recht dumm mit offenem Munde dreinsehen Lix.* M.-esel; M.-korf; M.-stick: er hat e gut M. an sich *Ersd.*

Mul II [múl *fast allg.*; mûlt *Ri. Rom. Hom.*; moul *Bo. D. Si.*; mól *Gelm.* — Pl. -ən] *f. Backtrog, Mulde:* an d' M. guhn *den Teig zubereiten Si. Rätsel:* 'S geht eppes de Drepp enuf un hot vier Ohre. Wos isch dos? e Mul. *Sp.* — lux. 294 Mull; els. 1,677 Mueld. — Zss. Muldgratz *Ri. Rom. Hom.*; Mul-schärr *Vbg. Muldengratze.*

mulen [mulən *fast allg.*; maulən *D. Si.*] intr. v. *widersprechen:* was hascht de immer ze m.? — els. 1,674 mule.

Mulle [mùlə *Lix.*] *n. Rind in der Kindersprache.* s. a. Molle.

Mullinge [mulìŋə *Hom. Rom. Ha.*] Pl. *Apfelsorte, den Rainetten nicht unähnlich, aber glatthäutig u. rotwangig. Zu* mull, moll, *weich, mürbe?*

Mulung [muluŋ *Ri.* u. s.] *m. Bruch-, Baustein.* — frz. moellon. s. a. Mollepick.

Mulwurf, Mulwerfer s. Murwolf.

mulzich [muəltseχ u. muəlbètseχ *D. Si.*] adj. 1. *wurmstichig, wurmig von Obst u. Früchten.* — 2. *skrophulös von Menschen.* — lux. 294 mu^elzech; els. 1,678 mulzig, malzicht; mhd. malz *weich, schlaff.* s. a. murwentzich.

Mumber *Vormund* s. Momber.

Mumbilie [mumbilié *Lix.*] Pl. *Möbel:* er hot sine ganze M. verkâft. M. < frz. mobilier.

Mumfel s. Mufel.

Mummel [mùməl *Ett.*] *f. Hummel.* — vgl. hd. mummeln = *brummen.*

Mummes [mùməs *fast allg.*; mòməs *D. Si.*] *m.* u. *n. (jüd.) Geld:* ich han kä' M. meh *Fo.* 'S koscht M. *Ri.* — els. 1, 681 ebenso; lux. 290 Mommes; vgl. späthebr. mamôn.

Mummi [mùmi *Go.* u. s.] *m. Stier, Rind in der Kindersprache.* — els. 1, 680, 681 Mummel II, Mummi I. — Zs. M.-zieher *Spottname der Garburger (Kr. Saarburg). Um sie zu ärgern, braucht man sich nur vor die Kirche zu stellen u. den Turm hinaufzusehen. Es wuchs nämlich auf dem Kirchturm Gras, u. um es herunterzubringen, zogen sie einen Stier hinauf. Als er zur Hälfte oben war u. die Zunge herausstreckte, schrien sie:* Der schleikt *(schleckt)* schun! Jb. IV, 120. s. a. Muni.

mun (mon) *Hilfszeitwort* s. misseⁿ.

Munefen [Mùnəfən *D. Si.*] *Ortsname Monhofen (Kr. Diedenhofen).*

Munengen *Aufgebot* s. Maning.

Munfel s. Mufel.

Muni [múni, myni *Pfb. Mett. Wb. Ri.* u. s.] *m.* 1. *Stier, Zuchtstier.* e wilder M. Der geht uf enen we e M. uf e Hauhüfe *Wb.* — 2. *grober, ungeschliffener Mensch:* du M.! — 3. *Blätter u. Frucht tragende Herbstzeitlose (die blühende Pflanze hat besondere Namen) Ri.* — els. 1, 691; baier. 1, 1619, *wo das Wort zu-*

sammengebracht wird mit isl. munr, muni = voluptas, animus; schweiz. Muni *Gemütsbewegung*.

munkleⁿ [mùŋlə *Ri. Rom. Hom.*] tr. v. *ahnen, heimlich tun*. — els. 1, 694.

Munnen [munənKr.] *m. Weißfisch, Döbel* (Cyprinus dobula). — hd. Munne; rheinfr. Minne Gr. Wtb. 6, 2698; lux. 287 Min; hess. N. 176 Mene, Möne, Mine; ss. Min, Kisch W. u. W. 104; ahd. munewa, munua.

Muoder *Ortsname* Moyeuvre *(Kr. Diedenhofen)*.

Mupp [mùp *Oberk*.] *m. schlechter, minderwertiger Schnaps*. — vgl. engl. to mop *den Mund verziehen*; hd. mupf *Laut der Unzufriedenheit* Gr. Wtb. 6, 2711.

Mur [múr *fast allg.*; myr *Pfb.*; mauər *D. Si.* — Pl. múrə, mauərən; Demin. mírχən, mirəl, maiərχən] *f. Mauer, Wand aus Stein* (Mirchen *bedeutet auch Gesims hinter dem Ofen*): Dem isch kän M. ze hoch. Ich gen dir än, dass de M. da noch äb get *Obd.* Der Esel hat dich doch nit us der M. geschla' *sagt man zu jemand, der vorgibt, seine Eltern nicht zu kennen Fo.* — Zss. M.-kelle *Ri.* Mur(e)-krittel *n. Lix. Ett.* u. s. *scharfer Mauerpfeffer* (Sedum acre). M.-schank *m. Lix. Wandschrank.* Muren-schwitzer *Spottname der Bewohner von Hargarten, weil sie an den Mauern niederhocken u. ihre Notdurft verrichten.*

murbeln [mûrbəln, mûrwəln *Bo.*] intr. v. *wühlen*. — vgl. baier. 1, 1647 murfeln, morfeln, murbeln *nagen*; ndl. murf *Maul, Schnauze*.

Murder [múrdər, múrdéⁱər *(mit Anlehnung an* Tier) *Si.*] *n. Edelmarder*. — lux. 276 Mârdeⁱer.

Murd-gruf [múrtgrouf *Si.*] *f. Mördergrube*.

Müre [myrə *Pfb.*] Pl. 1. *Maulbeere*. — 2. *Brombeere*. — frz. mûre *Maulbeere*; mûre de ronce od. m. sauvage *Brombeere*.

mureⁿ [múrə *Ri. Hom. Rom. Ha.* u. s.] intr. v. *mauern, Maurerarbeit verrichten*. — els. 1, 704.

Murer [múrər *fast allg.*; myrər *Wb.*; mauərər *D. Si.*] *m. Maurer*. — els. 1, 704. Zs. M.-schwäs *m. Maurerschweiß. Rda.:* der esch eso rar we M. *Wb.*

Murkeⁿ [mùrgə *Ri. Rom. Hom. Ha.* u. s.] *m.* 1. *Brotrest, Stück Brot überh.* — 2. *mürrische Person.* — els. 1, 709; vgl. mhd. murc; fränk. murk, From. 5, 179, 167.

murkeⁿ [mùrgə *Ri. Rom.* u. s.] intr. v. 1. *Brot hinunterwürgen.* — 2. *murren.* — els. 1, 709.

murksen tr. v. *Si. töten.* — lux. 295 Mûrxen; els. 1, 710 abmurxe.

mursch [múrš *Falk.* u. s.] adj. u. adv. *morsch:* er hat sich den Âmen *(Arm)* m. durchgefall. — els. 1, 713 morsch, mursch.

murwenzich [murwèntsiχ *Bo. Fa.*; mùrwèdsi *Ri. Hom. Rom.*; murwètsiχ u. murwelfziχ *Falk.*; murwelziχ *Fletr.*; muamètsəldiχ *Kr.*] adj. 1. *wurmstichig, wurmig von Obst u. Früchten.* — 2. *mürrisch, bösartig von Menschen:* en murwenzicher Minsch *Bo.* Murwenzich, murwäzich *durch Umstellung* < mhd. wurmæzec, baier. 1, 1001 wurmässig *vom Wurm angefressen.*

Mur-wolf [múrwolf *Fo. Lix.* u. s.; mulwèrfər *Pfb. Flh. Hw.*; mulwurf *Pü.*; mauərwoləf *Si.*; muawòlf *Rlf. Tet.*; mouwòlf *Lemb. Mürzth.*; myrəwòlf *Alth.*; moulbey *Nj. Rü.*; moltər *Grt. Ersd.*; mòlta *Weil.*] *m. Maulwurf. Rdaa.:* 's isch mer grundererernscht wie eme Murwolf *Fo.* Er isch fett wie e Mulwerfer *Flh.* Er isch gefrässich wie e Molta *Weil.* Er isch litscheu wie e Mürewolf *Alth.* Er hat e Paär Aue wie e Mulwerfer *kleine Augen Flh. Aberglaube:*

Stèsst der Murwolf innerm Hus,
Drät m'r bal e Doden erus. *Lix.*
Maulwurfshaufen dicht an der Mauer des Hauses gelten als Vorzeichen eines Todesfalles.

Mus I [mús *Falk.*; mùs *Lix.*; muŝt *Vbg.*; mošt *Bo.*; mas *Si.*] *n. Moos*.

Mus II [mûs *fast allg.*; mùs *Lix.*; mous *Bo. D. Si.*] *n.* 1. *Mus, gedörrtes Gemüse.* — 2. *Brei, bes. Erbsenbrei:* M. koche *Brei kochen Fo.* — 3. *Eingemachtes Lix.* — els. 1, 727 Mues; lux. 291 Moᵘs.

Muschel [múšəl *allg.*] *f.* 1. *Muschel.* — 2. *Mistel Fa.*

Muschkat [muškát *(fast nur in der Zs.* M.-nuss) *allg.*] *Muskatnuß. Rda.:* was kennt e Kuh von ener Muschkatnuss? — els. 1, 731 Musket.

Müschle [myšlə *Pfb.*] *n. Füllen.* — els. 2, 875 Müschele *neben* Wüschele. s. a. Wuschel.
Muscht *Moos.* s. Mus I.
Muschter [mùštər *fast allg.*; moštər *Bo. D. Si.*] *m.* 1. *Muster, Stoffmuster, Vorlage, Musterbeispiel:* e schên M. an dem Stufft *Fo.* An dem sollsch du M. nemme *Ri.* — 2. *sonderbarer Mensch:* das isch e M.! — els. 1,734 ebenso; hess. 277 du Muster! *Scheltwort.*
muschtereⁿ [muštrə *Fo. Sgd. Lix. Vbg.*; mùštərn *Av. Grt.*; moštərn *Po. D. Si*] 1. tr. v. 1. *musternd betrachten, besichtigen:* er hot mich gemuschtert von owe bis unne *Lix.* — 2. *(iron.) schlecht, geschmacklos anziehen, bes. häufig als Partizip:* wie bisch dann du wieder gemuschtert? *fast allg.* — 3. *in Ordnung bringen:* en onnere m. *einen anderen in O. bringen Lix.* — 4. *heimlich herumsuchen, untersuchen in Kleidern D. Si.* — 5. refl. *sich im Kampfe messen, sich raufen, miteinander ringen:* se han sich gemuschtert. — els. 1,735; baier. 1, 1685; lux. 291.
Muschterung, Moschterong *f. Musterung der Rekruten; Aushebungsgeschäft:* uff d' M. misse, uff d' M. gehn, d' M. passiere *allg.* — els. 1, 735.
Muschtranz s. Monschtranz.
Musel [muʒəl; Demin. miʒəltχən *D. Si.*] *f. Flußname Mosel:* Wâsser an d' M. drôn *etwas Zweckloses verrichten.* Eng Miseltchen mâchen *Urinlassen der Kinder.* — lux. 287 ebenso. — Zs. M.-grächen *Jahreswein von der Mosel.* s. Grächen.
musen [múʒən *fast allg.*; mýʒə *Pfb.*; mauʒən *D. Si.*] 1. tr. a) *mausen, Mäuse fangen:* wer von Katze stammt, must a *Fo.* Wat vu' Kâtzen herkemt, leïert mausen *was von Katzen herstammt*, lernt mausen *Si.* b) *stehlen, stibitzen.* c) *eifrig suchen:* in de Säck musen *die Taschen untersuchen.* — 2. refl. *sich maußern:* wann der Hahn sich must vor Mechelsta (*29. Sept.*), get's kän strenger Winter *Flh.* — els. 1, 726 muse; lux. 280.
musich [múʒiχ *Bo. Falk. Flh.*; múʒi *Ri. Rom. Hom.*; muʒiχ *Av.*] adj. 1. *schlecht gelaunt, traurig.* — 2. *listig, verschlagen Av.* Letztere Bedeutung stimmt zu mhd. *musen listig sein, betrügen u. zu* els. 1,726

duckelmusig, baier. 1, 1666 duck-mauset *heimlich, heimtückisch;* vgl. a. hess. 277 Müeser u. Duckmüeser *finsterer, heimtückischer Mensch.*
Musik [muʒik *allg.*] *f.* 1. *Musik:* M. mache *musizieren.* — 2. *Tanzmusik, Ball:* uf de M. gehn *Fo.* — 3. *Mundharmonika Ri.*
Musikant *m. allg.* wie hd. *Musikant, Musiker.* — Zs. Musikante-brih *f. Bi.* u. s. (eigentl. *Musikantenbrühe) verächtl. für schlechtes Kaffee.*
Musje [musjé *fast allg.*] *m. nur ironisch u. scherzhaft gebraucht von einem jüngern Herrn, bes. von einem, der gern den Feinen spielt:* ei, da kimmt jo unser M. *Lix.* — els. 1, 727 ebenso; frz. monsieur.
Mus-kinich [muskiniχ *Av. Fo. Pü.*; -kinik *Lix. Vbg.*; -keniχ *Flh.*; -kini *Hw.*; mýs-kini *Pfb.*; mískini *Ri. Rom. Hom.*; mouskinek, maiskinek *D. Si.*; mískinik *Bo.* - Pl. -ən] *m.* 1. *Zaunkönig:* geratzten weïn M. munter, rüstig wie ein Z. *Bo.* — 2. *kleiner Wicht.* — els. 1, 447 Muskünig; lux. 282 Meiskinek.
Mus-kittel [mûskitəl *Fo.* u. s.] Pl. *kleine Zuckererbsen, dasselbe wie* Misdreckelcher, *weil sie Ähnlichkeit haben mit den Kotkügelchen* (Kittel s. d.) *der Mäuse.* — hess. 221 Mause-kötel.
Muss [mus *fast allg.*; mús *Flh. Marienth.*; maus *D.*; mous *Si.* Pl. mîs, mais; Demin. misχə, miʒəl, maisχen (muʒələ *Pfb. als Kosename*)] *f. Maus:* Wann de Mies satt sin, dann isch's Mehl bitter *Fo.* Mies mache Mies *gebrechliche Menschen erzeugen ebensolche Kinder Fo.* Dem isch e M. iwer de Lewer gelâft *der hat sich geärgert Lix.* En arme M., die wu nummen än Loch hat *der ist zu beklagen, der nur eine einzige Quelle zum Unterhalt hat Lix.* Klein Mies han oich Ohren *Bo.* Dadran bisst kän M. e Faden ab *das steht fest, da fehlt nicht das Mindeste Ko.* Es isch 'n Idee: unser Katz fresst Mies, un ich mecht käni *Flh.* E M. fange *zur Erde fallen (von kleinen Kindern gesagt) Ri. Rom.* u. s. Katz u. M., u 's Rätsel isch us! *schließen die Erzählungen ibid. In Lubeln pflegen die Kindergeschichten so zu schließen: Die Geschicht isch us;* bei Pulmers Hus *(das letzte Haus im*

Dorf) leïft die Mus. *Das Demin.* Misel, Misele *ist* a) *Lockruf für die Katze;* b) *Kosewort für kleine Kinder:* kumm, du mi Misele! *Ri.*

Mussling [musliŋ *fast allg.;* mùslin *Ri.;* mosleŋ *D. Si.*] *m. u. n. Nesseltuch, Musselin.*

muss-racks u. **muss-racks-dot** *Bo. Falk. Lix.* u. s. *mausetot.* — els. 2,727 musracketot; hess. 386 rackertot. s. a. Gr. Wtb. 8, 33 u. From. 5, 187.

Mut [mût *Fo.* u. s.; mùt *Pü. D.;* mout *Bo. Si.*] *m.* 1. *Mut:* er hat jo gar kän M. *Fo.* Er hat kä M. u kä Lewe *Ri. (Häufiger wird* Kurasch *gebraucht).* — 2. *Lust, Neigung:* er hat kä' M. zur Ärwet, zum Schaffe.

Mutard [mụtart *Fo. Pü.* u. s.; mudart *Pfb. Ri. Rom. Hom.;* mudat *Av. Marienth.*] *m. Senf.* — frz. moutarde. s. a. Moschtert.

mut-mosseⁿ [mûtmósə, Ptc. gəmûtmost *Ri. Rom. Hom.* u. s.] tr. v. *mutmaßen, vermuten.* — els. 1,716 muetmasse.

Mut-mossung *f. Ri.* u. s. *Mutmaßung, Vermutung.*

mutscheln [mutšəln *Vbg.*] tr. v. *betrügen, mogeln bes. im Kartenspiel.* — hess. 277 muscheln; tirol. muschla, From. 3, 300; baier. 1, 1680 mauscheln.

Mutt [mut *Obh.*] *f. Schlamm.* — els. 1,739 Mutti(ch) *Unrat, Kericht;* hess. 278 Mot *Moder, Morast;* hd. Mott *Schlamm; schwarze, torfartige Erde* Gr. Wtb. 6, 2600. s. a. From. 3, 473 u. 5, 411, 11. mhd. mot.

Mutter [mùtər *Fo.* u. s.; motər *Bo. D. Si. (daneben* moudər *D. Si.)* — Pl. mitər, motərn (moudərən); Demin. meïdərχən, metərχin *Bo.*] *f. Mutter:* mi M. isch in de Stadt. Motter *wird nur gebraucht in der Verbindung* M. Gottes u. M. Anna *die Mutter Jesu u. die Mutter Mariä. Mit* Mouder *bezeichnet man* 1. *die Gebärmutter:* d' M. weïh hun *an der G.* leiden. — 2. *das Weibchen der Vierfüßler:* Mouderkâtz, Mouderhond. — 3. *Essigmutter (schleimige Haut, die sich im Essig bildet).* — 4. *die Oberin eines Frauenklosters:* d'wirdich M. *die würdige Frau Oberin.* Ferner wird Mouder *im verächtl. Sinne gebraucht:* deng M.! deng scheï' M.! *Si.* — Zss. Mouder-deïer *Muttertier.*

Muder-kalf *Kälbin Falk.;* mouder-seelenelän *mutterseelenallein Si.* (mudergottselichelein, mouderseeneloïn).

Mutter-gottes-da' [mùtərgotəsdá *Av. Fo.* u. s.] *m. Mariä Himmelfahrt* (15. *Aug.*)

Mutter-gottes-dierchen *n. fast allg. Marienkäferchen.* — lux. 296.

Mutter-gottes-schickelcher Pl. *Pü.* u. s. *Hornklee* (Lotus corniculatus).

Muttich [mutiχ *Fo. Obh. Lix.* u. s.; mudig *Ri. Hom. Rom.;* mutχit *Bo.;* mautš *D. Si.*] *f.* 1. *Ort zum Aufbewahren u. Mürben des Obstes:* Äppel in de M. leje. Ich werre d'r min M. nit verrade *Lix.* — 2. *Gestell zum Trocknen des Kernobstes Bo.* — 3. *Versteck zum Aufbewahren des Geldes:* er hat noch Geld in der M. — els. 1, 739 Mutti(ch); hess. 277 Muttich, Mutch; baier. 1, 1687 Mauten 280; eifl. Mautsch, From.6,17; hd. Muttich, Mutsch Gr. Wtb. 6, 2830; mhd. mûẓe.

muttichen [mutiχə *Lix.* u. s.; mautšən *D. Si.*] tr. v. *Obst oder Geld ins Versteck bringen:* wu hascht de de Niss hingemutticht? — els. 1, 739 muttige.

Mutticherš [mutiχərš *Lix.*] *f. Heimlichtuerin:* geh, du bisch en alt M.! — vgl. els. 1, 739 Muttiger. s. Muttich.

Mut-wel [mutwel *D.;* moutwel *Bo. Si.*] *m. Mutwille.*

mut-weles [-welǝs *D. Si.*] adv. *nutzloserweise:* d' Geld m.-w. ausgin. — lux. 296 muttwölles.

mut-wellich [mutweliχ *D.;* moutweliχ *Bo. Si.*] adj. *mutwillig.*

Mutwillchen [moutwelχin, Pl. -welχər *Bo.*] *n. wilde Nelke* (Dianthus ameria). — Gr. Wtb. 6, 2835 Mutwille 7. *Name der Pflanze* Dianthus ameria. *An anderen Orten heißt sie* Hochmut.

Mutzeⁿ [mutsə *fast allg.;* motsən *Gelm. Ltf.;* muts *Hw.* — Demin. mìtsəl *Ri.;* mytsəl *Flh.*] *m. Wams, Unterjacke, Rock der Bauernburschen überh.* — *Rda.:* das steht em an, wie erre Krott e M. *Fo.* — els. 1, 745 Mutze; hess. 272 Motzen, Mutz; baier. 1, 1706 Mutz, Mutzen; Gr. Wtb. 6, 2837 Mutz 3ᵇ. s. a. From. 4, 103, 15; 6, 330, 391.

mutzen *schmollen* s. motzen.

mutzich *eigensinnig* s. motzich.

N.

-n *Rest der unbetonten Vorsilbe* hin *in* nab, *hinab,* nin *hinein,* niwer *hinüber,* nuf *hinauf,* nunner *hinunter,* nus *hinaus* (s. d.).

na [nà *allg.*] interj. *Ausruf der Aufforderung: nun!* na, kimmscht de bal! **nä** *nein* s. nän.

Nab s. Naw(e).

nab [nab *Falk* u. s.] adv. *hinab.*

Näb [nèb, Pl. -ə *Bi.*] *f. grüne Schale der Walnuß (sonst nicht belegt).*

näbeⁿ [nèbə *Bi.*] tr. v. *enthülsen; die Nuß von der Näb befreien.* — vgl. hess. 281 u. baier. 1, 1730 näufen, näufeln (neiflen).

nach s. noch.

nächde [nèχdə, *Ri. Hom. Rom. Ha.*] adv. *verflossene Nacht:* er isch n. g'storb. s. Naht.

nach-eweil [naχewail *D. Si.*] adv. (eigentl. *noch eine Weile) zuweilen,* ja doch, *dennoch:* du bass n. gescheit. — lux. 297 nawèll.

nacht-ferti(ch) [naχtfèrdi *Ri.* u. s.] adj. *nachtwandelnd, schlafwandelnd.* — els. 1, 145 nachtfertig.

Nack-ärsch [nakèrš *Av. Fo. Falk.*; nakənèrš *Lix.*; nakèršəl *Fi.*] m. 1. *Kind, das nackt od. in kurzem Hemdchen umherläuft.* — 2. *Herbstzeitlose* (Colchicum auctumnale). — els. 1, 69 Nackärschel; vgl. hess. 467 nackte Jungfer, nackte Hure *als Bezeichnung der Zeitlose.* s. a. Gr. Wtb. 7, 248 e.

Nackeⁿ [nàgə *Ri. Rom. Hom.*] *m. Nacken:* ebber uff um N. sitze *beständig belästigen;* ebber uff um N. han *belästigt werden von jd.* B!i mer vam N.! *laß mich in Ruhe!*

nackich(t) [nakiχ(t) *Fo. Lix.* u. s.; naksiχ *Bo. Falk.*; nàgəršdi(χ) *Ri. Hom. Rom. Ha.*; nákeχ *D. Si.*; nàkadiχ *Av.*] adj. *nackt, nackend:* das Kind laft wieder n. erum *Fo.* Was gehsch de e so naggerschdi doher? *Ri.* — els. 1, 765 nackig; ss. nàkich *Kr.* 94; lux. 296 nâkech. *Verstärkung :* pudel - faden - nacksich *Bo.*

Näderš [nǽdərš *fast allg.*; nédəš *D. Si.*; næjəršə *Ri. Hom. Rom.* — Pl. -ən] *f. Näherin.* — lux. 298 Ne¹desch.

nadert *nachher* s. noter.

Nadur s. Natur.

Nagel [nágəl *Fo.*; náwəl *Fi.*; *Pfb. Ri. Hom. Rom.*; nêwəl *Mtsh.*; nál *Bo. Grt.*; nól *D. Si.* — Pl. nǽgəl, náwlə, nǽjəl, nél; Demin. nèlχin *Bo.*, nélχən *D. Si.*] m. 1. *Nagel, Fingernagel:* 's Mul an de N. hänge *nichts mehr zu verzehren haben Fo. Ri.* u. s. 'S Brot nit iwa Nâl hoan *sehr bedürftig sein Grt. Das Deminutiv* Nälchen *bedeutet auch das Erstarren der Fingerspitzen vor Kälte:* de N. an de Fengeren hun. *Si.* — 2. *Kralle:* de Katz hat langi Nägel. — Zs. N.-bohr *Handbohrer.* N.-kopp. N.-wurzel.

Nägelcher [nǽgəlχər *Fo. Falk.* u. s.; nǽgəldər *Lix.*; naigəlχər *Schw.*; næjliχər *Fi.*; nǽljər *Obd.*; næjələ *Ri. Rom.*; nælχin, nælχər *Bo.*] Pl. 1. *Flieder* (Syringa vulgaris). — 2. *Gewürznelke.* — 3. *Narzisse Schw.* — els. 1, 762 Nägelder. Zs. Nälchers-baum *Bo.* (Nêlches-bâm *D. Si.*) *Fliederstrauch.* vgl. mhd. negelboum *Nelkenbaum* (Cariophyllus).

nägeleⁿ [nǽgələ *Lix.* u. s. náwlə *Ri. Hom. Rom.*] tr. v. *nageln, mit Nägeln befestigen.* Rda.: e Furz uf e Brett n. *etwas Unmögliches versuchen.* — els. 1,762 nagle.

nah [nå *Falk. Sgd.*; nô *Fo. D. Si.*; nóχ *Ri. Hom. Rom.*; nê *Bo.* — *Steigerung:* nǽər, nǽkšt; néχər, negšt *Ri.*, nôst *Si.*] adj. *nahe:* 's Hemd isch necher ass d'r

Rock *Ri*. Noch Frind, *od*. in der Frindschaft sin *nahe verwandt sein Ri. Hom. Rom. Ha.* Noch am Brett sin *dem Tode nahe sein ibid.* Noch am Schnabbe sin *kaum einer Gefahr entrinnen ibid.* I han necher dohin *für mich ist es näher Ri.* 'S nit necher gen *nicht nachgeben ibid.* De nohsten Ort *der nächste Ort Si.* Von nächst *wird ein weiterer Komparativ gebildet* nächster: der Wè *(Weg)* isch nächster Falk. — Zs. noh-bi (noh-bei) *nahe bei, in nächster Nähe.*
nah *nach* s. noh.
Näh [nǽ *fast allg.*; néχdə *Ri. Hom. Rom.*] *f. Nähe*: kumm mer nit in de N.! *Fo.* Er wohnt in der Nächde *Ri.*
nah-bei [nàbèï *Falk. Lub.*; nobĭ (næstbĭ) *Fa.*] adv. *wahrscheinlich, ungefähr*: das werd n. der letschte sin. — els. 2,2 nabi.
nah-der-hand [nâdərhànt *Falk.*; náštərhạnd *Bo.*; noštərhand *Obd.*] 1. präpos. *m.* Dat. *nach, gemäß*: ma muss sich emmer strecken noschterhand der Decken *Obd.* — 2. adv. *darnach, hernach, nachträglich*: er hat noch nahderhand bezahle misse *Falk.* — lux. nohzerhand Ga. 308; ndl. naderhand; baier. 1,1122 nach der hand.
nähen [nǽə *fast allg.*; nǽjə *Ri. Hom. Rom.*; nèĭə *Pü.*; nájə *Pfb.*; néïən *D. Si.*] 1. tr. *nähen*: dobbel genäht hält besser. Was macht's Mädel? Se näht *ist Näherin Lix.* — 2. refl. *sich laben*: mer hon uns genäht on de Kirsche *Lix.*
nah-enenner [nạ(ə)nènər *Bo.* u. s.; nonàndər *Ri. Rom. Hom.*; nóənǽn *D. Si.*] adv. *nacheinander, einer nach dem andern.*
nah-flämmen [noaflêmən *Kr.*] tr. v. *nachäffen.* s. flämmen.
Nah-kemling [nákemliŋ, Pl. -ən *Bo.*] *m. Nachkomme.*
Näh-kerwel [nèïkèrwəl *Ri. Rom.*] *n. Nähkörbchen.* Zu einem vorwitzigen Jungen *sagt man*: geh häm un schiss dinere Mama ins N., ass se Wachs grijt.
nah-machen [námaχən *Bo.*; nómaχə *Ri. Hom. Rom.*; nómáχən *D. Si.*] tr. v. *nachmachen, nachahmen*: er hat em alles nahgemacht. 'S isch nochgemacht *nachgeahmt Ri.* — els. 1, 643 nachmache; lux. 304 nomâchen.

nah-mettes [námetəs *Bo.* u. s.; nómidas, *Ri. Rom. Ha.*; nómetəs *D. Si.*] adv. *nachmittags.* — lux. mettes *mittags* Ga. 290.
Nahper [nâper *Bo. Falk.* u. s.; nôbər *Fo. Lix.*; nóχbər *Ri. Hom. Rom. Ha.*; nôpər *D. Si.* — Pl. -n] *m. Nachbar*: der Peter isch unser Nohber. *Das Femininum lautet*: Nahpersch, Nohbersch, Nohpesch. — Zss. Nahpersch-hus; Nohpers-lit (Nohpesch-leit *D. Si.*) *Nachbarsleute.* Nohperschaft.
Nahring *f Ri. Hom. Rom. Nahrung.*
nah-schleen [nåšlćən *Bo.*; nåšlawə *Ri. Hom. Rom.*] intr. v. *nacharten, nachschlagen*: d'Kend schlèt em Vater nah *Bo.*
nah-setzen [náχètsən *Bi.*] tr. v. *nachlaufen*: m'r sin em nahgesetzt.
Naht I [nât *Falk.*; sonst nòt] *f. Naht*: e Naht uftrenne *od.* uffmache. De Rock isch uf in der Noht. — els. 1, 792 Nat; lux. 305 Nòt.
Naht II [nát *fast allg. (nur Fo.* hat daneben náχt); núət *D. Si.*; núərt *Nj.* — Pl. nèt, nèχdə, nâtə(n)] *f. Nacht*: an der N. sin alli Kih schwarz *Mü.* Der hat's Brot nit iwer N. *hat kaum das tägliche Brot Schw. Gruß abends beim Fortgehen*: go' N.! *Lix.*; gun N.! *Fo.*; gode Nuet! Nuet! *Si. Abendgruß*: got Naht! schlof gut! all Stonn e Pond; all Schleck e Mek; all Mofel e Pannkuchen. *Wa.* — Nahts, nuets, z'nahts *nachts*. Hint naht, hint ze naht *(auch bloß* hint) *in der letzten Nacht.* Ze naht, s'näht esse *fast allg. zu Abend essen. Als ein Begriff gefaßt als Substantiv*: 's Zenahtesse (S'nahtesse) *das Abendessen. Spruch*:

Maria Lichtmess,
Spinne vergess!
Ohne Licht z'naht ess!
(*od.* am Da' s'naht ess!)
Pü. Sp. u. s.

Zss. N.-glock *Lix.* u. s. *Abendglocke zum Ave; Glockengeläute bei Nachtanbruch.* — els. 1, 257 Nachtglock. N.-il (s. d.); N.-läər (Nahtlájer) *n. Fo. Lix. Ri.* u. s. *Nachtlager, Nachtherberge.* N.-mohl (s. d.). N.-schul *Nachmittagsschule Ri.*
Naht-il [-íl *Ersd.* u. s.; nuətsail *D. Si.*] *f. Nachteule*: der macht e Gesicht wie e

N. 'S ischt 'n N. *er arbeitet gern nachts.*
— els. I, 31 Nachtül.
Naht-mohl [nátmól *Falk. Lix. Ri. Hom.
Rom.* u. s.; náχtmòl *Fo.*] *n.* 1. *Nachtmahl.*
2. *das hl. Abendmahl; erste Kommunion:*
sum N. gehn *kommunizieren Falk.* Isch
der Bu schon zum N. gang? *Fo.* — Zs.
Nahtmohls-kenn *Lix. die Erstkommunikanten.* — els. 1, 667.
näje[n] **I** [nǽjə *Ri. Rom. Hom.*] intr. v.
neigen, sich verneigen: de Da hat si g'näjd.
näje[n] **II** s. nähe[n].
Nal s. Nodel u. Nagel.
nâlich [nǽleχ *D. Si.*] adv. *kaum, zur
Not, knapp:* mer kennen ons n. — lux.
300 u. moselfr. nêlech, nælich; ss. nâlich,
Kisch vgl. Wtb. 161; hess. 280 nellig,
närlich. s. a. baier. 1, 1752 u. From. 3,
142. Nälich < närlich. vgl. alts. naru, ags.
nearo, engl. narrow *knapp.*
Name [nàmə *Fo.* u. s.; nąmən *Bo.*;
nômə *Lix.*; num *D.*; numən *Si.* — Pl.
nâmə u. næmə, nímən *Bo.*] *m. Namen:*
was for Näme han se dem Kind gin bi
der Kinddäf? *Fo.* Fa de Nome muss mer
hingen *für seinen N. muß sich (anstandshalber) hängen lassen Lix.* Ebbs mit N.
nenne *beim richtigen Namen nennen Ri.*
Ebbs uff de N. nemme *od.* grije *etwas
auf seinen Namen (im Grundbuch) eintragen lassen Ri. Hom. Rom.* Im N.
des G'satzes *ibid.* E N. anhänge *einen
Spottnamen geben;* sich e N. mache *sich
bekannt machen, bekannt werden ibid.* Es
soll de N. han *es soll unter dem Titel,
dem Vorwand gemacht werden ibid.* Um
N. noh *dem Schein nach ibid.* En Gott's
Nome! *Seufzer Lix.* E Godds N.! *wobei
oft hinzugefügt wird* schlofft de Babbe
zu der Mamme un 's Miesel zu der
Katz *Ri.*
Names-da [nàməsda *Fo. Ri. Rom.* u. s.;
nômǝsta *Sgd. Lix.*; námǝnsdáχ *D. Si.*]
m. Namenstag: De N. anwinsche *Ri.* N.
gen *Geschenk zum N. machen ibid.*
nämlich s. nemptlich.
nän [næn *D. Si.*; nǽ *Fo. Sgd. Lix.
Ri. Hom. Rom.*; noïn, ną *Bo.*; ną́, i ną́
Falk.] *nein:* ich hon gemänt, er get
m'r de Gefalle dun; awer nä! *Lix.*
'S isch nä u ja *wie man will, je nachdem*

Ri. Zur Verstärkung dient nit, nitte, nette:
nä nit! nä nitte (nette)! *nicht doch! Fo.
Lix. Ri.* u. s.
Nand [nànt, Dem. nàndəl *Ri. Hom.
Rom.*; nántə *Obd.*] *männl. Vorname Ferdinand.* — els. 1, 776 Nandi, Nandel.
Nängs [nèŋs *Ri. Rom. Ha.* u. s.] *f.
weinerliches Kind; fortwährend jammerndes Weib.* — els. 1, 777 Nangs, Nangsere.
nängse[n] [nèŋsə *Ri.* u. s.] intr. v. *weinerlich tun, nörgeln.* — els. 1, 777 nangse;
vgl. baier. 1, 1750 nenken, knenken *an
einer Sache immer etwas auszusetzen haben.*
näning s. zenäning.
Nann [nàn *fast allg.*] *weibl. Vorname
Anna.*
Nänne [nænè *Bo.*; nèn *Ka. lux. Grenze;*
Pl. -n] *f. Mutterbrust, meist in der Kindersprache.* — lux. 300 Nènn; vgl. els.
1, 774 Nänne, Nänni *Mutter.*
Nannettle [nànèdlə *Ri. Rom. Hom.*]
Pl. *Honigkuchen.*
Nansi [nąsi *Pfb.*; nantseχ *D. Si.*]
französ. Stadt Nancy. O N.! *Ausruf der
Verwunderung Pfb.*
Nante s. Nand.
Napolium [napòljùm *Fo.* u. s.] *in der
Vbdg.:* umgewenn N. < unguentum Neapolitanum *eine Quecksilbersalbe.*
Napoliung [nàboliuŋ *Ri. Hom. Rom.*]
Napoleon: de alt N. *Napoleon I.*
Narr [nàr *fast allg.*; nór *D. Si.* — Pl.
narə, nórən] *m. Narr, verrückter Mensch.*
Zum e Narre mache *einen verrückt machen Ri. Rom.* Do misst m'r awer doch
e N. sin *dumm, einfältig sein ibid.* De
Narre mache *Possen treiben ibid.* Um
jede N. g'fallt sini Kapp *ibid.* Es git
allerhand for Narre, awer käner, wo nix
esst *Fo.* Ener N. micht hunnert. Die
hole ne far e N. *die halten ihn zum
Narren Schw.* Du werscht en aparter N.
sin *(iron.) du wirst was Besonderes sein
Lix.* De Kenn un de Narre sòn de Wohrheit. Ich hon de Narre gefrallt on dem
Kend *Lix.* — Zss. Narre-dings *Dummheiten Ri.* N.-hus *Irrenhaus.* N.-kwetsche
taube Zwetschen, die nicht reif werden.
N.-posse[n]. N.-seil (N.-säl): am N.
erumfihre *Fa.*

narre(ch)di(ch) [nàredi(χ) *Ri. Hom. Rom.*] adj. *närrisch, verrückt, von Sinnen:* 's isch zum n. werre. — Zs. manns-narredi *mannstoll.* — els. 1, 780 narrëchtig.

Nas [nâs *fast allg.;* nôs *Lix. Kö.;* nuos *D.;* nuəs *Si.* — Pl. -əⁿ; Demin næsχə, nísχin] *f.* 1. *Nase:* d' N. butze *od.* schnitze. D' N. låft; d' N. isch zu *verstopft.* Loss de N. dervon! Muscht de donn de N. iwerall hon? *Lix.* Ich hon's em awer inner de N. geriw *ibid.* Sich schwer in de N. schnide *sich selbst einen Schaden zufügen Schw.* Hol dich on diner N., un do hascht de e ganze Fuscht voll *Schw.* Sich an sinere N. nemme *vor der eignen Türe kehren Ri. Hom. Rom.* De hasch d'N. ghad *du hast Lunte gerochen Ri. Ha.* Dis hat e N. *das ist mit Schwierigkeiten verbunden Ri. Rom.* D'N. erusstregge *Vorwitz üben ibid.* Mit der N. vorne dran wille sin *od.* d'N. iwerall han *überall dabei sein ibid.* E Knobb in d'N. mache *um sich an etwas zu erinnern ibid.* Ebber e Ring in d'N. mache *ihn nach Belieben führen ibid.* Nit widersch gesihn, ass sini N. geht *ibid.* D' N. midde n'im Gesicht han wie andri *sich nicht von andern unterscheiden ibid.* De N. on all Dreck stecke *Ersd.* Er soll sich on siner N. hole *hat genug mit sich zu tun Lix.* Awer sellem isch e N.! *das ist nicht wahr Pfb.* Leck mech, woᵘ ech keng N. hun *derbe Abweisung Si.* Er butzt sich de N. met em Himdzippel *er ist ein unreinlicher Mensch Ko.* Wemmer en de Hêh sputzt, fallt's äm selwer uf de N. *Mü. Auf die Frage:* wu gehscht de donn denon *(hin)? wird geantwortet:* als der N. noh, dass der Ärsch nit vererrt *Schw.* — 2. *jede hervorragende Spitze, wie Schuhspitze, eiserne Nase vorn an der Deichsel usw.* — 3. *naseweiser Mensch.* — 4. *Mispel, Frucht des Mispelbaums.* — Zss. Nas-duch (s. d.) Nase-krämer *Besitzer einer großen Nase Av.* Nase-loch. Nasewiche *Nasenwurm Ri.* Nase-zippel *Nasenspitze.*

näs [næs u. næsmól *Gelm. Busd. Si. Mw.;* nais *Bo.*] adv. *noch einmal, wieder, neuerdings:* ma gehn n. häm *wir gehen wieder nach Hause. Gelm.* — lux. 300 nês, nêsemòl. Näs < mhd. noch eines, mundartl. noch ês, nach ês *noch einmal.*

Nascht [nåšt *fast allg.;* nåšt *D. Si.* — Pl. nèšt; Demin. nèštχin] *m. Ast:* en dicke N. Der Bâm hat vil Näscht. *Rda.:* 's isch em e N. en de Garte gefall *er hat eine unverhoffte Erbschaft gemacht Lix. Vorgeschlagenes* n *auch im* els. 1, 789; hess. 281; henneberg. From. 3, 126; 5, 452; 6, 400, 3; ss. Kr. 95.

Nascht *Nest* s. Nescht.

Nas-duch [násduχ *Fo. Falk. Vbg. Ri.* u. s.; nástuχ *Pü. Grt. Bi. Sp.;* násdoχ *Gelm.;* nósduχ *Lix.* — Pl. -diχər, -tiχər, -díχər] *n. Taschentuch:* ich han kän N. im Sack *Fo.* Du muscht e N. hunn *(als Gedächtnishilfe) Lix.* Um Adam sin N. nemme *die Nase beim Schneuzen in die Hand nehmen, ohne sich eines Taschentuchs zu bedienen.* — baier. 1, 1758 Nastuech.

näsmol s. näs.

nass [nås *fast allg.;* nás *D. Si.*] adj. *naß:* n. wie e Katz, wie e Pudel, wie e Muss, wie e n' Ent; n. bitz uff d' Hutt *Ri.;* bätsch-(pätsch-)nass *durch u. durch naß.* 'S Bett n. mache *ins Bett pissen fast allg. Auf die Frage* was? *wird scherzend geantwortet:* wann's ränt isch's n., wann's schneït isch's wiss.

Näss-chit [nèsχit *Bo. Falk.*] *f. Nässe des Wetters od. des Bodens:* de Grumbire fulen, wenn de N. anhält. s. a. Netzt.

Natem [nåtən *Falk.;* nótəm *Sgd. Lix. D. Si.;* nótən *Weil.;* noχdumə *Ri. Hom. Rom.;* noχdum *Schm.*] *m. Atem, Atemzug:* Nòtem siehe *atmen Lix.* Ich han bal kän N. meh krit *Lix.* Kä Nochdume meh grije *nicht mehr atmen können Ri.* Schlechter N. han *aus dem Halse riechen ibid. Ausweichende Antwort,* wenn man nicht weiß, *wo jemand ist:* a schefft Nôten, äss *(daß)* a nit vastickt. *Weil.* — els. 1, 795 Notem; baier. 1, 1768 Nåtem, Nåten.

Nation *f. Lix. Sippschaft (im veräcntl. Sinne):* das isch m'r e N.!

Natur [natúr *fast allg.;* nadúr *Lix. Ri. Rom. Hom.;* natúr u. natauər *Si.*] *f.* 1. *Natur, körperliche Verfassung:* e starki N. han *viel ertragen können Ri.* E Katz hat e härt N. *Lix.* Du hascht e Hunds-

natur *Lix. Wdg.*: d'N. geht iwer d'Lehr *Ri*. — 2. *Charakter, Temperament:* e gudi, schlechti N. *Ri*. 'S isch em ebbs geje d'N. — 3. *Geschlechtsteile Ri*.
nau *neu* s. nei.
naun adv. *Si. nun:* n. as et genuch!
Naus [naùs *Ri. Rom. Hom.*] *f. mürrische Person; Weib, das immer jammert.* s. nauseⁿ. — els. 1, 786 ebenso.
nauseⁿ intr. v. *Ri. Ha. Rom. Hom. jammern; launisch, mürrisch sein.* — els. 1, 786 nause; hess. 286 nöseln, näuseln.
Nauser *m. Ri.* u. s. *Mensch, der immer klagt u. jammert; Murrkopf.* — els. 1, 786 ebenso.
Naw(e) [nâw(ə) *Bo.*; nòw, nuəf *D.*; nâb *Ri. Hom. Rom.* — Pl. nâwə, nòwən] *f. Nabe eines Wagenrads:* d'Rad as bis an der Nòw am Dreck *Si*. — lux. 306 Nuᵉf. — Zs. Nawe-bohr *f. Bo. Bohrer mit Querbalken, Nabenbohrer.*
Nawel I [nàwəl *fast allg.*; nuèbəl *Si.*] *m. Nabel:* bitz an de N. ins Wasser gehn. De N. binge *(unterbinden) Ri.*
Nawel II s. **Nagel.**
naweⁿ [nâwə *Ri. Hom. Ha. Rom.*] intr. v. *nagen.*
Nawer [nâwər *Ri.* u. s.] *m. Nager; einer der nagt.*
Näz [næts *fast allg.*] *m. Faden, Nähzwirn:* geh, hol m'r e Klingel N.! E Klöjel N. *ein Knäuel Zwirn Flh.* Wächs m'r e Fasem N.! *bestreiche mir den Nähfaden mit Wachs! Lix.* — els. 1, 797 Näz; baier. 1, 1708 Næhz, Næhts. s. nähen. — Zss. N.-klöjel *n. Flh. Zwirnknäuel.* N.-faden *Falk. Zwirnfaden.* N.-kerwel *Nähkörbchen.*
Nazius, Nazi *Fo. Mtsh.* u. s. *männl. Vorname Ignaz.* — els. 1, 797 Naz, Nazi.
nedich [nédiχ *fast allg.*; néədiχ *Bo.*; nédeχ, neïdeχ *D. Si.*] adj. *nötig, notwendig:* ich han's nit n. *ich brauche mir das nicht gefallen zu lassen Bo.* — lux. 298 neïdech.
nedíchen [nédiχən *fast allg.*; nédïə *Ri. Hom. Rom.*; neïdijən *D. Si.*] tr. v. *nötigen, zwingen:* er hat mich derzu genedicht.
Negro [negro *Ri.*] *Hundename.*

nehren [nérən *D.*; nièrən *Si.*; néərən *Bo.*; nèrə *Ri. Hom. Rom.*] tr. v. *nährer, säugen:* se nehrt hirt Kand selwer *Si*.
nei [nèi *Fo.*; nai *D.*; nau *Vbg. Si.*; nou *Lix.*; noïw *Av.*; noew *Ri.*; nu *Bo.*; nuiw *Falk.* — *Steigerung:* nèiər, nuwər, noewər, noïwər; nèišt, noïwst] adj. *neu:* e neier Hut. Noïwe Grumbire. Ich winsch'n dir e glickselich naues Johr. Das isch m'r eppes Noues. Was git's Noïwes? *bzw.* Noues, Nuwes? *Verstärkung:* nagelsnou, nigelsnagelsnou, funkelnagelsnou *Lix.*; funglinöw *Ri.*
neidern s. **nidern.**
Neid-worzel *f. D. Si. Neidnagel, das unterhalb des Fingernagels sich loslösende Häutchen.* — lux. 298 Neidwürzel.
neieⁿ [naiə *Lix.*] v. *neigen, sich verneigen.* — els. 1,763 neige. s. a. näjeⁿ I.
Neiichkeit [nèiχkhait *Lix.* u. s.; naueχkhæt *Si.*] *f. Neuigkeit.*
Nei-johr [nèijór *Fo.*; naijór *D. Si. (daneben* naujór *Si.)*; nijòr *Lix.*; nujór *Bo.*] *n. das neue Jahr:* 'S N. winsche *Glück zum neuen Jahr wünschen. Formeln:* Ich winsch'n dir e glickselich naues Johr un de Buckel voll Gaisenhòr *Wall*. Ich winschen eïch e glickseljes neïes Johr un mir e Bretzel wie e Schiertor. *Hw.* Ich wenschen och e glickliches noues Johr, de Gesundheit, e longes Lêwe un alles, was och nitzlich un dienlich isch *Lix*. Ich wensch auwich alles, wat er gèr han: 'n Fass Win un e dick Schwin, 'ne schène Kau *(Kuh)* un alle Jahr e Bau *(Bube)* Mengen. *Werden die Armen, welche das Neujahr wünschen, vor der Tür eines Geizigen abgewiesen, so wünschen sie folgendermaßen:* Guden Morjen em nuwen Johr! isch wenschen auwich den Bockel voll Gaisehâr, den Kopp voll Grend, den Ärsch voll Wend on allen Dach en klän Kend. *Bo. Tet.* u. s. *Den heiratslustigen Männern u. Weibern wird folgender Spottwunsch dargebracht:* Ich winsche der e Frau *(od.* e Mann) met rode Hôr, druff gschess un ongefrôr. *Lix. Aberglaube:* En de Nijohrsnaht fliesst en de Bure *(Brunnen)* de goldiche Dräne; drim soll m'r en der Stunn drinke un a 's Vieh

dränke, fa dass m'r Deil hat on der Glicksdrän. *Lix.* — Zs. N.-tach.

Nei-mess [nèimès *Fo.*; noumes *Lix.*; nuimis *Falk.*] *f. Primizfeier der kathol. Priester.*

nei-modisch [nèimôdiš *Fo.* u. s.; naumoudeš *Si.*] adj. *der neuesten Mode entsprechend, neu erfunden.* — els. 1, 652.

nein *neun,* Neintel, Neinter s. nin, Nintel, Ninter.

neipen [ne͡ïpən *D. Si.*] intr. v. 1. *sich verbeugen:* en hot sech virum Älter geneipt. — 2. *sitzend einschlummern.* — els. 298 ebenso; baier. 1, 1751 ṅaupen *nicken.* s. a. Gr. Wtb. 7, 474 nuppen.

Neisch-notz [naišnots *D. Si.*; nišnots *Bo.*] *m. Nichtsnutz, Taugenichts, Schlingel.* — lux. 299 ebenso. s. a. Nix-nutz.

neisch-notzich, nischnotzich adj. *D. Si.Bo.untauglich, liederlich, wertlos:* neischnotzijen Deiwell *das Substantiv dazu:* Neischnotzichkät.

Neischt [naišt *Si.*] *n. das Nichts* [nihil album). *„Zinkoxyd wurde früher unter dem Namen Zinkblumen* (flores zinci) *namentl. bei Augenkrankheiten gebraucht*". From. 3. 418, 522. *Hierauf bezieht sich das Wortspiel:* N. as gut fir d'Åen *Nichts ist gut für die Augen.* — schles. Nischte is gut a de Ogen, From. 3, 414, 522. s. a. Aenneischt.

neischt [naišt *D. Si.*] *Verneinung: nichts.* s. a. nix.

Neischtert [naištert *D. Si.*] *m. der niedrige, niederträchtige Mensch.* — lux. 299 ebenso. s. d. vorige u. Nixnutz.

Neiss [nèis *Ka.*] *m. Schwätzer.* — vgl. baier. 1, 1759 (ge)neissen; got. naitjan; ahd. neizjan; mhd. neiȥen *schmähen, schimpfen, schelten.*

Nekel *Nikolaus* s. Nickel.

Necklesen *Bescherung, welche die Kinder am Sankt Nikolaustag erhalten* s. Nikläschen.

nelen [nélən *D. Si.*] tr. v. 1. *nageln.* — 2. *vor Kälte prickeln:* d'Fengerə nele' mech *die Fingerspitzen sind starr vor Kälte u. schmerzen mich.* — lux. 300 nélen; baier. 1, 1722 nickeln, nigeln.

nemme[n] [nèmə *Fo. Ri. Ha. Rom. Hom.*; nàmən *Rein.* — *Flexion:* nèm, nìmšt (nèmš), nìmt (nèmt). nèmə; Ptc. gənùm] tr. v. *nehmen, ergreifen, fassen, stehlen:* kä Blätt fur's Mul n. *frei heraus reden Ri.* De Wä hinger de Fiss n. *sich auf den Weg machen Ri.* Hom. Rom. Sich an de Hôr n. *sich vor Ärger die Haare raufen ibid.* 'S ernscht n. Ebber erumer n. *den Hinteren klopfen ibid.* Ebber a d'r Grimsch n. *an den Haaren fassen ibid.* Der Dod hat ne genumm. Fur was nemsch mi dä? *ibid.* Auespijel n. *zum Vorbild nehmen ibid. Gebräuchlicher ist* hollen.

nemptlich [nemptliχ *Fo.*; nèmpliχ *Falk.*; nèmli *Ri. Hom. Rom. Ha.*] *unbest. Fürw. dasselbe:* das isch's n. *das ist (bleibt sich) gleich.* 'S kimmt uf's N. erus. 'S koscht 's nämli Geld *Ri.* 'S isch d'nämli Lir. *dieselbe Leier ibid.* — els. 1, 769 nämlich.

nennen [nènən, Ptc. gənènt gənaṇt allg.]. tr. v. 1. wie hd. *nennen.* — 2. *ernennen:* er isch Meier *(Bürgermeister)* genennt wor *Ri.*

nennes-wert [nènəswèrt *D. Si.*] adj. *nennenswert.* — lux. 300 ebenso.

neperlich [népərleχ *D.Si.*] adj. (eigentl. *nachbarlich) behilflich wie ein guter Nachbar.* — lux. 300 ebenso. s. Nahper.

Nepperei, Nepperige *f.* St. R. A. 97 *Nepperei, ein landesherrliches Lehen mit der Verpflichtung, dem Lehnsherrn bei dessen Anwesenheit den Tisch mit Tischtuch, Handtuch, Krügen und Gläsern zu decken. Inhaber des Lehens ist der* Nepper < frz. nappe *Tischtuch.*

Nerf [nèrf *allg.* — Pl. nèrfə, nèrwən] *m. (Ri. f.) Nerv, Muskel, Sehne, Band:* er hat's uf de Nerfe. 'S isch em uff d'Nerfe geschla *es hat ihn stark angegriffen Ri. Rom.* Er hat e N. verrenkt *Lix.,* d' N. los han *Ri.* er *hat eine Sehne verstreckt.* D' N. isch durch, 's geht nimmeh lang *die Kuh steht unmittelbar vorm Kalben (wobei offenbar an den Geschlechtsteilen der Kuh eine Sehne od. ein Band zum Durchlassen der Geburt sich gelöst haben muß).* — Zss. Nerwe-fewer; nerwekrank.

nerfich adj. *Ri. Rom. Hom.* u. s. 1. *mit festen Muskeln versehen, kräftig, stark.* — 2. *nervös.* — els. 1, 781 nèrfig.

nerjeds s. nirjeds.

Nescht [nèšt *fast allg. (daneben* nešt *Bo. Fo.);* ništ *Va.;* našt *D. Si.* – Pl. -ər; Demin. neštχin *Bo.*] *n.* 1. *Nest, bes. Vogel- und Hühnernest; auch Lagerstätte junger Hasen u. Kaninchen:* der Vogel isch im N. 'S N. isch leer, numme der Neschquak huckt noch drin *Lix.* E N. voll junger Hase. — 2. *scherzh. für Bett:* jetz geh mer ens N. *Man unterscheidet:* Spenne-nescht; Wischpel -n. *Wespennest;* Hinkel -n. *Hühnernest;* Vokel-n. u. a. m. — Zss. **Nescht-ei** [nèštai *fast allg.;* naštê *D. Si.*] *n. Ei, das der Henne im Nest belassen wird, gewöhnlich von ihr beschmutzt, deshalb auch Bezeichnung für eine unsaubere Weibsperson.* N.-hucker *Nesthocker.* **Nesch(t)-kwack** (s. d.)

Nesch(t)-kwack [neškwàk *fast allg.;* niškwàk *Va. Karl.;* naštkwàkər *D.*] *m. Nesthocker, der jüngste Vogel im Nest; das jüngste Kind. In Ettingen wird am Pfingstsonntag abend ein ganz in Gras eingewickelter Knabe von Haus zu Haus getragen; er heißt* Neschkwack, *und die Kinder singen:*

Neschkwack, Neschkwack!
Siwe Eier sin geback,
Sin gerôt, sin gesôt,
Sin dem Häre wolgerôt.

— els. 2, 210; baier. 1, 1391; Gr. Wtb. 7, 631 Nestquack.

Nestrich [nèštreχ *D. Si.*] *m. Estrich. (Vorgeschlagenes* n *wie in* Nascht, Nadem. Nider u. a.)

Nestel [nèstl *Obh.* u. s.; nešdəl *Ri. Hom. Rom.*] *f. Schnürriemen, bes. für Schuhzeug.* — els. 1, 791; baier. 1, 1767; Gr. Wtb. 7, 626. s. a. Nischtle. *Das Verbum dazu lautet* neschtle[n] *Ri.*

net I *nicht* s. nit.

net II [nét *Fa. Lix.;* néət *Bo.*] *adv. mit Not, ungern, unfreiwillig:* er hat's n. gemacht. Ich bin so n. von dehäm furt *Lix.* Gêr oder n. *gern oder ungern Bo.* — els. 1, 794 nöt; hess. 286 nöte *wider Willen;* lux. 300 ne[i]t.

nett [nét *allg.*] adj. u. adv. *nett, hübsch:* e nett's Maidel.

nette, nitte *Verstärkung zu* nä(n) *nein:* nä nette (nitte). s. nit.

Netz [nèts, Pl. -ər *Fo.* u. s.] *n.* wie hd. *Netz.*

netzen [nètsə[n], *allg.*] tr. v. 1. *netzen, naßmachen, begießen:* M'r han de Garte genetzt *Fo.* De Gurjel n. *trinken fast allg.* M'r sin genetzt worre *beregnet worden Lix.* — 2. *die Brühe, Sauce austunken Grt.* — els. 1, 797; baier. 1, 1775; hess. 283.

Netzt [nètst *fast allg.;* nètšt *Si.*] *f. Nässe:* de Grumbire fule, wenn de N. anhält. — lux. Nètzt Ga. 306; hess. 282 Netze; baier. 1, 775 Netz; mhd. neʒʒe. s. a. Näss-chit.

Newe [newé *D. Si.;* newę *Fo. Falk.*] *m. Neffe.* — lux. 301 Newe[i]; frz. neveu.

Newel [néwəl *fast allg.;* niwəl *D. Si.;* neïbəl *Bo.* — Pl. -n] *m.* 1. *Nebel.* — 2. *Rauch:* N. mache *z. B.* mit der Zigarre. — lux. 301 N[i]ewel. — Zss. N.-wedder. Newels-kapp *Tarnkappe Ri.*

newelich, niwelech adj. *nebelig.* s. d. vorige.

newelns [néwəln *fast allg.;* niwələn *D. Si.;* neïbəln *Bo.*] intr. v. 1. *nebeln:* 's isch dick genewelt de morje *Lix.* — 2. *fein regnen.* — els. 1, 750 neble; hess. N. 193 niwweln.

newen [néwən *D. Si. Falk.;* néïwən *Bo.;* näwə *Fo. Fi. Ri. Hom. Rom.;* näwəts *Lix. Schw.* u. s.] 1. präpos. m. Dat. u. Acc. *neben:* newen dem Haus *D. Si.* Newe d'Schul lâfe *die Schule schwänzen allg.* De gescheite Hinkele leje och newe's Nescht *Fo.* Du hast newen om Kopp *du hast den Kopf verloren, bist verrückt Fo. Fi.* — 2. adv. *daneben:* da bisch de newe dron gewän *es ist dir mißglückt Fo.* Hinge newets sin *zu kurz kommen Ri.* Ich muss emol näwets enus gehn austreten *Lix. In der Fuhrmannssprache ist* näwets = *rechts:* der Schimmel muss n. hin kumme, m'r konn 'ne nit bruche suderhond (*zu der Hand* = *links*) *Lix. Fuhrleute haben sich die Bezeichnungen* näwets u. suderhand *so angewöhnt, daß ihnen dabei die Begriffe rechts u. links verloren gegangen sind; daher sprechen sie von* näwets Sit *rechte Seite,* suderhond Sit *linke Seite;* näwets Rad u. suderhond Rad etc. — els. 1, 750 nëbe, nëbeds; lux. 301 n[i]ewen. — Zss.: newen-änner [néiwənènər *Bo.;* néwənèntər *Falk.;* néwənənǽn *D. Si.*] adj. u. adv. *nebeneinander.* Newen-arbet *Nebenarbeit.* newe-bi (-bei). n.-dran *fast allg.* 1. adv. *nebendran:* n. isch er dehäm. 2. *verrückt:* er isch ganz n. *Fo.* Newegass. N.-gebei *n. D. Si. Nebengebäude.* newe-hin adv. *Lix. Schw. nach rechts:* wenn *(wende)* de Pluk n.! n.-lanscht adv. *D. Si. nebenbei, daneben vorbei.* N. kand *uneheliches Kind.* Newe-schotz *m. Si. Wurzelschößling.* lux. 301 ebenso. N.-stonn *D. Si. Nebenstunde.*

Newes-kind [nèwəskind *Grt. Ri. Hom. Rom.* u. s.] *n. uneheliches Kind.*

Newets-dil [nǽwətsdíl *Schw.*] *m. Seitenbrett am Wagenkasten.*

Newets-ross *n. Ri. Pferd auf der rechten Seite der Deichsel.*

Nickel I s. Nikolas.

Nickel II [nikəl *fast allg.;* nigəl *Ri. Hom. Rom. Pfb.*] *m. Zehnpfennigstück. Wortspiel:* Wann da Nickel usgeht *(ins Wirtshaus nämlich),* gehn de Nickel mit em; wann a zerick kimmt, bliwe de Nickel *Ko.*

nickle[n] tr. v. *Pfb. Geld abgewinnen, einen ausnehmen beim Spiel:* dü nickelsch mich *gewinnst mir alles ab.* — vgl. els. I, 767 nickle *herumzerren;* baier. 1, 1722 nickeln *einen hart behandeln u.* Saunickeln *ein gewisses Kartenspiel (der Verlierende heißt* Saunigel). s. a. From. 4, 37; 5, 396, V, 1.

Nid [nít *fast allg.;* nit *Falk. Lix.;* nait *D.;* neït *Si.*] *m. Neid, Groll, Haß:* gël for N. *Fo.* Er hat e N. uf mich *ist mir feindlich.* Der N. lisst's em nit su, dass er änem e gut Wort get genn *Lix.* — els. 1, 759 — Zss. N.-sack und N.-vogel *fast allg. Neidhammel, neidischer Mensch.*

Nider [nídər, Pl. -n *Bo. Vbg.* u. s.] *m. Euter. (Vorgeschlagenes n wie in* Nascht *Ast,* Nadem *Atem,* Neschtrich *Estrich u. a.)* — märk. nûder; ndd. neider, From. 6, 79; 6, 359.

nider [nìdər, Superl. nìdəršt *Ri.* u. s.] adj. u. adv. *nieder, niedrig:* d' Bank isch ze n. In der Schul isch er ze niderscht. — els. 1, 759 ebenso.

nidern [nídərn *Bo.;* naidərən *Si.*] intr. v. *Euter bilden, einen vollen Euter bekommen:* d' Ko[u]h nidert (neidert). — ndd. nûren, neidern, From. 6, 79; 6, 359; lux. nauderen Ga. 303. s. a. itere[n].

nider-trächti(ch) [nìdərtrèχdi *Ri.* u. s.] adj. u. adv. wie hd. *niederträchtig.*

nidich [nidiχ *fast allg.;* nídi *Ri.;* nidsiχ *Bo. Grt.;* naideχ *D. Si.*] adj. *neidisch, eifersüchtig, erbost, unverträglich:* mach kä' so n. Gesicht! *Fo.* Nidicher Hund! *Schimpfname.* — els. 1, 759 nidig; lux. 298 neidech.

nidrich [nidriχ *fast allg.;* nidəreχ *D. Si.;* nidərdiχ *Falk.*] adj. *niedrig:* der Bâm isch gar n. *Davon:* Nidrichkät.

Nid-sack *m. Ri.* u. s. *neidischer Kerl.*

nidsen [nídsən *Bo.*] intr. v. *neidisch, eifersüchtig sein.* — hd. neidschen Gr. Wtb. 7, 564. s. Nid.

nie [ní *Fo.* u. s.] adv. *nie, niemals:* er isch n. dehäm, m'r kann kumme wann m'r will.

niedern [nídərn *Vbg.;* naidərən *Si.*] tr. v. *heftig nach etwas verlangen, um etwas werben:* e neidert dernô *er verlangt sehr dernach.* — hess. 284 es nietert mich nach etwas; Gr. Wtb. 7, 780 niedern, nietern; ahd. niotôn; vgl. mhd. niet u. hess. 284 Niet *Verlangen, Eifer, Bestreben.* s. a. Weigand Wtb. 2, 265.

Niere [nîrə *fast allg.;* daneben îrə; iər, Pl. -ən *D. Si.*] f. *Niere.* — Zss. N.-brode. N.-fett. — els. 1, 780 Niere, Jere.

niesse[n] [nïsə[n] *fast allg.;* néïsən *Bo. D. Si.* — Ptc. gənîst, gənéïst] intr. v. *niesen.*

Niet [nîd, niət *Ri. Rom. Hom.*] *f. Niete, Nagel.* — els. 1, 794.

niete[n] [nîde *Ri.* u. s.] tr. v. *nieten, befestigen.*

Nigo [nigo *fast allg.*] *m. Dummkopf.* — frz. nigaud.

Ni-gut s. Nitgut.

Nijohr s. Neijohr.

Nijohrsch-pupp [nijòršpup *Lix.* u. s.] f. *Kuchen in Puppenform, den man zu Neujahr den Kindern schenkt.*

Nikläs-che[n] [niklǽsχə *Fo.* u. s.; niklésχən *D.;* neklésən *Si.*] *m.* 1. *ein hl.*

Nikolaus als Kuchen gebacken zum Nikolaustag. — 2. *jede Bescherung der Kinder am Nikolaustag:* en hat de Kinner e N. mitgebraht. — lux. 299 Neklesjen.
Niklos-da [niklòsdá *Fo.* u. s.; neklòsdáx̌ *D. Si.*] *m. St. Nikolaustag (6. Dez.).*
Nikolas [nikola *Fo.* u. s. *(daneben* nikəl); nigəl *Pfb.*; nekəl, neklá, nekula, kula *D. Si.*; nikle *Lix.* Ferner klós, klés, klésən; Demin. nekəlxən] *männl. Vorname Nikolaus.* — *Spottvers auf einen namens Nikel:*

Nickle, Nickle, Geissebart,
Hascht mich uf de Kirw gelad,
Hascht m'r nix se fresse gen,
Hascht m'r Schwart se lecke gen. *Lix.*

Nimmerles-tach [nimərləsdá *Lix.* u. s.; nimərlətax̌ *Ersd.*; nimaləsdá *Av.*] *m. Tag, der nie u. nimmer erscheinen wird:* uf N. = ad calendas graecas. Uf N., wann de Ochse kalwe. Gelt, du bezahlsch mich an N.? *Lix.* — els. 2, 665; baier. 1, 1744; hess. 284: auf Nimmerstag, wenn de Böcke lammen.

nimmeh [nimé *fast allg.*; nemè *Bo.*] adv. *nicht mehr, nie mehr, nimmer:* m'r kumme n. zu d'r. Du hascht mich eimol trumpiert, awer n.! *Bo.* — els. 1, 701 nimme; baier. 1, 1711 nimme, nemme.

nimmes [nimǝs *Bo. Fo. Fa.* u. s.; néməs *Pfb.*; neməšt *D. Si.*] *unbest. Fürw. niemand:* es isch n. kumm; es isch n. dehäm. — els. 1, 687 niemes, niemeds; vgl. mhd. niemans, md. nîmans. s. a. Gr. Wtb. 7, 826, 6. — Zs. N i m m e s - f r e n d *m. Bo. Niemandesfreund, Menschenfeind.*

nin I [nín *fast allg.*; nin *Bo. Mtsh.*; nain u. neŋ *D. Si.*] *Zahlwort neun:* es sin ihrer nin. Um nin isch er kumm. — els. 1, 777 nün. — Zss. nin-zehn, nin-zich; Nin-uhre-glock; Nin-uhre-mess. *Die übrigen sind eingeordnet.*

nin II [nín *Falk.* u. s.] adv. *hinein.*

Nin-angel [nínaŋəl *fast allg.*; néïnáŋəl *Si.*; neŋáŋəl *Metzeresch*] *f. große Hornisse;* es wird behauptet, sie habe nin Angle. Sie heißt auch Horessel, Hornesel, Ninstecher. — els. 1, 53 Nünangel, Nünangler.

nin-eckich [nínèkix̌ *Bo. Ett. Lix. Mbr.* u. s.; ninègi, ninègedi *Ri.*] adj. *schlecht gelaunt, unfreundlich, eigensinnig, heimtückisch.* — els. 1, 27 nüneckig.

Nini *Fi.* u. s. *Kosename für Eugenie.*

Nin-merder [nin-mèrdər *Av.*; nímérder *Lix.*; néïmèrdər *D. Si.*; neŋmèrdər *Metzeresch*] *m.* 1. *Neuntöter, Würger* (Lanius collurio). — 2. *Strolch, jähzorniger Mensch:* e richtijer N.! *Lix.* — els. 1, 706 Nünemörder; lux. 298 Neimèrder; ss. Neimérder Kr. 95.

Ninni [nìnì *Ri. Hom. Rom.*] *f. Milch in der Kindersprache.* — vgl. els. 1,774 Nänni.

Nin-stecher *m. Pii. Lan. Sucht. Münzt. Dasselbe wie* Ninangel.

nint [nínt *fast allg.*] *neunte:* der n. — els. 1, 776 nünt.

Nintel [níntəl *fast allg.*; naintəl *D. Si.*] *n. Neuntel, der neunte Teil.*

Ninter [níntər *fast allg.*; níntərt *Bo.*; naintər, neŋtər *D. Si.*] 1. *die Ziffer neun.* — 2. *die neuntägige Andacht, Novåne Lix.* — lux. 300 Nengter, Nengtchen.

Nipp [nip *Si.*] *m. Groll:* N. op än hun *jemandem grollen.* — vgl. els. 1, 777 Nuppe, Nüppe, G'nippe; hess. 287 Nuppe; lux. 297 Napp.

Nippeln [nipəln *Bo.*] *n. ein Kartenspiel. Beim N.* erhalten die Spieler 5 Karten; der Verteiler wendet die letzte Karte um, die Trumpf ist. Der Bauer der Wendekarte ist der höchste Trumpf u. heißt der rechte Bauer (der reïhts Bur). Der Bauer der Nebenfarbe ist zweiter Trumpf (der lenks Bur). Dann folgen Aß, König, Dame usw. der Farbe. Nebenfarben, die man nicht hat, müssen getrumpft werden; der Nachbar muß übertrumpfen. Wer erklärt hat „das Spiel zu machen", muß 3 Stiche machen; 5 Stiche zählen doppelt. Der Kartengeber erhält die Wendekarte u. legt dafür eine andere ab. s. a. Juckern.

nippeln intr. v. *Bo.* 1. *das Nippelspiel spielen.* — 2. *Geld abgewinnen.*

Nips [níps *Ka.*] *n. unentwickeltes Kind, das nichts essen will.* — vgl. ndd. beniepen, verkümmert From. 3, 374; baier. 1, 1752 nipfeln, nipfezen *nippen, zu* ahd. nîpan, ndd. niepen *abnehmen.*

nirje(n)ds [nɪrjə(n)ds *fast allg.*; nerjəts *Lix.*; nerjənts *D. Si.*] adv. *nirgends:* es isch nirjeds ze finne *Fo.* Ich hon nerjets kän Gehehr grit *Lix.*

Nisch *f. Ri.* u. s. *Nische.*

Nisch-notz s. Neisch-notz u. Nix-nutz.

nischt (neischt) s. nix.

Nischtle [nlštlə *Fo.*] Pl. *Schuhschnüre.* — hess. N. 193 Nistel s. a. Nestel.

nischtleⁿ [ništlə *Fa.* u. s.] tr. v. *kleine Arbeit verrichten:* er nischtelt alsfurt noch eppes. — eifl. nistelin, From. 6,17; Gr. Wtb. 7, 857 nisteln *Nebenform von* nesteln; vgl. els. 1, 789 nüschle; hess. 286 nöseln; ndd. nösseln *zauderhaft arbeiten* From. 5, 157.

Niss [nls *Falk. Ri. Hom. Rom.* u. s.] *n.* u. *f. Lausei, Lauslarve:* wer Niss hat, hat och Lis. — els. 1, 787 u. baier. 1, 1760 ebenso; Gr. Wtb. 7, 860 Niss, Nisse; ahd. u. mhd. niʒ, niʒʒe. — Zs. N.-kopp.

Nisselter [nisəldər *Ri. Hom. Rom. Ha.*] *m.* 1. *Acker- od. Feldsalat* (Valeriana locusta olitoria). s. a. Genesselter. baier. 1, 1761 Nisselsalat. — 2. *Feldahorn.*

nit [nit *fast allg.*; net *Bo. D. Si.*] adv. *nicht:* 's isch nit wohr. Et as net woᵘhr. Du hascht en a gesihn, nit? *nicht wahr?* Nit dann! *laß ab! Verstärkt* nitte, nette: nä nitte *gebräuchlich als Erwiderung auf die verstärkte Behauptung* jo jotte. — els. 1, 793 nit; lux. 300 net.

nitern [nítərn *Bo. Falk.*; nìχdər *Ri.*] adj. *nüchtern d. i. noch nichts gegessen habend:* in n. *in nüchternem Zustand.* — els. 1, 757 nüechter. s. a. enitern.

Nit-gut [nitgùt *Falk.*; nygùt *Lix.*] *m. Taugenichts.* — els. 1, 249 Niguet.

nit-gutsich [nitgùtsiχ *Falk.*; nigùtsiχ *Sgd. Lix.*] adj. *nichtsnutzig:* nigutsicher Hund! *Schimpfwort.*

nitte s. nette u. nit.

nitzen [nltsən *fast allg.*; notsən *D. Si.*] tr. v. *nützen:* das kann dich alles nix n. Es hat nix genitzt, awer a nix geschad *Fo.*

niweliereⁿ [niwəlíroⁿ *fast allg.*; niwəleïərən *D. Si.*] tr. v. *ebenen.* — frz. niveler.

niweln s. neweln.

niwer [nlwər *Bo. Fo. Mtsh.* u. s.] adv. *hinüber. Kinderreim:* Reje, Reje, geh niwer! Sunn, kumm eriwer! *Fo.* Riht n. *gegenüber Falk.* — els. 1, 9 nüber, newer, eniwer.

Niwo *m. D. Si.* 1. *Höhestand.* — 2. *Wasserwage.* — frz. niveau.

nix [niks *Fo. Lix.* u. s.; neïks *Bi.*; ništ *Bo. Fa.*; niš u. ništ *Falk.*; niks u. neïšt *Obd.*; nigs *Ri.*; naïšt *D. Si.*] *Verneinung nichts:* das macht nix. Er stellt sich, als wonn er von Gott un der Welt nix get wisse *Lix.* Er hat nix wie gehilt *hat nur immer geweint Lix.* Wo nischt isch, do hat der Kaiser 's Recht verlor *Fa.* Do isch n. ass Juchse *der Junge hüpft beständig einher Ri.* Uff der Herrgottswelt n. *od.* do isch n. hinge u n. vorne *rein gar nichts Ri.* Nix fur ungut. Mir n., dir n. *ohne weiteres, ungefragt allg.* Nix wie je *nur immer weiter Lix.* — els. 1, 796 nix.

Nixchen [niksχən, neïštχən *Obd.* u. s.; nigsəl *Ri. Hom. Rom. Ha.*; niksəl *Bi.*] *n.* u. *m.* 1. *kleines, niedliches Ding.* — 2. *wertlose Sache. Rda.:* ech bringe d'r en gellenen Nixchen on e silwerne Neïschten met *Obd.* — els. 1, 796 Nixel; hess. N. 192 Nigs-chen („*ein silbernes Büchschen u. goldenes Nigschen*").

nixlich [niksliχ, neïksliχ *Bi.*] adj. 1. *sehr klein, winzig:* en n. Kind. — 2. *wertlos, unbedeutend:* en n. Ding. — els. 1, 797 nixig, nixelig.

Nix-michel *m. Ri. Ha. Rom. schwächlicher Mensch.*

Nix-nutz *m. fast allg. Tunichtgut.* s. a. Neisch-notz.

nix-nutzich adj. wie hd. *nichtsnutzig.*

noch [noχ *fast allg.*; naχ *D. Si.*] adv. *noch, immer noch:* er isch n. da. Ich han n. immer gesat. — Zs. nochemal [noχəmàl *Bo.*; naχəmòl, nàmòl *D.Si.*] *nochmals.*

Nochdum s. Natem.

Nockert [nokərt, Pl. -ən *Bo.*] *m. Stoß, Anprall:* sich e N. gen *sich an etwas stoßen.* — lux. ebenso Ga. 307; vgl. engl. to knock *pochen, stoßen*; knocker *Türklopfer*; hess. Nr. 193 nockeln *nicken.*

Nodel [nòdəl *fast allg.*; nòl *Vbg. D. Si.*; nàl *Bo. Falk.* — Pl. nòdlə, nòlən, nålən; Demin. nálχin *Bo.*] *f. Nadel, Nähnadel:* e growi N. *eine dicke N.,* e räni N. *eine feine N.*; e N. zum Nähe. *Man unterscheidet:* Hornodel, Stopnodel, Stricknodel u. a. m. — Zss. N.-fass *n. Nadelbüchse.* N.-kisse. N.-stich.

nof s. nuf.

noh I [nò *fast allg.;* nå *Bo. Falk.*] 1. präpos. m. dat. *nach:* noh Furbach fahre. Nah Oschtere. Du kummscht nah mir. 'M Gesicht noh misst ich 'ne kenne *nach dem Gesicht zu schließen.* Der Ort noh isch er e Schriner *der Art nach.* Der Art noh, um Geduns noh *(dem Tun nach),* um Schin noh, um Name noh *Ri. Hom. Rom.* Der Nas noh *gerade aus.* — 2. adv. *nach:* Was fro' ich do der noh? Mir nah! — *Die Präposition noh geht alle Verbindungen ein wie im hd.:* nohkumme, nohlafe usw.

noh II *nahe* s. nah.

Nohber *Nachbar* s. Nahper.

Noh-dewi [nòdewi *Ri. Hom.*] *m. Nachtrag zu einem Kostenanschlag.* s. Dewi.

Noh-froh' [nòfrò *D. Si.*] *f.* 1. *Nachfrage (im Handel).* — 2. *Erkundigung bes. über das Wohlbefinden einer Person:* ech danken der N. — lux. 303.

noh-gesin [-gəzịn *D. Si.*] tr. v. *nachsehen (bemerken, ohne einzugreifen), ein Auge zudrücken:* ech kann dat net meïh n. — lux. 309.

noh-halen [-hálən *D. Si.*] 1. tr. *Groll hegen, Rachgelüste haben:* äm eppes n. — 2. intr. *eine nachhaltige Wirkung haben:* seng Kankhät hält lång noh. — lux. 303.

noh-hellich [-hèliχ *D. Si.*] adj. *rachsüchtig.* s. nohhalen 1. — lux. 303 nohhålech.

Noh-lafches *n. Fo.* u. s. *Fangspiel unter Knaben:* N. spiele. — els. 1, 567 Nachläuferles.

noh-ze(m)-noh [nòtsə(m)nò *Schw. Lix.* u. s.; nò an nò *D. Si.*] adv. *nach und nach, allmählich:* jetz werre de Schwalwe so n. zerick kumme *Schw.* N. lehrt er a met em Vieh imgehn. So n. werd m'r alt *Lix.* — els. 1, 751 nòtsnò, notetsno; lux. 302 no an no.

Nol s. Nodel u. Nagel.

Noll s. Noller.

nollen [nòlə *Fo. Lix. Bi. Ko.* u. s.; nulə *Flh.*] intr. v. *lutschen, am Daumen saugen:* a vastehts Nollen so gut wie unsa Kalf *Ko.* An de Fingere nulle *darben Flh.* — els. 1, 768 nulle; baier. 1, 1737 nollen, nullen; Gr. Wtb. 7, 980 nullen = lullen.

Noller(t), **Nuller** *m.* 1. *Gummiverschluß an der Saugflasche:* er hot de ganze Da' de Nuller im Mul *Lix.* — 2. *Kind, das am Daumen lutscht:* Dumenuller *Bi.* — els. 1, 768 Null, Nuller.

Nonn s. Nunn. Nonne-breïtchen s. Nunnefurz.

Nonong [nonò *Fo. Grt.* u. s.; nùnùn *Av. Ri. Hom. Rom.*] *m. Onkel.* — vgl. ital. nònno *Großvater.*

Nor s. Narr.

norren [nòrən *Bo.*] tr. v. *mit dem Ellbogen stoßen.* — vgl. mhd. norn *wühlen;* schweiz. nueren, noren *Kurzweil machen* Gr. Wtb. 7, 474.

Norrert [nòrərt, Pl. -ən *Bo.*] *m. Stoß mit dem Ellbogen.* s. d. vorige.

Nos s. Nas.

noschterhand s. nah der hand.

Noss s. Nuss.

Noss-angel [nòsaŋəl *Fi.*; nosàn *Ri. Ha.*] *m. (meist in Verbindung mit* betrübter*) armseliger Mensch.* — vgl. hess. 285 u. baier. 1, 1763 Nòsz, nöszer *Hornvieh, verächtlich von Menschen;* ebenso henneberg. From. 4, 310; Saaner Ma.: Nöszer als Schelte für *Personen* From. 6, 409, 33; mhd. nòʒ *Vieh (von* niezen). s. a. Gr. Wtb. 7, 900.

nossen [nosən *Bo.*] tr.v. *mit dem Fingerknöchel auf den Kopf schlagen:* ich han em än genosst. — els. 1, 789 nusse; hess. N. 195 nussen, nüssen *stoßen, schlagen;* baier. 1, 1764 nussen, abnussen; östr. nuss'n *puffen, knuffen* From. 3, 191, 70. s. Nuss 2.

Nösser [nøsər *Si.*] *m. Nußbaum.* Noss = Nuss. — lux. 305 ebenso.

Not I [nót *fast allg.;* noət — Pl. néətən *Bo.;* nout *D. Si.*] *f.* 1. *Not:* jetz hat's kän N. meh *Lix.* M'r hat sini N. mit de Kinn *(Kindern) Ri. Hom. Rom.* 'S hat kä' N., dass er dehäm bliebt *er geht sicher aus Fo.* — 2. *Notdurft:* seng Noᵘᵗ

màchen *seine Notdurft verrichten D. Si.* D'Not verrichte *Ri.* — Zss. Not-b'helf: fur d'N. *provisorisch.* N.-daif *Notlaufe Ri. Rom. Hom.* N.-lide *das Notleiden ibid.* N.-lije *Notlüge.* N.-wehr. N.-zucht.
Not II [nòt *fast allg.;* nout *D. Si.* — Pl. -ə(n)] *f.* 1. *Note:* er singt uf Note. Noh de Note *nach Noten, tüchtig.* — 2. *Rechnung:* mach m'r de N. — els. 1, 795 Note, Not; lux. 305 Nout; frz. note. — Zss. Node-schlissel *Ri.*
Notär [nǫ̀tèr *Fo.;* notèr *fast allg.;* nodèr *Lix.*] *m. Notar (der nach ländlichen Begriffen sehr reich ist u. wenig arbeitet, daher):* fett wie e N. — lux. 305 Notär; els. 1, 795 Notari; frz. notaire.
Notem *Atem.* s. Natem.
noter [nòtər, dənòtər *Fo.* u. s.; nòtə *Sgd. Lix. Schw.;* nàt, nàdərt, dərnàdərt, dənàdərt *Bi.*] adv. *nachher, hernach, dann:* nòter hat er gesat. Ich kumme nòte a *Lix.* Ich komm nàt *Bi.* Leck Salz, nòte wirscht de dorschtich *Schw.* Ebä! un dernadert? *nun, und dann? Bi.* Was isch donn nòte? *was ist's nachher? Lix.* — els. 1,751 noder, darnochert.
nottelen [notələ, nodələ *Lix.* u. s.; nodlè *Fi.*] intr. v. *schlottern, schwanken:* er isch als so furt genodelt. Nottele *ist Iterativ zu* mhd. notten. — els. 1, 795 nottle; baier. 1, 1774 notteln, nötteln *sich hin u. her bewegen.* s. a. Gr. Wtb. 7, 965 u. From.1,296,6.(Nottel-ärsche *heißen die Bewohner von Klein-Rederchingen, Kr. Forbach, weil die meist Landbau treibenden Bewohner mit ihrer Feldarbeit stets zurück sind wegen ihrer steifen, langsamen Ochsen im Vergleich zu den Nachbardörfern, wo man mit den vielflinkeren Pferden arbeitet. Daher der Spruch:* D'r Zitt genn hat Kl. Rederchingen verdorw. *Auch sagt man von den Bewohnern, die als Patronatsfest Kreuzerhöhung feiern, sie hätten vormittags Kreuzerhöhung und nachmittags Panzerfüllung).*
notteldich [notəldiχ, nodəldiχ *Lix.* u. s.] adj. u. adv. *wackelig, schwankend.* s. d. vorige.
nottel-fett adj. *Lix.* u. s. *nudelfett, ein höherer Grad von Fettsein.* — vgl. els. 1, 795 fètt wie e Nottel.

not-wennich [nótwènix *fast allg.;* nóətwènix *Bo.;* notwendi *Ri. Ha. Hom.;* noutwènex *D. Si.*] 1. adj. *notwendig:* das war a nit grad n. Das isch so n. wie's Brot. Jo, der hätts a noch n.! *(ironisch) Lix.* Ja, 's isch n. *(iron.) es ist überflüssig Ri.* — 2. adv. *notwendigerweise:* er misst n. noch in de Garde. — Zs. notwendicher-wiss *Ri.*
notzen [nòtsən *Fa. Lix.* u. s.] tr. v. 1. *saugen, lecken:* am Dume n. Zucker n. — 2. *vernaschen.* — 3. *nützen D. Si.* s. nutzən. — vgl. henneberg. nutschen *saugen* From. 3, 134; mhd. nutzen *als Nahrung brauchen, essen, trinken, genießen.*
Now *Nabe* s. Naw.
nu [nû *fast allg.*] 1. adv. *nun, jetzt:* nu gehn m'r. — 2. *Ausruf des Erstaunens u. der Aufforderung:* he nu, so geh doch! E nu, was willscht de? — 3. *als Spottwort den Juden gegenüber gebraucht, weil sie regelmäßig damit zu sprechen beginnen.* — els. 1, 749 ebenso.
Nubel [nùbəl *Bo.*] *f.* 1. *Mutterbrust.* — 2. *Gummiverschluß an der Saugflasche.* s. d. folgende.
nubeln [nùbəln *Bo.;* nùblə *Bi.*] intr. v. 1. *an der Mutterbrust saugen.* — 2. *am Finger oder an der Saugflasche lutschen.* — baier. 1,1751 nupeln, g'nuppeln; Gr. Wtb. 7, 998 nuppeln *saugen, lutschen.*
Nubler [nùblər, Pl. -ə *Bi.* u. s.] *m. Lutscher; einer, der gern an der Mutterbrust saugt.* s. d. vorige.
Nucki [nùkí *Fo.*] *n. Schnuller mit Ring für Säuglinge.* — vgl. hess. 287 nuckeln *an der Brust, dem Euter stoßweise saugen.*
Nudel [núdəl, Pl. núdlə *fast allg.;* nýdlə *Mett. Pfb.*] *f. Nudel:* es git Nudle heit Mitta. 'S kimmt uf e N. nit an! *Fo.* — Zss. N.-daig *Nudelteig Ri.* N.-bohre *m. Ltf. Nudelbohrer in der Rda.:* N. hole in den April schicken. N.-holz.
nudlen [núdlə *Ri. Hom. Rom. Ha.*] intr. v. *hin- u. herrollen mit den Fingern, pfuschen:* an ebbs erum n. — els. 1, 760.
nuf [nùf *fast allg.;* nòf *Sgd.*] adv. *hinauf:* gehs nit nuf, fälls nit era! *Ltf.* Bischt n. kumm? *in der Schule einen*

25*

höheren Platz bekommen. fast allg. Er isch n. *die Treppe hinauf.* — els. 1, 19.

Nuggle [nùglə *Ri.* u. s.] n. *kosende Benennung eines kleinen Kindes:* du min N.! — els. 1, 767 Nuckerle.

nullen s. nollen.

Numero [nùməro *allg.*] *m. Nummer, Losnummer:* er hat en hohe N. gezo. Was fere N. hasch de? *Ri.* Kumm, mir hon doch kä' N. do *hier sind wir doch überflüssig Lix.* — els. 1, 774; frz. numéro.

Numm, Nummen s. Nameⁿ.

nummeⁿ [nùmən *fast allg.*; nemən *D. Si.*] adv. *nur, bloß:* blib du n. dehäm! Kumm n., es dut der niemond nix *Lix.* Hon se n. än Kend? N. nit! *Tue es ja nicht!* Ja n.! *dringliches, ärgerliches „ja"* Bi. Nummeⁿ < nur mehr. — els. 1, 773 ebenso. s. a. nur.

Nun [nùn *fast allg.*; non *D. Si.*] *das französische* nom *in den Fluchwörtern u. Kraftausdrücken:* Nun de buckel! frz. nom d'un bougre; Nun de dje! nom de dieu; Nun di Katz! *Glimpfform von* nom de dieu; Nun di pip! nom d'une pipe; Nun de chien *(letzteres französisch ausgespr.)*! nom d'un chien. Nun de Donärl nom de tonnerre. — els. 1, 776 ebenso.

Nunn [nùn *fast allg.*; nòn *D. Si.* — Pl. nùnə, nonən; Demin. nìnχə, nenχən] *f. Nonne, Klosterfrau. Rda.:* sart wie e N. om Buch *zart wie ein Nonnenbauch Lix.* E N. ens Kloster dun *viel von seinen Verdiensten sprechen Lix.* — els. 1, 775 Nunn; lux. 304 Nonn. — Zs. Nunnefurz(s.d.)Nunne-macher *allg. Schweinsschneider.*

Nunne-furz [nùnəfùrts *Av. Fo. Ri. Rom. Ha.* u. s.; — fèrtslə *Pfb.*; nònəfìrtsχən *D.* (nònəbreïtχən *Si.*)] n. 1. *verächtliche Bezeichnung für eine Nonne:* das dortich N. *Fo.* — 2. *Fastnachtskügelchen; Nonnenkrapfen, ein Gebäck, das die Nonnen besonders gut zu bereiten wußten.* — els. 1, 775 Nunnefürzel; baier. 1, 1750 Nunnenfürzlein; lux. Nonnefürzchen Ga. 310; Gr. Wtb. 7, 883 Nonnenfurz *(wo* Furz *auf* frz. farce *zurückgeführt wird).*

nunneⁿ [nùnə *fast allg.*] tr. v. *die jungen Schweine verschneiden.* — els. 1, 776.

nunner [nùnər *Fo. Mtsh.* u. s.] adv. *hinunter, herunter:* gehschte n.?

Nunung s. Nonong.

nun-zehn [nuntsén *Bo. Tet.*; nintsén *fast allg.*; noṇtseṇ *D.*; nauntseïn *Si.*] *die Zahl 19.* Nunzehn un sechs *statt 25 in der Rda.:* wanns noch emol vorkimmt, kreïscht nunzehn un sechs.

nunzich [nuntsiχ *Bo. Tet.*; nintsiχ *fast allg.*; noṇtseχ *D.*] *die Zahl 90.*

Nuppeⁿ [nupəⁿ *fast allg.*; nubə *Ett. Pfb.*; naupən *D. Si.*] *f. pl. Launen, Grillen, Trieb, Neigung, versteckte Bosheit, Leidenschaft:* grad wie er de N. hat *Fo.* Der Wolf verliert de Hor, awer de N. nit *übertr. wenn einer sich gebessert zu haben scheint, aber wieder in seinen Fehler zurückfällt* ibid. Er hat de N. nit dazu; er hat de N. dazu verlor *Bo.* Dem isch nit se traue, er hat N. *Lix.* Wart, dir welle m'r de N. vertriwe! Du lischt *(läßt)* din N. nit *Lix.* Er hat wieder Nubbe *er ist in seiner Trinkperiode* Ett. — els. 1, 777 u. hess. 287 Nuppeⁿ; baier. 1, 1751 u. lux. 297 Naupen. s. a. Gr. 7, 479.

nuppeⁿ [nùpə *Lix.* u. s.; nubə *Ri. Hom. Rom.*] intr. v. 1. *winken, nicken.* — 2. *trotzen, launisch sein:* er nubbt *Ri.* — baier. 1, 1751 u. schwäb. naupən *nicken, nickend schlummern* Gr. Wtb. 7, 474; els. 1, 777 nuppe *trotzen.*

nur [nùr, nùre, nùrən *(neben* nummeⁿ *gebraucht)*] adv. *nur, bloß:* wart nurre! Wär de nurre schon furt! — els. 1, 781.

Nuris [nuris *Pü.* u. s.] *f. Amme.* — frz. nourrice.

nurken [núrkən *Si.*] intr. v. *knurren, grunzen:* wat hoscht de ze n.? — lux. 307 ebenso; els. 1, 781 nurke *unruhig sein;* ndd. nurken *mürrisch, verdrießlich sein* Weig. Wtb. 2, 212; vgl. hess. 285 nörgeln *undeutlich sprechen.*

nurkech adj. *Si. mürrisch, verdrießlich.* s. d. vorige.

nus [nus *Bo. Fo. Falk.* u. s.] 1. adv. *hinaus:* äner geht do nus, en anner dort nus. — 2. interj. *hinaus! raus!* geschte nus! *Scheuchruf.* Vir nus *vor hinaus, vorn an der Spitze* Falk. — els. 1, 78.

-nus [-nùs *Lix. n. Umgegend*] *Substantivendung* -nis: Gedächtnus, Gefängnus, Finschternus, Vermächtnus u. a. m. — els. 1, 788 ebenso.

nuschelen [nûžələn *D. Si.*] tr. v. 1. *ohne rechten Hunger essen, herumnaschen.* — 2. *lutschen*: Zocker n. — schles. nûscheln Weinh. 66; ss. u. moselfr. nuscheln, Kisch vgl. Wtb. 167; lux. nöschelen Ga. 310; vgl. baier. 1, 1764 nuseln, nüseln.

Nus-schnapp-dech [nuəššnapdeχ *Si.*] *m. Taschentuch.* — N. < Nas-schnupftuch. — lux. 308 Nu^{e}sschnappech. s. a. Nasduch.

Nuss [nùs *fast allg.*; nòs *Bo. D. Si.* — Pl. nìs, nes, nusə; Demin. nesχin *Bo.*] *f.* 1. *Nuß, Walnuß*: m'r gehn de Niss abmache *abernten.* Niss klicke *Nüsse aufschlagen, knacken. Lix.* Niss näbe *die grüne Schale der Nüsse entfernen Bi.* [de Nusse laifle *Ri.*] — 2. *Schlag auf den Kopf mit den Fingerknöcheln Bo.*: e'im en Noss gen. — Zss. **Nuss-kält** *f. Ett.* u. s. *grüne Nußschale* s. Kält. N.-kër *Nußkern.* N.-klicker (-klecker) *Nußknacker.* Ness-ko^{u}ch *Si. Nußölkuchen.* Noss-schirbel *Si. Nußscherbe.* Noss-uelech *Si. Nußöl* (Nussen-oli *Ri.*)

nutz [nùts *fast allg.*; nòts *Bo. D. Si.*] adj. *nütze, brauchbar, geeignet, tauglich*: ze nix n.; du bisch in der Hut *(Haut)* nix n. *Lix.* — els. 1, 798 nutz; lux. 306 notz.

Nutze^n [nùtsə^n *fast allg.*; nòtsən *Bo. D. Si.*] *m. Nutzen:* er hat nit vil N. dran *Fo.* — els. 1, 798 Nutze; lux. 306 Notzen.

nutzen [nùtsə^n *fast allg.*; nòtsən *Bo. D. Si.*] v. *nützen:* wonn's nix nutzt, schad's a nix *Lix.* 'S nutzt di nix es *hilft dir nichts Ri.*

Nuwel [nùwəl *Fi.*] *m. Mensch, der sonderbar angezogen ist, nicht passende Kleider hat.* N. < mhd. niuwe, md. nûwe *neu, sonderbar.* — vgl. ndd. nügge, niggelik *befremdend From.* 6, 359.

Nuwell [nuwèl, Pl. -ə *fast allg.*] *f. Nachricht, Neuigkeit.* — frz. nouvelle.

O. (s. a. A. u. U.)

o [ó, ò *allg.*] *Ausruf des Bedauerns, gewöhnlich in Verbindung mit andern Ausdrücken:* o je (o che R*i*)! O je, o je, wie bisse mich de Fleh! *Fo.* O jerum! o jemerschne! *ibid.* O joï! *Falk.* O Elend der Welt! O Misär! *allg.* O Jesses! *o Jesus!*

o [ò *allg.*] *Zuruf an Zugtiere:* halt! o la! halt ein! o har! *Herruf der Zugtiere.* O hott! *das Gegenteil; beide auch ohne* o *üblich.* Hodrum o! *Ri.* — els. 1, 3 ö! hott num ö!

obo! interj. *D. Si. u. s. ach was! ist's möglich?* M'r hun all ons Geld verlor! — obo! *lux.* 309 ebenso; els. 1, 5 aba; frz. ah bah!

Obenthalt [obənthalt *D. Si.*] *m.* 1. *Abhaltung:* oni den O. wäre m'r schun hei ohne die A. wären wir schon hier. — 2. *Aufenthalt, Wohnsitz.* — lux. 308.

Obs [òps *Sgd. Lix. Ri. Rom.*; óbəs *Falk.*; ówəs *Lub.*; ópst *D. Si.*; oubəls *Bo.*] *n. Obst.* — els. 1, 10 Obs, Obst; mhd. obeʒ. — Zs. Obs-garde.

obsenat [obsənát *Fa. Ri. Hom. Rom.* u. s.; àbsənát *Ett.*] *adj.* 1. *wählerisch im Essen, lecker:* er isch gar a..! — 2. *empfindlich, eigensinnig:* m'r derf nit obsenat mit em sin *Ett.* — els. 1, 10 obsenat; hess. 289 obsternât; koburg. absənāt, From. 2, 432, 130. vgl. frz. obstiné u. lat. obstinatus.

och, oï**wich** *Falk. persönl. Fürwort der 2. Pers. Mehrz., Dat. u. Akk.:* euch. s. du.

och-her-jo! [òχərjou *Bo.*] interj. *Bejahung:* ach Herr, ja! ach ja! o doch! *Die Verneinung lautet:* och-her-na ach nein! o nein! — ndd. ochær: ach Herr! From. 3, 40, 4.

Ochs [òks *fast allg.*; ogs *Ri.*; ós *Rü.*; uès *Si.*; Pl. òksən, ósən, uèsən; Demin. eksχən, egsəl] *m.* Ochs. *Rdaa.:* De Ochs an de Hernere nehme *Flh.* Blude wie e n' O. *sehr stark bluten Ri.* Er steht da, wie'n O. am Berich. Er lût drin, wie'n O., wer zum erschte Maᵉl e Schîrtor gesit *Ett.* Er isch fett wie'n O. *Pfb.* Er hat e Par Lennen *(Lenden)* wie'n O. *Tet.* Du bisch e rechter O., du bisch dumm wie ne O. Er schaut mich on, wie'n O. *Ett.* Er hat e Paar Tatsche *(Füße)* wie'n O. *Ett.* Wonn m'r en O. schickt, kimmt en Esel s'rick *Lix.* Der macht e Gesicht wie e O., wenn er e Erbeer abbisst *Pfb.* De O. kammer *(kann man)* an de Brunne fihre, awer ne net mache suffe *Flh.* Des esch der Herr von de Ochse *der will gescheiter sein als die anderen Flh.* Was kennt der O. vom Kalbmachen? *Mü.*

Ochs, Esel, Tintenfass!
Geh en de Schul un lear was!
Un wann de was geleart hascht,
Kemscht de häm un seascht ma's
[(*u. sagst mir's*). Marienth.

Sin de Ochse gut gepaart, noh s'ackert sich's vil lichter *d. h. zwei Herzen, die sich einander verstehen,* können in der Ehe leichter glücklich werden *Lix.* — Zss. Ochse-aue. Ochse-brill s.d. Ochse-fläsch. Ochse-kopp *Dummkopf.*

Ochsen-aueⁿ Pl. *fast allg.* 1. *große Augen.* — 2. *Eier in Butter gebacken.* — 3. *Sonnenblumen u. Astern.* — els. 1, 22 Ochseaug; lux. 325 Oxenâ.

Ochseⁿ**-brill** *f. Ett. große Brille mit blauen Gläsern:* er hat 'n O. uf.

Odem [òdəm u. âdəm *fast allg.*; ótəm *D. Si.*] *m. Atem:* e kurzer O. Der O. isch em usgang *er ist gestorben Fo.* So lang wie noch äner de O. hat, isch er noch nit dot *Fo.* — els. 1, 81 Otm.

Oden-acker [òdənagər *Ri.*] *Flurbezeichnung; gegenwärtig Begräbnisplatz, daher die Wdg.*: bal uff de Odenagger kumme *bald sterben*. Oden *zu* ahd. òdi, mhd. oede *öde, unangebaut;* baier. 1, 38 die Öden, Òdene, Oden *ein öder Acker*.
Oder [òdər *fast allg.;* àdər *Falk.*] *f.* 1. *Ader:* er hat kä bêsi O. an sich *er ist durch u. durch gut Ri.* — 2. *Quelle eines Wasserlaufs.* — lux. 309 Òder. *Davon:* oderech [òdəreχ *Si.*] adj. *geädert.*
Odermenncheⁿ [òdərmènχə *Lix.* u. s.] *Odermennig* (Agrimonia eupatoria). O < lat. agrimonia. — els. 1, 16 Odermènnig; baier. 1, 36 Adermenig.
Odienz *f. Ri. Ha. Rom. Hom.* 1. *Gerichtssitzung.* — 2. *Audienz.* s. a. Orienz.
of I [òf *Sgd. Lix. Pfb. Bo.* u. s.; ùf *Fo. Falk. Sbg.;* òp *D. Si.*] präp. mit dat. u. acc. 1. *auf:* of (op) dem Pärd. Of dat Dach krabble. — 2. *nach:* of Metz, uf Amerika. Of (uf, op) *geht alle Verbindungen ein wie hd. auf.*
of II [òf *D. Si.*] 1. adv. *aus, fertig:* eppes of mâchen. — 2. präp. ab s. ab.
of-bäbbeⁿ [òfbèbə *Pfb.*] tr. v. *aufkleben:* ich loss d'r e Zettel ofb. *ich lasse dich pfänden.* — els. 2, 67 ufbäppe.
Of-brach [òfbraχ *D. Si.*] *m. Abbruch, Entbehrung, kommt in der Regel nur vor in der Rda.*: sech O. doⁿ *sich eine Entbehrung auferlegen.* — lux. 310 ebenso.
Of-broch [òfbroχ *D. Si.*] *m. Abbruch, z. B. eines Hauses.*
of-dran [ofdrȧn *Bo.;* opdròn *D. Si.*] tr. v. *auftragen.* s. dran.
of-dreschen [-drèšən *Bo.*] tr. v. (eigentl. *aufdreschen) erwischen, zusammensuchen:* en hat en Kankheit ofgedrosch *er hat sich eine Krankheit zugezogen.* Lìt ofdreschen *Leute zusammensuchen.*
of-driwen [-drîwən, Ptc. -gədrî *fast allg.;* opdraiwən, Ptc. -gədríwən *D. Si.*] tr. v. *auftreiben, zusammensuchen.*
Of-fal [òfȧl *D. Si.*] *m. Abfall, Abfallstoffe, Abgang bei einer Arbeit:* 't as kän O. *es ist nichts übrig geblieben.* — lux. 310 ebenso.
offeriereⁿ [òfərîrə, Ptc. gəòfərîrt u. òfərîrt *fast allg.*] tr. v. *anbieten:* er hat m'r net emol e Stuhl offeriert. — frz. offrir.

offern [òfərn *fast allg.;* obfərə *Ri. Hom. Rom.;* àfərən *D. Si.*] tr. v. *opfern, Opfergeld geben :* z'offern *Bo. zum Opfer gehen.* — ss. offeren, Kisch vgl. Wtb. 168; els. 1, 59 ze Opfer ge.
Offesir [òfəsir, Pl. -ə *fast allg.;* òfəsêïr *D. Si.*] *m. Offizier.*
of-furen [òfuərən *Si.*] tr. v. 1. *abfahren, hinabfahren.* — 2. *einen Acker fertig pflügen.*
Of-gank [òfgaŋk *D. Si.*] *m. Absatz, Verkauf:* deï Wuer hot kän O. *die Ware findet keinen Absatz.* — lux. 310 ebenso.
of-gängich adj. *Bo. aufgängig d. h. keimfähig (vom Samen):* dic Grumbire sin ofg. — vgl. els. 1, 190 ufgen 5 *keimen;* schwäb. 380 aufge 1b.
of-gehn [òfgén, Ptc. òfgaŋ; ùfgén *Fo. Falk.;* òpgón, Ptc. opgán *D. Si.*] intr. v. 1. *aufgehen d. h. ohne Überbleibsel verschwinden:* nix von nix geht uf *Fo.* — 2. *(von Gestirnen) erscheinen:* de Sunn isch schon ufgang. — 3. *aufsprießen, anschwellen:* ze geht uf wie e Dampnudel. — 4. *auftauen:* d'Weïder geht of *das Wetter schlägt um Bo.* — 5. *sich öffnen:* 's Feïschter isch ufgang. — els. 1, 190 ofgen; lux. 310 opgòn.
of-gelat [-gəlàt *Bo.* u. s.; opgəluət *D. Si.*] adj. *aufgelegt, gestimmt, gelaunt:* en es net gut ofgelat.
of-gen [-gen, Ptc. gleich *fast allg.;* ùfgen *Fo. Falk.;* òpgén *D. Si.*] tr. v. *aufgeben, ablassen, verzichten:* 's Geschäft ofgen. — els. 1, 196 ufgë.
of-gerumt [-gərùmt *Bo.* u. s.; òpgəraimt *D. Si.*] adj. *gelaunt:* gut ofg. sen. — els. 2, 258 ufgerumt; baier. 2, 91 aufraumen *erheitern;* hd. aufgeräumt *heiter* Gr. Wtb. 1, 704, 4.
of-gotzeln [òfgotsələn *D. Si.*] tr. v. *ablocken, durch List abgewinnen:* Se hun em all sei Geld ofgegotzelt. — lux. 310 ebenso; schweiz. u. els. 1, 254 abgutzle. s. gotzeln.
of-hewen [-heïwən *Bo.;* ufhéwə *Sgd. Lix.;* òphéwən *D. Si.*] tr. v. 1. *aufheben d. h. vom Boden heben.* — 2. *aufbewahren, für später aufheben.* s. hewen.
of-krempelen tr. v. *Si. abhandeln.* — lux. 311 ebenso. s. Kremp.

of-kwellen tr. v. *D. Si. abdampfen:*
't Grompiren ofkw. — s. kwellen.

of-laufen [-laifən *Bo.;* uflaufə *Sgd. Lix.;* ɔpláfən *D. Si.*] intr. v. *schwellen, aufblähen (von Pferden u. Kühen):* de Koᵘh es ofgelauf *ist aufgetrieben.* — els. 1,566 uflaufe; lux. opláfen Ga. 321. s laufeⁿ.

of-leen [ôfléən, Ptc. -gəlòt *D. Si.*] tr. v. I. *ablegen z. B. die Kleider.* — 2. *das Erbteil der Geschwister an sich bringen durch Abfindung derselben mit einer Summe Geldes:* en hot seng Bridder ôfgelôt. — lux. 31 ôfléen. s. le'n.

of-rämen [ôfrêmən *Si.*] tr. v. *abrahmen, die Sahne von der Milch abschöpfen.* — lux. 312 ôfrâmen.

of-reffen [-rèfən,Ptc. -gəròf *Bo.*;ɔpréfən *Si.;* ɔpráfən, Ptc. ɔpgəráf(t) *D. Ka.*] tr. v. *aufraffen (eigentl. u. bildlich):* reff dat Boᵘch of! *Bo.* En hot eng Krankhät opgeráf(t) *D.* s. raffeⁿ.

of-reselen [ôfresəlan *D. Si.*] tr. v. *abrütteln, abschütteln.* s. reselen.

Of-schlach [ôfšláx̣ *D. Si.*] *m. Abschlag, Rabatt.* — lux. 312 ebenso.

Of-sehner [ôfzênər *Pfb.;* ɔpzíxtər *D.;* ɔpzítər *Si.*] *m. Gefängnisaufseher.*

of-steppeln [-štepəln *Bo.;* ɔp- *D. Si.*] tr. v. *aufhetzen, aufwiegeln.* — lux. 323 opstëppelen. s. steppeln.

of-stocken [-štokən *Bo.;* ɔpštekən *D. Si.*] tr. v. *aufstecken d. h. aufgeben, zurücktreten, von einem Vertrag wieder abgehen:* en hot d' Sâch opgesteckt. — lux. opstecken Ga. 322.

of-stoppen [-štopən *Bo.*] tr. v. I. *dasselbe wie* ofstocken. — 2. *zur Abreise fertig machen.*

Of-wäsch-lumpe *m. Wa.* u. s. *Abwaschlappen. Rda.:* ma dun d'r en O. en Deppen *(wenn jemand zu spät zum Essen kommt).*

Of-wieses [-wíʒəs *Bo.*] *n. Beweisstücke, schriftl. Beläge:* en hot kän O. *er kann sich nicht ausweisen.* — lux. 324 Opweises.

Of-zock [ôftsòk *D. Si.*] *m. Abzug, Abziehen des Weines.*

of-zweken [ôftswekən *D. Si.*] tr. v. *durch Hinterlist u. Drohungen erlangen.* — vgl. baier. 2, 1172 abzwicken; hd. abzwacken Gr. Wtb. 1, 160.

Ọgus [ọgus *Pü.;* ogis *Fo.;* ogys *Sp.*] *männl. Vorname August (nach frz. Aussprache.)*

Ohme [ómə *fast allg.;* óm *D. Si.*] *m. Ohm, Flüssigkeitsmaß bes. für Wein (etwa 140 Lit.)* — ahd. âma; lat. hama.

ohne [ònə *fast allg.;* oənè *Bo.;* óni *D. Si.*] I. präp. m. acc.: oni hen *ohne ihn;* oni dat *ohne das, so wie so.* — 2. conj. Er isch do gewän, ohne ne ze gesihn *Fo.*

Ohr I [ór *fast allg.;* óər *Ka.;* ouər *D. Si.* — Pl. órə, óərən, ouərən; Demin. érχən, érlə, ëïərχən] *n.* I. *Ohr:* d' Ohre lire, d' Ohre zowle *an den Ohren ziehen, zupfen.* Sich uff's O. leje *Ri. Hom. Rom.* Nit hêre an sellem O. *für etwas taub sein, nichts davon wissen wollen ibid.* Ebber in de n' Ohre leje *einem die Ohren voll schwätzen ibid.* D' Ohre voll brille *schreien, heulen ibid.* Sich hinger de n' Ohre kratze *zum Zeichen der Verlegenheit ibid.* Hättschte 's nur am O. hänge! *Verwünschung Fo.* Er hot's henner de Ohre sitze *Ersd.* No nit drugge hinger de n' Ohre sin *Ri.* Was en dem äne O. erenn geht, geht en dem anner O. erus *Ro.* Ich schlän dir äni ans O., dass de mänscht, Pingschte un Oschtere wirde uf äne Tach falle.*Ro.* Deï klä' Kesselen hun och Oueren *die kleinen Kessel haben auch Ohren d. h. kleine Kinder merken sich auch, was gesprochen wird Si.* Du sollsch m'r nit en de Ohre pischpere *leise sprechen Lix.* Wenn einem die Ohren klingen, heißt es; rechts Ohr, schlecht Ohr; links Ohr, kling Ohr. *Rätsel:* Ich nehm ebbs in d'Hand, un du siehsch's nit. Din Ohr *Hanw.* — 2. *Eselsohr im Buch Ri.* — Zss. Ohr-batsch *m. Fo.* u. s. *Ohrfeige.* O.-bruse *n. Ri. Ohrensausen.* O.-fei *f. Lix. dasselbe wie* Ohrbatsch. O.-kapp s. d. O.-läppel *Ohrläppchen.* O.-ring. O.-schlicher u. O.-schliffer *fast allg. Ohrwurm* (forficula auricularis); mhd. òrenslüfel. O.-schmalz. O.-spritz. O.-weh. Ohrebläserei wie hd.: O. driwe *Ri.*

Ohr II [ór, Pl. órə *Ri. Hom. Rom. Ha.*] *f. Ähre.* — Zs. Ohre-pitschel *Ährenbüschel.*

ohreⁿ [óra *Ri.* u. s.] tr. v. *Ähren lesen, auflesen.*
Ohr-kapp [-kàp *fast allg.;* -kòp *La.;* ouarakáp *D. Si.*] *f.* 1. *Ohrenkappe der Pferde.* — 2. *Ohrfeige:* ich gef der en Par Ohrkappen. *Rda.:* der hett um e Dreck en O. gen *der hat etwas Wertvolles umsonst hergegeben Flh.*
ohr-kappen tr. v. *Falk. Bo.* n. 1. *ohrfeigen:* m'r han en geherich geohrkappt.
Ohrringle-stock *m. Schw.* u. s. *Heckenrose* (rosa canina). *Die Frucht der Heckenrose, die Hagebutte, hat die Form eines Ohrgehänges.* — els. 2, 268 Oreringel.
Oht *Acht, Achtung* s. Aht.
oï *für* hd. au, mhd. ou *ist kennzeichnend für die Falkenberger, Lubelner u. St. Avolder Untermundarten. Mit folgendem Spruch macht man sich über die Lubeler u. St. Avolder lustig:* Jir Lubler Froïwen, bit den blöen Oïwen, knuiwen oïwich! — Wenn die Forer Froïben sich knoïben, machen sie e Par Oïben, wie wann sie sich veroïben.
oï, oï! *Av. Falk.* u. s. *Ausruf der Verwunderung oder des Schmerzes.*
Oï, Oïw *Auge.* s. Au.
Oïwen-flitsch [oïwənflitš *Falk.;* oïwflitš *Va.*] *m. Augenlid, Augenwimper.* s. Flitsch.
Oïwen-krämer [-krèmər, -krèma *Av.* u. 's.] *m. Mensch mit großen, starren Augen.*
oïwich *Av. Falk. persönl. Fürwort im Dat. u. Akk.:* euch: ich kumm ze oïwich meien (s. d.)
o jíle [-jíle *Umgegend von St. Av.*] interj. *Ausruf der Freude.*
o jo! [-jò *Fo.* u. s.] interj. *ach was!*
okunträr [okuntrèr *Fo.;* akuntrèr *Falk.*] adv. *im Gegenteil.* — frz. au contraire.
Ol I [òl *Ri. Hom. Rom. Ha.*]*f. Schusterahle.* — els. 1, 28 Al, Ol.
Ol II *Aal.* s. Al.
Olich [òlix *fast allg.;* óli *Ri. Hom. Rom.;* ouli‍x *Bo.;* ólax *D. Si.;* úlix *Vbg.*] *m.* u. *n. Öl.* Es isch nit genunk O. im Salat. 'S heilich O. *die letzte Ölung Av.* — *Urk.* olig: die seimer (s. d.) seindt schuleig das olig . . . zu stellen u. zu liebern St. R. A. 77. — Zss. O.-fass. O.-kruch. O.-kann. O.-kuche. O.-lamp. O.-liht *Öllicht.* O.-mihl *Ölmühle.* O.-miller.
olichen [óliχən *Lix.* u. s.] intr. v. *nach Öl riechen:* de Kiechle oliche. — els. 1, 31 ölele.
Olm *m. Si.* *Feuermolch* (salamandra maculosa). — baier. 1, 68 u. lux. 313 Olm.
Olwert [òlwərt *Ett.* u. s.] *m. alberner, ungehobelter Mensch:* geh, du O., du kannsch nix! — hess. N. 197 Olbert, Olwert; els. 1, 35 Alwert, Alweri; vgl. baier. 1, 65 ölbern, ölpern *Possen treiben.*
olwertich adj. *Ett. albern, unbeholfen, ungehobelt.* — els. 1, 35 alwerig.
Om [òm *D. Si.*] *m. Leichenwasser, blutiger Eiter.* — lux. 313 Ôm; hess. N. 198 Om *Eiter*, ömen *eitern.* s. a. Am.
Omas *Ameise* s. Ämetz.
Omase-klapp [ómasəklàp *Si.*]*m. Ameisenhaufen.* s. Klapp.
Ombrel [òmbrèl *Pü.* u. s.] *m. Sonnenschirm.* — frz. ombrelle.
Omes [ómas *Sgd. Lix.* u. s.; àmas *Schw.*] *m. Atmung, Atemzug:* kän Omes lang *nicht einen Atemzug lang.* Dem steht's Mul kän Omes lang still. *Lix.*
Omet [ómət *Mtbr.;* omd *Ri.;* ómt *Fi. Go. Ltf.*] *m.* u. *n. zweiter Grasschnitt, Grummet:* An Allerheiligen geregnet, gibts noch Omet. *Mtbr.* — els. 1, 35 Amet, Ämet, Omt; hess. 291 Omaden, Oemde; baier. 1, 72 Âmat, Aumet. ss. Amât, Uomât Kr. 37.
Omlett [òmlèt *allg.*] *f. Eierkuchen.* — els. 1, 40 Amlet; frz. omelette.
Ommei, Omme *Anna Maria* s. Ammei.
om-meilech [òmeïlex *Si.*] adj. *unmöglich. Davon* Ommeilechkät.
Om-stand [òmstànt, Pl. emstèn *D. Si.*] *m. Umstand:* Mach net esoᵘ vil Emstänn. — lux. 84 Emstand.
on- hd. *Vorsilbe* um-. *(wird in der Diedenhofener u. Bolchener Ma. gebraucht)* s. un-.
on-dihtech [-díteχ *D. Si.*] adj. *heftig, ungeduldig, störrig, nicht umgänglich:* d'as en ondihteche Kërel! — lux. ondèdeg Ga. 316; mhd. untühtic. s. d. folgende.

On-duht [òndút *D. Si.*] *f. Störrigkeit, Ungeduld:* en as d'Onduht selwer *er ist die Ungeduld selbst.* — lux. 314 Onducht; mhd. untuht; ndrh. unducht.

on-ewen [-éwən *D. Si.*; -éïwən *Bo.*] adj. 1. wie hd. *uneben.* — 2. *unfreundlich, unschön, ungebildet:* d'es kein oneïwener Minsch *Bo.* — lux. 314 onⁱewen.

on-gading [-gádiɳ *Bo.*; -gédleχ *D. Si.*] adj. *häßlich, schlecht, unpassend:* d'es net ongading *es ist nicht übel Bo.* — els. 1, 242 ungattlig; baier. 1, 956 ungättlich; lux. 315 onggⁱedlech. s. Gat.

on-gebijelt [-gəbeïjəlt *Bo.*] adj. (eigentl. *ungebügelt), grob, ungeschlacht, ungehobelt:* en ongebijelter Minsch.

on-gedellich [-gədeliχ *Bo. D. Si.*] adj. *ungeduldig.* — lux. 315 onggedöllech.

on-gedon [-gədóən *Bo.*] adj. u. adv. *unartig, aufdringlich:* bi *od.* seï nit so ongedon! — schwäb. u. baier. 1, 606 ungetan *häßlich, widrig:* mhd. ungetân, Lexer mhd. Wtb. 2, 1875.

on-geheit adj. *Bo. D. Si.* u. s. *ungeschoren, ungeplagt:* lass mich ongeheit; *laß mich in Ruh!* — lux. ongeheit Ga. 316; els. 1, 313 ungheit; baier. 1, 1026 ungeheit. s. a. From. 4, 101, 5. 6, 148. s. geheien.

on-gemällich [-gəmèliχ *Bo. D. Si.*] adj. u. adv. 1. *unbequem:* en o. Tråp *eine unbequeme Treppe.* — 2. *unpäßlich D. Si.:* et as m'r o. *ich fühle mich unwohl.* — 3. *stark, heftig:* en ongemälliche Sträch *ein heftiger Schlag D. Si.* Hâlen net ongemällich! *seien Sie unbesorgt Bo.* lux. 315 onggemällech halen; mhd. habe nehein ungemach! Lexer 2, 1847.

on-gemiddelt [-gəmidəlt *D. Si.*] adj. *grob, derb, ungehobelt, unförmlich:* et as en ongemiddelte' Bauer. — lux. 315 ebenso. s. Middel.

on-gemut [-gəmùt *D.*; -gəmout *Si.*] adj. *mutlos.* — lux. 315 ebenso.

on-gerätscht [-gərètšt *Si.*] adj. *ungeräuchert.* — lux. 315 ongerêtzt. s. räzen.

On-geschek [-gəšek *D. Si.*] *m. ungeschickter Mensch.* — vgl. baier. 2, 368 der Unschick.

on-geschekerlech adj. *D. Si. ungeschickt.*

on-geschlaff(t) [-gəšlaf(t) *D. Si.*] adj. *ungeschliffen, roh.* — lux. 315.

on-geschmolt [-gəšmolt *D. Si.*] adj. *ungeschmolzen.* s. schmelzen.

on-gewellich [-gəweliχ *Bo.*] adj. *unwillig.*

On-geziber [-gətsibər, Pl. -ən *Si.*; -gətsíwəs *Rü.*] *n. Ungeziefer. Der Ausdruck wird auch unruhigen Kindern gegenüber gebraucht.* — lux. 316 Onggeziwer.

On-gleich [-glaiχ *D. Si.*] *n. falsche Beurteilung:* äm O. doᵘⁿ *jemandem Unrecht tun, ihn falsch beurteilen.* — lux. 316 Onggleich; baier. 1, 1422 einem etwas Ungleich's tun, sagen; *ibid.* 1423 das Ungleich; ndl. ongelijk *Unrecht;* mhd. ungelîch adj.

on-here [ònhèrə *Lix. Sgd.*] präpos. m. Dat. *längs:* om Wech here stehn Äbbelbäm. On der Bach here sin Widebäm geblanzt.

oni s. ohne.

on-iwerlut [-iwərluət *D. Si.*] adj. *unüberlegt:* e schwätzt o. — lux. ebenso.

Onk [oɳk, Pl. -ən *fast allg.*] *f. Unke, Feuerkröte:* drenken eweï eng Onk *tüchtig bechern.* — Zss. O n k e - k a u l *f. Pfütze* s. Kull; O n k e - k r ä s c h *m. Unkenruf D. Si.* s. Kreisch; O n k e - l a c h *n. Unkenloch, schlechte Wohnung D. Si.* — lux. 317 Onk.

Onner [ònər *Bo. Obh. D. Si.*; ùnər *Pü. Lix. Sgd.*] *m. u. f.* 1. *Mittagsruhe des Viehs.* — 2. *Platz, wo das Vieh seine Mittagspause hält.* — lux. 317 Onner; hess. 423 Undern, Unnern; baier. 1, 116 Untern; eifl. Unger, From. 6, 20; got. undaúrns; mhd. undern, untern *Mittag.* — *Flurbezeichnung :* Uneracker *Berggewann, der auf dem Südabhang einer Höhe bei Pfarrebersweiler liegt.* Besl. II 30. — Zs. Kih- onner *Obh.*

onnern, unnern intr. v. *Mittagsruhe halten (vom Vieh):* de Schöf unnere *Lix.* Lu mol, do hon wieder zwei geunnert sieh mal, *da haben zwei Leutchen sich hingelegt. Lix.* — lux. 317 onneren; hess. 423 undern; eifl. ungern, From. 6, 20; mhd. undern.

on-preiwich [-préïwiχ *D. Bo.*] adj. *unbeholfen, unfähig, unbrauchbar* (eigentl. *was sich bei der Probe nicht bewährt):* en

onpreïwicher Minsch *Bo.* — lux. 318 onpreiwech; mhd. ungeprovet.
On-prow [-próu, Pl. -wən *Bo.*] *m. Mensch, der zu nichts brauchbar ist.* s. das vorige.
On-recht [-reχt *fast allg.;* ǫnréït *Bo.*] *m. u. n.* wie hd. *Unrecht.*
On-ruh [-rou *D. Si.*] *f.* 1. wie hd. *Unruhe.* — 2. *Pendel einer Uhr.*
on-senich, On-senichkät. s. unsinnich.
Onset, Önzelt s. Unschel.
on-verhuts [-fərhuts *D.;* -fərhouts *Si.*] adj. *unversehens:* en as o. komm. — lux. 319 onverhutts; vgl. baier. 1, 1191 verhüten = hüten; hd. die Hut.
on-verschimt [-fəršímt *D. Si.*] adj. *unverschämt. Davon:* Onverschimthät.
on-verschelt [-fəršelt *D. Si.*] adj. *unverschuldeterweise.* — lux. 319 ebenso.
on-versihns [-fərχíns *D. Si.*] adv. *dasselbe wie* onverhuts.
on-verrucknes? [-fərùknəs *Rü.*] adv. *unbedachtsamerweise (ohne Rückhalt zu haben).* — lux. 319 onverukels.
On-wee [-wé *D. Si.*] *m. in der Rda.:* zem O. máchen *verderben, in Unordnung bringen.* — vgl. baier. 2, 870 unwaeg *ungut,* mhd. unwaege *Ungebühr.*
Onz [ònts *D.Si.*] *f. Unze.* — lux. 320 ebso.
op *(vor Vokalen* ob-) *auf.* s. of, uf.
op-bentelen [-bentələn *Si.*] 1. intr. *sein Bündel schnüren, auf u. davon gehen:* en as gent sechs Auer opgebentelt. — 2. tr. *jemandem etwas aufbürden:* se hun em alles opgebentelt. — lux. 320 opböntelen.
op-bretzen [-brètsən *D. Si.*] 1. tr. *gewaltsam öffnen.* — 2. refl. *sich aufblähen, prahlen.* s. bretzen.
op-dreken [-drekən *D. Si.*] tr. v. 1. *aufdrücken, hinaufdrücken:* e Fenschter o. — 2. *hintergehen:* äm eppes o. *jemandem etwas über den Wert verkaufen.*
op-dun [-dùn *D.;* -doun *Si.*] tr. v. 1. *öffnen, aufmachen:* dou d'Fauscht op! — 2. *ansetzen:* en Hutt opd. — 3. refl. *gedeihen:* dat Kand dät sech gout op. En dät sech op eweï Däch *(Teig) er wird dick Si.* s. dun.
Opfer [òbfər *Ri. Hom. Rom.*] *n. Opfer:* z'O. gehn *um den Altar herum gehen u. eine Gabe auf den Opferteller niederlegen.*

's O. mache *sich in Gottes Willen fügen; das Auferlegte geduldig ertragen.* — Zss. O.-deller *Opferteller.* O.-gang *Rundgang um den Altar.* O.-geld. O.-kaschte.
op-gekeipt [-gəkéïpt *D. Si.*] adj. u. adv. *aufgehäuft:* opgek. voll. s. Kupen, Koup.
op-gestekte-voll adj. *D. Si. gestrotzt, aufgehäuft voll.* — lux. 321 ebenso; baier. 2, 728 gesticket voll *(sticken strotzen).* s. a. From. 4, 95.
Opich [ópiχ] *Ortsname Apach (Kr. Diedenhofen). Rda.:* zu Opich sin d'Leit topich (s. d.).
Op-kaf [-kåf *D. Si.*] *m. Aufkauf. Davon:* Op-käfer, Op-käfesch *Aufkäufer, -in.*
op-klappen tr. v. *D. Si.* 1. *aufklopfen:* Eier opkl. *Eier aufrühren.* — 2. *am Wirtstisch Getränk bestellen, indem man mit dem Bierkrug od. dem Glase aufklopft.* s. kloppen.
op-rädelen tr. v. *D. Si. aufriegeln.* s. Reidel *Riegel.*
op-reiesch [-réïəš *D. Si.*] adj. *aufrührerisch.* — lux. 322 ebenso.
op-schepen, op-schieben tr. v. *D. Si.* wie hd. *aufschieben:* o. dàcht neischt *taugt nichts.*
Op-schnatz [-šnats *Si.*] *m. Brotaufschnitt.* s. Schnatze.
Op-stech *m. Si. Anstich:* m'r hun a Fäss Wein am Opstech.
op-stiwelen [-štíwələn *D. Si.*] tr. v. *aufwiegeln, aufreizen zu etwas Verkehrtem.* — lux. 323 ebenso; baier. 2, 737 aufstiefeln; Gr. Wtb. 1, 750 aufstiefen. *Davon:* Op-stiweler *Anstifter,* Op-stiwelerei *Aufwiegelung.*
optieren [optírə *fast allg.;* obdírə *Ri. Hom. Rom.*] intr. v. *sich für die französ. Nationalität entscheiden (nach dem Kriege).* frz. opter.
op-trompen tr. v. *D. Si. auftreiben:* m'r hun all ons Bekannten opgetrompt. — lux. 324 ebenso; vgl. els. 2, 759 uftrumpfe; engl. trump up.
Op-wortengen [-wòrteŋən *Si.*] *f. Bedienung, Aufwartung, Pflege.*
Op-zock *m. D. Si. Aufzug, Pomp:* en O. máchen *viel Wesens machen.*
Orasch [oráš *Si.*; oràš *Ri. Ha. Rom. Hom.*] *f. Pomeranze* — frz. orange. Zss. Orasche-bâm *(-baum).*

ordeklich [òrdeklix *Sgd. Lix.* u. s.; ordetli *Ri.*; órdeklex *D. Si.*] adj. u. adv. *ordentlich, ansehnlich:* en ordekliche Man ein ansehnlicher Mann Si. 'S Wedder isch o. *ziemlich gut Lix.* 'S geht ord. — els. 1,65 orderlich.

ordenieren, ordeneïeren tr. v. *fast allg. befehlen.* — frz. ordonner.

Order I [òrdər *fast allg.* — Pl. -n; óərdər *Bo.*; órdər *D. Si.*] f. *Befehl, Auftrag:* oim O. gen *einem befehlen Bo.* D' O. isch kumm, dass ... *Ri.* — els. 1,65 ebenso; frz. ordre.

Order II [òrdər *Sgd. Lix.*; òrdə *Ri. Hom. Rom.*] f. *geistlicher Orden.* — Zs. Ordersch-maidel *n. weibl. Ordensmitglied.* Ordes-kleid *Ordenskleid Ri.* Ordes-mann *Religiose ibid.*

Ordograf [ordogràf *fast allg.*] f. *Rechtschreibung.* — frz. orthographe.

orech *arg.* s. arich.

Orgel [òrgəl *Falk. Ri. Rom. Hom.*; sonst *fast allg.* òrjəl; óərdəl *Bo.*] f. *Orgel:* d' O. geht *die Orgel wird gespielt Ri.* — Zss. Ordel-mächer *m. Orgelbauer Bo.* Orgel-piff *Orgelpfeife Ri.* Orgel-schläger *Organist Falk.*

Orgelischt [orgəlišt *Ri. Ha. Hom. Rom.*] *m.* Organist. — els. 1,66 Orgalist.

orgleⁿ tr. v. *Ri.* u. s. *die Drehorgel spielen.*

Orienz [oriènts *Fa.*] f. *Gerichtssitzung:* er muss uf's O. *er muß vor Gericht.* — frz. audience.

Orikett [orikèt, Pl. -ə, Demin. -kètəl *Ltf.*; -gèdlə *Ri.*] f. *Kuchen in Form eines Dreiecks.*

Orlean [orléan *D. Si.*] m. *leichter Baumwollen- oder Wollenstoff.* — frz. orléans. Zs. Orleans-kläd, -*kleid*.

orschelli(ch) [óršèli(x) *Ri. Ha. Rom. Hom.*] adj. *armselig.* o. < *ormschellich für ormselig.*

Ort I [òrt *fast allg.*; órt *D. Si.*; óət *Bo.* — Pl. értər, éətər] m. *Ort, Ortschaft:* e guddes Wort fingt e gudde n' Ort *Ri.*

Ort II *Art, Gattung.* s. Art.

Os, Oïs *Achse.* s. As.

Oschtereⁿ [óštərə *fast allg.*; ošdərə *Ri. Ha. Rom. Hom.*; ouštərən *D. Si.*; óəštərn *Bo. Niederw.*] *Ostern. Rda.*: ich hon gemänt, O. un Pingschte fälen uf äne Da *ich wußte nicht mehr, wo mir der Kopf stand Lix.* — Zss. Oschter-blum *gemeine Küchenschelle* (Anemona pulsatilla). O.-da(ch) *Ostersonntag.* O.-has. O.-kerz. O.-lämmer *Lix.*, O.-limmel *Ri. Hom. Rom. die kalten Christen, die ihren österlichen Pflichten erst in der letzten Woche nachkommen.* O.-menda *Ostermontag.* O.-sunda *dasselbe wie Oschterda. Rda.*: se gliche sich wie der Karfreida un der Oschtersunda *heißt es von zwei Brüdern, von denen der eine ernst, der andere heiter gesinnt ist Ri.* O.-woch (-wuch). O.-zischda *Osterdienstag Ri.*

oschtereⁿ [óštrə, óšdrə *Ri. Hom. Rom. Ha.*] intr. v. *seine österl. Pflicht erfüllen.*

Oschtjen [òštjən, Pl. òštjər *D. Si.*] f. 1. *Hostie.* — 2. *Oblate.* — lux. 325 ebenso; mhd. ostie *neben* hostie; lat. hostia.

Oseken s. Osing, Osengen.

Oseker [óʒekər *D. Si.*] m. *der Knecht Ruprecht, wahrscheinlich sog., weil derselbe sich Bart u. Haare aus Werg* (Oseken) *anzulegen pflegt, um sich unkenntlich zu machen.*

Osing, Osengen, Oseken [òʒiŋ *Fa.*; óʒeŋən *Vbg.* u. s.; óʒekən *D. Si.*] f. pl. 1. *Schwungwerg.* — 2. *die daraus verfertigte grobe Leinwand.* Osing < Oschwing. — lux. 325 Óseken; hess. N. 199 Oschwicke; ahd. âsuinge *das Abgeschwungene.* s. a. Asingen.

Öspen [øspən *Si.*] f. *Werg, Stuppe* (*das Gröbste vom Hanf u. Flachs*). — lux. 325 Ospen, Öspen; altfrz. estoupe.

Otem s. Odem.

oter [ótər *Mw.*] adv. *in der Verbindung* óter hâlen *still halten* (oter *Fortbildung des* mhd. oht? vgl. halt u. halter).

otesch [òtəš *Si.*] 1. präpos. *in, über:* otesch e puer Stonnen *in ein paar Stunden.* — 2. adv. *ungefähr:* otesch enger fenef en zwanzich *ungefähr 25.* (otesch *ist vielleicht abzuleiten vom* mnd. ode *gemächlich, leichtlich gern* s. Lübben-Walther, mnd. Handwörterbuch). — lux. oᵉtesch Ga. 314.

otmen [ótmən *fast allg.*; átmən *Falk.*] intr. v. *atmen:* en hot vergès ze o.

er ist tot. — els. 1, 81 otme; lux. 325 ôtemen.

Otz [óts *Rü.; lux. Grenze*] *m. Schrot d. h. grob gemahlenes, ungebeuteltes Getreide, das in der Mühle nur einmal aufgeschüttet ist u. meist als Viehfutter verwendet wird.* — lux. Otz Ga. 324; vgl. hd. Atz, Asz Gr. Wtb. 1, 595.

Owed, Owend s. Awed.

Oweⁿ [ówə *fast allg.*; óuwən *Bo.*; obən *Falk.*; úəfən *Oberk.* — Pl. éwə, éïwən *Bo.*, iwən *Vbg.*, iəfən *Oberk.*; Demin. éwχən, éwəl, éïwχin, íwənjən] *m. Ofen:* de n'O. hide *das Zimmer hüten Ri.* De n'O. schire *das Feuer schüren ibid.* — Zss. O.-blech *Blechplatte vor u. unterm Ofen.* O.-kapp *Kappe am Ofenrohr.* O.-kuwel *Ri. Hom. Rom. Messingknopf auf jeder Ecke der obersten Platte eines Ofens.* els. 1, 428 Ofekugel. O.-loch. O.-platt. Owe-rehr u. Owen-tût *Ofenrohr.*

oweⁿ [òwə *fast allg.*; ówən *D. Si.*; óbən *Pü.*; óuwən *Bo.* — Superl. ówəršt, óbəršt, éwəršt, éïwəršt] adv. *oben:* de Bire leïen owen em Korb. Owe hui, unne fui! *feines Oberkleid u. unsauberes Hemd. fast allg.* S'ewerscht *das Oberste:* s'ewerscht sitze *zu oberst sitzen Ri.* Z'ingerscht, z'ewerscht *verkehrt, durcheinander Ri.* Eppes s'innerscht s'ewerscht werfe *durcheinander werfen Lix.* — Zss. owen-uf (oben-uf, owen-of, owen-op) *obenauf, obenhinauf:* m'r wahne obenuf *Falk.* owen-us (oben-us, owen-aus, owe-drusse) adv. 1. *obenhinaus.* 2. *zornig, außer sich:* er es glich owenus *Bo.* (er isch glich owe drusse *Ri.*).

owens, owes [òwəns, òwəs *D. Si.*; òwəds *Ri. Hom. Rom.*] adv. *abends.* — Zss. Owes-dronk *m. D. Si. Abendtrunk.* O.-schul *f. ibid. Abendschule.* O.-sonn *f. ibid. Abendsonne.* O.-strach *m. D. Si. die am Abend gemolkene Milch.* s. streichen melken.

owereⁿ [òwərè, óuwərè *Fi.*] intr. v. *Ähren lesen.* — vgl. altfrz. ovrer.

P. s. unter B. — Q. s. unter Kw.

R.

Was isch in der Mitte von Paris? R *Bi*.

-r *Rest der unbetonten Vorsilbe* her *in* rab, rawer *herab, herabher;* rim, rimer *herum, herumher;* riwer *herüber;* ruf *herauf;* runner *herunter;* rus, ruser *heraus, herausher* (s. d.).

rab [rab *Falk.* u. s.] adv. *herab:* vem Himmel r. Do rab *da, hier herab.* — els. 1, 4.

Raba [ràbà *fast allg.;* ræwə *Fa.*] *n. Bäffchen der kathol. Geistlichen.* — frz. rabat.

rabatzich [rabatseχ *Si.*] adj. *rebellisch.* — lux. 351 raubautzech; vgl. frz. rabiat. *Davon:* Rabatzechkät *f. rauhes, aufrührerisches Wesen.*

Rabauner (Rabaunen-appel) *m. Si. Rambour-Pferdeapfel.* — frz. rambour; ndl. rabouw; lux. 347 Rabaunerâpel.

Rabbel I [ràbl *Pfb.;* ràbəl *Bo. Si.*] *m. närrischer, verrückter Einfall:* er hat d'r R.; er isch wieder im R. *Pfb.* — els. 2, 275 Rappel 4; lux. 348 Rabbel.

Rabbel II [ràbəl *Si.*] *f.* 1. *altes, abgenutztes Gerät.* — 2. *leichtsinniges Frauenzimmer.* — lux. 348 ebenso.

rabbel-dorr adj. *Bo. rappeldürr, sehr dürr od. mager.* — els. 2, 70; hess. 80 u. baier. 2, 129 rappeldürr. s. rappelⁿ.

rabbelich [ràbəleχ *D. Si.*] adj. *was leicht klappert, weil schlecht befestigt:* eng r. Kescht *eine klapperige Kiste.* — lux. 348 ebenso.

Rabbel-kopp [ràbəlkòp, Pl. -kèp *Bo.*] *m. Starrkopf; eigensinniger, störrischer Mensch.* — els. 1, 461 u. Gr. Wtb. 8, 117 Rappelkopf.

rabbeln s. rappleⁿ.

Rabonzel [ràbontsəl *Rü. lux. Grenze*] *f. Rapunzelsalat* (Valeriana locusta): R. a Meisehrchen *R. u. Mausöhrchen.* — Gr. Wtb. 8, 122 Rapunzel (Repunculi); lux. 348 Rabonzel.

Rach I [ràχ *fast allg.;* rauχ *Ri. Hom. Rom. Ha.;* roïχ *Av. Falk.*] *m. Rauch:* wo R. isch, isch a Fir. — Zss. R.-fass *Rauchfaß.* R.-kommer *Rauchkammer.* R.-loch *Rauchloch, Rauchfang.* R.-mantel *m. Ri. Rom. Bi.* u. s. 1. *Rauchfang.* 2. *großer Chormantel des Priesters Ri.*

Rach II [ràχ *Ri. Hom.* u. s.] *f. Rache:* R. usiwe an ebber.

Rachel [ràχəl *Si.*] *m. Röcheln:* en hot de R. *er stirbt bald.* — lux. 348.

rachelen intr. v. *D. Si. röcheln, in den letzten Zügen liegen.* — lux. 348.

Racheⁿ [ràχə *Ri. Rom. Hom. Ha.*] *m. Rachen:* ebber d'Zähn de R. ena schlawe; ebber in de R. schisse; i de R. lâfe *jd. in den Mund laufen.*

rachen [ráχən *fast allg.;* rauχə *Ri. Hom. Rom.;* réïχən *Falk.*] I. intr. a) *rauchen:* der Owe racht. Wo racht's dann? Im Kamin. b) *dampfen:* in de Berjen racht's *steigt Dampf auf.* — 2. tr. a) *eine Pfeife, Zigarre rauchen:* er racht nit, er schnuppt nit, awer e schickt *kaut Tabak.* b) *räuchern:* geracht Fläsch, gerachter Speck *Fo.* 'S Fleisch im Kamin rauche *Ri. Rda.:* geracht Fläsch stunkt nit entschuldigt sich der starke Raucher.

Racher(t) [ráχərt *fast allg.*; rauχər *Ri. Hom. Rom.*] *m. Raucher.* — lux. 348 ebenso.

rach-gierich [ràχgírix *Sgd. Lix. Ri.* u. s.; ràχgùrix *Bo.*] adj. 1. *geizig, unersättlich, eigennützig (alles für eignen Rachen):* er isch gar r., er gunnt em nix. — 2. *gierig nach Rache Ri. Hom. Rom.* — els. 1, 229; hess. 312.

Rāch-holz [rêχholts *Kr.*] *n. wilde Rebe.* — vgl. els. 2, 222 räch 2. *rauh, uneben n.* 1, 332 Rauchholz *Geisblatt;* mhd. rach u. ræhe.

rachich [ráχix *fast allg.*] adj. *rauchig:* 's Zimmer isch r.

Rack s. Rock.

Racken [ràkən *D. Si.*] *m. Spinnrocken.* — lux. 348.

Rackert [ràkərt *fast allg.*; ràgər *Ri. Hom. Rom. Ha.*; ràχər *Schw.*] *m.* 1. *Racker, durchtriebener Kerl:* das isch e R.! — 2. *Schinder, Henker:* dene hat de R. schun long geholt *der ist längst tot Lix.* — 3. *kleiner Kerl, kleines Tier.* — 4. *Klepper, abgetriebenes Pferd Ri.* — els. 2, 247 Racker, Racher; hess. 313; lux. 348 Rackert.

-racks *in Zusammensetzungen als verstärkendes Suffix:* musracksdot *ganz mausetot (im Gegensatz zu Scheintod od. Ohnmacht).* — els. 2, 250 racks, rackstot; hess. 313 racker, mausrackertot; vgl. baier. 2, 41 racken (rackendürr); lux. racksdech *ganz, alles* Ga. 361 s. a. Gr. Wtb. 8, 33 rack.

Rad I [rat u. rát *fast allg.*; Pl. rædər, rèdrə, rédər; Demin. rædχən, rédχən, rèdəl] *n. Rad, Wagenrad, Fahrrad:* 's finſt R. am Wa'n sin *nichts nach einem fragen Fo.* 'S R. schlan *das R. schlagen (Zeitvertreib der Knaben).* Sin Rädchin surrt (sin Rädel geht *Ri.*) *od.* er hat en Rädchin *er ist verrückt Sp. Karl.* — Zs. R.-nòl *m. D. Si. Radnagel.*

Rad II [rát *Lix. Schw. Bi.*; ràd *Ri. Hom. Rom.*; ruət *Si.*] *n. (Si. m.) Rade, Kornrade als Unkraut* (Agrostemma githago). — els. 2, 232 Rad(e); lux. 366 Ruᵉd; baier. 2, 170 Rat, Raten, Ratelkraut; eifl. Rát, Raden *Kornblume From.* 6, 17. — Zs. R.-sib *n. Bi. engmaschiges*

Sieb, durch welches die Kornrade durchfallen soll. — els. 2, 318 Rade-sib.

Rädel *Knebel* s. Reitel.

rädeleⁿ [rèdələ *Pü.* u. s.] tr. v. 1. *die Leitern am Leiterwagen vermittels des Rädels (Reitels) spannen:* e Wòn r. — 2. *zuviel essen od. trinken:* er hat sich gerädelt. — els. 2, 235 reidle; baier. 2, 53 u. hess. 321 raideln, reideln; henneberg. rätteln, From. 6, 191.

Rädels-fihrer *m. Ri.* u. s. wie hd. *Rädelsführer.*

rädeⁿ [rædə *Lix. Sgd.* u. s.; raidərən *D. Si.*] tr. v. *sieben, durch das breit geflochtene Sieb schütteln:* den Wäsz (*Weizen*) r. — els. 2, 233 räde; hess. 312 raden, raden; baier. 2, 57 reden, raden; ahd. redan. s. a. ritte reⁿ.

Radischer [radísχər *fast allg.*; rædilə *Pfb.*] Pl. *Radieschen.*

Raf [raf *Pü. D. Si.*; ráif *Lix.*; ráf *Fa.*; ròf *Aidl.*; ræf *Fo.*; roïf *Grt. Falk. Av.*; rauf *Bo.* — Pl. ráfə, ræfə, roïfən, raufən] *m.* u. *f. Raufe im Viehstall; Futterleiter:* er hat 's letscht em Räf *er hat bald abgewirtschaftet Fo.* Er hat 's letscht Fuder em Raif *er ist dem Bankerott nahe Lix.* Er hat sei' letscht Weissbrot im Ròf *ist arm Aidl.* Oïnum de Rauf he ᵃch henken einen darben lassen *Bo.* — lux. 348 Ráf; els. 2, 238 Rauf; baier. 2, 66 Rauffen, Rauffel. — Zs. Rafe-lach *n. Si. Öffnung über od. hinter der Raufe.*

Räf s. Reif.

räfen s. raffen.

Raffel [ràfəl *Sbg.* u. s.] *f.* 1. (*verächtl.*) *geschwätziges Maul:* halt doch dini R., oder i schla d'r ens druff *Ri.* — 2. *schwatzhaftes Weib, Klatschbase:* die R. kanns Mul nit halde. — els. 2, 237; baier. 2, 64.

raffeⁿ [rafə *fast allg.*; ráfən *D.*; réfən u. ráfən *Si.*; rèfən *Falk.*; refən *Bo.* — Ptc. gəraft, gəráft, geròf, gəràf(t)] tr. v. 1. *zusammenscharren, auflesen:* Obscht r. *allg.* Den än räft d' Stän, den anner werft se *der eine hebt die Steine auf, der andere wirft sie (der eine ist Täter, der andere Mithelfer) Si.* — 2. *sondern:* Grompern, Erbesen räfen *die guten Kartoffeln bzw. Erbsen von den schlechten sondern.*

raffeniert [ràfənírt *Fa.* u. s.] adj. *durchtrieben, verschmitzt, abgefeimt.* — els. 2, 238; frz. raffiné.

Ragu [ragú *allg.*] *m. Gericht aus Fleischstücken mit gewürzter Brühe zubereitet.* — frz. ragoût.

räh [rê *Rg.*] adj. *steif, starr, müde nach schwerer Arbeit; tot:* sich r. mache. Mir wurd ganz r. — els. 2, 222 räch, räh; hess. 318 rê *starr infolge eingetretenen Todes;* Gr. Wtb. 8, 13 räch; baier. 2, 16 rech, riech; mhd. ræhe.

Rähert [rèərt *Ka.*; rêrt *Si.* — Pl. rèrdən] *m.* 1. *Fischreiher.* — 2. *langer Mensch.* — lux. 359 Rêr.

rähzich [rétsix *Fo.*] adj. *(von schlecht gebackenem Brote od. Kuchen) mit teigigen Streifen versehen:* r. Brot. s. räh.

Rahm *Sahne.* s. Raum II.

rahmech [rámex *D. Si.*] adj. *gehaltvoll an Rahm:* r. Melech.

rahme[n] intr. v. *in der Zs.* ab-rahme: d'Kuh rahmt gud ab *ihre Milch hat viel Rahm Ri.*

Rahmen [râmə *fast allg.*; ræmən *Bo.*; rum *D. Si.* — Demin. rêməl *Ri.*, rîmxin *Bo.*] *m. (D. Si. f.)* 1. *Rahmen eines Bildes, Gemäldes.* — 2. *Rahmen zum Sticken u. Weben.* — lux. 367 Ru[e]m.

Raiber [raibər *Bo. D. Si.*; raiwər *Sbg. Ri. Hom. Rom.*] *m. Räuber.* R. spiln. — els. 2, 218 Raiper, Raiwer; lux. 354 Reiber. — Zs. R.-hehl *Räuberhöhle.*

raibisch, raiwisch adj. u. adv. *Ri.* u. s. *räuberisch, finster:* r. erus löwe *finster aussehen.*

Raie[n] [ráiə *Pü.*; rajə *Pfb.*; railən *D. Si.*] Pl. *Eisenbahnschienen.* — lux. 355 Reil; frz. rail.

Rambar s. Rampar.

Ramblä [ramblǽ *Fa.* u. s.] *m. Schüttdamm, aufgeschüttete Erde.* — lux. 349 Ramble[i]; frz. remblai.

Rambo [rámbo *fast allg.*] *m. besonders dicke Art von Äpfeln mit roter Farbe.* — els. 2, 259 Rambur; frz. rambour.

Rambur [ràmbur *Ri.* u. s.] *dasselbe wie* Rambo.

Rämer [ræmər *Ri. Hom. Rom. Ha.*] *m. Eimer:* Milchrämer, Wasserrämer. *Das r des Artikels ist vorn angewachsen.* — els. 2, 255 Reimer. s. a. Ämer.

Ramm [ràm *Fa. Ett. Flh. Mett. Pü. Sgd. Berl Saaralb.*; ráb *Fo.*; ràmən *Gelm.*; ráom *Va. Mtsh.*; ròm *Ersd.* — Pl. -ən] *m.* u. *f. Rabe, Krähe.* — els. 2, 254 u. baier. 2, 89 Ramm; mhd. ram *neben* raben. s. a. Kob.

Rammeln [ràməln *Vbg.*] Pl. *Frosch- und Krötenlaich.* s. d. folgende.

rammle[n] [ràmlə *Ri. Hom. Rom. Ha.* u. s.] tr. v. *(von Hasen, Kaninchen, Katzen) begatten.* — els. 2, 254; baier. 2, 90; Gr. Wtb. 8, 77 ebenso.

ramoren s. rumore[n].

ramoschtern [ràmoštərən *D. Si.*] intr. v. *dasselbe wie* ramoren. — lux. 349.

Rampar [ràmpár *D.*; ràmbár *Bi. Pfb. Sbg.*; ròmba *Lix.*] *m. Wall, Befestigungswall, kleiner Abhang.* — els. 2, 259 Rampar; lux. 349 Rampârt; frz rempart. — Zs. Rambar-retscher [-réïtšər *Bi.*] *m. einer, der sich an verrufenen Orten herumtreibt.* Rambare-schissre *Spottname für die Bewohner des Städtchens Lixheim, die noch immer auf ihre Stadtwälle stolz sind Ri.*

Ramplassang [ramplasaŋ *D. Si.*] *m. Stellvertreter beim Militär.* — lux. 349. s. d. folgende.

ramplassiere[n] [ramplasîrə *Fo.* u. s.] tr. v. *ersetzen.* — frz. remplacer.

rampo [ràmpò *fast allg.*; ràmbò *Pfb.*] adj. *gestellt, gleich (von beiden Parteien im Kegelspiel gesagt; auch beim Kartenspiel):* m'r sin r. *wir stehen gleich;* jeder hat die gleiche Anzahl Stiche. Jetz isch r. *die Partie steht gleich. Auch substantivisch:* der schafft de Rambo *der arbeitet im Akkord (im Gegensatz zu:* of Dalohn *im Tagelohn).* — lux. 349 Rampo; els. 2, 258 rambo; frz. rampeau.

rams [ràms *Ri. Hom. Rom. Ha.*] adj. *(urspr. keinen Stich machend im Kartenspiel) matt, müde:* i bi ganz r. Ebber r. mache *einen müde machen, lahm legen.*

Ramsch [ràmš *fast allg.*; ràms *Sbg.*] *n. ein Kartenspiel mit 5 Karten:* e Partie R. mache. — els. 2, 261; hess. 314; baier. 2, 101; Gr. Wtb. 8, 82; frz. ramas.

ramsche[n] [ràmšə[n] *fast allg.*; ràmsə *Sbg.*] intr. v. Ramsch *spielen.* — els. 2, 261.

ran [ràn *Ett. Ri. Hom. Rom. Ha.* u. s.; ró[a]n *Sgd.*; ram *Bo.*] adj. *schlank, mager,* *schmächtig, kraftlos bes. von Personen, ausgenörgelt:* e rani Person; e ranes Mädel. — els. 2, 261; hess. 314; baier. 2, 102 rân, ranig; ss. rum Kr. 111; mhd. rân, rânec. s. a. ranlich.

Rän I [ræn, Pl. -ən *Falk. Vbg. Bo.*] *f. Straßenrinne, Gosse* (Rän *statt* Rinn *wohl mit Anlehnung an* rennen). — ss. Rän, Kisch W. W. 122; els. 2, 265 Rinn u. Rënn. s. a. Gr. Wtb. 8, 1019.

Rän II [rǣn *Fo. u. s.;* rén *D. Si.;* rɛ̄ŋə *Ri. Hom. Rom.;* rǣjə *Gunzw. Flh.;* rɛ̈ine *Bi.;* ráigən *Pfb.;* rɛ̈in *Bo.*] *m. Regen:* Morje gibts R., dann die Fräsch krische wieder. Wann de Hunn *(Hunde)* Gras fresse, gibt's R. *Bi.* Wann de Schwämle *(Schwalben)* em Bode fleïc, gets Räje. Wann de Hahn kreït vor Halbnaht, drauts *(droht's)* of Räje *Flh.* Noh um Range gidds a wider gudd Wedder *Ri.* Maieräje macht wachse *Gunzw.* — Zss. Ränbo' *Fo. u. s. Regenbogen:* ich schla'n der e R. ufs Au. R.-wasser. R.-wedder: er micht e Gesicht wie dreï Da R. *allg.* Rä(n)-wend *Lix. Südwestwind.* Range-wurm *Ri.* Range-wolge *Regenwolke Ri.*

Rän III [rēn, ræn *Ri. Hom. Rom. Ha.*] *f. Nachgeburt der Kühe:* d' Kuh hat d' R. usg'heit. — els. 2, 264 Rein, Reinte, Reinet *(zu hd. rein, sich reinigen).*

Rän IV [ræn *Bi.* u. s.] *weibl. Vorname Regina.* — frz. Reine.

rän s. rein.

Rand I [rànt, Pl. rènər *fast allg.*] *m.* wie hd. *Rand:* er isch us R. un Band *sehr ausgelassen.*

Rand II s. Rind.

Rändel [rèndəl *Flh.* u. s.] *m. Brotrinde, Kruste, Brocken:* ich wollt, ich kent em e Seppel *(Süppchen)* enbrocke, wo er e R. ze wurje hett. R. < Ränſdel. — els. 2, 266 Ranſt, Broträmſtle; nordböhm. Ranſtl, From. 2, 237.

ränen [ræ̀nən *Fo. Sgd. Lix. Falk.;* rènən *D. Si. Lau.;* rèinən *Obd. Marienth.;* rɛ̄ŋə *Ri. Hom. Rom. Ha.;* rèia *Flh.;* əs reŋt *Mü.*] intr. v. *regnen:* es rant, das es plätscht *Lix.* 'S rängt, ass 's huddelt *Ri.* Es hat gerānt, äss et geschutt hat; et hat bit Haugabeln, bit Buchbidden gerānt *Falk.* Wenns' rängt un d' Sunne schint, händelt der Deiwel mit sinere Grossel (s. d.) *Ri.* Räne losse wie de Pariser, de Saargeminner *Fo. Wetterregeln:* wenns rängt am Freïda, so isch's fur d' Wuch *Ri.* Wenn's am erschte September ränt, ränt's de ganze Herbscht. Ränt's am Sunda vur der Mess, da ränt's die ganz Wuch *Fo. u. s.* Wenn de Katz sich ibers Ohr wäscht, gets räje *(wird's regnen) Flh.* Wenn's am 1. Sept. ränt, so muss sich der Bur 'n Pärd meh anschaffe *La.* Räits em Herr Parr *(Pfarrer)* in de Spruch, so räits de ganze Wuch *Flh. Rda.:* Wonn's Breï ränt, hot a kän Leſſel, un wonn's Dreck ränt, hot er zwēn *Ltf.* Es ränt, eb *(ehe)* zwen Da vergehn, Oschtere un Pingschte *(nämlich zwischen Ostern u. Pfingsten) Lix. Scherzfragen:* Wann't ränt un wieder ränt in änem Steck, wat machen eïch dann? Eïch ränen *(Wortspiel mit* rennen) in't anert *Obd.* Wat mecht ma, wann't ränt? Ma lässt et fälen *od.* ma macht wie de Pariser *Obd. Reimsprüche:*

Es hat emol gerānt,
De Hecke dribble noch.
Ich hon emol e Schatz gehat,
Ich wot *(wollte),* ich hett ne noch *Schw.*
Es get räne, 's get räne;
De Vater get mich säne *(segnen);*
De Mutter get mich kloppe,
'S fälle dicke, dicke Droppe *od.*
Mit em dicke halwe Schoppe *Lix. Fo.*

ränen, sich, refl. v. *Ri. Hom. Rom. Ha. die Nachgeburt abwerfen:* D' Kuh hat sich gerānt. s. Rän III.

Ranft [rànəft *Bi.;* rònəft *Lix.;* rant *D. Si.* — Pl. rèneſt, rènəſtər] *m. Rand eines Gefäßes u. dgl.:* der Korf isch usgeress, es muss en onnere R. dron. *Lix.* — hess. 315; baier. 2, 119; els. 2, 266; Gr. Wtb. 8, 90; mhd. ranft.

Rang [ràŋ *D. Si.*] *m.* wie hd. *Rang:* sei R. hålen *standesgemäß leben.*

Ranglo [ràglo *Pfb. Ri.*] *m. Einzäunung, eingezäunter Platz;* auch Flurname *bei Rieding.* — frz. enclos.

rangsen [ràŋsə *Fa.*] intr. v. *(lautmalend) leiern, eintönig fortspielen.* — els.

2, 270 rangse *knarren, ächzen;* Gr. Wtb.
8, 98 rangsen *sich knirrend drehen;* hess.
N. 225 ranken.

Rank s. Ring.

Ränke [rèngə *Ri. Hom. Rom. Ha.*]
Pl. wie hd. *Ränke:* R. suche *sich von
etwas Unangenehmem loszumachen suchen.*
— els. 2, 271.

Rankel-stän [ràŋkəl-štǽn *Mw.;* ràŋ-
kəltər- *Si.*] *m. Sandstein von Rangwall
bei Hayingen.*

Rankelter [raŋkəltər *Rü. lux. Grenze*]
m. wollige Schlinge (Viburnum Latana).
— vgl. hd. sich ranken; els. 2, 270 u.
baier. 2, 122 Rank *Wendung, Krümmung
(die Endung* -ter *ist* ahd. terâ, trâ; ags.
treov; engl. tree).

Rankeⁿ [ràŋkə(n) *Fo. Fa.* u. s.; ràndsə
Ri. Ha. Rom. Hom.] *m. ansehnliches Stück
Brot u. dgl.:* giw m'r e Stick Brot, awer
e R.! *Fo.* Hasch e mol wider e gudder
Ranze *Ri.* — els. 2, 271 Ranke; baier.
2, 123 der Renken Brot; hess. 333 Runke,
Ranke; nord-böhm. Runksen, From.2, 237;
ndd. Ranken, From. 5, 289.

ranlich [rònliχ *Sgd. Lix.*] adj. u. adv.
schmächtig, mager, schlank: er isch so r.,
dass er e Gais kinnt tische de Hèr *(Hör-
ner)* kisse *Lix.* (ranlich *ist Weiterbildung
von* ran s. d.).

ranschiereⁿ [ranžéïərən *D. Si.;* ràšírə
Ri. Hom. Rom. Ha.; rošírə *Lix.*] tr. v.
1. *einrichten, ordnen, zurechtmachen:* kumm,
ronschier m'r de Haschpel, er isch use-
nonnergang *Lix.* Wie bisch de wieder
geronschiert! *(iron.) wie bist du unordent-
lich angezogen ibid.* — 2. *übel zurichten:*
ich han ne awer geraschiert (frz. je l'ai
arrangé) *Ri. Rom.* Der isch awer gera-
schiert *heißt es von einem, der eine schwere
Krankheit durchgemacht hat u. die Spuren
davon noch an sich trägt ibid.* — 3. *die
Eisenbahnwagen auf den Geleisen rangieren;
das geschieht mit der* Raschiermaschin *u.
wird überwacht vom* Raschiermeischter.—
4. *eine streitige Sache begleichen, etwas güt-
lich ausmachen:* se hän die Sach mitenanner
raschiert *Ri. Hom. Rom. Auch reflexiv*
sich raschiere *aussöhnen nach einem Zwist,
übereinkommen:* se rachière si gudd *ibid.*
— els. 2, 273 ranschiere; frz. arranger.

ranschiert adj. *fast allg. ordentlich,
eine gute Aufführung habend:* e ran-
scheïerte Joṅg *D. Si.* — frz. rangé.

Rant [rànt *fast allg.;* ràntə *Fa.;* rònt
Sgd. Lix. — Pl. ràntən *Bo.;* Demin. rèn-
dəl *Sbg.*] *m.* 1. *Anlauf, Trieb, eiliger Gang:*
e R. nehme. Er hat e Rante g'hol *Fa.*
— 2. *heftiger Stoß, Schub:* ich hon em
e R. gen, dass er wider de Wand ge-
fahr isch *Lix.* — 3. *in voller Tätigkeit
sein:* in de R. kumme *in Eifer geraten.*
Er isch im R. fir ze schaffe. Im e R.
gleich, im Augenblick: i kumm im e R.
Ri. Hom. Rom. Ha. Wart e Rändel *ibid.*
— 4. *einen Anfall bekommen:* er hat
wieder sin R. *er ist in seiner Trinkperiode
Ett.* Jetz hat se mol wieder e R. zu
Bayer'sch *jetzt geht sie mal wieder zu
Bayers (z. B. einkaufen).* — els. 2, 273;
baier. 2, 125 Rant; lux. Rannt Ga. 363;
Gr. Wtb. 8, 87 Rand *Lauf, Bewegung,
Wendung;* hess. N. 239 Runn; rhein.
Rannt *ibid.*

Ranten [rȧntən *Bo.;* ràntən *Falk.*] *m.*
1. *dasselbe wie* Rankeⁿ: e R. Broᵉt. —
2. *Rand Falk.*

Ranzeⁿ s. Rankeⁿ.

ranzen [rȧtsən *Bo.*] intr. v. *ranzig
schmecken:* der Botter, der Speck ranzt.
— vgl. Gr. Wtb. 8, 112 ranzen *modern,
verfaulen.*

ranzich adj. *fast allg.* wie hd. *(von der
Butter, vom Fett) ranzig, dickflüssig.* —
els. 2, 274.

ränzich [rènsiχ *Falk.*] adj. u. adv. *reg-
nerisch:* r. Wedder.

Ranzion [rȧntsjón *Fi. Ri. Hom. Rom.
Ha.* u. s.] *f. Menge, große Anzahl, Ration,
Portion:* e ganze R. Bire. Er het sin R.
krijt. — els. 2, 74 ebenso; frz. rançon.

Rapp I [ràp *fast allg.*] *m. Pferd (selt-
ner Kuh) von schwarzer Farbe:* e wisser
R. un e schwarzer Schimmel *sagt man,
um etwas sehr Seltenes od. Unmögliches an-
zudeuten Ri.* — els. 2, 275. s. a. Rappen.

Rapp II [ràp *fast allg.* — Pl. -ən;
Demin. rèpχin *Bo.*] *f. Reibeisen zum Zer-
reiben von Kartoffeln, Meerrettig, Zucker
usw.* — els. 2, 275 ebenso; frz. râpe.

rappech [rapeχ *D. Si.*] adj. *mager, dürr
(von Personen im verächtl. Sinne):* en r.

Kâtz. E r. Mensch. — lux. 350 ebenso; els. 2, 276 räppig; baier. 2, 118 rappig *räudig;* hess. N. 228 raupig.

Rappel [roapəl *Kr.*] *f. Klapper, womit die Kinder zur Osterzeit die Leute zur Kirche rufen.* — els. 2, 275 Rappel 1. *Geklapper.* — Zs. R.-kaschte.

Rappen [ràpən *Si.;* ràbə *Ri. Hom. Rom.*] *m.* 1. *dasselbe wie* Rapp I. *In figürl. Anwendung:* op Schou̇sters R. *zu Fuß.* — 2. *Vorteil, Gewinn:* op sein äjene R. *auf eigne Faust, zu seinem eignen Vorteil Si.* — lux. 350; baier. 2, 128.

rappen [ràpən *fast allg.*] tr. v. *auf dem Reibeisen zerkleinern, zerreiben:* Zucker, Grumbere r. — els. 2, 275 ; lux. 350.

rapple[n] [ràplən *fast allg.* ràblə *Ri. Hom. Rom. Ha.;* rabəln *Bo. D. Si.*] intr. v. *rappeln, rasseln:* de Wòn *(Wagen)* rabbelt. Stricke, dass et rappelt *Bo. Kinderreim:*

Ens, zwei, drei, vier, finf, sechs, siwe,
Wo isch unser Hans gebliwe?
Ei, er huckt im Butterfass!
Kuck noch emol, wie rappelt das! *Fo.*

— els. 2, 275 ; baier. 2, 129 rapple[n]; lux. 348 rabbelen.

rapplich [ràpliχ *Fo.*] adj. *vergeßlich:* e r. Minsch. — vgl. els. 2, 275 rapplig, *störrig, eigensinnig.*

Rapport [ràpòrt *Ett. Rü.* lux. *Grenze;* ràbor *Ri. Hom. Rom.*] *m. Strafprotokoll (wegen Vergehens gegen das Eigentum od. die öffentl. Ordnung).* Rabore mache *hinterbringen Ri.* — els. 2, 275. s. a. Prosewerbal. — Zss. Rapporte-dräer, R.-mächer (Raboremacher *Ri.*) *Zuträger, Hinterbringer.* Rabore-machersch *Zuträgerin.* — lux. 350 ebenso.

rappsen [ràpsən *Fa.;* ràbšə *Ri.* u. s.] tr. v. *raffen, gewaltsam an sich reißen, zusammenscharren:* da gibschts was ze r. — hess. N. 226 rapsen; baier. 2, 129, 132 rappen, rapsen, rapschen *hastig ergreifen;* vgl. Gr. Wtb. 8, 119 rappen *raffen.*

rar [ràr *allg.*] adj. *selten, nicht häufig vorkommend:* de Äppel sin jetz r. *Rda.:* Rar wie Murerschweiss *(iron.).* — els. 2, 280; baier. 2, 132; hess. 315.

Rarität [ràridéd *Ri. Hom. Rom.*] *f. Seltenheit.*

Räs I s. Reis. — Zs. Räs-bengel [ræsbèŋəl *Si.*] *m. Reisestock.*

Räs II [rès, rés, Pl. -ə[n] *Fa. Lix. Rg.;* résən, Pl. gleich *Vbg.*] *f. Honigwabe (gewöhnlich* Imme-räs). — baier. 2, 138 der Râsz; hess. 330 die Rôsze; els. 2, 290 Ros III; eifl. Rasen, From. 6, 17; mhd. ràẓ, ràẓe. s. a. Räze.

Rasch [ràš *Fo. Ett. Bi.* u. s.] *f. Wut, Ärger, Zorn:* er isch in er firchterliche R. gewän. *Fo.* — els. 2, 283 ebenso; frz. rage.

Rasche [ràẓe *Fo.*] *f. weiße Rübe.* — vgl. els. 2, 217 Rabe; baier. 2, 4 Räben; frz. rave.

raschiere[n] s. ranschiere[n].

Raschma [ràšma *Fa.*] *m. Vergleich.* R. < frz. arrangement.

Raschpel [ràšpəl *Lix.* u. s.; ràspəl *D. Si.*] *m. große, grobe Feile; Raspel.* — els. 2, 294; lux. 350; ss. Raschpel, Kisch W. u. W. 180.

Rascht I [ràšt *allg.*] *f. Ruhe, Rast:* kä Ruh un kä R. — els. 2, 295.

Rascht II *Rost* s. Ruscht.

raschten *allg. wie hd. rasten, ausruhen.* Ptc. gerascht *ausgeruht, rüstig.*

raselen [ràẓələn *Si.*] intr. v. *rascheln, rauschen.* — lux. 350; els. 2, 283 rasle.

rase[n] [ràẓə *fast allg.;* róẓən *D. Si.*] intr. v. *rasen, lärmend hin- u. herlaufen:* er rast erum wie nit gescheit. R. wie e Stier *allg.* Flou̇chen a ròsen eweï e Jud *Si.* — els. 2, 283 rase; lux. 364 ròsen.

rasibūs [ràẓibys *Fa.*] adv. *kahl weg:* er hat de Har r. geschôr. — frz. rasibus.

rasi(ch) [ràẓi, femin. ràẓiχi *Ri.* u. s.] adj. *rasend, sehr zornig:* er isch r. word. — els. 2, 283 rasig.

rasiere[n] [raẓîrən *allg.* Ptc. raẓîrt u. gəraẓîrt] tr. v. *rasieren.* — els. 2, 284.

räsoniere[n] [ræẓonîrə *fast allg.;* reẓonéiərən *D. Si.*] intr. v. *Wortstreit haben, schimpfen, zanken:* hat der awer geräsoniert! Er räsoniert wie e Dirk. — els. 2, 285; lux. 360.

raspelen [ràspələn *D. Si.*] tr. *mit der Raspel feilen.* — lux. 350.

Rass I [ràs *allg.*] *f. Art, Rasse (meist scheltend od. tadelnd):* e scheni R. Litt Fi. Das isch e R! Er isch von der R.

wie der Vater so der Sohn Fa. — els. 2, 283; lux. 350.

Rass II s. Riss.

Rassel [ràsəl *D.*] *f. Ratsche; hölzernes Instrument, womit in der Karwoche die Glocken ersetzt werden.* — baier. 2, 137 Rassel; els. 2,284 Rossele *rasselndes Spielzeug.* s. a. Rossel.

Rasseler [ràsələr *D.Si.*] *m. (gewöhnlich in der Zs.* Kårte-rasseler*) leidenschaftlicher Kartenspieler.* — lux. 350 Råsseler.

Räsune [ræzúnə *Fa. Pü. Ett.* u. s.] *f. pl. Überlegung, Einsicht, Vernunft, Anstand, Lebensart:* er hat kän R. Anem R. beibringe *od.* lehre. Er will kän R. onnehme. — els. 2, 285; baier. 2, 138 Räson; kärntn. Reschûn, From. 6, 195.

Rat [råt *Bo. Gelm.*] *n.* 1. *die Wäsche, das Gewaschene.* — 2. *das Kleid. Das Wort hängt wohl mit der urspr. Bedeutung von* Rat *zusammen, nämlich „Bedarf für Nahrung, Kleidung, leibliches Leben überh., Gesamtheit der Dinge, die dazu dienen".* Gr.Wtb. 8, 157, 2 a. *Auch im altn. u. dän. ist* Rat *neutrum wie hier. Es findet sich in* Hausrat, Vorrat, Gerät, *auch in* Heirat. s. a. baier. 2, 164 das Rat.

Rätsch [ræt͡š *fast allg.*; ritš *Karl.*] *f.* 1. *Rassel, Schnarre; hölzernes Instrument, womit die Knaben in katholischen Ortschaften herumgehen, um die Leute zur Kirche zu rufen, weil die Glocken in der Karwoche in Rom sind.* — 2. *Klatschbase, schwatzhaftes Weib:* du aldi R., kimmscht de dann gar nit meh häm? *Fo.* — 3. *Plauderei, Klatscherei, Unterhaltung zwischen schwatzhaften Weibern:* sie isch uf der R. — els. 2, 308; baier. 2, 190; vgl. kärntn. Râtsch, From. 6, 194. — Zs. R.-bank *f. Lix.:* de Weïbslitt sin wieder uf der R. *beim Klatschen.* R.-mul *Klatschmaul.*

rätsche[n] [rètšə *fast allg.*] *intr. v.* 1. *klappern mit der* Rätsch. — 2. *plaudern, schwätzen (lange mit anderen zusammen):* do druss sin se wieder am Rätsche. — 3. *ausplaudern, heimlich hinterbringen, klatschen, verleumden:* Frauwen, die vil rätschen, kumme nit vil plätschen (s. d.) — els. 2, 308; baier. 2, 190; From. 3, 8; 4, 158; 6, 194.

Ratt [rat *fas tallg.*; råt *D. Si.*; ràdə *Lix. Ett.*; rat-mus *Schw.* — Pl. ratə, ràtə, råtən, ratmís] *f.* 1. *Ratte:* er isch so daub wie e R. *so dumm wie eine* R. *Pfb.* — 2. *üble Laune, Grille, Trinkperiode:* er hat wieder de Radde *er ist wieder in seiner Trinkperiode Lix.* — els. 2, 299 ebenso; vgl. Gr. Wtb. 8, 205 Ratte = *Laune, Grille.* — Zss. Ratte-fall; R.-gift *allg. schlechter Schnaps.* R.-mus *Ratte Ri.* R.-schwanz a) *Schwanz der Ratte;* b) *ganz runde Feile;* c) *lange, dünne Zigarre.* s. a. Ratz I.

Ratz I [ràts *fast allg.*; råts *D. Si.*] *f.* 1. *Ratte, bes. Schlafratze* (Myosus glis)*:* schlofe wie e R. — 2. *gewecktes, unruhiges Mädchen; Kind, das gern ausplaudert, was es nicht soll* (enfant terrible); *Knirps:* du klän R. du! — els. 2, 311; baier. 2, 193; Gr. Wtb. 8, 209. *Ortsneckerei:*

Spittler Ratzen
mit de lange Fratzen,
mit de spitziche Schuh,
rennen all em Deifel zu.

Ratz II *Nasenschleim* s. Rotz u. Rutz.

ratze[n] [ràtsə *fast allg.*] *tr. v.* 1. *zusammenraffen:* die mache 'sJohr us 's Johr en nix wie r. *Lix.* — 2. *mit einem stumpfen Messer schneiden.* — 3. *schlecht geigen.*

Kindervers:

Geïe, Geïe, ratze!
moar kumme die Spatze;
iwermoar die Finke,
alle Jude stinke. *Av. Sbg.* u. s.

Reflexiv sich ratze *sich schneiden Ri.* — vgl. els. 2, 312 z'samme ratze.

Rätzel [rètsəl *Fa.*] *n. Instrument zum Klappern.* — vgl. els. 2, 312 rätze *kreischen, knarren.* s. a. Rätsch.

rätzen [rètsən *D. Si.*] 1. *tr.* a) *räuchern:* Fläsch r., Speck r.; b) *Hanf od. Flachs rößen.* — 2. *intr. nach Rauch riechen:* et rätzt an der Kichen *es riecht in der Küche nach Rauch.* — lux. ebenso Ga. 364; vgl. baier. 2, 137 und fränk. räsz *scharf, herb von Geschmack* From. 6, 469; kärntn. rász *zu stark gesalzen* From. 6, 193; mhd. ræze.

Ratzert [ràtsərt *Si.*] *m. Rotzbube, schmieriger Kerl.* s. Ratz II.

ratzich [ràtsix *Sgd. Lix.*] adj. *schäbig, sehr geizig:* du r. Luder! — Gr. Wtb. 8, 210 ratzig. s. ratzen.

Rau [rau *Fo.;* ruiw *Falk.;* roïwən *Av.;* rœu, Pl. rœwə *Ri.;* rúwən *Bo.;* róuə *Lix.;* rai, réi *D. Si.*] f. *Reue, Gewissensbisse:* hasch de jetz e Roïwen? *reut es dich jetzt? Av.* De R. kimmt hinne noh. — lux. 354 Rau u. Rei.

rau! interj. *Bo. Nachahmung des Geräusches beim Fallen, Einstürzen usw.*

raucheⁿ s. rachen.

Raud [ráut *D. Si.*] m. *Räude, Krätze, Grind:* e krätzt eweï wann en de R. hätt er kratzt sich, wie wenn er die R. hätte. — lux. 351. Raut.

raudich adj. *D. Si.* 1. *räudig, krätzig, grindig:* e r. Schöf stecht eng ganz Herd un *ein räudiges Schaf steckt eine ganze Herde an.* — 2. *unfruchtbar, vom Acker:* r. Land. — lux. 351 ebenso; mhd. riudec.

raueⁿ [ráue *Fo.* u. s.; ruiwən *Falk.;* rœwə *Ri.;* røwè *Mtsh.;* roïwən *Av.;* raiən, rauən *D. Si.*] 1. *reuen:* 's raut mich ('s röwd mi); es hat mich geraut, dass ich hingang bin *Fo.* Das darf dich nit roïwen. — 2. *leid tun, dauern:* er raut mich. — lux. 351 rauen; els. 2, 215 röue.

Rauf s. Raf.

rauh [raù *fast allg.;* roew *Ri. Ha.;* ruiw *Falk.* — Steigerung râwər] adj. *rauh:* r. Wedder. Er hat e ruiw Hut *eine rauhe Haut Falk.* Röwer Speck *ungekochter Speck Ri.*

Rauhät [rauhǣt *D. Si.*] f. *Rauheit.* — lux. 351 Rauhêt.

Raum I, raumen s. Rum, rumen.

Raum II [raùm, raùmən *Bo.;* raom *Gelm.;* râmə *Ri. Hom. Rom. Ha.;* roïmən *Falk. Ersd. Va. Marienth.;* roïmè *Neufville*] m. *Milchrahm, Sahne:* de R. ven der Milich hewen *Falk.* Sisser Rahme *süßer R. Ri.* — els. 2, 255 Raum, Rum, Rame; hess. 318 Raum. — Zs. Roïmenhafen m. *Ersd. Rahmtopf. Rda.:* Er muss sich uf dreï fulen Käs stellen, fa en de R. se gesin.

Raup s. Rup.

raupen, sich [raupən, roupən *Rü. lux. Grenze*) refl. v. *sich maußen vom Vogel:* d' Vullen raupen sech. — lux. 351 ebenso; vgl. baier. 2, 65 rauffen, raffen; hd. rupfen.

Rausch [rauš *D. Si.*] m. 1. *Betrunkenheit:* e R. hun. s. a. Rusch. — 2. *Haufen Steine, Geröll;* mhd. (stein)rosche, rusche. — 3. *Wurf.* vgl. mhd. rûschen *schnelle, geräuschvolle Bewegung;* baier. 2, 155 Rausch = impetus; engl. to rush. s. a. Weig. Wtb. 2, 468.

rauschen tr. v. *Si. schleudern.* — lux. 351; vgl. mhd. rûschen.

Raut s. Rutt.

Rawasch [ràwạ̀š *Vbg.;* rewàš *Ri. Hom. Rom.*] f. *Rache:* R. holen (Rewasch nemme) *etwas wettmachen.* — frz. revanche.

Rawatte [ràwat *Bi.;* ràwàtè *Fi.;*Demin. ràwètəl] f. *Streifen Landes als Einfassung eines Gartenbeetes; schmales Blumenbeet.* — els. 2, 216 Rabatt, Rawatt; Gr. Wtb. 8, 4 Rabatte *Streif, Leiste.*

rawen [ráwən *D. Si.;* roïbən *Va.;* roïwən *Falk.*] tr. v. *rauben, stehlen.* — lux. 351 râwen.

Rawer [ráwər *D. Si.*] m. *Dieb. Das Femin. lautet* Rawesch (ráwəš), mhd. roubersche.

rawer [rawər *Falk.;* râwər, râ *Bo.*] adv. *herab, herunter:* kumm emol e bissel rawer!

rawich [ráwix, ráwex *D. Si.*] adj. *diebisch.* s. rawen.

Rawiner [ràwinər *Pfb.* u. s.; rewinər *Ri. Hom. Rom.*] m. *Rabiner.* — els. 2, 311 Rewiner.

Rawolt [rawólt *Rü. lux. Grenze;* rəwòlt *Fa.;* rewold *Ri. Hom. Rom.*] m. *Lärm, Aufruhr, Durcheinander, Wirrwar.* R. schlön *Lärm machen:* wenn ich häm kumm, will ich mol R. schlên *Fa.* — lux. 351 Rawolt; els. 2, 311 Rewolt.

Rawor [ràwór *Fa.*] m. *Raub:* er geht uf de R. uss. — R. < frz. ravoir *wiedererlangen.*

Räz [rêts *D. Si.*] m. *Reiz:* dat hot kä' R. fer mech. — lux. 360 Rêz.

Räze [ræ̀tsə *Alst. Hd.*] m. *Wabenstock der Wespen, Hummeln und Hornissen.* — mhd. râz, râzə. s. a. Räs.

räzen tr. v. *D. Si. reizen.* s. Räz.

razich [rátseχ *D. Si.*] adj. *lang u. mager:* e r. Framensch. s. Ratz.

Rêb *mcist* Pl. R e w e ⁿ [rǽwə *Fo. Ri. Rom. Hom.*; réwè *Mtsh.*; rièwən *Si.*] *f. Rebe.* Rewe gruwe *Senker einlegen*; R. hacke; R. anbinge *anbinden*; R. schnide; R. zwicke *die unnützen Schößlinge od. Augen abzwicken.* Wel R. *wilder Wein, Jungfernrebe* (Ampelopsis hederacea). — Zss. R.-blatt. R.-hisel *Weinberghäuschen.* R.-huhn(-hinkel). R.-k a r s c h t *Hacke mit zwei Zinken zum Umhacken der Reben.* R.-lus. R.-m e s s e r *kleines, sichelförmiges Messer, mit dem man im Frühjahr den Weinstock beschneidet.* R.-patt u. R.-putt *Rebenauge.* R.-saft. R.-stippel *Rebpfahl.* R.-vowel *Finkenart, die meist in den Weinbergen nistet Ri.*

Rebbi [rèbi *D. Si.*; rebu *Ri. Rom. Hom.*; rewi *Falk. Vbg.* u. s.] *m. Ausschußware, Schund, Abfall:* in de Rewi werfe. — els. 2, 218 Rebu; lux. 352 Rèbbeï; frz. rebut. — Zs. Rebu-war *Ri.*

rebellen [rəbèlə *Fa.* u. s.; rewèlə *Bi. Ri. Hom. Ha. Rom.*] intr. v. *lärmen, toben, schelten:* hêr, wie de Buwe uf der Stross rewelle! Er hat awer gerewelt! *Ri.* — baier. 2, 7 rebellen; els. 2, 311 rewèlle; s. a. Gr. Wtb. 8, 327.

Rebeller [rəbèlər *Fa.*; rewèlər *Bi.*] *m. Aufrührer; lärmender, streitsüchtiger Mensch.* Rebeller *heißen die Bewohner von Dentingen (Kr. Bolchen).* — lux. 252; els. 2, 311; baier. 2, 7.

rebellisch adj. *D. Si. widerspenstig.* — lux. 348.

Rech [rèχ *Obh. Bi. Falk.*; rê *Mw.*; ré *Si.* — Pl. gleich; Demin. rèχəl] *m. Abhang eines Berges:* 's Gras am R. abmache. — 2. *Rain, Fußweg.* — els. 2, 224 Rech, Rich; hess. N. 230 Rech *Rain*; lux. Rièch Ga. 376; tirol. Rê, From. 3, 400 IV,9; eifl. Reg, From. 6, 18; ss. Rêg, Rê, Kisch W. u. W. 181; vgl. hd. ragen, recken; mhd. rein.

Recheⁿ [rèχə *fast allg.*; réχ, Pl. -ən *D. Si.*] *m. Rechen:* mem R. uf dè Wies gehn *Fo.* — lux. 352 Rⁱech. — Zs. Reche-stiel.

rechen I [rèχəⁿ *fast allg.*; rèχnən *D. Si.*] tr. v. 1. *rechnen, berechnen, Rechnungen schreiben:* er recht, dass de Oïwen Wasser gen *Av.* — 2. *die Jahresrechnung abschließen:* am Sunnda geh i reche mit dem Schmid *Ri. Hom. Rom.*

recheⁿ II [rèχəⁿ *fast allg.*] tr. v. *rechen, mit dem Rechen zusammen lesen; mit dem R. bearbeiten:* ich geh de Garde r.; ich han gerecht.

Recheschaft [rèχəšaf(t) *fast allg.*; -šuf *Falk.*] *f. Rechenschaft.*

Recht [rèχt *fast allg.*; rét *Falk.*; réit *Bo.* — Pl. rèχdə, rétən] *n.* 1. *Recht allg.:* ohn Urdel un Recht; du hasch noch lang R. *Fo.* Wo nischt es, la hat d'r Kaiser d'R. verlor *Bo.* Er behapt sin R. M'r moss d'R. hindeïn (*hintun*), wo't hingehèrt *Bo.* 'S isch nit um Rechde noh gang *nach dem Recht, in gehöriger Weise Ri. Hom. Rom.* Immer R. han wille; 's R. losse, wo 's isch *ibid.* Va Rechts weje *nach dem Rechte ibid.* — 2. *Anspruch:* mini Rechde *meine Gerechtsame.* — 3. *Abgabe:* Rechde bezahle *Abgaben bezahlen Ri.*

recht adj. u. adv. *allg. recht, richtig tüchtig:* 's isch r. so; dat isch r.; es geschieht em r. *allg.* S' isch m'r nit r. *mir ist nicht wohl.* Wenn's m'r r. isch *wenn ich mich nicht irre allg.* Nit r. hêre *nicht gut hören Ri. Hom. Rom.* Ebber r. kumme *einem gerade recht kommen ibid.* Nix r. mache kenne *allg.* E rechder Mann *ein tüchtiger M. Ri.* Mi rechdi Frau *meine rechtmäßige Frau (im Gegensatz zu Kebsweib) ibid.* Ebbs mit um rechde Name nenne *ibid.* Glich uff de rechde Platz gehn; uff de rechde Wä (*Weg*) fihre *ibid.* Recht sol *so ist's recht allg.* Spruch: wer nit kummt zer rechder Zit, der muss esse, was iwrich blit *Lix.*

rechter-hand adv. *fast allg.* (reïhterhand *Bo.*) *auf der rechten Seite.*

rechts [rèχts *Fo.* u. s.; rét(s) *Falk. Kr.*; rét, rièt *Si.*; rèits *Bo.*] *rechts* 1. adj. er isch r. *er arbeitet vorzugsweise mit der rechten Hand.* Uf der reht Sit. — 2. adv. r. gehn; r. u lings drinschlawe (*dreinschlagen*) *Ri.*

reckeⁿ [rèkè *Mtsh.*] tr. v. *reichen.*

Red [réd *fast allg.*; rèd *Bo.* — Pl. -əⁿ] *f.* 1. *Rede, Faden des Gesprächs:* hal

doch kän so lang Rede! *Fo.* Ebber in d'r R. stelle *jd. zum Schweigen bringen Ri.* — 2. *Sprache:* m'r hêrts an siner R. Ebber an der R. kenne, *Ri. Hom. Rom.*
Redel [rédəl *fast allg.;* riédəl *D. Si.*] *m. Rötel, roter Farbstein.* — els. 2, 306 Rötel; lux. Riédel G. 376.
Redeln [rédələn, riédələn *D. Si. Rü.*] Pl. *Röteln, Masern.* — els. 2, 306 Rötle. s. a. Gr. Wtb. 8, 1303.
redeⁿ [rédən *allg. Flexion:* réda, rédšt, réd; Ptc. gərét] tr. v. *reden, sprechen:* red nit so dumm! Er will a e Wort r. Er red't wie e Kalenner *er ist redegewandt allg.* Rede wie en' Avegad *Ri. Hom. Rom.* Ins Döusicht *(Tausend)* enin r. *ibid.* De kläne Kinn *(Kinder)* solle nit r., bitz ass d'Kuh d'Grischtleider enuff geht *d. h. niemals ibid.* Nit gered't u doch gered't *Nichts gesagt ist auch geredet Ri.*
Redersch [rèdərš *Falk.;* rètərš *Fa.* — Pl. -ən] *f. Erzählung, Märchen, Geschichte, Rätsel, Gerede.* — mhd. rætersche.
Redich [rǽdiχ *fast allg.;* rèdi *Ri. Hom. Rom.;* redeχ *Si.;* réïdeχ *D.* — Pl. rædijə, rèdiə, redeχər] *m. Rettig.*
redur [redúr *Ri. Hom. Rom. Ha.* u. s.] adv. *zurück.* — Zs. Redur-kart *Rückfahrtskarte.*
Reff I [rèf *Mtsh.*] *m.* u. *n. Wasserabfluß. Der Ausdruck ist sonst nicht belegt.*
Reff II [rèf *Ri. Hom. Rom. Ha.* u. s.] *f. Flachshechel (gezahntes Werkzeug, durch welches man den Flachs zieht, um den Samen abzustreifen).*
reffeⁿ tr. v. *Ri. Hom.* u. s. *den Flachs hecheln.* — baier. 2, 66 reffen *rupfen, zupfen;* mhd. raffen u. reffen *zupfen, raufen.*
refisiereⁿ [refiẓīrə *fast allg.;* refəẓīrə *Ri. Hom. Rom. Ha.;* rewlseīra *Bi.*] tr. v. *verweigern:* das kammer nit gut r. *Fo.* — frz. refuser.
Refling [réfliŋ *Si.*] *m.Rebzweig.* s. Rewe ⁿ.
regaliereⁿ [regalīrən *fast allg.;* regaleïərən *D. Si.*] 1. tr. *bewirten, die Zeche bezahlen:* m'r sin herrlich regaliert gen. — 2. refl. *sich durch Speise u. Trank laben:* uf der Hochzitt han ich mich awer regaliert! — els. 2, 240; lux. 354; frz. régaler.
Regel [règəl *Fo. Ett. Bi. Vbg.* u. s.; rèjəl *Mtsh.;* régəl *Ri. Hom. Rom.* — Pl.

-n] *m.* u. *n.* 1. *Lineal:* mit em R. uf de Finger schla'n *Fo.* — 2. *Regel:* er hat sine Regeln nit gelernt. Es isch a R. = frz. en règle *Ri.* — 3. Pl. *Monatsfluß, Menstruation.* — els. 2, 240; frz. règle. — Zs. R.-buch *Lix. Rechenbuch.*
Rege(n)-moller [rèjəmòlər, Pl. -ə *Berl.* u. s.] *m. Molch, Regenmolch.* — els. 1, 671 Règemolle. s. Moller.
Regiment [regimènt *fast allg.;* rejəmènt *Ri. Hom. Rom. D. Si.*] *n.* 1. *Befehl:* sin Fra fihrt's R. — 2. *Regiment (Soldaten).* — 3. *große Masse. Rda.:* uf Regimentsunkoschte lewe *aus einer gemeinsamen Kasse oder bei anderen Leuten leben, so daß man selbst keine Auslagen hat.*
Regleman [reglə̨mą́ *Ri. Hom. Rom.*] *n. Vorschrift.* — frz. réglement.
Reh [ré *fast allg.;* réə *Bo.;* réï *D. Si.*] *n. Reh, aber nur in den Zss.* R.-betschel *n. D. Si. Rehzicklein* s. Betschel. R.-bock *m.* a) *Rehbock;* b) *mutwilliger Knabe.* R.-geis *f.* a) *weibliches Reh;* b) *mutwilliges Mädchen.* R.-krut (R.-gras) *n. Rainfarn* (Tanacetum vulgare).
Rehr [rér *fast allg.;* rouər *D. Si.* — Pl. rérə (rérər) réïər; Demin. rérl *Ri.*] *n.* 1. *Röhre z. B. am Brunnen:* des Wasser laft us em R. *Fo.* D' R. läft *der Brunnen läuft Ri.* — 2. *Rohr in Ofenrohr, Pfeifenrohr.* — Zs. R.-brunnen *(im Gegensatz zu* Scheppbrunnen).
Rei *Reue* s. Rau.
Reïb *Rübe* s. Rubeln.
reicheⁿ [raiχə *Ri. Hom. Rom. Ha.* u. s.] 1. tr. *darreichen; aus der Nähe holen u. geben:* reich m'r das Buch! — 2. intr. *ausreichen:* mi Geld reicht nit fur dis ze kafe. — 3. *erreichen:* din Hut hängt ze hoch, i kann ne nit r.
Reidel s. Reitel.
reiden s. ride ⁿ.
Reider, reidern *Sieb, sieben.* s. Ritter, rittere ⁿ.
reidleⁿ [raidlə *Ri. Hom. Rom.* u. s.] tr. v. *die Leitern eines Wagens durch Drehen des* Reitels (s. d.) *spannen; überh. fest anziehen, spannen.* — els. 2, 235 ebenso.
Reidler [raidlər] Pl. *Spottname der Bewohner von* Sucht (Kr. Forbach), *weil sie jeden Fremden, der durch ihr Dorf geht,*

foppen. — vgl. mhd. reitel *Prügel, Knüttel.*

Reiel [rèiəl *Bo. Busd. Lix.* u. s.; Pl. -n] *m. Riegel, Querriegel, Querholz an einem Tor.* — lux. 355 u. eifl. Reil, Bü. 18. s. a. Reitel u. Rigel.

reieln tr. v. *Bo. Busd. riegeln, zuriegeln.* s. das vorige.

Reieⁿ [raiə *Ri. Hom. Rom. Ha.* u. s.] *m. Reigen, der von Kindern mit Singsprüchen getanzt wird.*

Reie, Reie, Rosekranz!
Schitt m'r e bissel Wasser uff d' Hand!
Kleini Wäsch, grossi Wäsch,
[Giggerigi! *Ri. Ha.*
— els. 2, 246 Reije; baier. 2, 85; hess. 321 Raijen.

reieⁿ [reiə *Pü. Bi. Lix.* u. s.] tr. v. *drehen, wenden; den Wagen nach rechts od. links lenken:* rei de Wôn erum! — hess. 321 reien; baier. 2, 57 reiden; tirol. reidn, From. 3, 105; 6, 195; mhd. rîden.

Reif [raif *Bo. Lix. Ri. Sbg.* u. s.; rǽf *Fo. Pü. Wal. D. Si.*; ráïf *Falk.* — Pl. raifən, rǽfən] *m.* 1. *Reif, aus Eisen od. Holz bes. an Fässern; eiserner Beschlag des Wagenrades:* en helzen R. Er hat en R. ze vil er isst verrückt. M'r muss um bal e R. um de Buch mache *soviel hat er gegessen Ri.* — 2. *Preßstein an der Obstkelter Busd.* — 3. *gefrorner Tau od. Nebel D. Si.* — Zss. R.-eisen *Bandeisen.* R.-zang. R.-zieher *Reifenzieher, Werkzeug des Küfers.*

Reih [rai *D. Si.*; rèi *Av. Lix.* u. s.; reï *Ri. Hom. Rom.*; rìj *Falk.*] *f. Reihe, Ordnung, Regelmäßigkeit:* uff d'r erscht Reï steht's Word *Ri.* Kumm en er bal en e R.? *in Ordnung Lix.* An d' R. brengen *in Ordnung bringen D. Si.* Er isch wieder en e R. *wiederhergestellt allg.* Ich han alles schên en de R. *Av.* De R. noh *der R. nach allg.* — els. 2, 244; hess. 322 (ich bin wieder in der Reihe = *gesund*); baier. 2, 83; lux. 354. — Zs. reihe-weis *reihenweise.*

reihen tr. v. *D. Si.* wie hd. *reihen, in die Reihe stellen.*

Reihen [réiə *Lix. Sgd.*; relən *Vbg.*; reï *Ri.*; rèj *Falk.*] *m.* Rist (*obere Wölbung des Fußes*): du bisch hoch iwer de R. hast einen hochgewölbten Fuß. Der Schuk isch m'r se niedrich iwer de R. *Lix.* — els. 2, 44 Rih; baier. 2, 84 u. hess. 322 Reihen; Gr. Wtb. 8, 642.

Reih-lach [railax̣ *D. Si.*] *n. Nestel, Schnurloch:* e Mond eweï e R. *ein kleiner Mund.* — lux. 355 ebenso; vgl. baier. 2, 84 reihen, reigen *stechen, stecken;* mhd. rîhen; ndl. rijgen.

Reih-schnur [-šnouər *Si.*] *f. Schnürnestel.* — lux. 355.

reileⁿ *reiten.* s. ride*ⁿ.*

reilens, reiles [railəns, railəs *Rü. lux. Grenze*] adj. *reuig, nur in den Wendungen:* r. machen *abwendig machen u.* r. gên *anderen Sinnes werden.* — lux. reiles Ga. 369; vgl. Kilian, diction. teuton.-latin: reulen = commutare u. mhd. riulich, riuwelich, reulich *reuig.*

reïmen [réimən *Bo. D. Si.*; rîmə *Ri. Hom. Rom.*] tr. v. *rühmen, loben:* et es nix an em ze r. *Bo. Auf die Frage:* wie geht's? *antwortet man oft:* i kann's nit rihme *Ri.*

rei-midich [raimìdix̣ *D. Si.*; reïmidi *Ri.*] adj. *reumütig.* — lux. 355. s. Rei, Rau *Reue.*

rein [rain *Lix.*; réïn *Falk.*; roïn *Bo.*; rǣn *Ri.*; rǣn, rèn̦ *D. Si.*] adj. *rein, fein:* reines Duch, reiner Homf (*Hanf*): rän gar nix. s. a. reng.

reinen [rainə *Lix.* u. s.; roïnən *Bo.*] tr. v. *reinigen (Salat, Gemüse), fremde Bestandteile entfernen, auslesen:* Bohne, Erbse r. — els. 2, 264; baier. 2, 104; mhd. reinen.

Reis I [rais *Lix. Sgd.*; ráïs *Falk.*; rǣs *Fo. D. Si.*] *f.* 1. wie hd. *Reise:* e grossi Räs. Ich winsche eich en glicklich R.! — 2. dies Reis *diesmal:* dies R. kummt er mir recht *Ri. Hom. Rom.* — els. 2, 285 die Reis; lux. 359 Rés; ss. Rês, Kisch W. W. 184. — Zss. r.-ferti(ch). R.-geld. R.-sack.

Reis II *der Reis* s. Ris I.

Reis III *das Reis* s. Ris II.

Rei-schit [rèišit *fast allg.*; rešid *Ri. Hom. Rom.*] *n. Dreh- od. Wendescheit am Wagen um denselben nach rechts od. links zu wenden.* — hess. 322 Reischeid. s. reieⁿ

Reischt [raišt *Rü. lux. Grenze*] *f. Reiste (zusammengedrehtes Bund gehechelten Flachses).* — lux. 355 Reischt; baier. 2, 160 Reisten; ss. Reist, Kisch vgl. Wtb. 183; hess. 139 Riste; Gr. Wtb. 8, 751 Reiste; mhd. rîste. — Zss. Reischtenduch *n. flächsene, hänfene Leinwand.* R.-gâr *Flachsgarn.* R.-wierk *Werg.*

reisen [raiząⁿ *Lix.* u. s.; ráïʒən *Falk.*; sonst ræząⁿ] intr. v. *reisen, eine Reise machen:* wo isch er dann hin geräst? *Fo.* reissen s. risseⁿ.

reit [réit *Bo.*; rét *Si.*; rèt *Kö.*] adj. u. adv. *bereit:* 's es alles r. *Bo.* E Brôt r. mâchen *einen Braten zubereiten.* — hess. 320 reide *fertig;* lux. 352 réd; engl. ready; mhd. reite, reit.

Reit [rait, rèit *Bo. D. Si.*] in Zss. R.-bâtsch *f. Reitpeitsche.* els. 2, 123 Ritbeitsch. R.-bochs *f. Reithose.* R.-bunn *f. Reitbahn.* R.-pärd *n. Reitpferd. Rda.:* er es dumm wie'm Herrgott seïn R. *wie ein Esel Obd. (Christus hielt bekanntlich seinen Einzug in Jerusalem auf einem Palmesel).* R.-schul. R.-stiwel *Reitstiefel.*

Reitel [réitəl *Lix. Ett.* u. s.; raidəl *Ri. Ha. Rom. Hom.*; rèdəl *Pü. D. Si.*; rêləl *Schw.* — Pl. réitələ, rêdələ, rêdeln, rêlələ] *m. u. n.* 1. *Riegel an der Tür.* — 2. *Lineal.* — 3. *Knebel od. Stange, womit die Wagenleitern gespannt werden, damit sie nicht nach innen zusammenschließen.* — els. 2,235 u. hess. 231 Reidel; baier. 2,53 Raidel; mhd. reitel. s. a. Gr. Wtb. 8,767. — Zs. Reidel-kett *Ri. Knebelkette.*

Reiter s. Ritter II.
Reiterei *f. D. Si.* wie hd.
reiwen s. riweⁿ.
Reiwling [réiwliŋ *Schw. Sgd.*; rîwliŋ *Ri. Hom. Rom.*] *m. eßbarer Blätterschwamm* (agaricus deliciosus). — els. 2, 222 Rüebling, Riwling; Gr. Wtb. 8, 572 Reibling.

Rejel s. Regel.
Rejement s. Regiment.
Reje-muttere [rêiəmutərə *Flh.*] Pl. *weiße Wölkchen am Himmel, die Regen anzeigen; Cirruswolken.* — els. 1, 741 Rejemueter; baier. 1, 1693 Motter.

rejeⁿ, sich [réjə *Ri. Hom. Rom. Ha.*] refl. v. *sich regen, eilen, sputen:* reï di doch! 's isch Zitt. — els. 2, 240.

rejiereⁿ [rejîrə *fast allg.*; rejéïərən *D. Si.*] wie hd. *regieren:* er will alles r. *überall befehlen Ri.*

Rejierung (Rejeïerong) *f. Regierung.*

Rejischter [rejištər *fast allg.*; rejišdər *Ri. Hom. Rom. Ha.*; reještər *D. Si.*] *m.* 1. *Register an der Orgel. Rda.:* andri Rejischdre uffzije mit ebber *eine andere (strengere) Behandlungsweise einschlagen.* — 2. *Verzeichnis, bes. Schuldenverzeichnis:* am Rejeschter ston *Schulden haben D. Si.*

Rek *Rücken* s. Rick.
rekelen [rekəlⁿ *D. Si.*] intr. v. *zurückziehen, zurückschieben (ist Iterativform zu* reken *rücken).* — lux. 357 ebenso.

rekeⁿ I [rekè *Mtsh.*] tr. v. *reichen, hinreichen:* de Hand r. *zum Handschlag.* — baier. 2,42 recken; eifl. rêken Bü. 6; mhd. recken.

reken II *rücken* s. ricken.

Rek-fal, rek-fällich s. Rickfall, rickfällich.

rek-gängich s. rickgängich.

reklamiereⁿ [reklamîrə ⁿ *fast allg.*; reglàmîrə *Ri. Hom. Rom.*; reklaméïərən *D. Si.*] tr. v. *sich beschweren; Einspruch, Widerspruch erheben:* du hasch nix ze r. Er hat reklamiert, awer es hat em doch nix genitzt *Fo.* Was hasch de wider ze r.? *was fehlt denn wieder? Ri.* — els. 2, 248; frz. réclamer.

rekommandiereⁿ tr. v. *allg.* 1. *empfehlen.* — 2. *versichern.* — frz. recommander.

Reljon [reljón *fast allg.*; relión *Ri. Hom. Rom. Ha.*; reljoun *D. Si.*] *f.* 1. *Religion, religiöses Gefühl:* jong Leit hun gor keng R. meih *junge Leute haben gar keine R. mehr Si.* Er hat soviel R. wie e Katz; die bed a nĭt, wenn se an de Disch geht *Ri.* Isch das dini R.? *hast du so wenig Gewissen (um das tun zu können)? ibid.* — 2. *Konfession:* was hett er fer e R.? — 3. *Katechismus Ri. Rom.*

Rell [rèl, Pl. -ə *Bi.* u. s.; rel *Ri. Rom. Hom.*] *f. Striemen, durch Hieb od. Schlag* *mit Rute oder Gerte verursacht.* Enem Relle haue. Er isch so verhaue word, dass er voll Relle isch. — els. 2, 251 Rill, Rell; hess. 327 Rille; hd. Rille *kleine Rinne, vertiefter Streifen, Spalte* Gr. Wtb. 8, 957; engl. rill *Furche.*

Remer [réəmər *Bo.*; réimər *D. Si.* — Pl. gleich] *m. Römer.* — els. 2, 257; lux. 357.

Remis [rəmís *fast allg.*] *f. Wagenschuppen.* — frz. remise.

Rand *Rind* s. Rend.

Rend I [rent *Si.*] *f. Runde.* — lux. 363 Rond.

Rend II [reṇt *fast allg.*; rint *Falk. Ri. Hom. Rom.*; raṇt *D. Si.* — Pl. rèn, rinər, renər; Demin. rentχən] *n. Rind. Wendung:* bluden eweï e Rand *stark bluten.* — Zss. R.-fläsch *Rindfleisch:* der wäs, ass zehn Pfund R. e besseri Supp gen, as zwei *Wb.* Rends-kopp *dummer Mensch.* R.-vieh.

Rene [rené *Ri. Hom. Rom.* u. s.] *männl. Vorname Renatus.* — frz. René.

Renett [rènèt *fast allg.*; rènètən-åpəl *Si.*] *f. saure Apfelart.* — els. 2, 263; frz. reinette.

reng [reṇ, rên *D. Si. Mw.*] adj. u. adv. *rein, im Sinne von fein, schlau:* e renge Patriner *ein schlauer Patron.* En hot en r. Nòs *eine feine Nase.* — lux. ebenso Ga. 371.

Renge *Regen.* s. Rän.

Rengel-dauw s. Ringeldub.

Rengglot [rèṇglot *fast allg.*; reṇlot *Si.* — Pl. -ən] *f. Königspflaume, große gelbgrüne Pflaumenart* (Prunus Claudiana). — els. 2, 271 Renklot; lux. 358 Rengglott; ss. Rängglott, Kisch vgl. Wtb. 180; frz. reine-claude.

renglich [rèṇliχ, rèṇleχ *D. Si.*] adj. *rein, reinlich. Das Substantiv dazu:* Renglechkät.

Renk s. Ring.

Renk-mauer [rèṇkmauər *D. Si.*] *f. Ringmauer. Urkundl.:* renckmauren St. R. A. 86.

rennen [rènən, gərènt *fast allg.*; rènən, gəranṭ *D. Si.*] 1. intr. *rennen, schnell laufen:* er rennt wie verrickt, wie e Narr, wie nit gescheït *Ri.* u. s. Do soll ich der awer gerennt sin! *Fo.* — 2. *stoßen, anrennen:* er isch immer am turre *(zerren)* un renne an dem Kind *Fo.*

Rent [rènt, Pl. -ən *allg.*] *f. Rente. Rda.:* er lebt van de Rend un van de Stèsz *(Wortspiel mit* Rant *Stoß) Ri.*

rentieren, sich refl. v. *allg. sich lohnen:* 's rentiert sich nit. — els. 2, 274.

Rentsch [rènts̆ *Ri. Hom. Rom. Fi. Si.*] *f.* 1. *Schaukel Fi. Ri.* u. s. — 2. *Strohu. Futterlager über der Scheunentenne Si.* — lux. 359 ebenso.

rentschen intr. v. *Fi. Ri. Hom. Rom.* u. s. *schaukeln.* — baier. 2, 127 rentschen, rentscheln.

reparieren [reparirən *fast allg.*; rebərîrə *Ri. Hom. Ha.*] tr. v. *ausbessern:* se han ihr Hus r. lasse. — frz. réparer.

Reppler Pl. *heißen die Bewohner von Sucht, weil sie Fremde gern foppen.* — vgl. baier. 2, 129 repplen *reiben* u. 2, 10 Robler *Raufheld.* s. a. Reidler.

Reproschen [rəpròs̆ən *fast allg.*; rebròšə *Ri. Hom. Ha. Rom.*] Pl. *Vorwürfe:* änem R. mache; R. bekomme. — els. 2, 279; frz. reproche.

Reps [rèps *fast allg.*; rèbs *Ri. Rom. Hom.*] *m. Reps* (Brassica napus). — Zss. R.-feld. R.-olich.

repsen [rèpsən *fast allg.*; rèrpsən *D.*] intr. v. *aufstoßen, rülpsen.* — lux. 259 rèpsen; els. 2, 280 räupse, ræpse; baier. 2, 132 rüpsen; ss. répsen Kr. 209.

Repsert [rèpsərt *D. Si.*] *m. Rülps, laut aufstoßende Magenblähung.* — lux. 209 ebenso; els. 2, 280 Räupser; Gr. Wtb. 8, 121 Repser.

Republik [rebublik *Ri.* u. s.] *f.* 1. *Republik.* — 2. *Unordnung:* in dem Hus isch R. — els. 2, 276.

Rerr [rèr *Ri. Hom. Rom.*] *f. Schnarre, Klapper, womit die Andächtigen in der Karwoche zur Kirche gerufen werden.* — els. 2, 281 Rër. s. d. folgende.

rerren [rèrə *Ri.* u. s.] intr. v. *(lautmalend) schnarren, klappern. An den drei letzten Tagen der Karwoche* rerre de Buwe. — els. 2, 281 rëre; baier. 2, 132 reren.

Res [rés *Si.*] Pl. *Abfälle; Abfall vom Getreide beim Einfahren.* — vgl. hess. 328 Be-rêst, Be-rîs u. mhd. rîsen *sinken, fallen.* s. a. Riss II.

resch [réš *D. u. s.*; réiš *Si.*] adj. *dürr, spröde, harsch; trocken, knapperig vom Brote:* rescher Bodem; r. Bro^{u}t. *Ein fast in allen deutschen Mundarten als* resch, rösch *vorkommendes Wort.* — hess. 324; els. 2, 293; baier. 2, 156; lux. 359; schles. rîsch,From. 2,237; ss. räsch Kr.107; kärntn. reach, From. 6,194; mhd. rosch, rösch.
Reschi [réži *Fa.*; reši *Ri. Hom. Rom. Ha.*] 1. *f. alte Sitte:* das isch noch van d'r alt R. *aus der alten Zeit.* — 2. *n. Zollamt.* — R. < frz. régime.
reschle^n [rešlə *Lix. u. s.*] tr. v. *im Fett rösten:* gereschelte Krumbire. — els. 2, 293 u. baier. 2, 157 rösche^n.
Rescho [rešo *fast allg.*] *m. offner Rost auf dem Herd, Kohlenbecken.* — els. 2, 293; frz. réchaud.
Reschpekt [rešpèkt *fast allg.*] *m.* 1. *Achtung, Ehrfurcht:* R. inflese *einflößen Ri.* Vor dem muss m'r R. han *allg.* R. defur! a) *billigend:* das lobe ich mir! b) *mißbilligend u. iron.:* da danke ich für! *Ri. Hom. Rom.* Mit R. ze melde *mildernde Entschuldigungsformel:* ich schiss dich voll, m. R. z. m. *mit Verlaub!* — 2. *Furcht:* de Kenner han kä R. vor der Rut. *Lix.*
reschpektiere^n *fast allg.* *schätzen, achten. Rda.:* i schiss d'r a de Bagge (*Backe*) u reschbekdier di doch *Ri.* — frz. respecter.
Rescht [rèšt, Pl. rèštər, rèšdə *allg.*] *m. Rest:* heit owet krin m'r de Reschter von heit Mitda *Fo.* Im Iwerrescht *im übrigen Ri.* — lux. 359 u. els. 2, 295 ebenso.
rescht [rèšt *allg.*] adj. *übrig:* das isch alles, was noch r. isch *Fo.* Rescht bleiwen *übrig bleiben D. Si.*
reschten I [réštən *fast allg.*; réištən *D. Si.*; róəštən *Bo.*] tr. v. *rösten:* Grumbire, Brot, Mehl r. — els. 2, 296 réšte; lux. 359 reïschtern.
reschten II [rèštə, Ptc. gərašt *Fo.* u. s.] intr. v. *rasten, ausruhen:* jetz gehn mer mol r. — mhd. resten *neben* rasten.
reschten III *rüsten.* s. rischte^n.
reschter [rèštər *Bo.*] adv. *erst, nicht mehr als:* es isçht r. vier Uhr. Reschter *ist durch Umstellung entstanden aus* erscht(er). — lux. eréscht *Ga.* 133.

Resel I [režəl *D. Si.*] *f. Kinderrassel.* — lux. 359 ebenso. s. reselen.
Resel II [réžəl *fast allg.*] *Koseuame Rosa.* — els. 2, 289 Resle.
reselen [režəl(ə)n *Bo. D. Si.*] tr. v. *rütteln, schütteln:* e Bâm r. — *Das Ptc.* gereselt *bedeutet:* 1. *geschüttelt;* 2. *durch Krankheit geschwächt:* en hot sech gereselt; en as gereselt. — lux. ebenso *Ga.* 373; baier. 2, 147 riseln; mhd. ritzeln. s. a. rissle^n.
resen [résə^n *fast allg.*] tr. v. *Flachs od. Hanf rößen, in Fäulnis bringen:* der Honf isch genung gerest *Lix.* — els. 2, 291 röse; baier. 2, 153 roessen; hess. 331 rószen; tirol. reasen, From. 6, 194.
resgiere^n s. riskiere^n.
Resil [režil *Ett.*; réžin *Fa.*; režin *Si.*] *n. Haarnetz für Frauen.* — els. 2, 285 ebenso; lux. 359 Resill; frz. résille.
Ressel [resəl, Pl. reslə *Ri. Hom. Rom. Ha.*] *n.* (eigentl. Demin. zu Roß) *hölzernes Pferdchen im Karussel:* uff d' Ressle gehn. — Zs. R.-spil *n. Karussel.*
ret *bereit.* s. reit.
reterieren [reterîrə *Fo.* u. s.] refl. v. *sich zurückziehen, flüchten:* er hat sich nit kenne r. — els. 2, 300; frz. retirer.
Retsch [retš *D. Si.*; rìtš *Ri. Hom. Rom. Ha.*] *f.* 1. *steiler Bergabhang, von dem leicht Geröll herunterrutscht.* baier. 2, 191 die Rutschen; hess. 335 Rutsche, Rötsche; mhd. rotsche, rütsche, rutsche. — 2. *kurze, schiefe Rutschbahn.* — 3. *Reise* (scherzh.). *Wenn jd. eine Reise unternimmt, wünscht man ihm* e glicklichi R.! (*oft mit dem Zusatz:* mit dem Arsch in de Dreck *Ri.*) — lux. 365 Rötsch; els. 2, 310 Rutsch: e glücklichi R.
retschen, retschich s. ritschen, ritschich.
Rettich [rètix *fast allg.*; rèdi, Pl. rèdiə *Ri. Hom. Rom.*] *m. Rettig.*
Rettjen *Ortsname* Rüttgen (Kr. Diedenhofen).
Retz [rets, Pl. -ən; Demin. retsχin *Si. Bo. Busd.*] *f. Ritze, Riß.* — ss. u. moselfr. Rätz, Retz, Kisch vgl. *Wtb.* 181.
retzen [retsən *Si. Bo. Busd.*] tr. v. *ritzen.*
Rewasch s. Rawasch.

Rewell [rewèl *Bi.*] *m. Lärm, Streit, Rauferei:* R. schlân. — els. 2, 311 Rawall. s. rebellen, *aus welchem Verbum* R. *abgeleitet ist.*
rewellen s. rebellen.
Rewen s. Rëb.
Rewerenzen [rewərèntsə *fast allg.*] Pl. *Achtungsbezeugungen:* R. mache. — frz. révérences.
Rewi s. Rebbi.
Rewolt s. Rawolt.
rewoldieren [rewoldírə *Ri. Hom. Rom. Ha. Sbg.*] intr. v. Rewolt *machen.*
Rhin [Rín *fast allg.*; rain, réïn *D. Si.*] *m. Rhein:* 's isch do nit in de R. g'fall *es kann doch nicht verloren sein. Ri.* Van iwer um R. sin *aus Altdeutschland herstammen ibid.* — Zs. R.-wind *Südostwind.*
Riban [rịban *Si.*] *f. das Band.* — lux. 360 Riband; frz. ruban.
Ribott [ribòt *D. Si.*] *f. Rausch, Saufgelage:* en as schon dreï Dè an der R. En R. mâchen *zechen, schwelgen.* — lux. 360; els. 2, 220; frz. ribotte.
rich [riχ *fast allg.*; ráiχ *D.*; réiχ *Si.*] adj. *reich. Wendung:* nit wisse, wie r. m'r isch; r. wie e Stänesel. Isch der awer r.! Jo, r. an Schulde *Ri. Spruch:* Basch de reich, da basch de m'r leïf, de wärscht e Spetzbouf oder en Deïf. *Bist du reich, dann bist du mir lieb, du wärst ein Spitzbub oder ein Dieb Si.* Richer Söuhund *reicher Geizhalz Ri.* — els. 2, 225 rich.
Richdum [riχdum *fast allg.*; riχtòm *Bo.*; raiχtòm *D.*; réiχtom *Si.*] *m. Reichtum:* mit dem sine R. isch's nit wit her *Fo.* — els. 2, 226 Richtum.
richeln [riχəln *Schm.*; rìχlə *Ri. Hom. Rom. Ha.*] intr. v. *röcheln.* — els. 2, 226 rüchle; mhd. rücheln, richeln *wiehern, röcheln.* s. a. From. 6, 196.
Richt [riχt *D.*; rít *Si.*] *f. gerade Haltung:* sech an der R. hâlen *sich aufrecht halten.* — lux. 360 ebenso; ndd. Richte, From. 6, 490.
richt [riχt *Fo.* u. s.; ríχt *Ett. Schm.*; rít *D. Si. Falk. Bo. Grt.*] adj. u. adv. 1. *gerade, aufrecht:* stell dich mol ganz r.! *Fo.* Riht weïn Beïs *gerade wie eine Binse Bo.* Hâl dich riht! *halte dich ge-*

rade! Si. — 2. *sofort:* ich kummen riht *Falk.* — 3. *gerade aus, in derselben Richtung:* ihr mussen immer r. gehn *Fo.* Riht su *gerade aus Falk.* Richt geniwer (riht eniwer) *gerade gegenüber.* Riht der durch *gerade durch*; r. eran *geradeweg*; r. erôf *gerad herunter*; r. erop *gerad herauf*; r. fort, r. virun *gerade aus D. Si.*
richten [riχtə *Fo.* u. s.; riχdə *Ri. Hom. Rom.*; rítən *Bo. Va. Falk. D. Si.*] tr. v. 1. *richten, aufrichten:* de Uhr r.; de Musfall r. — 2. *lenken, die Richtung geben:* de Wòn rihten *den Wagen lenken Si.* — 3. *bereit halten, rüsten:* ich rihten mich *halte mich bereit, gerüstet.* — 4. *einrichten, wieder in die richtige Lage bringen:* der Dokter hat m'r de n'Arm geriht *Ri.*
Richter [riχtər *fast allg.*; ríχtər *D.*] *m. wie hd. Richter.* — Zss. R.-sproch; R.-stull.
richtich [rìχdi(χ) *Ri. Hom. Ha. Rom.*; riχteχ *D.*; ríteχ *Si.*; rítiχ *Falk.*] adj. u. adv. *richtig:* 's isch alles r. D'Hochzitt r. mache *das Jawort geben Ri.* E Handel r. mache *einen Kauf abschließen (fast allg.).*
Richt-schit [rìštšlt *Lix.*; rìχlt, réiχit *Bi.*; rítšit *Bo.*; rítset *Si.*] *n. Latte (Lineal), womit die Maurer die Richtung einer Mauerkante prüfen.* — els. 2, 444 ebenso; baier. 2, 484 Richtscheit.
Richt-schnur [rítšnouər *Si.*] *f. Richtschnur.* — lux. 361 Richtschnouer.
Ricke [rìkə *fast allg.*; rìgə *Ri. Hom. Rom.*; rik *Falk.*; rek *D. Si.*] *m. Rücken:* er kann de R. nit krumm mache *er ist faul.* Deme soll m'r de Hals r. de R. drehn *Fo.* De Rigge schmere *durchprügeln Ri. Hom. Rom. Ha.* De R. verwene den Rücken wenden, sich entfernen *ibid.* Hinge n'um R. vam e n'andre ebbs dun *hinter jds. Rücken etwas vollführen ibid.* E stiffer R. han *sich nicht zu etwas hergeben ibid.* — Zss. Rek-halt; R.-seït; R.-strank *m. D. Si. Rückgrat.* baier. 2, 80 Rugkstrang.
ricken [rìkə, rìklə *fast allg.*; rìgə *Ri. Hom. Rom.*; reken *Bo. D. Si.*] tr. v. *rücken, von der Stelle bewegen:* den Disch r. Rickel e bischen uf de Sit!
Rick-fall [rìkfal *fast allg.*; rìgfal *Ri. Hom. Ha.*; rekfál *Si.*] *m. wie hd. Rückfall.*

rick-fällich [rĭkfĕlix̣ *fast allg.*; rĭgfĕli *Ri.*; rekfĕlex̣ *Bo. D. Si.*] adj. *rückfällig.*

rick-gängich [rĭkgæŋix̣ *fast allg.*; rĭgèŋgi *Ri.*; rekgæŋex̣ *Bo. D. Si.*] adj. *rückgängig.*

Rid [rit *fast allg.*] m. *Hund männl. Geschlechts, Rüde.* — baier. 2, 62 u. els. 2, 237 Rüd; lux. 361 Rĭtjen, Ritt.

riden [rídəⁿ *fast allg.*; ridə *Ri. Hom. Rom.*; raidən *D. Si.*; railən *Schw.* — Ptc. gərít, gərídən] intr. v. 1. *reiten:* um Perd r. *Scherzausdruck:* De berittene Schandarme därfe nimmeh uf de Strasse ride. Se werre uf de Pär ride *Lix. Den Kindern, wenn man sie auf dem Knie reiten läßt, wird gesungen:*

Hopple, hopple, hare!
So reile die Husare.
So reile de kläne Herrekinn
    (Herrenkinder),
Wenn se noch ganz winzich sin.
Wenn se greszer wäre,
So reile se auf de Päre;
Un wenn se greszer wachse,
So reile se nach Sachse.   *Schw.*

Ridde, ridde, Ross!
ze Zawre isch e Schloss;
's hugge vier Madame drin:
die eint, die spinnt Sid,
die ander spinnt Grid (!),
die ander spinnt Hawerstroh,
die ander macht's grad eso. *Ri.Ha.*

— 2. *begatten:* d'r Mummi (s. d.) hat d'Kuh geridd *Ri.*

Riderei [riderèi *Fi.*] f. *Karussel:* isch sin schon emol uf de R. gesess. — els. 2, 303 Ritterei.

ridereⁿ [rídərə *Pfb.*] intr. v. *zittern:* der hat awèr geridert, wie ers het rommle *(donnern)* hère. — els. 2, 235 ebenso; mhd. ridern *im Fieber zittern.*

ridich [rídix̣ *Falk.*] adj. *widerspenstig vom Pferde, das keinen Reiter duldet:* ein r. Pärd. — vgl. mhd. rîden *drehen, wenden.*

Ridleⁿ [rìdlə *Ri. Hom. Rom.* u. s.] m. *pl. quadratförmige Bildungen, Rauten in Tuch eingewoben; solche Stoffe sind geridelt* (s. d.) — vgl. baier. 2, 58 Ridel *Flechte;* kärntn. Ridl, From. 6, 195 *zu* ahd. rîdan, ags. vrîdhan *drehen, flechten.*

Rido [rìdo *allg.* — Pl. gleich] m. *Gardine, Vorhang:* neie R. ufmache. — lux. 361; frz. rideau. — Zss. R.-ringel. R.-stang.

Ried [rĭt *Pü.* u. s.] n. *Riedgras.* — els. 2, 235; Ried, Rieder.

Riejel s. Reiel.

Riemeⁿ [ríməⁿ *fast allg.*; réim *D. Si.* - Pl. rímə, réimən] m. 1. wie hd. *Riemen, bes. Lederriemen; Gürtel:* van anner Litts Leder isch gut R. schniden *Mü.* De R. zuschnalle. De R. a'messe *durchprügeln Ri.* — 2. *speckiger, ungebackener Rand des Brotes.* — Zss. R.-sabo *Holzschuhe, die mit breitem Riemen über der Wölbung des Fußes festgehalten werden.* R.-schuh *Riemenschuhe.*

riemich, reïmich adj. *fast allg.*; *nicht ausgebacken, wasserstreifig (vom Brot).* — lux. 361 rimmich.

riereⁿ [rírə *fast allg.*; réiərən *D. Si.*] tr. v. 1. wie hd. *rühren:* er riert ke Finger *Ri.* Er riert im Dreck erum.

Reimspruch:

Aldi, aldi Schwiermutter!
Koch mir Mus!
Rier mit dem Finger drin,
Un tapp mit dem Fuss!   *Mü.*

— 2. *die Ackererde um die Kulturpflanzen leicht behacken:* Grumbier r. De Wengert r. — 3. *den Acker zum zweitenmal pflügen. (Das erste Pflügen heißt* filgen, *das dritte* uffahren). — els. 2, 282; baier. 2, 135; lux. 353; hess. 334.

Ries I [rĭs *fast allg.*; ris *D. Si.* – Pl. rísen] m. *Riese.*

Ries II [rĭs *Ri. Rom. Hom.* u. s.] n. *Ries Papier.*

Rieschter [rĭštər *Fo. Fa. Pü. Lix.* u. s. - Pl. -ə] m. *Fleck Leder, womit zerrissenes Oberleder an Schuhen u. Stiefeln geflickt wird:* der Schuk isch verress, 's muss e R. druf *Lix.* — hess. 326 u. els. 2, 295 Riester; baier. 2, 161 Riŝter, ndd. rêster, From. 6, 366.

Rieschter II [rĭštər *Va. Ha.* u. s.] m. *Streichbrett am Pflug, das zur Bildung der Furche dient; Pflugsterz.* — els. 2, 296 ebenso; baie᷊ ? 161 u. hess. 326 Riester; lux. 359 Reĭschṭ.ɩ; ndd. rêster, From. 6, 366; mhd. riester.

rieschtereⁿ [rĭštərə *Pü. Lix.*] tr. v. *zerrissenes Oberleder am Schuhzeug flicken:* der Schuk muss gerieschtert werre. *Lix.* — els. 2, 296 ebenso.

Riesling [rĭslĭŋ *fast allg.;* réisleŋk *Si.*] *m. feine Traubensorte* (Vitis pusilla). *Der aus diesen Trauben gewonnene Wein heißt ebenfalls* R. — els. 2, 289.

Rif [rĭf *Bo. Fo. Falk.;* rĭfə *Lix. Pü. Ri. Hom. Rom. Ha.;* rèif *D. Si.*] *m. Reif (gefrorner Tau):* en fermer R. In de Riffe löwe *in die Ferne schauen Ri.* — els. 2, 239 Rife.

rifeⁿ [rĭfəⁿ *fast allg.;* réifən *D. Si.*] *unpers. v. reifen, gelinde frieren:* es rĭft, 's hat gerĭft. — els. 2, 239 ebenso.

Rigel [rĭgəl *Fo.;* regəl *Pü.;* rĭjəl *D. Si. Mtsh.*] *m. Riegel:* en R. an der Dir. Enem e R. var's Mul schiewe *jd. an etwas verhindern.* — els. 2, 243; s. a. Reiel u. Reitel.

Rigol [rigŏl *fast allg.*] *f. Straßenrinne, überdeckter Graben.* — els. 2, 243 ; frz. rigole.

riht s. richt.

Riht-hau [ridhau *Ri.;* -hàk *Hom. Ha.*] *f. breitere Hacke für leichteren Boden; das Eisen ist gerade gestreckt* (riht), *nicht gebogen.*

rihtich s. richtich.

Rijel s. Rigel.

Rilz [rils *Obh.* u. s.] *f. weinerliches Mädchen.* — vgl. Gr. Wtb. 8, 1478 Rülz *das Aufstoßen, Schluchzen.* — Zs. R.-dippe *n. Lix. weinerliches Kind, weinerl. Person,* s. d. folgende.

rilzen [rilsəⁿ *Lix. Obh.* u. s.] intr. v. *(spöttisch für) weinen, grölen.* — vgl. mhd. rülzen; baier. 2, 88 rülen ; hess. N. 234 rienzen *klagen, jammern.*

rim, rimer [rĭm, rĭmər *Falk.*] adv. *herum, herumher.*

Rind s. Rend.

Ring [rĭŋ *fast allg.;* rĭŋk *Falk.;* rĭŋ u. rĭŋk *Ri. Hom. Rom. Ha.;* reŋk *Bo. Si.;* raŋk *D.* — Pl. rĭŋə, reŋ, reŋkən; De.. n. rĭŋəl, riŋəlχə, reŋəlχən] *m.* 1. *Ring, bes. Fingerring. Wdg.:* ebber e R. durch d'Nas mache *jd. nach Belieben führen Ri.* — 2. *Kreis:* e R. mache. Er läft em R. *Beim Anblick eines in den Lüften kreisenden Hühnervogels rufen die Kinder:* Weïh, Weïh, Hihnerdieb! mach mir e Ring, mach dir e Ring! Morje griesch *(bekommst du)* e Hingel *Ri. Hom. Ha.*

ring [rĭŋ *Ri. Hom. Rom.* u. s.] adv. *leicht, mit geringer Mühe:* ebbs r. verdiene. 'S isch r. ze mache *unschwer zu machen.* — els. 2, 269 ring, reng; mhd. ringe, ring.

Ringel [rĭŋəl *Fo.* u. s.] *n. Öse zum Schließen der Kleider mit dem Häkchen:* es sin noch kä Hafte (s. d.) un Ringle am Rock. — vgl. Gr. Wtb. 8, 1018 Rinkel; baier. 2, 124 Rinken *Schnalle, Spange, Agraffe;* mhd. rinkel u. ringel.

Ringel-dub [-dub *fast allg.;* reŋəldauw *D. Si.*] *f. Ringeltaube.*

ringeli(ch) [rĭŋəli *Ri. Hom. Rom. Ha.*] *in der Zs.* r. erum *rundum, im Kreise herum.*

riniereⁿ [rinĭrə *Ri. Hom. Rom. Ha.*] tr. v. *zugrunde richten, ruinieren.*

rinneⁿ [rĭnə *fast allg.;* rænən *Bo. Vbg.;* renən, rønən *D. Si.* — Ptc. gərĭnt, gəronən] intr. v. *rinnen; leck, durchlässig sein:* der Kessel rĭnnt. 'S Fass ränt. — els. 2, 265.

Ripp [rĭp *fast allg.;* rep *Bo. D. Si. Pfb.* — Pl. rĭpə, rĭbə, repən, rebə] *f.* 1. *Rippe (im menschlichen u. tierischen Körper):* er geht sich uf de Rippe leje *geht schlafen.* Er hat sich zwei Rippe gebroch *Fo. Rda.:* de Rebbe de lange Weï hen krumm, *nach der Seite gebeugt gehen Pfb.* Dem ka mer d'Ribbe im Leïb zehle *so mager ist er Ri. Hom. Rom.* Em ens in d'Ribbe stosse *einen Rippenstoß versetzen ibid.* E Sturmwedder in de Ribbe han *ein nahendes Gewitter im Körper verspüren ibid.* — 2. *Rippe der Gemüseblätter, bes. Blattstengel der Runkelrüben, die gekocht u. mit scharfer Tunke genossen werden:* Ribbe koche, Ribbe esse *Ri. Ha. Rom.* — 3. Pl. *parallele Erhöhungen auf der Oberfläche gewebter Stoffe; solche Gewebe heißen* gerippt. — 4. *böses Frauenzimmer:* das isch e R.!; e bês R.; e wischt R. — Zss. Rippe-strank [-štraŋk *Fo. Merl.* u. s.; -štroŋk *Lix.*] *m. Rückgrat, Wirbelsäule. Rda.:* min Nabel geht bal bi dem R. frien *ich habe einen leeren Magen Lix.* Rippe-stoss. *Für Weib gebraucht man scherzh.* den Ausdruck **Adamsripp**.

rippleⁿ, sich [rĭplə *Fo.* u. s.] refl. v. *sich regen, sich bemerkbar machen, sich mucksen*: er halt sich ganz still un rippelt sich nit. — baier. 2, 9 u. hess. 327 ebenso; ndd. rüppeln, Gr. Wtb. 8, 1533.

Ris I [rĭs *fast allg.*; ráis *D. Si.*] *m. Reis (Nahrungsmittel).* — els. 2, 286 Ris. — Zs. R.-breï.

Ris II [rĭs *fast allg.*; réis *D. Si.* — Pl. riʒər, ríʒərə, raiʒər] *n. Reis, Reisig*: d'Hawer geht ins R. *der Halm schießt ins Reis Ri.* Hol en Arfel Riser! *Rda.*: durch de Riser gen *das Weite suchen Ro.* — els. 2, 286.

Ris III [ris *Ri. Hom. Rom. Ha.*] Pl. *Abfälle, bes. in der Zs.*: Dennris *Frucht u. Körner, welche beim Abladen in die Tenne niederfallen.* — els. 2, 287 Tënnriste, Tënnriset; baier. 2, 147 Tennris. s. a. Res u. riseⁿ.

Rischpel [rĭšbəl *Ri. Hom. Rom. Ha.*] *m. Regung, Bewegung, Tätigkeit*: im R. sin *in großer Aufregung sein.* — els. 2, 295 Rispel.

rischpleⁿ [rĭšblə *Ri.* u. s.] intr. v. *rauschen, sich regen*: es rischbelt in de Bläddre s. d. vorige.

rischteⁿ rĭštə *fast allg.*; rĭšdə *Sbg. Hom. Ri. Rom. Ha.*; reštən *D. Si.*] 1. tr. *rüsten, zurichten, zurecht machen*: e Has r.; das Esse r. Se sin dichtech (*tüchtig*) gerescht *sie sind schön gekleidet, aufgeputzt Si.* — 2. refl. *sich gefaßt halten, sich vorbereiten (zur Beichte, zum Tode).*

Rischter *Rüster* s. Rusche.

riseⁿ [ríʒən *Flh. Ri. Hom. Rom.* u. s.] 1. unpers. *fein regnen od. schneien*: es rist. — 2. *vereinzelt niederfallen, abfallen*: der Newel rist. 'S Obs rist. Der Driwel rist *wenn die kaum verblühten Traubenbeeren nach einander abfallen. Sprichw.*: Rängt's (*regnets*) am Bonifaz, so rist der Driwel bitz ins Fass *dann wird es einen schlechten Herbst Ri.* — els. 2, 286 ebenso; hess. 328 rîsen; baier 2, 142 reisen; ss. riseln, Kisch W. u. W. 126; mhd. rîsen.

riskiereⁿ [riskîrə *fast allg.*; riskéiərən *D. Si.*; resgîrə *Ri. Hom. Lix.*] tr. v. *wagen, aufs Spiel setzen*: 's Lewe r. Wer nix resgiert, der nix verliert. Hascht de Ongscht? de resgiersch den Arsch nit derbi *es wird dich nicht das Leben kosten Lix.* Sich r. *sich in Gefahr bringen Ri.* — els. 2, 292; lux. 361; frz. risquer.

risleⁿ *Ri. Hom. Rom.* dasselbe wie riseⁿ 1.

Riss [rĭs *fast allg.*; res *Lix. Bo. Mtsh.*; ras *D. Si.* — Pl. rĭs, res] *m.* u. *f. Riß, Ritze, Spalte, Schrunde*: er hat de Henn voll R. Lass de Dür e Ress uf! *Lix.* — els. 2, 288. — Zs. R.-deiwel *Fo.* u. s. *Kind, das viel an Kleidern u. Schuhen verreißt.*

risseⁿ [risən *fast allg.*; risè *Mtsh.*; raisən *D.*; réisən *Si.* — Ptc. gəris, gəres, gərəs] tr. v. 1. wie hd. *reißen, zerren, ziehen*: riss das Blatt durch! Er risst dran wie nit gescheit *allg.* Sich um ebbs r. *sich heftig um etwas streiten Ri.* u. s. Neischt ze reissen an neischt ze beissen *gar nichts zum Lebensunterhalt haben Si.* Änen erunner risse *ein Schläfchen machen Bi.* — 2. *Lügen erzählen, aufschneiden*: das isch geriss *gelogen Fo.* — 3. *spalten*: Holz reissen *D. Si.*

Risser [risər *Bi. Ri. Rom. Hom.* u. s.] *m.* 1. *Aufschneider, Lügner.* els. 2, 289 Schnitzrisser. — 2. *kurzes, krummes Messer; Werkzeug, womit der Förster die zu fällenden Bäume bezeichnet.* els. 2, 289 u. baier. 2, 245 ebenso. — 3. *kurze, dicke Kette, deren man sich als Bremse bedient, indem man sie um den unteren Teil eines gesperrten Rades wickelt.* — 4. *Riß, Spalte*: Rissere in der Mur *Ri.*

Rissius *m. Bi.* (*scherzh.*) *einer, der viel Kleider zerreißt.* s. risseⁿ.

rissleⁿ [rĭslə *Ri. Rom. Hom. Ha.*] tr. v. *rütteln, schütteln*: Geld, Knep r. *beim Spielen mit Geld, Knöpfen u. dgl.* — vgl. baier. 2, 148 riseln *sieben*; got. hrisjan = concutere; ags. hriscian = quatere, vibrare.

Rit [rit *D.*; réït *Si.*] *m.* 1. *gemeines Rohr, Schilfrohr.* — 2. *spanisches Rohr.* — lux. 362 Ritt; mhd. riet.

Rit-hack [rithàk *Ett.* u. s.; ridhau *Ri. Ha. Rom. Hom.*] *f. sehr starke Hacke zum Ausstocken von Wurzeln.* — Gr.Wtb. 8, 850 Reuthacke.

ritsche[n] [rìtšə *fast allg.*; rìdšə *Ri. Hom. Rom.*; retšən *D. Si.* — Ptc. gəritšt, gəretšt] intr. v. 1. *rutschen, ausrutschen, ausgleiten:* er isch geritscht un dehin geschla *Fo.* Er ritscht uf dem Bode erum. Dehäm erum r. *zu Hause hocken Ri.* — 2. *Klatsch treiben:* de ganze Da hat se geritscht *Vbg.* s. a. rätsche[n].

ritschich [rìtšix *fast allg.*; rìdši *Ri.*; retšex *D. Si.*] adj. *glatt, schlüpfrig (vom Boden).* — baier. 2, 192 u. els. 2, 310 rutschig; lux. 365 rötschech.

Rit-schit s. Richtschit.

ritt *in der Zs.* alleritt s. d.

Ritter I [ritər *fast allg.*; ridər *Pü. Ri. Hom. Rom. Ha.*; raidər *D. Si.*] *m. Sieb für Getreide, hölzerner Fruchtsieb.* Wdg.: durch de R. falle *durchfallen bei einer Prüfung.* — els. 2, 304 ebenso; baier. 2, 179 Reiter; eifl. Reder, From. 6, 17; mhd. rîter. — Zss. R.-mächer *m. fast allg. Siebmacher.* R.-ring *eiserner Ring um den Sieb. Man unterscheidet:* Frucht-, Gerschte-, Hawer-, Kleesome-, Weizeritter.

Ritter II [ritər *fast allg.*; raitər *D.*; réïtər *Si.*] *m. Reiter.* — els. 2, 303 ebenso.

Ritter-äms [ritərèms *Schw.* u. s.] *f. braune od. Waldameise* (Formica rubra). — els. 1, 36 Ritterems. s. Ämetz, Äms.

rittere[n] [ritərə, ritrə *fast allg.*; ridrə *Sbg.*; raidərən *D. Si.*] tr. v. *sieben, auf dem Getreidesieb reinigen.* — els. 2, 304 ebenso; lux. 355 reideren. — s. a. räde[n].

rittle[n] [rìtlə *fast allg.*; rìdlə *Ri. Hom. Rom.*; rudəln *Bo.*] tr. v. *rütteln, schütteln, untereinander mengen, umrühren:* de Bäm r.; Hawer un Stroh r. — els. 2, 307 rüttle, rittle; Gr. Wtb. 8, 1572.

ritzle[n] [rìdslə *Ri. Hom. Rom. Ha.*] tr. v. *Nachlese halten nach der Obsternte:* Nusse, Äbbel r. — els. 2, 312 u. schwäb. rezle, ritzle.

Riw [rìw *fast allg.*; réïw *Bo.*; rip *D. Si.*; rûb *Ri. Hom. Rom. Ha.*; réïp *Oberk.* — Pl. rîwə, réïwən, ribən, rûwə, réïbən, rîwè *Mtsh.*] *f. Rübe, weiße Rübe.* Suri Riwe *eingemachte R.* Sisse R. *vor dem Einmachen gekochte R.* Gäl Riwe *Mohrrüben:* de gäle Riwe soll mer säe, wonn der Kalenner Fisch wist *Lix.* — els. 2, 220 Rueb; lux. Rib Ga. 375. — Zs. Riweschisser *Spottname der Bewohner von Morsbach (Kr. Forbach), weil hier viel Rüben gepflanzt werden.* s. a. Rubeln.

riwe[n] [rîwə *fast allg.*; rîwè *Mtsh.*; raiwən *D. Si.* — *Flexion:* rîwə, rîbšt, rîbt; rîwə. Ptc.: gərîb(t), gərîw, gərîwən. Imp.: rîb, rîwə] tr. v. *reiben, die Wäsche auslaugen, den Hanf mürbe reiben:* Pat un Got *(Taufpaten)* werre geriw, fa dass se rode Backe grin *Lix.* De Honf muss m'r riwe. *Ist große Wäsche, dann werden zum* Riwe *alle befreundeten Frauenzimmer zusammengeholt. Rda.:* ebber ebbs hinger d'Nas r. *scharfe Vorhaltungen machen.* — els. 2, 218 rìbe, riwe; lux. 356 reiwen.

riwer [rîwər, *abgekürzt* ri *Mtsh.*; (ə)rîwər *Bo. Fo.*] adv. *herüber, vorüber, vorbei:* kumm riwer, eriwer! D'es go[u]t eriwer *es ist gut abgelaufen Bo.* For zwei Su riwer un for zwei Su niwer *heißt es von einem Betrunkenen, der von einer Seite der Straße auf die andere taumelt.* Eriwer un eniwer *herüber u. hinüber Ri.* — lux. eriwer Ga. 133.

Rizen-öl [rìtsənél *Fo.* u. s.] *n. Rizinusöl. Scherzh. auch* Rhinocerosöl.

Rob [rób *D. Si.*] *f. Frauenkleid.* — lux. 361 ebenso; frz. robe.

Roband [róbant *Grt.*; ròbąt *Neufvill.*] *m.? Bluse der Männer. Zu* frz. robe?

Robär [robèr *fast allg.*] *männl. Vorname* Robert.

Rock I [rok *fast allg.*; rak *D. Si.* — Pl. rek, rèk; Demin. rekχə, rekəlχə, rekəl, regəl, rèkəljən] *m. 1. Rock im allg., Männer- und Frauenrock:* mi R. isch verriss. *Rda.:* hasch de der do wille e rode Reckel verdiene? *fragt man verächtlich den Angeber u. Verleumder Lix.* — 2. *Frack. D. Si.* — els. 2, 248 Rock, e rot's Röckel.

Rock II [ròk, Pl. gleich *Rü. lux. Grenze*] *m. die Strecke Weges, die bestimmte Feldarbeit d. h. soviel bei einem "Ausrücken" aufs Feld an Pflügen, Säen, Schneiden u. dgl. getan werden kann u. zwar von morgens bis mittags u. von mittags bis abends:*

jiden Dach zweï Rock machen. An engem R. *in einem Ruck, ohne Unterbrechung.* — lux. 362 ebenso; henneberg. Rûc, From. 2, 76. 3, 17; vgl. baier. 2, 45 Rick, Rück; hess. 326 Gerick.
rodel-dich [ródəldiχ *Falk.*] adj. u. adv. *rötlich, ins Rote scheinend:* e r. Appel. — vgl. mhd. rôdellëchtic *neben* rœtelëhtic.
roden [ródən *allg.*, Ptc. gərót] tr. v. *raten:* rod emol, wer do gewän isch *Fo.*
Roff [ròf, Pl. ref *D. Si. Rü.*] *m. Schorf auf einer zugeheilten Wunde.* — lux. Roff Ga. 378; els. 2, 239 Ruf; baier. 2, 67 Rufen, Ruf(t); hess. 330 Rop; mhd. ruf.
Roggen [rogə *Ri. Hom. Rom. Ha.*] *m. Roggen.* — Zss. R.-brod. R.-feld. R.-mehl. R.-stick. R.-stroh.
Rogil [ròɡil *Fi. Ri. Rom. Hom.* u. s.] *f. Hohlmaß, ein achtel Liter enthaltend.* — vgl. baier. 2, 76 Rogel *hohler Zylinder;* kärntn. Rogel *Horn ibid.*
roh [ró *fast allg.*; róiw *Av.*; ruiw *Falk.*; rëï *D. Si.* — Kompar. râwər *Falk.*] adj. *roh, ungekocht:* r. Fläsch a) *rohes,* b) *wundes, blutiges Fleisch.* Ruiw Eier *rohe Eier.*
Roïch *Rauch.* s. Rach.
roinen s. reinen.
Roiwen *Reue.* s. Rau.
Rokes [rokəs, roukəs *D. Si.*; roɡəs *Ri. Hom. Rom. Ha.*] *Name des Kalenderheiligen Rochus.* — Zs. R.-dâch *St. Rochusfest (16. Aug.)* — lux. 362 Rouᵘkes.
Roll [ròl, Pl. -ən *allg.*] *f. Rolle, Walze:* e R. Babier; e R. Geld. s. a. Rolz.
rollen [ròlən *allg.*] tr. u. intr. 1. *rollen, in kugelnde Bewegung setzen:* e Stän r. 'S Geld isch rund, 's rollt. — 2. *brünstig sein von der Katze, übertr. auch von Menschen.* — els. 2, 251: baier. 2, 87; hess. 330.
Roller [ròlər *fast allg.*] *m.* 1. *Kater:* schlofe wie e R.; mawer *(mager)* wie e R. — 2. *geiler, unsittlicher Mensch. Das Femin. dazu lautet* Rollersche *Pfb. Ri.* — 3. *Kinderspielzeug: Pfeifchen bestehend aus einer Röhre, in welcher eine Erbse beim Hineinblasen in rollende Bewegung gesetzt wird Ri. Rom. Hom.* — els. 2, 252; baier. 2, 87.
Roll-mitsch [ròlmitš *Bo. Falk.* u. s.; rùlmitš *Marient.*] ruliùŋ *Ri.* u. s. *f. ein*

in Brotteig eingebackener Apfel. s. a. Äppelmitsch.
Rölpes [rølpəs *Si.*] *m. grober Mensch, Lümmel.* — lux. 362 ebenso; baier. 2,88 Rülp, Rülpes; hess Rölps. *Schmeller vermutet darunter einen verhunzten Eigennamen.*
Rolz I [ròls, Pl. -ə *Fo. Pü. Lix.* u. s.] *f.* 1. *Strieme, herrührend von Stock- oder Peitschenhieben.* — 2. *Fettrunzel am Körper.* — vgl. das folgende.
Rolz II [ròls, Pl. -ə *Ett. Mett. Mü. Ri. Hom. Rom.* u. s.] *f. Ackerwalze.* — els. 2, 254; baier. 2, 87.
rolzen [ròltsən *fast allg.*] v 1. *die Äcker walzen:* wann's nass isch, kammer nit gut r. — 2. *mit Peitschen- oder Rutenhieben bearbeiten:* isch das Pärd awer gerolzt! *Lix.* — 3. *sich balgen, sich wälzen:* kuck, wie deï Kanner rolzen! *D. Si.* — els. 2, 253: lux. 363; baier. 2, 87: hess. N. 236.
Rommel s. Rummel.
rommlen *donnern* s. rummlen.
Romp s. Rump.
Rompel, rompeln s. Rumpel, rumplen.
Rompel-kummer s. Rumpelkammer.
rompen [ròmpən *D. Si.*] intr. v. *buttern.* — lux. ebenso Ga. 380; eifl. rummeln, From. 6, 18; vgl. mhd. u. nhd. rumpeln *schütteln (weil die Butter durch Schütteln u. Rütteln von der Milch geschieden wird)* Gr. Wtb. 8, 1489.
Romp-fass [-fás *D. Si.*] *n. Butterfaß.* — lux. 363. s. d. vorige.
romplich s. rumpeldich.
rond s. rund.
Rondel [ròndəl *Bo. D. Si.*; rondèl *Pü.* — Pl. rondəln, rondèlə] *f.* 1. *kreisrunde Scheibe:* e R. Wurscht. — 2. *(nur im Pl.) Knüppelholz Pü.* — lux. 363 ebenso; vgl. els. 2, 266 Rundell 2; baier. 2, 119 Rundell, Rondell; frz. rondelle. s. a. Rundel u. Runnel.
rond - erem [rondərem *D. Si.*; rònzərems *Bo.*; runsrim *Falk.*] 1. präpos. m. acc. *rund herum:* r. de Gart. — 2. adv. *ringsherum:* r. stehn Bäm *Bo.* — lux. 363 ebenso.
ronnelzich [rònəltseχ *D. Si.*] adj. *rundlich:* eng r. Furm *eine rundliche Form.* — lux. 364 ebenso.

rönnen [rønən *D. Si.*] 1. tr. *rund machen:* e Brêt r. *ein Brett runden.* — 2. intr. *rinnen, leck sein.* s. rinne^n.

Ronsch [rónš *Pü.*; rónšəl *Av.*] *f. Schaukel, Schaukelstange, Schaukelbrett:* m'r han e R. im Garde. — els. 2, 273 Ronsch, Rünsch. s. a. Krontsch u. Klunsch.

ronsche^n, **ronscheln** *Pü. Av. schaukeln.* — els. 2, 273 ronsche, rünsche; baier. 2, 127 rentschen.

ronserems s. ronderem.

Ronzel s. Runzel.

roppe^n [ropə^n *fast allg.*; robə *Pfb. Ri. Hom. Rom. Ha.* — *Flexion:* ropə, repšt, rept; Ptc. gəropt] 1. tr. *reißen, rupfen, auseinanderziehen:* an de Hor r.; d' Ohre r., e Huhn r.; d'Zehn robbe *Zähne ausziehen Ri.* M'r gehn de Honf r. *Lix.* Es robbt m'r awer in de Zehn, in der Wund es zuckt vor Schmerz *Ri. Hom. Rom.* — 2. (*bildl.*) *jemand beim Spiel od. bei einem Handel übervorteilen:* ich ben geroppt word *Bo.* — 3. refl. *raufen:* se roppen sich wie de Honn *Ersd.* — els. 2, 278 rupfe, ropfe, rope: hess. 334 roppen.

Roppert, Pl. -ən *m. Bo. Raufer. Spottname der Einwohner von Hargarten (Kr. Bolchen).* s. roppen.

Ropp-salat *m. Fo.* u. s. *Pflücksalat.* s. roppen.

roppsich [ròpsix *Bo.*] adj. u. adv. *ruppig, zerzaust:* wie siehscht de so r. us! E roppsicher Hond. — els. 2, 279 rupfig.

Ros I [rós *fast allg.*; róus *Bo. D. Si.*: Pl. -e^n; Demin. résxə, réisxən] *f.* 1. *Rose:* er bliht wie e R. — 2. *Rotlauf, Gesichtsrose* (erysipelas faciei).

Ros II [rós (róʒəl, reʒəl, róʒali, róʒaligəl] *weibl. Vorname Rosa.* — els. 2,289.

Ros III [rós *fast allg.*] *f. Wabe.* — els. 2, 290; baier. 2, 149; hess. 330 Rôsze; mhd. râʒ, râʒe.

Roscht I *Rost am Eisen.* s. Ruscht.

Roscht II [róšt *fast allg.*; róəšt *Bo.*; roušt, róšt *D. Si.* - Pl. réəšt *Bo.*] *m. Rost auf dem Herd, Feuerrost:* uf dem R. brode. — els. 2, 296; baier. 2, 162; mhd. rôst.

roschte^n [ròštən *Bo.* u. s.; ròšdə *Ri. Hom. Rom.*; ràštən *D. Si.*] intr. v. 1. *rosten (vom Eisen).* — 2. *schimpfen (mit Anlehnung an* rasen): er es geroscht gen *Bo.*

roschtich s. ruschtich.

Rose-kranz [roʒəkrants *fast allg.*; róuʒəkrànts *D.Si.*] *m.* 1. *Rosenkranz:* de R. bäde. — 2. *Abendandacht der Katholiken:* m'r gehn in de R. — els. 1, 521.

rosen I s. rase^n.

rosen II [ròʒən *D. Si. Busd.*; róʒix *Ersd.*] adj. *rasend, sehr zornig:* e rosenen Hond. Mach mech net r.! Rosich werren *rasend werden.* Et get meïh Ketten as rosen Honn *es gibt mehr Ketten als rasende Hunde D. Si.* R. an des Deiwels *rasend u. des Teufels Si.* De rosene Wurm *Fingernagelgeschwür.* — lux. rôsen *Ga.* 381; baier. 2, 137 râsend, rosig; els. 2, 283 rasig.

Roserei [róʒərai *D. Si.*] *f. Raserei:* an enger R. *in einer R.*

rose-rot [roʒərót *fast allg.*; rouʒərout *D. Si.*] adj. *rosafarben.*

Rosin [rosin *Ri.* u. s.] *weibl. Vorname Rosine.*

Rosmerei [rósmərei *Lix.* u. s.] *m. Rosmarin. Bei festlichen Gelegenheiten wird ein Rosmarinzweig von den Mädchen getragen* Lerond IV, 31. *Ähnlich in Bayern bei Hochzeiten* baier. 2, 153.

Ross [ros *Pfb. Hw. Ri. Hom. Rom.*] *n.* u. *m. Pferd, bes. in Kraftausdrücken u. Vergleichungen:* schaffe, ziehe wie e R. *Rda.:* mach doch kän R. lache! *sagt man zu einem Aufschneider.* — Zss. R.-bobe *Mistkäfer.* R.-bolle *Pferdemist.* R.-bur *Bauer, der mit Pferden fährt (Gegensatz zu* Kihbur). R.-dokter *Tierarzt.* R.-dischel *Ri. große Distel an den Wegen u. in den Feldern.* R.-hor *Pferdehaar.* R.-ise *Pfb. Hufeisen.* R.-stall *Pferdestall.*

Rossel [ròsəl *fast allg.*] *f. Rappelkasten, rasselndes Spielzeug für Kinder. In der Karwoche ziehen die Kläpperbuwe herum u. rufen mit ihrem Holzklöppel* (Kläpper) *oder der Rossel zum Gottesdienst.* — vgl. 2, 284 Rossele.

Rossel-dole *m. Ri.* u. s. *Abzugskanal aus Feldsteinen.* s. Dole; vgl. els. 2, 284 Rossel *Steingeröll* u. rosseln, rasseln.

Rot [rôt, Pl. rét *fast allg.*] *m. Rat:* er hat em e gude R. gin *Fo.* De bescht Rêt kommen hannen noh *die besten Ratschläge kommen hinten nach Si.* Kä' R. meïh wessen *nicht mehr wissen, was zu tun ist D. Si.* — Zs. R.-haus s. d.

rot [rót *fast allg.;* róut *D. Si. Steigerung* ródər] adj. u. adv. *rot. Die rote Haarfarbe ist allg. Gegenstand des Spottes u. der Schelte:* du roder Bêsebenner! roder Fitzegunges! roder Spitzbu! *Von Liebedienern heißt es:* sich e rod Reckel verdiene. Rode Hose *französ. Soldat.* — *Bauernregel gezogen aus der Farbe des Himmels am Abend:* Owents roᵘt, morjes goᵘt — owents gël, morjes scheel *Si.* — Zs. r.-backich *mit roten Backen.*

rot-acheldich [roətaχəldiχ *Bo.*] adj. *rötlich, ins Rote scheinend.* s.-acheldich.

Rot-brischtcheⁿ [-brĭštχə *Lix.* u. s.; -brĭštl *Bo.;* -brišdəl *Ri.;* -breštl *Pfb.*] *n. Rotkehlchen; Buchfink. Sage:* 'S Rotbrischtche hat unserm Herrgott, wie er am Kritz gehunk hat, wille de Nägel erus siehe mit siner Schnawel; davon hat's des rot Brischtche grit *Lix. Aberglaube: Wenn in Mollkirch (Kr. Bolchen) ein Buchfink nistet, so gibt die Kuh rote Milch.* — els. 2, 200 Rotbrüstle.

Rot-fleisch [rótfléiš *Kr.*] *n. Muskelfleisch.*

Rot-hisle Pl. *Rothäuser, Ort bei Pfalzburg.*

Rot-holz [routholts *Si.*] *n. rotes Herzholz der Eiche.* — lux. 365 ebenso.

Rot-hus [rôthus *Fo.* u. s.; róthaus *D. Si.*] *n. Rathaus:* op d'R. mat äm gon mit jd. aufs R. gehen *d. h. einen Prozeß beginnen Si.*

Rot-laf [-lâf *D. Si.*] *m. rote Ruhr.* — lux. 365. s. a. Rotschin.

Rot-rahne [rótránə *Fa. Ri. Hom. Rom.* u. s.] *f. rote Runkelrübe* (beta vulgaris). — els. 2, 262 Rane, Rotran; baier. 2, 103 Rannen; Gr. Wtb. 8, 71 Rahne 2.

Rot-röckel-verdiener *m. Fi. Liebediener, Schmeichler, Verleumder.* — vgl. els. 2, 249 e rot's Reckel verdiene.

Rot-schin [rótšin *fast allg.;* ràtšin *Va.;* rótlof *Hd.;* routlâf *D. Si.*] *m. u. f.* 1. *leichtere Erkältung mit Fieber.* — 2.

Rotlauf an einer Wunde. — 3. *Entzündung der Augen.* — 4. *Zahnschmerzen, die von Erkältung herrühren Bi.* — els. 2, 418 Rotschön, Rotschin; pfälz. Rôtschîn.

Rot-schuel [routšuəl *Si.*] *f.* (eigentl. *Rotschale) überwachsene, früher beschädigte Stelle an einem Baumstamm.*

Rot-schwänzcheⁿ [-šwèntsχə *fast allg.;* rout- *D. Si.*] *n. Rotschwänzchen, Hausrötling* (Ruticilla), *bekannter Vogel.*

rotsem [rôtsəm *D. Si.;* ródsàm *Ri. Hom. Rom.*] adj. *ratsam.* — lux. 365 u. ss. ebenso, Kisch vgl. Wtb. 187.

rottereⁿ [ròtərə *Klein-Rosseln*] intr. v. *rutschen. Der Ausdruck ist sonst nicht belegt.*

Rotz, rotzich s. Rutz, rutzich.

Rovelör [ròfəlôr *Pfb.*] *n. Knabenspiel: Räuber u. Gendarm. Das Spiel dauert so lange, bis der Räuberhauptmann gefangen ist.* R. < frz. au voleur.

Rubart [rúbart *Sgd.;* rubàrb *Ri. Hom. Rom. Ha.*] n. u. *m. Rhabarber:* bitter wie R. — els. 2, 216 Ruba(r)t.

rubbelen [rùbəl(ə)n *Bo. D. Si.;* rùwlè *Mtsh.*] intr. v. 1. *(lautmalend) dröhnen, rollen, Geräusch machen:* an der Dir r. Et rubbelt mer am Leiw *es kollert mir im Magen.* — 2. *hastig, übereilt arbeiten; schlechte Arbeit machen.* — lux. 366 ebenso; vgl. mhd. rumpeln.

Rubbeler *m.* 1. *unbesonnen sich übereilende Person.* — 2. *nachlässiger Arbeiter. Das Femin. lautet* Rubbelesch. s. d. vorige.

rubbelich adj. *D. Si. unordentlich, übereilt handelnd.* — lux. 366. s. rubbelen.

Rubeln [rúbəln *Grt. Rein.* u. s.] Pl. *weiße Rüben.* s. a. Riw.

rubeldich [rùbəldiχ *Bo.*] adj. *hügelig, uneben:* e rubeldiche Wë. — els. 2, 220 rublig; vgl. lux. rublech Ga. 382.

Rubrick, Pl. -ən *f. Bo. arglistiger Gedanke:* er hat numme Rubricken im Kopp.

ruch [rùχ *Flh. Ri. Hom. Rom. Ha.* u. s.] adj. *rauh, uneben:* e ruchi Stimm, e ruchi Luft, e rucher Wind. *Rda.:* Es werd ihm noch manch rucher Wind iber d'Nas gehn *es wird ihm noch schlecht ergehen.* — els. 2, 226 ebenso; mhd. rûch.

Rude [rúdə *Ri. Hom. Rom. Ha.*] *m. kalter Regenschauer.* — els. 2, 236 Rud 3. — Zs. Abrile-rude *kalter Aprilregen.*

rudd(e)leⁿ [rud(ə)lə̄ⁿ *Fa. Falk. Va. Kr. Bo.* u. s.] tr. v. 1. *stochern* s. grudleⁿ. — 2. *rütteln, schütteln, auf- und umrühren:* der hot im Horesselsnischt geruddelt *in ein Wespennest gestochen (bildl.) Va.*

Ruddel-ise *n. Fa.* u. s. *Stochereisen, Schürhaken.* s. a. Grudelhoke.

Rudel [rûdəl *fast allg.*] *n. Haufe, Anzahl, Rudel:* e R. Wildsöwe *ein R. Wildschweine Ri.*

Ruder [rûdər *fast allg.*; roudər *D. Si.*] *n.* wie hd. *Ruder:* bisch a schun am R.? *an der Arbeit.* — els. 2, 237 Rueder. — Zss. R.-bänk. R.-stang.

Rueht [rúət, rúat *Si. Nj. Rü.*] *m. Runken, angeschnittener Laib Brot. Reimspruch:*
Gude Nueht, spur de Rueht;
Back Kuch, dann huschde genuch
gute Nacht, spar das Brot, backe Kuchen, dann hast du genug Nj. — lux. 366 Ruecht (*zu* mhd. recken, racte, geraht *emporragen?*).

Ruf [rouf *D. Si.*] *m.* 1. *Ruf.* — 2. *Ansehen:* en hot kä gudde R.

ruf [rùf (rùfər) *fast allg.*; ərǫp *D. Si.*] adv. *hinauf, herauf:* kumm ruffer! *Fo.* — els. 1, 19.

rufeⁿ [rûfə *fast allg.*; roufən *D. Si.*; røfə *Pfb.* — *Flexion:* rûfə (roufən, røfə), rîfšt (rûfš) rift (rûft); Ptc. gərûft, gərouft, gərøfə] tr. v. *rufen:* ich han ne geruft, awer er hat nit gehért *Fo.*

Ruffel [rufəl *Ri.* u. s.] *m. Wintermantel.* — vgl. engl. to ruffle *flattern.*

Rugel [rûgəl, Pl. rûglə. Demin. rûgəlχə *Fa. Ri.*; ruwəl *Ri.*] *f.* 1. *Schnellkügelchen, Spielkugel.* — 2. *runder Körper, der sich fortrollen läßt.* — els. 2, 244; baier. 2, 49 ebenso. s. d. folgende.

rugleⁿ [rûglə *Bi. Fa.*; ruwlə *Ri. Hom. Rom.*] tr. u. intr. *rollen, kugeln; rollend fortbewegen:* er is im de Grabe gerugelt. — els. 2, 244 rug(e)le; baier. 2, 49 rückeln *Schnellkügelchen auf dem Boden schnellen;* Gr. Wtb. 8, 1411 rügeln 2 *in Bewegung setzen.*

Ruh [rû *fast allg.*; róu *D. Si.*] *f. Ruhe:* er het kä R. un kä Rascht *Fo.* Loss m'r doch mi R.! Hescht de kä R.? *bist du bald ruhig?* allg. Kä R. im Arsch han nicht ruhig sitzen können *Ri.* — Zss. R.-bank: Missichgang isch em Deïwel sini R. *Ri.* R.-dach *Ruhetag.*

ruhich [rùiχ *fast allg.*; róiχ, róuiχ *Bo. D. Si.*; rîwi *Ri.*] adj. u. adv. *ruhig:* bin r., blibt r., ir Kinner! E ruhicher Bu *ein stiller Bursche.* Gell, de bliesch riwi *sagt die Mutter zum unruhigen Kinde Ri.*

ruhn [rûn *fast allg.*; róun *Bo. D. Si.*; rœwə *Ri. Hom. Rom.* — Ptc. gərût, gəróut] intr. v. 1. *ruhen, ausruhen:* m'r kann nit immer schaffe, mer mus a mol r. *Fo.* — 2. *unterlassen, aufhören:* der Bu kann nit r. mit Stänwerfe. Ruh jetz, 's isch grad genunk!

rukelzich [rùkəltsiχ *Rü. Mw.*; roukəltseχ *Si.*] adj. *abscheulich, ekelig, unordentlich:* e rukelzich Mensch *eine abscheuliche Dirne.* — lux. 366 ebenso; westphäl. rókels; hess. N. 239 ruckelisch, ruckelig. ss. rachelz, Kisch vgl. Wtb. 273; vgl. hd. *ruchlos.*

Rukelzechkät *f. Si.* u. s.; *derbes, unstatthaftes Wesen; Grobheit.* — lux. 366. s. d. vorige.

Rukles [rúkles *Metzeresch.* lux. *Grenze*] *m. in der Zs.* zent (sankt) R. Schmutzfink. R. < mhd. rûch *struppig, rauh u.* Kles *Abkürzung von* Klaus? — lux. 366 Ruckels; vgl. els. Ruckele *grober Bauer* From. 3, 483.

ruliereⁿ [rùlîrə *fast allg.*; rolîrə *Ri. Hom. Rom.*; rùléiərən *D. Si.*] intr. v. 1. *im Umlauf sein:* 's Geld ruliert. — 2. *herunstreifen:* wo bischt wieder geruliert? — els. 2, 253; lux. 367; frz. rouler.

Rull(e)ma [rùlmà *Fa.*] *m. Trommelwirbel.* — els. 2, 253 Rulemang; frz. roulement.

Rullie-waweⁿ [rulïəwawə *Ri.* u. s.] *m. Frachtfuhrwagen.* — frz. roulier.

Rulo [rùló *D. Si.*] *m. Rolle:* e R. Goldsteker. — lux. 367; frz. rouleau.

Rum I [rùm *fast allg.*; raum *D. Si.*] *m. Raum.*

Rum II [rùm *Fa. Merl.* u. s.] *m. Schutt, Unrat; Erde vermengt mit Steinen beim Abbruch eines Gebäudes:* R. isch guder Mischt. — els. 2, 257 ebenso; baier. 2, 91 Raum, Abraum; vgl. hd. *räumen, wegräumen.*

rum [rùm, ərùm *fast allg.*; rem, ərem *D. Si.*; rìm *Falk.*] adv. *herum:* sich (e)rum drähn *Fo.* Runs rim *rings herum Falk.*

Rum-bengel *m. Falk. Va.* u. s. *Holzknüppel, Rundholz.* R. < Rundbengel.

rumeⁿ [rumə *fast allg.*; rùmè *Mtsh.*; raumən *D. Si.*] tr. v. *räumen, aufräumen, säubern, aus dem Wege schaffen:* de Stub, de Stall r. — els. 2, 257.

Rumer-stick [rùmərštìg *Ri. Rom.*; -štek *Ltf.*] *n. Stück Brot um den Laib hinten herum, um den äußern Rand geschnitten.* — els. 2, 588 Rum-, Rumerstick.

Rummel I [rùməl, Pl. -ə; *fast allg.* roməl, Pl.-ən *D.Si.*] *f.* 1. *Runkelrübe, Futterrübe.* — 2. *Art Mühle, um die R. zu zerkleinern Bi.* — els. 2, 258 Rummel; lux. 363 Rommel; hess. N. 224 Rommel; baier. (pfälz.) 2, 98 Rummelrübe, Rumelze. s. a. Gr. Wtb. 8, 1483. — Zss. R.-maschin *Bi.* dasselbe wie Rummel 2. R.-sôm *R.-samen.* R.-stick *R.-feld.* Synon. Dorlips u. Dickribe.

Rummel II [rùmel *fast allg.*; ròmel *D. Si.*] *m.* 1. *Rummel, Lärm, Unruhe.* lux. 363 Rommel. — 2. *Rummel im Piquet-Spiel, Sequenz;* wer die meisten gleichartigen Kartenblätter besitzt macht R. — els. 2, 258 Rummel II.

rummleⁿ **I** tr. v. *Bi.* die Runkelrüben zerkleinern (am gewöhnlichsten mit der Rummelmaschin).

rummleⁿ **II** [rùmlə, romlə *Pfb.* u. s.] unpers. v. *donnern:* 's rummelt. Der hett awer geridert (*gezittert*), wie er's hett r. here. *Wetterregel:* Wenns rummelt in de hohle Wald, wurds noch sechs Wuche kalt. — els. 2, 258 ebenso.

Rummel-wedder *n. Pfb. Donnerwetter.*

rumoreⁿ [rùmôrə *fast allg.*; ràmórən, ràmouərən *D. Si.*] intr. v. *lärmen, toben, schreien:* er hat de ganze Da gerumort *Ri.* — els. 2, 258 rumore; lux. 349 ramoᵘren; vgl. frz. rumeur u. remuer.

Rump [rùmp *fast allg.*; ròmp *Bo. D. Si.*] *m. Rumpf in der Zs.:* Rump e Stump *Lix. Kr.*, Romp a Stomp *D. Si.*, Rùmb e die Stumb *Ri.*, met Romp on Stomp *Bo.* mit *Rumpf u. Stumpf, mit Stumpf u. Stiel, gänzlich:* er hot alles rump e stump uïgess. De gonse Ponnkuche hat er gess rump e stump *Lix.* — els. 2, 260; lux. 363.

Rumpel I [rùmpəl *fast allg.*; ròmpəl *D. Si. Bo.*] *f. falsche Falte in Kleidern, Runzel im Gesicht:* en hot Gesiht voll Rompelen *Si.* Dat Kläd hot eng Rompel am Bockəl *D.* — els. 2, 260 Rumpfel; lux. 363 Rompel; hess. N. 239 Rumpel; vgl. mhd. rumpf *gebogen, gekrümmt* u. rimpfen *in Falten ziehen.*

Rumpel II [rùmpəl *fast allg.*; rùmbəl *Ri. Hom. Rom. Ha. Pfb.*; rompəl *D. Si.*] in den Zss.: R.-kammer (Rompelkummer *D. Si.*) *Kammer mit überflüssigem Hausrat oder durcheinandergeworfenen Gegenständen gefüllt.* R.-kaschte *Rumpelkasten. Zu hd. Gerümpel.*

rumpeldich [rùmpəldix *Sgd. Lix. Vbg.* u. s.: ròmpəldix *Bo.*; rùmblix *Ri. Rom. Hom.*; romplex *D. Si.*] adj. 1. *runzelig, faltig, zerknittert:* de Grumbire sin r. worre. Romplech eweï en âl Frâ *Si.* — 2. *vernarbt, pockennarbig:* e r. Gesicht. — els. 2, 261 rumpflich; lux. 363 rompelech.

rumpleⁿ [rùmplə *fast allg.*; rompələn *D. Si.*] tr. v. *in Falten legen, runzeln:* d'Stir r. *die Stirne runzeln.* De Buchs rumpelt *die Hose wirft Falten.* — 2. *nachlässig flicken, so daß Runzeln entstehen Si.* — baier. 2, 101 u. els. 2, 260 rumpfleⁿ, rümpfleⁿ.

Rund [rùnt *Si.*] *m. Rand, Ufer, Abhang* — lux. 367 ebenso.

rund [rùnt *fast allg.*; rónt, ròn *D. Si.*] adj. wie hd. *rund, dick, fett:* r. wie e Kuwel *Ri.*; rond eweï en Bomm (*Bombe*) *Si.* Dem do sin Sue sin runder wie unsere *Lix.*

Rundel [rùndəl *Fo. Lix. Fi. Ri. Hom. Rom.* u. s.: rùnəl *Pü.* Demin. rùnəlxə] *m.* 1. *ein in der Mitte durchgesägtes Faß, das dann wie ein Bottich zum Waschen dient Fo. Lix.* — 2. (*in Finstingen*) *die runden Türmchen der ehemaligen Festung* s. a. Runnel. — 3. *kreisrunde Holzscheibe Ri. Hom. Rom.*

rund-erus [rùndərus *Ri. Hom. Rom.* u. s.] *gerade heraus:* ebbs r. sawe.

Runding [rùndìŋ *Ri.* u. s.] *f. Runde.*

Rune [rùnə *Ersd. Rein.* u. s.] *m. dürrer Baumast.* — els. 2, 262 Rane; baier. 2, 116 Ronen; kärntn. Roune, From. 6, 196; mhd. rone, ron. s. a. Gr. Wtb. 3, 610: Ranne. — Zs. R.-peckert *m. Ersd. Rein.* (eigentl. *Astpicker*) *Specht.* — els. 2, 27 Ränebicker.

Rung [rùŋ *fast allg.;* ròŋ *D. Si.* — Pl. -ən] *f. Wagenrunge: Stange, welche nebst drei andern in das Gestell des Wagens schräg eingesteckt wird, um die Leitern od. Bretter zu halten.* — els. 2, 270 ; Gr. Wtb. 8,1520. — Zs. R.-holz, Pl.-helzre *Ri.*

Runnel [rùnəl *Ri. Hom. Rom. Ha. Bi. Pü.*] *n. der um die Radachse zwischen Rad u. Radnagel herumgelegte eiserne Reifen.* — els. 2, 266 Rundell 2 ; vgl. mhd. rundël *Kreis, Ring.*

runner [rùnər *fast allg.;* rònər *Sgd. Lix.*] *adv. herunter:* kumm r.!

Runzel [runtsəl, Pl. runtslə *Fo.* u. s.; rontsəl, rontšəl; Pl. -ən *D. Si.*] *f. Runzel: Runzele im Gesicht* han. s. a. Rumpel.

runzeldich [rùnsəldiχ *Falk.;* rùndsli *Ri.;* rontsəleχ *D. Si.*] adj. *runzelig:* der Appel isch r. — els. 2, 273 runschlich; lux. 364 ronschelech.

Rup [rup *fast allg.;* rùpən *Bo.;* raup *D. Si.* — Pl. rupə, rubə, rupən, raupən; Demin. rìpχin *Bo.* raipχən *D. Si.*] *f. (Bo. m.) Raupe:* de Rupe han's Krut gefresse *Fo.* — els. 2, 277 Rup.

rupsich [rupsiχ *Obh.;* rubši *Ri.*] adj. *rauh:* e rupsicher Kerl. — els. 2, 279 rupfig; vgl. baier. 2, 130 der Ruep *grober Mensch.*

Rus [rûs *Ri. Hom. Rom. Ha.* u. s.; roušt *D. Si.*] *m. Ruß.* — els. 2, 292 Ruess; lux. 364 Roᵘscht.

rus, ruser [rus, ruʒər] adv. *Falk.* u. s. *heraus, herausher.*

Rusch [ruš *Ri. Hom. Ha. Rom. Sbg.* u. s.] *m. Rausch:* er hat e R. *ist betrunken.* — els. 2, 293.

Rusche [rušə *neben* rištər *Ett.* u. s.] *f. Rüster, Ulme* (ulmus campestris). — els. 2, 294 Ruesch; baier. 2, 157 Rusch; hd. Rusche Gr. Wtb. 8, 1537.

ruscheⁿ [ruše *Sbg. Ri. Hom.* u. s.] intr. v. *rauschen, brausen:* 's ruscht in de Bäm. — els. 2, 293.

ruschpelich [rùšpəliχ *Fo.* u. s.] adj. *hastig, immer in Bewegung:* er hêrt uf nix, er isch zu r. — vgl. els. 2, 295 Rischpel *Regung, Bewegung, Geschäftigkeit;* hd. rüsch, rusch, ruschelig *rasch, hastig, übereilt* Gr. Wtb. 8, 1536, 1537; hess. 240 rusperig.

Ruscht [rùšt *fast allg.;* ròšt *Ri. Hom. Rom. Ha.;* rašt *D. Si.*] *m. Rost am Eisen.* — els. 2, 296 Roscht u. Ruscht; lux. Rascht Ga. 364. — Zs. R.-fleck.

Ruschte-bidel *m. Ri.* u. s. *ruppiger Kerl; Mensch, der sich leicht über alles hinwegsetzt.*

ruschtich [ruštiχ *fast allg.;* rošdi *Ri. Hom. Rom.;* raštex *D. Si.*] adj. 1. *rostig vom Eisen.* — 2. *heiser, rostig im Hals:* e ruschtich Stimm; e ruschticher Hals. Er isch ganz roschdi *Ri.*

Rusel [ruʒəl *Si.*] *f. großer Klappertopf* (*urspr. wohl Kinderrassel*). — lux. 364 Rosel.

ruselen [ruʒələn *Si.*] intr. v. *rasseln.* — lux. 354 roselen.

Russ [rùs *fast allg.*] *m.* 1. *Russe.* — 2. *ungeschlachter Mensch.* Kalhuser Russe *Spottname der Kalhäuser.*

Rut [rût *Fo.* u. s.; rùt *D. Pü.;* rout *Si.* — Pl. rutə, rudə, rudən, routən] *f.* 1. *Rute, bes. als Züchtigungsmittel. Kinderreim:*

    Ochs, Esel, Tintefass,
    Geh in de Schul un lehre was!
    Wenn de häm kummscht un
              [kannscht nix,
    Hol ich de Rut un wichse dich!
                  Fo.

— 2. *Edelreis.* — 3. *männl. Glied bei Tieren.* — Zs. Rude-bese *Besen aus Birkenreis Ri.*

Rutscheⁿ [rutšə *Grt.*] *f. pl. Kartoffelnudeln.* — baier. 2, 191 Rötscher *Kartoffelkuchen;* hess. N. 235 Ritschert *Kartoffelpfannkuchen;* vgl. els. 2, 311 rütschig. s. a. Flutte.

rutscheⁿ [rûtšə *Fo.* u. s.; retšən *D. Si.*—Ptc. gərutšt, gəretšt] intr. v. *rutschen.* s. a. ritscheⁿ.

Rutsch-fett *n. Fo. eine bestimmte Art Fett oder Speck.*

Rutsch-gei *f. Vbg. Violine.*

Rutt I [rùt *fast allg.*; rùtə *Grt.*; raut *D. Si.*] *f.* 1. *Raute, Fensterscheibe:* der Buw hat e R. ingewarf. — 2. *Guckfenster Falk.* — 3. *Gewürzpflanze* (ruta graveolens). *Der Plural* Rutte, Rauten *bedeutet auch „Eckstein" im Kartenspiel. Beim Wenden der Ecksteinfarbe heißt es dann:* Rauten! scheï(n) Mädercher gê' scheï Brauten *schöne Mädchen werden schöne Bräute Si.* — *Das Demin.* Rittchen *bedeutet Türchen in einem Fensterflügel Kr.* — vgl. els. 2, 306 Rut *rautenförmig zugeschnittenes Stück Stoff.*

Rutt II [rùd *Ri. Hom. Rom.*] *f. Rotte:* in der R. schaffe *als Rottenarbeiter beschäftigt sein.*

ruttich [rùtiχ *Sgd. Lix.* u. s.] *adj. karriert, rautenförmig, viereckig:* r. Finschter. — mhd. rûtëht.

Rutz [rùts *fast allg.*; ròts, rats *D. Si.*] *f.* 1. *Rotzkrankheit, Krätze, Räude.* — 2. *Nasenschleim, schleimiger Auswurf.* — 3. *Augenbutter:* de R. us den Auwen machen. — els. 2, 313 Rotz. — Zs. Rotzjong *D. Si. gemeiner Gassenjunge.* lux. 366 ebenso. Rutz-nas (Rotznos) *f.* 1. *Rotznase.* 2. *unreifer Bursche od. Mädchen:* du kläni R.! els. 1, 784 Rotznas.

rutzich [rùtsiχ *fast allg.*; ròtseχ, *D.*; ròtseχ, ratseχ *Si.*] *adj.* 1. *räudig, rotzig, rotzkrank:* du r. Luder! E rutzich Schof steckt vil anneri an *Fo.* — 2. *triefend (von den Augen):* rutziche Aue *Fo.* — 3. *ekelerregend Si.* — els. 2, 313 rotzig. s. a. Gr. Wtb. 8, 210.

Ruwel, ruwleⁿ s. Rugel, rugle**ⁿ**.

S.

sä (se) [sè, Pl. sèn *Ri.* u. s.] interj. *hier, da hast du, nimm* = frz. tiens, tenez: sä, do hasch de Geld, kaf d'r ebbs! — els. 2, 314 ebenso; baier. 2, 201 sé; tirol. sö, se From. 3, 20; 4, 252, 51; got. sai; mhd. sê = ecce. — Zs. sä-mols, sä-molscht adv. *damals Ri.*

Sä' [sè *Ri.*; ʒǣ *Fo.*; ʒëï *Bo. Pü.*; ʒëïj *Fa.*; ʒai *Pfb.*; ʒē *D. Si.*] *f. Säge:* der Schriner brucht de Sä. *Man unterscheidet:* Bamsä *große Säge zum Zerschneiden der Baumstämme;* Bandsä *Säge ohne Ende, die über zwei Räder laufend das Holz durchschneidet;* Blagaschsä *feinere Säge des Möbelschreiners;* Holzsä; Laubsä: Lochsä.

Sabbel [ʒàbəl *D. Si.*] *f.* 1. *aus dem Mund herabfließender Speichel.* hess. 335, 381 Sabber, Seiber, Sebber; kärntn. Säfer, baier. Saifer, From. 6, 197; Gr. Wtb. 8, 1588 Sabbe, Sabbel. — 2. *unsauberes, nachlässiges Frauenzimmer:* fui! du Sabbel! — Zs. Sabbelduch *Tuch, das kleinen Kindern vorgebunden wird, um die Sabbel aufzufangen; Geiferlätzchen.* — hess. 381 Seibertuch: lux. 368 Sabbeldichelchen.

Sabbeler *m.* **Sabbelesch** [ʒàbələš *D. Si.*] *f. unsauberer Mensch, unsauberes Frauenzimmer, Geifermaul.* — lux. 368 ebenso.

sabbeln [ʒàbələn *D. Si.*] 1. intr. v. *den Speichel fließen lassen.* — 2. tr. *besudeln, verschütten.* — lux. ebenso Ga. 384; baier. 2,206 sappeln, besappeln; hess. 335 sabbern; Gr. Wtb. 8, 1588 sabbeln.

Sabel, Subel *Sand.* s. Sawel.

Sabot [sabòt *fast allg.*; sabò *Pfb. Ri. Ha. D. Si.*; sawòt *Vbg.* — Pl. -ə, ən; Demin, sabodəl, sabedlə] *m. Holzschuh. Rdaa.:* Em in de n'Arsch dredde, ass der S. stegge blid *Ri.* Um e Härel wie e Sabodel *beinahe Pfb.* — Zss. Sabodekrämer *n.* S.-mann *Holzschuhhändler.* Sabode-nauwle *Holzschuhnägel Ri. Der Ort Kreuzwald (Kr. Bolchen) heißt* Sawottenkaf *wegen der zahlreichen Holzschuhmacher.*

Sach [ʒax̌ *fast allg.*; sax̌ *Ri. Ha.*; ʒáx̌ *D. Si.* — Pl. -ə, ən; Demin. ʒèx̌əlx̌ən] *f. Sache:* der hat sin S. *Fo.* Wie de Lit sin, sin a de Sache *ibid.* Sine siwe Sache z'samme nemme un gehn *Ri.* Das isch e solichi S. *eine mißliche, heikle Geschichte Ri. Ha.* Das sin kä Sache *das ist keine Art u. Weise, sich zu benehmen ibid.* Dis hat kä S. *keinen Wert ibid.* Sin S. wisse *wissen, was man zu tun hat ibid.*

Säch I [ʒæx̌ *Sgd. Lix.* u. s.; ʒaix̌ *Schw.*] *m. Pflugmesser, das der Pflugschar vorarbeitet.* — els. 2, 320 Sëch; hess. 380 Sech; henneb. Såch, From. 5, 269, 22; ndd. Sek *ibid.* 5, 292; Gr. Wtb. 9, 2772 Sech.

Säch II [ʒæx̌ *fast allg.*; ʒëïx̌ *Bo.*; ʒaix̌ *Obh.*; saix̌ *Ri. Ha.*] *m.* u. *f. Harn, Urin.* — els. 2, 320 Seich; lux. Sech Ga. 412. Zs. Säch-omes (Seich-)*Ameise D. Si.* lux. 405 Sêchômes: vgl. engl. pissmire, ndl. pismiere. *Der Ameisenhaufen heißt* Sächomese-ko^{u}p, *das Ameisennest* Sächomese-nascht.

säche^n [ʒǣx̌ə *fast allg.*; saix̌ə *Ri. Ha.*; ʒaix̌ən *Obh.*] intr. v. *harnen.* — els. 2, 320; hess. 381; baier. 2, 212 seichen; ss. sèchen *Kr.* 122, ebenso lux. 404; mhd. seichen.

Sächer, Seicher *m.* 1. *einer, der den Urin nicht halten kann.* — 2. *etwas Geringfügiges:* i han noch e so S. *sagt der Kartenspieler von einer kleinen Trumpfkarte Ri. Ha.*

sächerich adj. *D. Si. das Bedürfnis zum Harnen fühlend.* — lux. 405 ebenso.

Sack [ʒàk *fast allg.*; sàg *Ri. Ha.*; ʒák *D. Si.* – Pl. ʒèk, seg; Demin. ʒèkχə, ʒèkəl, segəl, ʒèkəlχin] *m.* 1. *Sack für Getreide, Kartoffeln u. dgl. Rdaa.:* e Katz im S. kafe *etwas unbesehen an sich bringen allg.* Er isch em Narr iwer de S. geloff *La.* (um e Narr iwer de S. gewitscht *Ri.)* *ist nicht ganz gescheit.* Ane fälle wie e S. *schwer hinfallen Ri. Ha.* Sack u Säl (od. Schnurr) verspille *alles im Spiel verlieren ibid.* D'Judde han ne n'im S. *er ist in den Händen der Wucherer ibid.* Hoch im Kobb un dief im S. *hochmütig und mittellos zugleich ibid.* 'S Kleid macht e S. *hat eine sackartige Falte, sitzt schlecht ibid.* Den eidele S. as e Streitmächer *der leere Sack (d. h. die Armut) ist ein Streitstifter Si.* Wen de S. ophält, den as esoᵘ goᵘt ewei den dran dät *der Hehler ist so gut wie der Stehler ibid.* — 2. *Tasche in den Kleidern:* hasch de a e S. in der Buchs? *fragt man den Jungen, der zum ersten Mal eine Hose anhat.* — 3. *ein Gewicht (Doppelzentner):* e S. Grumbire. — *Das Demin.* Säckel *bedeutet auch Hodensack u. wird als Schimpfwort gebraucht:* du bisch e dummer Säckel! — Zss. S.-leiter *kleine Wagenleiter, wie sie der Müller aufstellt, um Säcke zu fahren.* S.-messer. S.-nasduch *Taschenduch Mtsh.* S.-puffer *kleine Taschenpistole.* S.-schip *Bauernkittel Ebersw.* S.-schnur. S.-seicher *heißen die Bewohner von Busweiler (Kr. Forbach).* S.-uhr.

säckeln [ʒèkəln *Bo. D. Si.* u. s.] 1. tr. *säckeln, den Geldbeutel füllen, die Taschen eines andern leeren, Geld abgewinnen.* Gr. Wtb. 8, 1620 ebenso. — 2. refl. *sich dicht auf einander legen:* dat säckelt sech. — lux. 368.

sacker = frz. sacre, sacré in Zss.: sackerdje *Fluchwort* (frz. sacré Dieu!); sackerlotsch *Ausruf der Drohung Vbg.* els. 2, 345 sackërlot; sackerment, *gewöhnl.* Herrgott sackerment! *Fluch.*

Säckler *m. Si.* einer *der säckelt.*

Sadä [sàdę *Ri. Ha.*] *m. Atlasstoff.* – frz. satin.

Sadan [sàdàn *Ri. Ha.* u. s.] *m.* 1. *Satan, Teufel.* — 2. *boshafter Mensch, Teufelskerl:* du S.! — els. 2, 379.

Saddel s. Sattel.

saden [ʒádən *Bo.*; ʒódən *D. Si.*] tr. v. *sieden. Rda.:* se ben net fer se saden on net fer se braden *Bo.* (se sin net ze sŏden an net ze brŏden *Si.*) *sie sind zu nichts nütze.*

Sädersch I [ʒèdərš, Pl. -ən *Bo.*] *f. Sommerfaden.*

Sädersch II [ʒèdərš *Bo.*; ʒèdaš *Kr.* – Pl. -ən] *f.* 1. *Gesage, Gerede.* — 2. *Märchen. (Eine Bildung von* sagen *wie* Getraid *von* tragen*).* — baier. 2,223 Said, Gesaid, Saed *das Gerede.*

sädijen s. sättichen.

säeⁿ [ʒǽə *fast allg.*; sèjə *Ri. Ha.*; ʒǽjən *Fa. Rein.*; ʒèïən *D. Si.* – Ptc. gəʒǽt, g'sèjd, gəʒéït] tr. v. 1. *säen.* — 2. *irgendwo hinfallen lassen im Sinne von verlieren:* i han mi Messer wieder g'säjd *Ri.* — els. 2, 341 säje.

Säf [ʒǽf *fast allg.*; saïf *Ri. Ha.*] *f. Seife. Rda.:* äm de Bŏrt oni Säf mâchen *ordentlich über einen herfahren.* — Zss. S.-bidden *Bütte zum Einseifen der Wäsche.* S.-birscht *Seifbürste.* Säfeblŏs *Seifenblase.* S.-wasser. S.-zäppchen *Stuhlzäpfchen.*

säfen [ʒǽfən *fast allg.*; saïfə *Ri. Ha.*] tr. v. *seifen.*

säfern [ʒèfərən *Rü.*; *lux. Grenze*] 1. intr. v. *triefen, durchrinnen:* dat Fäs säfert. — 2. unpers. *leicht regnen:* 't säfert. — els. 2, 329 seifere, säfere; baier. 2, 229 saifern; kärntn. säfern From. 6, 197. s. a. säften.

säfich, säfech adj. *D. Si.* seifartig: s. Holz. — mhd. seific.

Saft [ʒàft *fast allg.*; ʒâft *D. Si.*] *f. u. n. Saft:* kä S. a keng Kràft. *Si.* rot S. = *Blut:* i schla d'r ens ins G'fräss, ass d'rot S. noh kummt *Ri.*

saftich, säftech adj. *fast allg.* 1. *saftig (eigentl. u. bildlich):* e saftich Bir *(Birne).* Änem e saftich Ohrbatsch gen. — 2. *sittlich verdorben:* das isch e Safticher! — els. 2, 232 g'saftig; lux. 369 säftech *in beiden Bedeutungen.*

säften [ʒèftən *Bo.*] intr. v. *Saft oder Flüssigkeit durchlassen, durchsickern* 's Fass säft. — els. 2, 332 säfze u. sifze; baier. 2, 229 saffezen; Gr. Wtb. 8, 1641 safften *Saft verlieren.* s. a. säfern.

säfzen [ʒèítsən *Bo.*] intr. v. *nach einer Flüssigkeit z. B. Urin, Jauche übel riechen.* — vgl. els. 2, 332 safzig 3 verdorben. s. a. sifzeⁿ.

- **Sagu** [sàgu *fast allg.*] *m. Sago, Gries.* — frz. sagou.

Saich s. Säch.

saieⁿ [saïə *Ri. Ha.*] tr. v. *säugen, stillen;* se hat's Kind nid kene s. *Ri. Rda.:* wer saïd *(von der säugenden Mutter gesagt),* muss für zwei esse *Ha.* — els. 2, 236 säuje.

Saifcher [ʒáífχər *Av.*] pl. *Ferkel, Saugferkel.* s. suffen.

Sai-kalb [ʒaikalb *Pü.*; ʒaikalf *Lix.*; sufkalb, sufkèlwəl *Ri. Ha.*] *n. Kalb, das noch saugen muß:* dummer wie e S.-k. *Pü.* — els. 1,432 Sugkalb, Saukalb; vgl. hess. 386 Sôgferkel.

Sait s. Sät.

Säjelcher [ʒèjəlχər *Ho.*] *f. pl. kurze Erzählungen, Sagen, Märchen.*

säjeⁿ [ʒǽjə *Berl.* u. s.; ʒǽə *Fo. Bi.*; ʒéjən *Falk.*; ʒéən *Bo.*; ʒéən *D. Si.*] tr. v. 1. *sägen:* Holz s. *Rda.:* Diele s. *weit vernehmbar schnarchen Bi.* — 2. *säen* s. säeⁿ.

Säjet [sèjəd *Ri. Ha.*] *f.* 1. *das Aussäen u. die Saat.* — 2. *Saatzeit:* in der leschde S. — els. 2, 341 ebenso.

Sakrischtei [sàgrišdéï *Ri. Ha.*; ʒàkəštai *Rü.*; ʒàkərštai *Si.*] *f. Sakristei.*

Säl [ʒèl *fast allg.*; sêl *Ri. Ha.*; ʒail *Sgd. Lix.* — Pl. ʒèlər, sèlrə, ʒail] *n.* 1. *Seil, Tau.* Wdgn.: Sälre schisse *Ri. Ha.* Er isch Seil schnille *(schneiden) er hat sich aus dem Staub gemacht, hat unbemerkt die Heimat verlassen Lix.* — 2. *Strohseil:* Säler mache. *Man unterscheidet:* Brunne-säl *Seil am Brunnen, um den Wassereimer heraufzuziehen;* Hau-säl *am Heu- und Getreidewagen;* Roll-säl *Seil an einer Rolle, um die Garben in der Scheune in die Höhe zu ziehen;* Wäsch-säl *Leine, an der die Wäsche getrocknet wird.*

Salaberch [sàlàbèrš *Ri.*] weibl. *Vorname Salaberga.*

Saladje [sèlàdjə *Ri. Ha.* u. s.; salètχən *D. Si.*] *f. Salatschüssel.* — els. 2, 348 Saladje; frz. saladier.

Salastik [ʒàlàstik *Fa.*] *m. Gummi elastikum.*

Salat [ʒalát *Fo. Vbg.* u. s.; ʒèlat *Mett.*; ʒelát *Flh.*; sèlåd *Ri. Ha.*; tsalót *D. Si.*] *m.* u. *f. Salat:* S. anmache S. *zubereiten Ri. Spruch:*

E gudder Schluck uff de Sälad
Schadt um Dogder e Dukat. *Ri.*

— Zss. S.-oli; S.-some *Salatsamen. Man unterscheidet:* Andivi-s.; Eier-s.; Garde-s; gebungener S.; Grumbire-s.; Gugummer-s.; Herings-s.; Kebbel-s. *Kopfsalat;* Nissel-s. frz. doucette; Reddi-s.; Schnittlach-s.: Schilleri-s. *Selleriesalat Ri. Ha.*

Sälbich [ʒèlbiχ *Kr.*; ʒèlwiχ *Av.*; sàlwe *Ri.*] *m. Salbei* (Salvia officinalis). — pfälz. Selb.

Saldat [ʒaldát u. tsaldát *Fo.*; ʒèldát *Flh. Falk.*; sèldåd *Ri. Ha.*; tsaldót *D. Si.*] *m. Soldat:* er isch bi de Saldate *er dient.* Säldat werre, zu de Säldade gehn *Ri. Ha. Kinderlied:*

Stephanel, Marianel, mi Mann isch
     Seldat;
Er handelt mit Essich, un ich mit
     Salat.   *Flh.*

Säler [ʒèlər *fast allg.*; ʒailər *Lix.*; ʒèlšpenər *Si.*] *m. Seiler.*

Sall [ʒàl *D. Si.*] *f. aus dem Mund ausfließender Speichel.* s. d. folgende.

sallen intr. v. *D. Si.* den Speichel fließen lassen. s. a. sabbeln. — vgl. baier. 2, 253 selwen; östr. b'saling'n *besudeln*; lux. 369 sallen.

Salome [sàlome *Ri.*; sàlmə *Lix.* u. s.] *weibl. Vorname Salome.* — els. 2, 348 Salmi, Salm.

Salopp [sàlob *Ri.* u. s.] *f. schmutzige Weibsperson (in körperl. u. sittl. Beziehung).* — els. 2, 348 ebenso; frz. salope.

Salu [sàly u. sàlù *Ri. Ha.* u. s.] *Grußwort:* S., ihr Herre! — els. 2, 348 ebenso; frz. salut.

Salwe s. Sälbich.

Salw-end [ʒàlwèn(d) *Bi.* u. s.] *m.* u. *n. Seitenrand eines Stückes Zeug, eines Kuchens od. Brodes. Eigentl. das dem Tuch selbst eigene, nicht geschnittene, natürliche Ende.* — els. 2, 353 Salbënd, Salwant; baier. 2, 265 Selbend *Zettelende an Geweben;* hess. 382 Selbende, Silbende; ndl. selfende; hd. *(mißverständlich)* Salband Gr. Wtb. 8, 1683.

Salz [sàlds *Ri. Ha.*; ʒàlts *fast allg.*] *n. Salz*: 's S. zieht an *das S. wird feucht (Zeichen, daß es regnen wird). Rdaa.*: er hat ze vil S., ze weni S. grijd *(näml. bei der Taufe) er ist überklug, bzw. dumm Ri. Ha.* Du hasch noch em S. leie *dir stehen noch Prügel bevor Lix.* (vgl. hess. N. 242 jemandem etwas im S. lassen *nächstens mit ihm abrechnen). Wenn das Kind heult:* ich han Hunger! *antwortet die Mutter:* leck S.! denach krischt de Durscht *Av.* E Debbel S. *eine Fingerspitze S.* — Zss. S.-bichsel *Salzbüchse:* er hat e Par Aue wie e S.-b. *Ri.* S.-bur *Salzquelle.* S.-dobel s. d. S.-fass. S.-kaschde und S.-lad *Salzgefäß.* S.-kerne *Salzkorn.* S.-mann *Salzhändler.* S.-sack. S.-wasser.

Salz-dobel [-dobəl *Si.*; -dubəl *Nj.*] *m. das (doppelte) Salztöpfchen, Gefäß für Salz u. Pfeffer.* — lux. 369 Salzduebel.

salzeⁿ tr. v. *allg.* 1. *Salz an die Speisen tun.* — 2. *übertr.*: e Rechnung s. *einen hohen Preis berechnen.* I han em e g'salzdi gen *eine tüchtige Ohrfeige Ri.*

Sam [ʒám *fast allg.*; sám *Ri. Ha.*; ʒám u. ʒǽm *Fa.*; ʒöïmən *Falk.*; ʒòm *Lix.* — Pl. ʒǽm] *m. Saum eines Kleidungsstückes.* — els. 2, 357 Soim, Sâm ; lux. 369 Sâm. — Zss. S.-naht (S.-noht) *Saumnaht.*

Säm [ʒêm *Si.* u. s.] *m. Seetang* (fucus). — lux. 407 Sêm. *Da der Seetang aus langen, bandartigen Stengeln besteht, so ist* Säm *wohl dasselbe, was hd.* Seime *Schnur, dünnes Seil, Bindfaden* Gr. Wtb. 10, 227; hess. 385 Sîme, Seime. *In nordischen Dialekten ist das Wort maskul. wie bei uns:* alts. sîmo *Strick*; nordfries. seem.; ags. sima.

Samaridan [sàmàridán *Ri. Ha.* u. s.] *m.* 1. *Samariter:* der barmherzi S. — 2. *mitleidiger Mensch überh.*

Same [ʒáme *fast allg.*; ʒǽmən *Bo.*; sómə *Ri. Ha.*; ʒuom *D.*; ʒòm *Si.*] *m.* 1. *Samen, der gesäet wird:* us S. zieht m'r Blume *Fo.* De Some anmache *den S. mit Vitriol besprengen, dann trocknen lassen u. in einem besonderen Sack zum Säen bereit halten Ri.* — 2. *Einsatz beim Spiel:* i han mi Some; er hat sine S. nit grijd *Ri. Ha.* — Zss. Some-frucht *Weizen, der zur Aussaat bestimmt ist.* S.-krämer u. S.-mann *Samenhändler.*

sämeⁿ [ʒǽmə *fast allg.*; sêmə *Ri. Ha.*; ʒëïmən *Bo. Falk.*] tr. v. *säumen, einfassen, mit einem Saum versehen:* Sackdicher s. Hasch de min Nosduch gesämt? — lux. 369 sämen.

Sämer [ʒǽmər *Vbg.* u. s.] *m. weibl. (samentragende) Hanfpflanze.* — els. 2, 356 Hanfsämer.

sammeⁿ [sámə *Fo.* u. s.; sámən *Falk.*; sòmə *Lix. Sgd.*; dsámə *Ri. Ha.*] adv. *zusammen:* sie sin all s. usgang. Es lut s. *es läutet mit allen Glocken d. i. zum dritten Male Fo.* Alli zamme *Ri. Ha.* — Zs. somme-gehn intr. v. *Lix. gerinnen:* de Milich isch sommegong. — els. 2, 357 z'samme.

Sammet [sámǝd *Ri. Ha.*; ʒamèt *D. Si.*; ʒaṇt *Gelm.*] *m. Sammt:* in Sid und S. gegleid sin *Ri.* — els. 2, 357 ebenso; lux. 370 Samett.

sammeter [sámǝdər, -di, -des *Ri. Ha.*] adj. *aus Samt verfertigt, sehr weich:* ebber mit sammedi Händsche anrihre misse. — els. 2, 357 sammete.

sämols [sèmols, sèmolšd *Ri.*] adv. *damals.* s. sä.

Samschda [samšdá *fast allg.*; ʒaomšda *Mtsh.*; ʒamšdex *D. Si.*] *m. Samstag:* am S. sterbt der Wochehansel *die Woche geht zu Ende.* — Zss. S.-stich *großer Stich beim Nähen Kr.*

san [ʒàn *fast allg.*; sàn *Ha.*; ʒòn *Lix. D. Si.*; ʒaon *Mtsh.*; sáwə *Ri.* — Flexion: ʒàn, ʒàšt, ʒàt, ʒàn, ʒəʒát *fast allg.* — ʒòn, ʒèšt (ʒèšt), ʒét (ʒèt), ʒòn, ʒəʒòt *D. Si. Lix.* — ʒòn, ʒés, ʒét, ʒón, ʒəʒót *Busd.* — sà, sàš sàd, sáwə, gsàd *Ri.*] tr. v. *sagen, nennen:* was hat er gesat? Ich han et väm here sàn *Bo.* Vam here sawe kumme d'Lije her *Ri. Ha.* Was er san! *was Sie sagen! Fo.* Was ihr nid sawe! *Ausdruck der Verwunderung beim Gespräch Ri. Ha.* Er sad vil, wenn der Da lang isch. *ibid.* Geh heim und sa, de bisch do gewän *heißt es, wenn man jd. los sein will Pfb. Will man einer Antwort ausweichen, so heißt es:* Was soll ich do sawe? *Ri. Ha.*

I sa der's *Drohung ibid.* D'Wored sawe
einem heimleuchten *ibid.* I sa jo, han i
g'sad, sa i *häufig gebrauchter Einschalte-
satz ibid.* Ebbs ze sawe han *eine hohe
Stellung einnehmen ibid.* I han mer losse
sawe *ich habe erfahren ibid.* Loss mi au
e Word sawe, wo nix gelt *heißt es zu-
weilen im Gespräch, wenn die Bemerkung
doch nicht viel nützen wird ibid.*
    Sand [zaṇt *fast allg.*; sand *Ri. Ha.*]
m. wie hd. Sand: em S. in d'Auwe strauwe
Ri. — Zss. S.-ach er *Nachen, der zum
Transport von Sand dient Si.* s. Acher.
S.-fass; S.-kaul *Sandgrube D. Si.* S.-
mann, S.-männel *Schlaf in der Kinder-
sprache.* S.-stän *Sandstein.* s. a. Sawel.
    säneⁿ [zǽnə *fast allg.*; zénen *Falk.
D. Si.*; sêṇe *Ri. Ha.*; ʒèṇən *Mü.*] tr. v.
segnen: Gott sän (dich)! *heißt es beim
Niesen.* M'r kent Rosekränz an em säne
so fromm ist er Fo. Do hon ich mich
awer emol gesänt dron *da habe ich es
mir mal schmecken lassen Lix.* Sich
s'erscht s. *seinen Teil vorwegnehmen:* der
Herr *(der Pfarrer)* sängt sich s'erscht
Mü. Ri. Ha.
    Sänge s. Sejeⁿ.
    Sänge-brod *n. Ri. Ha. Rom. gesegnetes
Brot, das in der Messe an die Gläubigen
verteilt wird; im* Sängebrod-kärwel *wird
es herumgereicht.*
    sangen s. singeⁿ.
    sängleⁿ (sèṇlə *Ri Ha.*] *Verkleinerungs-
form zu* sänge *segnen. Spruch:*

    es rängelt *(regnet),*
    Gott sängelt,
    die Kerne die springe,
    die Vöwle die singe,
    die Mad *(Magd)* isch krank,
    der Meischter isch ful,
    der Knecht hängt's Mul.

    Sank [zaṇk *D. Si.*] *f. Bodenvertiefung.*
— lux. 370 ebenso; baier. 2,314 Sunk, Sink,
ndd. Sinke, From. 5,293. s. sinken senken.
    Sänkire [zænkirə *Av.*; sàṇkírə *Ri. Ha.*]
Ortsname St. Quirin im Kr. Saarburg. —
Zs. Sänkirə(s)-weh *Skropheln, für
deren Heilung man früher vielfach nach
St. Quirin pilgerte.*
    Sant s. Sammet.

sant [zànt *Si.*] präpos. *samt:* en as mat
sant de Kläder an d'Wasser gesprong.
Mat sant allem *mit allem insgesamt.* —
els. 2, 357 samt u. sant.
    sänt [ʒǽnt *Fa. Falk.*; ʒènt *Bo.*; ʒint
Si.] adv. *sachte, weich, zart:* do sin m'r
s. de Berech eraf gang. De Stoft as
sint *jenes Tuch ist weich Si.* sänt < mhd.
senfte.
    santer [zàntər, ʒentər *Si.*] 1. präpos.
seit: senter de Wanter *seit dem Winter.*
— 2. conj. et as chu' lång, senter dass
de net meïh hei wars *es ist schon lange,
seitdem du nicht mehr hier warst.* — Zs.
santer-hier *seither.*
    Sapär [sàpèr *Ri. Ha.* u. s.] *m. Sol-
datengattung in der französ. Armee:* er
isch bi de Sapäre gewän. — frz. sapeur.
    Sarich, Sark [záriχ, záʳk *Falk.*] *m.
Sarg. Rätsel:*

    Wer't macht, brucht't nit;
    Wer't keïft, behält't nit;
    wer't brucht, weïss't nit.

— els. 2, 374 Sarik, Sarich.
    Sarwiattl *n.* StR Av. 56 *Handtuch,
Serviette.* s. Serwet.
    Sas [zás *Bo. Falk.*; sós *Ri. Ha.*; sonst
zòs; Pl. záson, ʒòsən] *f. Sauce, Brühe,
Tunke.* Steffä, leck Sas! *Spitzruf auf die Bolchener, deren
Schutzpatron St. Stephan ist, und die große
Liebhaber von Tunke sein sollen.* Er es
bei all Sasen *er ist bei jeder Festlichkeit
Bo.* Er hat de ganze Sas am Lappen
er muß für alles aufkommen Bo. Einem
'n Sòs anhenken *einem die Kosten auf-
bürden Ersd.* In der Sos sin *in der Patsche
sitzen Ri. Ha.* Abber e Sos anrichte *jd.
einen Streich spielen ibid.* D'Sos usdunge
übel wegkommen in einer Sache ibid. —
els. 2, 376 Sos: Gr. Wtb. 8, 1805 Sasz;
frz. sauce.
    sase, sasema [sáse *Falk.*; sàsemą̊ *Ri.
Ha.*] adv. *ungefähr, sozusagen:* er isch
sase min Nahper. — frz. censé, censé-
ment.
    Säsi [zǽsi *fast allg.*] *f. gerichtliche
Beschlagnahme, Pfändung:* se han em S.
gemacht *Fa.* — els. 2, 376 ebenso; frz.
la saisie.

Sass [ẓàs *Falk.*] *m. Sitz, Sitzplatz:* kumm, hier hasch de e gute S.! — els. 2, 375 ebenso; baier. 2, 329 Sâsz; Gr. Wtb. 8, 1805 Sasz: mhd. saẓ. — s. a. Sess.

Sät [ẓǽt *fast allg.;* ẓḗit *Falk.;* said *Ri. Ha.*] *f. Darmsaite auf Streichinstrumenten.* E n'andri Said uffzieje *Ri. Ha.* (aner Säten opzeïen *D. Si.*). Soll i e n'andri S. uffzije? *Drohung.*

satt [ẓat *fast allg.;* sàd *Ri. Ha.;* ẓàt *D. Si.*] adj. u. adv. 1. *satt:* ich han mich gut s. gess *Fo.* Jetz han ich's s.! *allg.* — 2. *fest, stramm:* e sadder Bode *ein schwerer Boden Ri. Ha.*

Sattel [ẓàtəl *Fo.* u. s.; sádəl *Ri. Ha.;* ẓuèdəl *Si.;* ẓidəl *Bo.*] *m.* 1. *Sattel:* dat steht em an, weï der Ko^{u}h en Sîdel *Bo.* — 2. *Bergrücken, Anhöhe Ri. Ha.*

sättiche^n [ẓètixə *fast allg.;* sèdixə *Ri. Ha.;* ẓièdijən *D. Si.*] *tr. v.* wie hd. *sättigen:* er isch nid ze säddiche *Ri.*

sattle^n [sàdlə *Ri. Ha.* u. s.] *tr. v. den Sattel auflegen:* hasch's Ross schun gesaddelt?

Sattler, Saddler *m. fast allg.* wie hd. *Sattler.* s. a. Sedler.

Satz I [ẓàts *fast allg.;* sàts *Ri. Ha.;* ẓáts *D. Si.* — Pl. sæts, ẓèts] *m.* 1. *Sprung, Anlauf:* en S. anholen *Bo.,* e S. nemme *Ri. Ha. einen Anlauf nehmen.* Der Isebahn nemmt awer Sätz *fährt sehr schnell Pfb.* — 2. *Bodensatz, Niederschlag einer jeden Flüssigkeit:* der Win hat e S. *allg.* 'S isch kä sicher Wedder, 's isch e so S. do hinge *es hängen drohende Wolken am Himmel Ri.* — baier. 2, 341 u. els. 2, 381 ebenso: lux. 371 Sâz: Gr. Wtb. 8, 1839 Satz 2, 3.

Satz II [sàts, Pl. -ən *Si.*] *f. verächtl. für Weibsperson, auch auf weibl. Tiere angewandt:* du âl S.! — baier. 2, 1166 Zatz *Hündin, liederliche Person; ibid.* 2, 1168 Zozel; lux. Zatz *Vettel* Ga. 489.

Sau [ẓáu, ẓá *Fo.;* sòu *Ri. Ha.;* ẓóu *Pü. Ett.;* ẓoy *Pfb. Flh. Wb.;* ẓoïw *Av.;* ẓù *Ltf.;* ẓùi *Falk.;* ẓáu *D. Si.* — Pl. ẓauə, sowə, soewə, ẓoe, ẓuiwən, ẓùə, ẓùibən, ẓauwən, ẓái. Demin. ẓèixə, seïəl, ẓéiwχin, ẓiifχin (ẓiifχer)] *f.* 1. *Sau. Rdaa.:* Do mecht m'r doch of ere Sö heim ride *das ist denn doch zu arg Pfb.* Er giht met äm um, wie e Sou mem Bettelsack *er behandelt einen grob Ett.* Mer derf's Messer nit in e Sou stecke lasse *man muß eine begonnene Arbeit beenden Ett.* Der esch ankomm, wie e Soü im e Judehus *Flh.* Mer mänt, m'r miss uf der Söï furt, un wonn kän Ferkel em Stall escht *Wb.* I han d'Sowe nit g'hid mit dir *heißt es, wenn man allzu vertraulich od. grob angeredet wird Ri. Ha.* — 2. *Aß im Kartenspiel:* d'Sow suche *ein Spiel Ri. Ha.* u. s. — 3. *Scheltname für ein schmutziges Frauenzimmer, auch für eine geizige Person.* — *In Verbindung mit Substantiven u. Adjektiven bedeutet* Sau *eine Steigerung des Begriffs:* S.-bandel *Saukerl* s. Bandel; S.-bengel; S.-bu *dreckiger Bube;* S.-dings *Schweinerei, unzüchtige Handlung;* s.-grow; S.-ijel; s.-kalt; S.-kerl; S.-luder; S.-maidel; S.-nickel; S.-pack; s.-wohl. *Andere Zss.:* S.-birschde a) *Schweineborsten;* b) *struppiges Haar.* S.-blòs *Schweinsblase; sie wird von den Fettansätzen gereinigt, aufgeblasen u. getrocknet, später als Geld- od. Tabaktasche gebraucht.* S.-bohn *Puffbohne* (vicia faba). S.-bohnestroh *in dem Ausdruck* grow, gefreck s. d. S.-bolle *Schweinekot.* S.-dreck s. d. S.-glock (*in Rieding eine große Glocke aus dem 15. Jhdt., von der man erzählt, daß sie im Schwedenkrieg vergraben u. nachher von den* Sowen *wieder herausgewühlt worden sei).* S.-hirt. S.-hund *Saurüde.* S.-kaschde *Lattenkasten, in welchem die Ferkel zu Markt gebracht werden.* S.-ledder *auch als Schimpfwort.* S.-mawe s. d. S.-merkt. S.-stall a) *Schweinestall;* b) *schmutzige Wohnung;* c) *Hosenlatz:* mach di S.-st. zu! *Ri.*

Saubel s. Saul.

Sau-dreck [ẓoïwədrèk *Av.;* ẓuibəndrèk *Kr. Va.*] *m.* 1. *Schweinekot.* — 2. *Wirbelwind. Der Eber geht durchs Korn nach uralter Vorstellung. Dem Wirbelsturm, der Heu- u. Korn in die Luft dreht, ruft das Volk in Passau u. Straubing nach: Saudreck, du schwarz Ferkel!* Gr. Mythol. 3, 91. s. a. Schwinsklippel.

saue^n I [ẓòuə *Sgd. Lix.;* sowə, soewə *Ri. Ha.*] *intr. v. sudeln, schlecht arbeiten,* *verschwenden:* was du do michscht *(machst)* das isch geso^ut *Lix.* — els. 2, 315 säüe, söüe.

saue^n II [χáuən *D. Si.;* súwə *Ri.* — *Flexion:* χáuə. χáust, χáut, geχun *D. Si.*] tr. v. *saugen.* — lux. 371 ebenso.

Sauer-ampel s. Surampert.

Sauerei, Sowereï *f. D. Si. Ri. Ha.* u. s. *Schweinerei, Unreinlichkeit, Unordnung:* es isch e S. wie in em Stall *Ri.*

Sauer-kisch s. Surkirsch.

Sauf, saufe^n s. Suff, suffe^n.

sauisch [sowiš, sowèdi *Ri. Ha.*] adj. *unsauber, schweinisch.* — els. 2,316säüisch.

Saul [χaul *Merlb.;* χoul *Lix. Fa.* χòuəl *Pü.;* χaubəl *Bo.;* χuibəl *Falk.*] *f. Schusterahle, Pfrieme. Wdg.:* Knip on Saubel niderleïjen *die Arbeit im Stich lassen Bo.* — hess. 339 Saul, Sauwel; baier. 2, 202 Seuel, Seul; ndd. subbel, suwel, From. 6, 487; lux. Seil Ga. 413; mhd. siuwele, siule; lat. subula.

Sau-mage^n [χoumâgə *Ko.;* χoumàwe *Fi.;* sowmawe *Ri. Ha.*] *m.* 1. *Magen, der alles verträgt.* — 2. *ein mit klein geschnittenen Kartoffeln gefüllter Schweinemagen zum Braten.* — 3. *Frauenhaube in Form eines Schweinemagens (auch* Saumagekapp): am Werda *(Werktag)* dun de alte Fraue e S.-m. an, am Sunnda butzen se sich met a Spitzekapp *Lix.* — els. 1, 655 Saumage 1, 3.

saumen s. sume^n.

saum-selich [χáumχeïleχ *D. Si.*] adj. wie hd. *saumselig. Davon das Substant.* Saumselichkät.

Sawat [sàwàd, Pl. -ə *Ri.* u. s.] *f.* 1. *Schuh mit niedergetretenem Hinterleder;* frz. savate. — 2. *Gardinenpredigt, Verweis, Schelte:* Sawade grije. — els. 2, 381 ebenso.

Sawel I [χáwəl *fast allg.;* sàwəl *Ri. Ha.;* χàbəl, χèbəl *Bo.;* χǽwəl *Fo. D. Si.*] *m.* u. *n.* 1. *Säbel:* de Säwel zeïen; ma'm *(mit dem)* S. draschlôn *D. Si.* — 2. *männl. Glied beim Stier Ri.* — els. 1, 317 Sabel, Sæwel; lux. 371 Säwel.

Sawel II [χawəl *Vbg.;* χàbəl *Bo.;* χabəl *Av.;* χubəl *Nj.;* χuəwəl *Si.*] *m. Sand:* oïnem S. en d'Auwen strauwen *Bo.* — lux. 371 Såwel, Su^ebel; frz. sable.

Säwer [χǽwər *Fo. Bi.*] *m. Geifer, Speichel, Schaum aus dem Munde.* — baier. 2, 229 Saifer; kärntn. Sâfer, From. 6, 197; ahd. saifar. — Zs. S.-läppche [-lèpχə *Fo.;* -labə *Bi.;* Demin. -lèbəl *Bi.*] *n. Tuch, welches man den Kindern vorbindet beim Essen. Geiferläppchen:* du dem Kind es S.-l. an! *Fo.* — els. 2, 329 Säbertüechel.

säwere^n [χǽwərə^n *Bi. Fo. Si.* u. s.] 1. intr. a) *sich beschmutzen durch Speichel od. Essen, das aus dem Munde fällt; geifern:* säwer nit so! b) *tröpfeln, rinnen:* d'Fass säwert *Si.* — 2. tr. *einen durchbläuen.* — els. 2, 329 seifere, sæwere : baier. 2, 230 saifern; mhd. seifern.

Sawot s. Sabot.

säzen [χètsən *Si.*] intr. v. *nach Urin oder saurer Milch riechen.* — lux. 372 ebenso. säzen < sächzen *zu* Säch *Urin.*

Schabbes [šabəs *fast allg.;* šáwəs *Ri. Ha.;* šawəs *Fa. Si.*] *m. Samstag als Feiertag der Israeliten:* de Jude han Sch. — els. 2, 386 Schabbe(t)s; bair. 2, 353 Schábes. — Zss. Sch.-deckel *fast allg. scherzh. und verächtl. für Hut, Kopfbedeckung;* urspr. der Hut, den die Juden am Sabbat trugen; fast allg. üblich für *schäbige Kopfbedeckung.* baier. 2, 353: hess. 343; Gr. Wtb. 8, 1946; From. 5, 469; 6, 370. Sch.-ma(g)d [šáwəsmád *Ri.* u. s.] *christliche Magd, die an jüdischen Feiertagen bei Juden arbeitet.* els. 2, 955 ebenso.

Schablir [šablír *Ri. Ha.* u. s.] *n. Skapulier.* — Zss. Sch.-bengel (-bändel); Sch.-bruderschaft; Sch.-fescht.

Schab-messer *n. Ri. Ha. Rasiermesser.* s. schawe^n 3.

Schabo [šàbo *Pfb.*] *m. (scherzh.) Hut.* — els. 2, 386 Schabbo; frz. chapeau.

Schachen-eck [šagəneg *Ri.*] *m. Flurname; zu mhd.* schache *einzelstehendes Waldstück od. Vorsaum eines Waldes;* baier. 2, 362 Schachen *Stück Waldes, Waldrest.*

Schächer [šèχer *fast allg.;* šáχər *Ha.;* šèšdər *Ri.*] *m.* 1. *Judenmetzger.* — 2. *einer, der gern abschlachtet.* — 3. *Verräter:* lachen weï'n Sch. *Bo.*

schachere^n [šaχərə *fast allg.*] wie hd. *schachern, handeln.* — hebr.sachar *hausieren.*

schächereⁿ [šèχərən *D. Si.;* šåχərə *Ha;* šèχdə *Ri.* u. s.] tr. v. *die Tiere nach jüdischem Ritus töten. Dabei soll der Schächer die Worte sprechen:* isch gij nid, isch ratz nid, awer isch schächd' *Ri.*

Schacht [šaχt *allg.*] *n. Schacht:* in de S. fahre.

Schachtel [šåχtəl *allg.*] *f. Spott- oder Schimpfname für ein altes, schwatzhaftes Weib.* — els. 2, 391 u. Gr. Wtb. 8, 1965 Schachtel 4. s. a. Scharrassel u. Schatull.

Schackett [šakèt *Fo.* u. s.] *f. Jackett, lange Mädchenjacke.* — els. 2, 403 Schaket; frz. jaquette.

schad [šåd *fast allg.;* šuᵒd *D. Si.*] adj. *schade, bedauerlich.* — els. 2, 392.

Schäd [šǽd *fast allg.;* šaid *Vbg.*] *f. Scheide z. B. Säbelscheide:* der Säwel us der S. ziehe. — lux. 376 Schêd.

Schadder [šader *D. Si.*] *f. Hautschuppen:* en hot S. op dem Kapp. — lux. 372 ebenso; vgl. els. 2, 443 u. bair. 2, 482 Schätter: From. 4, 3; 5, 462; 6, 205: schitter *dünn, undicht.* s. a. Schiffer.

schadderech adj. *D. Si.* 1. *alt, gebrechlich:* e schadderechen Kerl. (vgl. vorarlb. Ma.: er ist en alta Tschättere *ein alter, hinfälliger Mann*). — 2. *ohne Schall, geborsten:* eng schadderech Gei *(Geige).* — lux. 372 ebenso; vgl. baier. 2, 483 schättern: schles. schettern *klingen wie ein zersprungener Topf* From 4, 182.

Schädel [šèdəl *Pfb. Ri. Ha.* u. s.] *m. Schädel, Kopf:* der hat sin Sch. *der ist trotzig Ri.* Dü hesch der awer de Sch. angerennt! *da bist du schön angekommen Pfb.* Dir isch e Maikäfer in de Sch. gegrawelt *du bist von Sinnen ibid.*

Schadeⁿ [šådə *fast allg.;* šuèd, šuèdən *D. Si.*] *m.* 1. *Schaden:* de Kält hat grosse Sch. gemacht *Fo.* In de Sch. gehn *vom Vieh gesagt, das auf der Weide in ungemähte Wiesen od. in bepflanztes Feld gerät Ri. Ha.* Ebbes mit Sch. verkafe *mit Verlust ibid.* — 2. *Scharte:* 's Messer hat e Sch. *Lix.* — 3. *Leibschaden, Bruch Av.*

schadeⁿ [intr. v. wie hd. *schaden:* das hat nix geschat *Fo.* Bad's nix, so schad's nix. *Ri.*

schädeⁿ [šǽdə *fast allg.;* šaidə *Ri. Ha.* — Ptc. gəšǽt, g'šaid] 1. tr. *scheiden, trennen z. B. von der Ehe:* se han sich sch. gelosst *Fo.* — 2. intr. *gerinnen, von der Milch, wobei sich Käsestoff u. Milchwasser trennen:* d'Milch isch gscheid *Ri. Ha.* — els. 2, 393 scheide; lux. 376 schêden.

schädlich [šædli *Ri. Ha.;* šédleχ *D. Si.*] adj. wie hd. *schädlich.* Das isch e Schädlicher *ein Schalk Ri.*

Schado-Salä [šådosålè *Ri. Ha.* u. s.] *Ortsname* Château-Salins, *Kreisstadt in Lothringen.*

Schädung [šǽduŋ, šædoŋ *fast allg.*] *f. Scheidung.*

Schaf I [šåf, Pl. šåwən *Si.* u. s.] *m. Bund Stroh, bes. solches, das nicht gedroschen, sondern, damit es nicht geknickt werde, auf dem Rande eines Fasses ausgeklopft wird.* — lux. 372 Schâf; eifl., rheinfr., ndd. Schôf, Schâf; ndl. Schoof, From. 6, 18, 280, 11; hess. 343, baier. 2, 353 u. els. 2, 386 Schaub; Gr. Wtb. 8, 2294 Schaub; mhd. schoup.

Schaf II s. Schof.

Schaff [šåf *fast allg.;* šåf *D. Si.;* šåft *Fo.* — Pl. šèf, šéf, šèft; Demin. šèftχən] *m. Schrank:* min Buchse hänge im Schaft. — lux. Schâf Ga. 388; Gr. Wtb. 8, 2013 Schaff *Gefäß, Schrank;* mhd. schaf, schaff, schaft. — Zs. Sch.-dir *Schranktüre D. Si.* s. a. Schaft.

schaffeⁿ [šåfən, Ptc. gəšåft u. gəšåf *allg.*] 1. allg. *für arbeiten (letzteres Wort kommt in der Mdt. selten vor), dahin arbeiten, daß ...: er schafft de ganze Da.* Er macht m'r vil ze sch. *Fo.* Er hat geschafft fer Mejer se wären *er hat sich bemüht, Bürgermeister zu werden Falk.* Mer han fer en geschafft *wir haben uns für ihn verwendet ibid.* Schaffe fur d'Katz, fur de Kini van Breisse *Ri. Ha.* — 2. *in die Höhe steigen, gären vom Wein:* der Win schafft. — 3. *von unsolidem Mauerwerk:* es schafft *es senkt sich unmerklich, es kommt nicht zur Ruhe Ri. Ha.*

Schaffer [šåfər *fast allg.;* šèfər *Ha.;* šåfərt *D. Si.*] *fleißiger Arbeiter, bes. Eisenbahnarbeiter u. Maurer:* d'Schaffre kumme häm *Ri. Das Femin.* Schaffersch, Schaffesch *bedeutet arbeitsames Frauenzimmer, tüchtige Arbeiterin.* — els. 2, 396 Schaffer *m.,* Schaffere *f.;* lux. 372 Schaffert, Schaffesch.

Schaff-hüs *n. Pfb. Arbeitshaus.*
Schaft [šáft *Ri. Ha.* u. s.] *m. Rahmen, Brett, Gestell bes. für Küchengeschirr:* Kicheschaft *Geschirrschrank;* Dellerschaft. — els. 2, 400 u. baier. 2, 386 ebenso.
Schagikes [šagíkəs *Fo.*] *m. humoristische, verächtliche Bezeichnung für Hut, Kopfbedeckung:* was hascht dann for e Sch?
Schagreng [šagreŋ *D. Si.;* šàgriŋ, Pl. šàgrinə *Ri. Ha.*] *m.* 1. *Gram, Kummer:* sich vil Sch. mache *Ri.* Jiderän hot sein Sch. *Si.* — 2. *Ziegenleder:* Händschen *(Handschuhe)* aus Sch. *Si. D.* — lux. 372 ebenso; frz. chagrin a) *Gram;* b) *genarbtes Leder;* ital. zigrino.
schagreniereⁿ [šagreneïərən *D. Si.;* šagərnírə *Ri. Ha.*] intr. v. *Kummer empfinden.* — lux. 372 ebenso: els. 2, 401 schagerniere.
Schaguris-zalot *f. Si. wilde Cichorie* (cichorium Endivia). — lux. 372 ebenso.
Schak [šág, Pl. -ə *Ri. Ha.* u. s.] *m. volkstümliche Bezeichnung für Eichelhäher, Kolkrabe u. ähnliche Vögel.* — lux. 198 Jak, Jako.
Schäk [šèk *D. Si. Spi. Mürzth.*] *m.* 1. *Gehrock.* — 2. *alter Frack mit weiten Ärmeln* mhd. schëcke, schëgge *eng anliegender gestreifter Leibrock;* vgl. Jacke, Jecke, Schecke Gr. Wtb. 8,2382. — 3. *Hülse, Schote aller Hülsenfrüchte:* Bohne-schäk, Erbese-schäk *D. Si.* lux. 377 Schék. — Zs. Schäk-ärmel *Spi. sehr weiter Ärmel.* Rda.: der het e Struᵒs *(Gurgel)* wie e Schäkärmel *Mürzth.*
schaken, schieken [šàkə, šíkə *Bi.* u. s.] intr. v. *mit schiefen, einwärts gesetzten Füßen gehen; krumm, unbeholfen auftreten.* — baier. 2, 368 schiecken, schiegken; els. 2, 405 schieke; vgl. engl. shake *wanken, wackeln;* ahd. scachôn = vagari.
Schakes, Schiekes [šákəs, šíkəs *Bi.* u. s.] *m. krummer Kerl; einer, der die Absätze krumm tritt.* — els. 2, 405 Schieker; Schiekes; vgl. hess. 349 schicks *schräg;* Gr. Wtb. 9, 10 schieg *schief verkehrt.* s. schaken.
Schaket [šakèd *Ri.*] *f.* u. *n. Jackett, lange Mädchenjacke.* — frz. jaquette.
schakich, schiekich adj. *Bi. unbeholfen im Gehen.* — els. 2, 406 schiekig;

vgl. lux. schacks *schief* Ga. 387: mhd. schiec.
schäkich [sèkex *D. Si.*] adj. *abgetragen, verblaßt:* e sch. Kläd. — lux. 372 ebenso; vgl. baier. 2, 366 schègket, geschègket; els. 2, 404 schëckig.
Schako *m. D. Si. Tschako, Kopfbedeckung französ. Soldaten.* — lux. 372 u. els. 2, 403 ebenso.
Schakob [šàkop, šàgop *Hw. Ri. Ha.;* šàks *Pü. (als Spottname).* Demin. šàgebəl, šègəl, sàgəl] *männl. Vorname Jakob.*
Schal I (Schol) *Schale von Früchten, Eiern u. dgl.* s. Schalt.
Schal II [šál *allg.*] *m. Shawl, großes Halstuch der Frauen.* — frz. châle.
Schalbes [šàlbəs, Pl. -ə *Bi.*] *m. Spaßvogel, schaler Kerl, bornierter Mensch.* — vgl. ndd. der Schale, Schaler *Bänkelsänger* brem.-nds. Wtb. 4, 598; Gr.Wtb. 8, 2057 Schal, Schaler; baier. 2, 394 Schalbert *Maske.*
schalbich [šàlbix *(selten) Bi.*] adj. *geistlos, abgeschmackt:* en schalbicher Kerl. s. Schalbes.
Schalen-bohne *f. Sp. Ro.* u. s. *gedörrte, noch in der Schale befindliche Bohne.* s. a. Schaudelbohne.
Schalipp [šàlib *Ri.*] *f. Schimpfname für Frauenzimmer:* du aldi Sch.! < frz. chaloupe.
Schalk [šàlk *fast allg.;* šàlek *D. Si.*] *m.* wie hd. *Schalk.* — Zs. Sch.-narr *Spaßvogel.*
Schalksechkät [šalkχexkèt *D. Si.*] *f. schelmisches Wesen.* — lux. 372 ebenso.
schallereⁿ intr. v. *Bo. Iterativbildung zu schallen.* — Gr. Wtb. 8, 2095 schallern.
Schaller-hans *m. Bo. Schreihals.* s. d. vorige.
Schall-karch [šàlkarχ *Ltf. Pfb. Fi.* u. s.; šàlkariχ *Ri. Ha.*] *f. Schubkarren.* — els. 1, 467 Schaltkarch. Schall<Schalt. s. schalten = *schieben, vorwärts stoßen.*
Schal-loch [šálox *Rein.;* šalaχ *D. Si.*] *n.* 1. *Schalterloch, Vorrichtung im Ofenrohr zum Braten der Kartoffeln. Rein.* vgl. hess. 340 Schale *Schalter.* — 2. *Schalloch im Glockenturm D. Si.*
Schäl-mick [šélmik *Obh.* u. s.] *f. Schmeißfliege, giftige Mücke.* Schäl <

Schelm *toter Körper, Aas, weil die Schmeißfliege mit Vorliebe ihre Eier auf verdorbenes Fleisch legt.* — lux. 378 Sch!elmek; s. a. Gr. Wtb. 8, 2506 Schelm.
Schalott [šálòt *fast allg.*; šàlèt *Fa. Pü. Rü.*; šàlat *Oberd. Ri. Ha.*; šalèt *Si.* — Pl. šálòtə, šàlàdə, šàlètən] *f. Art kleiner Zwiebel* (cepa ascalonia): An de Salat muss m'r a Schalotte mache. — lux. 373 u. els. 2, 407 ebenso; frz. échalotte.
Schälp [šèlp *Brettn.;* šelpən *Bo.*] *m. fester Boden, Erdscholle.* — ss. Schälp, Kisch W. u. W. 135; baier. 2, 414 u. hess. 372 Schulpe; els. 2, 412 Schülpe; Gr. Wtb. 9, 1962 Schulpe *Erdscholle;* ahd. sculpa.
Schalt [šàlt *Bi. Ett. Mü.;* šàl *Bo. Ri. Ha.;* šòl, šuəl *D. Si.*] *f.* 1. *Vorraum vor dem Keller für die steinerne Treppe; Eingang zu einer Räumlichkeit Ett. Mü.* — 2. *Schale von Eiern, Nüssen, harte Schale überhaupt D. Si. Mü.:* besser e halwes Ei als e leeri Schalt. *Mü.* — els. 2, 407 Schalt; 2, 412 Kellerschalt.
schalteⁿ [šàltə, šàlə *Ett.* u. s.] tr. v. *schieben, vorwärts stoßen:* de Wòn nus schalle *den Wagen aus der Scheune schieben.* — baier. 2, 414 u. els. 2, 412 ebenso; Gr. Wtb. 8, 2100 schalten 1.
Schalter [šàltər *fast allg.*; šàldər, Demin. šèldərlə *Ri. Ha.*] *n. Fensteröffnung mit schief gestellten Querhölzern z. B. am Glockenturm. Wdg.:* 's Schälderle zumache *heißt es vom Geistlichen, der dem Beichtkind den Schalter des Beichtstuhls verschiebt, es zur Beichte nicht zuläßt.* — baier. 2, 415 u. els. 2, 412 Schalten *verschiebbares Türchen;* hess. 340 Schalter *Fensterladen.* s. a. Gr. Wtb. 8, 2104 Schalter 2.
Schalt-johr *n. allg.* wie hd. *Schaltjahr:* dat geschit all Sch.-j. ämol *das geschieht sehr selten Si.*
schalus [šalús *fast allg.*; žalús *D. Si.*] adj. *eifersüchtig, neidisch, mißgünstig.* — els. 2, 407 schalu; frz. jaloux.
Schalusi [šalusí *Ri. Ha.* u. s.] *f.* 1. *Eifersucht, Mißgunst.* — 2. *Fensterladen zum Aufziehen, gewöhnl. in der Zs.* Schalusilade. — els. 2, 407; frz. jalousie.
Schalwari [šàlwàri *Sgd. Lix.* u. s.; šàlwarć *Kr.*; šàriwari *Ri. Ha. D. Si.*]
m. u. *n.* 1. *Lärm.* — 2. *Katzenmusik.* Schalwari mache, Schalware schlên *einer sich wieder verheiratenden Witwe oder einem Witwer im selben Fall mit Lärm und Geschrei ein Ständchen bringen.* — baier. 2, 447 u. els. 2, 426 Schariwari; frz. charivari.
Schamas [šàmas *Fo.* u. s.] *m. rot- od. blau karrierter od. gestreifter Baumwollenstoff zu Schürzen u. Kinderkleidern.* — els. 2, 413 ebenso. Sch. < frz. siamoise.
Schambasche [šambâšə *Ri.*] pl. *Fensterpfosten.* — frz. jambages.
Schambattis [šambatis *Fo.* u. s.; šàmbadis *Hw. Ri. Ha.*; šambədis *Pfb. Bi.*; sonst šaŋbatis] *männl. Vorname Johann Baptist. Spruch:*

Schambaddis,
Geh uf Baris;
Bring m'r e Bris *(Prise)*,
Ass i nid in d'Hose schiss. *Ri.*

— els. 2, 415 Schambatiss.
Schamber [šàmbər *D. Si.*] *f.* 1. *Kammer der Abgeordneten.* frz. chambre (des députés). — 2. *Tagung der Abgeordneten:* an der Sch. sin *Abgeordneter sein.* — lux. 373 ebenso.
Schambong [šàmboŋ *Vbg.*; šàmbuŋ *Ri. Ha.*] *m. Schinken.* — frz. jambon.
Schamei [šàmai *Lix. Ham* u. s.] *f. Schalmei aus Weidenrinde.*
Schämel (*in* Sch.-kapp) s. Schëmel.
schämeⁿ, sich [šǽmə *Fo.*; šámən *Falk.*; šàmə *Ri. Ha.*; šąmən *Bo.*; šumən *D. Si.* — Ptc. gešǽmt, gəšámt, gəšumt] refl. v. *sich schämen:* er schamt sich wie e Hond *Bo.* Sich in d'Awe schamme, dort geht nit vil enin *Ri.* Mache schamme *beschämen Ri. Ha.* — els. 2, 413 schame u. schäme.
Schamp s. Schwamp.
Schampanjer *m. allg. Champagnerwein.*
schamperlich [šàmpərleχ *D.*; šàmpər *Si.*] adj. u. adv. *streng, rauh:* e schamper Framensch *Si.* — schamper < schandbar. lux. 373 schamper; baier. 2, 429 schambar; els. 2, 413 schamper *schandbar;* ndl. schamper *frech.*
Schampier [šàmpièr *fast allg.*; šambièr *Bi.*; šampièr *Lix.*; šampír *D.*; šèmpəs *Vbg.*] *männl. Vorname Johann Peter.*

Schämt [šǽmt *Fa. Falk.;* šąm *Bo.;* šįmt *Si.* — Pl. šàmtən, šimtən] *f.* 1. *Scham, Schamgefühl:* er hat keïn Schimten *Bo.* (en hot keng Schimt *Si.*). — 2. *Schamteile Si.* — eifl. Schämt Bü. 15; lux. 380 Schîmt; mnd. Schamte; westf. Schemde.

Schan, Schanett [šân, šànèd *Ri. Ha.*] *weibl. Vorname Johanna.* s. a. Schänn.

Schand [šànt, *fast allg.;* šàn *Pü. Falk.;* šąn *Bo.;* šán *D. Si.*] *f. Schande:* e Sind un e Schand *Fo. Rda.:* er nemmt d'Schand fur e n'Ehr un de Dregg fur e Schmeer *Ri. Ha.* Schand erlewe *sich schämen müssen ibid.* Se Schannen gehn *verderben Bo. Spruch:* 'S isch e Schand, wa mer d'Nas butzt mit der Hand *Ri.*

Luschder an der Wand
Hert sini eijini Schand. *ibid.*
— Zs. schand-mässi(ch) adj. u. adv. *schändlich:* sch. mit um Vieh umgehe; sch. schaffe *Ri. Ha.*

Schandarm [šandarm *fast allg.;* šandam *Fa.*] *m.* 1. *Gendarm:* der Sch. hat ne ins Tur gefihrt *Fo. Rätsel:* wie viel gibt siwe un e Schandarm? Fufzehn: der Sch. gibt acht un siwe gibt 15. *Bi.* — 2. *wackerer Kerl Ri.*

Schandel I [šandəl *Ri. Ha.;* šandèl *Bi.* — Pl. -ə; Demin. šandèlxə] *f. kleiner Kerzenhalter.* — els. 2, 419 Schandel *Kerze;* frz. chandelle.

Schandel II *Schindel* s. Schinnel.

schänderlich adj. *fast allg. schändlich, schandhaft:* das isch sch., da hert alles uff! *Ett.*

schandes-halwer adv. *Ri. Ha. anstandshalber:* se han mi sch.-h. inggelad. — els. 2, 418 schandshalber.

Schang [šàŋ *fast allg.;* daneben žàŋ, žèŋ, žèŋi, šèŋəl u. žèŋəl, šaŋi, šaŋlé, šaŋli] *französ. Form des Vornamens Johann.* (Gehannes heißt es durchweg für den hl. *Johannes*). — Zss. Schambattis s. d.; Schamischel [šámišəl *Ri.*] *Joh. Michael;* Schampier s. d.; Schannikel *Joh. Nikolaus.*

Schang-futter [šąluder *Sbg. Ri. Ha.* u. s.] *m. Feigling, Hundsfott.* — frz. Jean foutre.

Schangschement [šąšəmènt *D. Si.;* šąšəmà *Bi. Ri. Ha.* — Pl. -ər] *n.* 1. *Veränderung:* et as c Sch. an der Lucht *das Wetter ändert Si.* — 2. *Abwechslung, Wechsel.* — 3. *Versetzung:* sei' Sch. kreïen *versetzt werden Si.* — frz. changement.

schangschiereⁿ [šąžírə *Fo.;* šàšírə *Ri. Ha.;* šanšèïrən *D. Si.*] 1. tr. *wechseln:* 's Hemb sch. D' Färb sch. *blaß werden.* Geschaschiert werre *seine Stelle wechseln, versetzt werden Ri.* — 2. refl. *die Kleider wechseln:* ich han mich misse sch. — els. 2, 421 ebenso; lux. 373 schangeïeren; frz. changer.

Schank I [šàŋk *Fo. Rein. Sgd. Mett.;* šaŋ *Pü. Ri. Ha.;* šoŋk *Lix.;* šaoŋ *Saaralb.* — Pl. šèŋk, šèŋg] *n. Schrank:* 's Brot leit im Sch. — els. 2, 421, hess. 341, baier. 2, 431 ebenso; s. a. Gr. Wtb. 8, 2160. *Schon mhd.* schanc *neben* schranc.

Schank II [šaŋk *D.;* šaŋk u. sèŋk *Si.* — Pl. -ən; Demin. šèŋkəlxən] *f. Knochen, Bein.* — lux. 373 ebenso; ndl. schonk; engl. shank *Schenkelknochen*.

schankich (schankech) adj. *D. Si. knochig:* sch. Fläsch. —lux. 373 schankech.

Schänn [žèn *Falk. D. Si.* u. s.] *französ. Form des weibl. Vornamens Johanna* (Jeanne). s. a. Schan.

Schanoinessle [šanwanèslə *Ri.*] pl. *Honiggebäck in Form von kleinen, runden Kuchen.* Sch. < frz. chanoinesse *Nonne, Stiftsdame.* vgl. Nunnefurz.

Schanter [šántər, šanta *Av.*] *m. Sänger.* — frz. chanteur.

Schanz I [šants *Vbg. D. Si.;* šąs *Fo. Fa.;* Pl. -ən] *m. Glück, Glückszufall, Gunst:* er hat Sch. gehat. — lux. 374 Schanss; els. 2, 420 Schangs; kärtn. Schanze *Einsatz beim Kegelspiel* From. 6, 199; frz. chance.

Schanz II *Ortsname* Alttrier, *Dorf im Luxemburgischen, wo sich eine römische Verschanzung befand:* op der Schanz *Si.*

Schanzeⁿ [šantsə *Fa.*] *m. Wamms aus Wollenzeug.* — els. 2, 422 Schanz *grober Kittel, Arbeiterkleid;* baier. 2, 435 Schanz *Kleidungsstück aus grobem Zeug;* Gr. Wtb. 8, 2161 Schanz *grober Rock.* vgl. hess. N. 245 Schanzläufer *Gattung von Kittel.* s. das folgende.

schanzen *fast allg.* intr. v. *angestrengt, unermüdlich arbeiten:* wemmer *(wenn man)* eppes werde will, muss m'r schanze *Fa.* — els. 2, 422 u. baier. 2, 435 ebenso. s. a. Gr. Wtb. 8, 2167 schanzen 1 b.

Schap [šap *Fa.* u. s.] *f. Chormantel.* — frz. chape.

Schapp [šàp, Pl. šèp, Demin. šèpχən *D. Si.*] *m.* 1. *Schopf, Büschel, soviel man mit den fünf Fingern fassen kann:* e Sch. Hä *(Heu);* e Sch. Hòr *(Haare).* Än beim Sch. holen *einen an den Haaren, am Schopf fassen.* — 2. *Schuppen, Remise:* de Wòn stêt am Sch. — lux. 374 ebenso.

schappech [šàpeχ *D. Si.*] adj. u. adv. *schäbig, armselig, abgenutzt, schlecht aussehend, elend:* en hot. sch. Kläder um Leif. E geseït sch. aus. — lux. schappeg Ga. 389; engl. shappy, shabbed.

Schappen s. Schoppeⁿ.

Schappert *m. Si. schäbiger Mensch.* — lux. 374 ebenso.

schappe-weis adv. *D.Si. schoppenweise, in großen Massen:* en drenkt de Wein sch.-w. s. Schoppeⁿ, Schappen.

schappiereⁿ, schappeïereⁿ *fast allg.* intr. v. *entkommen, sich retten:* en as gutt schappeïert. — lux. 374 u. els. 2, 423 ebenso; frz. échapper.

Schar [šàr *Ri. Ha.* u. s.; šóər, šúər, šuar *D. Si.*] *f. Pflugschar.* — els. 2, 426 u. baier. 2, 446 ebenso; ss. Schuᵉr Kr. 120; mhd. schar.

Schär I [šèr *Rü. lux. Grenze*] *f. Haarfurche auf dem Kopf.* — vgl. baier. 2,442 Schar, Schär *Abteilung, Reihe, Zeile.*

Schär II *Kruste, Scharre* s. Scherr.

Schär III [šèr *Bo.*] *f. Nagelgeschwür* (panaritium). *Da dieses Weh wegen des wühlenden Schmerzes, den es verursacht, mundartl. auch* rôsener Wurm *rasender Wurm heißt, so dürfte* Schär *wohl mit* Schër *Maulwurf zusammenhängen, der wiederum seinen Namen wahrscheinlich von seinen scharfen Zähnen trägt, mit denen er die Wurzeln der Pflanzen wie mit einer Schere abbeißt.* s. Gr. Wtb. 8, 2559.

Scharabang [šàràbaŋ *Ri. Ha.*] šarabâ, šarəwân *Bi.;* šarawán *Fa.;* šarbaŋ, šarboŋ *D. Si.*] *m. Kremser, leichter Wagen mit Sitzbänken.* — lux. 374 Scharbang; els. 2,426 Scharabang; frz. char à bancs.

Schärchen [šèrχin *Elw.* u. s.] *n. Wandgesims.* — vgl. baier. 2, 445 das Geschär *hölzerne Einfassung;* Gr. Wtb. 8, 2176, 20 Schar *Einschnitt, Kante.*

schären tr. v. (*Rü. lux. Grenze) die Haare scheiteln.* s. Schär I; vgl. hd. scharen *in der Bedeutung sondern, trennen* Gr. Wtb. 8, 2179, 4.

Schares [šàrəs *Niederw.*] *n. in der Verbind.* Sch. spille *ein Knabenspiel ganz ähnlich dem* Ginespiel s. d. Zu hd. Schar *die Reihe, die Tour, nach welcher die Spieler sich einander ablösen.* — baier. 2, 443 Schar; engl. share.

scharf [šarf *fast allg.;* šárf *D. Bo.;* šárəf *Si.* Kompar. šèrfər, šèrfšt] adj. u. adv. 1. *scharf, vom Messer u. dgl.* — 2. *streng in der Wdg.* sch. löwe, anlöwe (*anblicken) Ri. Ha.* — 3. *schneidend vom Wind; beißend, ätzend von Speisen:* 's Esse isch sch.

schärfen [šèrfən *fast allg.* šèrfən *D. Si.;* šèəfən *Bo.*] tr. v. *schärfen.*

Schärft [šèrft *D. Si. Bo.*] *f. Schärfe.* — lux. 374 ebenso.

schärfzech adj. *Si. scharf schmeckend:* den Essech as sch.

Schariwari s. Schalwari.

scharjekelen [šarjékələn *Si.*] intr. v. *langsam gehen.* — lux. 374 scherjeïkelen; vgl. schweiz. tscharggen *im Gehen die Füße nicht emporheben;* baier. 2, 467 schorgen, schörgen; hess. 347 schergen *schieben.*

Scharl [šàrl *fast allg.;* šàrl *Ri. Ha.;* Demin. šàrlé, šàrli, šàrəlχən] *französ. Aussprache des männl. Vornamens Karl.* — els. 2, 433 Scharl; lux. 433 Schárel.

Scharlacher [šàrlàχər *Hw.* u. s.] *m. Schnaps, sog. nach der Farbe:* hol mer noch e Sch.!

scharmant [šàrmant *fast allg.;* šàmant *Fa.*] adj. u. adv. *reizend, hübsch, von Personen u. Sachen:* 's isch e ganz sch. Mädel. Scharmant Wedder. Es fehrt sich sch. — lux. 375 u. els. 2, 433 ebenso; frz. charmant.

Scharnier, Scharniär [šàrnír, šàrnièr *Ri. Ha.* u. s.] *f. Scharnier an Türbeschlägen.* — els. 2, 434 ebenso; frz. charnière.

28*

Schärp [šèrp *allg.*] *f. Scherpe.*
Scharrassel, Scharrachtel, Scharrumbel *f. Bi. Barst u. s. verächtliche Ausdrücke für altes Weib*: alti Scharrassel! — vgl. Gr. Wtb. 8, 2214 Scharraze u. scharrazen; baier. 2, 532 Schlaraffel.
Schärr-fissle s. Scherrfisscher.
Schärsch [šèrš *Fa. Ett.* u. s.] *f.* 1. *Amt, Ehrenamt, Stellung*: wer e Sch. hat, muss se a versihn. — 2. *Auftrag.* — els. 2, 434 Scharsch; frz. charge.
Schart [šàrd *Ri. Ha.* u. s.] *f. Scharte in einem Messer.* — els. 2, 434.
Scharwan s. Scharabang.
schärwenzle[n] [šèrwèndslə *Ri. Ha.*] intr. v. *schmeicheln.* — els. 2, 434 scharwënzle; baier. 2, 448 scharwenzeln; henneb. scherwenzeln, From. 2, 277; 3, 11.
Schas *Glück* s. Schanz 1.
Schass [sàs, Pl. sès *Fa. Fi. Vbg.* u. s.] *f. Rock mit Schößen, Gehrock, Frack.* — vgl. els. 2, 441 Schoss *Rockflügel;* baier. 2, 480 Schòsz 2 *Teil der Kleidung.* — Zss. Schass-lappen *m. Sp. Bo. La. Gehrock, Frack.* Schass-rock *m. Fa. alter, schäbiger Rock.*
Schassär [sàsèr *Ri. Ha.* u. s.] *m. Jäger, leichter Soldat*: er had bi de Schassäre gedient. — els. 2, 434 Schassör; franz. chasseur.
schassen tr. v. *D. Si. fortjagen*: onse Kniėt (*Knecht*) as geschasst gen. — els. 2, 434 ebenso; lux. 375 schässen; frz. chasser.
Schassla *m. Si. Gutedeltraube.* — frz. chasselas.
Schät I [šèt *fast allg.*; šèd *Ri. Ha.*; šièt, šét *Si.*] *m. u. f. Schatten:* Geh m'r us der Sch.! *entferne dich aus meiner Nähe!* Falk. E ferscht sin eijene Sch. Er soll m'r net en de Sch. kommen *er soll sich nicht vor mir sehen lassen Bo.* — els. 2, 442 ebenso; mhd. schete *neben* schate. — Zs. Schät-haissen *n. Si. Gartenhäuschen.*
Schät II [šèt *D. Si.*] *m. Haarscheitel.*
Schät III [šèt, Pl. šèdər *D. Si.*] *n. Holzscheit.* — lux. 379 ebenso. s. a. Schit.
schättere[n] [šètərən *fast allg.*; šèdrə *Ri. Ha.*] tr. v. *einen jungen Eber kastrieren. (Gebräuchlicher ist* gelze[n] *und* schnide s. d.) — els. 2, 443 ebenso; frz. châtrer.
Schatull [šàtul *fast allg.*] *f. verächtl. Ausdruck für altes Weib*: alti Sch.! — els. 2, 442 ebenso; lux. 372 Schadull.
Schatz [šàds, Demin. šèdsəl *Ri. Ha.* u. s.] *m. der od. die Geliebte, gewöhnlich in der Verkleinerungsform.* — Zs. Schätzels-lied.
schätze[n] [šètsə *fast allg.*; šedsə *Ri. Ha.* — Ptc. gəšàt *D. Si.*; *sonst* gəšètst] tr. v. 1. *schätzen, abschätzen, taxieren*: de Schade, de Pris sch. *Ri.* Mer hun en ze heïh geschät *D. Si.* — 2. *glauben, vermuten*: i schätz, er werd kumme *Ri. Ha.* — els. 2, 446 ebenso.
Schätzeng [šètseŋ *Ebw. D.;* šètseŋən *Si.*] *f. Steuer, Abgabe*: en hot seng Sch. bezuᵒlt. — Gr. Wtb. 8, 2290 Schätzung 3 *Auferlegung von Abgaben u. diese selbst;* mhd. schatzunge schetzunge. — Zss. Schätzengs-mann *Si. Steuerempfänger*: de Sch.-m. wärt (*wartet*) net *die Steuern müssen unbedingt bezahlt werden.* Schätzengs-zedel *m. D.Si. Steuerzettel.*
Schaude [šaudə *Fi.;* šautən *Oberd.;* šautəl *Bo.;* šoydə *Ett.;* šoudəl *Ri. Ha. Bi.*] *m. jüdisch-deutscher Ausdruck für Halbnarr, dummer Mensch, Spaßvogel.* — els. 2, 442 Schaute; baier. 2, 375 u. hess. 365 Schôde, Schôte; Gr. Wtb. 8, 2378 Schaude *geringer, niedrig denkender Mensch.* Sch. ˂ hebr. Schat *Verachtung,* schatah *ein Narr werden.*
Schaudel-bohne *f. Neufvillage u. s. gedörrte Bohne, sogen. weil sie im Gegensatz zur grünen Bohne in der Schote* schottelt *d. i. beweglich, locker ist.* → vgl. baier. 2, 487 schotteln. s. a. Schalenbohne.
schaudelich [šoudəliχ *Bi.*] adj. *närrisch, spaßhaft.* s. Schaude.
Schauer *f. D. Si. Hagelschauer, Platzregen.* — lux. 375.
schaueren s. schure[n].
Schaufel [šaufəl, Pl. -ən, Demin. šaifəltχən *D. Si.*] *f.* 1. *kleine Schaufel.* — 2. *Kelle.* s. a. Schufel.
schaufel adj. s. schofel.
Schaum s. Schum.

schaupich [šaupeχ *D. Si.*] adj. u. adv. *dasselbe wie* schappech s. d.
schauteren [šautərən *D. Si.*] tr. v. *reiben, abschürfen:* en hot sech den Arm geschautert. — vgl. baier. 2, 487 u. els. 2, 444 schottern; hess. 375 schuttern.
Schawe [šåwə *Ri.* u. s.] *f. Kleidermotte.* — els. 2, 385 Schab.
Schawell [šawèl *Fa.* u. s.] *f. Schemel, Fußbank:* d'Kend sitzscht uf der Sch.— hess. 343 u. els. 2, 446 ebenso; Gr. Wtb. 8, 2380 Schawel; frz. escabelle; lat. scabellum.
schawen [šáwən *Bo. Av.;* šáwə *Ri. Ha.;* šuèwən *Si.*] tr. v. 1. *glätten, schaben, die Rinde od. Schale entfernen;* d'Sow sch. *dem abgebrühten Schwein die Haut abschaben Ri.* Schinnen un schawen *sich abplagen Av.* — 2. *mit Mühe kurzes Gras abmähen Ri. Ha.* — 3. *rasieren:* i han mi sch. losse *Ri. Ha.* u. s. — els. 2, 386 ebenso.
Schawerack [šàwəràg *Ri. Ha.* u. s.] *f.* 1. *Pferdedecke.* — 2. *altes Weib von schlechtem Ruf:* du aldi Sch.! — els. 2, 389 Schabrack; frz. chabraque *Soldatendirne.*
Schawes s. Schabbes.
Scheck [šèk *fast allg.;* šèg *Ri. Ha.*] *f. Name für eine rot- od. weißgefleckte Kuh. Rda.:* mer nennt kein Koᵘh Sch., wann se net en Flecken hat *Bo.* — baier. 2, 366; els. 2, 404; hess. 340 s. a. Gr. Wtb. 8, 2381.
scheckich [šèkiχ *Fo.;* šèkiχ *Bo.;* šèksiχ *Falk.;* šèkərdiχ *Fa.;* šègèdi *Ri. Ha.*] adj. *gescheckt, buntfarbig.* — els. 2, 404; s. a. Gr. Wtb. 8, 2383.
Schef [šèf *fast allg.*] m. 1. *Vorgesetzter, Meister.* — 2. *Straßenwärter (iron.) Ha.* — els. 2, 397; frz. chef.
Schefer [šéfər *Mett.* u. s.: šèfər *Ri. Ha.;* šéifər *D. Si.*] m. *Schäfer.* — Zss. Sch.-hut; Sch.-hond; Sch.-karich *Karren, in welchem der Schäfer im Felde übernachtet.*
Scheferei [šéifərai *D. Si.;* šèfəreï *Ri. Ha.*] *f. Schäferei, Schafstall.*
Scheff s. Schiff.
scheffen s. scheppen.
Scheff-leffel [šèflèfəl *D. Si.*] m. *Schöpflöffel.* — lux. 376.

Schei [šai *D. Si.;* šoeu *Ri. Ha.*] *f.* 1. *Scheu.* — 2. *Scheuklappe Ri. Ha.*
schei (schöu) adj. *scheu. Daneben* scheiles *Si.*
Scheid, scheideⁿ s. Schäd, schädeⁿ.
scheien [šaiən *D. Si.;* šoeuwə *Ri. Ha.*] 1. intr. *scheuen, scheu werden:* 's Ross schöwd *Ri.* — 2. tr. *verabscheuen, Ekel empfinden:* er wascht sich nid, er schöwd d' Seif *Ri.* s. a. schuwen.
Scheier [šaiər, Pl. -ən *D. Si.*] *f. Scheuer, Scheune. Bauernregel:* Deischter *(düstere)* Metten, klồr Scheieren— Klồr Metten, deischter Scheieren. *d. h. ist es finster am Himmel, wenn man Weihnachten zur Mette geht, so ist ein schlechtes Jahr zu erwarten (klare = dünn gefüllte Scheunen); ist dagegen in der hl. Nacht heller Mondschein, so ist Aussicht auf gefüllte Scheunen.* — lux. 377 Scheier. s. a. Schier.
Scheif [šaif *D. Si.* u. s.] *f.* 1. *Zielscheibe.* — 2. *Signalscheibe.* s. a. Dix.
Schei-hät *f. D. Si. scheues Wesen.* — lux. 377 ebenso.
scheimen, Scheim-leffel s. Schum, Schumleffel.
Schein, scheinen s. Schin, schinen.
schein-hellech [šainhèleχ *D. Si.*] adj. *scheinheilig. Davon:* Scheinhellechkät *f.*
Scheip [šćïp *Si.*] *f. Schuppe, bes. Fischschuppe.* — lux. 377 ebenso.
scheipech [šćïpeχ *Si.*] adj. *schuppig.*
scheipen [šćïpən *Si.*] tr. v. *schuppen:* e Fösch scheïpen.
Scheiss, scheissen s. Schiss, schissen.
Scheiss-mek [šaismek *D. Si.*] *f. Schmeißfliege, gemeine Schlammfliege* (eristalis tenax). — els. 1, 663 Schissmuck.
Scheiss-praum *f. D. Si. gemeine Pflaume.* — lux. 377 ebenso. s. Praum.
scheken s. schicken.
schel [šèl *Fo. Bi. Flh. Ri. Ha.;* šéïl *Bo.;* šél *D. Si.*] adj. u. adv. 1. *scheel, einäugig. Rda.:* M'r git de Schele for de Blinne *man gibt etwas Besseres für etwas Schlechteres Flh.* Er isch scheïl angesin *Bo. Schimpfwörter:* scheler Guggeri! scheler Keib! *Ri. Ha.;* schele Metech! (eigentl. *scheeler Mittag*) *Si.;* scheler

Dimmelwedder! *Bi.* Schele Käs *Schweinskäse Neufv.* — 2. *schielend.* — 3. *mißfarbig, trüb, daher schlecht:* e bissle Scheler nemme *schlechten Kaffee trinken Ri.* — els. 2, 407; hess. 340.

Schĕl [šél *fast allg.*; šéïl *Bo.*, šil *Vbg.*; šélt *Bi.*; šéldə *Pfb.* — Pl. šélə, šélən, šéltə, šílə] *f.* 1. *Hülse, Schale der Früchte, die geschält werden.* — 2. *Baumrinde.* — lux. Schièl Ga. 395; baier. 2, 395 Schel, Schelen. s. a. Schilft.

Scheld s. Schild.

scheldeⁿ s. schelleⁿ II.

schĕleⁿ I [šélə *Ri. Ha.*] 1. intr. *scheel sein, schielen.* — 2. tr. *scheel ansehen.* — els. 2, 408.

schĕleⁿ II [šélə *fast allg.*; šéïlən *Be.*] tr. v. *schälen. Reimspruch:*
  Soll ich dir ebbs verzehle?
  de Grumbire kammer schele. *Fo.*
— lux. 378 schielen.

Scheler *Schulter* s. Schiller.

Schele-schliffer *m. Av.* (eigtl. *Schalen- od. Rindenschleifer*) *Nachtschwalbe, Ziegenmelker* (caprimulgus).

Schell [šèl *fast allg.*; šél *D. Si.*] *f. Schelle:* der Katz de Sch. anhenke. Wonn das ebbes wäs *(weiß)*, do isch's grad so gut, ass wo mer met der Sch. geht *Lix.*

Schellee [šèlé *fast allg.*; žèlé *D. Si.*] *m. Schweinskäse.* — frz. gelée.

schelleⁿ I [šèlə *fast allg.*; šélən *D. Si.*] tr. u. unpers. *schellen:* schell e mol! Es hat geschellt *es ist die höchste Zeit.*

schelleⁿ II [šèlən *fast allg.*; šéllən *Si.*; šéldə *Ri. Ha.* — Ptc. gəšol, gəšolt] tr. v. *schelten, schimpfen:* der Mäschter hat gescholl. *Rda.:* wemmer *(wenn man)* gescholl will sin, muss m'r heïroten, un wemmer gelowt will sin, muss m'r sterwen *Bo.*

Schelm [šèlm *fast allg.*; šèlmən *Bo.*; šèlem *D. Si.*; šolmən *Falk.* (geht auf ahd. scalmo *zurück*). — Pl. gleich] *m. Schelm, Schalk:* er hat den Schelmen en sich *Bo.* Der Sch. löwt em zu de n'Awe erus *Ri.* Armer Sch.! *armer Tropf! allg.* — Zss. Schelmen-acker, Schelmenackersmatt [-àgərsmàt] *Flurname bei Rieding; Feld, wo das geschundene Vieh eingescharrt wurde. Zu mhd.* schĕlme *Aas, toter Körper.*

Schelm-stick; Sch.-sträch *Schelmstreich.*

schelmzich adj. *D. Si. schelmisch. Das Substant. dazu lautet* Schelmzichkät *f.*

schembiereⁿ [šèmbirə, Ptc. gəšèmbírt *Ett.* u. s.] tr. v. *einen bloß stellen, in Schande bringen:* der hat mich vor alle Lütt geschembiert. — vgl. els. 2, 416 schimpfiere; hess. Nr. 244 schamerieren.

schembierlich [šèmbírlix *Fo. Ett.* u. s.; šèmbərlix *Av.*; šèmpərlix *Falk.*] adj. 1. *schamhaft, sich schämend.* — 2. *schimpflich, schändlich.* — vgl. baier. 2, 429 schampar; mhd. schantbære.

Schemel [šèməl *Ri.*; šèməl *Lix.*] *m.* 1. *Querholz über dem Achsenstock des Wagens, in welchem an beiden Enden die Rungen eingelassen sind Ri.* — 2. *Name für abgegrenzte Wiesenteile u. Wiesen überh.* St. R. Av. 80. — vgl. els. 2, 444 Schemel 5 *altes Flächenmaß u. Flurbezeichnung.* — Zs. Sch.-kapp *f. hölzerne Stange, emporstehender Arm am Leiterwagen, der die Leiter hält.* — els. 2, 414 *heißen die Rungen selbst* Schemel; baier. 2, 418 Schamel, Schämel.

schen [šén *fast allg.*; šèn *Pü.*; šéïn *D. Si.* — Kompar. šénər, šénšt] adj. *schön; ironisch auch für das Gegenteil:* das isch noch e mol schen! *Ri.*

scheneⁿ [šénə *fast allg.*] tr. v. *(den Wein) klären.* — els. 2, 418 schöne.

Schenhät *f. fast allg. wie hd. Schönheit.*

Scheni [šéni *Ri. Ha.* u. s.] *Koseform für Eugenie.*

scheniereⁿ [šenírə *fast allg.*; šìnírə *Ri. Ha.*; ženéïərən *D. Si.*] refl. v. *sich schüchtern anstellen, sich Zwang antun. Rda.:* wer sich scheniert wie e Hund, der lebt wie e Herr *Fa. Fo.* G'scheniert od. verscheniert sin *unbeholfen sein Ri. Ha.* — els. 2, 416 ebenso; frz. se gêner.

Schenk [šèŋg *Ri. Ha.*] *f. in der Zs.* Kind-schenk *Kindtaufschmaus.* — els. 2, 422 u. baier. 2, 432 ebenso.

Schenkasche [šèŋkážə *Fo.* u. s.] *f. Schenkung in juristischem Sinne vor dem Notar. Sch. ist eine Bildung mit der französ. Endung* -age. — els. 2, 422 u. hess. 346 Schĕnkasch, Schenkásche; Gr. Wtb. 8, 2541 Schenkasche *Bestechungsgeschenk.*

Schenkel [šèŋkəl *Si. Vbg.* u. s.; šèŋgəl, Pl. šèŋglə *Ri. Ha.*] *m.* 1. *Knochen, Bein.* els. 2, 421 Schënkel *Teil des Beines.* Zs. Sch.-hus [-hús *Bo.*; -haisχən *Fletr.*; šaŋkenhaus *D. Si.*; šiŋkənhaisχən *Kirchnaum.*] *n. Beinhaus. (Über diese Anlagen auf Friedhöfen, die zum Zwecke hatten, die bei Wiederbenutzung von Grabstätten zutage geförderten Gebeine von früher daselbst eingesenkten Leichen aufzubewahren, handelt ausführlich Dr. Bour im Jb. für Lothr. Gesch. u. Altert. Jahrg. XVII 2. Hälfte S. 1—96).* — 2. *Rebenschößling Si.* lux. 379. ebenso.

schenken [šèŋkən *Si.*] adj. *knöchern:* e sch. Wirfel. s. Schank.

schenkeⁿ [šèŋke *fast allg.*; šèŋgə *Ri. Ha.* — Ptc. gəšèŋkt, gəšuŋkə] tr. v. *schenken, als Geschenk geben:* er hat m'r das Buch geschenkt. 'S isch g'schengt *es ist spottbillig Ri. Dem, der niest, ruft man zu:* de griescht äbbs g'schengt! *weil das Niesen als gutes Omen gilt. ibid. Rda.:* eme gschunkene Pärd soll m'r nit ins Mul lun. *Schw.*

schenneⁿ [šènəⁿ *fast allg.*] tr. v. *schimpfen, schelten:* wann ich zu spät kumme, schennt mi Mutter. Schennen < schänden *in der Bedeutung schelten; der Zusammenhang mit Schande ist der Ma. gänalich abhanden gekommen.* — lux. 374 schännen; hess. 341 u. baier. 2,429 schänden = *schelten; ebenso in zahlreichen Maa.* From. 4, 182. 414, 31; 5. 138, 30. 167, 134; 6, 200.

Schenter [šèntər, Pl. -n *Wal. Oberk.*] *f. in Scheiben zerschnittene Kartoffeln, um auf dem Ofen gebraten zu werden.* s. a. Zentert.

Schep *Schaufel* s. Schipp.

schepp [šèp *Sgd. Lix. Fo. Bo.* u. s.] adj. u. adv. *schief, windschief, ungerade, einseitig:* das Regel (*Lineal*) isch jo sch. Der Poste steht sch. *Fo.* — els. 2, 423 u. baier. 2,436 schëpp, schepps; hess. 344 scheib, schepp. s. a. Gr. Wtb. 8, 2558.

scheppeⁿ [šepə *fast allg.*; šebə *Pfb. Bi.*; šèpfe *Weil.*; šefən *Falk. D. Si.*; šèfən *Bo.* — Ptc. gəšept (gəšòf *Bo.*)] tr. v. 1. *schöpfen:* de Supp scheppe. Loft scheffen *D. Si.* Er schepſt Notem, äss a nit vo-

stickt *ausweichende Antwort, wenn man nicht weiß, wo jd. ist. Weil.* Zss. Schepp-brunne *Schöpfbrunnen, Gegensatz zu Laufbrunne Ri. Ha.* Scheppleffel *Suppenlöffel Lix.* — 2. *schaufeln:* Sand scheppen *Bo. D. Si.*

Scheppes [šéəpəs *Bo.*] *m. Mörtel,* eigtl. *was mit der Kelle geschöpft wird.*

scheppleⁿ [šeblə *Ri. Ha.*] intr. v. *trinken, mit dem Nebenbegriff des Gewohnheitsmäßigen:* er schebbelt wieder *sitzt wieder im Wirtshaus.* — els. 2, 423 schöpple.

Scher [šèr *fast allg.*; šéïr *D. Si.*; šèᵃr *Rein.*; šèrə *Mw.* -- Pl. -ən] *f.* 1. *Schere:* mit der Sch. schnid m'r de Rock. — 2. *Gabeldeichsel:* hew de Sch., dass ich's Pärd anspanne! *Lix.* — 3. *gabelförmiger Ast, dann Ast überh. Mw.* hd. Schere Gr. Wtb. 8, 2567 ff. — Zs. Scher-wân *m. Falk.* (Scherwawe *Ri. Ha.*) *Wagen mit Gabeldeichsel.* Schere-schliffer, Schere-schlefer *m.* 1. *Scherenschleifer;* 2. *Ohrwurm.*

schereⁿ [šèrəⁿ *fast allg.* — Part. gəšèrt u. gəšòr] tr. 1. *scheren:* ich geh mich sch. lon *Lix.* De Hôr, de Bart sch. — 2. *schlagen, hauen:* ich scher dir äni ufs Dach *Bi.* — 3. refl. *(verächtlich) sich wegmachen, sterben:* 's hat sich wieder äner (los)geschert *Bi.* Scher dich sum Deiwenker! *Lix.* — els. 2, 427.

Scherlecker [šèrlèkər *Bo.* u. s.] *m. Schierling (früher Scherling).*

Scher-mus [šèrmys, Pl. gleich *Pfb.*] *f. Hamster.* — els. 2, 725 Schërmus; Gr. Wtb. 8, 2590 Schermaus.

Scherpel [šèrpəl *Elw.* u. s.] *m.* 1. *Meißel.* — 2. *starkes Messer zum Spalten kleiner Holzblöcke.* — Gr. Wtb. 8, 2591 Scherper 2; mhd. scherper; vgl. mlat. sarpa; frz. serpe. s. a. Serf.

Scherr [šèr *Fo.* u. s.; šèr *D. Si.*] *m.* u. *f. Kruste, Scharre; Bodensatz im Topf od. in der Pfanne, der sich beim Backen ansetzt u. dann abgescharrt wird.* — els. 2, 428 u. baier. 2, 448 Schërret, Schärret; hess. N. 245 Scharre; lux. Schiär Ga. 392.

scherreⁿ [šèrəⁿ *fast allg.*; šèrən *D. Si.* — Flexion: šèrə, širšt, širt; han gəšèrt, gəšŭr] tr. v. 1. *scharren, zusammenscharren:* De Hihner scherre uf dem Mischt *Fo.* Bliĕder scherren *Blätter zusammenscharren Rü.* — 2. *kratzen (am Körper):* was haschte uf dem Kopp ze scherre? — els. 2, 428 u. baier. 2, 452 ebenso; mhd. schërren.

Scherret [šèrèd *Ri.*] *f. Dasselbe wie* Scherr.

Scherr-fisscher [-fĭsχər *Fo.* u. s.; -fĭslə *Ri.*] pl. *Kratzfüßchen, übertriebene Höflichkeitsbezeugungen:* du bruchscht kä Sch.-f. ze mache! *Fo.* M'r werd doch nit lang misse Sch.-f. mache! — els. 1, 151 Schärrfüessel. s. scherreⁿ.

scherr-fissleⁿ intr. v. *Ri. Hom. Rom. Ha. schmeicheln, ein Speichellecker sein.* s. d. vorige.

Scherz [šèrts *fast allg.*] m. wie hd. *Scherz:* e Sch. in Ehre kann niemand verwehre *Flh.*

Sches [šés, Pl. -ə; Demin. šésəl *Bi.* u. s.] *f. Kutsche mit beweglichem Dach, Halbkutsche.* — els. 2, 435 Sches; frz. chaise.

Schesteⁿ [šèstə *Fo. Fa.*; žèstən *D. Si.*] pl. 1. *Hand-, Kopf- u. Körperbewegungen, welche die Rede begleiten:* was der for Sch. macht! — 2. *Possen, Dummheiten:* Mach doch ken Sch.! — els. 2, 441 ebenso; frz. gestes.

Schetzel [šètsəl *Brettn. Bo. Gelm.*; šitsəl *Kr.* — Pl. -n] *m. f. n.* 1. *Schleuse am Mühlenkanal.* lux. 397 Schötzel; vgl. ahd. (muli) schiutele, Graff Sprachsch. 2, 712. — 2. *Stock mit Strohwisch in Feldern, in welche der Hirte nicht fahren darf.*

Schib *Glasscheibe* s. Schiw.

Schibber, Schubber *m. Si.* u. s. 1. *(ndd. Form für) Schiefer.* vgl. hess. 348 Schibber *Splitter.* — 2. *Schuppen der Kopfhaut.* — lux. 399 Schubber s. a. Schiffer.

schibberech adj. *Si. mit Hautschuppen bedeckt.* — lux. schubberech.

Schibes [šibəs u. žibəs *D. Si.*] *m. Hut, bes. Zylinderhut.* — frz. gibus.

Schibung [šibuŋ *Ri.*] *m. kurzer Unterrock der Frauen.* — frz. jupon.

Schicht [šĭχt *Sgd. Lix.* u. s.] *f.* 1. *Schichte, Lage.* — 2. *bestimmte Arbeits*zeit: min Sch. isch erum far heit *Lix.* — 3. *das Ende der Arbeitszeit, dann auch die Ruhezeit:* Sch. mache *die Arbeit niederlegen.* els. 2, 391 ebenso; Gr. Wtb. 8, 2637, 5 b: Schicht machen *aufhören zu arbeiten.*

Schick [šik *fast allg.;* šigə *Pfb. Ri. Ha.;* šikən *Bo.*] *f. (Bo. m.)* 1. *Steinkügelchen zum Spielen, Glicker:* Schigge spile *Pfb.* — 2. *ein Mundvoll Kautabak.* els. 2, 405 ebenso; frz. chique. — 3. *geschwollene, aufgeblasene Backe Ri. Ha.* els. 2, 405.

schickeⁿ I [šikə *fast allg.;* šĭgə *Ri. Ha.;* šekən *D. Si.*] 1. tr. *schicken, senden:* de Bangert *(Feldhüter),* de Hissie *(Gerichtsvollzieher)* schigge *Ri.* — 2. refl. *sich benehmen:* sich sch. wie e Hund an'r Karich *Fo.* Wer sich wäsz ze sch., brucht sich nit ze bicke *ibid.* Es geht em schlecht, awer er schickt sich dennoch *ibid.* Er schiggt sich, ass e Schand isch *Ri. Ha.* — 3. *sich fügen:* er hat sich drin geschickt *allg.* — 4. unpers. *passen:* es hat sich grad so geschickt. Es werd sich alles schigge, dass er nit kumme kann *die Umstände werden so sein, daß . . . Ri.* — els. 2, 405.

schickeⁿ II [šikəⁿ *fast allg.;* šigə *Pfb.*; žikən *D. Si.*] tr. v. *Tabak kauen:* Düwak schigge *Pfb.* — els. 2, 405; frz. chiquer.

schicker [šikər *Mü.* u. s.] adj. *betrunken:* der isch so sch., dass er nimmeh sieht. *(Dieser jüdisch-deutsche Ausdruck,* ‹ hebr. schikkòr, *kommt in md. u. ndd. Mundarten vor* Gr. Wtb. 8, 2657). — els. 2, 405 ebenso. sch.

schiddeⁿ [šideⁿ *D. Si. Hd. Ri. Ha.;* šĭdən *Bo.;* šedən *Rü.* — Ptc. šut, gəšut, gəšot] 1. intr. *sich erbrechen:* d'es fer se sch. *es ist zum Erbrechen jämmerlich Hd.* — 2. tr. *Obst von den Bäumen schütteln:* Niss, Bire sch. — 3. unpers. *sehr stark regnen:* 's schidd wieder *Ri. Ha.* — els. 2, 445 schütte; henneberg. sich beschütten From. 7, 150; lux. 379 schidden; vgl. baier. 2, 489 schütten *Junge werfen.*

Schiding [šidiŋ *Lix.* u. s.] *f. Scheidung, Scheide.* — baier. 2. 374 Schidung. s. a. Schädung.

schieken, schiekes, schiekich s. schaken, schakes, schakich.

Schien [šin *Fa. Bo.* u. s.; šin *Brettn. D.*; šinə *Grt.*] *f.* 1. *Schiene.* — 2. *Weidengeflecht, Hürde zum Auflegen der Kuchen u. zum Dörren des Obstes.* — baier. 2, 425; els. 2, 417 Schin; mhd. schin, schine.

Schier [šīr *fast allg.*; šía *Vbg. Ma.*; šíar *Va. Brettn.*; šaíər *D. Si. Ebersw.* Demin. šírχən, šírχin] *f. Scheuer, Scheune:* de Frucht isch schon in der Schier. *Bauernregel:*
Hell Metten, donkel Schieren,
Donkel Metten, hell Schieren. *Obd.* s. Scheier. — Zss. Sch.-denn *Scheunentenne:* det Mul ofrissen weï'n Sch.-d. *Bo.* Sch.-dir *Scheunentor.* Sch.-dor *dasselbe.* Sch.-port *dasselbe. Rda.:* Mit der Sch.-p. winke *Fo.* u. s. A micht Auen wie'n Sch.-p. *Vbg.* E Mul wie e Sch.-p. *Av.*

Schieren Ortsname Neuscheuern (Kr. Forbach).

schiereⁿ [šírə *fast allg.*] tr. v. *schüren:* 's Fir sch. *Rda.:* Viel Hänn schiere viel Bränn *viele Hände schüren viele Brände d. h. bringen viel zustande.*

schiergar [šírgår *Pfb.*; šigàr *Hom. Ri.*] adv. *beinahe, fast gänzlich:* er wär sch. gefalle. — els. 1, 228 ebenso.

Schiess [šis *fast allg.*; šé'is *Bo. D. Si.* — Pl. -ən] *f. Schaufel, womit das Brot in den Backofen „geschossen" wird; Brotschieber.* — els. 2, 440 ebenso; vgl. mhd. ein schuʒ brot.

schiesseⁿ [šise *fast allg.*; šé'isən *Bo. D. Si.*; Ptc. gəšus, gəšos] 1. tr. *schießen:* ich han uf de Has geschuss, han ne awer nit krit *Lix.* — 2. intr. *stark laufen:* 's Wasser schiesst.

Schiesser [šísər, Pl. šísrə *Ri. Ha.*] *m. jd., der schießt. Die jungen Leute, die bei Taufen, Hochzeiten u. dgl. Freudenschüsse abfeuern, heißen* Schiessre; *sie erhalten dafür den* Schiesswein *od.* Schiesserschnaps.

schiewleⁿ [šíwlə *Ri.* u. s.] tr. v. *schieben, meist nur in Zss.:* ab-schiewle *abwinken, durch Ausflüchte aller Art jd. entfernen:* i han en abgeschiewelt; uf-schiewle *aufschieben.* — els. 2, 388 schieble.

Schiff [šif *fast allg.*; šef *Bo. D. Si.* -- Pl. šífə, šef, šefər; Demin. šífχə, šefχən, šífəl, šefəlχən] *n. Schiff. Rda.:* än op d'Schef scheken *einen abführen D. Si. Das Demin. bedeutet* a) *kleines Schiff;* b) *Weihrauchschiffchen beim Gottesdienst;* c) *Weber- u. Nähschiffchen.* — Zss. Sch.-bam *Schiffstange;* Sch.-mann *Schiffer u. Schiffbesitzer.*

Schiffer [šífər *Ri.*; šiwər *Ha.* — Pl. šífrə] *m.* 1. *Schiefer:* 's Dach isch mit Schiffre g'deckt. — 2. *Kopfschuppe:* Schiffre uff um Kobb han *Ri.*

Schikane [šikánə *fast allg.*] *f.* pl. *Kniffe, Ränke:* er steckt voll Sch. *Fo.* Schikane suche *allg.* — els. 2, 404; lux. 380; frz. chicane.

Schikaner *m. fast allg. Händelsucher, Schwindler, Wortverdreher:* das isch e richtijer Sch.! — els. 2, 404; lux. 380; frz. chicaneur.

schikaniereⁿ [šikaníro *fast allg.*; šigəníro *Ri. Ha.*; šikanéïərən *D. Si.*] intr. v. *Ränke gebrauchen, ärgern, Schwierigkeiten bereiten.* — els. 2, 404; frz. chicaner.

Schikore [šikoré *fast allg.*; šigoré *Pfb.*; šikoréï *D.*; šigri *Si.*] *f. Cichorie, Kaffeezusatz.* — els. 2, 405 ebenso; lux. 380 Schikri; frz. chicorée.

Schikta [šikta, Pl. -n *Bo.*] *n. Schwein in der Kindersprache. Zu* schieken?

Schild [šilt *fast allg.*; šelt *Bo. D. Si.* — Pl. šildər, šeldər] *m.* u. *n. Schild:* er hat ebbes im Sch. *Fa.* — Zss. Sch.-wach: uff Sch.-w. stehn. Sch.-grod *Schildkröte Ri. Ha.*

Schile [šilè *Bo*; šilé *Pfb.*; žilé *Fo. D. Si.*] *n. Weste:* min Sch. isch zu kurz. — els. 2, 40 ebenso; frz. gilet.

Schilft [šil(i)ft, Pl. šilfdə *Ri.*] *f. Schale, Rinde:* Grumbire-schilfde, Bam-schilft. -- els. 2, 411 Schelfte; schwäb. u. hess. 345 Schelfe: baier. 2, 410 Schelfen; mhd. schelve. s. a. From. 5, 292.

schilkseⁿ [šilksən *Fa. D. Si.* u. s.; šé'ïlksə *Bi.*] intr. v. *schielen.* — baier. 2, 405 schilchen, schilchsen; eifl. schilksen From. 6, 18; lux. 380 schilxen; mhd. schilhen.

Schilkser, Scheïlkser *m. einer, der schielt*. — baier. 2, 405 Schilcher.

schilksich (scheïlksich, schilksech) adj. *schielend:* schilksich lun. — lux. 380 schilxech.

schilleⁿ *schelten* s. schellen II.

Schiller [šĭlər *fast allg.;* šelər *D. Si. Bo.* — Pl. šilərə, šildrə, šelərən] *f. Schulter. Rda.:* uf zwei Schelern drân *Bo.* Der will immer uf zwei Schillere Wasser trân *er will es mit keiner Partei verderben Fo.* — Zs. Sch.-blatt: er hat's Sch.-bl. usenänta gefall *er hat sich die Schulter verstaucht Av.*

Schilleri [šĭləri *Ri.*] *m. Sellerie.* — Zs. Sch.-sälat.

schillich [šilix *fast allg.;* šelix *Bo. D. Si.*] adj. *schuldig:* M'r mänt, ich wär em eppes sch. *Fo.* — lux. 378 schelech. s. a. schullich.

Schillichkeit (Schelechkät) *f. Schuldigkeit:* seng Sch. din *Si.*

schilzen [šĭltsən *D. Si.*] intr. v. *auslugen, verstohlen schauen, schielen nach.* — lux. 380 ebenso; baier. 2, 405 schilchsen. s. a. schilksen.

Schim-bein [šimbáïn *Falk.;* šinbèn *Ri. Ha.*] *n. Schinbein.* — els. 2, 52 Schinbein.

schimech [šimex *D. Si.*] adj. *schämig, verschämt:* en hot mech sch. gemåcht *er hat mich beschämt Si.* — lux. 380 ebenso. s. Schämt, Schimt.

schimen *schäumen* s. schumeⁿ.

Schimmel [šimǝl *fast allg.;* šemǝl *Bo. D. Si.;* Pl. -n] *m.* 1. *Schimmel (weißes Zugtier).* — 2. *Schimmelüberzug auf Speisen u. Flüssigkeiten.* — 3. *spöttisch für eine stark blondhaarige Person Ri.*

schimmeldich [šimǝldix *Falk.* u. s.; šimǝli *Ri.;* šemǝlex *D.Si.*] adj. *schimmelig, mit Schimmel überzogen.*

Schimnas [simnás *Fa.* u. s.] *n. Turnen, Turnübung:* Sch. mache *turnen* = els. 2, 416 ebenso; frz. gymnase.

Schimnastik *f. fast allg. das Turnen:* Sch. mache *Turnübungen vornehmen Ri.* u. s. — frz. gymnastique.

Schimt *Scham* s. Schämt.

Schin [šĭn *fast allg.;* šain *D.;* šéïn *Si.*] *m.* 1. *Schein:* um Sch. noh *dem Anschein nach Ri.* — 2. *insbes. Mondschein.*

Bauernregel: wenn's Sch. isch, soll mer säje *(säen) Ri.* — els. 2, 416 ebenso.

Schind-mähr *f. Av.* u. s. 1. *Schindmähre; alter, elender Gaul.* — 2. *derbes Schimpfwort für ein verkommenes Frauenzimmer.* — els. 1, 700.

schineⁿ [šinəⁿ *fast allg.;* šainən, šeŋən *D. Si.* — Ptc. gəšĭnt, gəšĭnən, gəšeŋt] intr. v. 1. *scheinen:* de Sunn schínt. Bi dir schint schu der Mond *du hast eine Glatze.* D'Sunn schint in d'Lad *wenn kein Geld mehr im Kasten ist Ri.* — 2. *(in die Rede eingeschoben) anscheinend, wahrscheinlich:* kummt er morje? es schint sich. — els. 2, 417 ebenso.

sching! schingtich! [žiŋ, žiŋtix *Bo.*] interj. *plumps!*

schinkeⁿ [šinkə *Sgd. Lix.* u. s.] impers. v. *die Glocke anschlagen:* es schinkt einzelne Glockenschläge ertönen. Es hat geschinkt, der Säche *(Segen)* wird gen *Lix.* — vgl. baier. 2, 527 schlinken, schlenken, schlanken.

Schinn [šĭn *D. Si.*] *f.* 1. *Beinschiene.* — 2. *Eisenbahnschiene.* — 3. *dünnes, schmales Holz, wie es der Korbmacher durch Spalten zum Flechten der Körbe, Siebe usw. bereitet.* — mhd. schin. s. a. Schien. — Zs. Schinne-koref *m. D. Si. Korb aus dicken Weiden, die in weiten Abständen stehen.*

Schinnel [šĭnəl *fast allg.;* šiŋəl *Ri. Fi.* u.s.; šandəl *D. Si.*] *f.* 1. *Dachschindel.* Zs. Sch.-dach. — 2. *Schiene des Chirurgen zum Einrichten eines zerbrochenen Gliedes.* — els. 2, 419 Schindel; lux. 373 Schandel.

schinnen I tr. v. *D. Si. schienen:* e Koref sch. — lux. 380 ebenso.

schinnen II [šĭnə *fast allg.;* šiŋə *Ri. Fi. Mtsh.;* šenən *Bo. D. Si.* — Ptc. gəšùn, gəšent, gəšaŋt, gəšuŋ] tr. v. *schinden:* e Pärd sch. — 2. refl. *sich abarbeiten:* sich sch. wie e Hund. Das *Ptc.* geschent wird vom *Schinden* gesagt: en hot e Pärd geschent. *Bei einer Hautabschürfung heißt es* geschant: ech hu' mech geschant *D. Si.*

Schinner [šĭnər *fast allg.;* šiŋər *Fi. Ri. Mtsh.;* šenər *Bo. D. Si.*] *m. Schinder, Quäler.* Zss. Schinner-hannes (Sche-

ner-hans, Schinger-hansel) *allg.* Sch.-wasen *m. Schindanger; Almende, wo das tote Vieh eingescharrt wurde Falk.* Schinger-wawe *m. Wagen, auf welchem man die verendeten Tiere abholt Ri.*
Schinnerei (Schenerei, Schingereï) *f. Schinderei, Quälerei.*
schinnle[n] [šinlə *fast allg.;* šìŋlə *Ri. Fi. Mtsh.*] tr. v. *schindeln, einrichten:* der Dokter hat de n'Arm geschingelt *Ri.*
Schino [šìno *Gelm.*] *m. Scheitel.* Sch. < frz. chignon.
Schioli [šioli *fast allg.*] *Anruf der Masken. In Pfalzburg rufen die Kinder den Masken nach:* Schioli, mastikra, da bif di la! *(soll wohl heißen:* chie au lit! mardi gras, quel pif il a!) — frz. chie au lit.
Schip [šìp *fast allg.;* šìb *Niederh.* — Pl. -ən; Demin. šipχən] *f. Kittel, Bauernkittel, Oberrock der Männer. Das Demin.* Schipchen *bedeutet noch bes. Kinderröckchen.* — lux. 380 Schipp; els. 2, 424 Schup; frz. jupe.
Schipp [šìp *fast allg.;* šìb *Ri. Ha.;* šip u. šep *Sgd.;* šep *Bo. D. Si.;* šèp *Pfb.;* šèïp *Bi.* — Pl. šìpə, šìbə, šepən, šèbə, šćibə; Demin. šipəl, šepχin] *f.* 1. *Schaufel, Schippe, Spaten:* mit der Sch. grabt mer. Du grischt doch nix met, als wie e Sch. voll Grund *sagt man zu einem Geizhals Lix.* Es geht em van der Sch. *es geht ihm von Hand, er arbeitet leicht, spricht fließend.* — 2. *Schippen im Kartenspiel:* Sch. isch Trump. Zs. Schippekinich a) *Schippenkönig im Kartenspiel;* b) *mürrischer Mensch mit heruntlerhängenden Lippen:* er macht e Gesicht wie e Sch.-k. *Ri. Ha.* — 3. *Mützenschirm:* e Sch. an der Kapp. Zs. Schippe-kapp *f. Mütze mit Schirm. Falk.* — 4. *Schulterstück vom Schwein od. Rind Lix.* — 5. *Mundverzerrung, zum Weinen verzogenes Gesicht:* d' Scheïb mache, as wa m'r hile wod *das Gesicht verziehen, als wenn man weinen wollte. Bi.* En Scheppche mâchen *Si.* — hess. 350 Schippe; lux. 396 Schöpp; els. 2, 424 Schupp, Schüpp; baier. 2, 438 Schüppen (Schippen); ndd. Schüppe, From. 5, 292.
Schippe-kniwes [-kníwəs *Fi.* u. s.] *m. Knirps.* s. Schipp u. Kniwes.

schippeln [šipələn *Umgegend von D.*] tr. v. *Frequentativ von schieben:* e Fås sch., Kälen sch. *ein Faß, Kegel schieben.* — ss. schipeln *rollen* Kr. 115; hess. 350 u. nordböhm. schippeln, From. 2, 236. s. a. Gr. Wtb. 9, 207.
schippe[n] [šìpə *fast allg.;* šepən *Bo. D. Si.;* šebə *Bi.* — Ptc. gəšipt, gəšept] tr. v. 1. *schaufeln:* Dreck sch. — 2. *wegjagen, zurechtsetzen:* er hat mich wille glawe mache, er wär dohêm gewän, ich han ne awer geschippt. *Fo.* — Gr. Wtb. 9, 207 schippen; ndd. schüppen; mhd. schüpfen.
Schira [šira *Ri. Ha.*] *männl. Vorname* Gerhard; frz. Girard.
Schirbel, Scherbel s. Schirmel.
schirfe[n] [šìrfə *Pü. Ri. Ha.* u. s.] tr. v. *licht behacken, oberflächlich das Unkraut wegkratzen:* de Dickwurzle werre geschirft. *Pü.* — 2. *schürfen, durch Reiben die Haut verletzen:* i ha mi g'schirft *Ri.* — 3. *Ausdruck im Buchbinderhandwerk:* 's Ledder sch. *den Rand des Leders mit dem Messer bearbeiten, damit er sich an Rücken u. Deckel anpaßt.* — els. 2, 432 schürfe, schirfe; Gr. Wtb. 9,2040 schürfen *aufreißen, graben.*
Schirme [šìrmə *Ett. Ri. Ha.*] *m.* 1. *Porzellangefäß (mit dem Nebenbegriff des Zerbrechlichen).* els. 2, 432 Schirme 2 *irderner Topf.* — 2. *Scherbe* s. Schirmel. — 3. *unbeholfener, linkischer Mensch.* vgl. tirol. Schurm *übereilter Mensch* Gr. Wtb. 9, 2052. — 4. *Schelte für ein faules Frauenzimmer.*
Schirmel [šìrməl *Sgd. Lix. Vbg.;* šiərməl *Falk.;* šìrbəl, šìrpəl *D. Si.;* šerbəl *Bo.;* šìrmə *Ri. Ha.*] *m.* u. *f.* 1. *Scherbe, Schale.* — 2. *Kopf (ähnlich wie ital.* testa, frz. tête < lat. testa, testula *Scherbe):* en hot et an der Schirbel *er ist angetrunken Si.* — 3. *verächtl. für eine minderwertige Person od. Sache Ri. Ha.* — els. 2, 432 Schirme, Schirbe *neben* Scherbe; baier. 2, 463 Schirbel; lux. u. eifl. Schirbel *Scherbe u. Kopf Bü.* 24; mhd. schirbe, schërbe, schirbel.
schirme[n] [šìrmə *Ri.* u. s.] intr. v. *einen klanglosen Ton von sich geben infolge Beschädigtseins:* d'Glogg schirmt. — vgl. mhd. schirben *in Stücke brechen.*

Schirmen-tee [šìrmənté *Fo.*] *m. St. Germaintee.* Schirmen < Germain *mit französ. Aussprache des* g.

Schirp [šìrp, Pl. -ən *Rü.* u. s.] *f. Nußschale.* — vgl. els. 2, 432 Schirbe.

Schir-tuch [širtuχ *Bo.;* šírduχ *Wolm.;* síatuχ *Wal.;* šítuχ *Brettn.;* šíərteχ *D. Si.* — Pl. -diχər, -téïχər] *f. u. n. Schürze.* Schirtuch < Schurztuch. — lux. Schirtech Ga. 394; baier. 2, 473 Schurztuech; ndl. Schorteldoeck. s. a. das folgende.

Schirz [šìrts *Fo.* u. s.] *f. Schürze (gewöhnlicher ist* Vorduch s. d.)

Schiss [šìs *fast allg.*] *f. Durchfall, Diarrhöe:* de Schiss han; er het de Sch. siewe Elle lang *Fo.* — els. 2, 436 ebenso. — Zss. Sch.-arsch *auch als Kosewort für kleine Kinder.* Sch.-dreck (s.d.) Sch.-hisel *Abort.* Sch.-kiwel *Abortkübel.* Sch.-mann *Wagenführer des* Sch.-wawe *Abfuhrwagens.* Sch.-gass (s. d.) Sch.-krut (s. d.) Schiss-mäl (s. d.)

Schiss-dreck [šìsdrèk *fast allg.;* šeïs-*Bo.;* šais-*D. Si.*] *m.* 1. *Menschenkot:* Sch.-dr. isch Trump! *derbe Widerrede.* — 2. *Dreck überh.:* das geht dich kä Sch.-dr. an! Er versteht e Sch.-dr. devon. *Auch in Ausrufen:* jo, Schissdreck! — Zs. Schissdreck-spitzer *m. Fo.* u. s. *Geizhals, der seine eignen Exkremente benutzt.* vgl. els. 2, 554 Makümmispitzer eigentl. *Kümmelspitzer, Geizhals.*

Schissel [šìsəl *fast allg.;* šosəl *D. Si. Bo.;* šusəl *Falk.* — Pl. šìslə, šosəln, šusəln; Demin. šesəlχin] *f. Schüssel. Rda.:* er macht e Gesicht wie e Elfsüschissel *(Schüssel im Werte von 11 Sous)* ohne Henkel. *Ett.* — Zss. Sch.-lumpe *m. Schw. Spüllappen. Rda.:* ma waʳte uf dich met dem Sch.-l. *sagt man zu dem spät kommenden Gast.*

schissen [šisə *fast allg.;* šeïsən *Bo.;* šaisən *D. Si.* — Ptc. gəšls, gəšes, gəšas] intr. v. *scheißen:* wär d'r numme ens Mul geschess! *grober Wunsch Lix.* Jo, der Hund schisst d'r ebbs! *derbe Abweisung Fo.* Ebber in d'Krätz (s. d.), in de Wä *(Weg)* sch. *jemandem Schwierigkeiten bereiten Ri. Ha.* Ebber voll sch. *(derbe Zurückweisnng) gar nichts nach jd. fragen ibid.*

Schisser, Schesser *m. Scheißer, Feigling:* du bischt jo e Sch.! *Das Femin. lautet:* Schissersch, Schessersch.

Schiss-gass [-gàs *Bi.*] *kommt nur vor in der Rda.:* die Sch.-g. eneïngehn 1. *an einer Krankheit dahinsiechen;* 2. *in den Vermögensverhältnissen zurückkommen, dem Ruin entgegengehen.* — els. 2, 235 d'Schissgass na gehn.

Schiss-krut *n. Bo.* (Scheis-kraut *D.*) *Bingelkraut* (Mercurii herba, mercurialis). — els. 1, 532 ebenso; Gr. Wtb. 8, 2470 Scheiszkraut.

Schiss-mäl [-mǽl *Fo.;* šesmeldom *Schw.*] *m. Melde, Scheißmelde* (triplex patula), *ein bis zu* 1 ¹/₂ m. *wachsendes Unkraut, das gern auf Schutthaufen gedeiht; wenn die Ziegen viel davon fressen, bekommen sie Durchfall, daher der Name.* — els. 1, 677 Schissmelde; Gr. Wtb. 8, 2471 Scheiszmelde.

Schit [šid, Pl. šidrə *Ri. Ha.* u. s.] *n. Scheit Holz.* s. a. Schät III.

Schitt [šìd *Ri. Ha.* u. s.] *f. Strang, Strähne:* e Sch. Woll. — els. 2, 444 Schütte; baier. 2, 487 Schött, Schied; pfälz. Schëd; mhd. schote.

schitten s. schidden.

schittlen [šìtlə *Fo.;* šìdlə *Ri. Ha.;* šìdələ *Sgd. Lix.;* šedələn *Bo. D. Si.*] 1. tr. *schütteln:* de Bam sch. *Fo.* Kumm, m'r gehn Maikiwerte schiddle *Lix.* Lu mol dohin, wie de geschiddelt wor isch *wie der durch Krankheit kart mitgenommen ist ibid.* Er bruchds nurre us'm Ärmel schiddle *er hat große Leichtigkeit Ri. Ha.* I han ne awer geschiddelt *ich habe ihn aber gepackt u. geschüttelt Ri.* Stroh schiddle *Stroh in die Höhe werfen, um es von fremden Bestandteilen zu reinigen ibid. Solches Stroh heißt dann* Schiddelstroh. — 2. refl. sich sch. *schaudern vor Kälte od. Ekel.*

Schitz [šits *fast allg.;* šyts *Pfb. Ett. Vbg.* — Pl. ən] *m. Flurschütz, Bannwart, Polizeidiener:* o weh! wann der Sch. kummt un dich gesiht *Fo.* — els. 2,447 u. baier. 2, 493 Schütz.

Schitzel I [šitsəl, Pl. -ə *Schw.* u. s.] *n. Brett, das vorn od. hinten am Wagen aufgestellt ist, um die Ladung vorm Herabfallen zu schützen.*

Schitzel II [śìdsəl *Ri.*] *n.* (eigentl. *kleiner Schuß*) *Pulver- od. Schießblättchen, das auf kleinen Kinderflinten abgefeuert wird.*

Schiw [śíw, Pl. -ə *Pfb. Ett.* u. s.; śíb *Schm. Ri. Ha.*] *f.* 1. *Glasscheibe:* Schiwe insetze. — 2. *brennende Holzscheibe in der Wdg.* Schiwe schlawe *(Am Fastnachtssonntag steigen die jungen Lützelburger hinauf zur Burg, um dort* Schiwe ze schlawe. *Jeder nimmt einige Hundert viereckiger Holztäfelchen mit, die in der Mitte ein Daumen dickes Loch haben. Diese werden an einen Stock befestigt u. glühend gemacht. Dann wird der Stock auf einen Stein geschlagen; die Scheibe löst sich u. fliegt, wenn sie gut geschleudert wird, bis auf den gegenüber liegenden Berg. Über diese Volkssitte s. Jb. 2, 183; 3, 118; 4, 114; 5, 152; 6, 165; 10, 225; 12, 187).* — els. 2, 388 Schib 9; baier. 2, 356 Scheiben treiben od. schlagen. — Zs. Schiwe-insetzer *m. Pfb. Glaser.*

Schiwere[n] [śìwərə *Sgd. Lix.*; śéïwən *Bo.*] *f.* pl. *Schuppen, wie sie sich z. B. von der Kopfhaut der Kinder lösen:* Sch. uf dem Kopp han. — els. 2, 389 Schüeb(e) 3. s. a. Schibber, Schubber.

Schlabber [ślàbər *Ri. Ha.* u. s.] *f. in der* Zs. Schl.-supp *dünne Suppe.*

schlabbere[n] [ślàbərən *D. Si.*; ślèbərə *Ri.* u. s.] *intr. v. hin- u. herschwanken von einer Flüssigkeit in einem Gefäß:* geschlabbert voll *zum Überlaufen voll.* — els. 2, 448 schlabbere, schlabbere; lux. 381 schlabberen; baier. 2, 534 schleppern.

schlabberich adj. *D. Si.* u. s. 1. *fade, kraftlos, unreinlich:* schlabbereche Breï. — 2. *schlotternd, hin- u. herfließend von Flüssigkeiten u. weicher Masse.* — els. 2, 449 schlabberig.

Schlabeizchen [ślàbaitsχən *D. Si.*] *f. Schleckerei, Leckerbissen.* — lux. 381 ebenso. Schl. < schlappen *auflecken* u. Bauz, Demin. Baizchen *Mehlspeise, Teig in Schmalz geröstet;* baier. 1, 315 Bauzen. —. vgl. baier. 2, 530 schlappen *Teller u. Schüssel ausessen;* henneb. schlappern *Flüssigkeiten gierig auflecken* From. 3, 133. s. a. Weigand Wtb. 2, 589.

schläch [ślèχ *D. Si.*] adj. u. adv. *in den Verbindungen:* schläch-voll *gestrichen voll;* schläch Möss *volles Maß.* — lux. 382 ebenso: westf. slèkvull; vgl. engl. sleek *glatt.*

Schlacht I [ślàχt *Rg.*; śláχ *D. Si.*] *f. Gattung, Art, Geschlecht:* er isch von der nämliche Schl. — baier. 2, 499 Schlacht, Geschlächt; vgl. els. 2, 450 geschlacht *gesittet, artig;* Gr. Wtb. 9, 236 Schlacht III; mhd. slahte.

Schlacht II [ślàχt *Sgd. Lix. Saaralb.*; ślåd *Ri. Ha.*; ślàt *Busd.*; ślót, śluət *Si.* — Pl. śló, ślátən, ślådə, ślótən, śluətən] *m. Schwade, Reihe gemähten Grases, Heues, Klees.* Schlade spreiden od. breche Schwaden ausbreiten; Schlade z'sammereche *Ri.* — els. 2, 451 Schlad; hess. 351 Schlåde; lux. Schloet Ga. 398; mhd. slaht. — Zs. Dobel-schl. *Si.* (dobbeldi Schlahd *Ri.*) *Doppelschwade, wenn von zwei Seiten zugleich gemäht wird.*

schladderen [ślådərən *D. Si.*] intr. v. *schlottern, schlaudern.* — lux. 381 ebenso; hess. 353 schlaudern.

schladderich adj. *D. Si. schlotterig, lose, nachlässig in der Kleidung.* — lux. 381 ebenso; vgl. baier. 2, 537 schlatt *schlapp.*

Schladder-janes u. **Schladres** *m. D. Rü. Ka. herumschlendernder Mensch.* s. schladderen.

Schläerei s. Schläjerei.

Schlaf [ślåf *Lix. Bi. Falk.*; ślôf *Fo. Ri. Ha. D. Si.* — Demin. ślèfəl *Bi.*; śléfələ *Ri.*] *m. Schlaf:* hasch de immer noch Schlof? Er hat de Schlof in de n'Auwe, der Schl. löwt em zu de n'Auwe erus *Ri. Ha.* — Zss. Schlof-geld. Schl.-kaup *Schlafmütze.* Schl.-kammer. Schl.-sack *verschlafener Mensch.* Schl.-bok 1. *Schlafhaube;* 2. *Schwachkopf Si.*

Schläf [ślèf *D. Si.*] *f.* 1. *Schleppe.* — 2. *langwierige Sache:* wann en ufenkt, da get et eng Schl. wenn er anfängt, zieht er die Sache in die Länge. — lux. 383 u. ss. ebenso, Kisch vgl. Wtb. 199. — Zs. Schläf-gar *Schleppgarn, Schleppnetz.*

schlafe[n] [ślàfən *Falk. Bi. Schw.*; ślôfən *Fo. Kr. D. Si. Lix. Ri. Ha.*; ślôfe *Mtsh.*

Flexion: šlâfə (šlôfə, šlôf); šlèfšt (šlôfšt, šlifšt, šléïfšt); šlêft (šlôft, šlift, šléïft); šlâfə (šlôfəⁿ). — Ptc. gəšlâfə, gəšlâf, gəšlôfə, gəšlôft] intr. v. *schlafen:* schlafe wie e Stänesel *Bi.*, wie e Dachs *allg. Rdaa.:* Mer soll sich nit usdun, ew m'r schlofe geht *Lix.* De Schlangen schlofen machen *einen hintergehen Kr. Wiegenlied:*

1. Schlof, Kindche, schlof!
De Vatta hit de Schof;
De Mutta hit de Lämmerche.
Schlof, Kindche, schlof! *Sp.*

2. Schlof, Bibele, schlof!
Der Baba isch e Schof;
Die Mama isch e Trampeldier,
Was kann des liebe Kind dafir? *Flh.*

— lux. schlôfen Ga. 398.
schläfen s. schleifen.
Schlafer [šlâfər *Bi.* u. s.; šlôfər *Ri. Ha.*] *m. Person, die in schlafendem Zustand wahrsagt u. Heilmittel gegen Krankheiten offenbart.* — els. 2, 452 Schlafer, Schlöfer.
Schläfer [šlêfər *D. Si.*; šlôfər *Ri. Ha.*] *m. träge, faule Person. Das Femin. lautet* Schläfesch (Schlofersch). — vgl. hess. 354 schleif *langsam, träge;* lux. Schleef *langsame Person* Ga. 395 s. a. schläfen = schleifen.
schläfich adj. *D. Si. schleichend, langwierig:* en schl. Krankhät.
schläfleⁿ [šlêflə *Bi. Ri. Ha.* u. s.] intr. v. *schlafen, in der Kindersprache.* — els. 2,452.
Schlag [šlàg *Ri. Ha.*; sonst šláχ. — Pl. slǽ, šlé] *m.* 1. *Schlag mit der Hand od. einem Werkzeug:* wart, du krischt Schlä *Lix.* Op den eïschten Schlach fällt kä Bam *Si.* — 2. *Glockenschlag:* schlach siwen Auer Schlag 7 Uhr *D. Si.* — 3. *Schlaganfall:* en hot e Schl. kreït *Si.* — 4. *Taubenschlag:* d' Dauwen sin aus dem Schl. erausgeflun *(herausgeflogen) D. Si.* — 4. *Bodenvertiefung, die beim Umgraben mit dem Spaten od. der Hacke entsteht u. in welche Dünger gestoßen wird:* Mescht an de Schl. stoᵘssen *Si.* — 5. *Jahrgang:* mir sin vam nämliche Schlag *im selben Jahrgang geboren Ri. Ha.* — Zs. Schl.-uhr *Uhr, die durch Gewichte getrieben wird.*

Schlah-bur [šlâbur *Hd.;* šlôpər *D. Si.;* šlambo *Gelm.*] *m.* (eigentl. *Schlagbohrer*) *Meißel.* — lux. Schloper Ga. 398.
Schläjerei [šlèjəreï *Ri. Ha.;* šlèərəï *Lix.;* šléərai *D. Si.*] *f. Schlägerei.*
Schlamassel [šlàmàsəl *Ri. Ha.* u. s.] *m. u. n. in der Vbdg. Geschlamasselts zusammengerafftes Zeug, Gemengsel.* — hebr. schällô'massâl Jb. XII, 158.
Schlamp I [šlàmp *fast allg.;* šlomp *Sgd. Lix.;* šloam *Kr. Grt.*] *m. Schmaus, Festmahl, bes. Leichen- und Kindtaufschmaus:* uf de Schlomp gehn *Lix.* — els. 2, 463 u. baier. 2, 524 ebenso; mhd. slamp *Gelage.*
Schlamp II [šlàmp *fast allg.;* šlomp *Bo.*] *f.* 1. *in Kleidung, Haltung u. Betragen nachlässiges Frauenzimmer:* iwerall sieht m'r die Schl. erum renne *Fa.* — 2. *Querfalte zur Kürzung des zu langen Frauenkleides Ri.* — els. 2, 463 Schlamp; hess. 353 Schlampe, Schlumpe; baier. 2, 224 Schlump; ss. Schlamp, Kisch W. u. W. 139.
schlamp (schlamm) [šlàmp *D. Si.*; šlam *Hb. Mw.;* šlimp *Falk.* — Comp. šlàmər, šlampšt] adj. u. adv. *hinkend, krumm, schief, schräge. (Unser Wort hat die urspr. Bedeutung bewahrt):* schl. gôn *hinken.* schlamm Boᵘnen *eine Art Bohnen. Rda.:* 't goᵘt Rêt an 't schlamm Gæssen kommen hanne noh *die guten Ratschläge u. die lahmen Ziegen kommen hinten nach Si.* — lux. schlamm (schlamp) Ga. 394; hess. N. 2, 54 u. baier. 2, 523 schlimm; schles. schlimm Weinh. 84; ss. schläm Kr. 115; mhd. slimp, slim, schlamm.
Schlampe [šlàmbə *Ri.*] *m. Schlamm, den man aus den Bächen zieht u. längs des Ufers aufhäuft.* — vgl. els. 2, 464 Schlëmpe, Schlampe.
schlampeⁿ [šlampə *fast allg.* šlàmbə *Bi. Pfb.*] intr. v. 1. *unordentlich am Leibe herabhängen (von Kleidern):* de Reck schlampen an er *Fo.* — 2. *nachlässig umhergehen:* herum schlampe. — els. 2, 464 u. baier. 2,523 ebenso. s. a. Gr. Wtb.9,438.
Schlampes [šlàmbəs, Pl. -ə *Bi.*] *m. nachlässig gehender Mensch, Faulenzer.* — els. 2, 464 Schlampi; Gr. Wtb. 9, 439. Schlamper.

schlampich [šlampiχ *fast allg.;* šlompsiχ *Bo.*] adj. u. adv. *schlottrig, unordentlich sitzend, von Kleidern:* sie isch schl. angedan *Fo.* — els. 2,464 schlamperig; Gr. Wtb. 9,439 schlampicht. s. Schlamp II.

schlan [šlån *Fo. Bi.* u. s.; šlén *Bo. Falk. Pü. Hd. Mtsh. Wb.*; šlå *Schw.* šlåwə *Ri.;* šlòn *Sgd. Lix. D. Si.* — *Flexion:* šlån (šlén, šlå, šlòn); šlåšt (šléšt, šlås); šlåt (šlét, šlåt); šlån (šlén, šlåwə, šlòn) — Ptc. gəšlå, gəšló, gəšlån]. 1. tr. *schlagen, einen Schlag versetzen:* äne lederwäch schlan *Bi.* An de Dach *(Kopf),* uf's Mul schlawe *Ri. Ha.* De Kopp an d'Wand schlawe *ibid.* Sich selbscht uf's Mul schlawe *sich blamieren ibid.* 'S isch m'r in d'Gliddre geschla *in die Glieder gefahren ibid.* Ganz geschla sin *ganz gebeugt, niedergedrückt sein ibid.* De hin schlan *der Länge nach fallen Fo.* Do soll doch glich der Dunner dren schlen *Wb.* Ich mecht d'r de Sähn *(Zähne)* de Hals enän schlon *Lix.* Der schlät dren, wie e Ketzer en e Bild *der schlägt kräftig drein Lix.* Uf de Heck schlen *auf den Busch klopfen ibid.* 'S Rade schlawe a) *Turnkunststück der Knaben;* b) *die Schwanzfedern fächerartig ausbreiten (vom Pfau u. Truthahn gesagt).* — 2. intr. *arten, geartet sein:* us der Ort schlan *fast allg.:* unser Sebbel isch ganz us der Ord geschla *Ri.* — 3. unpers.: es schlat zehn, elf Uhr. — Zss. ane-schlawe *hinfallen;* ena-schl. *hinunterschlagen:* d'Zähn de Rache enaschl.; era-schl. *herabschlagen,* z. B. *Obst;* in-schl. a) *einschlagen;* b) *einmachen:* Quetsche, Brume inschl.; zu-schl. a) *bei Versteigerungen;* b) *den Dünger auf dem Mistwagen mit der Mischtbär zusammenklopfen;* z'sammeschl. a) *durchprügeln;* der Schulmeischter hat awer d'Buwe z'sammegeschla *Ri.*; b) *einfallen:* er isch ganz z'sammegeschla *ibid.*

Schlang [šlàŋ *fast allg.;* šlàŋ *D. Si.;* šlòŋ *Lix.* - Pl. šlaŋə, šloŋə, sláŋən] *f.* 1. *Schlange.* — 2. *Weib mit böser Zunge Ri. Ha.*

Schlapp [šlàp *fast allg.;* šlåb *Ri. Ha.;* šlàpən *Pü.* — Demin. šlépχər, šlèbəl] *f.* 1. *Hausschuh, Pantoffel:* die Schlabben andun. — 2. *im* Pl. *abgenutztes Schuhzeug Ri. Ha.* — 3. *Hemmschuh am Bauernwagen.* — 4. *unordentliches, schmutziges Frauenzimmer:* du aldi Schl.! 'S isch e Schl. — 5. *Stoß mit dem Hinterfuß Bo.* — lux. 382; els. 2,468; baier. 2, 530; hess. 353 ebenso. — Zss. Schlappekarre *Lix.* u. s. *Spengler- oder Zigeunerkarren.* Schl.-kend *Lix. Zigeunerkind:* wilsch barfus lafe wie die Schlappekenn? Sch.-krämer *Spengler, Zigeuner.* Schl.preiss *fast allg. Schimpfname für die Preußen nach dem Kriege 1870/71.* Schl.-schesser *D. armseliger Mensch.* ss. Schlépscheisser, From. 5, 32, 18.

schlappen [šlàpən *Falk. Bo. D. Si.*; šlåbə *Bi. Ri. Ha.*] intr. v. 1. *das Bein nachschleppen, nachlässig einhergehen:* in der Stu *(Stube)* erumschlappen *Falk.* lux. 382; els. 2, 468 ebenso. — 2. *nicht fest anliegen, vom Schuhwerk:* d'Schuh schlabbe mer *Ri. Ha.*

Schlappes, Schlabes *m. allg. unordentlicher, nachlässiger Mensch.* — els. 2,469 ebenso; Gr. Wtb. 9, 488 Schlapper. s. a. Schlampes.

schlappich [šlàpiχ *fast allg.;* šlapeχ *D. Si.*] adj. u. adv. 1. *unordentlich, nachlässig angezogen:* was die wieder schl. do erum laft! *Fo.* — 2. *schlaff, matt:* en as schl. op de Bän *er ist schwach auf den Beinen D. Si.* — lux. 382 ebenso; fränk. schlappig, From. 2, 285, 7; els. 2, 468, 469 verschlappt, schläppig, schlapperig. s. a. Gr. Wtb. 9, 491 : schlappig.

Schlapp-sack *m. fast allg. schlaffer, nachlässiger Mensch.* — els. 2, 343 u. baier. 2, 531 Schleppsack, Schlippsack; baier. 2, 530 Schlapphans. s. a. Gr. Wtb. 9,492.

Schlär [šlèr *Umgegend von D.*] m. 1. *Schleier.* - 2. *eine Art sehr feines Leinen.* — lux. 384 Schlér.

Schlaraff [šlàràf *Fi. Ri. Ha.* u. s.] *m.* 1. *Maske, Larve.* — 2. *häßlicher Kerl (mit Anlehnung an Affe).* — els. 2, 471 ebenso; baier. 2, 532 Schlaraffel. s. a. From. 2, 394.

Schlass, Schlässer, Schlässerei s. Schloss, Schlosser, Schlosserei.

Schlät [šlèt *Si.*] *m. in der Verbindung:* Berje-schlät *Weinbergbezirk zwischen*

Oberkoutz und Berg bei Sierck. — vgl. baier. 2, 495 Schlat *Anger, Mahd.*

schlau [šlau *D. Si.*; šlú *Bo.*; šlui *Grt.*; šloeu *Ri. Ha.* – Komp. šlauer, šlúwər, šluiwər, šloeuwər] adj. u. adv. 1. *schlau:* e schlaue Fox (en schluwer Fox). Er had's schl. angekard *er hat seine Sache schlau angefangen Ri. Ha.* — 2. *fein (Gegensatz zu rauh) in der Rda.:* rauh a schlau *rauh u. fein, wie es eben kommt, bes. vom Essen D. Si.* — 3. *schief, schräg, quer:* e schluie Wêch *Grt.*; schl. fahre, gehn *Ri.*

Schlauder I [šlaùdər *Fa.*] *m. Bahn, Gedanke, Gesinnung:* uf dem rechte Schl. sin *auf dem richtigen Gedankenwege sein.* — els. 2, 451 ebenso; Gr. Wtb. 9, 510 Schlauder 3.

Schlauder II *f. D. Si.* 1. *Schleuder.* — 2. *nachlässiges Frauenzimmer.* — baier. 2, 506 Schlauder *in beiden Bedeutnngen;* schles. Schlauder *Schimpfname der Weiber* From. 4,182; ss. Schlauder *langes Frauenzimmer,* Kisch vgl. Wtb. 199.

schlauderen *D. Si.* 1. tr. v. *schleudern.* — 2. intr. *Arme u. Beine wegschleudern, schlenkern, schlottern.* — lux. 382 u. ss. ebenso. s. a. schleidreⁿ.

Schlauder-wasser [-wásər *D. Si.*] *n. dünner Kaffee.* — lux. 382 ebenso. s. Schlauder II.

schlaufech adj. u. adv. *D. Si. schleichend:* e schlaufeche Gank; 't as schl. kål(t).

schlaufen s. schluffen.

Schlaufert *m. Si. Schleicher, Leisetreter.* — lux. 382 ebenso.

Schlawaken [šlåwàkən *D.*] *m.* pl. *Menschen, die undeutlich, unverständlich reden wie die Slovaken. Von den Bewohnern Apachs (Kr. Diedenhofen) heißt es:*

Apacher Schlawaken
met den dicken Aschbacken,
met de denne Suolen (*Sohlen*),
der Deiwel soll se huolen.

— baier. 2, 539 Schlawåken; henneb. Schlawåker, From. 2, 466; Gr. Wtb. 9, 518 Schlawaken.

Schla-wittchen [šlawitχən *fast allg.*; -witχin *Bo.*] *n.* (eigentl. *Schlagfittich) langer Schoß od. Zipfel von Kleidern:* am Schl.-w. holen *einen abfassen, einfangen, erwischen.* — hess. 351 u. baier. 2, 518 Schlafittich; els. 2, 157 Schlafittl. s. a. Gr. Wtb. 9, 298 u. From. 3, 192, 104; 218, 12.

Schlech [šleχ *D. Si.*] *m.* pl. *Schliche, Schleichwege:* m'r sin hanner seng S. komm *wir sind hinter seine Schliche gekommen.* — lux. 382 ebenso; mhd. slich.

schlecht [šlèχt *fast allg.*; šlét, šlièt *D. Si.*; šlét *Falk.* (*aber nur in Verbindungen wie:* gut un schleht, weder gut noch schleht ; *sonst:* schlecht)] adj. u. adv. *schlecht:* e schlechter Minsch. Schlecht an ongerecht *sehr schlecht D. Si.*

Schlechtichkät *f. fast allg.* wie hd. *Schlechtigkeit.*

Schleck I [šlèk *fast allg.*; šlèkə *Vbg.*; šlakən *Bo.*; šnèk *Pü.*; šnèg *Ri. Ha.* – Pl. -əⁿ; Demin. šlèkəlχin *Bo.*] *f.* (*Bo. m.*) 1. *Schnecke:* glatt wie e Schl. *Fo.* Arme Schl.! *armseliger Kerl Si. Finden die Kinder eine Schnecke, so singen sie:*

Schleck, Schleck, streck de Here
 (*Hörner*) nus,
oder ich werf dich iwer de Kirchmure nus!

(sunscht werf i dich iber Pat un Got
 de Garte nuss!).

Ortsneckerei:

Folkringer (*Foulcray im Kr. Saarburg*)
liege in der Sunn; [Hunn,
spiele mit de Schlecke,
kenen uns im A .... lecke.

— 2. *Schnecke od. Volute in der Architektur.* — lux. 383 Schlék. Zss.: Schlekken-deppen u. Schl.-haus. Schneggeherne *Schneckenhörner Ri. Ha.* Schneg-ge-hisel *ibid.*

Schleck II [šlèg *Ri. Ha.*] *m. Leckerbissen.* Wdg.: es isch ke Schl. *es ist keine angenehme Sache, keine Kleinigkeit.* — els. 2, 460 u. baier. 2, 505 ebenso.

Schleckel [šlækəl *Bi. Ett. Mü. Rein. Wolm.*] *m. Obstmus, gewöhnlich aus Zwetschen hergestellt, daher* Kwetschenschleckel. *Aber auch gekochter Birnensaft.* — els. 2, 40 ebenso; baier. 2, 505 der Schleck, das Schleckel; Gr. Wtb.

9, 549 Schleckel *Leckerei, Näscherei.* — Zs. Schl.-schmer *Stück Brot mit Obstmus bestrichen.* s. d. folgende.

schleckeⁿ [šlèkən *fast allg.*; šlègə *Ri. Ha.*] tr. v. *lecken, naschen*: hasch de wieder geschleckt? Die Finger na ebbes schl. *Bi.* — els. 2, 461 u. baier. 2, 505 ebenso; Gr. Wtb. 9, 549 schlecken.

Schlef(t) [šlef, šleft; Pl. šleftən; Demin. šleftχən *Si.*] *f. Schlupfwinkel:* 't as fer an en Schl. ze krichen. — lux. 385 Schloff: baier. 2, 511 Schluff; els. 2, 469 Schlupf; mhd. sluft.

Schleffer s. Schliffer.

Schlegel [šlégəl *Lix.* u. s.: šléχəl *Ha.*; šleï *Ri.*] *m.* 1. *Holzkeule, womit man beim Holzspalten die Keile eintreibt; auch die Schlachttiere werden damit betäubt. Rda.:* mit dem (Holz)schlegel wingge *mit dem Zaunpfahl winken Ri.* — 2. *große Flasche, Schnapsflasche Ha.* — els. 2, 459 u. baier. 2, 519 ebenso; Gr. Wtb. 9, 339 Schlägel.

Schleh s. Schlew.

schleh [šleï *Si.*] adj. *nicht ganz trocken, vom Leinen, Stroh, Heu u. dgl.* — lux. 382 schleⁱ; vgl. baier. 2, 539 schlèw, schlèwig *matt, stumpf, kraftlos;* mhd. slê, -wes.

Schlei [šleï *Pü.* u. s.] *f. Schleie (Fisch):* glatt wie e Schl. — els. 2, 448.

schleichen, Schleicher s. schlichen, Schlicher.

Schleider [šlaidər *fast allg.;* daneben šlaudər *D. Si.*] *f. Schleuder* z. *B.* Hunnischleider.

schleidreⁿ [šlaidrə *fast allg.*] tr. v. *schleudern.* s. a. schlauderen.

Schleier [šlaiər *fast allg.*] *m.* wie hd. *Schleier:* de Schl. nemme od. grije *Ordensschwester werden Ri. Ha.* s. a. Schlär.

Schleif [šlaif *Ri. Ha.*; šléf *D. Si.*] *f. Schleppe am Rock.* — els. 2, 453 Schleif 4.

schleifen I [šlaifə *Sgd. Lix. Ri. Ha.* u. s.; šléifən *Bo.*; šláⁱfən *Fo. D. Si.* — Ptc. gəšlaift, gəšléif, gəšlǽft] 1. tr. *schleifen, schleppen, auf dem Boden fortziehen:* Holz schleife. *Rda.:* freiwillich bi de Hor bigeschläft *Fo.* De Katz durch de Bach schläfe *alle Lasten u. Mühen ungeteilt ertragen Bo.* — 2. intr. *beim Singen schleppen, nicht mitkommen Ri. Ha.* — baier. 2, 507 u. els. 2, 453 schleifeⁿ.

schleifen II *schärfen* s. schliffeⁿ.

Schleifer *m. Ri. Ha.* 1. *Bummler; langsamer fauler Mensch.* els. 2, 454. — 2. *jd. der beim Singen nachzieht.*

Schleif-gras *n. Lix.* u. s. *langes, liegendes Gras, Queckenweizen genannt. (Wurzeln desselben heißen Quage).* — els. 1, 281 Schleifgras *Riedgras.* s. schleifen I.

Schleim, schleimich s. Schlim, schlimich.

schleimen [šlaimən *D. Si.*] 1. tr. v. *abschleimen, vom Schleim befreien.* — 2. intr. *Schleim absondern.* — lux. 383 ebenso.

Schleiss [šláis, Pl. -ən *D. Si.*] *f. Splitter, Span.* — lux. 383 ebenso; baier. 2, 534Schlaissen: engl.slice: mhd. sliz(holz).

schleissech adj. *D. Si. faserig:* schl. Holz.

schleissen *D. Si.* 1. tr. *abschälen:* Loh schleissen. — 2. intr. *sich abnutzen, splittern, bes. von Kleidern u. Linnen gesagt:* dat Duch schleisst. — lux. 383; baier. 5, 534 schlaissen u. schleissen: mhd. šlizen. s. a. schlisseⁿ.

Schleiter [šlaitər *D. Hd.* u. s.: šlitər *Bo.*; šlitəršⁱ *Falk.* - Pl. -ən] *f. Splitter, Span.* Schleiter < Schleissen, Schlissen *mit Anlehnung an* Splitter. — lux.Schleiter u. Spleiter *Ga.* 396: vgl. mhd. sleiƺe *Span.*

Schlek *Schlund* s. Schlick.

Schlemp [šlèmp, šlèmbə *Bi.* u. s.] 1. *m. nachlässiger Mensch.* — 2. *f. Schlempe d. i. Rückstand von der Destillation gegorener Flüssigkeiten.* — vgl. els. 2, 464 Schlempe *träges Frauenzimmer;* hess. 353 u. baier. 2, 524 Schlamp *unreinl. Weibsperson.* s. a. Gr. Wtb. 9, 628 Schlemp u. Schlempe.

Schlempel [šlèmpəl *fast allg.;* šlèmpə *Ett.*; šlèmbə *Bi. Ri. Ha.*; šlèmp, Pl. -ən *Busd.*] *m.* 1. *Einfallriegel; Verschluß einer Türe, eines Koffers.* — 2. *Griff am Türschloß. Rda.:* 's Jawort hat am Schlempel gelè *das Jawort war ihm im voraus sicher Lix.* — 3. *Haken am Kleid Vbg. Bo.* — els. 2, 464 Schlèmp(e₎ 6; lux. Schlamp *Ga.* 394: vgl. baier. 2, 524 Schlemp, Schlem; Gr. Wtb. 9, 628 Schlempe. — Zs. Schlempel-loch *n. Lix. Rein.* u. s. *Schlüsselloch. Rda.:* all Schlempellecher hon „jo" gewenkt *das Jawort war sicher.*

schlempeln [šlèmpəln *Bo.* u. s.] tr. v. *mittels Ösen und Häkchen schließen*. s. Schlempel 3.

schlempeⁿ [šlèmbə *Bi.* u. s.] intr. v. *türklinkern, Lärm machen mit der Türklinke*. — els. 2, 465 schlemple.

schlên, schlon *schlagen* s. schlan.

Schleng [šleṇ *D. Si.*] *f. Schlinge. Rda.:* eppes an der Schl. hun.

Schlenger [šlèŋər *Pü.* u. s.] *m. Armbinde, Schlinge, Schleife:* d'Hand em Schl. drôn. — lux. 384 ebenso; els. 2, 466 Schling; mhd. slenger, slenker.

schlenkereᵘ [šlèŋkərə *fast allg.*; šlèŋgrə *Ri. Ha.*] intr. v. *schlendern*. — els. 2, 466 schlënkere.

schlenks [šleŋks *Bo. D. Si.*] adj. *linkisch, links:* schlenksər Mettach *(Mittag) linkischer Mensch Bo. Rda.:* met dem schlenksen Au en de reïten Poetsack gucken *mit dem linken Auge in die rechte Tasche schielen Bo.* — vgl. baier. 2, 527 schlengs *schief, schräg*; lux. 381 schlanks; Gr. Wtb. schlink *Nebenform zu* link; ndl. slinks.

schlenteren [šlèntərən *D. Si.* u. s.] intr. v. *schlendern*. — lux. 384.

Schlenterer *m. D. Si. Schlendrian. Das Femin. lautet* Schlenteresch. s. a. Schlenzer.

Schlenze [šlèndsə *Ri. Ha.* u. s.] *m. unregelmäßiger Riß im Kleid, im Holz, im Papier*. — els. 2, 467 Schlënz 1.

Schlenzer [šlèntsər *Sbg.* u. s.] *m. Müßiggänger, Faulenzer. Die Bewohner von St. Louis (Kr. Saarburg) heißen* Schlenzer. — els. 2, 468; baier. 2, 529; Gr. Wtb. 9, 639 ebenso; vgl. hess. 355 schlenzen, schlenzieren *müßig herumgehen*.

Schlepp [šlèb *Ri. Ha.* u. s.] *f. nachschleifender Teil des Frauenrocks*.

schletzen [šletsən, šlətsən *Si.*] intr. v. *leicht fasern:* Dennenholz schlötzt. — lux. 386 ebenso.

Schlew [(šléw) šléwəⁿ *Fa. Flh. Mett. Pfb.;* šlêwən *Ha.;* šléb, Pl. šléwə *Ri.;* šlé, Pl. gleich *Ha.;* šléə *Fo.;* šlè, šlêwən *Bo.;* šléïbən *Fletr.;* šléïf, šléïwən *Grt. D. Si.;* šlaibən *Va.;* šléïwlən *Obh.;* šláiw, šláiwən *Falk. Av.;* šlauə *Pü.*] *f. (meist im Pl. gebraucht)* 1. *Schlehdorn.* — 2. *Frucht des Schlehenstrauchs*. — got. slaihwo.

— Zs. Schlewen-brentwin.*Av.* Schlewe-schnabbs *Ri.*

Schlibber [šlibər *D. Si.*] *f. Eisbahn*. — lux. 384. s. a. Schlimmer.

schlibberen intr. v. *D. Si. auf dem Eise gleiten*. — lux. 384 ebenso; baier. 2, 532 schlipffern *glitschen*, schlipffezen *gleiten*; engl. slippery; mhd. slipfen.

schlibberech [šlibərex *Rü. lux. Grenze*] adj. *glatt, glitscherig:* de Wê as schl.

schlibber-voll adj. *Si. voll zum Überlaufen:* dat Deppen as schl. voll. — lux. 386 schlubbervoll.

schlicheⁿ [šlixəⁿ *fast allg.*; šlaixən *D. Si.* - Ptc. gəšlix, gəšlex, gəšlàx̣] intr. v. *schleichen:* wie e Katz geschlich kumme. — els. 2, 449 schliche, schleiche.

Schlicher, Schleicher *m. Schleicher*.

Schlicht [šlixt *Sgd. Lix.* u. s.; šlit *Vbg. Si.;* šlix̣t *D.*] *f. Mehlbrei; Schmiere, wie sie der Leinweber zum Anfeuchten und Glätten der Fäden gebraucht*. — lux. 384 Schlicht; baier. 2,503, hess. 355, ss. Kisch (W. u. W. 140) Schlicht; mhd. slihte. — Zs. Schlichte-schisser (-schesser) *m.* 1. *Spottname für Weber*. — 2. *schwächlicher Mensch*.

schlichten [šlix̣tə *Sgd. Lix.*; šliton *Vbg. Si.;* šlix̣tən *D.*] tr. v. *die Leinenfäden mittels zweier in* Schlicht *getauchter Bürsten anfeuchten u. glätten*. — lux. 384 schlichten; baier. 2, 503 schlichten d: mhd. šlihtan.

Schlick [šlìk *fast allg.*; šlek *D. Si.*] *f. Schlund, Gurgel, Speiseröhre:* ich han Weh an der Schlick. — els. 2,462 Schluck; lux. 383 Schleck; Gr. Wtb. 9,798 Schluck 1. s. a. Schlucker.

schlickeⁿ [šlìkəⁿ *fast allg.*; šlekən *D. Si.* -- Ptc. gəšlikt, gəšlekt] tr. v. *schlucken:* er hat de Kère mit erunner geschlickt *Fo.*

Schliede [šlídə *fast allg.*; šlìdə *Ri.;* šlit *D. Si.;* šlílə *Ha.*] *m.* 1. *Schlitten:* im Schl. fahre. — 2. *langer Schlendrian:* wie gehscht de do herum, du Schliede! *Lix.* — els. 2, 475 Schlitte 1 u. 4; baier. 2, 537 Schlitten *liederliche Weibsperson*.

schliedeⁿ [šlídə *Ri.* u. s.] 1. intr. *auf einem Schlitten fahren*. — 2. *Holz, Erde u. dgl. auf einem Schlitten befördern od. vom Berg herunterschleifen:* Holz schl.

schliedich [šlídiχ *Ett.* u. s.] adj. *schlendernd* s. Schliede 2.
Schliess [šlis *fast allg.;* šléïs *D. Si.*] f. *Schleuse.* — els. 2,474 ebenso; lux. SchlésGa. 396.— Zs. Schliesse-wärder.
schliessen [šlísə *fast allg.;* šléïsən *Bo. D. Si.* — Ptc. gəšlos] 1. tr. a) *schließen mit einem Schlüssel:* die Dir schl.; b) *einen Schluß ziehen Ri. Ha.* — 2. intr. *genau passen, wasserdicht sein:* 's Finschter schliesst nit. — els. 2,474 ebenso.
schlifelen [šlifələ *Sgd. Lix.*] intr. v. *schlafen in der Kindersprache:* schlifel du jetz schèn! 'S Kend geht schlifele. s. a. schläfle.
Schliff I [šlïf *fast allg.;* šlef *Bo.,* Pl. gleich; šlaf, Pl. šlef *D. Si.*] m. *Im Singular bedeutet es Schliff, im Plural Schliche, Gänge, Wege:* er kennt all Schliff. — baier. 2,511 Schluff; Gr. Wtb. 9,839 Schlupf; vgl. mhd. slif, slëf, slupf.
Schliff II [šlif, Pl. -ə *Ri. Ha.* u. s.] f. *Schleifmühle; Werkstätte zum Schleifen der Instrumente, des Glases.* — els. 2,454 Schliff(e).
Schliffel [šlifəl *Pfb.* u. s.] m. *grober, ungeschliffener Mensch:* muss m'r so'n Schl. noch futtere! — els. 2, 455 u. baier. 2,511 Schlüffel: östr. Schliffel, From. 6, 373; Gr. Wtb. 9,810 Schlüffel.
schliffen [šlifə *fast allg.;* šlaifən *D.;* šléïfən *Si.* — Ptc. gəšlif, gəšlef, gešlàf] tr. v. *schleifen im eigentl. u. übertragenen Sinne:* de Messere mun gəschliff werre. Der had gut geschliff *der versteht zu schwatzen Ri. Ha.* Dene han se geschleff den haben sie herangeholt *(zum Zahlen od. Arbeiten) Pü.* — els. 2,454 schlife; lux. schleifen.
Schliffer [šlifər *fast allg.;* šlefər *Bo. D. Si.*] m. *Schleifer, z. B.* Schère-schliffer. — els. 2,454 Schliffer.
Schliff-stän [šlifštain *Pfb. Weiler;* šlifstän *Fo. Fa.* u. s.; šléïfštän *D. Si.*] m. *Schleifstein, Wetzstein.* Rdaa.: er micht e Gesicht, bi *(wie)* en Aff, wu uff'n Schliffstein sputzt *er schneidet Grimassen. Weiler.* Der kann schwimme wie e Schl.-st. *Fo.*
schliht [šlïət *Si.*] adj. und adv. 1. *gerade gewachsen:* en as schl. gewues. — 2. *glatt vom Haar:* en drät seng Hòr schl. —

— lux. 382 schliecht; mhd. slëht *in seiner urspr. Bdeutung schlicht, gerad, richtig.*
Schlim [šlim *fast allg.;* šlaim, šléïm *D. Si.*] m. *Schleim:* er hat Schl. im Hals. — Er bring de Schl. nimmch eruf *er ist zu schwach, um den Schleim auszuwerfen. Ri.* — els. 2,463 ebenso.
schlimich [šlimiχ *fast allg.;* šlimtsiχ *Bo.;* šlaimeχ *D. Si.*] adj. *schleimig.* — els. 2,463 schlimig; lux. 383 schleimech. — Zsmm [šlim *fast allg.;* šlem *Bo. D. Si.*] adj. *schlimm.* — els. 2,463 schlimm, schlem.
Schlimmer [šlimər *fast allg.;* šlima *Vbg. Ha.*] f. *Eisbahn, Rutschbahn:* uf der Schl. sin. — els. 2, 463 Schlimer. — Zs. Schlimmer-jockel *m. Lix. ein aufs Schlittern Versessener.*
schlimmeren intr. v. *fast allg. gleiten auf dem Eise, schlittern:* M'r gehn uf's Is schlimmere. — els. 2,463 schlimere.
schlimp *schief, schräge* s. schlamp, schlamm.
schlimzich *schleimig* s. schlimich.
schlirpsen [šlirpsen *D. Si.*] intr. v. 1. *schlürfen beim Trinken.* — 2. *mit der Zunge anstoßen beim Sprechen.* — 3. *gurren (von jungen Tauben).* — lux. 384 ebenso; henneb. schlörpfen, From. 6, 516, 3; hess. 356 schlorpfen, schlorpsen.
Schlirpsert m. *D. Si.* Schnarrer; einer, der mit der Zunge anstößt. — lux. 384 ebenso.
Schliss (šlis, Pl. -ə *Sgd. Lix. Ri.;* šléïs, Pl. -ən *Bo. D. Si.*] m. u. n. 1. *Faden an den Bohnen, der beim Schleißen entfernt wird.* — 2. *zerzupfte Leinwand, Charpie Ri.* — els. 2,473 ebenso; baier. 2,535 Schleissen: lux. 383 Schleiss.
Schlissel [šlīsel *fast allg.;* šlesəl *Bo. D. Si.;* šnesəl *Sgd. Ipl.*] m. *Schlüssel.* — Zss. Sch.-blum (Schlessel-blo"m) primula veris. Schl.-loch. Schl.-ring.
schlissen [šlisə *fast allg.;* šléïsən *Bo. D. Si.*] tr. v. *schleißen:* de Bohne schl. — els. 2,473 schleisse; hess. 355 schlieszen: mhd. slīzen.
Schlitter s. Schleiter.
Schlitz [šlits *fast allg.;* šlets *Bo. D. Si.*] m. 1. *Spalte:* durch de Schl. lun. — 2. *Riß im Kleid:* du hasch e Schl. im

29*

Rock. — 3. *Öffnung im Kleide, bes. des Frauenrocks u. der Hose:* mach de Schl. besser zu! — els. 2, 477 ebenso; lux. 386 Schlötz. s. a. Gr. Wtb. 9, 760.

Schlo [šlọ́, Pl. -ən *Si.*] *f. Zimmermannsschlägel; großer, hölzerner Hammer.* — lux. 384 ebenso; mhd. slage, slâge, slâ.

Schlof, schlofen, Schlofer s. Schlaf, schlafe[n], Schlafer.

Schlo-gewiht [slọ́gɔwít *Si.*] *n. Schlaggewicht an der Uhr.*

Schlomp [šlomp *D. Si.*] *f. Klumpen:* e Schl. Breï. — lux. 385 ebenso; vgl. baier. 2, 524 Schlump.

schlompen intr. v. *D. Si. gierig schlürfen:* dat schlompt sech, *das schmeckt, das geht gut durch die Gurgel.* — lux. 385.

Schloper s. Schlahbur.

Schlopp [šlọp *fast allg.*; šlàp *D. Si.*; šlụp *Ri. Ha.* - Pl. šlèp, šlip; Demin. šlèpxə, šlèbəl] *m.* 1. *Masche am Strumpf* Lix. — 2. *Schlips, Schleife der Halsbinde od. an einem Kleidungsstück:* mach m'r e Schl. in de Krawatt! Zs. Maideschlupp *Schlips auf der Seite des Halses statt unterm Kinn, um die Aufmerksamkeit auf sich zu ziehen* Ri. Ha. — 3. *Schlinge zum Hasenfangen.* — 4. *leicht geschlungener Knoten, der sich wieder aufziehen läßt. Für kleine Halsbinde gebraucht man das Demin.* Schlepche, Schlebbel. — els. 2, 469 Schlupf 3 u. 4; lux. Schlapp Ga. 395; ss. Schlup, Kisch W. u. W. 142; mhd. slupf.

schlöppen [šlǿpən *Si.*; šlíbə *Ri. Ha.*] intr. v. *einen Knoten schlingen, eine Schleife machen.* — lux. 385. s. d. vorige.

Schlo-rän [šlọ́rên *Si.*] *m. Platzregen;* schlo-ränen *heftig regnen.*

schlos [šlọ́us *Fi.* u. s.; šlœus *Ri. Ha.*] adj. u. adv. *schief, quer, herunterhängend:* der Wån *(Wagen)* isch sch. gelade. — vgl. baier. 2, 534 schlåsz, schlôsz *schlaff*; hess. N. 255 schlôsze, schlusze; Weigand Wtb. schlôsz *nachlässig,* ebenso Gr. Wtb. 9, 767.

Schlose[n] [šlọ́zən *Av. Fo.* u. s.; šlóəzən *Bo.*; šlous *Si.*] *f.* pl. *Hagel, Schlossen:* Schl. so dick wie e Nuss. *Rdaa.:* er es verschlân ven de Schl. *er ist sehr niedergeschlagen* Bo. Er geht dervan, wie wann en de Schlose vaschla hätten *er geht ganz ermüdet einher* Av. — els. 2, 474 Schloss; lux. 386 Schlo[u]s; mhd. slôz. — Zs. schlose-wiss (s. d.).

schlose[n] *fast allg.* imp. v. *hageln:* es schlost, es hot geschlost. — els. 2, 474 schlosse; mhd. slôzen.

schlose-wiss [šlọ́zəwis *fast allg.*; šlosliwis *Ri. Ha.*; šloutwais *D. Si.*] adj. u. adv. *ganz weiß; rein weiß:* der Hund isch schl.-w. Das Duch isch schl.-w. gebleicht. — els. 2,474 schlosswiss; lux. 386 schlu[e]tweiss; hess. 357 schlôszweisz; fränk. ebenso, From. 6, 469. s. Schlose[n].

Schloss [šlos *fast allg.*; šlas *D. Si.* — Pl. šlèsər; Demin. šlesəl.] *n.* 1. *Schloß zum Verschließen:* de Schlesser gehn all nit Fo. — 2. *Schloß, Herrschaftshaus:* er wuhnt uf em Schl. *Das Demin.* Schlessel *bezeichnet speziell in Rieding die alte gräfliche Wohnung der Schloßherren von Ri., die noch erhalten ist.*

Schlosser [šlòsər *fast allg.*; šlèsər *D. Si.*] *m.* wie hd. *Schlosser.* — Zs. Schl.-ärwet.

Schlosserei [šlòsəreï *fast allg.*; šlèsərai *D. Si.*] *f.* wie hd. *Schlosserei.*

schlotze[n] [šlótsə *Bi.* u. s.] tr. v. 1. *schlürfen, mit Wohlbehagen trinken, schmatzen:* Win schl. — 2. *saugen, lutschen:* e Zuckerstang schl. — els. 2,478 schlutze, schlotze; baier. 2, 540 u. Gr. Wtb. 9,793 schlotzen.

Schlotzer *m. Bi. Saugläppchen, Schnuller.* — els. 2, 478 u. baier. 2, 540 ebenso. s. d. vorige.

schlu, schlui s. schlau.

Schluck I [šlùk *allg.*] *m.* 1. *Schluck, Zug:* e guter Schl. holle Fo. — 2. *Schlund, Speiseröhre:* e guter Schl. han *gut trinken können.* — els. 2, 462. s. a. Schlucker.

Schluck II [šlúck *Fi.*] *f.* 1. *Herbstzeitlose.* vgl. Gr. Wtb. 9, 806 Schlucker *als Pflanzenname*; ndl. slucker *Ehrenpreis* (veronica triphyllos). — 2. *schmieriges Weib.*

schlucke[n] [šlùkə *fast allg.*; šlùgə *Ri. Ha.*; šlekən *D. Si.*] tr. v. *schlucken:* Stab *(Staub)* schl. Der Bodde schluggt's Wasser *Ri.*

Schlucker [šlùgər *Ri. Ha.*] *m.* 1. *Schlund, Gurgel:* i han weh am Schl. —

2. *armer Tropf.* — els. 2, 462 ebenso. s. a. Schluck u. Schlick.

schluckse^n [šlùksə^n *fast allg.*] intr. v. *schluchzen, den Schlucken haben.* — lux. 386 ebenso; *Mdt. der Stadt Iglau* schlukez'n, From. 5, 464.

Schluckser [šluksər *Fo. Bi.* u. s.; šluksərt, šlukərt *Falk. Bo. D. Si.;* šlukat *Ha.*] *m.* 1. *Schluchzer.* — 2. *das Rülpsen, Aufstoßen aus überfülltem Magen:* de Schl. han. — els. 2, 462 ebenso; lux. 386 Schluxert; Gr.Wtb. 9, 803 Schlucken.

schludder-fett adj. *D. Si. sehr fett.* — lux. 386 ebenso; vgl. hd. schlottern.

schluffe^n [šlùfə^n *fast allg.;* šlaufən *D. Si.* — *Flexion:* šlùfə, šlifšt, šlift, gəšlùft (gəšlof) — šlaufən, šlaufšt, šlauft, gəšlof] intr. v. *schlüpfen, schleichen:* haschte kalt? Schluff in de Wald! *Fo.* — lux. 382 u. baier. 2, 508 schlaufen; mhd. sloufen.

Schluffer [šlufər *Ri.* u. s.; šlubərt *Ha.*] *m. Muff:* e Mandel un e Schl. fur d' Händ. — els. 2, 470 u. baier. 2, 532 Schlupfer.

schluht [šluət *Si.*] adj. u. adv. *gerade, glatt, schlicht:* schluht Hoer *glatt, schlicht gekämmte Haare;* schluht fett *ausgeglichen fett, ohne alle Runzeln.* — lux. 386 schluet; baier. 2, 500 geschlacht *glatt, fein;* From. 6, 464 g'schlàcht Holz *(wenn die Jahresringe gerade laufen).* s. a. Weig. Wtb. 2, 423; mhd. geslaht, geslëht. s. schliht.

Schlunz [šlunts *Bo.* u. s.; šlounts *Si.* — Pl. -ən] *f.* 1. *nachlässiges, unordentliches Frauenzimmer.* — 2. *Kokette.* — els. 2, 468; hess. 357 u. baier. 2, 529 ebenso; Gr. Wtb. 9, 837 Schlunz. *Das Wort gehört zu* schlenzen, schlunzen *nachlässig, müssig gehen.*

Schlunzert, Schlounzert *m. Bo. D. Si. unordentlicher, nachlässiger Mensch, Strolch, Müßiggänger.* — els. 2, 468 Schlunzer; baier. 2, 529 Schlenzer. s. d. vorige.

Schlupp I [šlùp; Pl.- ən; Demin. šlipχen *D. Si.*] *f. Schluck, Zug, Mundvoll:* eng Schl. Melech. En Schl. holen *einen Schluck tun.* Melech. — 2. *Gläschen Schnaps.* — 3. *Viehschlampe:* eng Keïhschlupp. — 4. *unordentliches Frauenzimmer.* — lux. 386 ebenso; ndl. slurp; eng. slop; vgl. mhd. slupfen *schlürfen.*

Schlupp II s. Schlopp.

schluppen intr. v. *D. Si. einen Schluck tun, zechen:* do hummer *(haben wir)* ordentlech geschluppt. — lux. 386 ebenso.

schlurbe^n [šlùrbə *Bi.* u. s.] intr. v. 1. *nachlässig gehen, die Füße am Boden schleppen:* schlurb nit so! machscht dine Schuh kaput. — 2. *schlürfen, geräuschvoll trinken:* Kaffee schl. — els. 2, 471 schlurben, schlorben; baier. 2, 534 schlarfen, schlarpfen, schlärfen; hess.356 schlorpfen.

Schlurbes [šlùrbəs, Pl. -ə *Bi.* u. s.; šlùrbə *Ri. Ha.*] *m.* 1. *Mensch mit trägem, nachlässigem Gang.* els. 2, 472 Schlurbi, Schlürbi. — 2. *alter, abgetretener Schuh Ri. Ha.* s. schlurbe^n.

Schluri [šlúri *Bi. Ett. Bo.* u. s.] *m.* 1. *Schlendrian, Mensch mit schleppendem Gang:* das isch e rechter Schl. els. 2, 471 Schlur, Schluri; bair. 2, 532 Schlaur; hess. N. 254 Schluri *Lotterbube;* mhd. slûr. s. a. Schlurbes. — 2. *Spitzname für schlechten Kaffee.* vgl. lux. 386 Schlùtchen *dünner Kaffee.*

Schluw [šlúw, Pl. -ən *Bo.*] *f. Strieme.* — vgl. Gr. Wtb. 9, 513 Schlaufe, Schläufe; mhd. sloufe Schluw.

schmächelen [šmɛχələn *D. Si.;* šmaiχlə *Ri. Ha.*] intr. v. *schmeicheln, streichelnd liebkosen.* — lux. 387 ebenso.

schmachen s. schmacke^n.

Schmächler *m. fast allg.;* Schmeichler *Ri. Ha.* wie hd. *Schmeichler. Das Femin. lautet* Schmächelesch *D. Si.;* Schmeichlersch *Ri. Ha.:* Schmächler sin eweï d'Kàzen, deï vir lecken an hanne kràzen *Si.* — lux. 387 Schmêchler.

Schmacht-lappen [šmàχlapən *Bo.*] *m. Schmeichler, Speichellecker.* — lux. 387 Schmachtlapp: Gr. Wtb. 9, 892 Schmachtlappen; vgl. baier. 2, 442 Schmacht *Hunger;* nhd. schmächtig u. schmachten; mhd. smæhe.

Schmack I [šmàk *Sgd. Lix. Schw. Ri. Ha. Fo. Vbg.* u. s.] *m. Geruch, bes. in Zss.:* Schmack-blume *Heckenrose* | Sch.-blumestock *Rosenhecke mit wohlriechendem Laub* (rosa odorata) *Schw.* u. s. Schmack-lab *wohlriechendes Laub der wilden Rose. Nach der Sage hat die*

Gottesmutter auf solcher Rosenhecke die Windeln des Jesuskindes getrocknet, daher der Wohlgeruch Lix. Schmack-seif *wohlriechende Seife Ri. Ha.* Schmackviole *wohlriechendes Veilchen Lix.* u. s. Schmack-wasser *Kölnisch Wasser Fo. Grt. Vbg.* u. s. — baier. 2, 542 Schmack: mhd. smac.

Schmack II [smàk *D. Si.* — Pl. šmèk] *f. Ende der Peitschenschnur, Schmicke.* — lux. ebenso Ga. 399; rheinfr. Schmeck From. 2, 552; baier. 2, 543 Schmecke: ss. Schmuk Kr. 118; vgl. els. 2, 482 schmicke *einen Schlag mit der Peitsche versetzen.*

Schmack III [šmàk *Sgd. Lix.* u. s.] *f. scherzhafte Bezeichnung für Nase*: du hascht e gut Schm. *du hast eine feine Nase.* — els. 2, 480 Schmacker: ss. Schmáker, Kisch W. u. W. 142. s. a. Schmecker.

schmäckele[n] [šmèkəln *Fa.* u. s.] intr. v. *nach Verwesung riechen, überh. übel riechen:* de Grumbire schmäckeln *riechen verbrannt.* — els. 2, 480 ebenso; hess. N. 260 schmuckeln. s. d. folgende.

schmacke[n] [šmàkə *fast allg.*; šmàgə *Ri. Ha.*; smáχən *D. Si.*; šmegə *Pfb.* — Ptc. gəšmàkt, gəšmegt] intr. v. 1. *schmecken:* es schmackt gut. — 2. *riechen:* schmack e moll De Blum schmackt schen. *Spruch:* Wer schmaggt, der had's im Sagg, u wer nix deva will wisse, der had's g'schisse *Ri.* — 3. *es sich wohl schmecken lassen, gut essen. Wdg.:* Jo, geh schmegge! mach, daß du fort kommst! *Pfb.* — els. 2, 479 ebenso; lux. 386 schmâchen; mhd. smecken *Geruch empfinden.*

Schmadder [šmàdər *Hd. Bo.* u. s.; šmàda *Busd.*; šmoada *Kr.*] *m. Schlamm, weicher Straßenkot.* — hess. 359 Schmatter, Schmadder; Gr. Wtb. 9, 901 ebenso.

schmadderzich adj. *Bo. schlammig.* s. d. vorige.

schmal [šmál *fast allg.*; šmuol, šmol *D. Si.* — *Kompar.* šmèlər, šmèlšt] adj. *schmal.* — Zs. Schmal-hans *in der Wdg.:* Schm.-h. isch Koch *es geht knapp her beim Essen Ri. Ha.*

Schmalz [šmalts *allg.*] *n. zerlassenes Schweinefett.* — Zss. Sch.-deppen *n. D. Si. Schmalztopf.* Schm.-fass. Schm.-hawe *dasselbe wie* Schmalzdeppen. Schm.-pann, *Demin.* Schm.-pännel *Schmorrpfanne.* Schm.-supp (Schm.-zopp *D. Si.*)

schmalzech adj. *D. Si. nach Schmalz schmeckend.*

schmank [šmaŋk *D. Si.*] adj. *schlank, biegsam, mager:* e schmanke Leiw (*Leib*). — lux. 389 ebenso.

Schmant [šmant *D. Si.*] *m. Rahm auf der gekochten Milch.* — baier. 2, 552 u. hess. 359 ebenso; ndd. smand, From. 2, 512, 13; 6, 480; mhd. smant. *Das Wort ist aus dem Slavischen eingedrungen:* böhm. smant; poln. smietana. s. Grimm, Gesch. d. d. Sprache 1002.

Schmatt *Schmied* s. Schmit.

Schmatz [šmàts *Ri.* u. s. — Pl. šmèits: *Demin.* šmèitsəl] *m. Kuß.* — els. 2, 490 Schmätz; Gr. Wtb. 9, 945 Schmatz. s. a. Schmutz.

schmatze[n] tr. v. *Bi.* u. s. 1. *küssen, herzen.* — 2. *mit Wohlbehagen trinken.* — baier. 2, 559, els. 2, 490 u. Gr. Wtb. 9, 947 ebenso.

Schmecker [šmèkər *Pü.* u. s.; šmegər *Ri. Ha.*: šmèkərt, Pl. -tən *Bo.*] *m. Spitzname für Nase, große Nase:* du hascht e guder Schmecker! — baier. 2, 543 u. ostfränk. ebenso, From. 6, 174; ss. Schmáker, Kisch W. u. W. 142. s. a. From. 6, 174 u. Schmack II.

Schmedder [šmèdər *Ri.* u. s.] *f. Schlag mit der flachen Hand:* ich gi der e Schm. uff de n'Arsch *sagt die Mutter zu dem halsstarrigen Kind.* — els. 2, 489 Schmètter.

schmeddern [šmèdra *Ri.*; šmèdərn *Bo.*] intr. v. 1. wie hd. *schmettern, von der Trompete Bo.* — 2. *schlagen, bes. mit der flachen Hand:* i han em de n'Arsch geschmeddert *Ri.* — 3. *in gestrecktem Lauf dahinjagen; letztere Bedeutung bes. in den Zss.* era- u. enufschmeddre. — els. **2,** 489 schmèttere.

schmedern [šmedərn *Bo.*] intr. v. *nach einer Flüssigkeit od. nach Nässe riechen.* — vgl. hess. 359 schmattern, schmettern *das Auseinanderspritzen des Kots;* s. Schmadder.

schmehlich [šmélex *D. Si.*] adj. u. adv. *schmählich, ungemein:* et as schm. warem. — lux. 327 schme[i]lech.

Schmelz [šmèlts *D. Si. Ri. Ha.* u. s.] *f.* 1. *Fett als Zutat zu den Speisen Ri. Ha.* Zs. S c h m. - l e f f e l *Löffel, womit man flüssige Butter od. heißes Fett über die Speisen gießt.* els. 2, 484. — 2. *starkes Feuer D. Si.* — 3. *Hüttenwerk, Hochofenbetrieb:* de Mann do arbecht op der Schm. *D. Si.* Zss. S c h m.- a r b e t e r *Hüttenarbeiter.* S c h m.- o w e n *Hochofen.*
schmelzen tr. v. *fast allg.* 1. *schmelzen, zum Schmelzen bringen* s. schmilzen. — 2. *den Speisen Fett zusetzen:* d'Supp, d'Erbse, d'Bohne schm. *sie mit geschmolzener Butter u. Zwiebeln od. geröstetem Brot übergießen Ri. Ha.*
Schmelzer *m. Ri. schmaler, schwächlicher Mensch.*
Schmer [šmèr *fast allg.*; šmèr *Fi.*; šmiər *Si.* — Pl. šméraⁿ: Demin. šmèrχin, šmiərχən] *f. Stück Brot mit Butter, Käse od Kraut bestrichen* z. *B.* Butterschmer, Kässchmer, Leckmerichschmer. Gif dem Kind e Schm. zum Kaffe! *Fo.* — els. 2, 485 Schmier 2; lux. 387 Schmi^er. — Zss. S c h m e r - d e p p c h e n *n. Salbentopf.* S c h m e r - l a p p e n (s. d.) S c h m e r - s e i f.
schmereⁿ [šmérə *fast allg.*; šmiərən *D. Si.*] tr. v. 1. *schmieren, bestreichen:* der gut schmert, der gut fährt *Fo.* Wemmer gud schmert, lauft's gut *Ri. Ha. Rda.:* ebber ebbs uffs Brod schmere *jd. etwas vorhalten, bes. einen Fehler ibid.* — 2. *mit Geld bestechen:* den hot sech schm. gelosst *D. Si.*
Schmerer *m. D. Si. (verächtl.) Anstreicher, schlechter Maler.*
Schmererei *f. D. S. schlechte Malerei.*
Schmeres, Schmieres *n. D. Si. Bo.* u. s. *was aufs Brot gestrichen wird:* M'r hun neischt Schm. am Haus *wir haben nichts im Haus, womit das Brot bestrichen werden kann.*
Schmer-lappeⁿ [-lapə *Fo.* u. *fast allg.*] *m. Schmierfink, unsauberer Mensch:* du Schm.-l.! — els. 1, 601 Schmierlappi; Gr. Wtb. 9, 1088 Schmierlappen.
schmerzich [šmértsiχ *Falk.*; šmièreχ *Si.*] adj. *schmierig.*
Schmet *Schmiede* s. Schmit II.
Schmick [šmìk *Nj.*] *m. Streichhölzchen.* — lux. 388 Schmik, Schmikholz. (Schmick

ist Verkürzung von frz. allumette chimique).
schmiden [šmidən *D. Si.* u. s. — Ptc. gəšmit] tr. v. *schmieden.* — els. 2, 479 schmide.
Schmier [šmiər *D. Si.*; šmér *Falk.* u. s. ohne Pl.; Demin. šmiərχən] *n. Schmiere, Schmiermittel, Salbe zum Einreiben.* — els. 2, 485 Schmier 1.
Schmilw [šmìlw, Pl. -ən *Bo.*] *f. Milbe, Holzwurm.* — vgl. lux. Schmirbel Ga. 400. Schmilw < mhd. milwe.
schmilzeⁿ [šmìltsə *fast allg.*; šmèldsə *Ri. Ha.*; šmeltsən *D. Si.* – Ptc. gəšmo̰lt] 1. tr. *schmelzen:* Butter schm. — 2. intr. *schmelzen, flüssig werden:* 's Eis schmilzt.
Shminé [šmiņé *Fa.* u. s.] *m. f. n.* 1. *Kamin:* uf 'm Schm. steht e Uhr. — 2. *Schornstein, Rauchfang.* — 3. *Herdgesims.* — frz. cheminée.
Schmisett *f. D. Si. Vorhemd.* — lux. 388 ebenso; frz. chemisette.
schmisseⁿ [šmìsə, Ptc. gəšmes *Sgd.Lix.*; šméïsən, Ptc. gəšmas *D. Si.*] tr. v. *schmeißen:* schmiss es eweck! — els. 2, 488 schmisse, schmeisse.
Schmit I [šmìt *fast allg.*; šmet *Mtsh. Bo.*; šmat *D. Si.*] *m. Schmied.*
Schmit II [šmìt *fast allg.*; šmìdə *Ri. Ha.*; šmet *D. Si. Bo. Mtsh.*] *f. Schmiede.* – ss. Schmät, Kisch W. u. W. 142.
Schmoch [šmóχ *D. Si. Bo.* u. s.] *f. Schmach:* äm en S. undun *einen schänden.* — lux. 388 u. ss. ebenso, Kisch vgl. Wtb. 201.
schmock [šmòk *D. Si.*] adj. u. adv. 1. *schmuck:* en as schm. gekläd *(gekleidet).* 2. *schlau, geschmeidig.* — lux. 388 ebenso; rheinfr. schmuck *schlank, biegsam* From. 4, 262 III, 4.
schmockelen, **Schmockeler** siehe schmuggleⁿ, Schmuggler.
schmodeln [šmòdəln *Bo.* u. s.] intr. v. 1. *ungeschickt, schlecht kochen.* — 2. *in einer kochenden Flüssigkeit rühren u. sich dabei besudeln* From. 6, 480; Gr. Wtb. 9, 1129 schmudeln.
Schmodler *m. Bo. einer, der* schmodelt: *unreinlicher Mensch.* — Gr. Wtb. 9, 1129 Schmudler.

schmoken [šmókən *Mw.*] tr. u. intr. *rauchen (Zigarre oder Pfeife).* — lux.
schmocken Ga. 400; ndl. smoken; engl. to smoke; vgl. hd. schmauchen.
Schmok-peif *f. Mw. Pfeife zum Rauchen.* s. das vorige.
Schmolf *Schwalbe* s. Schwalb.
schmolle[n] [šmòlə *Pü.* u. s.] intr. v. *schmunzeln, befriedigt lächeln:* Wemmer soviel erwt, da kammer schmolle. — els. 483 u. baier. 2,549 ebenso; tirol. schmöllele *schmunzeln* From. 6. 120, 45. s. a. Gr. Wtb. 9, 1105. vgl. mhd. smielen.
schmonzelen s. schmunzle[n].
schmorzen [šmórtsən *Mw.*] intr. v. *langsam brennen, qualmen.* — vgl. els. 2, 487 schmürze *nach Angebranntem riechen.* s. a. Gr. Wtb. 9, 1112.
schmotzich [šmòtsix *Bo.*; šmòtsex *D. Si.*] adj. *schmutzig.* — lux. ebenso.
schmuden [šmúdən *Fa. Rem.*] intr. v. *langsam und verborgen brennen, qualmen.* s. Gr. Wtb. 9, 1130 u. schmorzen.
schmudich [šmúdix *Sgd. Lix. Obh. Bo. Falk. Fo.*; šmûdi *Ri.*; šmúlix *Ha.*] adj. *schwül, drückend heiß, gewitterhaft:* es isch so schm. heit! *Fo.* - els. 2, 479 Schmud *Schwüle*, schmudig: baier. 2,545 schmodig, schmudig; Gr. Wtb. 9, 1130 schmudig; vgl. hess. 360 schmudelich u. engl. to smoke.
schmuggle[n] [šmuglə *Ri. Ha.* u. s.; šmokələn *D. Si.*] tr. v. *schmuggeln. Das Substantiv lautet* Schmuggler (Schmockeler).
Schmule [šmúlə *Ri. Ha.* u. s.]; 1. *jüd. männl. Vorname Samuel.* — 2. *Spottname für Jude.* — els. 2, 483.
schmunzle[n] [šmundslə *Ri. Ha.*; šmoṇtsələn *D. Rü.*] intr. v. *schmunzeln. Das Substantiv dazu:* Schmunzler (Schmonzeler).
Schmurre [šmùrə *Ri.*] *m. Klumpen, Brocken, Fetzen, großes Stück:* der hat awer e Schm. erag'schnidd! — els. 2, 484 u. baier. 2, 553 Schmarren.
Schmus [šmús *fast allg.*] *m. (jüdischdeutsch) Gewinn, Vorteil bei einem Handel, bes. als Lohn für eine Vermittelung od. Mäklerei:* Schm. mache. — els. 2, 488 ; baier. 2, 559; Gr. Wtb. 9,1135. — Zs.

Schm.-geld *Mäklerlohn für die Vermittelung eines Kaufs.*
schmuse[n] *fast allg.* intr. v. 1. *umherschnüffeln, durchstöbern, durchsuchen:* bischte wieder am Schmuse? *Fo.* Was hasch de do se schmuse? *Lix.* Beim Versteckspiel ruft der Versteckte dreimal: schmuse! — 2. *schmeicheln Flk.* — els. 2, 489 ebenso; baier. 2, 559 schmusen *erzählen, unterhalten.*
Schmuser [šmúsər *fast allg.*] *m. Schnüffler; einer, der alles durchstöbert.* — els. 1, 489 ebenso.
Schmutz [šmùts *fast allg.*; šmots *Bo. D. Si.*] *m.* 1. *Schmutz Bo. D. Si.* — 2. *Fett, wie man es zum Kochen od. sonst braucht, Talg.* — 3. *Kuß Pfb. Ett. Fa. Mtsh.* — 4. *Brand im Weizen, Weizenfäulnis Ett. D. Si.* — baier. 2, 562 u. els. 2, 490 Schmutz *in der Bedeutung Schmutz, Fett, Kuß;* henneb. Schmuz *Kuß* From. 2, 401, 11 (*dem Oberdeutschen eigentümlich ist* Schmutz *im Sinne von Fett*).
schmutze[n] [šmùtsə *Ett. Pfb. Fa.*; šmùtšè *Mtsh.*] tr. v. *küssen:* sie hat sich gern schm. lòn *Ett.* — els. 2, 491 ebenso; Gr. Wtb. 9, 1137 schmutzen 2.
Schnabbel [šnàbəl *D. Si.*] *f.* 1. *geschwätziger Mund.* — 2. *vorlautes, naseweises Frauenzimmer.* — lux. 389 ebenso. westf. snäbbel; vgl. ndl. snebbig.
schnabbelen intr. v. *D. Si. schwätzen, vorlaut sein.* — lux. 389 ebenso. s. a. schnawle[n].
Schnabbelesch *f. D. Si.* dasselbe wie Schnabbel 2.
schnabbelich adj. *D. Si. vorlaut, geschwätzig.* — lux. 389.
Schnadder [šnàdər *fast allg.*] *f.* 1. *Schnabel, scherzh. Mund:* hald dini Schn.! *Ri. Ha.* — 2. *Mundfertigkeit:* hat die awer e Schn.! — 3. *dasselbe wie* Schnabbel 2. — Zs. Schn.-gans *schwatzhaftes Weib Ri. Ha.* — lux. 389 u. ss. ebenso, Kisch Wtb. 201.
schnadderich adj. *D.Si.* 1. *geschwätzig.* — 2. *zitternd vor Kälte.* s. d. folgende.
schnaddern [šnàdərn *Bo. D. Si.*; šnàdrə *Ri. Ha.*; šnàtərə *Bi.*; šnèdərn *Vbg.*] intr. v. 1. *schnattern wie eine Ente od. Gans.* — 2. *hastig u. viel reden:* die schnaddert

en äm Stick wie ne Gans *Bo*. Schnattere wie en Entenarsch *Bi*. — 3. *frösteln, vor Kälte zittern, mit den Zähnen klappern*: schnattere vor Kält *Fo*. — els. 2, 509 schnattere u. schnättere. s. a. schnäddern.

schnäddern [šnèdərn *Bo. Falk*. u. s.] intr. v. *mit den Zähnen klappern vor Kälte od. Angst*: er isch so kalt, dass er schnäddert. *Falk*. — els. 2, 509 schnättere 3.

schnakech [šnakex *Volkr*.] adj. *schlank*: en schl. Mensch *eine schlanke Weibsperson*. — els. 2, 497 schnake 2; Gr. Wtb. 9, 1159 schnaket *hager wie eine Schnake*; mhd. šnåkelëcht.

schnäken *naschen* s. schneiken.

Schnäkert [šnêkərt *Bo*.] *m. hagerer, unansehnlicher Mensch*. s. schnakech.

schnakseⁿ s. schnarkeⁿ.

Schnall [šnal *fast allg*.; šnèl *Pü. Merlb*.; šnàlər *Ri*.] *f. Schnalle am Rock, Schuh usw*.: mach de Schnell uf, de Bux isch z'eng! *Pü*.

Schnaller s. d. vorige.

Schnapp *Schnupfen* s. Schnuppeⁿ.

Schnappe [šnàpə *Sgd. Lix. Go*. u. s.; šnàbə *Ri. Ha*.] *m. äußerster Rand zum Umstürzen, Spitze eines Dinges*: stell die Tass nit so noh on de Schn.! *Lix*. Er isch am Schnabbe gewän *er war dem Tode nahe Ri. Ha*. — els. 2, 501 Schnapp; hess. 360 Schnappe. s. a. Gr. Wtb. 9, 1169.

schnappeⁿ intr. v. *Lix*. u. s. 1. *wanken, straucheln, abstürzen*. — 2. *umkippen*. *Ortsneckerei*:

Welferdinger Narre,
hucke all im Karre;
wenn de Karre schnappt,
fälle se im Deiwel sin Kapp.

— els. 2, 501 schnappe: hess. 360; baier. 2, 576; Gr. Wtb. 9, 1170 schnappen.

schnäppeⁿ [šnæpə, šnæbə *Bi*. u. s.] tr. v. *wegschnappen, entwenden*. — Gr. Wtb. 9, 1171.

Schnäpper *m. Bi. einer, der Kleinigkeiten entwendet*.

schnäppereⁿ [šnæbərə *Bi*.] intr. v. 1. *mit den Zähnen klappern*: er schnäbbert vor Kält. — 2. *heimlich wegnehmen, wegschnappen, von Kleinigkeiten*: wem hasch de das geschnäbbert? — els. 2, 502.

Schnapp-hähn *Spitzname der Bewohner von Brauweiler* (*Kr. Saarburg*).

schnäppisch [šnèbiš *Ri*.; šnìbiš *Ha*.] adj. u. adv. *zur Falschheit, Heimtücke geneigt*. — vgl. hess. 361 schnäppig, vorschnäppisch; baier. 2, 577 geschnäppig.

Schnapp-karrich *m. Ri. Ha*. u. s. *zweiräderiger Karren, der beim Fahren sich auf- u. abbewegt*.

Schnappleⁿ [šnaplè, šlaplè *Mtsh*.] Pl. *Reisigbündel*. — els. 2, 503 Schnäpfel, Schnäppel.

Schnapptech, Schnappech s. Schnuppduch.

Schnaps [šnàps *fast allg*.; šnàbs *Ri. Ha*.] *m*. wie hd. *Schnaps*: e Rasion Schn. *Ri*. De Schn. inschenke *jemandes Nasenspitze zwischen die Finger nehmen u. sie fest zusammendrücken ibid.* — Zss. S c h n.-b u d d e l. S c h n.- f a s s. S c h n.- g l ä s e l. S c h.-h o r (eigentl. *Schnapshorn*) *Schnapstrinker Bo*. S c h n.- k e s s e l a) *Destillierapparat*; b) *Schnapsnase*. S c h n.-k i r s c h e *schwarze Vogelkirsche*. S c h n.-k l i c k s e r *heißen die Bewohner von Bettweiler, Kr. Forbach*. s. Klickser *Fläschchen*. S c h n.-k r u g. S c h n.- l i s c h t *Trinkerliste*: uff der S.-l. stehn. S c h n.- n a s.

Schnapser [šnàpsər *fast allg*.; šnàbsər *Ri. Ha*.; šnàpsərt *D. Si*.] *m. Schnapstrinker. Die Bewohner von Bettweiler* (*Kr. Saargemünd*) *heißen* Schnapser. — els. 2, 504.

Schnär [šnèr *Pü*. u. s.; šná(r) *Bo*.] *m. dünne Hanfschnur, gedrehte Schnur an der Peitsche. Rda*.: es isch kän Schn. wert *es ist nichts wert*. — els. 2, 504 ebenso: Gr. Wtb. 9, 1185 Schnarre 2; mhd. snar *Strick*; engl. snare *Schlinge*. — Zs. S c h n ä r e - f i s s e l *Pü. Bo. Obl. dasselbe wie* Schnär. els. 1, 149 Schnerrefisell.

schnarken [šnàrkən *Si*.; šnàrksə *Sgd. Lix. Bi*.; šnàrksən *Schm*.; šnáksən *Bo. Pü. Schw*.; šnàrxə *Ri. Ha*.] intr. v. *schnarchen*: er schnarkst wie e Esel *Schw*., wie e Drescher *Pü*. — lux. 390 schnareksen; baier. 2, 582 schnarkeln; ndl. schnorken, From. 3, 279, 24.

Schnatz [šnàts *D. Si. Lix. Ett. Schm*. u. s.; šnàtsə *Fo*.] *m*. 1. *Schnittwunde*. —

2. *großer Riß im Kleid*: du hasch awer e schener Schn. im Rock. els. 2, 510 Schnaz *Narbe*; Gr. Wtb. 9, 1199 Schnatz *Schnitt*; baier. 2, 584 Schnate *Einschnitt*; vgl. hess. 262 Schnaz *Grenze*; els. 2, 508 Schnatt *Schnitt, Spalt.* — 3. *Rotz, eine Pferdekrankheit D. Si.* lux. 390 ebenso; ndl. u. engl. snot; mnd. snarz.

Schnätz [šnèds *Ri. Ha.* u. s.] *f.* 1. *Reis, Zweig, Gerte (in bezug auf das Abschneiden). Die Buben bringen an der Spitze solcher Gerten Lehmkügelchen an, die sie weit durch die Luft schleudern.* baier. 2, 590 Schnätzlein; els. 2, 510 Schnaze. — 2. *mit zackigen Verzierungen versehener Haarschmuck der Mädchen, der am Hinterkopf aufgesteckt wird, um die Haare zusammenzuhalten.* vgl. els. 2,511 schnätzlig *zackig.*

schnätze[n] [šnèdsə *Ha. Ri.*] tr. v. *mit der Gerte Lehmkügelchen schleudern.* s. Schnätz 1.

schnatzich adj. *D. Si. rotzkrank.* — lux. 390 ebenso; engl. snotty. s. Schnatz 3.

Schnauf [šnáuf *D. Si.*; Dem. šnaifχə[n]] *f.* 1. *Schnupftabak.* — 2. *Prise*: en Schn. hollen. — 3. *Furche, die vom Unterbinden am Körper zurückbleibt, Blutrinne.* — lux. 390 Schnauf 1. u. 2. — Zss. Schnauf-bex u. Schnauf-bìs *f. Schnupftabaksdose* (Bex, Bìs = *Büchse*). Schnauf-nòs *f. Schnupfnase, auch als Schimpfwort.* Schnauf-tût *f. Frau, welche schnupft* s. Tut.

schnaupen [šnaupən *D. Si.*] intr. v. 1. *schnauben.* — 2. *barsch reden*: de brauchscht net eso[u] ze schn.! — lux. 390 ebenso; vgl. baier. 2, 577 die Schnauppen 1. *Schnauze*; 2. *anzügliche Rede. Bei Luther*: schnauben = *drohen* From. 6, 44.

schnaupich, schnaupech adj. *D. Si. schnippisch, barsch*: seï net eso[u] schn.!

schnauwech adj. *Si.* 1. *rasch, ungestüm.* — 2. *findig*: 't as e schnauweje Kärel. — lux. 390 ebenso; vgl. hess. 361 schnäubig *wählerisch im Essen.*

Schnauwert m. [šnauwərt *D. Si.*] *Schnupfer. Das Femin. lautet* Schnauwesch [šnauwəš]. — lux. 390 ebenso.

schnauze[n] [šnautsən *Bo.* u. s.; šnaudsə *Ri. Ha.*] tr. v. 1. *schnauzen, grob anfahren* *Ri. Ha.* — 2. *mit gutem Appetit essen Bo.* — vgl. baier. 2, 590 schnauzen.

Schnauzer [šnœudsər *Ri. Ha.*; šnœtsər, šnytsər *Pfb.*; šnautsərt *Vbg.*] m. *Schnurrbart*: d'Maide solle de Männre ke Schmutz (*Kuß*) gen, sunscht grije se e Schn. *Ri.* Du hasch e Schn. *einen Rand um den Mund vom gierigen Essen* ibid. — els. 2,511 ebenso; baier. 2,590 der Schnauz; Gr. Wtb. 9, 1209 Schnauzbart.

Schnawel [šnawəl *fast allg.*; šnábəl *Bo.*; šnièwəl *Si.*; šnèwəl *D.*] m. 1. *Schnabel, scherzh. Mund*: hal deng Schnewel! *D.* Der Vubel sengt weï'm d'r Schnabel gewahs es *Bo.* Das hat e Schnawel! *die kann schwatzen! Fo.* — 2. *vorwitzige Person, Plaudertasche*: du bas eng Schniewel *Si.* — els. 2, 492 Schnawl; lux. Schniéwel.

schnawle[n] intr. v. *Pfb. Ri. Ha.* u. s. *viel u. schnell reden, schwatzen, klatschen*: schnawl nit so, red dütlich! *Pfb.* — els. 2, 492 ebenso. s. a. schnabbeln.

Schneckebescht [snègəbešd *Ri. Ha.*] *Ortsname Schneckenbusch (Kr. Saarburg).*

Schnecke-poscht *f. Ri. Ha. in der Wdg.*: uff der Schn.-p. gehn (*Gegensatz zu* Schnell-poscht).

Schnee [sné *fast allg.*; šnéə *Bo.*; šneï *D. Si.*] m. *wie hd. Schnee. Bauernregel*: Fällt da Schnee en de Dreck, so geht e sechs Wuchen nimme weg *Ian.* — Zss. S.-ballech m. 1. *Schneeball*; 2. *Ballbaum* (Viburnum opulus). S.-gans *Graugans.* S.-huffe *Schneehaufe.* S.-klatz *f. D. Si. Schneeball* s. Klotz. S.-luht *f. D. Si. Schneeluft.* S.-mann. S.-rän *Schnee mit Regen vermischt.* S.-schipp *Schneeschaufel.* S.-schipper (-schibber) *Schneeschaufler.* S.-schuh *Schuh, der durch eine Filzsohle gegen das Eindringen des Schneewassers geschützt ist.* S.-wasser. S.-wedder. schneewiss adj. *schneeweiß.*

Schneeberger m. *weißlicher, aromatischer Schnupftabak, nach dem Herstellungsort benannt.*

Schneid [šnaid *D. Si.*] *f.* 1. *Schneide*: dat Messer hot keng Schn. — 2. *böser Mund*: den hot eng Schn.! — lux. 390 ebenso. — Zs. Schn.-bank *f. Si.* s. a. Schnid.

schneiden, Schneider s. schnide^n, Schnider.
schneideren intr. v. *D. Si. Schneiderarbeit verrichten.*
schneie^n [śnaiən *D. Si.;* śnέïə *Fo. Lix.* u. s.; śnέïjən *Falk.*] unpers. v. *schneien.*
Schneik [śnaig *Ri.* u. s.] *f.* 1. *urspr. Maul der Tiere, verächtl. auch vom Menschen.* — 2. *schmächtige, kränklich aussehende Person; verstärkt* Gelschneik *kränkl. Person mit gelber Gesichtsfarbe.*
schneike^n [śnaikə *Sgd. Lix.;* śnoïkən *Kr.;* śnǽkən *D. Si. Bo. Fo. Obh. Bi. Rg.;* śnaigə *Ri. Ha.*] 1. *schlecken, naschen, Süßigkeiten essen.* — 2. *schnobern, schnüffeln, schnüffelnd durchsuchen:* Was hasch de wieder in der Kiche ze schneike? — 3. *wählerisch sein im Essen Ri. Ha.* — — 4. *langsam, ohne Appetit essen ibid.* — 5. *außerehelichen Verkehr haben ibid.* — els. 2, 498 schneike; baier. 2, 566 schnaiken; Gr. Wtb. 9, 1284 schneiken; mhd. snöuken.
Schneiker [śnaikər *fast allg.;* śnaigər *Ri. Ha.;* śnǽkərt *D. Si.*] *m. Näscher, Leckermaul, Feinschmecker. Das Femin. lautet* Schneikersch. — els. 2, 499; lux. 391; Gr. Wtb. 9, 1284.
schneikich [śnaikix *Lix.* u. s.; śnǽkix *Fo. Bi. D. Si.;* śnaigi *Ri.;* śnaigix *Ha.;* śnǽkərdix *Fa.*] adj. *verwöhnt im Essen, naschhaft, wählerisch:* es isch e schnäkich Ding *Fo.* — els. 2, 499 schneikig; pfälz. schnäkig.
Schneis [śnais *Sgd. Lix.;* śnǽs *Pü. Schm.* u. s.: śnaids *Ri. Ha.;* śnǽts *Bi.*] *f. Waldweg, Schneise (Durchhau im Walde).* — els. 2, 511 Schnauz: baier. 2, 583 Schneisz, Schnäs: hess. N. 206 Schnaise; Gr. Wtb. 9, 1285 Schneisze: mhd. sneize.
Schneiz [śnέïts *Rü.* lux. *Grenze*] *f. Lichtputze, Lichtscheere.* — Gr. Wtb. 9, 1322 Schneuze; vgl. els. 2, 511 schneize *abschneiden* u. mhd. sneize.
schneizen [śnaitsən *D.;* śnέïtsən *Rü.* lux. *Grenze;* śnidsə *Ri. Ha.*] tr. v. 1. *schneuzen:* d'Nas schnize. — 2. *das Licht mit der Schneiz putzen.*
Schnell s. Schnall.
schnell [śnèl *allg.*] adj. u. adv. wie hd. *schnell:* mach schnell! De schnell Kathrin *der Durchfall Pfb.* u. s. — Zs. Schnell-poscht *Gegensatz zu* Schnekeposcht: bi dem geht alles uff der Schn.-p. *in größter Eile Ri. Ha.*

Schneller [śnèlər *fast allg.;* śnèlè *Fi.*] Pl. *Spielkügelchen, wie sie von den Knaben in Grübchen geschnellt werden.* — els. 2, 500 u. baier. 2, 576 ebenso; Gr. Wtb. 9, 1302 Schneller.

Schnep [śnep, Pl. -ən *D.*] *f. Schnitt (Brot), kleines Stück.* — lux. Schnepp, Schnöpp Ga. 402: engl. snip.

Schnepp [śnèp, Pl. śnèbə *Pfb. Ri. Ha. Bi.;* śnéb *Si.*] *f.* 1. *Schnepfe.* — 2. *etwas Schnabelförmiges wie die Schnauze eines Kruges od. Topfes; spitz in die Stirn auslaufender Haarwuchs Pfb.* — 3. *Kappe, Mützenschild:* der loït henger de Schnebbe erüs *das ist ein falscher Kerl Pfb.* — 4. *feile Dirne.* — els. 2, 501 Schnäpp; baier. 2, 577 Schneppen, Schnapper; hess. 363 Schnippe; lux. 392 Schnip *Spitze;* Gr. Wtb. 9, 1316 Schneppe 2. — Zss. Schneppe-kapp *Mütze.* Schn.-deckel *Mützenschild.*

Schneppel *Schnitzel.* s. Schnippel.
schnepse^n [śnèbsə *Ri. Ha.*] intr. v. *schielen, unter dem Mützenschild (s.* Schnepp 3) *schief hervorgucken:* neweds enus schnepse.

Schnerkel [śnèrkəl *Si.* u. s.; śnèrgəl *Ri. Ha.*] *f. Schnörkel.*
schnerkle^n [śnèrglə *Ri. Ha.*] intr. v. *spaßhafte Geschichten erzählen.* s. Schnörk.

Schnerr [śnèr, Pl. -ə *.lv.* u. s.] *f. Schnurre, Münchhausiade, Witz:* Schnerre erzähle. — vgl. baier. 2, 250 Schnerren *Geschwätz.* s. schnerren 1.

Schnerr-bo'e [śnèrbôə *Fo. Lix.* u. s.] *m. Kinderarmbrust.* — els. 2, 220 Schnërrboge. s. schnerren 3.

schnerre^n [śnèrə *Fo. Bo. Av. Ri. Ha.* u. s.] 1. tr. *betrügen, hintergehen:* er hat mich arich geschnerrt. — 2. refl. *sich gewaltig täuschen:* jo, schnerr dich nit! — 3. intr. *zischend durch die Luft fliegen, sausen:* der isch awer uf sinem Rad geschnerrt wie nix guts *Fo.* Äner schnerre losse *einen F… fahren lassen Ri. Ha. Reimspruch:*

Buschur (bon jour), ihr Herre!
Wenn ehrs nid kenne hewe,
Lossen ehrs schnerre *ibid.*
— 4. *schnarren, schnarrend sprechen. Wegen ihrer schnarrenden Aussprache des r heißen die Bewohner von Kriechingen (Kr. Bolchen)* Schnerrerte.

Schnessel s. Schlissel.

Schnett [šnet *Bo.;* šnet u. šnat *Si.;* šnat, šnats *D.;* šnìd *Ri. Ha.* — Pl. šnetən, šnet, šnets, šnìd] *m. Schnitt.* — lux. 393 Schnött.

Schnetz I [šnets *D. Si.;* šnèts *Av.;* šnìds *Ri. Ha.*] *m. Schnitz, Schnitzel, z. B.* Appelschnetz. — 2. *Kartoffelschale.* — 3. *junger Hecht Av. In letzterer Bedeutung wohl dasselbe Wort wie bei* Mone, Ztschr. f. d. Gesch. d. Oberrheins 4, 88: jung snetz fåhen. vgl. mhd. snot-visch (cyprinus dobula). s. a. Schnitz.

Schnetz II *Reis* s. Schnätz.

schnewelen [šnéwələn, šnìcwələn *D. Si.*] 1. *schnäbeln.* — 2. *ausschnüffeln, Vorwitz treiben.* s. Schnawel.

Schneweler *m. D. Si. Vorwitziger, Schnüffler.* s. d. vorige. *Das Femin. lautet* Schnewelesch [šnéwələš] *Frauenzimmer, das gern Geheimnisse ausforscht.* — lux. 392 ebenso.

schnewelich adj. *D. Si.* 1. *geschnäbelt* mhd. snabelëht. — 2. *vorwitzig: sew (sei) net esoᵘ schn.!* — lux. 392 schnieweléch.

Schnid [šníd *Ri. Ha.* u. s. — Pl. -ə] *f. Schneide, scharfer Teil eines Schneidewerkzeugs.*

Schnidde [šnìdə *Ri. Ha.;* šnìdè *Fi.;* šnìdərə *Ltf.*] Pl. *Brotschnittchen in Teig gebacken.* — vgl. els. 2, 510 Schnittle; baier. 2, 585 Schnidl, Semelschnidl.

Schnidder [šnidər *D. Si.*] *m. Mäher, Schnitter.* — lux. 390 ebenso. — Zs. Schn.-loᵘn *Mäherlohn.*

schnideⁿ [šnídə *fast allg.;* šnidè *Mtsh.;* šnìlə *Lix.* šnaidən *D. Si.* — Ptc. gəšnít, gəšnídən] tr. v. 1. *schneiden. Rda.: er hat sich mol in de Finger geschnit er hat sich mal blamiert, hat ein schlechtes Geschäft gemacht Falk.* — 2. *prellen, jd. übernehmen, zu viel verlangen.* — 3. *beschneiden, kastrieren:* de Ferkel schnide *Ri. Ha.* — 4. refl. sich schn. *sich durch Farzen bemerkbar machen Ri.*

Schnider [šnídər, Pl. gleich *fast allg.;* šnídər, Pl. šnidrə *Ri.;* šnílər *Lix. Ha.;* šnaidər *D. Si.* — Demin. šnidərlə] *m.* 1. *Schneider:* sitze wie e Schn. *schlecht sitzen Ri.* Zss. Schn.-gewicht *sehr leichtes Gewicht.* Schn.-lohn. — 2. *ungeschickter Mensch, der wenig versteht (eigentl. nur wie der Schneider die Nadel zu führen versteht) Ri. Ha.* — 3. *Wasserjungfer, Libelle.* — 4. *kleiner Fisch:* i ha nur e Par Schnidre g'fang *Ri.*

Schnidersch [šnidərš *fast allg.* šnaidəš *D. Si.*] *f.* 1. *Schneiderin.* — 2. *Schnitterin.*

Schnid-metz [šnîdmèts *Fo.* u. s.] *m. schmales, scharfes, hüben u. drüben umgekrümmtes u. mit hölzernen Handhaben versehenes Eisen, um auf der* Schnidbank *Faßdauben u. Reife zu glätten u. zu ebnen; Küfermesser.* ndd. Schnîtmësser From. 6, 517, 3.

schniffleⁿ [šnifleⁿ *fast allg.;* šnefəln *Bo.*] 1. intr. *schnüffeln:* was haschte dann ze schn.? — 2. imp. *ein wenig schneien, dünn regnen:* es schniffelt druss *Fo.* Et schniffelt nuren *(nur) Falk.* — lux. schnöffelen, scheffelen Ga. 403; vgl. els. 2, 496 schnuffle.

Schnik [šnìk *D. Si.*] *m. Fusel, schlechter Branntwein.* — lux. 392 ebenso; frz. chenique.

Schnikert *m. D. Si. Schnapstrinker.* — lux. 392.

Schnippel [šnipəl *fast allg.;* šnepəl *Bo. D. Si.* šnèbəl *Ri. Ha.* — Pl. šnipələ, šnepələn, šnèblə] *f.* 1. *abgeschnittenes Stück, Schnitzel, Schnittchen:* e Schn. Bapier *Pfb.* En Schnepel Broᵘt *Bo.* Gif m'r nume e Schn. Brot *Ltf.* ndd. Schnippel *schmales Stückchen* From. 6, 480; Gr. Wtb. 9, 1336 Schnippel. — 2. *Frack:* er hat e Schn. an, dass m'r d'Hose mit gesit *Flh.* lux. 392 Schnöppel 2.

schnippleⁿ [šniplə *fast allg.;* šnèblə *Ri. Ha.;* šnèpəln *D. Si. Bo.*] tr. v. 1. *in kleine Stücke zerschneiden, Schnitzel machen.* — 2. *ungeschickt schneiden.* — lux. 392 schnepelen; ss. schnäpeln Kr. 118; baier. 2, 578 u. hd. schnippeln Gr. Wtb. 9, 1336; ndd. ebenso, From. 6, 480.

schnippsen [šnipsən *Av.* u. s.] intr. v. *weinen, schluchzen (von Kindern).* — baier. 2, 578 ebenso; Gr. Wtb. 9, 1342 schnipsen, schnipzen.

Schnips [šnips *Fo. Si.* u. s.] *m.* 1. *kleiner Rausch:* er hat e Schn. gehat, als er hêm kumm isch *Fo.* — 2. *Pips, Krankheit der Vögel Si.* — lux. 392.

schnipsich [šnípsiχ *Bo.*] adj. *abgemagert; blaß, kränklich aussehend.*

Schniss [šnìs *fast allg.*; šnes *Bo. D. Si.*; šnys *Mtsh.* — Pl. šnisər, šnesər: Demin. šnisχə] *f.* u. *n.* 1. *Maul von Pferd, Kuh, Schaf u. allen Haustieren.* — 2. *freche Schnauze:* hall din Schn.! — *Das Demin.* Schnissche *wird als Kosewort gebraucht:* mi herziches Schnissche! — els. 2, 508 Schnüss; lux. 392 Schnöss: eifl. Schnéss *Bü.* 7. — Zs. **Schnüssschaufel** *Maul, Rüssel Mtsh.*

Schnitt-lab [šnitláb *Fo.*; šnìtlà *Pü.*; šnìdlau *Ri.*; šnìdlaχ *Ha.*] *n. Schnittlauch.*

Schnitz [šnìts *Ri. Ha.* u. s.: šnets *D. Si.*] *m.* 1. *Dasselbe wie* Schnetz I: *Stück eines frischen Apfels, einer Birne, einer Kartoffel.* — 2. *zerschnittene u. gedörrte Obststücke:* Äppelschnitz, Bireschnitz. — els. 2, 511 ebenso.

Schnitzel [šnìdsəl *Ri. Ha.* u. s.] *in den* Zss. Schn.-bank u. Schn.-messer *in Schreiner-, Küfer- u. Wagnerwerkstätten gebraucht.*

schnitzeⁿ [šnìdsə *Ri. Ha.*] intr. v. *harmlos lügen, aufschneiden:* er hat awer wieder geschnitzt!

schnoffeln [šnòfəln *Bo. D. Si.*] intr. v. 1. *schnüffeln.* — 2. *prisen, schnupfen.* — 3. unpers. *fein regnen:* et schnoffelt. — lux. 392 ebenso; baier. 2,579 schnopfen. s. a. schniffle.

Schnoffler [šnòflər, Pl. -tən *Bo.*] *m.* 1. *Schnüffler.* — 2. *Schnupfer.* — 3.*Näseler.* — lux. 392 ebenso.

Schnofflersch [šnòflərš *Bo.*; šlòfləš *D. Si.*] *f. neugieriges Frauenzimmer.*

Schnoggele [šnògələ *Pfb.*] *n. Kosewort für Kinder:* du bisch min Schn.! s. d. folgde. — els. 2,500 Schnuckesle *Liebchen*; baier. 2, 567 Schnuckes, Schnuckesche.

schnoggleⁿ [šnoglə *Ri.* u. s.] intr. v. *naschen, essen u. zwar mit gutem Appetit.* — baier. 2, 567 schnuckeln *lecken, saugen, naschen.*

Schnoggler *m. Ri. jd., der* schnoggelt.

Schnoik [šnoïk *Grt. Kri.*] *f. Naschmaul, Leckermaul. Rda.:* uf de Schnoik gehn *das letzte Obst von den Bäumen stehlen.* — els. 2, 498 Schneik: lux. Schnäk *Ga.* 401: Gr. Wtb. 9, 1284. s. schneiken.

Schnok I [šnòk *Fo.* u. s. šnóg *Ri. Ha.*] *f.* 1. *Schnake,* Stechmücke (culex pipiens): er isch ganz verbisse von de Schnoke. — 2. *hageres Frauenzimmer:* es isch numme e so Schnok *Ri. Ha.* — lux. 392 Schnôk: els. 2, 497 Schnak.

Schnok II [šnók, Pl. -ən *D. Si.*] *f. scherzhafte Anekdote, Schwank, lustiger Einfall, Geschwätz:* e verzehlt neischt eweï Schnoken. — lux. ebenso; els. Schnak 3; baier. Schnâck d.; Gr. Wtb. 9, 1151 Schnack, Schnake 3.

Schnokert [šnókərt *D. Si.*] *m. jemand, der sich in Gesellschaft durch* Schnôken *beliebt zu machen weiß.* — lux. 392 ebenso; westfäl. Snacker.

schnokich adj. *D. Si. witzig.* s. Schnok II.

Schnörk [šnørg *Ri. Ha.*] *m. scherzhafte Erzählung.* — els. 2, 508 Schnörkel, Schnürkel, Schnerkl 2.

Schnorr [šnòr *D. Si.*] *f. Knabenspielzeug: ein Knopf od. eine durchlöcherte Scheibe wird durch zwei Schnüre in kreisende Bewegung gesetzt, wodurch ein schnurrendes Geräusch entsteht.* — lux. 392 ebenso; els. 2, 504 Schnurr 4: vgl. Gr. Wtb. 9. 1413 Schnurr.

schnorren intr. v. *Bo.* u. s. 1. *schnurren, sausen* 2. B. *von Maschinen, vom Wasser.* — 2. *schnell fahren, eilen, laufen.* — els. 2, 505 schnurre; baier. 2, 580 schnorren, schnurren.

Schnorres *m. D. Si.* 1. *Schnurrbart* s. Schnurres. — 2. *Gläschen Schnaps Si.*

Schnudel [šnùdəl *fast allg.*; šnúdəl *D. Si.*] *m.* u. *f.* 1. *Nasenschleim.* — 2. *Rotz.* — 3. *schleimige Masse in der Nuß, ehe der Kern sich entwickelt. Das Wort hängt mit* Schnud, Schnûte *Nase u. Maul der Tiere zusammen.* — baier. 2, 573 Schnuder, Schnudel: els. 2, 494 u. lux. 393 Schnudel; hess. 365 Schnutz, Schnûdel. s. a. Gr. Wtb. 9, 1382. — Zss. Schnudel-bu

(-bo^uf) *m. Rotzjunge.* Schnudel-ginkel s. d. Schnudel-nas 1. *Rotznase;* 2. *grüner Junge.* Schnudel-såk *dasselbe.* Schn.-krott (-grodd) *Rotzjunge Ri.* Schn.-wieche *Rotznase Ri.*
schnudelen *fast allg.* 1. *Nasenschleim fließen lassen.* — 2. *kritisieren:* en hot iwer alles ze schn. *D. Si.*
Schnudeler *m.* **Schnudelesch** [šnudeləš] *f. unreifer Junge — naseweises Mädchen.*
Schnudel-ginkel [-giŋkəl *Fo.* u. s.; -giŋk *Obh.;* -hán *Pfb.;* -ho^un *D. Si.*] *m.* 1. *Truthahn.* — 2. *Rotznase Fo.* — lux. 393 Schnudelhong. s. Schnudel.
schnudelich adj. *Bo. D. Si.* 1. *rotzig.* — 2. *naseweis:* du schn. Deïer! *du naseweises Ding!*
Schnuf [šnúf *Ri. Ha.* u. s.] *f. Atem, Atemzug:* de Schn. geht nimmeh. I ha ke Schn. g'sad *kein Sterbenswörtchen.* — els. 2, 496.
schnufe^n [šnúfə *Ri. Ha.* u. s.] intr. v. 1. *atmen.* er had's Schn. vergess *er hat zu leben aufgehört.* — 2. *schwer atmen, schnaufen:* schn. wie e Bär. — els. 2, 495. — Zss. in-schnufe, ùs-schnufe.
Schnuffel [šnùfəl *Av. Ri. Ha.;* šnyfəl *Schm.;* šnòfəl *Pfb.* Demin. šniflə] *f. Maul, Schnauze der Tiere; verächtl. Mund u. Nase der Menschen:* der Zahn möss erüs, on wenn e Schdegg von der Schn. met geht *Pfb. Das Demin.* Schniffle *ist Kosewort für Kinder Ri.* — els. 2, 496 ebenso; baier. 2, 573 Schnufel. — Zss. Schn.-butzer *verächtl. für Barbier Av.* Schn.-rutsch *Mundharmonika.Av.*Schn.-salat *Ochsenmaulsalat ibid.*
schnuffe^n [šnùfən *Vbg.* u. s.; šnupə *Lix.;* šnùbə *Ri. Ha.;* šnyfə *Pfb.;* šnauwən *D. Si.*] *Tabak schnupfen, prisen.*
schnuffle^n [šnùflə *Ri. Ha.* u. s.] tr. u. intr. *plaudern, schwatzen:* der schnuffelt ebbs z'samme. — els. 2, 496; baier. 2,573.
Schnupp-duch [šnùpdùχ *fast allg.;* -dòχ *Vbg.;* šnaptəχ *D. Si.;* šnapeχ *Geinsl.* — Pl. diχər, -déïχər] *n.* 1. *farbiges Kopftuch, womit sich die Frauen gegen die Sonnenhitze schützen.* — 2. *Taschentuch. In dieser Bedeutung ist* Schn.-d. *Übersetzung des frz.* mouchoir. lux. Schnappdech Ga. 401.

Schnupp-duwak *m. Ri. Ha. Pfb. Schnupftabak. Mittel, um einen Hasen zu faugen:* M'r straut Schn.-d. of en Eckstein. Do schmeckt *(riecht)* der Has dran. Noh möss er nesse *(nießen)* un haut sich de Schädel am Schdein kabüt.
Schnuppe^n [šnùpə *fast allg.;* šnap *D. Si.*] *m. Schnupfen. Rda.:* er het de Schn. nit *er merkt, was vorgeht; er hat Glück:* ich bin noch kän Minut inger'm Bâm weck gewän, da hat 's Wedder nän geschlâ; da han ich awer de Schnuppe nit gehat *Mü.* — els. 2, 502 ebenso.
schnupse^n [šnùbsə *Ri.* u. s.] intr. v. *in hörbarer Weise Luft durch die verstopfte Nase einzuziehen suchen, den Nasenschleim hochziehen.* — els. 2, 504 ebenso: pfälz. schnibse.
Schnupser *m. Ri. Ha. Schnupfen.*
Schnur I [šnúr *fast allg.;* šnouər *D. Si.* — Pl. šnír, šnéïər] *f. Schnur, Kordel:* haschte kä Schn. zum binne? 'S geht wie inner Schn. *die Sache hat ihren richtigen Gang Lix.* Er kann sin Sach am Schnirl *Ri. Ha.* — Zss. schnur-straggs *schnurgerade:* schn.-str. ins Wirtshus *Ri Ha.* schnur-riht *dasselbe D. Si.*
Schnur II [šnúr *fast allg.;* šnua *Vbg.;* šnúər, šnóuər *D. Si.* — Pl. šníər, šnúrən] *f. Schwiegertochter. Rda.:* et is keïn Schwiamutta da Schnua hold, un wor *(wäre)* se ven Gold *Vbg.* — hess. 364, baier. 2, 581 u. henneberg. From. 6, 517, 6 ebenso; lux. 390 Schnauer; eifl. Schnouer Bü. 14; mhd. snur, snor.
Schnurre [šnùrə *Av.* u. s.] *f. Ratze (Knabenspielzeug).* — els. 2, 505 ebenso. s. a. Schnorr.
schnurre^n [šnùrə *fast allg.*] intr. v. *schnurren, sausen, von Maschinen, vom Wasser usw.* — Zss. an-schn. *anschnauzen Ri.Ha.* z'samme-schn. *einschrumpfen ibid.*
Schnurres [šnùrəs *Fo.* u. s.; šnorəs *D. Si.*] *m. Schnurrbart:* e schwarze Schn. — De Schnorres gedreït *(gedreht)* hun herausgeputzt sein *Si.* — els. 2, 506 ebenso; lux. 392 u. hess. 265 Schnorres. s. a. Schnauzert.
Schnus [šnús, Pl. -ən *Bv.*] *f. witzige Erzählung, Schnurre:* mach doch kän Schn.!

schnusen [šnûsən *Sgd. Lix. Bo. Ha.* u. s.] intr. v. 1. *schnauben, schnaufen, schwer atmen:* ich konn bal nimme schn. *Lix.* — 2. *leicht regnen.* — baier. 2, 584 schnausen; ndd. snüstern, From. 3, 283, 105; 6, 288, 735.

Schnutz I [šnuts *Va.* u. s.; šnuds *Ri. Ha.*] 1. *m. Schnurrbart.* Zs. Sch.-ba(r)t. — 2. *f. Schnauze des Tieres, verächtl. auch für Mund:* hald dini Schn.! *Ri. Ha.* — lux. 393.

Schnutz II [šnùts *Bo.* u. s.; šnats *D. Si.*] *f. Rotz, Pferdekrankheit.* — vgl. Gr. Wtb. 9, 1425 Schnutz *Nasenschleim.* s. a. Schnatz.

schnutzen [šnutsən *Fa. Bo. Falk.* u. s. šnidsə *Ha. Ri.*] 1. tr. *schneuzen, die Nase putzen:* schnutz de Nas! *Rda.:* wer annere will uze, soll s'erscht sich selwer schnutze *Fa.* — 2. intr. *fauchen, von der Katze:* wenn d'Katz e Hund sieht, schnutzt se *Ri.* — els. 2, 513 schnütze. s. a. schneizen.

Schock [šòk *Go.* u. s.] *m. Schopf, Federbusch eines Vogels. So heißt der Eichelhäher* Herra-schock *Häherschock.* — vgl. Kowelschock *Wiederhopf* Gr. Wtb. 9, 1434.

schocken [šòkən *D. Si.* u. s.; šogə *Ri.*] intr. v. *anstoßen mit den Gläsern, um auf das Wohl jds. zu trinken:* schock emol! — lux. 398 ebenso; frz. choquer.

schoklen [šoklən *fast allg.*; šakələn *Si.*] tr. u. intr. *schütteln, rütteln, schaukeln:* schockel nit eso! Der Wân schockelt. — els. 2, 406 u. baier. 2, 369 ebenso; Gr. Wtb. 9, 1435 schockeln; vgl. mhd. scltoc *Schaukel.* s. a. schottlen.

Schode [šoᵃdè *Bo.*; šuədi *Si.*] *m. Flammkuchen, Torte. Der Anfang eines Bolchener Kirmesliedes lautet:*

Leï es Kouchen, la es Tart,
Lonrt es Schoᵃdä, oh weï zart!
Äppeldatsch on Kiᵃrschenbreï,
Kesselkouchen steᵃht d'rbeï.

— lux. 399 Schuedeï; frz. échaudé.

Schof [šòf *fast allg.*; šàf *Bo. Mü.* Pl. šòf, šèf, šá; Demin. šèfχə, šefəl (*auch als Koseform*)] *n. Schaf:* domm, gedellech (*geduldig*) eweï e Sch. *D. Si.* Der hat sin Schäfche geschor *Lix.* Mi goldiches Schäfche! *Das Demin.* Schäfle Pl. be-

dedeutet *auch weiße Wölkchen am Himmel, die wie eine Herde zusammengescharrt sind. Rätsel:* fa was fresse de wisse Schof meh, äss de schwarze? Es git meh wisse *Lix.* — lux. 393 Schòf. — Zss. Sch.-bolle *Schafskot.* Sch.-buck *m. Lix. Widder.* Sch.-fell *n.* 1. *Schaffell;* 2. *Lederschurz aus Schaffell.* Sch.-fleisch. Schofs-gesiht *n. dummer Mensch D. Si.* Schofs-kapp *m. Schafskopf als Schimpfwort D. Si.* Sch.-ledder. Schofsmescht *f. Schafsmist D. Si.* Sch.-minz (s. d.) Schofs-perrech *m. Pferch D. Si.* Sch.-woll. Schof-zucht *Schafzucht.*

schofel [šófəl *fast allg.*; šaufəl *Si.*; šoufəl *Lix.*; šœufəl *Ri. Ha.*] adj. u. adv. 1. *armselig, kränklich (von Personen):* es isch m'r gonz sch.! er sieht sch. us *Lix.* — 2. *abgetragen (von Kleidern):* hat der 'ne schofele Montur! — els. 2, 399: baier. 2, 386; hess. 365 ebenso; lux. 376 schaufel; Gr. Wtb. 9, 1139 schofel: hebr. schaphêl.

Schof-minz [šófmints *Ersd.* u. s.] *f. Kleingeld, eigentl. Schafmünze sog. weil das Schaf als Kleinvieh galt gegenüber dem Rind, dem Ochsen u. dem Pferd. Übrigens ist Schaf der Name einer kleinen Münze in Ostfriesland* Gr. Wtb. 8, 1998: vgl. Schafschatz *ibid.* 8, 2045 u. els. 1, 696 Bockmünz *kleines Kupfergeld.*

Schokela(t) [šòkəlá(t) *fast allg.*; šògòlá *Pfb.*; šogulà *Ri. Ha.*] *m. Schokolade.* — els. 2, 406 Schokäla, Schokela: frz. chocolat.

schokieren [šokirən *fast allg.*; šokéïərən *D. Si.*] tr. v. *beleidigen, verletzen:* seng Rêd hot mech schokeïrt. — lux. 398 ebenso; frz. choquer.

Schold [šolt *fast allg.*; šüld *Fo. Ri. Ha.* — Pl. šòldən, šuldə] *f. Schuld:* in de Schulde sin bitz iwer de Kobb *Ri. Ha.* D'Schulde indriwe *ibid.* Es isch sin Sch. *Fo.* — Zss. Sch.-âsch (-òsch) *eigentl. Schuldarsch, verschuldeter Mensch D. Si.* Sch.-breïf *Schuldschreiben ibid.* Scholdebuckel (s. d.). Sch.-leit Pl. *Gläubiger D. Si.* Sch.-rejeschter *Schuldregister, Schuldbuch ibid.*

Scholde-buckel (Schulde-b.) *m. fast allg.* 1. *Schuldenmacher.* Scholdebickel *heißen die Bewohner von Großblittersdorf bei den Umwohnern.* — 2. *Herzkönig als einziger Trumpf im Karteuspiel* Ri. — els. 231 ebenso.

Scholi-blum [šòliblum *Va.* u. s.] *f. Tollkirsche. Scholi ist wohl Übertragung des lat.* bella *in* belladonna.

Scholleⁿ [šòlən, Pl. gleich *Bo.;* šolɔ *Ri. Ha.;* šol *D. Si.*] *m. (D. Si. f.)* 1. *Scholle, großer Erdklumpen:* Scholle globbe *mit dem Karst die umgepflügten Schollen zerschlagen Ri.* M'r bleiwt am beschten op senger Scholl. *Si.* — 2. *die Lache in der Rda.:* gudder Scholle zu ebbs lache *hell auflachen, in schallendes Gelächter ausbrechen Ri. Ha.* — els. 2, 409 Scholle; lux. 394 Scholl. — Zss. **Scholle-klopper** *fast allg. Schollenklopfer; Bezeichnung für einen geplagten, armen Bauer, oder solchen, der mit seinem Los unzufrieden ist.* **Scholle-ritter** *m. Bi.* u. s. *weitmaschiges Getreidesieb.* — els. 2, 304 ebenso.

schollich [šòliχ *Ri. Ha.;* šòleχ *D.Si.;* šòltsiχ *Bo.*] adj. *schollig, mit Schollen übersäet:* e sch. Stick. — els. 2, 409; lux 394.

Scholmen s. Schelm.

schoneⁿ [šónə *Ri. Ha.* u. s.; šounən *D. Si.*] tr. v. *schonen, Ruhe gönnen:* sich nit sch. *tüchtig zugreifen bei der Arbeit.* — els. 2, 418.

Schoning [šóniŋ *Ri. Ha.*] *f. Schonung.*

Schop [šòp *fast allg.;* šàp *D. Si.* — Pl. šèp; Demin. šèpχən] *m.* 1. *Gebäude ohne Vorderwand, Schuppen für Geräte u. Werkzeuge* Ett. Berl. u. s. — 2. *Lustod. Gartenhäuschen Fo.* — 3. *Haarschopf Ha. Falk.:* ebber am Sch. nemme *Ha.* — els. 2, 424 und baier. 2, 440; Schopf; schles. ebenso, From. 4, 184; Gr. Wtb. 9, 1531 Schopf *Wetterdach;* mhd. schopf, schopfe.

Schope I [šòpə, Pl. gleich *Pfb. Bi.*] *m. Joppe, Männerjacke.* — els. 2, 423 ebenso; baier. 2, 438 Schoppen; fränk. Schaub'n, Schopp'n From. 2. 422, 47; mhd. der u. die schope, schôpe; vgl. frz. jupe, jupon.

Schope II [šòpə *Fo.* u. s.] *m. unordentlicher, einfältiger Mensch:* das isch e Sch.! — vgl. baier. 2, 438 Schüppel b. *verächtliches Appellativ für Personen.*

schopich [šópich *Fo.* u. s.] adj. und adv. *unordentlich, filzig:* isch das e schopiche Kerl!

Schoppeⁿ [šòpə *fast allg.;* šòbə *Pfb. Ri. Ha.;* šàpən *D. Si.* — Pl. šòpə, šàpən; Demin. šèpχə, šèbəl] *m. Schoppen:* e Sch. Milch. E guder Sch. drinke. E Sch. gëler ein Sch. *Weißwein Pfb.* E Schobbe va dem, wo d'Katz druff sitzt *ein Sch. sehr alten Weines Ri. Ha.* — Zss. **Sch.-glas. Schobbe-mess** *n. Schoppenmaß Ri. Ha.* **sch.-wis** *schoppenweise.*

Schor I [šór, Pl. -ən] *fast allg. f.* 1. *Schnitt des Klees od. Grases:* de ersch Sch., de zweit Sch. — 2. *Schur* z. B. Schôfsschor *Schafschur.* — els. 2, 430 Schor 3.

Schor II *f. Pflugschar.* s. Schar.

Schorbacher *m. Bi.* u. s. *gewöhnlicher Kartoffelschnaps, der in* Schorbach (n. w. Bitsch) *vorzugsweise getrunken wird.*

Schores [šórəs *Fo.* u. s.] *n.* 1. *Unsinn, Possen:* mach kä Sch.! — 2. *dummer, ungeschickter Patron:* das isch e rechter Sch.! — vgl. baier. 2, 461 der Schur *ein Possen;* fränk. Schòr *Schererei, Possen* From. 2, 287, 109: kärntn. Schur *Schabernack ibid.* 6, 205.

schores [šórəs *Ri.*] adj. *betrunken:* sch. sin. s. d. vorige.

Schorsch [šòrš *Flk. Hochw. Ri. Ha.* u. s.; Demin. šeršəl *Ri.*] *männl. Vorname Georg.* — els. 2, 434 ebenso.

Schorschteⁿ [šòrštə *Fo. Sgd. Lix.;* šòrštən *Bo. Mü.;* šoaštən *Vbg.;* šoəršdə *Ko.;* šárštə *Bi.;* šášteχ *D.;* šuèšteχ *Si.;* šòšdeχ *Nj.*] *m.* 1. *Schornstein (die urspr. Bedeutung: Unterlage für das Feuer oder Schutz der Wand gegen dasselbe, geht aus der mundartl. Schreibung noch hervor.* baier. 2, 460 ebenfalls Schorstein, *bei* Kilian: Schoorsten = contramurus foci). Es kummt Rach us'm Sch. *Rda.:* das kenne m'r en de Sch. schriwe *Lix.* Dämpen weï'n Sch. *rauchen (Pfeife od. Zigarre) wie ein Sch. Bo.* — 2. *Zylinderhut Fo.* — Zss. **Scharschte-butzer** *Bi.,* **Schorschtefejer** *Lix.* u. s. *Schornsteinfeger.*

Schort [šòrt, Pl. šèərt, Demin. šèrtχən *Si.*] *m. Scharte.* — lux. 375 Schârt.

Schos [šòs *Ri.*] *Abkürzung von Josephine.*

Schosch [šóš *Ri.* u. s.] *f. Eichamt.* — frz. jauge.

schosche[n] tr. v. *Ri. eichen.* — frz. jauger. s. d. vorige.

Schosef [šosèf *Pü. Ri. Ha.* u. s.: žòzèf *D. Si.;* Demin. šosèfəl *Ri.*] *männl. Vorname Joseph.*

Schosett [šosèd, Pl. -ə *Ri. Ha.* u. s.] *f. Halbstrumpf, Socken.* — els. 2, 441 Schoset; frz. chausette.

Schossee [šósé *fast allg.;* šoəsé *Bo.;* šosi *Si.* — Pl. -n] *m.* u. *f. Chaussee, Landstraße. Beim Anblick eines Betrunkenen singen die Kinder:*

brädi, brädi Schossee,
die Schossee isch nit brät genung!

— lux. 376 Schosseï.

Schossel I [šosəl *Fo. Ett. Ri. Ha.* u. s.; šusəl *Sgd. Lix. Wb. Pfb.*] *m. Spaßmacher, Hanswurst, Halbverrückter: das isch e rechter Schossel!* — els. 2, 440 u. baier. 2, 479 ebenso; hess. N. 171 Schuszel; Gr. Wtb. 9, 1590 Schossel 4 *Person, die einen Schuss hat.* s. a. Schosspatel.

Schossel II s. Schissel.

schosseln, sich [šòsəln *Bo.*] refl. v. eigentl. *sich schüsseln, passen, sich reimen (scherzh. gebraucht), zusammengehen:* d'schosselt sich *das paßt gerade, es reimt sich.* — lux. ebenso Ga. 408: neischt mat neischt dat schosselt sech net *nichts mit nichts paßt nicht zusammen.*

Schoss-patel [šòspátəl *Brettn. Bo.* u.s.] *m.* (eigentl. *Bartel, der einen Schuß hat*) *Sonderling, halbnärrischer Kerl.* — hess. 374 Schoszbartel; baier. 2, 480 und ss. Schussbartel, Kisch W. u. W. 205. s. a. From. 4, 184 u. Gr. Wtb. 9, 2097. s. Schossel I.

Schotter [šòtər *Schw.;* šòtərt *Falk.* u. s. šodhún *Ri.;* šodhiŋel *Ha.*] *m.* u. *n. Huhn ohne Schwanzfedern.* — eifl. Schothuhn From. 6,19; Kehrein, Volksspr. in Nassau 366: Schottert, Schätter; Gr. Wtb. 9,1613 Schottert *ungeschwänztes Huhn;* vgl. ss. schutich *verstümmelt* Kr. 121. Zu Schotter vgl. schitter, schetter *locker, lückenhaft* From. 4, 3.

Schott-huhn(Schott-hinkel)s.d. vorige.

schottle[n] [šòdlə *Ri. Ha.*] 1. intr. *s̨hütteln, wackeln:* er lacht, ass er schod-

delt. — 2. tr. *schütteln:* e Bam sch. — els. 2, 444 ebenso.

Schottisch, Schottesch *f. D. Si. Schottisch (Tanz).* — lux. 397 ebenso.

Schotz [šòts *D. Si. Bo. Busd.* — Pl. šets; Dem. šetsχin] *m. Trieb, Wachstum, Schuß, Ansatz, Anlauf:* en hot e Sch. gedon *er ist gewachsen Si.* A hat e Sch. gehol *er hat einen Anlauf genommen Busd.* An engem Sch. *in einem Zug D. Si.* — lux. 397 ebenso; els. 2, 446 u. baier. 2, 493 Schutz; schweiz. ebenso From. 6, 402, 6; Gr. Wtb. 9, 2122: Schutz, *Nebenform zu* Schuss.

schotzen *Fortgang haben* s. schutzen.

schotzich [šòtsiχ *Bo*; šetsəχ *D. Si.*] adj. u. adv. *schnell, reichlich, ergiebig, im Schuß:* et geht schotzich; schotzich Weder *fruchtbares Wetter.* — lux. 397 schötzech; els. 2,447 schützig; baier. 2,496 schutzig; Gr. Wtb. 9, 2136.

Schoue[n] [šóuə *Sgd. Lix. Pü.;* šou *Ri. Ha.;* šuilédər *Falk.*] Pl. *Scheuklappen am Pferdegeshirr seitlich der Augen:* du dem Pärd de Sch. an! — els. 2, 390 Scheuwen.

schoue[n] s. schuwen.

schrägs [šræks *fast allg.;* šré *D. S.*] 1. adj. *schielend:* der isch jo schr.! — 2. adv. *schief, schräg:* er geht schrägs. — els. 2,516 ebenso; baier. 2,600 schräg, schreg; lux. 307 schrei; Gr. Wtb. 9, 1625 schrägs.

schrägse[n] [šrǣksə *Sgd. lpl.* u. s.] intr. v. *schielen:* lu, wie der schrägst! s. d. vorige.

Schramme [šrámə *Ri. Ha.*] *m. Schnittwunde, Schmarre, Narbe.* — els. 2, 517: baier. 2, 601; hess. 368.

schrampen, schrompen, schrompelen intr. v. *D. Si. schrumpfen:* dat Duch schrampt zesummen. — lux. 397 ebenso; ss. beschrampen *zusammengeschrumpft* Kisch W. u. W. 146.

Schranen [šránən *Bo. Vbg.* u. s.] *m. Fleischbänk, Schlachtbank.* — baier. 2,602 Schrannen; ndd.Schrange: mhd.Schranne. s. a. Schroh.

schrappe[n] [šrapən *fast allg.*] tr. v. *zusammenscharren (Geld), auf unehrliche Weise sammeln, z. B. ein Vermögen:* er hat all si Lebda geschrappt *Fo.* Geld samme schrappe *Lix.* — hess. 368: bair.

2, 610; lux. 397; ndrhein. From. 5. 416, 63 ebenso; Gr. Wtb. 9, 1648: schrappen *Nebenform zu* schrapen.

Schrappert *m. D. Si. Wucherer.* — lux. 397 ebenso. s. d. vorige.

Schrau *Schraube* s. Schruw — Zss. Schrau-stack *m. Schraubstock Si.* Schraue-moᵘder *f. Schraubenmutter Si.*

schrauen s. schruwen.

Schraweⁿ [šråwə *Berl. Ri.* u. s.] *m. Schragen, hölzernes Untergestell mit kreuzweis verschränkten Füßen, worauf eine Platte kommt. Rda.*: der leït a fescht im Schr. *der ist schwer krank.* Der kummt a mit nägschdem of de Schr. *der kommt aus Sterben.* — els. 2, 516 Schrage; hess. 367 Schragen *Totenbahre;* baier. 2, 600 er ligt uf den Schrägen *auf dem Todbett.* s. a. Gr. Wtb. 9, 1620.

Schreckeⁿ [šrekə *fast allg.*; šrekən *D. Si.*; šregə *Ri. Ha.*; šreksəl *Falk.*] *m. Schrecken*: do han ich e Schr. krit. Do isch e Schregge in mi g'fahr! *Ri.* — lux. 397 Schrĕken. — Zs. Schreckschoss *m. Schreckschuß.*

schrecklich [šrèkliχ *allg.*] adj. wie hd. *schrecklich.*

schreffen [šrèfən *D. Si.*; šrèbə *Ri. Ha.*] tr. v. *schröpfen (eigentl. u. bildlich), Schröpfköpfe aufsetzen.* — lux. 397 ebenso; els. 2, 518 schrëpfe.

Schreff-kapp *m. D. Si. Schröpfkopf.* Schrebb-hernle *Ri. dasselbe.*

schreien [šréïən, Ptc. gəšréï *Bo.*] intr. v. *weinen von kleinen Kindern*: 't Kend schreit. — els. 2,514 u. hess. 368 ebenso; mhd. schrïen.

Schreiner s. Schriner. — Zs. Schreiner-gehölz *n. Nutzholz Si.*

schreiwen, Schreiwer s. schriweⁿ, Schriwer.

Schreiwerei *f. D. Si. Schreiberei.*

Schreiwes [šraiwəs *D. Si.*] *n. etwas Schriftliches, Brief, Aktenstück*: en hot neischt Schr. opzeweisen *er hat nichts Schriftliches vorzuzeigen.* — lux. 398 ebso.

Schrek [šrek, Pl. gleich; Demin. šrekəltχən *Si.* u. s.] *m. Schritt*: grus Schrek holen *große Schritte machen.* — lux. 398 Schrek, Schrack; hess. 369 Schrick: vgl. mhd. schric *Sprung,* s. a. Schritt,

schreken [šrekən, gəšrekt *Si.*] intr. v. *schreiten.* — lux. 398 ebenso: vgl. hess. 369 u. baier. 2, 596 schrecken, schricken *springen;* ndl. schricken *schreiten.*

Schreps [šreps *Zeir.* u. s.] *f. Schramme, Ritz, Hautabschürfung.* — lux. Schrép Ga. 409; vgl. baier. 2, 610 u. hess. 368 schrappen *kratzend schaben.* s. a. From. 4, 286, 419.

Schrib [šríb *Ri. Ha.* u. s.] *in den Zss.* Schr.-babier *Schreibpapier;* Schr.-disch; Schr.-fedder; Schr.-fehler; Schr.-sach *Schreibzeug;* Schr.-stubb *Schreibstube, bildl. Abort, Abtritt* (vgl. Sprochhaus). — els. 2, 570 ebenso.

schrideⁿ [šrídə, gešrit *Fo.* u. s.] intr. v. *schreiten, schnell gehen*: jetz druf los geschrit! — els. 2, 519 schrite.

Schrift [šrift *fast allg.*; šreft *Bo. D. Si.* - Pl. -en] *f. 1. Schrift*: er hat kän schen Schr. — *2. Schriftstück, Urkunde*: er hat sin Schriften vergess. — 3. *Unterschrift*: i gid der d'Schrift devan *(Beteuerung) Ri.* — 4. *hl. Schrift*: das steht in der Schr. *Ri. Ha.*

schriftlich, schreftlich adj. wie hd. *schriftlich.*

Schriner [šrinər *fast allg.*; šrainər *D.*; šréïnər *Si.*] *m. Schreiner.* — els. 2, 517.

schrinereⁿ [šrínərə *fast allg.*; šréïnərən *D. Si.*] intr. v. *schreinern, als Schreiner arbeiten.* — els. 2, 518.

Schritt [šrit *fast allg.*; šret *Bo. D. Si.*] - Pl. šrit, šritə, šret] *m. Schritt*: drei Schritt vam Leib weg! *Fo.* s. a. Schrek.

schriweⁿ [šríwə *fast allg.*; šriwè *Mtsh.*; šraiwən *D. Si.* - *Flexion*: šríwə, šríbšt, šríbt, šríwə, gəšrí *fast allg.* — šríb, šríbš, šríbd, šríwə, g'šríb *Ri. Ha.* — šraiwən, šraifšt, šraift, šraiwən, gəšríwən u. gəšrif *D. Si.*] tr. u. intr. *schreiben*: d'Fedder schribt nid *Ri.* Nit lese u. nit schriwe kenne *ibid.* Bischte noch nit fertich mit schriwe? *Fo. Rda.*: schrib a die Grosbaba *(heißt es im Kartenspiel) deine Sache steht schlecht Ri.*

Schriwes [šriwəs *Lix.* u. s.] *n. das zum Schreiben Nötige wie Papier, Griffel, Stift usw.*: hasch de nix Schr. bi d'r? Eppes Schriwes. s. a. Schreiwes.

Schriwer [šríwər *fast allg.*; šraiwər *D. Si.* - Pl. šríwərn *Bo.*] *m. Schreiber*:

er isch Schr. bim Notär. — els. 2, 515 Schriber; lux. Schreiwer.

Schrode [šrodə *Pii*. u. s.; šro^{u}t *D. Si.*] Pl. 1. *Schrotkörner.* — 2. *Schrot (Kleie und Mehl vermischt infolge groben Zermahlens); Viehfutter.* — els. 2, 520 Schrot: kärntn. Schruot *einmal geschrotenes Getreide* From. 6, 205; Gr. Wtb. 9, 1777 Schrot 5 *grob gemahlenes Getreide.* — Zss. Schrod-mehl; Schrod-messer; Schrod-mill *Schrotmühle.*

schrode^n [šródə *fast allg.*; šroədən *Bo.*: šrouden *D. Si.*] tr. v. *schroten, Getreide grob zermahlen*: Hawer schrode. — els. 2, 519 schrote; hess. 370 u. baier. 2,612 schröten; Gr. Wtb. 9, 1787 schroten 7^a.

Schroh [šrô *Si. Rü.*] *f. Schlächterbank, Schragen.* — lux. 398 Schrô; mhd. schrage.

schroh [šrô *D. Si. Rü. Obd.*] adj. u. adv. 1. *streng, rauh*: e schröhen Patreïner *ein rauher Patron.* — 2. *drollig*: schroh an kuntabossich *Obd.* — 3. *schlecht, armselig*: e schroh Lêwen (*Lebcn*). — lux. 398; hess. 369 u. eifl. schrô, From. 6, 18; baier. 2,600 schrah, schrô; mhd. schrâch, schrôch.

Schrom [šróm, Pl. šrém *D. Si.*] *m. Schramme, Strich beim Kartenspiel, Linie*: am Schr. spillen *ein Knabenspiel, wobei die Spieler auf einem Rein hüpfend ein Steinchen über gezogene Striche schnellen.* — lux. 398 Schrôm; ndl. schram; vgl. ndd. schrammen *ritzen* From. 4, 26.

schrompen, schrompelen s. schrampen.

Schrub *Schraube* s. Schruw.

Schrumple^n [šrumplə *fast allg.*; šrompələn *D. Si.*] *f.* pl. *Runzeln im Gesicht, Falten*: die alte Fra hat Schr. im Gesicht. — els. 2, 517 Schrumpfle; hess. 370 und baier. 2,602 Schrumpel; lux. 398 Schrompel; Gr. Wtb. 9, 1803 Schrumpel.

schrumplich [šrumpliχ *Fo.* u. s.: šrumpəldiχ *Sgd. Lix.*; šrompələχ *D. Si.*] adj. *runzelig*: e schr. Gesicht *Fo.* E schrumpedich Stir (*Stirne*) *Lix.* — els. 2, 517 schrumpflig; hess. 370 schrumpelicht; Gr. Wtb. 9, 1803 schrumpelig.

Schrung [šruŋ, Pl. -ə *Ri.*; šrume *Ha.*] *f.* 1. *Riß in der Hand, gewöhnl. infolge von Kälte*: mini Hand isch voll Schrunge. — 2. *Sprung, Spalt, Riß im Brett*: de Dir hat e par Schrunge. — els. 2, 518 Schrund, Schrund, Schrunge: baier. 2,608 Schrunde: hess. 370 Schrunde, Schrunge: mhd. schrunde.

schruppe^n [šrupə^n *fast allg.*] tr. v. *scheuern, mit einem kurz- u. steifhaarigen Besen an schiefgestecktem Stil reinigen*: de Stub schr. — baier. 2, 610; els. 2, 518: hess. 371 ebenso. Gr. Wtb. 9, 1798 schrubben.

Schruw [šrúw *Falk. Lix. Vbg. Merlb.*, šrúb *Fo. Ri. Ha.*; šrau *Si.* Pl. šrúwə^n; šrauən; Dem. šríwəl] *f.* 1. *Schraube.* — 2. *Blutrinne Si.*: e war eso^u fescht gespaselt (*gefesselt*), dat en Schrauen hât. — els. 2, 515 Schrub; lux. 397 Schrauf. — Zss.: Schruwe-kopp. Schr.-mudder *Schraubenmutter.* Schr.-schlissel. Schrubstock.

schruwe^n [šrúwə^n *fast allg.*; šrauən *Si.*; šrauwən *D.*] tr. v. *schrauben.* — els. 2, 515 schrube.

Schub-karre [-kàrə *Fo.* u. s.: -kàriχ *Bi.*; šukàr *Bo.*; šubkúər *Si.*] *m. Schubkarren.* Wdg.: de Sch.-k. dreïke *schwere, niedrige Arbeit verrichten Bi.* — els. 1, 467 ebenso; lux. 399 Schubkar.

Schub-lad [šublád *fast allg.*; šypládd *Pfb. Mett.*] *f.* 1. *Schublade. Rda.*: er hat de Sch.-l. dehäm gelosst *er ist sprechfaul Mett.* — 2. *großes Maul Ri.* — els. 1, 556 ebenso.

Schub-sack [-såk *D. Si.*] *m. Vorratssack der Schieferdecker.* — lux. 399.

Schucher [šuχər *Ri.*; šulər *Ha.*] *m. Frösteln, Schauder*: e Sch. verspire. — els. 2, 390 ebenso.

schuchere^n [šuχərə *Ri.*; šulərə *Ha.*] intr. v. *frösteln*: es hat mich geschuchert. — els. 2, 390. s. a. schudere^n.

schuck! [šùk *fast allg.*; šàk *Si.*] *Ausruf des Unbehagens, wenn man fröstelt od. sich verbrannt hat*: schuck! schuck! d'es kalt *Bo.* — vgl. baier. 2, 369 schucken *zucken, schaudern*; els. 2, 406 schuckere: Gr. Wtb. 9, 1829 schuck 2.

schuckelech adj. *Si. frostig, fröstelnd.* s. das vorige.

Schudder *f. Si.* 1. *großes Bohreisen.* — 2. *dasselbe wie* Schuder. — lux. 399

ebenso; vgl. baier. 2, 490 schuttern *stoßen, treiben.*
Schudderengen [šŭdərɛŋɔn *Si.*] *f. Frösteln, Schauer:* d' Sch. si' mer zur Kopp ausgång *ein Schauer durchlief mich vom Kopf bis zu den Zehen.* — lux. 399 Schuddereng.
Schuder [šŭdər, Pl. -n *fast allg.*] *m.* 1. *Schauder:* es isch e Sch. durch mich gang. — 2. *leichter Frost:* de Dickriwe hon e Sch. grit *die Runkelrüben sind vom Frost befallen u. geschädigt worden Lix.* — els. 2, 394 u. lux. 399 ebenso.
schudereⁿ imp. v. *fast allg.* 1. *fröstelu, zittern vor Kälte.* — 2. *Grauen empfinden, beben vor Angst:* et schudert mich, wann ich dran denk *Bo.* Es hat mich geschudert ich hab vor Angst gebebt. — els. 2, 395 schudre; ndd. schuddern From. 5, 292; schles. schüttern *ibid.* 4, 184. vgl. schuchereⁿ.
Schued s. Schadeⁿ.
Schuef [šŭəf, Pl. šŭɔwən, šŭwən *Si. Rü. Nj.*] m. u. *f. Geschabsel, Abfall, Hobelspäne.* — lux. 399 ebenso; ss. Schuᵃf, Kisch vgl. Wtb. 205; ndd. Scheff, Scheve; nhd. Schabe *der durch das Schabeisen od. Hobel erzeugte Abfall,* Gr. Wtb. 8, 1946. — Zs. **Schuefeisen** *Schaber, Schabeisen.*
Schuel, Schol *harte Schale* s. Schalt 2.
schuewen s. schawen.
Schufel [šŭfəl *Ha.* u. s.; šyfəl *Pfb. Mett.*; šŭwəl *Ri.* — Pl. -ə] *f.* 1. *Schaufel, Gartenschaufel, auch Spaten.* — 2. *Schippen im Kartenspiel.* — els. 2, 399 Schufle, Schaufel. s. a. Schaufel. — Zs. **Sch.-pluck** *Schaufelpflug.*
Schuffel [šŭfəl *Vbg.* u. s.] *f. Weberschiffchen.* — els. 2, 398 Schiffel, Schiffle.
schufleⁿ [šŭflə *Ha.*; šyflə *Pfb. Mett.*; šŭwlə *Ri.*; šaufələn *D. Si.*] tr. u. intr. *schaufeln, mit der Schaufel od. dem Spaten arbeiten:* de Garde sch. Im Feld sch. — els. 2, 400 ebenso. s. Schufel.
Schuflör m. *D. Si. Blumenkohl.* — frz. chou-fleur.
Schuggel [šŭgəl *Bi.*] *f.* 1. *kleine Kugel.* — 2. *irgend ein rollender Gegenstand.* s. schuggleⁿ.
schuggleⁿ [šŭglə *Bi. Fa.* u. s.] tr. v. *kugeln, rollen:* Schigge sch. *Steinkügel-*

chen in ein Grübchen schnellen. s. a. schockleⁿ.
Schugle [žŭglè, Pl. -n *Bo.*] *m. närrischer Mensch.* — vgl. schwäb. jogle *albern tuu* Schmid, schw. Wtb. 300; hess. N. 121 juckeln, jockeln.
Schuh [šŭ u. šŭk *Fo.*; šŭk *Sgd. Lix.*; šŭg *Ri. Ha.*; šŭχ *Falk. Marienth.*; šou *Obd.*; šoun *Bo. Si.*; šœ *Pfb.*; šoη *Nj. Ka.* — Pl. šŭ, šŭk, šŭn, šou, šoη; Demin. šikəl, šiklè, šéïnχən, šéïkəl] *m.* 1. *Schnürschuh u. Schuh überh. Rdaa.:* mit Schuh un Strimb i(n) de Himmel gehn *heißt es von sehr frommen Leuten Ri.* Weszen, woⁿ de Sch. än drekt *Bo.* A hat die Schoᵘ met Weiden gebonn *er ist sehr arm Obd.* Er butzt de Schuh an äne ab *er behandelt einen grob Ett.* Äm an d' Schoᵘn sächen (eigentl. *jd. in die Schuhe pissen*) *jd. aus seiner Stelle zu verdrängen suchen Si.* — 2. *Maß,* 1 *Fuß* = ¹/₃ *Meter. Wdg.* er isch zehn Schuh ärjer wor *er ist viel schlimmer geworden Ri.* — Zss Sch.-bengle *Schuhschnüre Ri. Ha.* u. s. Sch.-birscht *Schuhbürste, auch als Verneinung in der Wdg.:* jo mit der Sch.-b.! vgl. From. 3, 14. Sch.-butzer. Sch.-brunzer *Schuhpisser. Reimspruch:*

Andoni, Beckedoni
Birebisser, Hoseschisser
Schuhbrunzer! *Ri.*

Sch.-fleker *Schuhflicker D. Si.* Sch.-isc *kleines Hufeisen auf den Absätzen Ri.* Sch.-lammel *f. Si.* 1. *kotige Masse, die sich an die Schuhsohle anheftet*; 2. *eine Sorte länglicher Kartoffeln.* Sch.-macher. Sch.-nöl *Schuhnagel.* Sch.-schmêr *Fett zum Einschmieren des Leders.* Sch.-sohl. Sch.-strekel *m. Si. Schuhriemen.*
Schukrut [šŭkrut *Fo.* u. s.] *n. Sauerkraut.* — frz. choucroute.
Schul [sûl *fast allg.*; šoul *D. Si.*; šóəl *Bo.*; šoel *Pfb.* — Pl. əⁿ] *f. Schule:* Schoᵉlen machen *Bo.*, d'Schule durchmache *Ri.* studieren, eine höhere Schule absolvieren; übertr. trübe Erfahrungen machen. Newe d'Sch. lafe *den Unterricht versäumen. fast allg.* — Zss. Sch.-blum (s. d.) Sch.-bu *Schuljunge.* Sch.-kend *Schulkind Bo.* Sch.-frau *Frau des Lehrers Ri. Ha.*

Sch.-geld. Schuler-maidel *Schülerin Lix.* **Sch.-mäschter** *fast allg.* (-mischter *Falk.;* Scholmäschta *Vbg.;* Schumeischder *Ri.*) *Lehrer.* **Sch.-mäschtersch** (-mischtersch) *Frau des Lehrers.* **Sch.-sack.**
Schūl [žyl *fast allg.;* šul *Ri. Ha.* — Demin. žilè, žīlχin *Bo.;* šuləla, šiləla *Ri. Ha.*] *männl. Vorname Julius in französ. Form* Jules. — els. 2, 410 Schül, Schülli.
Schul-blum *f. Go.* u. s. *Herbstzeitlose; sie blüht, wenn die Schule im Herbst wieder beginnt.* — els. 2, 159 Schuelerblum; hess. 372 Schulblume.
Schuld s. Schold.
schuld [šult *Fo.* u. s.; šolt *Pū. D. Si.*] adj. *schuld*: er isch sch. dran.
schuldich [šuldiχ *Ha.* u. s.; šuldi *Ri.;* šuliχ *Fo.;* šiliχ *Sgd. Lix. Falk.;* šeleχ *D. Si.*] adj. *schuldig*: sch. sin *schulden*. Was bin ich eich schullich? *Fo.* Das bin i mir schuldi *das verlangt meine Ehre Ri.* I bin's nid schuldi *ich habe keine Verpflichtung ibid.* Er isch Godd u der Weld schuldi *ibid. Rda.*: du bisch nit schillich dron, dass de Fresche kän Schwänz hon *Lix.* (du bisch nid schuldi dran, dass d'Grodde ke Waddel han *Ri. Ha.*) du hast das *Pulver nicht erfunden.*
schuleⁿ [šûlə *Ri. Ha.*] tr. v. *jd. in etwas unterrichten, mit dem Nebenbegriff des Aufstachelns, des Anstiftens.*
Schulere [šûlərə *Ri. Ha.*] Pl. *Holzschuhe der Schulkinder.*
Schuli, Schulliett [šuli, šulièt *Ri. Ha.*] *weibl. Vorname Julia.* — frz. Julie, Juliette.
Schum [šùm *fast allg.;* šáum *D. Si.*] *m. Schaum*: Sch. uf der Supp. Er hat Sch. am Mul va Zôr *Av.* — els. 2, 414 ebenso. — Zs. **Schum-leffel** *fast allg.* (Schaimleffel *D. Si.*) *m. Schaumlöffel*: soll i d'r de Sch.-l. anmesse? *Drohung Ri.* D'Ehr mit em Sch.-l. esse *kein Ehrgefühl haben ibid.*
schumeⁿ [šùme *fast allg.;* šaimən *Av. Falk. Bo.;* šaimən *D. Si.*] tr. v. *schäumen, abschäumen*: 't Fläsch muss geschimt gen *Bo.* — els. 2, 415 ebenso.
Schunkeⁿ [šùŋkə *Sgd. Lix. Falk.* u. s. šùŋkè *Fi. Mtsh.;* šùŋgə *Ri. Ha.*] *m.* 1. *Schinken.* — 2. *Bein*: mach dini Schunge weg! *Ri. Ha.* — 3. *Hinterkeule, Schenkel*: e Stick vam Sch. *Ri. Ha.*

schuppen [šupən *Falk. Si.* u. s.; župən *Bo.*] tr. v. *schieben, stoßen, nachhelfen*: nu schupp m'r mol ze guts! *hilf mir mal ordentlich nach! Lix.* — 2. *flink werfen Bo.*: e Stoïn en d'Loft sch. — 3. *schaben*: Murte sch. *Möhren schaben Si.* — els. 2, 425 u. baier. 2, 440 schupfeⁿ. Gr. Wtb. 9, 2006 schupfen, schuppen; mhd. schupfen.
Schur I [šûər *D. Si.* — Pl. -ən; Demin. šírχən] *f. Pflugschar.* — lux. 400 Schuᵉr; els. 2, 426 Schar, Schor; mhd. schar.
Schur II [šúr *Fa.* u. s. Pl. -ən] *f. lange Reihe gemähten Grases oder Klees; Heureihe.* — els. 2, 430 Schor; baier. 2, 461 Schur d *Ernte an Gras od. Getreide,* Gr. Wtb. 9, 2031: Schur II 2ᵇ; mhd. schuor.
schureⁿ [šûrə *fast allg.;* šauərən *D. Si.*] tr. v. 1. *scheuern, putzen, reinigen, reiben*: 's isch Kirwesomschda, m'r muss 's Blechedinges (blecherne Geschirr) sch. *Lix.* — 2. *Heu od. Klee in lange Reihen legen.* s. Schur II. — 3. *Unfug treiben. An den drei Fastnachtstagen wird geschurt: die jungen Burschen dringen heimlich in die Häuser ein, bes. in diejenigen, wo ihre „Liebsten" wohnen, u. bringen in der Küche alles in Unordnung; das Wasser wird auf den Boden gegossen, das Geschirr aus den Schränken geholt u. überall herumgestellt, einzelnes sogar zerbrochen. Darnach macht man sich unter Hohngelächter weg Ri. Ha.*
Schurm [šùrm *Bo.;* šúrmən *Falk.;* šúamən *Va.*] *m. Schutz, Obdach, geschützte Stelle vor dem Winde u. dem Wetter*: stell dich in de Schurmen! *Falk.* — els. 2, 433 Schurm, Schurmen = Schërme; Gr. Wtb. 9, 208. 2052 Schurm *für* Schirm: mhd. schurm *neben* schirm.
Schurnal [žùrnal *Fo.* u. s.] *m. Zeitung*: haschte de Sch. schon gelest? — frz. journal.
schurpen [šúrpən *Si.* u. s.] intr. v. *schurpfen (bezeichnet überh. das Geräusch, das ein harter Gegenstand beim Rutschen über den Boden macht)*: mat de Feïss iwer de Bodem sch. — lux. 400 schurepen *Geräusch beim Zerreißen der Kleider;* baier. 2, 470 schurpffen.

Schurz [šùrts *Ett.* u. s.; šúərts, Pl. ši-ərts *D. Si.*] *m.* 1. *Schurz, Handwerker-schürze.* — 2. *eine Art Frauenrock, Unterrock Ett.* — baier. 2, 472 Schurz *Weiberrock*; Gr. Wtb. 9, 2059 Schurz 2ᵃ.

schuschieren [žužírən *Falk.*; žužéïərən *D. Si.*; šušírə *Ri. Ha.*] intr. v. *urteilen:* er muss iwer alles sch. — frz. juger.

Schuschtepé [šuštəpé *Grt.*; žužtəpé *Falk.*] *m. Notar, urspr. Friedensrichter.* — frz. juge de paix.

Schuschter [šùšter *Falk. Pü.* u. s.; šouštər *Bo. D. Si.*; Pl. šúštərn, šéïštər] *m. Schuster:* Sch. bleif bei denge Läschten *Si.* — Zss. Schouschter-brèt *n. Kniebrett des Schusters Si.* Sch.-pech.

schuschtern, schouschteren v. *schustern:* sech eppes op d'Seit sch. *etwas heimlich beiseite schaffen Si.*

schusen [žusən *Bo.*] intr. v. *(lautmalend) sausen, laufen, rennen.*

Schuss [šus *Ri. Ha.*] *m. Vorschuß auf den Lohn:* ebber Sch. gen. — els. 2, 441 ebenso.

Schussel s. Schossel.

Schust [šusd *Ri. Ha.*] *männl. Vorname Justin.*

Schustin [šusdin *Ri. Ha.* u. s.; šušdé *Hochw.*] *weibl. Vorname Justine.* — els. 2, 442.

Schutt I [šut, Pl. -ən *Bo. Brettn.* u. s.] *f. Querbrettchen an den Fensterläden.* — vgl. lux. Schaut *Brettschaufel an Wasserrädern* Ga. 390; ndd. Schûte *Scheit* From. 6, 482 ndl. schutten *schirmen, schützen.*

Schutt II [šùt *Fo. Fi. Pü.* u. s. — Deminšitχə] *n.* u. *f. Platzregen. Regenguß:* das isch e Schittche gewän! *Fo.* — els. 2, 444 ebenso; pfälz. Schott; Kehrein, Volksspr. in Nassau 370: Schutt; vgl. hd. schütten.

Schutz [šùts *fast allg.*; šòts, šòs *D. Si.* — Pl. šits, šets, šes] *m.* 1. *Schutz.* — 2. *Schuß:* es hat äner e Sch. gedon *Fo.* En as kän Schotz Polwer wert *D. Si.* En dene fahrts enän we Schutz *in den fährts hinein wie ein Schuß d. h. er ist jähzornig Wb.* els. 2, 446 ebenso. — 3. *Regenschauer, Platzregen:* das isch awer emol e Sch. gewän! *Ri.*

schutzen [šùtsən *fast allg.*; šòtsən *Bo. Busd. D. Si.*] intr. v. *von der Stelle kommen, Fortgang haben:* d'Arwet schutzt nit. — baier. 2, 496 schutzen *nachhalten, andauern;* eifl. schutzen *rasch von statten gehen* From. 6, 18; lux. schotzen Ga. 408; ss. schòsten, Kisch W. u. W. 144; Gr. Wtb. 9, 2128 schutzen 2. vgl. mhd. schozzen *keimen, sprießen, aufschießen.* s. d. vorige.

schuwen [šúwən *Bo.*; šuiwən *Falk.*; šœwə *Ri. Ha.*; šouə *Pü. Sgd. Lix.*; šaíən *D. Si.*] 1. intr. *scheuen, scheu werden:* d'Pärd schuit. — 2. tr. *verabscheuen:* e welt sech net wäschen, e scheit d'Säf *er will sich nicht waschen, er scheut die Seife D. Si.* Schouscht de mich? *du willst nicht aus einem Gefäß mit mir trinken? Lix.* Wäsch di doch, mer schöwt di jo! *Ri. Ha.* — els. 2, 391 schüe; mhd. schiuhen, schiuwen.

Schuwer [šùwər *Bo.*] *f. (fast ausschließl. im Plural gebraucht)* 1. *schwarze Steinsplitter zwischen den Steinkohlen.* — 2. *weicher Stein unter der Lehmschicht.* — baier. 2, 385 Schifer *Splitter*; kärntn. Schif'r From. 6, 201; ss. Schîwer, From. 4, 195; mhd. schiver; ndd. schewe.

schwabbeldiχ [šwàbəldiχ *Bo.*; šwabəleχ *D. Si.*] adj. *locker, zitternd, unsicher, taumelnd:* der Buch *(Bauch)* isch m'r so schw. *so leer.* — vgl. From. 5, 187: schwappelfett; lux. 400 schwabbelech; Gr. Wtb. 9, 2279 schwappelicht, schwappelig.

schwabbeln intr. v. *D. Si. sick hin u. her bewegen (vom Fett, Wasser u. dgl.):* e schwabbelt vu Fett. — lux. 400 ebenso; baier. 2, 643 schwappeln; ss. schwapeln Kr. 121.

Schwabbler *m. Fo.* u. s. *Schwätzer:* es isch en alter Schw. — els. 2,529 Schwappler; Gr. Wtb. 9, 2299 Schwappelpeter; vgl. ss. schwàbeln *albern schwätzen* Kisch W. u. W. 151.

Schwach [šwàχ *Si.*] *f.* 1. *Querholz, das die zwei von der vorderen Wagenachse nach hinten stehenden Hölzer an ihren Endpunkten verbindet.* — 2. *Hanfschwinge.* — lux. 400 ebenso; moselfränk. Schwôch *Holz, bes. Querholz.* vgl. ss. schwêchen *den Wald abstocken* Kisch vgl. Wtb. 206.

schwach [šwàχ *fast allg.*; šwáχ *D. Si.* — Compar. šwèχər, šwèχšt] adj. u. adv.

schwach: schwach falleⁿ (fellen) *in Ohnmacht fallen.*

Schwachhät [šwaχhèt, Pl. -ə *fast allg.;* šwáχhèt *D. Si.*] *f. Schwachheit:* bill der ke Schwachhäte in! *Fo.* — els. 2, 521 Schwachet.

Schwächt [šwèχt *D. Si.;* šwèχdə *Ri. Ha.;* šwèχtən *Bo.*] *f. Schwäche, Schwächeanfall, Ohnmacht:* en hot eng Schw. krit *Si.* — lux. 400 Schwächt.

Schwadill [šwadịl *Fa.* u. s.] *f. Kreuzdame im Solokartenspiel.* Schwadill < spadill (espadilla *kleiner Degen*). *Im L'Hombre ist Spadill das Pique-Aß, das beständig Matador ist; ähnlich ist die Kreuzdame in dem betr. Solospiel die höchste Karte, die alle anderen übersticht.*

Schwadron, Schwadro^un *f. allg. Schwadron.*

schwadroniereⁿ, schwadroneïeren intr. v. *fast allg. prahlen, ungereimtes Zeug reden.*

Schwaher [šwàər *Falk.;* šwár *Bo.;* šwòər *Fo.;* šwòr *D. Si.;* šwœwər, Pl. šweïrə *Ri. Ha.*] *m. Schwager. Auch junge Leute reden sich oft scherzweise mit Schwaher an, ohne daß ein Verwandtschaftsverhältnis besteht.*

Schwähereⁿ [šwǽərə *Fo.* u. s.; šwǽrən *Bo.;* šwèjəršən *Av.;* šwèjəršʹ *Falk.;* šwéərən *D.*] *f. Schwägerin.* — els. 2, 522 Schwäjersche.

Schwalb [šwalb *Fo. Weil* u. s.; šmèlf *Wal.;* šwàbəl *Bo.;* šmàlmən *Falk.;* šmoelf *D.;* šwèməl *Flh. Ri. Ha.;* šmubəl *Nj.;* šmúləf *Oberk.;* šmoləf *Si.*] *f. Schwalbe.* Die Form Schwämmel < Schwälmel *bedeutet insbesondere Rauchschwalbe. (Die Turmschwalbe od. der Mauersegler heißt eigentümlicherweise* Kaminevowel *Ri. Ha.*) De Schwalwe brenge Glick ens Hus *Lix.*

Bauernregel:

An Maria Geburt ziehn de Schwalwe furt,
an Maria Verkindijung kommen se wiederum.

Wenn d'Schwämmle tief flieje, gids Räje *Ri. Ha.* — els. 2, 524 Schwalm, Schwälm, Schwalb.

Schwamm s. Schwamp.
schwammen s. schwimmeⁿ.

Schwamp [šwamp *Bo. Falk. D. Si.;* šamp *Nj.;* swàm, Pl. šwàmə *Fo. Ri. Ha.* u. s.] 1. *Schwamm Falk. D. Si.* — 2. *Sahne Bo. Wohl vom obenauf Schwimmen heißt die Sahne* Schwamp. vgl. schweiz. Schwumm *Schaum* (baier. 2,634); mhd. swamp.

schwampech adj. *D. Si. schwammig, schwammartig:* schwampech Bro^ut. s. d. vorige.

Schwank [šwaŋk *Bo.* u. s.] *m. Schwung, schwingende Bewegung:* de Schwank bekumme *das Gleichgewicht verlieren.* — els. 2, 527 u. baier. 2, 639 ebenso.

schwank [šwaŋk *Bo.;* šwaŋeldịχ *Falk.*] adj. *schlank, biegsam, dünn, schmächtig.* — baier. 2,460 u. Gr. Wtb. 9, 2246 ebenso; mhd. swanc.

Schwanz [šwànts, Pl. šwènts *allg.*] *m. Schwanz. Rdaa.:* der ist nit schuld dran, dass de Krotte *(Kröten)* kä Schwänz han *der hat das Pulver nicht erfunden Fo.* Der hat jetz de Kuh mit em Schw. angebun *der hat es verkehrt angefangen Fo.* De Bire han jetz goldene Schwänz *die Birnen sind jetzt selten u. daher teuer.* D'r. Ko^uh hire Schw. dat as dem Jud sei' Ro^usekranz *der Schwanz der Kuh ist des Juden Rosenkranz Si.* — Zs. Schwanz-gurt *m. Schwanzriemen.*

schwänzleⁿ [šwèndslə *Ri. Ha.* u. s.] intr. v. *geziert gehen, den Körper hin- u. herbewegen:* er schwänzelt wie e Mamsell. — els. 2, 528 ebenso.

Schwarm [šwàrm *Ri. Ha.;* šwárem *D. Si.*] *m. Schwarm, insbes. Bienenschwarm.*

Schwart [šwàrt *fast allg.;* šwárd *Ri. Ha.;* šwàt *Lix.;* šwòərt *D. Si.*] *f.* 1. *Schwarte:* er schafft, ass d'Schwarde krache *Ri. Ha. Rda.:* Speck a Schwoert as eng Ort *Speck u. Schwarte sind einer Art, d. h. die Kinder sind den Eltern nachgeschlagen Si.* Zs. S c h w.-m a w e *Schwartenmagen.* — 2. *dasselbe wie* Schwatte, Schwattel *Ri. Ha.* — 3. *Holzabfälle ibid.*

Schwarz [šwàrds *Ri. Ha.*] *m. der Teufel.*

schwarz [šwàrts *fast allg.;* šwàrds *Ri. Ha.;* šwárts *Kö.;* šwórts *Si.*] adj. u. adv. wie hd. *schwarz:* schw. eweï en Hut, eweï e Kohl *Si.;* schw. wie der Deiwel, wie e Heid *(Zigeuner),* wie e Neger, wie e Kohlebrenner *Ri. Ha.* Im schwarze Buch stehn *ibid.* De schwarze Krankhät *Irrsinn. fast allg. — Verstärkung:* pechschwarz. Zss. Schwarz-amschel *od.* Schw.-merl *Schwarzdrossel.* schw.bärti(ch). Schw.-brot. Schw.-hawer *Ri. Ha.* Schw.-peterle *Kreuzbauer;* Schw.-p. spile *ibid.*
Schwärz, schwärzeⁿ *fast allg.* wie hd. *Schwärze, schwärzen.*
Schwäs s. Schweiss.
schwasiereⁿ [šwàsíra *Ri.* u. s.] tr. v. *aussuchen im Laden, wählen.* — els. 2, 531 ebenso; frz. choisir.
Schwatte, Schwattel [šwât(a) *Schw.;* šwàtal *Vbg.;* šwàtan *Bo.*] *m.* 1. *Brett, woran noch ein Teil der Rinde* (Schwarte) *geblieben.* — 2. *Knüttel, insbes. ein kurzer dicker Stock zum Herabwerfen der Nüsse bei der Nachlese Vbg.* Schw. < Schwarte. — hess. 377 Schwarte 2; baier. 2, 648 Schwärtling; Gr. Wtb. 9, 2298 Schwarte; deutsch-ungar. Schwattling *das erste u. letzte Brett beim Brettersägen, an dem noch die Rinde ist* From. 6, 343.
schwätzeⁿ [šwètsa]ⁿ *allg.* — Ptc. gašwètst, gašwát *D. Si.*] intr. v. *schwätzen:* wälsch schw. *französisch sprechen.* Neischt gasòt as auch geschwât *nichts gesagt ist auch gesprochen D. Si.*
Schwätzer *m. fast allg.* 1. wie hd. *Schwätzer.* — 2. *Schwatzsucht:* de Schw. hun *leicht betrunken sein u. deshalb ungewöhnlich viel schwatzen Si.* — lux. 402 ebenso.
Schwawler [šwawlar *Fo.*] *m. Schwätzer:* du Schw.! — els. 2, 529 Schwappler *zu* schwapple *viel u. einfältig reden.*
Schweb [šwèb *Ri. Ha.*] *f.* wie hd. *Schwebe:* in der Schw. sin. — baier. 2, 621 ebenso.
Schwebel [šwèbal *Falk.* u. s.; šwèbal *Av.;* šwéfal *Pfb.;* šwéwal, swièwal *D. Si.;* šwèwal *Ri. Ha.*] *m. Schwefel.* — els. 2, 520 Schwébel. — Zs. Schwefel-helzel *n. Pfb. Streichholz.*

schwebes [šwèbas *Pü.*] adv. *schwebend, mit leichter Mühe:* er hebt ne schw. er hebt ihn mit leichter Mühe, mit gleichmäßig gehobenen Armen.
Schwein s. Schwin.
Schweins-pirchen *f. Si. (Schweinsbeerchen) Frucht des Hagedorns.*
Schweiss [šwáïs *Bo. Falk. Lix. Ri. Ha.;* sonst šwæs] *m. Schweiß:* i(n) de Schw. kumme, der Schw. geht us, sure Schw. koschde *Ri. Ha.* De Schwäs laft mer van der Stir *Fo.* Sei' Schw. net riche *(riechen)* kene träge sein *D. Si.* An engen Schw. *ganz mit Schweiß bedeckt ibid.* — Zss. Schw.-lecher *Hautporen.* Schw.-dichel *Schweißtuch.*
schweiseⁿ [šwaisa *fast allg.;* šwæsan *D. Si.* u. s.] 1. intr. *schwitzen.* — 2. tr. *zusammenschmieden, löten.*
schweissleⁿ intr. v. *Ri. Ha. leicht schwitzen.* — els. 2, 532.
Schwell [šwèl *fast allg.*] *f.* 1. *Schwelle vor der Tür:* e ful Schw.; kumm m'r nimme iwer d'Schw. *Ri. Ha.* — 2. *Eisenbahnschwelle.* — 3. *große Steinplatte.* — 4. *Schwiele:* m'r han en gehaue, dass er Schwelle hat *Fi.* — els. 2, 523, 524.
Schwelles [šwèlas *Umgegend von D.*] *m. Dickschädel.* — vgl. baier. 2, 630 Schwellkopf *eigensinniger Mensch;* Gr. Wtb. 9, 2510 Schwellhaupt.
Schwemm [šwèm *Pfb. D. Si.* u. s.] *f.* 1. *Teich.* — 2. *Schwemme, wo die Tiere gebadet u. gereinigt werden.* — 3. *Schwimmanstalt D. Si.* — lux. 400 Schwämm; els. 2, 525 Schwèmm; Gr. Wtb. 9, 2511 Schwemme; mhd. swemme, swem. — Zs. Schwemm-box *f. D. Si. Schwimmhose.* Schwemm-schul *f. Schwimmschule.*
schwemmen tr. v. *D. Si.* wie hd. *schwemmen.*
Schweng [šwèŋ *Si.*] *f. Hanfschwinge.* — lux. 401 Schwang.
schwengen [šwèŋan *D. Si.;* šwèŋan *Bo. Vahl-Ebers.* — Ptc. gašwoŋ, gašwèŋt] tr. v. 1. *schwingen, einen Gegenstand hin- u. herbewegen* e Bengel schw. — 2. *Nüsse vom Bau schlagen:* Niss schw. — 3. *Hanf schwingen.* — lux. 401 schwangen.
Schwenkel [šwèŋkal *Fi. Bi. Mtsh.* u. s.; šwèŋgal *Ri. Ha.*] *m.* 1. *Pendel an*

der Uhr. — 2. *Schwengel, Klöpfel der Glocke*. — els. 2, 527 u. baier. 2, 640 Schwënkel; mhd. swenkel.

schwenken [šwèŋkən, Ptc. gəšwùŋ *D. Si. Bi.* u. s.; šwèŋgə *Ri. Ha.* Daneben šwèŋklə *Bi.*] tr. v. 1. *schwingen, hin- u. herbewegen*: de Hut schw. — 2. *spülen, durch Schwenken im Wasser reinigen*: de Gläser, Wäsch schw. — 3. *jemanden durch Spendung geistiger Getränke zu gewinnen suchen:* äm d' Gurjel schw. *Si.* — lux. 401 schwänken; baier. 2, 640, els. 2, 527 u. Gr. Wtb. 9, 2529 schwenken.

schwenkleⁿ s. d. vorige.

schwer [šwêr *fast allg.*; šwéïər *D. Si.* Compar. šwêrər, šwèršt] adj. u. adv. *schwer*: e schweri Zung han *angetrunken sein Ri. Ha.* E schweri Heng han *eine schwere Hand zum Schreiben ibid.* Den elo weiht (*wiegt*) net schw. *der taugt nicht viel Si.* Schw. Geld koschten *allg.* — Zss. Schwer-mut, schwermidi(ch) *Ri. Ha.*

schwerbeln [šwerbəln *Bo.*] intr. v. *ziellos einherschlendern:* laremer schw. — baier. 2, 647 schwirbeln, schwurbeln; From. 5, 215 schurwln; mhd. swerben *sich wirbelnd bewegen*.

schwereⁿ [šwérə *fast allg.*; šwíərən *D. Si.* — Ptc. gəšwór, gəšwért, gəšwúər] wie hd. *schwören*: er hat geschwor, dass er es gesihn hat *Fo.* — els. 2, 530.

Schwer-neder [šwèrnédər *Ri. Ha.*] *m. Schwerenöter*.

Schweschter [šweštər *fast allg.*; šwešter *Bo.*; seštər *D. Si.* — Pl. -ə, -ən; Demin. šwešderlə *Ri. Ha.*] *f.* 1. *Schwester.* — 2. *Nonne:* de Schw. isch die ganz Nacht bi dem Kranke gewän *Fo.* — Zss. Schweschterschmaidel *Nichte Falk.* Schweschterschkend *Neffe od. Nichte*.

Schwetz [šwets *Bo.*] *f. Durchfall, Diarrhöe:* en hat de Schw. siben Ellen lank *er hat starken Durchfall*. — baier. 2, 652 die Schwätzen; schwatzen *den Durchfall haben;* vgl. mhd. swâʒ *Ausguß, Ausschutt.*

schweweⁿ [šwêwə *Ri. Ha.* u. s.] intr. v. wie hd. *schweben:* 's schwebt mer ebbs im Gedächniss, uff der Zung.

Schwewel s. Schwebel.

schwewleⁿ [šwêwlə *Ri. Ha.*; šwéwələn *D. Si.*] tr. v. *schwefeln:* de Win, d'Fass, de Rewe schw.

Schwijer [šwíjər *Ri. Ha.*; šwir *Fo.*; šwéïər *D. Si.*] *in den* Zss. Schw.-vadder (-babe); Sch.-mutter (Schw.-mame); Schw.-eldre. Schw.-suhn.

Schwill [šwil *Bi.* u. s.] *f.* 1. *Schwelle, Türschwelle, Grundbalken.* — 2. *Wäscheklammer.* els. 2, 523 Schwell: baier. 2, 630 Geschwell. — 3. *Nagel ohne Kopf, Schuhmachernagel.* els. 2, 524 Schwill; frz. cheville.

schwilleⁿ [šwilə *Bi.*] tr. v. 1. *Grundbalken (Schwille) legen*. — 2. *Wäsche mit der* Schwill *befestigen*.

schwimmeⁿ [šwìmə *fast allg.*; šwemən *Bo.*; šwemə *Pfb.*; šwamən *D. Si.* — Flexion: šwìmə, šwimšt, šwimt, gəšwùm; šwemən (šwamən) šwemšt, šwemt, gəšwom] intr. v. *schwimmen:* er isch durch de Bach geschwumm. Auf die Frage: kannsch de schwimme? lautet die Antwort: Jo, awer uff em Spicher od. uff um Bedd *Ri. Ha.*

Schwin [šwin *fast allg.*; šwain, šwéïn *D. Si. Wal.* — Pl. gleich; Demin. šwinxə, šwinxin] *n. Schwein, auch als Schimpfwort:* E fettes Schw. Du Schwinche! du kleiner Drecksack! Rda.: Wenn ma sich inna (*unter*) de Klie mengt, fressen eine de Schwin *Ersd.* Er hat Gleck wie e Schwin *Wal.* Den Schwin den Konfitür gen *Perlen vor die Säue werfen Bo.* Den Schwinen machen *geizig sein Bo.* — Zss. Schwins-klippel *Wirbelwind.* s. Saudreck.

schwin [šwin *Fo.* u. s.] adv. *schnell, geschwinde:* kumm schw., du muss eppes holle! — henneberg. schwénn, From. 2, 46, 277, 19 : 3, 404, 15 ; ndrhein. schwind From. 5, 415, 17; mhd. swinde.

Schwincher [šwinxər *Pü.*] pl. (eigentl. *Schweinchen*) *Frucht der Herbstzeitlose*. — vgl. ss. Schweintchin *Frucht des Stechapfels* Kisch W. u. W. 152; s. a. Gr. Wtb. 9, 2442: Schwein *Löwenzahn u. Schweinblum.*

Schwindel [šwindəl *fast allg.*; šwendəl *D. Si.*] *m.* 1. *Betrug:* das isch nix wie

Schw. — 2. *Ohnmachtsanfall:* e Schw. grije *Ri.*

schwindlich [šwìndli *Ha.*; šwendleχ *D. Si.*; šwindlèdi *Ri.*] adj. *schwindlich:* es isch em schw. vor de n'Auwe word *Ri. Ha.*

schwinzich [šwìntsiχ *fast allg.*; šwaintseχ *D. Si.*] adj. u. adv. 1. *geizig, von einem, der nicht gern etwas für andere bezahlt.* — 2. *viehisch, schweinemäßig:* e schweinzeche Mensch *D. Si. Es dient auch zur Umschreibung des Superlativs:* schweinzech reich *sehr reich*, schw. deier *sehr teuer Si.*

Schwitz I [šwìts *D. Si.*] *m. Schimpfwort:* domme Schw.! *dummer Mensch!* — lux. 404 ebenso.

Schwitz II [šwìts *fast allg.*; šwaits *D. Si.*] *f. Ländername Schweiz. Auch ein besonderer Teil des Dorfes Rieding trägt den Namen* Schwitz.

schwitzeⁿ [šwìtsə *fast allg.*; šwesən *Bo.*; šwǽsən *D. Si.*] 1. intr. *schwitzen:* ebber Blud schw. mache *einen hart bedrängen Ri. Ha.* — 2. tr. *blechen, bezahlen:* er hat mich schw. mache. — els. 2, 533. s. a. schweisse*n* 1.

Schwitzer *fast allg.*, **Schweitzer** *D. Si. m.* 1. *Schweizer, Bewohner der Schweiz.* — 2. *Schweizer in der Kirche:* der Schw. hat mich gefihrt. — 3. *grober Mensch:* du grower Schw.! *Ri. Ha.* — 4. *Stier, bes. Gemeindestier, auch Ochse aus der Schweiz eingeführt.* — 5. *jd., der leicht u. viel schwitzt Ri. Ha.*

schwitzich [šwìtsiχ *fast allg.*; šwǽseχ *D. Si.*] adj. *schweißend:* schwitziche Henn (*Hände*).

Schwob [šwòp, Pl. šwòbən *D. Si.* u. s.] *m.* 1. *Schwabe, auch als Schimpfwort für die Altdeutschen:* du domme Schwob! — 2. *Schwabe des Faßbinders d. i. ein Stück Reif, welches zwischen einen allzu lockeren Reif geschlagen wird.* — lux. 404 ebenso. — Zs. Schwobe-gromperen *D. Si. bes. Art Kartoffeln mit rauher Schale.*

Schwodler [šwòdlər *Obh.* u. s.] *m. einer, der keine bestimmte Meinung hat, sondern jedem zu Gefallen spricht.* — vgl. els. 2, 251 schwadle *zu viel sprechen*; baier. 2, 652 schwattern; mhd. swaderer *Schwätzer* Lexer 2, 1322.

Schwollma(g)d [šwolmàd *Ri. Ha.* u. s.] *f. Brautjungfer, Ehrenjungfer bei Hochzeiten.* Schw.-m. < Schmollmagd *zu* baier. 2, 549 schmollen *bei einer Hochzeit od. Kindtaufe hospitieren u.* mhd. smollen *schmarotzen.* — els. 2, 658 Schmoll- u. Schwollmad; baier. 2, 549 Schmolljungfer, Schmöllerin.

Schwonk [šwoŋk *D. Si.*] *m. Schwung.* — Zs. Schw.-rad *n. Schwungrad.*

Schwued [šwuəd *Si.*] *f. Schwade.* — lux. 404.

Seakes [ʒèàkəs] *Heiligenname Siriakus, Schutzpatron der Saareinsminger. Daher:* Änsmenger *(Saareinsminger)* Seakes.

Sebel? [ʒèəbəl, Pl. -n *Bo.*] *n. Netz zum Fischfang, Fischergarn (das Wort ist sonst nicht belegt).*

Sechel s. Sichel.

Se'chen [ʒéχən, Pl. ʒéərχər *D. Si.*] *f.* 1. *Sage, Märchen, kurze Erzählung:* en S. verzehlen. — 2. *unverbürgtes Gerücht.* (*S. ist eigentlich Demin. von* Sò *Sage, Rede, Spruch, ein Wort, das im Luxemburgischen noch erhalten ist* Ga. 417). — lux. 404 Séchen.

sechs [ʒèks *allg.*] *Zahlwort sechs.* Mine Sechse! *Beteuerungs- u. Verwunderungsformel:* m. S.! es ischt so, wie de sagst. Er hats minsechs fertich brung *Hw.* — els. 2, 324 minsechs, minersechs; lux. 386 meiner sëx. *Die Erklärung dieser volksmäßig fast überall vorkommenden Formel bei* Gr. Wtb. 9, 2780; baier. 2, 218.

Sechster *m. D. Si.* u. s. *die Zahl sechs.*

seckeln [ʒèkəln *Ersd.* u. s.] tr. v. *arg mitnehmen, durchhauen:* er isch geseckelt word. — els. 2, 346 verseckle. s. a. säckelen.

sedden *auseinanderspreiten* s. zetten.

Sedel [ʒédəl *Hd.* u. s.; ʒætəl *Wb.*; ʒètəl *Lix.*; tsedəl *Bi.*; ʒidəl *Vbg.*; ʒièdel *Si.*; sèdəl *Ri. Ha.*] *f. (Bi. m.)* 1. *Stange im Hühnerstall, Hühnerbalken:* der geht awet (*abends*) bet de Hehnere uff de S. *Wb.*; mit de Hihnre uff de S. gehn *Ri. frühzeitig zu Bett gehen.* Ich gehn uf de S., awer net su die Hinkele *Lix.* — 2. *Stäbchen im Vogelkäfig.* — 3. *Sattel Si.* — baier. 2, 223 u. els. 2, 326 Sedel, Hühnersedl.

Sedler [zédlər *Kö. Ka.*; zièdlər *Si.* → Pl. gleich] *m. Sattler.* mhd. seteler *neben* sateler. s. a. Sattler, Saddler.

See [zé *fast allg.*; sé *Ri. Ha.*] *in den* Zss. S.-kränkhet. S.-raiwer *Seeräuber, Mensch mit wildem Aussehen:* er löwt erus wie e S.-r. *Ri. Ha.*

Seel [zél *fast allg.*; zéəl *Bo.*; zéïl *D. Si.*; sél *Ri. Ha.* — -əⁿ] *f.* 1. *Seele:* kə Minsch u ke S. *Ri. Ha.* Er durt mi in der S. *ibid.* Miner S.! *meiner Treu! allg.* Oinem de S. us em Lei *(Leib)* rusroppen *jd. peinigen Bo.* D'armi Seele *im Fegfeuer.* — 2. *Person:* es isch e guddi S. *Ri. Ha.* 'S Dorf hat 2000 Seele. — 3. *eingetrocknetes Mark im Kiel der Gänsefedern.* — 4. *Schwimmblase des Härings.* — 5. *Stimmhölzchen der Geige Si.* — 6. *Gelenkstück (Schusterausdruck) ibid.* — Zss. Seelen-angscht. Seele-dienscht *Totenmessse mit Vigilien.* Seele-heil. Seele-hirt. Seelen-quetscher *Bo. Kr. u. s.* 1. *Schlendrıın*; 2. *Plagegeist.*

Seff (Saff) *Sieb* s. Siff.

sehr [zér *fast allg.*; zéïər *D. Si.*) adv. 1. wie hd. *sehr*; 2. *schnell:* seïer lâfen *schnell laufen D. Si.* — hess. N. 2, 24: dear Gaul giht sir. — Zs. seïer-'noh *(sehr nahe) beinahe:* en as s.-n. gefâl.

Seich, seichen s. Säch, sächen.

Seichert [zéïxərt, Pl. -ən *Bo.*] 1. *Mensch, der den Urin nicht zurückhalten kann.* — 2. *grüner Junge.* — els. 2, 321 Seicher 2. s. Säch.

Seidel [zaidəl *Pfb.* u. s.] *m.* u. *n. Getränk-* u. *Flüssigkeitsmaß, die Halbe:* e S. Bier. An jedem Stein hängt e S. *heißt es von einer Mauer, die einzustürzen droht.* — baier. 2, 224 Seidel; lat. situla.

seierzeh, seierzich s. sierzen, sierzich.

Seif s. Säf.

Seih [zéï *Bo. Ett. Obh. Sp.*; séï *Ri. Ha.*; zai *Fo. D. Si. Sgd.*; zéïj *Pü. Merlb.*] *f. Seihe, feines Sieb für Kaffee, Milch u. dgl.*: ebbs durch d' S. losse *seihen. Man unterscheidet:* Kaffee-seih, Milch-seih, Sälad-seih. — Zss. S.-dichel *Tuch, das man auf den Milchsieb legt, damit nichts Festes duchlaufen kann.* S.-lumbe *Hemdlappen, der aus der Hose heraushängt:* mach di S.-l. enin! *Ri. Ha.* S.-papier *Fließpapier Bo.* S.-schissel *Milchsieb Sgd.*

seiheⁿ [zéïən *Fo. D. Si.*; zèijən *Pü.* séïə *Ri. Ha.* — Ptc. gəzí, gəzéït, gséïd] 1. tr. *durchseien, filtrieren:* Milich s. — 2. intr. *durchlassen:* der Bodde seihd nid *der Boden läßt das Regenwasser nicht durch Ri.*

Seil s. Säl.

seimen (seymen) St. R. A. 77 *eichen.* — vgl. baier. 2, 278 Saim, mhd. seim *Flüssigkeit.*

Seimer (Seymer) *m. ibid. Eichmeister in St. Avold. Die Seymer hatten auch den Altarwein u. das Öl für die ewige Lampe zu liefern.*

Seit s. Sit.

Sejeⁿ [zéjə *fast allg.*; zἄjə *Lix.*; zἄə *Fo.*; zéən *D. Si.*; zéijən *Bo.*; sèŋə *Ri.*; sè *Ha.*] *m.* 1. *Segen:* der S. isch in der Kirch gin wor *Fo.* Gäf onser Herrgott sin S.! *möchte Gott es so fügen! Lix.* I han em awer de S. gen! *ich habe ihn tüchtig ausgescholten Ri.* De S. grije *gescholten werden ibid.* — Zs. S.-mess *Messe mit Aussetzung des Sanktissimum.*

Sekond [zekhoŋt *D. Si. Bo.* u. s.; segùnd *Ri. Ha.*] *f. Sekunde.*

Sekret s. Sikret.

Sekretär [sekretèr *fast allg.*; segredèr *Ri. Ha.*] *m.* 1. *Schreiber.* — 2. *Schreibtisch.* — 3. *Kommode, Aktenschrank.* — els. 2, 347; frz. secrétaire.

Selat s. Salat.

Seldat s. Saldat.

Sel-duch [zeldo^uχ *Bo.*] *n. Geifertuch.* s. d. folgende.

selen I [zelən *Bo.*] intr. v. 1. *sudeln, beschmutzen.* — 2. *Essen aus dem Mund herausfallen lassen.* — baier. 2, 253 besäligen; mhd. selwen *(Wurzel* sal *schmutzig)* s. a. sabbeln u. sallen.

selen II [zélən *D. Si.*] adj. u. adv. *selten:* e selene Gâscht. E kent selen häm *er kommt selten nach Hause.* — lux. 407 ebenso. *Davon* Selenhät *f. Seltenheit.*

Seler [zelər *Si.*] *m. Empore in der Kirche, Orgelbühne (Söler).* — vgl. baier. 2, 261 Soler; hess. 387 Solder; mhd. solre.

seler, sel [ζèlər, ζèli (ζèl), ζèls (ζèl) *Fo. Bi.* u. s.; ζæl *Wb.*; sèl *für alle 3 Geschl. Ri. Ha.*] pron. dem. *selbiger, selbige, selbiges; jener, jene, jenes:* seler Mann, seli Frau, sel Pärd. Sel isch wôr. Gim mir van selem *Fo.* Dem geht es we der säl Schneck; de escht sewe Johr long ome Bôm *(Baum)* enuf kekrawelt, un wie se derno erag'fal escht, hat se kesât: île brengt kän Klek *Wb.* — els. 2, 253 sèl, sèler, sèli, sèl. — Zs. s e l e - m a l *damals Bi.*
   Selest [ζèlèst *Hw.* u. s.; selèsd *Ri.*] *männl. Vorname Cölestin* (frz. Célestin); *in Hw. auch Koseform des weibl. Vornamens Cölestine.* — els. 2, 350 Selest.
   selich [sélix *Ha.*; seli *Ri.*; ζèïlex *D. Si.*] adj. wie hd. *selig*: mi Vadder od. Babbe seli *Ri.*
   Selle [sèlé *Fa. D. Si.* u. s.] *n. Anlegen der Amtssiegel nach dem Verscheiden einer Person.* — frz. scellé.
   sellich [ζelix, ζelxən *D. Si.*; solix *Ri. Ha.*] adj. u. adv. *unsäglich viele, sehr groß, sehr*: 't wôren e selliche Leit do *es waren sehr viele Leute da*. Sellich vil Geld. En as sellich mol do gewêst *er ist sehr oft da gewesen.* — lux. 407 selechen; hess. 407 süllig, sellig; els. 2, 350 u. baier. 2, 260 sellig; schweiz. sölli. *Das Wort geht zurück auf* ags. sellic, sillic = mirabilis, stupendus.
   Seltzer *m.* St. R. A. 95. *Salzhändler.* *Urk.:* item ein ider S., der da kompt zu markt mit seinem karn Saltz zu verkauffen, ist schuldig 1 ₰ ...
   selw [ζèlw *fast allg.*; ζìlw *Oberd.*] pron. *selb:* em silwen *zur selben Zeit, zugleich. Rda.:* ma kann net em silwen lauden an met da Prozession gehn *Oberd.* — els. 2, 353 sèlb; ebenso baier. 2, 264.
   Selwer s. Silwer. — Zss. Selwer- geschir *n. D. Si. Silbergerät.* Selwer- groschen. Selwer-menz *Silbermünze.* Selwer-sand *Streusand.* Selwer-stek *Silberstück.*
   Selwer-blatt [ζelwərblát *Si.*] *n. Gänse- fünffingerkraut* (Potentilla anserina).
   selwer, selwersch [ζèlwər *Bo. D. Si.*; ζèlwərš *Fi.*; ζìlwərš *Oberd.*] pron. *selbst, selber:* wo m'r will um en anderä ä Loch grawä, noh fallt m'r selwersch eninn *Fi.* Dat selwescht *dasselbe D. Si.* Vum sel- weschten *von derselben Sorte, Art D. Si,* — lux. 407 selwer.
   Semmel [sèməl *Ri. Ha.* u. s.] *m. feines Weizenmehl.* — els. 2, 358 Simmel; baier. 2, 280 Semel; lat. simila. — Zss. S.- brod, S.-mehl.
   Sendûr [sędyr *Pfb.*] *f.* 1. *Schürze.* — 2. *Gürtel.* — els. 2, 367 Sëntür; frz. cein- ture.
   Seng [ζèŋ *D. Si.*] *f.* 1. *Trockenheit, Dürre, bes. Blätterdürre infolge anhaltender heißer Witterung.* — 2. *Verbrennen des Rasens zur Düngung des Bodens, bes. in den Lohhecken:* en S. brennen. *Bauernregel:* den helije Lorenz *(10. Aug.)* mecht eng Seng oder eng Strenz *der Laurenztag bringt entweder Hitze oder Regen.* — hess. 382 das Seng; lux. 370 Sâng; hd. Sang u. Senge Gr. Wtb. 8, 1789; 10, 584.
   Seng-essel [sèŋèsəl *Ri. Ha.* u. s.] *f. Brennessel. Knabenwitz:* d'Sengessle brenne denne Monat nit *(wobei Monat als Objekt aufgefaßt wird).* Blinni *(blinde)* S.-essel *die nicht brennende Nessel.* s. Supsengessel.
   sengleⁿ [sèŋglə *Ri. Ha.*] tr. v. *sengen; sich* s. *sich aus Nesseln brennen.* — els. 2,365 senge u. sengle: baier. 2,311 senge.
   Senkel [sèŋəl *Ri.*] *m. Senkblei; blei- beschwerte Schnur, welche die vertikale Richtung angibt.* — els. 2, 366; baier. 2, 314.
   Sennes [sènes *Ri. Ha.* u. s.] *nur in der* Zs. S.-bläddre *Sennesblätter* (cassia Senna), *ein abführender Tee.* — els. 2, 168.
   Sens [ζèns *fast allg.*; ζèntsəl *Grt.*; ζèntsəl *Si.*; ζésəl *Falk. Kri. Gelm. Hb.*; ζèïzəl *Bo.*] *f. Sense:* die S. dengeln, die S. kloppen *Falk.* D'Senzel klappen *Si.* — ndd. Seissel, From. 5, 292; vgl. mrhein. Sesel *Rebmesser.* (Sesel < ahd. sehselin). s. a. baier. 2, 217. — Zs. Sense-wurf *Stil an der Sense.* lux. 408 Seⁱsselwûrf; baier. 2, 995 Senstwurf.
   Senter [ζèntər *D. Si.* u. s.] *m.* 1. *Boden- satz von ausgeschmelzter Butter, Schmalz- dreck.* — 2. *grober Schlackensand.* baier. 2, 316 u. mhd. sinter (sinder). — 3. *Nagel mit viereckigem, breitem Kopf, um die*

Verdichtung in den Fugen der Schiffsbretter zu sichern. — lux. 411 ebenso.
senteren tr. v. *Si. ein Schiff beschlagen.* s. Senter 3. — 3. lux. 411.
Sentimeter [sątimètər *Fo.* u. s.; tsentimétər *D. Si.*] *m. Zentimeter.*
Sep [zéb *Fi.* u. s.; séb *Ri.*; zépən *Ltf.*] *m.* 1. *Pfuhl, Mar, Heidenloch.* — 2. *Flurname bei Rieding.* — vgl. ndd. siepe *feuchtes Tal;* hess. 381 der Seif *feuchte Wiese;* eifl. Seifen *sumpfige Stelle* From. 6, 19; schles. Seifen *Bach;* mhd. sîfe.
Sepp, Seppel (Sebbel) *fast allg. männl. Vorname Joseph.* els. 2, 307; baier. 2, 317. — 2. *dummer Mensch Ri.*
Serafin [seràfin *Ri. Ha.*] *m. Seraph.*
Serf [zèrf *Fa.* u. s.] *f. Hippe, Gartenmesser.* — frz. serpe; vgl. lat. serpere. s. a. Scherpel.
Serner (Serrner) *m.* St. R. A. 99 *Pförtner, Wächter (wohl mit lat. sera, frz.* serrure *Riegel, Querriegel od. mit sar Rüstung zusammenhängend, denn die Serner tragen u. a. auch Helme, die sie bei Ablauf des Dienstes abliefern müssen; urk.:* item es ist gebrauch ... das meiger und gericht mit radt der bürgerschaft neuwe pfortner u. serrner ... bestedigen, doch ehe man andere erwellet, sind die alten schuldig iren eydt ... dem meiger mit dem helm wider uf zu geben).
Serschant [sèrsànd *Ri.; Ha.*] *m. Sergeant.*
Sertifika [sèrtifika *fast allg.;* tsèrtifika *D. Si.* sèrdifigàd *Ri. Ha.*] *n. Bescheinigung, Zeugnis, insbes. Leumundzeugnis:* haschte e S. met braht? — els. 2, 375 Sertifikat. frz. certificat.
Ser-wasser [zèrwasər *Pü.*] *n. weiches Wasser (urspr. schwach fließendes Wasser).* — baier. 2, 323 Sohrwasser *Quellwasser, das abwechselnd fließt u. vertrocknet;* hess. 386 u. hess. N. 277 Söhre. *Wurzel sôr trocken;* soren *siechen, vertrocknen.*
Serwet [serwét *fast allg.;* sàwetən *Fa.*] *f.* 1. *Tellertuch:* e S. umbinne *Fo.* — 2. *Klosetpapier Ri. Ha.* — els. 2, 375 ebenso; ndl. servet; frz. serviette. s. a. Sarwiattl.
serwieren [sèrwìrə *fast allg.;* sèrwéÿərən *P. Si.*] 1. tr. *bedienen, Kunden im Laden abfertigen, vorsetzen:* was kammer d'r s.? — 2. intr. *Dienste leisten:* das Buch serwiert mir gar nid *Ri.*
Serwiss [sèrwis *allg.*] *n. Dienst:* a wodd S.! *Höflichkeitsformel z. B.* gudde n'Abbedit! *Antwort:* Mersi, a wodd S.! *Ri. Ha.* u. s. — frz. service.
Seschter I [zèštər *fast allg.;* zéštər *D.;* ziəštər *Si.;* zèšta *Av. Obd.;* zéïštər *Bo.*] *m. Scheffel, Sester (in Grt. 25 Liter; in Fa. ungefähr 40 L.; in Rü. ein halbes Faß):* er hat e Kopp wi 'n Seschte *od.* so dick wie S. *Av.*
Seschter II [zèštər, Pl. -n *D. Si.*] *f. Schwester.* — ss. Säster, From. 5,98 III 19; hess. 408 u. ostfries. Süster, From. 4, 355. s. a. Schwester.
Sesel *Seuse* s. Sens.
Sesil [zésil *Hw.* u. s.: sisil *Ri. Ha.*] *weibl. Vorname Cäcilie.*
Sess [zés *D. Si.*] *m. das Sitzen, die Sitzung, (seltner) Sitzplatz:* en dichtige S. doⁿ *eine lange Sitzung halten, lange sitzen bleiben.* Op ä S. *in einer Sitzung, auf einmal.* — lux. 407 Séss, an engem S.; els. 2, 376 Sess; vgl. baier. 2, 331. s. a. Sass.
setterenⁿ, sutterenⁿ [zètərə, zutərə *Bi.*] intr. v. *laufen:* was suttersch de so erum? — els. 2, 381 suttere II *nachlässig umhergehen.*
Setz I [zets *Pfb. D. Si.* u. s.] *m.* 1. *Sitz, Sitzplatz.* — 2. *Bock auf dem Wagen:* m'r hun eng Pläz op dem S. — els. 2, 384 Sitz 1, 3.
Setz II [zèts *Si.,* Pl. -ən] *f. Triebel, Böttcherwerkzeug zum Antreiben der Reifen.* — els. 2, 383 u. lux. 408 ebenso. — Zs. S.-eisen *Si. Vorreißer der Zimmerleute.* lux. 408.
setzenⁿ [zètsə *fast allg.;* zetsen *D. Si.* — Ptc. gəzètst, gəzàt] *tr.* 1. *setzen, bes. setzen beim Spiel;* in d'Lotterie s. *allg.* Du hasch noch nit gesetzt. Gesetzt der Fall, dass ... I däd mi Kobb setze ... *daß das u. das geschieht Ri. Ha.* E Glugg s. *eine Henne zum Brüten einsperren ibid.* — 2. *Pflanzen in die Erde setzen:* Grumbire, Bohne s. — 3. refl. *sich setzen:* setz dich net newe de Stuhl! *Fo.* (Sitz di! *Ri. Ha.) Rda.:* der hat sich gesetzt *dem gekt*

es durch eigne Schuld schlecht Flh. — 4.
intr. *laufen, rennen:* da isch er awer
hinner em her gesetzt! *Bi.* — Gr. Wtb.
10, 683 setzen II c 1ᵇ *stürmend eilen.*
    Setz-holz *n. fast allg. kurzes zuge-
spitztes, zuweilen mit einer eisernen Spitze
versehenes Holz zum Lochbohren, um Setz-
linge anzupflanzen.* — els. 2, 332.
    Setzling *m. fast allg. Pflänzchen zum
An- oder Versetzen.* — els. 2, 383; baier.
2, 343; lux. 408 Setzlek.
    Setz-wo [-wò *D. Si.*] *f. Wasserwage.*
— lux. 408.
    Sib [sìb *Ri. Ha.*; ʒíb *Bi.*] *n. Sieb.* Man
unterscheidet: Gerschde-sib, Hawer-sib,
Kleesome-sib, Kor(n)-sib, Rat-sib, (s. d.)
Spreïer-sib (s. d.), Stab-sìb *Staubsieb,*
Weize-sib. — els. 2, 318. s. a. Siff.
    sibeⁿ tr. v. *Ri. Ha. Bi.* u. s. *sieben,
durch das Sieb reinigen.* — els. 2, 318.
    sibtilich [ʒibtiliχ *Fa.* u. s.] *adj. fein,
zart:* du muscht nit so s. sin! — els.
2, 318 subtil; frz. subtile.
    Sichel [sìχəl *Ri. Ha.*; ʒìχəl *fast allg.*;
ʒeχel *D. Si.*] *f. Sichel:* d'Sechel klappen
die S. dengeln. Kinderspruch:
Mechel, klapp deng Sechel! muer
                (morgen) as et Summer,
dann hoschte kän Hummer *(dann hast
                    du keinen Hammer) Si.*
    sicheleⁿ [sìχlə *Ri. Ha.*] tr. v. *mit der
Sichel schneiden.* — els. 2, 322.
    Sichel-schnitt *m. Lix.* u. s. *Schafgarbe*
(Achillea millefolium). *Der Aufguß gilt
als blutreinigend; es ist eines von den
Kräutern, die man zum Kräuterwisch
„Wirzwisch" nimmt, um zu Mariä
Himmelfahrt geweiht zu werden.*
    sicher [zìχər *fast allg.*; sìχər *Ri. Ha.*;
ʒeχər; *Bo. D. Si.*] *adj.* u. *adv. sicher,
sicherlich;* e sicheres Zäche *(Zeichen) Fo.*
Sin Lewe nimme s. sin *Ri.* Kummt er?
Awer sicher! *Fo. Beteuerungen:* so s. ass
i do sin, ass unser Herrgodd im Himmel
isch *Ri. Ha. Das Substantiv dazu lautet*
Sicherhät (Secherhät).
    Sid [ʒíd *fast allg.*; síd *Ri. Ha.*; ʒaid,
ʒèd *D. Si.*] *f. Seide:* e Rock van S. —
els. 2, 327 Sid. — Zss. Side-krämer
Hausierer mit Seidenwaren. Sid-stuhl
Seidenwebstuhl.

Sidel s. Sedel.
    sideⁿ [ʒídən *fast allg.*; ʒaidən, ʒèdən
D. Si.] *adj. seiden:* e sidener Unterrock.
— els. 2, 317 side, seide.
    sidich [ʒídiχ *Bo.*; sídli *Ri.*] *adj.* u.
adv. *sanft, geräuschlos, behutsam:* sidich
ufdreden *Bo.* Sidli ze Wergg gehn *Ri.*
— els. 2, 380 sittlich; baier. 2, 338 sittig;
hess. N. 275 sidig.
    sie [ʒì *unbetont* ʒə *fast allg.*; ʒi(ʒə)
Falk. Bo.; ʒåi, ʒí (ʒə) *D. Si.*] 1. *Pron. der
2. Pers. Sg.* — 2. *Plural für alle 3
Geschlechter sie.*
    siedeⁿ [ʒídə *Fa.* u. s.; ʒádən *Bo.*; ʒódən
D. Si. — Ptc. gəʒót] tr. v. *sieden. Rda.*:
er isch nit for ze siede, noch for ze
brode, un roh kann e(n) kä Deiwel fresse
er ist ein Taugenichts durch u. durch Fa.
s. a. saden.
    Sier [ʒír, ʒìa *Falk. Bo. Brettn.* u. s.; sírl, Pl.
sírlə *Ri. Ha.*] *n.* u. *m. Hitzbläschen, Eiter-
bläschen auf der Haut Ri. Ha.* Sier < mhd.
siure, sir; mlat. siro, frz. ciron *Milbe,
Krätzmilbe, die man für die Ursache dieser
Blätterchen hält. Daher:* kän Sia *nicht
das Geringste Brettn.* Kän Sier un kän
Zeichen *nicht das Mindeste Bo. Falk.* —
vgl. nig een Sür, brem. Wtb. 4, 1103;
geen Sier, Stüremberg ostfries. Wtb. 246;
baier. 2, 322 das Seurlein; schwäb.
Suirlé; nds. Süre.
    sierzen [ʒírtsən *Bo.* u. s.; ʒaiərtsən
D. Si.] intr. v. *säuerlich schmecken:* der
Win sierzt *Bo.* — lux. 406 seierzen:
els. 2, 372 sürle.
    sierzich, seierzech adj. *säuerlich.* s. d.
vorige.
    siess [ʒìs *fast allg.*; sìs *Ri. Ha.*; ʒëís
Bo. D. Si.] adj. u. adv. *süß:* e s. Mul
mache, s. löwe *freundlich blicken Ri. Ha.*
Schlof g'sund und dräm s. *Wunsch beim
Schlafengehen ibid.* Siess Milch *frische
Milch;* siess Platt *süße Milch Fo.* — Zss.
Siess-holz. S.-pech *Lakritzenstange.*
    Siessichkät *f. Süßigkeit. Rätsel:*
owe spitz, un unne brät,
durch un durch voll Siessichkät. (Zucker-
hut.) *Hanw.*
    siessleⁿ intr. v. *Ri. Ha. süßlich schmecken.*
    siesslich adj. u. adv. wie hd. *süßlich:*
s. schmacken. — els. 2, 377 süesslëcht.

Siff [ʑif, Pl. ʑiwa *Av.;* ʑèf, Pl. -ən *Bo. Hd.* u. s.: ʒaf *D.;* ʑif u. ʒaf *Si.*] *m. Sieb.* — lux. 369. 409 Saff, Siff: ndl. zeef: engl. sieve. s. a. Sib.

siffen (saffen) tr. v. *sieben, durchs Sieb reinigen.* — lux. 409 ebenso; eifl. saften Bü. 20; baier. 2, 231 sifern *dünn durchfließen wie durch ein Sieb.* s. d. vorige.

Siffer [ʑífər *fast allg.;* ʑyfər *Fi. Pfb. Lix.;* ʑifa *Av. Schw.;* sufər *Ri. Ha.;* ʑefər *Bo. D. Si.;* ʑéïfər *Bi.* — Pl. ʑífər, ʑefər ʑefərn, ʑéïfər] *m. Säufer, Trunkenbold:* 's isch e Siffer.

Siffersch [ʑífərš *fast allg.;* ʑyfərs *Pfb.;* sufəršə *Ri. Ha.* ʑefəš, *D. Si;* ʑéïfəršę *Bo.*] *f. Säuferin.*

siffleⁿ [ʑìflə *Bi. Ri. Ha.*] tr. v. *anhaltend u. viel trinken (meist ironisch)*: siffel d'Milch! *sagt die Mutter zum Kinde Ri.* — els. 2, 331 süffle, *Iterativ von* suffen.

Sifung [sifuŋ *Ri.;* sifoŋ *D. Si.*] *m. mit Ausflußhahn versehene Flasche Selterswasser.* — franz. siphon.

sifzeⁿ [sìfdsə *Ri. Ha.* u. s.] intr. v. *durchsickern, tröpfeln, feuchtsein u. infolge dessen übel riechen*: 's Fass sifzt. — els. 2, 332 ebenso; vgl. baier. 2, 229.

Sigar [sigàr *fast allg.;* tsigár *D. Si.*] *f. Zigarre.* — els. 2, 337.

Sigarett *f. allg. Zigarette.*

Sigel-wahs [ʑigəlwás *Falk* u. s.; ʑijəlwós *D. Si.*] *m. u. n. Siegellack.* s. Wahs.

sihn [ʑin *fast allg.;* sín *Ri. Ha.;* g'sín *D. Si.* — Ptc. gəʑín, g'sín, g'sén, gəʑéïn] tr. v. *sehen (die Flexion unter* gesihn, *das viel häufiger vorkommt)*: hasch mi g'sehn *u. fort war er Ri.* Er hat alle siwe Farwe g'sehn *heißt es von einem sehr klugen Menschen ibid.*

Sikret [ʑikret *Fa.* u. s.; segred *Ri. Ha.;* ʑigretxə *Busd.;* ʑekrét *Bo.;* tsekrét *Si.*] *f. Abort.* — els. 2, 347 Sekret; frz.(lieu) secret.

Silb [sìlb *Ri. Ha.* u. s.] *f. Silbe:* er had ke S. g'sad; er had ke S. losse ludde *(verlauten lassen).*

Sileⁿ [ʑìlə*ⁿ fast allg.*] *n. Geschirr für Zugvieh bes. Vordergeschirr, Brustriemen mit Zugvorrichtung.* — els. 2, 351; hess. 385 Silscheit; baier. 2, 260 ebenso; ss. Siln Kr. 122; mhd. sile.

Silli [sìli *Ri.*] *männl. Vorname Basilius.*

Sil-schid [ʑilšìd *fast allg.;* ʑìlšeit *Busd.;* ʑìšit *Ett.*] *n. Querstange (Hebel) zum Befestigen der Zugketten am Pflug od. am Wagen.* — hess. 385 Silscheit; ss. Silnscheit Kr. 122; els. 2, 444 Silschid; baier. 2, 484.

Silwer [ʑìlwər *fast allg.;* silwər *Ri. Ha.;* ʑelwər *Bo. D. Si.*] *n. u. m. Silber.* mhd. selwer neben silwer. — Zss. S.-blech. S.-droht. S.-stick *Geldstück aus Silber.*

silwer(n) [ʑìlwər(n) *fast allg.* ʑelwər *Bo. D. Si.;* ʑilwərly, ʑilwərə *Lix.*] adj. u. adv. *silbern:* e silwerner Ring. *Spruch:* Was bringscht de m'r met vom Märk? e gille Nixche *(Nichts)* un e silwerne „wart e bische" un e Lädche far's enän zu dun. *Lix.*

Silwerling *m. Ri. Ha. Silberling (aus dem Evangelium).*

Simel [ʑìmǝl *Falk. Obd. Wal. Bo.;* Demin. ʑimlè *Bo.*] *männl. Vorname Simon.*

simmelen [ʑiməlⱥn *Si.*] tr. v. *sammeln, zusammennehmen:* wat sech gleicht, dat simmelt sech *gleich bei gleich gesellt sich gern.* — lux. 409 ebenso; ss. sumeln, Kisch W. u. W. 133.

simmern [ʑìmərn *Volkr.* u. s.] tr. v. *Nachlese halten.* — lux. 409 ebenso: Gr. Wth. 10, 1548 simmern *für* sommern *die Sommerfrüchte einsammeln, ernten.*

sin, sen [ʑin, ʑen *allg.*] *Hilfsverbum sein* [*Flexion:* Ind. Präs. Sg. 1. bin 2. biš(t) 3. iš(t)   Pl. 1—3 biⁿ bìn *Lix. Sgd. Falk. Fo. Spi.* u. s. — ben (ʑen), beš (ʑeš), es (eš); 1—3 Pl. ben *Bo. Flh.* — ʑéïn, béïs, éïš; 1—3 Pl. ʑéïn *Bi.* — ʑin, bašt, as; Pl. ʑin, ʑéït, ʑin *D. Si.* — sì (bì), bìš, ìš, ìs *Ri. Ha.* — Conj. Präs. ʑéï, ʑéïš, ʑéï; 1—3 Pl. ʑéïə *Bo. Si.,* ʑéï; Pl. 1. ʑéïən, 2. ʑéïț, 3. ʑéïən *D. Si.* — ʑiw, ʑiwšt, ʑiw; 1—3 Pl. ʑiwə *Lix.* — Ind. Imp. wár, wárš, wár; 1—3 Pl. wárəⁿ *fast allg.* — woər, woərš, woər: Pl. 1. woərən, 2. woərt, 3. woərən *D. Si.* — Conj. Imp. wær, wærš, wær; Pl. wærən *allg.* — Fut. I iχ wærə ʑin. — Imp. bi(ʑin) *Fo.;* ʑéï, ʑéïə *Bi.;* bi, ʑiwə *Lix.;* seï *Ri. Ha.;* ʑìw *Pü.;* ʑéï, ʑéït *D. Si.;* bi(ʑéï), bin(ʑéïən) *Falk.* — Part. Perf. gəwæn *fast allg.;* gəwéïn, gəwen *Bo.;* gəwèšt

D. Si.] *Beispiele:* Frech mus m'r sin, sunscht isch m'r bêt (frz. bête) *Lix.* Ich hon gehert, de siwscht maie (s. d.) gewän. *Lix.* Bi od. seï still! Siwe doch verstennich! M'r sin geläf. *Rda.*: Wär et en Wolf gewein, dann hät er dich gefress (*heißt es von jemandem, der etwas leicht zu Findendes nicht finden kann*) *Bo.* Wei mir ben, so ben ons Kenner *Bo.* Bi sich sin *bei Sinnen sein Ri. Ha.*

sin [ʒin *fast allg.* ʒeŋ *D.*; ʒéïn *Si.* — *flekt. Formen:* Sg. N. u. Acc. ʒin, Dat. ʒim; Pl. N. u. Acc. ʒin, Dat. ʒini (ʒinə, ʒin). — *Absolut gebraucht:* Nom. u. Acc. ʒini] Pron. poss. 3. Pers. *sein, seine, seinige:* sin Vatter. In sin Hus. Sin Kinner. Es isch sini *es ist der od. die seinige.* Um Babba siner *des Vaters Liebling Ri. Ha.* Jedrum sins isch käm ze viel = suum cuique *ibid.*

Sind [ʒint *fast allg.*; sind *Ri. Ha.*; ʒin *Falk. Av.*; ʒend *Bo.*; ʒen *D. Si.* — Pl. ʒində, ʒendən, ʒenən] *f. Sünde:* es isch e Sind un e Schand (e Sinn un Schann *Av.*) *es ist jammerschade.* — lux. 409 Sen. — Zs. Sinde-bock.

sindijen, sendijen, Ptc. gesindicht, gesendicht tr. v. *sündigen.*

Sineft [ʒineft *Si.*] *m. Ackersenf.* — lux. 409 Sinef; baier. 2, 287 Senef; mhd. sënef.

sines-glichen [ʒinəsglixən *fast allg.*; ʒainəsgléïxən *Si.*; ʒəŋəsgléïxən *D.*] adj. *seinesgleichen.*

singedon [ʒingədôn *Lix. Ri. Ha.*] adj. *unverzeihlich, jammerschade:* 's isch singedon ! s. < Sünd getan.

singen [ʒiŋə *fast allg.*; ʒeŋən *Bo.*; ʒaŋən u. ʒeŋən *D Si.* — Ptc. gəʒùŋ, gəʒoŋ, gəʒoŋən] tr. u. intr. *singen:* se han wirklich schen gesung *Fo.* S. wie e Nachdigall. A e Lied van ebbs s. kenne *auch etwas davon zu erzählen wissen Ri.*

singerich [ʒiŋərix *fast allg.*; ʒeŋərex *Si. Bo.*; ʒaŋərex *D.*] adj. *zum Singen aufgelegt:* 't as m'r net sangerech *D.* — lux. 370 sangerech.

Sinn [ʒin *fast allg.*; ʒen *Bo. D. Si.*] *m. Sinn.*

Sinner [ʒinər *fast allg.*; sindər *Ri. Ha.*; ʒenər *D. Si. Busd.* — Pl. gleich] *m. Sün-*

der: mer sin all ariche Sinner. E n'armer Sindergesicht mache *Ri. Ha.*

sint *weich* s. sänt.

sinter [ʒintər, ʒitər *Fo. Bo. Falk. Lix. Mw.* u. s.; santər *Si.*] conj. *seitdem, seit:* sinter si Vatter gestorb isch, geht er nimme us *Fo.* Sinter wonneh bischt du dehäm? Sinter gischtert *Lix.* — hess. N. 274 sint, sinder; mhd. sîd, sint. — Zs. sinter-her *Bo. seither.* s. a. siterher.

Sirasch [siráš, Pl. -ən *Vbg.*] *f. Schuhwichse.* — frz. cirage.

sirelen s. surelen.

Siro [siro *Ri. Ha.*] *m. süße Tunke als Zutat zu Pudding u. dgl.*

Sirop [sirob *Ri. Ha.*; tsiroup *D. Si.*] *m. Sirup.*

Sirschel [ʒiršəl] *Ortsname Siersthal, Dorf im Kreis Saargemünd. Rda.*: m'r mänt, der wot heït noch uf S. gehn *sagt man in Bitsch zu jd., der ein großes Stück Brot verzehrt.*

Sit [ʒit *fast allg.*; ʒéït *D. Si.* — Pl. -ən] *f. Seite:* uf der recht Sit. Loss das uf der S. *unterlaß das!* Uf dər Sit *diesseits:* uf der S. steht unser Hus. Uf der anner S. oder uf seler S. *jenseits:* m'r wohne uf seler S. von d'r Bach. Uf der S. on Bliedersdorf *in der Richtung nach B.* Uff e S. schaffe *beseitigen;* uff e S. losse *unterlassen Ri. Ha.*

sit, siter [ʒit *fast allg.*; dsidər *Ri. Ha.*] 1. präp. m. dat. *seit:* sit dem Da han ich ne nimmeh gesihn. — 2. conj.: zidder ass er krank isch *seitdem er krank ist Ri. Ha.* els. 2, 379 sit. Zs. siter-her [ʒitərhèr *Fo.*; ʒintər hèr *Bo.*] adv. *seither, seitdem:* m'r hätt kene sterwe s.-h. un wider uf de Welt kumme *so lange ist her.* — els. 2, 379 siter, ziter; hess. 383 sider, sîder; baier. 2, 337.

Sitten [ʒitən *Bo.*] *f. pl. 'schlechte Gewohnheiten:* hat der awer S.!

Sitz [slts *Ri. Ha.* u. s.; ʒets *D. Si.*] *m.* wie hd. *Sitz, bes. in Zss.*: S.-bank *steinerne od. hölzerne Ruhebank vor den Häusern.* S.-ledder.

sitzen [ʒitsə *fast allg.*; ʒetsən *Bo. D. Si.*] — *Flexion:* ʒitse, ʒitšt, ʒitst, ʒitsə — ʒetsən, ʒetšt, ʒetst, ʒetsən, ʒetsən. Ptc. gəʒàs, gəʒés] intr. v. *sitzen:* ich han uf der Bank gesass (ich hon op der B. gesês). *Gebräuchlicher ist im östl. Teil des Sprachgebiets:* hucke (s. d.)

Siwe-bom [ziwəbôm *Lix.* u. s.] *m. Sevenbaum* (Juniperus Sabina). *Aberglaube:* der S.-b. bringt Unglick; wer e pflanzt, dem verreckt e Stick Vieh. — — els. 2, 381 Sewi.

siweⁿ [ziwə *fast allg.;* siwə *Ri. Ha.;* ziwən *D. Si.*] Zahlw. *sieben:* siwe Liter. — Zs. Siwe-schlefer *Siebenschläfer D. Si. das Femin. lautet* S.-schlefesch.

Siweter [ziwətər *Sgd. Lix.* u. s.; siwədər *Ri. Ha.;* ziwəntər *D. Si.*] *m.* 1. *eine Sieben, die Grundzahl 7.* — 2. *ein Riß im Kleid, der einer 7 ähnelt Lix.* — 3. *die 7 im Kartenspiel Ri. Ha.* — els. 2, 318 Sibeter; lux. 409 Siwenter. Zs. Siweter-brunne *Ri.* 1. *Brunnen, von dem man annimmt, daß er alle 7 Jahre an einer andern Stelle aus dem Boden hervorsprudelt;* 2. *Flurname.*

Siwtchen [ziwtxən *D. Si.*] *f. die 7 im Kartenspiel.* — lux. 409 ebenso.

Skruble [sgrublə *Ri. Ha.*] Pl. *Skrupeln, Gewissenszweifel.*

skrubelos adj. *Ri. gewissenhaft, ängstlich, peinlich.* — frz. scrupuleux.

Skurzenäre [skùrtsənérə *Pfb.* u. s.] *f. Schwarzwurzel.* — els. 2, 533 Skorzenere; baier. 2, 786 Skorzenär; lux. 409 Skorzenêr; frz. scorsonère.

so [zó *fast allg.;* só *Ri. Ha.;* əzou *D. Si.*] adv. *so, auf diese Weise:* mach's so! So gross isch er. E so ener (eni, ens) *ein solcher Ri. Ha. Spruch:*
 recht e so, recht e so;
 mi Deiwel macht mer's a e so *Ha.*
— 2. *Frage od. Ausruf des Erstaunens:* so! bisch de jetz do? So, so!

Sockel [sogəl *Ri. Ha.*] *m. niedrige Holzverschalung der Zimmerwand.* — els. 2,346.

Sockeⁿ [zokə *fast allg.;* sogə *Ri. Ha.*] *m. Socken, kurzer Strumpf:* sich uf de Socke mache *allg.* — 2. *Weibsperson:* du alder, du dummer Sogge! *Ri. Ha.* — els. 2, 346; ss. Sôk *Filzschuh* Kisch vgl. Wtb. 210; vgl. mhd. soc *Schuh.*

Sod I [zót *Mw.* u. s. zéït *lux. Grenze;* zoət *Rü.;* zout, Pl. zoudən *Si.*] *m. Wasserlauf, Brunnen, Gosse, Abflußgraben.* —

baier. 2, 228 Sòd; ndd. Saut, Sôt From. 6, 477; lux. 408 Seït; mhd. sôt.

Sod II [zoud *f. D. Si.;* zóədən *m. Bo.*] *Sodbrennen.* — baier. 2, 228 der Sòd; lux. 409 Soᵘd; mhd. sôt.

sodden *Hilfszeitwort* s. sollen.

Sohl [zôl *fast allg.;* zoul *Bo.* — Pl. zôlə, zoulən] *f.* 1. *Sohle:* de Sohle van mi Schuh sin fudi. — 2. *Talgrund:* grawe *(graben)* bitz uff d'Sohle *Ri.* — Zs. S.-leder.

sohleⁿ *fast allg.* 1. tr. *sohlen, mit Sohlen belegen.* s. a. versohlen. — 2. intr. *knarren, knirschen, vom Schuhwerk Ri.*

Soïmen, Sôm *Saum* s. Sam.

Soïwe-dreck, Suibendreck s. Saudreck.

Sol-boïm [zoᵃlboïm *Walm.*] *m. Baumstamm, der als Schwellbaum, Solstück dient.* — baier. 2, 262. Solbäum; els. 2, 44 Solbaüm *Tragbalken im Stall;* mhd. solboum.

solleⁿ [zolən *fast allg.;* zodən *Falk. Marienth.* — *Flexion:* Präs. zol, zolšt, zol — zolə (zòd, zodšt, zòd — zòdən *Marienth.*) Imp. Conj. zolt, zolštt, zolt — zoltə (zot, zotšt, zot — zodən *Falk.*) Ptc. gəzolt, zolə (gəzot)] *Hilfszeitwort sollen:* du sollscht häm komme! *Fo.* Was hasch de gesollt? *Was hast du tun sollen? Lix.* Du hasch solle do bliwe *Lix.* Wat sodden m'r machen? *Falk.* Er soll abbä kumme *er mag also kommen Ri. Ha.*

soller, solli, sollt [zolər, zoli, zolt *Lub.*] pr. determ. *solch, solcher, solche, solches* e s. Mann, e soli Froï. (soller < sol-cher *mit Ausfall des ch wie in* weller *welcher?*)

Solper [zolpər *fast allg.;* zòlpert *Fa. Vbg.;* zolbər *Lix.;* zouləpər *Rü.;* zulbər *Bi.*] *m. Salzbrühe zum Pökeln des Schweinefleisches:* 't Fläsch an de S. léen *Si.* — lux. 410 Solper; hess. 388 Solper, Sulper; vgl. els. 2, 355 Sulper *Kot, Dreck. Das Wort ist nichts anderes als* Salpeter, *welcher früher fast ausschließlich zum Einsolpern verwendet wurde.* — Zss. Solper-bidd *f. Bütte mit der Salzlake.* Solper-fläsch *eingesalzenes Schweinefleisch.*

solpern *fast allg.;* sulbere *Ri.* tr. v. *Schweinefleisch einpökeln.* — lux. 410 u. hess. 388 ebenso.

Sol-weid *f. Si. Saalweide.*
Some s. Same.
Somp, sompech s. Sumpe, sumpsich.
Son [ʐon̪ *Bo. D. Si.* – Pl. ʐen, zin. Demin. ʐenχin, zinχən] *m. Sohn.*
son *sagen* s. san.
Sonn, Sonndech s. Sunn, Sunnda.
Sonne-parapli *m. Si. Sonnenschirm* (eigtl. *Sonnenregenschirm*) lux. 410 ebenso.
sonner *abgesondert* s. sunner.
sonnern [ʐònər(ə)n *Bo. D. Si.;* sundrə *Ri. Ha.*] tr. v. *absondern, trennen.* – lux. 411 sönneren; els. 2, 364 sundere.
sonn's, sonndes [ʐon̪s *Bo.;* sondəs *D. Si.*] adv. *sonntags.*
Sopp s. Supp. — Zs. Soppe-kach *m. Suppenkoch d. h. derjenige, der das Mittagessen zubereitet Si.*
Soppe-klos [ʐopəklós *Si.*] *m.* (eigentl. *Suppenklaus*) *einer, der gern Suppe ißt.*
Sor [ʐoaʳ *Vahl. Eb.;* ʐou *Brettn. Hessd.;* ʐúʳ *Busd.*] *m. u. f.* 1. *sumpfiges Wiesenstück.* – 2. *Abzugsgraben, Dole.* — eifl. Sûr, From. 6, 19 (soᵘer Hai *heißt in der Eifel das auf sumpfigem Boden gewachsene Heu* Bü. 13); vgl. baier. 2, 324 sur, sürig *kalt u. naß vom Boden*; hess. 386 Söhre; els. 2, 371 u. baier. 2, 318 Sar *Gras, das auf sumpfiger Wiese wächst*; schles. das Gesürich *Wasser im Boden.*
Sorj [ʐòrj *Fo.;* ʐórj *D.;* ʐoreχ *Si.;* sori *Ri. Ha.;* ʐóriχ *Falk.;* ʐòriχ *Mü.* — Pl. ʐòrjə, ʐórjən, ʐòriχən] *f. Sorge:* mach d'r kä Sorje! Borje macht Sorje. Sori hewe *Sorge tragen*, Acht haben): d' Stubb isch uffgewäscht, hebb Sori, dass de se nid dreggi machsch *Ri.* — Zs. Sorichheber [ʐòriχhéper *Mü.*] *m. Sorgenheber d. i. Sorger, Vorsichtiger, Rda.:* der S.-h. hat au den Halsch gebroch *d. h. auch der Vorsichtige kommt zu Schaden.* — els. 2, 297 Soriheber.
sorjen [ʐòrjən *fast allg.;* ʐórjən *Bo. D. Si.* – Ptc. gəʐórχt] intr. *sorgen.*
Sort [ʐòrt *fast allg.;* sord *Ri. Ha.;* ʐút *Bo.* — Pl. -ən] *f.* 1. *Sorte:* ich han genuch von der Sort. — 2. *Rasse:* isch das awer e Sort! — els. 2, 375 ebenso.
Sos [sôs] s. Sas.
Sosiss [sóəsis; Pl. -ən *fast allg.*] *f. Wurst. Rda.:* de Honn *(Hunde)* met S.

anbenen *den Bock zum Gärtner machen Bo.* — frz. saucisse.
Sosje [sòsjé *fast allg.*] *m. Tunknapf.* — frz. saucière.
soss *sonst* s. sunscht.
Sot [ʐòt *fast allg.*] *f. Saat:* d'Sòt stät schen. Uf S. fahre *zum letztenmal vor dem Säen umpflügen.* — lux. 412 u. els. 2, 378 ebenso. — Zss. Sot-fruht *Saatfrucht.* Sot-hawer. Sot-kuer *D. Si. Saatkorn.* Sot-wäsz *Saatweizen.*
soter [ʐótər *Falk.*] pr. determ. *solcher, solche, solches, solche. Im Sg. stets mit dem bestimmten Artikel:* e soter Mann, e soter Froï. *Aber* soter Lit *solche Leute.* soter < sô-tân-er. s. a. soller.
sotern [ʐótərn *Bo.* u. s.] intr. v. 1. *ganz langsam kochen:* 't Fläsch fängt an ze s. — 2. *zu lange kochen oder braten.* els. 2, 381 suttere; baier. 2, 340 suttern, sottern; tirol. sottern *langsam tun* From. 3, 332. mhd. suttern *im Kochen überwallen.*
Sottis [sòtis, Pl. -ən *D. Si.;* sodis, Pl. -ə *Ri. Ha.*] *f.* 1. *Schelte, Vorwurf:* S. gên *(geben) schelten;* Sottisen kreïən *gescholten werden D. Si.* — 2. *Dummheit:* Soddise mache *Ri.* — frz. sottise.
Soul *Schusterahle* s. Saul, Saubel.
Spachel [špaχel *Gelm. Bo. Vbg.;* špoⁿkəl *Kr.;* špèχel *Nj.* – Pl. -n] *f. Sommersprosse.* — lux. 413 Spêchel; vgl. engl. speckle, ndl. spikkel *Tüpfelchen, Fleckchen.*
spacheldich [špaχəldiχ *Bo.;* špèχəlech *D. Si.*] adj. *mit Sommersprossen bedeckt.* — lux. 413 spêchelech; vgl. ndl. spikkelig.
Spackel [špàkəl, Pl. -n *Ho. Si. Mw. lux. Grenze*] *f. Hagebutte:* dat Kand as nemmen eng Sp. *das Kind ist nur ein unansehnliches Ding.* — lux. Spackel Ga. 422; vgl. baier. 2, 658 Spickel *spitzes Ding*; ndd. Spicker *Nagel* From. 5, 528, 638. — Zs. Spackel-dor [-dòr *Si.*] *m. wilder Rosenstrauch, Hagebuttenstrauch.*
Spah-loch [špáloχ, Pl. -leχər *Rg.*] *n. Spähloch, Guckloch d. Kellers od. Speichers.*
Spalding [špàldin̪ *Ri. Ha.*] *f. Spaltung:* 's isch Sp. inger se *(in ihrer Familie).*
Spall [špàl *Falk* u. s.; špál *D. Si.;* šbàldə *Ri. Ha.*] *f.* 1. *Spalte.* — 2. *Haarscheitel Falk.*

spallen [špàlən *Bo. Falk.* u. s.; špálən *D. Si.;* šbàldə *Ri. Ha.*] tr. v. 1. *spalten, zerkleinern:* Holz sp. *Wdgn.:* er isch bis inner de Arm gespalt *Aidl.*, g'spalt sin bitz enuff *Ri. Ha. sehr lange Beine und kurzen Körper haben.* Holz uff ebber sp. kenne *bezeichnet einen hohen Grad der Gutmütigkeit bei jd. Ri.* 'S Mul gespalt han bitz an d'Ohre *einen sehr breiten Mund haben ibid.* G'spaldeni Fiss, g'spaldeni Glawe *gespaltene Hufe der Tiere ibid.* — 2. *scheiteln Falk.*
Spaller *Holzscheit* s. Speller.
Spalt-ax [šbàldàks *Ri.*] *f. Axt zum Holzspalten.*
Span [špạ̀n, Pl. špị̀n *Bo.;* špǽn, Pl. gleich *Falk.;* šbên, Pl. -ə *Ri. Ha.;* špón, Pl. špén *Si.*] *m. Holzspan. Wdg.:* do gids Späne *da setzt es was ab Ri. Ha.*
spänen [špǽnən *Fa. Falk.;* špenən (fəršpenən) *Rg. D. Si.;* špímən *Bo.*] tr. v. *entwöhnen, einem Kinde die Mutterbrust entziehen.* — els. 2, 543 späne; baier. 2, 670 spenen, spennen; altköln. spenen From. 2, 453, mhd. spenen. s. a. Spenn.
spanisch [spànis *Ri.;* spánis *D. Si.*] adj. *spanisch.* E spanichi Mugg *spanische Fliege Ri.*
Spanje [šbànjə *Ri. Ha.;* špánіən *D. Si.*] *Ländername Spanien.*
Spanjol [šbànjól *Ri. Ha.;* špànjoul *Si.*] *m.* 1. *Spanier.* — 2. *großer, schottischer Schäferhund (gebräuchlicher Hundename) Ri. Ha.* — els. 2, 543; baier. 2, 674.
spannen I [šbànə *Ri. Ha.*] abs. u. tr. *spannen:* in de Bock sp. s. Bock 4.
spannen II s. spinnen.
Spansel [špásəl, Pl. -n *Bo.;* špànsəl *Av.;* šbòsəl *Lix.*] *f. Fessel, Fußriemen, Spannstrick.* Sp. 〈 Spannseil. — lux. Spansel Ga. 423; eifl. Spasel, From. 6, 19.
spanseln (spànsəln *Av.* špásəln *Bo.;* šbòsəln *Lix.*] tr. v. *fesseln, bes. das Pferd mit einem Fußriemen binden.* — lux. 412 spaselen.
Spar [spár *fast allg.;* šbár *Ri. Ha.;* špúr *D. Si.*] *in den* Zss. Sp.-bichsel; Sp.-bichel; Sp.-kass.
sparen [špárə *fast allg.;* špúrən, špuorən *Si.*] tr. v. *sparen:* de Rut sp. an ebber *einen nicht gehörig bestrafen Ri.*

Spruch:
was du sparscht an dinem Mund,
das fresst die Katz un der Hund *Fo.*
Sparjel [špárjəl *fast allg.;* šbàrχəl *Ri. Ha.;* špèreχ *Si.*] *m. Spargel. Auf die Frage des Kindes:* was gids hit *(heute)? antwortet die Mutter ablehnend:* Sparchle *Ri.* s. a. Aspersch.
Sparren [šbàre *Ri. Ha.*] *m. Sparren. Wdg.:* er hat e Sp. ze vil *er ist nicht recht gescheit. Auf die Frage:* wie nah sin er mid enander frin(d)? *antwortet man, um eine sehr weitläufige Verwandtschaft anzudeuten:* alle hundert Sparre e Ladd *(Latte) Ri. Ha.*
Spass [špàs *fast allg.;* špás *D. Si.;* g'šbàs *Ri. Ha.*] *m. Spaß, Scherz:* mer han vil Sp. gehat. G'spass mache, verstehn *Ri. Ha.* G'spass abbard! *Spaß beiseite! ibid.* — Zss. Sp.-mächer. Sp.-vowel.
spassen [špàsə *fast allg.;* g'špàsə *Ri. Ha.;* špàsən *D. Si.*] intr. v. *spassen.*
Spat [špát *fast allg.;* šbát *Marienth.;* spót *Niederh.;* špuèt *Si.* — Pl. spátə, spuədən] *f. (D. Si. m.) Spaten.* — els. 2, 551 Spate, Spat; lux. 418 Spuᵉt.
spät [špǽt *fast allg.;* šbód *Ri. Ha.;* špét, spéït *D. Si.*] adv. *spät:* besser sbod ass gar nid *Ri.* — Zss. Sp.-appel. Sp.-herwescht *Spätherbst.* Sp.-johr. Sp.-obs.
Spättel [šbèdəl *(fast nur im Pl.* šbèdlə)] *n. Flicklappen, Zeugrest bes. beim Handschuhnähen:* Händschespäddle. — els. 2, 550 Spatt, Spättle; baier. 2, 690.
Spatz [špats *fast allg.;* šbàds *Ri. Ha. Schw. Marienth.;* špàtsəl *Falk.* — Demin. špètsel] *m.* 1. *Spatz, Sperling:* de Spatze hucke uf em Dach. E Sbätzel in d'r Hand isch besser als e Storch um Dach *Schw.* Du kläner Sp.! *kleiner Taugenichts, Knirps.* Sperre wie e Sp. *guten Appetit haben Ri. Ha.* E Spatzemul voll *sehr wenig ibid.* Gefracht *(frech)* wie'n Spatzel *Falk.* — 2. *männl. Glied.* — Zss. Spatze-michel *unhöflicher Junge.* Sp.-nescht. — els. 2, 552 Spatz 1 u. 3.
Spaweck (Speweck, Spoweck, Spuweck) *Spinngewebe* s. Spiwett.
spazieren [spatsírə *fast allg.;* šbadsírə *Ri. Ha.;* špatsčïorєn *D. Si.*] intr. v. 1.

spazieren. Der Infinitiv ist fast nur in Verbindung mit gehn gebräuchlich: m'r sin sp. gang. *Lied der Mädchen beim Reigen:*

Wolle mer e Mal spaziere
Uff di grine Wiese,
Zu der Tant Luise.
Tant Luise ist nicht da,
Gehn wir dann zur Grossmama;
Grossmama ist auch nicht da,
Gehn wir dann zum Grosspapa;
Grosspapa ist auch nicht da,
Kehre mer wieder um! *Ri. Ha.*

— 2. *es eilig haben, seine Notdurft zu verrichten* musch wieder spaziere? *Ri. Ha.*
— Zss. Spazier-helzer Pl. *Flk. scherzh. für Beine :* er hat stracki Sp.-h. — els. 1,332 Spazierholz. Sp.-stecke *Spazierstock.*

Spechel *Sommersprosse* s. Spachel.
Specht [špéχt *Si.*] *f. Radspeiche.* — lux. 413 Spêch. s. a. Speich.

Speck [špèk *fast allg.*; šbèk *Ri. Ha.*; špàk *Ltf.*] *m. Speck:* Sp. broddle od. verlosse *Speck auslassen Ri. Rdaa.:* das wär de Katz zum Sp. gesperrt *das hieße den Bock zum Gärtner machen.* Speck a Schwôrt as enges Ort *Speck u. Schwarte sind gleicher Art d. h. Kinder schlagen den Eltern nach Si.* Gerachter Spack g*eräucherter Speck Ltf. Knabenspiel:* do isch Speck u do isch Dreck! *einer hält dem andern die geschlossenen Fäuste hin, damit er rate, in welcher sich irgend ein Gegenstand befindet. Rät er richtig, so gehört der Gegenstand ihm. Ri.* — Zss. Sp.-bohn *Feuerbohne.* Sp.-flangkuche *auch* Sp.-kuche *Speckflammkuchen.* Sp.-fresser *hießen die Preußen nach dem deutschfranzös. Krieg.* Sp.-kämmerle *kleine Fleischkammer.* Sp.-mantel*Überzieher aus Glanzstoff, den man anzieht, um die anderen Keider zu schonen Ri. Ha.* Sp.-mus *Fledermaus Fo.* Sp.-schnider *Libelle Pfb.* Sp.-schwart. Sp.-sid *Speckseite.*

speckich [špèkix *fast allg.*; šbègix *Ri. Ha.*; špèkeχ *D. Si.*] adj. 1. *speckartig, nicht ausgebacken vom Brot.* — 2. *klebrig, fest, kotig vom Erdreich.* — lux. 413; els. 2, 536; baier. 2, 657.

Speht [špèt, Pl. špèdən *Av.*; šbèχd *Ri. Ha.*; šplət *Vbg.*] *m. Specht.* — mhd. spëht.

Speich [šbaiχ *Ri. Ha.*] *f. Radspeiche.* — els. 2, 534; baier. 2, 655. s. a. Specht.

speïlen [špéïlən *D. Si.*] tr. v. *spülen :* d'Telleren sin nach net gespeïlt.
Speïl-lomp *f. D. Si.* 1. *Spüllappen.* — 2. *schlappiger, nachgiebiger Mensch.*

Speis [špais *Obh.*; špéïs *Av. Fo.* u. s.; špéïs, špís *Kr.*; špís *Falk.*] 1. *m. Mauerspeis, frisch angemachter Mörtel:* der Sp. hält nit, er isch ze dinn. els. 2, 549 u. baier. 2, 686 ebenso. — 2. *f. Speise.* — 3. *Gemüse D. Si.*

Speiz, speizen s. Sputz, sputzen.
Speizert [špéïtsərt *lux. Grenze*] *m. Spucker.*

spekeliereⁿ [špekəlírə *fast allg.*; šbegulírə *Ri. Ha.*] tr. v. *ausforschen, sich umschauen :* sp. uff ebbs *Gewinn zu machen suchen Ri. Ha.* — els. 2, 536 spekuliere; frz. spéculer.

Spektakel [špèktákəl *fast allg.*; spekdágel, špéïdágəl *Bi.*; špitakl *Fa.*; šblgdàgəl *Ri. Ha.*] m. u. *n. Lärm, Getöse, Geschrei:* was isch das for e Sp. ! E helles Sp. *ein Heidenlärm Ri. Ha.* — lat. spectaculum *urspr. Schauspiel, Aufsehen erregender Vorfall, zuletzt Lärm.*

spektakeln (speïdagle) intr. v. *Lärm schlagen, streiten.* — Gr. Wtb. 10, 2134 ebenso.

Spektakler, Speïdagler m. *Lärmmacher, Raufbold.*

Spektif [špèktïf *Fi.* u. s. špitíf *Si.*; špiktíl *Av.*; špidil *Falk.*; šbègdïf *Ri.Ha.*] *f.* 1. *Fernrohr, Fernglas:* durch's Sp. lue. — 2. *Hintere:* d' Sp. zeije *Ri. Ha.* — els. 2, 537 Spèktïf; lux. Spécktiw Ga. 423. Sp. < Perspectiv.

Spell [špèl *Si.* u. s.] *f. Granne, Spreu.* — lux. 414 ebenso; vgl. ndd. Spille, Spelle *Spindel, Stecknadel* (baier. 2,675).

Speller [špèlər *Bo. Bi.*; špèla *Brettn.*; špèlaš *Obh. Vbg.*; spàlər *Sgd. Lix.*; špàlər *Rü.*; špèlərt *Pü.* — Pl. špèlər, špèlərtə] *m.* 1. *Scheit Brennholz.* — 2. *Splitter Bo.* — hess. N. 280; baier. 2, 662; henneb.-fränk. ebenso, From. 2, 48; els. 2, 540 Spelter; mhd. spëlter. Speller < Spelter. — Zs. Speller-holz (Spelter-holz, Spaler-holz) *Holzscheit Lix. Merlb. Mtsh.*

Spemmbett *Spinngewebe* s. Spiwett.

Spenchen [špenχən *D. Si.*] *f. Vorratskammer, Spinde.* Sp. ⟨ Spendchen, Spindchen. — lux. 416 Spönnchen; Gr. Wtb. 10, 2491 Spind, Spinde; mlat. spenda, spinda.

spendiereⁿ [šbèndírə *Ri. Ha.* u. s.] tr. v. *spendieren, zum besten geben.* — els. 2, 544 u. baier. 2, 677 ebenso.

Spener, Spenesch [špənər *m.*; špenəš *f. D. Si.*] *Spinner, Spinnerin.* — lux. 416 Spönner, Spönnesch.

Spengel s. Spingel. — Zss. **Spengel-fas** [-fâs *D. Si.*] *n. Stecknadelbehälter.* **Spengels-knapp** *m. Stecknadelkopf:* ich gi^{ef} emol kä. Sp.-k. dofier *ich gäbe gar nichts dafür.* Kä' Sp.-k. dek kreïen *gar nichts bekommen Si.*

spengeln s. spingleⁿ.

Spengler [špèŋlər *fast allg.*] *m.* 1. *Blechschmid, Kannegießer, Kesselflicker, Verzinner:* lewe wie Spengler *uneinig leben. Spenglerspruch:* Hannes blas! oder i scha der de Zinnepann uf de Nas. *Ri.* — 2. *Zigeuner Fi. Ersd.:* ma mänt, er isch em Sp. us der Hot gefol *so unordentlich ist er.* — 3. *Mensch mit nachlässiger Haltung u. Kleidung Ri. Ha.* s. a. Potegiesser.

Spenn [špen *D. Si.*] *f.* 1. *Muttermilch.* — lux. Spenn. Ga. 425; baier. 2, 670 Spän; mhd. spünne. — 2. *Spinne* s. Spinn.

Sperr-bam s. Sperwel.

Sperbelcher [špérbəlχer *Bo.*] Pl. *Mispeln.* vgl. Sperwel II.

Sperech s. Sparjel.

Sperr-dunn [špèrdun *D. Si.*] *f. Balken, welcher die Dachsparren verbindet.* s. Dunn. — lux. 414 Spèrdunn.

sperreⁿ [špèreⁿ *fast allg.*; šbère *Bi. Ett.*; šparən *Bo.* — *Flexion:* špèrə, špiršt, špirt, spèrə. Ptc. gəšpèrt, gəšpor, gəšpart, gəšpur.] 1. tr. a) *sperren, schließen, abschließen z. B. die Türe:* haschte a de Dir gesperrt? *Rda.:* Sperr de Kischt! oh, sei doch still! *das ist ja doch nicht wahr, was du sagst Fo.* Hasch de 's Mul wiler *(wieder)* en de Schublad gespur? *heißt es, wenn man auf eine Frage keine Antwort erhält Schw.* — b) *bremsen:* de Wawe *(Wagen)* sp. *Ri. Ha.* — 2. intr. *aufsperren (den Mund, die Tür),* *gähnen:* de Vekelcher hon gut gesperrt *die Vögelchen haben den Schnabel weit aufgesperrt Lix.* Sperr nit so! *reiß den Mund nicht so auf! ibid.* — 3. *mit offnem Mund etwas anstaunen.* — 4. refl. *Widerstand leisten, sich wehren:* de Dir sperrt sich *die Türe läßt sich weder vollständig öffnen noch schließen Ri. Ha.* — els. 2, 545; baier. 2, 681.

Sperr-holz *n. D. Si. Ri. Ha.* u. s. 1. *Querholz, womit die Leitern am Bauernwagen oben u. unten zusammengehalten werden.* — 2. *Holz, an welchem das geschlachtete Tier an den Hinterfüßen aufgehängt wird.* — els. 1, 332.

Sperr-kett *f. fast allg. Hemmkette am Wagen.*

Sperwel I [špèrwəl *Sgd. Lix.*; šbèrwəl *Schw.*; šbèrwər *Ri. Ha.*; špurſoul *Nj. Oberk.*] *m. Sperber, Turmfalke:* Auwe han wie e Sp. *Ri. Ha.*

Sperwel II [špèrwəl *fast allg.*; špèrbəl *Bo.*; špiər *Si.*; *daneben* špèrbôm *Lix.*; špèrbəlba^um *Bo.*] 1. *m. Spierlingsbaum, Eberesche* (sorbus domestica). — 2. *f. Spierlingsfrucht, Vogelbeere Bo.* — baier. 2, 685 Speirling; lux. 414 Spⁱer.

Spicher [špiχər *fast allg.*; šbiχər *Pfb. Ri. Ha.*; šbiχa *Schw.*; špéiχər *D. Si.*] *m. Speicher, oberstes Stockwerk, Boden des Hauses:* der alt Kaschte steht um Spicher. — els. 2, 534 ebenso. — Zss. **Spicher-fuchs** *Lix. Speicherfuchs, Gespenst, Schreckbild.* **Spicher-kammer** *fast allg. Mansarde.* **Spicher-stê** *Lix. Treppe, die zum Speicher führt.*

Spichteⁿ [špiχtə *fast allg.*] Pl. *mutwillige, dumme Streiche; merkwürdige Einfälle. Spruch:*

Verdrehte Spichte,
Bëse Geschichte.

— lux. 415 Spîcht *drolliger Einfall;* baier. 2, 656 Spuchten *Trugbilder, pfiffige Einfälle;* vgl. els. 2, 534 Spichte *Gebärden;* ndl. spijt; engl. spite; ndd. spît From. 6, 484; hd. Spuk, mhd. spëhe, spëch. — Zs. **Spichte-vokel** *Lix. Spaßmacher, Witzbold;* pfälz. Spichtemächer.

spickeⁿ [špikə *fast allg.*; šblgə *Ri. Ha. Pfb. Bi.*; špekən *D. Si.*] tr. v. 1. *mit*

Speckwürfeln durchstechen: 's Fläsch sp. — 2. *anfüllen mit etwas:* e gespickter Söw-mawe *Ri.;* gespickte voll *ganz voll ibid.* — els. 2, 536.

Spidal [špidál *fast allg* ; sbedål *Pfb.;* špidól *D. Si.* — Pl. špidĕlər, špidĕlrə] *m. Hospital, Krankenhaus.* — lux. 413 Spedôl. — Zss. Spidals-koscht *schmale Kost allg.* Spidals-schmack *Geruch, wie er in Krankenhäusern herrscht.* Spidals-schweschter *Krankenschwester.*

Spidil, Spiktil s. Spektif.

Spiel [špil *fast allg.;* šbil *Ri. Ha.;* špil *D. Si.* — Pl. špilər, špilər, špilrə; Demin. špilχə, špilχən, špilχin] *n.* 1. *Spiel:* gehn mer e Spielche mache? Mit im Sp. sin *beteiligt sein Ri. Ha. Si.* Sp. driwe mit ebber *jd. zum besten haben ibid. Rda.:* ze weni u ze vil verhimpelt alles Sp. *ibid.* — 2. *soviel zum Spielen u. dgl. gehört:* e Sp. Karte; e Sp. Nodle *ein Päckchen Nadeln.* Ke Sp. in d'Heng grije *keine guten Karten bekommen.* — 3. *Spielraum:* es isch noh vil Sp. da. — 4. *Musikinstrument:* de Spilmann hot seï Sp. net mat bruocht *(mitgebracht) Si.* — 5. *Musterung:* im Sp. sin *militärpflichtig sein Sgd. Lix.* — Zss. Sp.-brecher *Spielverderber, Freudenstörer D. Si.* Sp.-da(ch) *schulfreier Tag ibid.* Sp.-deng (Sp.-dings) *Spielzeug allg.* Sp.-gezei *dasselbe D. Si.* Sp.-jockel 1. *erwachsener Knabe, der noch gern mit kleineren spielt;* 2. *leidenschaftlicher Kartenspieler:* alter Sp.-j.! *Lix.* Sp.-katz *Mädchen, das gern spielt.* Sp.-mann *allg. Rda.:* den Sp.-m. em Lei *(Leib)* han *Hunger haben Bo.* For Geld spielt der Sp.-m. *Fo.*

spieleⁿ [špilə *fast allg.;* šbilə *Ri.Ha.;* špilən *D. Si.*] tr. u. intr. 1. *spielen:* de Kinner spiele uf der Gass *Fo.* E Streich sp.; de Kranke, de Dumme sp. *sich krank, dumm stellen Ri. Ha.* Hinger em Hidel (*Hütchen*) sp. *den Scheinheiligen spielen ibid.* — 2. *militärpflichtig sein, das Los ziehen, wer als Soldat eintreten muß:* er hat gespielt *er ist zur Ziehung gewesen Lix.* — els. 2, 539 u. baier. 2, 664 ebenso.

Spielerei [šbilereï *Ri. Ha.*] *f.* 1. wie hd. *Spielerei.* — 2. *Kleinigkeit:* 's isch numme e Sp.

spielerich [špilərex *D. Si.;* šbilri *Ri. Ha.*] adj. *zum Spielen aufgelegt:* 's isch mer nid spilri *Ri.* — lux. 415 spillerech.

Spielt [špilt *Vbg.* u. s.] *f. Spülicht, Schlempe:* 's isch schad de Sp. weck ze schidde. — els. 2, 540 Spüelte.

Spier [špiər *Falk. Lix.;* špía *Va.*] *f. u. n. (Verbalsubstantiv von* spieren *s. d.) Gefühl, Instinkt:* er hat keïn Sp. meh. Im Sp. ben ich druf kumme *instinktmäßig.*

spiereⁿ [spírə *fast allg.;* gəspirə *Ri. Ha.* — Ptc. gəšpiərt, gešpúrt] tr. v. 1. *spüren, verspüren, bes. die Wirkungen des Alkohols; fühlen, empfinden:* 's isch kalt, ich spier's an de Bän. Ich spier Weh am Kopp. D'Win g'spiere *Ri.* Er spiert et *er ist angetrunken Bo.* Noh grischt de, dass de's spierscht! *(Drohung) Lix.* — 2. *vorempfinden, ahnen:* I g'spier dich kumme *Ri.* — els. 2, 547 spüre, spiere; lux. 415 spiren.

Spies [špís *fast allg.;* spéïs *D. Si. Spieß:* de Sp. emdreïen *den Sp. umkehren.*

Spiet *Specht* s. Speht.

Spigel [špigəl u. špijəl *Fo.;* špegəl *Av. Marienth.;* šbljel *Ri. Ha.;* špikəl *Lix.;* špiəl *Niederh.;* špiəl *Busd.;* špé'l *Bo.;* špijəl *D. Si.* — Pl. špijələ, špilər, špé'lən] *m.* 1. *Spiegel:* glatt wie e Sp. Dat stecht e net hanner de Sp. *das wird er nicht aufbewahren Si.* — 2. *Füllung od. Feld an Türen, Möbeln, Holzgetäfel Ri. Ha.* — Zss. Sp.-glas. Sp.-rahme.

spigeln [šbljle *Ri. Ha.;* špijələn *D. Si.*] tr. v. *spiegeln, sehen lassen, zur Schau tragen, zeigen:* sech un eppes sp. *ein warnendes Beispiel nehmen Si.* — lux. 415 ebenso.

spilech [špilex *D. Si.*] adj. 1. *brünstig, von der Kuh.* els. 2, 539 spielig; lux. 415 spillech; baier. 2, 664 g'spilig; ndl. speelsch. — 2. *zum Spielen geneigt.*

spilerech [špllərex *D. Si.*] adj. *dasselbe wie* spilech 2. — lux. 415 ebenso.

Spill [špil *Sgd. Lix.* u. s.] *f. Spille, rundes Holz hinten am Leiterwagen, um welches die den Wiesbaum herabziehenden Stricke gewunden werden.* — ndd. Spille From. 2, 542, 178; Spuile, Spíle *Querholz* From. 6, 484; mhd. spinnel, spille.

spimen *entwöhnen* s. spennen.
Spinat [špinád *Ri. Ha.* u. s.] *m. Spinat.*
Spingel [špiŋəl *fast allg.*; špeŋəl *D. Si.* – Pl. spiŋlə, špeŋələn] *f. Stecknadel:* mach de Rock mit er Sp. fescht! *Fo.* — lux. Spengel Ga. 424; hess. N. 281 Spengel; baier. 2,674 u. mhd. spenel; ndd. spendel From. 6, 484. vgl. lat. spinula, frz. épingle. — Zs. Spingel-(Spengel-)schesser *Wasserjungfer Bo. D. Si.* — lux. ebenso. Ga. 425.

spingleⁿ *fast allg.*; spengelen *D. Si.* tr. v. *feststecken mit Stecknadeln*: spingel m'r de Woal *(Schleier)* fescht! *Fo.* — lux. 414 spengelen.

Spinn [špìn *fast allg.*; špen *Bo.*; špèn *Sgd. Lix.*; špàn *Ebersw. D. Si.*; špiwèt *Mtsh.*; šbuwèd *Ri.* — Pl. špínə, špenən, špènə, španən] *f. Spinne. Aberglaube:* Wo m'r morjets frih e Spenn gesit, das isch e gut Seiche *(Zeichen)* fa de Da; awets spät e Spenn, das werd e schlecht Seiche *Lix.* Hört man nachts das Geräusch, das die Spinnen beim Herstellen ihrer Gewebe verursachen (eine Art Knistern), so erblickt man darin das Zeichen eines bevorstehenden Sterbefalls; die Spinnen weben gleichsam das Leichentuch *Ri.* — Zs. Spinne-(Spenne-)nescht.

spinneⁿ spìne *fast allg.*; špènə *Lix.*; špenən *Bo.*; špànən *D. Si.* — Ptc. gəšpùn, gəspon, gəšponen] tr. v. v. 1. *spinnen.* — 2. *tüchtig essen*: der konn dichtich spenne *Lix.* — 3. *verrückt sein*: der spinnt *Wa.* — els. 2, 443 spinne; lux. spannen Ga. 422. — Zss. Spinn-rad (Spannrad *D. Si.*). Sp.-rocke. Sp.-stub.

Spinner *m. Ri.* u. s. 1. *Vorsteher einer Spinnerei.* — 2. *volkstüml. Bezeichnung für Unteroffizier.*

Spinnerei *f.* wie hd. *Spinnerei.*

Spinse-klee *m. Lix.* u. s. *Luzerne* (medicago sativa). *Daneben auch* Spitzeklee.

Spirl [šbírl, Pl. šbírlə *Ri.*] *f. Dach- oder Hausschwalbe, urspr. Spier- oder Uferschwalbe* (hirundo apus) *vom* ndd. spier *Spitze; daher* ndl. spiervogel, baier. 2, 682 Speier. — vgl. hess. 393 Spir *Faser, Spitze, Keim*; spirlich *mager, dünn, zierlich* From. 2, 539; 3, 284; 113; 5, 295.

Spirkel [špírkəl *D. Si.*] *m. der Monat Februar.* Sp. < mlat. spurcalis, spurcus *schweinig, unflätig, unreinlich (weil im Februar die Brunstzeit der größern Tiere beginnt).* s. Grimm, Gesch. d. d. Spr. 2. Aufl. 64. — lux. 415 u. ss. Spirkel Kr. 124; ndl. Sporkel; ndrhein. Spurkel.

Spis *Mörtel* s. Speis.

Spitz I [špìts *fast allg.*; šbìdsə *Ri. Ha.*; špets *Bo.*; špetst *D. Si.* — Pl. -ə, -ən] *f.* 1. *Spitze in allg. Bedeutung:* e Sp. um Dach. — 2. *gehäkelte Spitze:* se hat Spitze am Rock. — 3. *dreieckiges Stück Feld, welches eine Gewann abschließt, daher vielfach Flurname:* in der Spitze *Ri.*, Spitzegass *Feldweg, der zur Sp. führt.* — Zss. Spitze-kapp *fast allg. der preußische Helm, die Pickelhaube, auch der preußische Soldat. Zu Anfang des deutsch-französischen Krieges sang man*: wann der rode Hose knalle, un de Spitzekappe falle — zu Metz, bi Paris, in Châlons. Spitze-krämer *Spengler, Hausierer Lix.* u. s.

Spitz II [špìts *allg.*] *m. Hundeart u.* -*name.* — els. 2, 553; baier. 2, 693.

spitz [špìts *fast allg.*; špets *Bo. Lix.*; špàts *D. Si.*] adj. u. adv. 1. *spitz, spitzig*: e spitzes Messer, e spetzer Pol *(Pfahl).* — 2. *sehr mager:* er escht spetz em Gesicht *Bo.* — Zss. Sp.-bärtel. Sp.-bue *Spitzbube, durchtriebener Kerl:* er lacht wie e Sp.-b. Sp.-buwereï. Sp.-mus *Spitzmaus.*

spitzeleⁿ [špìtsələ *Bi.*; šbìdslə *Ri. Ha.*] intr. v. *wenig aber fortwährend ausspucken, Iterativ zu* sputze".

Spitzeler *m. Bi. derjenige, der* spitzelt. — els. 2, 555 Spützer.

spitzeⁿ [spìtsə *fast allg.*; špetsən *Bo. D. Si.*] tr. v. 1. *spitzen, spitz machen*: e Bleïsteft spetzen *Si.* 'S Mul sp. *den Mund zum Lachen verziehen Ri.* D'Ohre sp. *od. einfach* spitze *aufmerksam lauschen*: der hat awer g'spitzt! *Ri.* — 2. *wenig u. vorsichtig essen (wenn etwas nicht schmeckt):* for was spitzschte dann so? *Fo.* — vgl. baier. 2, 694 spitzeln *wenig essen, nur kosten.*

Spitze-wedri [šbìdsəwêdri *Ri. Ha.*] *m. Wegerich* (Plantago). — els. 2, 554

spitzich [špĭtsiχ *fast allg.*; špetsiχ, špetseχ *Bo. D. Si.*; šbidsi *Ri. Ha.*] adj. *dasselbe wie* spitz 1: e spitziche Feder. E spitzichi Nas *Zeichen des eintretenden Todes Ri.*

Spitze-klee s. Spinseklee.

Spiwett [špiwèt *Fi. Mtsh.*; špèwèt *Pü.*; špèmbèts, špúwèkə *Fa.*; špáwèk *D. Si.*; špewèk *Bo.*; špowèk *Nj.*] m. u. n. *Spinngewebe.* Spiwek, Spewett < Spinnwett, Spennwett. (Wett zu mhd. wëten, wëtten = *binden, verbinden, verknüpfen.*) — els. 2, 543 Spinnweb, Spinnwette; ss. Spinnwett Kr. 120; tirol. Spinnwötta, From. 4, 55; lux. Spawèck Ga. 423.

spizich [špítsiχ *Bo.*; špítseχ *D. Si.*] adj. *sehr mager, eingefallen, abgezehrt:* er hat e sp. Gesicht. — els. 2, 554 spitzig 1; baier. 2, 694 spitzig aussehn; lux. 415 spízech; ndl. spichtig.

Spleiss [šplais, Pl. -ən *D.Si.*] *f.Holzspänchen, ein durch Spalten* (spleissen) *entstandenes Holzstück.* — baier. 2,693 Spleissen; ndl. splette, From. 6,484. s. a. Spleiter.

Spleiter [šplaitər *D. Si.*] m. 1. *Splitter, Splinter.* — 2. *langer, dünner Mensch.* — lux. 415 ebenso. *Davon:*

spleiterech adj. *D. Si. splitterig:* Dennenholz as sp.

spleiteren, Ptc. gespleitert intr. v. *splittern.* — lux. 415.

Splek [šplek *D. Si.*] *f. Spalte, Schlitz, Einschnitt:* se hot de Sp. äm Rack opston *sie hat den Schlitz am Rock offen.* — lux. 415 ebenso; engl. split.

spleken tr. v. *D. Si. ritzen, spalten.* — lux. 415 ebenso; nassauisch: splicken *spleißen, spalten* Kehrein Volkspr. in Nassau 384; engl. to split.

Spolier] šbolír *Ri. Ha.*] *Spalier, in den* Zss. Sp.-bam. Sp.-obs.

Spond [špoṇt *fast allg.*] m. *Spund.* — Zs. Spond-lach n. *D. Si. Spundloch.*

Spons-rädchen [špoansrèdχən *Av.*] n. *Stiefmütterchen* (viola tricolor). Zu lat. sponsa?

Spont [špoṇt *D. Si.*] m. *Falz, Anschlag* (*Tischlerausdruck*) — lux. 416 ebenso; baier. 2, 678 Spunt *dickes Brett, Falzbrett;* Weig. Wtb. 2, 776: Spund *Fuge, Nut;* mhd. spunt.

Spor [špúr, Pl. -ən *fast allg.*; špuər, špuərən *Si.*] m. u. *f. Sporn.* Zss. Sporeblum *Feldritterspórn.* Spore-rädel.

sporeⁿ [šbóre *Ri. Ha.* u. s.] intr. v. *verschimmeln, vermodern, durch Feuchtigkeit faulen, bes. von Gewebestoffen gesagt.* — els. 2, 547; baier. 2, 684. *Daneben* versporeⁿ. — Zs. Spore-flecke *Rostflecken Ri.*

spot s. spät.

Spott m. *allg.* wie hd. *Spott:* sine Sp. driwe mit ebber *jd. zum besten haben Ri. Ha.* E Schann un e Sp. *Av.* — Zss. Sp.-geld. Sp.-mächer. Sp.-vull *Spottvogel Si.* sp.-wolfäl *ibid.*

spotteⁿ tr. u. intr. *spotten:* er hat mich gespott *Fo.* Du bruchschst nit ze sp.

Spottert [špòtərt *Si.*; šbodlər *Ri. Ha.*] m. *Spötter. Die Momersdorfer* (*Kr. Bolchen*) *heißen* Spotterte. *Daneben* Spötteler.

spottleⁿ (spettleⁿ) *Ri. Ha.* dasselbe wie spotteⁿ.

sprächeⁿ [špræχə *Fo. Av.* u. s., Ptc. gəšpræχt] intr. v. *viel u. gern sprechen, sich gemütlich unterhalten:* er spräcbt awer ger (*gern*). — els. 2, 557 ebenso; hess. 393 sprachen. s. a. sprecheⁿ u. sprochen.

sprangen s. springeⁿ.

Sprass *Leitersprosse* s. Sprossel.

Spreb [špréb *Fo.*; špréw *Hd. Mw.*; šprèw *Berl. Vbg.*; špréwə *Ett. Lix.*; sprè *Bo.*; špraib *Va.*; špraïw *Kr. Falk.*; šprau *Rem.* — Pl. špréwə, špréwən, špraiwən šprauən] m. 1. *Star* (sturnus vulgaris). (Spreb, Sprew < mhd. spræjen *sprühen, sprengen, wegen des weiß gesprengelten Gefieders, das diesen Vogel auszeichnet.*) els. 2, 555 Spree; hess. 394 Sprèn, Sprè, Sprèhe; lux. 416 Spreif; ndl. spreeuw; hd. Sprehe. — 2. *Krammetsvogel* Falk.

sprecheⁿ [šprèχə *fast allg.*; šprèχən *Av.*; špréχən *D. Si.* — *Flexion:* šprèχə, šprèχšt, šprèχt u. s. w., Ptc. gəšpròχ, gəšpràχ] intr. v. 1. *sprechen, plaudern:* ich han mit em gesproch. — 2. *das Urteil fällen D. Si.:* den Tribunal hot esoᵘ gesproch.

Sprech-wort [špreχwort, -wuərt *D. Si.*; špriχword *Ri. Ha.*] n. *Spruchwort, Sprichwört.* Sprechwuert, Woⁿerwuert

Sprichwort, wahres Wort D. Si. Eweï 't Spr. geht *wie das Sprichwort sagt.*

Sprei [špraï, Pl. -ən *Umgegend von Si.*] *f.* 1. *Fischgräte.* — 2. *Grannen an den Kornähren.* — lux. 416 ebenso; vgl. engl. spray *Reis* u. sprig *Sproß;* baier. 2, 702 Spreil, Spreitel *Splitter, Spänchen.* s. a. Sprussen.

Spreid [špraid *Ri. Ha.*] *f. Spreite:* uff der Spr. leje *ausgebreitet liegen, von Heu, Klee u. dgl.* — els. 2, 562 Spreit, Sprattel.

spreideⁿ [špraidə *Sgd. Lix.* u. s.; šprèjdən *Mü.;* šprêdən *D. Si.*] tr. v. *spreiten, ausbreiten:* Mischt spr. Des Duch spr. *die Leinwand auf die Bleiche legen.* — lux. 416 sprêden; ss. (of)sprêdn, Kisch W. u. W. 145; mhd. spreiten.

sprengen [šprɛŋən] 1. *springen* s. springeⁿ. — 2. *sprengen D. Si.* — Zss. Spreng-bur s. Springbure. Spreng-feder *Sprungfeder Si.* Spreng-säl *Springseil Si.*

Sprenkel [šprɛŋkəl, Pl. gleich, *fast allg.*] *m.* 1. *Stange am Wagen, welche die Schutzbretter* (Schitzel s. d.) *festhält.* — 2. *Sperrholz, Knebel.* — lux. 416 ebenso; baier. 2, 702 Spreng, Sprengprügel; ss. Spränkel, Kisch W. u. W. 145.

sprenkelen tr. v. *D. Si. sperren, knebeln.* — lux. 146 ebenso.

Sprenz [šprɛnts *Sgd. Lix.* u. s.; šprɛntsə *Bo.*] *f.* 1. *Brause an der Gießkanne.* — 2. *trichterartiges Gefäß aus Blech mit siebartigem Boden, zum Besprengen des Bodens vor dem Kehren.* s. a. Strenz. — Zs. Sprenz-krug, (-kruk) *Sgd. Lix. kleine Gießkanne zum Benetzen des Fußbodens vor dem Fegen.* — vgl. els. 2, 561 Sprenzer.

sprenzeⁿ [šprɛntsən *fast allg.*] tr. v. *begießen (im Garten), besprengen:* der Garte muss gesprenzt werre *Fo.* D' Stubb spr. *Ri.* — els. 2, 561 sprènze; baier. 2, 704 u. eifl. sprenzen, From. 6, 19.

Spret [špret *Wa.* u. s.; šprèït *Bi.;* šbrid *Ri. Ha.*] *m.* 1. *Sprit, Spiritus, schlechter Schnaps.* — 2. *Geist, Klugheit:* er hat Spret em Kopp *Wa.* — frz. esprit.

Sprew (Spraïw) *Star* s. Spreb.

Sprier [šprír *Sgd. Lix.* u. s.; špriərə *Saaralb.;* šbrIrə *Ri. Ha.;* šprí *Falk.;* šprèïr *Bi.*] *f. Spreu:* licht wie S. *sehr leicht.* Dumm wie Hawerspreïr *sehr dumm Ri.* — els. 2, 556 Spreüer; baier. 2, 696 Spreuer; mhd. spriu, Pl. spriuwer. — Zs. Sprier-sib, (Spreïer-) *Sieb, um das Getreide von der Spreu zu sondern.*

Spring-bure [šprɪŋbürə *Fo.* u. s.; šprɛŋbürə *Pü.;* špraŋbúr *D. Si.*] *m. Springbrunnen.*

springeⁿ [šprɪŋə *fast allg.;* šprɛŋən *Bo. Si.;* špraŋən *D.* — Ptc. gəšprúŋ, gəšproŋ] intr. v. 1. *springen:* de Kinner springe un hopse *Fo.* Enen us der Hut (Haut) spr. mache *jd. aufs äußerste reizen Ri. Ha.* Wdg.: spr. misse *Durchfall haben, auf den Abort laufen müssen Ri.* 'S macht spr. *heißt es von Abführmitteln.* — 2. *zerspringen:* den Teller as gesprong *Si.* — 3. *decken, belegen von Pferden u. Kühen* (Ptc. *mit* haben): der Hengscht hat gesprung.

Springer *m. Ri. Ha.* u. s. *leichter, hagerer Mensch:* er isch nur e so Spr. — els. 2, 559.

sprinkeldich [šprɪŋkəldix *Falk. Vbg. Kri. Ham. Rem.* u. s.] adj. *bunt, gesprenkelt, gefleckt, getüpfelt:* spr. Duch. — els. 2, 561 g'sprènkelt; vgl. baier. 2, 704 g'sprankt; hess. 394 sprickelicht; Weig. Wtb. 2, 769 sprenkelicht; mhd. sprinkeleht.

Sprisse [šprisə *Pfb.* u. s.; šbrisə, šbrisəl *Ri. Ha.*] *m. Splitter:* ich han e Spr. em Finger. — els. 2, 561 ebenso; baier. 2, 706 Spreissel, Spreissen; hess. 394 Spriesz; mhd. sprize.

Spriss-hewel pl. *Lix.* u. s. *zwei Stäbe, welche an dem Bauernwagen die Seitenbretter auseinanderhalten.* vgl. das vorige. — els. 2, 561 Sprisse 3; mhd. sprîtzel.

Spritz [šprìts *fast allg.;* šprets *Bo. D. Si.*] *f.* 1. *Spritze, nameutl. Feuerspritze:* e Mann vun der Spr. *ein tüchtiger, brauchbarer Mensch Si. D.* — 2. *Wasserguß:* e Spr. grije *seine Entlassung nehmen müssen Ri. Ha.* — 3. *Ausflug:* eng Spr. no Letzeburch machen *D. Si.* — 4. *lange, hagere Person Ri. Ha.* — els. 2, 563; lux. 417.

spritzeⁿ [šprìtsə *fast allg.;* špretsən *D. Si. Bo.*] tr. u. intr. *spritzen:* Wihwasser spr. *den Leichnam mit Weihwasser besprengen* Ri. Ha.

Spritzer *m. Ri. Ha.* u. s. 1. *kurzer Regen:* o, 's isch nurre e so Spr. — 2. *leichter Rausch:* er had wieder e Spr. — 3. *Klecks, Kotfleck an Kleidern:* er had de Hos voll Spr. — els. 2, 564.

Sproch I s. Spruch.

Sproch II [špròχ *fast allg.*; špràχ *Av.* — Pl. šprôχə, špràχən] *f. Sprache:* was hat denn der for e Sproch? Erus mit der Spr.! — lux. 417 ebenso. — Zss. Spr.-fehler. Sproch-haus (s. d.).

sprochen [špròχen *D. Si.*] intr. v. *sprechen, sich unterhalten:* Mer haten vil mat enän ze spr. — lux. 417 ebenso. s. a. spräche^n.

Sproch-haus [špròχháus, Pl. -haisər *Si.*] *n. Abtritt, heimliches Gemach.* „Das Sprachhaus galt in der ahd. Sprache für Consistorium, secretarium, wurde aber später ein beschönigender Ausdruck für das, was wir Sekret, heimliches Gemach nennen" bair. 2, 696. „Die Grundvorstellung ist wohl heimliches Gemach, indem die Sprachen ebenfalls geheim d. h. unter Ausschluß der Öffentlichkeit in geschlossener Sitzung stattfanden". Gr. Wtb. 10, 2759. — lux. Sprochhaus Ga. 428; els. 2, 384 Sprochhus; mhd. sprâchhûs.

Sprossel [špɟosəl *Pü. Falk. Sgd. Lix.* u. s.; špràs *D. Si.* — Pl. šprosəle, šprèsər] *f. Sprosse an der Leiter.* — hess. N. 282 Spröszel.

Spruch [šprùχ *fast allg.*; špròχ *D. Si.* — Pl. špriχ, špreχ] *m. Spruch, Sentenz, Sprichwort. Rda.*: Mach kä Sprich! *sprich keinen Unsinn! Fo.*

Spruddel[šbrùdəl*Ri.Ha.*u.s.]*m.Sprudel.*

spruddle^n [šprùdlə *fast allg.*; šbrùdlə *Ri. Ha.*; šprùdələn *D. Si.*] intr. v. 1. *hervorsprudeln:* 's Wasser spruddelt. — 2. *beim Sprechen den Speichel um sich spritzen D. Si.* — 3. *schnell u. unverständlich reden.* — lux. 417 ebenso; vgl. baier. 2, 701 sprüdeln.

Spruddler *m. D. Si.* einer, *der beim Sprechen um sich spritzt oder sich überstürzt im Reden.*

Sprung [šprun̩ *fast allg.*; šbrùng *Ri. Ha.*; špron̩k *D. Si.* — Pl. šprin̩, šbrin̩g, špren̩] *m.* 1. *Sprung, Ansatz:* e Spr. nemme *Ri.* Er macht ken grossi Spring meh *er stirbt bald Flh.* Uff de Spr. gerischt sin *bereit sein Ri. Ha.* — 2. *dummer Streich;* e Spr. spille *Ri.* Was sin de das fur Spring? *ibid.* Dummi Spring im Kobb han *ibid.* Mer sin hener sin Spring kumme *Lix.* — lux. 417 Spronk.

Sprussen [šprùsən *Bo.*] *m. Fischgräte.* — vgl. baier. 2, 706 Spross, Sprüss; mhd. špruz, spruʒʒe.

Spul [špùl *fast allg.*; šbûlə *Ri. Ha.*; špoul *D.Si.* — Pl. -ən] *f. Spule, Spindel. Wdg.*: e Sp. han *nicht recht bei Trost sein Ri. Ha.* — Zs. Sp.-rad *Werkzeug zum Spulen des Garns.* els. 2, 539 Spuel, Spuelrad; lux. 418 Spo^{u}l.

spule^n [špùlə *fast allg.*; špúələn *Av.*; špoulən *D. Si.*] tr. v. 1. *spulen, Spulen mit dem Spulrad füllen.* — 2. *scherzh. essen:* do hammer awer gespult! — els. 2, 540 spuele.

Spur [špúr *fast allg.*; g'sbúr *Ri. Ha.*] 1. *f.* wie hd. *Spur:* se sin dem Spitzbue uf der Sp. *Lix.* Der G'spur noh *(im eigentl. Sinne) der Spur nach;* (übertr.) *nach der Ähnlichkeit in den Gesichtszügen zu urteilen Ri.* — 2. *m. seitliche Entfernung der Wagenräder:* d' Reder hun e gro^{u}sse Sp. *Si.* — lux. 418 ebenso.

Spurk [špuərk *D. Rü.*; špuərk, šporek *Si.* — Pl. špírk] *m.* 1. *Sparren, Stange.* — 2. *spitzer Stumpf eines Astes, Zahnes usw.* — lux. 418 Spu^{e}rk; vgl. ndd. spark *spröde* Gr. Wtb. 10, 1941.

spurkech, spu^{o}rkech adj. *D. Si.* in einen spitzen Stumpf ausgehend: e spurkechen Nâst *(Ast).* — Gr. Wtb. 10, 1951: sparrig, sparricht, sperrig.

spursem [špúrsəm *D. Si.*] adj. u. adv. *sparsam:* spursem Leit *(Leute);* sp. lêwen *sparsam leben.* — lux. 418 ebenso; ss. spu^{a}rsem, spôrsem, Kisch vgl. Wtb. 213.

Spur-vo^{u}l *Sperber* s. Sperwel I.

Sputz [šputs *fast allg.*; špauts *Ebersw.*; špaits *D. Si.*] *n. Spucke, Speichel, Ausspuck. Rda.*: der hat Sp. in de Arme *der ist kräftig u. geschickt.* — hess. 394 Spützze; els. 2, 555 Sputzet; eifl. Spauz From. 6, 19; vgl. baier. 2, 692 Spauz (teufel) *Speiteufel.* — Zs. Sp.-kaschte, Sp.-käschdel *Spucknapf.*

sputzen [šputsə *fast allg.*; spautsən *Ebersw. Fehr.*; špéïtsən *D. Si.* — Ptc. gəšputst, gešpautst, gešpout] intr. v. *spucken, speien, auswerfen (auch von Maschinen). Rdaa.:* wenn m'r en de Heh sputzt, fällts äm selwer uf de Nas *Mü.* Dem hat e Jud uf's Knie gesputzt *Fo.* (et hat e Jud em op de Box gepautzt *Fehr.) er hat die Hose am Knie zerrissen.* Sputz druf, noh hält's! *Heilmittel für nichtssagende Wunden Lix.* Net drof sp. *zugreifen, nicht verachten Bi.* Ebber ins Gesicht sp. *jd. derb abweisen Ri. Ha.* Uff ebbs sp. *verachten:* uffs Geld sp. — 2. *vor Zorn sprühen:* er hat awer g'sputzt, wie er das geherd had *Ri. Ha.* — els. 2, 554 spützə, sputze; baier. 2, 692 speuzen; hess. 394 spützen; lux. speitzen.

Sputzer *m. Ri. Ha. jd., der viel spuckt (z. B. einer, der anfängt zu rauchen).* — els. 2, 555 Spützer.

Spuweck (Spoweck, Spuwett) s. Spiwett.

Staat [štâd *Ri. Ha.* u. s.] *m. Putz, Aufwand:* St. mache, im St. dostehn.

staats [státs *Bo. Ri. Ha.* u. s.] adj. *stattlich, prächtig:* e st. Maidel — lux. stôts *Ga.* 436; rheinfr. stats, From. 3, 47, 7; vgl. els. 2, 619 g'staatisch.

Stab [štáb *Fo. Ham. Mtsh. Wb. Ha.* u. s.; štoïf *Av. Falk.*; štâf u. šteps *D. Si.*; štaub *Ri.*; stauw *Bo.*] *m. Staub:* St. mache; St. uffriddle *Ri.* Er hat sich glich us em St. gemacht *Fo.* So muss m'r sich üs üm St. schaffe *Wb.* — lux. Steps u. Stâf *Ga.* 429. — Zss. St.-bese. St.-lumbe. St.-macher. St.-rän *Staubregen.* St.-sib *Sieb mit feinen Maschen, durch die nur noch'der Staub fällt. Bauernregel:* Märzestaub, Abrilelaub, Maielach *(nasser Mai)* sin dreï scheni (od. guddi) *Sach Ri.*

Stach I [štáχ u. šteχ, Pl. šteχ *D. Si.*] *m. Stich:* kä Stach gesinn *ganz blind sein.* E Stech an't Hêrz. E Stech do^un *(beim Nähen).* s. a. Stich.

Stach II [štáχ, Pl. -ən *D. Si.*] *m. Pfahl, Stange z. B.* Wengerts-stáchen *Weinbergpfähle;* Bo^uhne-stáchen *Bohnenstangen.* — lux. 418 Stâch; hess. 394 Stâke; engl. stake; ndl. staak; mhd. stecke. — Zs. Stache-bo^uhn *gestängelte Bohne D. Si.*

Stacheies [štaχéïəs *Pü.*] *m. Stichling (stachelichter Fisch* gasterosteus aculeatus). — els. 2, 571 Stachele. s. a. Stachelmatz.

Stachel [štáχəl, Pl. -eⁿ *fast allg.*] *m. Stachel, Dorn:* er hat e St. im Fuss. — els. 2, 571 ebenso. — Zs. Stachel-matz *m. Fo. Stichling (Fisch)* s. Stacheies.

stachen [štáχən, gəštáχt *D. Si.*] tr. v. *die Reben od. Bohnen mit Stützen versehen.* — lux. 418 ebenso; mhd. stocken, stöcken. s. Stach II.

stacheren [štaχərən *D. Si.*] intr. v. *stochern:* am Feier st. — lux. 418 ebenso.

Stack [štàk, Pl. štèk, Demin. štèkəltχən *D. Si.*] *m.* 1. *Stock, Wurzelstock* s. Stock. — 2. *Karten, die übrig bleiben, nachdem die Spieler bedient sind:* et leien zwo^u Kàrten am St. — 3. *Einsatzgeld beim Spiel:* wievil Geld as am St.? *wieviel Einsatzgeld ist noch da?* — 4. *Stockwerk:* dat Haus hot drei Steck. — 5. *Staude:* e Blumestack. — lux. 418 ebenso. — Zs. Stack-schrau *f. Si. Schwanzschraube.*

stacken *D. Si.* 1. trans. *Baumwurzeln ausgraben* s. Stack 1. — 2. intr. *staudig wachsen:* 't Zalôt stackt. s. Stack 5.

stacksen [štàksən *Av.*; šdàgsə *Ri. Ha.*] intr. v. *stottern.* — els. 2, 580 stackle; vgl. ndd. stakk *steif, gelähmt* From. 5, 143 u. hd. stocken.

Stackser [šdàgsər *Ri. Ha.*] *m. Stotterer.*

Stadeⁿ [štádə *Fa. Vbg. Mü. Ri. Ha.* u. s.; štálə *Lix.*; štuət *Si.*] *m.* 1. *Ufer, Gestade. Bauernregel:* wie der März de St. fingt *(findet),* so losst er ne *Ri. Ha.* — 2. *unbebauter Landstrich längs eines Baches od. Abgrundes.* — 3. *Rand, Saum, auch von Wolken Ri. Ha.* — els. 2, 574; baier. 2, 733; hess. 394. — Zs. St.-fresser *Uferunterspüler:* stille Wässer, Stadefresser *Mü.* baier. 2, 732: stille Wasser fressen das Stad.

Stadt [štat *fast allg.*; štát *D. Si.* — Pl. štèt, štét.] *f. Stadt, bes. die nächstgelegene:* i geh in d'Stadt. *Von Rieding u. ihren Annexen heißt es:*

Rieding isch e scheni Stadt;
Eich isch e Beddelsack,
Stross isch e Schisszuwer,
Maladrie isch der Deckel driwer.

STaD—STaL — 492 — STaM—STäN

— Zss. St.-bot *Polizeidiener Pü.* u. s. St.-brill (-brel *Wa.*) *m. Stadtbrille (scherzh.) Rda.:* setz de St.-br. of *sagt man zu jd., der schlecht sieht.* St.-haus *Rathaus D. Si.* St.-kummedant. St.-grawe. St.-leit *Städter D. Si.*
Staduten s. Stutten.
Staf [štáf *D. Si.;* šdàb *Ri. Ha.*] *m.* 1. *Stab.* lux. 419 u. ss. Stâf; ndl. staf; eng. stave. — 2. *Staub Si.* s. Stab. — 3. *ein Längenmaß, französ. Elle = 120 cm:* e St. Duch. *Die Hausierer messen noch vielfach mit dem* Staf. — els. 2, 567.
stäfeⁿ [štêfən *Grt.* u. s.; štéïfən *Av.;* štaibə *Ri.*] tr. v. *fortstäuben, fortjagen:* wart, ich steïf dich! *Av.* Den han m'r awer gestäft! *Grt.* — els. 2, 568 stäube; rheinfr. stûfen, From. 3, 272, 13; ndrh. stoffen, From. 5, 416, 57; 6, 286, 682. s. Staf *Staub.*
Stafett [šdàfêd *Ri.*] *f. Stafette, reitender Eilbote. Rda.:* uff der St. sin *auf der Jagd nach Neuigkeiten sein.*
Staffel [šdafəl, Pl. -ə *Fo. Ri. Ha.* u. s.] *f.* 1. *Treppe.* — 2. *Stufe einer Treppe.* — els. 2, 575 u. baier. 2, 734 ebenso.
staiweln [štaiwəln *Flh.* u. s.; štèwlə *Ha.;* štlwlè *Fi.*] imp. v. *fein regnen:* es staiwelt *eigentl. es stäubert nur.* — lux. stawen *Ga.* 430; vgl. Staiwel *Stäubchen* Ma. der St. Iglau, From. 5, 470. s. Staf 2. *Staub.*
Stalen [štålən *Bo.;* štuəl, štuᵒl *D. Si.*] *m. Muster, Probe trockener Waren z. B. Getreideprobe:* en hot m'r e St. geschekt. — lux. Stoïl Ga. 435; ndl. staal; mhd. stal *vorgeschriebenes Maß des Einkaufsgeldes in einer Zunft* Lexer, mhd. Wtb. 2, 430; altfrz. estal: frz. étal, ćtau, ćtalon.
Stall [štàl *fast allg.;* štaḷ *D. Si.* — Pl. štel, štèl; Demin. štelχə, štèltχən] *m. Stall:* Saustall, Perdsstall. Et as en Haus eweï e St. *D. Si.* Bal *(bald)* as kän Hues an de St. *„beinahe" ist der Hase nicht gefangen. Die Zss. entsprechen dem hd.*
stall s. still.
stall-bland [štaḷblaṇt *D. Si.*] adj. (eigentl. *stallblind) wie geblendet beim Betreten des Stalles od. beim Hinaustreten ins Freie.*

Stamm [štạm *Bo.;* štám *D.;* šdàmə *Ri. Ha.;* stamp *Si.* — Pl. štim *Bo.* sonst štèm] *m. Stamm, Baumstamm.* — ss. Stạmp, Kisch vgl. Wtb. 214. Zss. St.-bam. St.-buch. St.-eldre *Ri.* St.-vadder.
stammeⁿ [štàmə *fast allg.;* štámən *D. Si.*] intr. v. *abstammen, her sein:* der stammt nit van Furbach.
stämmen [štèmən *Umgegend von D.*] intr. v. *keimen* (eigentl. *zu einem Stamm herauswachsen, ein Stämmchen werden):* 't Fruht stämmt.
stämmich adj. *Ri. Ha.* u. s. *kräftig, starkgebaut:* 's isch e stämmiger Kerl.
stammleⁿ [šdàmlə *Ri. Ha.*] intr. v. wie hd. *stammelu, stottern.*
stampeⁿ [šdàmbə *Ri. Ha.*] 1. tr. *stampfen, zerstampfen.* — 2. intr. *umherstampfen, treten:* i bin awer im Dregg g'stambt!
Stampes [štampəs *fast allg.;* štompəs *Bo.;* šdàmbəs *Fo.;* šdàmbər *Ri.*] *m. eine Art Kartoffelbrei, dicke Speise überhaupt z. B. Suppe mit viel Brot:* heit owet krin mer St. *Fo.* — els. 2, 597 Stampert; hess. 395 Stampfes, Stampes. s. stampeⁿ.
Stän [štæn *fast allg.;* štoïn *Bo.* — Pl. stæn, štéïn, šteṇ; Demin. štænχə, šteŋχən] *m.* 1. *Stein im allg.:* e St. in de Wä leje *Ri.* Ich kanns net us'm St. kloppe *es ist mir unmöglich. Bo.* Den än räft Stän, den aner werft se *D. Si.* D' Sonn scheint op e kâle St. *heißt es, wenn es im Winter trotz des Sonnenscheins sehr kalt ist Si.* — 2. *Kern einer Frucht:* Kirschestän, Brumestän. — 3. *Blasenstein, Steinkrankheit:* e hat e St. *Ri.* — Zss. (in den Zss. fällt meistens das n *vor Konsonanten aus):* stänalt. St.-ax *Axt zum Spalten der Steine.* Stä-bir *Steinbirne D. Si.* Stä-bock 1. *Steinbock;* 2. *unfruchtbare Ziege.* Stänbodde *Steinboden.* Stä(n)-bohr *Steinbohrer.* Stä-brecher *Arbeiter in einem Steinbruch D. Si.* Stä-broch *Steinbruch D. Si.* Stän-grub. Stän-hauer. stänhauer-voll *sternhagelvoll Ri. Ha.* Stäkaul *Steingrube D. Si.* Stä-klee *weißer, kriechender Klee* (trifolium repens). Stäklepper *Steinklopfer D. Si.* Stän-meisel. Stä-metzer (s. d.) Stän-olich *Steinöl.* Stä-rausch (s. d.) stä-reich. Stä-

schrau *Steinschraube Si.* Stä-schloper *Steinmeißel* s. Schloper. Stä-worf *Steinwurf.*

Stäⁿ-metzer [štêmètsər *D. Si.;* štèmets *Fo.;* štoïmètsər *Bo.*] *m. Steinmetzer, Maurer:* de St. schaffe sich nit dot. Stämetzesch Schwäs get geïnt Gold gewî *Maurers Schweiß wird gegen Gold gewogen d. h. die Maurer arbeiten nicht viel, lassen sich aber gut bezahlen. Si.*

Stäⁿ-rausch [štǽrauš *D. Si.*] *f. Ort, wo Steinabfälle liegen; Bergabhang mit Felsen u. Gerölle.* — lux. Stee'rausch Ga. 431; mhd. steinrosche, -rusche.

Stand [štand *fast allg.;* štàn *Lix.* — Pl. štèn] *m.* 1. *Stand, Standpunkt, Grundlage:* er hat kän feste St. *Fo.* De gäschtleche St. *der geistl. Stand Si. D.* Op em annere St. sin *in gesegneten Umständen sein, von Frauen ibid.* Im St. *(im Stann Falk.) imstande;* gud im St. *in gutem Stande, wohlgenährt, gut aussehend Falk. Ri. Ha.* Imstand genung *möglicherweise:* er isch imst. genung un stecht sich dod *ibid.* — 2. *Bude mit Verkaufstisch, Krambude auf dem Jahrmarkt z. B.* Zuckerstand. — Zs. St.-geld *Abgabe für Krambuden auf dem Markt.*

Ständel [štèndəl *Fi.* u. s.] *n. eine Hotte* = 40 *Liter.* — vgl. els. 2, 604 Ständle, Ständel *Stellfäßchen;* hess. 395 Stande, Stanne; ndd. Stanne, Stande *Kübel mit Zapfloch* From. 6, 485; mhd. stande, stendel *Stellfaß, Kufe.*

standhaftich [štandhạftiχ *Fo.* u. s.; štandhềfteχ *Si.*] *adj. standhaft.*

Standhäftichkät *f. Si.* wie hd. *Standhaftigkeit.*

Stang [štaṇ *fast allg.;* štáṇ *D. Si.;* štòṇ *Lix.* — Pl. štàṇə, štáṇə; Dem. štèṇəl] *f. Stange. Rda.:* der hat grosse Stange *der will hoch hinaus. In Roßbrücken fügt man noch hinzu:* awer kän Bohne dron. Se tra'n kä Wasser an äner Stang *sie sind nicht einig, halten keine Freundschaft.* — Zs. Stangeritscherpl.*Stangenrutscher,Spottname der Bewohner von Mittersheim (Kr. Saarburg).*

stänich [štèniχ *fast allg.;* daneben šteṇiχ *D. Si.*] *adj. steinig:* e stänicher Bode. E stengeche Wê.

Stännchen [štènχən *D. Si.*] *m. Ständchen:* äm e St. brengen.—lux.419 ebenso.

Stänner [štènər *D. Si.* u. s.; šdènər *Ett.*) *m.* 1. *Ständer d. h. Stellfaß, Kufe zum Krauteinmachen.* — 2. *Untersatz, Stütze z. B. eines Leuchters, eines Türflügels.* — 3. *Gängelwagen der Kinder.* — 4. *resultatlos verlaufenes Karten- oder Kegelspiel, soviel wie* Rampo (s. d.): St. sin *gleichstehn im Spiel.* — lux. 419 ebenso; henneb.-frz. stènner From. 2, 46; ndd. Stänner, ibid. 6, 479; baier. 2, 768 Ständer b); hess. 395 Stande, Stanne. s. a. Ständel.

stännich [štèniχ *Bo.;* štèneχ *D. Si.*] *adj.* u. *adv.* 1. *ständig, stätig, dauernd:* st. Wedder. Er isch st. krank. — 2. *in vorgerücktem Alter stehend:* en as an em stännichen Alter *D. Si.* E stännich Mädjen *ein heiratsfähiges Mädchen.* — lux. 149 ebenso; baier. 2, 765 u. els. 2, 603 ständig, ss. standig, Kisch W. u. W. 147. s. a. From. 4, 186.

Stapel [štápəl *Si.*] *m. kommt nur vor in der Vbdg.:* äm kä St. hálen *einem nicht standhalten, sich in kein Gespräch mit ihm einlassen.*

stark [štark *fast allg.;* štárk *D. Si.;* štèrk *Lix.* — Comp. štèrkər, štèrkšt] *adj. stark:* st. wie e Bär. E starki Nadur han viel vertragen können *Ri. Ha.;* st. gchn rüstig ausschreiten *ibid.* — Zs. Starkbode *Pü.* -bodde *Ri. lehmiger, schwer zu bebauender Boden.*

staudech [štaudeχ *Si.* u. s.] *adj. launenhaft, halbnärrisch:* en as 'rem st. *er ist wieder nicht recht bei Trost.* — lux. 420 ebenso; vgl. els. 2, 574 Stode *in der Rda.:* St. füere *Schwänke erzählen, und* pfälz. Stote *Kurzweil, Spaß.*

Stawer [štàwər *Bi.*] *m.* u. *f. Angst, Aufregung, Verwirrung:* im *oder* in der Stawer sin.

stawereⁿ intr. v. *Bi. verwirrt sein; unüberlegt, übereilt handeln; aufgeregt sprechen.*

stawerich [štàweriχ *Bi.*] *adj. ängstlich, aufgeregt:* stawerich lūn *stier, ängstlich dreinsehn.* — vgl. baier. 2, 718 verstawert *verblüfft. Hieher gehört auch das nur einmal belegte* stabel *verrückt D.*

stawich [štáwiχ *Fo.* u. s.; štaiwi *Ri.*; štæwiχ *Ha.*; štepsech *D. Si.*] adj. *staubig:* es isch st. druss. s. Stab.

Ste' s. Stej.

Stech s. Stach.

stecheln, Stechler s. stichleⁿ, Stichler.

stechelich [šteχəliχ, šteχəleχ *D.Si. Bo.*] adj. *zum Sticheln geneigt.*

Stechen [štéχən *D. Si.*] *n. Seitenstechen.* — lux. 420. s. a. Stich.

stecheⁿ [štèχə *fast allg.*; štéχən *D.Si.* — Ptc. gəštòχ, gəštaχ] I. tr. a) *stechen mit einem scharfen Werkzeug, abstechen:* die Micke han mich gestoch *Fo.* E Soü st. *ein Schwein abstechen Bi.* Das isch weder g'hau noch gestoch *man weiß nicht, was man davon halten soll Ri. Ha.* b) *stechen beim Kartenspiel:* i kann nid st., i han kä Trump *Ri.* — 2. intr. *wetteifern, streiten um den Platz, die Reihenfolge in der Kinderschule.* Hatten mehrere Kinder die gleiche Zahl Punkte, so stach man mit einer Nadel in ein Buch; die Rangordnung richtete sich nach dem Anfangsbuchstaben der Seite, die man gestochen. — 3. *stecken D. Si.:* ech wäsz net, woᵘ e stecht *ich weiß nicht, wo er steckt.*

Stecher [štèχər *Bo. Fi.* u. s.; šteχərt *Fa.* — Pl. štèχərn, šteχərtən] *m.* I. *altes Pferd.* — 2. *magerer Mensch.* — els. 2, 572 Stëcher 3 *dürres Männlein.*

Stech-messer [štèχmèsa *Ko.*]*n.Schlachtmesser.* s. stecheⁿ I.

Steckeⁿ [štèkə *fast allg.*; šdègə *Ri. Ha.*; štékən *D. Si.* — Pl. gleich; Demin. šdegəl *Ri.*] *m. Stecken, Stock, Spazierstock:* gell, i mus de St. nemme? *Drohung Ri. Rdaa.:* wann de's nit mansch (*magst*), mach der e St. dazu! *dann kann ich dir nicht helfen Fo.* (wann et dir nit gefällt, kannscht d'n St. dabeï stellen *Falk.*). Oïnem en St. en d'Rad stechen *jemandes Pläne vereiteln Bo.* — Zss. Steggel-schmêr *Prügel Ri.* Steggelspill *ibid.*: *auf ein rundes, aufrechtstehendes Holzstückchen legt man den Einsatz* (*gewöhnl. Pfennigstücke*); *in einer gewissen Entfernung davon stellen sich die Spieler auf u. werfen mit einem größern Geldstück nach dem Steggel; wem es gelingt, dasselbe umzuwerfen, gewinnt den ganzen Einsatz.*

steckeⁿ [štèkə *fast allg.*; šdegə *Ri. Ha.* — Ptc. gəštok] tr. v. I. wie hd. *stecken:* sin Nas in alles st. *allg.* Rebstegge st. *Ri.* Dreïn st. bis iwer de Ohre *od.* ass er sich nimme se helfe wäs *Lix.* E Rad st. *die Speichen in die Nabe schlagen Ri.* In de Gugges gesteggt werre *ins Gefängnis kommen ibid.* Wo bisch de gestock? *wo warst du denn? Ha.* — 2. *einem etwas vorhalten:* i han's em awer gesteggt *Ri. Ha.*

steckleⁿ [šdèglə *Ri. Ha.*; stekələn *D. Si.*] tr. v. I. *mit dem Stock bearbeiten, prügeln Ri. Ha.* — 2. *das Steggelspill* (s. d.) *spielen.* — 3. *rütteln D. Si.* vgl. lux. 432 stuckelen; ndd. stockeln *das Obst mit dem Stock rütteln* From. 5, 297.

Steck-nodel *f. Ri. Ha.* u. s. *Nadel zum Anstecken.*

stecksen [šteksən *D. Si.*] intr. v. *nach eingeschlossener Luft, nach Moder od. Schimmel riechen.* — lux. 425 stexen; baier. 2, 729 sticksen; vgl. hd. Stickluft.

Stecksert *m. D. Si. muffiger Geruch.* — lux. 425 ebenso.

stecksich, stecksech adj. *D. Si. schimmelig, moderig:* e stecksechə Geroch. — lux. 425 stexech; baier 2, 729 stiksig.

stedich [štédeχ *Si.* u. s.; šdedi *Ri.*] adj. I. *stetig, beständig* s. stettich. — 2. *schwierig zu Stuhl gehend.* — vgl. mhd. stetic *nicht von der Stelle zu bringen;* lux. 421 steịdech.

Steffeⁿ [štèfə *fast allg.*; štèfe *Bo.*; štèf *D. Si.* — Demin. šdèflə, štèfètχin *Bo.*] männl. Vorname Stephan. Steffä, leck Sâs! *Spitzname der Bolchener* s. Sas. — Zs. Steffens-da *Fo.* (Steffens-dach *Falk,.* Steffes-dach *D. Si.*) *zweiter Weihnachtstag.*

Steft I [šteft, Pl. -ən *D. Si.*] *f. kirchliche Stiftung:* eng St. mâen *eine Messe stiften.*

Steft II *viereckiger Nagel ohne Kopf* s. Stift.

steften s. stifteⁿ.

Stefter *m. D. Si. Stifter.*

Steftong [šteftoŋ *D. Si.*] *f. dasselbe wie* Steft I.

STeH—STei — 495 — STei—STeK

stehleⁿ [štélən *D. Si. Falk.*; štǽlə *Fo. Ri. Ha.* u. s.; štéïlən *Bo.* — *Flexion:* štílən, štélšt, štélt; Ptc. gəstól, gəštoul] tr. v. *stehlen:* du kannscht m'r gestohl werre! davon will ich nichts wissen, da wird nichts daraus! fast allg. I han doch mi Lewe nid gestohl *sagt man bei allzu großer Inanspruchnahme Ri.* Unser Herrgott d'Zitt st. *Ri. Ha.* We leït, de stehlt *Si.*
  Stehler [šdêlər *Ri. Ha.*] *m. jd. der stiehlt, Dieb:* der Hehler isch wie der St. — els. 2, 591 Stëhler; mhd. stëler.
  stehn [štén *fast allg.*; štón *D. Si.* — *Flexion:* Präs. Ind. *Sg.* 1. štên, 2. štê̂št, 3. štêt. Pl. 1—3 stên. Ptc. ich han *(aber auch* ich bin) gəštàn *fast allg.* — eχ štin, de štǽšt, e štǽt, mər štin, dər šteït, χə štin. Konj. Präs. eχ štéï, de štéïšt, e štéï, mər štéïən, dər štéït, χə štéïən. Konj. Perf. eχ štíη, də štíηšt, ə štiη, mər štíηən, dər štiηt, χə štíηen. Ptc. gəštáη *D. Si.*] intr. v. 1. *stehen:* e kann net meïh gohn an net meïh stohn *D. Si.* Alles leije un st. losse *Ri. Ha.* Bi ebber st. han *in jemandes Schuldbuch stehen ibid.* Was stehsch de do mit der Zung im Mul? *warum giebst du keine Antwort? ibid. Spruch:*

  Der Peter, wo steht er?
  Im Stall.
  Was macht er, was sucht er?
  Er fresst Fuder. *Ri.*

— 2. *stillstehen:* de Uhr steht. De Kuh steht *od.* steht misi *die Kuh wird nicht gemolken Ri.* u. s. G'stange Wasser verdorbenes Wasser *ibid.* — 3. *gleich stehen:* d'Spil stät *die Spieler haben die gleiche Zahl Punkte D. Si.*
  Steibel [štéïbəl, Pl. -ə *Bi.*] *m. Stuhlbein* (St. *ist eigentl.* Demin. *zu* Steip *Stütze).*
  Steiber [štéïbər, Pl. -ə, Demin. -χə *Bi.*] *m. Stütze für Bäume; Pfosten.* — hess. 401 u. els. 2, 607 Stipper, Steiper; vgl. baier. 2, 773 Stüpper. s. a. Stippe.
  steibereⁿ [štéïbərə *Bi.* štibərə *Ri. Ha.*] 1. tr. *stützen, steifen:* e Bâm st. — 2. refl. sich stibere *sich auf die Fußspitzen stellen Ri. Ha.* — els. 2, 607 stippere;

hess. 401 stippern, steipern; baier. 2, 773 steupern, stüppern. s. a. stippen.
  steien [štaiən *fast allg.*; štǽən *D. Si.* — Ptc. gəštait, gəštǽt.] tr. v. *etwas kaufen bei öffentlichen Versteigerungen:* er hat gut gesteit *nicht zu teuer gesteigert.* M'r hun en Haus gestät. — els. 2, 579 steijere; lux. 421 stäen.
  Steier s. Stier II.
  steiern [štaiərən *D. Si.*] tr. v. *steuern, beisteuern:* den Armen st. *die Armen mit Geld unterstützen.* — lux. 421.
  Steif *Wäschestärke* s. Stif.
  steif s. stif.
  Steïf- s. Stief *in* Zss.
  steïfen s. stäfen.
  Steifhät [štaifhêt *D. Si.*] *f. Steife, Steifheit.*
  Steijing [štéïjiη *Falk.*; šdaiiη *Ri. Ha.*] *f. Versteigerung:* morje isch St. — els. 2, 579 Stæjung, Staijung.
  Steil [štail, Pl. -ən *D. Si.*] *m. Pfeiler, Säule.* St. < Steidel. — lux. Steil Ga. 431; ndl. stijl; mhd. stuodel.
  Steïmber [štéïmbər, Pl. -ə *Bi.*] *m. Stümper; einer, der in seinem Fach nichts leistet.* — els. 2, 597 Stemper.
  Steip, steipen *Stütze, stützen* s. Stip, Stippe, stippen.
  steiweⁿ [šteîwən *Bo.*; šdaiwə *Ri. Ha.*] tr. v. *stäuben:* du muss sprenzen, sunscht steiwt's. D'Kleidre steiwe *Ri.*
  Steiwer [štaiwər *Ha.* šdiwər *Ri. Ha.*; štîwəs *Fa.*] *m. kleiner Rausch:* der hat awer e St.! — els. 2, 571 Stüwer, Stiwer.
  Stej [štéj *Mtsh. Mü.* u. s.; štè *Schw. Sp. Fi.*; šdê *Ri. Ha.*] *m.* 1. *Steg:* kä Wê a kä Stê *kein Weg u. kein Steg D. Si.* — 2. *Treppe, Stiege (meist aus Holz).* Wdg.: ebber ens uff de St. schlawe *jd. einen Streich auf den Kopf versetzen.* vgl. baier. 2, 742 Steig; els. 2, 578 Stëg. *Man unterscheidet:* Spicher-stä *Treppe, die auf den Speicher führt;* Vorbihn-stä *Stiege, die zur Empore der Kirche führt Ri. Ha.* — Zss. S t e j - i s e *Stegeisen, hakenförmig gekrümmtes Eisen, das zum Ersteigen der Bäume angeschnallt wird.* els. 1, 77 Stigise. S t ê - k o m m e r *erstes Zimmer über der Treppe Schw.*
  Stek s. Stick.

steken [štekən *fast allg.*] tr. v. 1. *die Karten mischen*: Karte steken. — 2. *den Weingarten mit Pfählen versehen.* — els. 2, 583 sticke; lux. 422 steken. — Zs. gestekt voll adj. *gestrotzt voll.* ss. ebenso, Kr. 125; baier. 2, 728 stickete voll.

stel s. still.

stelen [štelən *D. Si.*] tr. v. *stillen:* den Honger stelen. E Kand stelen *dem Kind die Mutterbrust geben.* — els. 2, 589 stelle 2; mhd. stillen *zum Schweigen bringen, befriedigen.*

Stell [štèl *Ri. Ha.*] f. wie hd. *Stelle:* er hat e St.; e St. am Isebahn. *Daneben* G'stell *in den Wdgn.:* uff der G'stell *augenblicklich.* Nid us der G'stell kumme *nicht von der Stelle kommen.* — els. 2, 590.

Stellasch [štèlåš *Fa.* u. s.; gšdelåš *Ri. Ha.*] f. *Gerüst, Gestell; bes. viel Raum einnehmendes Gestell:* die Bicher sin uf der St. Isch das awer e St.! — lux. 423 ebenso; els. 2, 591 G'stellasch; baier. 2, 747 Stellage *(französ. ausgesprochen);* hess. N. Heft 1, 25 Stellåsche, *gebildet wie* Schenkåsche; ndl. stellaadje.

Stell-brett n. Lix. *Vorder- u. Hinterbrett am Wagen.* — els. 2, 203.

Stelle [šdelə *Ri.*] m. *Trotzkopf.* — vgl. baier. 2, 748 das Stellen *ungeschickte Art des Benehmens.*

stelleⁿ [štelə *fast allg.*; štèlən *D. Si.* — Ptc. gəštelt, geštalt] tr. v. 1. *stellen allg.:* sich uf de Kopp st. *sich verwundern.* 'S Bän st. *Ri. Ha.* — 2. *stillen, zum Stehen bringen:* 's Blut st.; Hunger un Durscht st. *Ri. Ha.* Ebber st. *einem den Mund stopfen ibid.* D'Milch st. *die Milch zum Gerinnen bereit machen ibid.* — 3. *liefern, zur Verfügung stellen.* — 4. refl. a) *sich gebärden:* e stellt sech onsenech *er gebärdet sich wie toll D. Si.;* b) *sich zum Militärdienst melden:* det Johr muss en sech st. *ibid.*

Stel-stand [štelštaṇt *D. Si.*] m. *Stillstand.*

Stelt [štelt *D. Si.*] f. *Stille.* s. a. Stillchit.

Stelz [štèlts *fast allg.*; šdèls *Ri.* — Pl. -ən] f. *Stelze:* uff de Stelze gehn *Ri.* (op Stelzen gohn *Si.*) *hochmütig sein.* Ebber Stelze gen *jd. ermutigen, zum Widerstand reizen Ri. Ha.* Stelze han *Ermutigung, Unterstützung haben in seinem Widerstand ibid. Der Plural bedeutet auch lange, dünne Beine.* — Zs. St.-fuss *künstliches Bein.*

Stemm [štèm, Pl. -ən *Bo.*] f. *Stauungsdamm.* — mhd. stemmunge. *Ettingen besitzt den Ausdruck* Stemmächer [štèmèχər] m. *Rain, Bodenerhöhung als Ackergrenze. (Das Wort ist sonst nicht belegt.)*

stemmeⁿ [šdèmə *Ri. Ha.*; šteman *Bo. D. Si.*] tr. v. 1. *stemmen, stauen:* Wasser st. — 2. *mit dem Stemmmeißel arbeiten Ri. Ha.*

Stemm-iseⁿ n. *Ri. Ha.* u. s. *Stemmeisen.*

Stemm-meisel m. *Ri. Ha.* dasselbe *wie* Stemmise.

Stempel [štèmpəl *fast allg.*; šdèmbəl *Pfb. Ri. Ha.*] m. 1. *Stempel, Petschaft.* Wdg.: e St. han *einen Rausch haben Ri. Ha.* — 2. *Briefmarke.* — Zs. St.-babier (g'stempelt *B. Ri.*) *Stempelpapier.*

stempleⁿ tr. v. *fast allg.* wie hd. *stempeln.*

stengech steinig s. stänich.

stengleⁿ [šdènglə *Ri. Ha.* u. s.] intr. v. *stengelartig aufschießen, vom Salat, Kraut u. dgl. gesagt.*

stenken s. stinkeⁿ.

stenkichen Hoᵘfert m. *Si.* (eigentl. *stinkende Hoffart*) *Sametblume* (Tagetes patula).

Stenz [štènts *Av.* u. s.] f. *Obstdiebstahl:* uf de St. gehn. s. a. Stinzert.

stenzen [štèntsə *fast allg.*; štensə *Sgd. Lix.*; štintsən *Bo.* — Ptc. gəštèntst, gəštintst] tr. v. 1. *milder Ausdruck für stehlen, entwenden (bes. vom Obst):* Äppel st. — 2. *naschen Grt.* — els. 2, 606; baier. 2, 773 u. hess. 399 ebenso. s. a. From. 2, 238 u. 5, 124, 12.

steppelen s. stippeleⁿ.

Steppeler, Steppelesch [štepələr m., štepələš f. *D. Si.*] *Anfreizer, Hetzer, Hetzerin.* s. stippelen.

steppen [štèpən *Busd. Falk. D. Si.* u. s.; šdèbə *Ri. Ha.*] tr. v. 1. *mit kurzen, kleinen Stichen nähen, auf der Nähmaschine nähen.* — 2. *stopfen z. B. Strümpfe.* —

els. 2, 607 u. baier. 2, 773 ebenso; mhd. stëppen.

Stepp-nôl *f. D. Si.* (Stebb-nodel *Ri. Ha.*) *Steppnadel.*

Steps *Staub* s. Stab. — Zs. Stepsbĭscht *f. D. Si. Staubbürste.*

stepsech [štepseχ *D. Si.*] adj. *staubig.* — lux. 427 stöpsech.

stepsen [štepsən *D. Si.*] 1. tr. a) *abstauben:* 't Miwelen *(Möbel)* st. — 2. *fortjagen:* en as aus d'r Schoᵘl gestepst gin *er ist aus der Schule fortgejagt worden.* — 2. imp. *leicht regnen:* 't stepst dobaussen.

Ster [štêr *allg.*] *m. Maß für Scheitholz* = *1 Raummeter.* — els. 2, 610 ebenso; lux. 419 Stär; frz. stère.

stereⁿ [štérə *fast allg.*; šdérə *Ri. Ha.*; štéïərən *D. Si.* — Ptc. gəštért, gəštéïərt] 1. tr. *stören:* ster ne nit bim Schaffe! — 2. refl. *sich ärgern über etwas:* ster dich nit dran! — els. 2, 611 störe (stére); vgl. baier. 2, 780.

Stering [štériη *Falk.*] *f. Starrsucht:* in St. felen *einen epileptischen Anfall bekommen.* — vgl. baier. 2, 775 die Stärre, stärren *erstarren;* hess. 399 sterren *starr machen.*

sterken [štérkən *D. Si.*; šdérgə *Ri. Ha.*] tr. v. 1. *stärken, kräftigen:* e kâl Bad sterkt. — 2. *die Wäsche stärken, durchs Stärkewasser ziehen:* gesterkt Hèmer *(Hemden).* — els. 2, 613 stärke; lux. 424; baier. 2, 782 u. mhd. sterken.

sterksen [štérksən *Si.*] intr. v. *stark schmecken, einen unangenehmen Geschmack haben.* — lux. 425 stèrxen.

Sterkt [štérkt *D. Si.*; šdèrg, šdèrkdiη *Ri. Ha.*] *f. Stärke, Kraft:* en hot eng St. eweï e Ries. — lux. 420 u. els. 2, 613 Stärkt; ndd. Stärkde; ndl. sterkte.

Sterreⁿ [štèrə *fast allg.*; štèrən *Bo. Falk.*; štǽr *D. Si.*; šdèrnə *Ri.*; šdèrn *Ha.* — Pl. štèrə, štèrən, štǽrən, šdèrnə, šdèrner; Demin. šdèrnəl *Ri.*] *n.* 1. *Stern:* de Sterre glitzere *fast allg.* D' Luht as voll Stären *das Firmament ist voller Sterne D. Si.* D'Sterne butzen sich *heißt es beim Sternschnuppenfall Ri.* — 2. *Bezeichnung für eine Kuh mit weißem Fleck auf der Stirne Ri. Ha.* — Zss. Sterre-(Sterne-)blum *Ett. Ri. Ha.* 1. *Narzisse Ett.;* 2. *Aster Ri. Ha.* els. 2, 159 Sternbluem. Sterre-(Sterne-)gucker, Sterne-giggler *Ri.* sterre-(sterne-)voll, sterne-hagelvoll *ganz betrunken.*

sterweⁿ [štèrwən *allg.* — Ptc. gəštòrb *Fo.*, gəštorəf *D. Si.*, gəštór *Bo.*] intr. v. *sterben:* er isch geschter gestorb. Eweï geliebt, esoᵘ gestoref *Si.* Mer sterwə numme e mol *Ri.* — *Aberglaube:* Wonn eme kläne Kend sin Mutter stirbt, grad wonn se 's Kend uf de Welt bringt, noh kimmt se 40 Nahte long alle Naht's fa noh ihrem Kend se lun, ebb em nix fehlt. *Lix.*

Sterwes-angschtf *.fastallg.Todesangst.*
Sterwes-dach [-dåχ *D.Si.*] *m.Sterbetag.*
sterwes-krank adj. *D. Si. todkrank.* — lux. 425 stᶦerweskrank.

Sterwes-wurt (-wúərt, Demin. -wirtχən *D. Si.*] *n. Sterbenswort:* kä St.-w.

sterwlich adj. *fast allg.* (štérwleχ *D. Si.*) *sterblich.*

Stesser(t) [šdésər *Ri. Ha.*; štésərt *Falk.*; štéïšər *D. Si.*] *m.* 1. *Stößel, Stoßkeule. Wdg.:* de St. hole misse *um einem Übersatten die Speisen hinunter zu stoßen. Ri. Man unterscheidet:* Brei-stesser, Grumbire-stesser u. a. m. — 2. *Handlanger in einer Apotheke.* — lux. Stésser Ga. 432; els. 2, 617 Stössel.

stettich [štètiχ *Flh.*; šdèdi *Ri. Ha.*; štéïdiχ *Bo.*; štidiχ *Vbg.*; štédeχ *D. Si.*] adj. u. adv. 1. *stetig, beständig:* st.Wedder. — 2. *störrig, halsstarrig, eigensinnig, nicht von der Stelle zu bringen (vom Zugvieh):* st. wie e Gais, wie e Mulesel *Flh.* — 3. *brünstig, von Pferden:* dat Pärd es st. *Bo.* — baier. 2, 798 u. els. 2, 619 stettig, stettisch; lux. 421 steᶦdech; mhd. stetic.

Stett-schädel *m. Ri. Ha. Starrkopf, Trotzkopf.* — els. 2, 392 ebenso. s. stettich 2.

Sti s. Stif.

Stib un Stäb [štip un štæb *Fa.*] *(alliterierende Formel) Staub u. Asche:* ze Stib un Stäb verbrenne.

stiben [štibən *Falk.*] imp. v. *dünn regnen:* et stibt. — els. 2, 568 stäübe; vgl. baier. 2, 719 steuben. stibern.

stiberen [štĭbərə *Pfb.* u. s.] tr. v. *stoßen:* dich möss m'r allewil mit d'r Nas drof stibere. — vgl. baier. 2, 719 stibern, stöbern; hd. stieben.

stibitzen *fast allg.;* stiwitzen *Fo.* tr. v. *Kleinigkeiten heimlich u. listig entwenden:* er hat em e Feder weg gestiwitzt. — lux. 425 ebenso; baier. 2, 774 u. els. 2, 607 stipitzen. s. a. Weig. Wtb. 2, 810.

Stich [štĭχ *fast allg.;* štéïχ *Bi.;* šteχ *Bo.;* šteχ, štaχ *D. Si.*] m. 1. *Stichwunde:* e St. ins Herz *allg.* Wenn ebber m'r e St. gen hätt in selum *(jenem)* Moment, hätt i nid geblud *näml. vor Schrecken Ri.* — 2. *stechender Schmerz in der Seite:* ich han e St. in der Sit *Fo.* — 3. *Stich beim Nähen. Hieher gehört wohl die Wdg.:* ke St. g'sehn *gar nichts sehen.* — 4. *Stich im Kartenspiel.* — 5. *abschüssige Stelle eines Weges, steiler Abhang:* jetzt kummt der letschde St. *Bi.; daher auch die Wdg.:* im St. losse *in der Not verlassen.* — 6. *Lunge u. Leber eines geschlachteten Tieres Bo.* — 7. *unangenehmer Beigeschmack des Weines:* der Win hat e St. — lux. 420 Stech; els. 2, 572 u. baier. 2, 724 Stich *in allen Bedeutungen.*

stichlen [štĭχlə *fast allg.;* šteχəln *Bo. D. Si.*] intr. v. *sticheln, durch Worte reizen:* das isch jetz nid g'stichelt, das isch g'stoch *heißt es, wenn man jd. zu derb mitnimmt Ri.*

Stichler (Stechler) *m. fast allg. jd. der gern stichelt.*

Stick [štĭk *fast allg.;* stek *Bo. D. Si.* — Pl. -ər; Demin. štĭkχə, štĭkəl, štekəlχən] *n.* 1. *Stück als Teil eines Ganzen:* e St. Kuche. — 2. *einzelnes Stück:* e St. Vieh. — 3. *Flicken:* e St. um Hinnere. — 4. *allgemeine Bezeichnung für Acker, Grundstück:* e St. Land. — 5. Sticker *vor folgender Grundzahl bedeutet „ungefähr":* e Sticker sechs, en Sticker ät oder nin *Bo.* (Sticker sechs ⟨ der Stick ihrer sechs, vgl. ndd. ein Pund er fer, en Stück ener fer). *Das Demin.* Stickel *bedeutet kleines Ding, aber auch Taugenichts:* du Stiggel! *Ri. Flh. Ha. Wdgn.* va freïe Stigge *Ri. Ha.* Stick fur Stick *allg.* E schen St. Geld verdiene. In eïn St. (on äm St.) *in einem fort:* 's Maidel hilt *(weint)* de gonse Da on äm St. *Lix* — els. 2, 586; baier. 2, 730. — Zs. stick-wis [štĭkwis *fast allg.;* stĭg-wis *Ri. Ha.;* stekwais *D. Si.*] adv. *stückweise.*

sticken [štĭkə *fast allg.;* štekən *Bo. D. Si.*] tr. v. wie hd. *sticken.*

Stickereï (Steckerei) *f. Stickerei.*

stidich s. stettich.

Stief- [štĭf- *fast allg.;* šdĭf- *Ri. Ha.;* štéïf- *D. Si.*] in den Zss. St.-bruder *bei den Katholiken vielfach vorkommende Bezeichnung für den protestantischen Geistlichen.* St.-eldre. St.-mudder (St.-mam): er isch si Mul ke St.-m. *er läßt sich im Essen nichts abgehen Ri. Ha.* St.-seschter. St.-vadder (Steïf-pap).

Stier I [štír *fast allg.;* štéïər *D. Si.* - Pl -ən] *m.* 1. *Stier, Bulle.* — 2. *Schimpfwort für einen Dummkopf, einen allzu vertrauensseligen Menschen:* du Stier! *Ri.* — Zss. St.-esel (*Schimpfwort*) *Tölpel Lix.* (Stier *ist hier Verstärkung wie in* stierdumm, stierdunkel u. a. *From.* 4, 4; vgl. baier. 2, 778 Stierax.) St.-geld *Abgabe für den Dorfbullen; dafür auch* Munigeld. St.-kopp *störriger Mensch, Dummkopf Falk.*

Stier II [štír *fast allg.;* štaiər *D. Si.* - Pl. štírə, štaiərən] *f.* 1. *Steuer d: i. Staats- od. Gemeindeabgabe:* Stiere zahle. — 2. *Unterstützung, Beisteuer:* se hun net vil Steier vun hiere Kannern *sie haben nicht viel Unterstützung von ihren Kindern D. Si.* — els. 2, 611 Stür; lux. 421 Steier.

stieren [stírən *Falk.* u. s.; šdírə *Ri. Ha.*] 1. intr. v. *starr blicken.* els. 2, 610 ebenso. — 2. *stürmen, sich herumtreiben:* wo bisch de wieder erum g'stierd? *Ri. Ha.* — 3. refl. *sich stützen:* ich han mich uf de Stecken gestiert *Falk.* — els. 2, 612 stüre; baier. 2, 777 steuren; hess. 399 sich auf etwas steuren; mhd. stiuren.

stierich [štĭriχ *Mtsh.* u. s.; šdíriχ *Ha.;* šdíri *Ri.;* štírtsiχ *Bo. Pü. Falk.*] adj. 1. *brünstig von der Kuh.* — 2. *stierig, störrig, eigensinnig, dickköpfig, dumm:* er isch so st., dass m'r kent Wänd mit em umrenne *Falk.* — els. 2, 610 stierig; schweiz. ebenso, From. 4, 16.

Stif [štif *fast allg.*; stíw *Sgd. Lix.*; stí *Bo.*; staif *D. Si. Hd.*] *f.* u. *m. Stärke zum Wäschestärken.* — els. 2, 576 Stlf.

stif [štif *fast allg.*; staif *D. Si.* Compar. štifər, štifšt (štaifər, štaifšt) 1. adj. *steif, starr, unbeholfen:* min Arm isch ganz stif. Stif wie Bohnestroh *Pfb.* (*Die Bewohner von Speichern, Kr. Forbach, heißen* Stif-bän *Steifbeine.*) — 2. adv. *ganz, sehr:* d'reïnt stif voll *die Regentropfen fallen sehr dicht Bo.* Steif voll *ganz betrunken;* st. geckich *ganz verrückt D. Si.* — els. 2, 576 stif.

stiffeⁿ [štlfə *fast allg.*; stíwən *Sgd. Lix. Bo.*; štaiwən *D. Si.* — Ptc. gəštift, gəštít, gəštaiwt] tr. v. *Wäsche mit aufgelöstem Stärkemehl* (Stif) *befeuchten.*

Stift I [štlft *fast allg.*; šteft *D. Si.* — Pl. štlfdə, šteftən] *f. kirchliche Stiftung:* eng Steft machen *eine Messe stiften Si.* daneben wird Stiftung (Steftong) gebraucht. — mhd. stift. Zs. St.-amt *gestiftete Messe.*

Stift II [štlft *fast allg.*; šteft *D. Si.*; šdefdse *Ri. Ha.*] *m. Stift, viereckiger Schuhnagel ohne Kopf.* — lux. 426 Stöft; els. 2, 577 Stiftel; mhd. stift, stëft.

stifteⁿ [štlftə *fast allg.*; šdifdə *Ri. Ha.*; šteftən *D. Si*] tr. v. *wie* hd. *stiften:* Händel st.; e Heirat st. *Ri.*

stihten [štítən, Ptc. gəštít *D. Si.*] tr. v. *anstiften, anrichten, ins Werk setzen:* wat huᵒste do gestiht? — lux. 425 stíchten; els. 2, 577 u. baier. 2, 739 stiften; ndd. stichten.

Stil [štil *D. Si.* u. s. — Pl. gleich] *m.* 1. *Stiel. Wdg.*: aus dem St. gôn *aus der Fassung kommen.* — 2. *Dummkopf:* du domme St.!

still [štil *fast allg.*; šteḷ *Bo. D.*; šteḷ u. štal *Si.*] adj. *still:* stel Wâsser *stehendes Wasser Si.*; stilles Wedder *Ri.* 'S isch e stiller Bu *ein junger Mann, der nicht viel von sich reden macht ibid.*

Stillchit [štílχit *Falk.*; štelt *D. Si.*] *f. Stille.* — vgl. baier. 2, 751 (*ältere Sprache*) Stillekeit.

Stülp [štlḷb *Ri.*] *f. Hutkrämpe, umgebogener Rand.* — els. 2, 593 Stülp; vgl. baier. 2, 754, hess. 405 Stulpe.

Stimm [štim *fast allg.*; štem *Bo. D. Si.* — Pl. -ən; Demin. štemχin *Bo.*] *f.* 1 *wie* hd. *Stimme:* er hat e St. wie e Leb

(*Löwe*), wie e Bär *Ri.* D'St. schaschiere *mutieren.* — 2. *Stimme bei Wahlen.* — Zs. St.-zeddel.

stimmeleⁿ [štlmələn *Sgd. Lix. Falk. Grt. Kr.* u. s.] tr. v. *Bäume mit dem Beil entästen, entholzen, stutzen.* — els. 2, 595 u. baier. 2, 758 stümmeln; ss. stämeln, Kisch W. u. W. 147.

stimmeⁿ [štimə *fast allg.*; štemən *Bo. D. Si.*] tr. v. 1. *wählen, stimmen* (*für den Gemeinderat, Reichstag usw.*): morje wird gestimmt. We wolle m'r stimme? — 2. *ein Instrument stimmen.* Er isch nit gut g'stimmt *nicht gut gelaunt allg.* 'S stimmt *wie* hd. — els. 2, 595.

Stimmung [štimuŋ *fast allg.*; štemoŋ *D. Si.*] *f. Abstimmung, Wahl:* wonneh isch St.? *Lix.*

stinkeⁿ [štiŋkə *fast allg.*; šdiŋgə *Ri. Ha.*; šteŋkən *Bo. D. Si.* — Ptc. gəštùŋk, gəštoŋk.] intr. v. *stinken:* st. wie d'Pescht, wie e Bock am Michelsda; st. no Duwak, no Rach. Er isch so ful, dass er stinkt *Fo.*

Stinker [šdiŋgər *Ri. Ha.*; štiŋkərt *Fo.* u. s.; štiŋkat *Va.*; šteŋkərt, Pl. -ən *Bo. D.Si.*] *m.* 1. *einer, der stinkt.* — 2. *Schimpfwort, meist für Juden:* vier Käs un drei Jude sin siwe Stinkerte *Fo.* — 3. *Nichtsnutz, widerwärtiger Kerl* (als Scheltwort). — 4. *Das Demin.* Stinkerle *bedeutet kleiner Kerl und wird als Kosewort für Kinder gebraucht.*

Stink-käs *m. fast allg.* (Stenk-keïs *D. Si.*) *Limburger Käse.*

Stink-vokel *m. Lix. Wiedehopf* (*sog. weil er sein Nest aus Kot macht*).

Stink-wurzel *f. Fo.* u. s. *Baldrianwurzel* (*Valeriana officinalis*).

Stinzert [štintsərt *m.* štintsərš *f. Bo.*] *kleiner Dieb, bes. Obstentwender.* s. stenzen, stinzen.

Stip [štĭp *Bo. Ha. Falk. Rem.* u. s.; štaip *D. Si.* — Pl. -ən] *f. Stütze, Steife, Baumstütze:* de Bäm misse Stipen han. D'Sonn hot Steipen, m'r kreïen Rän *Si.* — lux. 421 Steip; ss. Stip, Steip Kr. 126. s. a. Stippe. — Zs. Stip-ïsen *Bo. Stemmeisen, Meißel.*

Stippchen s. Stupp.

Stippeⁿ]stĭpə *Fa. Sgd. Lix.* u. s.] *m. Pfosten, Steife, Stützbalken:* de Bâm muss

32*

en St. hon *Lix.* — els. 2, 607 Stipper; baier. 2, 773 Steiper, Stüpper; hess. 401 Steiper; eifl. Steipen, From. 6,19. s. a. Stip.

Stippel [štĭpəl *Fi. Mtsh.* u. s.; šdĭbəl *Ri. Ha.*] *m.* 1. *dasselbe wie* Stippeⁿ: strack wie e St. *Ri.* — 2. *unbeholfener Mensch, Einfaltspinsel:* dummer St.! — els. 2,607 Stipper.

stippeleⁿ [štĭpələ *fast allg.*; štèpəln *Bo.* štepəl(ə)n *D. Si.*] tr. v. 1. *aufstacheln, hetzen, sticheln:* was haschte immer ze st.? Er hat als an em gestippelt *Fo.* — 2. *stochern:* im Owe steppelen. Am Feier steppelen. — 3. *zunähen, pfuschen:* e Lach an der Box steppelen *ein Loch in der Hose zunähen.* — lux. 427 stöppelen; els. 2, 610 stüpfle; vgl. ndd. stippen *stechen,* wozu unser Wort das Frequentativ ist.

Stippel-isen [-ísən *fast allg.*; štepəl-ísən *Bo.*; štepəlaisən *D. Si.*] *n. Schürer, Stochereisen.* s. stippeleⁿ 2.

stippeⁿ [štĭpəⁿ *fast allg.*; šdĭbərə *Ri. Ha.*; štaipən *D.*; štèïpən *Si.*] tr. v. *stützen, stemmen, steifen:* d'Äst hänge so voll, dass m'r se st. muss. De bruchscht de Kopp nit se st. *Lix.* En hot sech geïnt mech gesteipt *er hat sich mir widersetzt Si.* Sech op eppes steipen *sich auf etwas stützen D. Si.* — lux. 421 u. eifl. steipen From. 6, 19. s. a. steïbereⁿ.

Stippe-storre [štĭpeštòrə *Lix* u. s.] *m. Schimpfwort für einen, der uns im Wege ist.* s. Stippe *Pfosten* u. els. 2, 611 Storre *Baumstumpf.* s. a. els. 2, 607 Stipper.

Stir [štír *fast allg.*; šdĭrn *Ri. Ha.* — Pl. -əⁿ] *f. Stirne:* de Stirn rumble runzeln *Ri. Ha.* E frechi St. han *ibid.* Er hat e Putt (s. d.) uf der Stir. *Fo.* — lux. 425 u. eifl. ebenso. Bü. 22.

stirkeln [štĭrkələn *D.*; šturkələn *Si.*] intr. v. (eigentl. *sich überdrehen*) *straucheln, hin- u. hertaumeln:* en as eso^u voll, dat. e stirkelt. — lux. 425 ebenso; ss. u. moselfr. sturkeln, Kr. 128; tirol. storgg'ln, From. 3, 341; vgl. baier. 1, 610 u. schles. torkeln, From. 4, 188. (stirkeln < vulgärlat. extorculare, lat. torculare *Iterativ zu* torquere).

stirmen [štĭrmən u. štĭrmən *D. Si.*; šdĭrmə *Ri. Ha.*] 1. impers. *stürmen, Sturm läuten:* et stirmt. — 2. *ungestüm rennen:* stirm net eso^u! — lux. 425 ebenso; els. 2, 614 stürme.

Stirm-klack [štĭrm-klàk *lux. Grenze*] *f. Sturmglocke.*

stirzeⁿ [štĭrtsə, štyrtsə *Lix.* u. s.] tr. v. 1. *umpflügen (wobei die Stoppeln in die Furchen gestürzt werden). Die zum Getreidebau bestimmten Äcker werden im Herbst gestirzt oder im Sommer* gebrocht *(weil sie brach lagen), im Spätsommer vielleicht nochmals* geriert (s. d.) *u. zuletzt im Herbst uf Sot gefahr d. h. zum letzten Mal vor dem Säen umgepflügt.* — 2. *wenden, umwenden:* de n'Eierkuche st. *in der Pfanne wenden;* e Kleid st. *die untere Seite zu oberst kehren Ri.*

Stiwəl [štĭwəl *fast allg.*; štibəl *Bo. Falk.* — Pl. štiwəl, štĭbəln] *m.* 1. *Stiefel:* min St. sin verriss. — 2. (*als Schimpfwort*) *steifer Mensch:* du St. du! Dumm wie'n St. — Zss. **Stiwel-kniėt** *D. Si. Stiefelknecht,* **stibel-sterren-voll** adj. *Bo. sternhagelvoll.*

stiweleⁿ s. staiwelen.

stiwelich [štiwəliχ *Fo.* u. s.] adj. *steif, unbeholfen:* e st. Mensch. — vgl. els. 2, 577 stifte 4 *schwerfällig gehn,* g'stif *unbeholfen.*

Stiweⁿ [štĭwə *Fo. Av. Sgd. Lix.* u. s.] *f.* pl. 1. *Laune, Lust:* wann er grad Stiwen hat, dann schafft er. — 2. *verrückte Ansichten oder Einfälle:* was hosch de wider dortiche St. am Kopp *Lix.* Er hat en Stiwen *er hat einen Sparren Av.* — lux. Stĭpen *wunderliche Anfälle* Ga. 433.

Stiwer *Räuschchen* s. Steiwer.

Sti-wigle [štiwiglè *Mtsh.*; stiwégən *Av.*] *m. Steigbügel.* St. < Stigbigle (*nach Ausfall des g wurde b inlautend u. ging lautgesetzlich in w über).*

stiwitzen s. stibitzen.

Stob s. Stub.

Stobbert *Pfropfen* s. Stoppeⁿ u. Stubbert.

Stock [štòk *fast allg.*; šdòg *Ri. Ha.*; štàk *D. Si.* — Pl. stèk; Demin. štèkəlχən, šdegəl] *m.* 1. *Stock:* er steht da wie e St. *steif dastehen allg.* De St. anmesse *prügeln Ri.* — 2. *Wurzelstock, Wurzelholz:* die Steck sin schwer haue. — 3. *eine*

ganze Pflanze: e St. Grumbire, e St. Salat. — 4. *Haufen von Getreide:* Garwe uf e St. setze. — 5. *Stockwerk eines Hauses:* mer wohne im unnerschte St. — 6. *Abteilung in Ökonomiegebäuden:* Hau-stock *Heuspeicher,* Omd-st. *Grummetlager.* — 7. *Gesamteinsatz im Kartenspiel:* setz in de St.! was isch noch im St.? *allg.* — Zss. St.-hack u. St.-hau *die längere, dicke Hacke zum Ausrotten von Wurzeln u. Gesträuchern.* St.-holz *Wurzelholz:* St.-h. mache 1. *Baumwurzeln ausstocken;* 2. *schwer arbeiten;* 3. *übertr. radebrechen, stottern, stammeln. (Die Bewohner von Oberhorst, Kr. Forbach, heißen wegen ihrer angebl. Dummheit* Stockholz). St.-hus (-haus) *Stammhaus.* Steckelschmer *Tracht Prügel Ri.*
stock- *in Zss. zur Verstärkung:* st.-blinn *fast allg.* (stack-bland *D. Si.*) *stockblind.* st.-finschter (stack-deischter *D. Si.*) *stockfinster.* St.-franzos. St.-preiss.
stockeⁿ [šdogə *Ri. Ha.* u. s.] intr. v. *mit der Stockhaue ausroden, (übertr.) schwer arbeiten:* hid *(heute)* ha mer awer wieder st. misse.
Stockes [šdogəs *Ri.*] *in der Rda.:* St. grije mit ebber *Krach mit jemand bekommen.*
Stoff, Stoft s. Stuft.
Stoffel [štòfəl *allg.;* štofiè *Av.;* šdofəl, šdèfəl *Ri. Ha.*] *m.* 1. *männl. Vorname Christoph.* — 2. *dummer, ungeschickter Mensch, Tölpel:* 's isch e Stoffel. — lux. 426 u. els. 2, 577 ebenso.
stofflich [štoflix *Fo.* u. s.] adj. u. adv. *ungeschickt, dumm, tölpelhaft:* stell dich nit so st.! — els. 2, 577 ebenso.
stofften adj. *Si. von Stoff:* e stoffte Kläd *(Kleid).* s. Stuft.
Stoïf *Staub* s. Stab.
stoken [štòkən *Bo.*] tr. v. *rütteln:* on d'r Dier st. — vgl. ndd. u. ndl. stoken *stochern* From. 5, 520, 14; moselfr. štòchen, Kisch vgl. Wtb. 217. s. a. stekeln.
Stol I [štól *fast allg.;* šdâl *Ri. Ha.*] *m.* 1. *Stahl überh.:* vu' Stol an Eisen sin *äußerst stark u. gesund sein.* — 2. *Schärfestahl der Metzger.* — lux. 246 Stòl. Zs. Stole-feder *Stahlfeder D. Si.*

Stol II [šdól *Ri. Ha.;* štùəl *Si.*] *f. (Si. m.) Stola der katholischen Geistlichen.* — els. 2. 592 ebenso; mhd. stòle.
Stolleⁿ [štolə *fast allg.;* šdolə *Ri. Ha.;* štòl *Si.* — Pl. -ən] *m.* 1. *Strophe eines Liedes:* das Lied hat numme äne St. *Fo.* E Stoll sengen *Si.* — 2. *Stütze aus Eisen od. Holz bes. am Bauernwagen, die mit drei andern den Wagenkasten von außen zusammenhält.* — 3. *Stollen am Hufeisen.* — 4. *scherzh. Bein des Menschen:* ebber e St. stosse *jd. ein Bein stellen, einen Streich spielen.* — 5. *Ansatz von Schnee od. lehmiger Ackererde unter dem Schuh:* Stolle an de Fiss *Ri. Ha.* — els. 2, 592 Stolle; mhd. stolle.
stolpereⁿ [štòlpərə *fast allg.;* štulpərn *Bo.*] intr. v. *stolpern:* er isch iwer de Stän gestolpert.
stolperich [štòlpərix *allg.*] ad. u. adv. *unbeholfen:* stolperiche Bur!
Stolz *m. allg.* wie hd. *Stolz:* stinke van St. *Ri. Ha.* E St. sin *ein Ehrenamt ausüben z. B. Taufpate od. -patin sein:* wer isch de St. gewän hid? *ibid.*
stolz adj. *allg.* wie hd. 1. *stolz:* er isch gar nit st.; stolz dun. — 2. *hübsch:* e stolz Maidel.
stolziereⁿ [štoltsírə *fast allg.;* štoltséïərən *D. Si.*] 1. *stolz einhergehen.* — 2. *refl. stolz sein.*
Stombax [štombáks, Pl. -ər *Si.*] *m. steifer, einfältiger Mensch; einer, der sich überall hin* stumpen *d. i. stoßen läßt.* — lux. 427 ebenso; hess. N. 292 Stombags. s. Stomp, Stump.
stomer [štòəmər *Bo.;* štoᵃmər *Mbr.*] adj. *schicklich, manierlich, wohl anständig:* e stomer Kend. — vgl. baier. 2, 758 gestüem; mhd. gestüeme.
stomm s. stumm.
Stomp s. Stumpe. — Zs. Stompárem *m. D. Si. der Einarmige.*
Stompes *Kartoffelbrei* s. Stampes.
Stömp-hosen pl. *Si. Ri. kurze Strümpfe.* s. Stomp, Stumpe *und* Hos *Strumpf.*
stompieren [štompírən *Bo.;* štombéïərən *D. Si.;* štombèrən *Kö.*] tr. v. 1. *beschämen:* en hot mech virun alle Leide' stompeïert. — 2. *anschnauzen, grob anreden.* — hess. 406 stumpieren

verschmähen, ausschlagen; baier. 2, 762 stumpfieren *spotten, bespotten;* lux. 427 stompeiren; vgl. mhd. stumben, stummen.
stön s. stehn.
ston's-fouss [štónsfoᵘs *D. Si.*] adv. *stehenden Fußes, auf der Stelle.* — lux. 427 ebenso.
Stonn *Stunde* s. Stunn.
Stonne-wirkert, Pl. -ən. *m. Bo.* (*Stundenwirker*) *Mensch, dessen Arbeitskraft bald erlahmt, der kaum eine Stunde tüchtig dabei ist:* schaffen weï'n St.-w. s. a. Stunne-risser. u. Hatze-risser.
stöntlech adj. u. adv. *D. Si. stündlich.*
Stöppches [štøpχəs *Si.*] *n. Versteckspiel:* St. spillen. — lux. 427 ebenso. s. sech verstoppen *sich verstecken.*
Stoppeⁿ [štòpə *fast allg.*; štòpərt *Rem.*; štòbərt *Bi.*; šdùbər *Ri. Ha.*; štùpən *Ho.*; štòp *D. Si.* — Pl. štòpə, štòbərtə, štòpən. Demin. stebərtəl] *m. Stöpsel, Pfropfen:* mach de St. uf de Butell! — els. 2, 608 Stopfer, Stoppert; lux. 427 Stopp. — Zs. Stoppen-zijer *m. Falk.* (-zeïər *D. Si.*; stobbezeïer *Bi.*; stubbezijer *Ri.*) *Pfropfenzieher.*
stoppeⁿ [štòpə *fast allg.*; štòbə *Bi.*; šdùbə *Ri. Ha.* — Ptc. gəštópt, gəšdubt] tr. v. 1. *stopfen, zustopfen:* Strimp st. — 2. *voll stopfen:* de Piff st. D'Gäns stubbe *Gänse mästen Ri. Ha.* — 3. *mit Pfropfen versehen:* Win st. — 4. refl. sich st. *sich übersatt essen.* Als *Adverb in der Verbindung:* gestoppt voll. — els. 2, 608 stopfe; lux. 427 stoppen.
Stopp-gar [-gár *D. Si.*] *n. Stopfgarn.*
Stoppleⁿ [štoplə *fast allg.*; štoplè *Mtsh.*; stoblə *Ha.*; šdùblə *Ri.*] pl. 1. *Stoppeln auf dem Felde:* der Wind geht schun iwer d'Stubble *es wird bald Winter Ri.* — 2. *kurzes Haar beim Menschen, Flaum bei Vögeln Ri. Ha.*
Stopp-nol [-nòl *D. Si.*; šdùbnodəl *Ri. Ha.*] *f. Nadel zum Stopfen der Strümpfe.*
storen [štòrən *Si.*] intr. v. *starren, starr blicken:* woᵘ storschte hin? — lux. 420 ståren.
Storich [štòriχ *Hw.* u. s.; štorg *Ri.*; šdurg *Ha.*; štuak *Vbg. Wa.*] *m.* u. *f. Storch.*

Spruch:
Stork, Stork, Stibberbän
Dra mich uff um Buckel häm!
Ja, i ka' di nid drawe —
Leï mi uff de Wawe!
Ja i ka' di nid zije. *Ri.*
Storre [štòrə *Fo. Ett.* u. s.; štòr *Sgd. Lix.*] *m.* 1. *Pfosten, der die Wagenbretter nach außen stützt, Wagenrunge Lix.* — 2. *dummer, fauler, ungelenker Mensch, Trotzkopf.* — els. 2, 611 Storre 2, 3; vgl. baier. 2, 779 Storn; mhd. storre.
storrich [štòriχ *fast allg.*] adj. *dumm, faul, ungelenk:* st. wie'n Esel. s. d. vorige.
Storz [štòrts *Si.*] *m. Schutz, Verteidigung:* de St. hun bei äm *von jemand in Schutz genommen werden.* — vgl. baier. 2, 785 Starz, Storz *das am Hinterwagen hinausstehende Stück der Langwied, an das man sich festhält;* hess. N. 289 Storze *Strunk;* mhd. sturzel (*alles Ablautformen zu* mhd. stërz *Stengel*), stërzen *steif emporragen,* storzen *strotzen.*
Stoss [štós *fast allg.*; stous *D. Si.* — Pl. stés, štéïs] *m.* 1. *Stoß:* das wor en arjer St. *Lix.* — 2. *aufgeschichtete Menge, Hanfe:* e St. Holz. — 3. *Schlag, Herzschlag:* Herzstoss *Ri. Ha.* — 4. *steiler Teil eines Weges Si.* — 5. *Name für Vallerystal (Kr. Saarburg):* i geh uff de Stoss *Ri. Ha.* — Zss. St.-bier (eigentl. *Stoßbahre*) *Schubkarren Rü.* St.-bloch *Sündenbock, Aschenbrödel Kr. Bo.* u. s. St.-gebet *kurzes Gebet allg.* St.-karre, St.-kärrchel *Schubkarren Falk. Grt. Ri. Ha.* St.-kedde *Kette vorn an der Deichsel Elw. Schw.* u. s. St.-vogel s. d.
stosseⁿ [štósə *fast allg.*; štousən *D. Si.* Flexion: štósə, štéïšt, štést, gəštóst *fast allg.* — štousən, štéïšt, štéïšt, gəštous *D. Si.* — šdós, šdóš, šdóst, šdósə, gəšdóst *Ri. Ha.*] 1. *stoßen, einen Stoß geben:* se han mich ins Wasser gestosst. 'S Vieh had wieder uff der Weid gestosst *Ri.* — 2. *anstoßen:* än Hus stest ans annere. — 3. *den Boden aufwerfen, vom Maulwurf Ri. Ha.* — 4. *sprossen, treiben von Pflanzen:* 's Gras stosst schun; d'Saft stosst in de Bäm *Ri. Ha.* — 5. *schwärmen, von Bienen:* d'Imme stosse *ibid.* — 6. refl. *Anstoß nehmen:* sich an epps st.

Stössle [šdésla *Pfb. Ri. Ha.*] pl. *Vorärmel, Pulswärmer. Rda.*: d'Stössle anmesse *jd. bei der Handwurzel fassen u. sie gehörig zusammendrücken Ri.* — els. 2, 618.
Stoss-vogel [štosfògəl *Pü.*; štósfokəl *Lix.*; štòsfògəl *Kr. Ett.*; štòsfəwəl *Pfb. Ri. Berl.*; što^{u}sfuwəl *Ebw.*; što^{n}sfuwəl *Tet.*; što^{n}sfubəl *Bo.*] *m.* 1. *Sperber, Habicht, Turmfalke.* — 2. *Aschenbrödel, Sündenbock Bo.* — baier. 2, 791 Stöszvogel; ss. Stûsvogel Kr. 128.
Stot [štót, Pl. štét *D. Si.*] *m.* 1. *Ehe, Haushalt:* se feïren e gudde St. *sie führen eine gute Ehe.* En deire St. *ein teuerer Haushalt.* — 2. *Ausstattung:* de St. kucke gôn *(von der Braut gesagt, die zum erstenmal die Angehörigen ihres Bräutigams besucht u. sich vorstellt).* — vgl. mhd. der stat = *Stand, Lebensweise (im 15. Jht. aus dem* lat. status *entlehnt).* — Zs. Stòt-hälter *Haushälter.* Stòthältesch *Haushälterin.*
Stra *Streu* s. Strau. straen s. strauen.
Strabatze [šdrabàdsə *Ri. Ha.*; štràbùts, Pl. -ən *Bo.*] *f. Mühe, Beschwerlichkeit, Strapaze:* wat han m'r Strabutzen met dem Kerl! — els. 2, 634 Straputz, Strapatz.
strabeziere^n [šdrabədsirə *Ri. Ha.*; štrabutsən *Bo.*] tr. v. *arg mitnehmen, strapazieren:* 's isch Duch zum Strabeziere. — els. 2, 634 strapeziere.
Strach [štraχ, Pl. -ən *D. Si.*] 1. *m. Strich:* e Str. durch d'Rechnong. s. a. Strich. — 2. *langer Strich Landes, Feldstrich.* — 3. *f. soviel auf einmal an Milch gemolken wird Si.* s. streichen = *melken.* — lux. ebenso Ga. 437; els. 265 Strich 1, 2.
Sträch s. Streich.
strack [štràk *fast allg.*; šdràg *Ri. Ha.*; štràj *Berl.*] adj. u. adv. 1. *strack, steif, hart, stramm, gerade aufgerichtet:* e stracker Hut; str. wie e Stick Holz, wie e Stibbel, wie e Bohnestegge *Ha.* Stragger Keib, stragger Hund *sagt man zu jd., der bei der Arbeit den Rücken nicht krümmen will Ri.* Str. sin va Zorn, va Kälde *starr sein vor Zorn, vor Kälte Ri. Ha.* — 2. *stolz, hochmütig Bi.* — 3. *steil:* e stracki Stej *Bi.* — 4. strack voll *sinnlos betrunken.* — hess. 402; els. 2, 628 u. baier. 2, 808 ebenso.
Stracker [štràkər *Lix.* u. s.] *m. Starrkopf.* — baier. 2, 808 Strakk-kob.
Strackhät [štràkhèt *Bi.*] *f. Stolz, Hochmut.* — vgl. baier. 2, 808 Strackait. s. strack 2.
Straes *Streu* s. Straues.
Straf [štràf, Pl. -ən *Busd.* u. s.] *m.* 1. *Streif, Streifen.* — 2. *Reihe ausgegrabener auf der Erde liegender Kartoffeln.* — vgl. els. 2, 628 Striff; baier. 2, 811 Straiff. s. a. Sträfe^n.
Sträf-bank [štrèfbonk *Sgd. Lix.*] *f. Holzhechel, durch welche man den Flachs* sträſt. s. sträfe^n 3.
Sträfe^n [štrèfə *Pü.* u. s.; štrèf *D. Si.*; štràf *Busd.*] *m. Streifen:* blòə Sträfe *blaue Flecken von Rutenstreichen herrührend.* E Str. Papier *ein Stückchen P.*
sträfe^n [štrèfə *fast allg.*; šdraifə *Ri. Ha.*] tr. v. 1. *streifend berühren (auch in der Rede):* mit dem Ärmel str. — 2. *leicht verletzen, so daß ein Streifen Haut abgeht:* der Stän hat mich gräſt. — 3. de Flachs sträfe *den Flachs der Samenkapseln entledigen, indem man ihn durch eine Holzhechel zieht.* s. Sträfbank.
Sträl [štràl, Pl. gleich *Fo. Av. Falk. Vbg. Ri. Ha.* u. s.; štrél *Grt.*; štràl *Ett.*] *m.* 1. *Haarkamm:* sin Hor han lang kän Str. meh gesin *Fo. Man unterscheidet* Bart-sträl; Hor-sträl; Lis-sträl *Lauskamm*; Usenander-sträl *gröberer Kamm zum Ordnen der Haare Ri. Ha.* Zss. Str.-birscht *Bürstchen zum Reinigen des Kammes*; Str.-fudder *Art Tasche zum Aufbewahren der Kämme Ri. Ha.*; Strälemächer *Kammacher,* mhd. strælære. — 2. *Frucht der Weberkarde* (dipsacus), *weil die Kinder sich damit* strälen: m'r han e ganze Hufe Str. funn *Av.* Zs. Strälefeld *Flurname; Strich Land, worauf viel Weberkarde wächst.* — els. 2, 630 Sträl; baier. 2, 813 Strel; mhd. stræl.
sträle^n [štrælə *fast allg.*] tr. v. 1. *kämmen:* bischte noch nit gästrält? kumm, stral m'r de Hòr! *Lix.* D'Lis vam Kopp str. *Ri.* — 2. *mit einem Kamm die Heidelbeeren abstreifen.* — 3. *ausplündern, Geld*

abgewinnen: se han e gestrält. — els. 2, 631 u. baier. 2, 813 ebenso; mhd. strælen.

Stram, Sträme [štrâm *Bo. Vbg.;* štrǽm *Falk.;* štrâmə *Bi.;* štrǽmə *Fo.;* štrǽmən *Av.* — Pl. štrǽm, štǽmə, štrimən. Demin. štrǽməl, štréməl] *m.* 1. *Streifen:* er hat e Rock an mit Sträme. — 2. *Striemen am Körper von Prügeln:* du hasch de Buckel ganz voll Sträme. — 3. *Strich, Linie Falk.* — els. 2, 631 Stram, Sträme; hess. 403 Strâme, Stramel; mhd. strâm.

strämen *Ri. Ha. wozu das adjektivische Ptc.* gesträmt s. d.

strämich [štrǽmix *fast allg.;* štrǽmtsix *Av.* štrímtsix *Bo.*] adj. 1. *streifig, striemig, gestreift:* der Himmel isch str. *mit langgestrecktem Federgewölk versehen.* — 2. *unfreundlich. schlecht gelaunt Bi.* — els. 2, 631 strämig; ss. strömich, strêmich Kr. 128.

strammeln [štràməln *Gelm.*] intr. v. *stammeln, stottern.*

Strampleⁿ [štrámplə *Fo. Merlb.* u. s.; štræmpəln *D. Si.*] *m.* pl. *Beine, Schenkel z. B. Froschschenkel.* — lux. 431 Strömpel *kurzes, dickes Bein;* hess. 403 Strampel; ss. Strämpel Kr. 127.

strampleⁿ *fast allg.* intr. v. *strampeln insbes. im Bett unruhige Bewegungen mit den Füßen machen:* das Kind strampelt mit de Bän. — els. 2, 632 u. baier. 2, 814 ebenso. s. a. strabbeln.

Strampler *m. fast allg.* 1. *einer, der im Schlaf mit den Beinen strampelt.* — 2. *Wiedertäufer Fo.* — els. 2, 632 ebenso.

Strang [štràŋ *Fo. Ka.* u. s. štraŋk *Pü. Bo. Grt. Merlb. D. Si.;* šdràŋg *Ri. Ha.;* štrôŋk *Lix.* - Pl. štrèŋ, stèŋk; Demin. štrèŋəl] *m.* 1. *Strang, Strick, dickes Seil:* E Stronk Gâr *(Garn).* Er wehrt sich wie der Hammel am Str. *Fo.* Ebber am Strängel han *od.* fihre *jd. in seiner Gewalt haben Ri. Ha.* els. 2,632 Strang; lux. 428 Strank. — 2. *grober Mensch, Lümmel Ka.*

strangeⁿ [šdràŋgə *Ri. Ha.*] tr. v. *mit einem Seil durchprügeln. Häufiger* ab*strange*ⁿ.

Strängel [štrèŋəl *D. Si.* u. s.; štràŋəl *Bo.*] *m.* 1. *Kratzen im Halse z. B. nach Genuß von unreifem Obst.* — 2. *Nasen-krankheit der Pferde (Kehlsucht).* — els. 2, 633 u. baier. 2, 817 Strengel; lux. 428 Strängel.

strängliereⁿ [šdrèŋlírə *Ri. Ha.*] tr. v. *hart mitnehmen, anstrengen:* mer sin gar arich g'trängliert. — els. 2, 633 strängeliere; vgl. baier. 2, 816 strängeln. str. < lat. strangulare.

Strapp [štràp, Pl. štrèp, Demin. štrèpxən *D. Si. Volkr.*] *m.* 1. *Platzregen, Regenschauer:* e gudde Str. Rän. — 2. *Stück Weges, Strecke:* e Str. mat äm gôn *jemanden eine Strecke begleiten.* — 3. *Stoß, Qualm:* e Str. Damp. E läscht dichtech Strepp fueren *er bläst tüchtige Rauchwolken von sich.* D' Wâsser kemt mat Strepp *das Wasser kommt stoßweise.* — 4. *(im Plural) Schläge, Prügel:* Strepp kreïn. — lux. 428 Strapp, Sträpp; vgl. baier. 2, 818 strippen *schlagen;* engl. to strap *peitschen.*

Strass *Gurgel* s. Struss.

Stratz [štràts *Fo.* u. s.; štrùts, štràwuts *Fi.*] *f. Durchfall:* er hat de Str. — els. 2, 639 Stratz, Strapatz. s. stritzen = *spritzen.*

Strau [štrau *fast allg.;* šträï *D.;* štrá *Si.*] *f.* 1. *Streu (Stroh, Laub als Unterlage fürs Vieh):* es leit St. um Bode. An der Strâ sin, an't Strâ gôn *im Walde mit Sammeln von Streu beschäftigt sein Si.* — els. 2, 622 Sträü; lux. Stra Ga. 437. s. a. Straues.

straueⁿ [štrauə *fast allg.;* štrauwən *Bo.;* štràwən *Busd.;* štráien *D.;* štráən *Si.* — Ptc. gəstraut, gəštráit] tr. v. 1. *streuen, verteilen:* Blume str. for de Prozession. — 2. *dem Vieh Streu unterlegen:* geh, strau's Vieh! — els. 2, 622 straue; baier. 2, 801 sträen; eifl. straien Bü. 5.

Straues [štrauəs *Lix.* u. s.; štróiwəs *Mtsh.;* štrâəs *Si.*] *n. Gestreutes, Streu, bes. das am Fronleichnamstag auf der Straße gestreute Gras:* m'r hon nix Straues meh *Lix.* — els. 2, 623 Straues, Strauwes.

strawleⁿ [štràwlə *fast allg.;* štràbəln *Bo.;* štruºwələn *D. Si.*] intr. v. 1. *zappeln, strampeln:* er hat vor Zor gestrabbelt *Bo.* — 2. *etwas in Übereilung tun, verwirrt sein.* — els. 2, 623 u. baier. 2, 803 strableⁿ lux. 428 strabbelen; mhd. strabeln.

strawelich [stràwəliχ *Fo. Bi.* u. s.] adj. u. adv. *zerstreut, verwirrt, übereilt:* er dut so strawelich. — vgl. els. 2, 623 strablich(t).

Strawler [stràwlər *Fo. Bi.*; stràblər, Pl. -tən *Bo.*; stru°wələr] *m.* 1. *Strampler.* — 2. *Wirrkopf; einer, der unüberlegt handelt. Das Femin. lantet* Stru°welesch *Si.*

Strech s. Strich.

Strechersch [strèχərš, Pl. -ən *Bo.*] *f. die Menge Milch, die beim einmaligen Melken erzeugt wird.* s. strichen *melken.*

Streck [strèk *D. Si.*] *f. Strecke:* e Str. Wè's (*Weges*).

Streck-bank [-boŋk *Lix.* u. s.; -bèŋk *Si.*] *f.* 1. *Streckbank.* — 2. *Totenbett:* er leit uf der Str.-b. *Rda.:* Wonn er emol uf der Str.-b. leit; no konn er's Unrecht met holle *Lix.* — lux. 429 Streckbänk; vgl. baier. 2, 809 Streckfuss = *Tod.*

Streck-disch *m. fast allg. Plätttisch.* s. strecken 4.

strecken [strèkən *fast allg.*; šdregə *Ri. Ha.*] 1. *strecken:* sich uff de Kopp stelle un d'Bän in d'Heh stregge *heißt es von einem, der nicht weiß, was er anfangen soll.* — 2. *die Wäsche nach dem Trocknen durch Ziehen an beiden Enden verlängern*: hilf mer 's Duch str.! — 3. *bügeln, plätten:* Hièmer str. *Hemden bügeln D. Si.* — 4. refl. *sich ausrecken:* de Schwin strecke sich am Trog *sagt man zu Kindern, die sich beim Essen strecken.* Er hat sich gestreckt *er ist tot Lix.* — 5. *sich nach seinen Verhältnissen richten:* streck dich nach der Deck! *fast allg.* — els. 2, 629 strecke 1, 3, 4; lux. 429 strécken 2 = *bügeln.*

Streckersch [strèkərš *Pü. Bo.* u. s.; strèkəš *D. Si.* – Pl. -ən] *f. Büglerin.* — lux. 429 Stréckesch. s. strecken 3.

Streck-isen *fast allg.* (Streck-eisen *D. Si.*) *n. Bügeleisen.* s. strecken 3.

Stref [strièf *Si.*] *f. Strebepfeiler.* — els. 2, 623 Strèb; lux. 429 Strief; mnd. stref.

Streich [straiχ *fast allg.*; stræχ *D. Si.* – Pl. gleich] *m.* wie hd. *Streich:* Streich gen; e Str. grije; e Str. spile. Es isch ke Str. verlor, ass wie der, wo denewe fällt *heißt es von jd., der noch mehr Prügel verdient hätte Ri.*

Streich- [straiχ- *D. Si.*] *Bestimmungswort in den* Zss. Str.-ämer *Melkeimer;* Str.-kiwel *Melkkübel;* Str.-stull [-stùl *D.;* -štoul *Si.*] *Melkstuhl.* s. strichen, streichen *melken.*

streichen s. strichen.

streideln [strèïdəln *Ersd.* u. s.] intr. v. *zanken, streiten (Iterativform zu* striden, streiden).

streiden, streidich s. striden, stridich.

Streidert [straidərt *D. Si.*] *m. Zänker. Das Femin. lautet* Streidesch. — lux. 430 ebenso.

Streif, Streifel s. Striffe.

streifelich [straifələχ *Si.*] adj. *streifig:* str. Duch. — lux. 430.

streifen [straifən *D. Si.*] tr. v. wie hd. *streifen, leise berühren.* — lux. 430.

Streif-feier s. Strichfier.

Streïh *Stroh* s. Stroh. — Zss. Streïhbestètnis *n. Si. Heirat, wobei die Braut keinen Jungfernkranz trägt.* Streïhbraut *D. Si. Braut ohne Jungfernkranz.* Streïh-gièdel (-guət) *f. D. Si. Taufpatin, die nur wenige Zuckererbsen bei der Kindtaufe wirft.* Streï-petter *knickeriger Taufpate ibid.* s. a. Strohpatt. Streïh-zocker *ganz gewöhnliche Sorte Zuckerbohnen ibid.*

Streil [strèïl *Lix.* u. s.; stréïjəl *Bo.*; štrijəl *Si.*; šdrijəl *Ri. Ha.*] *f.* (*Ri. Ha. m.*) *Striegel.* — ndl. streel. s. a. Sträl.

streilen [strèïlə *Lix.*; stréïjəln *Bo.*; štrijələn *D. Si.*; šdrijlə *Ri. Ha.*] tr. v. 1. *striegeln:* streïl de Pär! *Lix.* Gestrijelt sin *schön gekämmt sein Ri.* — 2. *prügeln, gehörig bestrafen:* mer han ne fescht gestrijelt *Ri. Ha.* — els. 2, 618 strigle.

Streit s. Strit. — Zs. Streit-mächer *m. D. Si. Aufhetzer, Streitsucher.*

Strek s. Strick. *Davon:*

strekich [strekiχ *Bo.*] adj. *eigensinnig, widerspenstig:* e str. Kend.

Streket [strèkət *Pfb.*] *f.* 1. *Strickzeug:* bring din Str. mit! — 2. *angefangene Strickarbeit.* — els. 2, 630 Stricket; fränk. ebenso, From. 6, 162.

stremmen [strèmən *Bo. D. Si.*; strèmə *Fo.*] tr. v. 1. *stramm anziehen:* e Säl str. — 2. *beengen, einengen:* uf der Bruscht gestremmt. — 3. intr. *eng, knapp sitzen,* *spannen:* de Buxe stremme *Fo.* — lux. 431; baier. 2, 813 u. hess. 289 ebenso; els. 2, 632 (an)strämme.

Strempel *dickes Bein* s. Strample.

streng [štrèŋ *allg.* Compar. štrèŋər, štrèŋšt] adj. u. adv. *streng, hart, schnell:* strengi Owrichkeit. Streng gehn; streng wachse. *Gebräuchlicher ist* bes.

Strengt [štrèŋkt *D. Si.*] *f. Strenge.* — lux. 431 ebenso.

Strenz [štrènts, Pl. -ən *D. Si. Vbg.* u. s.] *f.* 1. *Gieß-, Spritzkanne.* — 2. *Regenguß. Bauernregel:* den hellije Lorenz mecht eng Seng oder eng Strenz *der Lorenztag (10. Aug.) bringt sengende Hitze oder Regen.* — lux. 431 ebenso; ndd. strentje *Spritzbüchse* From. 5, 297. — Zss. Strenz-depen *n. D. Si. dasselbe wie* Strenz 1. **Strenz-krug** *m. Vbg. Gießbecher.*

strenzen tr. v. *D. Si. Vbg.* u. s. *besprengen, benetzen mit dem Gießbecher z. B. die Stube vor dem Kehren:* 't Stuff (*Stube*) str. — lux. 431 ebenso; ndd. strentjen, From. 5, 297.

Strep [štrep *D. Si. Rü.*] *f.* 1. *Egge.* s. strippen, streppen *abstreifen.* — 2. *Stelle in einem Acker, die vom Pflugsterz nicht berührt, übergangen worden ist Si.* lux. 431 Ströpp 2; hess. N. 291 Strippe *Fehler beim Furchenackern (gewissermaßen etwas Übergestrüpftes).* — 3. *Schlinge, Bandschleife, Band an den Schuhen.* lux. 431 Ströpp 1; baier. 2, 818 Strupfen, Stripfen; mhd. strüpfe. — 4. *Maschine zum Ausmachen des Getreides Si.*

streppen, Streppert s. strippen, Strippert. **Strepperten** *heißen die Bewohner von Merten (Kr. Bolchen) wegen ihres Gewerbes als Besenbinder.*

Strepperei *f. D. Si. Übervorteilung, Ausbeutung.* s. strippen 3. — lux. 431 ebenso.

strewen [štréwən *D.*; štréiwən *Bo.*; štrìewən *Si. Rü.*] 1. intr. wie hd. *streben.* — 2. refl. *sich sträuben:* e strèwt sech aus Leiweskräften d'rgeïnt.

Strewer *m.* **Strewesch** [štrìewəš] *f. D. Si. Streber, Streberin.*

Strich [štrix *fast allg.*; štrex *D. Si.*; šdrixe *Ri. Ha.* — Pl. gleich] *m.* 1. *Strich:* e Strech durch d'Rechnong mâchen *D. Si.* Er hat en uf dem Str. *er kann ihn nicht leiden allg.* — 2. *Zitze am Euter Ri. Ha.* — els. 2, 625 Strich 1. s. a. Strach.

strichen [štrixən *Av. Vbg. Bo.* u. s.; šdrixə *Ri.*; štrixè *Mtsh.*; šdrixlə *Ha.*; štraixən *Busd.*; štréixən *Hd. D. Si.* — Ptc. gəštrex, gəštràx̌(t)] 1. wie hd. *streichen:* er hat mer alles g'striche *Ri.* — 2. *melken (die Milch durch streichen aus den Zitzen ziehen):* de Kouh str. *D. Si.* lux. 430 streichen; vgl. baier. 2, 808 der Strich u. nordböhm. der Striche *Zitze am Euter* From. 6, 273. — 3. *streichend ausbreiten:* Budder uff's Brot str.; gestrich sin geschniegelt u. gebügelt sein *Ri.* — 4. *streicheln, liebkosen:* d'Katz strichle. — Zs. gestriche-(gestrechten-)voll *bis zum Rand gefüllt. fast allg.*

Strich-fier [-fír *Pfb.*; šdraifaiər *Ri.*] *n.* Streichholz: geh, hol e Lad Str.-f.! — els. 1, 133 Streiffeuer.

Strick [štrik *fast allg.*; strek *Bo. D. Si.*] *m.* 1. *Strick:* de Kuh am Str. fihre. — 2. *Taugenichts:* du bisch e rechter Str.!

strickedich [štrikədix *Av.*] adj. *halsstarrig.* s. a. strekich.

stricken [štrika *fast allg.*; strekən *D. Si. Bo. Pfb.* — Ptc. gəštrikt, gəštrekt] tr. v. *stricken:* Strimp str. — lux. 430 streken; ss. sträckn, Kisch vgl. Wtb. 217.

Strickel *m.* 1. *dasselbe wie* Strick. — 2. *Spottname der Bewohner von Mombronn (Kr. Forbach).*

Strickerei [šdrigəreï *Ri. Ha.*] *f.* wie hd. *Strickerei.*

Stricker-lohn *m. Lohn für Stricken der Strümpfe allg.*

Strickersch [štrikərš *fast allg.*; štrekərš *Bo.*; štrekeš *D. Si.*] *f. Strickerin.* — lux. 330 Strekesch.

Strick-gar *n. allg. Strickgarn.*

Strick-nodel *fast allg.* (Streknôl *D. Si.*) *Nadel zum Stricken.*

Strick-schul *fast allg. Unterrichtsstunde, in der die Mädchen das Stricken erlernen.*

striden [štridə *fast allg.*; štrídən *Bo.*; štraidən *D. Si.* — Ptc. gəštrìt, gəštrídən] intr. v. *streiten, zanken:* se han lang gestried. — els. 2, 636 strite.

stridich [štrídiχ *Bo.* u. s.; štraideχ *D. Si.*] adj. *streitig, streitbar, streitsüchtig.* — baier. 2, 820 strittig; lux. 430 streidech.

Strieme[n] [štrìmə *Fa.* u. s.; štréim, Pl. -ən *lux. Grenze*] *m. Streifen:* Str. im Gesicht, am Backe. — els. 2, 632; baier. 2, 814 u. hess. 403 ebenso.

striemich [štrímiχ *Bo.* u. s.] adj. *gestreift:* sin Rock esch str. — els. 2, 632 strimig. s. a. strämich.

Striffe [štrìfə, Pl. gleich *Fo.* u. s.; šdrìfə *Ri. Ha.*; štraif, straifəl *D. Si.*] *m.* 1. *Streifen in Stoffen:* blôe Striffe im Duch. E roter Str. in der Buchs. — 2. *Strich:* mach ne Str. unner d' Rechnung! *Ri. Ha.* Wer im Kartenspiel verloren hat, bekommt e Striffe *ibid. Strich, der in der Schülerliste hinter dem Namen eines Abwesenden gesetzt wird:* du hasch e Str. grijt *ibid.* — els. 2, 628 ebenso.

strijle[n] s. streile[n].

strippen [štrìpə *Fo. Fa.* u. s.; šdrìbə *Ri. Ha.*; štrepən *Bo. D. Si.* — Ptc. gəštrìpt, gəštrept] 1. trans. *streifen, abstreifen, die Haut abziehen:* Lâf str. *Laub zwischen den Fingern vom Zweige ziehen.* Kwetsche str. *Zwetschen ohne Stil pflücken.* E Fresch str. *einem Frosch die Haut abziehen.* — 2. *Kleinigkeiten stehlen, stibitzen:* er hat m'r en Appel gestrippt. els. 2, 635 stripse. — 3. *quälen, schinden, plagen, überfordern:* d' Leit streppen *die Leute schinden, überfordern.* — 4. intr. *mit großer Anstrengung, aber nicht gründlich arbeiten:* der streppt *Bo.* — 5. refl. *sich umziehen (weil die Kleider durchnäßt od. schmutzig waren) Fo. Bo.:* ich han mich von owe bis unne gestrippt *ich habe mich ganz umgezogen.* — lux. streppen Ga. 439; els. 2, 634 u. baier. 2, 818 strupfen; ndd. striepen, strippen *abstreifen* From. 3, 368, 56; 6, 78; ndl. strooepen; engl. to stripp; mhd. strupfen.

Strippert [štrìpərt *Grt.* u. s.; štrepərt *Bo. D. Si.* — Pl. -ən] *m.* 1. *Beutelschneider, Dieb, Wucherer.* — 2. *Leuteschinder.* — 3. *Mensch, der angestrengt, aber nicht gründlich arbeitet.* — lux. Streppert Ga. 439. s. d. vorige.

Strit [štrít *fast allg.*; strit *Bo.*; štréit *D. Si.*] *m. Streit, Zank:* mir han noch kä Str. mit enenner gehat *Fo.* — els. 2, 636 Strit.

Striz [štrìts *Pü. Vbg.* u. s.; šdrids *Ri. Ha.*; *Bo. D. Si.* - Pl. -ən] *f.* 1. *Spritze, wie sie die Knaben aus dem Hollunder anfertigen; Wasserspritze. Wdg.:* e Stritz grije *fortgeschickt werden Ri.* — 2. *gemeines Frauenzimmer.* — els. 2, 637 u. schwäb. Strütz; lux. 432 Strötz.

stritze[n] *fast allg.*; **stretzen** *Bo. D. Si.* 1. intr. *(Nebenform von* spritzen) *spritzend hervorkommen:* das Wasser stritzt us dem Bode *Fo.* — 2. *stehlen, heimlich wegnehmen:* er had em si Geldsack gestritzt *Ri. Ha.* — hess. 404 u. baier. 2, 821 ebenso; els. 2, 636 strütze; lux. 432 strötzen.

Strof [štrôf *fast allg.*] *f. Strafe:* er hat e schweri Str. krit. *Fo.* — lux. 431 u. els. 2, 627 Strôf. — Zs. Str.-geld.

strofber [štrôfbər *Si.*] adj. *strafbar.*

strofe[n] [štrôfə[n] *allg.*] tr. v. 1. *strafen:* der Lehrer hat ne gestroft. Gott strof mich! *Beteuerung allg.* — 2. *den Gegner im Kartenspiel durch bessere Karten überbieten.* — els. 2, 627; lux. 431.

Stroh [štrô *fast allg.*; šdrô *Ri. Ha.*; štréï *D. Si.*] *n.* wie hd. *Stroh:* um Str. schlofe. Uff um leere Str. dresche *unnütze Arbeit verrichten Ri.* Et as mer eweï enger Kou̯h em d'Streïh frêszen *ich habe keine Lust dazu Si.* — Zss. Str.-band *Strohseil.* Str.-dach. Str.-god u. Str.-patt *Taufpaten, die keine od. nur wenige Zuckererbsen bei der Kindtaufe werfen.* Str.-hälme. Str.-hufte *Strohhaufe.* Str.-hut. Str.-kopp (Streïhkapp). Str.-mann *im Felde, um Vögel u. Wild zu verscheuchen; auch im Kartenspiel.* Str.-sack. Str.-säl *Strohseil.* Str.-stul *Häckselmaschine Berl.* Str.-wusch.

Strom [štrou̯m *D. Si.*] *m. Strom.* — Zs. Strom-berg [štroumbèreχ] *Stromberg (Berg bei Schengen gegenüber Sierck).*

strompen [štrompən *Bo.*] intr. v. *durch den Schmutz waten.* — ss. strampen *im Kot mühsam sich fortbewegen Kr.* 127; vgl. rheinfr. strampfen *stapfen und stampfen auf schlechten Wegen.*

Stronk [štroŋk *D. Si. Ersd.* u. s.; štruŋk *Rü.*] *m.* 1. *Strick (auch im übertr. Sinne), Strang:* wo gehscht de hin? den

Hund henken, du darfscht den Stronk hepen *derbe Abweisung Ersd.* — 2. *Stumpf, kräntiger Stamm:* e Str. Kappes. — lux. 431 u. ndl. stronk; ss. Strônk, Kisch W. u. W. 149; mhd. strunc (tirsus).

stronkich [štroŋkeχ *D. Si.*] adj. *strunkig, mit einem Strunk versehen:* str. Salot. — lux. 431 ebenso; ss. strönkich, Kisch W. u. W. 149.

Stros [stròs *fast allg.*; šdrós *Ri. Ha.*; štròts *Obh.*] *f.* 1. *Straße, bes. Landstraße (die Straße in der Stadt heißt* Gass). *Wdgn.*: de Str. isch em ze schmal *er ist betrunken allg. Von jd. der sich beim Essen besudelt u. Spuren auf dem Tischtuch hinterläßt, heißt es:* er hat e Str. bitz uff Sankt Waffel, un 's Dorf heischt Mulaff *Ri.* — 2. *lange Reihe hintereinander liegender Kartoffeln:* m'r han e ganze Str. Krumbire usgemacht *Fo.* — 3. *Bezeichnung der zur Gemeinde Rieding gehörigen Annexe Klein-Eich, offenbar, weil durch dieselbe die große Staatsstraße von Saarburg nach Straßburg führt.*

Stross *Gurgel, Kehle* s. Struss.

Strub-kopp [štrupkop *Fo.* u. s.] *m. Trotzkopf, eigensinniger Mensch:* 's isch e Str.-k. — els. 1, 461 Strubelkopf. vgl. Struwel.

Struch-merder [štruχmerdər *Fo.* u. s.; štrúfmerdər *Lix.* štrauχmièrdər *D. Si.*] *m. Raufbold, Strauchdieb, Raubmörder (als Schimpfwort):* er hat e Gesicht wie e Str.-m. — lux. 428 Strauchmꞌerder.

strudleⁿ [štrùdleⁿ *Fa. Bi. Av. Ri. Ha.* u. s.; štrùdlan *Grt.*] intr. v. 1. *schnell u. undeutlich sprechen.* — 2. *stottern:* strudel nit so, m'r versteht nix. — els. 2, 627 strudle 2; baier. 2, 810 u. 820 strodeln, strudeln *etwas übereilen;* hess. N. 290 ebenso.

Strudler [štrùdlər *Av. Bi. Fa. Grt.* u. s.] *m.* 1. *Stotterer.* — 2. *Mensch, der schnell redet u. sich dabei fortwährend verspricht.* — els. 2, 627 Struttler 3.

strudlich adj. *Bi. Fa.* u. s. 1. *stotternd.* — 2. *eilfertig im Sprechen und Handeln:* wie kammer so str. sin? *Bi.* — els. 2, 627 strudlig.

Strump [štrùmp *fast allg.*; šdrùmb *Ri. Ha.*; štromp *Sgd.*; štremp *D. Si.* — Pl. štrimp, štremp] *m. Strumpf:* Mi Strimp sin verriss *Fo. Wdg.*: mit Strimp u. Schuh i(n) de Himmel od. in de Helle kumme *Ri.* — Zs. Strump-bändel [-bèn(d)əl *Fo.* u. s.; -bèŋlə *Mett.*; štrùmbènəl *Schw.*] *n. Strumpfband.* Str.-werwer *Strumpfweber Ri.*

strupsich [štrúpsiχ *Falk.*; štrupeχ *D. Si.*] adj. *struppig:* sträl din strupsich Hòr! — els. 2, 624 strubelig, strubig; lux. 432 struppech.

Struss I [štrus *fast allg.*; štraus *D. Si.* — Pl. štris, štrís, štrais. Demin. štrisχə, štraisχən] *m. Strauß, Blumenstrauß:* e schener Blumestruss. E dürrer Str. *Blumengewinde aus künstlichen Blumen.* — 2. *Strauch, Gebüsch.* — els. 2, 635 Struss 1.

Struss II [štrus *Fo. Sgd. Lix.*; štròs *Falk. Bo. Homb. Brettn. Ha. Obh.*; štrøs *Geinsl.*; štràs *D. Si.*; struᵊs *Spi.* – Pl. štrusə, štròsən] *f.* 1. *Luftröhre, Kehle, Schlund:* der hat e Str. wie e Schäkärmel (s. d.) *einen sehr weiten Schlund.* Er hat e Str. er hat *einen Rausch Ri. Ha.* — 2. *laute, unangenehme Stimme, gutes Mundwerk:* die hat e Struss! En dichtich Strass hun *Si.* — baier. 2, 819 Strosz; lux. Strass Ga. 437; hess. 404 Strotte, ebenso ndd. From. 6, 486; ndl. strot; mhd. strozȝe.

strussen [štrùsən *Grt. Sgd. Lix.* u. s.; štròsən *Bo. Ha.*] 1. trans. *an der Kehle packen.* — 2. refl. *sich balgen:* die han sich awer gestrusst! — els. 2, 636 strüssen *streiten, kämpfen.*

Strusser [štrùsər *Lix.* u. s.] *m. grober Mensch, der gern andere an der Kehle (Struss) packt.*

Strutz *Durchfall* s. Stratz.

Struwatz [štruwats *Fa. Merlb.* u. s.; štruwatsəl *Lix.*] *m.* 1. *Zottel, Haarbüschel:* sträl din Hòr, mit dem Str. derfscht de nit fort! — 2. *Mensch, der unordentlich ist in der Kleidung, im Sprechen oder Hantieren:* das isch e Str. von eme Mann! — els. 2, 624 Strubel 1, 15; vgl. baier. 2, 804 stroblen, Strobelkopf. s. a. Struwe 1.

Struwe I [štrúwə *Obh.* u. s.] *f. Haarquirl auf dem Scheitel.* — vgl. els. 2, 624 (Wider)strub; baier. 2, 803 strauben *rauh hervorstehn;* nds. strûf *rauh* From. 2, 423, 58; mhd. strùben.

Struwe II [štrúwə *Pü.* u. s.] pl. *eine bessere Sorte Fastnachtskuchen. (Der Teig wird durch einen Trichter in heißes Fett gelassen und nimmt dadurch gewundene „struweliche" Formen an).* — els. 2, 623 Strub, Struwe 2; baier. 2, 803 Strauben *eine Art krauser Mehlspeisen*; mhd. strûbe.

Struwel [štrùwəl *Bi.* u. s.] *m.* 1. *Schopf mit wirren Haaren, struppiges Haar.* — 2. *Bezeichnung einer Kuh mit wirrem Stirnhaar.* — els. 2, 624 Strubel; vgl. baier. 2, 804 u. mhd. strobeln *struppig sein od. machen.*

struweⁿ [štrúwən *Falk* u. s.; šdrúwə *Ri. Ha.*; štruwələn *D. Si.*] 1. intr. a) *sträuben*: sin Hor *(Haare)* sin gestruwt *Falk.*; b) *sich mühsam durcharbeiten, strampeln*: durch de Dreck str. — 2. refl. a) *sich sträuben, vom Federvieh; die Federn aufbauschen*: der Pohahn strubt sich; b) *sich auftun, stolz sein*: wie er sich strubt! — els. 2, 624 strube (strùwe); lux. struwelen; mhd. strûben.

struwelich [štrúwliχ *fast allg.*] adj. *struppig, wirr an den Haaren, zerzaust.*

Reimspruch:
Du mänscht, du werscht schên, 's isch jo nit wohr,
Hascht rutziche *(triefende)* Aue, hascht struweliche Hòr! *Fo.*
hess. Nr. 338 strubbelig, struwelig; ss. strublich Kr. 128; mhd. strûbelêht.

Stub [štub *Fo. Ri. Ha.* u. s.; štuf *D. Si.*; štú *Bo. Falk. Rem.*; štòb *Pfb. Lix. Sgd. Schw.*; stoüw *Av.* — Pl. štuwə, štiw, štùwən, štún; Demin. štibχə, štíwχin, štiwlə] *f. Stube. Rda.*: ze Stuwe gehn *alter Brauch, an den Winterabenden zu bekannten Familien zu gehen, um dort die Zeit bis etwa 11 Uhr mit Stricken, Nähen oder Spinnen zuzubringen; zwischen 9 u. 10 Uhr wird ein Imbiß eingenommen.* — *Das Demin. bedeutet auch Hinterstübchen*: im Winter sin m'r im Stibche. *Wdg.* d'Stiwle wichse *scherzh. Kartoffel schälen Ri. Ha.* — *Man unterscheidet* Vederstub (Vellerstub *Ha.*) u. Hingerstub *Vorder- u. Hinterstube Ri.* Newestub *Zimmer neben der Hauptstube.* Ewerstub *Zimmer im 1. Stock über der Wohnstube.* — Zss. Stub-kammer *Nebenstube*. Stuwe-hucker *Stubenhocker Ri. Ha.*

Stubbert [štùbərt *Bi.*; šdùbər *Ri. Ha.*] *m.* 1. *Stoß*: er hat m'r e St. gen. *Ri. Ha.* — 2. *Korkpfropfen, Stöpsel*: e St. uff der Budell *ibid.* els. 2,608 Stoppert. — 3. *Rundholz der Handschuhnäherinnen, um den Fingern der Handschuhe die gewünschte Form zu geben ibid.* — 4. *kurzer, dicker Mensch Bi.* s. a. Stupp. — 5. *Stümper*: e St. seïn in ebbes *Bi.* — vgl. els. 2, 607 Stuppe; hess. 405 Stubbe.

stubbich s. stuppich.

Stuche [štúχə *fast allg.*] *m.* u. *f. Stauche, Pulswärmer, Armhandschuh.* — els. 2, 574 Stucher; rheinfr. Stuchen From. 6, 279, 7; baier. 2, 722 Staucher, Stauch; hess. 396 Stauche; vgl. mhd. stúche.

studen [štúdən *Falk.*] tr. v. *stützen*: dat Hus mus gestudt gen. — vgl. baier. 2, 733 u. mhd. stud *Pfosten*, G'stud; els. 2, 574 Stud, G'stud; baier. studeln *stützen*.

studiereⁿ [študírə *fast allg.*; štodéïərən *D. Si*] tr. u. intr. *studieren, höhere Studien machen*: e stodeïert fer Awekôt *Si.* De Vöwle studiere *die Vögel fangen an Melodien zu pfeifen Ri.*

Stuel *Stola* s. Stol.

Stuff s. Stub.

Stuft [štùft *Fo. Sgd. Lix.* u. s.; štoft *Bo.*; štof *D. Si. Ri. Ha.* — Pl. -əⁿ] *m.* u. *f. Stoff*: e wollener Stuft *Fo.* — lux. Stoft Ga. 434; vgl. els. 2, 577 Stuft *Art, Sorte.*

Stuhl [štúl *fast allg.*; štoul *D. Si.* — Pl. štíl, štéïl; Demin. štúlχə, štéïltχən *Si.*, šdĭlələ, štíjəl, štiχəl *Ri. Ha.*] *m. Stuhl.* E St. steïje *einen Stuhl in der Kirche gegen Bezahlung erstehen Ri.* Zwische zwen Stihl si en de Dreck setze. *Fo. Das Demin.* Stihlele, Stijel *bedeutet Bänkchen Ri. Ha.* — Zss. St.-gang wie hd. *Spruch*: so gehn die Gäng, hat der Miller gesat; awer er hat nur äne gehat, un das isch der Stuhlgang gewän, un der nid gang *Ri.* St.-geld *für einen Stuhl in der Kirche.* St.-rek (eigentl. *Stuhlrücken*) Stuhllehne *D. Si.*

Stulper-nagel [šulpanàgəl *Obh.*; štulbnawəl *Ri. Ha.*] *m.* *großer Schuhnagel mit* *vierkantigem Kopf für die Ränder der Sohlen u. Absätze au Arbeiterschuhen.* — els. 1, 762 Stolpernagel.

stumm [štùm *fast allg.*; štòm *Bo. D. Si.*] *adj.* wie hd. *stumm:* st. wie e Fesch. — Zs. Stomme-spròch *f. Zeichensprache Rü. lux. Grenze.*

Stumpe, Stump [štumpə *fast allg.*; štumbə *Pfb. Bi.*; šdùmbə *Ri. Ha.*; štump *Vbg.*; štomp *Bo. D. Si.* — Pl. štumpə, štemp. Dem. štemptχən, šdìmbəl, štéimbəl.] *m.* 1. *Stummel, Stumpf:* e Stumpe Sigarre. — 2. *halbgefüllter Sack als Maß für Getreide* = *100 Lit.:* e Stumbe Frucht, e St. Krumbire. — 3. *Knirps, kleiner Kerl:* du klåner Stumpe!

Reimspruch:

der Hansel isch in de Brunne gefall,
m'r hat 'ne hère plumpe,
m'r hat gemänt, s'isch e grosser Mann,
s'isch doch so'n kläner Stumpe (jetz isch's nummer e St.)

— 4. *bissige Antwort:* er hat sin Stump kreït *Vbg.* — Romp on Stomp *Rumpf u. Stumpf Bo.* Rumbe die Stumbe *Ri.* — els. 2, 596 Stumpe; baier. 2, 759 Stumpen; ss. Stomp, Kisch W. u. W. 147. — Zss. St.-hos *Kniehose*. Stump-nas [-nòs *Lix.*] *f. Stumpfnäschen*.

stumpich [štumpiχ *fast allg.*; štumbiχ *Pfb. Bi.*; štompeχ *D. Si.*] *adj. u. adv.* 1. *klein, untersetzt.* s. Stumpe. 3. — 2. *stumpf = nicht mehr spitz, stumpf geworden:* en hot sech d'Fanger stompech geschriw *Si.* — els. 2, 598 stumpfig; lux. 427 stompech.

stunen[ⁿ] [šdunə *Ri. Ha.*] *intr. v. staunen, gedankenlos vor sich hinblicken:* was stunsch de so? — els. 2, 608.

Stunn [štun *fast allg.*; štòn *Bo. D. Si.* — Pl. štunə, štònən; Demin. štenχən] *f. Stunde. Rda.*: er isch dreï Stunne von iberall *er ist ein Landstreicher Bi.* Hunnert Stunn Wegs kumme *von sehr weit herkommen Ri. Ha.* — Zss. Stunnelang (stonne-lâng) *adv. stundenlang.* Stunne-wìt (stonne-weit) *stundenweit.* Stunne-zeijer *an der Uhr Ri.*

Stunne-risser [-risər *Fo. Lix. Ri. Pü.* u. s.] *m. Arbeiter, der nur kurze Zeit, eine Stunde etwa, tüchtig arbeitet u. dann nachläßt.* — els. 2, 289 Stunderisser. s. a. Hatzerisser, Sturmerisser u. Stonnewirkert.

Stupp [štùp *D. Si.*] *m.* 1. *kurzer, dicker Mensch.* — 2. *Hund mit gestutztem Schweif. Das Demin.* Stìppchen *bezeichnet überhaupt etwas Kurzes:* e St. Worscht. — Zs. Stupp-schwanz *Stutzschwanz, Pferd mit kurzem Schweif D. Si.*

stuppen[ⁿ] [štùpən *Fo. Falk.* u. s.; sdùbə *Ri. Ha.*] tr. v. 1. *stoßen, drücken:* am Wawe *(Wagen)* stubbe *Ri.*; *bes. mit dem Fingerknöchel od. dem Ellenbogen stoßen, um die Aufmerksamkeit zu erregen:* stupp en emol, er hert nix *Fo.* — 2. *hetzen, anreizen, Streit suchen:* das isch uf uns gestuppt *auf uns gemünzt.* An änem st. *an jd. herumstichetn.* — 3. *jd. etwas fühlen lassen:* i will's ihm schun stubbe *Ri. Ha.* — els. 2, 609 stupfe; ss. stupen Kr. 128. s. a. stupsen u. stippelen[ⁿ].

Stupperten[ⁿ] [štùpərtən *Sgd. Lix. Rem. Ipl.* u. s.; štubətə *Ro.*] pl. 1. *Kartoffelgericht: Kartoffeln mit Mehl „gestäubt" und gekocht.* — 2. *Nudeln Ro.* — 3. *dicke Knödel Rem.* — vgl. baier. 2, 720 die Speisen stuppen *d. h. bestreuen.* s. a. From. 4, 228 stuven.

stuppich [štùpiχ *fast allg.*; štupeχ *D. Si.*; štùbiχ *Bi.*] *adj. klein, untersetzt; kurz und dick.* — lux. 432 stuppech; engl. stubbed.

stupsen[ⁿ] [štùpse *Fo.* u. s.; štypfə *Pfb.*] tr. v. *heimlich stoßen:* stups'n emòl, m'r wolle em eppes sân. s. stuppen.

Sturek, Sturkes [šturek, šturkəs *Si.*] *m. ungestümmer Mensch, störriger Kerl.* — hess. Nr. 288 Storags; lux. 432 Stura: vgl. ndd. stůr *steif, grimmig* From. 6, 485.

Sturk *Storch* s. Storich.

sturkelen *taumeln* s. stirkelen.

sturken [štuərkən *Si.*] *intr. v. stieren (mit den Augen):* wo[u] stuerkschte hin? — lux. 433 ebenso.

Sturm, Sturme [štùrm *Bo.*; štùrəm *D. Si.*; štùrmən *Fo. Bi. Falk. Av.* u. s. — Pl. štírm, šturmən. Demin. štírmχin, šteïrməl] *m.* 1. *Sturm, Sturmwetter.* — 2. *eine kurze Zeit, eine Weile (eigentl. so lange ein Windstoß dauert):* jetz hat er mol

Ruh for e Sturme *für eine Zeit lang Fo.* En Sturm *eine Weile Bo.* — 3. *die Arbeit, die in einer kurzen Zeit vollbracht wird:* 's isch numme e Sturmen. — 4. *heftigere Gemütsstimmung, Laune:* er hat wieder mol sin Sturmen *Falk.* — baier. 2, 782: er hat seinen Sturm wieder.; lux. Sturm Ga. 441. — Zss. Sturm-klack *f. D. Si. Sturmglocke.* Sturme-risser (s. d.) Sturm-schrek *m. D. Si. Sturmschritt.* Sturm-wend *m. Av. Sturmwind.* Sturme-wetter *n. Gewitter:* e St.-w. in de Hose han *in einem fort farzen Ri.*

Sturme-risser *m. Bi. einer, der eine Zeitlang stramm arbeitet, aber nicht lange aushält.* s. a. Stunne-risser, Stonne-wikert.

Sturz [štúrts *D. Si.*] *m.* 1. *Platzregen.* — 2. *eine Weile (solange ein Platzregen dauert):* dat dauert nemmen e Sturz. — lux. 433 ebenso.

Sturzeⁿ [štùrtsə *Fo. Bi.* u. s. - Pl. gleich. Demin. štéïrtsəl *Bi.*] *m.* 1. *Baumstumpf im Boden:* e St. Bâm. — 2. *Rest, Stück:* e St. Bëse *abgenutzter Besen.* Zahnsturze *Wurzelstück von einem Zahn.* Krutsturze *Krautstrunk.* — els. 2, 615 Storze; baier. 2, 787 Sturzel, Sterzel *Strunk.*

Stutten [štùtən *Bo.;* štadùtən *Si.*] *f.* pl. *verrückte Einfälle:* en hot nach emòl seng St. *er ist wieder mal halb verrückt Si.* — lux. 420 Staut *Laune;* els. 2, 574 Stode *Schwänke;* pfälz. Stote *Kurzweil, Spaß.* — Zs. Stadute-krämer *m. Si. Narr, Einfaltspinsel.*

Stutz [štùts, Pl. -ən *D. Si.*] *f. Pulswärmer.* — lux. 433 ebenso; baier. 2, 802 Stutzen, Stüzl *Pulsstutzen.* s. a. From. 6, 115, 26 Stutz'n *Muff;* vgl. hd. stutzen = *kürzen.*

stutzeⁿ [štùtsən *Falk.* u. s.; šdùdsə *Ri. Ha.*] 1. tr. *kürzen, beschneiden:* de Bäm st. *Ri. Ha.* — 2. intr. a) *schmollen, trotzen:* fer wejen warim stutzsch de su? Ich darf nit bit uf de Märk *Falk.* b) *zögern, stutzig werden.* — els. 2, 621; mhd. stutzen.

Stutzes [šdùdses *Ri.*] *in der Wdg.:* se han St. grijt mit enander *sie sind in Streit geraten.* — vgl. baier. 2, 800 Stutz *Eigensinn;* stützig *streitend, zankend.*

stutzich [štutseχ *D. Si.;* šdùdsiχ *Ha.;* šdùdsi *Ri.*] adj. 1. *kurz, gestutzt:* st. Ärmel *D. Si.* — 2. wie hd. *stutzig Ri. Ha.*

Su *Schwein, Sau.* s. Sau.

Su [ⱬú *fast allg.;* ⱬý *Pfb.* — Pl. ⱬúən. Demin. ⱬíχən *D. Si.*] *m. Sou (französ. Münze = 4 Pfennig). Noch jetzt vielfach Wertbezeichnung im Reichsland.* For e Su Schnaps get er sich henke lon *Fo.* Er isch kä Su wert, u wann er zwei im Buxesack hat *Fo.* Dü bekommsch a e Sü, wenn ich emol Geld of eme Leidersprosse fend *Pfb.* Ich zei *(zeige)* d'r a e Sü am Messdi, wenn de m'r e Pfenni wechselsch *Pfb.* An der Kirw krisch ne Su met eme Loch drin *wenn man nichts geben will Ro.* Ech hu' kän roᵘde, kä bòre Su *ich besitze keinen Pfennig D. Si.* Mer misse de S. spare *das Geld sparen Ri. Ha.* Et hot mech meng scheï Sue kascht *es hat mich ein schönes Geld gekostet Si.* Dicker Su *10 Centimesstück.* — Zss. Su-brot u. Su-wecke *4 Pfennigsemmel. Scherzrätsel:* was koscht e Subrot?

sucheⁿ [ⱬùχə *fast allg.;* sùχə *Ri. Ha.;* ⱬuχə *Lix.;* ⱬouχən *Bo.;* ⱬiχən *D.;* ⱬćïχən *Si.* — Flexion: ⱬùχə, ⱬiχšt, ⱬiχt, ⱬuχə, gəⱬùχt *fast allg.* - sùχ, suχš, sùχd, sùχə gəsùχd *Ri. Ha.* — ⱬiχən (ⱬćïχən), ⱬiχšt (ⱬćïχšt), ⱬiχt (ⱬćïχt), ⱬiχən (ⱬćïχən), gəⱬiχt (gəⱬouχt) *D. Si.*] 1. tr. *suchen:* ich han ne gesucht, awer ich han ne nit funn *Fo.* Wer sicht, der find, *ibid. Spw.* Wer sucht, der fingt *(findet);* wer furzt, der stinkt *Ri. Ha.* Oïnen soᵘchen *jd. reizen Bo.* Wenn de mi suchsch *(wenn du mich reizst),* fingsch de mi *Ri.* Gell, du suchsch ebbs? sagt man zu *jd., der sich nicht zufrieden geben will. ibid.* 2. unpers. *leicht schmerzen, bes. im Leib nach einem Abführmittel:* 's sucht *Ri. Ha.* — els. 2, 323 ebenso.

Sucht [sùχt u. dsùχt *Ri. Ha.*] *f. Krankheit, Seuche:* 's isch wiedrum e šo S. im Dorf. — els. 2, 218 u. hd. 2, 219 ebenso.

Suckel [ⱬùkəl *D. Si.*] *f. irgend ein Gegenstand, an dem gesogen wird,* z. B. *eine Zuckerstange.* s. das folgende. — lux. 433 ebenso; hess. 407 u. hess. N. 3, 39 Suckel *Lakritzensaft.*

suckleⁿ [ⱬùkləⁿ *fast allg.;* suglə *Ha.;* ⱬùglə *Pfb. Bi.*] intr. v. *lecken, lutschen, langsam saugen:* Zucker suckle. Der suckelt schon e Stunn an em Appel. —

els. 2, 346; baier. 2, 223 u. hess. 407 ebenso; vgl. frz. sucer.

Suckler (Sugler) *m. fast allg. Lecker, Lutscher. Das Femin. dazu:* Sucklesch *D. Si.*

Sud [ᵹúd *fast allg.*] *f. Soda:* m'r han kä S. meh zum butze. — els. 2, 328 ebenso; frz. soude.

Sudel [ᵹudəl *D. Si.*] *f. Sudelwäsche-* — lux. 433 Suddel. — Zs. Sudel-wasser *Bi. Spülwasser.* s. sudle^n 4.

Suder [sùdər *Ri. Ha.*; ᵹoudər *Si.*] *f.* 1. *Ablauf, Leck; Stelle, wo eine Flüssigkeit durchsickert Si.* — 2. *kotige, breiartige Masse Ri. Ha.* — hess. 408 Sutter; vgl. Sod.

suderen [ᵹoᵘdərən *Si.*] intr. v. *sickern, hervorquellen.* — hess. 408 suttern; hd. süttern Weig. Wtb. 2, 849; vgl. baier. 2, 340 suttern, sottern.

sudle^n [ᵹudlə *fast allg.*; sùdlə *Ri. Ha.*; ᵹúdələn *D. Si.* — Ptc. gəᵹudəlt] tr. v. 1. *schmutzig machen durch Verschütten:* er hat den Disch mit Dint gesudelt. — 2. *Flüssigkeiten verschütten:* Bier sudle. — 3. *das Geschirr spülen Bi.* — 4. intr. *mit den Händen im Wasser arbeiten:* lu, wie de Kinner im Wasser sudle! — 5. *schlecht schreiben:* was sudelsch de wieder? — els. 2, 328 ebenso; baier. 2, 229 sudeln.

Sudler *m. allg. Schmierfink, unordentlicher Mensch:* met dem S. isch nix ze schaffe. *Das Femin. dazu:* Sudlersch. — lux. 433; baier. 2, 229 u. els. 2, 328 Sudler.

Suedel s. Sattel.

Suff [ᵶùf *fast allg.*; ᵶùfə *Schw.*; sufə *Ri. Ha.*; ᵶauf *D. Si.*] *f. steifer Trank für Rindvieh u. Schweine; Küchenwasser zum Tränken' des Viehs.* — els. 2, 320 Sufe. — Zss. Suff - eimer *Tränkeimer.* Suff-kalb *Ltf.*, S.-kälwel *Ri. Kälbchen, das noch saugen muß. Rda.:* e gut Suffkalb brucht net vil ze fresse. els. I, 432 Sugkalb. Suff-lappe *m. Lix. Schw. Trinker, Säufer.*

suffe^n [ᵶufə *fast allg.*; sufə *Ri. Ha.*; *Mtsh.*; ᵶyfə *Pfb.*; ᵶaufə *Lix.*; ᵶaufən *D. Si.* — *Flexion:* ᵶufs, ᵶifšt, ᵶift, ᵶufə, gəᵶuft *fast allg.* — suf, sufš, sufd, sufə, g'sof *Ri. Ha.* — ᵶaufə, ᵶifšt ᵶift, ᵶaufə, gəᵶofə *Lix.* — ᵶaufən, ᵶéïfšt, ᵶéïft, ᵶaufən, gəᵶòf *D. Si.*] tr. u. intr. *saufen:* sich voll s. *allg.*; sich ratzevoll suffe *Ri. Hä.* Er sufft wie e Loch, wie e Ochs; er sifft wie e Loch un frisst wie e Birschtebenner *Lix.* Der süfft sich noch d'Gurjel ab *Pfb.* — els. 2, 329 sufe.

Suffer, Suffersch s. Siffer, Siffersch.

Sufferei [ᵶùfəreï *Bi.* u. s.; ᵶaufərai *D. Si.*] *f. Säuferei, anhaltendes Trinken, Trinkgelage:* das isch m'r e S.! — els. 2, 330 Suferei.

Sul [sul, Pl. -ə *Ri. Ha.* u. s.] *f. Säule, Stützbalken.* — els. 2, 352.

Sulber s. Solper.

sume^n [ᵶumə *fast allg.*; sumə *Ri. Ha.*; ᵶaumən *D. Si.*] 1. intr. *säumen, zögern:* jetz nimmeh gesumt! — 2. refl. *langsam machen:* Sum dich nit, 's isch hèchst Zit! — els. 2, 358 sume.

Sumeter [sumèdər *Ri.*; ᵶumítər *Falk.*] *m.* 1. *Hilfs- od. Unterlehrer.* — 2. *Unterbeamter in einem industriellen Werk.* — frz. sous-maître.

Summ [ᵶùm *fast allg.*; ᵶòm *Bo. D. Si.* — Pl. -ən] *f. Summe.* — els. 2, 358 ebenso.

Summer [ᵶùmər *fast allg.*; sumər *Ri.*; ᵶúmər *Bo.* — Pl. -ən] *m.* 1. *Sommer.* — 2. *Sommerernte:* an de S. gòn *das Getreide mähen gehen Si.* E gudde S. mâ'n *eine reichliche Getreideernte einbringen D. Si.* — Zss. Summer-flecken *fast allg. Sommersprossen.* Summer-haissen *Si. Gartenhäuschen.* Summer-läder *Sprossenleiter am Wagen.* Alder Weiwersummer, Frawesummer *Altweibersommer. Ri.*

summern [ᵶumərən *D. Si.*; ᵶúmərn *Bo.*] intr. v. *sommern, warm werden. Bauernregel:* wann't net wentert, summert et oich net *Bo.* — vgl. baier. 2, 282 sümern.

Sumpe^n [ᵶumpeⁿ *Fa. Lix. Av.* u. s.; ᵶomp *D. Si.*] *m. Sumpf, sumpfige Stelle.* — Zs. Sump-loch.

sumpich adj. *fast allg.*; sumpsich *Falk.*; sompech *D. Si. sumpfig:* en sompech Wies.

sumpos [sumpós *Falk.*] conj. *vorausgesetzt daß*: sumpos er kimt. — frz. supposé(que).

Sun [ẓún *fast allg.;* sûn *Ri. Ha.;* ẓòṇ *Bo. D. Si.* — Pl. ẓín, sin; Demin. zínχin, Pl. ẓínχər] *m. Sohn.* — Zs. Suns-frau *Schwiegertochter Ri. Ha.*
Sunderling *m. Ri. Ha.* wie hd. *Sonderling.*
sundreⁿ s. sonnern.
Sunn [ẓùn *fast allg.;* sùn *Ri. Ha.;* ẓòn *Bo. D. Si.*] *f. Sonne. Rdaa.:* Angscht han, ass d' S. ne verbrennt *heißt es von jd., der im Felde die Arbeit scheut Ri. Ha.* So isch kener meh inger der S. *ibid.* Nid wert sin, ass d'S. uff em schint *ibid.* Nimmeh inger der S. sin *tot sein ibid.* — Zss. Sunne-duch *Leinendach zum Schutze der Läden gegen die Sonne Fo.* u. s. Sunne-parabli *Ri.,* Sunne-schirm *allg. Sonnenschirm.* Sunne-sid *Sonnenseite Ri.:* d' Lewer an der S.-s. han *eine trockene Leber haben.* Sunne-uhr.
Sunnda [ẓùndá *fast allg.;* sùndá *Ri. Ha.;* ẓùnta *Pü.;* ẓònta *Fi.;* ẓònty *Dreibr.;* ẓòndeχ, ẓòndiχ *D. Si.*] *m. Sonntag:* wisser S. *Sonntag nach Ostern;* druricher S. *Passionssonnntag. Kinderspruch:*

> Moer *(morgen)* isch Sunnta,
> kemt der Herr von Bunnenda (?)
> hat de Sack voll Micke,
> wirft se iber de Bricke,
> dass de Poste krache,
> un de Mädle lache. *Pü.*

Adverbial: Sunnda's angedan *schön, mit Sonntagskleidern angezogen Fo.* — Zss. Sunnda's-kind. Sunnda's-kleid *od.* Sunnda's-dings *Sonntagsanzug Ri. Ha.* Sunnda's-gurjel *Luftröhre Kr.*
sunner [ẓùnər *fast allg.;* ẓònər *Bo. D. Si.*] 1. adv. *abgesondert, getrennt:* er isch sunner geleje. — 2. conj. *sonder, ohne:* sunner ufzehêre. Sonner *wird auch substantivisch gebraucht:* sei'n Sonner mâchen *seinen eignen Haushalt gründen Si.* — lux. 411 ebenso.
sunscht [ẓùnšt *fast allg.;* ẓùnš *Falk.;* ẓonšt u. ẓos *D. Si.*] adv. 1. *sonst, andernfalls:* er isch doch sunscht nit so! Hilf mer, sunscht werd ich nit fertich. Sunscht! sunscht! *Drohung Ri. Ha.* — 2. *ehemals, früher:* sunscht hätte m'r das mache derfe. — 3. *überdies:* häschte sunscht eppes? — els. 2, 367 sunst; lux. 412 soss.
supeⁿ [súbə *Ri. Ha.*] tr. v. *saugen.* — els. 2, 368.
Superliwer [ẓùpərlíwər *fast allg.;* subàrliwər *Ri.*] *n. Zuschlagsteuer bei Käufen, Aufgeld:* ich han fünf Mark S. zahle misse. — els. 1, 544 Suparliber; lux. sou per livre Ga. 420; frz. un sou par livre (= franc) *also* 5%.
Supp [ẓùp *fast allg.;* sùp *Ri. Ha.;* sòp *Si. Obd.;* tsòp *D.*] *f. Suppe. Wdg.:* ma mänt, a kreït kä warm Sopp se esse *Obd.* Wer lang S. esst, werd ald *Ri.* Dem Kind, das fragt, was es zu essen gibt, antwortet die Mutter: Supp, un her uf *Av.* (Supp un e n' End *Ri. Ha.*) *Suppe u. weiter nichts.* Fichsel *(Füchschen),* 's isch Ruwesupp *(Rübensuppe) sagt man zu jd., dem man einen verdienten Vorwurf gemacht hat Ri.*
Sup-sengessel *f. Ri. die nicht brennende Nessel (weißer Bienensaug genannt), aus deren Blüten man die honigartige Flüssigkeit herauszieht.* s. supeⁿ.
sur [ẓú(ə)r *fast allg.;* súr *Ri. Ha.;* ẓýr *Mett.;* ẓauər *D. Si.*] adj. u. adv. *sauer:* en s. Gesiht mâchen *allg.* Mer muss alles gewehnt sin, s. un ful *Fo.* — Zss. Sur-amper (s. d.) S.-kirsch *fast allg.* (Sauer-kisch *D. Si.*) *Sauerkirsche.* S.-krut (s. d.) S.-matt *sumpfige Wiese (Flurname bei Rieding).* S.-milich. S.-mus u. Sure-kappes *Sauerkraut.*
Suramper [ẓùràmpər *Fi.* u. s.; ẓuəràmpərt *Fo. Obh.;* ẓúrhąmpərt *Bo.;* ẓurùmpərt *Falk.;* ẓuràmpəl *Sgd.;* ẓuràmbəl *Schw.;* ẓauəràmpər *D. Si.*] *m.* u. *n. Sauerampfer.*
sureldich [ẓúrəldiχ *Falk.*] adj. u. adv. *säuerlich:* dat Bier schmeckt s. — els. 2, 372 surlëcht.
sureleⁿ [súrələ *Ri.;* sirələ *Ha.*] intr. v. *sauer werden:* d' Milch surelt. — els. 2, 372 sürele.
Surkrut [ẓuərkrut *fast allg.;* súrgrud *Ri. Ha.;* ẓurkryt *Flh.;* ẓauərkraut *D. Si.*] *n. Sauerkraut.* S. un Speck *die gewöhnliche Bauernkost. Rda.:* er steckt de Has zum Surkrüt *er kann nicht kochen Flh. Heilmittel gegen Zahnschmerzen:* nin-

jährijes S. uff de Hindre binge *(binden)* un es so un so lang druff leje losse *(Volkswitz Ri.)*. *Um die Bewohner von Lemberg wegen ihrer Aussprache zu ärgern, heißt man sie* Söwergröwt un Böwchlabbe *Sauerkraut u. Bauchlappen.* — Zs. Surkrut-howel *Sauerkrautmesser.*

Surle [sùrlə *Ri.*] *m. Mensch, der alles in Unordnung bringt (Synon.* Hudler): du alder S.!

surleⁿ tr. v. *Ri. in Unordnung bringen, gleichbedeutend mit* hudleⁿ.

surreⁿ [zùrə *fast allg.*; sùrə *Ri. Ha.*; zòrən *Bo.*] intr. v. 1. *surren, summen:* oinem de Ohren voll s. *Bo. Auch von Insekten, vom Spinnrad, vom Feuer im Ofen:* 's Fier surrt. — 2. *schnell rennen, sich schnell bewegen od. herumdrehen:* awer 's Rädel van der Maschin surrt! *Ri.*

Sus (Susät, Susel, Susan, Susi, Surett, Susätä, Susannchen, Sis, Sisi, Seïs, Seïsi) *Koseformen des weibl. Vornamens Susanna.*

Susch [sùš, Pl. -e *Bi.*] *f. Kerzenstiel (nachgeahmte Kerze aus Blech, in der ein Rest Wachskerze gesteckt wird)*. — frz. souche *Stumpf.*

susen [zúsən *Bo.* u. s.] intr. v. *sausen:* der Wend sust. — els. 2, 377 ebenso.

Sutan [zùtan *fast allg.*; sudàn *Ri. Ha.*] *f. Soutane, der lange Leibrock der kathol. Geistlichen.*

sutеniеreⁿ [sùdənirə *Ri. Ha.* u. s.] tr. v. *unterstützen, beistehen.* — els. 2, 380; frz. soutenir.

Suwel *Sand* s. Sawel. — Zss. Suwelboden *Si. Sandboden.* Suwel-kaul *Sandgrube.*

suwelech [zuwələx *Si.*] adj. *sandig.* — lux. 433 sueʰbelech.

suweⁿ s. sauen.

suwer [zùwər *fast allg.*; súwər *Ri. Ha.*; zúbər *Grt.*; zúwər *Falk.*; zùwa *Av.*; zauwər *D. Si.*] adj. 1. *sauber:* e suwa Biwchen *ein sauberes Bübchen Av.* — 2. *schön, hübsch:* e suwer Minsch *ein hübsches Frauenzimmer Fo.* E suwa Maidel *Av.* Der isch net suwer *dem ist nicht zu trauen Bo.*

sùwerlich, siwerlich adj. u. adv. *Lix.* u. s. *säuberlich.*

suwern [zúwərn *Falk.* u. s.; síwrə *Ri. Ha.*] tr. v. *säubern.*

T. s. unter D.

U.

u- *Rest der Vorsilbe* un-, *die in der Diedenhofener-Siercker Ma. dem hd.* a-n- *entspricht.* s. un-.

u- *Verkürzung der Konjunktion* und *vor Konsonanten in der Saarburger Mundart:* ke Ruh u ke Rascht. s. a. un.

Ubrechkät [úbreχkêt *Si.*] *f. Obrigkeit.* — lux. 454 U^nwechkêt.

udern *wiederkäuen* s. idriche^n.

Ued [ûət *Rü. Si.*] *f. Aue, Gemarkung.* — lux. 447 U^echt; vgl. baier. 1, 39 *Öd Grundbesitz, Gut;* got. aud, ags. ead *Eigen, Besitz.*

Uedem [uèdəm *Si.*] *Adam:* Uedem an Eïv woren zweïn Äppeldeïf. — lux. 447 ebenso.

Ues s. Ochs.

Uet, ueten s. Aht, ahten.

uf [ûf *fast allg.*; op *D. Si.*] 1. präpos. mit Dat. u. Acc. *auf, gegen, nach:* uf der Bank sitze; uf's Dach steie. Uf d'Kirb gehn; uf der Kirb sin. Uf den Owed *gegen Abend.* Uf de Dod krank *Ri. Ha.* 'S had nix uf sich *ibid.* Mer gehn uf Saarbricke *nach S.* — Uf dem *wird zu* um, op'm: gekwellte Krumbire um Disch un e Maidle bim Danz derf m'r hole, wa mer 's findt *Lix.* — 2. adv. *auf, offen:* uf stehn; uf sin *aus dem Bett sein;* den Hut uf dun; de Dir isch uf *allg.* — els. 1, 19.

Ufank [ufáŋk *D. Si.*] *m. Anfang.* — lux. 448 u. ss. ebenso (Kisch vgl. Wtb.230).

uf-bäbbe^n [-bèbə *Ri. Ha.*] tr. v. *aufkleben.* s. Bäbb.

uf-babble^n tr. v. *Ri. Ha.* u. s. *aufschwätzen:* er had mer ebbs ufgebabbelt.

uf-bäble^n [-bèblə *Fo.* u. s.] tr. v. *aufpäppeln.* — vgl. baier. 1, 398 päppeln *zärtlich pflegen;* mhd. pappe, peppe *Kinderspeise.*

uf-bäre^n [-bêre *Pü. Ett.*] tr. v. *(die Garben) aufschichten.* s. bäre^n.

uf-begehre^n [-bəgêrə *Lix. Sgd.* u. s.] intr. v. *aufmucken, aufbrausen, in heftigem Tone Widerspruch erheben:* ufbegehre wie e Rohrspatz. Er hot schrecklich ufbegehrt. — els. 1, 229 ufbegêre.

uf-binne^n [-binən *fast allg.*; -biŋə *Ri. Ha. Fi.*; opbànən *D. Si.*] tr. v. 1. *die Garben binden:* m'r gehn de Garwe n'ufb. um Feld. — 2. *aufbinden, täuschen* er hot m'r äner ufgebung *hat mich belogen Fi.* — *Das Ptc.* ufgebunn *bedeutet in Verbindung mit* kurz *wortkarg, mürrisch:* kurz ufgebunn *Ersd.* s. binne^n.

uf-bliwe^n [-bliwə *fast allg.*; opblaiwən *D. Si.*] intr. v. wie hd. *aufbleiben.* s. bliwe^n.

uf-blotze^n tr. v. *Bi.* u. s. *aufprallen, etwas schallend auf den Boden werfen, heftig aufstoßen, z. B. einen Sack.* — els. 2, 176 ebenso. s. blotze^n.

uf-blundsche^n [-blùndšə *Ri.*] intr. v. *anschwellen:* e n' ufgeblunschdes Gesicht *ein aufgedunsenes Gesicht.* — vgl. baier. 1, 459 Plunsen *gefüllte Wurst, dicker Mensch;* ebenso kärntn. From. 4, 492; plunzat *dick, dickbäuchig ibid.* s. a. Gr. Wtb. 2, 169.

uf-breche^n *fast allg.* 1. tr. wie hd.: de Dir ufbr. — 2. *sich aufmachen:* m'r sin um finf Uhr ufgebroch.

uf-bringeⁿ *fast allg.* tr. v. 1. *öffnen können:* i han de Dir ufgebrung *Ri.* — 2. *herbeischaffen:* 's Geld ufbr. fur ebbs ze kafe. — els. 2, 114.
uf-bruseⁿ *fast allg.* wie hd. *aufbrausen.*
uf-deckeⁿ [-dèkə *fast allg.*; opdèkən *D. Si.*] tr. v. wie hd. *aufdecken:* 's Bett ufd.
Uf-diering [-dîriŋ *Fa.*] *f.* (eigentl. *Aufteuerung*) *Aufwand:* U. mache. s. dier *teuer.*
uf-dun [-dûn *fast allg.*; opdoun *D. Si.*] tr. v. 1. *aufsetzen,* z. B. *einen Hut:* du din Kapp uf! — 2. *öffnen:* 's Mul ufdun. — 3. refl. *wachsen, auseinandergehen:* sich ufdun wie e Kichel in der Pann. — els. 2, 640.
uf-fahreⁿ [-fårə *Mü. Ri. Ha. Lix.* u. s.] 1. tr. *aufpflügen:* e Matt uff. *eine Wiese aufpflügen, um einen Acker daraus zu machen. Das dritte Pflügen bei der Brache heißt überh.* uffahren (*das erste heißt* filjen, *das zweite* rihren). — 2. *auf etwas Hartes stoßen, bes. beim Fahren od. Pflügen.* — 3. intr. *in die Höhe fahren:* er isch awer ufgefahr, wie er dies gehert had *Ri.*
Uffahrts-da [ùfårdsdà *Ri. Ha.* u. s.] *m. Christi Himmelfahrt.*
uffenbaren [ùfənbàrən *Falk.*] tr. v. wie hd. *offenbaren.*
uffen-herzich [-hèrtsix *Falk.*; òfənhèrtseχ *D. Si.*] adj. *offenherzig.*
uf-fischeⁿ tr. v. *fast allg. erfahren, erhalten:* wo hasch de dies ufgefischt? — els. 1, 153.
uf-gawleⁿ tr. v. *fast allg.* 1. *mit der Gabel nehmen:* Hau ufg. — 2. *entdecken, ausfindig machen.* — 3. *eine Krankheit od. Ungeziefer annehmen.* — els. 1, 194.
uf-gefriereⁿ [-gfrírə *Ri. Ha.*] intr. v. *auftauen, auffrieren.* — els. 1, 182.
uf-gehn [-gén *fast allg.*; -gen *Ri. Ha.*; opgòn *D. Si.*] intr. v. 1. *ohne Überbleibsel verschwinden:* nix uff nix geht uff *Ri. Ha. Rda.:* es geht uf wie uf Matze Hochzit wenn etwas gerade reicht. — 2. *anschwellen, dick werden (durch Gärung od. Backen):* der Kuche geht uf. — 3. *sich öffnen:* die Ås (*Eis*) isch ufgang das Geschwür hat sich geöffnet. — 4. *sprossen:* d' Frucht, der Hawer geht uff *Ri. Ha.* — 5. *aufgehen von Gestirnen:* d' Sunn isch ufgang. — 6. *auftauen vom Wetter:* 's Wedder geht uff *Tauwetter tritt ein Ri. Ha.* — els. 1, 190.
uf-ginn [-gin *Fo. Ltf. Falk. Mtsh.* u. s.; -gèn *Ri.*; -giwə *Ha.*; opgèn *D. Si.*] tr. v. 1. *aufhören mit etwas:* 's Geschäft ufg.; de Geischt ufgän *Ri. Ha.* — 2. *verzichten, beigeben:* er hats ufginn. — 3. *etwas auftragen:* was had der Schumeischter fur morje ufgän? *Ri.*
uf-grudleⁿ tr. v. *Lix.* u. s. *aufstochern, aufrütteln:* alter Dreck soll m'r nit ufgr. — els. 1, 270 ufgrüdle 2.
uf-halteⁿ [-hàlə *fast allg.*; -hàlde *Ri. Ha.*; ophålən *D. Si.*] tr. v. 1. *aufhalten:* du halscht ne jo nummel uf; ich kann mich nit ufh. *nicht lange bleiben. fast allg.* — 2. *offen halten:* du kannscht 's Fenschter ufh. — 3. *für spätere Zeiten aufbewahren (in dieser Bedeutung häufiger* ufhebeⁿ).
Uf-hänger *m. Ri. Ha.* u. s. *Öse an den Kleidern, an Lampen u. dgl. zum Aufhängen.* — els. 1, 356 Ufhenker. s. a. Ufhenker.
uf-hängeⁿ tr. v. wie hd. *aufhängen:* de Kläder ufh. *fast allg.*
uf-hebeⁿ [-hèbə *Fo.* u. s.; -hebə u. -hewe *Ri. Ha.*; -héwə *Sgd. Lix.*; ophéwən *D. Si.*] tr. v. 1. *in die Höhe, vom Boden heben:* de Rock, de Sack ufh.; 's Kind ufh. *aus dem Bett nehmen Ri. Ha.* Soll ich hinge (*hinten*) ufhewe? droht die Mutter dem Kind ibid. — 2. *aufbewahren, für später aufheben:* 's isch nit vergess, 's isch nur ufgehebt. — 3. *davontragen:* krank isch er word, er hat's von ere Verkältung ufgehaw. *Lix.* — 4. *offen halten. Rda.:* drissich! heb de Sack uf! *halt den Sack offen! d. h. lüge doch noch etwas mehr! Fo.* — els. 1, 296 ufhebe 1, 2.
uf-helleⁿ [-hèlə *Ri. Ha.* u. s.] 1. tr. *aufklären:* die Sach muss ufgehellt were. — 2. refl. *sich aufheitern:* 's Wedder hellt sich uf. — els. 1, 320 ufhèlle.
uff-hellich. adj. *Lix.* u. s. *aufhellend, sich erheiternd:* 's Wedder isch wider ufhellich.

Uf-henker [-hèŋker *Pü.*] *m. Aufhänger; Schlinge aus Leder, um die Peitsche aufzuhängen.* — els. 1, 356 Ufhënkel 2.

uf-hereⁿ [-hêrə *fast allg.;* ophéïərən *D. Si.*] intr. v. wie hd. *aufhören:* willschte jetz bald ufhêre? Ohn Ufhêres *ohne aufzuhören.* — els. 1, 369.

uf-hetzeⁿ [-hètsə *fast allg.;* -hìdsə *Ri. Ha.;* ophetsən *D. Si.*] tr. v. wie hd. *aufhetzen.*

Uf-hewes *n. fast allg. in der Wdg.:* Ufh. mache von ebbes *ein Aufheben machen.*

u'fihten [uſítən *Si.*] tr. v. *anfeuchten.* — lux. 448 uſîchten; ss. ufichtn, Kisch vgl. Wtb. 230. s. ficht.

uf-klappeⁿ *fast allg.* tr. v. wie hd. *aufklappen.* — mhd. ûfklaffen.

uf-klickeⁿ *fast allg. knacken, bes. Nüsse:* kannsch de de Nuss ufkl.?

uf-ladeⁿ [-ládə *fast allg.;* opluodən *D. Si.*] 1. tr. v. *aufladen:* m'r han Holz uſgelad: — 2. refl. *sich etwas zuziehen (z. B. eine Krankheit), sich aufhalsen:* er had sich was schens uſgelad.

uf-lafeⁿ [-láfə *fast allg.;* -loïfən *Av. Falk.;* opláfən *D. Si.*] intr. v. *schwellen, sich aufblähen:* de Kuh isch uſgeloïf *der Magen der K. ist aufgetrieben.* Uſgeloïfe Fiess, Hänn, Aue. — els. 1, 566 uſlaufe; lux. oplafen Ga. 321.

uf-leitereⁿ [-laitərə *Lix.* u. s.; -laidrə *Ri. Ha.*] tr. v. *die Leitern am Wagen anbringen:* de Wôn uſl. *(das Gegenteil:* ableitereⁿ s. d.) — els. 1, 624 leitere.

uf-macheⁿ *fast allg.* (opmachen *D. Si.*) tr. v. 1. *aufmachen, öffnen:* mach de Dir uſ! Mach em zwên uſ! *(näml. zwei Striche beim Kartenspiel Lix.).* — 2. *säubern, reinigen:* m'r gehn des Kôr uſmache *d. h. den Roggen mit der Wannmühle reinigen Lix.* — 3. refl. *sich aufmachen, sich erheben um fort zu gehen.* — els. 1, 643 uſmache 1.

uf-passeⁿ intr. v. *fast allg.* 1. *auflauern:* m'r han em uſgepasst. — 2. *aufmerken:* pass schen uſ! — els. 2, 94.

uf-raffeⁿ (opråfen) tr. v. wie hd. *aufraffen:* Stän ufraffe.

uf-riersch [-rìərš *Av.* u. s.] adj. u. adv. *aufrührerisch, unruhig.*

uf-risseⁿ tr. v. *fast allg.* wie hd. *aufreißen:* de Dir, d'Auwe ufr.

Uf-satz *m. Ett.* u. s. 1. *Bittschrift, Gesuch, Schreiben an eine Behörde.* — 2. *Möbelaufsatz, dekoratives Oberstück.*

uf-scherreⁿ [-šèrə *Ha.;* -gšèrə *Ri.*] tr. v. *den Pferden das Geschirr anlegen.*

uf-schneiseⁿ tr. v. *Lix. stutzen, Äste entfernen:* e Bämche uſchneisen *ein Bäumchen von den untersten Ästen befreien.* s. Schneis.

uf-schriweⁿ [-šríwə *fast allg.;* opšraiwən *D. Si.*] tr. v. *aufschreiben; ins Schuldbuch eintragen:* ich konn heit nit bezahle, ihr kenn's uſschriwe. Er hat alles uſgeschribt *Fo.* 'S isch d'r uſgeschribb *es ist dir angekreidet Ri. Ha.*

uf-schwätzeⁿ [-šwètsə *fast allg.;* opšwètsən *D. Si.*] tr. v. *aufschwätzen:* er losst sich a alles uſschwätze *Fo.*

uf-setzeⁿ tr. v. *fast allg.* 1. *ein Schriftstück fertigen.* — 2. *Kegel aufsetzen:* d' Keïle ufs. *Ri.*

uf-sperreⁿ (opspêren) tr. v. wie hd. *aufschließen, aufsperren:* de Dir ufsperre. Aüe u. Nas u. Er hat Mul u. Nas uſgesperrt. — els. 2, 546.

uf-steckeⁿ [-štèkə *fast allg.;* -šdegə *Ri. Ha.;* opstekən *D. Si.*] tr. v. 1. *aufhören, von etwas ablassen:* er had's Geschäft uſgesteckt *fast allg.* — 2. *umlegen, umwenden:* d'Ärmel ufst. *Ri. Ha.* — 3. *Nutzen ziehen, einen Gewinn machen:* ebbs oder nix ufst.; er hat nit viel dabi uſgesteckt.

uf-stehn [-štén *fast allg.;* opštôn *D. Si.*] intr. v. wie hd. *aufstehen:* er isch letz uſgestann *er ist schlecht gelaunt.* De bisch ze spot uſgestang *du bist mir nicht gewachsen Ri. Ha.* — els. 2, 566.

uf-stifteⁿ *Ri. Ha.* dasselbe wie uſstiwleⁿ s. d.

Uf-stifter *m. Ri. Ha.* u. s. *Hetzer, Aufreizer. Das Femin. lautet* Ufstiftersche.

uf-stippeⁿ [-šdìpə *Ri.*] tr. v. *aufschürzen, in die Höhe stülpen, z. B. die Hutkrämpe.* s. Stip.

uf-stippleⁿ [-štiplə *Fo.* u. s.; opštepələn *D. Si.*] tr. v. *aufreizen, aufhetzen:* du bruchscht ne nit noch ufzestipple, er isch uſgestippelt genung. — els. 2, 609 uſstupfe. s. a. *das einfache* stippleⁿ.

uf-stiwleⁿ [-štìwlə *Av.*] tr. v. *jd. anreizen, aufhetzen (zu etwas Ungutem):* er hat'n ufgestiwelt, sunscht hett er's nit gedan. — baier. 2, 737 aufstifeln; Gr. Wtb. 1, 750 aufstiefen; lux. 323 opstiwelen *aufwiegeln.* s. Stiwel.
uf-tappeⁿ *Bi.* (optappen *D. Si.*) intr. v. *auftreten, aufstampfen.* s. tappeⁿ.
uf-trutzeⁿ intr. v. *Lix.* u. s. *zum Trotz davon gehen:* der Buw isch ufgetrutzt *od.* furtgetrutzt. s. trutzeⁿ.
uf-wachseⁿ [-waksə *Fo.* u. s.; opwuosən *D. Si.*] intr. v. wie hd. *aufwachsen.*
uf-wäscheⁿ [-wèšə *fast allg.*; -wešə *Fo.*; opwešən *D. Si.*] tr. v. 1. *aufwaschen, scheuern:* de Kich ufwäsche. — 2. *spülen:* 's Gescherr u. — 3. *aufwischen, Verschüttetes durch Wischen entfernen D. Si.* — els. 2, 872, 873 ufwäsche, ufwische; lux. 324 opwäschen, opwöschen. — Zss. Ufwäsch-birscht. Ufwäsch-lumpe.
uf-wickleⁿ [-wìklə *fast allg.*; -wìglə *Ri. Ha.*; opwekələn *D. Si.*] tr. v. *aufwickeln:* Gar *(Garn)* ufw.
uf-zieheⁿ [-tsìə *fast allg.*; -dsijə *Ri. Ha.*; opstéïən *D. Si.*] tr. v. *aufziehen, erziehen (letzteres Wort fehlt in der Ma.):* das Kind isch im Dreck ufgezoh wor *Pü.* Bisch im Stall ufgezoh wor? *sagt man zu einem unhöflichen Kind Ri.* D'Uhr ufz. *(figürl.) den Nasenschleim hochziehen ibid.*
Uf-zug [-dsùg *Ri. Ha.*] *m.* 1. *Vorrichtung zum Aufziehen, z. B. in der Scheune.* — 2. *Nachkommenschaft, junges Vieh.* — els. 2, 895 ebenso.
U'gewengen [ugièweŋən *Si.*] *f.* Rat (eigentl. *Angebung)*: dat as senger U. *das ist seines Angebens.* — lux. 448 Ugieweng.
U'graff [ugràf *Rü. Si. lux. Grenze*] *m. Henkel an einem Gefäß* (wörtl. *Angriff).* — lux. 448 ebenso.
U'gras [úgrás *Rü.*] *n.* (wörtl. *Ungras) Quecke, Hundsgras* (Agrostis vulgaris). — vgl. henneberg. Ukraut *Unkraut* From. 3, 364, 8.
U'gref [ụgref *D. Si.*] *m. Angriff.* — lux. 448.
Uhr [úr *fast allg.*; úar, úa *Av. Marienth.*; auər *D. Si.* — Pl. úrə, auərən; Demin. írəl *Hw.*] *f. Uhr. Scherzantworten auf die Frage: wieviel Uhr ist es?* Es isch e bissel meh as vordê *(vordem) Egelsh.* 'S isch halbe driwa; wenn's dra kummt, schlaht's wida *Karl.* 'S isch e Viertel iwer kalti Wacke, wenn d'es nit glabscht, schla' i der eins an de Backe *Hochw.* Dreï Vertel uf Kuh; heb er de Schwonz uf un lu! *Schw.* Et as so vil as geschter em des Zeït *Fixem. Rätsel:* Es geht ebbes un hat doch kän Fiess *od.* Bän *La.* — Zss. Uhre-säckel *Uhrentasche.* Uhre-schal *Kapsel, um die Uhr vor Staub zu bewahren.* Uhre-schlissel. Uhr-kett. Uhr-macher.
Uht [ût *Rü. lux. Grenze*] *f. Abendzusammenkunft bei Licht (um gemeinschaftlich zu arbeiten bes. zu spinnen).* — lux. Ucht Ga. 460; ndd. uchte *die frühe Morgenzeit im Winter, wenn bei Licht gedroschen wird* From. 6, 487; vgl. alts. uhta, mhd. uohte.
ui, uiwe! [ǜï, ǜïwə *Lix.*] *Ausruf freudiger Bewunderung:* ui! wie schên! — els. 1, 3 ebenso.
U'leien [ulaiən *D. Si.*] *n.* 1. *Anliegen.* — 2. *Teilnahme, Interesse*: vil U̧'leies un eppes hun *viel an etwas gelegen sein Si.* — lux. 449 Uleies; ss. Ulåⁿn, Kisch vgl. Wtb. 231.
Uleri [ulərí *Flh.*] *männl. Vorname Ulrich.* Wetterregel: wanns reït *(regnet)* am Uleri *(4. Juli)*, reïts sechs Woche. s. a. Uri.
Ule-watz [uləwats, Pl. -ən *Obh.*] *m. Wildschwein.* — vgl. hess. 442 u. baier. 2, 1058 Watz, Wetz *unverschnittenes, männl. Schwein;* ahd. huaz, mhd. wetz *scharf,* nhd. wetzen.
Ulich s. Olich.
um [ùm *fast allg.*; ìm *Lix.*; ǿm *D. Si.*] 1. *präpos.* mit Acc. *um*: um das Hus lafe. Ums Geld spiele *allg.* Ums Härel *um ein Haar Ri. Ha.* Um si Geld, ums Lewe, um de Platz komme *ibid.* Ums Vrecke nit *um keinen Preis Lix.* Es isch em nit ums Esse *er hat keinen Appetit fast allg.* Ums Godds wille, ums Himmels heilijer Wille *Bittformeln Ri. Ha.* — 2. adv. *in der Vbdg.* um e dum [ùmədùm *Ri. u. s.*] *allenthalben, an verschiedenen Orten.* — els. 1, 38 ebenso.

Umero [ùməró *Ri.*] *m. (bei ältern Leuten noch gebräuchlich) Nummer, Numero*: i han mi U. verlor; der U. van unser Hus.

Um-gänger *m. Ri. Ha. Fi.* u. s. 1. *einer, der sich herumtreibt; ein Arbeitsscheuer. Rda.*: am Mittwuch heïrade de Umgänger *Fi.* — 2. *Nichtsnutz Ri. Ha.* — els. 1, 223.

um-gesehn, sich refl. v. *Ri. Ha. sich umsehen.*

Um-hang [ùmhaŋ *Grt.;* imhoŋk *Lix. Merl.*] *m. Bettvorhang.* — els. 1, 352 Umhang. s. a. Humang.

um-kippeⁿ *fast allg.* wie hd. *umkippen.*

Um-laf [ùmláf *Fo.* u. s.; imlæfər *Lix.*; emláf *D. Si.*] *m.* 1. *Entzündung des Nagelbettes, Fingerwurm* (panaritium). els. 1, 565 Umlauf 1; lux. Oemláf Ga. 316. — 2. *störrischer Mensch Lix.*

Um-stand [štánt, Pl. -štæn *Lix. Ri. Ha.* u. s.] *m. Umschweif, Schwierigkeit, Mühe*: mache kän Umstänn! *geben Sie sich nicht soviel Mühe um uns!*

un- *entspricht in der Diedenhofener Ma. der hd. Vorsilbe an-; un- steht vor Vokalen u. vor d, t, z, h; vor allen andern Konsonanten wird un- zu u- apokopiert*: u-bàken *anbacken*, u-bannen *anbinden*, Ublek *Anblick* usw.; *aber* Undêl *Anteil*, Undenken *Andenken*, undreiwen *antreiben*, un-henken, un-holen, un-treden, un-zeïhen.

un [ùn *fast allg. (gekürzt* u-*);* àn *D. Si.*] *conj. und:* ich un du (ech an du). Käs u Brot. *Spruchreim:*
   ich un du
      u Millers Kuh
      u Beckers Stier
      das si vier.   *Ri. Ha.*

Undädel [ùndèdəl *Ri. Ha.*] *n. Tadelnswertes, Makel (nur mit der Verneinung* kein *verbunden)*: es isch ken U. an ihm *es ist nichts an ihm auszusetzen.* — els. 2, 725 Untätele; baier. 1, 630 Untätelein; hess. 425 u. Adelung Wtb. 4, 936 Unthätchen.

Undles [undlès, Pl. ən *Si.*] *m. Amboß (zu* mhd. andeln operare *od. zu* baier. 1, 500 undell, ungetelle *plump?*) — lux. 450 Undels, 451 Unwels, Unzelt.

un-gatting [ungatiŋ *Fa. Sgd.* u. s.; ùngàdi *Ri. Ha.*] *adj.* 1. *unpassend, ungeeignet:* das isch m'r jetz u. *das paßt mir schlecht.* Der esch net u.! *der ist nicht übel; ist freundlich, angenehm Sgd.* — 2. *mildere Form für ungezogen, bes. von Kindern gesagt Ri. Ha.* els. 1, 242 ungattig. s. gatting.

un-geheit [ùŋkhèit *fast allg.;* oŋgəhéit *D. Si.*] *adj. ungeplagt, unangefochten, ungeschoren:* loss mich ungeh.! — els. 1, 313 u. baier. 1, 1026 ungheit; lux. ongeheit Ga. 316. s. geheie**ⁿ**.

un-gehèrzt [ùŋghèrdst *Ri. Ha.*] *adj. unbeherzt, feige.*

un-geleit [-gəlèït *Ri. Ha.* u. s.] *adjektivisches Ptc. ungelegt:* kimmer dich nid um ungeleïdi Eire, se wäre schun geleïd wäre.

Un-gelejeheit [-gəlèjəhait *Ri.Ha.;* -gəlèhæt *Sgd. Lix.*] *f. Verlegenheit, Unannehmlichkeit*: ich konn dich en U. brenge *Lix.* — els. 1, 575.

un-gemacht [uŋəmaxt *Lix.*] *adj. noch nicht gemacht:* Was michscht de do? Antwort: En Ungemachts, wonn's swei git, krischt de a ens. — els. 1, 644 ebenso.

Unger [ùŋer *Pü.* u. s.] *m. Ungar, Zigeuner, Spengler.* — Zs. Unger-land *Ungarn.* — els. 1, 54.

Un-glick [unglik *fast allg.;* onglek *D. Si.* - Pl. -ər] *n. Unglück, Unglücksfall:* 's isch kän U. so gross, 's isch immer noch e Glick dabî *Fo.* 'S isch ke n' Unglick *es ist nicht schade Ri. Ha.* Dis Johr han m'r schun vil Unglicker g'hat.

un-glicklich (ongleklech) adj. wie hd. *unglücklich*: u. sin mit dem Vieh *Unglücksfälle im Viehstand zu verzeichnen haben Ri.*

un-gut [uŋgùt *fast allg.;* oŋgout *D. Si.*] *adj. in der Rda.:* nix fa(r) u. *Entschuldigung wenn man jd. etwa mit der Bitte um Auskunft stört; auch am Schluß eines Gespräches.* — els 1, 249 unguet.

un-heflich [-héfli *Ri. Ha.*] *adj.* u. *adv. unhöflich. Wdg.*: ebber unh. inlade *jd. bedeuten*: leck mich im A. ...

Unkel [ùŋkəl *fast allg.,* Pl. ùŋk(ə)lə] *m. Onkel.* — els. 1, 55 ebenso.

Un-koschteⁿ [ùnkòštə *fast allg.*;-košdə *Ri. Ha.*; oŋkèštən *D. Si.*; uŋkeštən *Falk.*] pl. *Unkosten, Aufwand, bes. Gerichtskosten*: m'r hun eng Mass Ongkeschten gehât *Si.* Sich in d'U. stirze *Ri.*

Un-krischt *m. Ri. Ha. ungezogener Junge.*

Unkrut [ùnkrut *fast allg.*; ùngrud *Ri. Ha.*; onkraut *D. Si.*] *n.* wie hd. *Unkraut*: 's U. verderwt nit; U. vergehd nid. *Ri.* — els. 1, 512.

Un-muss *m. Lix.* u. s. 1. *Kind, das einem zu schaffen macht*: du kläner U.! — 2. *Unannehmlichkeiten, Schwierigkeiten*: m'r han schun vil U. mit em gəhad *Ri.* —- els. 1, 729 Unmuess *Unruhe, Unannehmlichkeit*; baier. 1, 1677 die, der Unmuesz.

unneⁿ [unə *fast allg.*; enən *Bo. D. Si. Ho.*; iɳe *Ltf.*; iɳən *Fi. Mü. Schm.*; iɳər *Ri.*] adv. *unten*: unne im Bode; ingen em Dorf. Z'unnerscht *ganz unten*. Der enersch (d'enerschti, d'enerschtet) *der, die, das unterste Bo.* Enescht *unterst Si.*: den eneschten Stack *der unterste Stock*. D'enescht d'èwescht keïeren *das Unterste zu oberst kehren Si.* Er huckt der aller unnerscht in der Bank. *Fo.*

Unner *Mittagsruhe*, unnereⁿ. s. Onner, onnern.

unner [ùnər *Fo.* u. s.; inər *Sgd. Lix. Falk.*; iɳər *Fi. Mü. Ltf. Schm.*; enər *D. Si.*; eɳər *Wb.*] präpos. m. Dat. u. Acc. *unter, während*: unner'm Dach hucke. Unner de Bam lâfe. Inner'm Disch. Inner'm Dienscht, inner der Kirch *während des Gottesdienstes*. Inner sich (enger sich) *nach unten, abwärts*: de Bach geht inner sich *Lix.* Der löut enger sich we Hehnerdèp *der schaut zu Boden wie ein Hühnerdieb Wb.* — Zss:

Unner-buchse [ùnərbuksə *Fo.* u. s.; inərbuks *Merl.*] *f. Unterhose.* s. Buchs.

unner-dacheⁿ tr. u. intr. *F. u. untertauchen.* s. dacheⁿ.

unner-enäner (inner-enäner, enerenän) adv. *untereinander.*

unner-gehn (inger-gehn, ener-gôn) intr. v. 1. *untergehn (von Gestirnen).* — 2. *versinken*: es Schiff isch unnergang.

Unner-halt (Inner-h.; Ener-h.) *f.* wie hd. *Unterhalt.*

Unner-kleid (Inner-kl.; Ener-kläd) *n. Unterkleid.*

Unner-offesier [ùnərof(e)sir *Fo.* u. s.; enərofitséïər *D.*; ontərofitséïər *Si.*] *m. Unteroffizier.*

Unner-pant (Inner-p.) *n.* wie hd. *Unterpfand.* s. a. Enerpant.

Unner-rock *Fo.* u. s. (Inger-r. *Fi. Ltf.*; Inner-r. *Lix.*; Ener-rack *D. Si.*) *m. Unterrock.*

Unner-schied [ùnəršĭt *fast allg.*; enəršæ̀t *D. Si.*; ùndəršaid *Ri. Ha.*] *m.* 1. *Unterschied, Differenz.* — 2. *Trennung, Scheidung* = mhd. underscheit, -scheide.

unner-schiedlich [ùndəršĭdli(χ) *Ri. Ha.*] adj. *unterschiedlich, verschieden*: m'r han underschiedlichi Sorde Grumbire. — els. 2, 394.

unner-wegs [ùnərwègs *Fo.* u. s.; inərwéχ *Falk.*; inərweə *Lix.*; enərwéχs *D. Si.*] adv. 1 *unterwegs*: ich han ne u. getroff. — 2. *in Verbindung mit* lon, lossen: *unterlassen, bleiben lassen* loss dat innerwech! — els. 2, 804; baier. 2,875 ebenso.

un-riwi(ch) [ùnriwi *Ri. Ha.*] adj. *unruhig.* — els. 2, 246 unreiwig.

Un-ruh [unrû *Lix.* u. s.; ùrû *Fa.*] *f. Uhrpendel.* — els. 2, 245 Unrue 2.

un-schamber [ùnšaⁱmbər *Bi.*] adj. u. adv. (wörtl. *unschambar*) *grob, ungehobelt*: en unschaⁱmbarer Ker^{el} *grober Flegel*. Enen u. behannle *(behandeln).* — baier. 2, 417 unschambar.

un-scheimber [ùnšéimbər *Bi.*] adj. *unscheinbar, klein, unansehnlich*: en unscheimberes Frauemeïnschel. — els. 2, 417 unschimber.

Unschel(t) [ùnšəl *Obh.* u. s.; ùnšəlt *Lix. Av. Fi.*; ònšət, ǫšət *Bo.*; øntsəlt *D. Si.*] *n. Kuhfett, Talg zum Bestreichen der Fäden, Unschlitt*: de Schuk met U. schmiere. — els. 1, 56 Unschlig, Unschlit. — Zs. U.-kerz *Talglicht Lix.*

un-scheniert [-šenĭrt *Ri. Ha.* u. s.] adj. u. adv. *ungescheut, ohne Umstände.* — els. 2, 416 ung'scheniert.

Unsch-liht [unšlit *Obh.*] *n. Talglicht.* U. < Unschel-liht. s. Unschel. — els. 1, 555 Unschlittlicht.

Unschuld *f. Ri. Ha.* wie hd. *Unschuld*: sin U. verliere *ein schlechter Mensch*

werden; an der U. anrihre *unauständige Berührungen vornehmen.*
unschullich [-šuliχ *fast allg.;* -šùldi *Ri. Ha.;* onšęleχ *D. Si.*] adj. *unschuldig:* er isch ganz unsch. an der Sach *Fo.* *Wortspiel:* i bin unschuldi! — Jo, hundsschuldi bisch de! *Ri.* D'unschuldiche Kinn *Fest der unschuldigen Kindlein (28. Dez.).*
un-selich [-ᵶéliχ *Ersd.* u. s.; ûᵶeliχ *Falk.;* unᵶeldiχ *Av.*] adj. *außer sich, zornig, rasend, toll:* unselich werren *außer sich vor Zorn werden Ersd.* E unseldicher Hund *ein toller H. Av.* — els. 1,56 uselig; mhd. unsælic, unsælde.
unser (uns) [ùnᵶər (ùns), unᵶəri, unᵶər (ùns), Pl. ùnᵶər, unᵶəri *fast allg.;* ûᵶər, ûᵶəri, ûᵶərt, Pl. ûᵶərn *Falk.;* ùnsər, ùnsri, ùnsərs *Ri. Ha.;* úᵶən, ús, ùšt, Pl. ús *Si.*] Pron. poss. 1. Pers. Pl. *unser, unserig:* unser Hus *Fo.*; uscht Haus *Si.* Beï user Napern *Falk.* Üser drij *unser drei ibid.* Üsern *die Unsern ibid.* Üs kommen och *die Unsrigen kommen auch Si.* En hot ùses Brouᵗ gês *er hat von unserm Brot gegessen Si.* Üscht *das Unsrige ibid.*
un-sich(t)ber adj. *Ri. Ha. unsichtbar.*
un-sinnich [ùnᵶìniχ *Fo.* u. s.; ùnsèl *Ri. Ha.;* onᵶeneχ *D. Si.;* ǫnseniχ *Bo.*] adj. u. adv. *von Sinnen, wütend, toll:* er isch ganz u. wor, als er das gehērt hat *Fo.* Er macht mich ganz u. — els. 1,56 unsenig, 2,362 unsinnig; baier. 2, 295 unsinnig; mhd. unsinnec *rasend.*
Untchert [untχərt *Fo.* u. s.; untχart *Ebersw.;* untərt u. untχərt *Si.* — Pl. -en] m. *Enterich.* — lux. Untert Ga. 461; moselfr. Unter; ss. Unterich, Kisch vgl. Wtb. 231; baier. 1, 114 Ăntrecht; mhd. antreche.
Unter-mutzeⁿ [ùndərmutsə *Pfb.;* iŋərFi. Mü.] m. *Unterjacke, Unterwams.* — els. 1, 745.
Untert s. Untchert.
un-wäje [ùnwæjə *Mü.* u. s.] adj. *unschön, ungut, unangenehm, übel:* er isch kän unw. Monn; das wär kän unw. Sach. — els. 2, 797 unwēge; baier. 2, 870 unwaeg; mhd. unwæge, unwæhe. s. a. onwê.
un-wert [-wèrd *Ri. Ha.*] adj. u. adv. *in den Wdgn.:* unw. sin *verfeindet sein mit jd.;* sich unw. mache *sich mit jd. verfeinden.*
Un-wohrhet [-wórhet *Ri. Ha.*] f. wie hd. *Unwahrheit.*
Unz [ùnds *Ri.*] f. *Unze.*
un-zidi(ch) [-dsidi *Ri.;* -dsidiχ *Ha.*] adj. *unreif:* unzidiches Obs.
Uotegeilchen [uotəgailχən *D.*] f. *Nachtigall.* U.-g. < mhd. uohte u. gëllen.
u'pälen [upêlən *D. Si.*] tr. *anpfählen, mit einem Stift befestigen.* — lux. 451 upeⁱlen; ss. upêlən, Kisch vgl. Wtb. 231.
ur- [úr *allg.*] *betonte Vorsilbe wie im hochdeutschen in* Zss.
ur-alt [úrál *D. Si.;* ùràld *Ri. Ha.*] adj. *uralt.* — lux. 451 urâl.
U'rank [uraŋk u. urant *Si.*] m. *Anlauf:* en U. holen *einen Anlauf nehmen.* U. < Unrant = Anrant. s. Rant.
Ur-grossvader m. *Ri. Ha.* wie hd. *Rda.:* mi Urgrossvaders Ururgrossvader isch Rewinner *(Rabiner)* gewän *(scherzhafte Anspielung auf genealogische Ansprüche der Juden).*
Uri [úri *Ri.*] *Name des Kalenderheiligen* Ulrich. Sankt Uri *Wallfahrtsort bei Saarburg:* uff de Sankt Uri gehn. — Zs. Sankt Urisda *Namensfest des Heiligen (4. Juli).*
u'rihten [urítən *Si.*] tr. v. *anrichten, bereiten, vorbereiten:* eppes u. *Vorbereitungen treffen.* — lux. 451 ebenso.
Ur-kun [úrkùn *Fo.* u. s.] f. *Urkunde.*
Ur-lab [úrláb *Fo.* u.s.] m. wie hd. *Urlaub.*
Ure-bìt [úrəbìt *Hd.*] f. *Zuber (wörtl. Ohrenbütte d. h. Bütte mit zwei runden Öffnungen an den Seiten zum Tragen).*
Ur-sach [urᵶaχ *fast allg.;* úrᵶáχ *D. Si.*] f. *Ursache, Grund:* das isch de U. vam Strit. Kän U.! *höfliche Ablehnung einer Dankformel; bitte!* — els. 2, 319.
Ur-spiegel úršpigəl *Ro.;* urəšpigəl *Lix.;* úrənšpéil *Bo.*] m. 1. *Eulenspiegel.* — 2. *einer, der alles verkehrt macht:* 'S sin Urspiegels Spring *Ro.* Grob wie der Urespiegel *Lix.* Der macht wie der U. — els. 2, 535 Urspiegel neben Ülespiegel.
Ur-sprong [úršprǫŋk *D. Si.*] m. *Ursprung.*
Urtel [urtəl *fast allg.;* ùrdəl *Ri. Ha.;* úrtəl *D. Si.;* Pl. -n] n. *Urteil:* oni U.

a' Recht *wider alles Recht*. E n'U. spreche *(fällen)*; e n'U. ufhewe *ein neues Verfahren vor Gericht beginnen Ri. Ha.*

urtelen [úrtələn *D. Si.*; urdèlə *Ri. Ha.*] intr. v. *urteilen.*

Urzel [ùrdsəl *Ri.*] *n. Bürzel, Steiß des Geflügels in Form eines umgekehrten Herzens od. eines Schippenaß, auf welchem die Schwanzfedern aufsitzen.*

Urzeⁿ [ùrtsə *Lix.* u. s.; urbsə *Kerbach*] Pl. *Speise- bes. Brotüberreste auf dem Teller od. im Schrank*: er macht U. — els. 1, 71 u. lux. 452 ebenso; eifl. Urzel, From. 6, 20; hess. 426 Oerzchen; baier. 1, 134 Uräsz, Urez *verstreutes Futter* < mhd. urëʒ *des Essens überdrüssig*; engl. the orts.

us [us *fast allg.*; aus *D. Si.*] 1. präpos. mit Dat. *aus*: us em Hus nuss. *Fo.* Ich kumm nit us em Geschriws *ich werde aus dem Geschriebenen nicht klug.* Nid us de Kleidre kumme *nicht die Zeit haben zu Bett zu gehen*; us um Kopp auswendig: er had's us um Kopp herg'sad. Us der Hut *(Haut)* springe *Ri. Ha.* Us'm Hisel *außer sick.* — 2. adv. *aus, zu Ende, fertig, erloschen (vom Licht, Feuer)*: us sin *zu Ende, fertig sein.* D'Kirch, de Schul isch us. Es isch us mit em *er ist tot.* 'S Fir will nit brenne, 's werd bal us sin *Lix*. Us *geht alle Verbindungen ein* wie hd. *aus.*

U'satz [uʒàts *Rü.* lux. *Grenze*] *m. Ansatz, Bodensatz.* — lux. 452 Usàʒ.

us-bampleⁿ intr. v.*Fo.* u. s. 1. *ausläuten, von der Glocke*. — 2. *ausschwingen, von der Schaukel.* — els. 2, 47 ebenso. s. bampleⁿ.

us-behaldeⁿ *fast allg.* wie hd. *ausbehalten, vorbehalten.*

us-beideln [-baidəln *Bo.*] tr. v. (wörtl. *ausbeuteln*) *ausschimpfen, Vorwürfe machen*: den han ich awer mol usgebeidelt! — vgl. els. 2, 121 usbütle; rheinfr. beuteln *rütteln, schütteln* From. 5,281. s. Beidel.

us-bloseⁿ *fast allg.*; aus-blòsən *D. Si.* tr. v. wie hd. *ausblasen*: 's Licht u.

us-brecheⁿ intr. v. *fast allg. zum Ausbruch kommen*: 's Fir isch usgebroch.

us-butschen intr. v. *Bo. entgleiten*: dat isch m'r usgebutscht. — vgl. els. 2,124 butsche 3 *fallen*; mhd. biuschen, bùschen

us-butzeⁿ [-butsə *fast allg.*; -bùdsə *Ri. Ha.*; -botsən *Bo.*] tr. v. 1. *reinigen*: de Drogg *(Trog)* usb. *Ri. Ha.* — 2. *gehörig ausschelten, Vorwürfe machen*: der isch awer ausgebotzt word! *Bo.* — 3. *auslöschen, wegwischen (mit dem Schwamm)*: de Kerz usb. — els. 2, 130.

U'schein [ušain, ušéïn *D. Si.*] *m. Anschein.* — lux. 452 u. ss. ebenso, Kisch vgl. Wtb. 232.

Uschen [užen *D. Si.*; užen *Falk.*] *männl. Vorname Eugen in französ. Aussprache.*

Uscheni [ušeni, yšeni, šeni *Ri. Ha.* u. s.] *weibl. Vorname Eugenie.*

U'schlach [ušlàx̣ *D. Si.*] *m. Anschlag.* — lux. 452.

u'schlappen tr. v. *D. Si. Schuhe, Pantoffeln eilig anziehen.* — lux. 452 ebenso. s. Schlapp.

u'schloen [ušlóən *D. Si.*] 1. tr. a) *anschlagen*: e Schelt u. *ein Schild anschlagen, befestigen.* b) *die Bäume bezeichnen, die im Walde gefällt werden sollen.* — 2. intr. a) *grüßen* (mit Dat.): engem u. b) *gedeihen*: dat Kand schlêt gutt un *das Kind gedeiht gut.* — 3. unpers. *bekömmlich sein*: et schlêt em net un. — lux. 452 ebenso; ss. uschlò, Kisch vgl. Wtb.232.

u'schrauen tr. v. *Rü. Si. anschrauben.* s. schruweⁿ, schrauen.

us der massen [us da màsən *Av.* u. s.] adj. u. adv. *außerordentlich, ungewöhnlich*: sin Frechhät isch u. d. m. Er isch u. d. m. dick un fett. 'S Feld steht u. d. m. schèn. — ndd. ût der Moten, From. 6, 491.

Us-drach [usdràx̣, ohne Pl. *Bo.*] *m. Austrag, Ergebnis, Entscheidung*: d'Sach es zu känem U. komm. — els. 1, 745; Ustrag; baier. 1, 654 Austrag. s. a. Gr. Wtb. 1, 1001, 4.

us-dran [-dràn *Bo.*; -dràn *Falk. Fi. Ha.* u. s.; -dráwə *Ri.*] tr. v. 1. *austragen, ausmachen, entscheiden.* s. Usdrach. — 2. *verleumden, im Munde führen, ausplaudern*: 's Neschtei usdr. *Familienangelegenheiten unter die Leute bringen Ha.* 3. refl. *sich lohnen, ausreichen*: das drat sich nid us *Ri. Ha.* — els. 2, 744 ustrage.

us-dun [-dun *fast allg.*; ausdoun *D. Si.*] tr. *ausziehen, austun*; refl. *sich ent-*

kleiden. — els. 2, 641 ustuen; mhd. *ûztuon entkleiden.*

us-enanner [-ənànər *fast allg.*; -ənèner *Bo. Falk.*; auzənên *D. Si.*] 1. adj. *verrenkt*: er hat den Arm u. — 2. adv. *auseinander, getrennt*: u. stehn, u. gewachse sin. — els. 2, 933 us enand(er).

u'senerlech [uźéinərləχ *Si.*] adj. *ansehnlich*. — lux. 453 usinnerlech.

us-fassen tr. v. *Bo. auslöschen.*

us-fotzleⁿ [-fòtslə *Ri. Ha.* u. s.] intr. v. *ausfasern, sich fransenartig ablösen*: en usgefotzelder Rock. — s. els. 1, 162 *Fotzel Fetzen, Faser eines zerrissenen Kleidungsstückes.*

Us-gang m. *fast allg.* wie hd. *Ausgang, bes. der erste Ausgang der Mutter mit dem Neugebornen*. s. usgehn 3. — els. 1, 223.

us-gehn int. v. *fast allg.* (aus-gôn *D. Si.*) 1. *aus dem Hause gehen*: Mi Schwester isch usgang. — 2. *alle werden*: 's Geld isch m'r usgang *Ri. Ha.* — 3. *erlöschen, absterben*: er geht us wie e Licht. — 4. *nach dem Wochenbett sich einsegnen lassen*: heit isch se usgang *Lix.* — els. 1, 190 usge(n) 1. 2. 6.

us-gelassen [usgəlásən *Bo.* u. s.; usgəlòsə *Ri. Ha.*; ausgəlósən *D. Si.*] adj. *ausgelassen, wild, ungezogen*: dat isch en u. Kend. — els. 1, 611 usgelasse.

us-gen [-gen *Bo.* u. s.; ausgén *D. Si.* — Ptc. *gleichlautend*] tr. v. 1. *ausgeben*: er hat sin Geld usgen. — 2. *bei der Ernte, Wein- u. Obstlese ergiebig sein*: d'Erne (Ernte) had gut usgen. — 3. *als letzter die Karten geben*: war git us? — els. 1, 196.

us-getriwen [-gətríwən *Av.* u. s. -gədriwə, -gədrib *Ri. Ha.*] adj. *durchtrieben, schlau, mit allen Hunden gehetzt*: das isch e Usgetriwener! — els. 2, 738 usgetriwe.

us-grudleⁿ tr. v. *Fo. Lix. Bi.* u. s. *das Feuer durch vieles* grudleⁿ (s. d.) *auslöschen.*

us-hilicheⁿ [-hiliχə *Sgd. Lix.*; -hílən, -hiljen *Av.*; -hílχərn *Bo.*] tr. v. *aushöhlen, unterwühlen*: en Appel u. — els. 1, 322 ushülche *neben* ushöle; baier. 1, 1083 aushulgen; lux. aushilechen Ga. 25. s. hillich.

us-huseⁿ [-hùzə *Lix.* u. s.] tr. v. *sein Vermögen durchbringen, auswirtschaften*: jetz hon se usgehust, 's wird alles versteit. — els. 1, 385 ebenso.

U'sin [uzìn *Si.*] n. *Ansehen.* — lux. 453 ebenso.

us-kapitleⁿ [-kàbidlə *Ri. Ha.*] tr. v. *ausschelten.* — els. 1, 456 abkapitle. s. Kapitel.

us-karteⁿ tr. v. *Sgd. Lix.* u. s. *ersinnen, ausdenken*: das hon se mol gut usgekart, so konn's ongehn *Lix.* — els. 1, 471.

us-klugeⁿ [-klúχə *Lix.* u. s.] tr. v. *dasselbe wie* uskarteⁿ: der hat wieder was Gescheits usgeklugt. — els. 1, 491 uskluege.

us-krischeⁿ tr. v. *Hom. Rom. Ha. herausschreien*: siçh de Seelsack uskr. *sich tot schreien.*

us-kummeⁿ intr. v. *fast allg. zu Ende kommen, fertig werden*: i bin mit em Geld uskumm; mit ebber usk. *gut mit jd. fertig werden.* — els. 1, 441.

Us-kunft f. *fast allg.* wie hd. *Auskunft.*

us-lacheⁿ *allg.* wie hd. *gäx* usgelacht! — du därfscht mich nit usl. — els. 1, 547.

us-laifleⁿ *Ri. Ha. Hom.* u. s. 1. tr. *dasselbe wie einfaches* laifleⁿ. — 2. refl. *sich entkleiden (scherzh.)*: laifel dich mol us! — els. 1, 568 usläufle.

us-lereⁿ [-lère *Bo. Lix.* u. s. -lérə *Ri. Ha.*] tr. v. 1. *ausleeren, entleeren, ausschütten (Wasser aus einem Gefäß, Kartoffeln aus einem Sack).* — 2. *sich erleichtern durch Schimpfen, Klagen u. dgl.*: dohäm bi der Mome, do hon ich emol usgelert mein Leid geklagt *Lix.* — els. 1, 605 uslère.

us-lotzen tr. v. *Bo. aussaugen (eigentl. u. übertr.)* s. lotzen.

us-lun *fast allg.* (uslœwe *Ri. Ha.*) tr. 1. *ausschauen, genau betrachten*: er hat sich bal en Au usgelut. — 2. *heraussehen*: de Dummhät lut' m us dem Gesicht. — els. 1, 579 usluege.

us-macheⁿ tr. v. *fast allg.* (aus-mâchen, *D. Si.*) 1. *ausmachen, auslöschen*: 's Licht usm. — 2. *aus dem Erdboden ausgraben u. einernten*: m'r han Grumbire usgemacht; 's isch iwerm Grumbireusmache gewän *Bi. Fo.* — 3. *eine Sache fertig machen, schließen, verabreden*: Was hänn er denn wieder usgemacht mit nander?

Ri. Ha. — 4. Ptc. *als Adjekt.* usgemacht *vollständig:* en usgemachder Narr. Mit usgemachter Sach *zu guter Letzt ibid.* — els. 1, 644.

Us-macher *m. Bi.* u. s. *Tagelöhner, z. B.* Krumbiere-usmacher. *Das Femin. lautet* Usmachersch. s. usmacheⁿ 2.

Us-machet *f. Bi.* u. s. *Ernte, Zeit der Ernte.* — Zs. Krumbiere-usmachet. — els. 1, 646 ebenso.

us-märken tr. v. *Bo. vorbehalten;* refl. *sich ausbehalten:* dat han ich m'r usgegemärkt. s. märken *feilschen.*

us-nehmeⁿ tr. v. *Lix.* u. s. *ausnehmen, herausnehmen, ein Schlachttier auswaiden:* en Schwin u. — els. 1, 771 usneme 1.

us-packeⁿ [-pågə *Ri. Ha.*] tr. v. *mit der Sprache herausrücken:* dernoh han ich awer usgepackt!

U'spil [ušpil *D. Si.*] *n. Anspiel.* — lux. 453 ebenso.

u'spilen tr. v. *D. Si. das Spiel anfangen.* — 2. *anspielen auf etwas.* — lux. 453; ss. uspiln, Kisch vgl. Wtb. 233.

U'sproch [ušproχ *D. Si.*] 1. *Ansprache.* — 2. *Anspruch:* U. erhêwen. — lux. 453 u. ss. Uspróch, Kisch vgl. Wtb. 233.

us-rissen *Bo.* (aus-reïssen *D. Si.*) 1. tr. wie hd. *ausreißen, durch Reißen herausziehen, z. B. einen Nagel, Zahn u. dgl.* — 2. intr. a) *ausfasern, sich zerfetzen:* 's Kleid isch usgeriss; b) *Reißaus nehmen:* der es awer usgeress! *Bo.* — els. 2, 288 ebenso.

us-ritscheⁿ [-ritšə *Fo.* u. s.; ausretšən *D. Si.*] intr. v. *ausgleiten auf glattem Untergrund.* — els. 2, 310 usrutsche. s. ritscheⁿ.

us-ruhn intr. v. *fast allg.* wie hd. *ausruhen.*

us-schelleⁿ [-šèlə *fast allg.*] tr. v. *ausklingeln, verkünden (vom Gemeindediener):* es isch in der Stadt usgeschell wor *Fo.* Der Bot het's usgeschellt. — els. 2, 409 usschëlle. s. schellen I.

us-scheppeⁿ tr. v. *fast allg.* 1. *herausschöpfen:* de Supp u. — 2. *ausleeren:* se han de Bure usgescheppt. *Das Ptc.* usgescheppt *hat die Bedeutung erschöpft:* er isch ganz usgescheppt vam Springe *Ri. Ha.* — els. 2, 404 usschepfe.

Us-schiss s. Usschotz.

us-schitteⁿ tr. v. *fast allg.* wie hd. *ausschütten, ausgießen* 's Wasser u. — els. 2, 445 usschütte.

Us-schlag [-šlàg *Ri. Ha.* u. s.] *m.* 1. *Hautkrankheit, Ausschlag an Bäumen u. Pflanzen überh.* — 2. *Entscheidung:* das hat de n'A. gen. — 3. *Ausschlag der Wage, Mehrgewicht beim Krämer.* — els. 2, 456.

us-schlan [-šlån *Fo.* u. s.; -šlawə *Ri. Ha.*; -šlén *Bo.*; ausšlòn *D. Si.*] tr. v. 1. *ausschlagen, nicht annehmen:* er hat'm Geld offeriert, er hat's awer usgeschlan *Fo.* — 2. *ausschlagen mit dem Bein, dem Huf.* — 3. *neue Knospen treiben.*

Us-schotz [-šòts, Pl. -šets *Bo.*; ussìs (nur als Pl. *Pü.*)] *m.* Schößling der Bäume, *Auswuchs, junger Trieb.* s. Schotz.

us-schwenkeⁿ tr. v. *fast allg. ausspülen, durch Schwenken im Wasser reinigen:* de Gläser u. — els. 2, 527 ebenso.

Ussen-kohlen Pl. *Bo. Holzkohlen (eigentl. erloschene, ausgebrannte K.)* — lux. Ausse'kohlen Ga. 26.

usser [ùsr *Mtsh.* u. s.] adj. *der äußere. Der Superlat. dazu lautet* usserscht: z'usserscht *ganz am Ende;* bitz uf s'usserscht *bis zum Äußersten Ri.* — els. 1, 79.

us-sperreⁿ tr. v. *wie* hd. *aussperren.* — els. 2, 546. s. sperreⁿ.

us-sputzeⁿ tr. v. *Pü.* u. s. *ausspucken. Rda.:* er isch si' Pape usgesputzt *er sieht seinem Vater sehr ähnlich Pü.*

Us-stir *f. fast allg. Aussteuer, Mitgift.* — els. 2, 612 Usstür.

us-stireⁿ tr. v. *fast allg. aussteuern, ausstatten.* — els. 2, 612 usstüre.

us-stocken tr. v. *Bo. Ri. Ha.* u. s. *ausroden:* de Hecke, de Wald, de Rewe u. — els. 2, 586 usstocke. s. Stock.

us-suckleⁿ tr. v. *Fi.* u. s. *aussaugen:* uss. bets uff's Blut. Usgesuckelter Häring *magerer Mensch.* — els. 2, 347 ussückle.

us-suffeⁿ *fast allg. leer saufen:* 's Kälwel hat d'Kuh usg'soff *Ri. Rda.:* der hat schun usgesoff *von einem jungen Burschen, dem die geschlechtlichen Geheimnisse keine mehr sind Pü.* – els. 2, 330 ussufe.

us-suweⁿ [-suwə *Ri. Ha.*] tr. v. *aussaugen, z. B. eine Wunde.* — els. 2, 338 ussuge.

U'stalt [uštalt *D. Si.*] *f. Vorbereitung, Anstalten:* U. machen *Anstalten treffen.* — lux. 452 u. ss. Ustalt, Kisch, vgl. Wtb. 233.

u'stännich [uštèniχ *D. Si.*] adj. 1. *anständig.* — 2. *begehrenswert:* et as em alles u. — lux. 453 ebenso.

U'stech [uišteχ *D. Si.*] *m. Anstich.* — lux. 453 ebenso.

u'stechen [uštéχən *D. Si.*] tr. v. 1. *anzünden, in Brand setzen:* en hot d'Holz ugestach. — 2. *eine Krankheit übertragen:* den Âpel as ugestach *er fängt an zu faulen.* — lux. 453.

u'stihten [uštítən *D. Si.*] tr. v. *anstiften, anzetteln (etwas Unerlaubtes):* wat hoscht de do ugestiht? s. stihten.

u'stiwelen [uštíwələn *D. Si.*] *dasselbe wie* u'stihten. — lux. 453 ebenso. Dazu das Substant. U'stiweler *Anstifter.*

u'ston [uštôn *D. Si.*] intr. v. *anstehen, passen:* dat Kläd steht em un, eweï d'r Kouh de Suedel *der Rock paßt ihm wie der Kuh der Sattel.* — lux. 453 u. ss. ustôn, Kisch vgl. Wtb. 233.

U'strach [uštraχ *D. Si.*] *m. Anstrich.*

u'streichen [uštraiχən, uštréiχən *D. Si.*] tr. v. *anstreichen.* U'streicher *Anstreicher.*

us-wä [-wè *Ri. Ha.* u. s.] adv. *aus dem Wege:* geh dem Hund u. -w.! *Wdg.:* 's isch nix u.-w. *nichts außerhalb des gewohnten Weges, der gewohnten Ordnung.* — els. 2, 804 uswëg(s).

us-wachsen *fast allg.* 1. *keimen, vom Getreide, das zur Erntezeit bei anhaltendem Regen auf dem Felde liegt; auch von Kartoffeln u. Runkelrüben.* — 2. Ptc. usgewachsen *vollkommen gewachsen:* der Bu isch usgew. — els. 2, 785.

us-wejen [-wèjə *Ri. Ha.*] tr. v. *auswehen, durch Wehen mit der Hand löschen:* d'Kerz usw.

us-wennich[-wèniχ *fast allg.*;-wen(d)si *Ri. Ha.*; usəwèntsiχ *Bo. Falk. Lix.*; auswéneχ *D. Si.*] adj. u. adv. 1. *auswendig, auf der Außenseite, draußen, außerhalb:* e Gascht ven usw. *ein Gast von auswärts.* Ussewenzich fin, ennewenzich e Schwin *od.* ussəw. hui, ennew. fui *Lix.* — 2. *auswendig, ohne Hilfe des Buches:* usw. lehre *auswendig lernen.* Worum macht der Hahn d'Auwe zu, wenn er kreït? Er weiß sin Sach usewendsi. *Ri.*

us-werfen *fast allg. Schleim u. Speichel absondern, bes. von Brustkranken.* — 2. *den Boden ausgraben:* er had e Grab, e Kellerdolle usgeworf *Ri. Ha.* — 3. *reichlich Frucht bringen, von Bodenfrüchten:* das Stick had vil usgeworf. *ibid.*

us-witschen [-widšə *Ri. Ha.*; -wetšən *Bo.*] intr. *entschlüpfen, entlaufen, fliehen, entrinnen:* de Teller es mer usgewetscht *Bo.* 'S isch em ener usgewitscht *er hat einen fahren lassen Ri. Ha.* — els. 2, 880.

Us-wurf *m. fast allg.* wie hd. *Auswurf.*

Us-zehrung [-tsérun, *Fo.* u. s.; austséron *D. Si.*; usdsérə *n. Ri. Ha.*] *Lungenschwindsucht.* Er had s'Uszehre (scherzh.) *er hat guten Appetit Ri. Ha.*

us-ziehen [-tsìə *fast allg.*; -dsijə *Ri. Ha.*; austséïən *D. Si.*] 1. intr. a) *den Wohnort verlassen;* b) *schnell davonlaufen:* der zieht us wie e Holänner. — 2. tr. u. refl. *die Kleider ablegen, auskleiden:* zij dich us, u geh ins Bedd! *Ri. Ha. Rda.:* mer soll si nid uszije, ebb mer schlofe geht *Ri. Ha.*

Us-zock [usòk, Pl. usøk *Vbg. Gelm.* u. s.] *m. Schublade* (wörtl. *Auszug*). — lux. Auszock Ga. 26; vgl. mhd. uzzoc, uzzuc. s. a. Tirang.

utsch! interj. *fast allg. Ausdruck des Schmerzes:* oï utsch! das dut weh.

Uwenner *Ackerstreifen* s. Awenner.

Uwerje [uwərje *fast allg.*] *m. Arbeiter.* — frz. ouvrier.

U'wurf [uwurəf *D. Si.*] *m. Anwurf, erster Wurf beim Spiel.* — lux. 455.

uzen [útsən *allg.*] tr. v. *foppen, necken, zum besten haben:* er wurd arich geuzt. Uzen < Utz *Koseform von Ulrich, die vielfach spöttisch verwendet wird, wie hänseln von Hans.* els. 1, 87. — hess. 428 ûzen; baier. 1, 1780 uitzen.

Uzert [útsərt *fast allg.*; útsər *Lix. Fa.*] *m. Spötter:* Was die freche Uzer fer Gesichter mache! wie sie spotte un hämisch lache! *Lix.* — els. 1, 87 Uzer.

Uz-karte *f. Lix. Spottkarte zu Neujahr.* s. d. vorige.

V. s. unter F.

W.

wa [wà *Ri. u. s.*] *Ausruf der Bekräftigung: es sei! meinetwegen!* — frz. va!

Wa' [wà *Bo. Bi. Schw. Ett.*; wô *Fo. Sbg. Ri. Ha. D. Si.*; wouw *Fi.*; wǿy *Pfb.* — Pl. ən] *f.* 1. *Wage zur Bestimmung des Gewichts eines Gegenstandes:* ich han's uf de Wô gele't *Fo. Wdgn.*: 's isch uf der Wô *es ist der Entscheidung nahe Ri. Ha.* Ebber d'Wô halde *soviel wert sein wie jd.* Man unterscheidet: Hau-wa *Heuwage*; Stadt-wa *Oktroiwage*; Wasser-wa *Nivellierwage u. a.* — 2. *Wage am Wagen od. am Pflug mit Zugvorrichtung für 2 Pferde:* d'Wô halde *gleichmäßig ziehen am Wagen Ri. Hom. Rom.*

Wa *Wiege s.* Wei.

wäch (wæχ *fast allg.*; waiχ *Bo. Ri. Ha.*] adj. u. adv. 1. *weich, lind, zart:* w. ränge *so regnen, daß der Boden aufgeweicht wird Ri. Ha.* W. wie Wachs *allg.* — 2. *weichherzig:* er isch w. word. — Zs. weichherzi(ch) *Ri.*

Wache [wàχə *Ri. Ha.*] *f. Nachtwache bei einem Kranken od. Verstorbenen.*

wachen [wàχə *fast allg.*; wáχən *D. Si.*] intr. v. 1. *wach sein, nicht schlafen.* — 2. *bei einem Verstorbenen Nachtwache halten.* (Die Zeit wird zum Teil mit Abbeten des Rosenkranzes u. der Litaneien ausgefüllt). — els. 2, 782.

Wachs [wàks *Fo. Sgd. Lix.*; wàgs *Ri. Ha.*; wás *Bo. Falk.*; wuès *D. Si.*] *n. Wachs* (die Assimilation des h vor s findet statt westlich der Linie Mittersheim, Wiebersweiler, Hinsingen, Holwingen, Püttlingen, Forbach; östlich dieser Linie unterbleibt sie): 's W. in der Kirch *Wachskerzen,* W. *im* Nähkärwel *zum Einfetten des Fadens.* Gël wie W. 'S W. stelle in der Kirch *das für den Gottesdienst nötige Wachs liefern.* — Zss. W.-duch; W.-farb; W.-kerz; W.-stock *langer, dünner Wachsdochtstreifen, zusammengerollt, zum Lampenanzünden.*

wachsen [waksə *Fo. Sgd. Lix. u. s.*; wàgsə *Ri. Ha.*; wàsən *Bo. Av. Falk.*; wuèsən, wuosən *D. Si.* — *Flexion:* waksə, wakšt, wakšt, gəwakst *Fo. Sgd.* — wàgš, wàgš, wàgšd, gəwàgsd *Ri. Ha.* wásən, wëšt, wëšt, gewás (gəwást) *Bo. Falk.* — wuèsən, wišt, wišt, gəwuès *D. Si.*] intr. v. *wachsen:* i de Bodde w. *im Wachstum zurückbleiben Ri. Ha.* Gell, de willsch noch w.? *sagt man zu dem Kinde, das im Regen herumläuft.* Us de Kleidre w. *wenn die Kleider zu kurz und zu eng werden allg.*

Wacht [wàχt *Pfb.*; wuoχt *D. Si.*] *f.* 1. *Wache,* Wacht. — 2. *Wachtstube Pfb.* — mhd. wahte, waht.

Wachtel [wàχdəl *Ri. Ha.*; wótəl *Ka. Kö. Mw.*; wuətəl *Si.* — Demin. wétəlχən, wiətəlχən *Si.*] *f.* 1. *Wachtel:* schaffen eweï eng W. *emsig bei der Arbeit sein Si.* — 2. *Kosename für Kinder:* du mi Wachdel! *Ri.* — Zss. W.-eiere; W.-nescht; W.-wäsz (kontrahiert Wowäsz *Mw.*) *Wachtelweizen.*

Wacke [wàkə *Fo. Lix. Sgd. Ett. u. s.*; wàkən *Obh. Falk.*; wàgə *Pfb. Ri. Ha.*; wák *Geinsl.*; wàkəl *Bo. D. Si.* — Pl. wàkə, wàkəln; Demin. wèklə, wègəl wèkəlχin] *m.* 1. *Wacke, Kieselstein, Kies. Auf die Frage:* wie viel Uhr isch's? *erhält man zur Antwort:* e Vierdel uff kaldi Wagge; wenn's schlad, schlads d'r an de Bagge *Ri. Ha.* E Weggel ins Mul nemme *um bei Feldarbeiten den Durst weniger zu verspüren ibid.* Zs. W.-h i w e l *Flurname bei Lixingen.* — 2. *Hode Ri.* — els. 2, 807; baier. 2, 844 Wacke, Wacken; ebenso hess. 435; lux. Wak Ga. 474; ss. Wock; mhd. wacke *Feldstein.*

wackeldich s. wacklich.

wackele[n] [wakələ[n] *fast allg.*; wàglə *Ri. Ha.*; wèkəln *Bo.*; wokəln *Weil.* — Ptc. gəwakəlt, g'wagəlt, gəwèkelt] 1. intr. *wackeln, wanken, wankend gehen:* w. wie ne Gans, wie e Kuhwaddel. — 2. tr. *prügeln:* der isch arich gewaggelt gen *Ri. Ha.* — els. 2, 807.

Wackes [wàkəs *Fa.* u. s.; wàgəs *Pfb.*] *m. Taugenichts, Strolch, liederlicher Mensch:* das isch e rechter W.! — els. 2, 807 Wackes ⟨ lat. vagus.

wacklich [waklix *fast allg.*; wàglix *Ri. Ha.*; wakəldix *Lix.*; wèkəldix *Bo.*] adj. *wackelig, schwankend:* der Disch isch w. *Wdg.*: ich bin wackeldich unnerm Bruschlappe *ich habe großen Hunger Lix.* — els. 2, 807.

wackrich [wakrix *Fo. Bo. Ett.* u. s.; wàgrix *Ri. Ha.*; wákərex *D. Si.*; wákər *Rü.*; wàkərdix *Fa. Falk.*] adj. *wach, wacker, lebendig, munter, aufgeweckt:* werschte noch nit bal w.? *Fo.* E wackricher Kerl *ein mutiger, entschlossener Bursche.* — els. 2, 807 u. rheinfr. ebenso, From. 5, 521 II 29; hess. N. 1, 328 wackerigh.

Wad [wát *fast allg.*; wâdə *Ri. Ha.*; wuèt *D. Si.* — Pl. ə[n]] *f. Wade. Wdgn.*: er hat Wade wie e Fade. Wade han wie e Budderfässel *dicke Waden haben Ri. Ha.* D'Wade zeije *durch Hochheben der Röcke.* Em ens in d'Wade feje *einen Fußtritt versetzen Ri. Ha.* Dem kann e Has zwische de Wade durch lafe *heißt es von einem, der o-Beine hat ibid.* — els. 2, 789 Wade[n].

Wäd, wäden s. Weid, weide[n].

Waddel [wàdəl *fast allg.* Demin. wèdəl, wèdələ *Ri. Ha.*] *m.* 1. *Schwanz, bes. buschichter Schweif eines Tieres:* e Stick vam W. *Schwanzstück eines geschlachteten Tieres Ri. Ha. Rdaa.*: a gesiht de Ko[u]h am W. an, was der Butter in Paris gelt *er ist sehr schlau Flh.* De W. zwische d'Bän nemme *sich beschämt zurückziehen Ri. Ha.* Du bisch nid schuldi dran, dass d'Grodde ke Waddle han *du hast das Pulver auch nicht erfunden ibid.*

Kinderlied:
Ze Rom isch e Glockehüs,
do lo[u]we alle morje 4 Madame erüs,
die äne spinnt Side,
die ander spinnt Wide,
die ander lauft der Gais am Waddel
[noh. *Flh.*

Man unterscheidet: Hor-waddel *Roßschweif zum Abstäuben u. als Züchtigungsmittel.* Katze-waddel *unfruchtbarer Schachtelhalm* (equisetum arvense). — 2. *Schleppe, Anhängsel, Wedel:* de W. hebe (eigentl. *die Schleppe tragen) sich bei jd. einzuschmeicheln suchen. fast allg.* — 3. *langer Pflanzenkeim, bes. der Kartoffeln Ri. Ha.* — 4. *großes Stück Bo.* — 5. *dicker, ungehobelter Mensch.* vgl. H. Sachs: ein grober Wedel = *Lümmel* Zs. W.-h e b e r *Schleppenträger, Schmeichler.* — els. 2, 787 Wadel; baier. 2, 847 Wadel, Wädel, Wedel.

waddeln [wadəln *Bo.*; wadlə *Ri. Ha.*] intr. v. 1. *schwerfällig gehen.* — 2. *waten Ri. Ha.* — els. 2, 789 wadle, wädle; baier. 2, 1057 watscheln; hess. 442 watschen; henneberg. watscheln *schleppend gehen* From. 3, 132. s. a. Weig. Wtb. 2, 1028.

Waffel [wàfəl, Pl. wàflə *fast allg.*; wàfəl, Pl. wàfələn *D. Si.*] *f.* 1. *dünner, wabenähnlicher Kuchen im* Waffelise *od. der* Waffelpann *gebacken. Von Leuten, die sich beim Essen beschmutzen, heißt es:* E Stross bitz uff Sant Waffel; 's Dorf heischt Mulaff. *Ri. Ha.* — 2. *verächtl. für großen Mund, Maul:* wenn de ke Ruh hasch, schla i d'r ens uff d'Waffel. *Ri.* — els. 2, 794 u. baier. 2, 862 Waffel *in beiden Bedeutungen.*

Wagabong [wàgàbọ̀ *Ri. Ha.*] *m. Vagabund.*

Wagong [wagoṇ *fast allg.*; wàgo *Ri. Ha.*; wagạ *Bi.* — Pl. gleich] *m. Eisenbahn-*

wagen: e ganzer W. voll *sehr viele. Das Demin.* Wagoneddel [wàgonèdəl *Ri.*] *ist der kleine Wagen, der den Eisenbahn- arbeitern dient und auf den Schienen fort- geschoben wird.*
Wahl [wál *fast allg.;* wál u. wél *Falk.;* wèl *D.;* wél, wièl *Si.* — Pl. wálə, wélən] *f. Wahl:* de Wahle for de Gemänerot. D'Wahl dud m'r weh *ich kann mich nicht entschließen Ri. Ha.* Wo W. isch, isch a Qual. *ibid.*
wähle[n] [wǽlə *fast allg.;* wàlə *Ri. Ha.;* wièlən *D. Si.*] tr. v. *wählen, einen Wahl- zettel in die Urne werfen, auswählen:* wer isch dann zum Birjermäschter gewählt wor? *Fo.* Morje gehn m'r w. — els. 2, 810 wahle, wähle.
wahnen [wánən *Falk.;* wânə *Fo.;* wą̂nən *Bo.;* wânə u. wónə *Ri.;* wónə *Ha.;* wu- nən *D. Si.*] intr. v. *wohnen:* vorne e nus, hinge e nus, owe uff wahne *Ri.*
Wahning [wániŋ *Falk.;* wą̂niŋ *Bo.;* wániŋ u. wóniŋ *Ri;* wóniŋ *Ha.;* wunext *D. Si.*] *f. Wohnung.*
Wahs s. Wachs.
wähsen [wèsən *Falk.*] adj. *wächsern:* e w. Kriz. — baier. 2,837 wächsen; mhd. wehsin.
Waisel [waisəl *Ri.*] *n. Waise, Waisen- kind, bes. in den* Zss. W.-hus, W.-kind. — els. 2, 866 u. baier. 2, 1021 ebenso.
wäjer [wǽjər *Ri. Ha.* u. s.] *Verstärkung der Bejahungspartikel:* jo wäjer! *wahrlich, in der Tat!* (wäjer *ist eigentl. Komparativ zu* mhd. wæge *überlegen, tüchtig).* — els. 2, 796 wëger; vgl. baier. 2, 869 gewaege, waege *und* hess. 459 worre *ist es nicht wahr?* s. a. weierol.
Wakanz [wakan̯ts *Rü.;* wàgàn̯ds *Ri. Ha.;* wokan̯ts *D. Si.;* wagàn̯sə *Bi.*] *f. Ferien:* i de W. sin *Ri. Man unterscheidet:* Oschter-, Pingscht- u. Herbschtwakanz. — frz. vacances. — Zs. W.-zit *Ferienzeit.*
wäkeln [wèkəln *Fa.*] intr. v. *emsig ar- beiten:* se wäkelt de ganze Dach wie e Gartegräbelchen. (wäkeln *mag Iterativ- form sein zu* mhd. wëgen *in Bewegung setzen od. bringen;* baier. 2, 871 waigen; schw. weiggen, From. 6, 412, 51; vgl. got. veigan, ahd. weigjan *streiten, erregen.*
Wakelter [wakəltər *D. Si.;* wèkəltər *Bo. Falk. Rg.;* wèkəlder *Fo.;* wègəldər *Ri. Ha.*] *m. Wachholder.* — lux. Wakeltər Ga. 475; mhd. wëcholter.
Wal *Schleier* s. Woal.
Walär [wąlèr *Fa.*] *m. Wert:* das hat kän W. — frz. valeur.
walch, walich [wal(i)χ *Fo.;* waliχ *Lix.;* wèliχ *Pü. Ha.;* wéliχ *D. Si. Falk.;* wéï- liχ *Bo.;* wíliχ *Vbg.;* wèldi(χ) *Ri.*] adj. u. adv. *welk, verwelkt, schlaff, schwach:* e welicher Mann *Falk.* DuWeldicher! *heißt es von jd., der kränklich aussieht Ri.* — lux. wièlech Ga. 482; vgl. hess. 435 walch wilch *lau.*
Wälche [wǽlχə *Fo.*] *n. ein Spiel. Das Wort gehört zu* mhd. walchen *walken, hin- und herbewegen, schwenken.* — baier. 2,906.
Wald [walt *allg.* — Pl. wèl *Av. Falk. Bo. Lix.;* wèlər *Fo.* Dem. wèltχə, wèltχin, wèldəl] *m. Wald. Rdaa.:* dem sin Stange sin hecher wie sin Wäl *heißt es von jd., der seine Verdienste zu sehr hervorhebt Lix.* Er es durch den W. gang, wo em de Riser en d'Auwen geschlên sen *er hat bittere Erfahrungen gemacht Bo.* D'Lis schleife di i(n) de Wälde *droht die Mutter dem Kinde, das sich nicht den Kopf will säubern lassen Ri. Ha.* — Zss. W.-bruder, *Einsiedler,* W.-horn *Schal- mei aus Weidenrinde.* W.-matt *häufig vorkommender Flurname.* W.-grawe *als äußere Grenze des Waldes.* W.-esel *Schimpfname.* W.-meischter (Asperula odorata). W.-huse *Waldhausen, Dorf im Bitscherland.* W.-recht *Forstrecht.* W.- buri *Waldenburg im Kreis Saarburg.*
wäle[n] *wiegen* s. wawle[n].
walge[n] [wàlgə *Ri.*] tr. v. *walken:* d'Strimb.
waliche[n] [waliχə *Sgd. Lix. Fo.;* wè- liχə *Pü.;* wéïliχən *Bo.*] intr. v. *welken, verwelken.* s. walch, walich.
Wall [wal *Bo.;* wál *D. Si.*] *f. das Auf- wallen einer siedenden Flüssigkeit. Wdgn.:* weïn Erbs in de W. *in beständiger Un- ruhe Bo.* Et as mer eng glidich W. iwert Herz gang *es ist mir glühend heiß ums Herz geworden Si.* — lux. Wâl Ga. 475; baier. 2, 884 der Wall; vgl. mhd. wallen.
wallen [walən *Bo.*] 1. intr. v. *wallen, sieden.* — 2. tr. *Teig mit dem Wallholz, der Rolle platt walzen.*

Wall-fahrt [walfårt *fast allg.*; wolfård *Ri.*] *f. Wallfahrt:* e W. mache; uff d'W. gehn.
wall-fahreⁿ [walfåre *fast allg.*; walfårdə *Ha.*; wolfårə *Ri.*] intr. v. *eine Wallfahrt machen:* er isch gange w.-f. *Ri.*
Wall-holz *Rolle* s. Weljerholz.
Walmen [walmən, Pl. gleich *Rg.*] *m. schräge Dachfläche; Einbiegung des Daches schief herab an der Giebelseite eines Gebäudes.* — baier. 2, 894 Walben; mhd. walbe; hd. Walm.
Walsch *Ortsname Walscheid, Dorf im Kr. Saarburg.*
Walschder [wålšdər *Ri.* u. s.] *m. Bewohner von Walscheid.*
Wamerstroff *Ortsname Wallmerstroff (Kr. Saarburg). Die Bewohner werden* Wamerstroffer Kurwen *(Raben) geschimpft.*
Walz [wålds *Ri. Ha.* u. s.] *f. Walze, Ackerwalze. Rdaa.:* uff d'W. gehn *freien gehen;* uff d'r W. sin *herumreisen, stromen* (frz. rouler). — Zs. Strosze-w. od. Damp-w. *zum Ebnen der Straßen.*
Wampeⁿ [wampə *Fo. Av.*; wàmbə *Bi.*; wąmpən *Bo.*; wompən *Obh.* - Pl. gleich] *m.* I. *Bauch, Schmerbauch:* de Wambe gefeïlt *(gefüllt)* han *Bi.* Ich tred d'r äns eïn de Wambe *gemeiner Ausdruck für:* ich gebe dir einen Fußtritt *ibid.* — 2. *Rumpf Obh.* — baier. 2, 913 Wamben, Wampen; hess. 440 Wampe; mhd. wambe, wampe; vgl. engl. womb *Mutterleib.* s. a. Wumpel.
Wamsch [wàmš *fast allg.*; wàmšd *Ri. Ha.*; wèmš *Lan.*; wèmšt *Marienth.* — Dem. wèmšdəl *Ri.*] *m. Wams, Jacke der Männer. Wdg.:* de W. uskloppe *durchbläuen allg.* — Zs. W.-knopp, Pl. W.-knepp „*Wamsknöpf*", *Blüten der Wiesenflockenblume* (Centaurea scaliosa) *Lix.*
wamscheⁿ [wàmše *Sp.* u. s.] intr. v. *tüchtig, gierig essen:* der konn gut w.; de sollscht de mol w. sihn! — els. 2, 827 wamse, wamste 2; baier. 2, 915 sich wambs'n *sich voll fressen;* hess. 441 wamschen; ndd. ebenso, From. 3, 41, 23; 284, 119. s. Wampe.
Wa'n [wån *Bo. Bi. Falk.* u. s.; wàn *Fo.*; wàwə *Pfb. Ri. Ha.*; wawè *Fi. Mtsh.*; wòn *Lix. Ett. D. Si.*; wòn *Schw.*; woan *Saaralb.* — Pl. wæn, wén, wêjə (wên), wóən,

wïn *Bo.*; Demin. wénχən, wênχin, winχin, wéïəl, wænəl] *m.* I. *Wagen:* um W. hucke. O la Wawel *Aufforderung zum Anhalten Ri. Ha.* Der blo Wo'n *der blaue Wagen der Irrenanstalt:* er isch dernëwe, der blo W. muss bal kumme *Ett. Lix. Rdaa.:* den henerschten W. vorhin drähn *die Pferde hinter den Wagen spannen Bo.* 'S finft Rad am Wawe sin *nicht berücksichtigt werden Ri. Ha.* — *Man unterscheidet:* Dile-w. *Wagen mit Seitendielen statt der Leitern;* Dissel-w. *Deichselwagen (im Gegensatz zu* Scher-w.*);* Hau-w. *Heuwagen;* Kaschte-w. *Wagen, auf dem ein großer langer Kasten ruht, in welchem Jauche gefahren wird;* Leider-w.; Metzjer-w.; Mewel-w.; Mischt-w.; Platt-w. *flacher Wagen ohne Leitern;* Rullje-w. *Rollwagen;* Scher-w. *Wagen mit Scherendeichsel;* Schinger-w. *Schinderwagen;* Schiss-w. *Abfuhrwagen;* er heißt auch Kaffee-w. *wegen seines bräunlichen Inhalts.* Zs. Wan's-rad (Wawe-rad). — 2. *Sternbild des großen Bären Si.*
Wand I [wànt *fast allg.*; wąnt *Bo.* — Pl. wèn, wènd] *f. Wand. Wdgn.:* an alli Wänd in d'Heh wille *vor Schmerz die Wände hinaufklettern Ri. Ha.* D'W. mitnemme *an einer frischgestrichenen Wand die Kleider beschmutzen ibid.* 'S isch nid vam Wand abschlegge *es ist nicht vom Ablecken der Wände (daß er so dick ist) ibid.* — Zs. W.-kart. W.-lus (s. d.)
Wand II s. Wind.
Wändel s. Wandlus.
wandern [wąndern *Bo.*; wànərə *Fo. Fa.* u. s.; wònərə *Lix.*] intr. v. I. *wandern.* — 2. *umziehen, die Wohnung wechseln:* am erschte April simmer gewannert *Fo.* — 3. *sterben:* er isch gewonnert *ist tot Lix.*
Wanderschaft [wànderšàfd *Ri. Ha.* u. s.] *f.* wie hd. *Wanderschaft:* uff d'W. gehn *von Lehrlingen u. Gesellen gesagt;* uff d'W. sin I. *wenn ein Gegenstand ausgeliehen ist und lange nicht zurückgebracht wird;* 2. *auf Freiersfüßen gehen.* — els. 2, 834.
Wandlung *f. allg. Wandlung, Transsubstantiation.* — *Volksglaube:* wenns am Sunnda em Amt bi de W. of der Stadtühr elef schlåt, no sterbt on der Woch

einer von dene, wu en de Kerch gewän sin *Pfb.* — els. 2, 834 ebenso.

Wand-lus [wàntlus *fast allg.*; wàntlys *Pfb.*; wantlaus *D. Si.*; wèndəl *Berl.* — Pl. wàntlîs, wantlais, wèndlə] *f. Bettwanze. Wdg.*: wann das nit gut for de Wandlies isch, dann wäs ich nit was besser isch *Fo.* — lux. Wandlaus Ga. 475; els. 2, 834 Wëndel; baier. 2, 962 Wentel.

wäne[n] [wǽnè *Mtsh.*] intr. v. *weinen.* — els. 2, 828 weine, wæne.

Wa'ner [wánər *fast allg.*; wónər *D. Si.*] *m. Wagner, Stellmacher.*

Wangert *Weinberg* s. Wingert.

Wangscht [waŋšt *Fi. Ri. Ha.* u. s.] *m.* 1. *Wamst, Schmerbauch:* er hat de W. voll *Fi.* Ebber ens in de W. dredde *jd. einen Tritt in den Unterleib versetzen Ri.* — 2. *Vielfraß, Fresser.* — Zs. Fress-w. *von Menschen u. Tieren, die nie genug bekommen.* — els. 2, 840 Wangst.

Wank [wàŋk *Falk.*] *m. Gebrechen, kommt nur vor in der Wdg.*: et hat noch kein W. *es ist noch ganz unversehrt (von Kleidungsstücken, Möbeln u. dgl.)* — baier. 2, 959 Wank; ebenso schwedisch; mhd. wanc.

Wann I [wàn *fast allg.*; waŋ *D. Si.*; waŋ *Bo.*; wòn *Schw.* - Pl. wèn, waŋən; Dem. wèntyən] *f.* 1. *Getreide-, Futterschwinge. Wdgn.*: er hat e Buch *(Bauch)* wie e W. *Fi.*; e Hindre wie e W. *Rom. Scherz*: e Wann isch ke Ridder un e Bock had ken Idder *(Euter) Ri.* — 2. *Wannmühle Fi.* — Zs. W.-mihl [wànmil *fast allg.*; wònmil *Schw.*; wámil *Pü. Ro.*; wómil *Lix.*] *f. Wannmühle, Fruchtputzmaschine*: 's Mul geht em wie e W.-m. *Lix.*

Wann II *Ackerwinde* s. Winn.

wann [wàn *fast allg.*] 1. conj. *wenn, im Falle daß*: wann de mer's nit sa'scht, dann bin ich bês met der *Fo.* — 2. *Fragepartikel wann?* wann gehn mer dann? — Zs. wann a [wànâ *Fo. Ri. Ha.* u. s.] conj. *wenn auch, obgleich, wenn schon* (frz. et quand même): wann de mir's a nit sa'scht .. *Fo.* Du grijsch Schlä! — U wann a *und wenn auch* (zu ergänzen: *ich tue es doch nicht) Ri.*

wanneh [wàné *Fo. Sgd. Lix.*; wané u. winé *Falk.*; wenéə *Bo.*; winéï *D. Si.*] *Fragew. wann?* (*allein oder mit Nachdruck gebraucht*): siter wanneh? *seit wann?* Er geht furt! — wanneh? *Fo.* Wanneh kummt er? — ss. wäni, Kisch vgl. Wtb. 169; ndl. wanneer; mhd. wanê.

wanne[n] [wànə *Ri. Ha. Fa.* u. s.; wánən *D. Si.*; waŋən *Bo.*; womilə *Lix.*] tr. v. *das Getreide behufs Reinigung in der Wann schwingen.* — 2. *jd. an Armen u. Beinen fassen, um ihn hin- und herzuschwenken und zeitweilig am Boden aufstoßen zu lassen Ri. Ha.* — 3. *(bildl.) langweilen*: er hat mich gewannt *Bo.*

wannern s. wandern.

Want [wáṇt *Lix.* u. s.] *f. Versteigerung.* — frz. vente.

Wanter, Wenter s. Winter.

wanter-feljen [wantərfèljən *Si.*; wentər-*Bo.*] tr. v. *pflügen vor Beginn des Winters. Ein solches für den Winter umgepflügtes Ackerfeld heißt* Wanter-(Wenter-)felch. s. filche[n].

wanterlatàr [wantalatèr *Fa. Obd.* u. s.; wandəradèr *Ri.*] adv. *rasend schnell*: 's geht w. — frz. ventre à terre.

War [wár *fast allg.*; wóər *D.*; wúər *Si.*] *f. Ware, Gegenstand, mit dem Handel getrieben wird*: d'War sordiere *Ri.* Kä Geld, kän Wuer *Si.* Demnoh Geld, demnoh War *Ri. Die Ausschußware heißt* Rebuwar; *diejenige, die lange auf Lager liegt* Läjerwar. — Zs. W.-kammer *Ri. Ha.*

Wära [wèrà *Rü.*] *m. Weihrauch.*

Wariss [wàris *Ri.*] *f. Krampfader.* — frz. varice.

Warlopp [wàrlob *Ri.*] *f. großer Hobel, Schlichthobel der Tischler.* — frz. varlope.

warm [wàrm(ə) *fast allg.*; wárm u. wámən *Falk.*; wàrəm *Bo. D. Si.* - Komp. wèrmər, wèrmšt] adj. u. adv. *warm*: w. grije *warm werden Ri. Ha.*; sich w. gehn. *ibid.* Ebber w. mache *jd. hart zusetzen ibid.* 'S lafd em kalt u w. de Buggel enuf *es ist Fieber im Anzug ibid.* Ebbs ins Warme dun *etwas warm halten.* Mer han de wärmschte Da hait vam ganze Johr *Fo.*

wärme[n] [wèrmə *fast allg.*; wèrmən *D. Si.*; wèrməln *Falk.*] tr. v. *wärmen*: 's Bett w.; gewärmdes Esse *aufgewärmtes Essen.* Ebber 's Plätz w. *jd. Platz bereiten Ri. Ha.*

Wärmt [wèrmt *fast allg.*; wérmt *D. Si.*; wèrməd *Ri. Ha.*] *f. Wärme.* W. < mhd. warmheit. — els. 2, 854 Wärmet.
warneⁿ [wàrnə *Ri. Ha.* u. s.] tr. v. *warnen, zur Vorsicht mahnen.*
Warning *f. Ri. Ha. Warnung, Mahnung zur Vorsicht:* das soll d'r e W. sin!
Warr *Grille* s. Werr.
warrelich [wàrələχ *Rü.*] adj. u. adv. *verworren:* warrelech Hôr (*Haare*) — vgl. lux. 476 Warrel *etwas Verworrenes.*
warteⁿ [wártə *fast allg.*; wárdən *D. Si.*; wárdə *Ri. Ha.* — Ptc. gəwárt] intr. v. *warten:* we mer lang wart, werd m'r ald *Ri. Ha.* Wenn er nit ka warde, soll er anne lafe *ibid.* E n'Ewigkeit warde misse; bal verzibble, verdaddre va warde *ibid.* wart, wart! *Drohung allg.*
Warzel [wártsəl *Pü.* u. s.; wárdsəl *Ri. Ha.*; wóərtsəl *D. Si.*; wátsəl *Falk.*; watsəl *Lix.* — Pl. -ən; Dem. wèrtsəlχən] *f. Warze. In der Saargegend entfernt man dieselben durch Umbinden eines Seidenfadens, der immer enger gezogen wird u. so lange bleibt, bis die Warzen absterben.*
Was [wås, Pl. -en *fast allg.*] *f. Vase, Blumentopf.* — els. 2, 862 Was(e); frz. vase. — Zs. Blume-was.
Wäs I [wæs *fast allg.*; wèsə *Ha.*; wais *Lix.*; waisə *Ri. Berl.*; wéïs *Bo. Falk.*] *m.* u. *n. Weizen:* se sen em Weïs *sie sind mit der Weizenernte beschäftigt Bo.* D'Weise amache *dasselbe wie* d'Some amache (s. d.). Des Wäs fliht furt *heißt es, wenn der Weizen auf den Haufen arg von Käfern angefallen wird Fo. Wdg.:* er hat Wäs ze verkafe *sagt man von jd., der den Hut schief auf dem Kopf trägt ibid. — Ähnlich wie man durch das Zwiebelorakel das Wetter für die Monate des Jahres bestimmt, geschieht dies auch mit 12 Weizenkörnern, von denen man jedem den Namen eines Monats gibt. Man legt nämlich die Körner auf den Ofen; das Korn, das infolge der Ofenhitze am weitesten springt, bezeichnet den trockensten Monat; dasjenige aber, das liegen bleibt od. am wenigsten weit springt, den regnerischsten Monat Ett.* u. s. — henneb.-fränk. Wäss, From. 2, 278, 47; 6, 330, 401.
— Zss. Weise-(Wäse)-gris *Gries*; Weïssen-summer *Zeit der Weizenernte Bo.*
Wäs II [wæs *Rü.* u. s.] *m. Speiseröhre, Schlund. Aus dem* Wäs *des geschlachteten Schweines verfertigen die Buben eine Knallbüchse, indem sie das eine Ende zuknoten, Luft in den Darm blasen u. diese herauspressen.* — lux. Wäs Ga. 477; baier. 2, 1021 Waisel, Wazel, Wäsling *Schlund wiederkäuender Tiere;* ss. Wěslänk, Kisch vgl. Wtb. 172; altfries. wasan *Gurgel.*
Wasch [waš *Ri.* u. s.] *f. plumpe, ungebildete Weibsperson.* — els. 2, 871 ebenso; frz. vache.
Wäsch [wěš *fast allg.*; weš *Fo. Ri. Ha.*] *f.* 1. *Wäsche als Arbeit und Zeug, das gewaschen wird:* mer han gross W. die Woch. W. inleje, d'W. bleiche, d'W. ufhänge. Ebbs in d'W. dun od. 's Dings in d'W. dun *schmutziges Zeug für die Wäsche zurecht legen Ri. Ha. Ringelreihen:*

Rengel, Rengel, Rose,
Scheni Abrikose.
Grössi Wäsch, kleini Wäsch,
Giggerigi! *Pfb.*

— 2, *Waschhaus:* et isch kän W. im Dorf *Falk.* — Zss. W.-bach *Waschhaus:* uf d'W.-b. gehn *Fo.* W.-bank *Waschbrett.* W.-frau. W.-hammel *Schmutzhammel.* W.-kaschte *mit Stroh gefüllter Kasten vor der Waschpritsche, worin die Wäscherin kniet.* W.-kiche. W.-korb. W.-lompen 1. *Spültuch;* 2. *Schwätzer:* er hat en Zong weïn W.-l. *Bo.* W.-säl. *Waschleine.* W.-schissel. W.-zuwer (-zower) *Kübel, Zuber, der beim Waschen dient.*
wäscheⁿ [wěšeⁿ *fast allg.*; wešən *Fo. Ri. Ha.* — Ptc. gəwěš, gəwešt, gəwěšt] 1. tr. u. refl. *waschen:* sich d'Nas w. *die Nase putzen Falk.* Sich d'Heng w. a) *im eigentl. Sinn;* b) *übertr. sich für unschuldig ausgeben Ri.* Sich wie d'Katze w. *nur oberflächlich.* — 2. tr. *prügeln, durchbleuen;* der isch awer gewäscht wor! — 3. unpers. *heftig regnen:* es hat gewäscht *Ri.* Gewäscht were *verregnet ibid.* — els. 2, 871 ebenso.
Wäs-chen [wèsχə *Fa. Lix.* u. s.] *n.* 1. *Bäschen, in der Anrede bei Leuten nie-*

deren Standes. — 2. *alte, alleinstehende Frau Fa. Scherzreim:*

Wäsche Kät un Wäsche Merai
Koche sesomme Hirschebrei.
Hirschebrei isch ongebrennt,
Wäsche Kät isch furtgerennt. *Lix.*

— *Ma. um Fallersleben:* Wäsche, From. 5, 300; ndd. wâse, wêske *ibid.* 6, 492.

Wäschersch [wěšərs *Bo. Lix.* u. s.; wěšərš *Fo.;* wěšəršə *Ri. Ha.;* wěšəs *D. Si.*] *f. Waschfrau, Wäscherin:*

E Weschersch, e Drescher un e
      Hund,
Die esse ze alle Stund. *Fo.*

wäschleⁿ [wěšlə *Bi.* u. s.] intr. v. 1. *lebhaft mit den Händen gestikulieren, in der Luft herumfuchteln.* — 2. *sich übereilen, etwas allzu hastig ausführen.* s. wäschlich.

Wäschler *m. Bi. jd., der lebhaft gestikuliert, wenn er etwas tut.* s. d. vorige.

wäschlich [wěšliχ *Bi.* u. s.] adj. *behend, zappelig, lebhaft:* e w. Kind. — hess. 450 weslich, wäslich *munter, aufgeweckt;* baier. 2, 1019 wäss, wäselich; vgl. ahd. huaslîhho = *efficaciter;* mhd. was, wasse, wesse *scharf.* s. a. wusselich.

Wäschum [wěšum *Ri.*] *Ortsname Weschheim, Kreis Saarburg.*

Wasen [wásən *Av. Falk. Vbg.;* wásə *Fo. Ri.;* wasəm *Lix.;* wuəs *Si.;* wuos *D.*] *m.* 1. *Rasen:* mer han uns uf de W. gehuckt *Fo.* Nid uf de grine W. kumme *nicht auf einen grünen Zweig kommen Ri.* — 2. *Trift.* — baier. 2, 1017 Wasen; lux. Wues Ga. 484; eifl. Wáᵉsem Bü. 24; ss. Wuᵉsemt Kr. 140; mhd. wase.

Wasser [wàsər *fast allg.;* wásər *D. Si.* — Demin. wèsərle] *n. Wasser (Trink-, Quell-, Regenwasser).* Wdgn. u. Rdaa.: 's W. abschlawe *urinieren Ri.* 'S Wasser nid halde kenne *krankhafter Zustand der Blase.* Sich gliche wie zwei Drobbe Wasser *Ri. Ha.* 'S W. uff sini Mihl richte *den eignen Vorteil erstreben ibid.* 'S W. kummt em ins Mul *er gelüstet darnach fast allg.* Stilli W. sin dief. D'Auwe gen em W. *er lacht Tränen. Ri. Ha.* Er lijt od. beschisst, ass d'Auwe em W. gen

daß ihm Wasser in die Augen kommt ibid. Gottes W. iwer Gottes Land lâfen lossen *sich um nichts kümmern D. Si.* Stel W. Grondfresser *stilles Wasser frießt den Grund, gründet tief ibid.* — Man unterscheidet: Babbel-w. *Branntwein u. geistige Getränke überh., weil sie die Zunge lösen.* Brunne-w. Dreck-w. Gël-w. *das bei Wassersüchtigen sich bildende W.* Gescherr-w. 1. *Spülwasser;* 2. *wässeriger Kaffee, dünne Suppe.* Herz-w. Kirsch.-w. *Branntwein aus Kirschen,* Quetsch-w. *solcher aus Zwetschen.* Rän-w. Wih-w. 1. *Weihwasser;* 2. *in aller Frühe getrunkener Branntwein.* — Zss. W.-äl *Aal Lix.* W.-ämer. W.-bire *Wasserbirne (sehr weich u. wässerig).* W.-blos u. W.-sack *Urinblase.* W.-flecke. wasserhert (s. d.). W.-huhn. W.-purble *Wasserpocken.* W.-stän *Spülstein, Gußstein in der Küche. Etwas Unmögliches bezeichnet man mit:* e hilzener Wasserstän. W.-sucht.

wasser-hert [-hèrd *Ri.*] adj. *ungenießbar, von Kartoffeln, die nach dem Kochen noch hart u. wässerig sind.* — els. 1, 376 ebenso.

wasserich [wasəriχ *Fo.* u. s.; wèsriχ *Ri. Ha.;* wèsərex *D. Si.*] adj. *wässerig, wasserhaltig:* de Grumbire sin w.; w. Fuder; wässerichi Auwe *Ri.* — els. 2, 866 wasserig.

Wasser-stenzel [-sděndsəl *Ri.*] *f. Bachstelze.* — els. 2, 594 Wasserstélz.

Wässich [wèsiχ *D. Si.*] *f. Molke, wässeriger Teil der Milch.* — lux. Wesseg Ga. 477; ss. Wàssich, moselfr. Wæssich *säuerliches Milchwasser* Kisch, vgl. Wtb. 170; hess Nr. 331 Waszich, Weszich *Käsewasser;* vgl. ags. woet, engl. wet *naß;* got. watô *Wasser.*

Wassle [wàslə *Ri.*] *Ortsname Wasselnheim. Rda.:* der Win isch bi W. vurbi gang *ist stark mit Wasser vermischt.*

Wat [wât *Alst. Mü. Kr. Fa. Vahl-Ebers.;* wuət *Rü. D. Si.*] *f. Abgrenzungslinie zweier Wiesenstücke:* de W. gehn beim Mähen *von einem Setzstein zum andern gehen, um zu sehen, wie weit man nur mähen darf Alst.* De W. mäjen *die Grenze zwischen den Wiesen abmähen Kr.* W. träte

Grenzen eines Wiesenstückes im Grase abtreten Fa. — 2. *getretener Pfad durch eine Wiese.* — lux. Wued Ga. 483; vgl. mhd. waten, *das urspr. gehen hieß (nicht bloß im Wasser).* — Zs. W.-stän *Grenzstein, Setzstein* Mü.

Wät [wèt *Mw.*] *f. Untiefe im Wasser zur Pferdeschwemme u. Viehtränke.* — baier. 2, 1045 Wät, Wett; hess. N. 331 Wede *kleiner Teich*; ndl. wed; Weig. Wtb. 2, 1031 Weet; ahd. wetti; vgl. hd. waten. **wata** [watą̊ *Bi.*] *in der Wdg.:* w. mache einem die Türe weisen. — w. < frz. va-t-en.

Wätma [wêtwą *Fa.*] *m. lange Frauenjacke.* — frz. vêtement.

Watsch [watš *fast allg.* — Demin. wèdšəl *Ri.*] *f.* 1. *Schlag auf die Wange, bes. Ohrfeige, Rutenstreich:* wann du noch ebbes sa'scht, kriesch te Watsche van mir *Fo. Rda.:* dem Dreck e W. gen *erfolglose Arbeit verrichten.* — 2. *Rute zum Züchtigen Lix.* — els. 2, 885; baier. 2, 1058; hess. 442; lux. 478 ebenso.

watschen *fast allg. schlagen, züchtigen mit der Hand, beohrfeigen:* ich soll der ne gewatscht han! *Fo.* I watsch d'r eini! — els. 2, 885 u. baier. 2, 1058 ebenso.

watschlen [wàdšlə | *Ri. Ha.* u. s.] intr. v. 1. *schleppend, wackelnd, in kleinen Schritten gehen wie die Gänse u. Enten:* wie d'Gängs w. — 2. *mit den Armen im Wasser herumrühren.* — els. 2, 885 watsche, watschle. s. a. watzen.

Watt [wàd *Ri. Ha.*] *n. Watte.* — els. 2, 878.

Watz [wàts, Pl. wèts, *fast allg.*] *m. unverschnittenes, männliches Schwein, Eber.* — hess. 442; baier. 2, 1058 Watz, Wetz, Wetzber; Weig. Wtb. 2, 1028; vgl. ahd. huaẓ *scharf*, schweiz. watz sein auf etwas = *drauf losgehen.* s. a. Wutz u. Ulewatz.

Watzen Pl. *heißen westlich der Linie Falkenberg—St. Avold—Spittel diejenigen, welche* wat *für* was *sagen; z. B.* Zimmeringer Watzen.

watzen [watsən *Fa.*] intr. v. *rasch, in kleinen Schritten gehen.* — vgl. els. 2, 887 wetze; mhd. wetzen *losrennen*; ahd. huaẓ *scharf*.

Wawe *Wagen* s. Wa'n.

wäwels s. weibels.

wawlen [wáwlə *Ri.*; wǽlə *Ha.*] tr. u. intr. *wiegen, in einer Wiege schaukeln:* 's Kind wawle. *Rda.:* ich bruch nid gewawelt sin *ich schlafe ein, ohne eingewiegt zu werden.* — els. 2, 796 wagle, wæile; baier. 2, 866 u. mhd. wagen.

Wazel s. Warzel.

webben [wèbə *Pfb.*] tr. v. *schlagen, hauen.* — vgl. els. 2, 779 wëbe *zappeln*; baier. 2, 964 wäppeln *ein Wappen aufdrücken.*

Wechsel [wèksəl *Sgd. Lix.*; wègsəl *Ri. Ha.*; wésəl *Falk.*; wièsəl *D. Si.*; wéïsəl *Bo.*] *m.* wie hochd. *Wechsel, Geldwechsel.*

wechslen [wèkslə *Sgd.*; wègslə *Ri. Ha.*; wègslè *Mtsh.*; wièsələn *D. Si.*; wéïsəln *Bo.*] tr. v. *wechseln, auswechseln, Geld wechseln.* — els. 2, 786.

Weck [wek *Fa.*; wèk *Bo. D. Si. Falk.*; wegə *Ri. Ha.* — Pl. -ən; Demin. wèkχən] *m. u. f.* 1. *Brötchen, Semmel. Auf die Frage:* hasch de m'r e W. us der Stadt mitgebrung? *antwortet man:* se sin schun alli geweggt gewän *Ri.* — 2. *Neujahrskuchen Bo.* — 3. *Brötchen in Form einer Puppe Si.* — 4. *kleiner Geldbetrag, den die Paten dem Taufkinde als Ersatz für den* Weck *geben Si.* — hess. 445 u. baier. 2, 845 Weck *Semmel*; els. 2, 808 Wecke 2; schwäb. Wecka *keilförmiges Brot*; mhd. wecke. — s. a. Wecken.

Weckelter s. Wakelter.

Wecken [wèckən *Av. Fa.*; wèkən *Bo. Vbg. Kr. Metzeresch*; wèkə *Lix.*; wekə *Bi.*; wègə *Ri. Ha.*; wèk *Falk.* — Pl. gleich] *m.* 1. *Keil aus Holz od. Eisen zum Holzspalten.* — 2. *Keil als Unterlage eines Möbels od. zur Befestigung eines Zapfens.* — 3. *Wetzstein der Mäher.* — els. 2, 808 Wecke; baier. 2, 845 der Weck; lux. Wéck Ga. 478; Weig. Wtb. 2, 1029; mhd. wecke. u. a. Weck.

wecken [wèkən *fast allg.*; wekə *Fo. Bi.*; (fər)wègə *Ri. Ha.*] tr. v. 1. *wecken.* — 2. *keilen, verkeilen, Keile eintreiben.* — els. 2, 809; baier. 2, 846.

Wecker [wèckər *fast allg.*; wègər *Ri. Ha.*] *m.* wie hd. *Weckeruhr.*

weg, eweg [wèg, əwèg *Fo. Ri. Ha.* u. s.; wèχ, wèk *Bo.*] adv. *weg, hinweg:* gehscht de nit eweg? ewegg sin *das Be-*

wußtsein verloren haben, sterben Ri. Beim Mühlenspiel: Mihl zu u fress d'r ewegg die Kuh *die Mühle zumachen u. einen Stein wegnehmen ibid.* Weg (eweg) *geht alle Verbindungen ein wie im hd. z. B.* weg-butze, -disbudiere, -laïge *ableugnen,* -schnabbe, -rume u.s.w. — els. 2, 801 ewëg.

Weg [wèg *Ett.*; wéχ *Sgd. Lix.*; wéχ *Falk.*; wèχ *Pü.*; wê *Fo.*; wé *D. Si.*; wëï *Berl.*; wèiχ *Bo.* — Pl. wèɔ, wéɔn, wèijər. Demin. wéχən *D. Si.*] *m. Weg:* Kä Wä u kä Stä kenne. I wer d'r au emol e Stän in de Wä leje *Ri. Ha.* De Wä unner de Fiess hole *sich beeilen Fo.* Ebber in de Wä schisse *jd. Schwierigkeiten machen Ri. Ha. Sprichwort:* der Hoffart leït im Weï, 's kann jeder ophebe sovil er will *Berl.* — Aus der Wê *aus dem Wege:* Dronkenen geht e Fuder Hä aus der Wê *Betrunkenen geht ein Fuder Heu aus dem Wege. (In dieser Wdg. wird* Weg *weiblich gebraucht wie im hess.* 443: aus der Wege gehn.) Zuweg, zeweg *zu Wege, zurecht in Verbindung mit Zeitwörtern:* zewä bringe *zustande bringen fast allg.* — Zs. Wegschisser (s. d.).

Weg-schisser [wègšisər *Ett.*; wěšisər *Fo. Ri. Ha.*; wèχšisər *Lix.*] *m. Geschwür am Rande des Augenlids, Gerstenkorn. Es gilt als Strafe dafür, daß man seine Notdurft am Wege verrichtet habe.* — els. 2,438 ebenso; hess. 443 Wegscheiszer; lux. 485 Wéschösser.

Weh [wé *fast allg.*; wéɔ *Bo.*; wéï *D. Si.*] *n.* 1. *Weh, Schmerz:* er wodd als krank sin, awer d'Wehe wille nid kumme *heißt es von jd., der vergebliche Anstrengungen macht, um krank zu sein. Ri.* 'S fallet W. *Fallsucht.* Sankire-W. (s. d.) Mutter-w. *Geburtswehen.* Buch-w. *Magenschmerzen.* — 2. *Wunde, Geschwür:* 's Kind hat's ganze Gesicht voll W.

weh *adj. u. adv. wie hd. weh:* weh dun *schmerzen;* er dut sich nit w. *er strengt sich nicht an bei der Arbeit allg.* 'S isch em w. word *er ist ohnmächtig geworden. fast allg.*

wehe s. wejeⁿ.

wehreⁿ [wérɔⁿ *allg.*] 1. *tr. u. absol. wehren, abhalten, abweisende Bewegungen machen:* 's Vieh w. uf der Weid *das Vieh abhalten, daß es in den Schaden läuft Ri. Ha.* Jetz isch er doch gang, un ich han e so gewehrt *fast allg.* — 2. refl. a) *sich verteidigen, sich sträuben:* er wehrt sich wie der Hammel am Strang *Fo.;* b) *sich anstrengen, um etwas zu erreichen:* wehr di(ch), ass es packscht! *Ri.* — els. 2,845.

Wehr-mur [wêrmúr *Lix.*] *f. Vorderseitenwand eines Gebäudes.* — vgl. mhd. wer *Schutz, Befestigung.*

Wei [wai *Bo.*; wéï *D. Si.*; wěï *Av. Vbg.*; wâ *Ri. Ha. Berl.*; wèil *Lix.*; wêgəl *Pü.* — Pl. -əⁿ] *f. Wiege. Das Demin.* Wäjel *Ri. Ha. bedeutet auch Wägelchen zum Ausfahren, das als Wiege benutzt wird.* Zs. W.-korb *Wiegenkorb.*

Weib [wéïb *Bi.*; Demin. wèibel *Mtsh.*] *f. in der* Zs. Weïbs-meïnsch *weibliche Person, Frauenzimmer.* — els. 1,694 Wibsmensch. s. a. Wiew.

weibeln [waibəln *Bo.* u. s.] *intr. v. herumhüpfen, sich drehen, hin- u. herbewegen.* — els. 2, 780 weible; hess. 434 u. baier. 2, 829 waibeln; mhd. weiben, weibeln.

weibels [wèibəls *Bo.*; wéïwəls, wiɔwəls *Si.*; wêwəls *Fa. Bett.*] *adj. in Verlegenheit:* er es Geld weibels *er ist in Geldverlegenheit Bo.* Ech sin am Geld weïwels gin *das Geld ist mir ausgegangen Si.* Er isch wäwels word *es gebricht ihm daran Fa.* s. d. vorige.

weicheⁿ I [waiχəⁿ *Ersd. Ri. Ha.* u. s.; wéïχən *Bo.*; wêχən *D. Si.*] 1. *intr. weich werden, aufweichen:* der Boden es geweïcht *Bo.* — 2. *tr. durchprügeln, windelweich hauen:* die hon awer enanner geweicht *Ersd.* — els. 2, 783 u. baier. 2,834 ebenso. s. a. From. 4, 48, 59.

weicheⁿ II s. wicheⁿ.

Weichert [wéïχərt *Bo.*] *m. Regenschauer, der den Boden aufweicht.* — vgl. els. 2, 783 Durchweichete, Durchweichig *reichlicher Regenguß.* s. weicheⁿ I.

Weichsel [weïgsəl *Ri.*] *n.* 1. *schwarze Sauerkirsche.* — 2. *Weichselholz, woraus Pfeifenröhre u. ganze Pfeifen verfertigt werden.* — els. 2, 786.

Weid [wáid *Lix. Ri. Ha.* u. s.; wéït *Falk.*; wêd *D. Si. Pü.*] *f. Weide, Weideplatz:* uff d'W. gehn *vom Vieh u. Vieh-*

treiber gesagt. — Zs. Weid-bu *Hirtenknabe fast allg. Wenn zur Zeit der Herbstweide ein Herdentier im Schaden angetroffen wird, singen die* Weidbuwe:

He, juchhe! Kuh em Klee!
Kalw em Dickriwe! *Lix.*

Hämfahre? Weidfahre?
wie de widd *(willst)*;
's isch na nid Zitt!

Spruch, den die Weidbuwe *hersagen beim Abblättern einer Gänseblume od. indem sie mit der Hand den Weidstock abmessen. Was man vom Spruch gerade hersagt, wenn man das letzte Blatt abbricht od. mit der Hand ans Ende des Stockes gelangt ist, das soll getan werden; also eine Art Orakel. Ri.*

weideⁿ [wáidə *Sgd. Lix. Ri. Ha.*; weïdən *Falk.*; wêde *Pü.*; wêdən *D. Si.*] tr. v. *weiden*: 's Vieh w.

weieⁿ **I** [waiən *D. Si.*; wáiə *Lix.*; wèiən *Fo. Bo. Ett.*; wìjən *Falk.*; wijə *Ri. Ha.*; wín *Bi.* – Ptc. gəwô, gəwèi(t), gəwí, gəwå] 1. intr. *wiegen, Gewicht haben:* es weit drei Pund. Den elo weit net schweïer der taugt nicht viel *Si.* — 2. tr. *das Gewicht eines Gegenstandes auf der Wage prüfen:* ich han's gewo; wij de Sack! *Falk.* — lux. weien Ga 479.

weieⁿ **II** [waiən *Bo.*; wèjə *Ri. Ha.*; weïlə *Lix.*; wæələ *Ett.*] intr. v. *wiegen, schaukeln, schaukelnd bewegen:* kumm, weil e bische! *Lix.*

weieroll [weïərol *Fa.* u. s.] adv. *wahrlich, wirklich, in der Tat:* der wird das jo w. nit sân. — weieroll < mhd. wæge (Compar. wæger) u. all. vgl. els. 2, 796 wæje, wëger; baier. 2, 869 wæge, wege, gewæge.

Weih [wéi *Flh. Ri.*; wéïjə *Ha.*; hâweï *Ett.*] m. *Weihe, Hühnerhabicht. Beim Anblick eines Weih singen die Kinder:*

Weïh, Weïh, Hihnerdieb,
mach mir e Ring *(Kreis)*,
mach dir e Ring!
Morje grijsch e Hingel *(Hühnchen) Ri.*

Weïh, Weïh, mach mer e Kränzel!
No grijsch e Wiwel *(Ente)* un e Gänsel *Lixh.*

s. a. Halecker, Har, Stossvogel.

weiheⁿ [wéïə *Fo.*; wijə *Ri. Ha.*; weïjən *Falk.* – Ptc. gəweït, gəwijd] tr. v. *weihen.* — els. 2, 805 wihe, weihe.

Weiher [waiər *D. Si.*; wejər *Pfb. Ri. Ha.*; wìjər *Falk.*] m. *Weiher, Teich.* Weihere mache *das in den Straßenrinnen* (Gräwele) *abfließende Wasser mittels Straßenkot od. Steinen stauen, um Schiffchen aus Papier od. Holz darauf zu setzen; auch werden kleine Mühlräder auf solche Weise in Bewegung gesetzt.*

weihern [weïərə ⁿ *Grt. Ha.*; wåïjərn *Bo.*; waïən *Falk.*; wejərə *Ri.*] intr. v. 1. *wiehern.* — 2. *wiehernd sprechen oder lachen.* — ss. wâⁱn Kr. 137.

Weil [wail *D. Si.*; sonst wíl, wil] f. *Weile, Zeit, eine bestimmte Zeitdauer:* er hat e W. gewart. Zeït a W. hun *D. Si.* As et un deï W.? *verhält es sich so? ibid. Vbdgn.:* en der Wil *mittlerweile;* dere Wil, derwil, *inzwischen, unterdessen Ri. Ha.*; alle Wil *stets* : i bin alle W. dehêm *Ri.* — els. 2, 813 Wil, Weil; baier. 2, 888 Weil.

Weil *Wiege* s. Wei; weilen s. weieⁿ II.

Weils [wéïls, Pl. -ən *Bo.*] f. *schlechtes, durchwühltes Bett.* s. wuhleⁿ.

Wein-küner St. R. A. 69 *früher in St. Avold die amtlichen Schätzer des Weines, die den Preis bestimmten.* Küner zu mhd. kunnen, baier. 2, 1259 künnen = lat. novisse.

Weis s. Wies II.

weis [wais *fast allg.*] adj. *weise, verständig, erfahren, klug.* D'Weise us um Morjeland *die hl. drei Könige Ri.*

Weisengen [waizeŋən *Si.*] f. *Verlobungsschmaus.* — lux. 481 Weiseng *Verlobung*; vgl. baier. 2, 1027 Weisung = oblatio; mhd. wîsunge.

Weiss *Weizen* s. Wäs.

weiss s. wiss.

Weiss-kierber [weïskié(r)bər *Rü.*] m. *Weißgerber, Sattler.* — lux. 482 Weissgierwer; Weisskiérwer Ga. 479.

wejeⁿ [wéjən *D. Si.*; wèjə *Ri. Ha.*; wèən *Fo.*; wè, wèhə *Lix.*; wèiə *Wb.*; wajə *Pfb.*] präpos. m. Dat. *wegen:* das han ich we'n dir gedon *Fo.* Wehe mir bruchscid de dich nit se scheniere *Lix.* Weje'n'um Lohn *des Lohnes wegen Ri. Ha.* Der ischt noch net wäje sine Heflichkät in de Söüstall gesperrt wor *Wb. Kinderspiel (Wolf u. Schäfer)*:

Schäfche, kum häm!
Ich derf nit.
Wäh wem?
Wäh em Wolf.   *Lix.*

— Zss. minetwehe (mintweje, meinetwejen); wähe-wem *weswegen Lix.*; wejedem *deswegen Ri. Ha.*; dävaweje! *natürlich! (iron.) ibid.*

Wejer [wejər *Ri. Ha.*] *Ortsname Weiher, Kreis Saarburg.*

Wejer-stän *Weiherstein, Ortschaft in der Nähe von Saarburg.*

Weck *Docht* s. Wicheⁿ.

wel, welch [wèl, wèlχ *Fo.*] *unbest. Zahlw. einige:* es git wel (welch), wo nix dun. Welch han das, un welch han sell *einige haben dies, andere jenes.* — els. 2, 818 wel 2; vgl. baier. 2, 895 wel ain *welch einer*; ndd. wel *jemand* From. 3, 279, 19; 3.425, 11; 4. 129, 20; 4. 410, 78. **wel** s. wild.

Welem [weləm *D. Si.* u. s.; wɪlmə *Ri.*; wili *Ha.*] *männl. Vorname Wilhelm.* — lux. Welem Ga. 480; ndl. Willem.

Welen s. Wille.

welich s. walch, walich.

Weljer [wèljər *Bi.*] *f. Walze, Rolle.* — baier. 2,904 der Walger, Welger; hess. 446 Welger; vgl. els. 2, 821 wälgere *wälzen, rollen.*

Weljer-holz [wèljərholts *Bi. Ett.*; walholts *Bo.*] *n.* 1. *Holz, an welchem das geschlachtete Tier aufgehängt wird.* — 2. *Wellholz, Walze, um den Teig zu rollen.* — hess. 447 Welgerholz; baier. 2, 904 Walger; vgl. mhd. walgen.

weljern [wèljərə *Bi.*] *tr. v. wälzen, rollen:* e Stän w. — els. 2, 821 wälgere; hess. 446 welgern; baier. 2, 904 walgern, welgern. s. a. From. 3, 131; 4, 190.

Well [wèl *Mü. Flh.* u. s.; welə *Ri. Ha.* — Pl. wèlə, welə] *f. Welle, Bündel, Büschel; Bund Stroh, Holz, Reisig. Rda.:* besser e W. Stroh em Dorf, als e W. Hau *(Heu)* ussem Dorf *Mü.* Der soll e W. han! *ist der betrunken! Flh.* — els. 2, 811 Wëll; baier. 2, 887 die Wellen; mhd. welle.

welleⁿ [wèlə *Ri. Hom. Rom.*] intr. v. *wallend kochen:* 's Wasser wellt; gewelldi Milch. — els. 2, 812 ebenso.

weller [wèlər, wèli, wèlt (wèlət) *Fo. Falk. Bo. Mtsh.* u. s.; welər, weli, wels, *(mit Vorsetzung des Artikels* dərwel, d'wel, s'wel) *Ri. Ha.* — Pl. wèli, wèlən (wèlsən)] *Fragefürwort welcher, welche, welches?* weller menschte *(meinst du)* van denne zwei? In wellem Johr bisch de gebore? Weller han m'r heit *welches Datum haben wir heute?* Was isch das for e Herr? — Weller? *Fo.* — els. 2, 818 wel, weler; baier. 2, 887 weller.

welsch [welš *fast allg.*; wèlš *Sgd. Lix.*; welš *D. Si.*] *adj. welsch, französisch, zuweilen mit verächtlichem Nebenbegriff:* w. schwätzen *D. Si.*; w. redde *Ri.* En Welscher *ein französisch Redender.* Du Welscher! *Schimpfname Ri. Ha.* — Zss.: stack-welsch *stockfranzösisch Si.*; hecke-welsch *welsch, wie es in der Diedenhofener-Siercker Gegend sowie im Luxemburgischen gesprochen wird; verdorbene, unverständliche Sprache.*

Welsch-kor(n) [-kôr *D. Si.* u. s.] *n. Welschkorn, Mais.*

Welsch-hahn [-hún *Ri. Ha.*; -hòn *Lix.*; -hiŋkəl *Bi.* -hiŋəl *Ha.*] *n. Truthahn.* — els. 1, 341 Wälschhan.

Welsch-land *n. fast allg.* 1. *Frankreich.* — 2. *der französische Teil der Kreise Saarburg u. Château-Salins.*

Welsch-Senzech [welšsentseχ *Rü. lux. Grenze*] *Ortsname Sancy bei Fentsch (Kr. Diedenhofen-West).*

Welt [welt *allg.*] *f. wie hd. Welt:* uf d'W. kumme *geboren werden.* Sider as d'W. steht isch so ebbs nit do gewän *Fo.* Wohin? de W. nin noh Flehbach *ibid.* D'ganz W. isch voll devan *Ri. Ha.* Nid um alles va der W. *ibid.* Uff der Herrgottswelt nix wert sin *ibid.* D'ander W. *das Jenseits allg.* I schiss a d'W. un leb christlich *ich erfülle meine Pflicht und kümmere mich um sonst nichts Ri.* — Zss. W.-geischt *weltlicher Sinn.* W.-gericht. W.-kind: du verdorwenes W.-k.! *Ri. Ha.* W.-kuwel *Weltkugel ibid.* W.-laf *allg. Weltlauf.*

welwen [welwən *D. Si. Falk.* u. s.; welbə *Ri. Ha.* — Ptc. gəwəlw, gəwelbd] tr. v. *wölben.*

Wembengel [wèmbèŋəl *Pü.* u. s.] *m. pl. zwei Hölzer, um die Seile des Wiesbaumes um eine Welle hinten am Leiterwagen aufzuwinden.* W. ⟨ Wend-, Windbengel. s. a. Wingholz.

Wendel I [wendəl *Bo. D. Si.* u. s.; wiŋəl *Ri. Ha. Flh.* — Pl. wendəl(ə)n, wiŋlə] *f. Windel. Spottlied:*

Hopp in d'Heh, hopp in d'Heh!
's Tanze werd d'r schon vergehn;
's Tanze esch d'r schon vergang,
d'Wingle hänge an der Stang.
Hopp in d'Heh, hopp in d'Heh! *Flh.*

Wendel II [wèndəl *Ri. Ha.*; wènəl *Schw.* u. s.] 1. *männl. Vorname Wendelin.* Sant (Sont) Wenel *Ortsname St. Wendel.*

Kinderspruch:

Es wor emol e Monn, e Frau un e klåner Bu,
die reiste nach Sont Wenel zu,
Un wie se nach Sont Wenel komme,
do war's noch e Monn, e Frau un e klåner Bu *Schw.*

— 2. *Mensch, der nicht ernst zn nehmen ist; Hanswurst, Eulenspiegel Ri. Ha.* — Zs. Wendels-dings *Eulenspiegelei, dummes Zeug Ri. Ha.* Lus-wendel *Lausbube ibid.*

Wendel-bam [wèndəlbâm *Ri. Ha.* u. s.] *m. Welle von Maschinen, Mühlrädern, dem Karussel u. dgl.* — els. 2, 45 Wëndelbaum.

Wenel s. Wendel II.

wengen *wenden* s. wenneⁿ.

Wengert s. Wingert.

Wengerter [weŋərtər, Pl. gleich *Si.*] *m. Winzer.* — mhd. wingertner.

wenich [weniχ *Fo.*; wéəniχ *Bo.*; wëïneχ *D. Si.*; winiχ *Mtsh.*; wèni *Ri. Ha.* Compar. wènjər, wèništ] adv. *wenig:* es git w. Litt, wo das ushalle *Fo.* Ufs wennischt *zum mindesten Ri. Ha.* Spruch:

ze wenni und ze viel
verhimbelt (s. d.) alles Spill   *Ri.*

Wenk [weŋk *Bo. D. Si.* u. s.; wiŋ *Ri. Ha.*] *m. Wink.*

wenken [weŋkən *Bo. D. Si.*; wiŋgə *Ri. Ha.* — Ptc. gəwoŋk, gəwiŋgd (gəwùŋg)] intr. v. *winken.*

Wenn [wèn *Falk. Schw.*; wen, Pl. -ən *Bo.*] *f. Winde, womit die Schnüre des Wiesbaumes befestigt werden.* — Zss. W.-bâm *Kran Rü.* W.-holz *Hebel, womit die Winde gedreht wird.* s. a. Wembengel.

wenneⁿ [wènə *fast allg.*; wèŋə *Mett. Ri. Ha.*; wèŋè *Mtsh.* — Ptc. gəwènt, gəwèŋgd] tr. v. *wenden, umwenden, umdrehen:* Hau wenge *Heu wenden.* Kleidre wenge *die abgenutzte Seite nach innen wenden Ri. Ha.* De Ricke w. *sich umdrehen.* Des Duch wenne, dass es uf der anner Sit a truckelt *Fo.* De Wind, 's Blåddel hat sich gewengt *Ri. Ha.*

Wentarium [wentariəm *Fa.*] *n. Vermögensverzeichnis.* — mlat. inventarium.

wenzeln, sich [wèntsələn *D. Si.*; wènslə *Bi.*; wènšəln *Bo.*; wèŋšlə *Ri. Ha.*] refl. v. 1. *sich wälzen:* e wenzelt sech am Dreck *D. Si.* Sich wengschle van Buchweh *Ri.* — 2. *unruhige Bewegungen machen wie unzufriedene Kinder Bi.* — lux. 475 wänzelen; moselfr. wäntselen, ss. wintseln, Kisch vgl. Wtb. 173; hess. N. 333 wenzeln; ndl. wentelen.

Wenzler [wènslər *Bi.*] *m. Mensch, der keinen Augenblick ruhig bleiben kann.* s. d. vorige.

wenzlich adj. *Bi. in beständiger Unruhe seiend:* e w. Keïnd. s. wenzeln.

Weppech [wèpeχ] *deutsche Bezeichnung für den Ortsnamen Woippy bei Metz.*

wer, was [wèr, wás *Fo.*; wèr, wat *Bo.*; wèn, was *Sgd. Lix. Mü.*; wén, wàt *Falk.*; wén, wàt *D. Si.*] *Fragefürw. wer? was? (Bei* wen *hat Übertragung des Acc. auf den Nom. stattgefunden):* wer wäs es? wene hat er gefrôt? *Fo.* Wen hot dat gesôt wer hat das gesagt? *D. Si. Statt des Nom. u. Acc. gebraucht man in Sgd. Lix. Mü.* u. s. wêm: wêm kimmt? Wêm isch da? Newen on wêm soll ich mich sitze? *der Genetiv lautet* wêm sin? *Sgd. Lix.,* wèrs? *Bo.:* wêm sin Babe bischt du? wèrs Vadder es er? *Auf die Frage* was? *was gibts? antwortet man:* e alt Fass mit dreï Duwen fa dich dran suwen *Av. Wdgn.:* wat geschde, wat hoschde? *(was gibst du,* *was hast du) schleunigst D. Si.* Wat grisser, wat dommer *was größer was dümmer ibid. Mit dem Demin.* wasele? *redet man die Kinder an:* wasele denn, min Herzche? *Ri. Ha.* Zss. was for e? *Fo.;* wat fer einer, ëïn, ëïnt? *Falk.;* wåt fier än, eng, änt? *D. Si.;* wat ferer, feri, fert? *Bo.* fer wæt? *warum, wozu? Bo.*

werfeⁿ [wèrfə ⁿ *fast allg.;* wiərfən *Ka.*
– *Flexion:* Präs. Ind. wèrfə, wèrfšt, wèrft (wiərfən, wiərfšt, wiərft). Imperf. Conj. wirəf, wirfəšt, wirəf, wirfən, wirəft, wirfən *D. Si.* – Ptc. gəwòrf, gəwòrf, gəworəf, gəwuərf] tr. v. 1. *werfen überh.:* mit Stän w. – 2. *Junge werfen:* der Hund, d'Katz hat g'worf *Ri.* – 3. *zu Boden werfen, überwinden:* i han ne awer geworf! *ibid.*

Werk I [wèrk *fast allg.;* wèrg *Ri. Ha.*] *n.* 1. *Werk, Arbeit, Verrichtung:* ebbes ins W. setze *etwas ausführen;* ebbes wieder ins W. bringe *etwas wiederherstellen Ri. Ha.* – 2. *Räderwerk einer Maschine, einer Uhr u. dgl.* – 3. *Fabrik:* er schafft em W. *Ri.* Zs. werk-stellich (s. d.).

Werk II [wèrk *fast allg.;* wèrg *Ri. Ha.;* wérk *D. Si. Falk.;* wèriχ *Bo.*] *m. u. n. Werg:* mer muss W. han fur Stubbere (*Pfropfen*) ze mache *Ri.* – els. 2, 850 Wërk; hess. 450 Wèrk; baier. 2,983 Werch, Werk; lux. 485 Wⁱerk; ss. Wiärk, Kisch vgl. Wtb. 172.

werk-stellich [werkštelix *Fa.*] adj. *vollendet, zu Ende, eingerichtet, in Bewegung:* es isch nu alles w.-st. – baier. 2,986 ebenso; vgl. mhd. stellec, stellic *stillstehend.*

Wermischell [wèrmišèl *D. Si.;* wèrməšélə *Fo.;* wèmišəl(ə) *Ri. Ha.;* wirməšèl *Sgd. Lix.*] *feine getrocknete Suppennudeln.* – els. 2, 854 Wermischel; frz. vermicelles.

Wermut [wèrməd *Ri. Ha.*] *m. Wermutkraut* (Artemisia absinthium). *Es gehört zu den Pflanzen, die an Mariä Himmelfahrt geweiht werden.* Zss. W.-blum, W.-krut.

Werni [wèrni *fast allg.*] *m. Firniß.* – frz. vernis. Zss. W.-schuh *Glanzlederschuhe Ri.*

werniereⁿ tr. v. *fast allg. Firniß auftragen.*

Wernik [wèrnig, Demin. wèrnigəl *Ri. Ha.*] *weibl. Vorname Veronika.*

Werr [wèr *Lix.;* war *Bo.;* warən *Obd.*] *f. Maulwurfsgrille* (Gryllotalpa vulgaris). – els. 2, 845 Wërr; baier. 2, 980 Werren, Gewerr; schles. Werre, Twäre From. 4, 190. Zs. Werren-olich *Öl, worin eine Werr sich zersetzt hat Lix.*

werreⁿ [wèrə *Fo. Sgd. Lix.;* wèrən *Falk.;* wérən *Bo.* – *Flexion.* Präs. Ind. wèrə, wèršt, wèrd, wèrs *Fo. Sgd. Lix.* – wérən, wéᵃš, wéᵃd, wérən *Bo.* – wèa, wirš, wird, wèrən *Ersd.* – wèr, wiᵃš, wiᵃd, wèrən *Sp.* – wèrən, wèršt, wèrt, wèrən *Falk.* – wært, wæršt, wært, wærə, wært, wærə *D. Si.* – Imp. Conj. wlrd, wirdšt, wìrd, wìrdə (*gewöhnlich mit dun umschrieben*) *fast allg.* – iχ wèr *ich würde Bo.* – Ptc. wor u. gəwor *Fo.,* wórt *Falk.,* woᵃrd *Bo.*] Hilfszeitw. *werden:* ich werre schun kumme; du werrscht emol gesin; et werd nisch drus. Mer sin nass wor. Es werd d'r geton werre defor *man wird dein Vorhaben hintertreiben Lix.*

Wert [wèrt *allg.*] *m.* wie hd. Wert: 's hat kä W.! *hat nichts zu bedeuten Fo.* Nid in de W. kumme *beim Verkauf nicht den richtigen, vollen Preis erzielen Ri.*

wert [wèrt *allg.*] adj. *wert, im Preis u. an Gehalt:* was isch das Hus w.? 's Deïwelshole nid w. sin *gar nichts taugen Ri. Ha.;* nid w. sin, ass der Bodde n'en drat, ass d'Sunn uff em schint *ibid.* Ke Bohn, ke Piff Duwak w. sin; uff der Herrgottswelt nix w. sin; 's Geld nit w. sin, wo m'r koscht *ibid.* Eni Red isch d'ander w., *oder* e Fröw (*Frage*) isch e n' Antword w. *Ri. Allgemein verbreitet ist die Wendung:* das isch nit der wert *es ist nicht der Mühe wert;* es isch der wert, dass m'r sich Mih andut *Fo.* – els. 2,858.

Werta [wérta *Falk.* u. s.; wèrdà *Ri. Ha.;* wértex *D. Si.*] *m. Werktag, Wochentag:* der lauft erum Sunnda wie Werda. Zs. Wertas-kleider (Werts-kleïder *Bo.*). – els. 2, 667 Wærta; lux. 485 Wⁱertech.

wertiereⁿ [wertîrə *Fa.;* wèrdîrə *Ri.;* wètîrən *Falk.*] tr. v. *benachrichtigen, warnen:* ich han en dek (*oft*) genung wertiert *Fa.* – frz. avertir.

Wertis-zeddel [wertístsèdəl *Fa.*] *m. Steuermahnzettel.* — frz. (billet d') avertissement.

werts [wèrts *Bo.*; wirtəs *Oberk.*] adv. *werktäglich, werktags:* werts werd geschafft *Bo.* En as wirtəs ugedòn *er ist w. angezogen.* — els. 2, 667 wërtig, wërtasig; lux. 495 wiertes.

Weschble s. Wischpel.

Weseⁿ [wézən *Falk.* u. s.; wêse *Ri. Ha.*] *n.* 1. *Tun u. Treiben. Wdgn.:* Weses mache *Umstände machen;* ebber nid vil Weses mache *sich nicht viel mit jd. abgeben;* das isch jetz e gross Wese *das ist mir eine wichtige Sache (iron.) Ri. Ha.* Det isch ein Wesen *das kommt auf eins heraus Falk.* vgl. baier. 2, 1022 in eim Wesen bleiben *in demselben Zustand bleiben.* — 2. *Anwesen, Besitztum:* er hed e gròss Wese *Ri. Ha.*

Wesch s. Wisch.

Wessenschof [wesənšof, Pl. -tən *Bo.*] *f.* 1. *Wissenschaft.* —. 2. *Kenntnis:* ich han keïn W. dervèn *ich weiß nichts davon.*

West [wesd *Ri.*] *n. kurzes Oberkleid, Jacke.* — els. 2, 876 ebenso; pfälz. Weschte; frz. veste.

Wetrinär [vẹtrinèr *Fa. D. Si.* u. s.] *m. Tierarzt.* — frz. vétérinaire.

wetschen s. witschen.

Wett [wèt *fast allg.*; wed u. wediŋ *Ri. Ha.*] *f. Wette:* W. uff. W.! *Aufforderung zu gegenseitiger Wette Ha.* Ze W. schaffe, làfe usw. *um die Wette arbeiten, laufen. Fo.* — els. 2, 879.

wett adv. *Ri. Ha.* u. s. *durch Gegenleistung ausgeglichen, quitt:* 's isch w.; ebbs w. mache *ausgleichen.*

wetteⁿ [wetə *fast allg.*; wètən *D. Si.*; wedə *Ri. Ha.*] tr. u. intr. *wetten, Pfand gegen Pfand setzen:* se han gewet mit enenner *Fo.* I däd, i wod wede, ass... *Ri.*

Wetter [wèdər *fast allg.*; wedər *Falk.*; wédər *D. Si.*; wetər *Fo.*; wèïdər *Bo.*; wèlər *Ha.*] *n.* 1. *Wetter, Witterung:* was isch das for e wuscht W.! *Fo.* 'S W. kihlt sich ab *nach einem Gewitter.* — 2. *Gewitter, Ungewitter:* en arich W.; vam W. verschla werre *vom Blitz getroffen werden Ri.* M'r kreïen e Weder *Si. Wetterregeln:* Am Samschda muss es noch gud W. gen, ass der Beddelmann sin Hemb drugge kann *Ri. Ha.* Solls in der Wuch gud W. sin, stellt sich's am Freida ze mitta's in *ibid. Aberglaube: ein Stückchen Holz von einem vom Gewitter zersplitterten Baum bei sich tragen, schützt vor dem Blitzschlag Mü.* — Zs. **W.-hex** *lebhaftes, in der Kleidung nachlässiges Frauenzimmer.* **W.-hiffe** (W.-hiffle) *Heuschober, auf Haufen gelegtes Heu, damit es beim Regenwetter nicht durchnäßt werde;* els. 1, 309 Wetterhufe. **W.-kerz** *Kerze, die man bei herannahendem Gewitter anzündet.* **wetter-leichen** (s. d.). **W.-profed.** **W.-schengel** *die untere Querleiste des Fensterflügels Ri.*; els. 2, 421 Wëtter-schënkel. **W.-sit** *die nach Westen gelegene Seite von Gebäulichkeiten.*

wettereⁿ [wèdərə, wèdrə *fast allg.*; wédərən *D. Si.*; wèlrə *Ha.*] 1. unpers. *wettern, stark regnen:* awer die Nacht hads geweddert! *Ri.* — 2. *gewaltig schimpfen.* — els. 2, 882.

Wetter-leichen [wèdərlaiχəⁿ *Sgd. Lix.*; wèdərlèχəⁿ *Ett.*; wetərlèχən *Rg.*] *n. Blitz, Wetterleuchten:* wie e W.-l. *wie der Blitz Lix. Das Verbum lautet ebenso:* es leicht wedder; es hat wedder geleicht *Lix.* — els. 1, 548; baier. 1, 1419; tirol. der Wetterleich, From. 3, 532, 53; mhd. wëterleich, wëterleichen.

wewen [wéwən *D.* u. s.; wewə *Ri. Ha.*; wiëwən *Si.* — Ptc. gəwéft, gəwebd, gewièft] tr. v. 1. *weben:* Duch w. — 2. *schaukeln, unruhig sitzen, sich abmühen, zappeln Ri. Ha.* — els. 2, 779; lux. 487 wiewen.

Wewer [wéwər *fast allg.*; wewər *Ri. Ha.*; wiëwər *Si.*; wéïwer *Bo.*] *m.* Weber. Zss. **W.-handwerk**; **W.-lisle** *Weberlisebirne.* **Schw.** **W.-schiffel** **W.-schlicht.**

Wib [wıb *Ri. Ha.*] *n. in der* Zs. **Wibslitt** *Weibervolk Ri. Ha.* u. s. — els. 1, 629 Wibslüt.

wibbelen [wibələn *D. Si.*] intr. v. *unruhig hin- u. herrennen, sich lebhaft regen, in beständiger Unruhe sein, wimmeln:* wibbel dach net esoᵘ! *beweg dich doch nicht so!* weï wibbelt et elo dran! *wie wimmelt es da drin!* — baier. 2, 832 wibeln, wibbeln; hess. 451 wibbeln; ss.

wibeln, Kisch vgl. Wtb. 173; els. 2, 782 wibblen; mhd. wibeln.

wibbelich adj. u. adv. *D. Si. unruhig, sich beständig hin- u. herbewegend, zappelnd:* e w. Kand (*Kind*). — els. 2, 782; baier. 2, 832; lux. 486. s. d. vorige.

Wich, Weich St. R. A. 48, 55 *deutsche Bezeichnung für* Vic, Kr. Château-Salins.

Wicheⁿ [wῐχə *fast allg.*; wῐχə *Pü. Merl.*; wéïχən *Bo. Brettn.*; wek *D. Si.*] *m.* 1. *Lampendocht, Docht aus gedrehten Fäden:* es isch kä Wiche meh in der Lamp. *Fo.* — 2. *Nasenschleim, der bis in den Mund herabhängt Ri. Ha.* — 3. *Rotzjunge ibid.* — 4. *Schwanz des Schweines:* d'Schwein mam Wek holen *Si.* — els. 2, 784 Wieche; hess. 454 Wike; lux. Weck, Wöck Ga. 477; engl. wick; ndl. wiek; mhd. wieche.

wicheⁿ [wῐχə *fast allg.*; waiχən *D. Si.* — Ptc. gəwῐχ, gəwaχ̣] intr. v. *weichen, zurückweichen, nachgeben:* min Weh will nid wiche. *Ri.* En as net gewach es ist ihm nicht eingefallen weg zu gehen *D. Si.* — els. 2, 782 wiche.

Wichs [wῐks *fast allg.*; wῐgs *Ri. Ha. Rom. Hom.*; weks *D. Si.*] *f.* 1. *Wichse:* Schuh-w.; Stiwel-w.; Miwel-w.— 2. *Prügel, Haue:* es hat W. gen. — 3. *Putz, Staat:* a voller Weks *D. Si.*— els. 2, 786; hess. 451.

wichseⁿ [wῐksə *fast allg.*; wῐgsə *Ri. Ha.*; weksən *D. Si.*] 1. wie hd. *wichsen, glänzend machen:* Stiwle w. — 2. *durchprügeln:* er isch geherich gewichst wor *Fo.* — 3. *tüchtig essen:* awer der had gud gewiggst! *Ri.* - 4. Ptc. gewichst *flott, aufgeweckt:* e gewichster Kerl. — els. 2, 786 u. baier. 2, 842 ebenso.

Wicke [wῐk(ə) *fast allg.*; wῐgə *Ri. Ha.*; wek *Bo. D. Si.*] *f. die Futterhülsenfrucht* Wicke (vicia), *auch Ackerunkraut.* — Zss. W.-kor *Roggen, in welchem viel Wicke vorkommt;* W.-stick Wickenfeld. — els. 2, 809; baier. 2, 846; mhd. wicke.

Wickel [wῐkəl *fast allg.*; wῐgəl *Ri. Ha. Rom.*; wekəl *Bo. D. Si.*] 1. *m. zusammengerolltes Werg; soviel an Flachs od. Hanf auf einmal zum Abspinnen um den Rock gewickelt wird. Wdg.:* ebber am W. nemme *am Schopf fassen Ri.* u. s. — 2. *f.* a) *Windelumhüllung kleiner Kinder; großes Tuch, worin man sich nach* dem Bad od. der Kneippkur einhüllt. vgl. From. 5, 461 Wickle*weibl. Mantel.* b) *Stroh- und Lehmgemenge zwischen den Balken als Deckenfüllung in Zimmern u. Ställen.* — els. 2, 809; baier. 2, 847 der u. die Wickel; ss. Wäkel, Kisch vgl. Wtb. 168; s. a. From. 6, 120, 81; 347. — Zss. W.-kind; W.-schnur.

wikleⁿ [wῐklə *fast allg.*; wῐglə *Ri. Ha.*; wéïklə *Bi.*; wiklə *Mtsh.*; wekəln *Bo. D. Si.*] 1. tr. a) *wickeln:* wickel mer's in Babier! *Wdg.:* do bisch de letz gewickelt! *da irrst du!* — 2. *durchprügeln:* den han ich geherich gewickelt *allg.* Ebber in de Grawe wiggle *hinter die Ohren schlagen Ri.* — 3. intr. *tüchtig essen:* der kann awer wicklen! *Av.* — els. 2, 809 u. baier. 2, 846 ebenso.

Wid [wit *fast allg.*; wit u. wét *Rü.*; widən *Vbg.*; widə *Ri. Ha.* — Pl. -əⁿ] *f.* 1. *Weidenrute, Gerte, Flechtreis.* — 2. *Flurname Ri.* — els. 2, 792 Wid; hess. 452 Wide; ss. wit, Kisch vgl. Wtb. 173; mhd. wit *zu* widen *binden, drehen.*

Widder [widər *D. Si.*] *m.* wie hd. *Widder, Schafbock.* — els. 2, 794 Wider.

widder [widər *fast allg.*] präpos. *mit Acc. u. Dat. an, zu, wider, gegen:* sech w. den Desch stoussen *sich an den Tisch stoßen Si.* Eppes w. d'Mauer stellen *D. Si.* De Stouhl steht w. der Mauer. *Wdg.:* widder e nander sin *uneins sein Ri. Ha.*; allegebott un als glich w. *in einem fort ibid.*; de- u. derwidder *dagegen:* er isch derw. — lux. 486 u. hess. 453 ebenso. — Zss. W.-buscht; (s. d.) W.-daifer; W.-schin; W.-stand; W.-werdikeït.

Widder-buscht [-búšt *D. Si.*; biršd *Ri.*; wilərbiršd *Ha.*] *m.* gesträubter Haarbüschel, in die Höhe gekämmtes Haar über der Stirne. Das Adjektiv dazu lautet w.-buschtich *widerborstig, widersetzlich D. Si.* — els. 2. 91 Widerburst.

widdreⁿ [widrə *Ri.* u. s.] unpers. v. *widern, anekeln:* 's widdert em *es ekelt einem an.* — els. 2, 793.

Widem [widəm *fast allg.*] *m.* 1. *die zu einer Pfarrkirche gestifteten, ertragsfähigen Grundstücke. In dieser Bedeutung kommt das Wort fast in allen Mundarten vor.* — 2. *Nutznießung:* de W. op em

Haus hun *sich das Recht vorbehalten, unentgeltlich im Hause zu wohnen*; de W. opgehn *dem Nutznießungsrecht entsagen Si.* — els. 2, 793; baier. 2, 860; mhd. wèdeme, wĭdem.

wide-wa'n [widəwân *Ri*. u. s.] adj. u. adv. (eigentl. *wagenweit*) *angelweit, sperrweit:* de Deïr *(Türe)* w.-w. ufstehn losse; 's Mul w.-w. ufsperre. — els. 2, 883 wittewage, wagewit; lux. 480 weidewòn.

widich [wídiχ *fast allg.;* widiχ *Falk;* wĭdi *Ri.;* wideχ *D. Si.;* wèïdiχ *Bo.;* wiliχ *Ha.*] 1. adj. *wütend, toll, rasend, zornig:* als ich em das gesat han, isch er w. wor *Fo.* Wehen em Dreck konn er w. werre *Lix.* E widicher Hund. *Ri.* — 2. adv. *sehr, außerordentlich:* 's gid w. viel Hau *(Heu)* dies Johr; w. stark *Ri. Ha.* — els. 2, 884 u. baier. 2, 1057 wüetig; mhd. wüetic.

Widriol *n. Ri. Ha.* u. s. *Vitriol.*

wie [wî *fast allg.;* wèï *Bo. D. Si.;* bî *Weil.*] 1. adv. *wie:* er huckt do wie en Aff *Fo.* 'S isch alles wie m'rs macht *Ri. Ha.* Grad wie sämols *genau wie damals ibid.* — 2. conj. *als (zeitlich)*: wie er das gesat hat, isch er fortgang *fast allg.*

Wied [wît *fast allg.;* wîl *Schw. Ha.;* wait *D. Si.* — Pl. wídə, waidən] *f. Weide, Weidenbaum* (salix). *Kinderlied:*

Ze Rom isch e Glockhüs,
do louwe alle morje 4 Madame rüs:
die ene spinnt Side, die ander spinnt
  (*od.* dräht) Wide usw. *Flh.*

— els. 2, 792 Wid(e). — Zss. Wiedebam [wídəbâm *Ri.;* -baum *Bo.;* -bôm *Lix.;* wípoïmən *Falk.;* wiləbam *Ha. Schw.*] *m. Weidenbaum.* Wiede-heck (Wilehegg *Ha.*) *Weidenhecke.*

Wierd [wîərt *Si.*] *m. Werder, wasserfreies Land; erhöhter Grund im Wasser eines Flusses od. Sees, der über dies hervorragt.* — els. 2, 847; baier. 2, 988 Werd, Wierd, Wörd; mhd. wert.

Wies I [wís *fast allg.;* wìs *D. Si.* - Pl. wíẓə, wìẓən] *f. Wiese.* — Zss. W.-bam [s. d.]. Wiese(n)-kenichin flores spiraeae ulmariae *Fo.* Wiese-kimme *Wiesenkümmel* (Carum carvi) *Fo.* Wiese-vogel *Wiesenpieper Pü.*

Wies II [wís *fast allg.;* waìs *D. Si.*] *f.* 1. *Art u. Weise:* uff die W. (op deï Weis). — 2. *Weise d. i. Melodie eines Liedes.* — els. 2, 867 Wis; mhd. wîse, wls.

Wies-bam [-bám *fast allg.;* — boïmən *Falk.*] *m. Wiesbaum, Heubaum am Wagen.* — els. 2, 45; baier. 2, 1031; Weig. W'tb. 2. 1082; From. 3. 192, 85; 4. 283, 94; 5. 479; mhd. wisboum.

wievel [wĭfəl *fast allg.*] *Fragepartikel wieviel?* Wievel Kenn (*Kinder*) hon er? *Scherzantwort:* e gonse Stall voll *Lix.*

Wiew [wĭf *Bo. Ri. Ha.* u. s. – Pl. wĭwər, wĭwrə; Dem. wĭwəl, wíwlə, weïwəl] *n. Weib, Frau:* babble wie 'n alt W. *Ältere Leute beten noch:* de bisch gebenedeït under dene Wiwre *Ri. Ha. Von den Weibern in Dalem, Kr. Bolchen, heißt es:*

Daler Wiewer
schissen in de Kiwel,
placken's in de Pann,
essen, wat se han.   *Bo.*

Das Demin. Wiewel, Wiwel, Weïwel *bedeutet vor allem Weibchen der Vögel.* — Zss. Wiewer - sabbo *Holzschuh der Frauen Ri. Ha.* Wiewer-weh *Weiberkrankheit; Spruch:*

Morjəränge (*Morgenregen*),
Wiewerweh,
Nohmidda nix meh.   *Ha.*

wif [wíf *allg.*] adj. *lebhaft, aufgeweckt, pfiffig, schlau:* er isch gar w.; w. wie Pulver *Ri.* (w. weï Polmer *Bo.*) *heftig, aufbrausend wie Pulver.* Nid w. sin bi der Ärwet *nicht gerne arbeiten Ri.* Rda: er es nit so w. in de Bänen (*Beinen*) als mit'm Maul *er prahlt gern* Wall. — els. 2, 795; baier. 2, 864: tirol. wiff, From. 3, 103; ebenso ndd. From. 5, 526, 559; frz. vif.

Wifche [wifχə *Pü. Kr.;* wíwlə *Pfb.*] *f. Öse an Kleidern, worin ein Haken eingreift:* bring mer e Hoke un e Wifchel — vgl. baier. 2, 864 Wiff, Wifflein *schmale Art Spitze,* wifeln *mit Nadel u. Faden verweben, zustechen;* hess. 444 Weife. s. a. Haft.

Wiges [wĭgəs *Ri. Ha. Hochw.; abgekürzt* wĭg *Ha.*] *männl. Vorname Viktor.*
wihleⁿ s. wuhleⁿ.
Wihlhuwer [wĭlhuwər *Ri.*] *n. Wühlhuber, Kneippsches Arzneimittel.*
Wihnachte [winaχtə *fast allg.;* winatə *Pü.;* winatè *Mtsh.;* winàdə *Ri. Ha.;* winàχdə *Berl.*] Weihnachten. *Bauernregel:*

D'Winachde em Schnee,
d'Oschdere em Glee.   *Berl.*

oder: grini Wihnade, wissi Oschdre *Ri.*

Wihnade z'nahds *in der Nacht von Weihnachten Ri.*

Wih-wasser [wiwaser *fast allg.*; wiwasər *Sgd. Lix.*; wiwàsa *Marienth.*; weïwásər *D. Si.*] *n.* 1. *Weihwasser:* W. holle, wammer in de Kirch geht *Fo.* 'S W. sänge das *W. segnen (am Karsamstag u. Pfingstsamstag);* W. spritze *über den Leichnam, die Gräber usw. Ri. Ha. Wdgn.:* der Paschtor git sich s'erscht W.; wonn m'r am W. isch, muss m'r sich säne. *Lix.* Der wo am nächschten am W. es, seïnt sich d'rescht *Bo.* els. 2, 865 Wicht- u. Wihwasser. Zs. W.-kessel. — 2. *Schnaps, der in der Frühe getrunken wird Ri. Ha.*

Wije [wijə *Ri.*] *f. Knabenspiel: zwei Knaben stellen sich mit dem Rücken aneinander, schlingen die Arme ineinander u. heben sich abwechselnd in die Höhe um gleichsam dadurch ihr Köpergewicht festzustellen.*

Wijeⁿ *wägen* s. weieⁿ I.
Wijer s. Weiher.
Wik [wĭk, Demin. wikəl *Flh. Mett.* u. s.; wĭg, wigəl *Ri. Ha.*] *weibl. Vorname Viktorin.*
Wikär [wikèr *fast allg.*; wĭgèr *Ri. Ha.*] *m. Vikar, Kaplan. —* frz. vicaire.
Wil s. Weil.
wil [wĭl *fast allg.*; waįl *D. Si.*] 1. conj. *weil:* w. du's gèr hascht. Er isch g'fall, wil er nit aht gen hat. *Fo.* — 2. adv. *jetzt:* wil isch er grad kumme *Lix.* — els. 2, 814 wil, weil.
wild [wĭlt *fast allg.*; wiĺ *Lix.*; wel *Bo. D. Si.*] adj. u. adv. *wild, zornig, unbändig:* w. werre; änen w. mache. — Zss. Wildent. W.-fir *Hitzblattern, Rotlauf* (erisipela). W.-fleisch 1. *unempfindliches Fleisch an Wunden;* 2. *Wildbret.* W.-hirn *m. Wildfang, unbändiges Kind Ri.* — els. 1, 373. Wel-schwin *Wildschwein. Bo.* Wild-su 1. *Wildschwein;* 2. *Schmähwort für schmutziges Frauenzimmer Ltf. Bi.* u. s.

Wille [wĭlə *fast allg.*; welən, wel *Bo. D. Si.*] *m. Willen:* wammer de Kinner de W. dut, do hile se nit *Fo.* De W. fur's Werk nemme *den guten Willen für die Tat nehmen Ri. Ha.* Ebber de W. breche *jd. zwingen, etwas zu tun, wogegen er sich sträubt ibid.* De hasch de W. fa d'Wahl wie der Peter von Bettingen *ich überlasse dir freie Wahl Fo.* D' hat guden Welen *es ist gutwillig Bo.* Em Gottes Wel! *um des Himmels willen Si.* Um de Godds Wille, wenns numme 's Godds W. wär! *Ri. Ha.* Der lescht W. = *Testament.*

willen *aus Wolle* s. wolleⁿ.
willeⁿ [wĭlən *Av. Falk.*; wĭlə *Fo. Sgd. Lix.*; wilè *Mtsh.*; welən *Bo. D. Si.* — *Flexion:* Ind. Pr. wĭl, wĭlšt, wĭl; Pl. wĭlə *Av. Fo.* u. s. — wĭlən, wĭlšt, wĭt; Pl. wĭlən *Falk.* — wel, welšt, welt; Pl. welən, welt, welən *D. Si.* — Conj. Imp. wolt, woltšt, wolt; Pl. wolte (wotə) *Fo.* — wot, wotšt, wot; Pl. wodən *Falk.* welt, welšt, welt; Pl. weltən, welt, weltən *D. Si.* — Imperat. will, wodə *Ri. Ha.*; wel, welt *D. Si.* — Ptc. gəwolt, gəwĭlt, gəwot u. wilə] *Hilfszeitw. wollen:* dat wot ich gèr wisse *Falk.* Ich hett wille wisse *Lix.* Was hesch de gewillt? *was ist dein Begehr? ibid.* Was hättsch de gewot? *was stünde zu Diensten? ibid.* Ich wot, ich wär dot *Falk.* I wodd, de wärsch im Himmel! *Ri. Ha.* Was will i hält? *was will ich machen? ibid.*

Willi, Willme s. Welem.
willich [wĭli *Ri.*; gəwĭliχ *Ha.*] adj. *willig.*
wilzeⁿ [wĭltsən *Fa. Kr. Sgd. Lix.*; weltsən *Bo. D. Si.*] intr. v. *den Wildgeruch haben, nach Fäulnis riechen u. schmecken:* das Fläsch wĭlzt. — els. 2, 820 wilbere, wilze; lux. welzen Ga. 480; baier. 2, 900 wildeln; schles. wilderinzen, From. 4, 191.

Win [wĭn *fast allg.*; wain *D.*; weïn *Si.*] *m. Wein:* roder, wisser, gröwer W. *Ri. Ha.* Warmer W. *od.* Wincho (s. d.);

gestoppter W. *Flaschenwein Grt.* Beser W. han *einen schlimmen Rausch haben Ri. Ha.* Er trinkt bese W. *er wird leicht hitzig Mett. Rda.:* der werd noch Wasser en sin W. deïn *Bo.* (der werd noch Wasser in sini W. dun *Ri.) der wird später sein jetziges Tun bereuen Bo.*, der wird in seinem Übereifer noch nachlassen *Ri.* — Zss. W.-appel *Apfel, der sich bes. zur Bereitung von Obstwein eignet.* W.-blum *Weinschimmel.* W.-essich. W.-fass. W.-flecke *blaurote Flecken im Gesicht vom vielen Weintrinken.* W.-gart *Steueraufseher für Getränke, Steuerbote* (frz. garde-vin).' W.-keller. W.-stän *Weinstein.*

Winäger *m. Ha. Essig.* — frz. vinaigre.

Wind [wĭnt *fast allg.*;' weṇt *Bo. Gelm.*; waṇt *D. Si.* - Pl. win, wində, wen, wan; Demin. wenχin *Bo.*] *m. Wind:* der W. hilt. *Wdgn.*: W. grije van ebbs; in de W. redde; in de W. schlawe *Ri. Ha.* Der W. scheppt Ränge *der W.* bringt Regen *ibid.* Das geht awer wie der W. *allg.* Der W. hat der Dach genumm *der W. hat das Dach mit fortgenommen Ri.* For zwei Su W. *heißt es von einem Windbeutel Fo.* D' es em schon vil Wend langs d'Ohren geblas *er hat schon viel mitgemacht Bo.* Et as alles nemen Wand *es ist alles eitel Wind Si.* En as eweï de Wand *er ist sehr behende ibid.* D' Winde gehn oder gehn nid *von Bauchwinden gesagt Ri.* Bitscher W. *Südwind (für die Bewohner von Ha.)*; Schorbacher W. *West- oder Regenwind.* — Zs. W.-beitel (-beïdel) *Windbeutel, Gigerl.* W.-ei. W.-hund. W.-lad *Holzkasten an der Orgel, aus welchem die Luft in die verschiedenen Orgelpfeifen getrieben wird Ri.* W.-mächer (s. d.) W.-mihl. W.-still. W.-stoss.

windich [windiχ *fast allg.*; windi *Ri.*] adj. *windig:* 's isch windi Wedder *Ri.*

Wind-mächer [wendmèχər *Gelm.* u. s.] *m. Blasbalgtreter:* geïschtlicher W.-m. *scherzh. Orgeltreter.* — els. 1, 646 ebenso.

Wing I *Winde* s. **Winn**.

Wing II [wĭŋ *Ri. Ha.*] *f.* 1. *Werkzeug zum Winden, zum Heben von Lasten.* — 2. *Wagenwinde, mittels deren man die Last auf dem Wagen zusammenzieht.* — els. 2, 838 Wind(e). Zs. Wing-holz (s. d.)

Wingel *Windel* s. **Wendel**. Zs. wingel-weich *in der Wdg.* w.-w. schlawe *Ri. Ha.*

Wingert [wiṇərt *fast allg.*; weṇərt *Bo. D. Si.* - Pl. -ən] *m. Weinberg.* — els. 2, 840 ebenso; lux. Wengert, Wangert *Ga.* 480; fränk. Wéngert *From.* 6, 468; ss. Wängert *From.* 5, 174, 142; mhd. wîngarte.

Wing-holz *n. Ri. Ha. Holz, Hebel zum Drehen der Winde, zum Spannen des Seils, das die Wagenladung zusammenhält.* — els. 1, 333 Windholz. s. a. Wembengel.

Winkel [wĭŋkəl *fast allg.*; wĭŋgəl *Ri. Ha.*; weŋkəl *Bo. D. Si.*] *m.* 1. *Ecke, Winkel:* in alle Winkle suche. — 2. *rechter Winkel als Maß:* 's Hus isch nit im W.; im W. sin *einen rechten W. bilden Ri.* — 3. *eisernes od. hölzernes Winkelmaß. Häufig kommt Winkel in Flurnamen vor!* Kihwinkel, Kurzwinkel *Ri.* Frankenwinkel, Gayenwinkel *(Gauchwinkel)*, Heisswinkel, Rauwinkel *Besl.* II, 44. Zs. W.-mess *Winkelmaß (Instrument).*

Winkel-garb [-gárb *Ett.*] *f. Garbe, die zuletzt beim Ausdreschen drankommt. Rda.:* heït verzehre m'r de W.-g.

winkeⁿ [wĭŋkə *fast allg.*; wĭŋgə *Ri. Ha.*; weŋkən *D. Si.*; waŋkən *Ka.* — Ptc. gəwùŋk, gəwùŋg, gəweŋkt, gewaŋkt] intr. v. *winken:* er hat m'r us em Fenschter gewunk *Fo.* Mit dem Schirdor w. *allg.*

Winkof [winkôf *Ett.*; winkoïf *Falk.*; wiŋkôf *Bi. Lix. Sgd.*; weŋkef *D. Si.*] *m.* 1. *Trunk zur Bestätigung eines geschlossenen Kaufes od. Vertrags:* W. trinke *Ett.*; de W. trinken uff ebbes *Bi.* Winkoïf machen *einen Handel abschließen Falk.* — 2. *besserer Imbiß nach beendeter Arbeit:* wo mer de Soᵘ gemetzt hon, no gits e W.-k. *Lix.* — els. 1, 426 Winkauf; lux. Wengkef, Wengkof *Ga.* 480; mhd. wînkouf.

Winn [wĭn *Pü. Fi.* u. s.; wĭṇ *Ri.*; wen *Bo.*; wèn(blum) *Schw.*; wan *D. Si.*] *f. Ackerwinde* (convolvulus arvensis). *Rda.:* d' Wann as lang Kraut *sagt man zu jd., der einen Satz mit* wann = *wenn beginnt Si.*

winsch [wĭnš *Sgd. Lix. Falk.*; weñš *Bo. Busd. D. Si.*] adj. u. adv. 1. *windschief,* *verbogen:* deï Mauer as wensch *D.* — 2. *(übertr.) verdreht, ärgerlich:* dat mecht mech wensch *Busd.* — els. 2,837 windsch; lux. 484 wensch; From. 5, 181 winsch *verkehrt;* ss. wäntsch, Kisch W. und W. 170. s. a. baier. 2, 949 und Weig. Wtb. 2, 1085.

winscheⁿ [winšə *fast allg.;* wenšən *Bo. D. Si.*] tr. v. *wünschen:* ich winsche eich e glicklich's neies Johr! *Fo.* Der Namesda w. *Ri.*

winsches-wert adj. *fast allg.* wie hd. *wünschenswert.*

Winscho [winšo *Fi.;* wæ̨šo *Ri. Ha.*] *m. Glühwein.* — frz. vin chaud.

winsleⁿ [wìndslə *Ri. Ha.* u. s.] intr. v. 1. wie hd. *winseln, wimmern (vom Menschen); unheimlich schreien u. heulen (vom Hund).* — 2. *sich unruhig hin- u. herbewegen* s. wenzeln, wenscheln. — els. 2, 827 wimsle, winsle.

Winter [wìntər *fast allg.;* wìndər *Ri. Ha.;* wentər *Bo. Lix.;* wantər, Pl. wèntər *D. Si.*] *m. Winter. Bauernregel:* wenns vor Mardine *(11. Nov.)* gefriert, ass e Gans drat *(daß das Eis eine Gans trägt),* gids kä strenger W. *Ri. Ha.* Zss. W.-blum *Herbstzeitlose Ri. Ha.* W.-egg *Flurname in Ha.* Wenter-grin (Wantergreïn *D. Si.*) 1. *Efeu D. Si.;* 2. *Mauerpfeffer* (Sedum acre) *Lix.* W.-moned *der Monat November Ri.* W.-wedder.

wintern [wìntərn *fast allg.;* wìndrə *Ri. Ha.;* wentərn *Bo.;* wantərən *D. Si.*] unpers. v. *wintern, Winterwetter machen:* 's windert *Ri.;* et wentert schuns *es ist schon Wetter wie im Winter Bo. Rda.:* wann et net wantert, da summert et och net *wenn kein richtiger Winter ist, ist auch kein richtiger Sommer Si.* — els. 2, 842; baier. 2, 962; mhd. wintern.

wirdich wìrdix *Bo. Ha.* u. s.; wìrdi *Ri.*] adj. *würdig.*

Wirel [wirəl *Nj.*] *m. (gewöhnl. in der Vbdg.* Wirel de wapp) *gerstenkornartiges Geschwürchen am Augenlid.* — lux. 487 Wirelwapp; els. 2, 845 Werle; baier. 2, 1002 Werr, Werrle; hess. 450 Wern, Wèr. Zu Wapp vgl. baier. 2, 963 Wapp = Wämpel.

Wirfel [wìrfəl *fast allg.;* wìrfel *D. Si.* - Pl. gleich] *m.* 1. *Würfel, kleiner Spielknochen von 6 Vierecken:* Wirfels spille *Ri. Ha.* — 2. *Stückchen in Würfelform.* Zs. Würfels-supp *Suppe, in welche die Kartoffeln in kleine Würfel geschnitten sind.*

wirfleⁿ [wìrflə *fast allg.;* wìrfələn *D. Si.*] tr. v. *würfeln, Würfel spielen.* — els. 2, 850 würfle.

wirkeⁿ I [wìrkə *Sgd. Lix.;* wìrgə *Ri.;* wìrkən *Bo.;* wergə *Ha.*] adj. *wergen, aus Werg gewoben:* w. Duch *grobe Leinwand, Sacktuch;* w. Garⁿ; en wirken Box *Bo.* — hess. 450; els. 2, 850: baier. 2, 983 wirken, werken; vgl. ss. wirken *weben* Kisch W. u. W. 172.

wirkeⁿ II [wìrgə *Ri.;* wergə *Ha.*] tr. v. *kneten, Brotteig verarbeiten; es geschieht auf dem* Wirkbrett: 's Deig wirge. — els. 2, 852 ebenso; baier. 2, 989 wirchen; mhd. wirken.

wirklich [wìrklix *fast allg.;* wirklix, wèrklix *Falk.;* wìrklex *D. Si.;* wìrglix *Ha.;* wìrgli *Ri.*] 1. adv. a) *wirklich, in der Tat:* es isch w. wohr. b) *augenblicklich, gegenwärtig, eben jetzt:* w. isch er kumme *Fo.* Es isch w. käner dehäm. — 2. adj.: wirkliche Gnad; wirkliche Sind *Gegensatz zu Erbsünde Ri. Ha.* — els. 2, 853.

Wirk-messer *n. Pü.* u. s. *Messer, womit in der Schmiede die krauken Hufe der Pferde untersucht werden.* — lux. Wierkmesser *Sattlermesser Ga.* 482; vgl. mhd. wirken, würken *bearbeiten.*

Wirsching [wìršiŋ *Ri. Ha.* u. s.] *m. Gemüsekohl, Weißkohl.* Zs. W.-krut. — els. 2, 855 Wirsig.

Wirt [wìrt *fast allg.;* wìrt *D. Si. Fehr.*] *m. Wirt, Gastwirt.* Wdgn.: der get W. *heißt es von jd., der mit zerrissenem Rock umherläuft Fehr.* Dank d'r der Herr W.! *sagt man, wenn ein mißliebiger Wunsch od. Antrag zurückgewiesen wird Ri.* Zss. Wirts-frau. W.-hus. W.-litt *Wirte.* W.-stubb.

Wirtei [wìrdéï *Ri. Ha.* u. s.] *f. Wirtsgewerbe, Wirtschaft:* e W. bedriwe. — els. 2, 859 ebenso.

wirteⁿ [wìrdə *Ri. Ha.*] intr. v. *das Gewerbe eines Gastwirtes betreiben.* — els. 2, 859.

Wirtschaft *f. allg.* wie hd. *Wirtschaft, Wirtshaus.*

Wirwel [wĭrwəl *Ri. Ha.* u. s.] *m. Wirbel, kreisförmige Bewegung in der Luft od. im Wasser.* — Zs. W.-wind, s. a. Zwirwelwind.

Wirwolf [wírwoləf, Pl. wírwelef *D. Si.*] *m. Werwolf als Schimpfwort.* — lux. 485 W¹erwollef.

Wirz-wisch [wĭrtswiš *fast allg.*; wyrts- *Lix. Ett.*; wèrts- *Schw.*] *m. Büschel Kräuter, das am Feste Mariä Himmelfahrt (15. Aug.) geweiht wird. Es sind insbesondere 9 wildwachsende Heilkräuter, denen allerlei Kräfte, namentlich zur Abwendung von Gewitterschaden, innwohnen sollen. In manchen Gegenden wird ein solcher geweihter Büschel den Toten im Sarg unters Haupt gelegt. Daß jene Kräuter eine gewisse mythologische Bedeutung haben, zeigt Grimm Mythol. 1142 ff.* — els. 2, 875 Würzwisch; ebenso baier. 2, 1015; vgl. mhd. wurz, würze *Kraut, Kräuter;* rheinfr. Krautwisch, From. 4, 261. — Zs. Wirzwisch-da *Mariä Himmelfahrt, weil der Wirzwisch an dem Tage gesegnet wird:* Am Wirzwischda werre de Äbbele gesalzt *man kann an dem Tag die Äpfel schon essen Ett.*

wisbar [wísbár *Rü.*] adj. (eigentl. *wachsbar*) *fruchtbar. Von einem zerlumpten Menschen sagt man:* en as aus enger wisbarer Gejen; d'Hôr wischt em durch den Hu⁽ᵉ⁾t, de Zeïwen wîsen em durch d'Schong, an de Läpp durch d'Box *er ist aus einer fruchtbaren Gegend, das Haar wächst ihm durch den Hut, die Zehen wachsen ihm durch die Schuhe u. der Hemdzipfel durch die Hose.* — vgl. baier. 2, 839 wichsiger Grund u. Boden.

Wisch [wĭš *fast allg.*; weš *D. Si .Brettn.;* wůš *Fi. Ri.* — Demin. wĭšəl *Ri.*] *m. I. Lappen oder Gerät zum Abwischen der Möbel.* Rda.: du krischt de W. gebrôt (*gebraten*) *sagt man zum Kinde, das zu spät zum Essen kommt Schw.* — 2. *Kräuterbüschel, Strohbündel, Bündel überh.* s. Wirzwisch. — 3. *flaches, rundes, gepolstertes Kissen zum Tragen einer Last auf dem Kopf.* — 4. *Wirtshausschild, Bier- oder Weinzeichen Rü.* — els. 2, 873 Wisch, Wusch; baier. 2, 1041 und hess. N. 338 Wisch; henneberg.

Wisch *Bierzeichen* From. 2, 217; mhd. wisch.

Wischpel [wĭšpəl *Sgd. Lix.* u. s.; wèšbəl, Pl. wèšblə *Ri.*; wešplè *Mtsh.*; wèšbla *Hochw.*] *f.* I. *Wespe.* — 2. *lebhaftes, unruhiges Kind.* — els. 2, 875 Wëspel. Zs. W.-nescht *Wespennest:* ins W.-n. steche *fast allg.*

wischpelich [wĭšplix *Fo.*; wišpəldix *Fa. Kr.*; wešbəldix *Bo.*] adj. *zappelig, unruhig bes. von Kindern; behende, gewandt; possierlich, gelenkig von Tieren.* — lux. wespelech Ga. 481; els. 2, 876 wisplig, wisperlich; vgl. baier. 2, 1042 wespeln *hastig hin- u. herfahren.*

wischpeln [wišpəln *Fo.* u. s.; wešbəln *Bo.*] intr. v. *sich fortwährend bewegen, in beständiger Unruhe sein bes. von Kindern.* — els. 2, 875; baier. 2, 1042; hess. 456; From. 6, 402, 6.

wischt s. wuscht.

Wischter [wĭštər *Pü. Fa.* u. s.] *m.* I. *Getreideboden zu ebener Erde neben der Scheune.* — 2. *Schuppen beim Hause.* s. Wisch 2 *in der Bedeutung Strohbündel.*

Wisel [wizəl *Si. Ka.*; wízəl *Kö.*] *in der Zs.* W.-deïer, Dem. W.-deïerchen *Wiesel.*

wiseⁿ [wizə *fast allg.*; waizən *D. Si.* — *Flexion:* wízə, wĭšt, wíst, wízə, gəwíst *fast allg.*; waizən, waišt, waist, waizən, gəwis *D. Si.*] tr. v. I. *weisen, zeigen:* kumm, wis m'r din Porträt! Ich hon der's gewist *Lix.* Wis emol doher! *Scherzantwort:* 's isch kän Wies dron *ibid.* Eppes Wises *etwas Vorzuweisendes; Papiere, um sich auszuweisen, Zeugnisse u. dgl. Sgd. Lix.* — 2. *lenken, regieren bes. von Fahrzeugen:* de Dissel, de Wawe wise *Ri. Ha.* — els. 2, 867 ebenso.

Wisit [wisit, Pl. -ən *fast allg.*] *f.* I. *Besuch:* äm en W. mache; m'r hun W. kreït *D. Si.* — 2. *Musterung:* an d'W. gôn *zur Musterung gehen Si.*; uf d'W. gehn *sich zur Musterung stellen Ri. Ha.* — els. 1, 149 Visit.

wisitiereⁿ [wĭsitéïərən *D. Si.*; fisədírə *Ri. Ha.*] tr. v. I. *ärztlich untersuchen.* — 2. *durchsuchen z. B. die Taschen.* — els. I, 149 visitiere; frz. visiter.

wiss [wis *fast allg.;* wés *Mtsh.;* wáis *D. Si.*] adj. und adv. *weiß:* w. Papier; wissər Sunnda *Sonntag nach Ostern.* — Zss. Wiss-bode u. W.-grund *leichter, weißlich schimmernder Boden.* s. a. Witzbode. W.-brot: wer kän Geld hat far W.-b., soll Schwarzbrot esse *Lix.* W.-fisch. W.-wischel *Pinsel zum Übertünchen Ri. Ha.*

wisseⁿ [wìsə *Fo. Ri. Ha.;* wìsən *Falk.;* waisən u. wìsə *Lix.;* wesən *Bo. D. Si.* — *Flexion:* Präs. Ind. wês, wêšt, wês; Pl. wìsə. Imp. Conj. wìst; Ptc. gəwìst *Fo.* — Präs. Ind. wéïš, wéïšt, wéïs; Pl. wéïzən (wìsən). Imp. Conj. wéïšt; Ptc. gewùšt (gəwùš) *Falk.* — Präs. Ind. wǽs, wǽšt, wǽs; Pl. wesən, wešt, wesən. Imp. Ind. ex wošt; Imp. Conj. wešt; Ptc. gəwošt *D. Si.* — Präs. Ind. wais, waiš, wais; Pl. wìsə; Ptc. gəwìsd *Ri. Ha. Lix.*] tr. v. *wissen:* ich han's jo gewisst, dass er nit kummt *Fo.* Reim: Wäscht de was? wanns ränt, ich's nass *ibid.* Weischt des chun? Was soll ich denn wisse? Das hon ich a gewisst *Lix.* Kä' Rôt meïh wessen *nicht mehr ein noch aus wissen D. Si.* I weiss der Deiwel nid, was er macht *Ri. Ha.* Weisch was? *Einleitungsformel zu einem Vorschlag ibid.* Was i nid weiss, macht mer nid heiss — was mi nit brennt, bruch i nid blose *ibid.* Wenn d'Junge wissde un d'Alde kennde *ibid.* Mache wie we' mer's nid wisst *simulieren ibid.*

wissleⁿ [wìslə *Av. Fo. Ha. Lix.* u. s.; wìsəln *Bo.;* wìsə *Ri.*] tr. v. *weißen, weiß übertünchen, mit Kalk bestreichen:* d'Kich wisse *Ri.* De Deck muss gewisselt werre *Fo.* Deme kann m'r schun de Haustock wissle *dessen Heuschober ist schon so leer (z. B. im Februar), daß man alle Wände desselben tünchen könnte Lix.* — els. 2, 869 ebenso.

Wissler m. *Fo. Av. Lix. Ha.* u. s. *Anstreicher, Tüncher:* de Wissler sin im Hus. s. d. vorige. — els. 2, 869.

wit [wit *fast allg.;* wid *Ri. Ha.;* wâit *D. Si.*] adj. u. adv. *weit, breit, entfernt:* er isch w. va do deheïm *er ist weit von dort zu Haus Ri.* Wid u. breid *Ri.* (weit a brät *D. Si.*) *weit u. breit.* Wit verspreit *weit verbreitet Bo.* Je widersch je liwer *Ri. Ha.* Wid wid *sehr weit ibid.* — Zs. wit-leifich [-leïfiX *Falk.;* -laifi *Ri. Ha.*] *weitläufig:* w.-l. frind *weitläufig verwandt Falk.* — els. 1, 567 witläufig.

Witchet [witχət *Fo.* u. s.] *f. Weite:* äne Meter in der W. — mhd. wîtheit, wîtecheit. s. a. Witing.

witersch [witərš *Fo.;* widərš *Bo.*] adverbialer Genetiv *weiter, des weitern:* er wesz nit w. *er denkt an nichts anderes.* Als witersch! *immer weiter voran! Fo.* — els. 2, 883 ebenso; henneberg. wîters From. 6, 515, 12.

Witfrau [witfrau *fast allg.;* -frá *D. Si.;* -froï *Falk.*] *f.* Witwe. — els. 1, 176 ebenso; lux. u. ss. Witfrâ, Kisch vgl. Wtb. 174; mhd. witfrouwe. — Zs. Witfraue-stek *Ltf.* (Witfrawe-stigg *Ri. Ha.*) *Stück Brot aus der Mitte des Laibes geschnitten, das der runden Kruste entbehrt u. für zahnlose Witwen leicht zu kauen ist.*

Witing [widiŋ *Ri. Ha.*] *f. Weite, Umfang, Entfernung:* der Rock hat e W. *eine erweiterte Stelle im Kleid;* es isch ken W. *keine Entfernung.* — els. 2, 884 Wittung, Witting; lux. 485 Wetteng s. a. Witchet.

Witmann [witmân *Falk.;* -man *D.Si.;* -mən *Bo.;* -mòn *Lix.;* widman *Ri.* — Pl. -mènər, -mènrə) *m. Witwer.* — els. 1, 686 ebenso; mhd. witman.

Witsch I [witš, Demin. witšəl *Fa.* u. s.] *n. Fohlen, Füllen.* — els. 2, 886 Wutsch, Wutschel. s. witscheⁿ u. Wuschel.

Witsch II [wìdš *Ri. Ha.*] *m. Augenblick, Nu:* ime W.; oh la W.! — els. 2, 885 ebenso.

witscheⁿ [wìdšə *Ri. Ha.;* wetšən *D. Si.*] intr. v. *sich rasch, eilig bewegen; huschen.* — els. 2, 886 ebenso; baier. 2, 1058 witschen, wutschen; schles. wutschen Weinh.106; hess. 456 witscheln, wutscheln.

Witz-bodeⁿ, Witz-grund [wìtsbòdə *Pü. Grt. Rein.* u. s.; *daneben* witsgrund] *m. guter, fruchtbarer Boden, weißlich schimmernd, der leicht zu bebauen ist; leichter steiniger Boden Grt.* — s. a. Wissbode.

Wiwel [wiwəl, Pl. -ə; *daneben* wawələ, wirələ *Lix. Rein. Berl.* u. s.] *n. junge Gans od. Ente in der Kindersprache; überh. etwas Zappeliges wie Küchlein, kleine Vögel,*

Käfer u. dgl. s. wiweleⁿ. — vgl. els. 2, 887 Wüwele; henneb.-fr. Wiwerle, Wiberle *Lockruf der Gänse* From. 4, 316.

wiweleⁿ [wiwələ *Lix.* u. s.; *daneben* wuwələ] intr. v. *wimmeln:* do wuwelts voll Ämetze. — els. 2, 782 u. baier. 2, 832 wibbeln, wubeln *sich regen, schnell bewegen;* hess. 451 wibbeln, wiweln; mhd. wibeln. s. a. From. 2, 240; 3, 132; 4, 118.

Wiwerschwiler *Ortsname Wibersweiler, Kr. Château-Salins.*

Wiwi I [wiwi, Demin. wiwələ *Ri. Ha.* u. s.] *n. Schmerz, Weh in der Kindersprache:* zeïj mer's Wiwi! Hasch de Wiwile? *fragt die Mutter das Kind.*

Wiwi II [wiwi *Ri. Ha.*] *Lockruf für Enten:* wiwi! wiwi!

Wiwität [wiwidét *Ri.*] *f. Lebhaftigkeit, Aufregung, blinder Eifer. Daneben wird auch* Wiwasidät *gebraucht.* s. wif u. frz. vivacité. — els. 2, 795 Wifität.

Wo *Wage* s. Wa'.

wo I [wo, wó *fast allg.;* wû *Falk.;* wou *D. Si.*] *Fragew.* wo? wo isch er? Zss. wo-for (s. d.); wu-rim *woherum, wo? Falk.* wu-rimer, wu-rimers *woherum?* ibid. wo-vän *wovon? Bo.*

wo II [wô (wás) *Fo. Bo.* u. s.; wû *Sgd. Lix. Falk.;* wou *D. Si.*] *Relativpron. welcher, welche, welches; was; wer, wo, da:* Mädle, wo piffe, un Hinkle, wo kräen, denne soll mer de Hals uf de Ricke dräen *Fo.* On Hond, wo arich es, werd angebonn *Bo. In der Forbacher Mundart ist* wo *Nom. u. Acc. Sing. u. Plural für die 3 Geschlechter; für den Gen. u. Dat. wird der gebraucht.* Was ist neutr. Sing. Nom. u. Acc.; *für die übrigen Formen wird* das *gebraucht.* — *Die Falkenberger u. Saargemünder Mdtn. bedienen sich ausschließlich des Lokaladverbs* wu: der Mann, wu gestorw isch; die Froï, wu gesat hat; die Kinn, wu dort spilen *Falk.* Der, wu selescht kimmt, muss besahle; die Ärwet, wu m'r ongefong hat, soll m'r fertich mache; im die Sit *(Zeit),* wu ner *(ihr)* häm kumm sin, ho' mir schun geschloft *Lix.* — *Der Genet. dessen, deren wird wiedergegeben entweder durch einfaches* wu: et Kind, wu er der Vater isch, *oder durch* wu *in Verbindung mit* ven *(von)* . . . wu er der Vater ven isch; *oder endlich durch* wu *u. folgendes Possessiv* . . . wu er si Vater isch *dessen Vater er ist.* Wu *wird auch mit dem best. Artikel gebraucht:* der wu, die wu, das wu. — *Die Diedenhofener-Siercker Mundart hat neben dem betonten* der, deï, *dat das Lokaladverb* woᵘ: d' Deïer, woᵘ ech gefang hun *das Tier, das ich gefangen habe.* D' Kanner, woᵘ do wôren *die Kinder, die da waren.*

Woal [woal *Fo.* u. s.; wâl *Ett. Ri. Ha.*] *m. Schleier der Frauenspersonen, bes. der Braut am Hochzeitstag u. der Mädchen am Tage der ersten hl. Kommunion:* spingel mer de W. fescht! Die brucht ke W. meh andun an der Hochzidd *heißt es von einem Mädchen, das seine Jungfernschaft vor der Hochzeit eingebüßt hat Ri. Ha.* — els. 2, 810 Wal, Wual; frz. voile.

Woch [woχ, wuχ *Fo.* u. s.; wuχ *Falk. Lan. Ri. Ha. Rom.;* woχ *D. Si.*—Pl. wuχə, wuχən, woχən] *f. Woche:* d'lescht W. d'ander W. *Ri.* Er gickt in de anner W. er sieht träumerisch in eine Ecke *Falk.* E kuckt an d'sechst Woch *dasselbe Si. Wetterregel:* Fällt da Schnee en de Dreck, so geht e sechs Wuchen nimme weg *Lau.* Zss. Wochen-hans, Wuchenhans, Wuchen-mann *fast allg. Bezeichnung für Woche in der Wdg.:* der Wuchenmann isch dot *wenn am Samstag abend die Betglocke läutet;* da Wochenhans es dot met seïnen siwen Kenern *die Woche ist verflossen Obd.* — els. 1, 358 ebenso.

wo-for [wófor *Fo.* u. s.; wofôr *Bo.;* wuᵒfôr *D. Si.*] *Fragepartikel wofür, wozu, weshalb:* geh in de Garte! — wofor?

Wohnung [wônuŋ *Fo.;* wôniŋ *Lix.;* wâniŋ *Bo.;* wunext *D. Si.*] *f. Wohnung:* — lux. 493 Wunnecht u. Wunneng.

Wohtel s. Wachtel.

Wojasch [wojàš *Ri. Ha.*] *f. Reise.* — frz. voyage.

Wojaschär [wojàsèr *R. Ha.*] *m. Reisender.* — frz. voyageur.

wol [wòl *D. Si.;* wól *Falk.* u. s.; woul *Bo.*] 1. adj. *wohl, gesund, behaglich:* er isch ganz w. Es isch mer w. wie em Fusch im Wasser. — 2. adv. *u. zugleich* conj., *die eine leise oft kaum übersetzbare Verbindung ausdrückt:* Geld hasch de w., awer kän Verstand. Wird's w. ufhere? Es isch w. der wert, dass mer's ufhebt *fast allg.* Dem isch w. *der hat keine Sorgen.* Halde n' eïch w. *sagt man beim Abschied Ri. Ha.* — Zss. wol-an: w.-an sin *beliebt,* persona grata *sein Ri. Ha.* wol-of [woulòf *Bo.*] adj. *wohlauf, munter, gesund.* — baier. 2, 892.

Wolang [wolàŋ *fast allg.*] *m.* 1. *Besatz an Röcken.* — 2. *Schwungrad an Maschinen Ri.* — lux. ebenso Ga. 473; frz. volant.

wolbel s. wolwel.

Wolf [wòlf *fast allg.*; woləf *D. Si.* — Pl. welf, weləf; Demin. welfχe, Pl. welfχər; welflə] *m.* 1. *Wolf, das Raubtier:* fresse wie e W. *Wdgn.:* de W. mache *sich den Löwenanteil aneignen.* De W. kummt *droht die Mutter dem ungehorsamen Kind. Rdaa.:* wemmer vam W. sin Waddel redt, isch er nid wid eweg *Ri. Ha.* Der W. verliert d'Hor, wenn er ald werd, awer d'Nubbe nid *ibid.* 'S fresst ke W. de n'andre. Wemmer hinger de Welf isch, muss mer mit ne hile *ibid.* Wammer vam W. schwätzt, do wackelt em schon de Schwanz *Fo.* Wo mer de W. nennt, kimmt er gerennt *Lix.* De W. hot noch kän Wenter gefress *Ersd.* Der sieht nummer grosse Welf *der übertreibt Lix.* En eïss e Wolef bes op de Schwanz *er äße einen W. bis auf den Schwanz auf (so hungrig ist er) Si.* — *Das Demin.* Welfscher, Welfle *hat außer der Bedeutung Wölflein auch noch diejenige von Kinderzähnchen:* zei mer emol dini Welfle! *Auch kleine Kinder, bes. Knaben bezeichnet man mit* Welfel *Ri. Ha.* — 2. *Hautentzündung zwischen den Beinen durch Reibung u. Schwitzen beim Reiten u. Gehen.* De W. schnide *durch operativen Eingriff den W. entfernen.* — 3. *Schimpfwort für einen wüsten, finstern Menschen Ri. Ha.* Zss. Wolfs-agger u. Wolfs-rud *Flurnamen bei Rieding.* Wolfs-furz *Staubpilz, Bovist.* W.-stän *eine Art Achat Obd.* Wolwes-wicke *Wundklee* (Anthyllis vulneraria) *Lix.*

Wolk [wolk *fast allg.*; wolgə *Ri. Ha.*; wolkən *Bo. Falk.*; wolek *D. Si.* — Pl. wolkə, wolkən; Demin. welkχin *Bo.*] *f.*
(*Falk. Bo. m.*) 1. *Wolke am Himmel:* d' Wolge gehn dief, hoch, verzije sich *Ri.* l' de Wolge sin *mit seinen Gedanken nicht bei der Sache sein ibid.* Zs. Wolke-bruch. — 2. *Falte, Runzel an Kleidungsstücken:* d' Strimp zije Wolge *die Strümpfe hängen herunter Ri. Ha.*

wolkich [wolkiχ *fast allg.*; wolgiχ *Ha.*; wolgi *Ri.*] adj. *bewölkt, mit Wolken bedeckt:* 's macht sich schun wieder w.

Woll [wòl *allg.*] *f. Wolle, Garn:* e Klingel (Klöwel) W.; W. wickle *zu einem Knäuel;* W. roppe *zupfen. Man unterscheidet* Halb-woll, Holz-woll, Bauwoll, Schof-woll *usw.* — Zss. W.-kämmer, W.-kämmesch *(Wollkämmerin) Si.* W.-spinner.

wolleⁿ [wolə *fast allg.*; welən *Bo. D. Si.*; wllə *Ri. Ha.*] adj. *wollen, von Wolle:* e wollener Stuft *Fo.*; wille Kleid, wille Duch, e willeni Guwerd *(Decke) Ri.*

Woll-fahrt s. Wallfahrt.

Wollwing [wolwìŋ *Ri.*] *Flurname.* W. < Wolfing; -ing *ist Endung an Eigennamen von Grundstücken, Wiesen, Matten.* s. baier. 1, 96.

wolwel [wolwəl *Sgd. Lix. Pü. Ha.*; wolfəl *Ri.*; wolbəl *Falk.*] adj. u. adv. *wohlfeil:* w. dezu kumme. Der isch w.! *heißt es im Kartenspiel, wenn man mit kleiner Trumpfkarte einen guten Stich macht.* — els. 1, 108 wolfi, wolwl; baier. 1, 707 u. tirol. wolfi From. 3, 18; fränk. wolf'l From. 6, 96, 468.

womileⁿ [womilə *Lix.*] tr. v. *mit der Wannmühle das Getreide reinigen.* s. Wann, Wannmihl.

wond s. wund.

Wonn s. Wund.

Wonner s. Wunner.

Wonsch s. Wunsch.

wor [wór *fast allg.*; wouər *D. Si.*] adj. u. adv. *wahr, der Wahrheit gemäß:* 's isch numme ze w.! So w. als ich do sitz *Lix.* Das muscht du mir w. mache! *das mußt du mir vor Gericht beweisen ibid.* — els. 2, 842 wor.

Worhet [wòrhèt *fast allg.*; wórt *Bo.*; wouərext *D. Si.*] *f. Wahrheit:* ich han em mol de W. gesat *Fo.* — lux. Worecht Ga. 485.

worr [wor *Bo.*] adj. *wirr:* w. Weïsen *wirres Wesen, Wirrwarr.*

Wort [wort *fast allg.*; wàort *Mtsh.*; wúert *D. Si.* — Pl. wertər, wêrtər, wíərdər, werdrə (wordə); Demin. wêrtχin, werdəl] *m. u. n. Wort. Wdgn.:* eim drei Werter san *jd. ausschelten, derb die Meinung sagen Fo.* E Mann e W. oder e Hundsfott *Ri. Ha.* Sin W. fresse ود. breche *sein Wort nicht halten ibid.* Ebber d' Worde zum Mul erus löwe *an jemandes Lippen hängen ibid.* Viel Werdre nutze nix; das sin leeri Worde *ibid.* E gud W. fingt immer e gudde n' Ort *ibid.* Va W. ze W. *wörtlich;* e gud W. inleje fur ebber *ibid. Rätsel:* warum derfe d' Frawe nit messdiene? — Wil se immer misse 's letscht Wort han *Ri.* Zs. W.-fihrer. W.-wechsel.

Woschen [wožən *Av.*] Pl. *Vogesen.* — frz. Vosges.

Woss-an-ascht *m. Va. Mistel, Mistelzweig* (eigentl. *Wuchs, Auswuchs am Ast*).

Wovel [wòfəl, Pl. wèfəl, Demin. wèfəlχe *Lix.* u. s.] *m. ein Wagen voll:* e W. Grumbire. (*Zur Wortbildung* vgl. baier. 1, 838 u. els. 1, 339 Hampfel *eine Handvoll;* baier. 1, 838 u. els. 1, 681 Mumpfel, hess. 274 Muffel *ein Mundvoll, in welchen Ausdrücken ebenfalls* voll *zu einem tonlosen Suffix des Substantivs geworden ist*).

wubeln [wúbəln *Bo.*] intr. v. *wimmeln:* d' krubelt on wubelt alles so voll weï en 'm Eimetzkoᵉpen (*Ameisenhaufen*). — baier. 2, 832 wubeln, wibeln; els. 2, 782 wuble.

Wuch s. Woch.

Wucher [wóuχər *Bo.*] *m.* wie hd. *Wucher.* — els. 2, 784 Wuecher.

wuden [wúdə *Ri.*] intr. v. *wüten, toben, rasen.* — els. 2, 884 wüete.

Wuer *Ware* s. War.

wuhlen [wúlə *fast allg.*; wïle *Ri. Ha.*; wéïlən *Bo. D. Si.*] intr. v. *wühlen, unordentlich durchsuchen:* das wihlt im Gedärms *heißt es von einem Abführmittel Ri.* — els. 2, 818 wuele.

Wulle [wùlə *Ha.*] *f. kosende Bezeichnung kleiner Enten.* — els. 2, 818 ebenso.

Wumpel [wùmpəl, Pl.-n *Si.*] *f.* 1. *Schaukel.* — 2. *Schmerbauch (weil er sich beim Gehen schaukelartig bewegt).* s. a. Wampe.

wumpelen intr. v. *Si. schaukeln, rütteln.* s. d. vorige.

Wund [wund *Ri. Ha.* u. s.; wòn *Bo. D. Si.* — Pl. wundə, wònən] *f. Wunde:* e n' uffeni W. *eine offene Wunde Ri.* — lux. Wonn Ga. 485. Zs. W.-male: d' W.-m. Chrischdi *Ri. Ha.*

wund [wund *Ri. Ha.*; woṇt *Bo. D. Si.*] adj. u. adv.; *wund:* sich w. gehn; sich w. leje *wund werden vom langen Liegen bei Krankheiten Ri.*

Wunder, wundren s. Wunner, wunneren.

wunderlich [wùndərli(χ) *Ri. Ha.*] adj. 1. *wunderbar.* — 2. *sonderlich:* das isch e wunderlicher Köuz.

Wunner [wùnər *fast allg.*; wùndər *Ri.*; wònər *Bo. D. Si.* — Pl. -n] *n. Wunder, Neugierde:* das isch e W., wenn's geht *Fo.* Et git mich keïn W. *es nimmt mich nicht wunder Falk.* 'S nemmt mi W. *Ri. Ha.* 'S wär ke W., wenn ... *da braucht man sich nicht zu wundern ibid.* Ke W. *natürlich, selbstverständlich! ibid.* W., was das git *da bin ich neugierig, was das gibt ibid.* Er mänt Wundersch was *er ist sehr eingebildet;* er mänt W., wie schēn er isch *ibid.* Va W. weiss er nid, was er mache will *hoher Grad der Verwunderung Ha.* Va Wunner *von ungefähr:* e mol gesehn wille va W. Zs. Wunderkind *frühreifes Kind.* Wunner-fitzle (s. d.), wunner-rar *sehr selten Lix.*

wunnerbarlich [wunərbárliχ *fast allg.*; wonərbàrliχ *Bo.*] adj. *wunderbar.* — mhd. wunderbarlich.

wunneren, sich [wùnərə *fast allg.*; wùndrə *Ri.*; wonərn *Bo.*; wonərən *D. Si.*] refl. v. *sich wundern:* haschte dich nit gewunnert iwer ne? *Fo.* 'S wundert ne gar nid *er hat gar kein Interesse daran Ri. Ha.*

Wunner-fitzel *m. Flh.* u. s. (Wunderfitzel *Ri.*) *etwas, was die Neugierde kitzelt. Auf die vorwitzige Frage, was man bei sich trage, erfolgt oft die Antwort:* Wunnerfitzle in e Limpel gebung (*W. in ein Läppchen gebunden*) *Flh.* Was mache n'ehr (*ihr*) de (*denn*)? — E Wunderfitzel; wenn's zweï gid, grijsch a ens *Ri.* — els. 2, 839 Wunderfitz; vgl. baier. 1, 746 u. 2, 956

wunderwitzig; schwäb. u. schweiz. wunderfitzig *neugierig, alles wissen wollend.* W.-f. < Wunderwitz *mit Anlehnung an* fitzen *stacheln, reizen.* s. a. From. 3, 218.

Wunsch [wúnš *fast allg.*; wonš *Bo. D. Si.* — Pl. wìnš, wenš] *m. Wunsch.*

wuppeⁿ [wùpən *Bo. D. Si.*; wubə *Ri. Ha.*] tr. v. 1. *ruckweise stoßen Bo.* — 2. *schlagen, hauen in der gemeinen Sprache:* äm eng w. *jemandem eine versetzen Si.* vgl. ndd. wupsen, From. 6, 494. — 3. *tüchtig essen Ha.*

Wuppert [wùpərt, Pl. -ən *Bo.*] *m. Ruck, ein mit einem Stoß begleiteter Schub.* s. wuppen 1. — lux. 493 Wuppert *Fußtritt.*

Wurf I [wùrf *fast allg.*; wurəf *D. Si.* — Pl. wìrf, wírəf; Demin. wirfəl] *m.* 1. *Wurf* (z. B. *mit einem Stein):* en W. an de Kopp. *Wurf im Kegelspiel:* er had e schene W. gemacht *Ri.* — 2. *Zahl der Jungen, die ein Tier auf einmal zur Welt bringt:* e W. Katze. — 3. *fünf Stück beim Verkauf von Obst (soviel man nämlich mit der Hand greifen u. dem Käufer in den Korb werfen kann):* e W. Niss, Quetschen. — els. 2, 849; baier. 2, 997 ein Wurf = 4 Stück (60 Würfe = 1 Pfund = 240 Stück); lux. Wùrf = 5 Stück Ga. 486.

Wurf II [wùrf *fast allg.*; wurəf *D. Si.*] *m. Sensenstiel.* — els. 2, 849 und baier. 2, 995 ebenso; lux. 494 Wuerf. — Zss. Mäh-w., Sense-w.

wurjeⁿ [wùrjə *Ri. Ha.* u. s.] tr. v. *würgen, am Halse fassen.* — els. 2, 850 wurge.

wurkseⁿ [wurksə *fast allg.*; wûrksən *Bi. Bo.*] intr. v. 1. *aufstoßen beim Essen, Brechreiz empfinden:* lu mol, was der wurkst! *Fo.* — 2. *heftig husten Bi.* — 3. *mühsam schlucken, würgen Bo.* (wurksen *ist Iterativum zu* würgen). — moselfränk. u. ss. wurksen *mit Mühe schlingen* Kisch vgl. Wtb. 250. — Zs. W u r k s - h u s c h t e *Bi. Husten, der zum Erbrechen reizt.*

Wurm [wùrm *fast allg.*; wurəm *D. Si.*; wúərm *Ka.* — Pl. wirmər, wírmen, wírəm, wirm; Demin. wirmxe, wirmptxən, wirməl] *m.* 1. *Wurm. Wdgn.:* er verstehts van äni de Wirmer us der Nas ze ziehe. *Fo.* Do were de Wirm lache *heißt es, wenn ein feister Mensch begraben wird Ri. Ha.* das *Gegenteil:* d'Wirm finge nid viel am *(an ihm). Der Plural* Wirmer *bedeutet in der Kindersprache auch fein getrocknete Suppennudeln. Die Deminutivform wird gebraucht für ein kränkliches Kind, meist mit vorangehendem Adj.* arm: armes Wirmel *od.* Wirmele! — 2. *Entzündung eines Fingergliedes* (Panaritium). *Volksglaube:* wer einen lebendigen Maulwurf zwischen den Fingern zerdrückt hat, der kann infolge einer besondern dadurch gewonnenen Kraft auch den Wurm am Finger durch festes Drücken töten unter der Bedingung, daß er den Schmerz aushalte. Dieser Glaube paßt sehr gut zu der Bezeichnung Schär *für Maulwurf u. Nagelgeschwür zugleich.* s. Schär III. — Zss. W u r m - b l ä d d l e *braune, schokoladenartige Pastillen gegen Würmer Ri.* Wirm - k n ö d e l *Eiernudeln Grt.* Wurm-loch *Gang des Holzwurms.* W.-mehl *das vom Holzwurm zu feinem Pulver zernagte Holz.* W.-some u. W.-kichel *Arzneimittel gegen Spulwürmer.*

wurmeⁿ [wùrmə *fast allg.*; wúrmən *D. Si.*] unpers. v. *wurmen, ärgern, innerlich nagen:* das dut mich w.; es hat mich gewurmt. — els. 2, 855 ebenso.

wurmich [wùrmix *Fo.* u. s.; wurmetsix *Obh.*; wurmədsi(x) *Ri. Ha.*; wúrmbètsex *D. Si.*] adj. 1. *wurmstichig, bes. vom Obst, in welchem der Wurm nistet; auch vom Holz:* de Bire sin wurmich *Fo.* E wurmbätzejen Apel *Si.* — 2. *kränklich, von Personen.* — els. 2, 855 wurmig; baier. 2, 1001 wurmässig, wurmbeissig; mhd. wurmæzec, wurmbȋzic.

Wurri [wuri *Hochw. Ri. Ha.*] *f.* 1. *Ente u. Gans in der Kindersprache.* — 2. *Lockruf für Gänse:* Wurri, Wurri! *Ri. Ha.* — els. 2, 846 ebenso.

Wurscht [wuršt *fast allg.*; woršt *D. Si.* — Pl. wìršt; Demin. wìrštxə, wìrštəl] *m.* 1. *Wurst:* Wirscht mache 1. *Würste machen*; 2. *die Notdurft verrichten Ri.* Hewe ne am Frack, er hett e W. im Sack! *ruft man einem Betrunkenen nach Pfb.* W. wider W. *allg.* Alles hat e n' Enn, awer der W. hat zwei *Ha. Unterschied zwischen einem Franziskaner u. einer Wurst:* der Fr. ich numme in d'r Mitt gebung, der W. an beiden Enger *Ri.* Man unterschei-

det: Blut-w., Erbse-w., Fläsch-w., Lewer-w., Ross-w.: a) *Wurst aus Pferdefleisch;* b) *Spottname der Bewohner von Arzweiler, Kr. Saarburg.* Zs. W.-supp. — 2. *Wulst am Unterkleid od. Brusttuch der Frauen, auf welchem die Röcke aufsitzen Ri. Ha.*

Wurzel [wùrtsəl *fast allg.;* wúrtsəl *D. Si.;* wortsəl *Pfb.;* wuətsl *Obd. Ersd. Mett. Weil.* — Demin. wirtsələ *Ri.*] *f.* 1. *Wurzel, Teil der Pflanze im Boden.* — 2. *gelbe Rübe.* — 3. *Fetzen:* dem hänge de Wurzele am Rock era *Ro.* — Zs. W.-krut *Kraut der gelben Rüben.* W.-stick *Feld mit gelben Rüben bepflanzt.*

Wusch [wuš *Mü.*] *m. Bürste aus Borsten od. Wurzeln, bes. in* Zss. Bart-w., Bitt-w. *Handbürste zum Reinigen von Bütten.* s. a. Wisch.

Wuschel [wùšəl *Lix. Flh. Ri. Schm. Hochw. Schw.;* wyšələ *Pfb.;* witš *Fa.*] *n. Kosename für Füllen, solange es von der Stute gesäugt wird.* — els. 2, 875 ebenso; vgl. baier. 2, 1039 wuseln *sich schnell bewegen,* das Wusel *kleines, lebhaftes Tier.*

Wuschi [wuši *Ri. u. s.*] *Lockruf für Füllen:* Wuschi, Wuschi!

Wuscht [wùšt *fast allg.;* woušt *D. Si.* — Demin. wišdəl *Ri. Ha.*] *m.* 1. *Kot, Dreck, Schmutz:* de W. uskehre. Et as alles à' Wouscht op dem Feld *Si.* — 2. *als Demin. unflätiger, roher Mensch:* du Wischdel! els. 2, 877 Wüestel. — Zs. W.-holz (*urspr. verwildertes Gehölz) Flurname bei Rieding.*

wuscht [wùšt *fast allg.;* wlšt *Pü.;* wušd u. wišd *Ri. Ha.;* wyšt *Flh.;* wéïšt *D. Si.*] *adj. u. adv. wüst, unsauber, garstig, grob, unverträglich, verdorben:* e w. Hus; wischt Wedder (wuschdes Wedder *Ri.);* e wuschter Minsch; e wuscht alt Hex; e wuschder Gascht *Ri.* So w. derf mer nit sin. Er isch so w. met siner Frau *er ist so grob .. Lix.* Ich hon eppes gehèrt, das hat so w. gemacht *ein unerklärliches, das Ohr verletzendes Geräusch ibid.* Wuschter Fratz! *Schimpfwort für häßliche u. unsympathische Personen Bo.* Du Wischder! *du grober Kerl! Ri.* Geh, du bisch e Wuschter! *ein Grobian, Rauhbein.* 'S isch der wischt Minsch, wu der Erdsbodem drät *Lix.* Weïscht Gebleït *verdorbenes Blut Si.* Wuschd angedon sin *unsauber gekleidet sein Ri. Ha.* Nid schên u. nid wuscht sin *ibid.* — els. 2, 876 wüest.

Wuschterei *f. Kr. u. s. Eiter:* er hat W. in em Fenger.

wuschterlich [wùštərliχ *Fo. Bo. u. s.*] *adj. u. adv. wüst, häßlich, unschön, roh, grob:* en wuschterlicher Minsch *ein wüster Geselle;* en wuschterlich Geschicht *eine böse Geschichte Bo.* Er hat ganz w. gedon *Fo.* — els. 2, 878 wüesterlich.

wusselich [wùsliχ *Ri. Ha.*] *adj. lebhaft, munter, zappelig, flink:* e wuesselichi Frau; w. wie e Eichhäsel. — els. 2, 871 ebenso.

Wut [wout *Bo. D. Si.*] *f. Wut, Zorn:* en W. kreïən *in Zorn geraten, ergrimmt werden Si.* — els. 2, 884 Wuet.

Wutz [wuts *fast allg.* — Pl. wutsən; Demin. wutsəl, wutselχə] *n. u. m.* 1. *kleines Schwein:* de Wutzele sin im Stall. Wutz fress di! *droht die Mütter dem Kind Ri.* — 2. *schmutziges Kind.* — 3. *Stückchen, Endchen:* e W. Zosiss *ein Endchen Wurst Rü.* — els. 2, 887 Wutzel; hess. 462 Wûz, Wutz. *Im Spessart, auf der Rhön u. in Hessen ist* Wutz, Wûzchen *Lockruf für die Schweine* baier. 2, 1064. s. a. Hutz *Schweinchen.*

Wutzel [wutsəl, Pl. -ə *Schw. u. s.*] *f. Feldbirne. (Auch in diesem Ausdruck wechseln* w *u.* h *im Anlaut wie in* Hutz u. Wutz. s. Hutzle). — vgl. baier. 2, 1064 Ha(g)ewuzl *Hagebutte.*

Wuwele Pl. *Läuse in der Kindersprache Sbg.* — els. 2, 887 Wüwele. s. wiweleⁿ, wuweleⁿ.

wuweleⁿ *wimmeln* s. wiweleⁿ.

Wuwetz [wuwèds *Ha.*] *m. Wesen, womit man die Kinder schreckt; Wolf:* ward, der W. kummt! — els. 2, 775 Wuwutz, Wullewutz.

Z.

z [tsèt *D. Si.*; dsèt *Ri. Ha.*; sêd *Fo. Falk. Lix.*] *n. letzter Buchstabe des Alphabets; z wird in der Falkenberger u. stellenweise auch in der Saargemünder Mundart im Anlaut sowie nach* l u. r *zu scharfem* s; *germanisches* t *ist demnach über die Affrikata hinaus bis zur Spirans verschoben worden.*
zabbeln, zabblich s. zawle[n], zawelich.
Zächen, zächen (zächnen) s. Zeiche, zeiche[n].
zackern [tsakərə *Fo. Ett.* u. s.; sakern *Rein.*] tr. v. *zu Acker fahren, das Feld bebauen, pflügen:* 's Feld zackere. — els. 1, 25 u. hess. 463 ebenso.
zadderich [tsadərex *D. Si.*] adj. *zittrig, ängstlich:* sew *(sei)* net esou z.! — lux. 495 zadderen *zittern*.
zaddern s. zittere[n].
Zaddrer [tsadərər *D. Si.*] m. (eigentl. *Zitterer*) *ängstlicher Mensch.* s. d. vorige.
zäh [tsǽ *Fo.* u. s.; tseï *D. Si.*; sèïj *Falk.*] adj. *zäh:* z. wie'n alter Jud *Fo.*; wie Ledder *Ri. Ha.*; zeïj wie Isen *unbeugsam wie Eisen Lub.* — els. 2, 891 zäch.
zahle[n] [tsálə *fast allg.*; dsàle *Ri. Ha.*] tr. v. *zahlen, bezahlen, zum besten geben:* er zahlt uns e gut Butell *Fo.* D' Irde z. *die Zeche bezahlen Ri.* Was zahlsch? zahlsch ebbs? *gibst du etwas zum besten?* ibid. — Zss. Z a h l - d a *Löhnungstag Fo.* Z a h l - m e i s c h t e r.
Zählersch [sèlaš *Ham* u. s.] f. *kleine Erzählung, Sage, Legende.* s. a. Zehlchen.
Zahling [dsàliŋ, bədsàliŋ *Ri. Ha.*] f. *Gehalt.* — els. 2, 901.
zahm [tsám *fast allg.*; dsàm *Ri. Ha.*] adj. wie hd. *zahm:* ebber z. mache *jd. bändigen Ri.*
Zalettchen [tsalètxən *D.*] n. *Salatschüssel, kleine Schüssel überh.* — lux. 495 Zalettjen; frz. saladier. s. a. Saladje.

Zalot [tsalót *D. Si. Oberk.*] f. (*Oberk. m.*) *Salat.* — moselfr. u. lux. 495 Zalòt; ss. Zelòt, Kisch W. u. W. 161. s. a. Salat.
Zam [tsám *Fo. D. Si.* u. s.; dsâm *Ri. Ha.*; tsóm *Hessd.*; tsaom *Mtsh.*; sóïmən *Falk.* — Pl. tsæm, sóïmən] m. *Zaum, Zügel:* 's Pärd am Z. hewe (*halten*), fihre. *Rda.:* wann d'r Deibel det Pärd hat, kann er och den Zom hullen *Hessd.*
zäme[n] [tsǽmə *fast allg.*; seïmən *Falk.*] tr. v. *zäumen.*
zamme[n] s. zeşammen.
Zang [tsàŋ *fast allg.*; tsán *D. Si.* — Pl. -ən; Demin. tsèŋəl] f. *Zange. Man unterscheidet:* Biss-z. *Kneifzange;* Fir-z. *Feuerzange;* Litt-z. *Krankenbahre Ri. Ha.*; Schmide-z. *große Zange, um das glühende Eisen damit zu fassen.* Droht-zängel *kleine Drahtzange.*
Zank [tsaŋk *Rü.* lux. *Grenze;* soŋk *Mw.*] m. *Zaun aus zugespitzten Stäben; Pfahlzaun.* — lux. 508 Zonk; baier. 2, 1136 Zanken *Zacke, Spitze;* schles. Zanke, From. 4, 191; vgl. hess. 470 Zankel u. mhd. zanke.
zänke[n] [tsèŋkə[n] *fast allg.*; dsaŋge *Ri. Ha.*] intr. v. 1. *zanken:* er zänkt immer mit em. — 2. *schelten.* — lux. 496 u. baier. 2, 1137 ebenso.
zännen [tsènən *Bo.*; dsènə *Ri. Ha.*] intr. v. 1. *die Zähne weisen, grinsen.* — 2. *mit den Zähnen knirschen.* — 3. *zornig das Gesicht verziehen, erzürnt sein, sich schlimm erweisen. Rda.:* Jänner, Zänner *weil der Januar der kälteste Monat ist Ri.* — els. 2, 906 zänne; baier. 2, 1127 u. mhd. zannen, zennen.
Zant [tsànt *fast allg.*; sànt *Falk.*; tsaont *Mtsh.*; sònt *Lix.*; tsán *La. Ri. Ha.* — Pl. tsèn, tsên, dsén *Ri.*; dsín *Ha.* — Demin. tsènxe, dsènəl] m. *Zahn:* d'Zehn robbe *Zähne ausziehen Ri.* Zähncher mache

zahnen fast allg. Äm de Zenn lang mache *Fo.* (ebber langi Zehn mache *Ri.*) *einen lüstern machen.* A kreït lang Zähn *er sieht begierig zu beim Essen Obd.* Dem dut kä Z. me weh *Fo.* (ebber dun d'Zehn nimme weh *Ri. Ha.*) *der ist gestorben.* Sich die Zehn nid abzebutze bruche *wenig od. gar nichts zu essen bekommen Ri. Ha.* Däs isch nid fur ine hohle Z. stegge *das ist gar wenig ibid.* Er es em en de Zähn geloff *er ist in schnellem Lauf auf ihn gestoßen Wal.* Er hat kä z. em Maul, der mich nit e Dahler koscht *er hat mich sehr viel Geld gekostet Ro.* D'Zehn gläbbere em van kalt *Ri. Ha.* Hor an de Zehn han; wischdi Zehn *schwarze Zähne ibid. Ist dem Kind ein Zahn ausgegangen, so sagt die Mutter:* geh, werf ne ens Musloch un sa': Mische, Mische, gemme e nuiwen Zahn van *(für einen)* olten *La.* Frih Zähncher, frih Händcher *aus dem frühen Hervorbrechen der Zähnchen beim Säugling wird die frühe Ankunft des folgenden Kindes prophezeit Schw.* — *Man unterscheidet* Backe-zähn (Bagge-zehn *Ri. dazu die drohende Rda.:* du hasch hid noh ke B.-z. geschliggt *geschluckt Ha.*) Milch-zähn. Vorder-zähn. Weisheits-zähn. — Zs. Z.-birscht, Z.-butzer *Zahnstocher Ri. Ha.* Z.-fläsch. Z.-lick (Z.-ligg *Ri.*) *Zahnlücke, auch als Schimpfwort für zahnlose Personen.* Z.-nagel *Nagel, womit der Pflug länger od. kürzer gestellt wird Schw.* Z.-rad. Z.-sturze *Wurzelstück von einem Zahn.* Z.-weh (*Mittel dagegen:* 1. ninjähriges Surkrut; 2. kalt Wasser ins Mul nemme un sich uff de warme Owe sitze, bitz ass es kocht *Ri.*). — baier. 2, 1132 Zand; lux. 496 Zaṇt; eifl. Zant Bü. 15; mhd. zant u. zan.

zahneⁿ [dsânə *Ri. Ha.*] intr. v. *Zähne bekommen.* — els. 2, 906; baier. 2, 1126.

Zappeⁿ [tsapən *Bo.*; tsabə *Bi.*; dsàbə *Ri. Ha.*; tsáp *D. Si.*; sàpə *Lix.*; sèpən *Falk.* — Pl. gleich (*D. Si.* tsèp); Demin. tsèpχin, tsèpəl, tsèbel] *m. Zapfen am Faß, an der Flasche, am Gebälk, Eiszapfen:* Verfriere zu em n' Iszabe *Bi. Man unterscheidet:* Buch-z. a) *Zapfen an der Buch*-bitt; b) *Harnröhre Ri.* Danne-z. Diwel-z. *Verbindungszapfen zweier Radfelgen* (Diwel = hd. Döbel, baier. 1, 529 Düpel, els. 2, 645 Tüpel *Pflock, Zapfen, hölzerner Nagel). Das Demin. bedeutet kleiner Zapfen u. Zäpfchen im Halse.* — 2. *dicker Knirps:* du Zabbe! *Ri.* — 3. *einfältiger Mensch. Ri. Ha.* — Zss. Zabbe-biddel *kleine Bütte, aus der das Wasser durch eine Öffnung herausfließt, die mittels eines Zapfens verschlossen werden kann. Der Schnapstrinker antwortet auf die Frage, wieviel Schnaps er wünscht:* so dreï Fingere hoch imme Zabbe-biddel *Ri.* Zabbe-kuche *Kirmeskuchen in Form eines Zahnrads ibid.* Zabbe-lischt *Zapfenleiste zum Aufhängen von Kleidern.*

zappeⁿ [tsapəⁿ *fast allg.*; tsápən *D. Si.*] 1. tr. *Wein, Bier vom Zapfen schenken.* — 2. *eintunken:* Broᵘᵗ an de Kaffee z. *D.* — 3. intr. *eine Schenke halten.* — lux. zåpen *zapfen u.* zappen *eintunken* Ga. 488.

Zär [tsèr, Pl. -ən *Si.*] *f. Klosterfrau, Nonne.* — frz. soeur.

zart [tsárt *fast allg.*; sárt *Falk. Lix.*] adj. u. adv. *zart:* 's Fläsch isch schên z.; e zardi Hutt (*Haut*); zarder Sälat *Ri. Ha.* Sart wie e Ṇunn om Buch *zart wie ein Nonnenbauch Lix.*

Zäse [tsèsé *D. Si. Bi.* u. s.] *m. gerichtliche Beschlagnahme, Pfändung:* Z. uf ebbes leen *gerichtlich beschlagnahmen Bi.*; engem Z. machen *jd. auspfänden Si.* — lux. 503 Zêsi; frz. saisie.

zäsiereⁿ tr. v. *Bi. D. Si. mit Beschlag belegen.* — lux. saiséren Ga. 384; frz. saisir. s. d. vorige.

Zaue *Zehe* s. Zeh, Zew.

zauweⁿ [dsauwə *Ri.*] intr. v. *zagen; gewöhnlich als* Compos. verzauwe, Ptc. verzaud *verzagt.*

zawelich [tsàwəliχ *fast allg.*; tsàbəliχ *Ltf. D. Si.*] adj. *zappelig, beweglich:* z. wie e Fusch (*Fisch*). — els. 2, 890 zablich.

zawleⁿ [tsàwlə *Fo. Schw.* u. s.; tsawlè *Mtsh.*; sàwlə *Lix.*; tsàbəl(ə)n *Ltf. D. Si.*] intr. v. 1. *zappeln.* — 2. *sich bemühen, bestreben, abarbeiten.*

Bauernregel:
Wer em Haumont nit grawelt,
Em Schnide (*bei der Ernte*) nit zawelt,
Em Herbscht nit frih ufsteht
Konn lun, wie's em Winter geht. *Schw.*

Andere Fassung:

De wo im Frihjohr net grabbelt
Un im Summer net zabbelt
Un im Herscht net frih ufsteht,
De kann zulun, as wie es im Winter
geht. *Ltf.*

— baier, 2, 1072 zabeln, zebeln (*ein alter baierischer Spruch lautet*: wer nit zabelt, wenn man das Hew gabelt, der muess in den Abrillen sein Kue villen); lux. 495 zabbeln; els. 2, 890 zable.

ze [tsə *fast allg.*] 1. *unbetonte Präpos. des Ortes mit* Dat. *zu, in*: er wahnt ze Furbach. — 2. *unbetonte Partikel in zahlreichen Verbindungen*: ze gut, ze leid, ze näning (s. d.), zesamen, zerick, ze Johr *im vorigen Jahr*, ze hâf (lauden) *zusammen* (*läuten*), ze vil *zuviel*, ze wech *zu Wege, zurecht;* zewidder *zuwider* (zewidder sin *Opposition machen Ri.*). *Wdgn.*: eppes ze gut han *etwas auf dem Kerbholz haben fast allg.* Ebber ze gudd dun *jd. einen Gegendienst leisten Ri.* Ze Katze gehn *zugrunde gehen ibid.* Ze Rot halen *gut versorgen* (eigentl. *zu Rat halten*) *Si.* — *Manchmal bleibt der Vokal von ze unausgesprochen*: z'ackern, z'erscht, z'Hären (s. d.), z'innersch z'ewerscht, z'morjeds, z'middas, z'owenesse, z'Uffer gehn. — els. 2, 880 ze, z', se, s'; baier. 2, 1068; lux. ze Ga. 489; mhd. ze (zuo).

Zeb s. Zeh, Zew.

zebbe[n] s. zeppe[n].

Zeck [tsèk *Fo. Ri. Ha.* u. s.] *f.* 1. *Zecke* [acarus reduvius), *Insekt, das sich in die Haut gewisser Tiere* (*Hund, Schaf, Kuh*) *einfrießt; Schaflaus*: ebber d'Zecke lese jd. ausschelten *Ri.* — 2. *eigensinniger, trotziger Mensch, bes. von Kindern gebraucht*: du kläni Zeck du! — els. 2, 899; baier. 2, 1080; fränk. Zecke, From. 4, 211, 20; tirol. Zäck, Zwäck ibid. 4, 56; mhd. zecke.

zecken [tsèkən *D. Si. Busd.*] tr. v. *reizen, necken.* — baier. 2, 1081 und lux. 482 ebenso; hess. 463 zacken, zäcken; henneb. zäckern, From. 3, 134, ss. *auszicken verspotten* Kisch W. u. W. 162; mhd. zecken, zicken.

zeckich [tsèkiχ *Fo.* u. s.] adj. *eigensinnig.* s. Zeck 2.

zedde[n] [tsèdən *fast allg.*; tsètən *Rg.*; dsedə u. dsedlə *Ri. Ha.*; tsètəln *Brettn.*; sèdən *Kr.*] tr. v. *auseinanderspreiten, streuen, bes. gemähtes Gras, um es der Sonne auszusetzen*: den Hanf z.; Gras z. — els. 2, 917 u. baier. 2, 1159 zette[n]; lux. zièden Ga. 491; mhd. zetten, zeten.

zeddern s. zittere[n].

Zeh [tsê *Bo.*; tséw *Sgd. Pfb. Mtsh. Obd.*; séw u. tséw *Lix.*; séwə *Schw.*; sáïw *Falk.*; tséb *Fo.*; dséb *Ri. Ha.*; tseïbən *Grt.*; tséïw *D. Si.*; tsaue *Pü.* — Pl. tséwən, tséwən, sáïwən, dséwə, tseïbən; Dem. tséwχin] *f. (Grt. m.) Zehe*: de Zewe lun durch sin Schuh *Fo.* Uff de Zewe gehn *leise auftreten.* D'Zewe kenne ins Mul nemme *Zeichen großer Gelenkigkeit Ri. Ha.* Ebber uff d'Zewe dredde *Ri.* (oïnem of de Zäwen treïden *Bo.*) *einen empfindlich beleidigen.* Der bet unserm Herrgott die Sewe ab *Schw.* E mänt, en hett eiser Herrgott mat de Zewen er meint besonders gut mit unserm Herrgott zu stehen. *Metzeresch.* En Zäwchin Kno[u]bloch *Bo. Verwünschung*: We[a]scht de nur em Himmel, on ich hett dich an da dicke Zew! *Obd.* Ebber lieb han am Grosszeb *jd. nicht leiden können Ri. Ha.* Noh um Grosszeb schmegge *nach Schweißfüßen riechen ibid. Aberglaube*: der, wu sich fercht vor eme Dode, der soll dem Dode en de Sewe petze, do vergeht de Forcht *Lix.*

Zehlchen [tséïlχin, Pl. tséïlχər *Bo.*] *n. Erzählung.* s. a. Zählersch. — Zs. Z e h - l e r s c h - b u c h [tséïlərsbouχ *Bo.*] *Erzählungsbuch.*

zehle[n] [tsélən *fast allg.*; dsélə *Ri. Ha.*; tséïlən *Bo.*] tr. v. 1. *zählen, rechnen*: zehl mol, wievil sin's dann? *Fo.* Nimme uff ebbs z.; ke dreï z. kenne; d'Ribbe am Leïb z. kenne; d'Strume in der Nad z. kenne *nicht schlafen können Ri. Ha.* — 2. *erzählen Ri. Si. Bo.*: er hat m'r von dir gezeïlt *Bo.*

zehn [tsén *fast allg.*; tseïn *D. Si.*; sén *Falk.*] *Zahlwort zehn*: mer muss d'r e Sach zehn mol sawe; fur dene isch zehn mol ke mol *Ha.* — *Die Ordinalzahl heißt zehnt*: nid emol de zehnde Däl *sehr wenig Ri. Ha.*

Zehnacker m. *häufig vorkommender Flurname. Z.* < Zehntacker s. Zehnten.
Zehner [dsénər u. dséndər; Demin. dsénərlə *Ri.*] m. *50 Centimesstück.*
Zehntchen [tséntχən *Kö.*; tséïntχən *Si.*] Pl. *Mosestäfelchen d. i. Bäffchen der Geistlichen, weil sie die beiden Gesetzestafeln des Moses bedeuten sollen.*
Zehnten m. *Av. der Zehente (im Verschwinden begriffen).* — Zs. **Zehntebaim** *Zehntbäume. Auf dem Lande wurden noch vor wenigen Jahren solche Bäume gezeigt, meist uralte Birnbäume, unter denen die für die Geistlichen bestimmten Garben zusammengetragen wurden Av.*
zehre[n] [tsérən *D. Si.*; tsèrən *Bo.*; dsérə *Ri. Ha.*] tr. v. 1. *essen!* der zehrt awer! In dem Hus zehrt m'r wolfel *Ri. Ha.* — 2. *abzehren, nagen (Kummer, Schmerz):* dat Iwel *(Übel)* zehrt un em. De Wein zehrt, de Beïer nehrt *D. Si.* Der Schmerz zehrt em am Herz *Ha.* — 3. *verdauen:* ich han min Essen gezehrt *Bo.* — els. 2, 913.
Zei [tsai, Pl. -ən *Si.*] f. *Zeuge:* en as Z. gin *er ist Zeuge gewesen.* — lux. Zeien Ga. 489. s. a. Gezeigen.
Zeiche[n] [tsaiχən *Bo.*; dsaiχe *Ri. Ha.*; saïχən *Falk. Lix. Schw.*; tsǽχə *Fo. Grt.*; tsǽχən *D. Si.*] n. 1. *Zeichen:* er hett kän Z. meh von sich gen *kein Lebenszeichen Fo.* 'S isch ke gudd Z. *es bedeutet nichts Gutes Ri.* — 2. *Narbe, Schramme:* en hot en Z. op der Stir *eine Narbe auf der Stirne D. Si.* — 3. *Abzeichen der Zugehörigkeit:* en as senges Zächens Schneider *D. Si.* — 4. *Glockenschlag:* die dreï Zeiche lidde *drei Glockenschläge zum Angelus läuten Ri. Ha.* — els. 2, 892.
zeiche[n] [tsaiχən *Bo.*; dsaiχə *Ri.*; saïχən *Falk. Lix. Schw.*; tsǽχə *Fo. Grt. Wb. Ha.*; tsǽχənən *D. Si.*] tr. v. *abzeichnen, kennzeichnen, mit einem Zeichen versehen:* e Hus z. *die Zeichnung von einem Haus entwerfen Ri.* 'S Dings z. *Wäsche mit dem Namenszug versehen Ri. Ha.* Ebbs z. *ein Buchzeichen machen ibid.* 'S isch wie gezächt *es ist ganz gelungen Ha.* Der Wolf fresst a gezächte Schof *Fo.* Der isch von Gott geseicht (gezächt) *sagt man von einem Krüppel u. Preß-*

haften, der zugleich bösartig ist Fo. Lix. u. s. Däne soll m'r bet Fenffengerkrüt (s. d.) zäche *den soll man ohrfeigen Wb.* De Narre mun *(müssen)* geseicht sin *sagt man, wenn einer bei einer angezettelten Schlägerei Schmisse davon trägt Lix. Schw.* — mhd. zeichen u. zeichnen. — Zss. Zeiche-(Zäche-)brett. Z.-heft. Zeich-gar *Garn, womit man die Wäsche zeichnet.* Zeich-schnur *schwarz gefärbte Schnur der Zimmerleute, Stellmacher, Schiffsbauer u. dgl.*
Zeidung s. Zitung.
zeije[n] [tsaijè *Mtsh.*; tsaïə *Bı.*; dsaïə *Ri. Ha.*] 1. tr. *zeigen:* äm z., wu der Hund 's Loch hat *einem den Standpunkt klar machen Bi.* Ebber z., wo der Zimmermann d'Loch gelosst had *die Türe weisen Ri. Ha.*, wo Bardel de Muschd hold, jd. zurecht weisen *ibid.* De Grossbaba z. am Kopf in die Höhe heben; zeije, was wengt (wendet) Strafe androhen *(dem Kartenspiel entnommener Ausdruck);* 's Loch z. *sich unanständig entblößen ibid.* Zeï emol! *Aufforderung, etwas zu zeigen, worauf erwidert wird:* 's isch ke Zeijer dran. *Auch drohend:* zeï emol! du wirst mal sehen! *(wenn du das nun solltest) Ri.* — 2. refl. a) *sich als Partner im Kartenspiel zu erkennen geben;* b) *sein wahres Gesicht zeigen Ri. Ha.*
Zeijer [dsaijer *Ri. Ha.*; seïjərt *Falk.*; tsèər *D. Si.*] m. *Uhrzeiger.* — Zss. Stunne-z.; Uhre-z.
zeimen [tsaimən *Si.*] tr. v. *zäunen, flechten:* e Koref z. — baier. 2, 1128 zainen; hess. u. mhd. zeinen; vgl. els. 2, 906 Zein *Korb.*
Zeit s. Zit.
Zeizler [tsaitslər *Schm.*] m. *Zeisig.* — fränk. Zeisla, From. 6, 95; tirol. Zeisele *ibid.* 4, 56; lux. 499 Zeiselchen.
Zekret *Abort* s. Sikret.
zeltere[n] [tsèltərn *Fa. u. s.*] intr. v. *ohne bestimmtes Ziel umherschweifen.* — baier. 2, 1118 zeltern *nach-, hinterdrein traben (verächtl. von Menschen);* henneb.-fränk. zellern, zeltern, From. 2, 48; vgl. mhd. zèlten u. zèlter.
zemperlich [tsempərleχ *Rü. lux. Grenze*] adj. *zimperlich.*

zen [tsen *Bo.*] *unbest. Fürw. einige, welche:* dat ben zen *das sind welche* ... zen *vielleicht zusammengezogen aus* ze sehn (vgl. baier. 2, 286 sen *als Affix zu Demonstrativen* = ecce).

zenäning [tsenæniŋ *Fo. Grt. Obh.* u. s.; gənæniŋə *Lix.;* dsèniŋs *Ri. Ha.;* sæneïŋə *Bi.;* səníniŋ *Bo.*] adv. *vorsätzlich, absichtlich, jetzt gerade, zu leide:* säneïnge ebbes dun *Bi.* Gelt, du mich's genäninge? *Lix.* Er isch senining komm *jetzt gerade Bo.* — els. 1, 47 ze äninge, zeninge, zenje *vorsätzlich;* mhd. ze einunge *zur Strafe.*

Zengelchen *Stahlfeder* s. Zung.

zengen [tseŋen *Rü. lux. Grenze*] tr. v. *flechten mit Rohr od. hölzernen Stäbchen:* e Sto^{u}l z. — vgl. mhd. zein *Reis, Rute, Stäbchen;* baier. 2, 428 zainen; hess. 466 u. mhd. zeinen. s. a. zeimen.

zengern [tsèŋərn *Bo.*] intr. u. unpers. *züngeln, flimmern:* et zengert mer vir den Auwen. — vgl. hess. 470 zingern; baier. 2, 1135 zängern; ss. Zanken *kleiner Funke* Kr. 142; mhd. zanger. s. a. zinde^n u. zingle^n.

Zenner [tsènər *fast allg.;* dsendnər *Ri. Ha.*] m. *Zentner:* e halwe Z. Fruht, Hawer u. s. w.; e dobbelde Z. Kohle *Ri.*

Zenter [tsentər *Geinsl.;* tsentərt *Gelm.*] m. u. f. *Waffelkuchen.* Z. < Zentring; vgl. mhd. zënter *Zentrum.* s. a. Schenter.

zenter *seit* s. ziter.

Zepp [tsèp, Pl. -ən *Gelm.* u. s.] f. *Spitze, auslaufende Ende, Zipfel.* — ss. Zäpen Kr. 142; baier. 2, 1143 Zipf; hess. 471 Zipfe; hd. Zipf Weig. Wtb. 2, 1147; mhd. zipf. s. a. Zippel.

Zeremonie [dserəmóniə *Ri. Ha.*] f. pl. 1. *kirchliche Aufführungen.* — 2. *Vorspiegelungen, Faxen:* Z. mache. — els. 2, 913.

zerick [ts(ə)rĭk *fast allg.*; tsərek *D. Si.;* srĭk *Falk*] adv. *zurück, rückwärts:* drei Schritt z.; d'Uhr z. richde *Ri. Ha.;* z. kumme *im Vermögen zurückgehen Lix.* — els. 2, 250 zeruck.

Zerick-schärr [-šèr *Lix.*] f. *Gerät zum Zurückscharren des gereinigten Getreides hinter der Wannmühle.*

zer-kniweln [tsərkníwələn *D. Si.*] tr. v. *zerknüllen, zerknittern:* seng Kläder sin ganz zerkniwelt. — lux. 502 ebenso. s. kniwle^n.

zer-knotern [tsərknotərən *Rü. lux. Grenze*] tr. v. *zerknittern.* — lux. 502 zerknauteren; vgl. baier 1, 1356 knauzen, knotzen *verdrücken.*

zer-lichten intr v. *Bo. (nur im Infinitiv gebr.) zur Leiche gehen, ein Totenhaus besuchen, um vor der Leiche zu beten.* zerl. < zur u. Licht *Leichnam.*

zer-mirscheln [tsərmíršələn *D. Si.*] tr. v. *zerstoßen, zerquetschen, zerreiben.* — ss. zemirtscheln Kr. 90; lux. 502 zermujeln; baier. 1, 1654 dermürscheln; vgl. mhd. mursël *Stückchen.*

zerot-halen [tsəróthálən *Si. Geinsl. lux. Grenze*] tr. v. 1. *gut versorgen:* en hält seng Kläder zerot. — 2. *haushälterisch umgehen.* — vgl. lux. 502 zeròt-hällech *haushälterisch.* s. Rat.

z'erscht [tsèršt *fast allg.;* dsèršd *Ri. Ha.;* sèršt *Lix. Mü. Ko.*] adv. *zuerst:* wer z'erscht kommt, kriet z'erscht gemahl; der Herr sengt (*segnet*) sich s'erscht *Lix.* Er hat sin Wissbrot s'erscht gess *Ko.* Z'erschd gewunn, z'ledschd de Kobb abg'schwung *wie gewonnen so zerronnen Ri.* — els. 1, 69 zerst.

Zertifika [tsèrtifika *D. Si.* — Pl. -ən] m. *Zeugnis:* en hot e go^{u}de Z. — lux. 503 ebenso; frz. certificat.

zesammen [dsəsamə *Ri. Ha.;* səsámen *Bo.;* tsàmè *Mtsh.;* tsəsumən *D. Si.*] adv. *zusammen, beieinander. Es geht alle Verbindungen ein wie im hd.* z. B. z.-fahre^n *erschrecken;* z.-gehn *zusammenschrumpfen;* z.-lidde *zum 3. Mal mit allen Glocken läuten;* z.-mache^n *zusammenhäufen* z. B. Heu, Getreide; z.-stecke^n u. a. m. — els. 2, 357 z'samme; lux. 503 zesummen.

Zettel [tsètəl *Bi. Rg.;* tsédəl *D. Si.;* dsedəl *Ri. Ha.*] m. 1. *Papierstreifen (beschrieben u. unbeschrieben), Billet.* — 2. *Aufzug od. Kette eines Gewebes. Der Pl. bedeutet die auf dem Weberbaum aufgezogenen Fäden.* — 3. *Hühnerstange Bi.* s. Sedel.

zettele^n [tsetlə *Bi.;* tsèdəln *Av.;* dsədlə *Ri. Ha.*] tr. v. 1. *Fäden zu einem Gewebe*

aufziehen, den Zettel *machen.* — 2. *anzetteln, anstiften:* Strit z. *Ri. Ha.* — els. 2, 916 zettle 1; mhd. zetteln.
Zew s. Zeh.
zeweg s. zuweg.
zewleⁿ [dséwlə *Ri.*] intr. v. *zögern, zaudern:* so lang z., biss es ze spot isch. — els. 2, 891 zeple 2.
z'Hären [tsêrən *Rü. lux. Grenze*] *die Pfarrwohnung* (eigentl. *zu* Herren). *Auf dem Lande wird der Geistliche schlechthin* Här (s. d.) *genannt.* — eifl. Zären, From. 6, 21; lux. z'Heeren Ga. 489; els. 1, 368 in s'Herre *bei dem Herrn Pfarrer.* — Zss. z'H.-ehm *Oheim, aber auch jeder männl. Verwandte des Pfarrers;* z'H.-gart *Pfarrgarten;* z'H.-hus *dasselbe wie einfaches* z'Hären; z'H.-kächen *Pfarrersköchin;* s'H.-knied (s. Knecht); z'H.-môd *Magd des Pfarrers.*
Zicke [tsikə *fast allg.;* sikə *Lix. Falk.;* dslg *Ri. Ha.* — Demin. tsikəl, sikəl, dslgəl, tségəl, tsikəlχən] *f. weibl. Ziege.* Zigg, Zigg, mäh! *rufen die Kinder den Ziegen nach Ri. Ha.*

Spruch:

Sickel, Sickel, Gaisebart,
Fihr die Gaise uf de Mark!
Kannscht de sie nit verkaufen,
So lass sie wieder laufen! *Lub.*

Ziggel, Ziggel, Gaisebart,
Had mich uff de Kirb gelad,
Had mer nix ze fresse gen,
Ass e Stiggel Gaiseschward. *Ha.*

— els. 2, 900 Zick; hess. N. 344 Zicken. Zs. Ziggel-fleisch *Ri.*
Zicken [tsikən *Grt.*] pl. *Spielkügelchen der Kinder.* — vgl. baier. 2, 1081 zicken *mit schnellem, kurzem Stoß berühren;* els. 2, 900 zucken *schnellen;* nds. tikken; s. a. Gr. Wtb. 1, 526.
zickeⁿ [tsikə *Merl.;* dslgə *Ri. Ha.;* tsekən *D. Si.*] intr. v. *zucken:* mid de n'Auwe z. *Ri.* — 2. *zaudern, zögern, zurückhalten, ängstlich sein:* numme nid geziggt! *Wdg.:* do werd níd geziggt *da wird nicht mit dem Gelde gespart Ri. Ha.* — els. 2, 900 zücke.
Zicker [dslgər *Ri.*] *m. Wiesenpieper, nur in der* Zs. Madde-z. *weil er im Gras der Wiesen (Matten) nistet; sein Name rührt von dem Laut* zick, zick, zick *her, den er ausstößt.*
zidich [tsidiχ *fast allg.;* tsaideχ *D. Si.*] adj. *zeitig, reif (dieses Wort fehlt in der Mundart).* a) *vom Obst:* ziddiches Obs *Ri.* De Quetsche sin noch nit zidich *Fo. Rdaa.:* Mer muss de Bire schiddle, wenn se z. sin *Fa.* An sine Bire 's gesin, wann anderlitts d'ihre ziddi sin *Ri.* b) *von Geschwüren, die aufzuschneiden sind.* — els. 2, 919 zitig.
zidijen [tsidijən, Ptc. gətsidiχt *Bo.* u. s.] tr. u. intr. *reif werden, reif machen:* d'Sunn zidijt de Druwe. — els. 2, 919 zitige.
Zieche [tsiχə *Fa.* u. s.; tsiχ *Hd.;* dsíχ *Ri. Ha.;* tséïχ *Bo. D. Si.;* tsaiχ *Pü.;* síχ *Falk.* — Pl. gleich] *f. Bettdecke, Überzug eines Bettstückes. Man unterscheidet:* Bett-z., Kisse-z. (s. d.), Koppkisse-z. — els. 2, 893 u. baier. 2, 1079 Ziech; hd. Zieche Weig. Wtb. 2, 1139; mhd. zieche, ziech.
Zieder [tsídər *Va.* u. s.] *f. Kette vorn am Pflug.* — vgl. baier. 2, 1165 Ziedere, Zetter; hess. 468 Zetter *Vordeichsel;* ss. Zaiter Kr. 141; mhd. zieter *(Wurzel* ziehen).
zieheⁿ [tsiə *Fo.* u. s.; dsíjə *Ri.;* tsijè *Mtsh.;* sljən *Falk. Marienth.;* dsín *Ha.;* tséən *Kö.;* tséïən *Bo. D. Si.* — Ptc. gətsô, gəsô, gətsú, gətsou *D. Si.;* gətsâ *Bo.*] *ziehen.* a) intr. 1. de Pär ziehe gut *Fo.* 2. va Ledder zije *ausreißen Ri.* 3. In dem Hus zijts awer! *es ist Zugluft.* 4. *schleppen beim Gesang:* wie der wieder zijt. 5. *verziehen, die Wohnung wechseln:* mer sin in e anner Strasz geza *Bo.* Der leït am Ziehe in den letzten Zügen *Lix.* 6. *zur Aushebung, zur Musterung gehen (zur französ. Zeit wurde eine Losnummer gezogen, daher der Ausdruck).* — b) trans. 1. de Pär ziehe de Wan. Er zeït olles us'm kläne Fenger *er lügt Ersd.* Hälmes ziehe *das Los ziehen mittels Strohhalmen; wer den kürzeren zieht, hat verloren Ri.* 2. d'Ise z. *das Eisen strecken, es hämmern, wenn es glühend ist Ri.* 3. *aufziehen:* e Kälwel zije *Ri. Ha.* 4. *zapfen:* zeïh mer en halwe Liter Weïn *Si.* 'S Wasser zije *die Harnblase auf mechanischem Wege entleeren Ri.*
Zieh-stang *f. Ri. Ha. dehnbare Zuckerstange.*

ziehleⁿ [dsílə *Ri. Ha.*; tsilè *Mtsh.*] intr.
v. *zielen:* lang gezielt isch gefehlt *Mtsh.*
I ha schun lang druf gezielt *darauf spekuliert Ri.*
ziereⁿ [dsírə *Ri. Ha.* u. s.] tr. v. *zieren,
schmücken*: d'Kirch z. Se han awer schen gezierd *sie haben ihr Haus schön geschmückt.*
— els. 2, 913.
Zigel [tsìgəl *Fo. Pü.*; sígəl *Falk.*; tsíjəl *Mtsh.*; sejəl *Av.*; tsil, tseïl *D. Si.* — Pl. tsìglə, dsiglə, tseïlən] *m. Ziegel*: 's Dach isch mit Zigle gedeckt *Fo.* D' Zijle stubbe *die Lücken zwischen den Dachziegeln mit Werg od. Grummet ausfüllen Ri. Wdg.:* ke Zijle meh uff um Dach han *kahlköpfig sein ibid.* Man unterscheidet: Dach-z. *flache Ziegel mit der Hand hergestellt.* Hohl-z. u. Mekanik-z. *in der Fabrik hergestellte Falzziegel.* — Zss. Z.-fawrik; Z.-hitt *Ziegelhütte*; Z.-schir (*Ziegelscheune*) *Bezeichnung der Gemeinde Hof bei Saarburg, der Ort heißt auch* Maladrie; Z.-stän *Ziegelstein.*
Ziginer [dsigínər *Ri. Ha.*] *m. Zigeuner. Das Femin. lautet* Ziginere. — els. 2, 894 Zigüner.
zillen [tsilən *D. Si. Busd.*; tsílən *Bo.*] tr. v. I. *erziehen*: dat Kend es nit gezilt *Bo.* — 2. *züchten, aufziehen*: Karneincher zillen *Kaninchen züchten.* — lux. 504 ebenso; vgl. els. 2,902 zile 2 *wachsen lassen:* e Baum bitz ans Dach z.; mhd. ziln, zillen.
Ziller [dsìlər *Ha.*] *n. Sehweinskäse.* Ziller statt Zitter. (*der Wechsel zwischen t* (d) *u.* l *ist eine Eigentümlichkeit der Mundarten von Ha. Lix. u. a.*). Zitter *aber heißt der Käse wegen der zitternden Bewegungen beim Schütteln.* — baier. 2, 1164 Zitter *Gallerte, Tremelle.*
Zimmer [tsimər *Fo.* u. s.; tsemər *D. Si.*—Pl.tsimər(ə), tsemər; Demin. tsimərχə] *n.* I. wie hd. *Zimmer.* — 2. *eine Kartoffelart* (magnum bonum) *genannt nach demjenigen, der sie eingeführt hat* Ha. — Zs. Z.-mann.
zimmereⁿ tr. v. *Ri. Ha.* mit der Zim*mermannsaxt behauen, so daß das bearbeitete Holz dadurch verringert wird; daher heißt* gezimmert sin *abgenommen haben an Gewicht; mager, eckig geworden sein infolge einer Krankheit.*

Zimmet [dsiməd *Ri. Ha.*] *m. Zimt.*
— els. 2, 904.
zindeⁿ [tsinen *Av.* u. s.; tsiŋè *Mtsh.*; dsìŋə *Ri. Ha.*; tsiŋkə *Ett.*] intr. v. I. *leuchten, den Weg beleuchten:* 's isch finschter, m'r muss em zinnen *Av.* Ich zink der *ich werd dir leuchten Ett. Übertr.:* ebber zinge *jd. heimleuchten.* — 2. *einen Schlag versetzen, daß einem die Augen funkeln*: eïm ens Gesicht zinnen *Av.* — els. 2, 907 zünde, zinge; mhd. zinden, zinnen *brennen, glühen.*
Zind-wirmel [dsiŋwirmel *Ri.*] *n. Johanniswürmchen.* s. d. vorige.
zingleⁿ intr. v. *Ri. Ha.* wie hd. *züngeln von der Flamme.*
Zink [tsiŋk *fast allg.*; dsiŋ *Ri. Ha.*; tseŋk *D. Si.*] *n. Zink.* Zs. Z.-blech.
Zinke [dsìŋgə *Ri. Ha.*] *m. Spitze einer Gabel, Hacke u. dgl. Man unterscheidet*: Gawel-z., Grobe-z., Karschte-z. — *Das Adjektiv* zinkich *kommt nur vor in den* Zss. zwei-, drei-, vier-, finfzinkich: e zweizinkiche Gawel *Ri.* — els. 2,909. s. a. Zwinke.
Zinn [tsìn *fast allg.*; tsen *D. Si.*] *m. u. n. Zinn.* — Zss. Zinne-gescherr *zinnernes, überzinntes Geschirr.* Zinnepann *Pfanne des Zinngießers.*
zinneⁿ adj. *fast allg. zinnern.* — els. 2, 907.
z'innersch, z'ewerscht [sinərš séwəršt *Lix.*; dsìn̩əršd dsewəršd *Ri. Ha.*] adv. *das Unterste zu oberst, verkehrt:* se han alles z.-z. geworf.
Zins [tsins *fast allg.*; sins *Falk.*; tsens *D. Si.*] *n. Zins, Mietgeld, Pachtgeld*: 's bringt de Z. nid in *es rentiert sich nicht Ri.* Der Z. vam Z. *Zinseszins. Man unterscheidet:* Hus-z. *Hausmiete;* Sticker-z. *Miete von Feldstücken.* — els. 2, 909.
Zippel [tsìpəl *fast allg.*; dsìbəl *Ri. Ha.*; sipəl *Lix.*; tsepəl *D. Si.*] *m.* I. *Zipfel eines Tuchs, Spitze überh.* Wdg.: am Eng vam Z. schließlich *Ri. Ha.* — 2. *Tropf, einfältiger Mensch:* liederlicher Z., dummer Z.1 — els. 2, 911 u. baier. 2, 1142 Zipfel, Zippel *in beiden Bedeutungen.* Zss. zippel-dänsich *ungeduldig Fo.* u. s. vgl. els. 2, 362 zipfel-sinnig *eigensinnig, halb*

verrückt. **Zippel-kapp** (Sippel-k.) *Zipfelmütze.*
Zirkel [tsìrkəl *fast allg.*; tsírkəl *D. Si.*; dsìrgəl *Ri. Ha.*] *m.* wie hd. *Zirkel.*
Zischang [dsĭšaṇ u. sĭšaṇ *Ri.*] Ortsname St. *Johann—Kurzrode im Kr. Saarburg.* Z. ⟨ frz. Saint-Jean.
Zischta [tsišta *Bickenh.* u. s.; dsišda *Ri.*; tsìšdi *Pfb.*] *m. Dienstag, der dem Schlachtengott Ziu heilige Tag.* — els. 2, 667 Zistag, Zistig; mhd. zîstac.
Zit [tsit *fast allg.*; dsid *Ri. Ha.*; sit *Lix. Falk.*; tsait *D.*; tseït *Si.*] *f. Zeit, Tageszeit:* de Z. lang fennen *Av.* Es isch Z. for häm ze gehn *Fo.* Besi, guddi, schleschdi Zidde *Ri.* Z. verklämbe *die Zeit vergeuden, durchbringen ibid.* Die Z. gebieten (d'Z. biede *Ha.*) *grüßen, fast allg.* Jetz hesch awer Z.! *jetzt mach, daß du wegkommst! Pfb.* Well Z. isch? *wieviel Uhr ist es? Ri.* In de Zidde *in frühern Zeiten;* in minere Z. *zu meiner Zeit;* in sälere Z. *zu jener Zeit Ri. Ha.* In Siden *Falk.* (bezidde *Ri.*) *beizeiten, früh.* In dere Z. *unterdessen Ri.* In Z., en Z. von *binnen.* Van Z. ze Z. *von Zeit zu Zeit, fast allg.*

Spruch:
Wer nit do isch sur rechte Zit,
der muss esse, was iwrich blit *(bleibt) Schw.*

Lautmalerei: Zidd isch do! Zidd isch do! *singen die Meisen im Frühjahr Ri. Ha.*
ziter [dsidər *Ri. Ha.*; tsentər *D. Si.*] präpos. *m.* Dat. *seit:* z. geschter *seit gestern.* — els. 2, 920 ziter; 2, 379 siter; baier. 2, 316 sinter; hess. N. 344 sinter; lux. zenter Ga. 490; vgl. mhd. sint. Zss. **ziderdass** (z.-ass) *seitdem:* z.-d. er fort isch *Ri. Ha.* ziter-her (zenter-her) *seither:* i han ne z.-h. nid gesehn *Ri.*
Zitlang *f. Ri. Ha. Langweile:* viel Z. finge *(finden)* in der Fremde.
zitteren [tsitərə *fast allg.*; dsìdərə *Ri.*; dsilərə *Ha.*; tsedərn *Bo.*; tsadərən *Si.*] intr. v. *zittern:* ich han gezittert vor Kelt *Fo.* Ziddre u. loddle va Kalt *Ri.* Er zittert an Hänn un Fiess *fast allg.*; z. wie Eschbelaub *Ri.*; wie e Kuhschwanz *Ha.* Er had's Ziddre *die Zitterkrankheit.*
Zittersch [tsìtərš *Fo.* u. s.; dsìdəršə *Ri. Ha.*; tsìtərχin *Va.*; tsètèrš *Obh.*] *f.*

1. *trockne Hautflechte, Zittermal (Erhöhung auf der verhärteten Oberhaut), brennende Hautkrankheit, rötlicher Ausschlag im Gesicht.* — baier. 2, 1164 Zitteroch, Zitterachen, Zitterschen; hess. N. 345 Zitterich; els. 1, 664 Zittermal, 2, 920 Zitter, Zitterab; mhd. ziteroche; ahd. zitaroh. — 2. *die helleren, weicheren Teile des Schweinskäses.* s. Ziller.
Zitung [tsítuŋ *Fo.* u. s.; dsidun̥ *Ri.*; tsèĭdun̥ *Lix.*; dseïdun̥ *Ha.*; tsaidín *Zeir.*; tsaidon̥ *D. Si.*] *f.* 1. *Zeitung:* de Zitung lese. — 2. (übertr.) *jemand, der die Neuigkeiten herumträgt; Mensch, der alles wissen will:* e rechti Zeidung *lebendige Dorfzeitung, Allwisser Lix.* — 3. *Hemdzipfel, der aus der zerrissenen Hose heraushängt Ha.* — els. 2, 919 ebenso. — Zs. **Zitungsschriwer** *Redakteur.*
Zitz [tsits *D.* u. s.] *n.* 1. *Zitze, Brustwarze.* — 2. *etwas Zuckersüßes:* et schmacht (schmeckt) wie Z. (wie dem Kind die Mutterbrust). — baier. 2, 1167 Zitz, Zitzen; henneb. Zütz, From. 3, 544; vgl. hess. 473 zützen *saugen.*
Ziwel [tsiwəl *Fo.* u. s.; dslwəl *Ri. Ha.*; siwəl *Pü. Lix.*; séwəl *Busd.*; tsibəl *Av. Mü.*; sibəl *Falk.*; tsebəl *Bo.* — Pl. -ən] *f.* 1. *Zwiebel* (Allium cepa) *auch als Hausmittel:* d'Ziwle mache n'em hile *entlocken ihm Tränen;* d'Ziwle mache d'Winde gehn *Wirkung des Zwiebelgenusses Ri. Ha.*

Spruchrätsel:
Ihr liwe Lidd,
was das bedidd?
had siwe Hidd,
bisst alli Lidd.   *Ri.*

Zss. Z.-brod *mit Zwiebeln u. Salz eingeriebenes Brot.* Z.-kalenner (s. d.). Z.-kuche *Flammkuchen mit Zwiebeln zubereitet.* Z.-ländel *Zwiebelfeld im Garten.* Z.-märk *Zwiebelmarkt, der in Zabern abgehalten wird.* Z.-rehr *hohler Pflanzenstengel der Zwiebel.* Z.-some *Zwiebelsamen.* — 2. *alte, unförmliche Taschenuhr:* wieviel Uhr isch's uf diner Z.? *Fo.* — els. 2, 890 Zibel; henneb. Zippel, From. 2, 499.
Ziwel-kalenner [tsibəlkàlena *Av. Mü.* u. s.] *m. Zwiebelkalender. Zum Vorherbe-*

stimmen des Wetters für die *12 Monate des künftigen Jahres werden während der Weihnachtsnacht 12 Stücke einer Zwiebel mit Salz belegt*; *je nach der Feuchtigkeit od. Trockenheit derselben wird der betreffende Monat naß od. trocken sein. Über dieses Zwiebelorakel in der Mitternachtsmesse* s. Jb. II, 189.

Zizi [tsits *Fa.*] *f. Schmeichelei; Schmeichelwort in der Kindersprache.* — vgl. baier. 2, 1167 zetzen, Zizl, Zizlerei.

Zock s. Zuck.

Zoddel s. Zottel.

zoddlich [tsodliχ *Fo.* u. s.; tsodəliχ *Bo.*] adj. *zottig, unordentlich, zerlumpt, zerrissen*: er laft immer so z. erum *Fo.* — els. 2, 921 zottlig; baier. 2, 1166 zottlet zoticht. s. Zottel.

Zoll *m. allg.* 1. *Abgabe*: i ha misse 10 Mark Z. zahle *Ri.* — 2. *Zollamt*: er isch uff de Z. gang *Ri. Ha.* — Zs. zollfrei; d'Gedange sin z.-fr. *Ri.*

Zondel [tsòndəl *Bo.*] *m. schleimige Haut am gekochten Fleisch, sog. weil sie aussieht wie* Zundel *(Feuerschwamm).* s. Zundel.

Zopp [dsob, Pl. dseb *Ri. Ha.*; Demin. tsepχə, Pl. tsepχər *Fo.*] *n. Zopf.*

zoppeln [sòpəln *Av. Kr.*; tsòwlə *Bi. Busd.*; dsòwlə *Ri. Ha.*; tsòwlè *Mtsh.*; sòwlə *Lix.*] tr. v. *zupfen, zerren*: de Schulmeïschta hat mich an de Ohre gesoppelt *Av.* D' Ohre zowle *Ri.* — Ohrenzowler heißt der Schweizer in der Kirche, weil er den unartigen Kindern die Ohren zupft. — hess. 472 zöpeln. zoppeln, zowle[n] *ist Iterativ zu* zoppe[n].

zoppe[n] [tsòpə *Fo.* u. s.; tsòbə *Bi.*; sopən *Falk.*] tr. v. *zupfen, ziehen, zerren, reißen:* enen on de Hor, om Rock z.; es zobbt mer ari in de Zehn *ich habe reißende Zahnschmerzen Ri.* Geturrt (s. d.) un gezoppt *Fo.* — els. 2, 912 u. baier. 2, 1145 zopfen.

Zor [tsòr *fast allg.*; tsour *Busd.*; sòr *Falk.*; dsorn *Ri. Ha.*] *m. Zorn*: er hat e firchterlicher Z. gehat *Fo.* Wiss werre va Z.; sich nimmeh kenne va Z.; de Z. uslasse an ebber *Ri. Ha.* Ich kreï von lüter Z. noch de Schwendsucht on de Hals *Wb.* Einen zornigen Menschen fragt man: soll i der e Fresch hole? *wahrscheinlich damit durch Berührung des kalten Froschkörpers der Zorn sich abkühle Ri.* — Zss. Zor-ijel *zornmütiger, reizbarer Mensch*: der escht e rechter Z.-i. *Wb.* — els. 1, 24 u. baier. 2, 1151 Zornigl. Zorn-oder Zornader *Ri. Ha.*

Zores [tsòrəs u. sòrəs *Fo.*] *n. Unsinn, Durcheinander, Wirrwarr*: mach kä Z.! — els. 2, 913; baier. 2, 1149; hess. N. 346 ebenso. s. a. Weig. Wtb. 2, 1153. Z. < hebr. zarah, Pl. zaroth *Not, Elend, Bedrängnis.*

zornich [dsorniχ *Ha.*; dsorni *Ri.*] adj wie hd. *zornig.*

Zottel [tsotəl *Bi.* u. s.; tsodəl *Bo. Fo. Fa. Ri. Ha.* — Pl. tsotlə, tsodlə] 1. *m. Lumpen, Lappen, Fetzen*: das sin ja luter Zoddle *Fo.* — 2. *f. unordentliches, nachlässig gekleidetes Frauenzimmer; Landstreicherin, Hure.* — 3. *Bezeichnung für Katze (wegen ihrer zottigen Haare) Ri. Ha.* — els. 2, 920 u. baier 2, 1166 Zottel (Zuttel). — Zss. Z.-bär *m.* 1. *Bär mit zottigem Haar;* 2. *Schimpfwort für jd., der unordentlich gekleidet ist Ri.* Z.-blume *spanischer Flieder Mett.*; baier. 2, 1166 Zottelbusch. Z.-jud *zerfetzter Kerl, Landstreicher*: du bisch e rechter Z.-j. *Fo.* vgl. baier. 2, 1166 u. From. 5, 466 Zottelbock, Zottelwolf.

zottle[n] [tsotle *Bi.* u. s.; dsodlə *Ri. Ha.*] 1. tr. *durch Schütteln etwas ausgießen, verstreuen z. B. Heu beim Fahren.* — 2. *an etwas herumzerren. Gebräuchlicher ist* verzottle[n]. — els. 2, 921 zottre 1.

z'Owenesse [tsòwəèse *Flh.* u. s.; dsówənèsə *Ri. Ha.*] *n. Vesperbrot* (eigentl. *zu Abendessen). Spruch:*

Maria Geburt *(8. Sept.)*,
z'Owenesse furt.
Maria Verkindijung *(25. März)*
Bringt's z'Owenesse widrum.

zowle[n] s. zoppeln.

zowlich [tsòwliχ *Mtsh.* u. s.] adj. *zottelig, unaufgeputzt, zerlumpt.* — baier. 2, 1166 zottlet. s. d. vorige.

zu [tsû(tsə) *fast allg.*; tsou *D. Si.*] adv. 1. wie hd. *zu (wenn dieses den Ton hat).* — 2. *zu sehr, wenn das Übermaß hervor-*

gehoben werden soll: er isch immer zu gut gewän *Fo.* Zu gudd isch e Stick van der Lidderlichkeit *Ri.* — 3. *geschlossen:* de Dir isch zu. *Davon wird ein Adjektiv gebildet:* e zuener Wawe *(Wagen)*; mit em zuene Mul; e zuene Dir instosse; e zuenes Hus *Ri. Ha.* u. s. Halwerlicher zu(s) *eben erst:* er isch h.-z. eweggang *Ri.*

Zuck [tsuk, Pl. tsik *fast allg.*; dsùg, dsìg *Ri. Ha.*; tsok, tsek *Bo. D. Si.*] *m.* 1. *Zug, Ziehleistung, Zug beim Trinken:* en Glas in änem Z. drinke *fast allg.* E gudden Zock dun *D. Si.* E gudder Z. han *gut trinken können Ri. Ha.* An engem Zock ohne Aufenthalt. — 2. *Zugluft:* d'Feier hot kän Zock *Si.* — 3 *Anlauf:* en Zock anholen *einen A. nehmen Bo.* Du muscht en guder Z. hole, wann de niwer springe willscht *Fo.* — 4. *vorderer Teil des Pfluges Rü. lux. Grenze.* — lux. 505 Zock; vgl. mhd. zuc u. zoc. — Zss. Zock-loft *Zugluft Bo.* Zugg-loch *im Ofenrohr, am Kamin Ri.*

zucken [tsùkə *fast allg.*; dsùgə *Ri. Ha.*; tsekən *D. Si.*] intr. v. 1. *zucken, (mit den Augen, den Schultern):* ohne ze z. *Fo.* Mit de n'Achsle *od.* d'Achsle z. *Ri.* — 2. *zurückhalten, zögern:* do wurd net gezuckt! immer fest drauf! *Pfb.* — els. 2,900; baier. 2,1083 ebenso; lux. 500 zeken. s. a. zickeⁿ.

Zucker [tsùkər *fast allg.*; dsùgər *Ri. Ha.*; tsokər *D. Si.*] *m. Zucker:* de Z. verderbt d'Zehn *Ri.* — Zss. Z.-becker *fast allg.* (Zuggerbegg *Ri.*) Z.-bire *ganz süße Birne.* Z.-brod. Z.-dings *Zukerzeug:* er hat immer Z.-d. im Sack. *Lix.* Z.-erbs. Z.-hut. Z.-männel *Figürchen aus Zucker.* Z.-pibbel *Zuckerpüppchen Ri.* Z.-schneller *Pl. Konfekt in Gestalt von Schneller* (s. d.), *Bonbons Fi.* Z.-stand *Bude mit Zuckerwaren.* Z.-stang *allg. Rda.:* an da Kermes käf'n ich da e Z.-st. *heißt es, wenn man für geringe Arbeit großen Lohn verlangt Wal.*

zuckeren tr. v. *fast allg. versüßen, mit Puderzucker bestreuen.* — els. 2,901.

zu-der-hand [sudərhand *Lix. Schw.* u. s.] adv. *zur Hand, zunächst gelegen, auf der linken Seite:* wenn de Pluck z. d. h.! *wende den Pflug nach links! Lix.*

— els. 1, 347 *an der Hand;* vgl. Handpferd. *Dem zuderhand entgegengesetzt ist* newehin (s. d.).

z'Uffer gehn [sùfərgên *Falk.*; dsobfərgén *Ri.*] intr. v. *zu Opfer gehn; zum Altar gehen u. Geld in den Opferteller legen, nachdem das vom Priester dargebotene instrumentum pacis* (Kußtäfelchen) *geküßt worden ist.* — els. 1, 59 ze Opfer ge.

Zug [dsùg *Ri. Ha.*; tšûχ *fast allg.* — Pl. dsîχə, tsîχ] *m. Zug, Eisenbahnzug:* uff de Z. gehn; vam Z. kumme; in de Z. instije *Ri.* — *Der Pl. bedeutet auch die letzten Züge, Agonie:* in de leschde Zieche leje *Ri.*

zu-gehn intr. v. *Ri. zum Abendmahl, zur Kommunion gehen:* am Sunnda geh i zu.

zu-gin tr. v. *fast allg. zugeben:* das muschte selwer z.-g. *Fo.*

Zu-gob [dsûkob *Ri.*] *f. Zugabe zum abgewogenen Brot.*

zu-hewen tr. v. *Ri. Ha. Rom. Hom. zuhalten:* d'Nas z.-h. *um nichts Übles zu riechen.*

Zuht [tsût *fast allg.*; dsùχt *Ri.*] *f.* 1. *Zucht, Erziehung:* er es en guder Z. *Bo.* — 2. *Nachkommenschaft, Junges, Wurf von Säugetieren:* die zweï Schwin la sin ven der nämlich Z. *Falk.* — baier. 2,1108 Zucht a und b.; mhd. zuht.

zu-krempeln tr. v. *Falk. zuhäkeln.* s. Krempel.

zu-machen *allg.* 1. *schließen.* — 2. *aufhören mit etwas:* d'Mihl zumache *mit der Freigebigkeit aufhören Ri.*

Zun [tsùn *fast allg.*; tsaun *D. Si.*] *m. Zaun, Umzäunung:* iwer de Z. riwer *Fo.* Iwer de Z. gehn *entschlüpfen Ri. Ha.* Lewendicher Z. *Hecke, die einen Garten od. ein Feldstück einschließt.* — Zss. Z.-pal *Zaunpfahl Fo.* Z.-rub *Zaunrübe* (Bryonia alba), *deren Wurzelstock gegen verschiedene Krankheiten gebraucht wird Ri. Ha.* — els. 2, 221.

Zundel [dsùndəl *Ri. Ha.*; sundəl *Falk.*; tsûnəl *Pü. Mtsh.*; sunər *Lix.*] *m. u. n. Zunder, Feuerschwamm, faules Holz:* mit Z. d'Piff anstegge *frühere Art u. Weise die Pfeife anzuzünden Ri.* — els. 2,907 u. baier. 2, 1133 Zundel; mhd. zundel, zunder.

Zung [tsùŋ *fast allg.*; tsòŋ *Bo. Busd. D. Si.* — Demin. tseŋelχən, dslŋələ] *f.* 1. *Zunge:* d'Z. erusstregge; d'Herz uff der Z. han; ebber d'Z. zum Halsch erusrisse *Ri. Ha.* Er hat's uf der Z. *er hätte es beinahe gesagt Lix*. E spitziche, e geschliffene Z. han *eine böse Zunge.* En orech *(arge)* Zong hun, Hor *(Haare)* op der Z. hun *D. Si.* — 2. *Zunge an der Wage.* — 3. *Das Demin. bedeutet Zünglein u. auch Stahlfeder Gelm.*

Zunner s. Zundel.

zu-pätschiere[n] tr. v. *Ri. Ha. versiegeln.*

Zupp [dsub *Ri. Ha.* u. s.] *f.* 1. *Dirne, Hure, schlechtes Frauenzimmer.* — 2. *Schimpfwort für Kühe und anderes Vieh. Ursprüngl. bedeutet* Zupp, Zaup *Hündin* s. baier. 2, 1141; els. 2, 910; hess. 471; Weig. Wtb. 2, 1126; From. 4, 314; 6, 488; ahd. zoha.

Zurfel [dsùrfəl *Ri.*] *f. unordentliche Falte am Kleid.* — vgl. els. 2, 373 Surbel, Surfel; baier. 2, 325 Serfling *abgetretener Schuh.*

zurfle[n] tr. v. *Ri. durch Rutschen, Sitzen, falsches Zusammenlegen unordentliche Falten in die Kleider bringen.* s. d. vorige. — vgl. baier. 2, 325 serfeln.

zu-ringle[n] tr. v. *Ri. Ha. die Schuhe zuriegeln.*

zu-rufe[n] intr. v. *Ri. dem Sterbenden Gebete vorsagen.*

zu-weg [tsəwèg *Ett.* səwèχ *Lix.*; tsəwè *Fo.* u. s.; dsəwè *Ri. Ha.*; tsouwé *D. Si.*] adv. *zuwege, zurecht in Vbdg. mit den Verben* bringen, kommen, machen u. a.: z. brengen *fertig bringen, ausführen Bo. D. Si.* Nix z. bringe *impotent sein Ri. Ha.*; z. kumme *fertig werden, mit etwas, auskommen;* z. mâchen *od.* mân verderben *D. Si.* — els. 2, 802 u. baier. 2, 1174 z'wëg; s. a. From. 2, 568, 62; 3. 219, 30; mhd. zewege.

Zuwer [dsuwər *Ri.*; dsowər *Ha.*] *m. Zuber. Man unterscheidet:* Wasser-z.; Wäsch-z.; Schiss-z. *in den Aborten auf dem Lande.*

Zwacke [tswakə, Pl. gleich, Demin. tswèkəl *Bi.* u. s.] *m. Zweig, Sproß.* — hess. N. 1, 28 ebenso; baier. 2, 1171 u. hess. 474 Zwackel *gabelförmiger Ast.*

zwacke[n] [tswake *Bi.* u. s.; dswàgəRi. *Ha.*] intr. v. *markten, feilschen.* — baier. 2, 1171 u. mhd. zwacken *zupfen, zerren;* els. 2, 913 zwacke 3 *markten.* s. a. abzwacke[n].

Zwanziger [dswandsiχər *Ri.*] *m.* 1. *Frankenstück* = 20 *Sous.* — 2. *jd. der* 20 *Jahre alt ist.* — 3. *Gewichtstein von* 20 *Pfund.* — els. 2, 926; baier. 2, 1169.

Zwatter [swàdər *Ri. Ha.*] *m. kleines Kind, Knirps.* — vgl. els. 2, 928 Zwattler *jd. der erst Gehversuche macht.*

zwattern [tswàtərən *Wolm.*; dswàdrə *Ri. Ha.*] intr. v. *murmeln, undeutlich reden.* — vgl. baier. 2, 624 schwadern.

Zwecke [tswèkə *Pfb. Flh. Schm.* u. s.; dswègə *Ri. Ha.*] *f.* Quecke, Weizengras (Agropyrum arvense); *in heißem Wasser gekocht u. mit Zucker vermischt gewinnt man daraus einen heilsamen Tee.* — els. 2, 923 Zwëck. s. a. Kwacke[n] u. Hundswasen.

zweddern [tswèdərn *Bo.*] intr. v. *zittern infolge einer Erschütterung:* d'ganz Hus hat gezweddert. — vgl. ss. zwättern *Augenflimmern infolge eines Schlags.* (zweddern *ist Erweiterung von* zeddern *zittern.*)

zwei [tswai *Fo.* u. s.; tswén, tswó, tswai *Grt. Ett. Karl.*; tswén, tswou, tswǣ *D. Si.*; swén, swó, sweï *Falk.*; dswén, dswó, dswei *Ri. Ha.*] Zahlwort zwei: z. u. z. gehn; versprech u. halde si z. *Ri. Ha.* zwei Zwillinge *bedeutet sonderbarerweise ein Zwillingspaar ibid.* — mhd. zwēne, zwō, zwei. Zss. z.-deitich [zwèideïdiχ *Fo.*; tswædaiteχ *D. Si.*; dswaididi *Ri. Ha.*] *zweideutig:* zweididichi Rede fihre *Ri.* Zwei-spitz *Werkzeug des Steinmetzen.*

zweie[n] [tsweïə *Ri.*; dswaïə *Ha.*; dswijə *Ri.*; tswijè *Fi.* — Ptc. gətsweït, gətswijt] tr. v. 1. *pfropfen, durch eingesetztes Reis Bäume veredeln:* Bäm, Rose, Bire, Âbble z. — 2. *allg. anschließen, anbinden Ri. Ha.* — els. 2, 923 zwige; mhd. zwigen, zwïjen.

zweierlei *fast allg.* wie hd.: z. Kinn *Kinder aus verschiedener Ehe (wenn Vater od. Mutter nicht für alle Kinder dieselben sind) Ri. Ha.*

Zweiwel [tsaiwel *D. Si.;* dseïwəl *Ri. Ha.;* tsíbəl *Bo.;* swíbel *Falk.*] *m. Zweifel:* er isch halwer im Z. *allg.* I han ne im Z. *ich habe ihn im Verdacht Ri.*

zweiwleⁿ [tsaiwələn *D. Si.;* dseïwlə *Ri. Ha.;* tsíbəln *Bo.;* swíbəln *Falk.*] intr. v. *zweifeln:* uff ebber z. *jd. im Verdacht haben.* — els. 2,923 zwifle, zweiwle.

zwelf [tswêlf *Fo.* u. s.; dself *Ri. Ha.;* tswièləf *D. Si.;* swelf *Lix. Falk.*] *Grundzahl zwölf:* z. Dutzend *ein Groß Ri.* Zwelf drin werfe *unberufener Weise eine störende Bemerkung machen ibid. Die Ordinalzahl heißt* zwelft. — els. 2, 925 u. mhd. zwelf.

Zwelfer *m. Ri. ein Schnaps zu 12 ₰.*

zwelferlei wie hd. *zwölferlei:* das si z. Sache *heißt es, um vieles u. mannigfaltiges auszudrücken Ri.*

Zwengel *m.* St. R. A. 91 *Zwinger od. Pfandstall:* ... was aber gemellte banschützen sonst pfennen ... ist ein ider inn den Z. der Statt zu liebern schuldig. — vgl. els. 2,926 Zwingel. s. d. folgende.

zwengen [tswєŋən, Ptc. gətswoŋ *D. Si. Bo.;* dswɪŋə, gədswùŋ *Ri. Ha.*] tr. v. 1. *zwingen:* enen zum Esse z. — 2. *bezwingen, bewältigen:* dat as zevil, dat kann ech net z. *Si.* — 3. *durchsetzen, erzwingen:* dat leïscht was net z. *ibid.* 'S isch e gezwungenes Wese *nicht offen u. frei Ri.;* gezwungenes Lache; gezwungenerwis *ibid.*

Zwenken s. **Zwinke**ⁿ.

zwerch [tswèrχ *Grt.* u. s.; swérš *Falk.;* dswèriχ *Ri. Ha.;* kwéš *D. Si.*] adv. *quer:* das Stick lijt z. — els. 2, 927 u. baier. 2, 1182 ebenso; mhd. twërc. — Zs. i w e r - z w e r c h (s. d.).

Zwerich [tswèriχ, Pl. tswèrijən *Bo.*] *m. Zwerg.* — els. 2, 927 Zwêrch, Zwarich.

Zwer-mauer *f. Rg. die vordere Mauer, die quer od. zwerch zu den Giebeln steht.*

zweteⁿ [tswetə *Fo.* u. s.; dsweïə *Ri.*] *nur im Spw.:* was sich zwet, dritt sich *was zweimal vorkommt, kommt auch dreimal vor, wiederholt sich* (was sich bezweid, bedridd sich *Ri.).* — els. 2,922 zweie.

Zwibel s. **Zweiwel**.

Zwij [dswij *Ri.;* swíj *Falk.;* tsweï *Bi.;* dsweï *Ha.;* tswaij, tsweïj *D. Si.*] *m. Zweig, Reis, junger Sproß, Pfropfreis.* — els. 2,923 Zwig; mhd. zwîc, zwî.

zwijeⁿ s. **zweie**ⁿ.

Zwilich [dswìliχ *Ri.;* tswileχ *D. Si.*] *m. Zwilch, zweifädiges Gewebe, grobe Leinwand.* — els. 2,925 Zwilch, Zwelich; mhd. zwilich. — Zs. Z.-s a c k *Sack aus grober Leinwand.*

zwingeⁿ s. **zwengen**.

Zwinkeⁿ [swiŋkə *Lix.;* tswèŋkə *Ko.;* tswèŋkən *Bo.* — Pl. gleich] 1. *m. Zweig, Zweigspitze.* — 2. *Zinke:* de Essgawel hat via Zwenke *Ko.* — els. 2,926 u. hess. N. I, 347 Zwinkel; vgl. ss. Gezwänkich *kleine abgebrochene Äste* Kisch, vgl. Wtb.91.

Zwir [tswîr *fast allg.;* swîr *Lix.*] *m. Zwirn. Wdg.:* blôen Z. *gemeiner Schnaps Si.* — lux. 512 Zwîr, blôen Z.

zwireⁿ [swîrə *Sgd. Lix.* u. s.; dswìrnə *Ri. Ha.*] intr. v. *zwirnen, zwei Fäden zusammenhaspeln, Zwirn machen:* geswirter Näz *aus zwei Fäden zusammengedrehter Zwirn.* Gezwirnd Gar *(Garn),* Duch; gezwirndi Sid *(Seide) Ri. Ha.* — els. 2, 928 zwirne; baier. 2, 1183 zwirmen, zwirnen; mhd. zwirnen.

Zwirwel [dswirwəl *Ri. Ha. Rom. Hom.*] *m. Wind- od. Wasserwirbel.* — els. 2, 926 Zwirbel. — Zs. Z.-w i n d.

zwischeⁿ [dswišə *Ri. Ha.*] adv. *in der Verbindung* de-z. *dazwischen:* de-z. gesehn, -kumme, -leje, -schinne u. s. w.

Zwische-mur *f. Ri. Ha. Zwischenmauer* (frz. mur mitoyen).

Zwischtikeid [dswišdikaid *Ri.*] *f. Zwistigkeit.*

36*

Anhang.

1. Abzählreime und Spielverse.

Eins, zwei, drei,
Butter auf dem Brei,
Salz auf dem Speck,
Und du bist weck! *Sgd. Bo.*

Ens, sweï, dreï,
Hicke, hacke, heï!
Hicke, hacke, Leffelstiel,
Unser Kinner fresse viel,
Alle Da dreï Laiwe Brot,
Hol de Hammer un schla se dot!
Sgd.

Lio, lio, Leffelstiel,
Die alten Männer fresse viel,
Die jungen missen faschten;
Das Brot leït em Kaschten,
Das Messer leït danewe,
Wer will haben, der muss bede.
Neufvillage.

Enne, denne, dinje,
Kumme dreï Kaminje,
Frage nach dem Josep;
Josep isch de beschte Mann,
Hat de schenschte Kleidre an.
Josep hin, Josep her,
Josep isch e Zoddelbär. *Ri.*

Uf em Berich Sinaï
Wahnt da Schuschda Gigerigi.
Sini Frau, die alti Gret,
Sitzt um Steil un näht;
Fiel herab un brach das Bein,
 Du muscht sein! *Marienthal.*

Sechs mol sechs isch sechsedrissich,
Isch der Lehrer noch so flissich,
Sin de Kinner noch so dumm,
Macht der Lehrer rumdibum. *Sgd.*

Ens, zwei — Polisei;
Dreï, vier — Offesier;
Finef, sechs — alti Hex;
Siwen, acht — guti Nacht;
Nin, sehn — Magdalen;
Elef, swelf — kumme de Welef.
Sgd.

Annemarie, Rumpeltäsche,
Wer will mir de Windle wäsche?
Ich oder du?
Mer kafen e Kuh,
Un was de Kuh am Schwänzel hat,
Das grischt du! *Sgd.*

Enne, denne, diese,
Komme dreï Kamise,
Frawe noh em Josef;
Josef esch der beschde Mann,
Het de schenschde Kleider an;
Vadder do, Mudder do,
Brengt em Sebbel Zoggerbrot.
„Zoggerbrot begehr ich nit,
Hansjoggle heisch ich nit."
Äffche, Päffche, Knoll! *Pfb.*

Enne, denne, Dindefass,
Geh in d'Schöl u lerne was!
Wenn de was gelernet has,
Kommsch m'r heim un sa'sch m'r
 Eins, swei, drei, [das!
 Dü bisch frei! *Pfb.*

Ens, swei, dreï, vier, fünf, sechs,
    siwe.
Eni alte Frau kocht Riwe;
Eni alte Frau kocht Speck,
Ens, zwei, dreï, un du bischt weck!
        Sgd.

Eins, swei, drei
Ver, fenef, sechs,
Siwe, acht, nin,
Do geht e Gässel 'nin.
In dem Gässel isch e Garde,
In dem Garde isch e Baum,
Uf dem Baum isch e Nescht,
In dem Nescht isch e Ei,
In dem Ei isch e Doder,
In dem Doder isch e Müs,
  Die möss 'rüs.   *Pfb.*

Hickle, Heckle,
Hinner dem Steckle
Halt e Bettelmann Hochzit.
Donzt die Mus,
Hupst de Flok zum Finschter 'nus.
        Sgd.

Ennel, dennel, Minnemeer,
Gehsch de met ins Minnemeer?
Wu die Puppe donze,
Hon nix ze plonze.
De Babe geht ins Engellond,
Kaft e Sack voll Silwersond,
Werft ne iwer de Bricke,
Dass de Poschte krache,
Dass die Männle lache.
Die Mome lacht,
De Babe fallt in Ohnmacht. *Schw.*

En Ho{^{u}}n on en Hahn,
Det Zeïlchin (*Erzählung*) geht an;
En Ko{^{u}}h on Kalw,
Det Zeïlchin es halw;
En Katz on en Mus,
Det Zeïlchin es us.   *Bo.*

Ell, Bell, Bock!
Wann mer backen, han mer Bro{^{e}}t;
Wann mer sterwen, sen mer do{^{e}}t.
Ei, Blei, ro{^{e}}di Mus,
Sa' wer es us?   *Bo.*

Ens, swei dreï, vier, finf, sechs,
    siwe;
Wu sin die Franzose gebliwe?
En Moskau en dem diefe Schnee,
Da schreie se all: o weh o weh!
        Sgd.

Ens, swei, drei,
Hicke, hacke, hei!
Hicke, hacke, Hawerstroh;
De Miller hat die Frau verlor,
Er sucht se met de Hunn;
Die Kater schlan die Drumm,
De Misel huckt um Dach
Un hat sich krumm gelacht.
        Sgd.

Enne, menne, Bohneblatt,
Usa Kih bin alle satt.
Siwen Gaissen un eni Kuh,
Peta mach de Stall zu!
We{^{a}}f de Schlissel iwa de Rhein,
Mo{^{a}}jen wi{^{a}}d gut Wedda sein.
        Marienth.

Es komme dreï Soldädle,
Se glopfe an de Lädle.
Ei, ei, ei, was isch denn dis,
Dass de Vadder im Wirtshüs isch?
'S nachts kommt er heim,
Hett e grommes Bein.
Steht e Schessel of em Disch,
Loït er, was da drinne n'isch:
Fleisch un Supp.
D'Mame nemmt's Gäwele
Un schlat's em Babe uf's Schnäwele.
        Pfb.

David, David, Domino!
Wemma ba{^{c}}cke, han ma Brot;
Wemma lo{^{u}}se *(lausen)*, han ma
    Dreck;
Wemma metzle, han ma Speck;
Wemma sterwe, ben ma dot. *Sgd.*

Enne, menne, dunge, funge.
Ramme, schnabbe,
Dibbe, dabe,
Käsemade,
Ulle, Bulle, Ross!   *Ri.*

Geht e Männel iwer d'Wies,
Hat e Paar rodi Hesle an,
Singt wie e Zimmermann:
Zimmermann, Kupperschmid,
Meines Lewes bin i mid,
Schnipp, schnapp! Usgang!
Ri. Ha.

Es war emol e Monn,
Der hiess Bimbom.
Bimbom hiess er,
Dicke Firze liess er:
Ener uf de Disch,
Der wor frisch;
Ener uf de Bonk,
Der war blonk;
Ener su dem Finschter enus —
Fi, fi, wie stinkt's drus! *Sgd.*

Ens, zwei, drei,
Hicke, hacke, hei!
Der Miller hat sin Frau verlor,
Der Peter hat se funn;
De Katz schlät de Trumm,
De Mis kehre de Stube nus,
De Ratte tra'n de Dreck enus,
Der Vokel sitz um Dach
Un lacht sich halber schwach.
Pü. Lix.

Buar, binn din Hindchin an,
Äss es nimmeh bissen kann;
Bisst es mich, so strof ich dich,
Hundat Dala koscht es dich.
Marienth.

Oint, zweï, dreï
En der Judenreih,
En der Judenkenerlehr
Steht en Engel of der Dir,
Hat en Appel on en Bir,
Hat keïn Messer,
Fällt en Messer oᵘwen ra,
Fällt em Jud det Boïn era. *Bo.*

Enne, denne,
Dunke, Funke,
Rabe, schnabe,
Tippe, tappe,
Käsi Naps *(Schnaps).*
Ulle, Bulle, Ross.
Ip, ap, aus,
Dau leïscht draus! *Obd.*

Eins, zwei, zwo,
Firle, farle, fo;
Wenn de zwanzich zähle kannsch,
Stehn si alli do. *Pfb.*

Eins, zwei, drei.
In der Müllerei
Soll ein Kind geboren sein;
Es soll heissen Annemarei
Rompelkaschten, wer die Kuh
Am liebsten hat, das bist du *ibid.*

Hinkel, Hahn,
De Mess geht an;
Hinkel, Hus,
De Mess geht us. *Fo.*

Endeli, babendeli, zegeli, zeh,
Diffi, daffi, domine;
Selwerschang hesch swei gebroche.
Dribbe, drabb, Käserapp,
Ewermorje esch Sonnda! *Pfb.*

Ens, swei, drei, vier,
Knecht hol Bier!
Herr drink us!
De bischt drus. *Karl.*

2. Wiegenlieder.

Nina, Bobbele, schlof!
Mame geht of Letzelstein,
Bringt em Kind e Wegg mit heim
Oder Zugger isch einerlei.
Pfb.

Dodo Pupale!
Back dem Kind en Eierle!
Du noch e bischen Zucker enen,
Dass das Kind brav esse kann.
Mü.

Schlaf, Kindel, schlaf!
Din Papa hüt de Schaf,
Din Mama hüt de brune Kuh,
Kindle mach de Auwen zu! *Mü.*

Schlaf, Kindchen, uf Kissen!
Äppel un Biren un Nissen
Essen die kleine Kinner so gër,
Die grossen noch vil meh liewer.
      Lubeln.

Dodo, meï Netzelchen (*Wickelkind*),
De Mam kocht e Schnitzelchen.
Gehn ich dran lecken,
Kimmt se mit em Stecken;
Gehn ich beï den Papen,
Werft se mich mit Schlappen;
Gehn ich beï de Mad,
Sät se, 't wär schad;
Gehn ich beï den Knecht,
Sät se, 't wär recht;
Gehn ich beï d'Kaneinchen,
Sät se, ich wär 'n Schweinchen;
Gehn ich beï de Maus,
Sät se, 't Spilche wär aus. *Obd.*

Mariannle, Mariannle,
Wo isch denn diner Mann?
Im Dannewald, im Dannewald,
Er fleckt en aldi Pfann. *Pfb.*

Wissi Blemle, schwarzi Blemle
Wachse in de Gärdle;
Luisel, wenn d'e Schmätzel willsch,
Derfsch dich nit versteggle. *Pfb.*

Iwerall bin ich gewäne,
Ass im Baierlande nit;
Alli Litt han mich gesehne,
Ass min Bobele nit. *Pfb.*

Karlinche, Karlinche,
Ich un dü gehn bettle.
Ich nehm de Hawersack
Un dü de Stegge;
Ich geh vor's Fenschder
Un dü vor d'Dêr (*Türe*);
Ich greï e Äpfel
Un dü e Ber (*Birne*). *Pfb.*

Nina, dodo,
Schlof min Bobele!
Ben ich froh,
Greïsch e Sü vom Babe noh.
 Nina, dodo! *ibid.*

Frau, kaufen er Bese?
Ja, kumme ne rin!
Han er schon se Mida gesse?
Ja, schon e Wil.
Was henn er denn göts gesse?
Grumbere und Bibeleskäs. *ibid.*

3. Kniereiterlieder.

Jüde, jüde, Ross!
D'Bäsel isch im Schloss;
Drinne sitze dreï Madame:
Eini spinnt Sid,
D'ander glopft Grid,
D'ander macht awe so.
 Jüde, jüde, Ross! *Pfb.*

Jü, jü, Pärdchin,
Riden mer of den Märkchin
Met en wissen Schemelchin;
Brengt er mir en Reckelchin
On dir en Piffdreckelchin. *Bo.*

Ji, ji, hopp!
Werf mer de Schelm enob!
Werf m'r ne en de Grawe,
Noh fresse ne de Rawe,
Noh kimmt der Baier hennenoh
Un micht de Schelm ji, ji, hopp!
      Lix.

Ji, ji, en de Mihle!
'S Pärd drät de Sihle,
'S Fille drät de Sack,
Un du bisch e Neschquack. *Müh.*

Ritter se Päard, Ritter se Fusz,
De Buwen gehn uf Dus *(Dieuze).*
Wenn se greszer wären,
Riden se se Pären;
Wenn se greszer wachsen,
Riden se de Dachsen.
Hoppsa, hoppsa, lauf Galopp! *Rein.*

Ritter se Päard, Ritter se Fusz,
Der Esel geht uf Dus,
Hätt Hawer gefresst,
Hätt Gold geschess,
Blitz auf, blitz auf, min Esel!
Rein.

Schemmle, Schemmle, Schemmle ji!
Geht em Dreck betz an de Knie;
Mar *(morgen)* da muss'n m'r Hawer dreschen,
Muss de Schemmel de Kären *(Körner)* fressen.
Rein.

4. Ringelreihen.

Ringle, ringle, Rosekranz,
Mädche gehscht de net sum Donz?
Klin Mädche, gross Mädche,
    Kickericki! *Lix.*

Ringle, ringle, Rosekranz,
Mädche, gehst du nit zum Danz?
Mudder, ich han kän Schuh an.
Du dim Vadder sin Schlappen an!
Mach als Kiggericki! *Fo.*

Reie, reie, Rosekranz,
Schitt m'r e bissel Wasser uff
    d'Hand!
Kleini Wäsch, grossi Wäsch,
    Giggerigi! *Ri. Ha.*

Heiter erum!
D'Frau esch krumm;
Sie hebelt in der Stob erum,
Sie hett e krummer Zewe,
Sie hebelt ne wieder ewe. *Flh.*

Rundä Magaretä,
Jupate, ah ma mère,
Aussi père,
Hucken oiwich allegär! *Lubeln.*

5. Fünffingerreime.

Der isch in d'Bach gefalle,
Der hat ne erüs gezo,
Der hat ne häm getra,
Un der hat ne zugedeckt. *Mett.*

Der Dumen schittelt de Prumen,
Der hebt se uf,
Der träht se hein,
Der frisst se oll elein. *Weil.*

Das isch der Dume,
Der frescht gär Brume,
Der sad: wo hole?
Der sad: in Häre, Häre Garde!
Der sad: wart, wart!
I wers um Häre sawe. *Ri.*

Der geht en de Wald,
Der spalt Holz,
Der gesiht e Wolf,
Der laft häm,
Der grischt: Giggerigi! *Mü.*

Der häscht Dume,
Der esst gër Brume,
Der sat: wu hole?
Der sat: en Herregarden.
Der sat: neng, neng, ihr gläne Spitzbuwe!
Mü.

6. Bastlöserreime.

Saf, Saf, Silwerholz,
De Miller hat e kläner Wolf,
Er fresst gër Kleie;
Dicke Bolle losst er leie. *Schw.*

Saft, Saft, Wideholz,
De Beck hett e junge Wolf,
Er werft ne in de Grabe,
Er fresst em alli Rabe. *Hochw.*

Muda, Muda, gimma a Nodel!
Was machsch de mit da Nodel?
    Säckle flicke.
Was machsch du mit dem Säckle?
    Stäncher räfen.
Was machsch du mit de Stäncher?
    Vegle werfen.
Was machsch du mit de Vegle?
Broden *(braten)*, dass min Piff soll gud
    [geroden. *Karl.*

7. Volksreime, Kinderlieder und Sprüche.

'S esch emol äner en de Burr'n gefäll,
Ich hon en heren blumpen;
Ich hon gemänt, 's escht e grosser Mann,
Jetz escht er bloss e Stumpen. *Rein.*

Anna, Pubanna, was wackelt em Stroh?
'S Biti *(Hühnchen)* lejt en Gaga, un 's Anna isch froh.
    Marienth.

Wann ich uf Petersbach geh,
Sitz ich min Hitel in d'Heh;
Wann ich van Petersbach kumm,
Sitz ich min Hitel erum. *Mett.*

Min Kätchin, min Mädchin,
Was dusch de?
Ich sitzen bim Fiar un huschde.
Ich kehr das Hus, ich stripp de Mus
Un mach en Kindchin Händschen
    drus. *Marienth.*

Da steh ich uf der Kanzel
Un bredij wie e Amschel.
Da kommt e Ko^uh
Un lut mer zo^u;
Da kommt e Kalb
Un fresst mer's halb;
Da kommt e Mus
Un blast mer 's Licht µs. *Bi.*

Kuckuck im grine Wald,
Wieviel Johr bin i alt?
Kuckuck im Rewestock,
Wieviel Johr lew i noch? *Hohw.*

Lisbeth, Gret!
Zei' mer, wo din Bettlad steht!
Hingerm Ofe an der Wand,
Kechle bache esch kän Schand.
    Pfb.

'S get Räne *(Regen)*, 's get Räne,
Der Vater get mich säne;
De Mutter get mich kloppe,
'S felle dicke, dicke Troppe. *Lix.*

'S gibt Räne, 's gibt Schlosse,
Die Mo^uder well mich stosse.
    Hanw.

Vater onser,
De Sopp es onser,
Se steht of em Desch,
Wer dererscht drangeht,
Verbrennt sich de Schness. *Bo.*

Es war emol e Mann,
Der hat e nasse Schwamm;
Der Schwamm war ihm ze nass,
Do ging er uf die Gass;
Die Gass war ihm ze kalt,
Do ging er in de Wald;
Der Wald war ihm ze grin,
Do ging er uf Berlin;
Berlin war ihm ze gross,
Do ging er uf Paros;
Paros war ihm ze klên,
Do ging er wieder hêm. *Hanw.*

Sonnen, Sonnen, scheine!
Fahren mer iwer den Rheine,
Fahren mer iwer den Glockentur,
Kommen dreï Poppen erus:
Deï ein spent Sid,
Deï anner spent Näz,
Deï anner mächt e rouden Rock
Fer onsen leïwen Herrgott. *Bo.*

Der met de Zeppelkapp,
Der hat keïn Geld em Sack;
Der met dem ronnen Hout,
Der hat jo gar keïn Mout. *Bo.*

Lirä, lirä, Leffelstil,
De alte Weiber fressen vil;
De jonge welen net schaffen.
D'Broet leit em Kaschten,
D'Messer leit dernewen,
De Schelmen welen net beden. *Bo.*

Weï mächt der Schnider?
Leï en Lappen,
Loert en Lappen,
Get en Paar Kenerkappen. *Bo.*

D'geht en Mek
Iwer de Brek;
De Brek hat gekrach,
De Mek fällt en de Bach,
De Bach war ze klein
De Mek hat kë meh Bein. *Bo.*

Hascht de kalt,
Schluf in de Wald!
Hascht de wâm *(warm)*,
Schluf in de Wân!
Hascht de heiss,
Schluf in de Geiss! *Lubeln.*

Bim, bam, balam,
Em Keller leit en doeder Mann.
Wer hat en doet geschlân?
De bese, bese Buwen.
Wer geht luden?
Annenkätens Susel.
Wer geht lachen?
De Kenner en den Gassen.
Wer geht schreien?
Der Kenner en den Weien *(Wiegen)*.
Et setzt en Schelm henerm Dach,
Der lacht sich halwer schwach. *Bo.*

Gehn mer en de Wald am Mindach,
Schniden mer'n Stecken am Deischdach,
Brigeln mer de Frau am Metwoch,
Werd se krank am Douschdach,
Sterwt se am Fridach,
Begrawen mer se am Samschdach,
Leschtijer Sonndach! *Bo.*

Meller, Meller, Mahler,
Hat den Sack voll Daler;
Gef mer en Su derzou,
De bescht en guder Bou. *Bo.*

Mareichin, koch din Breichin!
Schur din Pännchin!
La kemt der Männchin,
Der wel dich han
Met samt der Pann. *Bo.*

Meïmä vem Dorf
Hat zweï Eier em Korf,
Hat zwei em Sack,
Deï machen klick, klack. *Bo.*

Mor *(morgen)* es Sonndach,
Geht der Herr of Bombach,
Stellt er sich of den Stock,
Schisst er mir en Reckelchin
On dir en Piffdreckelchin. *Bo.*

Wann ich nur de Rode hätt,
Un hätt ich a kän Geld,
Un wann ich a mest beddle gehn,
So mest der Rod' doch met mer gehn. *Fo.*

Wann ich an mein Schicksal denk,
Wackele alle Disch und Bänk.
Denk ich, dass ich ledich blieb,
Wackelt mer des Herz im Lib. *Fo.*

Wer ens von de Furbacher Mädle will han,
Der muss ne de Kaffee ins Bett nin tran;
De Kaffee ins Bett, de Zucker ins Mul,
Dozu sin awer de mänschte Buwe ze ful. *Fo.*

Min Schatz isch so klän, er bild't sich wunnerschin;
Er hat e Paar Buxe, die sin nit emol sin.
Do han ich mer schon lang gedenkt,
Wenn doch nurre en annere kämt. *Fo.*

www.ingramcontent.com/pod-product-compliance
Lightning Source LLC
Chambersburg PA
CBHW050419240426
43661CB00055B/2204